Law and Economics of International
Telecommunications

Under the Auspices of the
Max Planck Institute for Foreign and
International Private Law
edited by Prof. Ernst-Joachim Mestmäcker
and Prof. Christoph Engel

Volume 58

Kamyar Abrar

Notwendigkeit einer sektorspezifischen Fusionskontrolle?

Eine rechtsvergleichende Darstellung der Fusionskontrolle in der Telekommunikation unter Berücksichtigung sektorspezifischer Regulierung nach der US-amerikanischen, europäischen und deutschen Rechtsordnung

Nomos

Die Deutsche Nationalbibliothek verzeichnet diese Publikation in
der Deutschen Nationalbibliografie; detaillierte bibliografische
Daten sind im Internet über http://www.d-nb.de abrufbar.

Zugl.: Hamburg, Univ., Diss., 2006

ISBN 978-3-8329-2861-2

ISSN 0935-0624

1. Auflage 2007
© Nomos Verlagsgesellschaft, Baden-Baden 2007. Printed in Germany. Alle Rechte,
auch die des Nachdrucks von Auszügen, der fotomechanischen Wiedergabe und der
Übersetzung, vorbehalten. Gedruckt auf alterungsbeständigem Papier.

Vorwort

Die vorliegende Arbeit ist im Wesentlichen zwischen Januar 2003 und Dezember 2005 entstanden und wurde im Sommersemester 2006 von der Juristischen Fakultät der Universität Hamburg als Dissertation angenommen.

Mein ganz besonderer Dank gilt meinem verehrten Doktorvater, Herrn Prof. Dr. *Karl-Heinz Ladeur*. Schon während meines Studiums an der Universität Hamburg haben seine Vorlesungen und Seminare zum Medien- und Telekommunikationsrecht mein Interesse an diesen Rechtsgebieten geweckt. Auch hat er einen wesentlichen Anteil daran, dass die Arbeit den Blick über das deutsche Recht hinaus wagt und sich schwerpunktartig der europäischen und US-amerikanischen Rechtsordnung widmet. Entscheidend für die vorliegende Arbeit war, dass er mich von Beginn an ermutigte, der Untersuchung neue Entwicklungen in den Wirtschaftswissenschaften zugrunde zu legen, insbesondere den Blick auf die noch recht jungen Ansätze der Netzwerkökonomie zu lenken. Ohne seinen interdisziplinären Sachverstand wäre die Arbeit in der vorliegenden Form unmöglich gewesen.

Es ist mir eine ganz besondere Ehre, dass Herr Prof. Dr. *Wolfgang Hoffmann-Riem* trotz seiner beruflichen Stellung als Richter am Bundesverfassungsgericht die Aufgabe wahrnehmen konnte, die Arbeit zu begutachten. Umso größer ist mein Dank für die zügige Erstellung des Zweitgutachtens.

Bei den Herren Professoren *Ernst-Joachim Mestmäcker* und *Christoph Engel* möchte ich mich an dieser Stelle ganz besonders für die Aufnahme in die vorliegende Schriftenreihe bedanken.

Die Arbeit wurde mit dem Promotionspreis der Rechtsanwaltskanzlei Schalast & Partner ausgezeichnet. Für den großzügigen Druckkostenzuschuss bedanke ich mich stellvertretend bei Herrn Prof. Dr. *Christoph Schalast*.

Für ihn bin ich seit 2005 als wissenschaftlicher Assistent an der Frankfurt School of Finance & Management in Frankfurt am Main tätig. Er war auch aufgrund seiner Justiziartätigkeit für den Fachverband für Rundfunkempfangs- und Kabelanlagen (FRK) ein wertvoller Diskussionspartner. Während meiner Tätigkeit als freier Mitarbeiter der Rechtsanwaltskanzlei Schalast & Partner war es mir außerdem möglich, wichtige Zusammenschlussverfahren – wie *KDG/KBW/Iesy/Ish* – zu begleiten, deren praktische Probleme Eingang in die Arbeit finden konnten.

Die German American Trade Association hat mir zusammen mit der US-amerikanischen Wirtschaftskanzlei Alston & Bird, LLP im Jahr 2003 einen Forschungsaufenthalt in den Vereinigten Staaten von Amerika (New York und Atlanta) ermöglicht. Hierfür bedanke ich mich stellvertretend bei den Herren Dr. *Arne Heller* (German American Trade Association, President & CEO) und *Gregory F. Hauser* (Alston & Bird LLP, Partner).

Weiterhin möchte ich mich bei Herrn Prof. Dr. *Jörn Kruse* bedanken, der mir in Bezug auf regulierungsökonomische Fragestellungen wichtige Anregungen gab und mich auch darin bestärkte, den wirtschaftswissenschaftlichen Hintergrund der Arbeit nicht zu vernachlässigen.

Auch bei meinem für ökonomische Probleme jederzeit empfänglichen Bruder, dem Betriebswirt *Mazyar Abrar*, möchte ich mich bedanken. Er stand mir auch zu später Stunde mit seiner wissenschaftlichen Fachkunde unermüdlich zur Seite.

Außerordentlichen Dank schulde ich meiner Lebensgefährtin, *Carolina Manges*. Trotz ihrer eigenen beruflichen Anstrengung ist sie nicht müde geworden, mich zu motivieren, um die Belastung als wissenschaftlicher Assistent, Rechtsreferendar und Doktorand zu meistern. Auch ihren Eltern, *Erick* und *Karola Manges*, gebührt mein Dank, den ich kaum in Worte zu kleiden vermag.

Der größte Dank gilt jedoch meinen Eltern, Dr. *Behzad* und *Malakeh Abrar*, die mich ausnahmslos unterstützt, gefördert und stets an das Gelingen der Arbeit geglaubt haben. Sie gaben mir auch Halt, als mein langjähriger Freund, *Nana Yaw Ansuhenne*, durch einen tragischen Unfall ums Leben kam. Er hinterließ eine unersetzbare Lücke in meinem Leben, weshalb ich mich heute freue, ihm die Arbeit widmen zu können.

Allen Genannten verdankt die vorliegende Arbeit viel. Hingegen sind alle Fehler und Ungenauigkeiten von mir allein zu vertreten.

Hamburg, im März 2007 *Kamyar Abrar*

Inhaltsübersicht

Inhaltsverzeichnis	9
Abkürzungsverzeichnis	25
Einleitung	29

1. Teil: Unternehmenszusammenschlüsse in der Telekommunikation   37

A. Ökonomische Grundlagen von Unternehmenszusammenschlüssen   39
   I. Der ökonomische Zusammenschlussbegriff   40
   II. Einzelwirtschaftliche Aspekte von Zusammenschlüssen   41
   III. Gesamtwirtschaftliche Aspekte von Zusammenschlüssen   55
   IV. Horizontaler Zielkonflikt: Marktmacht und Effizienz   75
   V. Vertikaler Zielkonflikt: Mythos in der Ökonomie?   92
   VI. Stille Revolution der Wettbewerbskonzeptionen?   105

B. Spezifische Charakteristika in der Telekommunikation   110
   I. Einleitender Überblick   110
   II. Technische Grundlagen der Telekommunikation   113
   III. Die Infrastrukturmärkte der Telekommunikation   122
   IV. Regulierungstheorien für die Telekommunikation   147
   V. Grundlagen und Bedeutung der Netzwerkökonomie   187

C. Ergebnisse und Schlussfolgerungen für Zusammenschlüsse im TK-Sektor   211
   I. Zielvorgaben der Regulierung: Phasing-Out   211
   II. Spezifische Marktmachtprobleme   213
   III. Effizienzerwartungen   215
   IV. Implikationen für die TK-Fusionskontrolle   220

2. Teil: Sektorspezifische Fusionskontrolle in den USA   225

A. Grundlagen der US-amerikanischen Zusammenschlusskontrolle   225
   I. Konzeption und Wettbewerbspolitik   225
   II. Kompetenzverteilung und Verfahren   231
   III. Materiell-rechtlicher Gehalt der US-amerikanischen Fusionskontrolle   238
   IV. Ergebnis zu den Grundzügen der US-amerikanischen Fusionskontrolle   277

B. Zusammenschlusskontrolle im Sektor der Telekommunikation   281
   I. Kompetenzgeflecht zwischen DOJ, FCC und FTC   281
   II. Kompetenzen der PUCs und LFAs   287
   III. Grundlagen der Zusammenschlussbeurteilung durch die FCC   289
   IV. Ausgewählte Zusammenschlüsse in der Telekommunikation   383
   V. Wesentliche Ergebnisse der Fusionskontrolle im TK-Sektor   430

3. Teil: Gemeinschaftsweite Fusionskontrolle und Regulierung 441
A. Unterschiede zwischen europäischem und deutschem Fusionskontrollrecht 441
   I. Bedeutung des Rechtsvergleichs für die Untersuchung 441
   II. Einleitendes zur deutsch-europäischen Fusionskontrolle 446
   III. Das System der formellen Fusionskontrolle 466
   IV. Das materielle Fusionskontrollrecht 472
B. Sektorspezifische Regulierung der Telekommunikation 537
   I. Kompetenzen der Organe 537
   II. Strukturelle Anforderung an den Wettbewerb 541
   III. Der sektorspezifische Regulierungsrahmen 546
   IV. Umsetzung und Regulierung nach nationalem Recht 557
   V. Marktdefinition und Marktanalyse zwischen Kommission und NRB 565
   VI. Zusammenfassende Stellungnahme 575
C. Koexistenz von Fusionskontrolle und Regulierung in Deutschland 577
   I. Zusammenschlusskontrolle im Breitbandkabelnetz 577
   II. Regulierung im Breitbandkabelnetz 630
   III. Ergebnis und Stellungnahme 717
Literaturverzeichnis 723

Inhaltsverzeichnis

1. Teil: Unternehmenszusammenschlüsse in der Telekommunikation	37
A. Ökonomische Grundlagen von Unternehmenszusammenschlüssen	39
I. Der ökonomische Zusammenschlussbegriff	40
II. Einzelwirtschaftliche Aspekte von Zusammenschlüssen	41
1. Klassifikation von Effizienzen	42
a) Statische und dynamische economies of scale	42
b) Verbundvorteile (economies of scope)	43
c) Rationalisierungsvorteile	44
d) Transaktionskostenvorteile (transaction-cost economies)	44
e) Verringerung von X-Ineffizienzen	45
2. Bereich der Realisierung von Effizienzen	47
a) Effizienzgewinne bei der Produktion	47
b) Effizienzgewinne bei der Beschaffung	47
c) Effizienzgewinne beim Absatz	48
d) Effizienzgewinne bei Forschung und Entwicklung	49
e) Effizienzgewinne im Bereich Organisation und Management	49
3. Zusammenhang zur Zusammenschlussrichtung	50
a) Horizontale Zusammenschlüsse	50
b) Vertikale Zusammenschlüsse	50
c) Konglomerate Zusammenschlüsse	52
III. Gesamtwirtschaftliche Aspekte von Zusammenschlüssen	55
1. Der Marktmachteffekt	55
a) Ausgangspunkt: Klassisches Konzept des vollständigen Wettbewerbs	55
aa) Modellbedingungen	56
bb) Gleichgewichtszustand	56
b) Marktmacht im Monopol	57
c) Kollektive Marktmacht im Oligopol	58
aa) Cournot Oligopol	58
bb) Kartellabsprachen	59
cc) Cournot-Nash Gleichgewicht	60
dd) Implizite Kollusion („Tacit Collusion")	60
d) Marktmacht der Nachfrager (Monopson/Oligopson)	61
2. Feststellung von Markt und Grenzen für Marktmacht	62
a) Nachfrageelastizität	63
b) Angebotselastizität (elasticity of supply)	64
c) Potentieller Wettbewerb	65
aa) Abgrenzung zur Angebotselastizität	65
bb) Definition von Marktzutrittsschranken	67

d) Gegengewichtige Marktmacht	68
3. Marktmachteffekte infolge von Zusammenschlüssen	70
a) Horizontale Zusammenschlüsse	71
b) Vertikalzusammenschlüsse und vertikale Effekte	72
aa) Räuberisches Preissetzungsverhalten (predatory pricing)	73
bb) Preisdiskriminierung	73
cc) Koppelungsbindung (tying)	74
dd) Kollusion und kooperative Interaktion	74
ee) Problematik des dual-level entry für potentiellen Wettbewerb	74
c) Konglomerate Zusammenschlüsse	75
IV. Horizontaler Zielkonflikt: Marktmacht und Effizienz	75
1. Wettbewerbspolitische Leitbilder	76
a) „Effective Competition" nach Clark	77
b) „Optimale Wettbewerbsintensität" nach Kantzenbach	78
c) Der freie Wettbewerb der Neuklassik	79
d) (Classical) Industrial Organization	81
e) Chicago School of Antitrust Analysis	82
f) Zusammenfassung	84
2. Der statische trade-off	84
a) Consumer Surplus vs. Total Welfare Approach	85
b) Diskussion des trade-off	86
3. Der dynamische trade-off	87
a) Neo-Schumpeter-Hypothese I	89
b) Neo-Schumpeter-Hypothese II	90
c) Widersprüchliche Empirie?	91
d) Neuere empirische Ergebnisse	91
e) Zwischenergebnis	92
V. Vertikaler Zielkonflikt: Mythos in der Ökonomie?	92
1. Abgrenzung: Leverage und Foreclosure Effect	93
2. Das „Nullsummenspiel" der Chicago School	93
3. Intrabrand and Interbrand Competition	94
a) Intrabrand Competition	95
aa) Vermeidung doppelter Marginalisierung	96
bb) Preisdifferenzierung („price discrimination")	97
aaa) Arten der Preisdifferenzierung	98
bbb) Voraussetzung: Vermeidung von Arbitrage	98
ccc) Wohlfahrtseffekte	99
b) Interbrand Competition	99
aa) Koppelungsbindung (tie-ins)	100
aaa) Abgrenzung: Koppelung als Mittel für Preisdifferenzierung	100
bbb) Koppelung als Mittel zur Marktmachtausweitung	102
bb) Ausschließlichkeitsbindungen (exclusive dealing)	103
4. Zwischenergebnis	104

VI. Stille Revolution der Wettbewerbskonzeptionen?	105
1. Die neuere Industrieökonomie	106
2. Die Neue Institutionenökonomik	107
3. Implikationen für die Wettbewerbspolitik?	107
4. Implikationen für das Wettbewerbsrecht?	108
B. Spezifische Charakteristika in der Telekommunikation	110
I. Einleitender Überblick	110
1. Marktversagen und Telekommunikationsmärkte	111
2. Netzwerkökonomie und Telekommunikation	111
3. Konvergenz	113
II. Technische Grundlagen der Telekommunikation	113
1. Telefonfestnetz	114
2. Breitbandkabelnetz	114
3. Internet	115
a) Anschlusstechnologien	117
aa) DSL	117
bb) Cable Modem	119
b) Endgeräte – Set-Top-Box	120
III. Die Infrastrukturmärkte der Telekommunikation	122
1. Das deutsche Telefonfestnetz	122
a) Struktur der Ortsnetze	122
b) Fernverkehrsbereich	123
c) Breitbandinternet	123
2. Das US-amerikanische Bell System	124
a) Interexchange Carrier/Internet Backbone	125
b) Local Exchange Carrier	126
c) Breitbandinternet	127
d) Fusionswelle ab 1996	128
3. Das BK-Netz der Bundesrepublik Deutschland	128
a) Errichtung im Namen der „dienenden Funktion"	128
aa) (Groß-)Gemeinschaftsantennenanlagen als Vorläufer	129
bb) Versuchsanlagen	130
cc) Koordinationsprobleme der Bundesländer	130
dd) Flächendeckendes Breitbandkabelnetz als politisches Ziel	131
ee) Die Netzebenentrennung zwischen NE3 und NE4	131
b) Veräußerungsprozess auf Druck der Gemeinschaft	133
c) Horizontale Integration	134
d) Vertikale Separation	137
e) Darstellung der Vertragsbeziehungen	138
aa) Der Gestattungsvertrag auf der NE4	139
bb) Der Signallieferungsvertrag zwischen NE3 und NE4	140
cc) Der Einspeisevertrag zwischen NE3 und Sendern	140

4. Die US-amerikanischen Cable Systems	141
a) Errichtung der Netze	143
b) Der Einstieg der Broadcaster	143
c) Etablierung von Pay-TV	144
d) Beginn der flächendeckenden Verkabelung	145
e) Der gegenwärtige Markt	145
IV. Regulierungstheorien für die Telekommunikation	147
1. Die ökonomische Theorie des natürlichen Monopols	147
a) Subadditivität	147
b) Größen- und Verbundvorteile	148
c) Kostenbestimmende Faktoren eines natürlichen Monopols	149
d) Zusammenhang zu den wettbewerbskonzeptionellen Leitbildern	150
e) Wohlfahrtstheoretische Umsetzung – Kettenreaktion der Regulierung	151
aa) Marktzutrittsbeschränkungen	151
bb) Preis- und Rentabilitätskontrollen	151
cc) Versorgungsfunktion von Netzen	152
2. Contestable Markets Theory	153
a) Voraussetzungen eines angreifbaren Marktes	154
b) Versunkene Kosten (sunk costs)	155
c) Stellungnahme	157
3. Ausschreibungswettbewerb	157
a) Grundlegende Voraussetzungen einer Ausschreibung	158
b) Ökonomische Probleme einer Ausschreibung	159
aa) Coase Conjecture und Ausschreibung	159
bb) Versunkene Kosten als Eigentumsproblem	160
cc) Transaktionskosten	161
c) Stellungnahme	162
4. Die disaggregierte Betrachtung von Netzsektoren	163
a) Theorie monopolistischer Bottlenecks	163
aa) Zusammenhang zur Essential Facilities Doctrine	164
bb) Der wichtige Unterschied: Marktmacht und Essential Facility	165
b) Konzeption disaggregierter Bottleneck-Regulierung	167
aa) Minimale Regulierungsbasis	167
bb) Symmetrische Regulierung	169
cc) Phasing-Out sektorspezifischer Regulierung	170
c) Das Verhältnis von Dienste- zu Infrastrukturwettbewerb	171
d) Kritik und Verteidigung	174
5. Trade-off zwischen intra- und intermodalem Wettbewerb?	175
a) Ausgangspunkt	176
b) Status-Quo im PSTN	176
c) Folgen für das Kabel	178
d) Der fiktive Fall: Wettbewerb um Bottlenecks	179
e) Regulierungspolitische Schlussfolgerungen	180

6. Ausblick 182
    a) Bedeutung der Exklusivität für Infrastrukturwettbewerb 182
    b) Substitutionsbeziehungen, Bündelung und neue Bottlenecks 184
V. Grundlagen und Bedeutung der Netzwerkökonomie 187
  1. Netzwerkbegriff und Klassifizierung von Netzwerken 188
     a) Reale und virtuelle Netzwerke 188
     b) One-Way Networks – Two-Way Networks 189
  2. Netzwerkeffekte 190
     a) Direkte Netzwerkeffekte 191
     b) Indirekte Netzwerkeffekte 191
     c) Komplementaritäten und Standards 193
        aa) Standards und geistiges Eigentum 194
        bb) Leveraging und Foreclosure 195
        cc) Ineffizienzen durch zersplitterte Standards 195
  3. Netzwerkeffekte als Externalitätenproblem 196
     a) Die Natur des Wettbewerbs auf Netzwerkmärkten 198
        aa) Multiple Marktgleichgewichte 198
        bb) Preisdifferenzierung 200
     b) Marktversagen? 201
        aa) Eine Theorie stabiler Marktmacht 201
        bb) Eine Theorie ineffizienter Standards 203
        cc) Eine Theorie fragiler Marktmacht 204
     c) Kritische Würdigung 206
  4. Implikationen für die Wettbewerbspolitik? 208
C. Ergebnisse und Schlussfolgerungen für Zusammenschlüsse im TK-Sektor 211
  I. Zielvorgaben der Regulierung: Phasing-Out 211
  II. Spezifische Marktmachtprobleme 213
    1. Rein horizontale Zusammenschlüsse 213
    2. Horizontale Integration (Gebietsausweitung) 213
    3. Vertikale Integration 214
  III. Effizienzerwartungen 215
    1. Statische Effizienzgesichtspunkte 215
    2. Dynamische Effizienzbetrachtung 216
       a) Vermeidung von Transaktionskosten 216
       b) Vermeidung doppelter Marginalisierung 217
       c) Netzaufbau und Neukonfiguration 217
       d) Netzgröße und Innovationsdynamik 218
  IV. Implikationen für die TK-Fusionskontrolle 220

2. Teil: Sektorspezifische Fusionskontrolle in den USA	225
A. Grundlagen der US-amerikanischen Zusammenschlusskontrolle	225
I. Konzeption und Wettbewerbspolitik	225
1. Antitrust Laws	225
2. Die wettbewerbspolitische Entwicklung	227
a) Wettbewerbsschutz ohne Wettbewerbskonzept	227
b) „Rule of Reason" des Supreme Court	228
c) Der Einfluss der Regierung bis 1950	229
d) Einfluss der Harvard School auf die Gerichte	229
e) Der Chicago School-„Trend"	230
II. Kompetenzverteilung und Verfahren	231
1. Grundsätzliches	231
2. Aufbau und Funktion von DOJ und FTC	232
3. Kompetenzverteilung: Sherman und FTC Act	233
4. Konkurrierende Zuständigkeit für Sec. 7 Clayton Act	234
5. Verfahren	234
6. Merger Guidelines	237
III. Materiell-rechtlicher Gehalt der US-amerikanischen Fusionskontrolle	238
1. Zusammenschlussbegriff	238
2. Market Definition	239
a) Product Market	240
b) Geographic Market	240
c) Erweiterte Anwendung der Marktabgrenzung	241
aa) Potentieller Wettbewerb	241
aaa) Supply Side Substitution (Angebotssubstitution)	242
bbb) Gebietsausweitungsflexibilität	243
bb) Submarkets	243
d) Marktabgrenzung und Merger Guidelines	245
aa) Berücksichtigung von Potentiellem Wettbewerb	247
bb) Distanzierung vom Konzept der Teilmärkte	249
3. Substantial Lessening of Competition („SLC"-Test)	249
a) Marktkonzentration	251
aa) Herfindahl-Hirschman Index (HHI)	251
bb) Praktische Umsetzung des HHI	252
cc) Folgen der Marktkonzentration	253
aaa) Die Sichtweise(n) des Supreme Court	253
bbb) Beurteilung durch unterinstanzliche Gerichte	254
ccc) Merger Guidelines	255
ddd) Zusammenfassung	256
b) Wettbewerbliche Beurteilung nach Sec. 7 Clayton Act	257
aa) Berücksichtigung des Potentiellen Wettbewerbs	258
aaa) Merger Guidelines	258

bbb) Rechtsprechung	260
(1) United States v. Waste Management Inc.	260
(2) United States v. Syufy Enterprises	261
(3) United States v. Baker Hughes Inc.	261
(4) Jüngere Rechtsprechung	262
ccc) Potential Competition Doctrine	262
bb) Berücksichtigung von Effizienzen	265
aaa) Effizienzen im Lichte der Supreme Court Rechtsprechung	265
bbb) Die Merger Guidelines	268
(1) 1968 und 1982 Merger Guidelines	268
(2) 1984 Merger Guidelines	269
(3) 1992 und 1997 Merger Guidelines	271
ccc) Rezeption der Gerichte	272
(1) FTC v. University Health Inc.	273
(2) FTC v. H.J. Heinz Co.	273
(3) FTC v. Tenet Health Care Corp.	274
ddd) Zusammenfassung	275
eee) Wohlfahrtsstandard	276
IV. Ergebnis zu den Grundzügen der US-amerikanischen Fusionskontrolle	277
B. Zusammenschlusskontrolle im Sektor der Telekommunikation	281
I. Kompetenzgeflecht zwischen DOJ, FCC und FTC	281
1. Sec. 1, 2 Sherman Act	282
2. Sec. 214 (a), 310 (b) Communications Act	283
3. Verhältnis zu Sec. 7 Clayton Act	284
4. Triple Review für Fusionen im Kabelmarkt?	285
II. Kompetenzen der PUCs und LFAs	287
III. Grundlagen der Zusammenschlussbeurteilung durch die FCC	289
1. „Public Interest Test" v. „SLC-Test"	290
a) Der Zweck der Regulierung als Auslegungsmaßstab	290
b) Der Eingang des Wettbewerbsgedankens	292
aa) Die Schritte zur Liberalisierung der Dienste	292
aaa) Above 890 MHz	293
bbb) Zulassung von MCI	293
ccc) Specialized Common Carrier Rulemaking	294
ddd) Execunet I-III	295
eee) Competitive Carrier Rulemaking	295
bb) Parallele Entwicklungen bei den Endgeräten	296
cc) Der aktuelle FCC Framework	296
2. Grundzüge der Common Carrier Regulierung	299
a) Die Rolle von United States v. AT&T	299
aa) Der Weg bis zum MFJ	299
bb) Inhalt des consent decree (MFJ)	300
b) Regulierungspraxis der FCC	302
aa) Gesetzliches Regulierungsumfeld	302

aaa) Umrisse des Common Carrier Begriffes	303
bbb) Überholtes Verständnis, zeitgemäße Definition	304
bb) Competitive Carrier Rulemaking der FCC	305
aaa) Dominant/Non Dominant Carrier	306
bbb) Rechtsfolgen der Klassifikation	308
(1) Folgen für Dominant Carrier	308
(2) Folgen für Non Dominant Carrier	308
(3) Zusammenfassung	309
ccc) Regulierung von Local Exchange Carrier	309
cc) Schrittweise Veränderung des Ansatzes	311
aaa) Permissive Forbearance Approach	311
bbb) Mandatory Forbearance Approach	313
dd) Einschränkungen durch die Rechtsprechung	313
aaa) Ermessen der FCC nach Sec. 203 Communications Act	313
bbb) Rechtswidrigkeit von Mandatory Forbearance	315
ccc) Rechtswidrigkeit von Permissive Forbearance	316
ddd) Reaktion der FCC	317
eee) Zwiespalt beim U.S. Supreme Court	318
fff) Weitere Reaktion der FCC	318
c) Die Rolle des Telecommunications Act (1996)	319
aa) Wiederherstellung des Forbearance Approach	319
bb) Marktmachtspezifische Regulierung für Common Carrier	320
aaa) Zusammenschaltung	321
bbb) Allgemeine Pflichten der Local Exchange Carrier	322
ccc) Entbündelungspflicht der Incumbent LEC	322
ddd) Marktzutrittsschranken für RBOC	323
3. Regulierungsregime für Kabelnetze	323
a) Bundesstaatliche Kompetenzen zur Regulierung der Kabelnetze	324
b) Regulierungsmaßnahmen bis 1972	327
aa) Regelungen zum Schutze des Rundfunks	327
bb) Einflüsse des Copyright Act	328
c) Deregulierungsbemühungen ab 1972	330
aa) Cable/Broadcast Cross-Ownership Rules	330
bb) Consensus Agreement	331
d) Spruchpraxis der Gerichte zur Regulierung der Inhalte	333
aa) Home Box Office v. FCC	333
bb) FCC v. Midwest Video (Midwest Video II)	334
e) Deregulierung der Entgelte (1984 Policy Act)	336
f) Reregulierung (1992 Protection Act)	337
g) Geltendes Regulierungsrecht	340
aa) Must-Carry-Regelungen	340
aaa) Turner Broadcasting v. FCC (Turner I)	341
bbb) Time Warner v. United States (Time Warner I)	341
bb) Regelungen für das Digitale Fernsehen	342

aaa) Endgeräteregulierung (Set-Top-Boxen)	343
(1) Gesetzlicher Rahmen, Sec. 629 Communications Act	343
(2) Regulierung durch FCC	344
(3) Grenze: Gemstar v. AOL/Time Warner	345
(4) Jüngste Entwicklung	347
bbb) Interaktives Fernsehen („ITV")	349
cc) Entgeltregulierung	350
dd) Gegenseitiger Markteintritt von LEC und Cable Operator	351
aaa) Historischer Ausschluss von intermodalem Wettbewerb	352
(1) First Dialtone Order	353
(2) Chesapeake v. United States	354
bbb) Telecommunications Act von 1996	355
(1) Markteintrittsbedingungen der LEC	355
(2) Markteintrittsbedingungen der Cable Operator	357
ee) Konzentrationsvorschriften	357
aaa) Horizontal Ownership Rules	359
bbb) Vertical Integration Rules	360
ccc) Time Warner v. FCC (Time Warner II)	361
ddd) Weitere Entwicklung	363
4. Internet Open Access (DSL und Cable)	364
a) Breitbandregulierungsrahmen	364
aa) Information Service vs. Telecommunications Service	365
aaa) 1st Computer Inquiry	367
bbb) 2nd Computer Inquiry	368
bb) Breitbandinternet ist Telecommunications Service	369
b) Die Open Access Debatte um Kabelnetze	370
aa) Wortlaut und Entstehungsgeschichte	371
bb) Sichtweise der FCC	372
aaa) Cable Internet ist kein Cable Service	372
bbb) Cable Internet ist ein Information Service	373
cc) Spruchpraxis der Gerichte	375
aaa) AT&T v. City of Portland	376
bbb) MediaOne v. County of Henrico	377
ccc) Brand X	378
5. Ergebnisse zu den Grundzügen der Regulierung	379
IV. Ausgewählte Zusammenschlüsse in der Telekommunikation	383
1. Zusammenschlüsse zwischen ILEC (horizontale Integration)	384
a) Summary	385
b) Potentielle Gefahren für das öffentliche Interesse	385
aa) Wettbewerbliche Auswirkungen	385
aaa) Marktabgrenzung	387
bbb) Identifizierung der wichtigsten Marktteilnehmer	389
ccc) Analyse des Zusammenschlusses	390
bb) Auswirkungen auf die Vergleichsmarktbetrachtung	392

cc) Auswirkungen auf das Diskriminierungspotential	394
aaa) Advanced Services	395
bbb) Long Distance Services	396
ccc) Local Exchange Services	396
c) Erwartete Vorteile für das öffentliche Interesse	397
d) Conditions/Remedies	398
aa) Förderung gerechter und effizienter advanced services	399
bb) Trennung von advanced services	400
cc) Advanced Services OSS	400
dd) Zugang zu Loop Informationen für advanced services	401
ee) Sicherstellung von offenen lokalen Märkten	402
ff) Förderung von Out-of-Region Competition	402
2. Zusammenschlüsse: ILEC/IXC (vertikale Integration)	403
a) Die Prüfung des DOJ	403
b) Die Prüfung der FCC	405
aa) Die betroffenen Märkte	405
bb) Die wettbewerbliche Analyse	405
cc) Wholesale Special Access Competition	405
aaa) Retail Enterprise Competition	406
bbb) Mass Market Competition	407
ccc) Internet Backbone Competition	408
dd) Conditions	410
3. Zusammenschlüsse im Kabelnetz	411
a) AT&T Comcast/AT&T, Comcast	412
aa) Gefahren für das öffentliche Interesse	412
aaa) Video Programming Services	413
bbb) Video Programming Distribution	416
(1) Wegfall von potentiellem Wettbewerb	416
(2) Möglichkeiten der Diskriminierung anderer MVPD	417
(a) Diskriminierung durch wachsende Zahl eigener Inhalte	417
(b) Diskriminierung mittels Exklusivität an Inhalten	418
ccc) Sonstige Gefahren	419
bb) Vorteile für Breitbandinternet	420
cc) Conditions	420
b) AOL/Time Warner	421
aa) Summary	421
bb) Nachteile für das öffentliche Interesse	422
aaa) Zugang zu High-Speed-Internet	422
bbb) Instant Messaging (IM)	423
ccc) Vertikale Wechselwirkungen mit Inhalten und ITV	425
ddd) Koordiniertes Verhalten mit AT&T	426
cc) Vorteile für das öffentliche Interesse	427
4. Vergleich mit den DOJ/FTC Conditions	428
V. Wesentliche Ergebnisse der Fusionskontrolle im TK-Sektor	430

3. Teil: Gemeinschaftsweite Fusionskontrolle und Regulierung 441
A. Unterschiede zwischen europäischem und deutschem Fusionskontrollrecht 441
I. Bedeutung des Rechtsvergleichs für die Untersuchung 441
1. Gemeinschaftsweite Harmonisierung 441
2. Soft Harmonization („Internationals Kartellrecht") 442
3. Ausblick: Zentrale Wettbewerbsregulierung? 444
II. Einleitendes zur deutsch-europäischen Fusionskontrolle 446
1. Rechtsgrundlagen der europäischen Fusionskontrolle 446
   a) Art. 81 und 82 EG als Ursprung der europäischen Fusionskontrolle 447
   b) Fusionskontrollverordnung 448
   c) Kompetenz nach Art. 83, 308 EG 449
2. Sonderstellung der Kommission in der europäischen Fusionskontrolle 449
3. Wettbewerbskonzeption des europäischen Fusionskontrollrechts 451
   a) Aussagen im Primärrecht 451
   b) Anhaltspunkte in der Kommissionspraxis 453
   c) Rechtsprechung von EuGH und EuG 455
4. Gedankengut und Entstehung der deutschen Fusionskontrolle 458
   a) Grenzen der Auslegung 459
   b) Der SCP-Ansatz in Rechtsprechung und Kartellamtspraxis 460
   c) Die eigenständige Bedeutung der wettbewerblichen Handlungsfreiheit 462
   d) Paradigmenwechsel durch die 7. GWB-Novelle? 463
III. Das System der formellen Fusionskontrolle 466
1. Aufgreifkriterien und Zusammenschlussbegriff 467
2. Verweisungsregime 468
   a) Verweisung an die Mitgliedsstaaten 468
   b) Verweisung an die Kommission 469
3. Verfahren 469
4. Schnittstelle zur deutschen Fusionskontrolle, § 35 Abs. 3 GWB 471
IV. Das materielle Fusionskontrollrecht 472
1. Marktabgrenzung und Marktbeherrschung 473
   a) Zweistufigkeit des Ansatzes 473
   b) Sinn und Zweck der Marktabgrenzung 474
   c) Relativität des Marktbeherrschungsbegriffes 475
2. Marktabgrenzung nach Gemeinschafts- und nationalem Recht 477
   a) Sachlich relevanter Markt 478
     aa) Europa: SSNIP-Test 478
     bb) Deutschland: Bedarfsmarktkonzept je nach Bedarf 480
     cc) „Konzept des Substitutionswettbewerbs" 483
   b) Räumlich relevanter Markt 487
3. Marktbeherrschung 488
   a) Marktbeherrschungsprüfung in der FKVO 489
     aa) Gesetzliche Kriterien der FKVO 489

bb) Bedeutung des Marktanteils	490
aaa) Rechtsprechung	490
bbb) Kommission (Horizontale Leitlinien)	491
b) Marktbeherrschungsprüfung nach GWB	493
c) Potentieller Wettbewerb und Marktbeherrschung	495
aa) Potentieller Wettbewerb in der FKVO	495
aaa) Wirksamer Wettbewerb infolge potentiellen Wettbewerbs	495
bbb) Zusammenschluss mit einem potentiellen Wettbewerber	496
bb) Potentieller Wettbewerb im GWB	498
aaa) Marktmacht begrenzende Wirkung	499
bbb) Zusammenschluss mit einem potentiellen Wettbewerber	500
4. Das Effizienzkriterium in der Fusionskontrolle	500
a) Effizienzen im europäischen Fusionskontrollrecht	501
aa) Effizienzen nach der FKVO 4064/89	501
aaa) AT&T/NCR	503
bbb) MSG Media Service	504
ccc) Nordic Satellite Distribution	505
ddd) GE/Honeywell	506
eee) Zwischenergebnis	506
bb) Die Neuregelung: FKVO 139/2004	507
aaa) Entstehungsgeschichte	507
bbb) Erwägungsgründe	509
ccc) Leitlinien zu horizontalen Zusammenschlüssen	510
(1) Fusionsspezifität	511
(2) Der anzuwendende Wohlfahrtsstandard	512
(3) Beweislast bei den Parteien	513
b) Die Bedeutung von Effizienzen nach GWB	514
aa) Schutz der Wettbewerber, § 19 Abs. 2 Nr. 2 GWB	514
bb) Abwägungsklausel, § 36 Abs. 1 GWB	515
cc) Meinungen in der Literatur	516
c) Stellungnahme	517
5. Recht der Nebenbestimmungen	518
a) Nebenbestimmungen im europäischen Fusionskontrollrecht	518
aa) Rechtsgrundlage: Art. 8 Abs. 2 FKVO	518
bb) Verhältnis von Zusagen und Nebenbestimmungen	519
cc) Rechtsfolge der Entflechtung	521
dd) Das „ehemalige" Problem der Verhaltenszusage	522
aaa) Überholte Kommissionspraxis	523
bbb) Aktuelle Rechtsprechung	524
(1) Gencor/Lonrho	524
(2) BaByliss v. Kommission	525
(3) Tetra Laval/Sidel	525
ee) Bedeutung für die Märkte der Telekommunikation	527
aaa) MSG Media Service	527
bbb) BSkyB/KirchPayTV	528

   ccc) Telia/Telenor   529
   ddd) Mitteilung der Kommission   530
   eee) Entwurf der neuen Mitteilung zur FKVO 139/2004   531
  b) Recht der Nebenbestimmungen im GWB   532
   aa) Allgemeine Grundsätze   532
   bb) Verbot laufender Verhaltenskontrolle und Literatur   533
   cc) Laufende Verhaltenskontrolle im Energiesektor   534
 6. Zwischenergebnis: Divergenz des Wettbewerbsrechts   535
B. Sektorspezifische Regulierung der Telekommunikation   537
 I. Kompetenzen der Organe   537
  1. Liberalisierungskompetenz nach Art. 86 Abs. 3 EG   537
  2. Harmonisierungskompetenz nach Art. 95 Abs. 1 EG   539
  3. Qualitativer Unterschied   540
 II. Strukturelle Anforderung an den Wettbewerb   541
  1. Wettbewerbspolitisch motivierte Kabelrichtlinie   541
  2. Aufrechterhaltung der Liberalisierungskompetenz   542
   a) Kompetenz aufgrund besonderer Rechte   542
   b) Keine Kompetenz aufgrund Liberalisierung   543
   c) Eigene Auffassung: Weites Ermessen   543
   d) Zwischenergebnis   545
 III. Der sektorspezifische Regulierungsrahmen   546
  1. Regulierungsziele   546
  2. Grundsätze der Regulierung   548
  3. Der institutionelle Rahmen   548
   a) Ausgestaltung der nationalen Regulierungsbehörden (NRB)   548
   b) Sonderrolle der Kommission im Zentrum der Marktregulierung   549
  4. Materielle Regulierung   550
   a) Ökonomische Regulierung nach der ZugangsRL   551
   b) System der unechten asymmetrischen Regulierung   553
   c) Das SMP-Konzept   553
    aa) Regulierung von SMP-Unternehmen   554
    bb) Unternehmen ohne SMP-Merkmale   556
 IV. Umsetzung und Regulierung nach nationalem Recht   557
  1. Marktregulierungsverfahren, §§ 9 ff. TKG   557
  2. Zugangsregulierung, §§ 16, 22; 18; 21 TKG   559
  3. Entgeltregulierung, §§ 27 ff. TKG   561
  4. Besondere Missbrauchsaufsicht, §§ 42, 43 TKG   562
 V. Marktdefinition und Marktanalyse zwischen Kommission und NRB   565
  1. Marktdefinitionsvorgaben der Kommission   565
  2. Normzweck: Ex-ante Regulierung   565
  3. Maßstab: Europäisches Kartellrecht   567
  4. Marktdefinition nach dem SMP-Konzept   568

a) Vorleistungs- und Endkundenmärkte	568
b) Sachlich relevanter Markt	570
c) Räumlich relevanter Markt	570
5. Marktanalyse (Regulierungsbedürftigkeit)	571
a) Drei-Kriterien Test	571
b) Konkretisierung von beträchtlicher Marktmacht	573
VI. Zusammenfassende Stellungnahme	575
C. Koexistenz von Fusionskontrolle und Regulierung in Deutschland	577
I. Zusammenschlusskontrolle im Breitbandkabelnetz	577
1. Marktabgrenzung	577
a) Pay-TV Durchleitungsentscheidung des BGH	577
b) Praxis des Bundeskartellamts	578
aa) Endkundenmärkte	578
bb) Signallieferungsmärkte	580
cc) Einspeisemärkte	582
c) Marktabgrenzung der Kommission	584
aa) MSG Media Service & Nordic Satellite	584
bb) Télévision Par Satellite – „TPS"	584
d) Stellungnahme zur Marktabgrenzung	585
aa) Bundesweiter Einspeisemarkt	585
bb) Aggregierte Betrachtung der Endkundenmärkte	590
cc) Signallieferungsmarkt als Vorleistungsmarkt	597
2. Marktbeherrschungsprüfung	598
a) Wettbewerbsbeziehungen: Endkundenmarkt	599
aa) Exkurs: Bedeutung von Gestattungswettbewerb	600
bb) Liberty/KDG	602
aaa) Vorzugswürdigkeit von „Inter-Brand Competition"	602
bbb) Potentieller Durchleitungswettbewerb	603
ccc) Cable Overbuilt	603
ddd) Wettbewerblicher Status-Quo	603
eee) Zusammenschlusswirkung	604
cc) Iesy/Ish & TC/Ish	605
aaa) Wettbewerbsdruck durch kleine Netzbetreiber	606
bbb) Wettbewerb zwischen Kabel und Satellit	606
ccc) Wettbewerblicher Status-Quo	607
ddd) Zusammenschlusswirkung	608
dd) Stellungnahme: Fehlender Bezug zu aktuellen DTH-Teilnehmern	609
b) Wettbewerbsbeziehungen: Signallieferungsmarkt	611
aa) Marktbeherrschung der NE3-Betreiber	612
bb) Paradigmenwechsel des Bundeskartellamts?	612
cc) Stellungnahme: Inter-Brand Competition (Satellit)	614
c) Wettbewerbsbeziehungen: Einspeisemarkt	615
aa) Liberty/KDG	615
bb) KDG/KBW	616

aaa) Verhaltensparameter der analogen Übertragung	617
bbb) Verhaltensparameter der digitalen Übertragung	617
ccc) Ausführungen zur KDG Strategie	618
ddd) Zusammenschlusswirkung	620
(1) Reichweitenausdehnung	620
(2) Einschränkung des potentiellen Wettbewerbs	620
cc) Iesy/Ish	621
aaa) Verhaltensparameter	621
bbb) Zusammenschlusswirkung	622
(1) Beeinträchtigung potentiellen Wettbewerbs	622
(2) Verbesserung der Wettbewerbsparameter gegenüber KDG	623
d) Stellungnahme: »Missbrauchsaufsicht in der Fusionskontrolle«	623
3. Abwägungsklausel und Nebenbestimmungen	625
a) Keine Bedeutung für die künftige IP-Umgebung	625
aa) Liberty/KDG	625
bb) KDG/KBW	627
b) Zusagenpraxis	628
4. Stellungnahme: DSL spielt keine Rolle	629
II. Regulierung im Breitbandkabelnetz	630
1. Anwendbarkeit des TKG	631
a) Gemeinschaftsrechtlich eröffneter Rechtsetzungsspielraum	631
b) Innerstaatliche Kompetenzordnung	633
c) Rundfunkrechtlicher Belegungsplan, § 52 RfStV	635
aa) „Verfassungsrechtliche Rechtfertigung" der Kabelbelegung	636
bb) Zeitgemäße Interpretation der Rundfunkfreiheit	637
aaa) Das Privatisierungsgebot des Art. 87 f GG	637
bbb) Berücksichtigung des Wettbewerbs	640
ccc) Netzaufbau als Element der objektiv-rechtlichen Dimension der Rundfunkfreiheit?	642
ddd) Zwischenergebnis	642
2. Marktdefinition und SMP-Stellung im BK-Netz	643
a) Markt Nr. 18 als Vorleistungsmarkt	645
aa) Kabelanschluss als Vorleistungsprodukt?	645
bb) Signallieferung als klassische Vorleistung	646
cc) Einspeisemarkt als Vorleistungsmarkt?	646
b) Konsultationsentwurf der Bundesnetzagentur	649
3. Regulierung des Einspeisemarktes	650
a) „Zugang" von Inhalteanbietern	650
aa) Zugangsansprüche nach § 42 TKG	652
aaa) Normadressat: öffentliches TK-Netz	653
bbb) Keine Anwendbarkeit auf den Einzelmarkt: Einspeisung	653
ccc) Anwendung im Vertikalverhältnis	654
(1) Drittmarktbezug in § 20 Abs. 1 GWB	655
(2) Drittmarktbezug in § 19 Abs. 1 GWB	657

(3) Schlussfolgerungen für § 42 TKG	658
(a) Marktmachtkausalität	659
(b) „Interdependente Kausalität"	660
ddd) Der Bezug zum GWB	662
bb) Zugang nach § 20 GWB	663
aaa) Erfüllung des Begehungstatbestandes	664
bbb) Maßstäbe der Interessenabwägung	665
ccc) Zugang…bei ausreichender Kapazitäten	665
ddd) …bei Kapazitätsknappheit	666
eee) …bei Aufrüstung der Kapazitäten	672
cc) Das Verhältnis von § 20 GWB zu § 19 GWB	673
dd) Zugang nach § 42 Abs. 1 TKG	677
ee) Durchsetzbarkeit, §§ 32, 33 GWB; § 42 Abs. 4 TKG	678
b) Entgeltregulierung	679
aa) Regulierung der Einspeiseentgelte durch die RegTP	680
bb) Die Rolle des GWB bei der Entgeltbemessung	684
4. Regulierung des Signallieferungsmarktes	686
a) Zugangsregulierung	686
b) Entgeltregulierung	687
aa) Keine Entgeltregulierung gegenüber großen NE4	687
bb) Entgeltgenehmigung zugunsten kleinerer NE4?	687
cc) Maßstab der Entgeltbemessung	688
5. Regelungen für das digitale Fernsehen	689
a) Zugangsberechtigungssysteme (CAS)	690
aa) Europäischer CAS- und CAM-Wettbewerb	691
bb) Marktmachtgefahren	693
aaa) „Umgehung" der NE4?	694
(1) Exkurs: Zivilrechtliche Absicherung der lokalen Netze	694
(2) Reziproke Kompensation für STB?	695
(3) Wettbewerbliche Beurteilung	696
bbb) Diskriminierung der Sender?	696
(1) Szenarien des Bundeskartellamts	696
(2) Kosten der STB sind keine Missbrauchsgefahr	698
(3) Grundverschlüsselung	698
(4) Missbrauch gegenüber Pay-TV Anbietern	699
cc) Regulierungsoptionen	701
aaa) § 50 TKG	701
bbb) § 53 RfStV und Digitalsatzung der LMA	703
ccc) Kartellrechtliche Grenzen	706
b) Regulierung weiterer Spezifikationen	710
aa) Application Programming Interface („API")	710
bb) Electronic Programming Guide („EPG")	712
6. Stellungnahme zur Regulierung im Breitbandkabelnetz	714
III. Ergebnis und Stellungnahme	717

Abkürzungsverzeichnis

Neben den üblichen juristischen Abkürzungen[1] verwendet die vorliegende Arbeit spezielle Abkürzungen, die im Folgenden aufgeführt werden.

ADSL	Asymmetric Digital Subscriber Line
AIN	Advanced Intelligent Network
ALM	Arbeitsgemeinschaft der Landesmedienanstalten
ANGA	Verband Privater Kabelnetzbetreiber e.V.
BK	Breitbandkabel
BK-Netz	Breitbandkabel-Netz
CA	Conditional Access
CAP	Competitive Access Provider
CAS	Conditional Access Systems
CATV	Community Antenna Television/Cable Television
CLEC	Competitive Local Exchange Carrier
CMTS	Cable Modem Termination System
CR4	Concentration Ratio
DBP	Deutsche Bundespost
DBS	Direct Broadcast Satellite
DLM	Direktorenkonferenz der Landesmedienanstalten
DNS	Domain Name System
DOCSIS	Data Over Cable Service Interface Specification
DSL	Asymmetric Digital Subscriber Line
DSLAM	Digital Subscriber Line Access Multiplexer
DTH	Direct To Home
DTK	Durchschnittlichen Totale Kosten
DTV	Digital Television
DVB	Digital Video Broadcasting
DVD	Digital Versatile Disc
EBITDA	Earnings before Interest, Taxes, Depreciation, Amortization
EOS	Economies of Scale
EPG	Electronic Program Guide
ERG	European Regulatory Group
FRK	Fachverband Rundfunkempfangs- und Kabelanlagen
FTTC	Fiber To The Curb

---

[1] Vgl. hierzu vor allem *Kirchner*, Abkürzungsverzeichnis der Rechtssprache und für die US-amerikanischen Abkürzungen *Dickerson*, The ALWD Citation Manual.

FTTH	Fiber To The Home
FuE	Forschung und Entwicklung
GA/GGA	Gemeinschaftsantennenanlagen/ Großgemeinschaftsantennenanlagen
HDTV	High Definition Television
HFC	Hybrid Fibre Copper
HHI	Herfindahl-Hirschman Index
IBP	Internet Backbone Provider
ILEC	Incumbent Local Exchange Carrier
IP	Internet-Protocol
IPTV	Internet Protocol Television
IRG	Independent Regulators Group
ISDN	Integrated Services Digital Network
ISP	Internet Service Provider
ITU	International Telecommunications Union
ITV	Interactive Television
IXC	Interexchange Carrier
KEK	Kommission zur Ermittlung der Konzentration im Medienbereich
LAN	Local Area Network
LATA	Local Access und Transport Area
LDK	Langfristige Totale Durchschnittskostenfunktion
LEC	Local Exchange Carrier
LFA	Local Franchise Authorities
LMDS	Local Multipoint Distribution Service
MAN	Metropolitan Area Network
MES	Minimum Efficient Scale
MOS	Minimum Optimal Scale
MPEG	Moving Picture Experts Group
MSO	Multiple System Operator
MVPD	Multichannel Video Programming Distribution
MZS	Marktzutrittsschranken
NARUC	National Association of Regulatory Utility Commissioners
NCTA	National Cable & Telecommunications Association
NE3/NE4	Netzebene 3/Netzebene 4
NIO	Neue Institutionenökonomik
NPRM	Notice of Proposed Rulemaking
NSH	Neo-Schumpeter-Hypothese
NTSC	National Television Systems Committee
ONP	Open Network Provision
OSS	Operations Support System
PAL	Phase Alternating Line
PEG	Channels for Public, Educational, and Government Use

POTS	Plain Old Telephone Service
PSTN	Public Switched Telephone Network
PVR	Personal Video Recorder
QoS	Quality of Service
RBOC	Regional Bell Operating Company
RHC	Regional Bell Holding Company
SCC	Specialized Common Carrier
SCP	Structure, Conduct, Performance (Paradigm)
SECAM	Séquentiel couleur à mémoire
SIEC	Significant Impediment of Effective Competition
SLC	Substantial Lessening of Competition
SMATV	Satellite Master Antenna Television
SSNIP	Small but Significant and Non-transitory Increase in Price
STB	Set-Top-Box
TAL	Teilnehmeranschlussleitung
TCP	Transport Control Protocol
TCP/IP	Transport Control Protocol/Internet Protocol
TK	Telekommunikation
TK-Dienstleistung	Telekommunikationsdienstleistung
TK-Sektor	Telekommunikationssektor
TKLM	Technische Kommission der Landesmedienanstalten
UDP	User Datagram Protocol
UMTS	Universal Mobile Telecommunications System
VBI	Vertical Blanking Interval
VDSL	Very High Data Rate Digital Subscriber Line
VoD	Video on Demand
VoIP	Voice over Internet Protocol
VPN	Virtual Private Network
VPRT	Verband Privater Rundfunk und Telekommunikation e.V.
WLAN	Wireless Local Area Network
WLL	Wireless Local Loop
ZVEH	Zentralverband der Deutschen Elektrohandwerke

Einleitung

Gegenstand der vorliegenden Untersuchung ist die Anwendung des Fusionskontrollrechts auf dynamische Netzsektoren am Beispiel von Zusammenschlüssen in der Telekommunikation. Im Zentrum stehen dabei Verhältnis und Wechselwirkungen zwischen Fusionskontrollrecht und sektorspezifischer Netzwirtschaftsregulierung im Lichte technischer Innovation. Dieser Themenkreis wird aus Sicht traditioneller ökonomischer Erkenntnisse als auch unter Rückgriff auf neuere netzwerkökonomische Gesichtspunkte untersucht. Anknüpfend an die hieraus gewonnenen Ergebnisse und ihren rechtlichen Implikationen werden die Kartell- und Telekommunikationsrechtsordnungen der Vereinigten Staaten von Amerika und Deutschlands unter Einbeziehung des europäischen Gemeinschaftsrechts daraufhin überprüft, ob sie diesen Anforderungen gewachsen sind.

Verhältnis von Fusionskontrolle und Sektorregulierung

Schutzzweck des Kartellrechts ist die Sicherstellung des Wettbewerbs und die Vermeidung von Marktmacht. Die Zusammenschlusskontrolle richtet sich gegen die der Funktionsfähigkeit des Wettbewerbs schädliche Veränderung der strukturellen Wettbewerbsbedingungen[2]. Ihr Ziel ist es, die Märkte möglichst offen zu halten und Verschlechterungen der Wettbewerbsbedingungen auf den Märkten infolge übermäßiger Unternehmenskonzentration vorzubeugen[3].

Unter dem Begriff der Sektorregulierung für den Bereich der Telekommunikation, aber auch für andere Netzwirtschaften, wird vorliegend in erster Linie eine ökonomische Marktregulierung verstanden. Diese ist erforderlich, um den Bereich der Netzwirtschaften in den Wettbewerb zu überführen. Dass im Infrastrukturbereich im Gegensatz zu anderen Industrien eine Sektorregulierung zur Herstellung des Wettbewerbs überhaupt erforderlich ist, hat historisch-ökonomische Gründe. So wurde schon im 18. Jahrhundert von dem Nationalökonom Adam Smith die Auffassung vertreten, dass der private Aufbau von Infrastrukturen mangels Gewinnmöglichkeiten nicht durch den Markt bereitstellungsfähig sei[4]. Später setzte sich dann die Einsicht durch, dass Wettbewerb in Netzindustrien nicht herstellbar sei, weil man es mit *natürlichen Monopolen* zu tun habe[5]. Seitens der Wettbewerbskonzeptionen führte dieser theoretische Befund dazu, dass man Netzsektoren als Ausnahmebereiche des

---

2 BGH, WuW/E BGH 1501, 1506, 1508 „Kfz-Kupplungen".
3 OLG Düsseldorf WuW/E DE-R 759, 764 f.
4 *Smith*, An Inquiry Into the Nature and Causes of Wealth of Nations, 1952, S. 300.
5 Hierzu statt vieler *Sharkey*, The Theory of Natural Monopoly, 1982.

funktionsfähigen Wettbewerbs formulierte[6] und eine Monopolregulierung schuf. Sie sollte die Wettbewerbsziele des funktionsfähigen Wettbewerbs so gut es ging erfüllen. In den Vereinigten Staaten von Amerika wurde daher einem privatwirtschaftlichen Unternehmen, der American Telephone & Telegraph Company (AT&T), die Aufgabe zur Grundversorgung der Bevölkerung mit Telekommunikation übertragen[7]. In Deutschland wurde diese Aufgabe durch das Staatsunternehmen Deutsche Bundespost (DBP) wahrgenommen.

Nach Jahrzehnten der Monopolregulierung hat sich mittlerweile die Einsicht durchgesetzt, dass der Umfang dieses Marktversagens in Netzsektoren wesentlich geringer ist als angenommen. Mitentscheidend waren einerseits neuere ökonomische Theorien. Andererseits untermauerte die kartellrechtliche Entflechtung des ehemaligen Monopolisten AT&T diesen Befund auch empirisch[8]. Mit Entwicklung von Wettbewerb im Fernverkehrsbereich (sog. „Long Distance" bzw. „Interexchange") der Vereinigten Staaten von Amerika entschloss man sich auch in Europa, die Informations- und Kommunikationsindustrie zu liberalisieren.

Maßgeblich für die Einleitung von Wettbewerb war diesseits des Atlantiks das „Grünbuch über die Entwicklung des gemeinsamen Marktes für Telekommunikationsdienstleistungen und Telekommunikationsgeräte"[9]. Mit der hierauf basierenden „Diensterichtlinie"[10] und ihrer Abänderung durch die Richtlinie „Vollständiger Wettbewerb"[11] entstand der Harmonisierungsdruck zur Liberalisierung des Sprachtelefonsektors. Fortan übernahm die eigens hierfür errichtete Regulierungsbehörde für Telekommunikation und Post (RegTP)[12] die Aufsicht und Regulierung der Telekommunikation. Weitere Maßnahmen in Richtung Liberalisierung erfassten unter anderem auch die TV-Kabelnetze (sog. Breitbandkabelnetze). Insbesondere mit der „Kabelrichtlinie"[13] sollte sich Wettbewerb zwischen Telefonfestnetz und Breitbandkabelnetz entwickeln, da man in beiden Infrastrukturen das Potential für die Erbringung derselben Kommunikationsdienste für den Endkunden erkannt hatte.

Das geltende Telekommunikationsrecht[14] wurde im Jahr 2004 durch die Umsetzung von fünf EU-Richtlinien[15] von Grund auf novelliert. Es hat sich zum Ziel ge-

---

6   Vgl. *Kruse*, in: Immenga/Kirchner/Knieps/ders. (Hrsg.), S. 75; *Müller/Vogelsang*, S. 36 f.; *Meyer/Wilson/Baughcum/Burton/Caouette*, S. 111 f.; *Knieps/Müller/v. Weizsäcker*, S. 77 f.
7   Vgl. *Noll/Owen*, in: Kwoka/White (Hrsg.), S. 328, 331 f.; *Scherer*, Telekommunikationsrecht und Telekommunikationspolitik, 1985, S. 205 ff.
8   Hierzu ausf. *Müller/Vogelsang*, S. 139 ff.; *Knieps/Müller/v. Weizsäcker*, S. 35 ff.; *Noll/Owen*, in: Kwoka/White (Hrsg.), S. 328 ff.
9   KOM 1987 290 v. 30.06.1987.
10 90/388/EWG, ABl. L 192 v. 24.07.1990, S. 10.
11 96/19/EG, ABl. L 74 v. 22.03.1996, S. 13.
12 Nunmehr durch das 2. Gesetz zur Neuregelung des Energiewirtschaftsrechts v. 07.07.2005 (BGBl. 2005 I S. 1970) gemäß Art. 2 § 1 umbenannt in Bundesnetzagentur für Elektrizität, Gas, Telekommunikation, Post und Eisenbahnen (Bundesnetzagentur), im Folgenden BNetzA abgekürzt.
13 95/51/EG zur Änderung der Diensterricht. 90/388/EWG, ABl. L 20 v. 26.01.1996, S. 59.
14 Abgedruckt in: BGBl. 2004 I, S. 1190.

setzt, den Sektor der Telekommunikation von der sektorspezifischen Regulierung allmählich in das allgemeine Wettbewerbsrecht zu überführen[16]. Damit ist Regulierung in diesem Sektor aber noch lange nicht überflüssig geworden. Je nach regulierungsökonomischer Konzeption und wettbewerblicher Situation muss die Sektorregulierung mehr oder weniger intensiv stattfinden. Sie sollte Anreize setzen oder bereitstellungsfähige Mindeststandards garantieren. Erst im Falle der Zielerreichung, d.h. sofern Wettbewerb hergestellt ist, kommt eine (partielle) Aufhebung der Eingriffsverwaltung in Frage. Solange sich aber dieser künstlich erzeugte Wettbewerb nicht von selbst zu tragen beginnt oder die Voraussetzungen für selbsttragenden Wettbewerb vorliegen, darf der Markt nicht sich selbst überlassen werden.

Angesichts dieser Situation ist das Fusionskontrollrecht in Netzsektoren vor große Herausforderungen gestellt:

- Zum einen muss es ihm darum gehen, die Liberalisierung und Öffnung der Märkte aufrechtzuerhalten und einer Remonopolisierung der Märkte entgegenzuwirken.

- Auf der anderen Seite kann Fusionskontrolle, obwohl es primär nicht ihre Aufgabe ist, den Sektor aus der Regulierung allmählich in das allgemeine Kartellrecht überführen. Denn das sektorspezifische Recht verändert durch seine exogen wirkende Funktion der aktiven Verhaltens- und Struktursteuerung die Wettbewerbsbedingungen des Marktes genauso gravierend und nachhaltig wie die Marktteilnehmer selbst. Die Folge ist, dass das privatwirtschaftliche System im Gegensatz zur Monopolregulierung alle Unternehmen, einschließlich des ehemaligen Monopolisten, zu mehr Effizienz und Innovation zwingt. Zusammenschlüsse in deregulierten Netzsektoren haben angesichts dieser endogenen und exogenen Effekte enormes Restrukturierungspotential[17]. Sie sind durch erhebliche Instabilitäten geprägt und ihnen fehlt ein klassisches „Marktgleichgewicht".

---

15   Richtlinie 2002/21/EG des Europäischen Parlaments und des Rates v. 07.03.2002 über einen gemeinsamen Rechtsrahmen für elektronische Kommunikationsnetze und -dienste (RahmenRL), ABl. L 108 v. 24.04.2002, S. 33 ff.; Richtlinie 2002/20/EG des Europäischen Parlaments und des Rates v. 07.03.2002 über die Genehmigung elektronischer Kommunikationsnetze und -dienste (GenehmigungsRL), ABl. L 108 v. 24.04.2002, S. 21 ff.; Richtlinie 2002/19/EG des Europäischen Parlaments und des Rates v. 07.03.2002 über den Zugang zu elektronischen Kommunikationsnetzen und zugehörigen Einrichtungen sowie deren Zusammenschaltung (ZugangsRL), ABl. L 108 v. 24.04.2002, S. 7 ff.; Richtlinie 2002/22/EG des Europäischen Parlaments und des Rates v. 07.032002 über den Universaldienst und Nutzerrechte bei elektronischen Kommunikationsnetzen und -diensten (UniversaldienstRL), ABl. L 108 v. 24.04.2002, S. 51 ff.; sowie Richtlinie 2002/58/EG des Europäischen Parlaments und des Rates v. 12.07.2002 über die Verarbeitung personenbezogener Daten und den Schutz der Privatsphäre in der elektronischen Kommunikation (DatenschutzRL), ABl. L 201 v. 31.07.2002, S. 37 ff.
16   *Schrameyer*, S. 9 f.; *Scherer*, MMR 2002, S. 200 f.; *ders.*, K&R 2002, S. 273 f.
17   *Goldman/Gotts/Piaskoski*, 56 Fed. Comm. Law J. 87 ff. (2003); *Le Blanc/Shelanski*, 2002, S. 4 ff.

Dies äußert sich in fluktuierenden Marktanteilszahlen, ständigen Marktein- und -austritten von Unternehmen und ihrer finanziellen Volatilität und Fragilität.[18] Daher sollte man die Motivation von Zusammenschlüssen im Telekommunikationssektor nicht auf das Streben oder den Erhalt von Marktmacht reduzieren[19].

- Außerdem sollte berücksichtigt werden, dass jede Regulierungskonzeption auch eine gewisse Strategie zur Herstellung und Förderung von Wettbewerb verfolgt und somit eine gewisse ökonomisch-juristische Wertentscheidung beinhaltet. Gesetzgeber, Regulierungs- und Kartellbehörden sind daher einerseits dazu aufgerufen, die Regime der sektorspezifischen Regulierung und der Fusionskontrolle aufeinander abzustimmen. Darüber hinaus könnte es aber auch sinnvoll sein, das Fusionskontrollrecht im Sinne der regulierungsökonomischen Konzeption unmittelbar struktursteuernd einzusetzen[20].

Fusionswelle im Telekommunikationssektor

Den Anstoß für eine vertiefte Untersuchung der vorliegenden Themenstellung gab einerseits der Konsolidierungsprozess der deutschen TV-Kabelnetze: Der erste öffentlichkeitswirksame Zusammenschluss der Liberty Media Corp. (Liberty) mit der Kabel Deutschland GmbH (KDG) (Liberty/KDG)[21] im Jahr 2002 sollte genauso wie der spätere Konsolidierungsversuch von KDG, Kabel Baden-Württemberg (KBW), Iesy und Ish[22] im Jahr 2004 an der Haltung des Bundeskartellamtes scheitern[23]. Auf der anderen Seite zeichnete sich in den Vereinigten Staaten von Amerika zu diesem Zeitpunkt eine regelrechte Fusionswelle im Telekommunikationsbereich ab. Sie erreichte durch die Freigabe der grotesken[24] Akquisitionen von AT&T durch Southwestern Bell Corporation (SBC) (SBC/AT&T)[25] und von Microwave Commu-

---

18 *Le Blanc/Shelanski*, 2002, S. 16; *Veljanovski*, 22 Europ. Comp. Law Rev. 115, 117 (2001).
19 Vgl. auch *Bickenbach/Kumkar/Soltwedel*, in: Zimmermann, (Hrsg.), S. 217, 222.
20 *Abrar*, N&R 2007, S. 29 ff.; *ders.*, Fusionskontrolle in dynamischen Netzsektoren am Beispiel des Breitbandkabelsektors, 2006.
21 BKartA, Beschl.v. 22.02.2002, Az. B7-168/01, WuW/E DE-V 558 „Liberty/KDG".
22 BKartA, 1. Abmahnschreiben v. 23.08.2004, Az. B7-70/04, B7-80/04, B7-90/04 „KDG/KBW/Iesy/Ish" (unveröffentlicht).
23 Vgl. hierzu *Schalast/Jäger/Abrar*, WuW 2005, S. 741, 750 f.
24 SBC und Verizon waren 1984 als Regionalgesellschaften (sog. „Regional Bell Operating Companies" - RBOC) aus der Entflechtung von AT&T hervorgegangen; MCI war zu dieser Zeit der größte Wettbewerber. Zum historischen Hintergrund der Entflechtung und den Wettbewerbsverhältnissen vgl. nur *Noll/Owen*, in: Kwoka/White (Hrsg.), S. 328 ff.
25 SBC Communications, Inc./AT&T Corp., Memorandum Opinion & Order, FCC 05-183 (2005), (SBC/AT&T, Merger Order, FCC 05-183 (2005)).

nications Inc. (MCI) durch Verizon (Verizon/MCI)[26] im Jahr 2006 ihren bisherigen Höhepunkt[27].

Die deutschen TV-Kabelnetze weisen eine weltweit einmalige Eigentumsstruktur auf. Denn nirgends sonst findet man auf so kleinem territorialem Gebiet eine verhältnismäßig große Anzahl einzelner Netzbetreiber, die an der vertikalen Wertschöpfungskette der Netztransportleistung beteiligt sind.[28] Erstaunlicherweise oder gerade aus diesem Grund befand sich das Breitbandkabelgesamtnetz technisch gesehen noch bis vor kurzem auf dem Stand der 1990er Jahre[29] und wird nur schleppend aufgerüstet. Dieser Prozess der Netzaufrüstung erfordert massive Infrastrukturinvestitionen und hat bereits zu Milliardeninsolvenzen einiger Netzbetreiber geführt. Die erfolgreiche Netzaufrüstung ermöglicht das Angebot von Sprachtelefonie- und Internetdiensten, die wiederum erforderlich sind, um mit dem Diensteangebot des deutschen Telefonfestnetzes Schritt halten zu können.

Denn das klassische Telefonfestnetz, das sich im Gegensatz zu den deutschen Breitbandkabelnetzen eigentumsrechtlich fast ausschließlich in den Händen der Deutschen Telekom AG (DTAG) befindet, ist in den letzten zehn Jahren sukzessive technisch so weit aufgerüstet worden, dass Hochgeschwindigkeitsinternet-Zugänge in der Bundesrepublik fast flächendeckend verfügbar sind. Mit der „Veredelung der Doppelkupferader" hat die DTAG nicht nur ihr Kerngeschäftsfeld um das Produkt des Internetzugangs erweitert. Vielmehr begünstigt die Innovation aufgrund internettechnischer Besonderheiten den Markteintritt von Wettbewerbern in einem kannibalisierenden Umfang anderer Dienste[30]. Bereits heute nutzen dutzende Anbieter mit einem Produktbündel aus Sprachtelefonie, Internetzugängen und teilweise auch Rundfunkinhalten die Infrastruktur der DTAG.

Angesichts dieser intermodalen Wettbewerbssituation, die schon Ende der 1990er Jahre absehbar war, verwundert es, dass den wenigen Stimmen[31], die sich durch den in Aussicht gestellten Wettbewerb zum Telefonfestnetz positiv zur Konsolidierung der deutschen TV-Kabelnetze äußerten, kaum Beachtung geschenkt wurde. Das Bundeskartellamt sieht die Konsolidierung der Kabelnetze mit Blick auf den intramodalen Wettbewerb im Kabel bis heute eher pessimistisch.

---

26 Verizon Communications Inc./MCI Inc., Memorandum Opinion & Order, FCC 05-184 (2005), (Verizon/MCI, Merger Order, FCC 05-184 (2005)).
27 SBC zahlt einen hohen Preis, FTD v. 31.01.2005; Verizon baut US-Marktführung aus, Handelsblatt v. 15.02.2005, S. 9; SBC und Verizon geben den Ton an, Handelsblatt v. 06.05.2005, S. 15.
28 Vgl. *Schalast/Abrar*, TKMR 2004, S. 74 ff.
29 Vgl. zu Stand und Entwicklung der Technik: *Büllingen/Stamm/Vary/Lüders/Werner*, Potenziale alternativer Techniken zur bedarfsgerechten Versorgung mit Breitbandzugängen, wik-Studie 22/05 (2006); Heitzig Consult Studie (2002); vgl. auch Price Waterhouse Coopers, Der Breitbandkabel-Markt Deutschland (2000).
30 *Ellison*, Talk Is Cheaper; VoIP Consumer Services Are Ready For the Masses. Are You Ready For Them?, PC Magazine, 08.02.2005; 'The Phone Call Is Dead; Long Live the Phone Call', The Economist, 04.12. 2004.
31 *Hefeküser*, MMR 5/2002, S.V; *Möschel*, MMR 2001, S. 13 ff.

Hingegen wurden Unternehmenszusammenschlüsse im Telekommunikationssektor der Vereinigten Staaten von Amerika in der Vergangenheit recht freizügig gehandhabt. Zwischen 1996 und 2001 fanden dort mehr als 20 Zusammenschlüsse statt, die noch immer zu den größten Fusionen aller Zeiten zählen[32]. Eigentumsrechtlich fällt heute auf, dass die Telekommunikationsinfrastrukturen auch durch den Konsolidierungsprozess der anhaltenden Fusionswelle weitgehend defragmentiert sind. Die Zahl der Wettbewerber, die keine eigene Infrastruktur besitzen, ist aber hoch und steigt weiter an. Auch das Investitionsvolumen ist immens. Im Jahr 2000 wurden nach Branchenangaben etwa 110 Mrd. Dollar bzw. 10% der US-amerikanischen Gesamtkapitalinvestitionssumme in die Aufrüstung der Netze investiert[33].

Technisch befinden sich die Breitbandkabelnetze der USA auf höchstem Stand. Etwa 28,5 Mio. Teilnehmer nutzen hier das flächendeckende Angebot von Hochgeschwindigkeitsinternet-Anschlüssen und etwa 6 Mio. das Angebot von Sprachtelefonie[34] über das TV-Kabelnetz.[35] Nachdem im Jahr 2004 nur 13,8 Mio. Teilnehmer einen vergleichbaren Anschluss über das Telefonfestnetz nutzten, sind dies mittlerweile 23 Mio.[36] Darüber hinaus treten die Common Carrier massiv in die von den Kabel- und Satellitennetzbetreibern dominierten Märkte der Rundfunkverbreitung ein. Insgesamt herrscht hier ein intensiver intermodaler „Triple Play Wettbewerb" aus der Koppelung der Dienste Telefonie, Internet und Rundfunk.[37]

Marktdynamik und Netzwerkökonomie

Die hier angedeutete technische Entwicklung im Bereich der Telekommunikation lässt die enorme Dynamik, die derzeit in diesem Netzsektor herrscht, schon erahnen. Diese Entwicklung war nicht immer so rasant, woran noch der recht altertümlich wirkende Begriff des Fernmeldewesens erinnert. Die Dynamisierung ist zum einen der Liberalisierung zu verdanken. Legte die Theorie des natürlichen Monopols Wert darauf, lediglich Grundbedürfnisse flächendeckend sicherzustellen, zeigt die Öffnung der Märkte für Wettbewerb eindrucksvoll, dass sich vor allem die Entdeckungs- und Fortschrittsfunktion[38] des Wettbewerbs schneller und angesichts der

---

32 *Le Blanc/Shelanski* (2002), S. 1.
33 Vgl. SBC/AT&T, Public Interest Statement, "Merger of SBC Communications Inc. and AT&T Corp., Description of the Transaction, Public Interest Showing, and Related Demonstrations" v. 22.02.2005, S. 4.
34 SBC, AT&T say Bell breakup doesn't work, CNET News.com v. 22.02.2005; *Grant*, Here Comes Cable And It Wants A Big Piece of the Residential Phone Market, Wall Street Journal, R4, 13.11.2004.
35 FCC, In re Annual Assessment of the Status of Competition in the Market for the Delivery of Video Programming, 12th Annual Report, FCC 06-11, Tz. 62 (2006), (MVPD Competition Report 2006); NCTA, Industry Statistics, Cable Developments 2005, S. 31.
36 MVPD Competition Report 2006, Tz. 62 (2006); FCC, Trends in Telephone Service Report v. 21.06.2005, S. 2 ff.
37 *Del Bianco*, the antitrust source, July 2004.
38 Zu den Wettbewerbsfunktionen statt vieler *Knieps*, Wettbewerbsökonomie, S. 4 ff.

niedrigeren Regulierungsintensität auch besser durch den Markt erzielen lassen als durch staatliche Unternehmen oder durch ihn legitimierte Monopole.

Auf der anderen Seite wäre es voreilig, die Markt- und Innovationsdynamik im Telekommunikationssektor allein auf die Liberalisierung und Deregulierung zurückzuführen. Vielmehr ist es vor allem dem Zusammenwachsen mit der Computertechnologie zu verdanken, dass die Innovationszyklen immer kürzer werden und ständig neue Kommunikationsplattformen und -technologien entstehen und alte ersetzen. Der Netzsektor der Telekommunikation besitzt daher ganz andere technische und ökonomische Voraussetzungen als die übrigen Netzwirtschaftsbereiche, wie etwa der Schienen- und Luftverkehr oder die Strom-, Gas-, Fernwärme- und Wasserversorgung.

Der Konvergenzprozess mit der Computertechnologie führt nicht nur zu technischen Besonderheiten. Da in Hochtechnologiemärkten neue ökonomische Gesetzmäßigkeiten zu beobachten sind, die dem Forschungsbereich der Netzwerkökonomie zugerechnet werden können,[39] stellt sich die Frage, wie sich diese auf den Telekommunikationssektor auswirken. So haben beispielsweise direkte und indirekte Netzwerkeffekte Einfluss auf Wertbildung, Wachstum oder ökonomische Beständigkeit von Netzen, woraus sich wiederum Implikationen für die Wohlfahrtsfunktion des Wettbewerbs ergeben können[40].

Damit weist die konvergente Informations- und Kommunikationsindustrie weitaus komplexere Dimensionen auf als noch das „Fernmeldewesen". Kombiniert man diese Phänomene mit den spezifischen ökonomischen Charakteristika der Telekommunikation, potenziert sich auch die ökonomische Komplexität.

Die rechtlichen Konsequenzen, die sich aus diesem Befund ergeben können, sind vielfältig und seitens der Netzwerkökonomiker umstritten. Allerdings deutet sich an, dass die kartellrechtliche (und damit auch die telekommunikationsrechtliche) Intervention auf Netzwerkmärkten zu unerwünschten Effekten für die Gesamtwohlfahrt führen kann. Umso wichtiger ist es, netzwerkökonomische Erkenntnisse und Konsequenzen rechtlich zu erfassen[41] und sollten die Kartellbehörden mit wirtschaftswissenschaftlichen Unsicherheiten möglichst reversibel umgehen. Die Untersuchung versucht daher mit Bedacht auf bestehende Unsicherheiten, die Erkenntnisse der Netzwerkökonomie im Rahmen der Fusionskontrolle zu berücksichtigen[42].

---

39 *Majumdar/Venkatamaran*, 19 Strategic Manage. J. 1045 ff. (1998); *Koski*, 8 Econ. Inno. New Tech. 273 ff. (1999); *ders.*, in: Higano (Hrsg.), S. 139 ff.
40 Insgesamt nur *Economides*, Competition Policy in Network Industries, 2004.
41 So auch *Shelanski/Sidak*, 68 Chi. Law Rev. 95, 148 ff. (2001); *Le Blanc/Shelanski* (2002).
42 Ein solcher Forschungsauftrag findet sich unter anderem bei *Erber/Hagemann*, in: Zimmermann (Hrsg.), S. 277, 308.

1. Teil: Unternehmenszusammenschlüsse in der Telekommunikation

»*The nature of competition is different in network industries.*«

Nicholas Economides (2004)[43]

»*The old industrial economy was driven by economies of scale; the new information economy is driven by the economics of networks.*«

Carl Shapiro & Hal R. Varian (1999)[44]

Das Ziel des ersten Teils dieser Arbeit ist es, die Besonderheiten bei Unternehmenszusammenschlüssen in der Telekommunikation zu analysieren. Erst anschließend können sich der zweite und dritte Teil der Aufgabe widmen, inwieweit die jeweiligen Rechtsordnungen etwaigen Besonderheiten dieser Industrie Rechnung tragen.

Dies kann nur dann gelingen, wenn zuvor die Grundlagen von Unternehmenszusammenschlüssen behandelt wurden. Üblicherweise verbindet man mit ihnen Vorteile für die beteiligten Unternehmen und Nachteile für den Wettbewerb. Probleme ergeben sich dann, wenn der Zusammenschluss den Wettbewerb einschränkt. Wann eine solche Beschränkung ein Einschreiten der Wettbewerbsbehörden nach sich zieht, ist eine Frage des Fusionskontrollrechts, beurteilt sich aber auch nach der jeweils zugrunde liegenden wettbewerbskonzeptionellen Vorstellung.

Für regulierte Märkte, wie die Telekommunikation, gelten Bedingungen, für die die herkömmlichen wettbewerbskonzeptionellen Leitbilder nicht geschaffen wurden. Sie können als Ausnahmebereiche des durch den Wettbewerb erfüllbaren Funktionskatalogs begriffen werden, weil sie von den Grundannahmen so evident abweichen, dass ein freier, nur durch den Marktprozess gesteuerter Wettbewerb zum Erliegen kommt. Daraus folgte früh, dass solche Industriesektoren durch den Staat gewährleistet werden mussten. Die modernen Regulierungstheorien für Telekommunikationsmärkte und andere leitungsgebundene Industrien unterscheiden sich von den klassischen Wettbewerbskonzeptionen vor allem darin, dass sie nicht den gesamten Sektor als wettbewerblichen Ausnahmebereich begreifen. Vielmehr schließen sie die „Lücke im System der Wettbewerbstheorien" dadurch, dass sie die partielle Vereinbarkeit mit Wettbewerb ergründen. Sie legen für die Marktteilnehmer andere Spielregeln fest und verlangen vom Staat den korrigierenden Markteingriff in den freien Wettbewerbsprozess, sofern die Gefahr besteht, dass die Entwicklung des Wettbewerbs gefährdet wird. Diese Marktkorrekturen sollen langfristig aus der Re-

---

43 *Economides*, Competition Policy in Network Industries, 2004, S. 16.
44 *Shapiro/Varian*, Information Rules, S. 173.

gulierung entlassen werden und damit genau die Funktionen erfüllen, die der Wettbewerb auch auf anderen Märkten leistet.

Mit den Regulierungstheorien verwandt sind die ökonomischen Erkenntnisse der Netzwerkökonomie. Sie bauen zwar im Grunde auf den Ergebnisse der Regulierung auf, verbinden sie allerdings mit Elementen, die sich vor dem Hintergrund der Interaktion der Teilnehmer eines Netzwerks ergeben. Zunächst haben sie auf besonders dynamischen Märkten, insbesondere im Bereich der Computersoft- und Hardware, zu Ergebnissen geführt, die sich von denen auf herkömmlichen Märkten und stärker als von den leitungsgebundenen Industrien unterscheiden. Die fundamentalen Gesetze der Industrieökonomie werden so teilweise in ihr Gegenteil verkehrt. Aufgrund der dynamischen Entwicklung der Telekommunikation und der Verlagerung der Industrie auf eine höhere Ebene virtueller Netzwerke entstehen prinzipiell auch neue ökonomische Verhandlungsparameter auf den klassischerweise sehr statisch geprägten Telekommunikationsmärkten.

Aus diesen Gründen müssen Zusammenschlüsse in der Telekommunikation unter diesen Aspekten untersucht werden und können sich Abweichungen zu herkömmlichen Industrien ergeben.

A. Ökonomische Grundlagen von Unternehmenszusammenschlüssen

Alle vorliegend zu untersuchenden Rechtsordnungen verbieten Zusammenschlüsse, die ein bestimmtes Maß an Wettbewerbsbeschränkungen erreichen[45]. Während Einigkeit darin besteht, dass Wettbewerb sichergestellt sein muss, kann die Frage, welchem Zweck der Wettbewerb denn überhaupt dient, zu einem ausufernden Konflikt erwachsen, den diese Arbeit nicht zu lösen vermag. Dies ist nicht überraschend, da der Versuch einer Lösung bis ins 18. Jahrhundert reicht und bis heute nicht eindeutig gelungen ist. Dies liegt vor allem daran, dass der Wettbewerb keinen stationären Charakter aufweist, der zu einer Harmonie zwischen Einzel- und Gesamtinteressen in einer Gesellschaft führt.

Da der Gesetzgeber mit dem Kartellrecht bzw. den antitrust laws den Schutz des Wettbewerbs verlangt, muss zumindest die Frage beantwortet werden, welche Wettbewerbsvorstellungen die jeweils zugrunde liegende Rechtsordnung verfolgt. Wenn man sich dieser Aufgabe stellt, wird schnell erkennbar, dass auch dies nicht mit Bestimmtheit zu gelingen vermag, da sich mit der wettbewerbstheoretischen Evolution auch die Wertvorstellungen des Gesetzgebers verändern und sich partiell in den Gesetzen niederschlagen. So nähert man sich der einzig objektiven Herangehensweise im Kartellrecht, der sog. ökonomischen Analyse.

Dieser auch hier favorisierte Integrationsgrad zwischen rechts- und wirtschaftswissenschaftlicher Erkenntnis war im Rahmen des deutschen Wettbewerbsrechts lange Zeit nicht besonders ausgeprägt[46] und erntete häufig lautstarke Kritik[47]. Ökonomische Erkenntnisse spielen bei der Anwendung der US-amerikanischen antitrust laws dagegen eine herausragende Rolle[48]. So haben die US-amerikanischen Behörden und Gerichte dem wirtschaftswissenschaftlichen Hintergrund immer großen Wert beigemessen[49]. Auch auf Gemeinschaftsebene ist die Auslegung ökonomischer Theorien gerichtlich nachprüfbar[50], obgleich die EU-Kommission bei der ökonomischen Analyse einen breiten Beurteilungsspielraum[51] hat. Die fehlerhafte Anwendung ökonomisch „eindeutiger" Erkenntnisse oder die Nichtanwendung der einschlägigen ökonomischen Theorie können hier aber die Wirkung haben, dass die

---

45 Die noch zu erläuternden Rechtsgrundlagen sind in den US-amerikanischen antitrust laws in erster Linie in Sec.7 Clayton Act und in Sec.2 Sherman Act, im deutschen Kartellrecht § 36 Abs. 1 GWB und auf Gemeinschaftsebene Art. 2 Abs. 3 EG-Fusionskontrollverordnung und Art. 81 f. EG verankert.
46 Vgl. zur Kritik statt vieler *Lademann*, Erfahrungswissenschaftliche Ansatzpunkte bei der Marktabgrenzung im Kartellverfahren, 2000; *ders.*, WuW 1988, S. 575 ff.
47 *Lademann*, WuW 1988, S. 575, 576; *Hoppmann*, Die Abgrenzung des relevanten Marktes im Rahmen der Missbrauchsaufsicht über marktbeherrschende Unternehmen, S. 28 ff.
48 *Sullivan/Grimes*, S. 16 ff.; *Posner*, Antitrust Law, S. 9 ff.
49 Vgl. zum Integrationsstreit in den USA *Polinsky*, 87 Harvard Law Rev. 1655 ff. (1974).
50 Vgl. nur EuG, Rechtssache T-342/99 Rdnr. 147 „Airtours v Commission".
51 EuG, Rechtssache T-342/99 Rdnr. 63 f. „Airtours v Commission".

Fusionsentscheidung ihrer Beweiskraft beraubt wird[52]. In einem globalen Umfeld, das besonders von der transatlantischen Partnerschaft und von einem Zusammenwachsen zu einem europäisch gemeinsamen Markt, insbesondere in der dynamischen Telekommunikation, geprägt ist, gewinnt die Objektivität der ökonomischen Analyse an Bedeutung. Immer mehr verliert sich daher eine eigene „Sichtweise der Dinge" in einem nicht erstrebenswerten Protektionismus, der gesamtwirtschaftliche Verluste verursachen kann. Heute setzt sich daher auch in Deutschland die Einsicht durch, die Ergebnisse zumindest mithilfe einer ökonomischen Analyse abzusichern[53]. Die vollständige Auseinandersetzung mit ökonomischen Erkenntnissen ist bislang aber ausgeblieben. Oftmals mündet sie in einer Wertediskussion, in der nicht selten ideologische Gesichtspunkte entgegengesetzt werden[54].

Wie ausgeprägt die ökonomische Analyse in den einzelnen Rechtsordnungen tatsächlich ist, soll für die USA im zweiten Teil und für Deutschland und Europa insgesamt im dritten Teil der Arbeit im Rahmen der rechtlichen Behandlung von Telekommunikationszusammenschlüssen geklärt werden. Dabei ist auch die historische Prägung durch wettbewerbskonzeptionelle Leitbilder zu erörtern.

An dieser Stelle wird versucht, die ökonomischen Grundlagen von Zusammenschlüssen zu erarbeiten. Wie eingangs erläutert, lösen Zusammenschlüsse dann einen gesamtwirtschaftlich untragbaren Effekt aus, wenn der „Wettbewerb" beschränkt wird. Auf der Unternehmensseite können Zusammenschlüsse dagegen positive Auswirkungen haben. Aus der Kombination positiver gesamtwirtschaftlicher Aspekte und der Entstehung von Marktmacht können Zielkonflikte für die Wettbewerbspolitik erwachsen. Wie diese aufzulösen sind, ist eine Frage der Konzeption. Um die Zusammenhänge zu erläutern, sollen daher zunächst die einzelwirtschaftlichen Effekte besprochen werden. Anschließend wird ein Überblick über die Marktmachteffekte von Zusammenschlüssen gegeben. Die hieraus resultierenden Zielkonflikte werden eigenständig dargestellt und diskutiert, wobei sich eine Einbettung in das Gesamtgefüge der wettbewerbskonzeptionellen Vorstellungen anbietet.

I. Der ökonomische Zusammenschlussbegriff

Heute ist ein ökonomisch-juristisch „zweigliedriger Zusammenschlussbegriff" in der wettbewerblichen Analyse anerkannt. Dieser setzt sich zusammen aus der juristischen Beteiligungsform, d.h. den unterschiedlichen Möglichkeiten, Kontrolle über ein anderes Unternehmen auszuüben, und der ökonomischen Zusammenschlussrich-

---

[52] So in EuG, 2002 II-4071, Rdnr. 411 „Schneider v. Kommission": »*The errors of analysis and assessment found above are thus such as to deprive of probative value the economic assessment of the impact of the concentration which forms the basis for the contested declaration of incompatibility.*«

[53] BKartA, Wettbewerbsschutz und Verbraucherinteressen im Lichte neuerer ökonomischer Methoden, 2004, S. 27; *Ott/Schäfer*, JZ 1988, S. 213 ff.; *Kirchgässner*, JZ 1991, S. 104 ff.

[54] *Fezer*, JZ 1986, S. 817 ff.; *ders.*, JZ 1988, S. 223 ff.

tung[55]. An die juristische Komponente werden nach keiner der hier behandelten Rechtsordnung hohe Anforderungen gestellt, so dass er eher funktional zu verstehen ist. Eine differenzierte Betrachtung erfolgt hier allein im Hinblick auf die gesellschaftsrechtlich eröffnete Möglichkeit, entscheidenden Einfluss auf ein anderes Unternehmen auszuüben[56]. Ist dieser Einfluss gegeben, so ist der juristisch verstandene Zusammenschlussbegriff meist erfüllt. Daher kann hier der Blick allein auf die ökonomische Komponente gerichtet werden, zumal diese in der wettbewerblichen Beurteilung eines Zusammenschlusses zunehmende Bedeutung erlangt[57].

Für Zusammenschlüsse wird vorwiegend in der betriebswirtschaftlichen Literatur häufig der Begriff Mergers & Acquisitions (M&A) verstanden. Wird die Unternehmensverbindung auf die Herstellung einer wirtschaftlichen Einheit beschränkt, spricht man von einer Übernahme (acquisition). Wird dagegen eine rechtliche Einheit angestrebt, so wird dies als Fusion (merger) verstanden.[58] Letztlich ist damit nicht viel gewonnen[59]. Insbesondere kennzeichnet eine solche Unterscheidung weder die wettbewerblich positiven noch negativen Auswirkungen.

Der hier verwendete ökonomische Zusammenschlussbegriff differenziert im Hinblick auf die Expansions-[60] oder Diversifikationsrichtung[61]. Dieses Element gibt den Markt der Zielgesellschaft an. Im Wesentlichen werden danach horizontale, vertikale und konglomerate Zusammenschlüsse unterschieden[62], die unterschiedliche wettbewerbliche Implikationen mit sich bringen können.

II. Einzelwirtschaftliche Aspekte von Zusammenschlüssen

Die unternehmensintern erwarteten Wirkungen von Unternehmenszusammenschlüssen sind vielfältig und häufig ist es nicht nur ein Aspekt, der die Unternehmen zum Zusammenschluss bewegt[63]. Positive einzelwirtschaftliche Effekte können als Effizienzgewinne bezeichnet werden[64]. Neben diesen können Unternehmenszusammenschlüsse aus einzelwirtschaftlicher Sicht auch Nachteile für die Unternehmen selbst mit sich bringen. Hierzu werden Organisationskosten[65], negative Kapitalmarktreak-

---

55 *Bühner*, Erfolg von Unternehmenszusammenschlüssen, S. 5; *Kinne*, S. 16.
56 Ausf. *Krimphove*, S. 71 ff.; krit. *Mestmäcker*, Europäisches Wettbewerbsrecht, S. 108.
57 Vgl. nur *I.Schmidt*, S. 138 ff.; *Emmerich*, S. 252 ff.; *Sullivan/Grimes*, S. 512 ff.
58 *Garcin/Hepp/Möhring*, S. 48 f.
59 *Heineke*, S. 26.
60 *Kinne*, S. 16.
61 *Bühner*, Erfolg von Unternehmenszusammenschlüssen, S. 5.
62 *I.Schmidt*, S. 138 ff.; *Emmerich*, S. 252 ff.; *Veltrup*, S. 21 ff.; *Emrich*, S. 31 ff.; *Sullivan/Grimes*, S. 512; weiter differenzierend *Krimphove*, S. 67 f.
63 *Everett/Ross*, S. 5 ff.
64 *Schwalbe*, S. 1; US Merger Guidelines 1997, § 4 Abs. 1.
65 *Albach*, ZfB 1976, S. 683 ff.; *Albach/Warnke*, S. 31 ff.; *Bleicher*, ZfO 1979, S. 243, 244 ff.

tionen[66], der Rückgang der Gesamtkapitalrentabilität[67] und negative Kosteneffekte über X-Ineffizienzen[68] gezählt[69].

1. Klassifikation von Effizienzen

Eine grundsätzliche Differenzierung kann zum einen anhand ihrer Klassifikation und zum anderen anhand des Unternehmensbereichs ihrer Realisierung vorgenommen werden. In der wirtschaftswissenschaftlichen Literatur existieren mehrere Typologien zur Klassifikation solcher Effizienzen[70], wobei sich das traditionelle Konzept der Produktionsfunktion durchgesetzt hat[71]. Danach unterscheidet man im Wesentlichen zwischen Größenvorteilen, Verbundvorteilen, Rationalisierungsvorteilen, Transaktionskostenvorteilen, sowie der Verringerung von X-Ineffizienzen[72]. Weiter differenzieren lassen sich Effizienzen, die ohne Änderung der Produktionsfunktionen, d.h. der technischen Möglichkeit der fusionierenden Unternehmen, zustande kommen, sog. technische Effizienzen und solche, die eine Änderung der Produktionsmöglichkeiten der fusionierten Unternehmen bewirken, sog. Synergieeffekte.[73] In der folgenden Darstellung sollen die einzelnen Effizienzvorteile kurz skizziert werden:

a) Statische und dynamische economies of scale

Im Rahmen der Klassifizierung von Effizienzen kommt den positiven innerbetrieblichen Kosteneffekten durch Größenvorteile besonderes Gewicht zu.

Ein Unternehmen, das bestimmte Güter herstellt, hat unterschiedliche Kosten. Man unterscheidet grundsätzlich zwischen Fixkosten und variablen Kosten. Fixkosten sind solche, die sich mit einer Erhöhung oder Verringerung der Produktion über einen bestimmten Zeitraum nicht verändern. Ein Beispiel hierfür ist eine Maschine. Auch Löhne, Gehälter und Steuern werden in die fixen Kosten einbezogen. Variable Kosten sind ausbringungsabhängig. Beispiele hierfür sind Rohstoffe, Energie oder Transportkosten. Auch Fixkosten verändern sich mit der Zeit. Sie sind jedoch langfristiger Natur. So muss die Maschine zu einem gegebenen Zeitpunkt ersetzt, repa-

---

66 *Bühner*, Erfolg von Unternehmenszusammenschlüssen, S. 121 ff.; anders in den USA: *Asquith/Bruner/Mullins*, 11 J. Financ. Econ. 121, 133 ff. (1983).
67 *Bühner*, Erfolg von Unternehmenszusammenschlüssen, S. 126-128.
68 *Leibenstein*, 56 Amer. Econ. Rev. 392, 401 (1966); *Williamson*, Markets and Hierarchies, S. 20 ff.
69 Da die Unternehmen mit dem Zusammenschluss strategische Zielsetzungen verfolgen und diese Risiken zu minimieren versuchen, sollen diese Nachteile nur insoweit besprochen werden, als negative Kosteneffekte bestehen. Daher wird in diesem Zusammenhang auf die Organisationskosten und X-Ineffizienzen eingegangen.
70 Übersicht bei *Röller/Stennek/Verboven*, S. 31 ff.; Monopolkommission, VI. Hauptgutachten 1984/1985.
71 *Schwalbe*, S. 10; *Goldman/Gotts/Piaskoski*, 56 Fed. Comm. Law J. 87, 93 (2003).
72 *Schwalbe*, S. 10-19; *Kinne*, S. 22-30; *Heineke*, S. 32-40; *Bergau*, S. 11-12.
73 *Schwalbe*, S. 10; *Coenenberg/Sautter*, Die Betriebswirtschaft 1988, S. 691 ff.

riert oder gewartet werden. Werden mit jeder Mengeneinheit bestimmte Gewinne erzielt, so lassen sich durchschnittliche Fixkosten als degressiv verlaufende L-förmige Kurve wahrnehmen, wobei die x-Koordinate die Kosten und die y-Koordinate die Ausbringungsmenge darstellt. Durchschnittliche variable Kosten spiegeln hingegen die totalen variablen Kosten pro Mengeneinheit wider.[74]

Größenvorteile sind ausbringungsabhängige Kostenvorteile mit steigender Betriebsgröße, sog. statische economies of scale (EOS). Ausgangspunkt der EOS ist der Verlauf der langfristigen totalen Durchschnittskostenfunktion (LDK)[75]. Diese erfassen nicht nur die variablen, sondern auch die fixen Kosten je Mengeneinheit. Die LDK gibt die Höhe der Durchschnittskosten bei gegebenem Stand der Technik und gegebenen Faktorpreisen an, die bei unterschiedlichen Betriebsgrößen auftreten können. Bei einer Vergrößerung der Ausbringungsmenge sinken die durchschnittlichen totalen Kosten (DTK) bis zur sog. mindestoptimalen Betriebsgröße, sog. minimum optimal scale (MOS). Bei Vorligen von EOS fällt die LDK mit steigender Ausbringungsmenge daher ab. Nach Erreichen der MOS ist keine weitere Reduktion der Durchschnittskosten erzielbar, weshalb die LDK wieder ansteigt (ertragsgesetzlicher Verlauf) oder L-förmig weiter verläuft. Damit führen economies of scale bis zum Erreichen einer mindestoptimalen Betriebsgröße zu geringeren Stückkosten in größeren Unternehmenseinheiten.[76]

Von statischen EOS unterscheiden sich dynamische EOS dadurch, dass sie nicht auf eine Erhöhung der Ausbringungsmenge zurückzuführen sind, sondern auf die in der Vergangenheit erzielten Erfahrungen bei der Ausbringung größerer Produktionsvolumina. Diese Erfahrungsvorteile (sog. learning-by-doing economies) können durch Wissensvorsprünge die innerbetriebliche Verarbeitung von Produkten verbessern und Produktionsprozesse effizient koordinieren[77]. Dynamische EOS bestehen aufgrund von Mitarbeiterfluktuation, technischem Fortschritt, dem Ablauf von Patenten oder dem Publikwerden von Produktionstechniken (sog. spill over effect). Da sie nur für eine gewisse Dauer bestehen, nimmt ihr Potential mit Zeitablauf ab.

b)   Verbundvorteile (economies of scope)

Durch die gemeinsame Produktion von mehreren verschiedenen Produkten lassen sich Verbundvorteile realisieren[78]. Diese sog. economies of scope existieren dann, wenn die Durchschnittskosten bei gemeinsamer Produktion mehrerer Güter geringer sind als die Summe der Durchschnittskosten bei separater Herstellung der Produk-

---

74   *Hovenkamp*, Federal Antitrust Policy, S. 9.
75   *Scherer/Ross*, S. 97 ff.; *Shepherd*, S. 166 ff.; *I.Schmidt*, S. 84 ff.
76   *Scherer/Ross*, S. 103 f.; *I.Schmidt*, S. 84.
77   *Kinne*, S. 28; *Shepherd*, S. 175 ff.; *I.Schmidt*, S. 87.
78   Der Begriff wurde geprägt v. *John C. Panzar* und *Robert D. Willig*; vgl. *Panzar/Willig*, 71 Amer. Econ. Rev. 268 ff. (1981); vorausgegangen *Panzar/Willig*, Bell Laboratories 1975, teilweise veröffentlicht in: *Panzar/Willig*, 91 Quart. J. Econ. 481 ff. (1977).

te[79] oder wenn die Weitergabe von Wissen in einem Unternehmen bedeutend einfacher ist als zwischen zwei unabhängigen Unternehmen[80]. Verbundvorteile erzeugen damit synergetische Effekte[81] und beruhen auf gemeinsam genutzten Produktionsfaktoren für die Herstellung verschiedener Güter[82].

c) Rationalisierungsvorteile

Rationalisierungsgewinne können realisiert werden, wenn die zuvor getrennten Unternehmen nicht im Minimum ihrer Durchschnittskosten produziert haben. Durch die Zusammenlegung ihrer Produktionsfaktoren kann die Rationalisierung dazu beitragen, dass eine Auslastung dieser Produktionsfaktoren diesem Minimum angenähert wird. Die gleiche Outputmenge kann dann insgesamt zu geringeren Kosten hergestellt werden.[83]

d) Transaktionskostenvorteile (transaction-cost economies)

Sind die Transaktionskosten zwischen separierten Unternehmen aufeinander folgender Wirtschaftsstufen größer als die Organisationskosten vertikal integrierter Unternehmen, können diese durch vertikale Zusammenschlüsse eliminiert und dementsprechend Kosteneinsparungen realisiert werden, sog. transaction-cost economies[84]. Transaktionskosten entstehen durch die jeweiligen Transaktionen über den Markt[85]. Transaktionskosten entstehen insbesondere aufgrund von Vertragsproblemen zwischen opportunistisch agierenden Akteuren (sog. free-rider Verhalten). Opportunismus kennzeichnet dabei die Verfolgung von Eigeninteressen unter Zuhilfenahme von List[86]. Die Gestaltung dieser Verträge ist meist komplex. Es müssen Anreize zu einer Einhaltung der Verträge und die Koordination sichergestellt sein, damit potentielle Handelsgewinne zumindest teilweise ausgeschöpft werden können. Zu den zwei zentralen Problemen der Vertragslösung zählen Informationsunvollkommenheiten und Vermögensspezifität. Erstere kennzeichnen die Informationsasymmetrien der beteiligten Transaktionsparteien, die im Streitfalle meist zu weiteren Verzerrungen durch Einschaltung uninformierter, externer Streitschlichter führen. Vermögen wird in Vertikalvereinbarung auch häufig beziehungsspezifisch eingesetzt, so dass eine spätere Auflösung der Vertragsbeziehung mit erheblichen Effizienzverlusten

---

79 *Kinne*, S. 28; *I.Schmidt*, S. 101.
80 *Schwalbe*, S. 14.
81 *Bühner/Spindler*, DB 1986, S. 601 ff.; *Teece*, 1 J. Econ. Behav. Organ. 223 ff. (1980); *Kinne*, S. 28; *I.Schmidt*, S. 101.
82 *Panzar/Willig*, 71 Amer. Econ. Rev. 268 ff. (1981).
83 *Schwalbe*, S. 11.
84 Grundlegend *Coase*, The Nature of the Firm, 4 Economica 386 ff. (1937); *Bössmann*, ZfgSt 1982, S. 664 ff.; *Williamson*, in: Schmalensee/Willig (Hrsg.), S. 135 ff.; *Levy*, 67 Rev. Econ. Statist. 438 f. (1985).
85 *I.Schmidt*, S. 99.
86 *Williamson*, The Economic Institutions of Capitalism, S. 47.

verbunden sein kann. Gerade auf dynamischen Märkten mit fluktuierenden Marktteilnehmern kann ein solch spezifischer Vermögenseinsatz mehr Kosten verursachen als mit einem vertikal integrierten Partner, der die Informationen vollständig offen legt und die Einsichtnahme in die eigene Effizienz des Unternehmens erlaubt.[87]

e) Verringerung von X-Ineffizienzen

Die Existenz von X-Ineffizienzen wurde bereits von Adam Smith erkannt, der darauf hinwies, dass das Monopol eine gute Geschäftsführung verhindere[88]. Zusammenschlüsse zwischen Unternehmen können aufgrund von X-Ineffizienzen zu Kostennachteilen führen. X-Ineffizienzen liegen dann vor, wenn zwischen den tatsächlichen und den geringst möglichen Produktions- und Absatzkosten eine Differenz besteht[89]. Grundlage der X-Ineffizienz ist die Erkenntnis, dass die Motivation einen erheblichen Einfluss auf die produktive Effizienz in einem Unternehmen hat[90]. Ursachen der Motivation können nach organisationsinternen und externen Einflussfaktoren unterschieden werden. Organisationsinterne Einflussfaktoren sind beispielsweise solche, die in der Unternehmenskultur begründet liegen. Zusammenschlüsse zwischen Unternehmen unterschiedlicher Unternehmenskulturen können aufgrund der Integrations- und Identifikationsleistung der Mitarbeiter, insbesondere durch grenzüberschreitende Zusammenschlüsse[91], zu gesteigerten Kosten führen[92]. Der Anzahl der hierarchischen Ebenen kommt dann im Rahmen der X-Ineffizienzen Bedeutung zu, wenn neue Abteilungen entstehen und sich hierdurch die Informations- und Kommunikationswege verlängern[93] und wenn eine Verlagerung von Verantwortungsbereichen stattfindet, die zu gesteigerten Identifikationsproblemen führen können. Solche Identifikationsprobleme treten gerade bei Zusammenschlüssen unterschiedlich starker Partner auf, wenn eine Verlagerung des Verantwortungsbereichs des kleinen in das größere, stark hierarchisch gegliederte Unternehmen, stattfindet. Für bürokratische Schwerfälligkeit sorgen zudem wachsende Verwaltungsapparate. Diese können zu Motivationsverlusten bei den Angestellten führen.[94] Neben den Identifikationsproblemen der Mitarbeiter können X-Ineffizienzen auch im Management entstehen, da große Unternehmen schwieriger zu kontrollieren und koordinieren sind[95] und so zu erhöhten Organisationskosten[96] führen. Neben diesen aufgeführten Ursachen von X-Ineffizienzen werden noch eine Reihe weiterer organisationsinterner Faktoren, wie eigentumsrechtliche Regelungen, die Gestaltung

---

87 *Bickenbach/Kumkar/Soltwedel*, in: Zimmermann (Hrsg.), S. 217, 219 f.
88 *Smith*, An Inquiry Into the Nature and Causes of Wealth of Nations, 1952, S. 329.
89 *Kinne*, S. 36; *I.Schmidt*, S. 94.
90 *Leibenstein*, 56 Amer. Econ. Rev. 392, 401 (1966).
91 *Kanter*, S. 197 ff.
92 *Kinne*, S. 37; *I.Schmidt*, S. 94.
93 *Kinne*, S. 38.
94 *Grimm*, S. 46; *Büscher*, S. 61.
95 *Scherer/Ross*, S. 85 f.; *Lenel*, S. 37 f.; *Westerhausen*, S. 15.
96 *Albach*, ZfB 1976, S. 683 ff.; *Albach/Warnke*, S. 31 ff.; *Bleicher*, ZfO 1979, S. 243, 244 ff.

anreizorientierter Vergütungssysteme, die Teilhabe und Information der Mitarbeiter über unternehmerische Entscheidungen[97], sowie die allgemeine Größe der Unternehmung genannt.[98]

Externe Einflussfaktoren sind im Wesentlichen die Marktstellung des Unternehmens und insbesondere die (damit verbundene) Wettbewerbsintensität.[99] So wird angeführt, dass durch die zunehmende Konzentration auf den Märkten die Intensität des Wettbewerbs abnehmen und dadurch die Bemühungen der Unternehmen erlahmen würde, über Kostenersparnisse Wettbewerbsvorteile zu realisieren. Dies würde sich schließlich in allen Funktionsbereichen und ganz besonders bei der Unternehmensorganisation niederschlagen.[100] Noch weit reichender ist die These, dass die geringe Wettbewerbsintensität bei Marktmacht zu einem Verlust an Motivation und Kostendisziplin und damit zu einem erhöhten Durchschnittskostenniveau aller Anbieter innerhalb eines Sektors führe[101]. Empirisch konnte dieser direkte Zusammenhang aber noch nicht eindeutig untermauert werden[102]. Auch unter dem Gesichtspunkt des potentiellen Wettbewerbs wird der Zusammenhang daher in Frage gestellt[103] oder findet in Anbetracht eines fehlenden Vergleichsmaßstabs des marktmächtigen Unternehmens nur eingeschränkt[104] Anwendung.

Den Argumenten, die gegen die Effizienz von Unternehmenszusammenschlüssen sprechen, wird aber auch mit der Behauptung begegnet, dass externes Wachstum zum Austauschen der schlechteren durch die besseren Führungskräfte führe. Dadurch könne sog. managerial slack vermieden werden. Dieser entstehe dann, wenn die Wettbewerbsbehörden bei Fusionskontrollentscheidungen keine Effizienzgewinne berücksichtigten. Denn mit der grundsätzlichen Haltung gegenüber Ineffizienzen verringere sich durch eine zu strikte Fusionskontrolle die Gefahr einer feindlichen Übernahme großer Unternehmen und damit nehme auch die disziplinierende Wirkung von Übernahmen.[105] Aber auch ihr fehlt es an empirischer Evidenz.

Insgesamt konnten für X-Ineffizienzen noch keine eindeutigen Schlussfolgerungen gezogen werden. Insbesondere die Frage nach der Wirkung der Wettbewerbsstruktur auf X-Ineffizienzen ist bisher offen geblieben[106].

---

97 *Kanter*, S. 197 ff.
98 *I.Schmidt*, S. 94.
99 *Böbel*, S. 229 ff.; *I.Schmidt/Rittaler*, S. 49; *I.Schmidt*, S. 94.
100 *Kinne*, S. 38; *Albach*, ZfB 1976, S. 683, 684 ff.; *Albach/Warnke*, S. 31 ff.
101 *Leibenstein*, 56 Amer. Econ. Rev. 392, 409 ff. (1966); vgl. auch *I.Schmidt*, S. 94.
102 *Schwalbe*, S. 16; *Röller/Stennek/Verboven*, S. 22.
103 *Gey*, S. 42.
104 *Carlton/Perloff*, S. 93.
105 *De la Mano*, S. 68; *Neven/Röller*, S. 20 f.
106 *Röller/Stennek/Verboven*, S. 22; *Schwalbe*, S. 16

2. Bereich der Realisierung von Effizienzen

Kosteneinsparpotentiale lassen sich nicht nur im Bereich der Produktion, sondern u.a. auch bei der Beschaffung, beim Absatz, bei Forschung und Entwicklung sowie im Bereich der Unternehmensorganisation und dem Management erzielen[107]. Die dargestellten Effizienzgewinne kommen daher in unterschiedlichen Unternehmensbereichen vor.

a) Effizienzgewinne bei der Produktion

Im Bereich der Produktion erweitern Zusammenschlüsse die Produktionskapazitäten, ohne zusätzlich Kapazitäten am Markt zu schaffen, wodurch die Gefahr vermieden wird, keinen Absatz für die gesteigerte Angebotsmenge zu erreichen. Die Vergrößerung der Ausbringungsmenge führt dazu, dass bereits bestehende Produktionsanlagen besser ausgenutzt werden, der Einsatz größerer Produktionsanlagen rentabel wird[108], sowie bestehende Überkapazitäten abgebaut werden.[109] Dadurch können die Zusammenschlussparteien die Arbeits- und Produktionskosten senken. Ursache der Kostenersparnisse werden auch in Spezialisierungsvorteilen, in Ersparnissen aufgrund unteilbarer Produktionsfaktoren und in der Ausnutzung von Dichtevorteilen gesehen[110]. Spezialisierungsvorteile treten vor allem in der Arbeitsteilung der Beschäftigten auf[111]. Produktionsverfahren mit ausbringungsunabhängigen Anfangskosten (sog. set-up costs) verursachen für das zusammengeschlossen Unternehmen geringere prozentuale Kosten[112]. Hierzu führt auch die verbesserte Auslastung von Produktionskapazitäten und -anlagen (sog. shared inputs)[113].

b) Effizienzgewinne bei der Beschaffung

Im Bereich der Beschaffung lassen sich reale Kostenersparnisse bei der Lagerhaltung, dem Transportwesen und den Gemeinkosten realisieren, wenn die am Zusammenschluss beteiligten Unternehmen zum Teil gleiche Rohstoffe einsetzen oder die zusätzlich benötigten Rohstoffe aus der gleichen Quelle bezogen werden können[114]. Darüber hinaus kann durch Zusammenführung der Produktionsanlagen auch der prozentuale Umfang für die Reservehaltung abnehmen[115]. Daneben ermöglicht die Abnahme größerer Mengen pekuniäre Kosteneinsparpotentiale. Dies ist insbesondere bei Rabattstaffelungssystemen marktmächtiger Unternehmen der Fall. Denkbar

---

107 Vgl. Überblick bei *I.Schmidt*, S. 86, Abb. 7; *Areeda/Hovenkamp/Solow*, S. 68 ff.
108 *Scherer/Ross*, S. 90; *G. Neumann*, S. 72.
109 *Kinne*, S. 31.
110 *G. Neumann*, S. 72.
111 *Kinne*, S. 31.
112 Ebenda.
113 *Teece*, 1 J. Econ. Behav. Organ. 223 ff. (1980).
114 *Scherer/Beckenstein/Kaufer/Murphy/Bougeon-Massen*, S. 260 ff.; *Büscher*, S. 59.
115 Monopolkommission, VI. Hauptgutachten 1984/1985, Tz. 597.

sind solche Einsparungen aber auch durch ansteigende Nachfragemacht des zusammengeschlossenen Unternehmens.[116] Weiterhin könnte das fusionierte Unternehmen über bessere Möglichkeiten der Kapitalbeschaffung verfügen[117]. Dieses Argument greift vor allem dann, wenn Unvollkommenheiten auf dem Kapitalmarkt vorhanden sind[118]. Solche Unvollkommenheiten werden beispielsweise in asymmetrischer Information über Risiken und mögliche Erträge erachtet[119]. Insbesondere bei kleineren und mittleren Unternehmen stellt die Kapitalbeschaffung ein zunehmendes Problem dar als bei größeren Unternehmen. Die Investoren gehen bei letzteren von stabileren Erträgen aufgrund ihrer häufig diversifizierten Struktur (sog. Portfolioeffekt) aus[120]. Kleine und mittlere Unternehmen sind dagegen einem erhöhten Insolvenzrisiko ausgesetzt, beispielsweise durch Preiskämpfe oder durch die Gefahr des Verlusts eines bedeutenden Nachfragers. Dadurch haben solche Unternehmen höhere Kapitalkosten als größere[121]. Andererseits kann die Beschaffung größerer Kredite auch eine Einsparung der Transaktionskosten bedeuten, da die Verhandlungskosten relativ sinken[122]. Darüber hinaus können die Ersparnisse auch auf überlegener Marktmacht des Unternehmens gegenüber den Kapitalgebern beruhen[123]. Folglich können sich Zusammenschlüsse positiv auf die Kapitalbeschaffung auswirken und die damit verbundenen Kosten senken[124].

c) Effizienzgewinne beim Absatz

Kosten beim Absatz von Produkten und Dienstleistungen bestehen zum einen beim Transport auf Märkte, aber auch bei der Werbung. Durch Koordination und bessere Ausnutzung der Vertriebsapparate[125] können beim Absatz analog zur Beschaffung zusammenschlussbedingte Kostendegressionen entstehen. Es lassen sich hier mit steigender Absatzmenge vor allem economies of scale erzielen[126]. Zum Tragen kommen Massenproduktionsvorteile insbesondere bei der Werbung[127], da diese Aufwendungen versunkene Kosten (sog. sunk costs) darstellen[128] und sich Fixkostendegressionsvorteile ausschöpfen lassen[129].

---

116 *Scherer/Ross*, S. 133; *Kinne*, S. 32; *Westerhausen*, S. 9; *Fisher/Lande*, 71 Cal. Law Rev. 1580, 1600 (1983); *Schwalbe*, S. 14 f.
117 *Scherer/Ross*, S. 104 f.; *Areeda/Turner*, Bd.5, S. 14 f.; *G. Neumann*, S. 72; *Grimm*, S. 48; *Heinen*, in: Arndt (Hrsg.), Bd.I, S. 403.
118 *De la Mano*, S. 66.
119 Ebenda; *Schwalbe*, S. 15.
120 Monopolkommission, V. Hauptgutachten 1982/1983, Tz. 731 f.; *Grimm*, S. 48.
121 *De la Mano*, S. 66.
122 *Scherer/Ross*, S. 104.
123 *Schulte-Braucks*, S. 260; *Lenel*, S. 42.
124 *Schwalbe*, S. 16; *Westerhausen*, S. 12.
125 *Grimm*, S. 44; *Heinen*, in: Arndt (Hrsg.), Bd.I, S. 400; *Westerhausen*, S. 10.
126 *Kinne*, S. 33.
127 Ebenda.
128 *Pratten*, in: Europäische Kommission, Ökonomische Papiere, Nr. 67, S. 101.
129 *Scherer/Ross*, S. 137; *Heineke*, S. 35; *Kinne*, S. 33; *Grimm*, S. 44.

d) Effizienzgewinne bei Forschung und Entwicklung

Auch im Bereich Forschung und Entwicklung (FuE) können Zusammenschlüsse zu Effizienzvorteilen führen[130]. FuE-Investitionen sind kostenintensiv und risikoreich[131]. Neben dem Preis sind vor allem FuE-Investitionen ein entscheidender Aktionsparameter im Wettbewerb. Ein Teil der FuE-Ausgaben stellt versunkene Kosten dar[132]. Effizienzvorteile bei FuE durch Zusammenschlüsse sind daher ganz besonders von economies of scale gekennzeichnet. Auch führt der Zusammenschluss zu einer Eliminierung von unnötigen Duplikationen versunkener Kosten. Daneben können im Wege des Zusammenschlusses komplementäre FuE-Ergebnisse gemeinsam genutzt, Qualitätsverbesserungen vorgenommen oder Kosten der Innovationsaktivität gespart werden.[133] Somit sind im FuE-Bereich auch economies of scope für die beteiligten Unternehmen realisierbar. Durch die Zusammenführung der FuE-Ergebnisse lassen sich zudem Erfahrungswerte der zuvor getrennten Unternehmen austauschen, so dass die Diffusion der gewonnenen Erkenntnisse schneller erreicht wird als durch die übliche Weitergabe von Wissen über den Markt, beispielsweise über Lizenzierung.

Andererseits ist zu berücksichtigen, dass durch das Ausscheiden von Wettbewerbern auch die Risikobereitschaft des zusammengeschlossenen Unternehmens für FuE-Aktivitäten abnehmen kann.[134] Ohne Wettbewerbsdruck anderer Wettbewerber bei Einsatz von FuE kann daher auch der eigene Anreiz zu FuE erlöschen. Neben dem fehlenden Wettbewerbsdruck zum FuE-Parametereinsatz kann die zusammengelegte FuE-Abteilung aber auch dazu führen, dass alternative Erforschungs- und Entwicklungswege nicht beschritten werden und daher die Wahrscheinlichkeit der Erforschung und Entwicklung neuer Produkte und Dienste abnimmt[135].

e) Effizienzgewinne im Bereich Organisation und Management

Weitere Kosteneinsparpotentiale durch Unternehmenszusammenschlüsse werden bei Unternehmensleitung und allgemeinen Verwaltungskosten erwartet (sog. Gemeinkosten)[136]. Bei der Unternehmensleitung werden Kosteneinsparpotentiale in der Eingliederung in die andere Organisationseinheit gesehen. Hier können doppelte Kapazitäten abgebaut werden und die besseren Informations- und Kommunikationstechniken verwendet werden. Auch könnten modernere Managementmethoden (wie beispielsweise das sog. Lean-Management[137]) zum Einsatz kommen.[138] Größtmögli-

---

130 *De la Mano*, S. 69; *G. Neumann*, S. 72.
131 *Frisch*, S. 284; *Kinne*, S. 34.
132 Ebenda.
133 *Machunsky*, S. 99; *Heinen*, in: Arndt (Hrsg.), Bd.I, S. 398; *Westerhausen*, S. 13.
134 *De la Mano*, S. 69.
135 Ebenda; *Schwalbe*, S. 16.
136 *Bühner*, Erfolg von Unternehmenszusammenschlüssen, S. 14.
137 Vgl. *Haupt*, Lean Production.
138 *Kinne*, S. 35.

che und empirisch nachgewiesene Kosteneinsparpotentiale besitzt die Ebene der Verwaltung. Hierbei ermöglichen spezielle, nicht an ein bestimmtes Produkt gebundene Funktionen, wie Rechtsabteilungen und EDV, Rationalisierungsvorteile[139]. Dies betrifft zum Teil ganze Verwaltungsapparate. Diese Gemeinkostenersparnisse in der Unternehmensorganisation sind daher meist durch Personalabbau gekennzeichnet[140].

3. Zusammenhang zur Zusammenschlussrichtung

a) Horizontale Zusammenschlüsse

Horizontale Unternehmenszusammenschlüsse finden zwischen vormals selbständigen Wirtschaftssubjekten[141] gleicher Wirtschaftsstufe statt[142]. Man kann hier zwei Typen unterscheiden, je nach dem, ob durch den Zusammenschluss das Produktportfolio ausgeweitet wird oder ob sich die Beteiligten des Zusammenschlusses auf identische Produkte beschränken[143] (sog. rein horizontale Zusammenschlusse und Produkterweiterungszusammenschlüsse). Im Gegensatz zu anderen Zusammenschlussarten wird horizontalen Zusammenschlüssen das größte Potential zugeschrieben, Effizienzen zu realisieren[144]. Bei rein horizontalen Zusammenschlüssen werden vor allem economies of scale erzielt. Empirische Untersuchungen weisen darauf hin, dass die durch horizontale Zusammenschlüsse erreichte Verdopplung der Produktionsmenge durchschnittlich 15%ige Kostenersparnisse ermöglicht.[145] Kostendegressionen bei Produkterweiterungszusammenschlüssen beruhen dagegen häufig auf economies of scope. Sie basieren auf der Nutzung von übertragbaren Erfahrungsvorteilen, vor allem bei der Herstellung eines Produkts für ein anderes verwandtes. Hier zeigt sich außerdem der Vorteil des Einsatzes flexibler Produktionsanlagen, so genannte Co-Specialized Assets[146].

b) Vertikale Zusammenschlüsse

Vertikale Zusammenschlüsse finden auf unterschiedlichen Ebenen der Wertschöpfungskette statt. Sie betreffen daher entweder vorgelagerte (sog. upstream markets oder Rückwärtsintegration) oder nachgelagerte Märkte (downstream markets oder

---

139 *Singh/Montgomery*, 8 Strategic Manage. J. 377, 379 (1987); *Rumelt*, S. 15 ff.
140 *Westerhausen*, S. 11; *Frankus*, S. 105; zu Kostenvorteilen durch vergrößertes Management und verstärkte Spezialisierung vgl. *Scherer/Ross*, S. 83 f.; *Areeda/Turner*, Bd.5, S. 24 f.; *Lenel*, S. 37.
141 *I.Schmidt*, S. 138; *Emmerich*, S. 252; *Kinne*, S. 16; *Krimphove*, S. 63; *Budzinski/Kerber*, S. 42 ff., 57 ff.; *Hovenkamp*, Federal Antitrust Policy, S. 490 ff.
142 *Grüter*, S. 29 f.
143 *Bühner*, Erfolg von Unternehmenszusammenschlüssen, S. 5.
144 *Sullivan/Grimes*, S. 575.
145 *Ghemawat*, 63 Harvard Bus. Rev. 143, 144 ff. (1985).
146 *Bühner*, Strategie und Organisation, S. 26 f.

Vorwärtsintegration).[147] Die Herstellung von Gütern und Dienstleistungen erfolgt durch die Aneinanderreihung einzelner Wertschöpfungsaktivitäten. Bei der Definition ihrer eigenen Tätigkeit bestimmt eine Unternehmung, welchen Abschnitt der gesamten Wertschöpfungskette sie selber erbringen und welche Aktivitäten sie gegebenenfalls am Markt beziehen möchte.[148] Ein Unternehmen wird im Wege der vertikalen Integration externes Unternehmenswachstum betreiben, wenn es sich hierdurch Vorteile gegenüber vertikaler Separation verspricht[149]. Hierbei lassen sich organisationstheoretische und marktstrategische Gründe anführen. Organisationstheoretisch werden in der ökonomischen Theorie die Transaktionskostenökonomik und Synergieeffekte[150] für vertikale Integrationsmotive untersucht[151]. Aus marktstrategischer Sicht können durch vertikale Integration Abhängigkeiten in Form der Sicherung von Bezugs- und Absatzbedingungen minimiert werden[152].

Transaktionskostenersparnisse werden bei vertikalen Zusammenschlüssen als Hauptursache von Effizienzgewinnen ausgemacht. Durch vertikale Integration lassen sich gegenüber der Koordination über den Markt vor allem bei regelmäßig wiederkehrenden, vollkommen spezifischen transaktionsbedingten Investitionen Kosten einsparen[153]. Dabei gilt: Je spezifischer die Produkte auf dem vertikalen Markt, desto größer sind die Transaktionskostenersparnisse durch vertikale Integration[154]. Mit abnehmender Spezifität nimmt die Wahrscheinlichkeit wettbewerblicher Märkte zu[155], die durch erhöhte Ausbringungsmengen mehrerer Nachfrager auf unterschiedlichen Märkten befriedigen. Hier ist das Unternehmen nicht auf wenige Anbieter angewiesen und kann von den wettbewerblichen Strukturen profitieren. Zunehmende Spezifität von Produkten auf sog. vorgelagerten Märkten führt zum einen dazu, dass die Investitionskosten für das spezifische Produkt zunehmen und innerhalb des vertikalen Unternehmens weniger Kostendegressionspotential besteht. Die geringe Zahl der Wettbewerber und die Unternehmenskonzentration auf dem vertikalen Markt können daher dazu führen, dass eine gesteigerte Abhängigkeit von den Unternehmen auf vertikalen Märkten besteht[156]. Daher wird in vertikaler Integration auch der strategische Vorteil betont, um durch Eintritt in sog. nachgelagerte Märkte den

---

147 *Sullivan/Grimes*, S. 628.
148 *Franck/Meister*, S. 3.
149 *Buzzel*, 61 Harvard Bus. Rev. 92 f. (1983).
150 Auf diese ist bereits bei horizontalen Zusammenschlüssen eingegangen worden, da sie als Hauptmotiv horizontaler Fusionen gelten. Im Falle vertikaler Integration sind diese von eher untergeordneter Bedeutung und sollen daher nicht weiter vertieft werden.
151 *Coase*, The Nature of the Firm, 4 Economica 386 (1937); *Williamson*, Markets and Hierarchies (1975); *I.Schmidt*, S. 139 f.; *Sullivan/Grimes*, S. 635; *Hovenkamp*, Federal Antitrust Policy, S. 372 ff.; *Kruse*, in: ders./Stockmann/Vollmer (Hrsg.), S. 247 ff.
152 *Heineke*, S. 29; *Krimphove*, S. 65.
153 *Williamson*, 22 J. Law Econ. 233 f. (1979); *I.Schmidt*, S. 100.
154 *Hovenkamp*, Federal Antitrust Policy, S. 374.
155 Hierzu noch unter Teil 1: A.III.1.c)dd), S. 60.
156 *Williamson*, Antitrust Economics: Mergers, Contracting, and Strategic Behavior, S. 24.

Absatz des Unternehmens zu fördern und durch nachgelagerten Markteintritt die Abhängigkeit von Zulieferern zu verringern[157].

Marktkoordinationskosten können vor allem durch die Suche nach geeigneten Vertragspartnern, vertraglichen Anbahnungs- und Aushandlungskosten (sog. Kontraktkosten)[158], aber auch durch Kosten von Überwachung und Beherrschung entstehen (sog. ex-ante und ex-post transaction costs).[159] Daneben birgt vertikale Separation auch das Problem des Zahlungs-, Insolvenz- und Prozessrisikos, das umso größer ist, je weniger Informationen ein Unternehmen von dem anderen hat[160].

Wann vertikale Integration daher zu geringeren Kosten als bei vertikaler Separation führt, hängt von vielen Faktoren ab. Insbesondere die eigenen Kostendegressionspotentiale und bereits realisierte Ersparnisse vertikaler Unternehmen spielen hierbei eine große Rolle. So wird in diesem Zusammenhang vor allem zu berücksichtigen sein, ob das Unternehmen infolge vertikaler Integration so viele Einheiten nach erfolgtem Zusammenschluss benötigt, wie es die sog. minimum efficient scale (MES) vorschreibt. Denn ein einzelnes Unternehmen auf einem vertikalen Markt wird die MES genauso wie die MOS[161] so gestalten, dass es mit geringst möglichen Kosten produziert. Wann daher die Stückkosten bei Integration niedriger sind als bei Separation ist eine empirische Frage, deren Beantwortung von Marktstruktur und technologischen Aspekten abhängt[162].

c) Konglomerate Zusammenschlüsse

Die Definition diagonaler bzw. konglomerater Unternehmenszusammenschlüsse wurde bereits negativ als Zusammenschlussform definiert, die weder horizontale, noch vertikale Wettbewerbsbeziehungen der zusammenschließenden Unternehmen betrifft[163]. In der Realität sind reine Konglomerate (sog. pure conglomerates[164]) äußerst selten. Sie sind meist divisional strukturiert und werden dezentral über eine Holding geführt[165]. In der Zusammenschlusspraxis häufiger sind dagegen solche, die in Schwerpunktbereichen ihres Kerngeschäftsfeldes unterschiedliche Ausrichtungen besitzen und daher in Randbereichen horizontale und/oder vertikale Wettbewerbsbeziehungen unterhalten[166]. Inwieweit sich die Schwerpunkt- und Randbereiche decken, bleibt notwendigerweise eine Gradfrage, zu deren Erklärung in der Literatur

---

157 *Bühner*, Erfolg von Unternehmenszusammenschlüssen, S. 10.
158 *Bössmann*, WiSt 1983, S. 105 ff., 106 f.
159 *Westerhausen*, S. 5; *I.Schmidt*, S. 99.
160 *Arrow*, 4 Coll. Pap. K.J. Arrow 185 (1984).
161 Zu MOS als Faktor v. Kostendegression *Scherer/Ross*, S. 103 f.; *I.Schmidt*, S. 84.
162 *Joskow*, 4 J. Law, Econ. Organ. 95 (1988); *Klein*, 4 J. Law, Econ. Organ. 199 (1988).
163 Vgl. Teil 1: A.I., S. 40 f.
164 *Sullivan/Grimes*, S. 616; *Bauer*, S. 4 f.
165 *Bauer*, S. 4.
166 *Krimphove*, S. 69 f.

häufig die Produktmarkttheorie[167] herangezogen wird. Danach wird ein Zusammenschluss als Konglomerat qualifiziert, wenn die Unternehmen ihre Produkte auf unterschiedlichen Märkten anbieten[168]. Damit folgt die Einordnung der Zusammenschlussart der Abgrenzung der Märkte. Begreift man die Marktabgrenzung aus sachlich-räumlicher Perspektive[169], lassen sich bei sachlich unterschiedlichen, räumlich jedoch gleichen Märkten Produktausweitungszusammenschlüsse (sog. product extension mergers) abgrenzen. Ist die Substituierbarkeit der Produkte enger, kann aber auch ein horizontaler Produkterweiterungszusammenschluss vorliegen[170]. Sind die Unternehmen auf sachlichen identischen Märkten tätig, aber räumlich derart voneinander getrennt, dass die Produkte und/oder Dienstleistungen nicht als Substitute anzusehen sind, handelt es sich um einen Gebietsausweitungszusammenschluss (sog. market extension merger)[171]. Wenn die Unternehmen innerhalb der Wertschöpfungskette einzelne Märkte bedienen, die nicht direkt vertikal vor- und/oder nachgelagerte Marktebenen betreffen, sondern mindestens eine Marktebene übersprungen wird, spricht man auch von sog. Marktverkettungszusammenschlüssen[172]. Eine weitere Möglichkeit, konglomerate Unternehmenszusammenschlüsse zu charakterisieren, wird auch anhand der Beurteilung des potentiellen Wettbewerbs vorgenommen. Konsequenterweise ergibt sich hierbei – orientiert an der größtmöglichen potentiellen Wettbewerbsbeziehung – eine absteigende Ordnung nach Marktausweitungs-, Produktausweitungs-, Marktverkettungs- und reinen konglomeraten Zusammenschlüssen[173]. Je nach Möglichkeiten und Kosten der sachlichen und räumlichen Erweiterung des Produktportfolios stehen sich hierbei Markterweiterungs- und Produkterweiterungszusammenschlüsse gleich. Reine Konglomerate betreffen den potentiellen Wettbewerb dagegen nicht[174].

Die Motive bei konglomeraten Zusammenschlüssen sind sehr viel differenzierter als im Bereich horizontaler und vertikaler Zusammenschlüsse[175]. Aufgrund ihrer Größe und Diversifikation und der damit einhergehenden Komplexität gestaltet sich eine wettbewerbliche Beurteilung daher auch sehr viel schwieriger. Alle genannten Kostendegressionsvorteile können ihre einzelwirtschaftliche Motivation begründen. Ihre Realisierung ist aber schwer prognostizierbar, was ebenfalls auf Größe, steigen-

---

167 Die Produktmarkttheorie geht zurück auf *Ansoff*, 35 Harvard Bus. Rev. 113 ff. (1957). Selten und in der Praxis zu komplex gestaltet sich die Funktionsmarkttheorie, die ein Konglomerat nach seinen Ressourcen, Verfahren der Produktion und seiner Käuferschicht beurteilen will; vgl. *Emrich*, S. 31 ff.; *Bauer*, S. 2.
168 *Ansoff*, 35 Harvard Bus. Rev. 113 ff. (1957); *Meinhold*, S. 10 ff.
169 Vgl. zum ökonomisch relevanten Markt Teil 1: A.III.2., S. 62.
170 *Sullivan/Grimes*, S. 616; *Meinhold*, S. 29 ff.; *Bauer*, S. 3.
171 Ebenda; *Bühner*, Erfolg von Unternehmenszusammenschlüssen, S. 5.
172 *Meinhold*, S. 29 ff.; *Bauer*, S. 4; Marktverkettungszusammenschlüsse sind daher eine besondere Form „komplementärer Zusammenschlüsse". Vgl. *Krimphove*, S. 67 f.; *Bühner*, Erfolg von Unternehmenszusammenschlüssen, S. 6.
173 *Sullivan/Grimes*, S. 616.
174 Ebenda, S. 617.
175 *Bauer*, S. 6.

de Organisationskosten und schwerer Lokalisierbarkeit unrentabler Unternehmensbereiche rückführbar ist[176]. Im Rahmen der Produktionskosten werden synergetische Effekte nur bei market extension mergers und product extension mergers bei weiten Substituten erwartet, da nur hier produktionstechnische Gemeinsamkeiten vorliegen, deren Kosten sich bei Vorliegen von economies of scale und scope senken lassen[177]. Im Vertriebs- bzw. Absatzbereich lassen sich Kostendegressionspotentiale grundsätzlich bei allen konglomeraten Zusammenschlüssen verwirklichen, beispielsweise bei Werbung und Nutzung neuer Vertriebskanäle oder auch Transport[178]. Generell ist aber zu beachten, dass Effizienzen bei konglomeraten Zusammenschlüssen weitaus weniger ausgeprägt sind als bei horizontalen und vertikalen, da hier hauptsächlich unterschiedliche Märkte mit häufig unterschiedlichen Produktionsfaktoren und anderen Nachfragern betroffen sind.[179]

Neben den Synergieeffekten sind den Konglomeraten weitere Motivationsaspekte immanent. Hierbei werden häufig Risikominimierungen und reziproke Geschäftbeziehungen genannt[180]. Die Risikominimierung konglomerater Unternehmen wird darin gesehen, dass die diversifizierte Unternehmensstruktur einen Portfolioeffekt[181] mit sich bringt, indem negative Erträge eines Marktes durch positive anderer weitgehend kompensiert werden können[182] und zeitliche Gewinnschwankungen die Einkommensströme stabilisieren[183]. Damit wird das Risiko der Zahlungsunfähigkeit minimiert (sog. Co-Insurrace-Effect), weshalb Fremdkapital zu günstigeren Bedingungen aufgenommen werden kann[184]. Darüber hinaus trägt die diversifizierte Konzernstruktur dazu bei, dass die realen Kompensationsmöglichkeiten pekuniär durch steuerliche Vorteile begleitet werden. Diese entstehen vor allem durch konzerninternen Gewinn- und Verlustausgleich[185]. Unter sog. Reziprozitätsgeschäften (sog. reciprocal dealing) werden offene oder stillschweigende Vereinbarungen zwischen Unternehmen verstanden, nach denen gegenseitig wirtschaftliche Vergünstigungen versprochen werden[186]. Ein Konglomerat kann dabei durch seine Aktivität auf mehreren unterschiedlichen Märkten in der Regel mehr reziproke Beziehungen aufbauen als ein gleich großes Einproduktunternehmen. Denn das diversifizierte Unternehmen verfügt in der Regel über weitaus mehr vertikale Geschäftsbeziehungen[187]. Diese

---

176 Ebenda, S. 7 ff.
177 Ebenda.
178 *Greiffenberg*, S. 144; *Bühner/Spindler*, DB 1986, S. 601 ff., 605.
179 *Hovenkamp*, Federal Antitrust Policy, S. 552.
180 *Grimm*, S. 66 ff.; *Bauer*, S. 9 ff.
181 Zum Portfoliokonzept vgl. *Burger/Buchhart*, DB 2002, S. 593 f.
182 *Bauer*, S. 9.
183 *Bühner*, Erfolg von Unternehmenszusammenschlüssen, S. 14.
184 *Lewellen*, 26 J. Finance 521, 525 ff. (1971).
185 Monopolkommission, V. Hauptgutachten 1982/1983, Tz. 731; Auch rote Zahlen sind interessant. Erhebliche Steuervorteile aus einer Organschaft zwischen Daimler und AEG, Handelsblatt v. 22.10.1985.
186 *Sullivan/Grimes*, S. 626; *Grimm*, S. 73; *Bauer*, S. 11.
187 *Stocking/Mueller*, 30 J. Bus. 73, 75 ff. (1957).

Verhaltensweisen erhöhen sich, je mehr Märkte von dem Konglomerat bedient werden[188]. Solche Reziprozitätsgeschäfte sind von Zusammenschlüssen aber nur dann zu erwarten, wenn die Märkte Unvollkommenheiten aufweisen. Deshalb werden Reziprozitätsgeschäfte nur bei Oligopolen erwartet.[189]

III. Gesamtwirtschaftliche Aspekte von Zusammenschlüssen

Aus gesamtwirtschaftlicher Perspektive können Zusammenschlüsse insbesondere das Phänomen von Marktmacht begünstigen[190]. Ökonomische Macht (Marktmacht) kann allgemein als die Fähigkeit verstanden werden, das marktliche Geschehen zum eigenen Vorteil zu beeinflussen[191]. Dadurch entstehen gesamtwirtschaftliche Verluste in Form sozialer Kosten. Der vorliegende Überblick soll den theoretischen Ansatz der ökonomischen Marktmachttheorien in Grundzügen wiedergeben.

1. Der Marktmachteffekt

Marktmacht wird in der ökonomischen Theorie in einem preistheoretischen Sinne illustriert. Neben dem Preis stehen den Wettbewerbern zwar auch andere Aktionsparameter, wie Qualität, Service, Werbung, aber auch Fortschritt bei Produkten zur Verfügung[192]. Allerdings stellt der Preis als einzige leicht messbare Größe das wichtigste[193] Kennzeichen für die Beurteilung von Marktmacht dar. Zur Erörterung der Zusammenhänge wird dabei auf die Dichotomie zwischen vollständiger Konkurrenz und Monopolsituation zurückgegriffen[194].

a) Ausgangspunkt: Klassisches Konzept des vollständigen Wettbewerbs

Zu erklären ist dies vor allem damit, dass Vertreter[195] des Konzepts vollständigen Wettbewerbs sich zum Ziel gesetzt hatten, die Gleichgewichtspreisbildung zu ergründen[196]. Sie dient daher auch heute noch für eine Vielzahl ökonomischer Untersuchungen als Referenzmodell. Gleichwohl besteht Einigkeit darüber, dass das Konzept aufgrund seiner „ruhenden Gleichgewichtslage" und den kaum erfüllbaren

---

188 *Grimm*, S. 73.
189 Ebenda.
190 *Sullivan/Grimes*, S. 575; *Krimphove*, S. 63; *Kinne*, S. 39 ff., 43; *I.Schmidt*, S. 139; *Emmerich*, S. 252.
191 *Zohlnhöfer*, S. 421.
192 *Kinne*, S. 39; *Gilbert/Sunshine*, 63 Antitrust Law J. 569 ff. (1995) und *Mussa/Rosen*, 18 J. Econ. Theory 301 ff. (1978); *I.Schmidt*, S. 61 ff.; *Grimm*, S. 66.
193 *Kinne*, S. 39; *I.Schmidt*, S. 61; vgl. aber *Ellig*, S. 2.
194 *Hovenkamp*, Federal Antitrust Policy, S. 17 f.; *Schwalbe*, S. 2 ff.
195 Zu den Begründern zählten *Knight*, Risk, Uncertainty and Profit, 1921; *Robinson*, The Economics of Imperfect Competition, 1933; *Chamberlin*, The Theory of Monopolistic Competition, 1933 und *Eucken*, Grundsätze der Wirtschaftspolitik, in: Eucken/Hensel (Hrsg.); ausf. *Carlton/Perloff*, S. 56 ff.
196 *Heuss*, in: Albers (Hrsg.), Bd.8, 1980, S. 679.

Bedingungen realitätsfremd[197] und daher als eigenständige Wettbewerbskonzeption unbrauchbar ist, wie sich an den folgenden Modellbedingungen zeigen lässt.

aa) Modellbedingungen

Das Konzept bildet ein geschlossenes System von notwendigen Voraussetzungen, damit Wettbewerb in seiner Zielsetzung, die Harmonie zwischen Einzel- und Gesamtinteressen herzustellen, gewährleistet ist[198]. Die wesentlichen Grundannahmen sind dabei: (1) Homogenität der Güter (keine unterschiedlichen Präferenzen der Anbieter oder Nachfrager), (2) Fehlen von Skalenerträgen (economies of scale), (3) Keine Marktzutrittsbeschränkungen, (4) Keine Externalitäten, (5) Vollständige Preis- und Qualitätstransparenz, (6) gewinn- und nutzenmaximierendes Verhalten aller Marktteilnehmer und (7) Zahl der Anbieter und Nachfrager ist sehr groß (atomistische Marktstruktur). Diese Grundannahmen sind für sich feststehend und für das Idealbild unabänderbar.

bb) Gleichgewichtszustand

Die wichtigste Regel der Preistheorie ist das Gesetz von Angebot und Nachfrage (law of supply and demand). Die Preisbildung in einem Markt vollzieht sich in einem Prozess, der sich als Beziehung zwischen der angebotenen Menge der Produzenten und der Konsumbereitschaft der Konsumenten darstellen lässt. Danach ergibt sich bei einer sinkenden Angebotsmenge ein höherer Preis und vice versa bei höherem Preis eine geringere Nachfrage.[199] In diesem Marktgleichgewicht entspricht der am Markt erzielbare Preis (Marktpreis) den Grenzkosten. Grenzkosten sind diejenigen Kosten, die für jede zusätzlich produzierte Mengeneinheit eines Gutes anfallen. Der Grund für diese Entsprechung liegt daran, dass ein Gewinn maximierender Produzent seine unterhalb des Marktpreises liegenden Grenzkosten solange ausschöpfen wird, bis die Nachfrage nicht mehr reagiert. Da dieser Punkt zum Marktpreis erreicht wird, würde er bei weiterer Produktion einen Verlust erleiden. Umgekehrt wird ein Unternehmen, dessen Grenzkosten über dem Marktpreis liegen, diese weitere Einheit erst gar nicht herstellen. Produziert ein Unternehmen unter diesen Bedingungen, so arbeitet es effizient und erzielt dabei keine ökonomischen Gewinne, sondern einen buchhalterischen Gewinn, der zu einem weiteren Wirtschaften ausreicht (sog. normal rate of return). Man bezeichnet dieses Moment als produktive Effizienz (productive efficieny), da nur diejenigen Unternehmen am Markt verbleiben, die ihre Kosten minimieren. Den Zustand der Nachfrage nennt man im Marktgleichgewicht allokativ effizient. Allokative Effizienz (allocative efficiency) ist erreicht, wenn der Wert, den Konsumenten einem Produkt beimessen, den Grenzkosten der Produktion entspricht. Decken sie sich nicht, liegt allokative Ineffizienz

---

197 *I.Schmidt*, S. 6 f.
198 Ebenda, S. 5.
199 *Hovenkamp*, Federal Antitrust Policy, S. 3.

vor. Wie gesehen existiert im Marktgleichgewicht ein solcher Zustand nicht. Denn entweder findet bei oberhalb der Grenzkosten liegendem Marktpreis durch Reallokation der Ressourcen eine Erhöhung der Produktion statt oder führt im Falle zu hoher Grenzkosten zu einem Absehen von der Produktion.[200]

Die beiden fundamentalen Wohlfahrtstheoreme des Vollständigen Wettbewerbs sind daher: (1) Der resultierende Zustand ist Pareto-Optimal und (2) Jedes Pareto-Optimum kann durch geeignete Umverteilung der Ressourcen erreicht werden[201]. In diesem Zustand kann kein Wirtschaftssubjekt durch weitere ökonomische Aktivitäten seine Bedürfnisbefriedigung verbessern, ohne die eines anderen zu gefährden[202].

b)   Marktmacht im Monopol

Nach den Modellbedingungen der vollständigen Konkurrenz ist die Fähigkeit eines Unternehmens, das marktliche Geschehen zum eigenen Vorteil zu beeinflussen, undenkbar. Denn die atomistische Marktstruktur führt dazu, dass jedes Unternehmen eine konstante horizontale Nachfragekurve besitzt. Er ist Preisnehmer (price taker). Erst hieraus erklärt sich, dass der vollständige Wettbewerber sein Gewinnmaximum erreicht, wenn die Grenzkosten dem Marktpreis entsprechen. Denn der erzielbare Erlös aus einer weiteren Mengeneinheit (Grenzerlös) ist bis zum Erreichen der horizontalen Nachfragekurve immer höher als die Grenzkosten. Wird aber die Annahme einer atomistischen Marktstruktur verletzt und bedient ein einzelnes Unternehmen den gesamten Markt, ist die degressiv verlaufende Nachfragekurve auch die individuelle des Monopolisten. Dies führt dazu, dass unter der Annahme steigender Grenzkosten früher (im Sinne der individuellen Nachfragekurve) als unter vollständiger Konkurrenz das Gewinnmaximum erreicht wird. An dieser Stelle liegen die Grenzkosten unterhalb des Marktpreises. Die Grenzkosten entsprechen aber wie bei vollständigem Wettbewerb auch dem Grenzerlös. Da ein Monopolist in der Lage ist, die Ausbringungsmenge (Outputmenge) zu verändern, kann es auch den Marktpreis seinem Gewinnmaximum anpassen. Er ist Mengenfixer. Da dieses unter den genannten Bedingungen bei einer niedrigeren Outputmenge liegt, wird es diese reduzieren (Outputreduzierung).[203] Für den Monopolisten ergibt sich anders als für einen vollständigen Wettbewerber ein ökonomischer Gewinn. Dieser geht infolge des gestiegenen Marktpreises (sog. Monopolpreis) zulasten der Konsumenten. Es findet so eine Rentenumlenkung (sog. Wohlfahrtstransfer) zugunsten des Monopolisten statt. Man sagt, der Monopolist erziele eine höhere Produzentenrente (producer surplus) auf Kosten der Konsumentenrente (consumer surplus). Dabei geht der Gesamtverlust für die Konsumentenrente nicht vollständig in der Produzentenrente auf. Denn ein Teil der Nachfrager ist nicht mehr bereit, zu dem vom Monopolisten ange-

---

200   Insgesamt *Carlton/Perloff*, S. 56 ff.
201   *Koenig/Vogelsang/Kühling/Loetz/Neumann*, S. 23.
202   *Kreps*, S. 153 ff.; *Varian*, Intermediate Microeconomics: A Modern Approach, §§ 17.9, 28.3; *Varian*, Microeconomic Analysis, S. 198, 203.
203   Vgl. nur die Darstellung bei *Hovenkamp*, Federal Antitrust Policy, S. 11-13.

botenen Preis zu erwerben. Es entsteht allokative Ineffizienz. Die Frage, welche Rolle dieser Totverlust (deadweight loss)[204] für die Wohlfahrt spielt, ist Gegenstand einer Grundsatzdiskussion[205] in der Wettbewerbspolitik.

In diesem Sinne wird angebotsseitige Marktmacht als Fähigkeit verstanden, durch Reduzierung der Ausbringungsmenge einen suprakompetitiven Preis zu erzielen und hierbei einen ökonomischen Gewinn zu erzielen.[206]

c) Kollektive Marktmacht im Oligopol

Im Gegensatz zu dem in der Realität kaum zu beobachtenden Monopol ist die Erscheinung größerer Gruppen von Unternehmen häufiger. Unter bestimmten Bedingungen wird dieser Gruppe ein preistheoretischer Einfluss zugesprochen, der sich wie im Monopol durch eine Reduzierung der Ausbringungsmenge und einem steigenden Preis bemerkbar macht. Gelingt den Parteien ein solches Kollektivverhalten gewinnbringend, liegt kollektive Marktmacht vor.[207]

aa) Cournot Oligopol

Diese Beziehungen wurden erstmals von Cournot[208] in einem nicht-kooperativen Oligopolmodell untersucht. Da im Oligopol anders als im Monopol mehrere Parteien beteiligt sind, ist ökonomische Grundvoraussetzung, dass die eintretende Outputreduktion für jedes Mitglied überhaupt gewinnbringend ist. Beginnend mit einer kleinen Gruppe von zwei Mitgliedern, einem Dyopol, führt Reaktion und Gegenreaktion der Anbieter zu einem Gleichgewicht (sog. Cournot Equilibrium). Besitzen die Anbieter identische Größen und Grenzkostenverläufe, ergibt sich eine identische Outputmenge. Der Marktpreis ergibt sich aus einer Addition der Mengen, so dass gegenüber dem Monopolpreis ein niedrigerer Dyopolpreis vorliegt. Gegenüber der Monopolsituation ist dieses Ergebnis für die Nachfrager in zweifacher Hinsicht wünschenswerter. Zum einen nimmt der Totverlust ab. Zum anderen findet angesichts der niedrigeren ökonomischen Gewinne der Parteien ein Wohlfahrtstransfer zugunsten der Konsumenten statt. Diese Feststellungen lassen sich mit größeren Gruppen genauso beobachten. Die entscheidende Erkenntnis des Cournot-Oligopols ist die Stabilität. Erhöht einer der Beteiligten seine Outputmenge, macht er keinen zusätzlichen ökonomischen Gewinn, da der erzielbare Grenzerlös die bereits erreichten Grenzkosten nicht übersteigt.[209]

---

204 Zurückgehend auf *Harberger*, 44 Amer. Econ. Rev. 73 ff. (1954).
205 Hierzu noch unter Teil 1: A.IV.2.a), S. 85 ff.
206 *Carlton/Perloff*, S. 92 ff.; *Posner*, Antitrust Law, S. 9 f.; *Utton*, S. 10; *Kinne*, S. 39 f.; *Hammer*, 98 Mich. Law Rev. 849, 922 (2000).
207 *Kinne*, S. 51; *Hammer*, 98 Mich. Law Rev. 849, 922 (2000).
208 *Cournot*, Researches in the Mathematical Principles of the Theory of Wealth, 1838.
209 *Scherer/Ross*, S. 200 ff.

bb) Kartellabsprachen

Explizite Absprachen zwischen Unternehmen über die an einem Markt angebotene Menge oder den angebotenen Preis (sog. price fixing) sind als Kartelle bekannt. Diesem Gebilde verdanken das Kartellrecht und die antitrust laws ihre Bezeichnung. Letztere sind aufgrund der Kartellerscheinung erst entstanden[210]. In allen betrachteten Rechtsordnungen ist eine Kartellvereinbarung unzulässig.

Im ökonomischen Sinn verhalten sich Kartelle wie ein Monopolist. Sie reduzieren die Ausbringungsmenge gemeinsam bis der Monopolpreis erreicht ist. Dies ist gleichzeitig der Kartellpreis. Allerdings sind Kartelle instabil. Die Erklärung liegt darin, dass die gewinnmaximierende Gleichung aus Grenzkosten und Grenzerlös zwar für das Kartell insgesamt, aber nicht für die individuellen Mitglieder gilt[211], so dass die absprachewidrige Erhöhung der Outputmenge eines Kartellmitglieds (sog. Cheater) nur zu seinen Gunsten, aber zulasten der anderen geht. Im Kartell liegt der individuelle Grenzerlös der Kartellmitglieder immer höher als die Grenzkosten. Jeder Kartellpreis ist daher ein Kompromiss.[212] Im Extremfall kann sich aus den verschiedenen strategischen Anreizen sogar ein Verlust für das Kartell insgesamt ergeben[213].

Damit die Gesamtstrategie im Kartell aufgeht, ist ein funktionierendes System daran geknüpft, dass die anderen Kartellmitglieder ein abweichendes Verhalten eines Cheaters wahrnehmen und diesen bestrafen können. Dann bestehen keine Anreize der Kartellmitglieder, vom gesetzten Preis abzuweichen. Die Markttransparenz hängt von den jeweiligen Bedingungen auf den Märkten ab. Es kann daher nur schwer verallgemeinert werden, wann es entdeckt wird oder nicht. Als Faustregel kann man aufstellen, dass Märkte in einem Ausschreibungsverfahren die höchste Transparenz besitzen, da Preis und Parteien bekannt sind. Im Gegensatz hierzu sind Märkte, auf denen eher individualvertragliche Vereinbarungen geschlossen werden, anfälliger für Cheating, da hier Verkäufe „unter der Hand" erfolgen können. Eine weitere wirksame Möglichkeit, um die Markttransparenz zu erhöhen, ist die horizontale Aufteilung von Märkten. Dies kann in territorialer (territorial division) oder in produktspezifischer Hinsicht (product division) geschehen. Daneben können auch bestimmte Nachfrager mit großen Abnahmemengen auf die Kartellmitglieder aufgeteilt werden (customer division).[214] Die Bestrafung innerhalb eines Kartells kann auf unterschiedliche Art und Weise geschehen. Eine Sanktionsmöglichkeit stellt der kurzfristige Preiswettbewerb durch die anderen Kartellmitglieder dar[215]. Andere

---

210 *Sullivan/Grimes*, S. 6.
211 Vgl. die ausf. Darstellung bei *Knieps*, Wettbewerbsökonomie, S. 117 ff.
212 *Hovenkamp*, Federal Antitrust Policy, S. 147 ff.
213 *Dick*, 39 J. Law Econ. 243 f. (1976).
214 *Hovenkamp*, Federal Antitrust Policy, S. 149 f.
215 Das augenscheinliche Problem ist, dass der Cheater anders als die Kartellmitglieder mindestens eine Mengeneinheit auf Kosten der anderen veräußert hat. Erfolgt unbeobachtetes Cheating über einen längeren Zeitraum, kann es trotz Sanktion profitabel sein.

Vergeltungsmaßnahmen sind Zugangsverweigerungen zu gemeinsamen, vor allem strategischen Einrichtungen. Ist die Anzahl der anderen Kartellmitglieder hinreichend groß, können sie sich auch einigen, gemeinsam in das Territorium des Cheaters einzutreten und es mithilfe von Kampfpreisen zu verdrängen.[216]

cc) Cournot-Nash Gleichgewicht

Abgesehen von dem einfachen Monopolisten sind ausdrückliche Preis- und Mengenabsprachen im Kartell die profitabelste Form, um von den steigenden Preisen insgesamt zu profitieren. In einem einfachen Cournot-Oligopol mit 5 gleich großen Parteien und identischen Kostenfunktionen können die Preise zwischen 10% und 30% über dem wettbewerblichen Niveau liegen. Hingegen sind bei einem Kartell mit identischer Größe und Funktionen Preissteigerungen bis zu 50% möglich. Unter den hier dargestellten, vereinfachten Bedingungen lässt sich sagen, dass das Cournot-Oligopol eine Lösung mit gemeinsamem Gewinnminimum darstellt, während das Kartell das gemeinsame Gewinnmaximum kennzeichnet. Diese Dimensionen erklären, warum Kartelle seit jeher kritisch gesehen werden.[217]

Die abweichenden Ergebnisse liegen darin begründet, dass im Cournot-Oligopol jedes Mitglied seinen eigenen Profit maximiert. Damit hat grundsätzlich auch keiner ein Bedürfnis, von der Outputmenge abzuweichen. Kartelle besitzen damit starke Marktmacht, weisen aber eine geringe Stabilität auf. Hingegen sind Cournot-Oligopole stabil, haben aber weit weniger Marktmacht.

In dem Modellbeispiel, das gemeinhin als Gefangenen-Dilemma bezeichnet wird, kann in einem spieltheoretischen Ansatz[218] unter der Annahme, dass die Parteien sich nicht abstimmen, aber ihre faktische Interdependenz erkennen, gezeigt werden, dass eine Neigung zum Cournot-Oligopol besteht[219] (sog. Cournot-Nash Gleichgewicht). Einerseits nimmt die Neigung der Parteien zu Kartellverhalten ab, weil der Anreiz einer Outputerhöhung der anderen Seite stets präsent ist. Andererseits ist ein einseitiges Abweichen vom Cournot-Nash Gleichgewicht nicht profitabel.

dd) Implizite Kollusion („Tacit Collusion")

Obwohl das Cournot-Nash Gleichgewicht nahe legt, dass die Parteien trotz der „Verständigung" über den Markt, d.h. anhand ihrer Preise eine Strategie verfolgen, die der im Cournot-Oligopol gleicht, sind „unsichtbare Preisabsprachen nahe dem Kartellpreis denkbar. Solche Kooperationen werden gemeinhin als stillschweigendes

---

216 *Hovenkamp*, Federal Antitrust Policy, S. 152 mwB; insb. sog. *predatory pricing*.
217 Ebenda, S. 160.
218 Begriff zurückgehend auf *v. Neumann/Morgenstern*, The Theory of Games and Economic Behavior, 1944; grundlegend *Nash*, Noncooperative Games, 54 Ann. Math. 286 ff. (1951); zu der Entwicklung nur *Leonard*, 104 Econ. J. 492 ff. (1994).
219 Bsp. zum Gefangenen-Dilemma bei *Hovenkamp*, Federal Antitrust Policy, S. 161 ff.

Parallelverhalten bzw. Kollusion (tacit collusion)[220] oder kooperatives Verhalten bezeichnet. Eine solche „Vereinbarung" kann zwar auch instabil sein, weil bei Überschreiten der preispolitischen Schwelle eines Gruppenmitglieds die bekannte wechselseitige Kampfstrategie denkbar wird, die sinnbildhaft als „oligopolistic war" bezeichnet wird.[221] Allerdings gelten die Ausführungen zum Wirkungszusammenhang zwischen Kartellvereinbarung, Cheating, Aufdeckung und Bestrafung sinngemäß.[222] Somit können Oligopole unter bestimmten Voraussetzungen die gleichen volkswirtschaftlichen Verluste verursachen, wie Monopole.

Anders als bei Kartellen lässt sich tacit collusion nur sehr schwer von außen erkennen. Auch sind generelle Aussagen mit Vorsicht zu behandeln. Unter welchen Voraussetzungen Kollusion wahrscheinlicher wird oder die Wahrscheinlichkeit abnimmt, fällt schon dagegen etwas leichter. Allerdings gilt auch hier, dass sie sich nicht schematisch darstellen lassen, sondern immer von den auf dem Markt herrschenden Wettbewerbsbedingungen beeinflusst werden, die wiederum selbst von zahlreichen Faktoren abhängig sind. Da das Cournot-Oligopol nur unter „Laborbedingungen" funktioniert, scheint die Übersimplifizierung zwar unbrauchbar zu sein. Mithilfe einer Gewichtung bestimmter Marktfaktoren, die besonders stark hervorstechen, lassen sich solche Marktverhaltensweisen unter Zuhilfenahme des Cournot-Oligopols modellhaft simulieren. Das Cournot-Oligopol liefert daher auch heute noch einen brauchbaren Ansatz für neuere spieltheoretische Ansätze, die die ökonomische Analyse befruchtet haben[223].

Für die vorliegenden Zwecke ist es an dieser Stelle ausreichend, den Ausgangspunkt zu verdeutlichen, der den moderneren preistheoretischen Ansatz kennzeichnet. Grundsätzlich wird dabei zwischen unvollkommenen und vollkommen oligopolistischen Märkten differenziert. Unvollkommen oligopolistische Märkte weisen einen gewissen Grad an Produktdifferenzierung auf. Sie sind daher durch Heterogenität gekennzeichnet (heterogenes Oligopol). Der Preiswettbewerb zwischen den Oligopolisten ist hier grundsätzlich höher als bei vollkommen oligopolistischen Märkten ohne Produktdifferenzierung (homogenes Monopol). Dies liegt daran, dass bei höherer Produktdifferenzierung ein größerer preispolitischer Spielraum der individuellen Gruppenmitglieder besteht als bei identischen Produkten, deren einziges Unterscheidungsmerkmal im Preis liegt. Aus diesem Grund kommt es bei einem homogenen früher als in einem heterogenen Oligopol zu gruppensolidarischem Verhalten.[224]

d)   Marktmacht der Nachfrager (Monopson/Oligopson)

Bislang wurden die Grundzüge des Marktmachteffekts auf der Anbieterseite betrachtet. Spiegelbildlich kann Marktmacht aber auch von den Nachfragern ausge-

---

220   Zurückgehend auf *Posner*, Antitrust Law, S. 55.
221   Vgl. nur *I.Schmidt*, S. 62.
222   *Kinne*, S. 44.
223   *Yao/DeSanti*, 28 Antitrust Bull. 113 ff. (1993).
224   Vgl. nur *I.Schmidt*, S. 62.

hen[225]. Man kann hierbei zwischen der spiegelbildlichen Monopolsituation (sog. Monopson) und der Oligopolsituation (sog. Oligopson)[226] unterscheiden. Im Falle des Monopson fragt ein Nachfrager die gesamte Angebotsmenge nach. Da nach den oben gemachten Ausführungen die Nachfrage den Preis bestimmt, hat auch der Monopsonist die Entscheidung über den Preis. Er ist Preisfixer. Dies bleibt auch für die Anbieter nicht ohne Konsequenzen, da sie zu Grenzkostenpreisen produzieren müssen, damit sie die normal rate of return erzielen. In der Folge reduziert sich auch hier die Outputmenge. Dass der Preis (für den Monopsonist) sinkt, bedeutet zunächst, dass eine neutrale Rentenumlenkung zugunsten der Konsumentenrente stattfindet. Es liegt ein identischer deadweight loss wie im Monopolfall vor. Auf diese Weise entstehen soziale Verluste.[227]

Auch ein Oligopson kann unterschiedliche strategische Elemente wie das Oligopol entfalten. Auch hier sind alle drei Marktzustände zu beobachten, wobei nicht nur besondere Instabilitäten bestehen können, sondern weitaus komplexere Verhandlungsergebnisse existieren[228]. Diese Komplexität lässt sich darauf zurückführen, dass Nachfragemacht in den meisten Fällen nicht auf Konsumentenmärkten besteht. Vielmehr existiert sie auf Inputmärkten, um auf einem anderen Markt einen Output zu erzeugen.[229] Daher kommt die Erscheinung Monopson/Oligopson auf vertikal miteinander verflochtenen Märkten zum Tragen. Daraus erklärt sich auch die vage Beschreibung, dass sich der Monopsonist an dem Verhältnis Wertgrenzprodukt und Grenzausgaben orientiert. Wenn die Absolutkosten auf einem nachgelagerten Markt von dem vorgelagerten Monopson abhängen, steht die Wertgrenzproduktkurve direkt in Korrelation mit diesen und allen übrigen Kosten, die bei einer Erhöhung der Mengennachfrage entstehen (sog. marginal outlay[230]).[231]

2. Feststellung von Markt und Grenzen für Marktmacht

In der vorangegangenen Darstellung wurde der Marktmachteffekt anhand der preistheoretischen Annahme illustriert, dass die Marktgrenzen feststehen. Ferner wurden die Wettbewerber des marktmächtigen Unternehmens nicht betrachtet. Stattdessen wurde unterstellt, dass nur einer oder eine Gruppe von Unternehmen auf der Markt-

---

225 *Carlton/Perloff*, S. 152 ff.
226 Siehe bei *Alexander/Houghton*, 30 Economica 171 ff. (1963).
227 *Blair/Harrison*, Monopsony: Antitrust Law & Economics; *Blair/Page*, 17 Managerial Dec. Econ. 127, 131 ff. (1996).
228 *Alexander/Houghton*, 30 Economica 171, 173 (1963); *Morgan*, 64 Quart. J. Econ. 650 ff. (1950).
229 *Fellner*, 61 Quart. J. Econ. 503, 505 (1947).
230 *Marginal outlay* ist nicht zu verwechseln mit den Grenzkosten (*marginal cost*). Während *marginal outlay* die absoluten zusätzlichen Kosten einer Mengeneinheit auf dem monopsonisierten Markt betreffen, bezeichnen *marginal cost* nur die zusätzlichen Kosten aus dem direkten Kauf, d.h. kennzeichnen insbesondere nur die Veränderung der Grenzkosten der Anbieter.
231 Hierzu auch: Teil 1: A.III.2.d), S. 68.

gegenseite tätig sind. Die preistheoretischen Grenzen sind aber weit weniger starr und Wettbewerber weitaus dynamischer als bislang unterstellt[232]. Sogar in einem vermeintlich perfekten Kartell ohne Cheating kann beobachtet werden, dass Randwettbewerber (sog. fringe competitors) eine komfortable Position haben, um unter dem Schutzschirm des Kartells zu agieren und dadurch ebenfalls von dem suprakompetitiven Preis profitieren[233]. Der vorliegende Ausgangspunkt soll nicht die Missbrauchsmöglichkeiten darstellen, die im Zusammenhang mit marktmächtigen Anbietern oder Nachfragern bestehen, sondern die Komplexität vereinfachen, mit der man betraut ist, um alle Einflüsse zu berücksichtigen, die das Preisfestsetzungsverhalten von Unternehmen disziplinieren. Wichtig ist neben der Erkenntnis der Dynamik der anderen aktuellen und potentiellen Wettbewerber die Tatsache, dass Marktgrenzen fließend sind. Die Feststellung einer profitablen Ausübung von Marktmacht muss daher auch in der modernen ökonomischen Analyse diese Dynamik berücksichtigen.

a) Nachfrageelastizität

Folgende Beobachtungen wurden hierbei bereits vorweggenommen. So wurde die Interdependenz bei Oligopolen mit strategischen Elementen besetzt und wurde die Wahrscheinlichkeit eines Marktmachteffektes, der jenseits des Cournot-Oligopols liegt, von der Produktdifferenzierungsmöglichkeit abhängig gemacht. Während dort der Hinweis ausreichend gewesen sein sollte, dass der Preis nicht das alleinige Unterscheidungsmerkmal von Produkten darstellt, sondern eine gewisse Heterogenität besteht,[234] gewinnt diese Beobachtung hier an Bedeutung. Sie beruht auf der Tatsache, dass bestimmte Produkte eine „Zone" besitzen, in der sie für Preissteigerungen von Unternehmen relativ reaktionsträge sind. M.a.W.: Die Konsumenten wissen, dass bestimmte Produkte miteinander austauschbar sind. Greifen sie infolge einer Preiserhöhung auf andere Substitute zurück, so wird einem Unternehmen eine gewinnbringende Preiserhöhung nur dann gelingen, wenn die Konsumbereitschaft für dieses Produkt wie erwartet besteht. Wenn durch Erhöhung des Preises die Nachfrage stärker abnimmt als erwartet, so kann der Marktmachteffekt deutlich geschmälert werden oder gar nicht vorliegen. Wie sich das Verhältnis zwischen Preis und Quantität auf einem realen Markt tatsächlich auswirkt, wird mit der Nachfrageelastizität (elasticity of demand) gemessen.[235] Nimmt die quantitative Nachfrage im Vergleich zur Preissteigerung überproportional ab, ist also die Elastizität hoch, so ist eine gewinnbringende Outputreduzierung für das Unternehmen nicht möglich. Ist die Elastizität dagegen so niedrig, dass eine Preiserhöhung nur Bruchteile der Nachfrage zur

---

232 Vgl. *Clark*, Toward a Concept of Workable Competition, 30 Amer. Econ. Rev. 241, 243 f. (1940).
233 Vgl. zum etwas anderen Verständnis des sog. *umbrella pricing* nur *Hovenkamp*, Federal Antitrust Policy, S. 622; *Knieps*, Wettbewerbsökonomie, S. 123.
234 Vgl. Teil 1: A.III.1.c)dd), S. 60.
235 Ausf. *Gey*, S. 35 ff.; *Landes/Posner*, 94 Harvard Law Rev. 937, 939 f. (1981).

Folge hat, wird sich Marktmacht leichter ausüben lassen.[236] Die Nachfrageelastizität enthält insofern auch einen Hinweis dafür, welche Produkte und Gebiete das Unternehmen als Ausweichmöglichkeiten der Nachfrage wahrnimmt. Ist die Elastizität in Bezug auf andere Produkte hoch, also verliert das Unternehmen bei einer Preiserhöhung einen relevanten Teil der Nachfrage innerhalb eines bestimmten Gebietes an andere Produkte, die sich von denen des vermeintlich Marktmächtigen unterscheiden, wird das Unternehmen diese Produkte auch zu seinem Produktmarkt zählen. Kann es die Preise aber profitabel erhöhen, weil die Nachfrage angesichts der Produktdifferenzierung (noch) nicht zu wechseln bereit ist, scheiden diese für eine Einbeziehung erst einmal (!) aus. Die Nachfrageelastizität beinhaltet nicht nur die Feststellung über den Grad der Produktdifferenzierung, der mit in den betreffenden Markt einzubeziehen ist. Vielmehr enthält der Wert auch den räumlichen Ausdehnungsbereich der mehr oder weniger differenzierten Produkte. D.h. der vermeintlich marktmächtige Anbieter bezieht auch die Wechselbereitschaft der Endkunden zu Anbietern außerhalb seiner eigenen räumlichen Präsenz mit ein.

b)   Angebotselastizität (elasticity of supply)

Neben den Reaktionsmöglichkeiten der Nachfrageseite gibt es vor allem aus Anbietersicht Möglichkeiten, um eine gewinnbringende Preiserhöhung zu vermeiden und damit letztlich Marktmacht zu begrenzen oder auszuschließen. Die Preiserhöhung des vermeintlich marktmächtigen Unternehmens muss im Zusammenhang mit anderen Anbietern individuell dargestellt werden. Im Monopolmodell ist dies die Marktnachfragekurve. Bei einem vermeintlichen Monopolisten ist die individuelle Nachfragekurve aber den besagten Einflüssen anderer Anbieter ausgesetzt. Somit kann schon eine geringe Preiserhöhung anders als bei Betrachtung der Marktnachfragekurve dazu führen, dass das Unternehmen hohe Umsatzeinbußen erleidet. Denn die Preiserhöhung kann unter Umständen so vielen anderen Anbietern Aussicht auf (ökonomische) Gewinne bieten, dass ein massiver Markteintritt stattfindet bzw. bereits auf einem anderen Markt tätige Unternehmen, ihr Angebot auf das betreffende Produkt umstellen und das vermeintlich marktmächtige Unternehmen nur noch einen Nachfragerest befriedigen kann, der zu höheren Preisen bereit ist, das Produkt abzunehmen. Damit ist wie im Falle der Nachfrageelastizität auch die individuelle Nachfragekurve durch das Angebot anderer Marktteilnehmer mehr oder weniger elastisch. Man spricht hierbei von Angebotselastizität (elasticity of supply). Bildlich betrachtet ist perfekte Angebotselastizität auf homogenen Märkten gegeben, wenn andere Teilnehmer bei einer Outputreduzierung des Etablierten sofort ihre Kapazitäten erhöhen können und damit die allokative Ineffizienz wieder ausgleichen, noch bevor das Unternehmen überhaupt Profite aus der Preiserhöhung erzielen kann. Solche Anbieter müssen nicht notwendigerweise mit einer bestimmten Kapazität am Markt des Etablierten auftreten. So unterscheidet man insbesondere solche Anbieter,

---

236   *Landes/Posner*, 94 Harvard Law Rev. 937, 939 ff. (1981).

die aus einem anderen geographischen Gebiet von einer Preiserhöhung angezogen werden (sog. Gebietsausweitungsflexibilität), und solche, die unterschiedliche Produkte herstellen, aber durch Umstellung der Produktion auch das betreffende, von einer Preiserhöhung betroffene Produkt herstellen können (Angebotsumstellungsflexibilität). Anders als im Falle der Nachfrageelastizität wird also nicht gefragt, welche Produkte und Regionen als Ausweichmöglichkeiten infolge des Preisanstieges in Frage kommen. Stattdessen wird das Augenmerk auf die Anbieterseite gelegt, also ihre Elastizität bei einer hypothetischen Preisanhebung gemessen. Eine hohe Elastizität deutet darauf hin, dass im Falle einer Preiserhöhung durch das Unternehmen andere Unternehmen ihre Ausbringungsmenge stark erhöhen. Eine niedrige Elastizität bedeutet, dass das Unternehmen von Mengeneinflüssen anderer Anbieter weitgehend frei ist.[237]

c) Potentieller Wettbewerb

Die soeben vereinfacht dargestellte Angebotselastizität deutet darauf hin, dass die den Einfluss auf den Preis des Etablierten begrenzenden Anbieter sich auf dem Markt bemerkbar machen, so dass man geneigt ist, zumindest bei solchen Marktteilnehmern von aktuellem Wettbewerb zu sprechen, die ihre Kapazitäten einfach ausdehnen können. Aber nicht nur aktuelle, sondern auch potentielle Wettbewerber werden durch überhöhte Preise der Etablierten angezogen und erst zu einem Markteintritt bewegt[238]. Dem potentiellen Wettbewerb wird gerade in neueren Untersuchungen zunehmendes Gewicht bei der Frage seiner disziplinierenden Kraft gegenüber marktstarken Unternehmen beigemessen[239]. Gerade wenn die Umstellungs-/Ausweitungsmöglichkeiten in Frage stehen, geht die Meinung über die Einordnung dieser Wettbewerber als aktuelle oder potentielle Wettbewerber auseinander[240]. In der Industrieökonomie hat diese Frage bislang wenig Aufmerksamkeit bekommen. Dennoch ist wichtig, beide ökonomischen Erklärungsmuster für die Marktmachtdisziplinierung auseinander zu halten[241].

aa) Abgrenzung zur Angebotselastizität

Potentieller Wettbewerb kann je nach ökonomischem Blickwinkel entweder als Unterfall der Angebotselastizität[242] wahrgenommen werden, dann wird nach der zeitlichen Dauer unterschieden, die andere Anbieter für eine Ausdehnung der Kapazität oder für den originären Markteintritt benötigen. Potentieller Wettbewerb kann

---

237 Vgl. nur *Gey*, S. 37 f.
238 *Gey*, S. 42 f.
239 *Gey*; *Faull/Nikpay*, S. 17.
240 Vgl. *Säcker*, ZWeR 2004, S. 1 ff.
241 *Knieps*, Wettbewerbsökonomie, S. 48 f.
242 Vgl. bspw. *Säcker*, ZWeR 2004, S. 1, 5; in diesem Sinne wohl auch *Gey*, S. 38, 277; *Kantzenbach/Krüger*, WuW 1990, S. 472, 478.

aber auch als Oberbegriff für jegliche Form von Wettbewerb verstanden werden, der aktuell noch nicht am Markt vorhanden ist. Er wird dadurch von der Angebotsflexibilität abgegrenzt, indem man auf die Bedingungen des Markteintritts abstellt. Der Markteintritt potentieller Konkurrenten hängt naturgemäß von deren Gewinnerwartungen nach erfolgtem Marktzutritt ab. Ist der Markt bereits effizient organisiert und machen die etablierten Unternehmen keine ökonomischen Gewinne, wird ein Marktzutritt von potentiellen Wettbewerbern nicht erfolgen.[243] Das bedeutet aber nicht, dass kein wirksamer potentieller Wettbewerb herrscht. Denn kann der potentielle Wettbewerber genauso effizient produzieren wie der oder die etablierten Unternehmen, wird bei einer Mengenreduzierung des Etablierten ein Markteintritt stattfinden, so dass bereits die Kenntnis von den eintrittsfähigen potentiellen Wettbewerbern den vermeintlich marktmächtigen Anbieter von einer Preiserhöhung abhält. Man spricht daher auch plastisch von „unsichtbarem Wettbewerb"[244]. Allerdings können prinzipiell effiziente potentielle Wettbewerber auch durch Marktzutrittsschranken (MZS)[245] vom Markteintritt abgehalten werden[246]. Die Höhe der MZS ist eine wesentliche Maßgröße für die Beurteilung der Stärke des potentiellen Wettbewerbs. Sind die MZS hoch, so wird ein Markteintritt erst ab einer gewissen Schwelle der Preiserhöhung erfolgen, da erst dann ein Markteintritt profitabel ist. Man spricht von schwachem potentiellem Wettbewerb. Existieren dagegen so niedrige MZS, dass der Markteintritt unverzüglich erfolgt bzw. bei absoluter Homogenität der Produkte die Angebotsmenge von am Markt existenten Unternehmen einfach ausgedehnt oder auf die betreffenden Produkte umgestellt wird, spricht man von Angebotselastizität bzw. Angebotsflexibilität. In letzterem Fall muss eine Einbeziehung in den ökonomisch relevanten Markt stattfinden. Im ersten Fall kann man die Aussage treffen, dass das Unternehmen durch ein bestimmtes Preissetzungsverhalten (noch) nicht durch andere Wettbewerber außerhalb des betrachteten Marktes diszipliniert wird. Damit kann als Faustregel festgestellt werden, dass der potentielle Wettbewerb den Toleranzbereich der Marktmacht bestimmt, also die Stärke des Wettbewerbsdrucks ermittelt[247], wohingegen die Angebotselastizität die Produkte und Gebiete wiedergibt, die mit zur Outputmenge des Marktes gezählt werden müssen[248]. Zwar übt auch sie einen disziplinierenden Einfluss auf das Unternehmen aus. Da sie aber nur wiedergibt, welche eingesparten Ressourcen des vermeintlich marktmächtigen Unternehmens durch andere wieder freigesetzt und damit kompensiert werden, führt hinreichend hohe Angebotselastizität nicht zu einer Fehlallokati-

---

243 *Gey*, S. 61.
244 *Lampe*, S. 150.
245 Grundlegend *Bain*, Economies of Scale, Concentration and the Condition of Entry in Twenty Manufacturing Industries, 44 Amer. Econ. Rev. 15 (1954); *ders.*, Barriers to New Competition, 1956.
246 *Bain*, Barriers to New Competition, 1956, S. 14; Gablers Wirtschaftslexikon (elektronische Ressource), potentieller Wettbewerb, 2002.
247 *Landes/Posner*, 94 Harvard Law Rev. 937, 962 (1981).
248 Vgl. bspw. *Säcker*, ZWeR 2004, S. 1, 5; *ders.*, Zur Bedeutung der Nachfragemacht für die Feststellung von Angebotsmacht, BB 1988, S. 416 ff.; *Gey*, S. 38.

on der Ressourcen auf diesem Markt (denn sonst würde der Preis steigen). Sie kennzeichnet damit die Marktgrenzen, die auch von allen anderen Unternehmen als Konkurrenz wahrgenommen wird. Potentieller Wettbewerb setzt dagegen an einer anderen Schwelle an. Er kann sich nahtlos an die durch die Angebotselastizität gekennzeichneten aktuellen Wettbewerber anschließen, so dass eine weitere Preiserhöhung des Unternehmens auch zu einem Markteintritt von potentiellen Wettbewerbern führt. Im Regelfall benötigt potentieller Wettbewerb aber eine längere Zeit (sog. entry lag) [249], so dass das marktmächtige Unternehmen für einen bestimmten Zeitraum seine Preise gewinnbringend erhöhen kann. Damit zeigt sich auch, dass die Bestimmung, wann Angebotselastizität vorliegt und wann die Höhe der Marktzutrittsschranken so hoch ist, dass man von potentiellem Wettbewerb spricht, eine definierbare Gradfrage darstellt. Wichtig festzuhalten bleibt aber, dass die Aufgabe des unsichtbaren Wettbewerbs nicht darin besteht, in den Markt einzutreten. Vielmehr ist es seine Eintrittsdrohung, die Etablierte von einer Preiserhöhung abhält[250].

bb) Definition von Marktzutrittsschranken

Hierbei kommt der Definition der Marktzutrittsschranken eine bedeutende Rolle zu. Was hierunter genau zu verstehen ist, wird in der Literatur[251] unterschiedlich beurteilt. Joe S. Bain begründete erstmals die Existenz von MZS. Nach ihm erfassen MZS den Umfang des Preisfestsetzungsspielraumes, wonach etablierte Unternehmen den Preis über den minimalen Durchschnittskostenpreisen anheben können, ohne andere Unternehmen zum Markteintritt zu bewegen[252]. Er unterscheidet verschiedene Klassen bzw. Ursachen von MZS (Größenvorteile, Produktdifferenzierungsvorteile etablierter Anbieter und absolute Kostenvorteile). Georg J. Stigler stellte diese Definition grundlegend in Frage. Nach ihm stellen MZS Kosten dar, die ein potentieller Wettbewerber im Gegensatz zum etablierten Unternehmen beim Markteintritt aufwenden muss[253]. Stigler setzt letztlich eine Bedingungsasymmetrie mit dem Vorhandensein von MZS gleich. Solange das eingesessene Unternehmen hohe fixe Kosten und relativ geringe Stückkosten hat und erst durch den Einsatz dieser Parameter von Größenvorteilen profitiert, ist es auch einem potentiellen Wettbewerber unbenommen, einen ähnlichen Parametereinsatz nachzuahmen[254]. Es hat sich gezeigt, dass Stiglers Kritik berechtigt war. Größen- und Verbundvorteile stellen keine ausreichenden Hindernisse dar, als dass sie Aussagen über die ökonomischen Gewinne der etablierten Unternehmen treffen können. Je höher die Skalen- und Verbundvorteile in einem Markt sind, desto größer sind auch die finanziellen

---

249 *Posner*, Antitrust Law, S. 72 ff.
250 *Gey*, S. 277.
251 *Bain*, Barriers to New Competition, 1956; *Stigler*, in: ders. (Hrsg.), S. 67-70; vgl. insgesamt *Hovenkamp*, Federal Antitrust Policy, S. 40.
252 *Bain*, Industrial Organization, 1968, S. 252.
253 *Stigler*, in: ders. (Hrsg.), S. 67-70; *Hovenkamp*, Federal Antitrust Policy, S. 40.
254 Ebenda.

Hürden, um eine mindestoptimale Betriebsgröße zu erreichen und damit mit einer bestimmten Kapazität am Markt aufzutreten.[255] Es existiert aber eine Vielzahl von Märkten, die trotz erheblicher Größenvorteile effizient organisiert sind und bei einer Anhebung des Preises über das wettbewerbliche Niveau die etablierten Anbieter von potentiellen Wettbewerbern vom Markt verdrängt werden. Marktzutrittsschranken und die Leichtigkeit des Marktzutritts, etwa aufgrund niedriger finanzieller „Hürden", sind damit nicht gleichzusetzen. Bains Ansatz begegnet bei näherem Hinsehen durchgreifenden Bedenken. Denn die Höhe der MZS ist zwar eine wesentliche Maßgröße der Stärke des potentiellen Wettbewerbs. Bain zieht jedoch den Rückschluss, dass bei fehlendem potentiellem Wettbewerb hohe MZS bestehen. Dabei wird verkannt, dass potentieller Wettbewerb auch aus anderen Gründen fehlen kann, etwa weil der Markt bereits effizient organisiert ist. Nach Stiglers Definition verbleiben als strukturelle MZS knappe Inputfaktoren[256]. Neben diesen strukturellen MZS werden verhaltensbedingte und rechtliche bzw. künstliche MZS unterschieden[257]. Verhaltensbedingte MZS haben ihre Ursachen in dem Verhalten des Unternehmens selbst. Sie sind damit strategischer Natur und werden als solche auch so bezeichnet (sog. strategische MZS)[258]. Hierzu gehören beispielsweise verdrängungsorientierte Preisunterbietungen (predatory pricing), die bewusste Bildung von Überkapazitäten, strategische Produktdifferenzierungen zur Verringerung von Marktnischen[259], FuE-Aufwendungen, um zeitliche Vorsprünge zu sichern, vertikale Bindungen, um den Konkurrenten den Zugang zu notwendigen vor- und nachgelagerten Märkten zu erschweren oder auch die Erhöhung der minimalen Unternehmensgröße, wodurch bei Neuanbietern erhöhter Kapitalbedarf erforderlich ist[260]. Rechtliche MZS können sowohl strategischer Natur oder institutionell erwachsen sein. Zu ersteren zählen vor allem verschiedene Formen der Lizenzierung, worunter auch Exklusivvereinbarungen fallen. MZS sind institutionell, wenn staatliche Regulierung[261], Gesetze oder behördliche Entscheidungen[262] dem Markteintritt Schranken setzen.

d) Gegengewichtige Marktmacht

Ein weiterer verhaltensbegrenzender Einfluss kann auch gegengewichtige Marktmacht (sog. countervailing power) sein. Davon spricht man, wenn Marktmacht auf einer Seite des Marktes durch Marktmacht auf der anderen weitestgehend nivelliert

---

255 *Posner*, Antitrust Law, S. 73 f.
256 Diese sind für die Telekommunikation besonders bedeutsam, vgl. Teil 1: B.IV.2., S. 153 ff.
257 *Bilal/Olarreaga*, S. 7; *Kantzenbach/Kruse*, 4. Kapitel; *Kantzenbach/Krüger*, WuW 1990, S. 472, 477.
258 *Jones/Sufrin*, S. 54 ff.; *Bühner*, Erfolg von Unternehmenszusammenschlüssen, S. 8; *Geroski/Jacquemin*, 2 Int. J. Ind. Organ. 1, 3 ff. (1984).
259 *Kruse*, Netzzugang und Wettbewerb bei Briefdiensten, 2005, S. 37, Fn. 75.
260 *Bühner*, Erfolg von Unternehmenszusammenschlüssen, S. 8 f.
261 *Faull/Nikpay*, S. 35, 128; *Bilal/Olarreaga*, S. 7 Fn. 2.
262 *Kruse*, Netzzugang und Wettbewerb bei Briefdiensten, 2005, S. 37, Fn. 75.

wird.[263] In einem solchen Fall spricht man auch von bilateralen Monopolen und Oligopolen. In einem preistheoretisch reduzierten Sinne kann ein solches Ergebnis wünschenswert sein. Verglichen mit einem Cournot-Oligopol, das ein wettbewerblich wünschenswerteres Ergebnis sowohl aus Sicht des Marktpreises, als auch aus Sicht des sozialen Verlustes bewirken kann, ist auch ein bilaterales Monopol in der Lage, solche Effekte auszulösen. Um die Situation in einem bilateralen Monopol darzustellen, kann man sich einer Konstruktion bedienen, indem man zwei Situationen mit jeweiliger Übermacht von Anbieter und Nachfrager und eine mit gleich starker, wechselseitiger Macht der Parteien unterscheidet. Das Resultat dieser Gegenüberstellung ist, dass der Monopsonist sein Wertmaximum erreicht, wenn die Grenzausgaben dem Wertprodukt entsprechen. Der Monopolist erreicht sein Gewinnmaximum, wenn der Grenzerlös den Grenzkosten entspricht. Liegen identische Kostenfunktionen vor, verhalten sich Gewinnmaximum und Wertmaximum in Preis und Menge spiegelbildlich zueinander. D.h. es ergeben sich bei Übermacht der jeweiligen Marktgegenseite identische Mengen, jeweils zu einem Preismaximum und einem Preisminimum. Im Ergebnis fällt auch der Totverlust identisch aus.[264]

Das vorangegangene Ergebnis spiegelt die Verhältnisse in einem preistheoretisch bilateralen Monopol noch nicht wider. Entscheidend ist, dass mithilfe der Konstruktion die sog. Edgeworth Kontraktkurve (contract curve) gewonnen und anschaulich dargestellt werden kann. Die Beobachtung ist folgende: Dort, wo die Wertgrenzproduktkurve des Monopsonisten die Grenzkostenkurve des Monopolisten schneidet, liegt der gemeinsame maximale Profit der Beteiligten vor. D.h. in diesem Gleichgewicht kann keine der Parteien besser gestellt werden, ohne dass der andere schlechter steht. Für die Parteien (!) ergibt sich also ein Pareto-optimaler Zustand.[265] Daneben ist dieser Punkt auch aus allokativer Sicht effizient. Denn während sowohl bei Übermacht des Monopson oder des Monopols der Totverlust maximiert ist, besteht im Gleichgewichtspunkt des bilateralen Monopols der geringst mögliche deadweight loss. M.a.W.: Das bilaterale Monopol ist aus allokativer Sicht effizienter als ein Polypol, das einem Monopson ausgesetzt ist oder umgekehrt ein Polypson, das einem Monopol gegenübersteht.[266] Damit können bilaterale Monopole unter bestimmten Bedingungen ein erwünschtes Gegengewicht zu einfachen Monopolen/Monopsonen (sog. countervailing power) bilden und die sozialen Wohlfahrtsverluste begrenzen.[267]

In einem bilateralen Monopol üben keine direkten Wettbewerber mit ihren Outputmengen Einfluss aufeinander aus. Vielmehr ist der erzielbare Preis für Monopolist und Monopsonist verhandelbar und hängt entscheidend von deren Verhandlungsstärke ab. Das Verhandlungsergebnis liegt dabei zwischen durchschnittlicher

---

263 Grundl. *Galbraith*, American Capitalism: The Concept of Countervailing Power, 1952.
264 *Hovenkamp*, Federal Antitrust Policy, S. 24; *Varian*, S. 444 ff.
265 *Schumann/Meyer/Ströbele*, S. 306.
266 *Fellner*, 61 Quart. J. Econ. 503, 507 (1947).
267 *Galbraith*, American Capitalism: The Concept of Countervailing Power, 1952; krit. *Stigler*, 44 Amer. Econ. Rev. 7 ff. (1954); *Hunter*, 68 Econ. J. 89-103 (1958).

Grenzkostenkurve des Monopolisten (lower limit price) und der durchschnittlichen Wertgrenzproduktkurve des Monopsonisten (upper limit price) und damit auf der Edgeworth Kontraktkurve[268]. Folglich ist auch der Verhandlungsspielraum der Parteien variabel. Innerhalb dieser Grenzen bleiben die Summe aus Konsumentenrente und Produzentenrente gleich.[269]

Bestehen auf beiden Seiten Gruppen von Unternehmen, d.h. besteht ein Oligopol auf der Anbieterseite und ein Oligopson auf der Nachfrageseite, dann wird der Preis- und Mengeneffekt ebenfalls durch die Verhandlungsstärke determiniert. Nimmt man beispielsweise ein Monopson auf der Nachfrageseite an und geht von einem Oligopol auf der Anbieterseite aus, so überwiegt die Macht des Nachfragers. Der Preis wird daher zugunsten des Monopsonisten abnehmen.[270] Ceteris paribus ergibt sich ein höherer Preis in der Konstellation Monopol/Oligopson.

Auch das Verhandeln bei bilateraler Marktmacht hat in neuerer Zeit spieltheoretische Züge entwickelt, wobei anhand von Spielregeln und weiteren Einflüssen die Verhandlungsgleichgewichte herausgearbeitet werden. Diese auch nur ansatzweise darzustellen, überstiege den Umfang der Arbeit, nicht zuletzt weil eine eigene Theorie des Verhandelns (sog. bargaining) besteht. Sie führt auch zu keinen allgemeingültigen Ergebnissen, da die spezifischen Verhandlungsparameter feststehen müssen. Komplex wird die Spieltheorie durch die Berücksichtigung gemischter Strategien, in Oligopolmodellen durch sequenzielle Spiele und bei Hinzutreten von vertikalen Marktbeziehungen.[271] Gerade reine bilaterale Monopole sind wie schon angedeutet in der Realität extrem selten.[272] Die Untersuchungen und Studien sind daher häufig empirischer Natur und industriespezifisch. Dabei lassen sich auch jeweils nur Teilaspekte berücksichtigen[273].

3. Marktmachteffekte infolge von Zusammenschlüssen

Die vorangestellten Überlegungen zum Marktmachteffekt sind allenfalls notwendige Bausteine zur Beurteilung von Zusammenschlüssen. Hinreichend sind sie aber genauso wenig wie die Betrachtung der einzelwirtschaftlichen Aspekte, die von Zusammenschlüssen ausgehen. Die nun folgende Darstellung des Marktmachteffektes infolge von Zusammenschlüssen geschieht im Bewusstsein, dass sich die Marktanteile zwischen den Unternehmen verschieben und ihre Anzahl auf den Märkten insgesamt geschmälert wird[274]. Die Nachfrage konzentriert sich so auf eine geringere Anzahl von Unternehmen, so dass die Nachfragezunahme gegenüber dem verei-

---

268 *Schumann/Meyer/Ströbele*, S. 304 ff., 308.
269 *Fellner*, 61 Quart. J. Econ. 503, 507 (1947).
270 *Dobson/Waterson*, 107 Econ. J. 418 ff. (1997).
271 Für eine kurze Beleuchtung des Gegenstandes *Varian*, Grundzüge der Mikroökonomik, S. 477 ff.; *Berninghaus/Ehrhart/Kirstein/Seifert*, in: Zimmermann (Hrsg.), S. 439 ff.
272 *Morgan*, 64 Quart. J. Econ. 650 (1950).
273 *Just/Chern*, 11 Bell J. Econ. 584 ff. (1980); *Schroeter*, 70 Rev. Econ. Statist. 158 ff. (1988).
274 *Budzinski/Kerber*, S. 55.

nigten Unternehmen Veränderungen der Gleichgewichtswerte von Mengen und Preisen auslösen kann[275]. Nunmehr sind die mit der Zusammenschlussrichtung verbundenen Marktmachtprobleme zu lokalisieren.

a) Horizontale Zusammenschlüsse

Horizontale Unternehmenszusammenschlüsse finden zwischen vormals selbständigen Wirtschaftssubjekten[276] gleicher Wirtschaftsstufe statt[277]. Man kann hier zwei Typen unterscheiden, je nach dem, ob durch den Zusammenschluss das Produktportfolio ausgeweitet wird oder ob sich die Beteiligten des Zusammenschlusses auf identische Produkte beschränken[278] (sog. rein horizontale Zusammenschlusse und Produkterweiterungszusammenschlüsse).

Der rein horizontale Zusammenschluss ist in der Zusammenschlusspraxis äußerst selten anzutreffen. Hier besteht der Zusammenschluss nicht nur im selben sachlichen Produktmarkt, so dass identische Produkte angeboten werden. Vielmehr müssen die Unternehmen in dem betreffenden räumlichen Gebiet Wettbewerbsbeziehungen unterhalten. Die Probleme, die mit dieser Zusammenschlussform in Beziehung stehen, lassen sich direkt aus den Ergebnissen zum Marktmachteffekt gewinnen. Denn hier wachsen den Unternehmen ihre jeweiligen Marktanteile auf einem Markt zu. Der vormals eventuell disziplinierende Wettbewerbsdruck der beiden Unternehmen entfällt durch das externe Wachstum schlagartig. Die von den Unternehmen zusammen angebotene Produktionsmenge kann nun durch ein Unternehmen angeboten werden. Damit nimmt gleichzeitig die Möglichkeit zu, Einfluss auf die am Markt angebotene Menge zu nehmen. Aus wettbewerblicher Sicht wird daher eine ganz besondere Gefahr für die Entstehung oder Verstärkung einer beherrschenden Marktstellung gesehen[279]. Bezüglich des potentiellen Wettbewerbs auf dem betrachteten Markt sind Abschreckeffekte aufgrund der Unternehmensgröße und der Finanzkraft des marktstarken Unternehmens denkbar.

Bei Produkterweiterungszusammenschlüssen schließen sich Unternehmen mit verwandtem Produktprogramm zusammen.[280] Ihre Produkte können sich daher ähneln und für die Marktgegenseite mehr oder weniger enge Substitute darstellen. Die Verwandtschaft der Produkte zueinander ist aber nicht derart eng, dass sie demselben sachlich relevanten Markt zugeordnet werden. Die Auswirkungen von Produkterweiterungszusammenschlüssen können ähnlich negative Wirkungen besitzen, wenn die Produkte wenig differenziert sind und eine geringe Diversifikation besitzen. Hier ergeben sich Marktmachtbedenken vor allem mit Blick auf die abnehmen-

---

275 *Kinne*, S. 44.
276 *I.Schmidt*, S. 138; *Emmerich*, S. 252; *Kinne*, S. 16; *Krimphove*, S. 63; *Budzinski/Kerber*, S. 42 ff., 57 ff.; *Hovenkamp*, Federal Antitrust Policy, S. 490 ff.
277 *Grüter*, S. 29 f.
278 *Bühner*, Erfolg von Unternehmenszusammenschlüssen, S. 5.
279 *Sullivan/Grimes*, S. 575; *Krimphove*, S. 63; *Kinne*, S. 39 ff., 43; *Emmerich*, S. 252.
280 *Bühner*, Erfolg von Unternehmenszusammenschlüssen, S. 5.

de Nachfrageelastizität. Üben die Produkte dagegen wenig Interdependenzen auf, weil sie weite Substitute darstellen, wird durch den Zusammenschluss die unelastische Nachfragefunktion weniger stark beeinträchtigt. Dadurch können aber gleichzeitig Abschreckeffekte von potentiellen Wettbewerbern für das weite Substitut abnehmen, was direkt von den dort herrschenden Wettbewerbsverhältnissen abhängig ist.[281] Werden von zwei Unternehmen verwandte Produkte gefertigt, so drängt sich der Gedanke auf, dass diese Unternehmen Wettbewerbsdruck nicht durch ihre aktuelle Teilnahme am Wettbewerb aufeinander ausüben, sondern durch die Umstellung ihrer Produktion und der Nutzung ihrer Erfahrungsvorteile in den Markt des anderen eintreten könnten. Sie besitzen dann Angebotsflexibilität oder entfalten potentiellen Wettbewerbsdruck, der durch den Zusammenschluss entfallen könnte. Daher wäre es verfehlt in horizontalen Zusammenschlüssen mit Produkterweiterung immer geringere Marktmachtgefahren zu sehen als in rein horizontalen Zusammenschlüssen.

b) Vertikalzusammenschlüsse und vertikale Effekte

Marktmachtprobleme, die aus einem vertikalen Zusammenschluss (auch vertikale Integration genannt) resultieren, werden häufig als sog. vertical foreclosure effects bezeichnet. Eng mit dem vertical foreclosure verwandt sind die sog. exclusionary strategies[282]. Darunter versteht man anders als durch Zusammenschlüsse entstehende Probleme solche, die durch horizontale Zusammenschlüsse entstehen. Sie haben keine direkten Auswirkungen auf die Marktgegenseite, sondern können ein wettbewerblich problematisches Vordringen auf vor- oder nachgelagerte Märkte auslösen. Wegen Artverwandtschaft können die aus einem Zusammenschluss oder einem bestimmten Verhalten resultierenden Probleme gemeinsam behandelt werden.[283]

Unter den Begriff exclusionary practices werden zahlreiche Verhaltensweisen subsumiert, deren abschließende Darstellung hier nicht erfolgen soll. Häufig wird mit dem Begriff auch der sog. leverage effect synonym benutzt.[284] Er meint meist neue Transferschäden außerhalb der ausgeübten Marktmacht. Essentielle Elemente des leveraging sind Marktmacht auf einem Markt, Ausnutzen oder Missbrauchen dieser Macht und sich hieraus ergebende wettbewerbliche Schäden auf einem anderen Markt[285]. Die Hebelwirkung kann sich dabei in beide Richtungen, sowohl auf dem vorgelagerten (sog. upstream market) als auch auf dem nachgelagerten Markt (sog. downstream market) entfalten. Die wahrgenommenen Effekte des leveraging sind zweifach in ihrer Natur. Einerseits soll der Monopolist auf zwei Märkten Mo-

---

281 *Sullivan/Grimes*, S. 598.
282 Einen ausf. Überblick liefern *Sullivan/Grimes*, S. 104 ff.; *Hovenkamp*, Federal Antitrust Policy, S. 289 ff.
283 *Posner*, Antitrust Law, S. 223.
284 *Hovenkamp*, Federal Antitrust Policy, S. 317; *Posner*, Antitrust Law, S. 223.
285 *Hovenkamp*, Federal Antitrust Policy, S. 317; *Jones*, The Legality of Monopolist's Efforts to Increase Sales in Related Markets, ABA Section of Antitrust Law, April 09, 1997.

nopolgewinne abschöpfen können. Andererseits werden andere Unternehmen aus dem Markt gedrängt. Ähnlich dem downstream leveraging gestaltet sich upstream leveraging. Hat das durch Zusammenschluss vertikal integrierte Unternehmen auf einem nachgelagerten Markt eine marktstarke Stellung und ist auf dem vorgelagerten Markt Wettbewerb ausgesetzt, so kann die Integration dazu befähigen, den Absatz von Produkten der vorgelagerten Marktstufe zu erschweren (sog. Marktverstopfung). Strategien, die eine solche Hebelwirkung entfalten können, sind vielfältig:

aa) Räuberisches Preissetzungsverhalten (predatory pricing)

Eine häufig thematisierte Möglichkeit, Marktmacht auf einem nachgelagerten Sekundärmarkt zu gewinnen, ist räuberische Preissetzung (sog. predatory pricing).[286] Ein marktmächtiges Unternehmen kann danach durch gezielten Einsatz von Ressourcen unter den eigenen Grenzkosten bzw. unterhalb der Durchschnittskosten seiner Wettbewerber anbieten und im Wege des Preisdumpings seine Konkurrenten vom Markt verdrängen, um anschließend durch Heraufsetzung des Preises höhere Gewinne zu realisieren, als dies vorher der Fall gewesen wäre[287].

bb) Preisdiskriminierung

Nicht mit dem predatory pricing zu verwechseln ist die Preisdiskriminierung. Letztere betrifft die unterschiedliche Behandlung von Nachfragergruppen bei der Preissetzung. Wurde bislang davon ausgegangen, dass ein Monopolist den Monopolpreis verlangt, ist unter bestimmten Konstellationen denkbar, dass unterschiedliche Nachfragegruppen verschieden behandelt werden (sog. monopolistische Preisdifferenzierung).[288] Ein Monopolist kann insbesondere durch vertikale Integration solche Preisunterschiede gezielt ausnutzen:

> *Wird beispielsweise Produkt A (auf Markt A) gegenüber den Nachfragegruppen B und C im Mittel zum Preis 10 angeboten und repräsentiert dieser Preis das Gewinnmaximum beim Einheitspreis, könnte der Monopolist durch gezielte Diskriminierung, Produkt A auf Markt B zum Preis 20 und auf Markt C für 5 anbieten und so sein Gewinnmaximum erhöhen. Preisdifferenzierung muss nicht notwendigerweise auf Endkundenmärkten stattfinden. Auch Großkundenmärkte können aufgrund eigener Skalenerträge einen wirksamen Druck auf die Rückwärtsintegrationen auslösen, so dass der Monopolist eine wirksame Markteintrittsdrohung abwenden und mit unterschiedlichen Preisen reagieren muss.*

---

286 *Areeda/Turner*, 88 Harvard Law Rev. 697 ff. (1975); *Williamson*, 87 Yale Law J. 284 ff. (1977); *Baumol*, 89 Yale Law J. 1 ff. (1979).
287 *Grimm*, S. 70 f.
288 *Mankiw*, S. 358 ff.

cc) Koppelungsbindung (tying)

Ein Monopolist, der auf Markt A ökonomische Macht verzeichnet und auf Markt B erheblichem Wettbewerbsdruck ausgesetzt ist, kann den Monopolpreis mit der Bedingung für Nachfrager senken, auch das Produkt B abzunehmen. In der Folge dieser Koppelungsbindung (sog. tying) wird die Nachfrage nach Produkt B zunehmen. Damit werden Wettbewerber aus dem Markt B gedrängt und der Monopolist verzeichnet hier höhere Gewinne, auch wen diese im ersten Markt schwinden. Der potentielle Wettbewerber, der bislang hohen Marktzutrittschranken ausgesetzt war, wird angesichts der gefallen Preisspanne vom Markteintritt noch stärker abgeschreckt (sog. limit pricing).[289]

dd) Kollusion und kooperative Interaktion

Neben dem leverage effect kann vertikale Integration Kollusion und kooperative Interaktion begünstigen. In diesem Zusammenhang wird der Zugang zu sensiblen und vertraulichen Informationen genannt, die einem vertikal integrierten Unternehmen besser zugänglich seien als einem nicht integrierten[290]. Vor dem Hintergrund, dass Vorsichtsmaßnahmen gegenüber horizontalen Wettbewerbern anders als gegenüber Marktteilnehmern vertikaler Ebenen besonders intensiv getroffen werden, aber auch aufgrund der Tatsache, dass vertikale Integration einen Informationsvorsprung bei Absatz und Beschaffung hinsichtlich Produktionsniveau und -größe der Konkurrenten liefert, wird die Gefahr vertikaler Integration für Wettbewerber vor- und nachgelagerter Marktebenen besonders deutlich.

ee) Problematik des dual-level entry für potentiellen Wettbewerb

Die vertikale Verkettung von Märkten infolge eines Zusammenschlusses kann zu erheblichen Markteintrittshürden führen und so die Markteintrittsdrohung des potentiellen Wettbewerbs schmälern oder beseitigen. Insbesondere wenn auf einem der verketteten Märkte bereits Marktmacht besteht, kann ein potentieller Wettbewerber in Abhängigkeit auf vor- bzw. nachgelagerter Marktstufen geraten und muss mit Preisdiskriminierungen rechnen. Aufgrund dieser Markteintrittshürden auf gleich zwei Märkten wird die Abschottungswirkung vertikaler Zusammenschlüsse auch als dual-level entry Problematik bezeichnet[291]. Ein potentieller Wettbewerber würde seine Markteintrittsdrohung nur dann aufrechterhalten, wenn er in der Lage ist, in beide Märkte simultan einzutreten. Dies stellt besondere Anforderungen an das eintretende Unternehmen im Hinblick auf Größe und Finanzkraft.[292]

---

289 *Posner*, Antitrust Law, S. 202; *Turner*, 72 Harvard L. Rev. 50 ff. (1958).
290 *Sullivan/Grimes*, S. 641.
291 *Sullivan/Grimes*, S. 638, 642.
292 *Posner*, Antitrust Law, S. 202; *Turner*, 72 Harvard L. Rev. 50 ff. (1958).

c) Konglomerate Zusammenschlüsse

Da sich definitionsgemäß zwei Unternehmen zusammenschließen, die auf unterschiedlichen Märkten tätig sind, wird Marktmacht in diesem Sinn nicht erhöht[293]. Anerkannt ist aber, dass Konglomerate allein aufgrund ihrer Finanzkraft Machtpositionen erzielen können. Nach der sog. deep pocket doctrine[294] erhält ein großes diversifiziertes Unternehmen im Gegensatz zu seinen kleineren Konkurrenten die Möglichkeit, Verluste aufgrund des „long purse" auszustehen, ohne wirtschaftlichen Bankrott zu erleiden. Auch wird in der Finanzkraft ein Instrument der Verlagerung von Ressourcen gesehen, um interne Subventionierung zu betreiben und Wissens- und Technologietransfers durchzuführen, was sich in einer überlegenen Stellung gegenüber anderen Unternehmen ausdrücken könne[295]. Aus Plausibilitätsüberlegungen heraus können eine Reihe weiterer Marktmachteffekte geltend gemacht werden. So ermöglicht der Einsatz der Finanzkraft unter Umständen auch ein größeres Potential MZS für potentielle Wettbewerber zu errichten, um gerade auf Schlüsselmärkten eine marktbeherrschende Stellung abzusichern[296]. Auch der potentielle Wettbewerb in den Randgebieten eigener Kerngeschäftsaktivität könne durch konglomerate Unternehmenszusammenschlüsse besonders gefährdet sein[297], gerade wenn die vormals getrennten Wirtschaftssubjekte in wichtigen Randbereichen in einem horizontal potentiellem Wettbewerbsverhältnis standen. Dieser Aspekt hat starke Bezüge zu horizontalen Zusammenschlüssen und entspricht den dortigen Ausführungen. Im Zusammenhang mit der Finanzkraft steht auch das sog. räuberische Preisverhalten (predatory pricing)[298].

IV. Horizontaler Zielkonflikt: Marktmacht und Effizienz

Bislang wurden die Effizienzgewinne für Unternehmung und die sozialen Verluste erzeugt durch Marktmacht getrennt untersucht. Sofern solche isoliert auftreten, bedarf es keiner besonderen Instrumente der Wettbewerbspolitik. Denn ob die Unternehmung effizient oder ineffizient arbeitet, bleibt der Entscheidungsfreiheit der betroffenen Akteure vorbehalten. Andererseits könnte gegenüber isoliert auftretenden Marktmachteffekten, die allein zulasten der Konsumentenwohlfahrt gehen und dazu allokativ ineffizient sind, ein Verbot ausgesprochen werden, da dann soziale Verluste und volkswirtschaftliche Schäden entstünden. Gesamtwirtschaftliche Verluste in Form von Marktmacht treten bei Unternehmenszusammenschlüssen aber meist nicht isoliert auf. Vielmehr werden solche gesamtwirtschaftlich unerwünsch-

---

293 *Grimm*, S. 67.
294 Vgl. *Edwards*, S. 331 ff.
295 *Grimm*, S. 69.
296 Ebenda, S. 70.
297 *Sullivan/Grimes*, S. 620 ff.; *Hovenkamp*, Federal Antitrust Policy, S. 558 ff.
298 *Areeda/Turner*, 88 Harvard Law Rev. 697-733 (1975); *Williamson*, 87 Yale Law J. 284 ff. (1977); *Baumol*, 89 Yale Law J. 1 ff. (1979).

ten Ergebnisse von einzelwirtschaftlichen Effizienzgewinnen begleitet[299]. Hierbei können Zielkonflikte auftreten, deren Lösung in der Wettbewerbspolitik unterschiedlich gehandhabt wird[300]. Um mit der etwaigen Auflösung der Zielkonflikte zu operieren, bedarf es daher eines kursorischen Überblicks über die klassischen Leitbilder der Wettbewerbspolitik.

1. Wettbewerbspolitische Leitbilder

Der Wettbewerbsbegriff erlangte vor über 200 Jahren durch Vertreter der klassischen Nationalökonomie, wie Adam Smith[301], erste Konturen. Wettbewerb wurde zum damaligen Zeitpunkt als Gegenbewegung zum Merkantilismus entwickelt. Der wesentliche Grundgedanke kommt daher auch in einem Ordnungsprinzip ohne Einfluss des Staates zum Ausdruck.[302] Der freie Wettbewerb wurde von den Nationalökonomikern durch Dynamik unternehmerischer Initiativen und ihren Interdependenzen begriffen. Aufgrund des prozessualen Charakters der Marktwirtschaft sollten daher auch sogar Monopole nur vorübergehender Natur sein[303]. In ihrer Prämisse gehen sie davon aus, dass der Zugang zum Markt ungehindert erfolgt[304]. Smith brachte im Gegensatz zu diesem völlig „freien Spiel der marktwirtschaftlichen Kräfte" seine Skepsis dadurch zum Ausdruck, indem er der Meinung vertrat, dass »people of the same trade seldom meet together, even for merriment and diversion, but the conversation ends in a conspiracy against the public, or in some contrivance to raise prices.«[305] Deshalb hielt er eine staatliche Rahmenordnung zur Gewährleistung dieser Prämissen für erforderlich[306].

Der dynamische Aspekt des Wettbewerbs verlor in der zweiten Hälfte des 20. Jahrhunderts in den preistheoretischen Wettbewerbsmodellen der Neuklassik seine Bedeutung. Der Prozess von der dynamischen Sichtweise zur statischen Preistheorie ist zum einen darauf zurückzuführen, dass nicht die Marktprozesse im Vordergrund standen, sondern der Blickwinkel auf das Marktergebnis gelenkt wurde[307]. Andererseits ist die mathematische Präzision, mit der die Preistheorie arbeitet, auf eine gewisse abstrakt-statische Sichtweise angewiesen und taugt daher als eigenständige Wettbewerbskonzeption nicht.

---

299 *I.Schmidt*, S. 97.
300 Vgl. zur Kritik der Chicago-School stellvertretend *Bork*, The Antitrust Paradox: A Policy at War with Itself, 1978, S. 225; *Reiffen/Vita*, 63 Antitrust Law J. 513, 526 (1995).
301 Insbesondere *Smith*, An Inquiry into the Nature and Causes of the Wealth of Nations, 1952.
302 *Cox/Hübener*, in: Cox/Jens/Markert (Hrsg.), S. 9.
303 *Bartling*, S. 10.
304 *Cox/Hübener*, in: Cox/Jens/Markert (Hrsg.), S. 10.
305 *Smith*, An Inquiry Into the Nature and Causes of Wealth of Nations, 1952, S. 55.
306 *Bartling*, S. 10.
307 *Heuss*, in: Albers (Hrsg.), Bd.8, 1980, S. 681.

a) „Effective Competition" nach Clark

John Maurice Clark stellte 1939 die Realisierbarkeit des vollständigen Wettbewerbs mit seinem Konzept des Zweitbesten (Second Best Theorem[308]) in Frage. Er hielt im Ergebnis zwar an der Zielsetzung des vollständigen Wettbewerbs als Referenzmodell fest. Er entwickelte aber den Einwand, dass die Existenz von Marktunvollkommenheiten unter bestimmten Konstellationen dazu führen könne, dass das Hinzutreten eines weiteren Marktunvollkommenheitsfaktors den Wettbewerb an das Wohlfahrtsmaximum annähere (sog. Gegengiftthese).[309] In diesem Zusammenhang spricht er von „workable competition" als dem Ergebnis sich gegenseitig kompensierender Marktunvollkommenheiten. Mit diesem Konzept brachte Clark auch zum Ausdruck, dass die statische Sichtweise der vollständigen Konkurrenz irrealen Umweltbedingungen gegenüberstehe[310] und dass diese Sichtweise von einer nicht ganz so guten, aber realistischeren und daher arbeitsfähigen Wettbewerbstheorie abgelöst werden müsse. Die Bedingungen, unter denen der vollständige Wettbewerb operiert, werden daher auch als „Alles oder Nichts"-Theorem bezeichnet.[311]

Später wandelte sich Clarks Modell des „workable competition" zu einem eigenständigen Leitbild des „effective competition" und damit zur „first best solution"[312] ab. Dieses Konzept wurde beeinflusst von dem Nationalökonom Joseph Schumpeter. Schumpeters Beitrag innerhalb der wirtschaftswissenschaftlichen Diskussion war unter anderem die Wiederentdeckung[313] und Vertiefung des Innovationsbegriffes. Im Zeitalter der Preistheorie wurden Wettbewerbstheorie und Wettbewerbspolitik als stationäre gleichgewichtige Ökonomie betrachtet, die klassische Monopolsituationen vermeiden sollte[314]. Schumpeter differenzierte zwischen Unternehmern und Wirten[315]. Unternehmer seien diejenigen, die eine Invention in Form der Innovation letztlich am Markt durchsetzten, um sog. Monopolrenditen zu erzielen[316]. Die im Anschluss an die Invention erfolgende Diffusion durch nachahmende Wirte würde zu einem allmählichen Abbau der Monopolstellung führen. Diese temporäre Monopolstellung ist nach Auffassung Schumpeters als Anreizfunktion notwendig, um neue Märkte entstehen zu lassen und alte zu verändern[317]. Dieser in einer

---

308 Einen Überblick über die einzelnen interdisziplinären Implikationen liefert *Markovits*, 73 Chi.-Kent Law Rev. 3 (1998).
309 *I.Schmidt*, S. 9; *Koenig/Vogelsang/Kühling/Loetz/Neumann*, S. 24; *Lipsey/Lancaster*, 63 Rev. Econ. Stud. 11 f. (1956); *I.Schmidt*, S. 9.
310 *Clark*, Toward a Concept of Workable Competition, 30 Amer. Econ. Rev. 241 ff. (1940).
311 *Lipsey/Lancaster*, 63 Rev. Econ. Stud. 11 (1956); *Ferguson*, S. 15-17, 49 f.; *Posner*, Economic Analysis of Law, S. 301; *Price*, S. 31 ff.; *Veljanovski*, 4 Int. Rev. Law Econ. 229 ff. (1984).
312 *Clark*, Competition as a Dynamic Process, 1961.
313 Bereits *Smith*, An Inquiry Into the Nature and Causes of Wealth of Nations, 1952, S. 329.
314 *I.Schmidt*, S. 4.
315 *Schumpeter*, Der Prozess der schöpferischen Zerstörung, in: ders. (Hrsg.), Kapitalismus, Sozialismus und Demokratie, S. 134-142.
316 Ebenda.
317 Ebenda.

Volkswirtschaft immer erneut stattfindende Innovationsprozess führe ebenfalls dazu, dass Monopolrenditen aufgrund der Entwicklung neuer Technologien durch einen Prozess schöpferischer Zerstörung nur befristet erzielt werden könnten[318]. Dieser Vorgang ist nach Schumpeter notwendig, um von wirtschaftlicher Entwicklung überhaupt sprechen zu können. Die Notwendigkeit von kurzfristigen Monopolen und die Weiterentwicklung des ökonomischen Fortschritts durch Innovationen sind damit an Großunternehmen und Konzerne gebunden.[319] Clark greift diesen Widerspruch auf und löst ihn zugunsten des wirtschaftlichen Fortschritts. Unter Berufung auf den dynamischen Prozess des Wettbewerbs mittels Vorstoß- und Verfolgungsphasen, der seine Zielfunktionen erfüllen müsse[320], wandte er sich schließlich von dem Konzept des vollständigen Wettbewerbs ab. Monopolistische Elemente wurden nunmehr insofern als notwendig erachtet, als diese erwünscht waren. Die Unterscheidung zwischen erwünschten und unerwünschten Marktprozessen wurde auf Grundlage eines Marktstruktur-, Marktverhaltens-, Marktergebnisansatzes (sog. Structure, Conduct, Performance Paradigm „SCP") untersucht.[321]

b) „Optimale Wettbewerbsintensität" nach Kantzenbach

Das von Erhard Kantzenbach entwickelte Konzept der optimalen Wettbewerbsintensität geht auf Überlegungen von Clark zurück und setzt damit den Bruch mit dem Konzept des vollständigen Wettbewerbs aus deutscher Sichtweise fort. Wenngleich Kantzenbach die angelsächsisch geprägten Begriffe des „workable" und „effective competition" verwendet, ist sein Wettbewerbskonzept, den er für den deutschen Sprachraum entwickelt hat, hinreichend anders. Er versucht den Wettbewerb nicht ausdrücklich positiv zu definieren, sondern stellt bestimmte Zielfunktionen auf, deren Einhaltung für Wettbewerb notwendig sei. Damit ist nicht der Wettbewerb an sich das eigentliche Ziel, sondern nur Mittel zum Zweck. Der so instrumentalisierte Wettbewerbsbegriff habe fünf Zielfunktionen, die man statischen und dynamischen Kategorien zuordnen kann. Zu ersteren zählen die (1) leistungsgerechte Einkommensverteilung, (2) die Konsumentensouveränität und (3) die optimale Faktorallokation. Als wichtigere, aber undurchschaubare Funktionen werden (4) die Anpassungsflexibilität und (5) der technische Fortschritt gezählt.[322] Nach Kantzenbach liegt funktionsfähiger Wettbewerb dann vor, wenn die fünf Zielfunktionen bestmöglich erfüllt sind. Aus dem Zusammenspiel der Wettbewerbsfunktionen schlussfolgert er, dass die optimale Wettbewerbsintensität nicht – wie bei vollständigem Wettbewerb – im Polypol zu sehen sei, sondern im weiten Oligopol liege. Das Polypol weise eine unteroptimale Interdependenz auf, das mangels ausreichender Selbstfinanzierungsmöglichkeiten, geringer absoluter Unternehmensgröße und traditioneller

---

318 Ebenda.
319 *Hoppmann*, Wirtschaftsordnung und Wettbewerb, 1988, S. 271.
320 *I.Schmidt*, S. 9, 10.
321 *Cox/Hübener*, in: Cox/Jens/Markert (Hrsg.), S. 16.
322 *I.Schmidt*, S. 12.

Verhaltensweisen nicht genug Investitionspotential biete, um die dynamischen Zielfunktionen zu erfüllen. Der Wettbewerb im Polypol sei ruinöser Natur. Im Gegensatz zum Monopol könne im weiten Oligopol keine Marktmacht ausgespielt werden. Im Gegensatz zum engen Oligopol entstünden weder funktionslose Machtkämpfe („oligopolistic wars"), noch bestünde die Gefahr einer faktischen Beschränkung des Wettbewerbs durch spontan-solidarisches Parallelverhalten.[323]

Kantzenbachs Handlungsempfehlung für eine Fusionskontrolle ist daher auch nur die Verhinderung der Transformation weiter Oligopole in enge bzw. die Entflechtung enger in weite. Für eine Verhinderung von Fusionen auf polypolistisch strukturierten Märkten sieht er daher keinen Handlungsbedarf.[324]

c) Der freie Wettbewerb der Neuklassik

Das freie Wettbewerbsmodell der Neuklassik geht in Deutschland auf den Ökonom Hoppmann zurück. Der wesentliche Gedanke findet sich auch in Österreich, vor allem geprägt durch v. Mises und v. Hayek[325] und in den USA zurückgehend auf Kirzner. Das Konzept der Wettbewerbsfreiheit fußt im Wesentlichen auf den zwei Grundgedanken der Wettbewerbsmodelle des „effective competition" von Clark und zum anderen auf dem Wettbewerbskonzept der Klassik, das Liberalismuserwägungen an oberste Stelle setzte. Wettbewerb ist auch für Hoppmann ein dynamisches Geschehen, in dessen Zentrum aber die Freiheitsfunktion des Wettbewerbs steht. In Anlehnung an v. Hayek wird der Wettbewerb als eine „spontane Ordnung" begriffen, in der sich unternehmerische Initiative und dynamisches Geschehen manifestieren. Daher würfe sich kein Marktteilnehmer ohne entsprechende Marktleistung die Macht verschaffen, den Freiheitsbereich anderer einzuschränken.[326] Die Wettbewerbsfreiheit umfasst nach dieser Interpretation sowohl die Freiheit der Konkurrenten zu Vorstoß und Imitation im Sinne des „moves and responses"-Ansatzes, als auch die Auswahlfreiheit der Marktgegenseite. Die Wettbewerbsfreiheit wird unter den Aspekten der (1) Entschließungsfreiheit (Abwesenheit von Zwang durch Dritte) und der (2) Handlungsfreiheit (Abwesenheit von Beschränkungen des Tauschverkehrs) gesehen. Aufgrund ökonomischer Anreize und Sanktionen entstehe ein leistungsfähiger Markt. Unbedingt erforderlich sei hierfür jedoch auch eine gewisse Wettbewerbsgesinnung der Marktteilnehmer („spirit of competition").[327] Insgesamt führt dies zu der Grundannahme, dass Wettbewerbsfreiheit für alle Marktteilnehmer zu ökonomischen Vorteilen in Form guter Marktergebnisse führt. Ein Mehr an Wettbewerbsfreiheit bringe für sie immer auch zusätzliche ökonomische Vorteile. Bei Einschränkung der Wettbewerbsfreiheit verschlechtere sich damit zwangsläufig das Marktergebnis. Es entstehe Marktmacht, die es Marktteilnehmern, welche über

---

323   Vgl. Teil 1: A.III.1.c)bb), S. 59 ff.
324   *I.Schmidt*, S. 13.
325   *V. Hayek*, Die Theorie komplexer Phänomene, 1972; *ders.*, Die Verfassung der Freiheit.
326   Vgl. *Knieps*, Wettbewerbsökonomie, S. 70 f.
327   *I.Schmidt*, S. 14.

sie verfügen, ermöglichen würde, ihre Freiheitsspielräume zu Lasten Dritter über Gebühr auszuweiten.

Im Gegensatz zu Kantzenbachs funktionsfähigem Wettbewerbskonzept und Clarks „effective competition"-Ansatz begreifen Hoppmann u.a. Wettbewerb nicht als ein Zielfunktionssystem. Die Marktwirtschaft sei viel komplexer gestaltet, auch würden einzelne Marktergebnisse von sehr vielen Bedingungen abhängen, die in ihrer Gesamtheit nicht zu ermitteln seien[328]. Das Marktstruktur-Marktverhalten-Marktergebnis Paradigma lehnt auch Hoppmann konsequenterweise ab. Es gebe daher auch keine Optimalkonstellation, sondern nur allgemeine Mustervoraussagen[329] über die ökonomische Vorteilhaftigkeit von Wettbewerb für das einzelne Individuum.[330] Die Vertreter des Wettbewerbsfreiheitskonzeptes vermeiden damit per definitionem Zielkonflikte, die sich aus der individuellen Freiheit und der ökonomischen Vorteilhaftigkeit ergeben könnten, indem die persönliche Freiheit als das einzig zu erstrebende Ziel hervorsticht. Eine Dilemmasituation könne sich nur ergeben, wenn dem Wettbewerb höhere Ziele (z.B. als Instrument) zugewiesen werden. Es wird also auch nicht gefragt, ob der Wettbewerb funktionsfähig oder wirksam ist. Auch werden keine Wettbewerbsintensitäten gemessen, sondern nur nach Beschränkungen der Wettbewerbsfreiheit gefragt.[331] Aufgrund der Komplexität der Marktwirtschaft und der Marktergebnisse lehnt Hoppmann diskretionäre Vorgehensweisen in seiner wettbewerbspolitischen Handlungsempfehlung ab[332]. Für ihn sind Wettbewerbsregeln nur in Form von per se-Verboten denkbar, da er keine positiven Vorgaben des Wettbewerbs akzeptiert[333]. Hierbei müssten die wettbewerbsbeschränkenden Verhaltensweisen aber eindeutig identifizierbar sein. Die Sicherung der Wettbewerbsfreiheit durch die Schaffung von Rechtsnormen wird daher auch als Hauptaufgabe des Staates gesehen.[334]

Hoppmanns Konzept des freien Wettbewerbs steht aus oben dargelegten Gründen Fusionen von Unternehmen ablehnend gegenüber. Auch wenn Unternehmenszusammenschlüsse Ausdruck der Wettbewerbsfreiheit sein können, werden sie eher als willkürlich verursachte unternehmerische Ausnahmebereiche angesehen[335]. Hoppmann will diese daher per se, d.h. ohne Abwägung, durch ein Verbot verhindern.

---

328 *Hoppmann*, Workable Competition, 1988, S. 202-204; *v. Hayek*, Die Theorie komplexer Phänomene, 1972, S. 25 ff.
329 Vgl. *Graf*, „Muster-Voraussagen" und Erklärungen des Prinzips bei F.A. von Hayek.
330 Sog. systemtheoretischer Ansatz; vgl. *Hoppmann/Mestmäcker*, S. 7.
331 Dies ist *Hoppmanns* Non-Dilemmathese; ebenda.
332 Vgl. *I.Schmidt*, WiSt 10 (1981), S. 282-284.
333 *Hoppmann*, in Schneider (Hrsg.), S. 202-204.
334 Sog. *Rule-of-Law-These*, die im Gegensatz zur sog. *Rule-of-Reason* eine einzelfallgerechte Abwägung nicht erlaubt; vgl. *Hoppmann/Mestmäcker*, S. 7.
335 *I.Schmidt*, S. 16.

d) (Classical) Industrial Organization

Die „Theory of Industrial Organization" ist unter maßgeblichem Einfluss von Edward S. Mason[336], Clark und Joe S. Bain[337] entwickelt worden und ist eng mit dem Ansatz der Harvard School verknüpft. Sie hat sich aus den Denkansätzen der Industrieökonomie entwickelt. Teilweise werden sie als jeweils eigenständige Konzeptionen begriffen und der Harvard School Approach dem funktionsfähigen Wettbewerb zugeordnet.[338] Tatsächlich ist die Industrieökonomie aber ein eigenständiger Forschungszweig, der die Grundlagen des funktionsfähigen Wettbewerbs erarbeitet.[339] Die Einflüsse, die vor allem Clark auf die jeweiligen Konzeptionen hatte, spiegeln die Befruchtung vieler Wettbewerbskonzeptionen wider. Von der Industrieökonomie profitierten daher alle Konzeptionen. Sie ist anders als die wettbewerbskonzeptionelle Richtung der Harvard School nicht präzise abgrenzbar. Die Industrieökonomie hat die Grundlagen des SCP-Paradigmas entwickelt, wobei sie ergebnisorientiert arbeitet und als wünschenswertes Marktergebnis die soziale Wohlfahrt im Auge hat. Da die Marktstruktur das Marktverhalten beeinflusse und dieses wiederum das Marktergebnis, schlussfolgerten die traditionellen Industrieökonomen, dass sich das Marktergebnis aus der Struktur ergebe und eine Berücksichtigung des Marktverhaltens in den Hintergrund zu rücken sei. In ihren Ergebnissen spiegelt sich die Auffassung wieder, dass ein positiver Zusammenhang zwischen Marktkonzentration und Gewinnen besteht[340]. Der Ansatz der Industrial Organization formuliert als Ausprägung der Workability-Konzepte ebenfalls Zielfunktionen. Unabhängig davon, wie weit man dem SCP-Ansatz zur Erklärung des Wettbewerbs in einem Markt folgt, wird ihm konzediert, dass er die zur Charakterisierung eines Marktes wichtigen Variablen vorzüglich herausgearbeitet habe[341]. Orientiert an dem SCP-Ansatz lauten die Handlungsempfehlungen daher auch, strukturellen Fehlentwicklungen zu begegnen[342]. Im Kontext der Fusionskontrolle wird daher auch nur die Marktstruktur anhand von Marktanteilen analysiert, um Fusionen zu beurteilen. Dabei erfolgt die Untersagung von Zusammenschlüsse ab Erreichen eines vorher festgelegten eindeutigen Marktanteils.

---

336 *Mason*, 29 Amer. Econ. Rev. 61 ff. (1939).
337 Vgl. nur *Bain*, Barriers to New Competition, 1956; *ders.*, Industrial Organization, 1968.
338 *Heineke*, S. 62.
339 *Knieps*, Wettbewerbsökonomie, S. 45, 74.
340 *Bain*, Barriers to New Competition, 1956; vgl. auch die jüngeren Studien von *Buzzell/Gale/Bradley/Sultan*, 53 Harvard Bus. Rev. 97 ff. (1975) und *Schoeffler/Buzzel/Heany*, 52 Harvard Bus. Rev. 137 ff. (1974).
341 *Koenig/Vogelsang/Kühling/Loetz/Neumann*, S. 29.
342 *Meehan/Larner*, S. 182.

e) Chicago School of Antitrust Analysis

Das Wettbewerbskonzept der Chicago School of Antitrust Analysis[343] erlangte seine eigenständige Bedeutung in den sechziger Jahren des 20. Jahrhunderts durch Ökonomen und Juristen in den USA. Ihre Anfänge basieren auf Arbeiten von Bork, Bowman, McGee und Telser[344] in den fünfziger Jahren, die wiederum auf Grundlagen von Director aufbauen. Nur wenige[345] von Directors Arbeiten wurden veröffentlicht, weshalb die wettbewerbskonzeptionelle Richtung auch häufig als Chicago Oral School bezeichnet wird[346]. Zu den heute häufig mit der Chicago School assoziierten Vertretern zählen vor allem Demsetz, Williamson, Stigler und Posner. Die Chicago School entwickelte sich als kritische Reaktion auf das klassische Wettbewerbsmodell der Harvard School[347]. Die grundsätzliche Kritik wird am SCP-Ansatz festgemacht. Seine theoretische Basis wird als unzureichend und der empirische Befund als verwirrend angesehen. Die Vertreter der Chicago School erkennen einen etwaigen kausalen Zusammenhang zwischen Marktkonzentration und funktionsfähigem Wettbewerb nicht an, da sie das Marktgeschehen als ein Spiel der Kräfte betrachten, in denen die Gesündesten und Besten überleben („survival of the fittest")[348]. Hohe und eventuell auch asymmetrische Konzentration wird daher konsequenterweise als Ergebnis überlegener unternehmerischer Aktivität erachtet.[349] Dieses wettbewerbspolitische Konzept basiert damit auf den Selbstheilungskräften des Marktes[350], wie sie im Modell des vollständigen Wettbewerbs angenommen wurden. Die neoklassische Preistheorie und das Monopolmodell dienen hierbei als Referenzsituationen[351], anhand derer elementare Zusammenhänge und Tendenzen unternehmerischen Handelns untersucht werden. Nach Auffassung der Vertreter der Chicago School besteht das alleinige Ziel der Antitrustpolitik in der Maximierung der Konsumentenwohlfahrt[352] im Sinne einer optimalen Allokation der volkswirtschaftlichen Ressourcen[353]. Ausgeblendet werden weitere Wettbewerbsfunktionen, wie sie die Vertreter des funktionsfähigen Wettbewerbs in die wettbewerbliche Beurteilung mit einfließen lassen. Das Kartellrecht habe die grundsätzliche Aufgabe, Marktverhalten, das zu Ineffizienzen führt, zu untersagen. Auf der anderen Seite sollen solche

---

343 Zur Entwicklung des Chicago School Approach vgl. *Kitch*, 26 J. Law Econ. 163 (1983); *Posner*, 127 U. Pa. Law Rev. 925 ff. (1979).
344 *Bork*, 22 U. Chi. Law Rev. 158 ff. (1954); *Bowman*, 67 Yale Law J. 19 ff. (1957); *McGee*, 1 J. Law Econ. 137 ff. (1958); *Telser*, 3 J. Law Econ. 86 ff. (1960).
345 Vgl. *Director/Levi*, 51 Nw. U. Law Rev. 281 ff. (1956).
346 Vgl. *Whinston*, 80 Amer. Econ. Rev. 837 (1990).
347 Zu der Auseinandersetzung vgl. statt vieler *Posner*, 127 U. Pa. Law Rev. 925, 944 ff. (1979); *Emmerich*, S. 9.
348 *Demsetz*, 19 J. Law Econ. 371, 375 (1976)
349 *I.Schmidt/Rittaler*, S. 29.
350 *Kallfass*, WuW 1980, S. 597, 600.
351 *Posner*, Antitrust Law, S. 8 ff.
352 *Bork*, The Antitrust Paradox: A Policy at War with Itself, 1978, S. 90.
353 Ebenda; krit. *Hovenkamp*, 51 Geo. Wash. Law Rev. 16 ff. (1982).

Verhaltensweisen zu tolerieren bzw. zu ermutigen sein, sofern sie effizient erscheinen[354]. Insgesamt wird damit der Schwerpunkt kartellrechtlicher Intervention auf das Marktverhalten und damit auf „Conduct" gelegt. Marktstruktur und Marktergebnis („Structure and Performance") werden in diesem Zusammenhang eher vernachlässigt. Aufgrund der fehlenden Indizbedeutung der Marktstruktur für das Marktverhalten wird Marktkonzentration nicht per se kritisch gesehen. Vielmehr deute ein zunehmender Konzentrationsgrad auf aggressives Wettbewerbsverhalten mit Preisen in der Nähe der langfristigen Kostenkurve[355]. Der Zusammenhang von Konzentration und Gewinnen wird dabei zwar nicht geleugnet. Allerdings wird dessen Ursache auf produktive Effizienzen der Unternehmen zurückgeführt.[356] Folglich ist Marktmacht nicht mit Marktkonzentration bzw. Marktanteilen gleichzusetzen.

Externes Wachstum durch Zusammenschlüsse werden von den Anhängern der Chicago School konsequenterweise „wohlwollender" betrachtet als Marktverhaltensweisen, die künstliche Beschränkungen des Wettbewerbs bewirken[357]. Externes Wachstum stelle danach aufgrund der eingetretenen Marktkonzentration eine Form überlegener Effizienz dar. Vertikale und konglomerate Unternehmenszusammenschlüsse werden als ungefährlich eingeschätzt. Begründet wird dies damit, dass sich hier keine Konkurrenten zusammenschließen, die eine Outputbeschränkung vornehmen könnten[358]. Auch fehle es hier aufgrund der Vergleichbarkeit mit unilateralen Verhaltensweisen an einem kollusiven Zusammenwirken, wie es bei Absprachen zwischen Wettbewerbern der Fall sei[359]. Horizontale Zusammenschlüsse werden dagegen kritischer betrachtet. Hier sei eine Outputbeschränkung einhergehend mit einem Wohlfahrtsverlust möglich. Während einige Vertreter[360] des Chicago School Approach eine im Einzelfall vorzunehmende Abwägung favorisieren, weist eine bedeutsame Richtung[361] darauf hin, dass die Ungewissheiten hinsichtlich der eintretenden Outputbeschränkungen zu groß seien, um zu intervenieren. Kompromissartig erklären sie sich bezüglich horizontaler Fusionen mit Marktanteilen von 40 – 70% trotz dieser Bedenken – nicht zuletzt aufgrund des eigens für die Fusionskontrolle geschaffenen Clayton Act[362] – mit einem Vollzugsverbot einverstanden[363]. Die Norm sei dabei, dass erst bei hohen Konzentrationen die Outputbeschränkungen die Effizienzvorteile aufwiegen könnten[364].

---

354 *Landes*, 50 U. Chi. Law Rev. 652 (1983).
355 *Kallfass*, WuW 1980, S. 597.
356 *Demsetz*, 16 J. Law Econ. 1, 7 f. (1973); Vgl. auch die Studie von *Porter*, Competitive Strategy: Techniques for Analyzing Industries and Competitors, 1980.
357 Guter Überblick über die Sicht der Chicago School bei *I.Schmidt/Rittaler*, S. 81 ff.
358 *Bork*, The Antitrust Paradox: A Policy at War with Itself, 1978, S. 231, 248; *Posner*, 127 U. Pa. Law Rev. 925, 928 (1979).
359 *Posner*, 127 U. Pa. Law Rev. 925, 928 (1979).
360 *Williamson*, in: Jacquemin/Jong (Hrsg.), S. 237 ff.
361 *Bork*, The Antitrust Paradox: A Policy at War with Itself, 1978, S. 221.
362 Ebenda.
363 *Posner*, 127 U. Pa. Law Rev. S. 925, 928 (1979).
364 *Bork*, The Antitrust Paradox: A Policy at War with Itself, 1978, S. 221 f.

f)   Zusammenfassung

Die unterschiedlichen Wettbewerbskonzepte zeigen ein differenziertes Bild hinsichtlich der Behandlung von Zusammenschlüssen[365]. Die wettbewerbspolitische Handlungsempfehlung reicht hier von einem per se-Verbot[366] zu einem laissez-faire approach[367]. Ob der Staat Zusammenschlüsse im Sinne eines per se-Verbotes generell verbieten oder auf eine Intervention nach dem laissez-faire Prinzip völlig verzichten sollte, ist nicht zu diskutieren, da jede der hier betrachteten Rechtsordnungen über ein eigenes Fusionskontrollrecht verfügt. § 36 Abs. 1 GWB, Art. 2 Abs. 3 FKVO, Art. 81 f. EG und Sec. 7 Clayton Act erachten ein Einschreiten gegen Zusammenschlüsse dann als notwendig, sofern eine gewisse Einschränkung des Wettbewerbs einhergeht. Die unterschiedlichen Konzeptionen zeigen aber, dass der Wettbewerbsbegriff dehnbar ist. In der Folge klafft auch der zunächst beschränkt eröffnete Spielraum zwischen per se-Verbot und laissez-faire auseinander. Wie unterschiedlich die einzelnen Konzeptionen reagieren, zeigen die nun zu behandelnden Zielkonflikte zwischen Marktmacht und Effizienz.

2.   Der statische trade-off

Entstehen durch den Zusammenschluss Effizienzvorteile für das Unternehmen, schlagen sie sich direkt im Absinken der Grenz- und Durchschnittskosten nieder. Diese führen damit zu einer Kostendegression im Unternehmen. Auf der anderen Seite wird durch die entstehende Marktmacht auch der bekannte gegenläufige Effekt ausgelöst, so dass anders als unter den Bedingungen vollständiger Konkurrenz die Kostendegression des Unternehmens nicht zu einer vollständigen Ausdehnung der Outputmenge führen kann. Unter den Bedingungen linearer Nachfragefunktionen und konstanter Grenz- und Durchschnittskosten ist denkbar, dass die Grenzkosten der Zusammenschlussparteien derart sinken, dass trotz verstärkter Marktmacht die Ausbringungsmenge gleich bleibt oder sogar zunimmt. Damit würde sich der Marktpreis nicht verändern oder sogar abnehmen. Entscheidend für das Auftreten eines solchen Effektes ist, dass die Grenzkosten drastisch abnehmen. Wie stark sich der Grenzkostenverlauf äußern muss, hängt nicht nur von dem Zuwachs der Marktmacht ab, sondern muss auch danach beurteilt werden, ob vor dem Zusammenschluss bereits Marktmacht bestand. War diese noch nicht vorhanden, ist das Erfordernis einer Grenzkostendegression ungleich höher als wenn bereits Marktmacht ausgeübt wurde. Eine wesentliche Rolle spielt verständlicherweise auch die Nachfrageelastizität.[368] Unter diesen Modellbedingungen ergäben sich durchweg positive Auswirkungen:

---

365   Im Ergebnis auch *Heineke*, S. 63.
366   Vgl. *Hoppmann*.
367   Vgl. Chicago School.
368   *Kinne*, S. 74, 76; *Schwalbe*, S. 3.

- Die Differenz zwischen der maximalen Zahlungsbereitschaft der Konsumenten und dem Marktpreis würde zunehmen (sog. Konsumentenrente).
- Die Differenz zwischen dem Preis, zu dem ein Anbieter aufgrund seiner Kostensituation noch bereit wäre, ein Gut herzustellen und anzubieten, und dem Marktpreis würde gleich bleiben oder zunehmen (sog. Produzentenrente).
- Insgesamt würde immer die Summe von Konsumenten- und Produzentenrente steigen (sog. volkswirtschaftliche Rente).
- Ein deadweight loss, d.h. allokative Ineffizienz, tritt nicht auf oder nimmt ab.

Die dargestellte Beziehung zwischen Effizienzvorteilen und Marktmachteffekten geht auf Williamsons trade-off Modell[369] zurück. Williamson, ein Vertreter der Chicago Schule, behandelte nicht den wettbewerbskonzeptionell unproblematischen und höchst unwahrscheinlichen Fall, dass sich die Kostenstrukturen derart ändern, dass die allokative Ineffizienz geschmälert wird. Er machte mit seinem Modell darauf aufmerksam, dass eine Situation entstehen kann, die die volkswirtschaftliche Rente insgesamt erhöht, obwohl dies zulasten der allokativen Effizienz geht. Es ist sein Verdienst, dass Bedeutung und Definition der Wohlfahrt in der Folgezeit kritisch hinterfragt werden sollten und damit die Beziehung zwischen Chicago School und Harvard Ansatz an entscheidender Schärfe gewann.

a) Consumer Surplus vs. Total Welfare Approach

Williamson ermittelt zunächst die durch die Fusion bedingte Reduzierung der Ausbringungsmenge. Diese Fehlallokation von Ressourcen (allokative Ineffizienz) wird mit dem Zuwachs der Kostendegression verglichen. Williamson legt einen total welfare Maßstab an. Danach bestimmt sich der Nettwohlfahrtsgewinn, indem das Ausmaß der allokativen Ineffizienz mit dem Zuwachs der produktiven Effizienz verglichen wird. Danach resultieren positive Gesamteffekte, wenn das Ausmaß der produktiven Effizienzgewinne die allokativen Ineffizienzen konsumiert oder überwiegt.[370] So formuliert Bork: »[t]he whole task of antitrust can be summed up as the effort to improve allocative efficiency without impairing productive efficiency so greatly as to produce either no gain or a net loss in consumer welfare«[371].

Anders wird dies nach dem sog. consumer surplus Ansatz der Harvard School beurteilt[372]. Danach ist gesamtwirtschaftliche Effizienz nur dann denkbar, wenn die Preise für den Konsumenten gleich bleiben oder absinken[373]. Eine Rentenumlenkung von den Konsumenten zu den Produzenten (d.h. eine Preiserhöhung) wird also als

---

369 Vgl. *Williamson*, 58 Amer. Econ. Rev. 18 ff. (1968); krit.: *Fisher/Lande*, 71 Cal. Law Rev. 1580 ff., 1624 ff. (1983); *Möschel*, WiSt 1986, 341 ff.; *I.Schmidt/Rittaler*, S. 50 ff.
370 Krit. *I.Schmidt/Rittaler*, S. 61.
371 *Bork*, The Antitrust Paradox: A Policy at War with Itself, 1978, S. 91.
372 Grundsätzlich zu beiden Konzeptionen *Hovenkamp*, Federal Antitrust Policy, S. 4 f.
373 *Lande*, 58 Antitrust Law J. 632 (1989); *Kattan*, 62 Antitrust Law J. 513, 520 (1994).

wohlfahrtsschädlich eingeordnet. Das Auftreten eines deadweight loss führt dazu, dass gesamtwirtschaftliche Effizienz unerreichbar wird.[374]

b) Diskussion des trade-off

Beide Wohlfahrtsstandards bzw. wohlfahrtstheoretischen Konzeptionen haben nachvollziehbare Ausgangspunkte und ziehen logische Schlussfolgerungen. Allerdings sind sie auch angreifbar[375].

Gegen das total welfare Konzept kann angeführt werden, dass im Rahmen der betrachteten Konstellation das Rentenwachstum auf Seiten der Produzenten eine Rentenumlenkung (sog. „transfer of wealth") von den Konsumenten zu den Produzenten darstellt[376] und daher der Terminus Wohlfahrtsgewinn irreführend ist[377]. Zudem lässt das total welfare Konzept außer Acht, dass die Outputreduzierung aufgrund von Marktmacht die Konsumentenwohlfahrt zugunsten eines Totverlustes verringert[378]. Die minimale Zahlungsbereitschaft reicht damit nicht bis zu den Grenzkosten heran. Angeführt wird auch, dass die positiven Wohlfahrteffekte durch internes Wachstum erreicht werden können[379]. Darüber hinaus wird eingewandt, dass Preiserhöhungen aufgrund von Marktmacht sehr rasch realisierbar seien, wohingegen Kostendegressionen aufgrund der langfristigen Organisationsleistungen einen entsprechend längeren Zeitraum einnehmen würden[380]. In diesem Zusammenhang wird auch angemerkt, dass bereits die Ausgangssituation, der Unternehmenszusammenschluss würde zu einer Kostendegression führen, eine fehlerhafte Einschätzung sei. Hierbei wird insoweit auf Organisationskosten[381] und weitere X-Ineffizienzen hingewiesen[382].

Gegen den consumer surplus Ansatz spricht, dass Konsumenten- und Produzentenrente mit gleichem Gewicht bei der Beurteilung des Rentenzuwachses behandelt werden müssen[383]. Denn beide Konzepte begreifen den Zuwachs der Konsumentenrente im Sinne eines Zuwachses volkswirtschaftlicher Rente. Sie stimmen daher in diesem Punkt überein. Insoweit tragen beide Konzepte einem Wachstum Rechnung, das auf Kosten der Produzenten erfolgt. Hier werden die niedrigen Grenzkosten einfach an die Nachfrageseite weitergegeben. Geht es dagegen um eine Realisierung auf Seiten der Produzenten lässt der consumer surplus Ansatz dieses Wachstum

---

374 *Trebilcock/Winter*, Can. Comp. Rec. 1999-2000, S. 106 f.; wohl auch *Westerhausen*, S. 82-89; auch *Yde/Vita*, 64 Antitrust Law J. 735, 736 (1996); *I.Schmidt*, S. 98.
375 Ausf. Diskussion bei *Gotts/Goldman*, in: Hawk (Hrsg.), S. 201, 245 ff.; Vgl. auch *Yde/Vita*, 64 Antitrust Law J. 735, 736 (1996); *Hammer*, 98 Mich. Law Rev. 849 ff. (2000).
376 *Kinne*, S. 61.
377 *I.Schmidt*, S. 98.
378 *Trebilcock/Winter*, Can. Comp. Rec. 1999-2000, S. 106 f.; *Kinne*, S. 61; *I.Schmidt*, S. 98.
379 *Westerhausen*, S. 88; *I.Schmidt*, S. 98.
380 *I.Schmidt*, S. 98.
381 Vgl. hierzu *Albach*, ZfB, 1976, S. 683, 684 ff.; *Albach/Warnke*, S. 31 ff.; *Bleicher*, ZfO 1979, S. 243, 244 ff.
382 *I.Schmidt*, S. 98.
383 *Sanderson*, 21 Can. Comp. Rec. 1-5 (2002).

nicht gelten. Damit liegt dem consumer surplus Ansatz eine asymmetrische Werteentscheidung zugunsten der Konsumentenrente zugrunde. Das total welfare Konzept geht dagegen von einer als neutral bezeichneten Rentenumlenkung aus, das Wachstum auf der jeweils anderen Seite nicht unterschiedlich bewertet[384]. Der consumer surplus Ansatz berücksichtigt daneben nicht, dass der Rentenzuwachs auf der Produzentenebene wiederum den Aktionären bzw. Anteilseigner als Konsumenten zugute kommt[385]. In diesem Zusammenhang wird etwa darauf hingewiesen: »[t]he consumer surplus standard will allow mergers that hurt consumers as consumers and forbid mergers that benefit the economy as a whole. It does not distinguish between the transfer of wealth and the destruction of wealth. The consumer surplus standard is acknowledged to have no basis in welfare economics«[386].

Weder dem einen noch dem anderen Wohlfahrtskonzept ist aus Plausibilitätserwägungen der Vorzug zu geben[387]. Der consumer surplus Ansatz zeigt die hinter seinem Wohlfahrtsbegriff stehende Erhaltung und Erhöhung sozialer Wohlfahrt, wie sich die klassische Industrieökonomie zum Ziel gesetzt hat. Der Ansatz von Williamson zeigt dagegen, dass das Wachstum für Unternehmen in den Wohlfahrtsbegriff einzubeziehen sein könnte. Die Frage, welche Konzeption verfolgt werden sollte, bleibt grundsätzlich der Wettbewerbspolitik vorbehalten und ist gleichzeitig eine normativ zu beantwortende innerhalb der Rechtsordnungen[388]. Vorliegend ist aber wichtig festzuhalten, dass im Rahmen eines solchen Zielkonfliktes ökonomische Gewinne entstehen, die für eine Investition genutzt werden könnten. Gänzlich ausgeklammert wird aber von beiden Konzeptionen die Freiheitsfunktion einzelner Wettbewerber, wie sie die neuklassische Schule um Hoppmann zum Ausdruck bringt.

3. Der dynamische trade-off

Neben den angeführten Argumenten gegen den jeweiligen Wohlfahrtsstandard nimmt die Kritik gegenüber der statisch-komparativen Analyse auch vor dem Hintergrund der Innovationsdynamik zu.[389] So betrachten beide Ansätze jeweils nur die Effizienzgewinne in Bezug auf Grenzkostendegression und die Veränderung der volkswirtschaftlichen Rente. Effizienzgewinne können sich aber auch in qualitativ verbesserten und neuartigen Produkten niederschlagen. Das Potential, qualitativ verbesserte Produkte im Rahmen der Effizienzgewichtung mit einzubeziehen, wird durch das Konzept des „quality corrected price"[390] verfolgt. Danach wird in Rech-

---

384 *Goldman/Gotts/Piaskoski*, 56 Fed. Comm. Law J. 87, 137 (2003).
385 Dies sehen dagegen *Kinne*, S. 62 Fn. 150; *Goldman/Gotts/Piaskoski*, 56 Fed. Comm. Law J. 87, 137 (2003).
386 *McFetridge*, Can Comp. Rec. 45, 55 (2002).
387 *Neven/Röller*, S. 20.
388 So auch *Everett/Ross*, S. 23.
389 *Knieps*, Wettbewerbsökonomie, S. 61 f.
390 *Rosen*, Hedonic Prices and Implicit Markets: Product Differentiation in Pure Competition.

nung gestellt, dass ein qualitativ verbessertes Produkt, das zum gleichen Preis angeboten wird, im Grunde preiswerter geworden ist. Allerdings sind Effizienzgewinne in Form völlig neuartiger und anderer Produkte auch im Rahmen dieses Konzeptes nicht berücksichtigungsfähig, da auch hier der Blickwinkel auf bestehende Märkte beschränkt wird[391]. Den beiden Wohlfahrtsstandards mangelt es zudem an der Berücksichtigung weiterer dynamischer Aspekte[392]. So werden beispielsweise FuE-Tätigkeiten, technischer Fortschritt, die Entstehung neuer Märkte, die Rolle des Marktzutritts und die Kostenkontrollfunktion des Wettbewerbs im Zeitablauf nicht mit in die Beurteilung der Auswirkungen von Effizienzkriterien einbezogen[393]. Ferner wird darauf hingewiesen, dass sich gerade der gesamtwirtschaftliche Wohlfahrteffekt nicht auf einen Markt beschränken dürfe[394]. Insbesondere bei Auftreten von Unvollkommenheiten auf anderen Märkten könnte eine Verringerung des Wettbewerbs mit eventuellen Preissteigerungen auf dem betrachteten Markt gesamtwirtschaftlich vorteilhaft sein. Damit werden auch second-best-Effekte[395] geltend gemacht, die die jeweiligen Konzeptionen nicht zu berücksichtigen vermögen.

Die statische Abwägungsanalyse untersucht Kosten- und Marktmachteffekte von Zusammenschlüssen für eine gegebene Technik. Zusammenschlüsse verfolgen aber auch den Zweck, technischen Fortschritt zu initiieren[396]. Die Kritik macht deutlich, dass Wohlfahrtgewinne sich daher nicht auf einen gegebenen Stand der Technik beschränken dürfen, sondern dynamische Aspekte bei der Beurteilung der Effizienzgewinne mitberücksichtigt werden müssen. Dynamische Effizienzgewinne schlagen sich entweder in geringeren Grenz- und Durchschnittskostenkurven (Prozessinnovation) oder in Verschiebung der Absatzfunktion (Produktinnovation) nieder[397]. Daher ist der technische Fortschritt als eine Hauptkomponente des wirtschaftlichen Wachstums von entscheidender Bedeutung für die Wohlfahrt einer Gesellschaft[398]. Damit deutet sich ein weiterer Zielkonflikt an, der zwischen statischen und dynamischen Effizienzzielen gesehen wird[399] und als „Schumpeterian trade-off" bezeichnet wird[400]. Nach Argumentation von Schumpeter lässt sich größere dynamische Effizienz erzielen, wenn auf statische Effizienz verzichtet wird. Hieran anknüpfend sind zwei Hypothesen formuliert worden[401]:

---

391 *Strohm*, in: Esser/Stierle (Hrsg.).
392 *Schwalbe*, S. 5.
393 Ebenda; *De la Mano*, S. 18. Zu weiteren dynamischen Aspekten vgl. *Gilbert/Sunshine*, 63 Antitrust Law J. 569 ff. (1995) und *Mussa/Rosen*, 18 J. Econ. Theory 301 ff. (1978).
394 *Schwalbe*, S. 5.
395 Zur Theorie des Second Best: *Lipsey/Lancaster*, 63 Rev. Econ. Stud. 11 f. (1956); bereits *Clark*, Toward a Concept of Workable Competition, 30 Amer. Econ. Rev. 241 ff. (1940).
396 *Kinne*, S. 77.
397 *Kinne*, S. 61.
398 *I.Schmidt*, S. 105.
399 *Baumol/Ordover*, in: Jorde/Teece (Hrsg.), S. 82, 86 ff.
400 *Nelson/Winter*, S. 114 ff.
401 Vgl. *Schmidt/Elßer*, WiSt 1990, 556 ff.

a) Neo-Schumpeter-Hypothese I

Nach der Neo-Schumpeter-Hypothese I (NSH I) besteht ein positiver Zusammenhang zwischen der absoluten Unternehmensgröße und der innovatorischen Tätigkeit eines Unternehmens[402]. Differenziert wird zunächst nach solchen innovatorischen Tätigkeiten, die jedem Unternehmen zur Verfügung stehen und relativ leicht zu realisieren sind und solchen, die einen geringen Grad an Wahrscheinlichkeit ihres Gelingens aufweisen und mit hohem finanziellem Aufwand verbunden sind[403]. Es kann hierbei davon ausgegangen werden, dass die leicht realisierbaren innovatorischen Tätigkeiten bereits in der Vergangenheit erfolgt sind, so dass für weitergehende Innovationen eine größere Finanzanstrengung notwendig ist. Für kleine und mittlere Betriebe stellt sich die Frage der Investition im Gegensatz zu größeren Unternehmen nicht. Denn für erstere bedeutet die minimale Wahrscheinlichkeit des innovatorischen Erfolgs nicht nur ein Fehlschlag der Innovationsanstrengung, sondern aufgrund der erheblichen finanziellen Anstrengung auch ein drohendes Insolvenzrisiko. Großunternehmen wird dagegen aufgrund ihrer Finanzkraft, des Portfolioeffekts ihres diversifizierten Angebots, der besseren Möglichkeit statische Effizienzgewinne in Form von Grenzkostendegressionen zu realisieren, ihrer technischen Überlegenheit und der Höhe absatzwirtschaftlicher Ressourcen zur Durchsetzung der Innovation am Markt[404] ein geringeres Innovationsrisiko unterstellt und damit technische Überlegenheit zugeschrieben.

Dem so begründeten Zusammenhang zwischen Unternehmensgröße und technischem Fortschritt wird widersprochen und entgegnet, dass große Unternehmen eine geringere Innovationsneigung besäßen. Forschungsbemühungen großer Unternehmen stünden insbesondere X-Ineffizienzen durch lange Entscheidungswege[405] und der unzureichenden Beteiligung der Mitarbeiter am Innovationserfolg entgegen[406]. Daneben wird zutreffend darauf hingewiesen, dass das Innovationsergebnis nicht durch Forschungseinsatz und Risikobereitschaft allein determiniert werde, sondern ganz entscheidend auf Kreativität beruhe. Dass hierbei eine einzig brillante Idee genügen kann, um mit relativ geringem FuE-Aufwand einen überaus bedeutenden und profitablen Technologiesprung zu machen, steht außer Frage. Für kleine und mittlere Unternehmen bestünde hier ein komparativer Vorteil, da diese zahlreich seien und ihr vielfältiges individuelles Wissen genutzt werden könne. Der Erfolg des Innovationsergebnisses werde daher wesentlich durch die Vielfalt und Breite der individuellen und unabhängigen Suchprozesse bestimmt[407].

---

402 *Kinne*, S. 78; *I.Schmidt*, S. 106.
403 *Galbraith*, American Capitalism: The Concept of Countervailing Power, 1952, S. 86; *Heineke*, S. 46.
404 *Kinne*, S. 78 f.; *Heineke*, S. 46; *I.Schmidt*, S. 106.
405 *Heineke*, S. 46; *Elßer*, S. 231 ff.; *I.Schmidt*, S. 106.
406 *Scherer/Ross*, S. 652 f.; *Heineke*, S. 46.
407 *Frisch*, S. 285.

b) Neo-Schumpeter-Hypothese II

Nach der Neo-Schumpeter-Hypothese II (NSH II) fördert Marktmacht den technischen Fortschritt[408]. Denn marktmachtbedingte Allokationsineffizienzen würden durch eine höhere zukünftige Innovationsrate überkompensiert. Höhere zukünftige Innovationsraten ließen sich dabei nur mithilfe von Marktmacht realisieren, bei vollkommenem Wettbewerb sei dies dagegen nicht möglich.[409] Begründet wird die These damit, dass Marktmacht durch temporale Abschöpfung der Monopolrendite eine partielle finanzielle Reserve bilde, die zu einer Selbstfinanzierung von Innovationen führe. Andererseits habe die Aussicht auf Marktmacht eine Anreizfunktion, um von dem Angebot eines neuen Produktes oder von neuen Verfahren ausgehende überdurchschnittliche Gewinne zu erzielen. Diese Anreizfunktion hätte aber nur dann Erfolg, wenn die Aussicht auf diese Gewinne nicht durch schnelle Imitation seitens der Konkurrenten geschmälert würde. Diese Situation sei unter Marktmachtbedingungen wahrscheinlicher als unter den Bedingungen vollständigen Wettbewerbs, da im letzteren Fall die Anzahl der Marktakteure so hoch sei, dass Imitation notwendigerweise von allen Teilnehmern betrieben werde. Außerdem seien unter den Bedingungen vollständigen Wettbewerbs Geheimhaltungsmöglichkeiten nur begrenzt möglich. Zwar könne über gewerbliche Schutzrechte ein solcher Nachahmungs- und Diffusionsverlust weitestgehend vermieden werden. Allerdings bieten auch diese nur eine vorübergehende Schutzdauer und sind darüber hinaus in ihrem Schutzzweck begrenzt[410]. Unter diesen Voraussetzungen fänden sich für FuE-Projekte großer Unternehmen eher Kapitalgeber, da auch nach der NSH II das Risiko unerfolgreicher oder aufzehrender Innovationsanstrengungen minimiert sei.

Gegen die NSH II wird eingewandt, dass nicht Marktmacht die Innovationsanstrengung fördere, sondern dass umgekehrt der Wettbewerbsdruck in Form des Preiswettbewerbs Anreize schaffe, sich durch innovative Produkte und Prozesse von den Konkurrenten abzuheben[411]. Danach hätten alle Unternehmen, nicht nur die großen marktmächtigen, einen Anreiz in FuE zu investieren. Als weiteres Argument gegen die NSH II wird ins Feld geführt, dass die erwarteten Pioniergewinne potentielle Konkurrenten zum Markteintritt bewegen würden. Im Wissen um die bevorstehenden Markteintritte werde das marktmächtige Unternehmen nur einen Teil seines für FuE-Investitionen verfügbaren Kapitals zur Erforschung und Entwicklung einsetzen. Die darüber hinaus bestehenden finanziellen Mittel würden dagegen strategisch eingesetzt, um Markteintrittsbarrieren zu errichten und die potentiellen Newcomer vom Markteintritt abzuhalten. Damit nehme dann nicht nur der Innovationserfolg ab (vorausgesetzt wird hierbei, dass ein lineares Verhältnis von eingesetztem

---

408 *Galbraith*, American Capitalism: The Concept of Countervailing Power, 1952, S. 88; *I.Schmidt*, S. 108.
409 *Kinne*, S. 79.
410 *Posner*, Economic Analysis of Law, S 305; *Scherer/Ross*, S. 624 ff.; ökonomische Grundlagen bei *Landes/Posner*, The Economic Structure of Intellectual Property, S. 372 ff.
411 *Kamien/Schwartz*, S. 85; *I.Schmidt*, S. 109.

Kapital und Effizienzgewinnen durch Innovationsleistung besteht). Vielmehr werde durch die Errichtung von strategischen Markteintrittsbarrieren auch die Notwendigkeit für eigene Innovationsanstrengungen abgesenkt[412]. Nach dieser Argumentation nimmt damit die Innovationstätigkeit marktmächtiger Unternehmen ab.

c) Widersprüchliche Empirie?

Beide Arbeitshypothesen lassen sich empirisch nicht eindeutig untermauern. So zeigen einige Studien[413], dass die Zahl gewerblicher Schutzrechte als Indiz erfolgreicher Innovationsleistung mit wachsender Unternehmensgröße steigt, was für die NSH I spricht. Andererseits sind gerade kleine und mittlere Unternehmen in den ersten Phasen des Innovationsprozesses häufig erfolgreicher als große. Wenn sich die Invention durch Innovation am Markt durchsetzen soll, scheinen größere Unternehmen gegenüber kleineren wiederum einen Vorteil aufgrund ihrer Finanz- und Absatzkraft zu haben.[414] Eine optimale Unternehmensgröße für die Erzielung bestmöglicher Innovationsleistungen gibt es daher nicht[415].

Auch bei der Frage des Zusammenhangs von Marktmacht und technischem Fortschritt im Sinne der NSH II gibt es keine eindeutigen empirischen Belege. Der Hinweis von Schumpeter, dass temporäre Marktmacht als Anreiz für Innovationen notwendig sei und somit das Ziel der allokativen Effizienz nicht immer erfüllt sein könne, konnte bislang nicht widerlegt werden[416]. Bis zu einem bestimmten Schwellenwert scheint Marktmacht für die Innovationsleistung förderlich zu sein, weshalb die günstigste Marktstruktur teilweise[417] zwischen vollkommenem Wettbewerb und Monopol gesehen wird.

d) Neuere empirische Ergebnisse

Neuere empirische Studien geben Hinweise darauf, dass die spezifischen Besonderheiten einer Industrie eher Rückschlüsse auf die Innovationstätigkeit der Unternehmen zulassen als die Faktoren Unternehmensgröße und Marktmacht[418]. Hierzu sollen andere Marktstrukturkriterien, wie Wachstum, Patentierfähigkeit, Produktionstechnologie oder Produktvielfalt zählen[419]. Im Bereich der Hochtechnologiemärkte wird der dynamische Aspekt der Effizienzgewinne besonders betont. Hier wird gezeigt, dass das Wachstum der Konsumentenwohlfahrt durch die gestiegene Pro-

---

412 *Kamien/Schwartz*, S. 27 ff.; *Kinne*, S. 80.
413 *Kamien/Schwartz*, S. 82 ff.
414 *Cohen/Levin*, in: Schmalensee/Willig (Hrsg.), S. 1090 ff.; *Kinne*, S. 80.
415 *Frisch*, S. 35; *Kamien/Schwartz*, S. 27 ff.; *Kinne*, S. 84.
416 *I.Schmidt*, S. 110.
417 *Scherer/Ross*, S. 60; *Heineke*, S. 48; *Kinne*, S. 81 f.; *I.Schmidt*, S. 109.
418 *Cohen/Levin*, in: Schmalensee/Willig (Hrsg.), S. 1079 ff.; *Katz/Shelanski*, 5 NBER Innov. Pol. New Econ. 109, 133 (2005).
419 *Scherer/Ross*, S. 648; *Cohen/Levin*, in: Schmalensee/Willig (Hrsg.), S. 1079 ff.; *Heineke*, S. 48; *Kinne*, S. 81; *I.Schmidt*, S. 109.

duktvielfalt einen mehrfach höheren Wert als die Preisabnahme besitzen kann[420] und damit kein quality corrected price Eingang in die Analyse finden muss, sondern Produktvielfalt selbst einen mit dem Preis nicht messbaren Wohlfahrtseffekt auslöst. Eine britische Studie[421] schlussfolgert, dass die hoch konzentrierte Marktstruktur die Innovationsaktivität mit der Profiterwartung ansteigen lässt. Bemerkenswert ist jedoch die Beobachtung, dass die Marktkonzentration wieder abnimmt, wenn die Innovation erst einmal am Markt etabliert ist. Dies spricht für eine im vordringen befindliche Auffassung[422], dass nicht nur die Marktstruktur Einfluss auf die Innovation hat, sondern vice versa die Innovation auch einen gegenläufigen Effekt auf die Marktkonzentration.

e) Zwischenergebnis

Die Diskussion um den dynamischen trade-off ergibt daher, dass die Aufrechterhaltung wettbewerblicher Marktstrukturen ebenso wenig wie Marktmacht im Zielkonflikt mit technischem Fortschritt stehen muss. Denn Marktmacht stellt genauso wenig wie vollkommener Wettbewerb eine notwendige Bedingung dar, um Fortschritt zu erreichen. Nach den empirischen Ergebnissen sind aber Hinweise vorhanden, wonach Marktmacht den technologischen Fortschritt begünstigen kann. Die spezifischen Besonderheiten einer jeden Industrie können insofern wichtige marktstrukturelle Abweichungen aufweisen. Diese Charakteristika können eine tendenziell höhere oder niedrigere Wahrscheinlichkeit des Auftretens von Zielkonflikten beinhalten als andere Industriezweige. Bezogen auf den industriespezifischen Aspekt stellt sich daher die Notwendigkeit, die besonderen Charakteristika der Telekommunikationsindustrie näher zu untersuchen, um eventuell Kriterien herauszuarbeiten, die dem technischen Fortschritt Rechnung tragen und daher der Zusammenschlusskontrolle ihre Spezifität verleihen.

V. Vertikaler Zielkonflikt: Mythos in der Ökonomie?

Im Rahmen der Darstellung vertikaler Marktmachteffekte[423], etwa durch Zusammenschluss oder in Form missbräuchlichen Verhaltens, erfolgte eine schlichte Zusammenfassung der üblicherweise mit Marktmacht assoziierten Probleme. Spätestens die Darstellung der wirtschaftswissenschaftlichen Auseinandersetzung um Effizienzwirkungen dürfte aber auch Skepsis bezüglich der Einordnung dieser Verhaltensweisen als per se wettbewerbsschädlich hervorgerufen haben. Vor diesem Hintergrund ist es daher angebracht, Marktmachteffekte an dieser Stelle zu präzisieren.

---

420 *Brynjolfsson/Hu/Smith*, 49 Manage. Sci. 1580, 1592 (2003).
421 *Geroski*, 42 Oxford Econ. Pap. 586 ff. (1990).
422 *Katz/Shelanski*, 5 NBER Innov. Pol. New Econ. 109, 133 (2005).
423 Vgl. Teil 1: A.III.3.b), S 72 ff.

1. Abgrenzung: Leverage und Foreclosure Effect

Man kann im Rahmen der vertikalen Marktmachteffekte den leverage von dem vertical foreclosure effect unterscheiden. Leveraging ist als Oberbegriff für jegliche Ausdehnung von Marktmacht begreifbar. Er entfaltet eine Art Hebelwirkung.[424] Marktmacht kann aber auch dazu benutzt werden, um den Marktzutritt für Newcomer „künstlich" zu erschweren. Dann wird von Marktabschottung, also foreclosure gesprochen. Eine Unterscheidung beider Konzeptionen ist nicht immer eindeutig, da die Effekte zusammentreffen können. So kann auf einem Markt mit Marktmacht der Preis trotz fehlenden potentiellen Wettbewerbs und stabiler Nachfrage gesenkt werden, um diesen Primärmarkt für den Eintritt von Newcomern weiter abzuschotten. Dieses Vorgehen könnte aber gleichzeitig mit einer Strategie verbunden sein, den verloren geglaubten Monopolpreis auf einem Sekundärmarkt wiederzuerlangen, indem dieser ebenfalls monopolisiert wird. Da bei problematischen Fällen vertikaler Integration meist schon Marktmacht auf einem Primärmarkt besteht, werden die mit einem Zusammenschluss auf einem Sekundärmarkt verbundenen Probleme meist in einer Marktabschottung gesehen, weshalb vertical foreclosure effects häufig im Kontext vertikaler Integration behandelt werden. Wie aber bereits dargelegt wurde[425], wird Marktmacht häufig mit anderen wettbewerbsschädlichen Verhaltensweisen assoziiert. Daher soll sich auch dieser kursorische Überblick nicht auf die Darstellung des vertical foreclosure effect durch vertikale Integration beschränken. Eine in der Literatur vorzugswürdige Auffassung[426] vermeidet eine begriffliche Unterscheidung und fasst Verhaltensweisen, die zu den genannten Effekten führen können, als exclusionary practices zusammen.

2. Das „Nullsummenspiel" der Chicago School

Vertical foreclosure und leveraging waren lange Zeit überschaubare (ökonomische) Konzepte, die relativ freizügig gehandhabt werden konnten, da das Verhalten von marktmächtigen Unternehmen kritisch beäugt und generell mit Misstrauen belegt war. Mit Aufkommen der Chicago School änderte sich zumindest die flüchtige Anwendung ökonomischen Grundlagenwissens. Die dargestellten Konzeptionen der Hebelwirkung und Marktabschottung erfuhren dadurch eine starke Relativierung.

Eine häufig als undifferenziert oder naiv bezeichnete[427] Auseinandersetzung mit den vertikalen Effekten von Marktmacht wird dem Grundwerk von Bork entnommen. Bork meint, dass leveraging nie ein ökonomisches Problem darstelle. Vertikale Integration und eine missverstandene Ausdehnung von Marktmacht seien einzig als Beleg überlegener Effizienz zu verstehen. Ein Monopolist, der seine Tätigkeit et-

---

424 *Sullivan/Grimes*, S. 106.
425 Vgl. zu den einzelnen Missbrauchsformen Teil 1: A.III.3.b), S 72 ff.; vollständig bei *Hovenkamp*, Federal Antitrust Policy, S. 288 ff.
426 *Posner*, Antitrust Law, S. 193 ff.; *Hovenkamp*, Federal Antitrust Policy, S. 267 ff.
427 *Sullivan/Grimes*, S. 107 f.; *Haucap/Heimeshoff*, in: Hartwig/Knorr (Hrsg.), S. 265, 273.

waig auf einen weiteren zweiten Markt ausdehne, spiele im Ergebnis ein Nullsummenspiel, wenn er keine Effizienzgewinne verbuchen könne. Denn der Monopolpreis sei innerhalb einer Wertschöpfungskette nur einmal erzielbar. Habe ein Unternehmen etwa auf einem vorgelagerten Markt Marktmacht und herrsche auf dem nachgelagerten Markt vollständiger Wettbewerb, so gehe eine Monopolisierung des Sekundärmarktes mit einer Preisreduzierung auf dem Primärmarkt einher.[428] Dies ist einleuchtend, wenn man Marktmacht als Funktion der Beziehung von Gewinn maximierendem Preis und Grenzkosten begreift. Eine Unternehmung, deren Kosten sich auf dem nachgelagerten Markt nicht verändern, kann den Preis nur dann senken, wenn es von Gewinnen auf dem Primärmarkt absieht, d.h. wenn es den Preis senkt. Produziert der Monopolist dagegen auf dem Sekundärmarkt effizienter als mehrere Unternehmen unter vollständigem Wettbewerb, sinken seine Grenzkosten und damit auch der Marktpreis, obwohl hier nur noch ein Monopolist tätig ist. M.a.W.: Vertikale Integration eines Monopolisten fördert die volkswirtschaftliche Rente und hält die allokative Ineffizienz aus dem Primärmarkt zumindest konstant, weil sie sich auf zwei Märkten auswirkt.

3. Intrabrand and Interbrand Competition

Borks Auffassung findet in der Literatur keinen ungeteilten Zuspruch. Allerdings ist zu konstatieren, dass sie den Blick für eine sehr viel differenziertere Auseinandersetzung mit vertikalen Bindungen und Effekten geschärft hat. Zwar üben auch andere Vertreter der Chicago School Kritik an Borks Haltung. Dennoch werden Effizienzwirkungen und Wohlfahrtseffekte als elementare Bestandteile ihrer gemeinsamen Haltung verstanden, weshalb auch vertikale Verhaltensweisen und Integrationen grundsätzlich positiv gesehen werden.[429] Genährt wird die ablehnende Haltung gegenüber üblichen Interpretationen von leveraging und foreclosure überdies von der Transaktionskostenökonomik. Vertikale Integration und vertikale Bindungen werden auch bei eventuell bestehender Marktmacht nicht mit neuen wettbewerblichen Beschränkungen gleichgesetzt.[430] Wie Posner zu Recht anmerkt, lässt sich ein trade-off zwischen Ausschluss von Wettbewerb infolge gesteigerter Effizienz aus ökonomischer Sicht nicht zugunsten von Ineffizienz und damit einem wettbewerblichen Verbot des marktmächtigen Unternehmens lösen, da dies dem Verlangen gleichkäme, ineffiziente Produktionsweisen unter dem Preisschirm des Monopolisten zu fördern.[431]

Auf der anderen Seite ist zunächst schwer verständlich, warum zwei Monopole geringere wohlfahrtsschädliche Effekte aufweisen können als wenn auf einer Seite

---

428 *Bork*, The Antitrust Paradox: A Policy at War with Itself, 1978, S. 299-309, bzgl. vertikaler Integration S. 225.
429 *Posner*, Antitrust Law, S. 193 ff.; *Hovenkamp*, Federal Antitrust Policy, S. 317, 486; mit Tendenz zu *Bork* nur *Kaplow*, 85 Col. Law Rev. 515 ff. (1985).
430 Lohnenswert *Bickenbach/Kumkar/Soltwedel*, in: Zimmermann (Hrsg.), S. 217 ff.
431 *Posner*, Antitrust Law, S. 196.

des Marktes vollständiger Wettbewerb herrscht. Die Erklärung hierfür ist nicht einfach und die vielfach gegenüber der Chicago School geäußerte Kritik kommt von mehreren Seiten. Einerseits wird darauf verwiesen, dass das Modell von Bork nur dann gelten würde, wenn man Randwettbewerb ausklammert und auf allen angrenzenden Märkten vollständiger Wettbewerb herrscht. Andere[432] meinen, dass die Chicago School implizit davon ausgehe, dass die Preisstruktur (Konsumbereitschaft) auf dem nachgelagerten Markt sich nicht verändere, wenn dieser monopolisiert werde. Dieser kurze Ausschnitt der Kritik reicht aus, um zu zeigen, dass hier zwei Positionen der Strukturalisten angeführt werden, die der Wettbewerbskonzeption der Harvard School bzw. der des funktionsfähigen Wettbewerbs in dieser Breite fremd ist. Zwar prallt der Effizienzgesichtspunkt erneut auf das Phänomen von Marktmacht. Allerdings greift an dieser Stelle die eingewendete Kritik der Strukturalisten nicht, dass allokative Ineffizienzen die maßgeblichen Wohlfahrtsschäden darstellen. Vielmehr behelfen sie sich mit dem Argument einer schädlichen Veränderung der Marktstruktur und des Randwettbewerbs. M.a.W.: Obwohl die volkswirtschaftliche Rente steigen kann, wird das Argument des Individualschutzes für die Institution des Wettbewerbs geltend gemacht[433], die in dieser Weise nur aus der neuklassischen Schule bekannt ist. Dieser Streit führt hier nicht weiter. Stattdessen soll versucht werden, die ökonomische Problematik systematisch zu betrachten, um zu zeigen, dass weder die eine noch die andere Meinung in ihrer Schlichtheit überzeugt.[434]

Eine erste Hilfe für die ökonomische Analyse der Problematik bietet die Unterscheidung zwischen sog. intrabrand competition einerseits und sog. interbrand competition andererseits. Beiden Wettbewerbsformen gemein ist, dass sie in einem gewissen Vertikalverhältnis auftreten. Es sind also im Ergebnis immer mehrere Märkte voneinander zu unterscheiden. Bezeichnenderweise stehen hier Käufer-Verkäufer Beziehung im Vordergrund. Einschränkend ist anzumerken, dass Beschränkungen beider Wettbewerbsformen häufig zusammen auftreten. Aber gerade für die wettbewerbliche Beurteilung ist es wichtig, die einzelnen wettbewerblichen Auswirkungen streng zu trennen und etwaige Interdependenzen zwischen den Märkten gesondert zu prüfen.

a)   Intrabrand Competition

Intrabrand competition betrifft den Wettbewerb zwischen einzelnen Unternehmen derselben Marke eines Herstellers auf einem nachgelagerten Sekundärmarkt. Von bestehendem intrabrand competition spricht man dann, wenn die Abnehmer des Monopolisten auf dem nachgelagerten Sekundärmarkt zueinander in Wettbewerb treten, also um den Absatz der Produkte gegenüber einem Endkunden konkurrieren.[435] Häufig treten die Käufer des Primärmarktes als reine Wiederverkäufer (Re-

432   *Whinston*, 80 Amer. Econ. Rev. 837, 839 (1990).
433   Vgl. auch die interessante Argumentation bei *I.Schmidt*, S. 130 f.
434   So aber *Hovenkamp*, Federal Antitrust Policy, S. 441; *Sullivan/Grimes*, S. 288 f.
435   Ebenda.

seller) auf dem Sekundärmarkt auf. Wenn daher identische Produkte betroffen sind, hat der Monopolist des Primärmarktes bei produktiv effizienten Wiederverkäufern auf der nachgelagerten Ebene kein Interesse, den nachgelagerten Markt zu bedienen, da eine Outputreduzierung hier unmittelbar auf den Absatz des Primärmarktes durchschlagen würde. Es entstünde tatsächlich ein Nullsummenspiel à la Chicago.[436] Leveraging und foreclosure sind damit unwahrscheinlich, es sei denn, der Monopolist produziert effizienter. Dann entstehen allerdings positive Wohlfahrtseffekte, die u.a. das Problem der sog. doppelten Marginalisierung (double marginalization[437]) verhindern können. Der Monopolist kann dann günstiger anbieten, so dass die Verbraucher besser gestellt sind als unter ineffizienten, aber vollständigen Wettbewerbsbedingungen auf einem der beiden Märkte. Ob dann noch von leveraging oder foreclosure als negativ besetztem Begriff gesprochen werden kann, ist eine Frage der jeweils vertretenen Wettbewerbskonzeption[438]. Soweit man hier überhaupt von Marktmachteffekten sprechen möchte, sind insbesondere bestimmte Arten der Preisdiskriminierung gegenüber den Abnehmern von Interesse. Etwas anderes kann in oligopolistischen Märkten gelten. Hier können intrabrand Restriktionen nach allgemeiner Auffassung[439] kollusives Verhalten fördern. Diese brauchen hier nicht weiter erörtert zu werden, da unmittelbar einleuchtet, dass oligopolistisch strukturierte Märkte durch Vermeidung von Wettbewerb auf der nachgelagerten Ebene Cheating vermeiden können und damit die Stabilität des Kartells bzw. des Oligopols bewahren. Dies führt dann zu volkswirtschaftlichen Schäden. Vorliegend sollen die Vermeidung doppelter Marginalisierung und die Preisdifferenzierung kursorisch behandelt werden.

aa) Vermeidung doppelter Marginalisierung

Doppelte Marginalisierung entsteht, wenn auf zwei aufeinander folgenden Handelsstufen innerhalb einer Wertschöpfungskette jeweils ein Monopolist tätig ist (sog. sukzessives Monopol[440]). Bei einer solchen Konstellation besitzt der vorgelagerte Upstream-Monopolist Marktmacht gegenüber dem nachgelagerten Monopolisten. Letzter kann seine Marktmacht gegenüber dem Endkunden ausüben. Damit entsteht im Ergebnis ein zweistufiger Aufschlag auf den wettbewerblichen Preis. Dies muss nicht gesondert illustriert werden, sondern ergibt sich schon aus der Überlegung, dass die Grenzkosten des einen Monopolisten den Monopolpreis des anderen beinhalten, so dass im Falle einer vertikalen Integration ein allokativ und produktiv effi-

---

436 So aber *Hovenkamp*, Federal Antitrust Policy, S. 441; *Sullivan/Grimes*, S. 288 f.
437 Hierzu sogleich unter Teil 1: A.V.3.a)aa), S. 96.
438 Zutreffend daher *I.Schmidt*, S. 131: »*Die Frage der Zielkonflikte hängt von dem zugrunde liegenden Wettbewerbskonzept [...] ab*«.
439 *Hay*, in: Kwoka/White (Hrsg.), S. 182, 194 f.; *Sullivan/Grimes*, S. 293 f.
440 Nicht zu verwechseln mit dem bilateralen Monopol, das von Nachfragemacht einerseits und Anbietermacht andererseits gekennzeichnet ist. Hier kann sich gegenüber dem vertikal integrierten Monopol ein effizienteres Ergebnis einstellen.

zienteres Monopol entstünde.[441] Dadurch findet eine doppelte Allokationsverzerrung statt. Setzen die Downstream-Anbieter aufgrund von Wettbewerb Grenzkostenpreise, so werden die Konsumenten besser gestellt[442]. Dies gilt auch für integrierte Monopole[443]. Obwohl dieser gegenüber der Konstellation eines sukzessiven Monopols höhere Gewinne macht, fällt eine doppelte Marginalisierung nicht an[444].

bb) Preisdifferenzierung („price discrimination")

Unter Preisdifferenzierung (price discrimination) kann man grundsätzlich jegliche Preisunterschiede gegenüber Abnehmern oder Lieferanten verstehen. Eine Preisdiskriminierung beinhaltet jedoch eine bestimmte Form einer ungerechtfertigten Ungleichbehandlung, die es vorliegend zu unterscheiden gilt. Daher wird auch hier mit der neueren ökonomischen Literatur der Begriff der Preisdifferenzierung verwendet.[445] Preisdifferenzierung liegt danach nur vor, wenn zwei Güter von demselben Anbieter an zwei Käufer zu unterschiedlichen Nettopreisen verkauft werden. Der Nettopreis ergibt sich dabei aus dem Verkaufspreis abzüglich etwaiger zusätzlicher Kosten durch Transaktion, Transport oder Produktion (z.B. Produktdifferenzierung). Diese Differenzierung ist insoweit wichtig, als dass eine Nichtberücksichtigung der Kostenunterschiede im Ergebnis nicht nur eine ökonomisch sinnlose Differenzierung hervorruft, sondern auch Verluste des Unternehmens bewirken kann.

Preisdifferenzierungen können im preistheoretischen Modell der vollständigen Konkurrenz nicht abgebildet werden. Dies liegt vor allem daran, dass keine Gütervarianten existieren. Auch sind Größenvorteile ausgeschlossen, so dass Grenzkostenpreise kostendeckend sind. Dagegen spielen auf Märkten mit nicht vollkommenem, aber funktionsfähigem Wettbewerb sowohl Größenvorteile als auch Produktdifferenzierung eine zentrale Rolle. Daher ist auch in der Realität eine gewisse Preisdifferenzierung zu beobachten. Obwohl davon ausgegangen wird, dass die Preisdifferenzierung unabhängig von der zugrunde liegenden Marktform besteht,[446] ist eine dauerhafte Preisdifferenzierung nur solchen Marktteilnehmern möglich, die mit einer gewissen Marktmacht ausgestattet sind. Daher kann auch hier überhaupt erst eine Diskriminierung erfolgen.[447]

---

441 *Hovenkamp*, Federal Antitrust Policy, S. 375 ff.; *Spengler*, 58 J. Polit. Economy, 347 ff. (1950); *Machlup/Taber*, 27 Economica 101 ff. (1960).
442 *Machlup/Taber*, 27 Economica 101, 102 (1960); *Knieps*, Wettbewerbsökonomie, S. 162.
443 *Noam*, S. 71; *Knieps*, Wettbewerbsökonomie, S. 163; erstmals *Cournot*, Researches into the Mathematical Principles of the Theory of Wealth, 1927.
444 *Knieps*, Wettbewerbsökonomie, S. 163.
445 *Knieps*, Wettbewerbsökonomie, S. 205; *Hovenkamp*, Federal Antitrust Policy, S. 565; *Haucap/Heimeshoff*, S. 265, 273; Definition zurückgehend auf *Phlips*, S. 6.
446 *Knieps*, Wettbewerbsökonomie, S. 223.
447 *Hovenkamp*, Federal Antitrust Policy, S. 448 f.

aaa) Arten der Preisdifferenzierung

Es gibt drei Arten[448] der Preisdifferenzierung, die es auseinander zu halten gilt. Preisdifferenzierung 1. Grades ermöglicht einem Verkäufer die individuelle Zahlungsbereitschaft der Konsumenten voll abzuschöpfen, so dass anders als bei Zugrundelegung eines Einheitspreises jede Mengeneinheit eines Produktes genau der Zahlungsbereitschaft des jeweiligen Konsumenten entspricht. Bei Preisdifferenzierung 2. Grades findet genauso wie bei der 3. Grades eine Gruppenbildung der Konsumenten statt. Während aber bei ersterer der jeweilige Kunde sich selbst, also endogen einer Konsumgruppe zuordnet, findet die Zuordnung im letzteren Fall exogen durch den Anbieter statt. Um die Unterschiede zu verdeutlichen, kann Preisdifferenzierung 2. Grades mit einer Tariftabelle verglichen werden, wobei der jeweilige Konsument selbst bestimmt, welchen Tarif er wählt. Folglich existieren optionale Tarife. Im Tarifmodell 3. Grades werden die Konsumenten hingegen von dem Anbieter nach objektiven Kriterien kategorisiert. Eine Alternativentscheidung fehlt hier. Eine Preisdifferenzierung 1. Grade ist in der Realität kaum denkbar. Nahe kommt dieser Form der Preisdifferenzierung die Versteigerung, da hier jeweils die individuelle Zahlungsbereitschaft im Zuschlag zum Ausdruck kommt. Aber je homogener die angebotenen Güter sind, desto schwieriger ist letztlich auch eine Durchsetzung. Insbesondere sind die Transaktionskosten zu hoch, um eine Auktion durchzuführen. Daher konzentriert sich die Preisdifferenzierung in der Realität auf die letzten beiden Arten.[449]

bbb) Voraussetzung: Vermeidung von Arbitrage

Damit eine Preisdifferenzierung überhaupt möglich ist, müssen neben einem weitgehenden Fehlen von Nachfrageelastizität[450] zwei grundlegende Voraussetzungen erfüllt sein. Zum einen müssen die Nachfrager überhaupt nach ihrer Zahlungsbereitschaft separierbar sein. Dies lässt sich beispielsweise im Wege einer Preisdifferenzierung 2. Grades feststellen, indem die Konsumenten ihre Zahlungsbereitschaft mit der Wahl des jeweiligen Produktes offenbaren. Des Weiteren muss der Anbieter Arbitrage vermeiden können.[451] Arbitrage tritt auf, wenn die Konsumenten, die Mengenrabatte erhalten oder infolge geteilter und optionaler Tarife Vorteile gegenüber anderen Konsumenten und Reseller haben, das Produkt zu günstigeren Bedingungen an eine der beiden Gruppen weiterveräußern.[452] Damit Arbitrage aber überhaupt gelingen kann, muss das Produkt zu niedrigen Kosten transferierbar sein. Der

---

448 Grundlegend *Pigout*, Economics of Welfare, Chap. 17, Sec. 8 (Appendix 3), 1920; anders *Enke*, 30 Can. J. Econ. Polit. Sci. 95 ff. (1964).
449 *Knieps*, Wettbewerbsökonomie, S. 206-209; *Enke*, 30 Can. J. Econ. Polit. Sci. 95 (1964).
450 *Layson*, 42 J. Ind. Econ. 335, 336 (1994).
451 *Noam*, S. 81; *Knieps*, Wettbewerbsökonomie, S. 212-222; *Hovenkamp*, Federal Antitrust Policy, S. 449; *Sullivan/Grimes*, S. 302;
452 *Varian*, Grundzüge der Mikroökonomik, S. 193;

Anbieter kann Arbitrage ausschließen, indem er Exklusivität vereinbart und so einen Transfer ausschließt oder selbst als vertikal integriertes Unternehmen auf dem nachgelagerten Markt eine bestimmte Kundengruppe bedient.[453] Ist Arbitrage nicht möglich und ist der Nachfrager geographisch gebunden, ist eine Preisdifferenzierung 3. Grades wahrscheinlich.

ccc) Wohlfahrtseffekte

Der Vorteil von Preisdifferenzierung liegt darin, dass sie die volkswirtschaftliche Rente erhöhen und zudem allokative Ineffizienzen vermeiden kann. Dies liegt daran, dass mit Ausschöpfung der Zahlungsbereitschaft die zunächst statisch betrachtete Grenzerlösfunktion des Anbieters nicht mehr so stark abnimmt wie im preistheoretischen Modell unter Monopolbedingungen. Der Anbieter kann seinen Output erhöhen, so dass auch solche Konsumenten (Zwischenhändler) bedient werden, die vorher nicht bereit waren, zu diesem Preis zu erwerben. M.a.W.: Preisdifferenzierung kann die Gesamtwohlfahrt erhöhen. Preisdifferenzierungen 2. und 3. Grades sind dagegen nicht eindeutig. Knieps unterscheidet mehrere Tarifmodelle und kommt bei einer Preisdifferenzierung 2. Grades bei Mengenrabatten und optional mehrteiligen Rabatten zu dem Ergebnis, dass auch diese die Wohlfahrt erhöhen. Allein die dritte Art der Preisdifferenzierung zeigt ein gespaltenes Bild. Knieps zeigt, dass die Wohlfahrtswirkung einer Preisdifferenzierung dann dem Einheitspreis unterlegen ist, sofern hierdurch allein eine gegebene Menge an Gütern auf die Konsumenten zu verteilen ist. Entscheidend sei aber, dass die Wohlfahrtswirkung davon abhänge, ob durch die Preisdifferenzierung neue Märkte erschlossen werden können.[454] Seine Ergebnisse spiegeln insoweit die von Layson wieder, der durch eine Preisdifferenzierung 3. Grades ebenfalls eine Wohlfahrtserhöhung durch die Erschließung neuer Märkte (sog. market opening) feststellt. Daneben kommt er zu dem Ergebnis, dass ein Monopolist, der vor die Wahl gestellt wird, entweder neue Märkte zu schaffen oder seine Preise anzupassen, letztere Alternative wählen wird und hierdurch der Wohlfahrtseffekt entfällt[455].

b) Interbrand Competition

Interbrand competition meint den Wettbewerb zwischen zwei Marken unterschiedlicher Hersteller. Betroffen sind im Grunde horizontale Wettbewerbsverhältnisse. Daher ist der Bezug zu vertikalen Effekten erst einmal weniger einleuchtend. Allerdings spricht man von einer Einschränkung des interbrand competition dann, wenn der Verkäufer mittels seiner Abnehmer und daher mithilfe vertikaler Beziehungen, den horizontalen Wettbewerb in einer Weise beeinflusst, dass er hierdurch einen wettbewerblichen Vorteil erlangt. Solche Verhaltensweisen müssen nicht das ohne-

---

453 *Hovenkamp*, Federal Antitrust Policy, S. 449; *Sullivan/Grimes*, S. 302.
454 *Knieps*, Wettbewerbsökonomie, S. 209 f.
455 *Layson*, 42 J. Ind. Econ. 335-340 (1994).

hin monopolisierte Produkt betreffen, um es weiter gegen Wettbewerb abzuschotten (sog. vertical foreclosure restraints). Sie können auch „völlig andere" Produkte betreffen und damit die Marktmacht ausweiten (leveraging). Verhaltensweisen, die mit den genannten Beschränkungen des Wettbewerbs häufig assoziiert werden, sind sog. Koppelungsbindungen (tying oder tie-ins) und Ausschließlichkeitsbindungen (sog. exclusive dealing). Ihre Auswirkungen auf den Wettbewerb bzw. den damit verbundenen Marktmachtgefahren folgen aber nicht direkt aus den genannten Verhaltensweisen. Vielmehr bedarf es einer genauen Prüfung, inwieweit Marktmacht abgesichert oder ausgedehnt werden kann.[456] Auch für die vorliegende Untersuchung sind diese beiden Restriktionen von besonderem Interesse. Daher beschränkt sich die Darstellung auf die Koppelungsbindung und die Exklusivität.

aa) Koppelungsbindung (tie-ins)

Bei der Koppelungsbindung (tie-ins) verpflichtet der Anbieter zweier Produkte die Nachfrager zur Abnahme beider Produkte. Dies kann durch sog. pure bundling geschehen, indem er sich weigert die Produkte separat, also „entbündelt" anzubieten. Denkbar ist aber auch ein mixed bundling, indem er die Produkte zwar separat anbietet, aber Anreize setzt, beide Produkte zusammen abzunehmen, etwa durch einen Preisvorteil.[457]

aaa) Abgrenzung: Koppelung als Mittel für Preisdifferenzierung

Die ersten Fälle von Koppelungsbindungen wurden im Sinne der leverage theory interpretiert. In der Bündelung wurde also die Möglichkeit gesehen, Marktmacht von dem einen Markt auf den anderen zu übertragen. In Kritik geraten ist diese Überlegung u.a. durch Bowman und Posner[458]. Ein Beispiel soll ihre Kritik verdeutlichen:

> *Ein Monopolist auf Markt A hat seinen Gewinn maximierenden Preis für das Produkt A bei 2 Euro. Seine Grenzkosten betragen 1,80 Euro. Eine Bündelung von Produkt B, das auf Markt B für 50 Cent angeboten wird, für das der Monopolist allerdings Grenzkosten von 80 Cent bei Eigenproduktion hätte, wäre nur dann einer Koppelung zugänglich, wenn die gekoppelten Produkte zusammen für 2,50 Euro angeboten werden würden. Denn die Wertschätzung der Konsumenten für das Produkt B nimmt bei einem Preis von über 50 Cent ab, auch lassen sich keine höheren Preise als 2 Euro für Produkt A realisieren. Der Monopolist hätte daher im Gegensatz zu einem entbündelten Angebot seines Produktes A seinen*

---

456 *Sullivan/Grimes*, S. 381 f.
457 *Adams/Yellen*, 90 Quart. J. Econ. 475 (1976); *Dansby/Conrad*, 74 Amer. Econ. Rev. 377, 378 (1984).
458 *Bowman*, 67 Yale Law J. 19 ff. (1957); *Posner*, Antitrust Law, S. 197 ff., insb. 199 f.

Gewinn geschmälert, und zwar in Höhe von 30 Cent. Zwar steht es dem Monopolisten frei, das gekoppelte Produkt für 2,80 Euro anzubieten. Er muss aber damit rechnen, dass dann andere Anbieter für das Produkt A auf den Plan gerufen werden. Ferner muss er je nach Nachfrageelastizität mit einer mehr oder weniger vollständigen Substitution seiner Produkte rechnen.

Posner u.a. Vertreter der neueren Wettbewerbsökonomie sehen vor allem die Notwendigkeit, im Rahmen der Koppelungsbindung leveraging von der Preisdifferenzierung abzugrenzen[459]. Wichtig ist dabei die Unterscheidung zwischen Komplementen und Substituten. Werden Produkte miteinander gekoppelt, die in keinerlei Zusammenhang stehen, so ist eine Monopolisierung undenkbar, da jeder Aufpreis auf das monopolisierte Produkt Markteintritte anzieht und einen Nachfragerückgang nach oben dargestelltem Modell bewirkt. Viele Fälle von Koppelungen betreffen dagegen komplementäre Produkte (Komplemente). Komplemente werden zusammen konsumiert. Ein Drucker benötigt etwa Tinte und Papier. Kaffee wird häufig mit Milch oder Zucker verbraucht. Dabei besteht die Besonderheit, dass ein Preisanstieg des einen Produktes (auch) einen Nachfragerückgang des anderen zur Folge hat. Damit unterscheiden sich Komplemente von Substituten, bei denen der Preisanstieg des einen Gutes einen Nachfrageanstieg des anderen auslöst.[460] Eine solche Differenzierung sensibilisiert für die hinter einer Koppelungsbindung stehende Strategie und hilft dabei eine vermeintliche Hebelwirkung von Marktmacht zu identifizieren. Eine Übertragung von Marktmacht ist im Falle der Koppelung komplementärer Produkte unwahrscheinlich. Vielmehr dient sie ausschließlich der gezielten Ausschöpfung der unterschiedlichen Nachfrageintensitäten der Konsumenten, wenn eine unmittelbare Preisdifferenzierung etwa aufgrund von Arbitrage ausgeschlossen ist:

Besteht beispielsweise Marktmacht eines Unternehmens für eine Maschine auf Markt A und Wettbewerb für das komplementäre Produkt Tinte auf Markt B, so kann das Unternehmen eine sinnvolle Preisdifferenzierung vornehmen, indem es die Maschine unterhalb des Gewinnmaximums anbietet und den Preis für Tinte von der Nutzungsintensität abhängig macht. Verfolgt das Unternehmen beispielsweise die Strategie, fallende Blocktarife einzuführen, so kann es kleine und große Tintenpatronen einsetzen und letztere in dem Sinne niedriger bepreisen, indem die Durchschnittskosten und damit die Gesamtkosten des Intensivnutzers niedriger ausfallen als die des durchschnittlichen Nutzers. Andererseits kann über Bezugsverpflichtungen auch umgekehrtes Ergebnis erzielt werden.[461]

---

459 *Posner*, Antitrust Law, S. 199 ff.; *Knieps*, Wettbewerbsökonomie, S. 242 f.; *Carlton/Perloff*, S. 324 ff.
460 *Varian*, Grundzüge der Mikroökonomik, S. 105 f.; *Mankiw*, S. 73.
461 Angelehnt an Henry v. A.B. Dick Co., 224 US 1 (1912).

> Entscheidend aber ist, dass das Unternehmen bei einem Versuch, eine doppelte Monopolrente zu erzielen, scheitern wird. Denn eine durchgängige Anhebung des Preises für das Produkt B führt insoweit zu einer geringeren Konsumbereitschaft für Produkt A, als dass der gekoppelte Preis die Wertschätzung übersteigt.[462]

bbb) Koppelung als Mittel zur Marktmachtausweitung

Diese Art des Einsatzes von Koppelungsbindungen unterscheidet sich grundlegend von den Situationen, in denen die Koppelung zur Vermeidung bestimmter Substitutionseffekte eingesetzt wird. Besteht eine bestimmte Substitutionsbeziehung zwischen zwei Produkte, schränkt die Nachfrageelastizität die Ausübung von Marktmacht mehr oder weniger ein. Eine Anhebung des Preises über das wettbewerbliche Niveau kann dann dazu führen, dass die Nachfrage aus Sicht des Gewinnmaximums des Unternehmens zu stark abnimmt. Dieser Effekt kann sich durch eine Kopplung vermeiden lassen, sofern sich die Produkte in einem gewissen Verhältnis komplementär zueinander verhalten. Folgendes Beispiel soll dies verdeutlichen:

> Ein Unternehmen hat auf einem Ersatzteilmarkt A Marktmacht. Es veräußert diese Ersatzteile an Konsumenten, die für eine Reparatur zusätzlich die Hilfe von technischer Unterstützung benötigen. Das Verhältnis der Ersatzteile verhält sich zur Arbeitszeit komplementär. D.h.: Je stärker der Anstieg der Ersatzteilpreise, desto mehr kann auf technische Unterstützung zurückgegriffen werden. Solche Beziehungen lassen sich beispielsweise in der Automobilindustrie beobachten. Mit mehr Arbeitseinsatz lassen sich häufig Ersatzteile sparen. Ein Konsument wird daher die Substitutionsmöglichkeiten zwischen Arbeitseinsatz und Ersatzteilpreis abwägend miteinander vergleichen und diese dann in ihrer optimalen Kombination (wie sie am Markt angeboten werden) einsetzen. Erhöht das Unternehmen die Preise für die Ersatzteile, nimmt die Nachfrage nach Arbeitszeit zu. Dem Unternehmen auf dem Ersatzteilmarkt gehen Nachfrager verloren.[463] Durch eine Koppelung der Ersatzteile an die Reparaturstätte lässt sich das aus Sicht des Unternehmens optimale Faktoreinsatzverhältnis wiederherstellen (daher sog. fixed proportion ties). Damit wird Marktmacht von einem Markt auf einen anderen ausgedehnt. Es findet leveraging statt. Ohne diese Strategie wäre es dem Unternehmen nicht möglich gewesen, die Preise für das Produkt A über das suprakompetitive Niveau zu heben. Gleichzeitig wäre Marktmacht nicht auf Markt B

---

462 *Posner*, Antitrust Law, S. 199 f.
463 Angelehnt an Eastman Kodak Co. v. Image Technical Services Inc., 504 U.S. 451 (1992).

ausgedehnt worden. Obwohl das Unternehmen nun auf beiden Märkten tätig ist und damit die Ressourcen optimal einsetzt, findet eine Ausweitung allokativer Ineffizienz auf Markt A statt.[464] *Eine gleichzeitige Marktabschottung für Konkurrenten und potentielle Wettbewerber ist denkbar, wenn die Tätigkeit auf Markt A zwingend auch Komplemente des Marktes B verlangt. Solche Situationen führen dann auch zu dem Problem des dual-level entry*[465].

bb) Ausschließlichkeitsbindungen (exclusive dealing)

Von einer Ausschließlichkeitsbindung (exclusive dealing) spricht man, wenn eine Vertragspartei sich verpflichtet, keine anderen Waren von Dritten zu beziehen oder an Dritte abzugeben[466]. Häufig treffen solche Vereinbarungen mit anderen Beschränkungen zusammen. Denn als Anreiz, ein bestimmtes Produkt ausschließlich zu vertreiben, kommt häufig hinzu, dass dem durch die Exklusivität gebundenen Händler ein Alleinvertrieb innerhalb eines bestimmten Gebietes eingeräumt wird. Letztere ist eine Restriktion des intrabrand competition. Zuweilen tritt Exklusivität zusammen mit einer Koppelungsbindung auf. Beispielsweise wird ein Einzelhändler verpflichtet, nur Ersatzteile von dem Hersteller zu erwerben (Ausschließlichkeitsbindung). Im Gegenzug darf er die Marke des Händlers zum Vertrieb herstellereigener Fahrzeuge nutzen (Koppelungsbindung).

Zwar ist eine Unterscheidung zwischen Ausschließlichkeit und Koppelungsbindung häufig schwierig[467]. Betrachtet man aber Exklusivität separat, so leuchtet unmittelbar ein, dass der Markt gegenüber anderen Wettbewerbern abgeschottet wird. So kann Ausschließlichkeit bedeuten, dass keine anderen Absatzmöglichkeiten mehr existieren oder ein anderweitiger Rohstoffbezug ausscheidet. Exklusivität kann eine sehr viel stärkere Wettbewerbsbeeinträchtigung begründen als die Koppelungsbindung. Denn während erstere den interbrand competition für einen gewissen Zeitraum (je nach Länge der Vertragslaufzeit) vollständig zum Erliegen bringt, beschränkt letztere den interbrand competition nur insoweit, als Komplemente des koppelnden Produktes betroffen sind. Bezogen auf den Fall des Automobil-Einzelhändlers bedeutet dies, dass er in seiner Entscheidung frei ist, auch andere Marken zu vertreiben. Nur die herstellereigenen Ersatzteile (Komplemente) dürfen allein mit dem Herstellerfahrzeug verwendet werden. Wäre er allerdings darin beschränkt, auch andere Marken zu vertreiben, wäre dieser Einzelhändler für andere Fahrzeughersteller abgeschottet. M.a.W.: Eine Koppelungsbindung betrifft die gekoppelten Produkte und nur mittelbar die Produkte anderer Unternehmen, wohingegen Aus-

---

464 *Hovenkamp*, Federal Antitrust Policy, S. 471.
465 Vgl. Teil 1: A.III.3.b)ee), S. 74.
466 *Hovenkamp*, Federal Antitrust Policy, S. 432.
467 *I.Schmidt*, S. 132; *Hovenkamp*, Federal Antitrust Policy, S. 430.

schließlichkeitsbindungen die im Wettbewerb stehenden Unternehmen und ihre Produkte unmittelbar betreffen[468].

Gegenüber anderen vertikalen Restriktionen haben Exklusivvereinbarungen in der ökonomischen Literatur weniger Aufmerksamkeit bekommen. Ihr Wohlfahrtseffekt wurde anfangs eher negativ gesehen. Der üblicherweise mit ihnen assoziierte Wohlfahrtseffekt ist die dargestellte Marktabschottung gegenüber Wettbewerbern auf einem nachgelagerten Markt von Händlern. Lin hatte gezeigt, dass bei oligopolistischer Marktstruktur auf der Upstream Ebene eine Marktaufteilung auf der Downstream Ebene stattfindet[469]. Dies ist der klassische Fall der Kartellsituation, um Cheating zu vermeiden. Zwar zeigt etwa Schwartz, dass Exklusivität auch eine Förderung des Wettbewerbs auf der Upstream Ebene zur Folge haben kann. Dann müssen aber die Hersteller mit ihren Produkten um das Privileg konkurrieren, von den Herstellern als einzige selektiert zu werden[470]. Es muss also ein gewisser Wettbewerb herrschen.

Daneben werden aber auch zunehmend Effizienzerwartungen an solche Vereinbarungen geknüpft. Scherer beispielsweise sieht in ihnen für Hersteller Vorteile, die sich aus einem besonderen Einsatz und Enthusiasmus der Händler ergeben würden[471], was darauf zurückgeführt werden kann, dass sich mithilfe von Ausschließlichkeitsvereinbarungen das free-rider Verhalten ausräumen lässt. Ein solches Phänomen tritt meist auf, wenn sich der Händler auf Verkaufsanstrengungen anderer verlässt und daher im Wettbewerb nur passiv reagiert.[472]

4. Zwischenergebnis

Leveraging und foreclosure waren in der Vergangenheit Begriffe, die voreilig auf Marktmacht hinwiesen. Mit ihnen im Zusammenhang standen bestimmte Verhaltensweisen, die als Missbrauchformen begriffen wurden. Die Chicago School hat den Blick für Effizienzgesichtspunkte geschärft und damit auch die Transaktionskostenersparnisse durch vertikale Integration und vertikale Bindungen als zu berücksichtigende Posten in die ökonomische Analyse eingeführt.

Eine Differenzierung zwischen intrabrand und interbrand competition hilft dabei, die wettbewerblichen Gefahren genauer zu analysieren. Die Einschränkung ersteren dient eher zur Ausschöpfung der unterschiedlichen Nachfrageintensitäten. Mit ihrer Hilfe lassen sich zudem Probleme der doppelten Marginalisierung, beispielsweise durch vertikale Integration überwinden. Dann ist ein integriertes Monopol effizienter. Der Zielkonflikt, der zwischen Marktmacht und Effizienz auf der Ebene von intrabrand competition entstehen kann, lässt sich im Gegensatz zu den horizontalen Zielkonflikten nicht mit einer Einschränkung sozialer Wohlfahrt begründen. Nicht

---

468 *Hovenkamp*, Federal Antitrust Policy, S. 432.
469 *Lin*, 39 J. Ind. Econ. 209, 220 (1990); bestr. *O'Brien/Shaffer*, 41 J. Ind. Econ. 215 (1993).
470 *Schwartz*, 77 Amer. Econ. Rev. 1063 ff. (1987).
471 *Scherer/Ross*, S. 586.
472 *Knieps*, Wettbewerbsökonomie, S. 168 f.

nur steigt insgesamt die volkswirtschaftliche Rente. Vielmehr führen Preisdifferenzierung sowie Vermeidung doppelter Marginalisierung zu allokativ effizienteren Ergebnissen. Zuweilen werden neuklassische Argumente gegen Preisdifferenzierungen geltend gemacht. Auch kann eine Rentenumlenkung von den Konsumenten zu den Produzenten moniert werden. Allerdings ist abgesehen von der verfolgten Wettbewerbskonzeption Sensibilität bei einer Umverteilung an die Konsumenten gefragt, da gerade die neuere Wettbewerbsökonomie zu Vorsicht gegenüber einer Umverteilung anmahnt, da dies den technischen Fortschritt blockieren könnte. Dieser Aspekt ist für die vorliegende Untersuchung insoweit von besonderem Interesse, als der Ausbaustand der Kabelnetze in Frage steht. Hierauf wird daher noch genauer einzugehen sein.

Interbrand competition betrifft dagegen den horizontalen Wettbewerb von Produkten. Bestimmte Verhaltensweisen, die ihn einschränken, wurden ebenfalls betrachtet. Aber auch hier zeigt sich, dass genau geprüft werden muss, welchem Ziel die Verhaltensweise dient. So wurde bei der Koppelungsbindung deutlich, dass der Einsatz von Komplementen ebenfalls als Mittel zur Preisdifferenzierung eingesetzt werden kann. Hingegen ist die Koppelung von Substituten kritischer, da hier der interbrand competition unmittelbar betroffen ist. Im letzteren Fall sind allokative Ineffizienzen wahrscheinlich. Auch kann eine Hebelwirkung sowie Marktabschottung eintreten. Zwiespältig ist die Situation bei Ausschließlichkeitsbindungen. Auch sie können nicht per se als wohlfahrtsschädlich oder -förderlich bewertet werden. Allerdings sind sie angesichts der mit ihnen verbundenen umfassenden Einschränkung von interbrand competition sehr viel kritischer zu betrachten.

VI. Stille Revolution der Wettbewerbskonzeptionen?

Das Resümee der bisherigen Darstellung ist ein verbleibender wettbewerbskonzeptioneller Streit. Der mit horizontalen Zusammenschlüssen verbundene statische als auch der dynamische trade-off müssen sich grundsätzlich der Diskussion zwischen Markstrukturansatz und überlegener Effizienz im Sinne der Chicago School stellen. Der vertikale Zielkonflikt ist eindeutiger, zumindest wenn Restriktionen des intrabrand competition betroffen sind. Dennoch kann auch hier stellvertretend für Hoppmann neuklassisches Gedankengut oder der Konsumentenschutz geltend gemacht werden. Letztere Argumente sind auf globalisierten und von technischem Fortschritt gekennzeichneten Märkten nur schwer haltbar.

Neuere Untersuchungen greifen häufig auf die auch hier dargestellten trade-offs zurück[473]. Aber gerade neuere wirtschaftswissenschaftlichen Diskussionen zeigen mittlerweile harmonischer verlaufende Diskussionen um den Konflikt zwischen Harvard und Chicago School. Eine gewisse Stabilität ökonomischer Ansichten ist vor allem mit Blick auf die Funktionsfähigkeit des Kartellrechts ganz wesentlich. Wie soll auch das Recht auf zwei so widersprüchliche ökonomische Lager reagie-

---

473 Vgl. für die deutsche Darstellung nur *Kinne*, S. 57 ff.; *Heineke*, S. 41 ff.

ren? Förderlich für eine dogmatische Bündigkeit und damit einhergehender Rechtssicherheit war diese Situation jedenfalls nie. Posner beschrieb den Konflikt mit der Harvard School wie folgt: »The heart of the difference is not over the strength of the positive correlation, found in many studies, between concentration and profitability but over the explanation for it. The Chicago school does not deny that concentration is a factor that facilitates collusion of a sort difficult to detect, although it attaches less significance to concentration per se [...]. It asks, rather, how it is that excessive profitability can persist without attracting new entry that will cause prices to fall to the competitive level.«[474] Ob diese Kontroverse je beigelegt wird, kann angesichts des unterschiedlichen Verständnisses von Wettbewerb und Wohlfahrt bezweifelt werden. Hoffnungen, die für eine zunehmende Verständigung sprechen, werden aber aus zwei Bereichen genährt: aus der neueren Industrieökonomie und der sog. Neuen Institutionenökonomik.

1. Die neuere Industrieökonomie

Heute lassen sich in der Industrieökonomie zwei Strömungen beobachten, die kontrovers diskutiert werden. Zu der ersten Gruppe zählen empirische Untersuchungen[475], zu der zweiten spieltheoretische Modelle. Während den Spieltheoretikern eine Abkehr von der mikroökonomischen Untermauerung ihrer Ergebnisse vorgeworfen wird, wehren sich die Empiristen mit dem Argument des fernen Realitätsbezugs der Spieltheoretiker. Eine vermittelnde Auffassung[476] innerhalb der Industrieökonomie sieht daher heute die Notwendigkeit, die traditionelle Industrieökonomie mit empirischen Ergebnissen und spieltheoretischen Modellen zu verbinden. Die neue Industrieökonomie lässt sich als ein endogener Ansatz begreifen, der die strukturalistische Hypothese des klassischen SCP-Paradigmas verwirft und um die eigenständige Bedeutung des Marktverhaltens erweitert. Eine wichtige Beobachtung ist, dass sich die Märkte nicht im Gleichgewicht befinden und sich stetig verändern, so dass auch Gewinne nur temporärer Natur sind[477]. Zeitablauf ist daher eine wichtige Variable, die die Unternehmen in ihr strategisches Kalkül einbeziehen müssen. Sie müssen sich daher dem dynamischen Wandel entsprechend anpassen. Eine hohe Konzentration (Marktstruktur) kann dann durchaus zu überhöhten Gewinnen führen (Marktergebnis), die zur Entwicklung von Substituten genutzt wird (Marktverhalten), die die Nachfrage nach dem ursprünglichen Produkt (grundlegende Bedingung) verringern können.[478]

---

474 *Posner*, 127 U. Pa. L. Rev. 925, 944 (1979).
475 Vgl. *Sosnick*, in: Poeche, S. 153 ff.
476 Vgl. *Knieps*, Wettbewerbsökonomie, S. 45 mwN.
477 Insoweit erinnert die Argumentation an die Theorie von *Schumpeter*.
478 *Knieps*, Wettbewerbsökonomie, S. 61 f.

2. Die Neue Institutionenökonomik

Die Neue Institutionenökonomik (NIO) weist einige Gemeinsamkeiten mit diesem Erkenntnisgewinn auf, wenngleich sie vor einem ganz anderen Hintergrund operiert. Ihr werden neben der Transaktionsökonomik vor allem die Theorie der Verfügungsrechte[479] und die Prinzipal-Agent Theorie[480] zugerechnet[481]. Die Transaktionskostenökonomie spielt mittlerweile auch für die neue Industrieökonomie eine zentrale Rolle. Gemeinsamer Ausgangspunkt der NIO ist das nach dem Nobelpreisträger Ronald H. Coase benannte Coase-Theorem[482]. Im Grunde wurden die Auswirkungen von Coase Arbeit in dieser Untersuchung bereits angesprochen. So wurden die Effizienzwirkungen vertikaler Integration als Selbstverständlichkeit hingenommen. Zwar ist die Erkenntnis von Effizienzwirkungen auf den ersten Blick „banal". Tatsächlich weist die Erkenntnis, dass die Koordinationsmechanismen über den Markt Kosten verursachen, aber starke Abweichungen von dem preistheoretischen Modell auf. Damit besteht aufgrund des Marktmechanismus nicht nur bereits ein etwaig allokativ ineffizientes Ergebnis. Vielmehr können die Kosten stark variieren und sind sektorspezifisch. Coase hat mit seinem Denkanstoß den Grundstein der Neuen Institutionenökonomik gelegt und indirekt die Transaktionskostenökonomik ins Leben gerufen.[483] Elementarer Grundpfeiler der NIO stellt die Einsicht dar, dass Unternehmen nicht als Produktionsfunktionen begriffen werden können, sondern als Governance-Strukturen fungieren, womit eine ständige Auseinandersetzung mit den Kosten der hierarchischen Gliederung und einer Anpassung des Unternehmens an Markt und andere Unternehmen (freilich auch Governance-Strukturen) verbunden ist. Es gilt hier die „Science of Contract"[484], also die Wissenschaft der Verträge und ihre Komplexität, so dass die gediegenen Ansichten des Unternehmens als Produktionsfunktion und der Nachfrager als Nutzenmaximierer allmählich verblassen.[485]

3. Implikationen für die Wettbewerbspolitik?

Es stellt sich in erster Linie die Frage, welche Konsequenzen sich aus diesen Entwicklungen für die hier im Vordergrund stehende Untersuchung ergeben[486]. Wie Ronald H. Coase bei Entgegennahme des Nobelpreises sagte: »I have made no innovations in high theory. My contribution to economics has been to urge the inclusion in our analysis of features of the economic system so obvious that [...] they

---

479 Vgl. hierzu nur *Alchian/Demsetz*, 62 Amer. Econ. Rev. 777 ff. (1972).
480 Hierzu nur *Levinthal*, 9 J. Econ. Behav. Organ. 153 ff. (1988).
481 Vgl. *Williamson*, 16 J. Econ. Perspect. 171 ff. (2002).
482 Grundlegend *Coase*, The Problem of Social Cost, 2 J. Law Econ. 1 ff. (1960); *Coase*, The Nature of the Firm, 4 Economica 386 ff. (1937).
483 *Bickenbach/Kumkar/Soltwedel*, in: Zimmermann (Hrsg.), S. 217, 218 f.
484 So bereits *Buchanan*, What Should Economists Do?, 30 Southern Econ. J. 312 ff. (1964); *Williamson*, 16 J. Econ. Perspect. 171, 172 (2002).
485 *Williamson*, 16 J. Econ. Perspect. 171, 172 (2002); *ders.*, 38 J. Econ. Lit. 595 ff. (2000).
486 Hierzu nur *Joskow*, 18 J. Law, Econ. Organ. 95 f. (2002).

have tended to be overlooked. Nonetheless, once included in the analysis, they will, as I believe, bring about a complete change in the structure of economic theory, at least in what is called price theory or microeconomics.«[487] Zu diesen offensichtlich ausgeblendeten Eigenschaften in der wirtschaftswissenschaftlichen Auseinandersetzung zählt zweifelsohne auch die Bedeutung der Rechte. Coase hatte in seinem wegweisenden Artikel „The Problem of Social Cost"[488] darauf hingewiesen, dass der Markt im Grunde den Handel um Rechte umfasse und nicht physische Güter im preistheoretischen Sinne. Weil diese Rechte von der Rechtsordnung vergeben werden und damit Transaktionskosten verursachen, liegt das Verständnis der inneren Struktur eines Unternehmens in der komplexen Beziehung zu den Verfügungsrechten. Es besteht eine Mischung von Markt und Hierarchie[489]. Wie zutreffend darauf hingewiesen wird[490], entfällt mit dieser Sichtweise auch das vorschnell eingewandte Argument, dass ein Zusammenschluss unmittelbar zur Ausübung von Marktmacht befähige. Anschaulich ist ein Vergleich mit dem Kartell. Die Gründung eines Kartells ist mit geringen Kosten verbunden. Private Effizienzsteigerungen werden aufgrund des parallelen Verhaltens vermieden. Auch stellen sich im Kartell keine ernsten organisatorischen Probleme. Ein Zusammenschluss führt dagegen zu völlig neuen internen Organisationsstrukturen. Die vorher durch Transaktionen über den Marktmechanismus verursachten Kosten können in bestehende Strukturen eingepasst werden. Damit sollte Zusammenschlüssen mehr Vertrauen bei der Realisierung von Effizienzvorteilen entgegengebracht werden, was auch bedeutet, dass sie eher als volkswirtschaftlich sinnvolle Anpassungen an die Anforderungen von Recht und Markt begriffen werden sollten.[491] Anders formuliert rückt damit ein subjektiver Aspekt für die Beurteilung des Zusammenschlusses in den Vordergrund, der prima facie Vorteile für die interne Organisation und die Effizienz des Unternehmens mit sich bringt. Das heißt aber keineswegs, dass Zusammenschlüsse per se als wohlfahrtserhöhend gelten. Als Lösungsansatz sollte daher erwogen werden, durch Zusammenschluss etwaig eröffnete Verhaltensmöglichkeiten einer genaueren Prüfung zu unterziehen.

4. Implikationen für das Wettbewerbsrecht?

Für das Wettbewerbsrecht bedeutet dies, dass es einem Balanceakt ausgesetzt ist, was nicht dahingehend missverstanden werden sollte, dass eine ökonomische Analyse entfiele. Das Wettbewerbsrecht darf nicht dazu missbraucht werden, damit es Partikularinteressen gerecht wird. Fusionsverbote beinhalten wichtige Instrumente, um Wettbewerb zu erhalten. Ihre Gefahren sind aber hoch, wenn sie wohlfahrtsschädlich eingesetzt werden. Fusionsverbote können Verhalten und Struktur in einer

---

487 *Coase*, Lecture to the memory of Alfred Nobel, 82 Amer. Econ. Rev. 713 ff. (1992).
488 *Coase*, The Problem of Social Cost, 2 J. Law Econ. 1 ff. (1960).
489 *Williamson*, 4 Organ. Sci. 529 ff. (1993).
490 *Bickenbach/Kumkar/Soltwedel*, in: Zimmermann (Hrsg.), S. 217, 228, 230 f.
491 Ebenda.

Art und Weise determinieren, dass die Kosten der Unternehmen steigen, Investitionspotentiale verloren gehen und Innovationen behindert werden. Weder Kosten noch Vorteile einer wettbewerbsrechtlichen Sanktion lassen sich daher allein auf das „betroffene Unternehmen" begrenzen. Vielmehr ist der gesamtwirtschaftliche Zusammenhang auch für Wettbewerber bedeutsam.[492] In der neueren Ökonomie wird daher erwogen, die unilateralen und koordinierten Effekte von Zusammenschlüssen abzuschätzen. Treten in diesem Rahmen Fehleinschätzungen auf, kann es zu zwei Ordnungsfehlern kommen. Ein Fehler 1. Ordnung (false positive – type I error) tritt auf, wenn eine Fusion verboten wird, also positiv in das Wettbewerbsgeschehen eingegriffen wird, obwohl sie volkswirtschaftlich vorteilhaft ist. Ein Fehler 2. Ordnung (false negative – type II error) kennzeichnet hingegen die Freigabe eines Zusammenschlusses, d.h. einen Nichteingriff in den Wettbewerbsprozess, obwohl sich Marktmacht nachweisen lässt und nicht von den Effizienzvorteilen kompensiert wird. In einer Marktwirtschaft kommt der Vermeidung beider Fehler besondere Bedeutung zu. Beide Arten von Fehlern sind mit Kosten bzw. Wohlfahrtsverlusten verbunden, wobei der Fehler 1. Ordnung schwerer wiegt[493], wenn die Mittel zur Abwendung der Gefahren nicht in vollem Umfang ausgeschöpft werden.

Gerade die Wettbewerbsbehörden können nicht immer genau vorhersagen, wie sich das Verhalten des Unternehmens nach einem Zusammenschluss auswirkt. Ein gewisses Maß an Sicherheit ließe sich aber mit einer rule of reason realisieren.[494] Knieps verweist darauf, dass ein solcher Ansatz auch immer Willkür mit sich bringe, andererseits per se Regeln als Prinzipien der Wettbewerbspolitik unzureichend seien[495]. Ein vorzugswürdiger Weg ist daher, im Rahmen der rule of reason die negativen Wirkungen nicht nur den positiven gegenüberzustellen und abwägend miteinander zu vergleichen[496], sondern vor allem in ihrer Wahrscheinlichkeit und ihrem Gewicht für die Wohlfahrt bzw. den Wettbewerb zu beurteilen[497]. Überwiegt die Wahrscheinlichkeit positiver Wohlfahrtseffekte, so könnte eine Freigabe des Zusammenschlusses erwogen werden. Wiegen die Marktmachteffekte dagegen schwer, muss nach einer Abhilfe gesucht werden, um die Chancen positiver Effizienzwirkungen nicht auszuschließen. Dies könnte mithilfe von Auflagen realisiert werden. Solche Auflagen müssen aber ebenfalls einen zu weit reichenden Eingriff vermeiden, da dies ansonsten einem Fehler 2. Ordnung gleichkäme. So weist Joskow beispielsweise darauf hin, dass die Wettbewerbsbehörden nicht alle Marktunvollkommenheiten beheben könnten und Auflagen auch gewisse Grenzen einhalten müssten, um das Unternehmen letztlich nicht zu regulieren.[498]

---

492 *Joskow*, 18 J. Law, Econ. Organ. 95, 97 f. (2002).
493 Ohne Differenzierung allerdings *Knieps*, Wettbewerbsökonomie, S. 77, 132.
494 So auch *Bickenbach/Kumkar/Soltwedel*, in: Zimmermann (Hrsg.), S. 217, 232; bereits *Vickers*, 12 Oxford Rev. Econ. Pol. 11 ff. (1996).
495 *Knieps*, Wettbewerbsökonomie, S. 75 f.
496 So bspw. *Warren-Boulton*, S. 4 f.
497 Ähnlich für die Regulierung auch *Haucap/Kruse*, WuW 2004, S. 266, 268.
498 *Joskow*, 18 J. Law Econ. Organ. 95, 99 f. (2002).

B. Spezifische Charakteristika in der Telekommunikation

I. Einleitender Überblick

Die Telekommunikationsindustrie hat in jedem Industrieland eine wechselhafte Geschichte durchlaufen. Sie ist mittlerweile neben der Computerindustrie Hauptmotor wirtschaftlichen Wachstums[499]. Auch die Europäische Kommission merkt an, dass die Telekommunikationsbranche allein den wichtigsten Beitrag zum Wirtschaftswachstum der Europäischen Gemeinschaft leistet[500]. Zwei Jahre nach einer Phase der „tiefroten Zahlen" im Jahr 2002 mit einem Nettoverlust von 92 Mrd. Euro erzielte die europäische Telekommunikationsindustrie einen Nettoprofit von knapp 16 Mrd. Euro[501]. Keine geringere Bedeutung hat die Telekommunikationsbranche in den USA. Der Sektor macht 3% des Bruttosozialprodukts aus und übertrifft jeden anderen Hochtechnologiesektor um Längen. Allein in den USA wurden zur Spitzenzeit Anfang 2000 mehr als 110 Mrd. Dollar in den Sektor investiert. Diese Summe macht etwa 10% der Gesamtinvestitionsmenge in den USA aus. Damit gehört die Telekommunikationsbranche zu den ertragsstärksten Branchen der europäischen und US-amerikanischen Volkswirtschaften. Gewichtigen Einfluss auf diese Entwicklung haben der schnelle technologische Wandel der Telekommunikation[502], die Tendenz zur Konvergenz der Medien[503] und die Deregulierung gehabt[504].

Herstellung und Sicherung des Wettbewerbs im Bereich der Telekommunikation erfordern ein Wettbewerbsverständnis, das sich von anderen Industriezweigen deshalb grundlegend unterscheidet, weil man sich im Bereich der Netzwirtschaften bewegt[505] und mit ganz anderen ökonomischen Gesetzmäßigkeiten konfrontiert ist. Einleitend soll auf die Probleme des Marktversagens eingegangen werden, die lange Zeit die Diskussion beherrscht haben. Dieser theoretische Fundus liefert das Grundverständnis für wettbewerbliche Probleme und sensibilisiert für die Lokalisierung von Marktmacht. Im Rahmen der Darstellung wird auch die Netzwerkökonomie behandelt, die vor allem in der Computerindustrie eine zentrale Rolle spielt und getrieben durch den Konvergenzprozess die Brücke zwischen der klassischen Marktversagensannahme und der netzwerkökonomischen Diskussion in der Computerindustrie schlägt.

---

499 *Economides*, Competition Policy in Network Industries, 2004, S. 3.
500 Kommission, Die Konvergenz der Branchen Telekommunikation, Medien und Informationstechnologie und ihre ordnungspolitischen Auswirkungen, Ergebnisse der öffentlichen Konsultation zum Grünbuch (KOM 1997, 623), KOM 1999, 108.
501 Telekombr. enthüllt nach Abschreibungen Ertragskraft, Handelsblatt v. 16.06.2005, S. 14.
502 *Ladeur*, in: Hoffmann-Riem (Hrsg.), S. 57; *Gabelmann/Groß*, in: Knieps/Brunekreeft (Hrsg.), S. 85, 87 ff.; *Knieps*, in: Festschrift für C. Christian v. Weizsäcker, S. 203.
503 *Ladeur*, in: Hoffmann-Riem (Hrsg.), S. 57.
504 *Gabelmann/Groß*, in: Knieps/Brunekreeft (Hrsg.), S. 85, 93 ff.
505 *Koenig/Loetz/Neumann*, S. 42.

1. Marktversagen und Telekommunikationsmärkte

Bis in die achtziger Jahre des 20. Jahrhunderts schien Wettbewerb keinen adäquaten Steuerungsmechanismus für die Versorgungsfunktion von Netzen bereitzuhalten. Die Ursache dieser Problematik wurde darin gesehen, dass die „unsichtbare Hand" des Wettbewerbs die behauptete Harmonie von Einzel- und Gesamtinteressen in Netzindustrien nicht zu gewährleisten vermag. Man sprach von einem Marktversagen. Damit trat an die Stelle der sonst als überlegen erachteten Koordination über den Markt der korrigierende Eingriff durch umfassende Regulierung oder einer Aufgabenwahrnehmung durch den Staat selbst. Als Ursache des Marktversagens lassen sich im Allgemeinen externe Effekte, Unteilbarkeiten, Informations- und Anpassungsmängel nennen[506], wobei in den Netzwirtschaften vor allem die ersten beiden Defizite als spezifische Gründe des Marktversagens angeführt werden[507]. Letztere sind allgemeiner Natur und kommen in allen Industrien vor[508]. Mikroökonomisch gesprochen liegt eine Kollision zwischen produktiver und allokativer Effizienz vor[509], weil die Märkte keine effiziente Ressourcenallokation erlauben[510]. Erst in jüngerer Zeit ist die Überzeugung des „natürlichen" Marktversagens in den Hintergrund gerückt und wurde Wettbewerb als das überlegene Modell auch in Versorgungsnetzen eingeführt. Trotz des Abbaus dieser rechtlichen Marktzutrittsschranken wird der Wettbewerb auch heute noch nicht sich selbst überlassen, sondern durch Regulierung dort punktuell korrigiert, wo die Defizite der Marktkoordination zu einer nicht hinnehmbaren Verzerrung des Wettbewerbs führen.

2. Netzwerkökonomie und Telekommunikation

In den Wirtschaftswissenschaften haben Netze und Netzwerke mittlerweile den Stellenwert eines eigenen Gebiets innerhalb der Industrieökonomik[511]. Innerhalb der Netz- bzw. Netzwerkökonomie werden die Besonderheiten und Charakteristika von Netzen bzw. Netzwerken behandelt, die sich von der in der leitungsgebundenen Telekommunikation geführten Debatte grundlegend unterscheidet. Angesichts dieses relativ jungen Forschungszweiges sind ihre Implikationen für den Wettbewerb noch nicht vollständig aufgedeckt und daher zum Teil umstritten.

Aktuelle Forschungsthemen behandeln eine ganze Reihe grundsätzlicher Fragen, die in der klassischen Industrieökonomik als weitestgehend abgeschlossen galten. Hierzu gehören beispielsweise die Preisbildung, das Nachfragegesetz (law of demand) und die Existenz und Rolle von Marktzutrittsschranken. In der netzwerköko-

---

506 *Fritsch/Wein/Ewers*, S. 95; *Kühling*, S. 36; *Schumann/Meyer/Ströbele*, S. 37 ff.
507 *Fritsch/Wein/Ewers*, S. 255 ff.
508 Sog. allgemeine Marktunvollkommenheiten, vgl. *Schumann/Meyer/Ströbele*, S. 33 ff.
509 *Sullivan/Grimes*, S. 702.
510 *Mankiw*, S. 172.
511 Vgl. hierzu bspw. *Knieps*, Freiburger Studien zur Netzökonomie; aber auch den Sonderforschungsbereich „Netzwerke als ein Wettbewerbsfaktor" der DFG.

nomischen Literatur[512] tauchen aber auch neue Aspekte, wie die Dynamik von Marktzutrittsschranken, externe Effekte, Standardisierung, die Rolle von Innovation und die Vergabe von Eigentumsrechten[513] auf. Aber auch Fragen der Regulierung werden wieder zunehmend in grundsätzlicher Hinsicht[514] behandelt.

Mittlerweile haben Diskussion und Schlussfolgerungen vor allem die juristische Literatur[515] in den USA und die US-amerikanische und Europäische Rechtsanwendungspraxis[516] erfasst, wenn auch mit zum Teil heftiger Kritik seitens der Netzwerkökonomiker[517] gegenüber der etwaig fehlerhaften rechtlichen Implementierung, vor allem durch Behörden und Gerichte. In der deutschsprachigen juristischen Literatur[518] bekamen netzwerkökonomische Aspekte bis heute nur geringe Aufmerksamkeit. Zu beobachten ist aber auch hier die allmählich einsetzende Systematisierung der Netzwirtschaftsbereiche[519], wenn auch schwerpunktartig unter dem Blickwinkel einer Analyse der sektorspezifischen Regulierungsinstrumente. Die Bedeutung, geschweige denn die Berücksichtigung netzwerkökonomischer Gesichtspunkte, hat im Rahmen der Fusionskontrolle – soweit ersichtlich – bislang aber kaum Erwähnung gefunden[520]. Mangels ausreichend in den juristischen Bereich transformierter Grundaussagen ist daher – sofern möglich – bei der Behandlung der Netzwerkökonomie und deren Implikationen auf weitestgehend gefestigte Positionen zurückzugreifen.

---

512 *Shapiro/Varian*, Information Rules.
513 *Erber/Hagemann*, Netzwerkökonomie, in: Zimmermann (Hrsg.), S. 277, 292-294.
514 Für einen zusammenfassenden Überblick *Laffont/Tirole*; vgl. auch *Viscusi/Vernon/Harrington*; *Freytag/Winkler*; *Yoo*, 3 Mich. St. DCL Law Rev. 701 ff. (2003).
515 *Newberg*, 14 Harvard J. Law Tech. 83, 130 (2000); *Werden*, 69 Antitrust Law J. 87 ff. (2001); *Summers*, 69 Antitrust Law J. 353 ff. (2001).
516 United States v. Microsoft Corp., 84 f.2d 9 (D.D.C. 1999); United States v. Microsoft Corp., 87 f.2d 30 (D.D.C. 2000); United States v. Microsoft Corp. 97 f.2d 59 (D.D.C. 2000); *Monti*, Competition and Information Technologies, Rede anlässlich einer Konferenz zum Thema „Barriers in Cyberspace", Kangaroo Group Brussels v. 18.09.2000; vgl. zu den umstrittenen Entscheidungen der Europäischen Kommission, IV/M.1069 v. 8.07.1998 „WorldCom/MCI"; COMP/M.1795 v. 12.04.2000 „Vodafone Airtouch/Mannesmann"; COMP/M.1741 v. 28.06.2000 „MCI WorldCom/Sprint".
517 *Liebowitz/Margolis*, Winners, Losers & Microsoft, S. 14 f., 302 f.; *Economides*, The Real Losers in the Microsoft Anti-Trust Case, SternBusiness Spring/Summer 2000, S. 18, 20 f.; *Veljanovski*, Europ. Comp. Law Rev. 115 ff. (2001).
518 *Ladeur*, in: Hoffmann-Riem (Hrsg.), S. 57, 64; *Ladeur/Möllers*, DVBl. S. 526 ff.; *Wolf*, Kartellrechtliche Grenzen von Produktinnovationen, 2004, insbesondere S. 79 ff.; *Fleischer/Körber*, K&R 2001, S. 623 ff.; *Fleischer/Doege*, WuW 2000, S. 705, 709 f.; *Meier-Wahl/Wrobel*, WuW 1999, S. 28 ff.; *Gey*, WuW 2001, S. 933 ff.
519 Vgl. für einen Gesamtüberblick zu Struktur der Regulierung und Dogmatik der Regulierungsinstrumente, aber auch zu ihrer verfassungsrechtlichen Einbettung *Kühling*, Sektorspezifische Regulierung in den Netzwirtschaften, 2004; *Zenke/Neveling/Lokau*, Konzentration in der Energiewirtschaft, 2005; *Wolf*, Brauchen vernetzte Märkte ein neues Wettbewerbsrecht?, S. 13 ff.
520 Für den deutschsprachigen Raum aber *Ladeur*, ZUM 2002, S. 252, 260; *Abrar*, N&R 2007, S. 29, 34 f.; *ders.*, Fusionskontrolle in dynamischen Netzsektoren am Beispiel des Breitbandkabelsektors, 2006, S. 16 f., 27 f.

3. Konvergenz

Der wesentliche Impuls für die zunehmende Verzahnung der Netzwerkökonomie mit der klassischen Ökonomie in der Telekommunikation geht in erster Linie von dem Phänomen der Konvergenz aus. Der Begriff der Konvergenz kann aus unterschiedlichen Blickwinkeln heraus betrachtet werden und ist deshalb vielschichtig. Grundlegend ist die Differenzierung zwischen der Konvergenz der Netzinfrastruktur, der Netztransportdienste und der Netzinhaltsdienste[521]. Die Konvergenz der Netze, die auch als technische Konvergenz bezeichnet wird, kennzeichnet die Verschmelzung der Infrastrukturen, so dass die Möglichkeit entsteht, unterschiedliche Netze zusammenzuschalten. So zum Beispiel die Verbindung zwischen TV-Kabelnetzen mit Telefonfestnetzen und dem Internet. Dies setzt voraus, dass die Dienste, die ehemals plattformspezifisch konzipiert waren, d.h. Sprachtelefonie für das Telefonfestnetz, Rundfunk für Kabelnetze und Daten für „Internetanschlüsse", technologieneutral übertragen werden können. Dieses Phänomen wird auch als Konvergenz der Netztransportdienste verstanden. Ist die gleichzeitige Übertragung aller Kommunikationsformen über verschiedene Netze möglich, so wird auch die Verschmelzung auf der Ebene der Inhalte denkbar, die Konvergenz der Netzinhaltsdienste, so dass die ehemalige Unterscheidung zwischen Individual- oder Massenkommunikation zusehends verschwimmt. Als Beispiel wird oftmals die interaktive Teilnahme eines Rezipienten bei Fernsehshows genannt.[522]

II. Technische Grundlagen der Telekommunikation

Das vielschichtige Konvergenzphänomen wird erst durch die grundlegende technische Entwicklung der Digitalisierung ermöglicht. Mit der Digitalisierung wird zunächst aber nur zweierlei gewährleistet: Einerseits erlaubt sie die effizientere Nutzung der Infrastrukturkapazität, weil mit ihr und mittels unterschiedlicher Kompressionsmethoden weniger Bandbreite für den jeweiligen Inhalt benötigt wird als bei der herkömmlichen analogen Übertragung. Andererseits ermöglicht sie die Konvergenz der Netztransportdienste. Die digitale Übertragung hat aber auch ihre jeweiligen Grenzen, da auch sie von der zugrunde liegenden physikalischen Infrastruktur zumindest bezogen auf ihre Kapazität abhängig ist. Für das Telefonfestnetz ergeben sich hier Probleme im Zusammenhang mit der Übertragung von Rundfunkinhalten bzw. der Übermittlung bewegter Bilder. Breitbandkabelnetze sind dagegen für die Übertragung von Rundfunkinhalten konzipiert worden, stoßen aber auf Schwierigkeiten, wenn Sprache übermittelt werden soll. Um diese Zusammenhänge zu erläutern, sind einige technische Grundlagen der jeweiligen Netze unerlässlich und sollen hier in ihren wesentlichen Grundzügen dargestellt werden.

---

521 *Kühling*, S. 46 ff., 130 ff.
522 *Dörr/Gersdorf*, S. 62 ff.; *Kühling*, S. 130 ff.; *Hoffmann-Riem/Schulz/Held*, S. 20.

1. Telefonfestnetz

Das Telefonfestnetz, auch als Public Switched Telephone Network (PSTN) bezeichnet, wurde Ende des 19. Jahrhunderts entwickelt. Der übertragene Dienst war dabei noch bis vor zwei Jahrzehnten hauptsächlich die herkömmliche Sprachtelefonie, sog. Plain Old Telephone Service (POTS). Das PSTN ist aufgrund seiner langen Tradition die Telekommunikationsinfrastruktur mit der weltweit höchsten Penetrationsrate. Im klassischen PSTN wird für die Dauer eines Kommunikationsvorganges zwischen Sendequelle und Empfänger eine entsprechende Schaltung von bestimmten Leitungen vorgenommen. Dieses Vermittlungsverfahren (circuit switching) reserviert für die Dauer eines Kommunikationsvorgangs die gesamte Kapazität, weshalb auch von Leitungsexklusivität gesprochen wird. Mit diesem Verfahren war auch die Struktur des Telefonfestnetzes vorgegeben. Jeder Teilnehmer erhält so seine eigene Teilnehmeranschlussleitung (TAL) bestehend aus einer schmalbandigen[523] Kupferdoppelader bis zu einem Netzknoten, der sog. Vermittlungseinrichtung. Hier laufen die TAL sternförmig zusammen, werden gebündelt und mit entsprechend hoher Kapazität über Verbindungslinien an die Vermittlungsstellen anderer Ortsnetze übertragen (sog. Transitvermittlung).[524] Aufgrund dieser Unterscheidung weist das Telefonfestnetz eine hierarchische Struktur aus Orts- und Fernnetzen auf. In zunehmendem Maße ist diese klassische Struktur des PSTN aufgrund eines immer größer werdenden Gesprächsaufkommens modernisiert worden. So bestehen weite Teile der Transitvermittlung aus Glasfasern, die hunderttausende gleichzeitiger Gespräche transportieren können. Außerdem hat die digitale Sprachübertragung die analoge weitgehend ersetzt, so dass neue Dienste möglich wurden. Das einzige Problem, das das PSTN bislang hatte, war der kostenintensive Ausbau der schmalbandigen TAL, die auch heute noch einen Flaschenhals für die Übertragung von Inhalten bildet. Mit der vergleichsweise niedrigen Bandbreite war es bislang unmöglich, Rundfunkinhalte zu übertragen.

2. Breitbandkabelnetz

Im Gegensatz zum PSTN wurden Breitbandkabelnetze konzipiert, um Massenkommunikation zu ermöglichen. Gedacht wurde also nicht an eine Teilnehmerinteraktion, sondern an die möglichst flächendeckend unidirektionale Versorgung aller Teilnehmer. Aus diesem Grund weisen die klassischen TV-Kabelnetze auch eine Verteilstruktur auf, für die sich eine kombinierte Baum-/Stammtopologie eignet. Solche Strukturen haben ähnlich der Transitvermittlung im Telefonfestnetz einen Strang, von dem aus die einzelnen Teilnehmer versorgt werden. Allerdings bedarf es hier keiner einzelnen TAL in dem Sinne, dass diese über Netzknoten gebündelt werden müssen. Stattdessen erfolgt der Anschluss des jeweiligen Teilnehmers direkt an die Verbindungslinie, die an den versorgten Gebäuden entlang verläuft. Weil für den

---

523　Das Schmalband hat einen Frequenzbereich zwischen 4 und 120 Kilohertz (KHz).
524　*Gabelmann/Groß*, in: Knieps/Brunekreeft (Hrsg.), S. 85, 86.

Rundfunkempfang der einzelnen Haushalte separate Bandbreite nicht zur Verfügung stehen muss, bedarf es keiner Leitungsexklusivität. Die Teilnehmer können sich die Leitung in Abhängigkeit von der Signalstärke beliebig oft „teilen". Daher wird auch von einem sog. shared medium gesprochen. Damit die Rundfunksignale „in das Kabel kommen" und nicht unnötig viele Kabel verlegt werden mussten, wurde zwischen den örtlichen Netzen, an die die einzelnen Haushalte angeschlossen sind, und der zentralen Sendequelle eine Kopfstelle, der sog. Head-End, errichtet. Head-Ends fangen das Signal der Programmquelle über Satelliten- oder Richtfunk auf und leiten es mittels Verstärkungs- und Modulationseinrichtungen verstärkt und in entsprechenden Frequenzbereichen an die Ortsnetze weiter. Sie führen das Signal an das Ortsnetz heran und werden daher auch als regionale Heranführungs- und Verteilnetze bezeichnet.[525] Aufgrund ihrer autarken Versorgung über Satelliten- und Richtfunk gleichen sie Inselnetzen. In den USA hat sich deshalb für die klassischen Kabelnetze auch die Bezeichnung Community Antenna TV (CATV) durchgesetzt.[526] Vor dem Hintergrund der unidirektionalen Breitbandkabelarchitektur erklärt sich auch die Schwierigkeit, bidirektionale Kommunikation, wie Sprachtelefonie zu betreiben.[527]

3. Internet

Als Internet[528] bezeichnet man einen losen Verband autonomer, zusammengeschalteter Netzwerke für die paketorientierte Übertragung von Daten. Dieses Netzwerk beschränkt sich nicht auf nationale Grenzen, sondern ist weltumspannend.[529] Die physische Struktur dieses Netzwerks der Netze bestand in den Anfängen aus einer streng hierarchischen Struktur staatlicher Datennetze.[530] Das Internet stellt sich heute als eine komplexe Verknüpfung von Datennetzen dar, so dass sich abgesehen von den Internet Backbone Provider (IBP) bzw. Tier 1 IBP keine strenge Hierarchie mehr erkennen lässt. IBP bilden, wie der englische Begriff nahe legt, als Kernnetze das Rückgrat des Internet.[531] Diese Netzbetreiber, wie beispielsweise MCI oder Level 3, verfügen auch über eigene transatlantische Backbones, die enorme Bandbreiten besitzen. Der Anschluss an solche IBP wird in erster Linie von kleineren Internet Service Provider (ISP) nachgefragt. Diese können sich auf eine Region beschränken oder auch eine nationale Präsenz haben. Der große Unterschied zwischen den großen IBP und ISP in den USA bestand lange Zeit darin, dass IBP nur Internetdirektanschlüsse für große Unternehmensnetzwerke und staatliche Einrichtungen oder Hochschulen realisierten, während ISP sich angesichts ihrer geringeren

---

525 Price Waterhouse Coopers, Der Breitbandkabel-Markt Deutschland (2000), S. 20 ff.
526 *Bates*, Broadband Telecommunications Handbook, 2002, S. 236.
527 Warum das Internet übers Breitbandkabel nicht voran kommt, c't v. 30.12.2003.
528 Abkürzung für engl. Inter(connected) Net(works).
529 Für einen ständig aktualisierten Stand der Netzentwicklung im Internet und anderen Infrastrukturen vgl. <http://www.telegeography.com>.
530 *Noam*, S. 63 f.
531 Ausf. *Knieps*, in: Barfield/Heiduk/Welfens (Hrsg.), S. 217, 223 ff.

infrastrukturellen Kapazität und mangels nationaler, sowie globaler Präsenz, auf den Massenmarkt und kleinere Betriebe ausrichteten und selbst auf die großen IBP angewiesen waren. Je weiter die vertikale Integration zwischen Backbones und anderen Telekommunikationsunternehmen fortschreitet, desto stärker verschwimmt aber die eindeutige Grenzziehung. Heute treten auch immer mehr IBP als ISP in Erscheinung. Daher unterscheiden sich die IBP von den ISP hauptsächlich nur noch durch Größe, Geschwindigkeit und Redundanz.

Ein konstituierendes Merkmal des Internet ist die paketorientierte Übertragung mittels des grundlegenden Internet Protocol (IP). Paketorientierung bedeutet, dass die Informationsübertragung nicht im Wege circuit switching exklusiv erfolgt, sondern die Daten in Pakete verpackt versendet und empfangen werden (packet switched). Das IP ermöglicht die Abstraktion von der zugrunde liegenden physikalischen Infrastruktur und bildet so eine gemeinsame Schnittstelle für völlig verschiedene Netzwerktechnologien. Damit die Paketübertragung zwischen Sender und Empfänger funktioniert, benötigen alle Teilnehmer im Internet eine Nummer, die sog. IP-Adresse. Diese wird jedem Nutzer über sog. Nameserver bei Verbindungsherstellung ins Internet fest zugeteilt. Nameserver bilden selbst ein hierarchisches Netz aus über 100.000 Adressmaschinen und sind Bestandteil des Domain Name System (DNS).[532] IP selbst erlaubt noch keine Verlässlichkeit über den zugrunde gelegten Weg eines solchen Paketes durch das Internet, weshalb auf IP das Transmission Control Protocol (TCP) aufgesetzt werden kann, das die Reihenfolge der Paketversendung und des Empfangs aushandelt und bei Paketverlusten den erneuten Versand vornimmt, bis die Daten vollständig am Zielort ankommen. Anders arbeitet das User Datagram Protocol (UDP). Es bietet zwar keine Zuverlässigkeit dafür, dass alle IP-Pakete in der gleichen Reihenfolge ankommen. Dafür hat UDP durch den fehlenden Aushandlungsprozess geringere Latenzen und eignet sich für Internet-Verteildienste (sog. IP-Multicast), da hier mehrere Nutzer über die IP-Adresse des Senders die nur einmal gesendeten UDP-Pakete „abfangen" können. UDP kann im IP-Multicast Einsatz daher erhebliche Bandbreite einsparen.[533]

Welches Protokoll wie eingesetzt wird, ist von Anwendung zu Anwendung verschieden. Heute können aber jegliche Inhalte über das Internet übertragen werden. Sprachtelefonie wird im Wege des sog. Voice over IP (VoIP) und Rundfunkinhalte über das sog. IP Television (IPTV) übertragen.[534] Wegen eines erwarteten Internet Boom im Jahr 2000 wurden Ende des 20. Jahrhunderts massive Infrastrukturinvestitionen in das Internet getätigt und haben hier Überkapazitäten geschaffen, die eine Nutzung von VoIP und IPTV problemlos ermöglichen.[535] Damit hier nicht der Eindruck entsteht, dass das Internet in kürzester Zeit die klassischen Infrastrukturen ablösen wird, ist auch ein Blick auf die Struktur und den eigentlichen Flaschenhals des Internet zu werfen. Dieser ist derweilen noch auf der Ebene der Endnutzer loka-

---

532 Hierzu *Leib*, S. 56 ff.
533 Vertiefend *Köhnlein*, S. 24 ff.
534 *Knieps*, in: Barfield/Heiduk/Welfens (Hrsg.), S. 217 ff.
535 *Economides*, in: Nelson (Hrsg.), S. 48, 98 f.; *Kincade*, 40 Laser Focus World 55 (2004).

lisierbar. Endnutzer sind nicht in der Lage, das Internet mit dem gleichen Datendurchsatz zu nutzen, wie er zwischen den einzelnen Internet-Backbones selbst stattfindet. Denn gerade auf der sog. letzten Meile („local loop"), den Ortsnetzen sind die Anschlussmöglichkeiten zumindest bei den privaten Endnutzern durch Kapazitätsengpässe geprägt. Dieser begrenzte Datendurchsatz nimmt zwar durch Kompressionsmethoden der Anschlusstechnologien stetig zu. Der Endkundenanschluss stellt derzeit aber noch einen Flaschenhals (sog. Bottleneck) dar. Hier bestehen Produktdifferenzierungen der einzelnen Anschlusstechnologien nicht nur im Hinblick auf Geschwindigkeit, sondern auch im Hinblick auf die dauerhaft verfügbare und zugesicherte Bandbreite (sog. Quality of Service Aspekte – „QoS").

a) Anschlusstechnologien

Der Zugang zum Internet ist abhängig von der Anschlusstechnologie.[536] Heute gibt es mehrere alternative Möglichkeiten eines leiterlosen oder leitungsgebundenen Zugangs. Während viele Darstellungen den Eindruck erwecken, die Möglichkeiten der Zugangssubstitution seien in ihrer Vielfältigkeit schier unbegrenzt, ist diese Darstellung auf die in der nächsten Dekade zu erwartenden Anschlusstechnologien beschränkt, die eine vollständige Substitution der Telekommunikationsdienste erwarten lassen, also „potentiell" in Wettbewerb zueinander stehen. Diese Substitutionsmöglichkeiten sind das PSTN und die Kabelnetze.

Während im Telefonfestnetz jeder Teilnehmer von Beginn an „seine" eigene reservierte Leitung hatte und aufgrund der grundlegenden Konzeption der Telefonie mit Rückkanalfähigkeit ausgestattet war, ist das Breitbandkabelnetz aufgrund des shared medium und der unidirektionalen Konzeption dieses Netzes einerseits in seiner Bandbreite beschränkt und zum anderen nicht rückkanalfähig. Die Rückkanalfähigkeit (sog. upstream) ist für Dienste, die über das Internet übertragen werden, grundsätzlich genauso unabdingbar, wie in der Sprachkommunikation. Denn auch bei einer einfachen Rezeption (sog. lean back Anwendungen), wie dem IPTV, ist zur Verbindungsherstellung die erstmalige Interaktion des Empfängers erforderlich. Erst Recht kann bei VoIP auf einen Rückkanal nicht verzichtet werden, da hier ein klassischer bidirektionaler Dienst vorliegt. Breitbandinternetanschlüsse können trotz der dargestellten Probleme der jeweiligen Infrastruktur heute mit so großen Bandbreiten realisiert werden, dass mehrere Fernsehinhalte in bester Qualität übertragen werden könnten und dutzende gleichzeitige Gespräche über IP von einem Anschluss aus geführt werden könnten.

aa) DSL

Im Telefonfestnetz hat sich hierbei das sog. DSL-Verfahren (Digital Subscriber Line) etabliert. Bei DSL handelt es sich um einen hochbitratigen Anschluss, der auf

---

536 *Knieps*, in: Barfield/Heiduk/Welfens (Hrsg.), S. 217, 218 ff.

der Kupferleitung von der Vermittlungsstelle zum Endkunden aufbaut. DSL macht sich den ungenutzten Frequenzbereich der Kupferdoppelader zunutze und trennt Sprach- und Datenverkehr über einen Splitter. Ein spezielles, an den Enden der TAL eingesetztes DSL-Modem beim Endkunden und eines DSLAM in der Vermittlungsstelle realisieren einen reinen Datenkanal, der von der Nutzung der restlichen Kupferdoppelader für Telefongespräche unabhängig ist, da er den Frequenzbereich ab 30 (analoge Telefonie) bzw. 138 kHz (ISDN) nutzt und so den Sprachverkehr nicht beeinträchtigt.[537] DSL hat viele Variationen und kommt im Massenmarktsegment derzeit in den Varianten ADSL (Asymmetric DSL), ADSL2+ und VDSL (Very High Bit Rate DSL) zum Einsatz. ADSL liefert für die Übertragung zum Endkunden theoretische Übertragungsraten von bis zu 8 MBit/s. ADSL2+ kommt auf etwa 25 MBit/s, wohingegen sich mit VDSL2 weit über 50 MBit/s zum Endkunden (sog. downstream) realisieren lassen.[538] Im upstream lässt sich aufgrund des asymmetrischen Verfahrens weitaus weniger Bandbreite für die Datenübertragung bereitstellen, was angesichts der niedrigen Bandbreite für Telefonie (maximal 64 KBit/s pro Sprachkanal) und der nur niedrigen Datenmenge für die Teilnehmerinteraktion bei IPTV nicht ins Gewicht fällt. Ermöglicht werden diese relativ weit abweichenden Übertragungsraten durch eine Ausweitung des Frequenzbereichs auf 1.104 kHz bzw. 12 MHz. Die zunehmende Frequenzausweitung über die TAL stößt aber aufgrund der ungeschirmten Kupferdoppelader auf Grenzen. Da die TAL der Endkunden zunächst in sog. passiven Kabelverzweigern endet und von hieraus wieder zu den Vermittlungsstellen verläuft, besteht die Gefahr des sog. Übersprechens, also der gegenseitigen Signalstörung innerhalb eines Leitungsbündels. Da mit zunehmender Entfernung von Kabelverzweigern und Vermittlungsstellen die Signale verstärkt werden müssen, die Signalverstärkung aufgrund des Übersprechens aber beschränkt ist[539], ist die Installation von „einfachem DSL" in ländlichen Gebieten meist nicht möglich. VDSL hingegen greift auf ein Hybridnetz aus Glasfasertechnik und Kupferadern (Hybrid Fibre Copper – „HFC") zurück[540]. Mithilfe sog. Outdoor DSLAM lassen sich diese Anschlussprobleme weitgehend verhindern. Die Kabelverzweiger selbst werden über störunanfällige Glasfasertechnik mit den Vermittlungsstellen verbunden, so dass die Realisierung von neueren DSL-Technologien in erster Linie ein ökonomisches Problem darstellt.[541]

---

537   *Axhausen*, DSL-Techniken im Vergleich, funkschau 2000, S. 52, 54.
538   T-Com: Test für Breitbandversorgung in Glasfasergebieten - Schöner Surfen im Osten, IT-Business News v. 06.06.2005, S. 14.
539   *Bates*, Broadband Telecommunications Handbook, 2002, S. 272.
540   Das neue Highspeed-Netz v. T-Com, Competent v. 29.10.2005, S. 11; Gas geben im Web, Handelsblatt v. 14.02.2001, S.b05.
541   Vernetzte Welten, c't 6/2006, S. 157 f.

bb) Cable Modem

Auch Kabelnetze bieten heute für die Internetnutzung geeignete Anschlusstechnologien an, die dem DSL-Verfahren in nichts nachstehen und meist[542] sogar als geeignetere Technologie für den schnellen Internetzugang bewertet werden. Dabei wird ähnlich dem DSL-Verfahren am Ende des Teilnehmeranschlusses mit sog. Cable Modem und am Head-End mit Cable Modem Termination System (CMTS) gearbeitet, die entlang des Breitbandkabels einen bidirektionalen Datenkanal innerhalb des breitbandigen Frequenzbereichs (bis zu 1 GHz) aufbauen.[543] Dieser technologische Fortschritt baut im Wesentlichen auf der Data Over Cable Service Interface Specification (DOCSIS) von Cable Labs auf, eines unabhängigen Standardisierungsgremiums der US-amerikanischen Kabelnetzindustrie.[544]

Die verwendeten Koaxialkabel des Kabelnetzes sind im Gegensatz zur Kupferdoppelader des Telefonfestnetzes weit weniger störanfällig, da die Kupferader mehrfach ummantelt ist und daher eine besondere Abschirmung aufweist. Daher und aufgrund der Baumstruktur besteht hier nicht das Problem des Übersprechens. Aufgrund der geringen Störanfälligkeit lassen sich die Signale daher auch ohne größere Probleme verstärken, so dass Leitungslängen bis zu 70 km überwunden werden können. Da sich die Teilnehmer eines Baumes die Leitungskapazität innerhalb eines Frequenzbereichs teilen müssen, ist die Nettodatenrate für den jeweiligen Nutzer anders als bei DSL von der Nutzerdichte und der Verkehrscharakteristik innerhalb eines solchen sog. Cluster abhängig. Führt eine steigende Nutzerdichte innerhalb eines Netzcluster dazu, dass die Nettodatenraten je Nutzer unter einen bestimmten kritischen Wert fallen, steht dem Breitbandnetzbetreiber allerdings die Möglichkeit offen, die Cluster in kleinere Einheiten aufzuteilen und durch eine Mehrfachnutzung der verfügbaren Frequenzen auf gleicher Fläche die Übertragungskapazitäten zu vervielfachen.[545] Für Kabelinternet muss allerdings ebenfalls ein Teilstück aus Glasfasern bestehen (Hybrid Fibre Coaxial – „HFC"), so dass auch hier kostenintensive Erdarbeiten vorgenommen werden müssen.

Mit dem gegenwärtig in Entwicklung stehenden DOCSIS 3.0-Standard sind Datenraten von bis zu 200/100 MBit/s angekündigt. Bereits der gegenwärtige DOCSIS 1.1 und der netzseitig noch kaum implementierte 2.0 Standard erlauben über das sog. packet cable die Nutzung bidirektionaler Dienste und damit auch VoIP.[546]

---

542 *Büllingen/Stamm/Vary/Lüders/Werner*, Potenziale alternativer Techniken zur bedarfsgerechten Versorgung mit Breitbandzugängen, wik-Studie 22/05 (2006), S. 76 ff.; Neue Wege - Schnelle Internet-Zugänge per TV-Kabel, c't 03/2006, S. 118 ff.; *Gneuss*, Die Breitband-Alternative, funkschau 14/2005, S. 34 f.
543 *Gneuss*, Die Breitband-Alternative, funkschau 14/2005, S. 34.
544 *Bates*, Broadband Telecommunications Handbook, 2002, S. 253.
545 *Büllingen/Stamm/Vary/Lüders/Werner*, Potenziale alternativer Techniken zur bedarfsgerechten Versorgung mit Breitbandzugängen, wik-Studie 22/05 (2006), S. 77.
546 Daten auf Speed, cablecommagazine 01/2006, S. 25; CableLabs Preps DOCSIS 3.0 for Prime-Time, 01.06.2005, abrufbar unter: <http://www.cabledatacomnews.com/jun05/jun05-6.html>.

b)   Endgeräte – Set-Top-Box

Mit den vielseitigen Nutzungsmöglichkeiten der Digitalisierung verändern sich auch die Anforderungen an den Endkunden. Der Endgerätesituation kommt eine Schlüsselrolle bei der Etablierung der neuen Technologien zu. Sind diese bei der Sprachkommunikation noch relativ einfach zu bewerkstelligen, indem beispielsweise die Telefonfunktionalität von VoIP in entsprechenden Modems oder auch Heimnetzwerken implementiert werden kann[547], gestaltet sich die Umrüstung des Heimnetzes für digitale Inhalte schwieriger[548], da auch an die hausinterne Verkabelung gedacht werden muss, die bei IPTV aus mindestens vier Netzwerkadern besteht. Zunehmend kommen aber auch funkgestützte Systeme, wie Wireless LAN (WLAN)[549], zum Einsatz, die eine Installation erleichtern und kostengünstiger sind als neue Leitungen zu verlegen. Fortschrittliche Häuserbauer denken bei ihrer hausinternen Verkabelung aber immer häufiger an die Berücksichtigung von Ethernet-Leitungen, die für die IP-Technologie zu einem Standard erwachsen sind.[550]

Entscheidend für den Empfang des digitalen Fernsehens ist ein Empfangsgerät zur Dekodierung digital übertragener Fernseh- und Mehrwertdienste. Dieser Empfänger kann entweder direkt in das Wiedergabegerät (Fernseher) integriert sein oder als externes Gerät (Set-Top-Box – „STB") betrieben werden, wobei eine Digital-Analog-Wandlung des Signals stattfindet. STB haben sich nicht nur beim digitalen Satelliten- und Kabelempfang etabliert, sondern kommen auch beim IPTV, speziell über DSL der „Telefonfestnetzgesellschaften" zum Einsatz[551]. STB bestehen aus Computerbauelementen und benötigen ein Betriebssystem. Sie sind mit dieser Konfiguration grundsätzlich zum Empfang digitaler Programme fähig. Die digitale Verbreitung ermöglicht aber eine ganze Reihe weiterer, nicht abschließend definierbarer Funktionen für den Rezipienten. Sie lassen sich allesamt in den Endgeräten realisieren.[552] Zu den Grundelementen des digitalen Fernsehens gehört auch die Basisnavigation, um den Wechsel zwischen den verfügbaren Programmen zu ermöglichen, sog. Elektronische Programmführer (Electronic Programm Guide – „EPG"). Erweiterte Möglichkeiten sind beispielsweise der Abruf von Informationen zum laufenden Programm, die interaktive Teilnahme des Rezipienten an Sendungen, die interne oder externe Speicherung der gesendeten Inhalte, das zeitversetzte Fernsehen, die Ausblendung von Werbeblöcken, der Einsatz von Verschlüsselungssystemen für kostenpflichtige Programmangebote (Conditional Access – „CA") von Bezahlsendern (sog. Pay-TV), etc. Die STB kann daher vielseitig eingesetzt werden und ermöglicht neben der hoch auflösenden Umwandlung und Weitergabe der Signale

---

547   *Minnerup*, Telefone für die Zukunft, funkschau 21/2005, S.h10 ff.
548   Ein einführender Überblick bei *Siering*, Starthilfe fürs Heimnetz, c't 2001, S. 114 ff.
549   *Siering*, WLAN-Wegweiser, c't 18/01, S. 122 ff.
550   Aktueller Überblick bei *Ahlers/Zivadinovic*, Netzwerke, c't 2006, S. 67 ff.; *Zivadinovic*, Netzwerke, c't 2006, S. 52 ff.
551   *Jurran*, Fernsehen aus der DSL-Dose, c't 6/2006, S. 224 ff.
552   *Ladeur*, CR 2005, S. 99, 100.

durch High Definition TV (HDTV)[553] an ein Wiedergabegerät auch eine Verknüpfung von Applikationen und externen Diensten von bislang unbekanntem Ausmaß. Allerdings sind für die Implementierung solcher Komplementäre, d.h. der Applikationen, aber auch für die Verwendung des Gerätes mit dem jeweiligen Netzbetreiber, Absprachen hinsichtlich der verwendeten Standards, der Protokolle und der zwischen Hard- und Software fungierenden Schnittstelle, der sog. Middleware bzw. Anwendungs-Programmschnittstelle (Application Programming Interface – „API") erforderlich. Hierauf aufbauend können dann erst EPG betrieben werden und CA als Verschlüsselungssysteme eingesetzt werden, da diese Dienste und Hardwareelemente abhängig von der Art der Codierung, den verwendeten Protokollen und Schnittstellen der Sendestelle oder des Netzbetreibers sind.

Die Gemeinsamkeiten des STB-Einsatzes bei Satellit, Kabel und DSL täuschen über die etablierten Standards und den grundlegenden Unterschieden der STB hinweg. Während bei Kabel und Satellit eine digitale Übertragung im Kompressionsverfahren MPEG-2 zum Einsatz kommt, beginnen sich neue Kompressionstechnologien, wie MPEG-4 und H.264/AVC (MPEG Part 10) oder VC-1, am Markt zu etablieren. Diese Kompressionsverfahren ermöglichen bei gleicher Qualität eine niedrigere Bandbreitennutzung. So kommt H.264/AVC auf gerade einmal 8-12 MBit/s, wohingegen MPEG-2 durchschnittlich fast 20 MBit/s Bandbreite für einen übertragenen HDTV-Kanal benötigt. Damit lässt sich die benötigte Bandbreitenkapazität um mehr als 30% reduzieren und so effizienter nutzen. Bei herkömmlichen Kanälen sind ähnliche Einsparpotentiale vorhanden. Die Wahl dieser Standards ist zwar von der zugrunde liegenden Infrastruktur unabhängig. Neue Kompressionsverfahren benötigen aber andere STB mit entsprechender Hardware und kommen wohl zunächst nur in den „IPTV-Netzen" zum Einsatz.[554]

Künftig wird die Frage entstehen, inwieweit Kabelnetzbetreiber Interesse an einer konvergenten Entwicklung des IPTV besitzen, da sie im Wege der Digitalisierung, soweit noch nicht geschehen, mit DVB und dem Ausbau auf große Bandbreiten genügend Ressourcen besitzen, um Inhalte digital auszustrahlen. Aus Kundensicht besteht der größte Vorteil des IPTV darin, dass die Inhalte nicht permanent über die jeweilige Infrastruktur im local loop gesendet werden müssen, also keine Verstopfung der eigenen TAL stattfindet. Stattdessen können beliebig viele Inhalte auf Servern im Bereich der Backbones ausgelagert werden und nur bei Abruf fallen die entsprechenden Datenraten an. Damit lassen sich erheblich mehr Inhalte abrufen, als es die Auswahl an Programmen der Netzbetreiber erlaubt.

Mittlerweile ist die IPTV Technik so weit fortgeschritten, dass auch die anfänglich als lästig empfundenen Umschaltzeiten die des DVB bei weitem unterschreiten. Dabei erreicht das effiziente IP-Multicast wie bei herkömmlichem Verteilfernsehen auch durch unidirektionale Ausstrahlung alle Zuschauer eines TV-Programms zum gleichen Zeitpunkt. IPTV ermöglicht aber gleichzeitig die interaktive Teilnahme des

---

553   *Jurran*, Erlebnis High Definition TV, c't 2006, S. 36 ff.
554   *Jurran*, Fernsehen aus der DSL-Dose, c't 6/2006, S. 224, 226.

Rezipienten und konvergente Dienste, die aufgrund der dem Internet immanenten Rückkanalfähigkeit, nicht über besondere Verfahren und Technik erst künstlich mit dem ausgestrahlten Programm verknüpft und aufwendig implementiert werden müssen. Zu den neueren IP-Videodiensten zählen das zeitversetzte Fernsehen (sog. Timeshift) oder der intelligente, netzbasierte persönliche Videorekorder (PVR) mit Mobilfunk gestützter Zeitsteuerung. Daneben hoffen die Netzbetreiber, dass auch andere Nutzungsmöglichkeiten, wie Filme per Abruf (sog. Video on Demand – „VoD") oder interaktive EPG, die über das Internet weit mehr Informationen als die herkömmliche Informationsübertragung der Sender über die vertikale Austastlücke (VBI) liefern, den Durchbruch für die Zuschauerakzeptanz schaffen (sog. Killer Applikation). Derzeit wird diesen Zusatzdiensten deswegen Erfolg vorhergesagt, weil sich auch die Sehgewohnheiten des Rezipienten durch das Internet verändert hätten.[555] Digitalisierung und Rückkanalfähigkeit erlauben daher auch für Kabelnetzbetreiber viele neue Wertschöpfungsmöglichkeiten.[556]

III. Die Infrastrukturmärkte der Telekommunikation

Wie sich die technische Entwicklung der leitungsgebundenen Telekommunikation in Deutschland und den USA darstellt, soll der nun folgende Überblick zeigen. Dabei soll die Struktur beleuchtet werden und der Unterschied zwischen Telekommunikationsfestnetz und Breitbandkabelnetz verdeutlicht werden. Ein historischer Abriss ist zumindest für die Entwicklung der Breitbandkabelnetze unabdingbar.

1. Das deutsche Telefonfestnetz

Als Rechtsnachfolgerin der DBP hat die DTAG zum Zeitpunkt der Privatisierung und Deregulierung die gesamte Festnetzstruktur Deutschlands einschließlich der Orts- und Fernverkehrsnetze übernommen.

a) Struktur der Ortsnetze

Nach den aktuellen Zahlen der Bundesnetzagentur (BNetzA) waren Ende des 1. Quartals 2005 etwa 39 Mio. Teilnehmeranschlüsse mit etwa 55 Mio. Telefonkanälen in Betrieb.[557] Auch heute noch ist die überwiegende Telefonfestnetzinfrastruktur Deutschlands dem DTAG-Konzern mit einem Marktanteil von 95% in den Ortsnetzen zuzurechnen. Trotz der zweistelligen Zuwachsraten der Wettbewerber im Telefonfestnetzbereich und insgesamt 5% aller bereitgestellten Anschlüsse, sowie 7,6% aller Telefongesprächskanäle, basiert die Bereitstellung von Telefondiensten für Endkunden im Ortsnetz auf der Anmietung der TAL.[558] Bei Großkunden findet teil-

---

555 *Reckemeyer*, Zweiter Frühling für Kabelfernsehnetze, funkschau 21/2005, S. 12, 13.
556 Vgl. ausf. Heitzig Consult Studie, S. 31 ff. (2002), 36 f.; *Dörr/Janik/Zorn*, S. 62 Fn. 136.
557 BNetzA, Jahresbericht 2005, S. 29.
558 RegTP, Jahresbericht 2004, S. 34.

weise ein Aufbau alternativer Infrastrukturen durch sog. selective bypass statt. In Deutschland werden solche Anschlüsse vor allem von finanzstarken ausländischen Telekommunikationsunternehmen forciert, die zunehmend auch Glasfaserringe in Ballungszentren aufbauen (sog. Metropoliten Area Networks – „MAN").

b) Fernverkehrsbereich

Im Fernverkehrsbereich auf der Ebene der Transitvermittlung kann man zwei Gruppen von Unternehmen unterscheiden[559]. Die sog. switch based Provider bauen typischerweise an ausgewählten Standorten eigene Vermittlungsstellen auf. Sie investieren jedoch nicht in eigene Übertragungswege. Eine andere Strategie verfolgen die Vollsortimenter. Diese Unternehmen betreiben andere Versorgungsnetze mit eigenen Kabelschächten und bauen ihr eigenes Netz im Fernverkehrsbereich auf. Mit der Anmietung der TAL können sie daher Telekommunikationsdienstleitungen auf weitgehend eigenen Infrastruktureinrichtungen anbieten. Sie realisieren insofern Verbundvorteile, müssen aber massive Investitionen vornehmen.[560] Anfang 2005 hatten die Wettbewerber der DTAG insgesamt etwa 110.000 Streckekilometer Glasfaser verlegt, während die DTAG über fast 200.000 km verfügte[561]. Die Glasfaserstrecken der DTAG und der anderen Netzbetreiber werden durch eine weiträumige Richtfunkinfrastruktur ergänzt. Im Juni 2005 waren in Deutschland etwa 65.000 Richtfunkstrecken mit einer Gesamtlänge von über 538.000 km in Betrieb[562]. Im Fernverkehrssegment ergibt sich ein Wettbewerberanteil von etwa 36%.

c) Breitbandinternet

Vor etwa sieben Jahren hat die DTAG damit begonnen, Endkunden Breitbandinternetzugänge auf ADSL-Basis anzubieten.[563] Heute bieten auch die Wettbewerber der DTAG DSL als Anschlusstechnologie an. Diese werden entweder im Wege des Wiederverkaufs (Resale) von Telekom DSL-Anschlüssen (T-DSL) oder durch Kollokation mit eigenen DSLAM in den Vermittlungsstellen der DTAG bereitgestellt. Im Wege der Kollokation bieten die Wettbewerber in vielen Ballungsgebieten Deutschlands bereits ADSL2+ an, wohingegen die DTAG mit dem Ausbau noch zögert. Sie beabsichtigt stattdessen VDSL einzusetzen, was allein in Berlin die Umrüstung von 11.000 Kabelverzweigern notwendig macht und die Verlegung von rund 3.800 km Glasfaser erfordert[564]. Für den Netzausbau der geplanten 50 Ballungsgebiete sind Investitionen in Höhe von etwa 3 Mrd. Euro notwendig, weshalb hier ein politischer Streit um geltendes Regulierungsrecht entbrannt ist.[565] Bislang hat sich der DSL-Wettbewerb in Deutschland positiv entwickelt. Die Wachstumsraten für den Anschluss selbst bewegen sich jährlich im zweistelligen Prozentbereich

---

559 *Gerpott*, Wettbewerbsstrategien im Telekommunikationsmarkt, S. 261.
560 *Gabelmann/Groß*, in: Knieps/Brunekreeft (Hrsg.), S. 85, 115 f.
561 RegTP, Tätigkeitsbericht 2002/2003, S. 6 f.
562 BNetzA, Jahresbericht 2005, S. 27.

und sind allein zwischen April 2005 und Jahresende von 7,6 auf 10,4 Mio. gestiegen, was einem Wachstum von nahezu 37% entspricht. Die Wettbewerber der DTAG haben hier mittlerweile Marktanteile von fast 40% erreicht.[566] Im laufenden Geschäftsjahr 2005 haben sie im Gegensatz zur DTAG ihre Zuwachsraten für DSL mehr als verdoppelt[567].

Hinsichtlich der Inhalte zeichnet sich auch in Deutschland eine zunehmende Verbreitung über IPTV ab. Wurde der Markt bis 2006 vor allem durch den Bezahlsender Premiere dominiert, sind mit der Ausschreibung der Bundesligarechte für die Saison 2006/2007 sowohl die DTAG als auch ein Konsortium aus Kabelnetzbetreibern zu Rechteinhabern geworden. Auch für die Free-TV Programme treten immer häufiger Telefonfestnetzbetreiber für die potentielle Verbreitung der Inhalte auf. So hat Anfang 2006 der spanische IP-Carrier Telefónica die (nicht exklusiven) IPTV-Rechte an den Programmen von ARD, ZDF, sowie den Senderfamilien RTL und ProSiebenSat.1 erworben. Zu den Kunden des spanischen Telekommunikationskonzerns zählen unter anderem America Online (AOL), Freenet und der City Carrier Hansenet, eine Tochter des italienischen Telefonkonzerns Telecom Italia.[568] Die Tochter des DTAG-Konzerns T-Online besitzt schon seit längerem ein eigenes IPTV-Angebot, das bislang aber nur ein begrenztes VoD-Angebot ohne die Free-TV Sender im Portfolio hatte.[569]

Insgesamt zeigt sich, dass das deutsche Telefonfestnetz beachtliche Schritte seit der Liberalisierung gemacht hat und zunehmende Bedeutung im Bereich des „Triple Play" aus der Bündelung Sprachtelefonie-, Internet- und Rundfunkdienste gewinnt.

2. Das US-amerikanische Bell System

Die Struktur des Telekommunikationsfestnetzes der USA unterscheidet sich von der in Deutschland grundlegend. Hier besteht eine eigentumsrechtliche Trennung der Infrastrukturen, die nur aus historischer Sicht verständlich ist. Diese basiert im Wesentlichen auf der 1984 stattgefundenen Entflechtung des damals größten Telekommunikationskonzerns der Welt, die in privater Trägerschaft errichtete American Telephone & Telegraph Company (AT&T). AT&T hatte 1899 die von Alexander Graham Bell im Jahr 1877 gegründete Bell Telephone Company übernommen. Als vertikal integriertes Unternehmen war AT&T nicht nur im Orts- und Fernverkehrsbereich aktiv, sondern bot den Endkunden über ihre Tochter Western Electric End-

---

563 Mit ADSL auf den Datenhighway, Handelsblatt v. 16.06.1998, S. 55.
564 Das neue Highspeed-Netz v. T-Com, Competent v. 29.10.2005, S. 1 ff.
565 Die Telekom will den DSL-Wettbewerb abwürgen, FAZ v. 20.03.2006, S. 21.
566 BNetzA, Jahresbericht 2005, S. 29, 31 f.
567 DSL beschert Arcor kräftige Zuwächse, Handelsblatt.com v. 06.06.2005; Arcor steigert Umsatz und Kundenzahl, Handelsblatt v. 10.03.2005, S. 19; Der schnelle Weg ins Internet, FAZ.net v. 14.07.2005.
568 *Jurran*, Fernsehen aus der DSL-Dose, c't 6/2006, S. 224.
569 Telekom-Offerte lässt Fernsehbrache kalt, Handelsblatt v. 07.12.2005, S. 17; Telekom will Bundesliga im Internet zeigen, Handelsblatt v. 29.11.2005, S. 20.

geräte an und war im Bereich Forschung und Entwicklung über die konzerneigene Gesellschaft, Bell Laboratories, aktiv. Bereits 1930 bediente AT&T fast 80% aller Telefonteilnehmer und versorgte bald – außer in den Gebieten, in denen sich die Ortsnetzgesellschaften GTE und Southern New England (SNET) etabliert hatten – die gesamten USA mit Telekommunikationsdiensten und -endgeräten. Ein auf die vertikale Integration gestützter Monopolisierungsvorwurf des US-amerikanischen Justizministeriums (Department of Justice – „DOJ") im Jahr 1974 endete in einem Vergleich (consent decree), der in einem Modified Final Judgement (MFJ) abgewandelt wurde und seine Gültigkeit über 20 Jahre behielt. Die wesentliche Folge des MFJ war die Entflechtung des Bell Systems mit einer vertikal separierten Struktur zwischen Fernverkehr (Long Distance bzw. Interexchange – „IXC") und Ortsnetz (Local Exchange – „LEC"). Die 22 Ortsnetzbetreibergesellschaften von AT&T wurden nach dem Plan of Reorganization[570] in 7 sieben regionalen Holding-Gesellschaften (RHC) zusammengefasst. Zu ihnen zählten Ameritech, Bell Atlantic, Bell South, Nynex, Pacific Telesis Group (PacTel), SBC und US West. Diesen Regional Bell Operating Companies (RBOC) oder „Baby Bells" wurde die Verhaltensauflage erteilt, nicht in den Fernverkehrsbereich einzudringen, was für die anderen beiden Altsassen (Incumbent LEC – „ILEC")[571] GTE und SNET nicht gelten sollte. Neben diesen Restriktionen durften sich die RBOC zunächst nicht auf Equipment- und Informationsdienstemärkten betätigen.[572] Im Gegenzug wurde AT&T von den Restriktionen eines bereits 1956 geschlossenen consent decree mit dem DOJ befreit, worin sich AT&T verpflichtet hatte, nur im Bereich der „Common Carrier Communications Services", also auf der reinen Transportebene tätig zu sein und Abstand vom Endgerätebereich zu nehmen[573]. Der Konzern AT&T war seit 1984 mangels Ortsnetzinfrastruktur allein auf den Interexchange Bereich verwiesen, hat aber keine Gelegenheit ungenutzt gelassen, um den Local Exchange Bereich zurückzuerobern.[574]

a) Interexchange Carrier/Internet Backbone

Trotz des einige Zeit vor dem MFJ zugelassenen Wettbewerbs im Interexchange Bereich konnten sich Wettbewerber zunächst nicht behaupten. So gelang es dem

---

570 AT&T, Plan of Reorganization, In the United District Court for the District of Columbia, Civil Action No. 82-0192, United States of America v. Western Electric Company Inc. and American Telephone and Telegraph Company.
571 Aus der Bezeichnung Incumbent geht die Bezeichnung Incumbent LEC (ILEC) hervor, die gemeinhin für die GTE und SNET, aber auch für die RBOC verwendet wird.
572 *Noll/Owen*, in: Kwoka/White (Hrsg.), S. 328, 364; *Oliver/Scheffman*, 16 Managerial Dec. Econ. 327 ff. (1995).
573 *Brock*, The Telecommunications Industry: The Dynamics of Market Structure, S. 189.
574 *Sullivan/Grimes*, S. 777 ff.; *Noll/Owen*, in: Kwoka/White (Hrsg.), S. 328, 364 f.; vgl. hierzu noch unter: Teil 2: B.IV.2., S. 403 ff.

Unternehmen MCI[575] zwar sich neben AT&T als Wettbewerber zu etablieren. Die Marktanteile, die der erste ernsthafte Wettbewerber von AT&T für sich verbuchen konnte, waren anfangs aber verschwindend gering[576]. Dies sah nach dem MFJ anders aus. Der Long Distance Bereich war kurze Zeit später nicht mehr wieder zu erkennen. Die Anzahl der Wettbewerber ist hier dramatisch gestiegen[577]. Ende 2003 verteilten sich die Marktanteile folgendermaßen: AT&T 30%, MCI 20,8%, Sprint 8,2%, die mittlerweile von den Restriktionen des MFJ befreiten RBOC zusammen etwa 15% und die mehr als 1000 alternativen Interexchange Carrier (IXC) zusammen etwa 25,8%.[578] Derzeit nehmen die Umsätze aus dem Long Distance Sektor sukzessive, aber rasant ab[579]. Begünstigt wird die Erosion des Kerngeschäftsfelds der IXC durch alternative Anschlusstechnologien und VoIP[580]. Diese sorgen dafür, dass der Telefonfernverkehr zunehmend auf die Backbone-Ebene des Internet verlagert wird, was sich zwar vor dem Hintergrund erklären könnte, dass die größten drei IXC, AT&T, MCI und Sprint, zum Teil eigene bundesweite und hoch moderne Glasfasernetze als Tier 1 IBP aufgebaut haben. Der „VoIP-Markt" wird aber eher von ISP dominiert, die den Zugang über die Einrichtungen der LEC herstellen. Neben AT&T, MCI und Springt zählen zu den wichtigsten Marktteilnehmern QWest, Level 3, Global Crossing, SAVVIS und Cogent. Sie alle unterhalten Vertragsbeziehungen zu ISP und großen Unternehmen.[581]

b) Local Exchange Carrier

Im Ortsnetzbereich wurden nach dem MFJ sog. Competitive Access Provider (CAP) tätig. Wie auch in Deutschland basiert ihr Geschäftsmodell auf der Verlegung von Glasfaserringen (fiber circuits) in dicht besiedelten Gebieten, um von den hohen Bündelungsvorteilen aufgrund von Nachbarschaftseffekten Gebrauch zu machen.[582] Ermöglicht wird die Zusammenschaltung mit den Vermittlungsstellen der RBOC bzw. ILEC auf Verhandlungsbasis oder im Wege von Regulierungsverfügungen. CAPs wurden aufgrund der Möglichkeit, alle Teilnehmer eines jeden Ortsnetzes durch die Zusammenschaltung zu erreichen, auch Competitive LEC (CLEC) ge-

---

575 MCI hat sich mit WorldCom im Jahr 2002 zu MCI WorldCom zusammengeschlossen, hat sich mittl. aber wieder v. dem insolventen Unternehmen getrennt.
576 *Sullivan/Grimes*, S. 779.
577 *Economides*, in: Nelson (Hrsg.), S. 48, 55 f.
578 FCC/WCB, Trends in Telephone Service, Industry Analysis and Technology Division, 2005 Report, 21.06.2005, S. 9-11 (Table 9.6).
579 In re Motion of AT&T Corp. to be Reclassified as Non-Dominant Carrier, Order, (AT&T Reclassification Order), 11 FCC Rec. 3271 (1995), Tz. 70 ff.; WorldCom, Inc./MCI Communications Corp., Memorandum Opinion & Order, FCC 98-225, 13 FCC Rec. 18025 (1998), (MCI/WorldCom, Merger Order), Tz. 43 ff.
580 Vgl. SBC/AT&T, Merger Order, FCC 05-183 (2005), Tz 150, Fn. 438 mwN; Verizon/MCI, Merger Order, FCC 05-184 (2005), Tz. 149, Fn. 433 mwN.
581 Vgl. SBC/AT&T, Merger Order, FCC 05-183 (2005), Tz 115; Verizon/MCI, Merger Order, FCC 05-184 (2005), Tz. 116.
582 *Harris/Kraft*, 11 J. Econ. Perspect. 93, 98 (1997).

nannt.[583] Zu den wichtigsten zählen die IXC, wie AT&T und MCI. Sprint setzt dagegen auf funkgestützten Teilnehmeranschluss mithilfe von Nextel. Trotz dieses Markteintrittes konnten die CLEC bis 1996 nur etwa 5% der Marktanteile im Localbereich für sich gewinnen, die restlichen 95% verblieben weiterhin bei den ILEC. Insofern glich die Situation im Localbereich in den USA der in Deutschland. Ende 2004 verbuchten die ILEC etwa 145,1 Mio. Telefonanschlüsse, die CLEC kamen auf etwa 32,9 Mio., wovon 8,9 Mio. über eigene TAL (sog. local loop) geschaltet wurden[584]. Solche eigenen Teilnehmeranschlüsse werden entweder bei Geschäftsgebäuden durch die Verlegung neuer Leitungen trotz hoher (versunkener und irreversibler[585]) Investitionen realisiert (sog. Special Access oder Local Private Lines[586]) oder im Wege der Nutzung bereits vorhandener und etwaig auszubauender TV-Kabelnetze.

c) Breitbandinternet

Breitbandinternetzugänge werden in den USA derzeit auch über DSL zur Verfügung gestellt. Ende 2004 konnten 13,8 Mio. DSL-Zugänge registriert werden, wobei zu beachten ist, dass sich diese Art des Anschlusses um 20% in der zweiten Hälfte des Jahres 2004 erhöhen konnte und um 40% des zurückliegenden Jahres.[587] DSL wird in allen 50 Bundesstaaten der USA, dem District of Columbia, Guam, Puerto Rico und Virgin Islands zur Verfügung gestellt. In diesem Marktsegment dominieren weiterhin die ILEC. Die RBOC stellten Ende 2004 etwa 11,5 Mio. der insgesamt 13,8 Mio. DSL-Anschlüsse bereit. Andere ILEC, d.h. solche außerhalb der ehemaligen AT&T-Familie konnten ca. 1,7 Mio. Anschlüsse vermarkten. Die CLEC haben etwa nur 0,6 Mio. DSL-Kunden.[588] Nach zahlreichen Zusammenschlüssen RBOC wächst auch die DSL-Penetration in den USA stark. Während die Netzbetreiber bislang ADSL vermarktet haben, stehen die RBOC kurz vor der Markteinführung des HFC-Netzes mit der VDSL-Technologie, weshalb in ihren Gebieten der flächendeckende Ausbau mit Glasfaserleitungen bis zu den Verteilerkästen begonnen hat (sog. Fiber To The Curb – „FTTC). Daneben werden aber auch zunehmend direkte Glasfaserkabel in die Gebäude verlegt (sog. Fiber To The Home – „FTTH"). Ende 2005 waren 322.700 Haushalte an dieses Glasfasernetz direkt, d.h. ohne Kupferdoppeladern angeschlossen.[589] Die PSTN-Betreiber haben Anfang 2006 damit begonnen, IPTV in HDTV-Qualität auszustrahlen und ihr Portfolio mit „Triple

---

583 *Sullivan/Grimes*, S. 781.
584 FCC, Local Telephone Competition, 08.07.2005, S. 2 ff.
585 Hierzu noch unter: Teil 1: B.IV.4., S. 163.
586 United States v. SBC Communications Inc. & AT&T Corp., Competitive Impact Statement, Civil Action No.: 1:05CV02102 (EGS), filed: 16.11.2005; United States v. Verizon Communications Inc. & MCI Inc., Competitive Impact Statement, Civil Action No.: 1:05CV02103 (HHK), filed: 16.11.2005.
587 FCC, High Speed Services for Internet Access, 07.07.2005, S. 2.
588 FCC, High Speed Services for Internet Access, 07.07.2005, S. 11, Table 5.
589 Fiber-to-the-Home Council, Number of U.S. Fiber-to-the-Home Communities, 2005.

Play" Angeboten ausgeweitet. Zu ihnen zählen Verizon, SBC und BellSouth.[590] SBC will bis Mitte 2008 etwa 18 Mio. Teilnehmer für das eigene Glasfasernetz „Project Lightspeed" gewonnen haben.[591] Verizon rechnet bereits Ende 2006 mit etwa 6 Mio. angeschlossenen Teilnehmern an das eigene Glasfasernetz „FiOS".[592]

d) Fusionswelle ab 1996

Das US-amerikanische PSTN hat sich in den letzten Jahren grundlegend verändert und weist eine mit dem Ausgang des MFJ nicht mehr wieder zu erkennende Struktur auf. Verantwortlich für diese strukturelle Entwicklung waren zahlreiche Zusammenschlüsse zwischen unterschiedlichsten Netzbetreibern, wobei eine regelrechte Fusionswelle der RBOC/ILEC untereinander[593], aber auch zwischen ihnen und IXC[594] stattgefunden hat. Heute ist das PSTN sowohl horizontal und vertikal integriert.

3. Das BK-Netz der Bundesrepublik Deutschland

a) Errichtung im Namen der „dienenden Funktion"

Noch bevor die Kabelnetze in Deutschland errichtet wurden, zeichnete sich in Deutschland ein Kompetenzkonflikt zwischen Bund und Ländern hinsichtlich der Errichtung und dem Betrieb terrestrischer Fernmeldeanlagen ab. Mit seiner sog. 1. Rundfunkentscheidung[595] stellte das Bundesverfassungsgericht die Weichen für die künftige Entwicklung der Fernsehlandschaft. Auf Grundlage von Art. 73 Nr. 7 GG, wonach dem Bund die ausschließliche Kompetenz für das Post- und Fernmeldewesen zugewiesen ist, bestätigte das Gericht, dass der fernmeldetechnische Bereich dem Bund und damit dem Verantwortungsbereich der DBP im Sinne von Art. 87 Abs. 1 GG a.F.[596] zugewiesen sei. Rundfunk sei dagegen nicht Teil, sondern Benutzer der Einrichtung des Fernmeldewesens[597] und stelle eine kulturelle Aufgabe dar, die – sofern Kultur überhaupt staatlich verwaltet werden könne – nach der Grundentscheidung des Grundgesetzes in den Bereich der Länder falle.[598] Mit dieser kompetenzrechtlichen Schnittstelle, die als „dienende Funktion der Telekommunikation"

---

590 MVPD Competition Report 2006, Tz. 123.
591 SBC, Project Lightspeed Timing, Milestones, Pressemitteilung v. 3.11.2005.
592 Verizon, Verizon to Launch FiOS TV in Temple Terrace; First Rollout in Florida, New Service Offers Customers Better Television Technology, True Competitive Choice and Greater Value, Pressmitteilung v. 06.12.2005.
593 Zu diesen Transaktionen zählen die Zusammenschlüsse SBC/PacTel, Bell Atlantic/NYNEX, SBC/SNET, SBC/Ameritech, Bell Atlantic/GTE und SBC/Bell South; hierzu unter Teil 2: B.IV.1., S. 384 ff.
594 Bspw. SBC/AT&T und Verizon/MCI; ausf. noch unter Teil 2: B.IV.2., S. 403 ff.
595 BVerfGE 12, 205 ff. „1.RundfunkE".
596 Art. 87 GG idF v. 28.08.1972, gültig ab 3.08.1972 bis 22.12.1993.
597 BVerfGE 12, 205, 226 „1.RundfunkE".
598 BVerfGE 57, 295, 321 „3. RundfunkE/FRAG"; *Hoffmann-Riem*, in: Schmidt (Hrsg.), S. 563, 586; *Ladeur*, ZUM 1998, S. 261 ff.

bezeichnet wird[599], wurde der Grundstein einer vertikalen Separation zwischen Inhalten und der zugrunde liegenden Infrastruktur gelegt, die bis heute den Zielkonflikt zwischen medienpolitischer Ausgewogenheit der Meinungen und der Entwicklung der Breitbandkabellandschaft aufrechterhält.

aa) (Groß-)Gemeinschaftsantennenanlagen als Vorläufer

Zu Beginn der sechziger Jahre war der Rundfunkempfang immer noch dadurch gekennzeichnet, dass er über Einzelantennen stattfand. Der als ästhetische Störung empfundene Antennenwald führte zudem zu erheblichen Empfangsbeeinträchtigungen.[600] Gerade in Mehrfamilienhäusern setzte ab 1960 der Trend ein, den Empfang durch sog. Gemeinschaftsantennenanlagen (GA) zu bündeln und über hausintern verlegte Kabelnetze zu verteilen. In der Folgezeit entstanden vor allem durch Gemeinden und Wohnungsbaugesellschaften private Großgemeinschaftsantennenanlagen (GGA), die die noch mangelhaft versorgten Gebiete erschlossen, sowie die durch Hochhäuser in den Großstädten entstandenen Abschattungsgebiete wiederversorgten.[601] Ab 1964 hatte der Bund gemäß § 1 Abs. 1 S. 1 FAG das ausschließliche Recht, auch Funkanlagen zu errichten und zu betreiben. Unter einer Funkanlage verstand das Gesetz in § 1 Abs. 1 S. 2 FAG „elektrische Sendeeinrichtungen, sowie elektrische Empfangseinrichtungen, bei denen die Übermittlung oder der Empfang von Nachrichten, Zeichen, Bildern oder Tönen ohne Verbindungsleitungen oder unter Verwendung elektrischer, an einem Leiter entlang geführter Schwingungen stattfinden kann". Damit fielen GA und GGA erstmals ausdrücklich unter das FAG. Da gemäß § 2 Abs. 1 S. 1 FAG die Befugnis zur Errichtung und zum Betrieb einzelner Fernmeldeanlagen verliehen werden konnte, standen diese Anlagen unter dem Vorbehalt der Genehmigung.[602] Trotz Einbeziehung der Funkanlagen in den fernmelderechtlichen Begriff und der damit einhergehenden staatlichen Legitimierung des Fernmeldemonopols durch die DBP beließ sie es bei der nicht postalischen Netzträgerschaft von GA und GGA. Nach groben Schätzungen der DBP waren Anfang der 1970er Jahre sieben von achtzehn Mio. Fernsehteilnehmer an GA angeschlossen, wovon etwa 1,5 Mio. an größeren Verteilnetzen mit bis zu 1000 Wohneinheiten teilnahmen. Mit ihnen konnten bis zu 6 Sender empfangen werden.

---

599 BVerfGE 12, 205, 227 „1.RundfunkE"; *Eberle*, Rundfunkübertragung, S. 21 ff.; *Gersdorf*, Regelungskompetenzen bei der Belegung digitaler Kabelnetze, S. 50 ff.
600 *Scherer*, Telekommunikationsrecht und Telekommunikationspolitik, 1985, S. 504 f.; *Müller-Using*, in: Fuhr/Rudolf/Wasserburg (Hrsg.), S. 223 ff.; VPRT/TKLM, Entwicklung der BK-Netze in Deutschland, S. 13.
601 VPRT/TKLM, Entwicklung der BK-Netze in Deutschland, S. 13.
602 Dies wurde nicht krit. gesehen, vgl. nur: *Kirchhof*, DVBl. 1984, S. 657 ff.

bb) Versuchsanlagen

Wegen der sich abzeichnenden Bedeutung des Kabelfernsehens wurde die Zusammenfassung und Errichtung von Verteilanlagen zu Breitbandkabelnetzen Anfang der 1970er Jahre zum unternehmenspolitischen Ziel der DBP. Begleitet von zahlreichen Marktstudien, die die Bedeutung des Kabelfernsehens in den kommenden Jahren positiv einschätzten[603], favorisierte die DBP ein standardisiertes Vorgehen und errichtete zunächst Versuchsanlagen. Die DBP begründete ihr Vorgehen der Errichtung und des späteren Betriebs der Anlagen damit, dass sie der technischen Erprobung dienten. Dabei sollten Erfahrungen in wirtschaftlicher und betriebstechnischer Sicht gesammelt und das Teilnehmerverhalten insgesamt analysiert werden[604]. Das Tätigwerden der DBP, Versuchsanlagen zu errichten und zu betreiben, war verordnungsrechtlich bis dato nicht abgesichert. Erst mit einem Beschluss im Jahr 1977 lieferte der Postverwaltungsrat die seit 1972 während Errichtungsaktivität mit der 10. Verordnung zur Änderung der Fernmeldeordnung[605] nach. Durch den neu eingefügten § 49 a FO wurde die DBP ermächtigt, im Rahmen ihrer technischen und wirtschaftlichen Möglichkeiten einzelne örtliche Kabelnetze für die Übertragung von Ton- und Fernsehsignalen zur allgemeinen Benutzung zu errichten.

cc) Koordinationsprobleme der Bundesländer

Am 02.11.1973 beschloss die Bundesregierung die Schaffung einer unabhängigen Kommission für den Ausbau des technischen Kommunikationssystems (KtK). Die KtK sollte innerhalb von 2 Jahren die Frage beantworten, wie der weitere Ausbau des technischen Kommunikationssystems erfolgen sollte. Noch bevor eine Stellungnahme der KtK erfolgte, waren die Versuchs- und Pilotprojekte der DBP fast vollständig realisiert und präjudizierten bereits jetzt die weitere Entwicklung der Kabelnetze.[606] Das Vorgehen der DBP löste einen parteipolitischen Streit aus, der sich vor allem an der Diskussion des privaten Rundfunks entzündete. Denn der Ausbau der Kabelnetze hatte nur dann eine Chance, wenn auch genügend Inhalte vorhanden waren. Ein Streit, dessen Ursache sich erneut an der Interpretation des Kulturbegriffes des Grundgesetzes entzündete. Neben Unstimmigkeiten hinsichtlich der Dienstträgerschaft von Rundfunkveranstaltungen und die Uneinigkeit bezüglich der Netz-

---

603 Studien der Prognos AG zur Situation des Fernsehens, der SEL AG zu den Kosten für Kabelfernsehanlagen, der FTZ Kabelfernsehstudie.
604 *Groenem*, fernmeldepraxis 51 (1974), S. 873, 878; *Mitrovan*, UBl. 31 (1978), S. 3.
605 BGBl. I 1977, S. 2909.
606 BPM, Vorstellungen der Bundesregierung, S. 34; vgl. auch *Scherer*, DÖV 1984, S. 52 ff.

trägerschaft durch die DBP[607] in den Pilotprojekten entstand ein Konflikt hinsichtlich der Finanzierung der Pilotprojekte[608].

Im Schatten der parteipolitischen Diskussion baute die DBP die Kabelnetze mit Hochdruck aus. Erst nachdem die Pilotprojekte der DBP abgeschlossen waren und § 49a FO als Ermächtigungsgrundlage für die Errichtung von versuchsweise örtlichen Breitbandkabelnetzen bekannt gegeben wurde, formte sich bei den Ländern durchgreifender medien- und ordnungspolitischer Widerstand, der nur für kurze Zeit zu einer „Verkabelungs-Stop"-Entscheidung führte.

dd) Flächendeckendes Breitbandkabelnetz als politisches Ziel

Mit Regierungswechsel im Jahr 1982 wurde unter Postminister Schwarz-Schilling der zügige Auf- und Ausbau der Breitbandkabelnetze zum politischen Ziel. Die Errichtung der Breitbandkabelnetze hing nach seiner Auffassung entscheidend von der Entwicklung der Inhalte ab. Man wollte also mehr Platz für Programme schaffen. Heute besteht weitestgehender Konsens darüber, dass die dienende Funktion der DBP für das Rundfunkwesen, wie sie das Bundesverfassungsgericht in seinen Rundfunkentscheidungen dem Grundgesetz entnahm, durch das BPM konterkariert wurde. Gerechtfertigt wurde diese Entscheidung durch eine Dilemmasituation: Ohne Breitbandkabelnetze keine programmliche Vielfalt und ohne diese kein Bedarf für Breitbandkabelnetze. Diesen behaupteten „Circulus Vitiosus" zu durchbrechen, war die erklärte Politik der neuen Bundesregierung[609].

ee) Die Netzebenentrennung zwischen NE3 und NE4

Das Elektrohandwerk, das seit über zwei Jahrzehnten Haus- und Gemeinschaftsantennenanlagen errichtet und betrieben hatte, fürchtete durch den angekündigten Breitbandkabelausbau aus seiner Rolle verdrängt zu werden. Offen gestaltete sich ihr Widerstand gegen ein Netzmonopol der DBP im Breitbandkabelsektor. Mit der sog. Handwerkererklärung von 1982 forderten die Dachverbände des Handwerks eine Beteiligung Privater an der Errichtung der Breitbandkabelverteilnetze. Neben einer Reihe differenzierter Forderungen verlangte man von der DBP, einen Rechtsanspruch auf die Genehmigung zur Errichtung von Breitbandkabelnetzen zu erhalten. Ein solcher bestand bis dahin aufgrund der Verleihungsmöglichkeit[610] nach § 2 Abs. 1 FAG nicht. Die Folgen der Handwerkererklärung reichen auch bis in die heutige Zeit hinein. Zum einen forderte man den Zugang für private Betreiber zu

---

607 So einerseits Beschluss der Ministerpräsidenten v. 11.05.1978, in: Ring (Hrsg.), Rundfunkrecht, F-III 1.1; andererseits DBP, Grundhaltung der Deutschen Bundespost zu den Pilotprojekten, Zi ff. 1 (1980).
608 Ausf. hierzu *Scherer*, Telekommunikationsrecht und Telekommunikationspolitik, 1985, S. 511 ff.; *ders.*, DÖV 1984, S. 52 ff.
609 Stellungnahme des BPM zu BRH, Bericht BK-Netze, in: BRH, Bericht BK-Netze, Anlage 10, S. 2 f.; insgesamt auch *Scherer*, DÖV 1984, S. 52 ff.
610 Vgl. hierzu *Hermes*, BB 1984, S. 96 ff.

den Strecken im öffentlichen Strassen- und Wegenetz, um auf der Ortsebene selbst Kabelanlagen zu errichten und verlangte zum anderen den Rückzug der DBP aus den Ortsgebieten. Außerdem wollte man eine Mindestdauer der Konzessionen für die Errichtung von eigenen Kabelnetzen von 20 Jahren mit einer Verlängerungsoption. In gemeinsamen Erklärungen wurde eine Einigung zwischen DBP und Handwerkerverbänden bekräftigt.[611] Der gezielte und flächendeckende Aufbau des Breitbandkabelverteilnetzes sollte kooperativ erfolgen, schlug aber aufgrund des enormen Investitionsvolumens fehl. So wurde dem Handwerk und der privaten Industrie mit Kooperationsmodellen die Möglichkeit eröffnet, größere Verteilnetze zu errichten, die sich nicht auf die Hausverteilnetze beschränken sollten. Zum damaligen Zeitpunkt hatte das Elektrohandwerk im Wege der Errichtung der hausinternen Kabelnetze aber bereits eine eigentumsrechtliche Trennung determiniert. Die Hausverteilnetze, heute als sog. Netzebene 4 (NE4) bezeichnet, standen damit zu großen Teilen im Eigentum des Elektrohandwerks. Die Heranführung und Ortsnetzverteilung wurde dagegen durch die DBP vorangetrieben. Diese Netzebene trägt heute die Bezeichnung Netzebene 3 (NE3).

Nach den gescheiterten Kooperationsmodellen gründete die DBP die Regionalen Kabel-Servicegesellschaft (RKS), deren Lenkung durch die Telepost Kabel-Servicegesellschaft (TKS GmbH) erfolgte. Die Rolle des Handwerks beschränkte sich auf die technische Errichtung der NE4 und war allein werkvertraglich zu qualifizieren. Vermarktung, Vorfinanzierung, Endkunden- und Eigentümerverträge schloss die RKS auf der Ebene der Hausverteilanlagen ab. Damit expandierte die DBP nicht nur auf der NE3, sondern auch bei der Hausverkabelung, wenn sie infolge der vertraglichen Konstellationen[612] das Eigentum an den Kabelanlagen behielt.

Nach der Privatisierung der DBP und der Fortführung der Breitbandkabelaktivitäten durch die DTAG wurde die ehemals TKS GmbH firmierende Gesellschaft in die DeTeKabelService GmbH (DeTeKS) umbenannt und als Holding der DTAG fortgeführt. Die DBP peilte nur den Erwerb einer Mehrheitsbeteiligung von 51% an der TKS an. An ihr waren neben Banken und der Deutschen Telepost Consulting (DETECON) auch der Zentralverband der Deutschen Elektronhandwerke (ZVEH) beteiligt. Mit der Erhöhung des Stammkapitals der DeTeKS erhöhten sich auch die Anteile der DTAG an der Zielgesellschaft. Durch den Erwerb aller Beteiligungen schaffte es die DTAG bis 1999 auch die Beteiligung des ZVEH zu erwerben, womit die DTAG zu 100% an der DeTeKS beteiligt war. Damit besaß die DTAG auf der NE4 fortan – über die 100%ige Beteiligung an der DeTeKS – ca. 1,1 Mio. Wohneinheiten. Die DeTeKS verfügte Ende 2000 über etwa 5,8 Mio. direkt angeschlossene Teilnehmer auf der NE4.

---

611 Vgl. insgesamt: VPRT/TKLM, Entwicklung der BK-Netze in Deutschland, S. 22 ff.; *Jacob*, RdE 1984, S. 146 ff.; *Scherer*, DÖV 1984, S. 52 ff.; *Kirchhof*, DVBl. 1984, S. 657 ff.
612 Ausf. *Schalast/Abrar*, TKMR 2004, S. 74 ff.

b)   Veräußerungsprozess auf Druck der Gemeinschaft

Im Rahmen der Maßnahmen zur Erleichterung des Übergangs zu wettbewerblichen Marktstrukturen wurde die Kommission verpflichtet, vor Beginn der vollständigen Liberalisierung der Telekommunikationsmärkte[613] im Jahr 1998 besonders zu prüfen, welche Auswirkungen die gemeinsame Bereitstellung von Telekommunikations- und Kabelfernsehnetzen durch denselben Betreiber haben würde[614]. Nach dem Ergebnis von Beratungen und zweier Studien[615] über die Wettbewerbsauswirkungen auf den Märkten für Telekommunikation und Multimedia wurde Art. 9 der Richtlinie 90/388/EWG dahingehend geändert, dass keine Fernmeldeorganisation ihr Kabelfernsehnetz im Rahmen derselben rechtlichen Einheit betreiben sollte, in der sie ihr öffentliches Telekommunikationsnetz bereitstellt[616]. Auf diesen, sich abzeichnenden Druck[617] begann die DTAG in Deutschland damit, das Konzerngeschäftsfeld Breitbandkabel auszugliedern. Die Ausgliederung erfolgte zum 01.01.1999[618] in zwei Gesellschaften: die Kabel Deutschland GmbH (KDG) für die NE3-Infrastruktur und die Media Service GmbH (MSG) für den Betrieb der über das Kabelnetz verbreiteten Programme und Dienste. Das KDG-Netz wiederum unterteilte die DTAG in neun Regionalgesellschaften, die sog. NE3-RegCos.[619] Parallel zu diesem Prozess erfolgte ferner die Aufteilung der DeTeKS in die NE4-RegCos. Damit konnte durch parallele Veräußerung von Anteilen beider Zielgesellschaften die teilweise bestehende vertikale Integration von NE3 und NE4 in allen Regionen erhalten bleiben.

Die Regionalgesellschaft Nordrhein-Westfalen wurde Anfang des Jahres 2000 an Callahan Associates LLC veräußert (anschließend firmierend unter Ish, heute Unity Media). Callahan erwarb für etwa 5 Mrd. DM rund 55% des Unternehmens. Außerdem erhielt die Deutsche Bank Tochter DB Investor eine Minderheitsbeteiligung. Den Rest behielt zunächst die DTAG.[620] Auch für das Kabelnetz in Baden-Württem-

---

613   Vgl. Änderungsrichtlinie „Vollständiger Wettbewerb" 96/19/EG (ABl. L 74 v. 22.03.1996, S. 13); zuvor ABl. C 213 v. 06.08.1993, S. 1 ff.; ABl. C 379 v. 31.12 1994, S. 4.
614   „Kabelrichtlinie" 95/51/EG zur Änderung der Dienstrichtlinie 90/388/EWG, ABl. L 256 v. 26.10.1995, S. 49; „Wettbewerbsrichtlinie" 96/19/EG zur Änderung der Dienstrichtlinie 90/388/EWG hinsichtlich der Einführung vollständigen Wettbewerbs auf den Telekommunikationsmärkten, ABl. L 74 v. 22.03.1996, S. 13.
615   *Arthur D. Little International*, Cable Review, 1997; *Coudert*, Study on the Scope of the Legal Instruments under EC Competition Law available to the European Commission to implement the Results of the ongoing review of certain situations in the telecommunications and cable television sectors, 1997.
616   Artikel 1 der Richtlinie 1999/64/EG der Kommission v. 23.06.1999 zur Änderung der Richtlinie 90/388/EWG im Hinblick auf die Organisation ein- und demselben Betreiber gehörender Telekommunikations- und Kabelfernsehnetze in rechtlich getrennten Einheiten, ABl. L 175, S. 39. Vgl. hierzu *Bartosch*, NJW 1999, 3750 ff.
617   Telekom muss Kabelnetz öffnen, Handelsblatt v. 10.07.1998, S. 1.
618   *Hefekäuser*, MMR 1999, S.VII.
619   Telekom verkauft NRW-Kabel, Handelsblatt v. 22.02.2000, S. 1.
620   Ebenda.

berg erhielt die Callahan Associates LLC 55% Unternehmensanteile (firmierend unter KBW)[621]. In Hessen hat ein britisches Konsortium, Klesch&Company Ltd., das das Kabelunternehmen NTL vertritt, 65% der Unternehmensanteile an der hessischen Regionalgesellschaft erworben (ehemals firmierend unter eKabel, anschließend Iesy, heute Unity Media)[622]. Die verbliebenen sechs regionalen Kabelgesellschaften sollten zu 100%, einschließlich der MSG und der übrigen DeTeKS, für 5,5 Mrd. Euro an die US-amerikanischen Liberty Media Corp. veräußert werden[623]. Das Bundeskartellamt untersagte dieses Veräußerungsvorhaben[624]. Anfang 2003 einigte sich die DTAG dann mit dem Finanzkonsortium aus Goldman Sachs Capital Partners, Apax und Providence Equity, die Gesellschaften für 1,725 Mrd. Euro zu veräußern[625] (KDG). Die EU-Kommission hatte hiergegen keine wettbewerbsrechtlichen Bedenken und stimmte daher dem Veräußerungsvorhaben zu[626].

c) Horizontale Integration

Nach der Veräußerung der Kabelnetze in Nordrhein-Westfalen, Baden-Württemberg und Hessen fanden großflächige Investitionen in diese Netze statt. Das Kabelnetz wies vor der Veräußerung an die neuen Eigentümer fast ausschließlich Bandbreiten von 450 MHz auf und war damit für die digitale Übertragung nicht ausreichend gerüstet. Daneben ist das Breitbandkabelnetz Deutschlands als reines Verteilmedium nicht auf Bidirektionalität ausgelegt, obwohl noch die DBP Ende der 1970er Jahre ankündigte, für sie sei die koaxiale Breitbandtechnik der Einstieg in ein künftiges integriertes Breitbandfernmeldenetz[627]. Die Kosten, die für einen Ersatz der größtenteils verlegten alten Kupferkoaxialkabel durch Glasfaser samt der (für Internet-Anwendungen unabdingbaren) Rückkanalfähigkeit anfallen würden, werden unterschiedlich beziffert. Nach einer Studie der Deutschen Bank betragen die Kosten zur Bidirektionalfähigkeit etwa 9 Mrd. Euro.[628] Flächendeckende 862 MHz-Netze würden nach Schätzungen sogar 50 Mrd. Euro kosten[629]. Diese Zahlen spiegeln den

---

621 Callahan und Telekom schließen Kabel-Deal ab, Handelsblatt v. 12.09.2001, S. 21.
622 Klesch firmiert unter E-Kabel, Handelblatt v. 09.10.2000, S. 27; NTL will in Deutschland Fuß fassen, Handelsblatt v. 13.11.2000, S. 27.
623 DTAG, Pressemitteilung v. 04.09.2001; Telekom trennt sich v. restlichen Kabelnetzen, Handelsblatt v. 22.06.2001, S. 1; Telekom steigt aus dem TV-Kabel aus, Handelsblatt v. 22.06.2001, S. 22.
624 BKartA, Beschl.v. 22.02.2002, WuW/E DE-V 558 „Liberty/KDG". Vgl. hierzu auch *Schalast/Schmidt/Schalast*, TKMR 2002, S. 429, 435; *Schalast*, K&R 2004, S. 376, 380.
625 Telekom beendet Gezerre um das Kabel, Handelsblatt v. 29.01.2003, S. 2.
626 Kommission, COMP/M.2995 v. 28.02.2003 „APAX Europe V/Goldman Sachs/Providence/Telekom Cable/JV"; Grünes Licht für Kabel-Verkauf der Telekom, Handelsblatt v. 03.03.2003, S. 16;
627 VPRT/TKLM, Entwicklung der BK-Netze in Deutschland, S. 17.
628 Warum in Deutschland eine sich anbietende Infrastruktur für den Internet-Acess brachliegt, Computerwoche Nr.09 v. 28.02.2003, S. 31.
629 Liberty: Kabel auf 510 MHz & keine MHP-Box - Rasche Umsetzung eines Bundlings aus Fast Internet, Telefon und TV, medien aktuell v. 22.10.2001, S. 25.

krassen Gegensatz zum vergleichsweise geringen Investitionsbedarf im Telefonfestnetz mit VDSL wieder.

In NRW, Hessen und Baden-Württemberg hat die Aufrüstung zu HFC-Netzen bereits mehrfache Insolvenzen verursacht. So hat die Callahan Associates LLC mehr als 3 Mrd. Euro, d.h. fast den doppelten Veräußerungspreis, den APAX und Partner für die restlichen 6 Regionalgesellschaften inklusive MSG und DeTeKS gezahlt haben, in die Aufrüstung der Netze investiert.[630] Auch NTL als Großinvestor der hessischen Kabelnetzgesellschaft Iesy hatte Anleihen in Höhe von 11 Mrd. Dollar zur Finanzierung des hessischen Kabelnetzes aufgenommen[631]. Sowohl Ish, als auch Iesy und KBW waren Ende 2002 so überschuldet, dass sie Insolvenzanträge stellten. Diese Beispiele unterstreichen den geringen Investitionsrückfluss aus dem Kabelkerngeschäft. Nach Aussage des Geschäftsbereichsleiters für die Ordnungs- und Wettbewerbspolitik der DTAG, Hans-Willi Hefekäuser, betrug der Umsatz in den Jahren bis 1999 jährlich 2 Milliarden DM[632]. Nach eigenen Angaben erwirtschaftete die DTAG mit dem Betrieb der NE3 niemals Gewinne, was auch in Fachkreisen immer wieder bestätigt wurde[633]. Prognos beziffert die operativen Verluste der DTAG-Kabelnetze für das Jahr 1997 auf 665 Mio. Euro.[634] Für die Jahre 1998 bis 2000 gab die DTAG die Vorsteuerverluste für den Bereich „Rundfunk und Breitbandkabel" mit etwa 100 bis 330 Mio. Euro an.[635]

Nach den Insolvenzen der Regionalgesellschaften begann die Übernahme der Netze durch Private Equity Häuser. Heute sind Anteilseigner von PrimaCom (integrierter Netzbetreiber mit eigenen Kopfstellen) Apollo und JP Morgan Chase, bei Ish sind es die Deutsche Bank und Citigroup, bei Iesy Apollo Management und Golden Tree, bei KBW Blackstone, Deutsche Bank und Bank of America Equity Partners, sowie BC Partners bei TeleColumbus (TC). Die Veräußerungserlöse betrugen weit weniger als die noch damals von der DTAG veranschlagten Preise. So wurde das Gesamtnetz von Ish für gerade einmal 275 Mio. Euro verkauft. Klesch Associates LLC zahlte hierfür noch einen Preis von über 5 Mrd. Euro.[636] Die neuesten Statistiken der NE3- und großen NE4-Betreiber zeigen einen deutlichen Zuwachs der Margen im Kabelgeschäft. Die Zahlen der KDG weisen einen EBITDA für das dritte Quartal von 86,4 Mio. Euro aus. Der Umsatz stieg auf 279,5 Mio. Euro für das dritte

---

630 Callahan hofft auf Zuschlag für fünf weitere TV-Kabelnetze, Handelsblatt v. 23.02.2000, S. 59; 120 000 Kabelkunden flüchten vor Ish, Handelsblatt v. 06.05.2002, S. 21.
631 Warum das Internet übers Breitbandkabel nicht voran kommt, c't Magazin für Computertechnik v. 30.12.2003.
632 *Hefekäuser*, MMR Aktuell 4/1999, S.VI. Der Geschäftsbericht der DTAG für das Jahr 1997 wies dagegen nur einen Umsatz v. 3,1 Mrd. DM aus, was nur 4,6% des Gesamtumsatzes ausmacht. Vgl. herzu DTAG, Das Geschäftsjahr 1997. Dagegen schätzt der VPRT diesen auf 2,4 Mrd. DM, d.h. auf nur 3,6% des Gesamtumsatzes, vgl. VPRT/TKLM, Entwicklung der BK-Netze in Deutschland, S. 43.
633 *Bullinger*, ZUM-Sonderheft 1997, S. 281, 284; *v. Bonin*, JurPC Web-Dok. 169/2000.
634 *Schrape/Hürst/Blau*, 2000, S. 7.
635 Vgl. DTAG, Geschäftsberichte 1998, 1999, 2000.
636 Knoten im Kabel ist noch ungelöst, werben & verkaufen v. 07.02.2003, S. 62.

Quartal und kann daher mit über 1 Mrd. Euro im Jahr bemessen werden. Gegenüber dem dritten Quartal 2003 ist das EBITDA um 13,4 Mio. Euro zurückgegangen. Der Umsatz stieg in dem gleichen Zeitraum jedoch um 10,4 Mio. Euro. Als Grund für diesen EBITDA Rückgang benennt die KDG neben der Einführung eines eigenen Digital-Bouquets und der Einführung von High-Speed-Internet, die für die Produktoffensive notwendigen Marketing- und Werbungskosten. Als Kabelkerngeschäft weist die KDG den Kabelanschluss aus. Die Erträge für den Teilnehmeranschluss stiegen im Vergleichszeitraum 2003 von 202,1 Mio. auf 210,4 Mio. Euro.

Der Konsolidierungsprozess im Breitbandkabelsektor setzt sich auch derzeit noch fort[637]. Das Bundeskartellamt hat in der Vergangenheit eine Reihe von Zusammenschlüssen auf der NE4 freigegeben. Dadurch sind neben die regionalen NE3-Versorger mittlerweile auch ehemalige NE-Betreiber mit teilweise über 1 Mio. bis 4 Mio. Kunden (TeleColumbus, PrimaCom und Bosch & ewt/tss) getreten. Auch sie betreiben teilweise eigene NE3-Zuführungsnetze.[638] Ebenso hat das Bundeskartellamt durch die Genehmigung von Unternehmenszukäufen auf der NE4 durch die großen NE3-Betreiber, vor allem KDG und KBW, kleinere vertikale Integrationen ermöglicht.[639] Zu den bedeutendsten und umstrittensten[640] Netzzusammenschlüssen der letzten Zeit zählte die beabsichtigte Konsolidierung KDG/KBW/Ish/ Iesy[641]. Das Bundeskartellamt gab in den entsprechenden Abmahnschreiben zu erkennen, dass es ersteren Zusammenschluss untersagen werde, woraufhin die Parteien ihre Anträge auf Freigabe der Zusammenschlüsse zurückzogen[642]. Die Zusammenschlussverfahren Ish/Iesy[643] bzw. Ish/BC Partners[644] wurden dagegen freigegeben. Die Gesellschaften sind heute Tochtergesellschaften von Unity Media.

---

637 Digital Insider, Will TeleColumbus Ish kaufen?, 11/2004; Digital Insider, KBW und Iesy planen Kabel West, 11/2004; Bosch verkauft TV-Kabelnetz an EWT, Handelsblatt v. 13.12.2004, S. 16; Goldman und APAX wollen sich v. Anteil an Ish trennen, Handelsblatt v. 10.12.2004, S. 20; Kabelnetzbetreiber Ish steht vor Verkauf, Handelsblatt v. 29.11.2004, S. 16; Mitarbeiter wollen Bosch-Netze, Handelsblatt v. 04.08.2004, S. 13; Überfällige Kabelfusion, Handelsblatt v. 27.042004, S. 17.
638 *Schalast*, K&R 2004, S. 376 ff.
639 Krit. insoweit *Schalast*, K&R 2004, S. 382 ff.
640 Stopp der Kabelfusion spaltet die Fernsehbranche, Handelsblatt v. 25.08.2004, S. 9.
641 Kabel Deutschland sagt geplante Großfusion ab, Handelsblatt v. 23.09.2004, S. 18; Kartellwächter stoppen Kabel-Übernahme, Handelsblatt.com; KDG: Vorhang runter und Vorhang auf, medien aktuell v. 16.09.2004, S. 1; Kartellamt erteilt erneute Absage, Handelsblatt v. 14.09.2004, S. 16.
642 Kabel Deutschland sagt geplante Großfusion ab, Handelsblatt v. 23.09.2004, S. 18; ausf. hierzu: *Schalast/Jäger/Abrar*, WuW 2005, S. 741, 744.
643 Kartellamt gibt grünes Licht für Fusion von Ish und Iesy, Handelblatt v. 03.06.2005, S. 15; TV-Kabelbetreiber Ish und Iesy fusionieren, Handelsblatt v. 14.03.2005, S. 14; Bieterkreis für Kabelnetzbetreiber Ish reduziert sich, Handelsblatt v. 18.02.2005, S. 16; Goldman und APAX wollen sich v. Anteil an Kabelbetreiber Ish trennen, Handelblatt v. 10.12.2004.
644 BC Partners ist ein britischer Finanzinvestor, der auf dem deutschen Kabelmarkt eine Reihe von Beteiligungen hat. BC Partners ist derzeit mit 39% an Unity Media beteiligt.

d) Vertikale Separation

Der erhebliche Finanzbedarf, den Digitalisierung und Rückkanalfähigkeit der Breitbandkabelnetze erfordern, hat in der Branche der Breitbandkabelnetzbetreiber erhebliche Unsicherheiten über Geschäftsmodelle und Zukunftsaussichten ausgelöst. Der „Markt" in Deutschland, d.h. die Anzahl der Fernsehrundfunkempfänger, wird mit etwa 36,18 Mio. angegeben. 53,5% der Haushalte werden auf Grundlage der Breitbandkabeltechnik, 42,7% über Satellit und 3,8% auf terrestrischem Weg versorgt.[645] Damit sind etwa 20,5 Mio. Fernsehhaushalte Teilnehmer des Breitbandkabelnetzes. Von diesen entfällt ein Anteil von 17 Mio. Haushalten auf die regionalen Kabelgesellschaften Ish, Iesy (nunmehr Unity Media), KBW und KDG. Aufgrund der Eigentümerschaft privater Kabelnetzbetreiber und Wohnungsbaugesellschaften auf der NE4 versorgen die großen Regionalgesellschaften aber nur etwa 6 Mio. Endkunden direkt mit Rundfunksignalen. Der Hauptanteil der Signallieferung entfällt auf Verträge mit NE4-Betreibern (sog. Signallieferungsverträge), die selbst Direktbeziehungen zu Endkunden über lang laufende Gestattungsverträge unterhalten. Die Regionalgesellschaften versorgen die Endkunden bei Bestehen von Signallieferungsverträgen insofern indirekt. Ein wesentlicher Grund für die fehlende Bereitschaft, das Kabelnetz weiter aufzurüsten und ein Full Service Network in Deutschland zu errichten, wird in erster Linie auf diese Zersplitterung der Netzebenen zurückgeführt[646]. Denn augenscheinlich ist, dass der wesentliche Umsatz des Kabels auf der NE4 erwirtschaftet wird. Im Gegensatz zum Telefonfestnetz, bei dem der Gesetzgeber im Rahmen der Liberalisierung auf vertikale Integration gesetzt hat, ist das deutsche Breitbandkabelverteilnetz zu fast 70% vertikal separiert. Auf der Vorleistungsebene befinden sich die großen NE3-Betreiber, die insgesamt zu etwa 30% auch auf der nachgelagerten NE4 aktiv sind, oder sie beliefern in Signallieferungsverträgen die nachgelagerten NE4-Betreiber mit direkt angeschlossenen Heranführ- und Ortsnetzen, so dass letztere die Signale dem Endkunden in ihren Wohneinheiten zur Verfügung stellen können. Die NE4 ist ein stark fragmentierter „Markt". Denn hier befinden sich weit über 3000 Unternehmen, die sich aus kleinsten Kabelnetzbetreibern, den Wohnungsbaugesellschaften und mittelgroßen Unternehmen zusammensetzen. Damit ist die NE4 ein äußerst inhomogenes Geschäftsfeld, das mit Anschluss an die NE3 an der Wertschöpfungskette des Rundfunktransportes partizipiert.[647]

Hauptaugenmerk bei Unternehmenszusammenschlüssen und Akquisitionen wurde bislang auf die „regionalen Mega-Player" gerichtet. Diese Betreiber haben insge-

---

645 Zahlen von Ende 2004; vgl. SES ASTRA, Pressemitteilung v. 24.02.2005.
646 *Ladeur*, ZUM 2005, S. 1; Multimedia-Netze: Kooperation und Partnerschaft in der Wertschöpfungskette?, Vortrag auf der Jahresversammlung der Interessengemeinschaft Multimedia der Deutschen Wohnungswirtschaft Berlin, in: Klumpp (Hrsg.), Kabelnetze und Multimedia, 2002, S. 17 ff. Laut der Heitzig Consult Studie, S. 135 (2002), halten nur 40,5% der befragten NE4-Betreiber eine Aufrüstung in das Netz für geeignet. Ferner würden die Einzelstrategien sich gegenseitig blockieren, vgl. S. 91.
647 *Schalast/Schmidt/Schalast*, TKMR 2002, S. 429, 430; *Schalast*, K&R 2004, S. 376 f.

samt etwa 6,4 Mio. Endkunden. Zu ihnen zählen TeleColumbus/DB Investor, Bosch, PrimaCom, und die ewt/tss-Gruppe (UPC). Damit verfügen diese NE4-Betreiber über mehr Direktkundenbeziehung als Iesy, Ish, KBW und KDG zusammen. Gemeinsam mit den großen NE3-Betreibern verfügen sie über 12,1 Mio. direkt angeschlossene Haushalte.[648] Diese Betreiber, die bislang zu der NE4 zählten, entkoppeln sich mehr und mehr von der Signallieferbeziehung zu den NE3-Betreibern. Diese Entkopplung ist mit einem Aufbau von Kabelkopfstationen möglich. Sie werden genauso wie die großen Breitbandkabelempfangsstationen der NE3 für den Satellitendirektempfang aufgerüstet. Weitere 9 Mio. Haushalte beziehen die Programme direkt über Satellit. Der Grund für eine nicht eindeutige Zuordnung zur NE4 oder NE3 liegt darin, dass die Netze dieser Betreiber teilweise so fragmentiert sind, dass sie mit den Kabelkopfstationen Teilnetze nicht erreichen können. Damit beziehen sie in einigen Regionen ihrer Netze noch immer Signale von den NE3-Betreibern, wo eine eigene Kabelkopfstation sich nicht rechnet. Begünstigt wird der fehlende Anreiz für eine eigene Signalversorgung durch den Aufbau eigener Kabelkopfstationen durch das asymmetrische Rabattstaffelungssystem der NE3, die die Kosten des Signalbezugs von der Anzahl der Wohneinheiten an einem Übergabepunkt abhängig machen. Je mehr Wohneinheiten, desto günstiger der Signalbezug, aber auch desto rentabler der Aufbau einer eigenen Kabelkopfstation. Teilweise werden daher auch Individualverträge mit großen NE4-Betreibern geschlossen, um eine eigene Signalversorgung zu vermeiden.

Die dritte und bislang bei Verkaufs- und Strategiebemühungen nicht einbezogene Gruppe sind die kleineren und mittelständischen NE4-Betreiber, sowie die Wohnungswirtschaft, die zusammen über fast 11,2 Mio. direkte Kundenbeziehungen verfügen und damit eine enorme wirtschaftlichen Bedeutung haben[649]. Allerdings ist dieser Markt mit etwa 3000 Unternehmen sehr inhomogen und setzt sich aus den unterschiedlichsten Netzbetreibern, angefangen von einfachen Hauseigentümern ohne wirtschaftliche Interessen bis hin zu Unternehmen mit einigen tausend Wohneinheiten, zusammen.[650] Daneben befinden sich viele Netzbetreiber in ländlichen Regionen mit zersplitterten Netzen, die eine Zusammenfassung auf Grundlage einheitlicher Netze erschweren. Es zeigt sich, dass gerade diese kleineren und mittelständischen Unternehmen von Rabattstaffelungssystemen benachteiligt werden[651].

e) Darstellung der Vertragsbeziehungen

Wie bereits eingangs erwähnt, weisen die Kabelnetze der Bundesrepublik Deutschland eine vertikale Dimension auf, die es in den USA nicht gibt, die sog. NE4. NE4-Betreiber unterhalten vertragliche Bindungen zu den Hauseigentümern, um die Ver-

---

648 Heitzig Consult Studie, S. 90 f. (2002).
649 Ebenda.
650 Heitzig Consult Studie, S. 88 ff. (2002).
651 Vgl. *Schalast/Rößner*, WuW 2004, S. 595, 596 ff.

sorgung der Haushalte zu ermöglichen[652]. Nicht alle NE4-Betreiber verfügen über eigene Head-Ends, sondern speisen die Programme ein, die ihnen die jeweilige vorgelagerte NE3 zur Verfügung stellt[653]. Derzeit leiten die NE3-Betreiber ihre Signale untereinander nicht durch, weshalb es einem NE4-Betreiber nicht möglich ist, den Übergabepunkt Ü40 (meist am Grundstück des NE4-Berteibers gelegen) von einem alternativen NE3-Betreiber versorgen zu lassen. Kabelnetzbetreiber der NE4 mit eigener Kopfstelle (sog. integrierte Netzbetreiber) beziehen genauso wie die NE3-Betreiber ihre Signale über Satellitenanlagen und unterhalten vertragliche Beziehung zu den Sendern und den Verwertungsgesellschaften.

aa) Der Gestattungsvertrag auf der NE4

Anders als in den USA unterhalten NE4-Betreiber Gestattungsverträge zu den Eigentümern der Wohneinheiten. Die Gestattungsverträge sind mit dem sog. Cable Franchising und den Konzessionsverträgen in der deutschen Energie- und Wasserwirtschaft[654] vergleichbar. Jedes dieser Vertragssysteme, ob in den USA[655] oder in Deutschland, räumt dem Konzessionsnehmer (franchisee) im Gegenzug einer Konzessionsabgabe bzw. Lizenzgebühr das Recht ein, die öffentlichen Straße und Wege, die sich im Eigentum des Konzessionärs befinden (franchisor), für die Verlegung von Leitungen und Rohren zu nutzen. Die Konzessionsverträge enthalten jede Menge vertraglicher Modalitäten, darunter auch das Exklusivversorgungsrecht[656] für die jeweilige Region.[657] Von dem Konzessionsvertrag unterscheidet sich der Gestattungsvertrag hinsichtlich der Vertragsparteien bzw. der Grundstücksgrenzen. Während die Konzession ein Nutzungsrecht an einer öffentlichen Sache gewährt (Straßen, Wege, etc.), wird der Gestattungsvertrag mit Hauseigentümern geschlossen. Dies kann auch die privatrechtlich handelnde öffentliche Hand sein.[658] In diesem räumt der Hauseigentümer – unabhängig davon, ob er einige wenige Gebäude besitzt oder ob es sich um ein Unternehmen der privaten oder öffentlichen Woh-

---

652 Sog. Gestattungsverträge, sogleich unter Teil 1: B.III.3.e)aa), S.139.
653 BKartA, Liberty/KDG, Tz. 91 ff.
654 Vgl. *Schalast*, Modernisierung der Wasserwirtschaft, insb. S.12 ff.
655 Vgl. *Lee*, 36 Vand. Law Rev. 867 ff. (1983) zur verfassungsrechtlichen Problematik; *Emmons/Prager*, 28 RAND J. Econ. 732-750 (1997) zu den Auswirkungen in Bezug auf Kosten, Preis und Qualität; vgl. auch *Posner*, 3 Bell J. Econ. Manage. Sci. 98-129 (1972); *Williamson*, 7 Bell J. Econ. 73-105 (1976).
656 Das Gegenteil des Exklusivversorgungsrechts ist der sog. Cable Overbuild. Ein solcher Überbau wurde in Deutschland - soweit ersichtlich - nie praktiziert. In den USA fanden sich dagegen 1989 v. den 9500 Kabelinseln 93 im selben Konzessionsgebiet wieder und betrieben Cable Overbuild. Erstmals entdeckt v. *Dawson*, Overbuilds Subject of Study, Cablevision v. 04.04.1983, S. 22 und Touche Ross & Co., Financial and Economic Analysis of the Cable Television Permit Policy of the City and County of Denver, 1983; vgl. insgesamt auch Paul Kagan Associates, Inc., Past - Present, and Pending, Cable TV Franchising.
657 *Schalast/Abrar*, TKMR 2004, S. 74, 75.
658 Zur Problematik der Dienstleistungskonzession vgl. OLG Brandenburg, Verg. 03/01, MMR 2001, 818 ff. m. Anm. *Schalast/Meier-Weigt*, MMR 2001, 821-823.

nungswirtschaft handelt – als Inhaber seiner Liegenschaft dem Kabelnetzbetreiber das Recht zur Versorgung der Mieter mit TV-Signalen und anderen Dienstleistungen über das Breitbandkabel ein. Von seiner Natur her ist der Gestattungsvertrag auf eine längere Vertragsdauer angelegt. In wirtschaftlicher Hinsicht ist der Gestattungsvertrag die Grundlage und die Bedingung der Geschäftstätigkeit für Breitbandkabel-Unternehmen. Ihnen ist daran gelegen, die Amortisation ihrer Investitionen sicherzustellen, um anschließend Gewinne über die versorgten Wohneinheiten zu realisieren. Dem Liegenschaftseigentümer wird daran gelegen sein, qualitativ hochwertige Mediendienstleistungen über das Breitbandkabel zugunsten seiner Mieter für die Dauer der Vertragsbeziehung zu dem Anlagenbetreiber zu erhalten, um seine Immobilie diesbezüglich wirtschaftlich attraktiv zu gestalten und zu erhalten.

bb) Der Signallieferungsvertrag zwischen NE3 und NE4

Der Signallieferungsvertrag ist ein wichtiges vertragliches Konstrukt, das für die weltweit einmalige Trennung der deutschen Breitbandkabelnetze in Netzebenen Symbolcharakter besitzt. Der Vertrag regelt die Modalitäten der Weiterleitung der Signale von den Rechtsnachfolgern der DTAG auf der NE3 an die NE4-Betreiber. Über den Signallieferungsvertrag werden etwa 11 Mio. Endkunden der NE4-Betreiber versorgt. 6 Mio. Kunden werden dagegen von den vertikal integrierten Netzen der großen NE3-Betreiber direkt mit Inhalten bespeist. Derzeit erhalten NE3-Betreiber von der NE4 für die Lieferung der Signale eine Vergütung.

Aufgrund der asymmetrischen Gestaltung des Rabattstaffelungssystems aller NE3-Betreiber beziehen Großabnehmer im Vergleich zu kleineren und mittelständischen Kabelnetzbetreibern die Rundfunksignale zu weitaus günstigeren Konditionen[659]. So weisen beispielsweise die AGB der KDG von November 2002 für die Nutzung von Kabelanschlüssen für einen Einzelnutzervertrag 14,13 Euro aus. Verträge für mehrere Wohneinheiten sind bis 5 Wohneinheiten auf 11,20, für die 6. bis 20. auf 10,30, für die 21. bis 100. auf 6,80, für die 101. bis 500. auf 3,20 und für jede weitere auf 1,55 Euro festgelegt[660]. Die Anzahl der Wohneinheiten, die von reinen NE4-Betreibern versorgt werden, beträgt derzeit etwa 11 Mio.[661].

cc) Der Einspeisevertrag zwischen NE3 und Sendern

Die letzte (Netz-)ebene, die hier beleuchtet werden soll, betrifft die Einspeisung der Programmsignale in Kabelnetze. Die strukturellen und historischen Ausführungen haben verdeutlicht, dass die Einspeisung der Signale in die Kabelnetze an der Stelle der Head-Ends beginnt. Für vertikal integrierte Netzbetreiber und NE3-Betreiber

---

659 Vgl. *Schalast/Rößner*, WuW 2004, S. 595, 597.
660 Die AGB waren noch bis vor kurzem auf der Internetseite der KDG im Internet ausgewiesen. Mittlerweile sind diese nur noch auf Anfrage zu erhalten.
661 Vgl. die Übersicht des Fachverbands Rundfunkempfangs- und Kabelanlagen (FRK), abrufbar unter: <http://www.kabelverband-frk.de/markt/markt.html>.

heißt dies, dass sie die von den Sendern über Satellitentechnik ausgestrahlten Programme an diesen Head-Ends „einfangen" und sie bis zu den Endkunden oder an die NE4-Betreiber im Rahmen der Signallieferungsverträge weiterleiten.[662] Derzeit erhalten die Netzbetreiber für die Einspeisung dieser Signale eine Vergütung, die sog. Einspeisevergütung. Solche Zahlungen erfolgen seitens der Sender auch gegenüber den Satellitenbetreibern. Sie stellen Bandbreiten auf einem Transponder zur Verfügung bzw. strahlen im Gegenzug das jeweilige Programm aus. In letzter Zeit ist neben den eigentlichen Einspeiseverträgen zunehmend die Problematik der Kabelweitersendung nach § 20b UrhG getreten[663]. Nach § 20b Abs. 2 S. 1 UrhG hat das Kabelunternehmen gleichwohl dem Urheber eine angemessene Vergütung für die Kabelweitersendung zu zahlen, wenn der Urheber das Recht der Kabelweitersendung einem Sendeunternehmen oder einem Tonträger- oder Filmhersteller eingeräumt hat. Kabelweitersendung ist nach § 20b Abs. 1 S. 1 UrhG das zeitgleich, unverändert und vollständig weiter übertragene Programm durch Kabelsysteme oder Mikrowellensysteme. Sie kann nur durch eine Verwertungsgesellschaft, wie die GEMA oder die VG Media[664] geltend gemacht werden. Vor Einführung[665] des § 20b UrhG war das Kabelweitersendungsrecht nicht geregelt, sondern war Gegenstand des Kabelglobalvertrages[666] zwischen der DBP und den Sendern, sowie den einzelnen Einspeiseverträgen mit den Sendeunternehmen selbst. Nach dem Veräußerungsprozess der Kabelnetze hat die DTAG auch den Kabelglobalvertrag gekündigt. Trotz der eigens geschaffenen Rechtsgrundlage ist innerhalb der Rechtsprechung und der Literatur vieles streitig[667]. Anlässlich der Einigung zwischen vielen Kabelnetzverbänden und den privaten als auch den öffentlich-rechtlichen Verwertungsgesellschaften liegt eine Verwertungshandlung an einer Kopfstelle dann vor, wenn mehr als 75 Haushalte von ihr versorgt werden[668].

4. Die US-amerikanischen Cable Systems

Ebenso wie in Deutschland stellt Cable[669] (die Breitbandkabelnetze der USA) neben der Satelliten- und terrestrischen Übertragung nur eine Möglichkeit der Verbreitung von Rundfunkinhalten an die Rezipienten dar. Die Penetrationsrate der Kabelnetze

---

662 Private Kabelkopfstationen: Die Lösung für Hausgemeinschaften, Hotels und die NE4, INFOSAT Nr. 203, 2005.
663 *Schalast/Schalast*, MMR 2001, S. 436 ff.
664 Die VG Media ist eine von den Privatsendern gegründete Verwertungsgesellschaft.
665 Eingeführt durch Gesetz v. 08.05.1998 (BGBl. I S. 902).
666 Vertrag über die Weiterübertr. von Fernsehprogrammen in BK-Verteilnetzen v. 21.11.1991.
667 Vgl. nur LG Berlin, MMR 1998, S. 107; *Gounalakis/Mand*, S. 3; *Mand*, GRUR 2004, S. 395 ff.; *Hillig*, AfP 2001, S. 31 ff.
668 *Schalast*, FWW 2004, S. 49 ff.
669 Unter Cable Networks werden die Kabel-Inhalteanbieter verstanden.

liegt Schätzungen zur Folge bei fast 99% aller US-Haushalte.[670] Von den fast 110 Mio. Haushalten mit TV-Anschluss sind daher 108 Mio. anschließbar. Die Zahl der Kabelnutzer liegt aber mit etwa 65 Mio. Haushalten (59%) deutlich unter der potentiellen Nutzerzahl und erlebt seit 1999 einen sukzessiven Rückgang. Auf der anderen Seite wächst der Anteil von Satellitenhaushalten in den USA derzeit stark. Allein im Vergleichzeitraum 2004/2005 hatten die Direct Broadcast Satellites (DBS) DirecTV, EchoStar und Dominion Video Satellite Zuwachsraten von 12,8%. Ihr Anteil an der Rundfunkübertragung beträgt fast 28%. Der digitale terrestrische Rundfunk (Digital Television – „DTV") kommt hier auf immerhin 14% aller versorgten US-Haushalte. Derzeit ist noch nicht abzusehen, wie sich der Anteil der RBOC an der Rundfunkversorgung entwickeln wird. Angesichts der zunehmenden Kooperation der PSTN-Betreiber mit den DBS-Providern und der fehlenden Rückkanalfähigkeit ist aber ein zunehmender Wettbewerbsdruck auf die Kabelnetzbetreiber zu erwarten, der sich bereits jetzt in den abnehmenden Teilnehmerzahlen niederschlägt.[671] Die Umsätze ließen sich in den vergangenen Jahren dennoch stark steigern. Der jährliche Umsatz lag Ende 2005 bei etwa 66 Mrd. Dollar, der operative Cashflow bei fast 26 Mrd. Dollar.[672]

Diese Zahlen lassen sich auch auf die durch erhebliche Investitionen in die Kabelnetze ermöglichten neuen Dienste zurückführen. Die Kabelnetzbetreiber haben seit 1996 mehr als 100 Mrd. Dollar für die Umrüstung auf HFC-Netze ausgegeben, wobei allein in 2004 und 2005 je 10 Mrd. Dollar investiert wurden.[673] Während 2002 der Anteil an der bidirektional aufgerüsteten Infrastruktur 71% betragen hatte, waren dies Ende 2004 fast 93%. Diese Kabelnetze hatten einen technischen Ausbaustand von über 750 MHz, waren also fast durchweg HFC-Netze. Damit besitzen fast alle potentiellen Kabelkunden in den USA die Möglichkeit, interaktive Dienste zu nutzen. Ende 2004 nutzten 21,6 Mio. US-Haushalte Breitbandinternetzugänge über bidirektionale Kabelnetze und wuchsen im Vergleichzeitraum des vorangegangenen Jahres um 15%. Mitte 2005 verzeichnete die FCC bereits 23 Mio. solcher Anschlüsse[674], während 2001 nur etwa 5,1 Mio. Teilnehmer über einen solchen Internetanschluss verfügten. „Internet over Cable" übertrifft die DSL-Versorgung derzeit noch um Längen.[675] Kabeltelefonie hat sich seit 2001 von 1,5 Mio. Endkunden[676] auf 4,5 Mio. verdreifacht[677].

---

670 *Crandall/Furchtgott-Roth*, S. 1; *Parsons*, 16 J. Media Econ. 23, 38 (2003); NCTA, Industry Statistics, Cable Developments 2005, S. 5; *Kagan Research*, Broadband Cable Financial Databook, 2005, S. 11.
671 FCC, MVPD Competition Report 2006, FCC 06-11 (2006), Tz. 28 ff., 72.
672 Ebenda, Tz. 43, Table 4.
673 NCTA, Industry Statistics, Cable Developments 2005, S. 25; Kagan Research, Broadband Cable Financial Databook, 2005, S. 150.
674 FCC, MVPD Competition Report 2006, FCC 06-11 (2006), Tz. 62; NCTA, Industry Statistics, Cable Developments 2005, S. 31.
675 Ebenda; FCC, Trends in Telephone Service Report v. 21.06.2005, S. 2-2 ff.; FCC, High Speed Services for Internet Access, 07.07.2005, S. 2.
676 Primetrica Inc., U.S. VOIP Report, Executive Summary, S. 11.

a) Errichtung der Netze

Die ersten Cable Systems wurden 1948-1950 in Pennsylvania und Oregon errichtet[678]. Auch diese Netze dienten – wie in Deutschland – der Wiederversorgung von Abschattungsgebieten und bergigen Regionen[679]. 1963 war die erste Million Zuschauer über Kabelnetze zu erreicht. Kabel wurde zu dieser Zeit eher als zeitlich begrenzte Technologie gesehen, während das Potential für mehr Wachstum in der TV-Branche in erster Linie von der terrestrischen Übertragung erwartet wurde. Daher waren es waren die kleinen und mittelständischen Betriebe, insbesondere Zulieferunternehmen für terrestrisches Fernsehen und Telekommunikation, die mit der Errichtung der Kabelnetze begannen. Für diese Unternehmen mit Erfahrung im Bereich der Signalübertragung war die Errichtung lukrativ. So fielen aufgrund der geringen Wartungs- und Betriebskosten, sowie der Verteilstruktur der Kabelnetze keine überproportionalen Personalkosten an. Auch bedurfte es keiner manuellen Vermittlung (Switching) wie im Telefonfestnetz. Aufgrund der regelmäßigen monatlichen Teilnehmerentgelte war die Amortisation der Kabelnetzinvestitionen sicher. Entscheidend für den Aufbau der Kabelnetze durch Mittelständler waren steuerliche Abschreibungsmodelle[680]. Eine flächendeckende Verkabelung von einzelnen geographischen Gebieten kam für diese Unternehmer aber aufgrund der extremen Kapitalintensität und der relativ langen Amortisationszeiträume nicht in Frage, weshalb nur der Anschluss einzelner kleinerer Gemeinden und Gebiete erfolgte. Damit entstanden auch in den USA zunächst kleine Inselnetze.[681]

b) Der Einstieg der Broadcaster

Die Kommerzialisierung des Kabelnetzgeschäfts wird häufig auf Bill Daniels zurückgeführt, der 1958 das erste Maklergeschäft für Kabelnetze gründete. Er kommerzialisierte das Kabelgeschäft mithilfe von Private Equity Anteilen und bot seine geschäftsführende Tätigkeit in Kabelunternehmen an[682]. In den darauf folgenden 5 Jahren stiegen größere Unternehmen ins Kabelnetzgeschäft ein, darunter H&B, ein diversifiziertes Elektrounternehmen, das bereits im terrestrischen Fernsehen aktiv war, TelePrompTer, ein im Film- und Theaterbereich agierendes Unternehmen, General Tire, das Eigentümer von RKO General Film Studios war und Warner Communications. Deutlich wurde bereits in den 1960er Jahren das Interesse an Pay-TV, das sog. Premium Services anbieten sollte. So stieg auch das erste Medienkong-

---

677 FCC, MVPD Competition Report 2006, FCC 06-11 (2006), Tz. 62.
678 *Besen/Crandall*, 44 Law Contemp. Prob. 77-124 (1981); *Eisenmann*, 74 Bus. Hist. Rev. 1, 4 (2000); The Great Cable Controversy, Cablevision v. 04.05.1998, S. 16.
679 *Fisher*, 56 Amer. Econ. Rev. 320, 324 (1966).
680 Kabelnetze konnten in fünf bis zehn Jahren abgeschrieben werden, wodurch man die hohe Unternehmenssteuer von 52% umgehen konnte.
681 *Crandall/Furchtgott-Roth*, S. 2; *Besen/Crandall*, 44 Law Contemp. Prob. 77, 80 (1981).
682 Operator and Business (Timeline), abrufbar unter: <http://www.cablecenter.org>; *Parsons*, 16 J. Media Econ. 23, 25 (2003).

lomerat Cox Publishing and Storer Broadcasting ins Kabelnetzgeschäft ein. Dem folgten weitere Sender, die zuvor über terrestrische Netze ihr Programm ausgestrahlt hatten, darunter: CBS, NBC, Time-Life, Newhouse, Westinghouse und Scripps-Howard Broadcasting. Ende 1969 lagen die Eigentumsanteile an Kabelnetzen zu 33% bei ihnen.[683] Sie fürchteten in erster Linie, ihren Einzugsbereich durch expandierende Kabelnetze zu verlieren, die bereits in die terrestrisch versorgten Gebiete eingedrungen waren. Diversifizierung mithilfe von Eigentumsanteilen an Kabel- und terrestrischen Netzen, sog. Cable-Broadcast-Cross-Ownership, war daher eher eine Absicherung, um Gatekeepern zuvor zu kommen und der Volatilität der Umsätze in der abhängigen Werbebranche zu begegnen.[684] Daneben existierten wohl auch allgemeine Diversifikationsabsichten. Zusätzliche Programmangebote in Form von Basic und Premium Services führten zu „Cable Only Channels", die durch Exklusivrechte an Spielfilmen und Sportereignissen für die Ausstrahlung im Fernsehen erstmals zu Pay-TV in der Fernsehgeschichte führten[685].

c) Etablierung von Pay-TV

Bis 1975 konnte sich Pay-TV in den USA aber nicht durchsetzen. Erst kurze Zeit später gelang es Time Inc. sich mit seinem Premium-Service Home Box Office (HBO) durchzusetzen. Nach HBO folgten Showtime, WTBS und neun weitere Premium Inhalteanbieter. Damit setzte sich die Distribution von Pay-TV über Kabel durch[686]. Warner Cable benannte seine Dienste in QUBE um und ermöglichte neben Basic- und Premium Services das erste interaktive bidirektionale Kabelnetz der Welt. Dieses konnte mit Angeboten für Ticketreservierung, Aktienberichten und Abstimmungen bei Quizsendungen aufwarten. Interaktive Dienste dienten der Produktdifferenzierung gegenüber den neu in den Markt getretenen Infrastrukturbetreibern, insbesondere DBS.[687] Die Produktdifferenzierungsstrategie erforderte qualitativ hochwertige Kabeleinrichtungen, so dass zunehmend Glasfaserringe zum Einsatz kamen. Die Kabelnetzbetreiber expandierten bis 1981 enorm und trotz einer Investitionssumme von mehr als 1,5 Mrd. Dollar in Unternehmensbeteiligungen und Übernahmen nahm die Gesamtmarktkonzentration ab. So hatten die acht größten Netzbetreiber 1980 zusammen einen Marktanteil von nur noch 28,6%, während 1976 die ersten acht Betreiber 36.13% Marktanteil besaßen[688]. Zu den fünf größten zählten zu dieser Zeit TelePrompTer, ATC (Time Inc.), TCI, Warner Cable und Cox.

---

683 *Parsons*, 16 J. Media Econ. 23, 25 ff. (2003).
684 *Eisenmann*, 74 Bus. Hist. Rev. 1, 2, 14 (2000).
685 *Eisenmann*, 74 Bus. Hist. Rev. 1, 5 (2000).
686 *Barrington*, in: Hollowell (Hrsg.), The Cable Communications Book: 1977-1978.
687 *Eisenmann*, 74 Bus. Hist. Rev. 1, 16 (2000).
688 Die Zahlen basieren auf Untersuchungen von *Parsons*, 16 J. Media Econ. 23, 26 f. (2003), der diese aus: National Cable Television Association (2000), Broadcasting & Cable Yearbook (1984-1996), Television Factbook (1972-1980), Will the mighty inherit the CATV earth? (1972), Who's Who Among Top Cable Groups (1968); Television Factbook (1969) entnommen und Mittelwerte gebildet hat.

d) Beginn der flächendeckenden Verkabelung

Mit dem Deregulierung der in den Konzessionsgebieten der Einzelstaaten errichteten Kabelnetze durch den 1984 Cable Communications Policy Act begann die flächendeckende Verkabelung und der Wettlauf um letzte, noch nicht verkabelte städtische Gebiete[689]. Der Wert der Kabelnetze verdreifachte sich innerhalb kürzester Zeit. Daher stiegen auch die Endnutzerentgelte für Basic Services zwischen 1986 und 1989 jährlich um 11%, während die landesweite Penetrationsrate um 5% und die Gewinne der Netzbetreiber um 15% zunahmen[690]. Einem verkabelten Haushalt wurde Anfang der achtziger Jahre ein durchschnittlicher Wert von unter 500 Dollar beigemessen. 1989 hatte sich dieser auf 1.277 Dollar mehr als verdoppelt, wobei größere Kabelnetze aufgrund realisierbarer economies of scale mit mehr Teilnehmern einen höheren Wert besaßen als kleinere mit weniger angeschlossenen Teilnehmern.[691] Diese Entwicklung führte zu neuen Marktverhältnissen. Dabei wuchsen die Branchenriesen neben Kabelnetzakquisitionen auch durch internen Ausbau. Bedeutendes Wachstum verzeichneten Comcast und Continental, die bisher weitgehend unbehelligt durch regelmäßige Zukäufe kleinerer Netze ein starkes externes Wachstum aufwiesen. ATC und Warner wurden von Time übernommen und firmierten fortan unter Time Warner Cable. TCI übernahm GroupW, die die Netze von TelePrompTer erworben hatten. Auch Cablevision übernahm eine Reihe von kleineren Netzen, aber auch gemeinsam mit HBO die Viacom Systeme, die 1972 zu den Top 3 der Branche zählten und als Tochter des Senders zum CBS Konzern gehörten.[692] Damit besaßen die größten vier Kabelnetzbetreiber der USA 1989 einen Anteil von 37,7% an allen nationalen Kabelnetzen. Die Teilnehmerzahl stieg von 17,6 Mio. (1980) auf 55,8 Mio. (1990) und die Penetrationsrate anschließbarer Haushalte stieg im gleichen Zeitraum von 23% auf 61%. Durch zahlreiche vertikale Verflechtungen mit Inhalteanbietern entwickelten sich sog. Multiple System Operator (MSO).

e) Der gegenwärtige Markt

Anfang der 1990er Jahre traten DBS-Betreiber (wie bspw. DirecTV) mit finanzieller Unterstützung von Großkonzernen, wie General Electric und General Motors, in den Markt ein. Vorteile hatten diese Betreiber vor allem dadurch, dass sie doppelt so viele Kanäle mit niedrigeren Infrastrukturkosten transportieren konnten. Ferner pflegten die Investoren mit Programmanbietern, wie NBC und News Corp., vertika-

---

689 Innerhalb von 3 Jahren fand ein überproportionaler Anstieg der Teilnehmer in Kabelnetzwerken statt. So weisen die Statistiken v. 1984 bis 1987 ein Wachstum v. 40% (29 auf 41 Mio. Teilnehmer); vgl. bei Warren Publishing, Television and Cable Factbook 1995, S.F-2.
690 GAO, National Survey of Cable Television Rates and Services, GAO/RCED, S. 89 ff.; GAO, Follow-Up National Survey, S. 55 ff.
691 *Soma/Weingarten*, 21 U. Pa. J. Int. Econ. Law 41, 51 (2000); *Eisenmann*, 74 Bus. Hist. Rev. 1, 16 (2000).
692 *Parsons*, 16 J. Media Econ. 23, 32 f. (2003).

le Partnerschaften oder waren über Konzernverflechtungen direkt vertikal integriert. Der Rückgang der Nachfrage nach Kabelfernsehen begünstigte weitere Konsolidierungen im Kabelnetz. Von Vorteil war diese Entwicklung vor allem für größere, mit Inhalten vertikal integrierte Netzbetreiber. Sie waren gezwungen, die hohen Fixkosten der Programmproduktion und des Lizenzerwerbs auf mehrere Teilnehmer zu verteilen. Dieser ökonomische Anspruch schlug sich in einer Fusionswelle nieder. Allein 1999 wurden 5 der 10 größten Kabelnetzbetreiber akquiriert, darunter Times Mirror Cable, E.W. Scripps, Colony Communications, sowie die ältesten Kabelnetzbetreiber der USA, etwa Viacom und Newhouse.

Neben dieser intramodalen Zusammenschlusswelle gab es in den USA einen Trend zur Verschmelzung von Kabelnetzbetreibern und Common Carrier. Die FCC genehmigte den Zusammenschluss zwischen dem damals größten Kabelnetzbetreiber TCI und dem IXC AT&T[693]. Der Zusammenschluss hatte ein Transaktionsvolumen von 48 Mrd. Dollar. Von dieser Übernahme erwartete AT&T, endlich in den Local Bereich der RBOC eindringen zu können, was dem Konzern bis dahin nur an ausgewählten Standorten von Großunternehmen gelungen war. Diese Entwicklung wurde durch die Zusammenschlüsse AT&T/MediaOne[694], AT&T Comcast/AT&T, Comcast[695] (und AOL/Time Warner[696]) fortgesetzt. Die Cable/Telco-Fusionen schlugen nach Vollzug aufgrund finanzieller und anfänglicher technischer Schwierigkeiten fehl. Mit der Veräußerung der AT&T(Broadband)-Anteile an Comcast hat sich der nunmehr von der ehemaligen RBOC-Tochter SBC übernommene Mutterkonzern AT&T endgültig von den Kabelnetzen getrennt.

Zu den Top 6 der Branche zählten Mitte 2005 Comcast mit 21,5 Mio., Time Warner mit 10,9 Mio., Cox Communications mit 6,3 Mio., Charter Communications mit 6 Mio., Adelphia Communications mit 4,9 Mio. und Cablevision Systems mit 3 Mio. Kabelnetzteilnehmern.[697] Mit Insolvenz von Adelphia und Übernahme[698] durch Time Warner und Comcast vereinigen die fünf größten Kabelnetzbetreiber der USA auf sich einen Marktanteil von etwa 80%.

---

[693] AT&T Corporation/Tele-Communications, Inc., Memorandum Opinion & Order, FCC 99-24, 14 FCC Rec. 3160 (1999), (AT&T/TCI, Merger Order).
[694] AT&T Corporation/MediaOne Group, Inc., Memorandum Opinion & Order, FCC 00-202, 15 FCC Rec. 9816 (2000), (AT&T/MediaOne, Merger Order).
[695] AT&T Comcast Corp./AT&T Corp and Comcast, Memorandum Opinion & Order, FCC 02-310 (2002), (AT&T Comcast/AT&T, Comcast, Merger Order).
[696] AOL/Time Warner, Memorandum Opinion & Order, FCC 01-12, 16 FCC Rec. 6547 (2001), (AOL/Time Warner, Merger Order); AOL besaß damals keine Infrastruktur.
[697] Zu den Zahlen FCC, MVPD Competition Report 2006, FCC 06-11 (2006), Tz. 37, Table 2; eine laufend aktualisierte Fassung findet sich auch auf der Website der National Cable & Telecommunications Association (NCTA), abrufbar unter: <http://www.ncta.com>.
[698] Der Zusammenschluss ist bei der FCC rechtshängig unter Adelphia Communications, Time Warner, Inc., Comcast Corporation, FCC 05-192 (2005), (Adelphia/TW/Comcast).

IV. Regulierungstheorien für die Telekommunikation

1. Die ökonomische Theorie des natürlichen Monopols

Ein für die gesamte Telekommunikationsindustrie wesentliches Interventionsargument wurde lange Zeit in der ökonomischen Theorie des natürlichen Monopols gesehen. Wurde bislang von Wettbewerb als die geeignete Steuerungskraft für eine optimale Ressourcenallokation gesprochen, können Faktoren vorliegen, die bei mehreren Marktteilnehmern zu volkswirtschaftlicher Verschwendung führen[699]. Im Gegensatz zu einem einfachen Monopol, das seine Gewinne maximiert, wenn die Grenzkosten den Grenzerlös decken, hat ein natürliches Monopol eine stetig abfallende Durchschnittskostenfunktion. Dies impliziert, dass auch die Grenzkosten, d.h. die Kosten einer weiteren Mengeneinheit nicht zunehmen, sondern abfallen.[700] Folgerichtig können sich Grenzkosten und Grenzerlös im Falle der Annahme eines stetig degressiven Verlaufs der Grenzkosten nie decken. Würde das Unternehmen zu Grenzkosten anbieten (first best solution), wäre das Ergebnis zwar allokativ effizient, auf Dauer würde das Unternehmen jedoch einen Verlust erleiden und zum Marktaustritt gezwungen sein. Deckt der natürliche Monopolist mit einer Preissetzung seine langfristigen Durchschnittskosten (second best solution), entsteht ein Wohlfahrtsverlust in Höhe der reduzierten Ausbringungsmenge.[701] Im Vergleich zum Wohlfahrtsoptimum bei Wettbewerb ergeben sich bei einem natürlichen Monopol daher allokative Ineffizienzen durch überhöhte Preise und suboptimale Produktionsmengen aus der Natur der jeweiligen Industrie[702].

a) Subadditivität

Natürliche Monopole sind in erster Linie auf „Unteilbarkeiten" zurückzuführen. Das Vorliegen von Unteilbarkeiten bedeutet eine Abweichung von der Annahme, dass sämtliche Güter bzw. Produktionsfaktoren stetig und beliebig teilbar sind[703]. Hieraus erklärt sich die subadditive Kostenfunktion. Sie ist dann gegeben, wenn ein bestimmter Output von einem einzelnen Betrieb zu geringeren Totalkosten produziert werden kann als von jeder größeren Zahl von Unternehmen. M.a.W.: Die Subadditivität der Totalkosten ist immer dann gegeben, wenn keine Aufteilung der Gesamtproduktion auf zwei oder mehr Betriebe möglich ist, ohne dass sie zu höheren Ge-

---

699 *Schumann/Meyer/Ströbele*, S. 291; *Kruse*, in: Immenga/Kirchner/Knieps/ders. (Hrsg.), S. 73.
700 *Mankiw*, S. 357.
701 *Schumann/Meyer/Ströbele*, S. 292; *Mankiw*, S. 356 f.; *Varian*, Grundzüge der Mikroökonomik, S. 412; *Train*, The Economic Theory of Natural Monopoly, 1991, S. 14 ff.
702 *Kruse*, in: Immenga/Kirchner/Knieps/ders. (Hrsg.), S. 73, 75.
703 *Sharkey*, The Theory of Natural Monopoly, 1982, S. 8; *Tenhagen*, S. 59; *Fritsch/Wein/Ewers*, S. 186.

samtkosten führt als bei der Produktion in einem Betrieb.[704] In der Konsequenz wird nur ein Anbieter am Markt verbleiben. Falls daher ein Anbieter den Markt kostengünstiger bedienen kann als eine Mehrzahl von Anbietern, ist ein natürliches Monopol zwingend gegeben.[705]

b) Größen- und Verbundvorteile

Die Subadditivität der Kostenfunktion können auf unterschiedliche Gründe zurückgeführt werden. Wurde Subadditivität lange Zeit in Größenvorteilen gesehen und diese als hinreichend für das Vorliegen eines natürlichen Monopols begriffen[706], ist später das Konzept des natürlichen Monopols analytisch präzisiert und der Zusammenhang zum Konzept der Größenvorteile untersucht worden[707]. Danach implizieren weit reichende Größenvorteile zwar grundsätzlich fallende Durchschnittskosten und sind im Einproduktfall für das Vorliegen eines natürlichen Monopols hinreichend. Für den relevanten Verlauf der Kostenfunktion durchgängige economies of scale sind aber keine notwendige Bedingung der Subadditivität. Es könnten daher auch andere Erklärungen existieren.[708] Im Mehrproduktfall, d.h. wenn unterschiedliche Güter oder Dienste angeboten werden, sind Größenvorteile hingegen weder notwendig, noch hinreichend[709]. Denn obwohl die Durchschnittskosten eines solchen Güterbündels (sog. Ray average costs) aufgrund der Annahme von Größenvorteilen einen abnehmenden Kostenkurvenverlauf aufweisen können, ist denkbar, dass eine Aufteilung der Produktion auf mehr als eine Unternehmung zu kostengünstigeren Bedingungen führt. Notwendig für den Mehrgüterfall ist daher, dass Verbundvorteile vorliegen. Dann wäre es für ein Unternehmen kostengünstiger, alle Produkte gemeinsam zu produzieren. Genauso wenig sind aber Verbundvorteile im Mehrproduktfall allein fähig, ein hinreichendes Argument für Subadditivität zu begründen[710]. Vielmehr ist hierfür die Abwesenheit oder die Überkompensation von Spezialisierungsvorteilen erforderlich[711]. Auch für die Telekommunikationsmärkte ist der Mehrproduktfall wie in fast allen leitungsgebundenen Industriezweigen relevant. So sind im Eisenbahnwesen Lokal- und Fernverkehr, aber auch die Wartung und In-

---

704 *Baumol*, 67 Amer. Econ. Rev. 809, 810 (1977); *Kruse*, in: Immenga/Kirchner/Knieps/ders. (Hrsg.), S. 73, 76; *Möschel*, WuW 1986, S. 555, 557.
705 *Sharkey*, The Theory of Natural Monopoly, S. 54 ff.; *Train*, The Economic Theory of Natural Monopoly, 1991, S. 12; *Meyer/Wilson/Baughcum/Burton/Caouette*, S. 111 ff.; *Kahn*, The Economics of Regulation, Vol. II, S. 123; *Posner*, 21 Stan. Law Rev. 548 (1969); *Knieps*, in: Horn/ders./Müller (Hrsg.), S. 41; *Knieps/Brunekreeft*, S. 11; *Fritsch/ Wein/Ewers*, S. 186; *I.Schmidt*, S. 36; *Tenhagen*, S. 59; *Baumol*, 67 Amer. Econ. Rev. 809, 819 (1977); *Knieps*, MMR 1998, S. 275, 276; *Lang*, Der Bürger im Staat 1999, S. 221.
706 *Knieps*, Wettbewerbsökonomie, S. 24; *Tenhagen*, S. 59; *Kim*, 54 Economica 185 ff. (1985).
707 *Baumol*, 67 Amer. Econ. Rev. 809 ff. (1977); vgl. *Knieps*, Wettbewerbsökonomie, S. 24.
708 Ebenda.
709 *Baumol*, 67 Amer. Econ. Rev. 809, 817 (1977), Proposition 11.
710 *Sharkey*, The Theory of Natural Monopoly, 1982, S. 68.
711 *Tenhagen*, S. 64.

standhaltung in Betracht zu ziehen. In der Trinkwasserversorgung kann man die Wassergewinnung, -aufbereitung, -speicherung einerseits und den Transport, sowie die Verteilung andererseits disaggregiert betrachten.[712] In der Telekommunikation kann man neben einer Differenzierung zwischen Orts- und Ferngesprächen[713] auch den Internetzugang[714] und die Rundfunkübertragung als Elemente eines Mehrproduktunternehmens ansehen. Breitbandkabelnetzbetreiber und Satellitenbetreiber mit digitalem Pay-TV-Angebot stellen ihren Endkunden Basis- und Premiuminhalte zur Verfügung, könnten Internetzugänge bereitstellen und Sprachtelefonie anbieten.[715] Gerade in der Telekommunikation entwickeln sich die Bedürfnisse der Endkunden dynamisch. Auch ist das Angebot der Unternehmen auf ein breites Portfolio gestellt. Aus diesem Grund ist das Bestehen von Größenvorteilen allein auch nicht in der Lage, der theoretischen Grundlage des natürlichen Monopols gerecht zu werden, da nur im Einproduktfall Größenvorteile über den relevanten Bereich hinreichendes Kriterium für das Vorliegen eines natürlichen Monopols darstellen.

c)   Kostenbestimmende Faktoren eines natürlichen Monopols

Kostendegressionen basieren in der leitungsgebundenen Industrie im Gegensatz zu herkömmlichen Industriezweigen nicht nur auf Mindesteinsatzmengen der Produktionsfaktoren. Die Gründe der Subadditivität werden vielmehr in Bündelungsvorteilen gesehen[716]. Solche lassen sich auf Agglomerationsvorteile, stochastische Größenersparnisse und auf das besondere Verhältnis von Leitungskapazität und Materialkosten zurückführen.

Als wichtigster Bündelungsvorteil in Netzindustrien ist der Agglomerations- oder Dichteeffekt (economies of density) zu nennen. Von einem solchen spricht man dann, wenn sich Kostenvorteile der Errichtung einer bestimmten Infrastruktur aus einer höheren Nachfragemenge pro Quadratkilometer ergeben[717]. So macht es häufig Sinn – und so ist letztlich auch die gesamte Architektur konzipiert worden[718] – die Teilnehmer des Sprachtelefonfestnetzes innerhalb von geographisch dicht besiedelten Städten in Teilnehmervermittlungsstellen eines Ortsnetzes zusammenzufassen und von hier aus die Vermittlungsstellen miteinander (über Fernvermittlungsstellen) zu vernetzen. Da sich die Kapazität von Leitungen aus ihrem Querschnitt ergibt und das Volumen von Leitungen bei einer Vergrößerung des Durchschnitts rascher wächst als der Leitungsumfang, der letztlich die Kosten bestimmt, nehmen die Materialkosten bei einer Kapazitätsverdopplung erfahrungsgemäß nur um Zwei Drittel

---

712   *Sauer*, S. 27, 30.
713   *Brunekreeft*, S. 7.
714   *Vogelsang*, MMR Beilage 3/2003, S. 6, 12.
715   Vgl. *Shy*, The Economics of Network Industries, S. 148 f.; *Train*, The Economic Theory of Natural Monopoly, 1991, S. 115 mwN.
716   *Kruse*, in: Immenga/Kirchner/Knieps/ders. (Hrsg.), S. 73, 76 f.; *Knieps*, in: Horn/ders./Müller (Hrsg.), S. 41 ff.; *Knieps*, Wettbewerbsökonomie, S. 22.
717   *Kruse*, in: Immenga/Kirchner/Knieps/ders. (Hrsg.), S. 73, 77.
718   Vgl. statt vieler nur *Koenig/Loetz/Neumann*, S. 30 f.

zu (sog. Zwei-Drittel-Regel)[719]. Stochastische Größenersparnisse bzw. Durchmischungseffekte ergeben sich bei leitungsgebundenen Industrien dadurch, dass der Netzbetreiber durch die heterogene Nachfrage zu unterschiedlichen Zeiten eine zeitliche Glättung der Gesamtnachfrage erfährt. Damit vermindert sich die Spitzenlast im Verhältnis zur Normalbelastung. Damit muss der Netzbetreiber mit zunehmender Netzgröße verhältnismäßig weniger Reservekapazität bereitstellen[720]. Durchmischungseffekte führen daher bei der Zusammenschaltung von Netzen zu Produktivitätsvorteilen. Bündelungsvorteile schlagen sich insgesamt als Kostendegressionen nieder. Es ist damit weniger als doppelt so teuer, doppelt so viele Waren, Güter oder Informationen von einem Punkt zum anderen zu transportieren.

Aus diesen Bündelungsvorteilen folgt ein Gesetz der Distanzkostendegression: Die durchschnittlichen Transportkosten pro Kilometer sinken mit der Entfernung, die über das Netz überwunden werden muss.[721]

d) Zusammenhang zu den wettbewerbskonzeptionellen Leitbildern

Diese kurze Darstellung der Besonderheiten des Marktversagens in der Telekommunikation legt nahe, dass die wettbewerbskonzeptionellen Leitbilder ebenfalls „versagen". Nach Hoppmann liegt hier beispielsweise eine natürliche Einschränkung der Wettbewerbsfreiheit vor. So ist er der Ansicht, dass weit economies of scale und Marktaustrittsschranken (barriers to exit) einen wettbewerblichen Ausnahmebereich begründen würden.[722] Nach dem klassischen SCP-Ansatz müsste in diesen Märkten global interveniert werden, um das Marktergebnis zu korrigieren[723].

Natürliche Ausnahmebereiche werden von den Vertretern der Chicago School verneint. Als generelle Regel stellen sie auf, dass Investitionen in jeden Markt fließen würden, sofern die Rendite hoch genug sei.[724] Markteintrittsbarrieren schaffe allein der Staat. In den meisten Märkten wäre man – ihrer Auffassung[725] nach – besser bedient, sofern Markteintritt und Marktaustritt unreguliert erfolgen würden. Für Märkte, die imperfekt sind und wettbewerblich unerwünschte Marktergebnisse liefern, weisen sie darauf hin, dass ein staatliches Eingreifen nur dann gerechtfertigt erscheine, wenn es zu einem besseren Marktergebnis – die Kosten der Intervention eingeschlossen – führe. Aufgrund der komplexen Struktur und der Ungewissheit über die optimale Struktur dieser Märkte wird ein staatliches Eingreifen mit einem effizienteren Ergebnis bezweifelt[726].

---

719 *Blankart/Knieps*, 1992, Bd.11, S. 73, 74 f.; *Knieps*, Wettbewerbsökonomie, S. 22; *Fritsch/Wein/Ewers*, S. 188, 257.
720 *Knieps*, Wettbewerbsökonomie, S. 22; *Blankart/Knieps*, 1992, Bd.11, S. 73, 74; *v. Weizsäcker*, WuW 1997, S. 572, 573 f.; *Fritsch/Wein/Ewers*, S. 188.
721 *V. Weizsäcker*, WuW 1997, S. 572, 573.
722 *Hoppmann*, in: Schneider (Hrsg.), S. 11, 23; *Hoppmann*, JNSt 1973, S. 161 ff.
723 *Knieps*, in: Horn/ders./Müller (Hrsg.), S. 41.
724 *Hovenkamp*, Federal Antitrust Policy, S. 61.
725 Statt vieler *Demsetz*, 72 Amer. Econ. Rev. 47 (1982).
726 *Easterbrook*, in: Jorde/Teece (Hrsg.), S. 119; *ders.*, 84 Mich. L. Rev. 1696 (1986).

e) Wohlfahrtstheoretische Umsetzung – Kettenreaktion der Regulierung

Die Auffassung der Chicago School ließ sich auch angesichts ihrer jungen Erscheinung in der wirtschaftswissenschaftlichen Auseinandersetzung in keinem der hier betrachteten Industriestaaten durchsetzen. Für Wirtschaftssektoren mit natürlichen Monopoleigenschaften wurde das Versagen des Marktes angenommen und sollte durch notwendige Eingriffe reguliert werden[727]. Angesichts der intuitiven Entwicklung der Theorie des natürlichen Monopols in Netzsektoren waren in erster Linie diese als Bereichsausnahmen des Wettbewerbs vorgegeben. Für alle dieser Sektoren ergab sich dieses Bedürfnis auch vor dem Hintergrund der nationalen Sicherheit und der sozialen Wohlfahrt. Man konnte den Sektor daher auch nicht dem „Zufall" des Wettbewerbs überlassen, sondern musste ihn strategisch aufbauen und seine Funktionsfähigkeit gewährleisten können.

aa) Marktzutrittsbeschränkungen

Im Falle offenen Marktzutritts befürchtete man ineffiziente Kostenduplizierungen, die zu höheren Preisen der Nachfrager geführt hätten. In der Folge würde die Konsumentenrente abnehmen. Es entstünde ein ineffizientes Marktergebnis. Folglich war die Ausschöpfung aller Subadditivitätskriterien von zentraler Bedeutung, um ein effizientes Marktergebnis zu erreichen. Hieraus wurde die Notwendigkeit von gesetzlichen Marktzutrittsbeschränkungen abgeleitet.[728] Die Bereichsausnahme erforderte weit reichende Marktzutrittsbeschränkungen, die rechtlich als Verbot ausgestaltet waren und nur einem privatwirtschaftlichen Unternehmen unter strenger Kontrolle übertragen oder als Staatsaufgabe begriffen wurden.

bb) Preis- und Rentabilitätskontrollen

Ein weiteres wohlfahrtstheoretisches Problem bei Marktzutrittsbeschränkung bestand auch in der Frage der richtigen Preisfestsetzung durch Regulierung.[729] Denn will man keine zu hohen Ineffizienzen infolge zügelloser Marktmacht, muss man den Preis bestimmen. Gleichzeitig soll aber eine über der first best solution liegende Kostendeckung (d.h. mindestens im Bereich der Durchschnittskosten) gegeben sein, damit keine volkswirtschaftlich unerwünschte Beeinträchtigung des Monopols entsteht. Das regulatorische Maßnahmebündel für natürliche Monopole hielt hierfür unterschiedliche Ansätze einer Preis- und Rentabilitätskontrolle bereit. Der prominenteste Ansatz ist die sog. public interest theory. Sie ist dadurch gekennzeichnet, dass von der Regulierungsbehörde erwartet wird, das Marktversagen vollständig durch eine geeignete Preisstruktur korrigieren zu können. Nach der rate of return

---

727 *Kahn*, The Economics of Regulations Principles and Institutions, S. 3.
728 *I.Schmidt*, S. 45.
729 *Train*, The Economic Theory of Natural Monopoly, 1991, S. 14 ff.

Regulierung wurde dem preisregulierten Unternehmen nach Abzug der übrigen Betriebskosten eine angemessene Rendite des eingesetzten Kapitals überlassen[730].

cc) Versorgungsfunktion von Netzen

Während Marktzutrittsbeschränkungen und Preis- und Rentabilitätskontrollen ihre Rechtfertigung allein auf Grundlage der subadditiven Kostenfunktion erfahren, bestand auch das eingangs erwähnte soziale Risiko, Netze allein dem Wettbewerb zu überlassen. Denn in allen Netzwirtschaftsbereichen, sei es Energie, Wasser, Verkehr, Telefonie, Rundfunke etc., wird die elementare Aufgabe des Staates in ihrer Gewährleistung gesehen, so dass sie in den allermeisten Ländern zu einer verfassungsrechtlich garantierten Grundversorgung ausgestaltet und abgesichert ist. Allen Teilnehmern des Fernsprechnetzes sollten daher gleiche Bedingungen eingeräumt werden. Dem Monopolisten wurden Kontrahierungszwang und Konditionenfestsetzung auferlegt. Dies stand zwar im Widerspruch zu den ökonomischen Gegebenheiten. Denn Gebiete, die keine besonders hohen Dichtevorteile aufweisen, sind auch ökonomisch nicht unbedingt gewinnbringend. Diese Universaldienste wurden dann meist durch Überschüsse (ökonomische Gewinne) aus anderen Teilmärkten gedeckt, so dass eine interne Subventionierung aus lukrativen Teilmärkten die defizitären Versorgungsgebiete decken konnte.[731] Beispiele solcher Quersubventionierungen finden sich vor allem in den Tarifunterschieden zwischen Geschäfts- und Endkunden[732]. Auch vor diesem Hintergrund war eine Marktzutrittsbeschränkung notwendig, um der Gefahr vorzubeugen, dass andere Unternehmen den teils überhöhten Marktpreis unterbieten (sog. Rosinenpicken – „Cream Skimming")[733] und damit die Finanzierungsgrundlage der Grundversorgungsfunktion unterlaufen. Gleichzeitig ermöglichte die interne Subventionierung die Entlastung des Staatshaushaltes.

Die Marktzutrittsregulierung ist insofern notwendige Folge des Kontrahierungszwangs, der wiederum eine notwendige Folge der Qualitäts- und Konditionenregulierung ist, die sich ihrerseits aus der Preisregulierung ergibt. Diese sog. Kettenreaktion der Regulierung wurde daher auch weitestgehend vollständig auf den Märkten der Telekommunikation umgesetzt und war lange Zeit eine international anerkannte Handlungsempfehlung der Regulierung natürlicher Monopole.[734]

---

730 *Müller/Vogelsang*, S. 47.
731 *Knieps*, in: Horn/ders./Müller (Hrsg.), S. 42 f.
732 Statt vieler nur *White*, U.S. Public Policy toward Network Industries, S. 22.
733 *I.Schmidt*, S. 46; *Johnson*, 60 Amer. Econ. Rev. 204, 206 (1970).
734 *Knieps*, Wettbewerbsökonomie, S. 22, 79.

2. Contestable Markets Theory

Die ökonomischen und sozialpolitischen Handlungsempfehlungen, die aus der Theorie natürlicher Monopole folgten, wurden hauptsächlich durch das 1982 entwickelte Konzept bestreitbarer bzw. angreifbarer Märkte (sog. Contestable Markets Theory)[735] in grundsätzlicher Hinsicht in Frage gestellt. Den Kern der Überlegungen im Rahmen dieser Konzeptionen nimmt die Disziplinierungswirkung des potentiellen Wettbewerbs ein. In einem „perfectly contestable market" wird ein effizientes Marktergebnis erreicht, da das Drohpotential des potentiellen Wettbewerbs ausreichende Disziplinierungswirkung auf aktuelle Wettbewerber hat. Sogar der Extremfall eines natürlichen Monopols, in dem also Subadditivität besteht und folglich nur ein Anbieter den Markt kostengünstiger bedienen kann als jede andere Zahl von Wettbewerbern, ist danach nicht durch Marktmacht gekennzeichnet. Sind die Bedingungen der Contestable Markets Theory vollständig erfüllt, so wird ein hit-and-run entry möglich. D.h. sobald der etablierte Anbieter ineffizient produziert, seine Preise erhöht bzw. seine Ausbringungsmenge reduziert oder in irgendeiner anderen Weise Konsumenten ausbeutet[736], treten potentielle Wettbewerber auf den Markt. Entscheidend für die hit-and-run Strategie ist die Möglichkeit der potentiellen Wettbewerber, in den Markt einzutreten, den überhöhten Preis des Altsassen zu unterbieten und ihm damit Marktanteile abzugewinnen und noch bevor der Altsasse hierauf mit Preisänderungen reagieren kann (sog. Bertrand-Nash Verhaltensannahme), den Markt wieder zu verlassen. Damit wird aus Sicht der Contestable Markets Theory der etablierte Unternehmer nicht durch den aktuellen Wettbewerb, sondern allein aufgrund des Drohpotentials des hit-and-run entry, mithin durch potentiellen Wettbewerb diszipliniert[737]. Konsequenterweise erwirtschaften die Altsassen in einem perfekt angreifbaren Markt, sogar im natürlichen Monopol und im Oligopol keine Gewinne. Der Marktpreis entspricht annähernd den Grenzkosten[738]. Das wohl wichtigste Wohlfahrtskriterium perfekt bestreitbarer Märkte ist die Abwesenheit von Ineffizienzen. Denn genauso wie das Preissetzungsverhalten potentielle Wettbewerber zum Markteintritt bewegt, lädt das etwaig an den Grenzkosten produzierende natürliche Monopol zum Markteintritt ein, sofern es seine Inputfaktoren nicht effizient gestaltet.

Folgt man der Contestable Markets Theory so ergeben sich denknotwendig zwei mögliche Wettbewerbsszenarien[739]. Bei Annahme dauerhaft ineffizienter Produktion des Monopolisten oder überhöhter Preise findet ein umfassender Markteintritt poten-

---

735 *Baumol/Panzar/Willig*, Contestable Markets and the Theory of Industry Structure, 1982; ausf. Zsf. bei *Brock*, 91 J. Polit. Economy 1055 ff. (1983).
736 *Bailey*, 71 Amer. Econ. Rev. 178 (1981).
737 *Baumol*, 72 Amer. Econ. Rev. 1, 4 (1982). Die Grenzkosten werden aber deshalb nicht erreicht, weil im Falle der Durchschnittskostendegression im relevanten Bereich der Nachfrage ein permanenter Verlust entstünde, s.o. Teil 1: B.IV.1., S.147.
738 *Baumol/Panzar/Willig*, Contestable Markets and the Theory of Industry Structure, S. 7 f.
739 So auch *Koenig/Vogelsang/Kühling/Loetz/Neumann*, S. 24.

tieller Konkurrenten statt. Dann entspricht das Marktergebnis langfristig dem Zustand des vollständigen Wettbewerbs. Ist der Monopolist aber nicht dauerhaft ineffizient und produziert ständig an seinen Durchschnittskosten, so lohnt sich der Marktzutritt für potentielle Wettbewerber nicht, da keine niedrigeren Preise am Markt angeboten werden können als die des effizient und annähernd zu Grenzkostenpreisen anbietenden Monopolisten. Folglich bleibt es bei einem effizienten Monopol. Dieses bietet zwar nicht direkt zu Grenzkosten an, d.h. es existiert keine first best solution. Stattdessen wird aber zu Durchschnittskostenpreisen angeboten, weshalb eine Preisregulierung überflüssig wird. Ein weiteres wichtiges Problem, das über die Theorie der Contestable Markets gelöst wird, ist die Preisgestaltung im Mehrproduktfall. Wird nämlich in einem Teilmarkt unterhalb der Durchschnittskosten produziert, d.h. findet eine Quersubventionierung aus einem anderen Teilmarkt statt, so liegen die Preise in letzterem Markt über den Durchschnittskosten. Damit führt im Mehrproduktfall ein ineffizientes Teilmarktergebnis zum Markteintritt eines potentiellen Wettbewerbers. Im Wissen um die Anreizwirkung potentieller Konkurrenten in den Teilmarkt einzutreten, wird das Unternehmen daher für jedes Produkt seines Güterbündels den Durchschnittskostenpreis festsetzen. Es werden daher sog. Ramsey-Preise verlangt.

a) Voraussetzungen eines angreifbaren Marktes

Die Voraussetzungen eines vollkommen bestreitbaren Marktes hängen von den zwei fundamentalen Grundannahmen, freier Marktzutritt und kostenloser Marktaustritt, ab[740]. Freier Markteintritt bedeutet nicht, dass der Markteintritt kostenlos oder leicht ist, sondern nur, dass die Marktneulinge keine Kostennachteile gegenüber dem aktiven, bereits am Markt etablierten Unternehmen haben[741]. Solche Asymmetrien können in Bezug auf Zugang zu Absatz- und Beschaffungsmärkten und in der Verfügbarkeit der bestmöglichen und zugleich kostengünstigsten Technologie bestehen. Bereits die Erkenntnis ungünstiger Marktaustrittsbedingungen kann aber ein Unternehmen am Markteintritt behindern. Im Rahmen der Contestability Konzeption wird daher kostenloser Marktaustritt für die Annahme eines angreifbaren Marktes explizit vorausgesetzt. Kostenloser Marktaustritt bedeutet, dass jeder Marktneuling den Markt wieder verlassen kann, ohne dabei für die durch den Marktzutritt verursachten Kosten einen Verlust zu erleiden[742].

---

740 *Baumol*, 72 Amer. Econ. Rev. 1, 3 (1982); *Bailey*, 71 Amer. Econ. Rev. 178 (1981).
741 *Baumol*, 72 Amer. Econ. Rev. 1, 3 f. (1982). *Knieps*, Wettbewerbsökonomie, S. 29; *Train*, The Economic Theory of Natural Monopoly, 1991, S. 303.
742 *Knieps*, Wettbewerbsökonomie, S. 29; *Train*, The Economic Theory of Natural Monopoly, 1991, S. 303.

b) Versunkene Kosten (sunk costs)

Tatsächlich ist es der Verdienst von Baumol, Panzar und Willig mit der nachfolgenden Präzision der Beständigkeit natürlicher Monopole den Blick für die Bedeutung der sog. versunkenen Kosten (sunk costs) geschärft zu haben.[743] Versunkene Kosten sind solche, die einmal in einem Markt eingesetzt, nicht mehr rückgängig gemacht werden können[744]. Diese Irreversibilität beruht darauf, dass einige Investitionsobjekte für eine bestimmte Verwendung spezifisch sind und in jeder anderen Verwendung einen signifikant geringeren Wert aufweisen. Diese als Marktaustrittsschranken begriffenen Kosten stellen daher gleichsam Marktzutrittsschranken dar[745].

Gerade bei leitungsgebundenen Netzen treten Irreversibilitäten als Marktirreversibilitäten auf, bei der alle Wert erhaltenden Verwendungen innerhalb des betrachteten geographischen Gebietes verbleiben. Bei Telekommunikationsnetzen entfällt ein Großteil der Kosten auf Tiefbaumaßnahmen zur Verlegung von Leitungen und hierfür erforderliche Rohrleitungen. Bei Breitbandkabelanlagen werden die Tiefbauarbeitskosten auf 60-80% der Gesamtkosten zur Errichtung eines funktionsfähigen Breitbandkabelnetzes geschätzt.[746] Diese fallen bei einem Marktaustritt erneut an, sind also versunken. Keine versunkenen Kosten stellen Signalverstärkungseinrichtungen, Signalverteiler, SAT-/CATV-Verteiler und ganze Head-Ends dar, da ihre Installation und Wiederverwendung keine höheren als den Anschaffungswert aufzehrenden Kosten verursachen. Genauso wenig sind die Vermittlungs- und Modemeinrichtungen für Kabel- und Telefonfestnetz versunken. Sie können bei Kündigung des Endkunden an anderer Stelle erneut eingesetzt werden.

Es wird teilweise darauf verwiesen, dass MZS im Sinne der Contestable Markets Theory signifikant von der Stigler'schen Definition abwichen, obwohl die Vertreter selbst eine Abweichung dementieren[747]. Denn Stigler betrachte die Kostenasymmetrie zwischen etablierten und potentiellen Marktteilnehmern ex-post, stelle also auf die Kosten in der Vergangenheit und der Gegenwart ab, wohingegen Baumol u.a. auf eine gegenwärtige Bedingungsasymmetrie abstellen würde.[748] Diese Divergenz ist formal betrachtet zutreffend. Praktisch umgesetzt ergibt sich allerdings ein Gleichlauf, so dass eine formale Betrachtung der Kritik eines flüchtigen Blickes ausgesetzt ist. Wie Knieps und Areeda[749] zutreffend anmerken, verleibt für die von Stiglers Definition erfassten Sachverhalte nur eine begrenzte Auswahl. Erfasst werden zum einen knappe Ressourcen, also Inputfaktoren, und andererseits Kapitalbar-

---

743 *Baumol/Panzar/Willig*, Contestable Markets and the Theory of Industry Structure, 1982; ausf. Zsf. bei *Brock*, 91 J. Polit. Economy 1055 ff. (1983).
744 *Baumol/Panzar/Willig*, Contestable Markets and the Theory of Industry Structure, S. 280 ff.; *Knieps*, in: Horn/ders./Müller (Hrsg.), S. 45.
745 *Schwalbach*, ZfB 1986, S. 713, 717; vgl. hierzu auch Monopolkommission, 29. Sondergutachten 1999, Tz. 67.
746 *Kopp*, S. 102; *Dernedde/Jessen*, Kap. 3, S. 3.
747 *Baumol*, 72 Amer. Econ. Rev. 1, 3 f. (1982)
748 *Gey*, S. 55 f.
749 Widersprüchlich *Turner*: *Areeda/ders.*, S. 409 und *Kaysen/ders.*, Antitrust Policy, S. 73 f.

rieren infolge von Risikoasymmetrien[750]. Die praktische Relevanz solcher Kapitalbarrieren wurde bereits früh von Posner[751] angezweifelt, so dass als einzige Bedingungsasymmetrie knappe Inputfaktoren ursächlich für MZS sein können[752]. Tatsächlich lässt sich der Zusammenhang zwischen Stigler und den irreversiblen Investitionen dadurch erklären, dass kurzfristige Entscheidungskalküle wesentlich anders ausfallen als bei Zugrundelegung langfristiger Kostenfunktionen. Dadurch entstehen für eine durch die Nutzbarkeit der betreffenden Investitionsobjekte bestimmte Zeit mehr oder minder hohe Markteintrittsbarrieren. Dies lässt sich durch einen Marktzutritt eines Newcomers illustrieren. Die gewinnmaximale Reaktion eines etablierten Unternehmens mit wesentlichen Irreversibilitäten besteht bei einem bevorstehenden Markteintritt eines potentiellen Wettbewerbs darin, den eigenen Preis bis zur Deckung der eigenen reversiblen Kosten zu decken. Damit kann der Altsasse glaubhaft damit drohen, dass im Falle eines Markteintritts des Marktneulings seine Preise bis auf die kurzfristig variablen Kosten gesenkt werden können. In diesem Punkt werden von dem Incumbent zwar keine ökonomischen Gewinne mehr erwirtschaftet. Er erleidet aber auch keinen Verlust. Ein Marktneuling wird bei Eintritt ebenfalls mit Preissenkungen reagieren müssen. Damit würde aber der Preis unter das langfristig kostendeckende Niveau sinken.[753] Es kommt zum Preiskampf, in dem der etablierte Anbieter – bei Annahme von Präferenzhomogenität – den Newcomer ausschalten wird, denn seine irreversiblen oder versunkenen Kosten sind im Markt nicht mehr entscheidungsrelevant, wohl dagegen für den potentiellen Wettbewerber.[754] Dagegen läuft bei Abwesenheit versunkener Kosten eine solche Drohung ins Leere. Denn auch wenn der Etablierte keine Trägheit besitzt und bei einem Marktzutritt eines Newcomers mit einer sofortigen Preisanpassung die Verdrängung beabsichtigt, macht der potentielle Wettbewerber keine Verluste, sondern tritt kostenlos aus dem Markt aus. Dies erklärt auch, warum hohe fixe Kosten allein den Marktaustritt eines Newcomers nicht behindern und daher keine MZS darstellen[755].

---

750   *Knieps*, Wettbewerbsökonomie, S. 18; *Areeda/Turner*, S. 409.
751   *Posner*, 127 U. Pa. L. Rev. 925, 945 f. (1979).
752   *Knieps*, Wettbewerbsökonomie, S. 18 mit Bezug auf *Posner*, 127 U. Pa. L. Rev. 925, 945 f. (1979): »*But it is difficult to believe that such a difference in the cost of capital would be enough to prevent entry if the firms in a market were charging prices substantially above their costs [.... There is no doubt that the differential risk premium is smaller if the new entrant is a well-established firm in other markets, as will typically be the case, and, to the extent that the risk is diversifiable, the risk premium will be still smaller or even disappear entirely*«.
753   *Kruse*, in: Immenga/Kirchner/Knieps/ders. (Hrsg.), S. 73, 79; *ders.*, Ökonomie der Monopolregulierung, S. 60; vgl. auch *Train*, The Economic Theory of Natural Monopoly, 1991, S. 305.
754   *Knieps*, Wettbewerbsökonomie, S. 32; *Knieps*, in: Horn/ders./Müller (Hrsg.), S. 46; *Kruse*, in: Immenga/Kirchner/Knieps/ders. (Hrsg.), S. 73, 79.
755   *Baumol/Panzar/Willig*, Contestable Markets and the Theory of Industry Structure, 1982, S. 289 f.; *Bailey*, 71 Amer. Econ. Rev. 178, 179 (1981) *Knieps*, in: Horn/ders./Müller (Hrsg.), S. 45; *Knieps/Vogelsang*, 13 Bell J. Econ. 234, 239 (1982); *Kiessling*, S. 64 ff.

c) Stellungnahme

Ob ein Markt allein anhand der Konzeption der Bestreitbarkeit charakterisiert werden kann, kann mit guten Gründen verneint werden[756]. Der potentielle Wettbewerb nimmt seine eigenständige Funktion bei der Beurteilung von Marktmacht ein und wird als wettbewerbskonzeptionelles Leitbild zu Recht für ungeeignet befunden.[757] Das heißt aber nicht, dass die keine Aussagekraft besitzt und nur als „Gedankenexperiment" taugt[758]. Es ist ihr Verdienst, die Rolle des potentiellen Wettbewerbs fokussiert zu haben, was unmittelbar zu einer Revitalisierung des potentiellen Wettbewerbs im Rahmen der wettbewerblichen Beurteilung in der Kartellrechtspraxis geführt hat[759]. Ganz entscheidend ist dabei, auf die Bedeutung versunkener Kosten hingewiesen zu haben, die in allen Netzwirtschaften, insbesondere bei Telekommunikation und Breitbandkabel über 60% der Infrastrukturkosten verursachen. Darüber hinaus rückt auch nach ihrem Wettbewerbsverständnis – obwohl sie der Harvard Schule angehört – Marktkonzentration in den Hintergrund. Das SCP-Paradigma hat damit unter ihrer Mithilfe weiter an Aussagekraft verloren. Für das im Rahmen der Regulierung wichtige Verständnis natürlicher Monopole hat die Erkenntnis versunkener Kosten eine ganz eigenständige Bedeutung, die für „normale" Märkte zwar auch fruchtbar gemacht werden können, insbesondere wenn es um die Frage der Höhe von Marktzutrittsschranken geht. Für natürliche Monopole folgt die Eigenständigkeit dagegen aus der Frage, inwieweit natürliche Monopole mit Wettbewerbselementen besetzt werden können, ohne ihre herausragende Funktionsfähigkeit der Volkswirtschaft zu unterlaufen. Während der disaggregierte Regulierungsansatz die Aussagen der Contestable Markets Theory konstruktiv aufnimmt, hatte der Ausschreibungswettbewerb einigen Einfluss auf die Theorie selbst. Diese beiden Konzeptionen sollen nachfolgend vorgestellt werden.

3. Ausschreibungswettbewerb

Der Ausschreibungswettbewerb (sog. franchise bidding), auch Auktion genannt, war wie soeben erwähnt weder Voraussetzung der Contestable Markets Theory noch bestand eine unmittelbare Beziehung zwischen dieser Form des Wettbewerbs und der Theorie selbst. Bereits Demsetz verwies auf die Form des Ausschreibungswettbewerbs in natürlichen Monopolen[760]. Im Rahmen der Diskussion um das Konzept der Contestability wurde aber die Kritik laut, dass die Vertreter mit zweierlei Maß messen würden, wenn angenommen werde, dass potentielle Wettbewerber schneller

---

[756] Zu den prominentesten Beispielen zählen u.a. *Dixit*, 72 Amer. Econ. Rev. 12 ff (1982); *Schwartz/Reynolds*, 73 Amer. Econ. Rev. 488 ff. (1983); *Weitzman*, 73 Amer. Econ. Rev. 486 f. (1983); *Brock/Scheinkman*, in: Evans (Hrsg.), S. 231 ff.
[757] *Gey*, S. 53 ff.
[758] So aber *Shepherd*, 74 Amer. Econ. Rev. 572, 585 (1984).
[759] *Hovenkamp*, Federal Antitrust Policy, S. 700.
[760] *Demsetz*, 11 J. Law Econ. 55 ff. (1968).

in den Markt eintreten (entry lag) und aus dem Markt ausschieden (exit lag)[761], noch bevor der Etablierte mit einer Preisreaktion (price adjustment lag) seine Stellung wiederherstellen könne. Baumol, Panzar und Willig entgegneten dem, dass die Marktneulinge die Möglichkeit hätten, Endkunden vertraglich zu binden, bevor die Kosten versenkt würden. Die Frage, ob die Endkunden zu einer solchen vertraglichen Bindung bereit wären, bejahen sie mit dem Argument, dass mit ansteigender Vertragslaufzeit auch die Durchschnittskostendegression einkalkuliert und an den Endkunden weiter gegeben werden könne.[762] Dieser Gedanke war nicht neu. Bereits Demsetz hatte mit einem Beitrag „Why regulate utilities" die Rolle des potentiellen Wettbewerbs in einem Ausschreibungswettbewerb betont. Er behauptete, dass das Vorhandensein eines natürlichen Monopols nicht notwendig staatlich reguliert werden müsse, wie bei öffentlichen Versorgungseinrichtungen (public utilities) üblich. Stattdessen könnte ein Wettbewerb im Markt (competition in the field) durch einen Wettbewerb um das Recht ersetzt werden, einen (Teil-)Markt zu bedienen (sog. Wettbewerb um den Markt, competition for the field). Wie die Darstellung des Kabelnetzsektors in den USA als auch in Deutschland gezeigt hat, spielt der Ausschreibungswettbewerb angesichts der Konzessions- und Gestattungsverträge naturgemäß eine besondere Rolle. Hiervon unterscheidet sich der klassische Fernmeldebereich grundlegend. Er wird traditionell staatlich reguliert. Daher bedarf es eines Überblicks über die von ökonomischer Seite geführte Debatte des Ausschreibungswettbewerbs in Netzsektoren.

a) Grundlegende Voraussetzungen einer Ausschreibung

Je nach Ausschreibungsmechanismus erhält derjenige den Zuschlag, der den höchsten Preis für das Recht bietet bzw. zu den niedrigsten Konditionen bereit ist, die jeweilige Leistung zu liefern. Eine Unterscheidung zwischen beiden Ausschreibungsformen ist fundamental. Im ersten Fall kann der vertragliche Monopolist (!) aus dem Ausschreibungsmechanismus ökonomische Gewinne erzielen, indem er seine Ausschreibungskosten über die frei skalierbare Leistungserbringung refinanziert. Im letzteren Fall ist der geringst mögliche Einheitspreis dagegen gesichert. Wenn überhaupt, wird aus ökonomischer Sicht für leitungsgebundene Industrien letztere Lösung bevorzugt.[763]

Nach Demsetz bedarf es für eine dem Wettbewerb gleichkommende Lösung zweier wesentlichen Voraussetzungen für ein solches Versteigerungs- oder Ausschreibungsverfahren. Zum einen müsse eine hohe Anzahl potentieller Bieter bestehen. Zum anderen dürften sich die Konkurrenten im Versteigerungsprozess nicht absprechen. Fehlendes kollusives Verhalten und eine hinreichend hohe Anzahl von Bietern würden dann gewährleisten, dass der erfolgreiche Bieter sein Gebot nahe

---

761   *Schwartz/Reynolds*, 73 Amer. Econ. Rev. 488 ff. (1983).
762   *Baumol/Panzar/Willig*, 73 Amer. Econ. Rev. 491, 493 ff. (1983).
763   *Williamson*, 7 Bell J. Econ. 73, 76 (1976); *Stigler*, 5 Bell J. Econ. Manage. Sci. 359, 360 (1974); so auch *Posner*, 3 Bell J. Econ. 98, 111, Fn. 29 (1972).

den Grenzkosten abgibt. Dieses Ergebnis entspreche dann nahezu einem Marktpreis unter „Wettbewerbsbedingungen".[764] Demsetz war der Auffassung, dass ein Ausschreibungswettbewerb gegenüber der Regulierung durch die Regulierungsbehörden vorzuziehen sei („rivalry of the open market place disciplines more effectively than do the regulatory processes of the commission")[765].

b) Ökonomische Probleme einer Ausschreibung

Kritik kam aus unterschiedlichen Richtungen. Zum einen hatte er das Verfahren, das für eine solche Ausschreibung zwingend notwendig ist[766], nicht hinreichend genau genug beschrieben.[767] Zum anderen wurde die Effizienz der Ausschreibung für natürliche Monopole stark relativiert. So kritisierte Telser, dass die Ausschreibung unter optimalen Bedingungen den Monopolpreis verhindern könne. Dies sei aber auch im Wege der rate of return Regulierung möglich. Was dem Ausschreibungsverfahren allerdings fehle, sei die Förderung von Effizienz und damit auch eine Lösung für die soziale Wohlfahrt bei natürlichen Monopolen.[768] Die Erwiderung[769] Demsetz ließ zwar nicht auf sich warten, blieb diesbezüglich aber eine offene Kontroverse.

aa) Coase Conjecture und Ausschreibung

Williamson, der bereits den statischen trade-off zwischen Effizienz und Marktmacht entwickelt hatte[770], stellte daraufhin das Ausschreibungsmodell, das ja gerade für natürliche Monopole von Demsetz angeführt wurde, in grundsätzlicher Hinsicht in Frage. Demsetz hatte als Beispiel des effizienten Ausschreibungsvorganges die Automobilindustrie angeführt, die von Größenvorteilen geprägt ist aber ganz offensichtlich keine natürlichen Monopoleigenschaften besitzt. Williamson kritisierte vor allem, dass in Netzindustrien langlebige Güter verwendet würden[771]. Nach der im gleichen Zeitraum entwickelten sog. Coase Conjecture[772] bestehen zwischen solchen Produkten des täglichen Lebens, die eine immer wiederkehrende und daher stabile Nachfrage abbilden, andere ökonomische Verhältnisse als für langlebige, nicht

---

764 *Demsetz*, 11 J. Law Econ. 55, 61 (1968).
765 *Demsetz*, 11 J. Law Econ. 55, 65 (1968).
766 Ausf. *Knieps*, Versteigerungen und Ausschreibungen in Netzsektoren, S. 2 f.; *Klemperer*, 16 J. Econ. Perspect. 169 ff. (2002).
767 *Demsetz*, 11 J. Law Econ. 55, 61 (1968).
768 *Telser*, 77 J. Polit. Economy 937, 939 f. (1969).
769 *Demsetz*, 79 J. Polit. Economy 356 ff. (1969).
770 Vgl. Teil 1: A.IV.2, S. 84 ff.
771 *Williamson*, 7 Bell J. Econ. 73, 78 ff. (1976).
772 *Coase*, 15 J. Law Econ. 143 ff. (1972); Diskussion bei *Waldman*, 17 J. Econ. Perspect. 131 ff. (2003); vgl. auch *Steiner*, 30 Antitrust Bull. 143-197 (1985); *Pitofsky*, 71 Geo. Law J. 1487 ff. (1983).

durch einmaligen Gebrauch verzehrbare Güter. Nach Coase muss daher auch der potentielle Wettbewerb längere Zeit auf sich warten lassen[773].

Im Zusammenhang mit dem Ausschreibungswettbewerb erzeugt die Langlebigkeit der Netzinfrastruktur erhebliche Schwierigkeiten. Zum einen können für diesen Zeitraum Nachfrage und Angebot nur schwer abgeschätzt werden, so dass in der Preisabgabe auch dieses Risiko der Bieter einkalkuliert wird. Solche Unsicherheiten könnten etwa mithilfe von Anpassungsklauseln vertraglich berücksichtigt und ausgeräumt werden. Ein solches Vorgehen wird zwar vielfach praktiziert, aufgrund der damit verbundenen Komplexität der Verträge ist dies aber auch mit erheblichen Transaktionskosten verbunden. Ferner können damit die beiden fundamentalen Voraussetzungen eines effizienten Versteigerungsprozesses, die sog. Auktionsregeln, deutlich an Bindungswirkung und Aussagekraft verlieren. Denn abgesehen von der dynamischen Entwicklung des jeweiligen industriellen Sektors ist der Preis des Zuschlags ein künstlicher Ausgangswert, der laufend angepasst werden könnte und auch qualitativ einige Willkür entfalten kann. Daneben besteht die Gefahr, dass die potentiellen Bieter sich aufgrund der Komplexität der Verträge untereinander abstimmen.[774] In der Praxis wird daher regelmäßig von periodischen Ausschreibungen Gebrauch gemacht, um Vertragsanpassungsprobleme zu vermeiden. Allerdings ist zu berücksichtigen, dass in der Netzaufbauphase erhebliche Investitionen erforderlich sind, so dass auch der Amortisationszeitraum erheblich länger ausfallen kann als bei Übernahme bestehender Netze.[775]

bb) Versunkene Kosten als Eigentumsproblem

Mit der Langlebigkeit der Netzinfrastruktur verbunden ist auch das Problem, dass bei Ablauf der Konzession versunkene Investitionen verbleiben und sich die Eigentumsfrage stellt. Verbleibt sie beim Konzessionsnehmer, so entsteht hieraus das gleiche Problem, das man bei natürlichen Monopolen mit Irreversibilität feststellen kann: Sie sind für den Altsassen nicht mehr entscheidungsrelevant, wohl aber für den potentiellen Franchisenehmer der neuen Ausschreibungsperiode. Zu Recht wird daher geltend gemacht[776], dass auch bei einer periodischen Versteigerung der monopolistische Bottleneck erhalten bleiben und netzspezifische Marktmacht nicht verschwinden würde. Vielmehr bliebe sie in ihrem Kern erhalten. Je höher die versunkenen Kosten sind, desto größer ist der preispolitische Spielraum für den Etablierten, um potentielle Wettbewerber bei Neuausschreibung zu unterbieten und damit den Monopolpreis einzufordern. Es stellt sich somit die Frage nach der optimalen Dauer einer Versteigerungsperiode.[777] Nach Knieps ist die Entscheidung über die

---

773   *Coase*, 15 J. Law Econ. 143 ff. (1972).
774   *Williamson*, 7 Bell J. Econ. 73, 84 ff. (1976); *Posner*, 3 Bell J. Econ. 98, 116 (1972).
775   Vgl. *Schalast/Abrar*, TKMR 2004, S. 74 ff.
776   *Knieps*, Versteigerungen und Ausschreibungen in Netzsektoren, S. 10; *Williamson*, 7 Bell J. Econ. 73, 84 ff. (1976).
777   *Williamson*, 7 Bell J. Econ. 73, 84 ff. (1976); *Posner*, 3 Bell J. Econ. 98, 115 f. (1972).

vertragliche Laufzeit eine sensible Entscheidung. Wird diese Periode zu kurz gewählt, entstehen viele Phasen mit Anreizen, das versunkene Kapital zu verschwenden. Wird diese Periode zu lang gewählt (etwa Abschreibungsperiode gleich Versteigerungsperiode), so entwickelt das aktive Unternehmen auf die Dauer eine starke Eigenständigkeit mit entsprechend hoher Marktmacht.[778] Eine mögliche Lösung wäre die Eigentumsfrage im Wege einer Andienungsklausel zugunsten des potentiellen Franchisenehmers in der neuen Vertragsperiode zu beheben, wie Posner vorschlägt[779]. Denkbar wäre die Preisfestsetzung in Höhe der Konstruktionskosten abzüglich der Abschreibung festzusetzen.

cc) Transaktionskosten

Obwohl Posners Position durchaus auch in der vertraglichen Praxis Anklang gefunden hat[780], hält Williamson eine Lösung im Wege der Eigentumsübertragung für nicht überzeugend und volkswirtschaftlich weitaus komplexer. Neben der Gefahr der Manipulation der Bilanzierung und ihrer praktischen Anwendung und Umsetzung sieht er durchgreifende Bedenken darin, dass die Kaufpreishöhe auch bei Berücksichtigung der Inflationsrate nur einen „upper bound on valuation of plant and equipment" darstelle.[781] Williamson meint damit, dass der tatsächliche Wert der versunkenen Investitionen von potentiellen Bietern nur schwer ermittelt werden könne. Diese würden dann in Form höherer Preise an den Endkunden als Ineffizienzposten weitergegeben. Solche Bewertungsprobleme könnten auch im Wege einer vorher durchgeführten Wertermittlung[782] nur schwer abgemildert werden. Mit Blick auf den dargestellten Disput mit Posner führt Williamson neuerdings in den seit über 30 Jahren andauernden Streit des franchise bidding auch Argumente an, die in der Neuen Institutionenökonomik verstärkt diskutiert werden. So weist er darauf hin, dass die Wirksamkeit des Ausschreibungsprozesses gerade für solche Transaktionen besonders problematisch sei, die signifikante Investitionen in spezifisches Sachvermögen erforderten, „im Markt" verblieben und darüber hinaus mit technologischer Unsicherheit behaftet seien. Einen Ausschreibungswettbewerb lehnt er daher aber nicht kategorisch ab. Vielmehr gibt er den nützlichen Hinweis, dass der Schlüssel zur Lösung der Transaktionsprobleme, insbesondere in Netzstrukturen in vertraglichen Denkmustern liege.[783]

---

778 *Knieps*, Versteigerungen und Ausschreibungen in Netzsektoren, S. 10.
779 *Posner*, 3 Bell J. Econ. 98, 116 (1972).
780 Vgl. *Schalast/Abrar*, TKMR 2004, S. 74, 81 f.
781 *Williamson*, 7 Bell J. Econ. 73, 85 (1976).
782 Tatsächlich haben früherer Kabelnetztransaktion signifikante Wertabweichungen aufgewiesen. Allein der Kaufpreisunterschied zwischen Liberty Media (5,5 Mrd. DM) und die Konsortialgruppe um APAX Partners, Goldman Sachs (1,725 Mrd. Euro) hat die Schwierigkeit einer Beurteilung aufgedeckt.
783 *Williamson*, 16 J. Econ. Perspect. 171, 187 (2002).

c) Stellungnahme

Der Mangel an Wettbewerb, der in natürlichen Monopolen aufgezeigt wurde, kann mithilfe eines streng zu beachtenden Verfahrens im Wege der Ausschreibung weitgehend eliminiert werden. Ein Bieterwettbewerb um das Recht, eine Gemeinde oder eine private Liegenschaft mit Netzleistungen zu versorgen, muss aber auch die Konditionen der Versorgung festlegen. Ansonsten bliebe es bei den Gefahren eines suprakompetitiven Preissetzungsverhaltens des weiterhin als natürlichen Monopolist einzustufenden Infrastrukturbetreibers. Darüber besteht, wie der Ausschnitt der Literaturmeinungen gezeigt hat, allgemeiner Konsens. Die Langlebigkeit der Netzinfrastruktur bereitet daneben aber erhebliche wohlfahrtsökonomische Schwierigkeiten. Sie äußern sich einerseits in einer Ungewissheit über die künftige Marktentwicklung und andererseits in der Irreversibilität der Netzinvestition. Während sich die Marktungewissheiten im Wege einer periodischen Ausschreibung auflösen lassen, können die für den Etablierten nicht mehr entscheidungsrelevanten Netzinvestitionskosten bei Neuausschreibung mittels einer Eigentumsklausel der Gefahr begegnen, dass potentielle Bieter von einem Ausschreibungswettbewerb Abstand nehmen.

Diese vertraglichen Lösungsmodelle sind hinsichtlich ihrer ökonomischen Sinnhaftigkeit aber umstritten und bergen vor allem ein großes Transaktionskostenproblem, das bei steigender Vertragskomplexität zu erheblichen volkswirtschaftlichen Schäden führen kann. Nimmt man diese Kritik von Williamson ernst, so muss die Frage der Ausschreibung vor allem auch mit der künftigen Netzentwicklung in Einklang gebracht werden. Ein Blick in die Zukunft gebietet sich auch bei den Kabelnetzen. Für diese Netze hat sich in den USA das Ausschreibungsmodell auf kommunaler Ebene und in Deutschland auch auf privater Ebene durchgesetzt. Hier sollte bedacht werden, dass die Aufrüstungsentscheidung der Infrastruktur hin zu einer konvergierenden Netzlandschaft erhebliche Unsicherheiten hinsichtlich der Refinanzierung geschaffen hat. Wie die Darstellung der Netzebenentrennung zwischen NE3 und NE4 gezeigt hat, herrscht hier eine Blockadesituation, für die Williamsons Problembewusstsein eine fundierte Erklärung liefert. Ob daher Wettbewerb um den Markt durch Gestattungs- und Konzessionsverträge eine dauerhafte Lösung bleibt, darf daher zu Recht kritisch gesehen werden[784]. Hierauf wird im Laufe der Arbeit noch mehrfach zurückzukommen sein.

---

784 Vgl. aber *Abrar*, N&R 2007, S. 29, 31; *ders.*, Fusionskontrolle in dynamischen Netzsektoren am Beispiel des Breitbandkabelsektors, 2006, S. 11 ff.

4. Die disaggregierte Betrachtung von Netzsektoren

Ausgehend von der Contestable Markets Theory und der Theorie des natürlichen Monopols versteht sich der disaggregierte Regulierungsansatz[785] als das Substrat der beiden ökonomischen Einsichten. Der Ansatz kann ferner als ein Regulierungsansatz innerhalb der neuen Industrieökonomie interpretiert werden, der die Regulierungstheorie in das Konzept der Funktionsfähigkeit des Wettbewerbs einbettet. Auch er begreift den Wettbewerb funktional, legt den Schwerpunkt auf die Dynamik der Telekommunikation und verlangt eine stärkere Auseinandersetzung mit spieltheoretisch stabilen Ansätzen für den sektoralen Bereich, insbesondere bei der Lokalisierung von Oligopolmacht. Gleichzeitig hält der Ansatz empirische Ergebnisse der Industrieökonomie für notwendig, lehnt aber die streng strukturalistische Hypothese der klassischen Industrieökonomik ab.[786] Zunehmend berücksichtigt die Konzeption auch Erkenntnisse der Institutionenökonomik[787]. Dies gilt vor allem für die Frage der Bedeutung etwaiger trade-offs zwischen vertikaler Bindung und Effizienz bei stabiler Marktmacht in Netzsektoren.

Die disaggregierte Regulierung kritisiert die Contestable Markets Theory dahingehend, dass sie die vielfältigen Potentiale des Wettbewerbs nicht umfassend charakterisiere. Insbesondere der aktuelle Wettbewerb und die dynamische Funktion des Wettbewerbs würden bei der Theorie angreifbarer Märkte überhaupt nicht zum Tragen kommen, was Teile der Netzindustrien, insbesondere die Teilmärkte der Telekommunikationswirtschaft nicht angemessen widerspiegele. Durch eine solch kritische Würdigung legt der disaggregierte Regulierungsansatz den Grundstein, um eine aggregierte Regulierung natürlicher Monopole zu vermeiden.[788] M.a.W.: Der disaggregierte Ansatz macht sich die Erkenntnis über die Existenz versunkener Kosten zu nutze, sieht aber, dass nicht jeder Bereich von Versorgungsnetzen durch resistente natürliche Monopole gekennzeichnet ist. Damit werden die Wertschöpfungsstufen und damit die vertikalen Beziehungen zwischen Netz und Dienst, aber vor allem auch innerhalb des Netzes selbst auf ihre besonderen Marktmachtprobleme hin untersucht.

a) Theorie monopolistischer Bottlenecks

Als zentrales Modul innerhalb des disaggregierten Ansatzes fungiert die Theorie der monopolistischen Bottlenecks[789], d.h. der netzspezifischen Engpasseinrichtungen. Die regulatorischen Handlungsempfehlungen des disaggregierten Ansatzes umfas-

---

785   Grundlegend *Kruse*, Ökonomie der Monopolregulierung; auch *Knieps*, Netzökonomie - Ein disaggregierter Ansatz, in: Zippel (Hrsg.), S. 11 ff.; *ders.*, Wettbewerb in Netzen; *ders.*, Wettbewerbsökonomie, S. 95 ff.; *ders.*, in: EURAS Yearbook of Standardization, 1997, S. 357 ff.; *Blankart/ders.*, Regulierung v. Netzen?, ifo Studien 1996, S. 483 ff.
786   *Knieps*, Wettbewerbsökonomie, S. 61 f.; 139 ff.
787   *Haucap/Kruse*, WuW 2004, S. 266, 268; *Knieps*, Wettbewerbsökonomie, S. 151.
788   *Knieps*, Wettbewerbsökonomie, S. 95; vgl. auch *Vaterlaus/Worm/Wild/Telser*, S. 10.
789   *Knieps*, 50 Kyklos, 325, 327 ff. (1997); *ders.*, in: ders./Brunekreeft (Hrsg.), S. 10 ff.

sen die Ausgestaltung einer symmetrischen Regulierung des Zugangs zu den Bereichen netzspezifischer Marktmacht zusammen mit einer Regulierung der Zugangspreise.[790] Als monopolistischer Bottleneck kann eine Einrichtung verstanden werden, die

- unabdingbar ist, um Kunden zu erreichen, wenn es also keine zweite oder dritte alternative Einrichtung gibt, d.h. kein aktives Substitut verfügbar ist (natürliches Monopol aufgrund von Subadditivität),
- nicht duplizierbar ist, d.h. kein potentielles Substitut verfügbar ist, was dann der Fall ist, wenn die Kosten der Einrichtung irreversibel sind.[791]

aa) Zusammenhang zur Essential Facilities Doctrine

Diese Definition eines monopolistischen Bottlenecks erinnert nicht nur, sondern ist der essential facilities doctrine aus der US-amerikanischen Antitrust-Fallpraxis[792] nachgebildet, die mittlerweile auch Eingang in das europäische und deutsche Kartellrecht gefunden hat (sog. Konzept der wesentlichen Einrichtungen). Es wird gesagt[793], dass die doctrine mit der Terminal Railroad Entscheidung des U.S. Supreme Court aus dem Jahre 1912 ins Leben gerufen worden sei. Allerdings ist der Rechtsgedanke schon im Common Law verankert gewesen[794], und damit lange bevor der Supreme Court sie auch im Sherman Act (notwendigerweise) vom Gesetzgeber implementiert gesehen hat. Richtig ist allerdings, dass die Voraussetzungen, unter denen von einer wesentlichen Einrichtung gesprochen werden kann, erst später präzisiert wurden. In dem als Leitentscheidung bezeichneten Fall MCI v. AT&T hat der 7th Circuit[795] erstmals die vier konstituierenden Grundelemente für einen Zugangsanspruchs zu einer essential facility genannt:

- eine Monopolstellung des Unternehmens, das eine essential facility kontrolliert,
- die Errichtung einer eigenen Einrichtung (Duplizierung) ist für einen Wettbewerber aus praktikabler oder vernünftiger Weise nicht möglich,

---

790   *Knieps*, Von der Theorie angreifbarer Märkte zur Theorie monopolistischer Bottlenecks, S. 8; *ders.*, Zur Regulierung monopolistischer Bottlenecks, S. 4.
791   *Haucap/Kruse*, WuW 2004, S. 266 f.; *Knieps*, 50 Kyklos 325 ff. (1997).
792   Vgl. United States v. Terminal Railroad Ass'n, 224 U.S. 383, 32 S.Ct. 507, 556 L.ed. 810 (1912); Associated Press v. United States, 326 U.S. 1, 65 S.Ct. 1416, 1489 L.ed. 2013 (1945); OtterTail Power Co. v. United States, 410 U.S. 366, 93 S.Ct. 1022, 1035 L.ed.2d 359 (1973).
793   *Möschel*, in: Immenga/Mestmäcker (Hrsg.), GWB-Kommentar, § 19 Rdnrn. 178; *Kühling*, S. 208 f.; *Schwintowski*, WuW 1999, S. 842 ff.; *Lipsky/Sidak*, 51 Stan. Law Rev. 1187 (1999); *Scherer*, MMR 1999, S. 315; *Martenczuk/Thomaschki*, RTkom 1999, S. 15, 17.
794   Vgl. *Sullivan/Grimes*, S. 110; vgl. im Einzelnen *Venit/Kallaugher*, S. 315, 319 f.
795   MCI Communications Corp. v. AT&T, 708 f.2d 1081, 1132-1133 (7th Cir.), cert. denies, 464 U.S. 891, 104 S.Ct. 234 (1983).

- die Weigerung des Monopolisten, die Mitbenutzung durch den Wettbewerber zu gestatten,
- die Zumutbarkeit einer solchen Mitbenutzung durch den Wettbewerber.

Eine qualifizierende essential facility besitzt damit ähnliche Elemente wie die Theorie monopolistischer Bottlenecks.[796] Einblicke in den Ansatz zeigen deutlich auf, dass sich stabile netzspezifische Marktmacht nur bei Vorliegen einer solchen monopolistischen Engpasseinrichtung nachweisen lässt[797]. In diesem Fall müsse die Ausgestaltung der diskriminierungsfreien Zugangsbedingungen zu den wesentlichen Einrichtungen gewährleistet sein. Einen schematischen Überblick über die disaggregierte Lokalisierung von Bottleneck-Bereichen der jeweiligen Netzsektoren hatte bereits Kruse[798] Mitte der achtziger Jahre geliefert. Der wesentliche Unterschied der Anwendung des Bottleneck-Konzepts innerhalb der (disaggregierten) Regulierung besteht darin, dass die Regulierungstheorie solche Engpassressourcen lokalisiert und dann nicht fallweise (ex-post) zur Anwendung kommen lässt, wie im allgemeinen Kartellrecht üblich, sondern eine Zugangsverpflichtung ex-ante statuiert[799]. Es gelte dabei, die im Rahmen der Regulierung angewandte essential facilities doctrine in einem dynamischen Kontext zu sehen. Denn die Ausgestaltung der Zugangsbedingungen dürfe den aktuellen und potentiellen Infrastrukturwettbewerb nicht behindern. Dieser erfordere Anreize für Forschung und Entwicklung sowie Innovationen und Investitionen auf der Einrichtungsebene. Werden diese Forderungen eingehalten, lasse sich ein ausgewogenes Verhältnis zwischen Dienste- und Infrastrukturwettbewerb erreichen.[800]

bb) Der wichtige Unterschied: Marktmacht und Essential Facility

Bei Vorliegen einer essential facility entstehen Probleme, die sich von den „einfachen" Marktmachteffekten grundlegend unterscheiden. Bevor daher die Grundkonzeption des disaggregierten Ansatzes beleuchtet wird, sollen die spezifischen Probleme einer wesentlichen Einrichtung aufgezeigt werden.

Grundsätzlich ist davon auszugehen, dass auch ein Bottleneck-Inhaber keinen Grund besitzt, seine Leistung zu verweigern. Dies wäre gleichbedeutend mit dem Verzicht des Unternehmens, (ökonomische) Gewinne zu machen und sich damit wirtschaftlich rational zu verhalten.[801] Da der Inhaber einer wesentlichen Einrich-

---

796 *Engel/Knieps*, S. 19.
797 *Knieps*, Von der Theorie angreifbarer Märkte zur Theorie monopolistischer Bottlenecks, S. 22 f.; *ders.*, Telekommunikationsmärkte zwischen Regulierung und Wettbewerb, S. 9 ff.; *ders.*, Zur Regulierung monopolistischer Bottlenecks, S. 3; *Kruse*, in: Immenga/Kirchner/Knieps/ders. (Hrsg.), S. 73 ff.
798 *Kruse*, in: Immenga/Kirchner/Knieps/ders. (Hrsg.), S. 73, 85.
799 *Haucap/Kruse*, WuW 2004, S. 266, 267.
800 *Hovenkamp*, Federal Antitrust Policy, S. 309; *Knieps*, MMR 2000, S. 266, 268; *ders.*, MMR Beilage 03/1999, S. 18 f.; *Hefekäuser*, MMR Beilage 03/1999, S. 144, 145.
801 *Engel/Knieps*, S. 14.

tung zwingend Marktmacht inne hat, also die Fähigkeit besitzt, seine Preise gewinnbringend über das suprakompetitive Niveau zu heben, ist der übliche horizontale Marktmachteffekt zu beobachten, der zu allokativen Ineffizienzen führt und die Konsumentenrente schmälert. Nun ist dieser horizontale Marktmachteffekt aber noch nicht die entscheidende Problematik, die eine wesentliche Einrichtung auszeichnet. Zwar bietet die essential facility die Möglichkeit, Preisdifferenzierung zu betreiben, um möglichst vollumfänglich die unterschiedlichen Nachfrageintensitäten abzuschöpfen. Diese Möglichkeit besteht aber auch auf anderen Märkten und auf monopolisierten umso mehr, ohne dass hier von einer essential facility im ökonomischen Sinne gesprochen wird[802]. Marktmacht und essential facility müssen also streng voneinander getrennt werden.

Eine wesentliche Einrichtung ist eine Ressource und bringt alle Voraussetzungen mit, um leveraging auf einem downstream oder einem upstream Markt zu betreiben und gleichzeitig beide Märkte für Wettbewerber abzuschotten[803]. Dies kann deshalb gelingen, da die Einrichtung als solche Voraussetzung für die Tätigkeit auf einem anderen, manchmal sogar mehreren Märkten ist, weshalb ihr zentrales ökonomisches Problem auch nicht (allein) im Ausbeutungsmissbrauch von Nachfragern gesehen wird, sondern vor allem im Kontext der Wettbewerberbehinderung. Die Ausführungen[804] bezüglich der vertikalen Marktmachteffekte müssen daher im Zusammenhang einer essential facility stark relativiert werden. Die meisten der dort dargestellten Gefahren, die sich oft als Scheinprobleme identifizieren lassen oder zumindest mit einem bestimmten Effizienz- und Wohlfahrtsgewinn einhergehen, sind bei eindeutiger Identifizierung einer Einrichtung als wesentliche weitaus gravierender. Der Inhaber einer solchen Einrichtung schränkt mit einer etwaigen Weigerung zur Mitbenutzung nicht nur den intrabrand oder interbrand competition ein, sondern kann alle Märkte, die in einer gewissen Beziehung zu der wesentlichen Einrichtung stehen, sich also interdependent verhalten, gegen Wettbewerb abschirmen und gleichsam Kontrolle über sie gewinnen, ohne dass es aktuellen oder potentiellen Wettbewerbern in irgendeiner Weise gelänge, diese Macht zu disziplinieren. Richtigerweise muss es sich daher bei einer wesentlichen Einrichtung auch nicht um einen Markt im ökonomischen Sinne handeln[805]. Denn ein Inhaber einer Bottleneck-Einrichtung hat mit seiner Verfügungsgewalt die Entscheidung darüber, ob die Leistung an einem Markt angeboten wird oder ob er Nachfrager ausschließt und sie allein nutzt. Vielmehr verkörpert ein Bottleneck die Voraussetzungen, die für die Entstehung und den Bestand von vor- und nachgelagerten Märkten wesentlich sind, damit sich Anbieter und Nachfrager überhaupt gegenüberstehen können. Dies macht letztlich auch ihre Einzigartigkeit aus. Während damit die grundsätzlichen ökonomischen Probleme, die eine essential facility mit sich bringen kann, umrissen sind, verlagert sich der Umgang mit solch einer Einrichtung in die normativ zu bestim-

---

802 *Hovenkamp*, Federal Antitrust Policy, S. 307.
803 *Engel/Knieps*, S. 15 ff.
804 Vgl. Teil 1: A.V., S. 92 ff.
805 Ebenda, S. 308.

mende Funktion[806], die eine solche im Wettbewerbsgefüge einnehmen sollte. Der disaggregierte Regulierungsansatz sieht in ihrer Erscheinung wichtige Handlungsempfehlungen, die sich von natürlichen Monopolen ganz wesentlich unterscheiden. Denn wie gesehen[807], reichen die Mittel des Wettbewerbs, d.h. aktueller und potentieller Wettbewerb, für natürliche Monopole aus, damit die Funktionen im Wettbewerb erfüllt werden. Eine wesentliche Einrichtung kann diese Funktionen aber ganz offensichtlich behindern, gar ausschließen, weshalb ihre wettbewerbspolitische und rechtliche Behandlung wohl überlegt sein müssen.

So nähert man sich im Rahmen der Behandlung einer wesentlichen Einrichtung auch zügig den besonders schwachen und teils verzerrten Konturen zwischen Ökonomie, Politik und Recht. Zutreffend ist daher auch die Auffassung[808], dass hier die üblichen Auslegungsmittel[809] des Rechts allein versagen. Dies gilt zwar auch für andere Mittel des Wettbewerbsrechts. Blendet man einmal den tiefen Eingriff in die Eigentumsfreiheit des Inhabers aus, verbleiben aber zwei zentrale Fragenkreise der Wettbewerbspolitik, die in dieser Breite sonst kaum gestellt werden[810]: 1) Wie hoch ist das angemessen festzusetzende Entgelt für einen Zugangsanspruch, damit der Wettbewerb auf vor- und nachgelagerten Märkten zum Tragen kommt und 2) Wie setzt man Anreize, damit a) der Bottleneck-Inhaber seine Ressource pflegt und zunehmenden Kapazitätsengpässen begegnet und b) neue Fazilitäten von anderen geschaffen werden, damit der Engpass dupliziert oder ganz beseitigt wird? Die Konnexität beider Fragenkreise ist für die ordnungs- wettbewerbspolitisch sinnvolle Anwendung der essential facilities doctrine nicht nur wichtig, sondern zwingend[811].

b) Konzeption disaggregierter Bottleneck-Regulierung

Mit diesem wettbewerbspolitischen Hintergrund soll nun die Grundkonzeption des disaggregierten Regulierungsansatzes beleuchtet werden. Sie wird durch drei Eckpfeiler konstituiert: Eine minimale Regulierungsbasis, eine symmetrische Regulierung für alle monopolistischen Bottlenecks und eine schrittweise Überleitung ins allgemeine Wettbewerbsrecht.

aa) Minimale Regulierungsbasis

Mit einer minimalen Regulierungsbasis, die sich auf monopolistische Bottleneck-Bereiche beschränkt, will der disaggregierte Regulierungsansatz auch die Regulierungsinstrumente disaggregiert einsetzen. In angreifbaren natürlichen Monopolen

---

806	Beispielhaft, aber zu weit *Kühling*, S. 214 ff.
807	Vgl. Teil 1: B.IV.2., S.153 ff.
808	*Heinemann*, GRURInt 2003, S. 284.
809	Bekannt als Savigny'scher Methodenkanon oder Quart; vgl. zu neueren Auslegungsmethoden im Kartellrecht nur *Hacker*, GRUR 2004, 537 ff.; zur wettbewerbsfunktionalen Auslegung *Schünemann*, WRP 2002, S. 1345, 1348.
810	Statt vieler *Knieps*, Wettbewerbsökonomie, S. 103 f.
811	Ebenda, S. 104; a.A. wohl: *Kühling*, S. 218.

soll unabhängig von der phänotypischen Betrachtung der vertikalen und horizontalen Netzebenen die Zusammenschaltung einer Verhandlungslösung unterliegen. Bereiche, die nicht durch monopolistische Bottlenecks geprägt sind, bedürfen insoweit keiner Marktmachtdisziplinierung, da hier potentielle und aktive Wettbewerber die gleichen Funktionen erfüllen, wie in einem intakten Markt. Die in der Telekommunikation notwendige Zusammenschaltung von Netzen und die Diensterbringung sollen daher über Zugangs- und Zusammenschaltungsverhandlung erfolgen.[812]

Betrachtet man die Netzsektoren disaggregiert, so fällt zum einen die vertikale und horizontale Dimension auf. Während eine horizontale Zusammenschaltung Vorteile für beide Teilnehmer hat, da mit ihnen die Teilnehmer anderer Netze erreicht werden können, ergeben sich bei vertikaler Zusammenschaltungs- und Zugangssuche Probleme, da Bereiche mit erheblichen Größen- und Verbundvorteilen meist auf Ebene der Endnutzer lokalisiert werden können. Sobald aber auf einer Seite ein Bottleneck beteiligt ist, d.h. nicht nur, sofern eine Zusammenschaltung mit dem Bottleneck direkt begehrt wird, stört die zugrunde liegende Marktmacht des nicht angreifbaren Monopols den Verhandlungsprozess zwischen den Parteien fundamental, so dass das Regulierungsregime ex-ante zur Anwendung kommen muss, um eine Behinderung schon vorab zu vermeiden. Obwohl daher nach dem disaggregierten Regulierungsansatz allein auf Verhandlungslösungen in angreifbaren Teilbereichen, d.h. sowohl in horizontaler als auch in vertikaler Hinsicht gesetzt wird, sind ex-ante Zugangspflichten gerade in den vertikal nachgelagerten Endnutzerbereichen aufgrund stabiler Marktmacht notwendig.[813]

Da Zugang aber ohne geeignete Entgeltfestsetzungen ins Leere läuft[814], muss auch der disaggregierte Ansatz über den richtigen Entgeltregulierungsansatz entscheiden. Gemäß seiner Komposition können nur Teilbereich reguliert werden und müssen Anreize für Infrastrukturwettbewerb erhalten bleiben. Konsequenterweise scheiden daher eine globale End-zu-End Regulierung und die sog. public interest theory aus[815]. Diese hatte sich zum Ziel gesetzt, alle Marktunvollkommenheiten durch eine Regulierung nahe den Durchschnittskosten zu beseitigen, was insbesondere zu Anreizverzerrungen führte.[816] Die rate of return Regulierung hatte gezeigt, dass sie zum berühmten Averch-Johnson-Effekt[817] führt. Damit sind erhebliche Anreizverzerrungen gemeint, die sich daraus ergeben, dass das regulierte Unternehmen zu viel Kapital einsetzt, so dass es zu einer nichtoptimalen Faktorkombination kommt. Auch muss die Regulierungsbehörde bei dieser Art der Preisregulierung die Kapitalkosten und die Höhe der Erträge kennen. Anreizverzerrungen konnten auch

---

812 *Knieps*, Wettbewerbsökonomie, S. 95 f.
813 Ebenda, S. 96, 98, 102; *Klimisch/Lange*, WuW 1998, S. 15, 18; *Martenczuk/Thomaschki*, RTkom 1999, S. 15, 17.
814 *Kühling*, S. 83; *Klotz*, N&R 2004, S. 42.
815 *Knieps*, Preisregulierung auf liberalisierten Telekommunikationsmärkten, S. 5 f.
816 Vgl. hierzu und der Kritik nur *Posner*, 5 Bell J. Econ. Manage. Sci. 335 ff. (1974); *Stigler*, 2 Bell J. Econ. Manage. Sci. 3 ff. (1971).
817 *Averch/Johnson*, 52 Amer. Econ. Rev. 1052 ff. (1962).

bei anderen Modellen, wie dem Mark-Up Ansatz[818] nachgewiesen werden. Der zugestandene Gewinn wurde danach durch einen Aufschlag auf die tatsächlichen Kosten der Produktion vorgenommen. Aber die tatsächlichen Kosten waren nur schwer zu ermitteln. Die Anreizverzerrungen und die Informationsasymmetrien zwischen der Regulierungsbehörde und den regulierten Unternehmen konnte dagegen der Vogelsang-Finsinger Mechanismus[819] beseitigen. Er geht davon aus, dass der Regulierer die Kosten der Vorperiode kennt. Die hinter dem Regulierungsansatz stehende Überlegung war, dass positive ökonomische Gewinne zugestanden werden müssen, damit Effizienzanreize entstehen. Das regulierte Unternehmen sollte deshalb jeden Preis für sein Produkt verlangen dürfen, solange die Erlöse die Gesamtkosten der Vorjahresperiode nicht übersteigen. Damit konnte zwar die Anreizverzerrung gelöst werden. Damit wäre aber ein neuer Anreiz entstanden, die Kosten der Vorperiode zu verschleiern. Der disaggregierte Regulierungsansatz verwendet stattdessen die sog. Price-Cap Regulierung[820] für lokalisierte Bottleneck-Bereiche. Das zentrale Anreizkonzept besteht darin, Effizienzzuwächse bei den regulierten Unternehmen zu belassen, aber eine Preisgrenze festzusetzen, wonach die Entgelte der monopolistischen Dienste nicht stärker als die Inflationsrate steigen dürfen. Die kritisierte[821] Verzerrung zulasten der Konsumentenwohlfahrt wird von den Vertretern des disaggregierten Regulierungsansatzes zwar gesehen. Mit Blick auf die künftige Investitionstätigkeit des regulierten Unternehmens wird ein Gewinnaufteilungsverfahren oder eine nachträgliche Rentenumlenkung aber eher zurückhaltend diskutiert. In dieser Haltung kommt auch die Skepsis gegenüber der in der Vergangenheit beobachteten Informationsasymmetrie zum Ausdruck.[822]

bb) Symmetrische Regulierung

Der zweite Eckpunkt disaggregierter Regulierung betrifft den Zugang zu den Bottleneck-Bereichen. Hier soll gewährleistet sein, dass die Regulierung auf Märkten, die durch natürliche Monopole mit hohen Irreversibilitäten gekennzeichnet sind, diskriminierungsfrei auf alle Unternehmen[823] und technologieneutral angewandt wird. Dieser Eckpfeiler wird daher auch als sog. symmetrische Regulierung bezeichnet. Zentraler Aspekt ist hierbei, dass ein Unternehmen sich nicht deshalb strengeren Regeln zu unterwerfen hat, weil es seine Marktstellung mit staatlicher Hilfe erworben hat. Vielmehr bedarf es einer Regulierung, die sich auf die monopolistischen Engpasseinrichtungen konzentriert und daher alle Inhaber von monopolistischen

---

818 *Braeutigam*, 3 Res. Law Econ. 15 ff. (1981).
819 *Vogelsang/Finsinger*, 10 Bell J. Econ. 157 ff. (1979).
820 Vgl. *Beesley/Littlechild*, 20 RAND J. Econ. 454 ff. (1989); vgl. ausf. *Knieps*, Wettbewerbsökonomie, S. 107 ff.
821 Vgl. *Kunz*, in: Knieps/Brunekreeft (Hrsg.), S. 47 ff.
822 Einen Überblick über die Ansätze und Hintergründe der Preisregulierung natürlicher Monopole liefert *Knieps*, Wettbewerbsökonomie, S. 80-112.
823 So auch *Schankerman*, 8 Info. Econ. Pol. 3, 5 f. (1996).

Engpassressourcen gleich welcher Technologie symmetrisch zum Zugang zu dieser Ressource verpflichtet.[824]

cc) Phasing-Out sektorspezifischer Regulierung

Die dritte Position innerhalb der Grundkonzeption des disaggregierten Regulierungsansatzes betrifft das sog. Phasing-Out sektorspezifischer Regulierung. Sie soll die Schnittstelle zwischen verhaltenssteuernder Regulierung und Einzelfallbetrachtung durch das Wettbewerbsrecht bilden. Wenn Substitutionsmöglichkeiten entstehen, insbesondere intermodaler Wettbewerb durch alternative Infrastrukturen in den Zugangsbereichen, lässt sich keine ex-ante Regulierung mehr aufrechterhalten. Damit wird einer sukzessiven Auflösung monopolistischer Engpasseinrichtungen Rechnung getragen und soll so wettbewerbsschädliche Überregulierungen verhindern.[825] Ähnlich wie die neueren Entwicklungen in der Fusionskontrolle nahe legen[826] wird auch im Rahmen des disaggregierten Regulierungsansatzes darauf verwiesen, dass generell zwischen zwei möglichen Fehlerquellen seitens der Regulierungsbehörden abzuwägen sei. Ein Fehler 1. Ordnung (false positive) tritt auf, wenn ein regulatorischer Eingriff erfolgt, obwohl der Wettbewerb funktionsfähig ist und überhaupt kein regulierungspolitischer Handlungsbedarf besteht. Ein Fehler 2. Ordnung (false negative) liegt dagegen vor, wenn eine Intervention unterbleibt, obwohl diese erforderlich ist.[827] Insbesondere Haucap und Kruse sehen die Notwendigkeit, zwischen diesen beiden Fehlerkategorien und der Wahrscheinlichkeit ihres Auftretens für eine Feinjustierung zwischen ex-ante Regulierung und ex-post Wettbewerbsaufsicht zu differenzieren[828]. Dabei gilt, dass die ex-ante Regulierung anfälliger für Fehler 1. Ordnung ist, wohingegen die Fehler 2.Ordnung eher bei der ex-post Regulierung auftreten. Die Gründe liegen in der Natur der Sache, aber auch in der Ausgestaltung von Wettbewerbs- und Regulierungsrecht selbst. Denn während die Regulierung zeitnah agieren und wettbewerbswidrige Praktiken a priori verhindern kann, besteht die Gefahr, dass sie nicht (lang genug) beobachtet, sondern im Voraus verhaltenssteuernd aktiv wird. Hingegen schafft die ex-post Kartellaufsicht keine neuen Spielregeln. Sie wird also nicht im Voraus struktur- und verhaltenssteuernd tätig und vermeidet Fehler der 1. Ordnung. Dagegen besteht hier das Problem, dass keine sektoreinheitlichen Regeln geschaffen, sondern Einzelfallentscheidungen getroffen werden, die außerdem auch nur partielle Präjudizwirkung entfalten können[829]. Daneben können erhebliche zeitliche Verzögerungen entstehen. Gerade für

---

824 *Engel/Knieps*, S. 66-71; *Kühling*, S. 25 f.; a.A. *Lampert*, WuW 1998, S. 27, 36; *Fuhr/Kerkhoff*, MMR 1998, S. 6, 7.
825 Vgl. ausf. *Haucap/Kruse*, WuW 2004, S. 269; *Schreiter/Kind*, MMR 2002, S. 788, 793.
826 Vgl. zur Parallele Teil 1: A.VI.4., S.108.
827 *Knieps*, Wettbewerbsökonomie, S. 97.
828 Vgl. ausf. *Haucap/Kruse*, WuW 2004, S. 267 ff.
829 Beispielsweise ist bei der Frage, ob die DTAG im Bereich der TAL eine marktbeherrschende Stellung nach § 19 GWB entfaltet, keine umfassende Prüfung erforderlich.

dynamische Märkte mit erheblichen irreversiblen Investitionen wie die Telekommunikation gestaltet sich dieser Unterschied als wesentlich[830] und benötigt daher auch langfristig abgesicherten Wettbewerb, bevor die ex-ante Regulierung frühzeitig abgebaut wird[831].

c) Das Verhältnis von Dienste- zu Infrastrukturwettbewerb

Insgesamt wird damit deutlich, dass der disaggregierte Regulierungsansatz den Abbau von Irreversibilitäten, technologischen Fortschritt und Produktdifferenzierung mit Substitutionsmöglichkeiten im Auge hat und auf dieser Basis ein Phasing-Out von derzeit monopolistischen Teilmärkten beabsichtigt.[832] Bereits kurz nach Öffnung der deutschen Telekommunikationsmärkte wurde von einigen[833] Phasing-Out der Regulierung mehr oder weniger stark gefordert. Damit ein Phasing-Out in einem Netzsektor aber überhaupt denkbar ist, muss gewährleistet sein, dass der Wettbewerb sich selbst tragen kann. Eine Rückführung darf insbesondere nicht dazu führen, dass der Incumbent mit strategischem Verhalten Wettbewerber wieder aus dem Markt drängen kann. Damit wird implizit die Frage einer praktischen Umsetzung der Regulierung aufgeworfen. Anders gesagt, stellt sich die Frage, wie Wettbewerb in der Telekommunikation kurz- und langfristig funktionieren soll. Eine vollständige Darstellung der in der Vergangenheit erfolgten Marktöffnung ist hier nicht denkbar. Zudem existieren die unterschiedlichsten Geschäftsmodelle und Strategien, die eng mit der Regulierungspraxis zusammenhängen. Eine Darstellung der Prinzipien ist aber unerlässlich. Grundsätzlich lässt sich das praktische Umsetzungsmodell des Wettbewerbs in der Sprachtelefonie, d.h. im PSTN[834] zwischen Dienste- und Infrastrukturwettbewerb sehen. Diese beiden Wettbewerbsformen unterscheiden sich hinsichtlich des Beitrags, den ein Unternehmen leisten muss (sog. commitment), um als Telekommunikationsanbieter in den Markt zu treten[835].

Dienstewettbewerb ist Wettbewerb um den Endkunden durch das Angebot von Telekommunikationsdiensten[836]. Damit Dienstewettbewerb stattfinden kann, ist technisch gesehen grundsätzlich keine eigene Infrastruktur erforderlich. Die Leistungen, vom Netzaufbau und -betrieb bis hin zu Service, werden bei dieser Wettbewerbsform weiterhin von dem Incumbent erbracht. Ein Austausch des Anbieters

---

830 *Haucap/Kruse*, WuW 2004, S. 267, 269; *Klotz*, ZWeR 2003, S. 283, 313; *Schreiter/Kind*, MMR 2002, S. 788, 793.
831 *Klotz*, ZWeR 2003, S. 283, 314.
832 *Knieps*, 50 Kyklos 325 ff. (1997).
833 *Hefekäuser*, MMR Beilage 03/1999, S. 144, 151; *ders.*, MMR 1998, S.XI; *Huber/v. Mayerhofen*, MMR 1999, S. 593, 595; zurückh. *Knieps*, MMR 2000, S. 266, 269; a.A.: *Fuhr/Kerkhoff*, MMR 1999, S. 213, 215, 218.
834 Da zumindest in Deutschland Rückkanalfähigkeit nicht existiert und eine einfache statische Verteilung der Signale erfolgt, unterscheidet sich der Wettbewerb grundlegend.
835 *Schmidt/Rommel*, MMR 2002, S. 225, 227.
836 *Börnsen/Coppik*, MMR 2004, S. 143; ebenda.

erfolgt lediglich auf der letzten Stufe der Wertschöpfung, der des Vertriebs[837]. In der Regulierungspraxis[838] treten zwei Formen des Dienstewettbewerbs besonders häufig auf, das sog. Rebilling und Resale. Rebilling ist ein Angebot, das ein Unternehmen in die Lage versetzt, Produkte eines Netzbetreibers unverändert, ohne eigene Wertschöpfung und auf fremde Rechnung, weiterzuveräußern[839]. Resale ist ein Angebot selbst gestalteter (!) Produkte in eigenem Namen und auf eigene Rechnung[840]. Die Leistungen können dabei voneinander in Preis, aber auch hinsichtlich der einzelnen Produkte abweichen, so dass Preis- und Produktdifferenzierung für den Dienstewettbewerb charakteristisch sind[841]. Wie der Begriff des Infrastrukturwettbewerbs nahe legt, entsteht dieser durch den Aufbau eigener Infrastrukturen. Ein solcher Netzaufbau ist mit erheblichen Investitionen, bei leitungsgebundenen Infrastrukturen mit irreversiblen Investitionen verbunden. Hingegen werden auch im PSTN funkgestützte Einrichtungen verwendet, die als reversible Investitionen relativ risikolos zu bewerkstelligen sind. Die Entscheidung für die jeweilige Versorgung ist nicht zuletzt eine strategische und hängt auch von den herrschenden Kapazitätsverhältnissen ab. Angesichts der Bündelvorteile lohnt sich ihr Aufbau im PSTN nur in den Fernnetzen. Die Bottlenecks der Ortsnetze können nur unter ganz bestimmten Voraussetzungen (bspw. bei großen Geschäftskunden) ersetzt werden. Solche City-Carrier sind, wie der Überblick gezeigt hat[842], insbesondere in den Metropolen vertreten.

Das Verhältnis von Dienste- zu Infrastrukturwettbewerb ist in der Ökonomie im Grunde eindeutig. Die praktische Umsetzung bereitet aber Schwierigkeiten. Der Konflikt wird nicht nur von den gegensätzlichen Interessen der Wettbewerber und der DTAG als Deutschlands Incumbent im PSTN geprägt. Vielmehr werfen Ökonomen der Regulierung nicht selten Inkonsistenz vor, was volkswirtschaftliche Schäden hervorrufen kann. Nachträgliche Änderung der Regulierung zu Lasten von Investoren wie etwa den alternativen City-Carriern (Infrastrukturwettbewerber) und zum Vorteil von investitions- und risikoscheuen Call-by-Call Anbietern (Dienstewettbewerber) führen dabei zu absolut kontraproduktiven Ergebnissen[843]. In Theorie und Praxis besteht weitestgehende Einigkeit darüber, dass sich Dienstewettbewerb und Infrastrukturwettbewerb komplementär als auch substitutiv zueinander verhalten[844]. Dienstewettbewerb ist in der Anfangsphase der Liberalisierung notwendig, da der Incumbent einen zeitlichen Vorsprung bei Netz und Kunden hat. Seine versunkenen Kosten, ob im Fern- oder Ortsnetz sind nicht mehr entscheidungsrelevant, wohl dagegen für die Newcomer. Außerdem besteht für sie noch kein angestammtes

---

837 *Schmidt/Rommel*, MMR 2002, S. 225, 227.
838 Vgl. *Kurth*, MMR 2001, S. 653, 654.
839 VG Köln MMR 2001, S. 840, 841 „Resale-Anordnung der RegTP".
840 BVerwG NVwZ 2004, S. 75 „Reseller".
841 *Börnsen/Coppik*, MMR 2004, S. 143.
842 Vgl. Teil 1 : B.III.1.a), S.122.
843 *Kruse*, MMR 2002, S.XXVIII.
844 *Koenig/Loetz*, TKMR 2004, S. 132, 133 ff.; *Börnsen/Coppik*, MMR 2004, S. 143 ff.; *Kurth*, MMR 2001, S. 653 ff.

Kundengeschäft. Es fehlen Goodwill und eine flächendeckende Struktur, so dass Marketingmaßnahmen nicht nur ineffizient, sondern für Kunden ohne eine geeignete Suggestion als „leere Versprechung" wahrgenommen werden und unseriös wirken können. Dienstewettbewerb suggeriert ein solches flächendeckendes Netz oder wie manche[845] formulieren, es führe zu einem Austausch des Etiketts. Aus regulierungsökonomischer Sicht wird damit freier Markteintritt und kostenloser Marktaustritt im Sinne der Contestable Markets Theory gewährt, da keine irreversiblen Investitionen getätigt werden müssen. Dienstewettbewerb ist aber kein Selbstzweck, insbesondere sollte Regulierung darauf achten, dass Tarifarbitrage nicht dazu führt, dass aus einem hit-and-run entry ein eigennütziger Abschöpfungsmechanismus entsteht. Insbesondere kann zu starker Preiswettbewerb auf Dienstemärkten dazu führen, dass zwar kurzfristig die Konsumentenrente steigt. Wird durch Regulierung aber ein zu niedriger Vorleistungspreis für Dienstewettbewerb gefordert, schlägt dies auf eine geringe Rentabilität des Infrastrukturbetriebs durch. Dies geht nicht nur zu Lasten des Incumbent, sondern auch zulasten der Qualität der Infrastruktur (sog. Verrotten der Infrastruktur)[846], die letztlich das Rückgrat des Wettbewerbs im Markt bildet. Wie schon im Rahmen der Grundsätze der essential facility gezeigt, dürfen die Anreize für Infrastrukturinvestitionen nicht untergraben werden. Ein Spannungsfeld zwischen langfristig den Nutzerinteressen dienendem Infrastruktur- und Dienstewettbewerb einerseits und einem kurzfristig die Nutzer zufrieden stellenden Preiswettbewerb andererseits[847] lässt sich aber durch Regulierung vermeiden. Dienstewettbewerb muss daher, um seine Rechtfertigung im künstlich erzeugten Wettbewerb zu erhalten, seine Funktion wahrnehmen. Diese besteht darin, Kundenstämme und Goodwill aufzubauen und zeitlich versetzt oder sogar parallel, die in Aufbau befindliche Infrastruktur langfristig mit Nachfrage abzusichern[848]. Erst Infrastrukturwettbewerb kann im wörtlichen Sinne zu einer „strukturellen Absicherung" des Wettbewerbs führen[849]. Er ist langwieriger, aufwändiger und (bei Etablierung des Newcomers) auch langfristiger. Demgegenüber verhält sich Dienstwettbewerb diametral. Er ist rasch durchsetzbar, mit relativ einfachen Mitteln herstellbar und führt bei einer Rückführung der Regulierung zu einem genauso schnellen Marktaustritt der Newcomer wie sie in den Markt eingetreten sind. Dies beweist den notwendigen Bedingungszusammenhang zwischen Infrastruktur- und Dienstwettbewerb[850].

---

845 *Schmidt/Rommel*, MMR 2002, S. 225, 227.
846 *Börnsen/Coppik*, MMR 2004, S. 143, 145.
847 Ebenda.
848 *Koenig/Loetz*, TKMR 2004, S. 132, 134.
849 Ebenda.
850 Vgl. zur Abwägung beider Ziele für den UMTS-Markt *Klotz*, ZWeR 2003, S. 283, 301.

d) Kritik und Verteidigung

Die disaggregierte Lokalisierung und Regulierung monopolistischer Bottlenecks ist die maßgeschneiderte Konzeption, um wettbewerbliche Ausnahmebereiche in Netzsektoren gezielt mit den Instrumenten der Regulierung zu disziplinieren.

Kritiker um Vogelsang wenden ein, dass nur die Funktionsfähigkeit des Wettbewerbs eine Abkehr von der Regulierung rechtfertige, nicht dagegen die Bestreitbarkeit der Märkte im Sinne des disaggregierten Ansatzes.[851] Diese Kritik ist deshalb so bemerkenswert, da sowohl sie[852] als auch der disaggregierte Ansatz workable competition verfolgen. Bevor beispielsweise Knieps die Grundkonzeption des disaggregierten Ansatzes vorstellt, lässt er einen Einblick in sein Verständnis von funktionsfähigem Wettbewerb zu, das augenscheinlich mit dem Funktionskatalog von Kantzenbach und dem Verständnis von Vogelsang u.a. übereinstimmt[853]. Die Beanstandung entzündet sich daher nicht an einem unterschiedlichen wettbewerbspolitischen Leitbild, sondern vielmehr an einer Fehlinterpretation des disaggregierten Ansatzes. Die Meinungsverschiedenheit, die aus Vogelsangs u.a. Besprechung folgt, beruht daher auf einem Missverständnis und begründet keine substanzielle Kritik. Deutlich zum Ausdruck kommt das Missverständnis in der Aussage: »[wenn Regulierung wegen Bestreitbarkeit nicht zu begründen ist], dann ist dies genau die Konsequenz des funktionsfähigen Wettbewerbs und damit der Grund, weshalb ein bestreitbarer Markt [!] auch bei hoher Konzentration als funktionsfähig gelten kann«[854]. Richtig ist zwar, dass der disaggregierte Ansatz bei Bestreitbarkeit davon ausgeht, dass Regulierungsbedarf nicht besteht. Die disaggregierte Betrachtung setzt aber genauso wenig wie das Konzept um die essential facility einen monopolistischen Engpass mit einem Markt gleich. Das wiederum ist der Grund, warum ein Markt aufgrund partiell fehlender Bestreitbarkeit nicht funktionsfähig sein muss, wohingegen globale Bestreitbarkeit Funktionsfähigkeit indiziert. Diese Idee von einer partiellen Regulierung ist es, die von der Kritik nicht gesehen wird.

Ferner wird eingewandt, dass neben den versunkenen Kosten weitere Marktzutrittsschranken existieren würden[855] und eine Regulierung darüber hinaus notwendig wäre. Dieser vom Ansatz mit Bain[856] übereinstimmende Vorwurf wird teilweise auch in der Regulierungspraxis stillschweigend durch eine zu starke Förderung des Dienstewettbewerbs umgesetzt[857]. Führt man sich die Konsequenzen dieser Auffassung vor Augen, so bestünde für natürliche Monopole globaler Regulierungsbedarf und wäre Wettbewerb nicht zu begründen. Zwar kann eingewandt werden, dass Infrastrukturwettbewerb durch diese Konzeption trotzdem zur Pflicht erhoben wer-

---

851 *Koenig/Vogelsang/Kühling/Loetz/Neumann*, S. 25 f.
852 Ebenda, S. 27 f.
853 *Knieps*, Wettbewerbsökonomie, S. 4 ff.
854 *Koenig/Vogelsang/Kühling/Loetz/Neumann*, S. 25.
855 *Hohmann*, 2001, S. 241.
856 *Bain*, Industrial Organization, 1968, S. 252.
857 Krit. *Schmidt/Rommel*, MMR 2002, S. 225, 227; vgl. auch *Kruse*, MMR 2002, S.XXVIII.

den könnte. Dann stellt sich aber die Frage, vor welchem ökonomischen Hintergrund diese Pflicht begründet werden sollte. Denn aus Bains Ansatz folgt im Grunde die Unangreifbarkeit von Netzsektoren. Setzt man sich darüber dennoch hinweg, müsste konsequenterweise ein regulierungsbedingter Dienstewettbewerb verfolgt werden. Damit würde nicht nur der Anreiz zum Aufbau von Infrastrukturen entfallen, sondern vor allem den Bedingungszusammenhang zwischen Dienste- und Infrastrukturwettbewerb obsolet werden lassen. Wettbewerb besteht dann nur solange, bis der Incumbent seine Kosten nicht mehr decken kann.

MZS haben damit für Regulierung eine ganz andere Bedeutung. Dieser Unterschied führt denn auch zu einer weiteren, in der Kritik gleichzeitig verkannten Überlegung des disaggregierten Ansatzes. Denn ob ein Unternehmen gegenüber einem anderen eine besondere Stellung einnimmt und diese missbraucht, ist von der Frage der ex-ante Regulierung scharf zu trennen. Der disaggregierte Ansatz wendet sein MZS Konzept nicht für das allgemeine Wettbewerbsrecht an, etwa für die Beurteilung von Marktmacht. Eine globale Regulierung von Bereichen, in denen die Finanzkraft eine Rolle spielt, aber symmetrische Bedingungen im Sinne der Contestable Markets Theory herrschen, mögen einen Marktzutritt zwar schwer erscheinen lassen. Unberührt bleibt dagegen die Möglichkeit des Marktzutritts. Häufig wird durch eine Übergewichtung von hohen Fixkosten und einer Gleichsetzung mit MZS verkannt, dass Telekommunikation, insbesondere im Infrastrukturbereich und bei Ausschreibungen von Funkfrequenzen exzessives Kapital benötigt[858]. Daher ist der Kreis der markteintrittsfähigen Anbieter kleiner als in herkömmlichen Industrien. Dies allein schließt Wettbewerb aber nicht aus, wie die wechselseitigen Markteintritte der nationalen Telekommunikationsbetreiber eindrucksvoll belegen. Insofern sollte dieser Aspekt der hohen Fixkosten nicht dahingehend interpretiert werden, dass dieser Industriezweig generell unangreifbar ist und global zu regulieren ist.

5. Trade-off zwischen intra- und intermodalem Wettbewerb?

Die derzeit resultierenden Regulierungsprobleme, insbesondere die Frage, in welcher praktischen Relation Dienste- und Infrastrukturwettbewerb zueinander stehen sollten, überschatten die fundamentalen Voraussetzungen für einen selbsttragenden Wettbewerb. Obwohl der Infrastrukturwettbewerb diese Tragfähigkeit gewährleisten soll, werden Duplizierbarkeit und damit Substitution der Bottlenecks, beispielsweise über Kabelnetze (sog. intermodaler Wettbewerb) in der deutschen Telekommunikationsdiskussion nicht ansatzweise thematisiert[859]. Im Gegensatz zu den USA, wo die Beziehungen der einzelnen Infrastrukturen, im Vordergrund der Regulierungsdiskussion stehen, findet hierzulande eine einseitige Debatte über die Relation der

---

858 Näher hierzu *Le Blanc/Shelanski* (2002), S. 8.
859 Vgl. aber *Abrar*, N&R 2007, S. 29 ff.; *ders.*, Fusionskontrolle in dynamischen Netzsektoren am Beispiel des Breitbandkabelsektors, 2006; *Möschel*, MMR Beilage 2/2001, S. 13, 15, Fn. 4 m. Hinw. auf die begonnene Diskussion in den Niederlanden; leider zu knapp bei *v. Wichert-Nick*, MMR 1999, S. 711 ff.

Wettbewerbsformen im PSTN statt (sog. intramodaler Wettbewerb). Diese intramodalen Wettbewerbsbeziehungen sind zwar wichtig. Obsolet kann Regulierung aber dann nicht werden, wenn der gesamte Wettbewerb von dem sprichwörtlich „seidenen Faden" im Teilnehmeranschlussbereich des PSTN abhängt. Dass sich der Bottleneck mit zunehmendem Infrastrukturwettbewerb auf der nachgelagerten Ebene nicht auflösen wird, bedarf nach Darstellung der mit der essential facility behandelten leverage und foreclosure Theorien keiner weiteren Diskussion. Wie Knieps schon treffend für den Ausschreibungswettbewerb zum Ausdruck bringt, gilt auch hier, dass netzspezifische Marktmacht im Kern erhalten bleiben wird[860]. Von einigen wird zwar erkannt, dass ohne Regulierung und Wettbewerb im Anschlusssegment die Gefahr der Hebelwirkung besteht. Die Schlussfolgerung, dass Entbündelung im Ortsnetzbereich das entscheidende Element für die Förderung von Netzwettbewerb sei, erscheint hingegen undifferenziert und führt zu einem Dilemmaroblem, das durch die fehlende Einbeziehung der Breitbandkabelnetze in die regulierungsökonomische Diskussion verursacht wurde.[861] Die Umsätze mögen eine asymmetrische Betrachtung vordergründig rechtfertigen. Ein trade-off zwischen intramodalem Wettbewerb im PSTN und intermodalem Wettbewerb im Anschlusssegment ist aber evident und gefährdet nicht nur den Wettbewerb im PSTN sondern hat angesichts der grundsätzlich zu begrüßenden Innovationsdynamik dort verheerende Auswirkungen für die Dynamik der Breitbandkabelnetze[862]. Die Dilemmasituation des deutschen Breitbandkabels soll daher im Folgenden kurz skizziert werden.

a) Ausgangspunkt

Nimmt man als Ausgangspunkt den einfachen Einproduktfall von Kabel und PSTN, befanden sich beide Netze nicht in aktuellem intermodalem Wettbewerb, sondern waren intermodal natürliche Monopole.[863] Ohne Regulierung waren ökonomische Gewinne für beide Netze in den Kerngeschäftsfeldern Telefonie und Rundfunk zu verbuchen.

b) Status-Quo im PSTN

Die DTAG konnte ihr Geschäftsfeld auf das Internet ausweiten. Zunächst wurde Schmalbandinternet, später DSL eingeführt. Im Gegensatz zur PSTN-TAL ist die DSL-Technik nicht durch versunkene Investitionen geprägt. DSLAM, DSL-Modem, etc. werden in den Vermittlungsstellen und beim Endkunden reversibel eingesetzt. Konfiguration und Wartung erfolgen elektronisch, ferngesteuert und automatisiert. Die intramodale Regulierung im PSTN ermöglicht aber auch anderen ISP den DSL-

---

860   *Knieps*, Versteigerungen und Ausschreibungen in Netzsektoren, S. 10.
861   Insgesamt auch *Abrar*, N&R 2007, S. 29 f.; *ders.*, Fusionskontrolle in dynamischen Netzsektoren am Beispiel des Breitbandkabelsektors, 2006, S. 6 ff.
862   *Möschel*, MMR Beilage 2/2001, S. 14 ff.
863   So für den Status auch *Vogelsang*, MMR Beilage 3/2003, S. 6, 14.

Zugang mittels Kollokation reversibler Einrichtungen in den Vermittlungsstellen[864] oder durch Wiederverkauf[865] der eigenen DSL-Technologie. Damit entstand einerseits ein Wettbewerb um DSL-Kunden. Andererseits sind die Wettbewerber weiterhin auf die TAL der DTAG angewiesen, so dass eine Zugangsvergütung weiterhin stattfindet. Eine Kannibalisierung durch Wettbewerb im DSL-Zugangssegment setzte damit nur partiell ein.[866]

Seit 2004 findet durch die VoIP-Technologie eine zunehmende Substitution der Telefonfestnetzgespräche durch die Internettelefonie auf dem Massenmarkt statt[867]. Die DTAG setzt VoIP nur zögerlich ein, da damit die getätigten Investitionen in die digitale ISDN-Technik nur schwer refinanzierbar werden. Da die DTAG mit ihrer Tochter T-Online den größten deutschen ISP und einen der größten europäischen IBP besitzt, ist ein Wechsel auf VoIP aber sukzessive denkbar, da dies Transaktionskosten spart. Bei verstärktem Wechsel der Endkunden zu Wettbewerbern ist für die DTAG die Wechselbewegung gegen die Refinanzierung betriebswirtschaftlich abzuwägen. Ist der Ausfall der aggregierten Gesprächs- und Internetumsätze durch Wechsel zu alternativen Telekommunikationsunternehmen zu hoch, findet auch eine Umstellung auf VoIP statt. Damit besteht auch ein zunehmendes Interesse der DTAG, die Substitutionsbeziehungen zwischen DSL und PSTN[868] durch den Einsatz von Koppelprodukten zu verhindern. Daneben verdichtet sich auch der Einstieg in die Rundfunkübertragung mittels IPTV. Eine eigene Plattform besitzt die DTAG bereits.[869] Die Frage des erfolgreichen Markteintrittes hängt auch davon ab, ob die Sender bereit sind, ihre Programme über IPTV ausstrahlen zu lassen. Die DTAG hat mit Premiere, dem führenden Anbieter auf dem Pay-TV Markt eine Kooperation für IPTV geschlossen. Hintergrund dieser Kooperation war eine Ausschreibung der Bundesligarechte durch die Deutsche Fußball Liga (DFL). Eine Kopplung von DSL, PSTN bzw. VoIP und IPTV wird damit immer wahrscheinlicher. Pressemitteilungen zufolge haben auch alternative Betreiber, wie Arcor, Hansenet und Versatel damit begonnen, ins IPTV Geschäft einzusteigen. Sie mieten die TAL der DTAG an und betreiben eigene Kollokation in den Vermittlungsstellen[870]. Die Bundesnetzagentur rechnet damit, dass auch DSL-Reseller Pay-TV Pakete schnüren werden. Im Untersuchungszeitraum sind eine Reihe von Kooperationen zwischen den Wettbewerbern der Telekom und den Privat- und öffentlich-rechtlich-

---

864 So Arcor, Hansenet oder NetCologne.
865 So United Internet (1&1), America Online (AOL) und Freenet.
866 *Schmidt/Winkelhage*, Die Telekom will den DSL-Wettbewerb abwürgen, FAZ v. 20.03.2006, S. 21.
867 *Noam*, MMR Beilage 3/2005, S. 8 f.; *Kurth*, MMR Beilage 3/2005, S. 4 ff.
868 Zu den Substitutionsbeziehungen der Dienste untereinander vgl. *Latham*, Broadband Today, A Staff Report to William E. Kennard, Chairman FCC, Cable Bureau 1999, S. 27, Fn. 73.
869 *Jurran*, Fernsehen aus der DSL-Dose, c't 6/2006, S. 224, 226.
870 Vgl. nur BNetzA, Jahresbericht 2005, S. 20.

en Sendern entstanden. Mittlerweile bieten DSL-Betreiber umfangreiche IPTV-Pakete an.[871]

c) Folgen für das Kabel

Die Kabelnetzbetreiber der NE3 sind mit dem bevorstehenden Markteintritt der DTAG eindeutig potentiellem Wettbewerb ausgesetzt. Zu berücksichtigen ist auch, dass mit Zeitablauf Kabelentgelte nur noch schwer zu rechtfertigen sind, da der Anschluss über DBS kostenlos ist. Daher scheint der Markteintritt in das Kabelinternetgeschäft mit VoIP für eine Produktdifferenzierung notwendig. Allerdings bestehen hier andere Kostenstrukturen für die Netzaufrüstung. Neben der Endgerätebeschaffung, d.h. Kabelmodem und CMTS, müssen Cluster gebildet werden. Diese erfordern Erdbauarbeiten, da jedes Cluster angesichts des shared medium eine gewisse Bandbreite für die Versorgung aller Endkunden benötigt und daher eine kleine Clustergröße erforderlich ist und per Glasfaser an das CMTS herangeführt werden muss.[872] Damit sind die Hauptkosten der Kabelnetzumrüstung versunken. Festgehalten werden kann daher, dass der potentielle Wettbewerb durch Kabel im Internetzugangssegment beschränkt ist. Daneben scheint auch eine Refinanzierung vor große Hürden gestellt zu sein. Berücksichtigt werden muss hierbei, dass die intramodale Regulierung im PSTN mit der Refinanzierung im Kabel einen interdependenten Zusammenhang aufweist. In diesem Fall besteht sogar eine Kollision, der den trade-off zwischen intramodalem Wettbewerb im PSTN und der Schaffung der Voraussetzungen für intermodalen Wettbewerb durch Kabel bestätigt. Dass Kabel Bündelvorteile von Fernsehanschluss, Internetzugang und Programminhalten besitzt, wie Vogelsang[873] anmerkt, fällt angesichts der gleichen Verbundmöglichkeiten auf Seiten des PSTN kaum ins Gewicht. Anzumerken ist allerdings, dass Vogelsangs Betrachtung auf das Jahr 2003 zurückgeht. Zu diesem Zeitpunkt wurde von vielen IPTV nicht ernsthaft in Betracht gezogen. Allerdings wurde diese Entwicklung schon früh prophezeit und war eher eine Frage der Zeit. Die Kompressionstechnologie und die Bandbreitenvergrößerung sah Noam bereits lange vor den ersten Testläufen durch die PSTN-Betreiber: »For a while transmission could not keep up with processing because it was much more expensive to widen the channels than to add more powerful chips, and therefore Bottlenecks emerged. But in the near future transmission will be the driver instead of the break.«[874]

---

871 Vgl. ProSiebenSat.1-Gruppe und United Internet AG starten Video-on-Demand-Portal „maxdome", Pressemitteilung; ProSiebenSat.1-Gruppe und HanseNet schließen IPTV-Vertrag, Pressemitteilung, abrufbar unter: <http://www.prosiebensat.1.de>.
872 Hierzu *Büllingen/Stamm/Vary/Lüders/Werner*, Potenziale alternativer Techniken zur bedarfsgerechten Versorgung mit Breitbandzugängen, wik-Studie 22/05 (2006), S. 19, 78 ff.
873 *Vogelsang*, MMR Beilage 3/2003, S. 6, 12.
874 *Noam*, S. 248.

d) Der fiktive Fall: Wettbewerb um Bottlenecks

Richtet man den Blick auf den fiktiven Fall, dass Kabelnetze die Aufrüstung bewerkstelligen können, sind also erhebliche versunkene Investitionen in die Infrastruktur geflossen, so kann die Frage gestellt werden, welche horizontalen und vertikalen Effekte hier entstehen. Es wird daher unterstellt, dass sowohl Kabelnetze als auch PSTN Internetzugang, Sprachtelefonie und Rundfunkinhalte übertragen können. Untersuchungen, die sich mit diesem Zukunftsszenario ökonomisch fundiert auseinandersetzen, existieren kaum. Eindeutige Ergebnisse existieren daher nicht. Shy kommt unter sehr einfachen Modellannahmen zu dem Ergebnis, dass ein vertical foreclosure effect nicht stattfindet, dass das Marktgleichgewicht im Nutzenmaximum liegt, aber keine unabhängigen ISP mehr existieren. Die Unternehmen nehmen danach eine vollständige Bündelung ihrer Produkte vor.[875] Er vernachlässigt insoweit aber die Substitutionsbeziehungen der Dienste untereinander und geht nicht auf die Produktdifferenzierungsmöglichkeiten der Inhalte im Rundfunk ein. Vogelsang merkt an, dass freiwillige vertikale Vereinbarungen nur dann zustande kommen würden, wenn die Netzbetreiber der Breitbandanschlüsse höhere Gewinne erwarten könnten, weil sonst ISP zu ihren (ihrem) Konkurrenten abwandern. Dies setze aber voraus, dass ISP den Netzbetreibern durch Produktdifferenzierung zusätzliche Kunden bringen und damit Gewinne erhöhen könnten.[876] Piropato bezweifelt dagegen bereits die Möglichkeit von Infrastrukturwettbewerb auf der Zugangsebene. Während sie auf die Marktzutrittsschranken durch versunkene Kosten im Kabelsegment eingeht, vernachlässigt sie die im Gegensatz zu Kabel nur reversiblen Investitionen von DSL. Allerdings ist ihr Ansatz auf die USA gemünzt, wo Kabelinternet bereits eine fast flächendeckende Penetration aufweist und mit Deutschland in diesem Punkt zumindest unvergleichbar ist. Ferner ist sie der Ansicht, dass eine künftige Zugangsgewährung in vertikaler Hinsicht nur unter diskriminierenden Bedingungen erfolgen werde. Die Netzbetreiber würden die Kabelnetze so gestalten, dass eine Kollokation mittels CMTS nicht einfach möglich sei und daher Diskriminierungsmöglichkeiten bestünden.[877] Allerdings werden die ökonomischen Überlegungen nicht weiter ausgeführt. Howell ist dagegen der Meinung, dass der künftige Breitbandwettbewerb nicht von den Zugangstarifen, sondern von den Inhalten abhänge und daher eine Diskriminierung auf der Infrastrukturebene nicht sehr wahrscheinlich sei. Eher würde das Programmangebot zusammen mit der physischen Ebene verknüpft werden. Diese Verbindung sei äußerst resistent, da es auf den Zugang zur Infrastruktur dann nicht mehr ankomme.[878]

Damit zeigt bereits dieser kurze Auszug der Meinungskontroverse, dass sich über die künftige Entwicklung eines etwaigen Netzdyopols keine konkreten Aussagen hinsichtlich eines „selbsttragenden" Wettbewerbs treffen lassen. Nach den bisheri-

---

[875] *Shy*, The Economics of Network Industries, S. 155-159.
[876] *Vogelsang*, MMR Beilage 3/2003, S. 6, 12.
[877] *Piropato*, 2000 U. Chi. Legalf. 369, 410 ff. (2000)
[878] *Howell*, Defining the Markets for Broadband, 2000, S. 18 f.

gen Ausführungen scheint eine solche stabile Gleichgewichtssituation im Sinne eines Cournot-Dyopols oder einer abgestimmten Kartellverhaltensweise zwischen Kabel und PSTN auch bei vollständiger Penetration der Infrastrukturen aber unwahrscheinlich zu sein. Denn auch ohne Regulierung und vollständiger vertikaler Integration, sowie vollständiger Koppelung der einzelnen Substitutionsmöglichkeiten auf der Ebene der Dienste ist parallel zu den Ausführungen der preistheoretischen Modelle die Frage eines Parallelverhaltens davon abhängig, inwieweit Produktdifferenzierungsvorteile der jeweiligen Infrastruktur bestehen und wie sich die inneren Kostenstrukturen der Unternehmen gestalten. Gerade bei Hinzutreten des weiteren Faktors der Inhalte ist wie Howell richtig bemerkt, auch die Attraktivität der jeweiligen Programminhalte entscheidend. Eine Marktaufteilung wie im Fall eines einfachen Einproduktfalles oder undifferenzierter Güter auf homogenen Märkten scheint hier ausgeschlossen zu sein. Während bei intramodalem Infrastrukturwettbewerb, beispielsweise auf Fernverkehrsmärkten im PSTN, ähnliche Bedingungen herrschen dürften, sind Kabelnetz und PSTN für den gleichen Dienst, sei es nun Rundfunk, Telefonie oder auch Internet, ganz unterschiedlich gerüstet und geeignet. Dass die Übertragung identischer Signale bzw. das Angebot ähnlicher Dienste möglich ist, heißt nämlich noch nicht, dass der Aufwand identisch ist. Diese Grundsätze hatte auch schon die Europäische Kommission[879] festgestellt. Sie fügt dem hinzu, dass die Verdopplung der Marktanteile, die alle 6 Monate stattfinde, unzureichende Absprachemöglichkeiten böten und dass Internetzugangsprodukte nicht als homogen gelten. Schließlich sei die Dynamik und Innovation ein Hauptmerkmal dieser Produkte und reagiere die Nachfrage auch schnell auf solche technische Neuerungen.[880] Berücksichtigt man zudem die technologische Entwicklung selbst, aber auch von Satellit und anderen, hier bewusst ausgeklammerten funkgestützten Kommunikationsmöglichkeiten, wie UMTS oder WLL, wird die Spanne eines preispolitischen Spielraums des leitungsgebundenen (!) Dyopols weiter. Schließlich muss berücksichtigt werden, dass auf IP-Ebene Dienste nicht mehr auf die untere physikalische Schicht zurückgreifen müssen. Insofern leistet die offene Struktur des Internet, solange im Backbone-Segment und im Zugangs-Segment keine Diskriminierung stattfindet, auch eine virtuelle Möglichkeit des Wettbewerbs.

e) Regulierungspolitische Schlussfolgerungen

Aus regulierungspolitischer Sicht ist man sich einig, dass eine Zugangsverpflichtung zu der jeweiligen Infrastruktur asymmetrisch erfolgen sollte, um keine Anreizverzerrung zulasten von Netzinvestitionen zu fördern. Es gehe also nicht um ein level playing field aller Infrastrukturanbieter, sondern um die regulatorische Förderung des jeweils unterentwickelten Netzes. Folgt man Vogelsang, existiert ein trade-off zwischen intramodalem und intermodalem Wettbewerb, der weder theoretisch noch

---

879 Kommission, COMP/M.1838 v. 27.03.2000 „BT/Esat".
880 Ebenda, Tz. 10 ff.

empirisch eindeutig sei. Während eine Verringerung des Wettbewerbs die Profitabilität von Investitionen erhöhen könne, bestrafe Wettbewerb das Unterlassen von Investitionen und vergrößere den Markt und damit das Investitionspotential. Dies wird anhand einer Untersuchung von Woroch belegt, der durch den Markteintritt einen stimulierenden Effekt für Investitionen und sukzessive Folgeeintritte feststellt hat[881]. Dies solle zwar grundsätzlich auch für den intermodalen Wettbewerb zwischen Kabelinternet und DSL gelten. Schlussfolgerungen für einen intramodalen Wettbewerb [im Kabel] ließen sich aber nicht herleiten, sondern seien fraglich. Vogelsang kommt daher zu dem Ergebnis: »Während intermodaler Wettbewerb von flankierender Vorleistungsregulierung eher unabhängig ist, ist intramodaler Wettbewerb weitgehend darauf angewiesen. Je weniger ausgeprägt der intermodale Wettbewerb ist, umso mehr kommt es deshalb auf Vorleistungsregulierung als Voraussetzung des intramodalen Wettbewerbs an. Im Extremfall des intermodalen Monopols, wie er in Deutschland praktisch vorliegt, muss folglich die Vorleistungsregulierung besonders gut funktionieren.« Daher schlussfolgert er für einen Zugang zu Kabelmodemplattformen: »In Deutschland sollten folglich bei Einführung von Kabelmodems keine regulatorischen Vorkehrungen für Entbündelung getroffen werden, da die Investitionsanreize sonst zu niedrig sind und da auf lange Sicht nicht mit Marktmacht der Kabelmodemanbieter zu rechnen ist.«[882]

Dem ist grundsätzlich zuzustimmen. Auch die Monopolkommission geht davon aus, dass diensteorientierter Wettbewerb zwar auf Zugangsverpflichtungen und damit auf Regulierung angewiesen sei, sich allerdings auch investitionshemmend auswirke und damit Infrastrukturwettbewerb behindere.[883] Allerdings zeigt die Dilemmasituation des deutschen Kabelnetzes auch, dass eine Investition in die Netze für eine Refinanzierung des Kabelausbaus stark von den Gewinnmöglichkeiten von Internet und Telefonie abhängig ist. Je stärker daher die intramodale Regulierung im PSTN ist, desto weniger Anreize bestehen im Hinblick auf Rückkanalausbau. Daher kann die Folgerung Vogelsangs, dass intermodaler Wettbewerb von flankierender Vorleistungsregulierung eher unabhängig sei, nicht überzeugen. Diesen Standpunkt erkennt allerdings die Monopolkommission[884]: »Aufgrund der Preissenkungen [im PSTN] dürften sich Investitionen in alternative Infrastrukturen, wie der Umrüstung des BK-Netzes, weniger lohnen.« Eine interdependente Regulierung im Sinne einer Ausgestaltung der Entgelte im PSTN zugunsten eines Infrastrukturwettbewerbs wird von ihr aber weder als Möglichkeit erkannt und daher erst recht nicht für eine weitere Entwicklung in Erwägung gezogen. Überzeugende Schlussfolgerungen leitet die Monopolkommission daher nicht ab.

---

881 *Woroch*, Competition's Effects on Investment in Digital Infrastructure, Department of Economics, Berkeley, 2000, S. 24 f., abrufbar unter: <http://elsa.berkeley.edu/~woroch/investment%20competition.pdf>.
882 *Vogelsang*, MMR Beilage 3/2003, S. 6, 14 f.
883 Vgl. stellvertretend für die Monopolkommission *Möschel*, MMR Beilage 2/2001, S. 13, 18; i.Ü. Monopolkommission, XIII. Hauptgutachten 2000/2001.
884 *Möschel*, MMR Beilage 2/2001, S. 13, 15.

Aus regulierungspolitischer Sicht ist es notwendig, dass der trade-off im Regulierungsgefüge Deutschlands einer konsistenten Regulierung übergeführt wird, um Anreizmechanismen für die Um- und Aufrüstung der Kabelnetze zu schaffen. Vor allem beinhaltet dies, dass die intramodale Regulierung im PSTN den intermodalen Wettbewerb nicht durch flankierende, d.h. vor allem zu niedrige Vorleistungsentgelte konterkariert.

6. Ausblick

a) Bedeutung der Exklusivität für Infrastrukturwettbewerb

Die dargestellten Beziehungen zwischen PSTN und Breitbandkabel machen deutlich, dass sich die Telekommunikationsindustrie von ihrer klassischen Rolle der Signalverteilung und -übertragung entfernt. Insbesondere PSTN und Kabel müssen eine infrastrukturelle Bindung erzeugen, wollen sie im intermodalen Wettbewerb ihre Endkunden nicht an den jeweils anderen verlieren. Solche Bindungen können einerseits dadurch erzeugt werden, dass eine Produktkoppelung aus Sprachtelefonie, Internet und Rundfunk (sog. Triple Play) im Preiswettbewerb gegenüber der jeweils anderen Infrastruktur dominiert. Gerade bei Hinzutreten des Rundfunks lassen sich solche Bindungen auch durch neue Produktdifferenzierungsmöglichkeiten erreichen, indem an Inhalten Exklusivrechte begründet werden[885]. Während in den USA ein starker Wettbewerb um Exklusivrechte zwischen Kabel, DBS und mittlerweile auch PSTN herrscht[886], ist der Rechtehandel in Deutschland aufgrund der historischen Entwicklung stark verzerrt. In den Anfängen der Privatisierung und der Herausbildung der dualen Rundfunkordnung zwischen öffentlich-rechtlichen und privaten Sendern versuchten erstere die Newcomer aus dem Markt zu drängen. Diese Strategie wurde über ein Leerkaufen der Rechtemärkte für attraktive Sportveranstaltungen einerseits und von Spielfilmen andererseits verfolgt.[887] Heute dominieren in Deutschland eine Hand voll Sender den „Zuschauermarkt". Zu ihnen zählen neben den öffentlich-rechtlichen, ARD und ZDF, vor allem die Senderfamilie um ProSiebenSat.1 und die RTL-Gruppe. Während die öffentlich-rechtlichen Sender in erster Linie über die Rundfunkgebühr finanziert werden, refinanzieren sich die privaten Sender über Werbung. Beide Sendergruppen sind damit frei empfangbar. Letztere sind insbesondere auf eine möglichst hohe Einschaltquote angewiesen, da zu dem Endkunden bislang keine direkten Vertragsbeziehungen existieren. Neben diesen Free-TV Programmen existiert in Deutschland das Pay-TV Angebot von Premiere. Daneben sind neue Pay-TV Angebote der Kabelnetzbetreiber Unity Media (ehemals Ish und Iesy), sowie etwas länger ein Angebot der KDG am Entstehen. Jüngst hat

---

885 Grundlegend *Kruse*, Zugang zu Premium Content; zur rechtlichen Diskussion *Holznagel/Rosengarten*, Der Zugang zu Premium-Inhalten insbesondere für Multimedia-Anbieter; zur europäischen Diskussion nur *Geradin*, Europ. Law Rev. 68 ff. (2005).
886 AT&T Comcast/AT&T, Comcast, Merger Order, FCC 02-310 (2002), Tz. 45.
887 *Kruse*, in: Hoffmann-Riem (Hrsg.), S. 132 ff.

der Wettbewerb um sog. Premium Content in Deutschland seinen ersten Höhepunkt bei der Ausschreibung der Fußball Bundesligarechte erreicht.

Premium Content weist andere Eigenschaften auf als normale Güter, weil sie als Positionalgüter vom Rang in der Popularitätshierarchie abhängig sind[888]. Hierzu zählen vor allem Top-Spielfilme und Sportereignisse, die kulturell eine besondere Rolle spielen. Dies ist in Deutschland vor allem der Fußballsport um die Bundesliga. Die Vereine der Bundesliga sind in dem institutionell gefestigten Kartell (sog. Syndikat) der Deutschen Fußball Liga (DFL) organisiert. Da diese die Zentralvermarktung vornimmt, entspricht die ökonomische Wirkung einem Monopol mit der Folge einer deutlichen Mengenreduktion an Zuschauer-Konsumminuten und einer entsprechenden ökonomischen Ineffizienz.[889] Für das Verhältnis PSTN und Kabel ist entscheidend, dass beide Netze bereits heute ein besonderes Interesse an Exklusivität der Inhalte haben. Die Senderechte der DFL nehmen hierbei eine Schlüsselrolle bei der Zuschauerbindung ein, so dass eine Rivalität zwischen Netzbetreibern um die Pay-TV Rechte besteht. Ferner sind auch die Free-TV Anbieter an einer Ausstrahlung interessiert, weshalb sich bei der Vergabe von Premium-Inhalten ein Preisdifferenzierungsschema entwickelt hat, das in zeitlichen Abständen Erst- und Zweitverwertungsrechte (sog. Verwertungskette) erfasst. Für die Kartellstruktur der DFL ist ein Wettbewerb zwischen den Rechteinhabern positiv. Denn wie die Darstellung der ökonomischen Beziehungen im bilateralen Monopol gezeigt hat, steigt die Verhandlungsstärke des Kartells mit zunehmendem Wettbewerb bei der Inhaltebeschaffung der Netzbetreiber und Sender. Dieser zum einen zu begrüßende Wettbewerb zwischen den Sendern und Netzbetreibern um Premium Content ist bei einer Asymmetrie der Anbieter untereinander problematisch, da mittels Exklusivität strategische Markteintrittsbarrieren errichtet werden könnten.[890]

Für die vorliegende Untersuchung sollen die komplexen ökonomischen Beziehungen auf den Inhaltemärkten mit diesem Grundriss ihr Bewenden haben. Der stark verkürzte Überblick sollte jedoch verdeutlicht haben, dass im Zuge der Neuausrichtung des PSTN für die Übertragung von Rundfunkinhalten der Wettbewerb um Inhalte zunehmen wird. Betroffen von dieser Entwicklung sind vor allem die Kabelnetzbetreiber, auf die der Wettbewerbsdruck durch die DTAG enorm steigen wird. Dieser geht aber nicht nur von der DTAG selbst aus. Angesichts der Möglichkeit einer Koppelung von DSL, VoIP (bzw. PSTN) und IPTV – wie derzeit (noch) praktiziert – kommen vor allem die ISP in Zugzwang, so dass auch hier vertikale Bindungen und Integrationen mit Inhalten denkbar sind und bereits praktiziert werden. Es kann auch spekuliert werden, ob IPTV seitens der DTAG als Resaleprodukt angeboten wird, um eine schnellere Penetration der Haushalte zu erreichen, die bereits von einem der großen ISP versorgt werden. Mit ihnen lassen sich vor allem Synergien beim Rechteerwerb verwirklichen. Da der Phantasie an dieser Stelle keine

---

888 *Kruse*, Zugang zu Premium Content, S. 8 f.
889 Ebenda, S. 12 f.
890 Ebenda, S. 6 f., 17 ff., insb. 25 ff.; *Geradin*, Europ. Law Rev. 68, 72 (2005); *Fritzweiler/Schneider*, in: Fritzweiler (Hrsg.), S. 149, 178 f.

Grenzen mehr gesetzt sind, sollte die Dynamik dem Markt überlassen bleiben und nicht zu Spekulationen führen. Dennoch ist wichtig festzuhalten, dass Exklusivität von Premium Content im Wettbewerb der Netze eine neue Dimension erhalten wird. Mit ihr steht und fällt letztlich der Erfolg der jeweiligen Plattform. Die Darstellung der zunehmenden Bedeutung der Exklusivität für den Infrastrukturwettbewerb innerhalb der Regulierungstheorie gründet darauf, dass sich die regulierungsökonomische Diskussion allmählich darauf verdichtet, dass die Inhalte zumindest für Pay-TV Anbieter als Bottleneck zu begreifen sind und sich eine neue Regulierungsdiskussion um die Inhalte stellt.[891]

b)   Substitutionsbeziehungen, Bündelung und neue Bottlenecks

Die Abstraktion der Daten und damit auch der Dienste von der zugrunde liegenden physikalischen Infrastruktur durch die rückkanalfähige IP-Technologie schafft derzeit eine völlig neuartige Situation in der Telekommunikation. Das hierdurch ermöglichte virtuelle Netz ist genauso wie der attraktive Inhalt ein Wert bildender Faktor und führt zu einer besonderen Konsumbereitschaft.[892] Im Grunde wird mit der Ablösung von Dienst und Infrastruktur ein Dienstewettbewerb ohne Infrastruktur möglich. Auf der anderen Seite bleiben die Infrastrukturbetreiber in einer sprichwörtlich strukturell abgesicherten Position, die als Gatekeeper-Stellung bezeichnet wird. Ihnen ist die zugrunde liegende Infrastruktur eigentumsrechtlich zugewiesen, so dass sie prinzipiell die Inhalte- und Diensteanbieter ausschließen könnten und damit über den „immateriellen" Wert von Inhalt und virtueller Plattform entscheiden können. Inwieweit ein ökonomischer Anreiz hierzu besteht, ist vor allem von dem zugrunde liegenden Infrastrukturwettbewerb, aber auch von der technischen Ausgestaltung des Netzes abhängig. Für die regulierungsökonomische Diskussion ergeben sich ähnliche Probleme wie im Verhältnis des Infrastruktur- und Dienstewettbewerbs. Dennoch ist die Situation bei Hinzutreten des Internet komplexer, da neue Substitutionsbeziehungen entstehen, die eine Refinanzierung des Infrastrukturaufbaus erheblich gefährden können. Zudem entstehen völlig neuartige Probleme bei der Einordnung von Bottlenecks, der Fähigkeit von leveraging und den Möglichkeiten von foreclosure. Die Regulierungs- und Wettbewerbspolitik ist daher vor ganz besondere Herausforderungen gestellt, die hier kursorisch skizziert werden sollen.

Das Internet wurde anfangs als eigenständiges Medium verstanden und auch heute noch differenzieren viele zwischen dem Dienst, der das Internet als Medium nutzt und sog. Internet-Kommunikationsdiensten[893]. Aus Sicht der Regulierungsdiskussion in der Telekommunikation ist das Internet in erster Linie ein „Datenhighyway" mit den beschriebenen Charakteristika von Offenheit und mehr oder weniger dezentraler Unkontrollierbarkeit. Internet als die beschriebene Perfektion der Konvergenz

---

891   *Kruse*, Zugang zu Premium Content, S. 29 f.; *Geradin*, Europ. Law Rev. 68, 93 f. (2005).
892   Zum wert- und nutzenschaffenden Faktor eines virtuellen Netzes vgl. Teil 1: B.V., S.187 ff.
893   *Trafkowski*, MMR 1999, S. 630, 631 ff.; krit. zum Internet als Medium *Mayen*, Das Internet im öffentlichen Recht.

schafft im Grunde vollständige Substitutionsmöglichkeiten der Dienste, so dass langfristig ein Übergang zu dieser Technik auch aus Effizienzgründen der paketbasierten Übertragung für Infrastrukturbetreiber unumgänglich ist. Die entscheidende Frage ist daher nicht des „Ob" des Übergangs zur IP-Technologie, sondern die des „Wie". Das PSTN bzw. die Altsassen des PSTN haben die Kannibalisierung der vermittelten Sprachtelefonie bereits durch die VoIP-Technologie deutlich zu spüren bekommen. Auch zeichnet sich ein Rückgang der Terminierungsentgelte für die vermittelte Technik durch zunehmenden IP-Verkehr ab.[894] Vor einer ähnlichen Situation stehen auch die deutschen Kabelnetze, insbesondere die NE3, die im Zuge des Internetausbaus und den erheblichen irreversiblen Investitionen fürchten müssen, dass die Kontrolle über die Infrastruktur im Grunde wertlos ist, wenn Diensteanbieter mit attraktiven Inhalten „Teile der Infrastruktur" nutzen und damit das Kerngeschäft gefährden. Die Gefahr der Kannibalisierung der PSTN Sprachtelefonie durch VoIP ist vergleichbar mit den Effekten, die IPTV für die klassische Form des Kabelrundfunks auslösen kann. Noam findet hierfür die passenden Worte: »When you live by the sword, then you also die by the sword.«[895]

Daher ist eine im PSTN bereits zu beobachtende und in Zukunft wohl noch verstärkt auftretende Strategie, um eine Substitution der Dienste weitgehend vermeiden zu können, das Angebot von Bündelprodukten. Wie bereits angesprochen wurde, kann dies durch sog. pure bundling geschehen, indem sich der Infrastrukturbetreiber weigert, die Produkte separat, also „entbündelt" anzubieten. Denkbar ist aber auch ein mixed bundling, indem er die Produkte zwar separat anbietet, aber durch eine Preisdifferenzierung Anreize setzt, beide Produkte zusammen abzunehmen.[896] Welche Form der Bündelung gewählt wird, ist von Marktumfeld, insbesondere Infrastrukturwettbewerb abhängig. Für die wettbewerbspolitische Zulässigkeit solcher Strategien ist eine bereits ausführlich erörterte Abwägung[897] zwischen Infrastrukturinvestition und Dienstewettbewerb notwendig. Hierbei muss beurteilt werden, ob Bündelprodukte eine zulässige Maßnahme der Bottleneck-Inhaber darstellen. Diese muss analog der Diskussion um den Infrastrukturwettbewerb im Zusammenhang mit der Refinanzierung der getätigten Investitionen in die Infrastruktur stehen[898]. Zusätzlich sollte Klarheit und damit Rechtssicherheit über die angemessene Risikoprämie geschaffen werden, damit ein Infrastrukturaufbau nicht verzögert und Innovationen nicht behindert werden[899]. Denn ein Infrastrukturbetreiber wird die für die konvergente IP-Umgebung notwendigen Investitionen nur dann vornehmen, wenn die lang-

---

894 Vgl. DTAG Konzern-Zwischenbericht (Zeitraum 01.01. bis 01.03.2006), abrufbar unter: <http://www.interimreport.telekom.de/site0106/de/gv/strategische_geschaeftsfelder/breitband/index.php>.
895 *Noam*, MMR Beilage 3/2005, S. 8.
896 *Adams/Yellen*, 90 Quart. J. Econ. 475 (1976); *Dansby/Conrad*, 74 Amer. Econ. Rev. 377, 378 (1984).
897 Vgl. Teil 1: B.IV.4.c), S.171 ff.
898 Vgl. auch *Galperin/Bar*, 55 Fed. Comm. Law J. 61, 63 f. (2002).
899 Allgemein *Sullivan/Grimes*, S. 809.

fristig zu erwartende Kannibalisierung der Erlöse durch die Substitutionsmöglichkeiten eigener Produkte kurz- bis mittelfristig ausgeschlossen ist, um sich auf die verändernden Wettbewerbsbedingungen angemessen vorzubereiten. Mit Bündelprodukten lassen sich solche kurzfristigen Effekte weitgehend vermeiden.

Auch für die weitere Entwicklung im intermodalen Wettbewerb ist wichtig, zumindest die Notwendigkeit von Koppel- bzw. Bündelprodukten zu erkennen und diese in eine gewisse Beziehung zu Investition und Innovation zu setzen. Ein Infrastrukturbetreiber, dessen Investitionen sich bereits amortisiert haben und der eine angemessene Risikoprämie für sein eingesetztes Kapital erhalten hat, ist bei der Bündelung seiner Produkte weniger schutzwürdig als ein Netzbetreiber, der erst vor einer solchen Investition steht[900]. Denn auch hier gilt, dass Infrastrukturwettbewerb die notwendige Voraussetzung dafür ist, dass Diskriminierungsanreize gegenüber reinen Diensteanbietern abnehmen, weil ein Ausschluss attraktiver Dienste- und Inhalteanbieter durch einen Infrastrukturbetreiber auch die Konsumbereitschaft für seine Produkte und Dienste gefährdet. Die Regulierungspolitik muss daher auch bei einer Bündelung berücksichtigen, dass ein „Wettbewerbsausschluss" durch einen Netzbetreiber nicht zu gesamtwirtschaftlich schädlichen Auswirkungen führt, sondern dem langfristigen Wettbewerb dient. Zweifelsfrei muss das regulierungs- bzw. wettbewerbspolitische Endziel darin bestehen, dass Diensteanbieter auch ohne Infrastrukturen im Zugangssegment mit möglichst differenzierten Produkten am Markt auftreten können und Innovation als wichtigstes Funktionsziel des Wettbewerbs auch langfristig erhalten bleibt. Bevor ein solch offener Wettbewerb auf IP-Ebene wettbewerbsrechtlich gewährleistet werden kann, sind zuvor die notwendigen Schritte im Infrastruktursegment erforderlich.

Die Bündelproblematik von miteinander im Wettbewerb stehenden Diensten ist dabei grundsätzlich eine andere als die im Wege der Digitalisierung ebenfalls zu beobachtende Bottleneck-Verlagerung. Denn während das Internet – abgesehen von der durch Bündelprodukte eröffneten Möglichkeit zur Diskriminierung – eine Verlagerung von Marktmacht weitgehend ausschließt, ist die Digitalisierung allein noch kein hinreichender Schritt, um die Offenheit der Infrastruktur zu gewährleisten. Digitalisierung kann zwar neue Märkte schaffen. Sie beseitigt aber nicht die Gefahren von monopolistischen Engpasseinrichtungen und den damit eröffneten Möglichkeiten von leveraging und foreclosure.[901] Vielmehr kann ein vorhandener Bottleneck auf eine weitere Ebene übertragen werden und dort zur Monopolisierung neu entstehender Märkte beitragen und schafft damit dual-level entry Probleme für Newcomer. Ein anschauliches Beispiel für den Unterschied zwischen Internet basiertem IPTV und einfacher Digitalisierung ist die im Zusammenhang mit dem klassischen Rundfunk verwendete Set-Top-Box. Wie gezeigt wurde[902], ermöglicht ihr Einsatz die Verwendung von Verschlüsselungssystemen, Online-Videorecorder-Systemen, elek-

---

900   Zur Parallelproblematik bei Cable vgl. *Vogelsang*, MMR Beilage 3/2003, S. 6, 14 f.
901   Im Grundsatz erkennen dies auch *Galperin/Bar*, 55 Fed. Comm. Law J. 61, 70 ff. (2002), die generelle Diskriminierungsmöglichkeiten ohne Bezug zum IPTV besprechen.
902   Vgl. Teil 1: B.II.3.b), S.120f.

tronischen Programmführern, ITV, etc. Diese Dienste lassen sich auch ohne Internettechnologie implementieren, so dass ein solches STB-System dem Infrastrukturbetreiber neue Wertschöpfungsmöglichkeiten bietet. Wettbewerb ist hierbei nur sehr begrenzt möglich. Das Kernproblem der Dienstewettbewerber liegt darin, dass der Netzbetreiber die Hoheit über das übertragene Signale besitzt. Von dessen Ausgestaltung und der Bereitschaft des Netzbetreibers, überhaupt Dienste zu übertragen, steht und fällt die Wettbewerbsmöglichkeit auch auf den nachgelagerten Märkten. Die Wettbewerbsordnung muss dann entscheiden, ob und welche Dienste über das Signal vom Netzbetreiber übertragen werden sollen und wie die STB ausgestaltet werden muss, damit der Endkunde diese Dienste auch nutzen kann. Das Endgerät selbst bildet dann zusammen mit der zugrunde liegenden physikalischen Infrastruktur eine gekoppelte essential facility[903].

Bei der vollständigen Übertragung von Dienst und Inhalt im Wege der IPTV-Technologie braucht sich die Wettbewerbsordnung dagegen nicht um die Ausgestaltung der Endgeräte zu kümmern, sofern Zugang und Nutzung der Anschlusstechnologie diskriminierungsfrei gewährleistet sind.

V. Grundlagen und Bedeutung der Netzwerkökonomie

Der Aspekt der Exklusivität der Inhalte und die Verlagerung der Kommunikationstechnologie auf die IP-Ebene stehen in einem engen Zusammenhang zur Netzwerkökonomie. So wurde im Rahmen der vorangegangenen Darstellung deutlich, dass Inhalte eine von normalen Verbrauchsgütern zu unterscheidende Bedeutung haben, weil sie als Positionalgüter vom Rang in der Popularitätshierarchie abhängen. Solche Güter haben Eigenschaften, die aus der neueren Netzwerkökonomie bekannt sind. Das immaterielle Gut, das einen Wert bildenden Faktor darstellt, ist aber nicht die Einzigartigkeit, die die Netzwerkökonomie von der klassischen Industrieökonomie unterscheidet. Auch ist sie zu unterscheiden von der Regulierungstheorie, die in erster Linie auf der Erkenntnis natürlicher Monopole und angreifbarer Teilsektoren eines Netzes beruht. Die Substanz der Netzwerkökonomie ist die Bedeutung des Netzes als einem eigenständigen Wert bildenden Faktor. Hiermit im Zusammenhang stehen Fragen der Gleichsetzung von Netzgröße und Marktmacht, aber auch der dynamischen Effizienz und Innovationsdynamik in Netzen. Gerade für die weitere Entwicklung und die Investitionsanreize in Netze können die netzwerkökonomischen Gesichtspunkt nicht vernachlässigt werden[904]. Hierüber darf sich auch diese Arbeit nicht hinwegsetzen, sondern muss die mit der Netzwerkökonomie verbundenen Besonderheiten angemessen würdigen.

---

903 Vgl. *Schalast/Jäger/Abrar*, WuW 2005, S. 741, 751 f.; *Galperin/Bar*, 55 Fed. Comm. Law J. 61, 83 f. (2002).
904 Im Ansatz auch *Koenig/Vogelsang/Kühling/Loetz/Neumann*, K&R 2003, S. 6, 11; *dies.*, Funktionsfähiger Wettbewerb auf den Telekommunikationsmärkten, S. 90 f.

1. Netzwerkbegriff und Klassifizierung von Netzwerken

Bislang war vom Telekommunikationsnetz die Rede, ohne den Begriff genauer zu erläutern. Spätestens an dieser Stelle muss der Begriff des Netzes bzw. des Netzwerks näher präzisiert werden. Je nach wissenschaftlicher Fachrichtung wird unter einem Netz(werk) ein leicht abweichendes Verständnis zugrunde gelegt[905]. Die neuere juristische Literatur[906] begreift Netze in Anlehnung an die frühere wirtschaftswissenschaftliche Definition[907] als spezifische Systeme, die Komplexität aufweisen und auf Raumüberwindung von Personen, materiellen und immateriellen Gütern angelegt sind. In der Wirtschaftsmathematik existiert die verbreitete Ansicht[908], dass Netzwerke aus komplementären Knoten und Verbindungen bestehen. In der neueren ökonomischen Literatur[909] wird dagegen das spezifische Charakteristikum von Netzwerken in der Struktur der Interaktion der Akteure bzw. Agenten als auch in der Existenz von Netzwerkexternalitäten gesehen. Danach können Netzwerke sowohl als eine Menge von Verbindungen, die die Interaktion zwischen Agenten ermöglichen, und als eine Menge von Agenten, die ein ähnliches Verhalten für verschiedene ökonomische Aufgaben zeigen, begriffen werden.[910] Die grundlegenden Elemente sind dabei die Menge der ökonomischen Agenten und die Menge der ökonomischen Verbindungen[911]. Auch in der juristischen Definition soll das Merkmal der Komplexität im Sinne eines synergetischen, Nutzen schaffenden Zusammenhangs zwischen den Einzelelementen verstanden werden[912]. Vielfach taucht dabei das Phänomen der Netzwerkeffekte auf.[913]

a) Reale und virtuelle Netzwerke

Eine wichtige Unterscheidung wird zwischen den sog. realen und virtuellen Netzwerken getroffen. Reale Netzwerke sind auf klassische infrastrukturelle Komponenten angewiesen. So benötigt ein Telekommunikationsinfrastrukturbetreiber unterirdisch verlegte Kabel bzw. oberirdisch installierte Funkstationen samt Funkfrequenzen, aber auch ein Brief- und Paketbeförderungsunternehmen greift auf Straßen-, Schienen-, Luft- und Wassernetze zurück. Ein virtuelles Netzwerk entsteht dagegen, wenn sich eine Gemeinschaft von Agenten auf einen gemeinsamen Standard fest-

---

905 Überblick und Systematisierung von Netzprodukten bei *Köster*, Was sind Netzprodukte?.
906 So *Kühling*, S. 44; *Pratt/Racanelli*, 52 Bus. Law. 531, 533 (1997); *Piraino*, 93 Nw. U. Law Rev. 1 (1998).
907 Vgl. nur *v. Weizsäcker*, WuW 1997, S. 572.
908 *Shapiro/Varian*, Information Rules, S. 174 f.; *Economides*, Competition Policy in Network Industries, 2004, S. 3.
909 *Cohendet/Llerena/Stahn/Umbhauer*, S. 1.
910 Ebenda.
911 *Erber/Hagemann*, in: Zimmermann (Hrsg.), S. 277, 278 f.
912 *Kühling*, S. 42.
913 Ebenda.

legt[914]. Dies beginnt bei dem einfachen Beispiel der Sprache[915] und setzt sich über den Source Code von Betriebssystemen und Protokollen für den Datenaustausch fort. Hier fehlt eine infrastrukturelle Komponente insoweit, als nicht der Raum überwindende Charakter im Vordergrund des Netzwerks steht. Vielmehr kommt dem Standard die Aufgabe einer Vereinheitlichung zum Zwecke der Verknüpfung und Interaktion komplementärer Produkte zu. Die Gleichartigkeit realer und virtueller Netze wird von Shapiro und Varian besonders herausgestellt: »In real networks, the linkages between nodes are physical connections, such as railroad tracks or telephone wires. In virtual networks, the linkages between nodes are invisible, but no less critical for market dynamics and competitive strategy.«[916] Virtuelle Netzwerke spielen in der Computerindustrie eine zentrale Rolle, wo Standardisierung und Inkompatibilität bereits in der Phase der Produktkonzeption strategische überlegt sein müssen. Welche konkreten Effekte reale und virtuelle Netzwerke haben, bleibt den im Folgenden darzustellenden netzwerkökonomischen Grundlagen vorbehalten. Es kann jedoch vorweggenommen werden, dass unterschiedliche Klassifikationen unterschiedliche Auswirkungen auch auf der Nutzen schaffenden und damit auf die ökonomische Seite haben. Hieraus rechtfertigt sich eine unterschiedliche Analyse. Gerade bei Netzwerken mit hybridem Charakter kann dies sehr schwer fallen. Ein anschauliches Beispiel eines solch hybriden Netzwerks ist das Internet[917]. Hier bestehen eine ganze Reihe virtueller Netzwerke auf Grundlage standardisierter Protokolle[918], die in erster Linie die Interoperabilität fördern. Auf der anderen Seite erlaubt die virtuelle Verknüpfung auch die Interaktion ähnlich der des klassischen Telefonnetzes. Die Rolle virtueller Netzwerke ist aber nicht nur auf Computersysteme und das Internet beschränkt. Überall dort, wo komplementäre Produkte zum Einsatz kommen, kann ein virtuelles Netzwerk mit seinen spezifischen Auswirkungen zum Tragen kommen. Komplementaritäten finden sich insbesondere beim Einsatz von Set-Top-Boxen für das digitale Fernsehen, aber auch beim Bezug und Angebot von attraktiven Fernsehinhalten sind virtuelle Netzwerke samt ihren Auswirkungen präsent.

b) One-Way Networks – Two-Way Networks

Eine weitere Klassifizierung betreffend realer bzw. physischer Netzwerke kann anhand der Transportrichtung oder ihres Informationsflusses vorgenommen werden. Man kann danach unidirektionale Netze (one-way networks) und bidirektionale

---

914 *Erber/Hagemann*, in: Zimmermann (Hrsg.), S. 277, 285.
915 Sprache oder Währung fallen nicht in die vorliegende Klassifikation, da es sich hierbei nicht um Produktnetzwerke handelt. Zur Verdeutlichung der Standardisierung werden solche Beispiele jedoch aufgrund ihrer derivativen Nutzenstiftung herangezogen; vgl. aber *Church/King*, 26 Can. J. Econ. 337 ff. (1993); *Page/Lopatka*, in: Bouckaert/De Geest (Hrsg.), 0760, 1999, S. 952, 954.
916 *Shapiro/Varian*, Information Rules, S. 174.
917 So auch *Lemley/McGowan*, 86 Cal. Law Rev. 479, 494 (1998).
918 Hierzu ebenfalls *Lemley*, 28 Conn. L. Rev. 1041, 1043 ff. (1996).

(two-way networks) Netze unterscheiden[919]. Eine solche Differenzierung ist für das Verständnis von Netzwerken insoweit aufschlussreich, als mit ihr auch unterschiedliche ökonomische Wirkungen[920] verbunden sind. Ein typisches bidirektionales Netz stellt das Telefonfestnetz, aber auch das Mobilfunknetz dar. Hier findet eine Übertragung der Inhalte, Gespräche oder Daten, in beide Richtungen statt. Die früheren Breitbandkabelnetze waren dagegen unidirektional ausgestaltet. Erst mit ihrer Umrüstung werden daher auch Eigenschaften bidirektionaler Netze beobachtbar. Festgehalten werden kann daher, dass die Merkmale von one-way und two-way networks zunehmend miteinander verschmelzen. Somit können die Effekte beider Netzwerkklassen in den konvergenten Netzen selbständig nebeneinander auftreten und sich gegenseitig beeinflussen.

2. Netzwerkeffekte

Netzwerkeffekte (network effects) sind die Hauptursache für Wachstum und Profitabilität der Netzwirtschaften[921]. Der Wert einer Extraeinheit eines Gutes für einen Konsumenten steigt mit der Anzahl veräußerter Güter[922]. Wenn also die Gesamtzahl der angeschlossenen Teilnehmer eines Netzwerks steigt, dann nimmt auch der Gesamtwert des Netzes[923] und die Bedeutung dieses Netzwerks für andere potentielle Teilnehmer zu. Dadurch wird der Wert des Netzwerks nicht auf der Ebene der Produktion geprägt, sondern auf de Ebene der Teilnehmer. Netzwerkeffekte werden daher auch als demand side economies of scale bezeichnet[924]. Netzwerkeffekte können direkt auf Grundlage der Interaktionsmöglichkeit der Netzwerkteilnehmer oder indirekt durch die Interoperabilität vertikaler Produkte bzw. komplementärer Produkte entstehen[925]. Mit dieser Unterscheidung sind unterschiedliche ökonomische Auswirkungen verbunden.

---

919 Ausf. *Economides/White* in: Gabel/Weiman (Hrsg.).
920 *Economides/Himmelberg*, in: Brock (Hrsg.); *Economides/White* in: Gabel/Weiman (Hrsg.).
921 *Economides*, Competition Policy in Network Industries, 2004, S. 5.
922 *Carlton/Klamer*, 50 Univ. Chi. Law Rev. 446 ff. (1982); *Farrell/Saloner*, 16 RAND J. Econ. 70 ff. (1985); *Farrell/Katz*, 43 Antitrust Bull. 609 ff. (1998); *Katz/Shapiro*, 75 Amer. Econ. Rev. 424 ff (1985); *Liebowitz/Margolis*, 8 J. Econ. Perspect. 133, 135 (1994); *Liebowitz/Margolis*, Winners, Losers & Microsoft, S. 9; *Oren/Smith*, 12 The Bell J. Econ. 467 (1981); *Rubinfeld*, 43 Antitrust Bull. 859, 861 (1998); *Saloner/Shepard*, 26 RAND J. Econ. 479, 480 (1995); *Tirole*, The Theory of Industrial Organization, S. 405; *Veljanovski*, 3 QUT Law Just. J. 3, 4 f. (2003); *Economides*, Competition Policy in Network Industries, 2004, S. 5; *Werden*, 69 Antitrust Law J. 87, 89 (2001).
923 Nach *Posner* ist die Werthaltigkeit nicht das Netzwerk, weil es nur die Kanäle für die durch sie transportierten Inhalte bereithält, vgl. *Posner*, SF63 ALI-ABA 115, 120.
924 *Shapiro/Varian*, Information Rules, S. 173, 179 ff; *Priest*, in: Hahn (Hrsg.), S. 117, 118 f.
925 Diese Unterscheidung hat die Monopolkommission bislang nicht gesehen. Vgl. Monopolkommission, XIV. Hauptgutachten 2000/2001, Tz. 643 ff.

a) Direkte Netzwerkeffekte

Der Wertzuwachs, den neue Teilnehmer auf das Gesamtnetzwerk auslösen, kann auf direkten Netzwerkeffekten beruhen. Direkte Netzwerkeffekte lassen sich damit begründen, dass die Interaktionsmöglichkeiten der Netzwerkteilenehmer untereinander zunehmen. Ein anschauliches Beispiel bildet die klassische Sprachtelefonie[926] oder die Faxkommunikation[927]. Je mehr Teilnehmer an diese Netze angeschlossen sind, desto mehr einzelne Gespräche bzw. Faxnachrichten sind denkbar. Dabei nimmt der Wertzuwachs aber nicht linear, sondern quadratisch zu. Sie treten in erster Linie in bidirektionalen realen Netzwerken auf[928]. Damit können einzelne Aktionsparameter des Produktes irgendwann ganz in den Hintergrund gedrängt werden, so dass letztlich die Interaktionsmöglichkeit als eigenständiger Wert des Netzwerks alleinige Entscheidungsgrundlage der Adoption wird.

Es ist wichtig darauf hinzuweisen, dass diese Adoptionseffekte neben denjenigen bei bidirektionalen Netzwerken auch bei virtuellen Netzwerken zu beobachten sind. Hier tritt trotz des Fehlens einer physischen Verbindung ein ähnliches Adoptionsverhalten der Agenten ein. Diese legen ihrer Kaufentscheidung, beispielsweise bei Softwareapplikationen, die bereits getätigten Kaufentscheidungen anderer Agenten zugrunde. So erleichtert der Einsatz gleichartiger Software insbesondere den Datenaustausch, was als klassischer direkter Netzwerkeffekt begriffen werden kann.

b) Indirekte Netzwerkeffekte

In unidirektionalen Netzwerken fehlt eine wechselseitige Interaktionsmöglichkeit und damit ein quadratisches Nutzenwachstum aufgrund direkter Netzwerkeffekte[929], da die Summe der Teilnehmer gleichzeitig die Anzahl denkbarer Verbindungen bildet. Allerdings ist auch bei solchen ein Wertzuwachs durch vermehrte Teilnahme der Nutzer denkbar[930]. Dieser entsteht aber nicht aufgrund der Interaktionsmöglichkeit der Teilnehmer innerhalb des Netzwerks. Vielmehr ergibt sich der Effekt daraus, dass die Nutzer komplementäre Produkte einsetzen, die identisch und/oder kompatibel sind und daher indirekt über die Interaktionsmöglichkeit komplementärer Produkte[931]. Sie werden daher indirekte Netzwerkeffekte genannt.

Die Adoptionsentscheidung eines Nutzers nimmt hierbei Einfluss auf die künftige Vielfalt oder die Preise von Komponenten (daher auch häufig als Adoptionseffekt

---

[926] Grundlegend *Rohlfs*, 5 Bell J. Econ. 16 ff. (1974); *Farrell/Saloner*, 16 RAND J. Econ. 70 (1985); *Liebowitz/Margolis*, Winners, Losers & Microsoft, S. 9; *Economides*, Competition Policy in Network Industries, 2004, S. 5.
[927] Vgl. *Economides/Himmelberg*, in: Brock (Hrsg.).
[928] *Economides*, Competition Policy in Network Industries, 2004, S. 5 ff; *Page/Lopatka*, in: Bouckaert/De Geest (Hrsg.), 0760, 1999, S. 952, 954.
[929] *Economides*, Competition Policy in Network Industries, 2004, S. 9.
[930] *Veljanovski*, 3 QUT Law Just. J. 3, 5 (2003).
[931] Grundlegend *Katz/Shapiro*, 75 Amer. Econ. Rev.424 (1985); *Veljanovski*, 3 QUT Law Just. J. 3, 4 f. (2003); *Farrell/Saloner*, 16 RAND J. Econ. 70 (1985).

bezeichnet)[932]. Damit sind indirekte Netzwerkeffekte komplexer als direkte. Denn mit jedem Zutritt eines weiteren Teilnehmers zu einem Netzwerk entstehen neue Interdependenzen: Auf der Angebotsseite existiert mit jedem weiteren Teilnehmer eine größere Bereitschaft neue Produkte anzubieten, da eine höhere Reichweite und damit ein größerer Absatzmarkt besteht. Diesen Effekt können economies of scale bei der Produktion noch verstärken. Gerade in Netzindustrien, die zu großen Teilen oder fast ausschließlich von geistigem Eigentum (Intellectual Property – „IP") geprägt sind, sind die Entwicklungskosten häufig mit hohen fixen Kosten, aber auch mit Irreversibilität verbunden. Die getätigten Investitionen verbleiben im Markt und die Refinanzierung ist angesichts der Ungewissheit ihres Erfolgs noch nicht sicher – eine typische Eigenschaft von FuE. Entscheidend für IP-Märkte auf der Angebotsseite ist aber, dass die Grenzkosten, d.h. die Kosten einer jeden weiteren Mengeneinheit eines Gutes, gegen Null tendieren, so dass die Kostenfunktion einem natürlichen Monopol ähnelt.

Liegen indirekte Netzwerkeffekte vor, kann zum einen das Wachstum von Komplementärprodukten stärker ausfallen. Denkbar ist aber auch eine Preisabnahme für Komplementärprodukte und damit eine hierdurch erreichte Netzattraktivität. Auf der Nachfrageseite bewirkt die so eintretende Mannigfaltigkeit an Produkten und die Durchschnittskostendegression wiederum eine Anreizwirkung, um dem Netzwerk beizutreten. Der derart aufgezeigte Selbstverstärkungseffekt ist das Schlüsselkonzept von Netzwerkeffekten und wird als positive feedback Mechanismus[933] bezeichnet.

Die Wechselwirkungen zwischen komplementären Gütern und Nutzern wurden erst 1985 von Katz und Shapiro erkannt und zum sog. Hardware-Software-Paradigma erklärt[934]. Als Beispiel führen sie an, dass ein Agent, der beabsichtigt, Computerhardware zu erwerben, seine Kaufentscheidung von der eingesetzten Hardware anderer Agenten abhängig macht, da die Anzahl und Vielfalt der für die Hardware existierenden kompatiblen Software selbst wieder von der Anzahl der verkauften Hardware abhängig ist.[935] Für indirekte Netzwerkeffekte lassen sich eine ganze Reihe anderer Beispiele anführen. So stehen in einem ähnlichen Verhältnis für die Kaufentscheidung eines DVD-Players die Anzahl der auf DVD verfügbaren Inhalte[936]. Ausschlaggebend für die Kaufentscheidung einer Set-Top-Box können so beispielsweise auch andere Inhalte sein[937].

---

932 *Katz/Shapiro*, 8 J. Econ. Perspect. 93, 98 (1994).
933 *Shapiro/Varian*, Information Rules, S. 173 ff.; *Economides*, Competition Policy in Network Industries, 2004, S. 5.
934 *Katz/Shapiro*, 75 Amer. Econ. Rev. 424 (1985); *Church/Gandal*, 40 J. Ind. Econ. 85, 86 (1992) sprechen von „complementary product paradigm".
935 *Katz/Shapiro*, 75 Amer. Econ. Rev. 424 (1985).
936 *Karaca-Mandic*, S. 2.
937 Zu Cable und Broadcast Television vgl. *Economides/White* in: Gabel/Weiman (Hrsg.), S. 3; *Gupta/Jain/Sawhney*, 18 Mark. Sci. 396-416 (1999).

c) Komplementaritäten und Standards

Das konstituierende Element direkter und indirekter Netzwerkeffekte erwächst folglich aus Komplementarität, meist als Ausdruck von Kompatibilität einzelner Komponenten[938]. Der originäre Nutzen des Ausgangsproduktes wird damit von dem aktuellen oder potentiellen derivativen Nutzen überlagert. Es ist daher nahe liegend, dass der Grad vor allem indirekter Netzwerkeffekte stark davon abhängt, inwieweit die Güter einem modularen Aufbau folgen bzw. welchen Grad der Kompatibilität sie aufweisen bzw. wie weit sie standardisiert sind[939]. Aber auch bei direkten Netzwerkeffekten hängt der Grad ihrer Entstehung bezogen auf das Gesamtnetzwerk entscheidend davon ab, ob die einzelnen Teilnehmer miteinander kommunizieren können. Damit wird der Anwendernutzen durch die Verbreitung dialogfähiger Produkte und Dienste bzw. durch die Anzahl der dialogfähigen Teilnehmer determiniert.

Wie schon dargestellt, ist ein Komplementärgut ein Erzeugnis, dessen Verwendung die Verwendung eines anderen Gutes bedingt. Bislang wurde Komplementarität negativ illustriert: Der Preisanstieg des einen Gutes lässt auch die Nachfrage des anderen zurückgehen. Andererseits kann der Nachfrageanstieg des einen Gutes auch die Nachfrage nach dem Komplement erhöhen. Beide können sich also im Absatz ergänzen und gegenseitig fördern[940]. Ein Dienst, der über ein Netzwerk bezogen oder transportiert wird, benötigt zwei oder mehr Netzwerkkomponenten, so dass diese zueinander komplementär sind[941]. Diese komplementären Komponenten bilden insofern ein zusammengesetztes Gut bzw. ein System[942]. In technischer Hinsicht erfordert Komplementarität Kompatibilität[943]. Denn erst die Kompatibilität ermöglicht die Interoperabilität komplementärer Güter[944], so dass die Größe der Netzwerkeffekte nicht zuletzt von dem Prozess der Vereinheitlichung von Schnittstellen zur Interoperabilität abhängt (sog. standard setting process)[945]. Bei physischen Netzwerken wird Kompatibilität mit Zusammenschaltung gleichgesetzt, bei virtuellen Netzwerken bedeutet Kompatibilität, dass unterschiedliche Produkte dialogfähig sind.[946] Bei Software kennzeichnet Kompatibilität neben der Dialogfähigkeit auch häufig die

---

938 *Economides*, 14 Int. J. Ind. Organ. 673, 676 (1996); *Economides/White* in: Gabel/Weiman (Hrsg.), S. 9 ff.; *Economides*, 78 Amer. Econ. Rev. 108 ff. (1989); *Economides*, in: Guerrin-Calvert/Wildman (Hrsg.); *Economides*, in: Eisenach/Lenard (Hrsg.); *Page/Lopatka*, in: Bouckaert/De Geest (Hrsg.), 0760, 1999, S. 952, 955; *Veljanovski*, 3 QUT Law Just. J. 3, 5 (2003).
939 Der Begriff Kompatibilität wird häufig mit dem Term Synchronisierung gleichgesetzt, vgl. *Liebowitz/Margolis*, 9 Harvard J. Law Tech. 283, 292 (1996).
940 Gablers Wirtschaftslexikon (elektronische Ressource), Komplementärgut, 2002.
941 *Economides*, Competition Policy in Network Industries, 2004, S. 4.
942 *Economides/Salop*, 40 J. Ind. Econ. 105 (1992); *Katz/Shapiro*, 8 J. Econ. Perspect. 93 (1994).
943 *Shy*, The Economics of Network Industries, S. 2; *Church/Gandal*, 40 J. Ind. Econ. 85 (1992).
944 *Shapiro/Varian*, Information Rules, S. 229.
945 *Shapiro*, in: Dreyfuss/Zimmerman (Hrsg.), S. 81, 89.
946 *Page/Lopatka*, in: Bouckaert/De Geest (Hrsg.), 0760, 1999, S. 952, 663.

Möglichkeit, ein anderes Produkt zu nutzen, indem ein gewisser Grad an Ähnlichkeit besteht, so dass ein Umlernen entfällt[947].

aa) Standards und geistiges Eigentum

Der Standardisierungsprozess kann auf unterschiedlichen Wegen erreicht werden: Zum einen können sog. de facto Standards durch unabhängiges Verhalten der Marktakteure, also im Wettbewerb, entstehen. Die Verantwortung für Standardisierung kann aber auch einem unabhängigen Komitee[948] oder einer staatlichen Institution ganz oder teilweise übertragen werden. Schließlich besteht die Möglichkeit, dass sich Wettbewerber kooperativ auf einen Standard einigen.[949] Der Standardisierungsprozess und die Frage seiner Koordinierung werden durch gewerbliche Schutzrechte überlagert[950]. Sind Standards dadurch gegen Imitation und Diffusion geschützt, spricht man von sog. proprietären Standards. Sind Schnittstellen und technische Spezifikationen dagegen jedem Unternehmen frei zugänglich, um Komplementärgüter zu entwickeln, spricht man von offenen Standards.[951] Ob ein Unternehmen einen offenen oder proprietären Standard, ein kompatibles oder inkompatibles System favorisiert hängt entscheidend von der Art des Wettbewerbs ab und ist eine strategische. Umgekehrt beeinflusst die strategische Entscheidung der etablierten Marktteilnehmer auch die der Wettbewerber beim Umgang der Gestaltung komplementärer Produkte[952]. Aufgrund dieser wechselseitigen Beeinflussung kann daher die wettbewerbliche Beurteilung nie vorweg bestimmt werden, sondern hat sich an dem Einzelfall zu orientieren[953]. Gewerbliche Schutzrechte nehmen aber eine besondere Rolle bei der Standardsetzung ein. Erst sie gewährleisten, dass die Unternehmen Anreize gesetzt bekommen, um den technischen Fortschritt zu initiieren[954]. Standards entwickeln sich daher nicht isoliert vom Markt. Institutionen, die mit der Standardisierung betraut sind, fehlt häufig das notwendige, aufwändig generierte Wissen, um Standards zu entwickeln. Andererseits geht sind solche Eingriffe in den Marktprozess nur schwer mit den Vorstellungen einer freien Marktwirtschaft in Einklang zu bringen. Die Rahmenbedingungen, die der Staat zur Entwicklung von Standards setzt, sollten daher im Regelfall ausreichend sein, damit die Antriebsfunktion des Wettbewerbs erfüllt wird. Denn sobald die Schutzdauer einer Innovation ausläuft, wird durch den Prozess von Diffusion und Nachahmung der marktwirtschaftliche Gleichgewichtsprozess wieder hergestellt. Damit führt die Abwesenheit

---

947 *Lemley/O'Brien*, 49 Stan. Law Rev. 255 ff. (1997).
948 *Farrell/Saloner*, 19 RAND J. Econ. 235 ff. (1988).
949 *Farrell/Saloner*, 40 J. Ind. Econ. 9 (1992).
950 Vgl. zur Strategie bei begrenztem Schutz durch gewerbliche Schutzrechte *Anton/Yao*, 35 RAND J. Econ. 1 ff. (2004).
951 *Shapiro/Varian*, Information Rules, S. 196 ff.; *Balto/Pitofsky*, 606 PLI/Pat 513, 531 (2000).
952 Insgesamt hierzu *Katz/Shapiro*, 8 J. Econ. Perspect. 93 ff. (1994).
953 FTC, Anticipating the 21st Century - Competition Policy in the New High-Tech, Global Marketplace, Vol. I, Ch. 9, S. 28 f.
954 *Sullivan/Grimes*, S. 809.

staatlicher Lenkung im Bereich neuer Technologien und auch die Abwesenheit von staatlich organisierten Standards grundsätzlich zu einem volkswirtschaftlich effizienten und damit erwünschten Ergebnis.[955]

bb) Leveraging und Foreclosure

Probleme der durch marktwirtschaftliche Gesetze herbeigeführten Standardisierungsprozesse entstehen dann, wenn proprietäre Standards nicht nur eine Gatekeeper-Stellung einnehmen, also aufgrund der proprietären Technologie über die Auswahl von Marktteilnehmern entscheiden, sondern wenn sie Marktmacht besitzen und so auf einen anderen Markt ausweiten. Dann kann nicht nur der proprietäre Standard dazu führen, dass Marktmacht auf dem vor- oder nachgelagerten Markt abgesichert wird. Vielmehr ist es möglich – auch bei Auslaufen der Schutzdauer auf dem proprietären Primärmarkt – die durch den Standard erworbene Stellung auf Sekundärmärkten zur Absicherung auf dem Primärmarkt rückzukoppeln. Solche Effekte wurden jüngst in vielen Microsoft-Verfahren[956] diskutiert und hängen eng mit den Argumentationsmustern aus dem Entflechtungsverfahren gegen AT&T zusammen. Im Ergebnis kann also die dem Markt überlassene Standardsetzung zu einem volkswirtschaftlichen Problem erwachsen, weil sich dann eventuell ein „schlechter" Standard durchgesetzt hat, der durch sog. lock-in Effekte[957] geprägt ist. Diese Seite der Standardisierung ist Gegenstand der netzwerkökonomischen Diskussion um die Marktmachtproblematik von Standards[958].

cc) Ineffizienzen durch zersplitterte Standards

Ein weiteres volkswirtschaftlich unerwünschtes Ergebnis kann auch dann entstehen, wenn sich zu viele Normen auf einem Markt befinden. Beispiele solcher ewigen Inkompatibilität sind die Systeme PAL, SECAM und NTSC.[959] Diese Standards standen weltweit im Wettbewerb zueinander, wobei sich keiner international durchsetzen konnte. Zu volkswirtschaftlichen Verlusten führten diese Standards deshalb, weil die Geräteindustrie nicht einheitlich für einen Weltmarkt produzieren konnte und drei unterschiedliche Lizenzen benötigte. Diese Kosten wurden letztlich an die Verbraucher weitergegeben. Hätte es dagegen nur einen (de facto) Standard gegeben, wären diese Verluste ausgeblieben. Aufgrund der dann aber eventuell bestandenen Monopolstellung ist aber nahe liegend, dass die Lizenzen für die Produktion eines Fernsehgerätes erheblich teurer ausgefallen wären. Dieses Beispiel zeigt die im

---

955 Vgl. *Ladeur*, CR 1999, S. 395 ff.
956 Zum Stand der Verfahren und Einzelheiten vgl. die Übersicht des Department of Justice (DOJ), abrufbar unter: <http://www.usdoj.gov/atr/cases/ms_index.htm>.
957 Hierzu unter Teil 1: B.V.3.b)bb), S. 203 f.
958 Hierzu unter Teil 1: B.V.3., S.196 ff.
959 *Crane*, The Politics of International Standards; *Farrell/Saloner*, 19 RAND J. Econ. 235 ff. (1988); historisch auch *Fridenson*, Bus. Econ. Hist. 62 ff. (1991).

Einzelfall schwierige Frage, welches Marktergebnis aus ökonomischer Sicht zu bevorzugen ist, wobei im Zeitpunkt der Entscheidung Ungewissheit herrscht.

Auf welche Weise ein Standard daher etabliert werden sollte, d.h., ob auf den Wettbewerb um einen sich etablierenden Standard zu vertrauen ist oder aber ein koordiniertes Verhalten durch den Staat bzw. Normungsgremien oder in Form von Kooperationen zwischen Unternehmen präferiert werden sollte, ist Gegenstand äußerst umstrittener Diskussionen[960] und ist eng mit den wettbewerblichen Problemen auf Netzwerkmärkten verbunden. Die zentrale Problematik der Standardisierung spiegelt diesen Zielkonflikt zwischen Innovation bzw. Investition und Marktversagen infolge von nachfolgend behandelten Netzwerkexternalitäten wider:

3. Netzwerkeffekte als Externalitätenproblem

Das Konzept der Netzwerkeffekte wurde in der Literatur früh als Externalitätenproblem begriffen. Hieraus rührt auch die synonyme Verwendung des Begriffs der Netzwerkexternalität mit dem der Netzwerkeffekte her[961]. Externalitäten oder externe Effekte werden häufig als Ursache von Marktversagen genannt. Nach ökonomischem Verständnis sind externe Effekte Einflüsse eines Entscheidungsträgers auf einen Dritten, wobei zwischen diesen keine Marktbeziehung besteht[962]. Mangels Marktbeziehung werden die bei der Produktion oder beim Konsum auftretenden Wirkungen marktwirtschaftlich nicht abgegolten[963]. Je nach der Art des Einflusses auf den Dritten werden positive und negative Externalitäten unterschieden[964]. Ein positiver externer Effekt liegt vor, wenn der private Ertrag kleiner als der soziale ist. In diesem Fall würde bei reiner Marktsteuerung unter gesamtwirtschaftlichen Gesichtspunkten zu wenig produziert. Dagegen bedeuten negative externe Effekte soziale Kosten, die von dem verursachenden Unternehmen nicht berücksichtigt werden und dafür von Dritten in Form von Mehraufwendungen oder realen Schäden getragen werden müssen.[965] Da der private Ertrag jetzt höher ist als der soziale, wird von dem betreffenden Gut unter gesamtwirtschaftlichen Gesichtspunkten zu viel

---

960 FTC, Anticipating the 21st Century - Competition Policy in the New High-Tech, Global Marketplace, Vol. I, Ch. 9, S. 27 Fn. 98 mwN.

961 So vor allem *Katz/Shapiro*, 75 Amer. Econ. Rev. 424 (1985); *Katz/Shapiro*, 94 J. Polit. Economy 822 ff. (1986); mittl. restr. *Katz/Shapiro*, 8 J. Econ. Perspect. 93 ff. (1994); *Farrell/Saloner*, 16 RAND J. Econ. 70 ff. (1985); krit. dagegen *Liebowitz/Margolis*, Winners, Losers & Microsoft, S. 68 ff.; *Liebowitz/Margolis*, 8 J. Econ. Perspect. 133 (1994); *Page/Lopatka*, in: Bouckaert/De Geest (Hrsg.), 0760, 1999, S. 952, 956; *Shy*, The Economics of Network Industries, S. 3 f.; *Veljanovski*, 3 QUT Law Just. J. 3, 5 f. (2003); *Besen/Farrell*, 8 J. Econ. Perspect. 117 (1994); *Saloner*, 1 Econ. Innov. New Tech. 135 (1990); *Besen/Saloner*, in: Crandall/Flamm (Hrsg.), S. 177.

962 *Fritsch/Wein/Ewers*, S. 96 ff.

963 *Donges*, ZWP 1985, S. 121, 129; *Lang*, Der Bürger im Staat 1999, S. 221, 222.

964 *Shapiro/Varian*, Information Rules, S. 183 f.; *Page/Lopatka*, in: Bouckaert/De Geest (Hrsg.), 0760, 1999, S. 952, 956; *Veljanovski*, 3 QUT Law Just. J. 3, 4 Fn. 8 (2003).

965 *Carlton/Klamer*, 50 U. Chi. Law Rev. 446, 450 Fn. 15 (1983); *Lang*, Der Bürger im Staat 1999, S. 221, 222.

produziert. Externe Effekte führen im Ergebnis zu einer Fehlallokation der Ressourcen im Marktsystem und weichen daher vom Referenzmodell vollkommener Konkurrenz ab. Daher spricht man auch hier von Marktversagen und Ineffizienzen[966]. In der Theorie effizienter Allokation wird vor diesem Hintergrund davon ausgegangen, dass Pareto-Optimalität nur unter Abwesenheit von externen Effekten möglich ist[967]. Der Externalitätenbegriff wird in diesem Sinn negativ verstanden und ist für den Zustand des Marktversagens reserviert. Üblicherweise werden beim Vorliegen externer Effekte und damit bei Marktversagen staatliche Eingriffe durch eine Reihe von Maßnahmebündel in Erwägung gezogen[968].

Fraglich ist daher, ob eine Gleichsetzung der Begriffe Netzwerkeffekte und Netzwerkexternalitäten gerechtfertigt ist. Dies wäre dann der Fall, wenn Netzwerkmärkte aufgrund von Netzwerkeffekten tatsächlich immer zu Marktversagen führen. Liebowitz und Margolis unterscheiden diese Begriffe ausdrücklich voneinander und kritisieren eine Gleichsetzung vehement[969]. Im Einklang mit der in der ökonomischen Literatur reservierten Begrifflichkeit externer Effekte und der Andeutung von Marktversagen, begrenzen sie den Begriff der Netzwerkexternalitäten analog zu externen Effekten auf solche Netzwerkeffekte, die im Marktgleichgewicht (equilibrium) nicht ausgeschöpfte Gewinne bezüglich der Netzwerkteilnahme und daher Ineffizienzen aufweisen[970]. Es stellt sich daher die Frage, inwieweit Ineffizienzen – begriffen als Externalitäten – in Netzwerkindustrien vorkommen und wie diese aussehen. Angesichts der reichhaltigen netzwerkökonomischen Literatur[971] bezüglich der Existenz von Marktversagensgründen aufgrund von Netzwerkeffekten muss sich die folgende Darstellung auf einige wesentliche Punkte beschränken. Bevor die Marktversagensproblematik besprochen wird, ist aber zunächst ein Überblick über die reichhaltigen und grundlegenden Abweichungen der Netzwerkökonomie von der neoklassischen Preistheorie zu geben.

---

966   Gablers Wirtschaftslexikon (elektronische Ressource), Marktversagen, 2002.
967   *Schlieper*, in: Albers (Hrsg.), S. 524.
968   Vgl. hierzu *Lang*, Der Bürger im Staat 1999, S. 221, 222.
969   *Liebowitz/Margolis*, 8 J. Econ. Perspect. 133, 134 ff. (1994); vgl. auch *Veljanovski*, 3 QUT Law Just. J. 3, 5 ff. (2003).
970   *Liebowitz/Margolis*, 8 J. Econ. Perspect. 133, 134 f. (1994).
971   Für einen ökonomisch-analytischen Gesamtüberblick der Netzwerkökonomie vgl. *Shy*, The Economics of Network Industries; vgl. auch *Shapiro/Varian*, Information Rules; *Katz/Shapiro*, 8 J. Econ. Perspect. 93 ff. (1994); vgl. insbesondere zu virtuellen Netzwerken statt vieler *Liebowitz/Margolis*, Winners, Losers & Microsoft.

a) Die Natur des Wettbewerbs auf Netzwerkmärkten

aa) Multiple Marktgleichgewichte

Ausgangspunkt bei der Frage nach der Natur des Wettbewerbs in Netzwerken ist die Erscheinung multipler Marktgleichgewichte (multiple equilibria)[972]. Kaufentscheidungen von Konsumenten in Märkten, die keine Netzwerkeffekte aufweisen, haben keinen Einfluss auf diejenige anderer Nachfrager. Das Ergebnis ist ein stabiles Marktgleichgewicht, in dem die Nachfrage einen bestimmten Durchschnittspreis setzt und sich maßgeblich auch nur hieran orientiert. Wo dagegen Netzwerkeffekte existieren, wurde früh darauf hingewiesen, dass mehrere Marktgleichgewichtsmomente existieren[973]. Die Existenz dieser wurde dabei anhand zweier konkurrierender inkompatibler Systeme aufgezeigt.

Betrachtet man einen potentiellen Teilnehmer eines Netzwerks (Nachfrager oder Agent), d.h. entweder einen Produzenten komplementärer Produkte oder einen reinen Konsumenten, so muss dieser beurteilen, welchem Netzwerk er beitreten möchte. Beide, aber vor allem der Produzent des Komplements werden ihre Entscheidung davon abhängig machen, welches Netzwerk auf Dauer den höhern Wert besitzt. Da der Wert eines Netzwerkes bei Existenz von Netzwerkeffekten in erster Linie von der Netzwerkgröße abhängt, muss er folglich die Teilnehmerentwicklung antizipieren[974]. Den künftigen Marktanteil konkurrierender Produkte abzuschätzen ist eine schwierige Aufgabe und kann nicht mit hinreichender Sicherheit vorausgesagt werden. Da bei Märkten mit Netzwerkeffekten die gegenwärtige Teilnehmerzahl (sog. installed base) einen Adoptionseffekt auf künftige potentielle Teilnehmer hat, wird der potentielle Teilnehmer die künftige Marktentwicklung anhand der aktuellen Marktanteile der widerstreitenden Technologien abschätzen. Dabei nimmt die Wahrscheinlichkeit, dass sich die jeweilige Technologie durchsetzen wird, umso mehr zu, je höher ihr aktueller Marktanteil ist. Spätestens hieraus wird deutlich, dass die installed base zu extremen Ausbringungsmengen führt und damit den Grundstein für multiple Marktgleichgewichte legt. Sofern nämlich höhere Marktanteile die Wahrscheinlichkeit für die Durchsetzungskraft einer Technologie erhöhen und die Wahrscheinlichkeit bei niedrigeren Marktanteilen abnimmt, führen Adoptionseffekte potentieller Teilnehmer, die selbst auf demand side economies of scale beruhen, zu Selbstverstärkungseffekten (sog. feedback loop). Diese wirken in beide Richtungen, je nachdem ob der Marktanteil niedrig (negative feedback) oder hoch (positive feedback) ausfällt. Von solchen feedback Effekten wird behauptet, dass sie zu winner-

---

[972] *Rohlfs*, 5 Bell J. Econ. 16 ff. (1974); *Liebowitz/Margolis*, 9 Harvard J. Law Tech. 283, 299 ff. (1996); *Farrell/Saloner*, 16 RAND J. Econ. 70, 82 (1985); *Katz/Shapiro*, 75 Amer. Econ. Rev. 424, 439 (1985); *Church/Gandal*, 40 J. Ind. Econ. 85, 99 f. (1992).
[973] *Economides/Himmelberg*, in: Brock (Hrsg.), Toward a Competitive Telecommunications Industry, S. 2 ff.; *Katz/Shapiro*, 8 J. Econ. Perspect. 93, 94, 97 (1994);
[974] *Besen/Farrell*, 8 J. Econ. Perspect. 117, 118 (1994)

take-all Märkten führen.[975] Eine klassische Formulierung für Netzwerkmärkte lautet daher auch: »Positive feedback makes the strong grow stronger and the weak grow weaker.«[976] Stellt man die Aussage graphisch dar, so ergibt sich ein S-förmiger Verlauf mit drei Phasen. Innerhalb der beiden extremen Positionen, d.h. in den Sektoren, in dem kein Teilnehmer einem Netzwerk angeschlossen ist und in dem, in welchem alle potentiellen Teilnehmer einem System gefolgt sind, entspricht der gegenwärtige Marktanteil dem in Zukunft erwarteten. Daher findet sich am Anfang und am Ende der S-förmigen Adoptionskurve jeweils ein Marktgleichgewichtsmoment. Beide Zustände sind stabil, da die feedback Effekte zu einer Stabilisierung der gegenwärtigen Marktposition führen. So hat auch eine leichte Abweichung von diesem Gleichgewichtsmoment, beispielsweise durch Informationsmängel der Konsumenten oder Irreführung und Marketingstrategien der konkurrierenden Technologieinhaber, keinen Einfluss auf die langfristige Etablierung am Markt, da der geringe Marktanteil, den die konkurrierende Technologie infolge des partiellen Teilnehmerwechsels oder Teilnehmerzuwachses erhält, selbst zu klein ist, um positive feedback Effekte auszulösen.

Deutlich wird damit dreierlei: Zunächst beruht die präzise Natur des Marktergebnisses auf der Erwartung des Konsumenten bezüglich der Größe von Netzwerkteilnehmern[977]. Zudem führen die beschriebenen Selbstverstärkungseffekte dazu, dass hohe Marktanteile auch künftig einen hohen Marktanteil haben werden und kleine Marktanteile gemäß der Konsumentenerwartung keine Überlebenschance besitzen. Schließlich existiert zwischen den Extrempositionen der beiden Gleichgewichtsmomente ein drittes Gleichgewichtsmoment. Ein solches ist erreicht, wenn die Marktanteile der konkurrierenden Technologien sich gleichen. Allerdings ist aufgrund der feedback Effekte zu beobachten, dass eine nur geringfügige Änderung in Richtung des einen oder anderen stabilen Gleichgewichts dazu führt, dass der Markt zu einem Extrem umkippt (sog. tipping oder snowballing)[978]. Der Markt (besser: das Netzwerk) hebt ab oder stirbt. Daher ist das dritte Marktgleichgewichtsmoment ein extrem instabiles. Da der Erfolg oder der Misserfolg einer konkurrierenden inkompatiblen Technologie von dem Überspringen dieser Marktphase abhängt, wird dieser Bereich kritische Masse (critical mass)[979] genannt.

---

975 *Shapiro/Varian*, Information Rules, S. 176.
976 Ebenda, S. 174.
977 *Shy*, The Economics of Network Industries, S. 3.
978 *Katz/Shapiro*, 8 J. Econ. Perspect. 93, 105 f. (1994); *Besen/Johnson*, Compatibility Standards, Competition, and Innovation in the Broadcasting Industry; *Farrell/Shapiro*, Standard Setting in High Definition Television, Brookings Papers in Economic Activity, 1 ff. (1992).
979 Hierzu *Economides*, Competition Policy in Network Industries, 2004, S. 10; vertiefend *Markus*, in: Fulk/Steinfeld (Hrsg.), S. 194 ff.

bb) Preisdifferenzierung

Multiple Gleichgewichtsmomente erzeugt durch Netzwerkeffekte führen zu Abweichungen der grundsätzlich noch immer gültigen klassischen Preistheorie. Die wichtigste Erkenntnis ist dabei, dass das fundamentale Nachfragegesetz (law of demand) auf reinen Netzwerkmärkten verletzt ist. Durch eine Erhöhung der Ausbringungsmenge findet hier keine Preisabnahme statt, sondern steigt vielmehr an. Daher ergibt sich auch keine abfallende Preiskurve.[980] Damit hat auch der Anbieter eines solchen Netzwerkgutes keinen Anreiz, die Outputmenge zu reduzieren, sondern wird stattdessen versuchen, so viel wie möglich zu produzieren. Insbesondere auf IP-Märkten, die zudem durch hohe fixe und teils irreversible Kosten geprägt sind, können diese demand side economies of scale auch durch Größenvorteile auf der Seite des Angebots verstärkt werden. Das Preisschema für Netzwerkmärkte sieht daher häufig anders aus als auf traditionellen Märkten. Herkömmliche Märkte nutzen die Preisdifferenzierung zur Abschöpfung der unterschiedlichen Nutzungsintensität und machen sich damit die unterschiedliche Konsumbereitschaft zunutze. Bei Auftreten von Netzwerkexternalitäten muss sich der Produzent eines Netzwerkgutes vergegenwärtigen, dass die Anfangsadoption nur einen geringen Nutzenzuwachs für das System erfährt. Derjenige, der ein kleines Netzwerk durch seine Adoption mitbegründet, hat daher auch weniger Nutzen als derjenige, der in einer späteren Marktphase dem bereits etablierten großen Netzwerk beitritt und so einerseits mehr Kommunikationsmöglichkeiten erhält (direkte Netzwerkeffekte) und/oder andererseits eine größere Produktvielfalt aufgrund der starken Komplementarität (indirekte Netzwerkeffekte) zu schätzen weiß. Die Preisdifferenzierung in Netzwerkmärkten ist daher strategisch gesehen günstiger, wenn die früheren Teilnehmer als Wert bildende Faktoren des Gesamtnetzwerks entschädigt werden. Dies kann durch Anreizmechanismen bewerkstelligt werden, indem das Netzwerkprodukt für Frühnutzer kostenlos angeboten wird, wohingegen eine spätere Adoption teurer wird (sog. penetration pricing). Eine weitere Preisstrategie wird dadurch begünstigt, dass eine existierende Plattform an zwei Seiten des Netzwerkproduktes Erlöse generieren kann. Notwendig ist daher nicht, dass jeder weitere Konsument bzw. Verbraucher höhere Entgelte zahlt. Vielmehr können die Nutzer, die auf Grundlage der Plattform in die Fähigkeit versetzt werden, komplementäre Produkte zu vermarkten, für die Plattform zahlen. Eine gerade auf Softwaremärkten zu beobachtende Strategie ist daher auch, den Nutzern ein reines Konsumprodukt der Plattform bereitzustellen und die Erlöse auf einem Produzentenprodukt allein bei den Anbietern abzuschöpfen.[981] Auf diese Art und Weise wird beispielsweise auch das Produkt Adobe Acrobat vermarktet. Während der Adobe Reader für den Konsumenten kostenlos bereitgestellt wird und sich auf diese Weise die Teilnehmeradoption leicht maximieren lässt, müssen die Anbieter, die auf die potentiell weit verbreitete installed base des

---

980   *Economides*, Competition Policy in Network Industries, S. 6.
981   *Varian*, Grundzüge der Mikroökonomik, S. 592 ff., 597; *Economides*, Competition Policy in Network Industries, S. 9 f.

Readers zurückgreifen wollen, zur Konvertierung und Verbreitung ihrer Dokumente für das kostenpflichtige Produkt Adobe Writer zahlen. Die Netzwerkexternalitäten werden auf diese Weise internalisiert.

Solche Preisdifferenzierungsstrategien sind in Netzwerkindustrien nicht nur typische Geschäftspraktiken, sondern für die Amortisation der hohen Fixkosten auch notwendig und spielen eine Schlüsselrolle für den Erfolg des Netzwerkprodukts[982]. Man spricht bei dieser Art der Vermarktung, um eine kritische Masse zu erreichen und zu erhalten von dem sog. „chicken and egg problem". Die wettbewerbsrechtliche Schwierigkeit besteht darin, solche notwendigen Preisstrategien von Kampfpreisstrategien (predatory pricing) zu erkennen und abzugrenzen, weil letztere im Gegensatz zu ersteren allein Wettbewerber aus dem Markt drängen sollen, um diesen anschließend zu monopolisieren.[983]

b)   Marktversagen?

aa) Eine Theorie stabiler Marktmacht

Die Theorie multipler Marktgleichgewichte zeigt, dass Netzwerkindustrien einen höheren Grad an Dynamik besitzen. Neue Technologien besitzen in einem solchen Marktumfeld die Chance „abzuheben" und von einer rasanten Netzwerkexpansion zu profitieren[984]. Gleichzeitig kann aber aus dem Zusammenspiel der Kräfte, die in einem Markt mit multiplen Gleichgewichtsmomenten beobachtbar sind, ein (theoretisches) Marktversagen dadurch entstehen, dass nur ein Anbieter überlebt. Das Theorem unendlich ansteigender positiver Netzwerkeffekte, das vielfach in der ökonomischen Literatur[985] beschrieben wird, impliziert daher ein natürliches Monopol. Tipping bzw. Snowballing Effekte legen daher nahe, dass hohe Marktanteile möglicherweise mit größeren Gefahren für die Etablierung von Marktmacht und ihrer Erhaltung einhergehen[986]. Statische Modelluntersuchungen[987] zeigen, dass die Existenz von multiplen Marktgleichgewichten aufgrund von starken Netzwerkeffekten extreme Disparitäten zwischen Wettbewerbern in Bezug auf Marktanteil, Preis und Gewinnen aufweist. Es wird außerdem gezeigt, dass die beschriebenen Asymmetrien noch größer werden, wenn die Intensität der Netzwerkeffekte steigt. Tipping hat daher in der Modellbetrachtung zwei Seiten: Zum einen den immer größer werdenden Marktanteil der Technologie, von dem die Konsumenten erwarten, dass sie sich durchsetzen wird. Und zum anderen schwinden die Marktanteile der Wettbewerber

---

[982] *Shapiro/Varian*, Information Rules, S. 19 ff., 299 f.; *Veljanovski*, Europ. Comp. Law Rev. 115, 118 (2001).
[983] *Veljanovski*, Europ. Comp. Law Rev. 115, 118 (2001)f.
[984] *Economides/Himmelberg*in: Brock (Hrsg.), S. 6; *Economides*, Competition Policy in Network Industries, 2004, S. 11.
[985] *Chou/Shy*, 8 Int. J. Ind. Organ. 259 ff. (1999); *Farrell/Saloner*, 40 J. Ind. Econ. 9 ff. (1992); *Katz/Shapiro*, 94 J. Polit. Economy 822 ff. (1986).
[986] *Veljanovski*, 3 QUT Law Just. J. 3, 9 (2003).
[987] *Economides/Flyer*, Compatibility and Market Structure for Network Goods.

mit jedem weiteren Nutzer, der dem führenden Marktteilnehmer folgt. Entscheidend ist daher das Erreichen der kritischen Masse, um den feedback Mechanismus in Gang zu setzen. Im Prinzip wird daher der erste auf dem Markt aufgrund bereits beigetretener Teilnehmer zu seinem Netzwerk begünstigt und profitiert daher von dem sog. first mover advantage[988]. Auch in diesem frühen Stadium ist die erwartete Netzwerkgröße entscheidendes Kriterium, um eine hohe Marktdurchdringung zu erhalten. Der first mover profitiert daneben aber auch noch von der Innovation seines Produktes, das dessen Vorzüge in der Anfangsphase genauso bedeutsam erscheinen lassen kann, wie die erwartete Teilnehmerzahl. Folgt man dem Verlauf der S-förmigen Marktanteilskurve bei Existenz von Netzwerkeffekten und überwindet den Punkt der kritischen Masse, besteht für Wettbewerber mit Konkurrenzprodukten das große Problem, bereits dem Marktführer gefolgter Komplementoren und Netznutzern den Wechsel zu ihrem vermeintlich besseren System nahe zulegen und potentielle Komplementoren und Nutzer für das eigene System zu gewinnen. Ein solcher Wechsel kann sich schwierig gestalten. Zum einen tendieren neue potentielle Nutzer aufgrund der beschriebenen Adoptionserwartung und der Anziehungskraft der Netzwerkeffekte dazu, dem Etablierten beizutreten. Zum anderen werden diejenigen, die bereits dem Etablierten angehören, mit Wechselkosten (switching costs)[989] für in das bereits investierte Produkt zuzüglich seiner Komplemente[990] und eventueller Konvertierung, Transaktion oder Know-how[991] betraut und können aufgrund dieser, auch als Quasi-Irreversibilitäten bezeichneten Investitionen[992] der etablierten Technologie verhaftet sein (sog. lock-in effect)[993]. Teilweise werden solche Wechselkosten in die Kategorien physikalischer, informationeller, künstlich errichteter und psychologischer Investitionen unterteilt[994]. So ein Wechsel kann bereits für einen aktuellen Teilnehmer substantielle Hürden bedeuten. Noch schwieriger gestaltet sich der Umwälzprozess, wenn die für Netzwerkmärkte bedeutsame kritische Masse erreicht werden muss. Ein solcher Wechsel schlägt sich in sog. Kollektivwechselkosten (collective switching costs) nieder. Sie stellen die gesamten Wechselkosten aller Nutzer innerhalb eines Netzwerks dar, um eine kritische Masse zu erreichen. Da die Werthaltigkeit des Netzwerks mit zunehmender Anzahl beteiligter Akteure einer quadratischen Funktion gleichen kann, sind auch die Kollektivwechselkosten höher als ihre einfache Summe. Für die Komplementoren wirkt dagegen der sog. bandwagon effect. Dieser besteht aufgrund der Netzwerkgröße, weil sich der Absatzmarkt des Etablierten um ein Vielfaches größer darstellt, als der quasi uner-

---

988 *Shelanski/Sidak*, 68 Chi. Law Rev. 95, 102 f. (2001).
989 *Shapiro/Varian*, Information Rules, S. 104.
990 FTC, Anticipating the 21st Century - Competition Policy in the New High-Tech, Global Marketplace, Vol. I, Ch. 9, S. 12.
991 Vgl. *Klemperer*, 18 RAND J. Econ. 138 (1987); *ders.*, 102 Quart. J. Econ. 375 f. (1987); *ders.*, 37 J. Ind. Econ. 159 (1988).
992 *Puffert/Schwerin*, in: Herrmann-Pillath/Lehmann-Waffenschmidt (Hrsg.), Bd.3, S. 3.
993 *Erber/Hagemann*, in: Zimmermann (Hrsg.), S. 277, 287; *Rubinfeld*, 43 Antitrust Bull. 859, 865 (1998); *Besen/Farrell*, 8 J. Econ. Perspect. 117 f. (1994).
994 *Klemperer*, 62 Rev. Econ. Stud. 515, 517 ff. (1995).

schlossene des Newcomers. Komplementoren partizipieren daher sofort von den Netzwerkeffekten, die der Etablierte in der Zeit seines Bestehens mithilfe der Nutzer entwickelt hat. Damit zeigt die Vielzahl an ökonomischen Effekten, dass Tipping nicht nur Marktmacht begünstigt, sondern durch hohe Kollektivwechselkosten Marktaustrittsschranken verursachen kann, die zu Marktzutrittsschranken potentieller Wettbewerber führen können[995].

bb) Eine Theorie ineffizienter Standards

Neben der Marktmachtproblematik wurde die Beobachtung gemacht, dass der am Markt etablierte Standard oder das Produkt neben seiner alleinigen Existenz auch die Eigenschaft aufweisen kann, dass er gegenüber besseren neuen Technologien resistent ist und daher Ineffizienzen aufweist. Diese Erkenntnis unterscheidet sich insofern von der reinen Marktmachtproblematik, als dass eine dynamische Entwicklung mithilfe von innovativen Produkten und Technologien verhindert wird[996]. Unter Aushebelung dieser dynamischen Komponente, die jede Wettbewerbskonzeption als wichtige konstituierende Funktion oder natürliche Eigenschaft des Wettbewerbs begreift, entsteht das Trägheitsphänomen auf Netzwerkmärkten (sog. excess inertia)[997]. Zu einem Standard gekippte Märkte mit Trägheiten aufgrund von lock-in Effekten wurden im Konzept der Pfadabhängigkeit (path depence) konkretisiert. Danach üben zeitlich entfernte Ereignisse einen wichtigen Einfluss auf das Endergebnis aus, wozu insbesondere solche Ereignisse zählen, die von Zufallselementen anstatt von systematischen Einflüssen dominiert werden[998]. Ein ökonomisches Verfahren ist daher dann pfadabhängig, wenn die Geschichte des Verfahrens eine dauernde Auswirkung auf spätere Allokationen hat[999]. Die vielfach zitierte Grundaussage der Pfadabhängigkeit ist daher auch die des „history matters"[1000], womit ein irreversibler dynamischer Prozess betont wird[1001], dessen Zeitreihe von der Geschichte oder dem Pfad des Verfahrens abhängt.[1002] Das Ergebnis kann dabei effizient oder

---

995 *Klemperer*, 62 Rev. Econ. Stud. 515, 535 f. (1995); *Shelanski/Sidak*, 68 Chi. Law Rev. 95, 103 (2001).
996 Sog. Genuine Pig Problematik; vgl. *Katz/Shapiro*, 8 J. Econ. Perspect. 93, 95 (1994).
997 *Farrell/Saloner*, 16 RAND J. Econ. 70, 71 (1985); *Farrell/Saloner*, 76 Amer. Econ. Rev. 940 (1986).
998 *Arthur*, 262 Sci. Amer. 92 ff. (1990); ders., 99 Econ. J. 116 ff. (1989); *David*, 75 Amer. Econ. Rev. 332 (1985).
999 *Puffert/Schwerin*, in: Herrmann-Pillath/Lehmann-Waffenschmidt (Hrsg.), Bd.3, S. 1;
1000 *David*, in: Garrouste/Ioannides (Hrsg.); *Liebowitz/Margolis*, Winners, Losers & Microsoft, S. 51; *Liebowitz/Margolis*, in: Elgar (Hrsg.), S. 981; *Puffert*, in: Guinnane/Sundstrom/ Whatley (Hrsg.), S. 63 ff.; *Besen/Farrell*, 8 J. Econ. Perspect. 117, 118 (1994).
1001 *David*, Past Dependence and The Quest for Historical Economics, S. 13.
1002 Krit. *Economides/Flyer*, Compatibility and Market Structure for Network Goods, S. 3: »in network industries, acute differences of size and market power across firms are often a natural feature of equilibrium, rather than an historical aberration or an event that should be explained either by out-of-the equilibrium considerations or by non-economic considerations.«

ineffizient sein. Die Wahrscheinlichkeit einem ineffizienten Standard zu erliegen, steigt aber, sofern Märkte erst einmal in Richtung der Sättigungsphase des S-förmigen Verlaufs der Marktanteilskurve gekippt sind. Der Grund hierfür liegt darin begründet, dass Marktteilnehmer, die eine kritische Masse erreicht haben, eine Art Unabhängigkeit genießen, die es ihnen ermöglicht bzw. aus netzwerkökonomischer Sicht vielleicht auch vorschreibt, den Standard in weiteren Produktzyklen inkompatibel (sog. horizontale Inkompatibilität) zu denen der Wettbewerber zu gestalten[1003]. Der Anreiz hierfür besteht gerade darin, den Standard vor Abwanderung zu rivalisierenden Produkten zu erschweren. Es wird daher auch angenommen, dass sogar ein Anreiz besteht, Ausgaben für Inkompatibilität zu tätigen, um die Wechselkosten möglichst hoch anzusetzen und so den lock-in Effekt zu verstärken[1004], so dass ineffiziente rent-seeking Aktivitäten entstehen, die auch selbst wieder zu allokativen Ineffizienzen führen. Im Gegensatz hierzu reduziert Kompatibilität in frühen Produktzyklen einer Technologie die Gefahr des tipping.

cc) Eine Theorie fragiler Marktmacht

Bereits im Rahmen der dynamischen Betrachtung von Effizienzen wurde deutlich gemacht, dass Wohlfahrtgewinne sich nicht auf einen gegebenen Stand der Technik beschränken dürfen, sondern dynamische Aspekte bei der Beurteilung der Effizienzgewinne zu berücksichtigen haben[1005]. Dynamische Effizienzgewinne schlagen sich entweder in geringeren Grenz- und Durchschnittskostenkurven (Prozessinnovation) oder in Verschiebung der Absatzfunktion (Produktinnovation) nieder[1006] und bilden die Hauptkomponente des wirtschaftlichen Wachstums, die für die Wohlfahrt einer Gesellschaft von entscheidender Bedeutung ist[1007]. Marktmacht konnte bei der Frage der Korrelation mit der Innovationstätigkeit von Unternehmen nicht eindeutig belegt, aber auch nicht zurückgewiesen werden. Allgemeine empirische Ergebnisse haben aber gezeigt, dass Marktmacht den technologischen Fortschritt begünstigen kann. Betrachtet man nun die netzwerkökonomische Seite, insbesondere die Theorie ineffizienter Standards, spricht viel dafür, dass technischer Fortschritt infolge der Reluktanz der Netzwerkeffekte nur schwer durchsetzbar ist. Beispiele, die eine solche Sichtweise zu bestätigen scheinen, sind der Sieg der QWERTY-Tastatur über das Dvorak Simplified Keyboard (DSK)[1008]; VHS über Betamax[1009]; Microsoft über Macintosh[1010] und einige weitere[1011]. Neben dem weitgehend ungeklärten Streit um

---

1003 Ebenda.
1004 *Katz/Shapiro*, 8 J. Econ. Perspect. 93, 110 (1994); *Klemperer*, 62 Rev. Econ. Stud. 515, 517 f. (1995); zu deren Beseitigung *ders.*, (aao).
1005 Vgl. Teil 1: A.IV.3.e), S. 87 ff.
1006 *Kinne*, S. 61.
1007 *I.Schmidt*, S. 105.
1008 *David*, 75 Amer. Econ. Rev. 332 ff. (1985); *Krugman*, Peddling Prosperity.
1009 *Arthur*, 262 Scientific American 92 ff. (1990).
1010 *Puffert*, in: Guinnane/Sundstrom/Whatley (Hrsg.), S. 63 ff.

die Richtigkeit der empirischen Arbeiten[1012] und unter Hinweis auf neuere Studien[1013], die die dargestellten Beispiele als historizistische Mythen entlarvt haben, entspricht ein solches Bild auch nicht der Realität auf Hochtechnologiemärkten.

Eine plausible Erklärung dieses scheinbaren Widerspruchs zwischen der Theorie ineffizienter Standards aufgrund von stabiler Marktmacht und der Dynamik des technologischen Fortschritts, den man in der Realität beobachten kann, liefert die Theorie fragiler Marktmacht[1014]. Um aus dem circulus virtuosus des negative feedback loop als Kehrseite des positive feedback Mechanismus des marktmächtigen Unternehmens auszusteigen, ist danach erforderlich, dass die Innovation einen hinreichend großen Schritt macht, eine sog. killer application hervorbringt[1015]. Ferguson und Morris bezeichnen diese kurzfristige Stellung daher auch als „architectural franchise"[1016]. Insofern gestalte sich der Wettbewerb aus temporären Monopolen im Sinne Schumpeter'schen Innovationswettbewerbs[1017]. Bei dem Prozess schöpferischer Zerstörung[1018] finde vielmehr Wettbewerb um den Markt als in dem Markt statt (competition for the market vs. competition within the market)[1019]. Diese Wettbewerbsformen sind von dem Demsetz'schen Ausschreibungswettbewerb zu unterscheiden. Als Wettbewerb in einem Markt wird der herkömmliche Wettbewerb bezeichnet, in dem es hauptsächlich um Preis/Output-Funktionen geht und jeder Marktteilnehmer ein nahes oder entferntes Substitut aus Sicht der Marktgegenseite produziert. Diese Art des Wettbewerbs ist statisch, da sich positive Effekte für den Wettbewerb allein in niedrig verlaufenden Grenz- und Durchschnittskostenkurven widerspiegeln und Innovationen lediglich inkrementell erfolgen. Wettbewerb um einen Markt führt dagegen dazu, dass die Stellung des Marktführers in temporären

---

1011 Weitere Beispiele bei *Liebowitz/Margolis*, 9 Harvard J. Law Tech. 283, 290 f. (1996). Als Kritiker multipler Marktgleichgewichte bestreiten sie die sog. Pfadabhängigkeit.
1012 *Liebowitz/Margolis*, The Fable of the Keys, 33 J. Law Econ. 1 ff. (1990). Der Titel ihres Aufsatzes lehnt sich an einen Beitrag von *Stephen Cheung* an, der herausfand, dass Apfelbauern für die Bestäubung der Baumblüten den Bienenzüchtern eine Vergütung für diese Externalitäten versprachen. *Cheung*, The Fable of the Bees, 16 J. Law Econ. 11 ff.; ferner *Liebowitz/Margolis*, 8 J. Econ. Perspect. 133, 147 (1994); *dies.*, Winners, Losers & Microsoft, S. 25-31.
1013 *Yamada*, 2 J. Inform. Proc. 175 ff. (1980); *Miller/Thomas*, 9 Int. J. MM Stud. 509 ff. (1977).
1014 *Schmalensee*, 90 Amer. Econ. Rev. 192, 193 (2000); ähnlich *Möschel*, MMR 2001, S. 3, 4.
1015 *Evans/Schmalensee*, 2 NBER Inno. Pol. Econ. 1 ff. (2002).
1016 *Morris/Ferguson*, 71 Harvard Bus. Rev. 86-96 (1993); vertiefend *Ferguson/Morris*, Computer Wars.
1017 *Schumpeter*, Der Prozess der schöpferischen Zerstörung, in: ders. (Hrsg.), Kapitalismus, Sozialismus und Demokratie, S. 81 ff.; vgl. hierzu bereits Teil 1: A.IV.1.a), S. 77 f.
1018 So zitiert bei *Shelanski/Sidak*, 68 Chi. Law Rev. 95, 105 ff. (2001); *Evans/Schmalensee*, 2 NBER Inno. Pol. Econ. 1 (2002).
1019 Competition in un for the market wird häufig synonym mit Intrasystem und Intersystem Competition verwandt. Vgl. FTC, Anticipating the 21st Century - Competition Policy in the New High-Tech, Global Marketplace, Vol. I, Ch. 9, S. 10; *Shelanski/Sidak*, 68 Chi. Law Rev. 95, 105 (2001); *Evans/Schmalensee*, 2 NBER Inno. Pol. Econ. 1 f. (2002); zur Prägung dieses Begriffes bereits *Demsetz*, 11 J. Law Econ. 55 (1968).

Abständen immer wieder abgegeben wird. Allein die Bereitschaft, dass Teilnehmer eines Netzwerkes mit starken Netzwerkeffekten zu einer neuen Technologie wechseln und damit eine neue Marktführerschaft auslösen, spricht dafür, dass competition for the market allokativ effizient ist. Ansonsten würde sich die Nachfrage nicht von der Reluktanz der Netzwerkeffekte befreien. Daher wird auch behauptet, dass trotz der positive feedback Effekte eine konstante Gefahr der Marktführerschaft durch drastische Innovationen besteht, die insofern angreifbar (contestable) ist.[1020]

Neben dem grundsätzlichen Wettbewerb der Systeme, ist zu bedenken, dass gewachsene Standards auch neue Märkte schaffen und daher Marktmacht auf Netzwerkmärkten auch mit wohlfahrstfördernden Aspekten für die Komplemente einhergeht. D.h. nicht nur der Mangel an Wettbewerb im Markt kann von Wettbewerb um den Markt einmal etablierter Standards (irgendwann) kompensiert werden. Zugleich tritt innerhalb des Systems Wettbewerb auf, der meist mit dem Wettbewerb der Plattform selbst in einem gewissen Mischungsverhältnis steht[1021]. Ein Beispiel für eine solche Wettbewerbsform war der Netscape Browser. Dieser beinhaltete für Microsoft trotz der Tatsache, dass Netscape kein Betriebssystem darstellte, die Gefahr, dass Microsofts Betriebssystem obsolet werden könnte bzw. an Marktanteilen verlieren könnte. Über die Frage, ob diese Gefahr zum damaligen Zeitpunkt realistisch erschien, herrscht zwar keine Einigkeit. Allerdings ist unbestreitbar, dass eine gewisse Substitution erkennbar war.[1022]

c)   Kritische Würdigung

Die Diskussion um die unterschiedlichen Theorien ist noch weitgehend offen. Allerdings lassen sich einige Extrempositionen der Netzwerkökonomie relativieren. Insbesondere die neuere netzwerkökonomische Literatur hat gezeigt, dass tipping bzw. snowballing Inkompatibilität voraussetzt. Daneben müssen infolge von lock-in Effekten zwingend hohe Wechselkosten bestehen und es ist eine Bottleneck-Technologie erforderlich, die insbesondere auf Softwaremärkten fast unvorstellbar ist.[1023] Tatsächlich sind solche Standard Wars, in denen zwei oder mehrere Marktakteure um die Durchsetzung ihres proprietären Standards zur Etablierung ihres Systems kämpfen, selten anzutreffen und daher eher die Ausnahme als die Regel[1024]. Tipping ist ein extremes Marktergebnis, dessen Existenz angesichts der kaum vorhandenen Erfahrung noch nicht belegt worden ist.

Mit Blick auf die Teilnehmer eines Netzwerks ist als weiterer Kritikpunkt die als einziges Kriterium betonte Adoptionserwartung zu nennen. Denn multiple Markt-

---

1020   *Evans/Schmalensee*, 2 NBER Inno. Pol. Econ. 1 (2002).
1021   *Besen/Farrell*, 8 J. Econ. Perspect. 117, 120 (1994); ausf. *Wolf*, Kartellrechtliche Grenzen von Produktinnovationen, 2004, S. 93 ff.
1022   Vgl. *Hovenkamp*, Federal Antitrust Policy, S. 418; ausf. zu den beiden „Microsoft Fällen" statt vieler *Lemley/McGowan*, 86 Cal. Law Rev. 479, 500-507 (1998).
1023   *Veljanovski*, 3 QUT Law Just. J. 3, 9 und 11 (2003).
1024   *Sutton*, S. 411 ff.

gleichgewichte setzen voraus, dass die künftige Marktentwicklung anhand der aktuellen Marktanteile der widerstreitenden Technologien seitens der potentiellen Teilnehmer eines Netzwerks abgeschätzt wird. Damit muss der Teilnehmer nicht nur seine eigene Nutzenfunktion, sondern auch die aller anderen eindeutig vorhersehen. Diese vollständige Information wird kein potentieller Agent haben. Vielmehr ist diese Information tatsächlich begrenzt. Auch sind Ungewissheiten über strategisches und parametrisches Verhalten der Wettbewerber regelmäßig anzutreffen.[1025] Ferner ist die Netzwerkgröße nicht das einzig ausschlaggebende Kriterium für die eigene Nutzenfunktion und damit die Adoptionserwartung. Die Netzwerkgröße ist wichtig, ergänzend tritt aber die Konsumentenheterogenität zu einer Kaufentscheidung hinzu, was auch den Grad der Produktdifferenzierung beeinflussen kann. Mit Blick auf den Einproduktfall der Sprachtelefonie mögen solche Effekte vielleicht nicht gleich einleuchten, da sich ein Produkt hier nur schwer differenzieren lässt. Deutlicher zutage tritt Produktdifferenzierung dagegen auf den Rundfunkmärkten. Eine Koexistenz unterschiedlicher (virtueller) Netze (Plattformen) aufgrund von speziell auf einzelne Bedürfnisse einer Gruppe zugeschnittene Inhalte ist durchaus realistisch und auf den Inhaltemärkten der USA durch einzelne Plattformprovider zu beobachten. Solche Abweichungen in der Konsumhomogenität können die Aussagekraft von tipping daher erheblich begrenzen[1026].

Einen ähnlichen Effekt können auch Teilnehmergruppen auslösen. Nicht jede theoretische Verbindung entspricht nämlich auch den tatsächlichen Bedürfnissen der Teilnehmer. Trotz minimaler Netzwerkgröße begrenzt auf einen geschlossenen Teilnehmerkreis kann die Entscheidung für eine neue, sogar schlechtere Technologie ausfallen, ohne dass die theoretische Interaktionsmöglichkeit mit anderen ins Gewicht fällt (so beispielsweise im Anfangsstadium von Faxgeräten geschehen und im europäischen Mobilfunksektor derzeit beeindruckend durch die Discount-Angebote[1027] der Supermarktketten belegt).[1028] Im Falle eines etablierten Standards ist auch zu bedenken, dass rivalisierende inkompatible Systeme in der Anfangsphase preisgünstig oder kostenlos angeboten und lizenziert werden, um einer Technologie zum Durchbruch zu verhelfen[1029]. Der später hinzutretende Nutzer, dessen Bedürfnisse sich etwa an Produkteigenschaften als an der Netzwerkgröße orientieren, ist dann geneigt, dem aus seinen Augen besseren System beizutreten und zusätzlich Kostenvorteile zu erhalten. Daher ist auch zu bedenken, dass der gewachsene Standard, der in der späteren Phase der Netzerhaltung Externalitäten internalisieren und daher Preise anheben muss, von (indifferenten) Konsumenten gefährdet bleibt.

1025 *Weitzel/Wendt/v. Westarp*, Reconsidering Network Effect Theory, S. 3 f.
1026 Ebenda, S. 2 f.; *Liebowitz/Margolis*, The Fable of the Keys, 33 J. Law Econ. 1 ff. (1990).
1027 Lidl reagiert auf Aldi-Mobilfunkangebot, Handelsblatt v. 15.12.2005, S. 14; Aldi setzt Mobilfunkbranche unter Druck, Handelsblatt v. 12.12.2005, S. 17; „Ein interessanter Markt", Aldi & Co. greifen Mobilfunker an, handelsblatt.com v. 05.12.2005.
1028 *Katz/Shapiro*, 8 J. Econ. Perspect. 93, 107 (1994).
1029 *Economides*, Competition Policy in Network Industries, S. 10.

Diese Relativierung der stabilen Marktmacht wird nicht nur von einer Überbewertung der Adoptionserwartung getragen, sondern auch von Untersuchungen Economides u.a. unterstrichen. Eine signifikant hohe Marktanteilsverschiebung in Richtung des instabilen Marktgleichgewichts der kritischen Masse führt zum Auftreten von negative feedback Effekten, die zu einem Verlust der Marktführerschaft beiträgt. Hieraus wird häufig geschlossen, dass sogar eine geringere Wahrscheinlichkeit marktmächtiger Anbieter existiert, sich wie Monopolisten zu verhalten, da negative feedback Marktanteile viel schneller schwinden lässt als in herkömmlichen Industrien[1030]. Empirisch lässt sich die Gefahr des negative feedback Mechanismus bei etablierten Standards an den schnellen Innovationszyklen und der steigenden Schöpfungshöhe von Microsofts Windows Plattform belegen.

4. Implikationen für die Wettbewerbspolitik?

Insgesamt sollte die Diskussion belegt haben, dass Netzwerkeffekte bei der Betrachtung von Marktmacht durchaus eine Rolle spielen können. Sie bringen jedoch auch ein hohes Maß an Ungewissheit hinsichtlich der aus ihnen resultierenden wettbewerblichen Probleme mit sich. Daher sollte über die Folgen der Ungewissheit auf Netzwerkmärkten, insbesondere auf den sich derzeit dynamisch entwickelnden, Telekommunikationsmärkten nachgedacht werden. Das Dilemma, vor das Wettbewerbsbehörden beim Umgang mit Netzwerkeffekten gestellt sind, bringt auch der Chefökonom innerhalb der Generaldirektion Wettbewerb der Europäischen Kommission, Röller, treffend zum Ausdruck[1031]: »These characteristics of the new economy have important implications for market structure and antitrust. [...]There are [...] factors that may hurt consumers. A crucial dimension of competition in the new economy is the existence of switching costs.« Während damit der Eindruck entsteht, als würde er sich der Theorie stabiler Marktmacht anschließen, stellt er aber voran: »The implication for antitrust is [also] that consumers may be better of in concentrated markets. A monopolist may benefit consumers in network markets simply by internalizing the network effects and complementarities between products. In this sense, consumers have a preference for concentration, which merger control needs to account for when trading off the alleged abuses of dominance with the additional benefits accruing from larger network effects.«

Das entscheidende Problem auf Netzwerkmärkten ist die Ineffizienz eines einmal etablierten Standards, nicht hingegen die Marktkonzentration selbst. Auch Econo-

---

1030 *Lee/McKenzie*, Technology, Market Changes, and Antitrust Enforcement, S. 5: »*Dominant producers of network goods are even less likely to act like monopolies, because they fear that their networks will unravel, thus reducing their market share far more quickly than is likely the case with traditional products*«; *Veljanovski*, Europ. Comp. Law Rev. 115, 116 (2001): »*Indeed most economists assume that as market penetration increases, network effects become less significant*«; *Liebowitz/Margolis*, Winners, Losers & Microsoft, S. 140 f., 227 ff.
1031 *Röller/Wey*, Merger Control in the New Economy, S. 9 (2002).

mides u.a. zeigen, dass die Netzwerkeffekte den durch den Wettbewerberausschluss erzeugten deadweight loss überkompensieren und die Gesamtwohlfahrt steigt[1032]. Dieses Ergebnis ist ökonomisch gesehen aufgrund der Umkehrung des Nachfragegesetzes unbestreitbar. Wichtig anzuerkennen ist aber, dass die Ineffizienz selbst allein aus der ungewissen und bestrittenen Schlussfolgerung resultiert, dass der Standard hohe Kollektivwechselkosten verursacht und damit zu lock-in Effekten führt. Der Standard selbst begründet damit die Gefahr eines künftigen Bottlenecks, indem der potentielle Newcomer in Zukunft das gesamte System auswechseln müsste. Diese Ungewissheiten sind von der Marktmachtproblematik um eine essential facility insoweit zu unterscheiden, als letztere das über den Bottleneck verfügende Unternehmen zu einer Marktmachtausweitung auf andere Märkte befähigt, indem der Zugang zu der zugrunde liegenden Technologie verweigert wird.

Es existieren mithin zwei unterschiedliche wettbewerbliche Probleme, mit denen die Wettbewerbspolitik betraut ist. Einmal geht es um die Frage, ob eine neue und (proprietäre) Technologie aufgrund von Netzwerkeffekten überhaupt eingeführt werden darf, weil Ungewissheit darüber besteht, ob diese Technologie so starke lock-in Effekte mit sich bringt, dass die Technologie im Falle einer künftigen Marktkonzentration einer nicht duplizierbaren Einrichtung gleichsteht. Zum anderen geht es um die Problematik, ob dieser etwaige Bottleneck die Fähigkeit besitzt, andere Märkte durch eine Verweigerung des Zugangs zu ihr zu monopolisieren.

Auf den ersten Blick wäre die erzwungene Offenheit des Standards die Lösung des Problems. Mit ihrer Hilfe ließen sich die Netzwerkeffekte auch unter Wettbewerbern internalisieren. Der zugrunde liegende technische „Bottleneck" könnte dann von allen genutzt werden. Auch könnte eine Marktmachtausdehnung nicht aus dem „Bottleneck" selbst resultieren, da dieser allen Wettbewerbern offen steht und auch diese von den Netzwerkeffekten profitieren könnten. Allerdings bliebe die (dauerhafte) Stabilität der Plattformtechnologie im Kern erhalten. Anders gesagt, ändert auch Standardisierung nichts an der etwaigen Stabilität der primären Netzwerktechnologie. Im Gegenteil, dadurch dass der offene Standard schneller diffundiert, schaltet sie rivalisierenden Wettbewerb der Plattformtechnologie systematisch aus, nimmt Anreize, in neue Plattformen zu investieren[1033] und dient letztlich allein dem Ziel, der künftigen, etwaigen Ausnutzung von Marktmacht vorzubeugen. Man kann aus dieser Unterscheidung folgern, dass nicht die Etablierung eines proprietären Standards an sich schädliche Auswirkungen auf die Gesamtwohlfahrt hat, sondern die Ausnutzung der durch einen Bottleneck bestehenden Marktmacht auf andere Märkte. Netzwerkeffekte und lock-in lassen sich auf Netzwerkmärkten nicht verhindern, letztere insbesondere dann nicht, wenn die Investition in die zugrunde liegende Technologie hoch ist. Die Wettbewerbspolitik sollte hier grundsätzlich nicht eingreifen, weil die Gefahr von tipping in der Natur des Marktes liegt. Ein frühzeitiger

---

1032 *Economides*, Competition Policy in Network Industries, S. 12 f.; *Liebowitz/Margolis*, Winners, Losers & Microsoft, S. 266 f.
1033 *Sullivan/Grimes*, S. 809.

Eingriff, der den „Prozess schöpferischer Zerstörung" verhindert, käme einer Verhinderung von durch Innovation getriebenem Fortschritt gleich und wäre gleichzeitig volkswirtschaftlich ineffizient. Außerdem gliche die auf Ungewissheit begründete Bottleneck-Gefahr einer vorweggenommen Missbrauchsaufsicht. So formuliert etwa Veljanovski: »[…] network effects [just explain] the fear that the dominance or size will be abused.«[1034] Vielmehr sollte sich die Wettbewerbspolitik darauf beschränken, wettbewerbswidriges Verhalten frühzeitig zu erkennen und zu sanktionieren, wenn dieses darauf gemünzt ist, eine rivalisierende Plattform strategisch zu behindern[1035].

1034 So wohl auch *Veljanovski*, Europ. Comp. Law Rev. 115, 116 (2001).
1035 Ähnlich *Wolf*, Kartellrechtliche Grenzen von Produktinnovationen, 2004, S. 141.

C. Ergebnisse und Schlussfolgerungen für Zusammenschlüsse im TK-Sektor

I. Zielvorgaben der Regulierung: Phasing-Out

Marktmacht ist Netzsektoren wesenseigen. Sie ist in erster Linie auf natürliche Monopole zurückzuführen. Auch die spezifischen Charakteristika der Telekommunikation haben das Marktmachtproblem zutage treten lassen. Heute begründen natürliche Monopole aus Sicht der modernen Regulierungstheorie aber keine Rechtfertigung mehr für eine globale End-zu-End Regulierung ganzer Netzsektoren. Vielmehr wird der Regulierungsbedarf nur dort gesehen, wo irreversible Investitionen die wesentlichen Kosten der wettbewerblichen Tätigkeit ausmachen und zusätzlich etwa durch Bündelvorteile einen subadditiven Kostenverlauf erwarten lassen. Eine solche disaggregierte Betrachtung eines Netzsektors hat den Vorteil, dass stabile Marktmacht in Teilbereichen identifizierbar wird und prinzipiell wettbewerbliche Bereiche ausgesondert und dem etwaig vorhandenen Zielkatalog der einschlägigen Wettbewerbskonzeption unterstellt werden können. Für die identifizierten monopolistischen Engpasseinrichtungen existieren aus zwei Gründen dauerhafter Regulierungsbedarf. Einerseits erlauben sie dem Inhaber, ökonomische Gewinne zu erzielen, ohne dass ein Markteintritt von aktuellen oder potentiellen Wettbewerbern befürchtet werden muss, womit der klassische horizontale Marktmachteffekt beobachtet werden kann. Zum anderen befähigen sie den Inhaber einer solchen monopolistischen Engpasseinrichtung, Marktmacht auf die dem Wettbewerb prinzipiell zugänglichen Bereiche zu verlagern (leveraging) und für Wettbewerber abzuschotten (foreclosure).

Solche für Wettbewerber resistenten Monopole existieren in fast allen Netzsektoren. In der Telekommunikation gilt diese „Gesetzmäßigkeit" sowohl für das PSTN als auch für Kabelnetze. Insbesondere die Ortsnetze waren schon immer sog. wesentliche, nicht duplizierbare Einrichtungen (essential facilities). Vorleistungen, d.h. vor allem Zugang zur Infrastruktur, werden in der regulierungsökonomischen Diskussion vorwiegend intramodal und damit für den jeweiligen „Verkehrsträger" diskutiert. Damit konzentriert man sich im PSTN darauf, Dienstewettbewerb zuzulassen. Mit seiner Hilfe sollen Wettbewerber freien Markteintritt und kostenlosen Marktaustritt erhalten, um keine irreversiblen Investitionen in der Anfangsphase ihrer Wettbewerbstätigkeit vornehmen zu müssen. Ziel des Dienstewettbewerbs ist der Übergang zu sog. Infrastrukturwettbewerb. Die Erlöse aus dem Dienstewettbewerb sollen daher dem Aufbau von Infrastrukturen dienen, um strukturelle Veränderungen im Netzsektor vorzunehmen, die langfristig Wettbewerb ermöglichen sollen. Die Aufgabe der Regulierung ist es vor allem, das Verhältnis zwischen Dienste- und Infrastrukturwettbewerb kontinuierlich anzupassen. Anreize für einen Infrastrukturaufbau setzt man, indem die Intensität des Dienstewettbewerbs zurückgefahren wird. Dienstewettbewerb darf aber nicht grundlos ausgeschaltet werden, weil dann nicht nur Markteintritte unwahrscheinlich werden, sondern auch die in Aufbau befindliche Infrastruktur der Wettbewerber gefährdet werden könnte.

Regulierung zeigt damit ihre besondere Fähigkeit, Verhalten von Teilnehmern und Struktur von Netzsektoren entscheidend zu beeinflussen. Fehler bei der intramodalen Regulierung gehen zulasten von Wettbewerbern, der Infrastruktur und Endkunden.

Infrastrukturwettbewerb erfolgt – von Großkundenanschlüssen einmal abgesehen – nicht in den Ortsnetzen. Die unangreifbare letzte Meile im PSTN wird von Investitionen damit prinzipiell ausgeklammert. Aus der Darstellung der Telekommunikationsmärkte ist deutlich geworden, dass der Sektor einem tief greifenden Wandel unterliegt, der auch die Unangreifbarkeit der Ortsnetze in Frage stellt. Motor dieser Entwicklung sind Digitalisierung und die Protokollarchitektur des Internet. Zusammen haben sie die Zweckbindung der Telekommunikationsinfrastruktur theoretisch entfallen lassen und bilden die Basis für die Duplizierung des resistenten Monopols in den Ortsnetzen. Auch die Regulierungstheorien haben die technologische Konvergenz der Infrastrukturen erkannt, weshalb eine Rückführung der Regulierung (Phasing-Out) als Eckpfeiler Eingang in die Grundkonzeption der modernen Regulierungstheorie gefunden hat. Besondere Berücksichtigung sollte hierbei das Verhältnis von PSTN und Kabelnetzen finden, weil diese als leitungsgebundene Infrastrukturen im Gegensatz zu leiterlosen Technologien ein relatives großes Frequenzspektrum aufweisen und sich damit hohe Bandbreiten für jeden einzelnen Teilnehmer realisieren lassen. Damit können alle herkömmlichen Dienste, wie Sprachtelefonie, „Internet" und Rundfunk, zeitgleich und insbesondere für mehrere einzelne Teilnehmer gebündelt übertragen werden.

Trotz der potentiellen Substitutionsbeziehungen der Infrastrukturen wird das Verhältnis der Netze zueinander in der regulierungsökonomischen Diskussion stark vernachlässigt. Nicht nur fehlen Untersuchungen über die langfristigen Beziehungen des intermodalen Wettbewerbs. Vielmehr herrscht in Regulierungstheorie und Regulierungspraxis Stillschweigen über die Interdependenzen zwischen intramodaler und intermodaler Regulierung. Dies ist deshalb so erstaunlich, weil nicht nur ein eindeutiger Zielkonflikt zwischen beiden Regulierungsformen existiert, sondern vor allem weil selbsttragender Wettbewerb eine Fundamentalvoraussetzung des Phasing-Out bildet. Zwar wurde gezeigt, dass sektorspezifische ex-ante Regulierung und ex-post Missbrauchsaufsicht grundsätzlich Parallelen bei der Konfliktbewältigung bereithalten. Allerdings ist die allgemeine Missbrauchsaufsicht vor dem Hintergrund seiner Ratio zu „schwach", um in dynamischen Sektoren ex-post zu reagieren. Denn anders als in herkömmlichen Netzsektoren ist Zeit ein besonders kritischer Faktor der Telekommunikation, für das eine gewisse Stabilität Voraussetzung für eine Überführung in die ex-post Aufsicht ist. Wenn daher Phasing-Out einen Eckpfeiler der Regulierungspolitik darstellt, muss die Förderung von alternativen Anschlusstechnologien auch das herausragende Ziel der Regulierung sein. Denn aufgrund der Interdependenz zwischen intramodalem und intermodalem Wettbewerb verlangt das Regulierungsziel eines selbsttragenden Wettbewerbs auch regulierungspolitische Konsequenzen für die intramodale Regulierung. Diese muss insbesondere auf Investitionsanreize in alternative Anschlusstechnologien Rücksicht nehmen. Damit zeigt sich gleichsam, dass sich die etwaig regulierungspolitische Zielvorgabe intermodalen Wettbewerbs schon im Kern nicht eindeutig von der tatsächlichen Entwicklung des Wettbewerbs ablösen lässt. Denn sofern die Rechtsordnung Wettbewerb durch Kabelnetze für die klassischen Bereiche der Telekommunikation zulässt, muss das Regulierungsregime, wenn es denn dem Wettbewerb verpflichtet ist, diese Entwicklung berücksichtigen. M.a.W.: Intermodaler Wettbewerb ist keine politische Zielvorgabe, sondern eine ökonomische Notwendigkeit.

II. Spezifische Marktmachtprobleme

1. Rein horizontale Zusammenschlüsse

Auch in der leitungsgebundenen Industrie lassen sich die Marktmachtprobleme nach ihrer horizontalen und vertikalen Zusammenschlussrichtung unterscheiden. Rein horizontale Zusammenschlüsse können allenfalls auf Fernverkehrsmärkten beobachtet werden, da nur hier parallele Infrastrukturen mit identischer Bedarfsdeckung vorhanden sind. In den Ortsnetzen wurde die Bedeutung irreversibler Investitionen gebündelt mit Dichtevorteilen deutlich, die als resistente Monopole begriffen werden können. Daher ist es nicht verwunderlich, dass die Ortsnetze Deutschlands und die der USA noch immer von einem Netzbetreiber im jeweiligen geographischen Gebiet bedient werden und intramodal parallele Infrastrukturen allenfalls bei großen Geschäftskunden vorhanden sind. Jedenfalls nehmen solche rein horizontalen Zusammenschlüsse im Ortsnetz just eine Monopolstellung des fusionierten Unternehmens ein und sind nach keiner der hier behandelten Wettbewerbskonzeption in irgendeiner Weise abwägungsfähig. Denn gerade die Duplizierung der Bottlenecks auf Ortsnetzebene ist das herausragende Regulierungsziel auf den Telekommunikationsmärkten. Daher sind auch Querverflechtungen zwischen Kabelnetzen und PSTN-Ortsnetzen per se wohlfahrtsschädlich.

2. Horizontale Integration (Gebietsausweitung)

Für Gebietsausweitungszusammenschlüsse, für die sich im Telekommunikationssektor der Begriff der horizontalen Integration durchgesetzt hat, sind solche Marktmachtgefahren weniger offensichtlich. Denn die in unterschiedlichen Gebieten ansässigen Unternehmen, seien dies auch Gebietsmonopolisten, standen nie in aktuellem Wettbewerb zueinander, da sie auf unterschiedlichen Märkten tätig waren. Eine Preiserhöhung folgt damit nicht direkt aus einem Zusammenschluss. Anders wäre es zu beurteilen, wenn eine Marktmachtdisziplinierung durch gegenseitigen potentiellen Wettbewerbsdruck stattfindet. Dann fällt dieser mit dem Zusammenschluss schlagartig weg[1036]. Auf der anderen Seite wächst mit einer solchen horizontalen Integration auch der Wert des Netzes im Sinne netzökonomischer Beobachtung, so dass der Anreiz zur Zusammenschaltung mit anderen, kleineren Netzen abnimmt, die Notwendigkeit einer Zusammenschaltung mit diesem aber wächst und eine größere Verhandlungsmacht bei den Abnehmern des Netzprodukts oder den Zugang

---

1036 *Schalast*, K&R 2004, S. 376, 382.

suchenden Wettbewerbern entstehen lässt.[1037] Hier spielen Netzwerkeffekte eine bedeutende Rolle.

3. Vertikale Integration

Schließlich begründen auch vertikale Zusammenschlüsse Marktmachtgefahren, die über das normale Maß weit hinausgehen, weil die Natur der Ortsnetze einen Bottleneck begründet. Der Inhaber einer solchen Bottleneck-Einrichtung ist im Falle einer fehlenden vertikalen Integration nicht geneigt, den Zugang zu dieser Einrichtung den Nachfragern zu versagen, da dies gleichbedeutend mit dem Verzicht des Unternehmens wäre, seine unternehmerische Leistung zu verkaufen. Nach einer vertikalen Integration liegen die Dinge anders. Da der Ortsnetzmonopolist nun auf einem vor- oder nachgelagertem Markt aktiv ist, kann es günstig sein, sich anderen Nachfragern zu versagen, um auch den prinzipiell wettbewerblichen Markt zu monopolisieren.[1038]

Vertikale Integration zwischen einem vermachteten Ortsnetzmonopol und einem wettbewerblichem Fernverkehrsmarkt kann insbesondere folgende Probleme verursachen: (1) Kostenintransparenz der Regulierung, (2) vertical price squeeze, (3) Diskriminierung in der Qualität bereit gestellter Verbindungen der Fernverkehrsbetreiber, (4) Wettbewerbsbehinderung durch Koppelprodukte.[1039] Vertikale Separierung kann Informationsmängel der Regulierung beseitigen, indem die Kosten transparent werden.[1040] Auf preisregulierten Märkten besteht bei vertikaler Integration immer eine Kostenintransparenz, da die Betriebskosten gemeinsame Kosten (joint costs) darstellen. Es besteht im Grunde eine Unmöglichkeit, die Kosten eines Telefonferngesprächs kostenmäßig auf den Ortsnetz- und den Fernnetzbereich aufzuschlüsseln[1041]. Die Quersubventionierung des Fernverkehrsmarktes steht mit dieser Kostenintransparenz in direktem Zusammenhang. Sie ist aus den zahlreichen Verfahren gegen AT&T bekannt geworden. Darin wurde die Einsicht gewonnen, dass Mehrproduktunternehmen mit zumindest einer Bottleneck-Ressource die Bestrebung haben, durch finanzielle Mittel aus dem monopolistisch geprägten Markt in den wettbewerblichen einzutreten und dort Wettbewerber zu unterbieten, ohne Totalverlustrisiken in Kauf nehmen zu müssen (vertical price squeeze). Aus diesem Grund führt vertikale Separation zur Aufdeckung der „wahren" Kostenverteilung und zu fehlenden Anreizen, die Qualität für Wettbewerber künstlich zu beeinträchtigen.

1037 *Economides*, Competition Policy in Network Industries, S. 18; DOJ, Network Effects in Telecommunications Mergers - MCI/WorldCom Merger: Protecting the Future of the Internet, 23.08.1999;
1038 *Engel/Knieps*, S. 14.
1039 *Economides*, in: Nelson (Hrsg.), S. 48, 61 f.; *ders.*, U.S. Telecommunications Today, in: Brown/Topi (Hrsg.), IS Management Handbook, S. 191, 203; *ders.*, Raising Rivals' Costs in Complementary Goods Markets: LEC Entering into Long Distance and Microsoft Bundling Internet Explorer, S. 12 ff.
1040 *Vaterlaus/Worm/Wild/Telser*, S. 10.
1041 *Hovenkamp*, Federal Antitrust Policy, S. 380 f.

Auch eine Koppelbindung mit Fernverkehrsleistungen, um Wettbewerber zu unterbieten, scheidet durch vertikale Separierung aus.

III. Effizienzerwartungen

Zusammenschlüsse können dagegen auch im Telekommunikationssektor zu den bereits behandelten Synergieeffekten führen. Die Zusammenlegung zweier Betriebe kann hier zu ähnlichen Einsparungen hoher fixer Kosten führen, die über die gesamte Nachfrage verteilt werden und damit eine Kostendegressionen bewirken. Die Regulierungstheorien haben hierbei gezeigt, dass Effizienzerwartungen eine andere Dimension aufweisen als in anderen Sektoren, da die Durchschnittskostenkurve für den gesamten relevanten Bereich der Nachfrage einen abnehmenden Verlauf aufweisen kann. Hieraus kann geschlussfolgert werden, dass die economies of scale in einem signifikanteren Ausmaß zunehmen als auf anderen Märkten, die diese Besonderheiten nicht aufweisen. Auch hierbei lassen sich statische Effizienzerwartungen von dynamischen Effizienzen unterschieden. Dieser Klassifikation folgt auch die folgende Darstellung.

1. Statische Effizienzgesichtspunkte

Statische Effizienzerwartungen lassen sich der Argumentation entnehmen, die die Parteien in der US-amerikanischen Fusionspraxis häufig angeführt haben und auch von der FCC erkannt wurden, ohne hier vertiefend in die Zusammenschlusskontrolle einzusteigen und eine Bewertung vorwegzunehmen.

Wenn ein Netzwerk durch einen Zusammenschluss erweitert wird, sind herkömmliche Größenvorteile augenscheinlich. Die Kosten des Netzes lassen sich über eine viel größere Anzahl angeschlossener Teilnehmer realisieren. Auch die Kosten für geistiges Eigentum, beispielsweise die Exklusivrechte an Inhalten, fallen durch eine größere installed base niedriger aus. Daneben kann der Markteintritt der fusionierenden Unternehmen ohne versunkene Kosten stattfinden und Überkapazitäten am Markt vermeiden. Allein in SBC/AT&T[1042] wurden Kosteneinsparpotentiale in Höhe von 15 Mrd. Dollar, in Verizon/MCI[1043] in Höhe von 7 Mrd. Dollar angeführt. In der AT&T/TCI[1044] Fusion wurde erkannt, dass der zusätzliche Verkehr, den TCI für AT&T als Fernverkehrsbetreiber verursachen würde, mangels zunehmender Spitzenlasten, weitere Investitionen überflüssig machen würde. Im Zusammenschluss SBC/Ameritech[1045] wurde die Einsparung von Produktionsentwicklungskosten und der gemeinsamen Verwendung von Vermittlungs- und Netzwerkeinrichtungen mit etwa 350 Mio. Dollar angegeben. Synergien bei Softwareentwicklung, Ab-

---

1042 SBC/AT&T, Merger Order, FCC 05-183 (2005), Tz. 196.
1043 Verizon/MCI, Merger Order, FCC 05-184 (2005), Tz. 208.
1044 AT&T/TCI, Merger Order, FCC 99-24, 14 FCC Rec. 3160 (1999), Tz 145 ff.
1045 SBC/Ameritech, Memorandum Opinion & Order, FCC 99-279, 14 FCC Rec. 14712 (1999), (SBC/Ameritech, Merger Order), Tz. 114 ff.

rechnung, Inkasso und Kundendienst befähigten SBC/PacTel[1046] dazu, dem Verbraucher günstigere Dienste anzubieten. Die Dimensionen, die solche Einsparungsmöglichkeiten Telekommunikationsunternehmen eröffnen, zeigte SBC/Ameritech, wo jährlich 227 Mio. Dollar durch die Konsolidierung und Standardisierung der IT-Sparte und 201 Mio. Dollar im Verwaltungsapparat eingespart werden konnten. Ferner wächst mit einer Konsolidierung auch die Verhandlungsstärke bei der Abrechnung von Terminierungsentgelten. Dabei fragt der Netzbetreiber, der ein Gespräch zu einem anderen initiiert, nicht jede einzelne Terminierung in der Weise nach, wie es der technischen Herstellung der Verbindung entspricht. Vielmehr wird im Rahmen von Großhandelsbeziehungen zwischen den Netzbetreibern die Gesamtheit der anfallenden Terminierungen als Mengenbündel nachgefragt und angeboten[1047]. Das Einsparpotential der Bell Atlantic/NYNEX-Fusion wurde im Bereich der Zusammenschaltung mit über 250 Mio. Dollar[1048], in SBC/PacTel und SBC/Ameritech mit je 500 Mio. Dollar beurteilt[1049].

2. Dynamische Effizienzbetrachtung

Während produktive Effizienz die Produktion mehrerer bekannter Güter zu geringeren Kosten ermöglicht, verändert dynamische Effizienz wegen der ambivalenten Beziehung von Innovation und Marktkonzentration[1050] die gesamte Marktstruktur.

a) Vermeidung von Transaktionskosten

Vertikale Separierung bringt auf Telekommunikationsmärkten ein großes Verbund- und Transaktionskostenproblemе mit sich[1051]. Hierbei besteht die Besonderheit, dass nicht nur einfache Transaktionskosten als Kosten des Preismechanismus entstehen. Auf Netzwerkmärkten muss der vor- oder nachgelagerte Markt vielmehr „organisiert"[1052] werden. Ein solches Koordinationsproblem ist hier deshalb so problematisch, weil die Kooperation nicht nur ein abgestimmtes Verhalten der betroffenen Akteure verlangt, sondern auf Schnittstellen und daher auf Standardisierung angewiesen ist. Eine abweichende strategische Entscheidung eines Akteurs hinsichtlich der gewählten Schnittstelle, einer Plattform oder eines Protokolls kann zu Inkompatibilitäten führen, die ein gemeinsames Handeln unmöglich machen. Wird ein sol-

---

1046 SBC Communications, Inc./Pacific Telesis Group, Memorandum Opinion & Order, FCC 97-28, 12 FCC Rec. 2624 (1997), (SBC/PacTel, Merger Order), Tz. 70 ff.
1047 *Koenig/Vogelsang/Winkler*, K&R Beilage 1/2005, S. 1, 3; *Knieps*, MMR Beilage 2/2000, S. 1, 3 und 7 f.
1048 Bell Atlantic/NYNEX, Memorandum Opinion & Order, FCC 97-286, 12 FCC Rec. 19985 (1997), (Bell Atlantic/NYNEX, Merger Order), Tz. 157 ff.
1049 SBC/PacTel, Merger Order, FCC 97-28, 12 FCC Rec. 2624 (1997), Tz. 70 ff.; SBC/Ameritech, Merger Order, FCC 99-279, 14 FCC Rec. 14712 (1999), Tz. 137 ff.
1050 Vgl. Teil 1: A.IV.3., S. 87 ff.
1051 *Engel/Knieps*, S. 38; diff. *Kruse*, in: ders./Stockmann/Vollmer (Hrsg.), S. 247, 256 ff.
1052 Vgl. zur Organisationstheorie *Arrow*, The Organization of Economic Activity, 1969.

ches gemeinsames Handeln zwecks technischen Fortschritts erschwert, ist auch das Potential zur Erreichung der kritischen Masse niedrig. Gerade in dynamischen Sektoren mit raschem technologischem Wandel weist daher die vertikale Separierung enorme Nachteile gegenüber der vertikalen Integration auf.[1053]

b) Vermeidung doppelter Marginalisierung

Da Netzsektoren an verschiedenen Stellen Bottleneck-Charakter besitzen, ist durch eine vertikale Separierung das Problem der doppelten Marginalisierung besonders bedeutsam[1054]. Mit Blick auf einen notwendigen Infrastrukturaufbau kann daher ein Investitionsanreiz wegen niedriger Gewinne fehlen. Besonders bei der in Deutschland herrschenden Netzebenentrennung im Kabelnetz führt das Problem der doppelten Marginalisierung bei den notwendigen Infrastrukturinvestitionen zu der Frage, in welchem Umfang die jeweilige Netzebene an der Amortisation der notwendigen Investitionen zu beteiligen ist. Doppelte Marginalisierung liefert hier einen wichtigen Grund für die Tatsache, dass das Netz weitgehend veraltet ist.

c) Netzaufbau und Neukonfiguration

Kruse weist darauf hin, dass die Netzintegration auch im Hinblick auf den Entwicklungsstand bewertet werden müsse[1055]. Eine strukturelle Integration ist danach in der Anfangsphase eines Infrastrukturneuaufbaus oder einer Neukonfiguration von der späteren Phase eines bereits etablierten Netzwerks zu unterscheiden. Gerade die Planung spezifischer Netzkonfigurationen und Kapazitäten und die damit verbundenen Risiken durch Marktunsicherheiten und der Kostenentwicklung würden bei Separierung in der Anfangsphase relativ komplexe Vertragsgestaltungen erfordern, während die Entscheidungsfolgen bei Integration anreizkompatibler und effizienter internalisierbar wären. Wie Kruse hervorhebt, verlieren diese Integrationsvorteile bei zunehmender Entwicklung und Ausreifung des Sektors quantitativ an Relevanz[1056], was das AT&T-Exempel der frühen achtziger Jahre belegt. Zur Zeit seiner Entflechtung 1984 galt das Unternehmen als weltweiter Marktführer der Telekommunikation, was sowohl auf die enormen Investitionsanstrengungen[1057] als auch auf die integrative Struktur des Konzerns zurückgeführt wird[1058]. Die vor dieser Zeit bereits mit mehreren tausend lokalen Netzen aufgestellten Wettbewerber[1059] hatten eine wesentlich niedrigere Innovationsdynamik[1060]. So gelang es keinem Wettbewerber an die Leistungs- und Qualitätsaspekte von AT&T heranzureichen, da der Kon-

---

1053 *Vaterlaus/Worm/Wild/Telser*, S. 10.
1054 *Knieps*, Wettbewerbsökonomie, S. 160 f.
1055 *Kruse*, in: ders./Stockmann/Vollmer (Hrsg.), S. 247, 261.
1056 Ebenda.
1057 *Oliver/Scheffman*, 16 Managerial Dec. Econ. 335 (1995).
1058 *Noll/Owen*, in: Kwoka/White (Hrsg.), S. 328, 330.
1059 *Stehman*, S. 52
1060 *Noam*, S. 17.

zern sehr früh mit seinem Endgerätehersteller Western Electric und der FuE-Abteilung Bell Laboratories vertikal integriert war.[1061] Trotz der enormen Konzerngröße, die eher für durch Innovationsträgheit verursachte X-Ineffizienzen spricht, besaß der Konzern eine beispiellose Entwicklungsdynamik. Diese Dynamik fehlte den RBOC nach der Entflechtung des MFJ[1062] und auch AT&T konnte aufgrund der enormen versunkenen Kosten in den Ortsnetzen von einer vertikalen Integration mit den FuE-Einheiten und Endgeräteherstellern nicht profitieren, was zur Trennung einzelner Konzernbereiche führte[1063]. So formulierte der frühere CEO: »The vertical integration was good for its time[1064] [...], the complexity of trying to manage these different businesses began to overwhelm the advantages of our integration. The world has changed. Conflicts have arisen, and each of our business has to react more quickly.«[1065] Neben dem Beispiel AT&T der frühen achtziger Jahre scheint sich die Historie der Integration in den USA zu wiederholen. SBC/AT&T und Verizon/MCI haben durch den Aufbau des flächendeckenden Glasfasernetzes enorme Investitionsanstrengungen vor sich. Mit dem Ausmaß der bereits begonnenen Netzaufrüstung hatte vor dem Zusammenschluss wohl niemand gerechnet. Auch dieses jüngste Beispiel scheint daher die Theorie von Kruse zu untermauern.

d) Netzgröße und Innovationsdynamik

Im Zusammenhang mit der Konzernstruktur von AT&T wird angeführt wird, dass ein positiver Zusammenhang zwischen Netzintegration und Innovationstätigkeit bestehe. Dies wurde zum einen aus der niedrigeren Finanzkraft abgeleitet, aber auch darauf zurückgeführt, dass die RBOC die Vorteile einer Innovationstätigkeit nicht für den Gesamtmarkt betrachteten, sondern mit Blick auf die Rendite ihrer jeweiligen Netzgröße[1066]. Nach Auffassung anderer soll die FuE-Tätigkeit direkt von der vertikalen Integration abhängen und zu einer natürlichen selbst integrierenden Struktur führen[1067]. Eine Entwicklungsgemeinschaft in Form einer integrierten Struktur soll ein fundamentales Vehikel auf einem dynamischen Markt darstellen[1068]. Economides und White[1069] zeigen, dass Zusammenschlüsse zwischen zwei vertikalen Netzebenen erhebliche Vorteile mit sich bringen, die weit über die in der Transakti-

---

1061 *Noll/Owen*, in: Kwoka/White (Hrsg.), S. 328, 330.
1062 *Harris*, R&D Expenditures by the Bell Operating Companies: A Comparative Assessment, 23rd Annual Conference of Institute of Public Utilities.
1063 Vgl. nur AT&T, Reversing Strategy, Announces a Plan to Split into 3 Separate Companies, The New York Times v. 21.09.1995
1064 Ebenda.
1065 Divide to Conquer: Defying Merger Trend, AT&T Plans to Split into Three Companies, The Wall Street Journal v. 21.09.1995.
1066 *Harris*, Divestiture and Regulatory Policies, 14 Telecomm. Pol. 105-124 (1990).
1067 *Teece/Pisano/Russo*, Joint Ventures and Collaborative Agreements in the Telecommunication Industry.
1068 *Zanfei*, 22 Res. Pol. 309 ff. (1993).
1069 *Economides/White* in: Gabel/Weiman (Hrsg.).

onskostenökonomik bestehenden Erkenntnisse hinausgehen. So sollen nicht nur die klassischen Argumente, wie bessere Koordination und die Eliminierung doppelter Marginalisierung Anwendung finden. Vielmehr sei eine bessere Koordination mit verbesserter Kompatibilität gleichzusetzen, die den Markt auch für Wettbewerber dynamischer gestaltet.

Neben einigen anderen[1070] zeigen Carlton und Klamer[1071] die Abhängigkeit zwischen Netzwerkgröße und Innovationsaktivität in horizontaler Hinsicht. Sie erkennen, dass die Kollektivwechselkosten in einem bestehenden größeren Netzwerk niedriger sind als im Wege der Marktdurchdringung kleinerer Netzwerke, da der Wechsel zu einer neuen Technologie damit verbunden ist, die gesamte installed base zum Wechsel zu bewegen. Dabei sei nicht nur der Wechsel zu der neuen Technologie in dem eigenen Netzwerk von den Nutzern abzuschätzen, sondern auch die des fremden. In diesen Fällen ist also nicht nur die relative Größe des eigenen Netzwerks entscheidend, sondern die absolute Größe des Gesamtnetzwerks. Wenn die Größe des Netzwerks steigt, dann nehmen auch die Grenzkosten ab, die für Wechsel und Betrieb der Technologie für die installed base notwendig sind. Bei einer niedrigeren installed base können die technischen und administrativen Kosten eines Technologiewechsels nur über eine kleinere Anzahl von Teilnehmern verteilt werden, so dass Wechselkosten vergleichsweise hoch sind. Damit besteht ein positiver Zusammenhang zwischen Netzwerkgröße und abnehmenden Adoptionskosten, welcher als Conversion Effect bezeichnet wird[1072]. Dabei ist ausschlaggebend, dass die Größe eines physischen Netzwerks in frühen Phasen der Technologieadoption wichtiger ist als in späteren Phasen, wodurch die Theorie von Kruse[1073] auch in dynamischer Hinsicht greift. Diese Erkenntnisse werden anhand von anderen empirischen Belegen untermauert. So zeigen Saloner und Shepard[1074], dass Banken mit mehreren Niederlassungen schneller Bankautomaten adaptiert haben, als solche mit wenigen Niederlassungen. Ähnliche Ergebnisse erzielte Gandal[1075] bei der Untersuchung von Tabellenkalkulationsprogrammen. Koski[1076] bestätigt dieses Ergebnis in Bezug auf die Kompatibilität auf dem Betriebssystemmarkt.

Der Conversion Effect hat damit direkte Auswirkungen auf die Kontroverse um den dargestellten dynamischen trade-off, die zwischen den Anhängern der NSH I- und NSH II-Hypothese geführt wird. Denn auch wenn weder ein Zusammenhang zwischen der absoluten Unternehmensgröße und der innovatorischen Tätigkeit eines Unternehmens (NSH I) besteht, noch Marktmacht den technischen Fortschritt gene-

---

1070 *Saloner/Shepard*, 26 RAND J. Econ. 479 ff. (1995); *Majumdar/Venkataraman*, 19 Strategic Manage. J. 1045 ff. (1998); *Gandal*, 25 RAND J. Econ. 160 ff. (1994); *Koski*, 8 Econ. Inno. New Tech. 273 ff. (1999); *ders.*, in: Higano (Hrsg.), S. 139 ff.
1071 *Carlton/Klamer*, 50 Univ. Chi. Law Rev. 446 ff. (1982).
1072 *Antonelli*, in: ders. (Hrsg.), S. 5-27; *Arthur*, 74 Harvard Bus. Rev. 100-109 (1996); *Majumdar/Venkataraman*, 19 Strategic Manage. J. 1045, 1046 (1998).
1073 Vgl. Teil 1: C.III.2.c), S. 217.
1074 *Saloner/Shepard*, 26 RAND J. Econ. 479 ff. (1995).
1075 *Gandal*, 25 RAND J. Econ. 160 ff. (1994).
1076 *Koski*, 8 Econ. Inno. New Tech. 273 ff. (1999).

rell fördert (NSH II)[1077], so besteht in Netzwerken zumindest ein direkter Zusammenhang zwischen der Netzwerkgröße und den Innovationsanreizen von Wettbewerbern. Die Diffusion einer neuen Technologie findet daher schneller statt, je größer das Netzwerk ist[1078].

IV. Implikationen für die TK-Fusionskontrolle

Es besteht kein ökonomischer Grund, warum Marktmachteffekte und Effizienzerwartungen auch bei Zusammenschlüssen im Telekommunikationssektor nicht gegenübergestellt und abgewogen werden sollten. Die spezifischen Charakteristika der Telekommunikation zeigen zwar, dass Marktmachteffekte besonders schwerwiegend sein können. Auf der anderen Seite zeigen Zusammenschlüsse bei Infrastrukturen auch erhebliche Effizienzvorteile, die so auf anderen Märkten kaum zu beobachten sein dürften. Daher ist die Gefahr besonders hoch, dass die Wettbewerbsbehörden einem Fehler 1. oder 2. Ordnung unterliegen. Für die konkrete Einschätzung der Vor- und Nachteile eines Zusammenschlusses ist deshalb besonders wichtig, die konkreten Auswirkungen sorgfältig zu analysieren. Die Ungewissheit, die Netzwerkmärkte mit sich bringen, nimmt eine Schlüsselrolle bei der Abwägung der Wahrscheinlichkeit eines Fehlers ein. Zu berücksichtigen ist auch, dass Telekommunikation mehr oder weniger stark reguliert wird. Ziel der Regulierung ist die Überführung der Märkte in selbsttragenden Wettbewerb, so dass die Entstehung von Marktmacht und die Effizienzerwartungen vor allem im Lichte dieser Vorgaben beurteilt werden müssen.[1079]

Bei der Frage, ob Marktmacht entsteht, ist zu beachten, dass einfache Marktmacht nicht mit stabiler im Sinne eines monopolistischen Engpasses gleichgesetzt werden darf. Während einfache Marktmacht die Fähigkeit kennzeichnet, die Preise gewinnbringend über das wettbewerbliche Niveau zu heben, ist stabile Marktmacht zusätzlich mit dem Problem der Hebelwirkung und der Marktabschottung verbunden. Auch in der Zusammenschlusskontrolle sollte zwischen diesen beiden Aspekten in der Prüfung unterschieden werden, um die besonderen Marktmachteffekte abzuschätzen. Es gilt daher grundsätzlich auch hier, den Netzsektor disaggregiert zu betrachten. Entsteht einfache Marktmacht, die die Zusammenschlusskontrolle grundsätzlich verhindern möchte, wird aber gleichzeitig stabile Marktmacht in gleichem Umfang eliminiert, ist dies aus wettbewerblicher Sicht als insgesamt positiv zu bewerten.

Eine weitere Einschränkung ist auch im Hinblick auf Marktmacht generell angebracht. In der Telekommunikation sind erhebliche Größen- und Verbundvorteile wesenstypisch. Sie sind gleichzeitig der Grund dafür, dass eine atomistische Marktstruktur in der Telekommunikation zu erheblichen allokativen und produktiven

---

1077 Vgl. bereits Teil 1: A.IV.3.b), S. 87 ff.
1078 *Buehler/Schmutzler/Benz*, 22 Int. J. Ind. Organ. 253 ff. (2004).
1079 Insgesamt auch *Abrar*, N&R 2007, S. 29 ff.; *ders.*, Fusionskontrolle in dynamischen Netzsektoren am Beispiel des Breitbandkabelsektors, 2006.

Ineffizienzen führt. Dieser Aspekt muss bei der Beurteilung von Marktmacht ebenfalls Eingang in die Fusionskontrolle finden. Insoweit ist die Funktionsfähigkeit des Wettbewerbs nicht im Sinne einer möglichst hohen Wettbewerberzahl zu verstehen. Vielmehr muss sie sich realistischerweise mit einigen „Marktunvollkommenheiten" in Netzsektoren abfinden.[1080]

Der Regulierung bereits unterstellte Unternehmen sind in ihrem wettbewerblichen Handlungsspielraum begrenzt. Ihnen fehlt die Fähigkeit, Entgelte frei festzusetzen und Zugang und/oder Zusammenschaltung zu verweigern, also Marktmacht auszuüben, so dass eine vermeintliche „Verstärkungswirkung" bestehender Marktmacht weder zulasten des aktuellen, noch des potentiellen Wettbewerbs geht. Ein Nichteingriff in das Zusammenschlussvorhaben ist daher im Gegensatz zu Märkten, die keiner Regulierung unterliegen, auf den ersten Blick weniger kritisch, weil die Ausübung von Marktmacht nicht nur durch die Missbrauchsaufsicht unterbunden werden kann, sondern Regulierung ex-ante greift und damit wettbewerbliche Probleme von vornherein ausschließt. Ein Fehler 2. Ordnung wird bei Freigabe eines solchen Zusammenschlusses dann also vermieden. Fraglich ist, ob diese Sichtweise einem Verständnis von Regulierung einerseits und Fusionskontrolle andererseits überhaupt gerecht wird.

Versteht man Regulierung schlicht als Instrument des Marktmachtabbaus durch Förderung von Wettbewerb und Fusionskontrolle als Instrument zur Vermeidung von Marktmacht, sind die Mittel der Regulierung als disziplinierendes Instrument innerhalb der Fusionskontrolle nicht begreifbar. Dies käme einem Zirkelschluss gleich und würde Phasing-Out und damit das Endziel der Regulierung nicht nur gefährden, sondern ausschließen. Denn externes Unternehmenswachstum, das seitens der Fusionskontrolle keine Grenzen gesetzt bekommt, würde die Notwendigkeit einer sektorspezifischen Verhaltensaufsicht verfestigen und damit vor allem zu einer Beibehaltung von Zugangs-, Zusammenschaltungs- und Entgeltregulierung zwingen. Ein solcher Marktkonzentrationsprozess durch eine quasi Ausschaltung der Fusionskontrolle ist daher nicht geeignet, den Sektor in funktionsfähigen Wettbewerb zu überführen und wäre daher abzulehnen.

Allerdings setzt diese Argumentationskette voraus, dass der betreffende Zusammenschluss die künftige Funktionsfähigkeit des Wettbewerbs signifikant gefährdet. Ist der Sektor nur gegenwärtig regulierungsbedürftig, weil aktueller und potentieller Wettbewerb derzeit keine Marktmachtdisziplinierung ausüben, ist aber langfristig ein Marktmachtabbau absehbar und wird dieser durch den Zusammenschluss nicht gefährdet oder konterkariert, so versagt das Argument eines Zirkelschlusses. Da Marktmacht aufgrund des disziplinierenden Charakters der Regulierung insoweit nicht ausgeübt werden kann, ist Fusionskontrolle kontraproduktiv, wenn sie sich auf regulierten Märkten allein am Wortlaut von Marktmacht orientiert und die langfristige Funktionsfähigkeit des Wettbewerbs nicht berücksichtigt. Eine Lesart, die keine

---

1080 *Abrar*, N&R 2007, S. 29, 35; *ders.*, Fusionskontrolle in dynamischen Netzsektoren am Beispiel des Breitbandkabelsektors, 2006, S. 11.

weit reichenden prognostischen Elemente in die Zusammenschlussbeurteilung mit einbezieht und der Verhaltensregulierung kein Vertrauen schenkt, gefährdet daher latent die künftige Funktionsfähigkeit des Wettbewerbs auf den betroffenen Märkten. Insoweit unterscheidet sich die Fusionskontrolle auf regulierten Märkten von unregulierten. Somit greift auch das Argument nicht durch, dass Fusionskontrolle keine Verhaltensregulierung nach sich ziehen dürfe. Noch deutlicher wird der Zusammenhang zur Funktionsfähigkeit des Wettbewerbs dann, wenn neben einer vermeintlichen Verstärkungswirkung von Marktmacht, Effizienzen absehbar sind, die die Marktstruktur endogen verändern können und etwaige Wettbewerbsverbesserungen für den Sektor insgesamt mit sich bringen. Eine Versagung des Zusammenschlusses würde die Funktionsfähigkeit insoweit exogen gefährden und die Regulierungsziele unterlaufen. Es gebietet sich daher im Rahmen der Fusionskontrolle die Frage anzustellen, ob sich der Status-Quo des Wettbewerbs als funktionsfähig erweist und welche Strukturschwächen er besitzt, die durch den Zusammenschluss aller Voraussicht nach beseitigt werden. Gleichzeitig kann mit dieser Sichtweise eine durch den Zusammenschluss entstehende Gefahr für das langfristige Ziel einer Überführung in das allgemeine Kartellrecht zielorientiert sichergestellt werden.

Die Netzwerkökonomie hat gezeigt, dass die horizontale Netzgröße und damit Marktkonzentration nicht per se mit Marktmacht gleichgesetzt werden sollte. Vielmehr ermöglicht das große Netzwerk der angeschlossenen Teilnehmer eine schnellere Diffusion einer neuen Technologie. Dies gilt sowohl für den Infrastrukturbetreiber als auch für Wettbewerber, die das Netz für ihre Technologie „benutzen". Damit sind ein neuer Dienst oder eine neue Plattform grundsätzlich in der Lage, die gesamte Teilnehmerzahl eines Netzwerks zu einem Wechsel zu bewegen und Wettbewerb auch auf Sekundär- und Tertiärmärkten entstehen zu lassen. Mögliche lock-in Effekte durch hohe Kollektivwechselkosten werden dagegen in der netzwerkökonomischen Diskussion kritisch behandelt und den Vorteilen der Netzgröße entgegengehalten. Zuweilen wird hierin stabile Marktmacht im Sinne eines Bottleneck gesehen, wobei Pfadabhängigkeit zu Ineffizienzen führe. Wie gezeigt wurde, sind solche Bedenken unbegründet, wenn auch Standardisierung solche lock-in Effekte nicht beseitigen kann, sondern eher zur Stabilität der Plattform führt. Dabei gilt, dass die Höhe der Investitionen in eine neue Technologie keine Marktzutrittsschranke darstellt, sondern allenfalls entgegenstehende Netzwerkeffekte eine neue Technologie von der Marktdurchdringung abhalten können. Diese selbst lassen sich aber nicht vermeiden, sondern sind wie gezeigt grundsätzlich positiv. Die Zusammenschlusskontrolle sollte daher unter Berücksichtigung einer angemessenen Innovationsrendite die Offenheit für Sekundärmärkte gewährleisten, damit insbesondere keine Marktmachtverlagerung möglich wird. Gleichzeitig sollte die Förderung von Innovationen immer eine große Rolle spielen.

Gerade im Telekommunikationssektor kommt der Innovation eine ganz besondere Bedeutung zu. Schlagen sich dynamische Effizienzgewinne entweder in geringeren Grenz- und Durchschnittskostenkurven (Prozessinnovation) oder in der Verschiebung der Absatzfunktion (Produktinnovation) nieder, kann am Beispiel des Internet gezeigt werden, dass Innovation das Wesen der Telekommunikation vollständig verändern kann. Im Internet wird die physikalische Kontrolle von Inhalten durch Abstraktion der Daten von der Transportebene mithilfe der Protokollarchitektur erschwert. Die Folgen dieser Entwicklung sind aus Sicht der früheren Regulierungstheorien nahezu fantastisch: „Unbegrenzte Kapazität" im Anschlusssegment für Inhalte durch Verlagerung dieser auf die prinzipiell wettbewerblich ausgestaltete Fernverkehrsebene der Internet Backbones. Daneben existieren relativ unspezifische technologische Anforderungen für den Anschluss des Endkunden an das weltumspannende Netz des Internet. Schließlich existieren prinzipiell unbegrenzte Wettbewerbsmöglichkeiten für die Gesprächsterminierung, sowie Vertrieb und Bündelung zahlreicher Inhalte durch „Netzbetreiber" ohne Infrastruktur. Diese Vorgaben verdeutlichen, dass die fortschreitende technologische Entwicklung Marktmachtgefahren dadurch beseitigen kann, indem der technische Fortschritt die natürliche Einheit von Transport, Dienst und Inhalt trennt. Marktmacht bei Infrastruktur muss daher nicht auch Marktmacht bei den Diensten und umgekehrt bedeuten.

Da Marktmachtgefahren und Effizienzwirkungen fast nie isoliert auftreten, wäre es aus ökonomischer Sicht auf den ersten Blick ideal, den Verhaltensspielraum der Unternehmen in wettbewerbfeindlicher Richtung zu unterbinden und die Unternehmen zur direkten Weitergabe behaupteter Effizienzerwartungen in Form niedriger Preise zu verpflichten. Ein solches Verständnis ist aber nicht nur wettbewerbskonzeptionell und rechtlich bedenklich.[1081] Vielmehr kann eine Rentenumlenkung von den Konsumenten an die Produzenten dann in Kauf genommen werden oder sogar erwünscht sein, wenn die ökonomischen Gewinne für irreversible Investitionen genutzt werden. Dies kommt einer indirekten Weitergabe von Effizienzen gleich, wenn damit Wettbewerb gefördert oder strukturell abgesichert wird. Auf regulierten Telekommunikationsmärkten, die das Potential von Wettbewerb mithilfe technologischen Fortschritts ausschöpfen können, ist dynamischen Effizienzerwartungen besonderes Gewicht zu geben. Auch hier können zugunsten des technologischen Fortschritts kurzfristige Wettbewerbsbeschränkung durchaus in Kauf genommen werden[1082], um die Infrastruktur zukunftsfähig zu gestalten. Dies erfordert, dass der im Wege des Zusammenschlusses hinzugewonnene Verhaltensspielraum zu größeren Investitionsanstrengungen genutzt wird. Der Vergleich der Telekommunikationslandschaft zwischen den USA und Deutschland deutet jedenfalls darauf hin, dass der Wettbewerb im Anschluss einer solchen Entwicklung viel wettbewerblicher ausgestaltet sein kann als zuvor.

Im Ergebnis zeigt sich, dass Fusionskontrolle und Regulierung erheblichem Koordinierungsbedarf unterliegen. Zusammenschlüsse im Telekommunikationssektor bilden eine wichtige Grundlage, um den gesamten Sektor in selbsttragenden Wettbewerb zu überführen und stehen damit im Dienste der Regulierung.

1081 *Fisher/Lande*, 71 Cal. Law Rev. 1580, 1691 f. (1983).
1082 *Ladeur*, ZUM 2002, S. 252, 260.

2. Teil: Sektorspezifische Fusionskontrolle in den USA

»*While an antitrust analysis, such as that undertaken by the DOJ in this case, focuses solely on whether the effect of a proposed merger "may be substantially to lessen competition," the Communications Act requires the Commission to make an independent public interest determination, which includes evaluating public interest benefits or harms of the merger's likely effect on future competition.*«

Federal Communications Commission (FCC) [1083]

Unternehmenszusammenschlüsse in der Telekommunikation weisen Besonderheit auf, die im vorangegangenen ersten Teil im Hinblick auf ihre ökonomische Seite behandelt wurden. In dem nun folgenden rechtlichen Teil ist die Rechtsordnung der USA daraufhin zu untersuchen, ob sie adäquate Steuerungsmechanismen besitzt, um Chancen und Gefahren solcher Zusammenschlüsse wirksam zu handhaben.

A. Grundlagen der US-amerikanischen Zusammenschlusskontrolle

I. Konzeption und Wettbewerbspolitik

1. Antitrust Laws

Die zentralen gesetzlichen Grundlagen der US-amerikanischen Zusammenschlusskontrolle finden sich in Sec. 7 und 7A Clayton Act[1084]. Nach dem Wortlaut von Sec. 7 Clayton Act sind Zusammenschlüsse verboten, die zu einer wesentlichen Wettbewerbsverminderung führen oder Ausdruck einer Monopolisierungstendenz sind[1085]. Sec. 7A Clayton Act wurde durch den Hart-Scott-Rodino Act[1086] kodifiziert und betrifft die Anmeldung eines Zusammenschlusses (sog. pre-merger notification),

---

[1083] SBC/Ameritech, Merger Order, FCC 99-279, 14 FCC Rec. 14712 (1999), Tz. 49; WorldCom, Inc./MCI Communications Corp., Memorandum Opinion & Order, FCC 98-225, 13 FCC Rec. 18025 (1998), (MCI/WorldCom, Merger Order), Tz. 12; Bell Atlantic/NYNEX, Merger Order, FCC 97-286, 12 FCC Rec. 19985 (1997), Tz. 2.
[1084] 15 U.S.C. 18, 18a.
[1085] Sec. 7 Clayton Act lautet:
No person engaged in commerce or in any activity affecting commerce shall acquire, directly or indirectly, the whole or any part of the stock or other share capital and no person subject to the jurisdiction of the FTC shall acquire the whole or any part of the assets of another person engaged also in commerce or in any activity affecting commerce, where in any line of commerce or in any activity affecting commerce in any section of the country, the effect of such acquisition may be substantially to lessen competition, or to tend to create a monopoly; vgl. zur Übersetzung *Fleischer/Körber*, WuW 2001, S. 6, 11.
[1086] Cod. at 15 U.S.C. 18a.

bevor dieser von den Parteien vollzogen werden kann. Ein Zusammenschluss kann aber nicht nur unter den Clayton Act fallen, sondern auch als Verletzung von Sec. 1 und 2 Sherman Act[1087] und Sec. 5 Federal Trade Commission Act[1088] (FTC Act) gewertet werden. Neben diesen bundesgesetzlichen Regelungen verfügen auch die Einzelstaaten der USA über einzelne Bestimmungen, die ein Zusammenschlussverbot begründen können. Letztere orientieren sich stark am Bundesrecht und haben für Zusammenschlüsse ihre eigenständige Bedeutung weitestgehend verloren[1089]. Dies liegt zum einen an der Kompetenzverteilung zwischen Bundes- und einzelstaatlichem Recht, da nach der Interstate Commerce Clause der Bundesverfassung die Bundesgesetzgebungskompetenz für alle zwischenstaatlichen Verflechtungen in ökonomischer[1090] Hinsicht eröffnet ist. Zum anderen hat der U.S. Federal Supreme Court[1091], das höchste US-amerikanische Bundesgericht[1092], früh entschieden, dass der Passus in Sec. 7 Clayton Act („in any line of commerce in any section of the country") als Handelsbeziehung irgendwo im Lande gelesen werden muss[1093], so dass die Anwendung der antitrust laws nicht davon abhängt, ob die Wettbewerbsbeschränkung sich direkt zwischen zwei Einzelstaaten auswirkt und erst hierdurch zu einer Interstate-Auswirkung erwächst. Die Erfassung von Zusammenschlüssen durch den Sherman Act wurde vom Supreme Court anfangs ausgeschlossen[1094], später aber anerkannt. Sec. 1 Sherman Act[1095] erfasst nur wettbewerbsbeschränkende Verhaltensweisen in wettbewerbsfeindlicher Willensrichtung. Die Voraussetzungen nach Sec. 2 Sherman Act[1096] liegen gar erst vor, wenn Monopolmacht besteht und

---

1087 15 U.S.C. 1, 2.
1088 15 U.S.C. 45.
1089 *Blechmann/Bernstein*, in: Frankfurter Kommentar zum Kartellrecht, USA, Rdnr. 15.
1090 Vgl. diese Einschränkung des Supreme Court in United States v. Morrison, 529 U.S. 598, 120 S.Ct. 1740, 146 L.ed.2d 658 (2000).
1091 Im Folgenden Supreme Court abgekürzt.
1092 Zum Instanzenzug bei Kartellrechtsverfahren in den USA siehe *Blechman/Bernstein*, in: Frankfurter Kommentar (FK) Bd.1, Ausländisches Kartellrecht, USA, Rdnr. 14 Fn. 4.
1093 United States v. Pabst Brewing Co., 384 U.S. 546, 68 S.Ct. 1665, 16 L.ed.2d 765 (1966).
1094 *Hovenkamp*, Enterprise and American Law: 1836-1937, Ch. 20.
1095 Sec. 1 Sherman Act lautet:
Every contract, combination in the form of trust or otherwise, or conspiracy, in restraint of trade or commerce among the several States, or with foreign nations, is declared to be illegal. Every person who shall make any contract or engage in any combination or conspiracy hereby declared to be illegal shall be deemed guilty of a felony, and, on conviction thereof, shall be punished by fine not exceeding $10,000,000 if a corporation, or, if any other person, $350,000, or by imprisonment not exceeding three years, or by both said punishments, in the discretion of the court.
1096 Sec. 2 Sherman Act lautet:
Every person who shall monopolize, or attempt to monopolize, or combine or conspire with any other person or persons, to monopolize any part of the trade or commerce among the several States, or with foreign nations, shall be deemed guilty of a felony, and, on conviction thereof, shall be punished by fine not exceeding $10,000,000 if a corporation, or, if any other person, $350,000, or by imprisonment not exceeding three years, or by both said punishments, in the discretion of the court.

die Verfestigung oder Erlangung dieser Macht mit wettbewerbswidrigen Verhaltensweisen geschieht. Beiden Vorschriften wohnt damit das für einen Missbrauchstatbestand typische Verhaltenselement inne, das damit auch den Sanktionsschwerpunkt der Vorschriften bildet und nicht schon die typischer Weise mit dem Zusammenschluss verbundene Gefahr an sich[1097]. Da Sec. 1 und Sec. 2 Sherman Act außer dem Verbot eine strafrechtliche Sanktionsmöglichkeit vorsehen, müssen die Beschränkungen auch absichtlich herbeigeführt worden sein[1098]. Damit ergeben sich hohe Hürden für den Nachweis eines Verhaltens nach dem Sherman Act. Sec. 5 FTC Act erklärt unfaire Methoden von Wettbewerb im Handel oder den Handel betreffende Verhaltensweisen und unfaire oder irreführende Handlungen, die den Handel berühren, für rechtswidrig[1099]. Auch danach werden durch eine weite Auslegung Zusammenschlüsse fassbar. Damit zeigt sich, dass die Bundesgesetze einander ergänzen und vom Regelungsgehalt überschneiden. Das Herzstück der Zusammenschlusskontrolle bildet aber Sec. 7 Clayton Act[1100] als „speziellerer" Tatbestand[1101].

2. Die wettbewerbspolitische Entwicklung

a) Wettbewerbsschutz ohne Wettbewerbskonzept

Im Gegensatz zu den Kartellrechtsordnungen Deutschlands und der Europäischen Union sind die US-amerikanischen antitrust laws[1102] weitaus älter und gehen bis auf das Jahr 1890 mit der Entstehung des Sherman Act[1103] zurück, wobei auch in ihm nur die ungeschriebenen Gesetze des angelsächsischen Common Law kodifiziert wurden. Wie der Überblick über die wettbewerbspolitischen Leitbilder zeigt, existierte zu diesem Zeitpunkt kein ausgeprägtes wettbewerbskonzeptionelles Verständnis. Die zeitlich früh gefasste Kartellrechtsordnung führte daher auch zu viel Interpretationsspielraum. Die Problematik, mit der Gerichte und Behörden konfrontiert waren, zeigt sich in dem wenig konturierten Wettbewerbsbegriff. Auch innerhalb der Literatur ist vielfach der Versuch unternommen worden, die Hintergründe und Motive für die gesetzlichen Grundlagen des frühen Sherman Act für eigene ökonomische Sichtweisen fruchtbar zu machen[1104].

1097 *Sullivan/Grimes*, S. 515.
1098 *Sullivan/Grimes*, S. 104.
1099 Sec. 45 (a) (1) FTC Act lautet:
Unfair methods of competition in or affecting commerce, and unfair or deceptive acts or practices in or affecting commerce, are hereby declared unlawful.
1100 *Sullivan/Grimes*, S. 513.
1101 Die Spezialität v. Sec. 7 Clayton Act darf aber nicht im Sinne lex specialis derogat legi generali. Es besteht vielmehr eine kumulative Normenkonkurrenz.
1102 Auf bundesrechtlicher Ebene: Sherman Act, 1890; Clayton and FTC Act, 1914; Robinson-Patman Act, 1936; Cellar-Kefauver Amendments to Clayton Act, 1950.
1103 Sherman Antitrust Act, 26 Stat. 209 (1890), cod. at 15 U.S.C. 1-7.
1104 Vgl. *Sullivan*, The Political Economy of the Sherman Act: the First Hundred Years.

b) „Rule of Reason" des Supreme Court

Der Supreme Court hat in seiner ersten materiellen Zusammenschlussentscheidung, E.C. Knight[1105] von 1895, die Voraussetzungen des Sherman Act deshalb nicht anerkannt, weil der Zusammenschluss von Zuckerproduzenten nicht den Handel betroffen hätte, damit nicht unter die „Interstate Commerce Clause"[1106] fiel und demnach auch nicht nach Bundesrecht zu ahnden war. Das andere Extrem, das der Supreme Court in einem Fusionskontrollverfahren gegen Northern Securities Co.[1107] vertrat, betraf einen horizontalen Zusammenschluss von zuvor im Wettbewerb zueinander stehenden Eisenbahnunternehmen. Die Auffassung des Gerichts legte nahe, dass jeder Zusammenschluss zwischen zuvor im Wettbewerb zueinander stehenden Unternehmen – ungeachtet seiner Zielsetzung – den Sherman Act verletzen würde. Diese beiden Entscheidungen skizzieren die Eckpfeiler der US-amerikanischen Kartellrechtsintervention bis zum Jahr 1905. Bis zu diesem Zeitpunkt mangelte es der Rechtsprechung an einer ökonomischen Auseinandersetzung mit Wettbewerbskonzeptionen und ihren wirtschaftlichen Implikationen. Stattdessen zeigte sich die willkürliche Handhabbarkeit der Antitrustgesetze, die seit der E.C. Knight-Entscheidung zu einer Fusionswelle führten und mit der Entscheidung Northern Securities Co. abgeklungen waren.

Mit den Entscheidungen Standard Oil Co.[1108] und American Tobacco Co.[1109] aus dem Jahr 1911 begann der Supreme Court damit, sich zwischen den extremen Positionen zu bewegen. Das Gericht entwickelte hierbei die Auslegungsregel der rule of reason. In den zitierten Entscheidungen stellt das Gericht fest: »…it was deemed essential by an all-embracing enumeration to make sure that no form of contract or combination by which an undue restraint of interstate or foreign commerce was brought about could save such restraint from condemnation«[1110]. Damit wurde deutlich, dass der Sherman Act in Anlehnung an die im Common Law bereits anerkannten „standard of reason" anknüpfen sollte. Insofern wurde fortan zusätzlich verlangt, dass die Verhaltensweise oder der Zusammenschluss nur dann untersagt werden konnten, sofern der Wettbewerb in „unvernünftiger" oder „unangemessener" Weise beschränkt wurde.

1105 United States v. E.C. Knight Co., 156 U.S. 1, 15 S.Ct. 249 (1895).
1106 Die Interstate Commerce Clause (Article I, Section 7, Clause 3 of the Constitution of The United States) ist eine kompetenzrechtliche Generalklausel, die grenzüberschreitende Sachverhalte zwischen Gliedstaaten erfasst. "The Congress shall have power to regulate commerce with foreign nations, and among the several States, and with the Indian tribes".
1107 Northern Securities Co. v. United States, 193 U.S. 197, 24 S.Ct. 436 (1904).
1108 Standard Oil Co. (N.J.) v. United States, 221 U.S. 1, 31 S.Ct. 502 (1911).
1109 United States v. American Tobacco Co., 221 U.S. 106, 31 S.Ct. 632 (1911).
1110 Standard Oil Co. (N.J.) v. United States, 221 U.S. 1, 31 S.Ct. 502 (1911), 59-60.

c) Der Einfluss der Regierung bis 1950

Seit der Standard Oil Co.- und American Tobacco Co.-Entscheidung aus dem Jahr 1911 hatten die US-amerikanischen Regierungen mit einer Reihe von gesetzlichen Grundlagen erheblichen Einfluss auf die Fusionskontrollpraxis. Hierzu zählen zum einen der unter der Wilson Administration eingeführte Clayton Act und der FTC Act von 1914. Der Clayton Act verbot ausdrücklich wettbewerbswidrige Preisdiskriminierung, Koppelungsbindungen, Exklusivitätsvereinbarungen und den Zusammenschluss. Weitere Maßnahmen wurden in der Folgezeit stark von Clarks Concept of Workable Competition[1111] und der industrieökonomischen Literatur beeinflusst. Der Schwerpunkt der Gerichte unter dem Einfluss der Regierung wurde zu diesem Zeitpunkt auf Konzentration, Markteintrittsbeschränkungen und der Verknüpfung von Markstruktur und Oligopolen gelegt[1112]. Die Marktkonzentration von großen Unternehmen wurde zunehmend zum Gegenstand der Bekämpfung wettbewerbswidriger Strukturen[1113]. Wie extrem die Positionen damals waren, zeigt sich an der Forderung einer einkommensgerechten Verteilung mithilfe kartellrechtlicher Intervention[1114].

d) Einfluss der Harvard School auf die Gerichte

Kennzeichnend für die nächsten zwanzig Jahre (bis 1980) der Kartellrechtsgeschichte in den USA war der Einfluss der Harvard School[1115] auf die Kartellrechtspraxis[1116] und die Gerichte[1117]. Als Verfechter des SCP-Paradigmas argumentierten sie, dass gewisse industrielle Strukturen, insbesondere die hohe Konzentration, begleitet von hohen Marktzutrittsbeschränkungen, ein gewisses Marktverhalten, wie Oligopolverhalten, begünstigen würden. Dieses Verhalten führe dann zu einem schlechten Marktergebnis, namentlich einer reduzierten Ausbringungsmenge und zu Monopolpreisen.[1118] Diese Determinierung des Marktverhaltens und des Marktergebnisses durch eine bestimmte Marktstruktur hatte zur Folge, dass Eingriffe in die Marktstruktur als erforderlich angesehen wurden. Der Harvard School Approach implizierte für die Fusionskontrolle die strikte Beurteilung von Zusammenschlüssen auf Grundlage der Marktstruktur. Damit mussten die Auswirkungen auf das Marktverhalten nicht explizit abgeschätzt werden. Allein die Auswirkung auf die Marktkon-

---

1111 Vgl. Teil 1: A.IV.1.a), S. 77.
1112 United States v. Aluminum Co. of America, 148 f.2d 416 (2d Cir. 1945).
1113 So auch *Kaysen/Turner*, Antitrust Policy, S. 11 ff.
1114 Ebenda.
1115 Vgl. *Bain*, Barriers to New Competition, 1956; *ders.*, Industrial Organization, 1959; *Mann*, 48 Rev. Econ. Stat. 296 (1966).
1116 *Kaysen/Turner*, Antitrust Policy.
1117 Hierzu die prominenten und häufig zitierten Entscheidungen United States v. Philadelphia National Bank, 374 U.S. 321, 83 S.Ct. 1715 (1963), sowie Brown Shoe Co. v. United States, 370 U.S. 294, 82 S.Ct. 1502 (1962).
1118 *Hovenkamp*, Federal Antitrust Policy, S. 42.

zentration reichte aus, um die Zusammenschlusswirkung zu würdigen[1119]. Die in Brown Shoe[1120] und Philadelphia National Bank[1121] getroffenen Entscheidungen spiegeln die Bedeutung wieder, die der Supreme Court in dieser Zeit der Marktstruktur beimaß. Dabei galt ein Marktanteil von 30% als prima facie Beweis, dessen Widerlegung in den nächsten zehn Jahren nicht gelang und eher theoretischer Natur war[1122].

Dies begann sich in der General Dynamics-Entscheidung von 1974[1123] wieder zu ändern. Der zugrunde liegende Sachverhalt hätte „in the absence of other considerations"[1124] aufgrund des durch den Zusammenschluss erreichten Marktanteils von 23% dazu führen können, dass der Zusammenschluss zweier Kohleabbauunternehmen untersagt worden wäre. Stattdessen legte der Supreme Court dar, dass in diesem Fall weitere Kriterien als Marktanteil bzw. Marktkonzentration zu berücksichtigen seien. Entscheidend waren in diesem Fall die freien bzw. ungebundenen Reserven, die die Unternehmen für den künftigen Wettbewerb besitzen würden. Da dies nicht der Fall war, hätte der Zusammenschluss nach Auffassung des Gerichtes nicht dazu geführt, dass der Wettbewerb wesentlich eingeschränkt worden wäre. Mit General Dynamics und weiteren Entscheidungen[1125] ist dem Supreme Court ein Abrücken von seiner strikten per se Haltung zu bescheinigen. Dies betrifft zum einen Zusammenschlüsse, aber auch verhaltensgebundene Absprachen in horizontaler, wie auch vertikaler Richtung.

e) Der Chicago School-„Trend"

Ab Anfang der 1980er Jahre ist eine noch deutlichere Trendwende in der US-amerikanischen Kartellrechtspraxis zu verzeichnen, die von wesentlichen Gedanken der Chicago School of Antitrust Analysis[1126] geprägt ist[1127]. Die während der Amtszeit von Ronald Reagan begonnene Reform hatte in erster Linie – durch die Besetzung der Gerichte und Antitrustbehörden mit der Chicago Schule nahe stehenden Amtsinhabern – personelle Gründe[1128]. Mit der Etablierung des Chicago School Ansatzes rückten Effizienzgesichtspunkte mit Blick auf die Konsumentenwohlfahrt in den Mittelpunkt der Beurteilung von Zusammenschlüssen. Von dem SCP-Para-

---

1119   United States v. Philadelphia National Bank, 374 U.S. 321, 83 S.Ct. 1715 (1963); Brown Shoe Co. v. United States, 370 U.S. 294, 82 S.Ct. 1502 (1962).
1120   Brown Shoe Co. v. United States, 370 U.S. 294, 82 S.Ct. 1502 (1962).
1121   United States v. Philadelphia National Bank, 374 U.S. 321, 83 S.Ct. 1715 (1963).
1122   So *Gellhorn/Kovacic/Calkins*, Antitrust Law and Economics in a Nutshell, S. 382; *Toepke*, 100 Jahre Antitrustrecht in den USA, S. 12.
1123   United States v. General Dynamics Corp., 415 U.S. 486 (1974).
1124   Ebenda, 415 U.S. 486, 497 f. (1974).
1125   Continental T.V. v. GTE Sylvania, 433 U.S. 35 (1977); Broadcast Music, Inc. v. Columbia Broadcasting System, Inc., 441 U.S. 1 (1979).
1126   Vgl. Teil 1: A.IV.1.e), S. 82.
1127   *Bittlingmayer*, WuW 1987, S. 709 ff.
1128   *I.Schmidt*, S. 250 f.; *Buxbaum*, WuW 1989, S. 566 ff.

digma gewannen die Behörden und Gerichte zunehmend Abstand. Die ökonomischen Gesichtspunkte, die der Entscheidungsfindung der Gerichte zugrunde lagen und durch eine eingehende Analyse in der Urteilsbegründung zum Ausdruck kamen, wurden und werden zum Teil heute noch als Beginn und Triumph der ökonomischen Analyse betrachtet[1129]. Es ist zwar richtig, dass weitere ökonomische Gesichtspunkte mit der Chicago School Eingang in die Kartellrechtspraxis gefunden haben. Allerdings ist dies weniger der Entdeckung der ökonomischen Analyse zu verdanken als vielmehr einer Veränderung der ökonomischen Sichtweise[1130]. Obwohl in den 1980er Jahren das „ökonomische Argument" im Vordergrund der antitrust laws stand und metaökonomische Ziele keine Bedeutung bei ihrer Anwendung erhalten sollten, kann man die restriktive Anwendung der Kartellgesetze in der Reagan-Ära auch auf den mangelnden Vollzugswillen der Kartellbehörden zurückführen, die an der Stärkung der Wirtschaft orientiert war. Dies wird durch zahlreiche Äußerungen der politischen Amtsträger deutlich. Der seinerzeitige US Justizminister French Smith kündigte in einer Rede die Neuorientierung der amerikanischen Antitrustpolitik in Richtung der wettbewerbspolitischen Positionen der Chicago School an[1131]. Wirtschaftsminister Baldridge forderte sogar die Streichung von Sec. 7 Clayton Act[1132], der gegenüber Sec. 2 Sherman Act einen strengeren Maßstab für Fusionen vorsieht.

II. Kompetenzverteilung und Verfahren

1. Grundsätzliches

Die Auslegung der generalklauselartigen Fassung der antitrust laws obliegt den Gerichten. Dies findet gemäß Sec. 9 FTC Act[1133], Sec. 4 Sherman Act[1134] und Sec. 7A (f) Clayton Act[1135] seine verfahrensrechtliche Stütze, wonach die Gerichte die Entscheidung darüber haben, ob das fragliche Verhalten antitrust laws verletzt. Dabei ist der jeweilige United States District Court erstinstanzlich, die hierüber errichteten Court of Appeals als Berufungsinstanzen in zweiter und der Supreme Court als Revisionsinstanz zuständig[1136]. Das US-amerikanische Recht kennt kein besonderes Verwaltungsrecht im Sinne des deutschen Rechtsverständnisses. Allgemeines Ver-

---

1129 Vgl. *Kovacic/Shapiro*, 14 J. Econ. Perspect. 43, 55 ff. (2000); *Peritz*, Competition Policy in America, 1888-1992, 1996; *Gerhart*, Sup. Ct. Rev. 319 ff. (1982); *Posner*, Antitrust Law, S. 132.
1130 *Hovenkamp*, Federal Antitrust Policy, S. 68.
1131 Abgedruckt in: CCH Trade Regulation Reporter Transfer Binder: Current Comment 1969-1983, § 50, 430; *Tollison*, Int. J. Ind. Organ. Bd.1 (1983), S. 211 ff.
1132 *Toepke*, 100 Jahre Antitrustrecht in den USA, S. 106.
1133 15 U.S.C. 49.
1134 15 U.S.C. 4.
1135 15 U.S.C. 18a (f).
1136 *Blechmann/Bernstein*, in: Frankfurter Kommentar, USA, Rdnr. 14; vgl. 15 U.S.C. 22.

waltungsrecht kann eher als allgemeines Verfahrensrecht verstanden werden[1137]. Spezielle Rechtsmaterien, wie das Wettbewerbsrecht sind in erster Linie zivil- und strafrechtlich ausgestaltet. Die Exekutive erwirkt hier entweder Unterlassungs- und Beseitigungsverfügungen bei Gericht (sog. injunctive relief), setzt die strafrechtliche Verfolgung durch oder zieht die zivilrechtliche Verfolgung an sich.

Eine einzigartige Besonderheit des US-amerikanischen Kartellrechts ist die Möglichkeit, dass die im Bundesrecht geregelten antitrust laws nicht nur von den Bundesbehörden (federal enforcement), sondern in gleicher Weise von einzelstaatlichen und kommunalen Institutionen (state und local enforcement), aber auch auf rein privatem Wege (private enforcement) durchgesetzt werden können.[1138] Die Bundesbehörden haben die Auslegung der antitrust laws weitestgehend geformt. Dies geht in erster Linie auf ihre fachliche Kompetenz, ihrer Größe und ihrer engen Verflechtung mit der wirtschaftswissenschaftlichen Forschung zurück. Ihre ökonomische Kompetenz kommt auch in den mehrfach überarbeiteten Merger Guidelines[1139] zum Ausdruck, die quasi immer auf dem neuesten Stand sind. Die private Durchsetzung des Wettbewerbsrechts auf zivilrechtlichem Wege stellt allerdings den Regelfall dar. Die Bundesbehörden greifen solche Fälle eher selektiv auf, sofern sie grundlegende Bedeutung haben. Hiervon unberührt bleibt ihr eigenes Initiativrecht. Im Wege der zivilrechtlichen Durchsetzung der antitrust laws durch Private werden typischerweise Schadensersatzansprüche verfolgt. Solche haben im Wettbewerbsrecht – wie auch in anderen Rechtsbereichen – kompensierenden (compensatory damages) und sanktionierenden bzw. abschreckenden (punitive damages) Charakter[1140]. Die einzelstaatliche oder kommunale Durchsetzung von antitrust laws wird in sog. parens patriae Verfahren geltend gemacht. Diese dienen in erster Linie der Wohlfahrtskompensation von Schäden für den Verbraucher durch wettbewerbswidriges Verhalten von Unternehmen und haben daneben ebenfalls abschreckende Wirkung.[1141]

2. Aufbau und Funktion von DOJ und FTC

Exekutivfunktionen im Bereich der federal antitrust laws nehmen die beiden Bundesbehörden, das Department of Justice (DOJ), und die 1914 mit dem FTC Act[1142] gegründete Federal Trade Commission (FTC) wahr. Man kann grundsätzlich beide als Verwaltungsbehörden (administrative agencies) bezeichnen. Das DOJ gehört als Teil der Exekutive zur Bundesregierung, wie sie durch die US-amerikanische Verfassung geschaffen wurde. Die Durchsetzung von Bundeskartellrecht obliegt der

---

1137 *Hay*, US-amerikanisches Recht, Rdnrn. 80 ff. Auf Einzelheiten kann hier nicht eingegangen werden. Vgl. zum öffentlichen Recht *Brugger*, Einführung in das öffentliche Recht der USA; *Riegert*, Das amerikanische Administrative Law.
1138 *Sullivan/Grimes*, S. 887.
1139 Vgl. Teil 2: A.II.6., S. 237 f.
1140 *Hay*, US-amerikanisches Recht, Rdnrn. 416 ff.
1141 *Sullivan/Grimes*, S. 902 ff., 908 ff.
1142 Act of September 26, 1914, Ch. 311, 38 Stat. 717 (cod. at 15 U.S.C. 41-51).

Kartellabteilung des Justizministeriums (antitrust division). Sie wird, wie alle Abteilungen des Justizministeriums, von einem Assistant Attorney General[1143] geleitet, der vom US-Präsidenten nominiert und vom Senat bestätigt wird.[1144] Die antitrust division des DOJ ist die weltgrößte Kartellbehörde der Welt und beschäftigt 800 Ökonomen und Juristen. Innerhalb der antitrust division existiert eine Merger Task Force, die sich ausschließlich mit Unternehmenszusammenschlüssen beschäftigt.

Die FTC wurde vom Kongress ins Leben gerufen und ist eine independent agency[1145]. An ihrer Spitze stehen fünf Kommissare (Commissioners), die jeweils für eine Amtszeit von sieben Jahren ebenfalls vom Präsidenten ernannt und vom Senat bestätigt werden. Auf dem Gebiet des Wettbewerbsrechts handelt die Kommission primär durch eine spezielle Abteilung, das sog. Bureau of Competition. Diese Abteilung wird von einem Direktor geleitet, der vom Kommissionsvorsitzenden (Commission Chairman) ernannt und von den anderen Kommissaren bestätigt wird.[1146] Wie andere independent agencies auch ist die FTC mit einem Verordnungsrecht ausgestattet, weshalb diese auch als regulatory agencies bezeichnet werden. Die hiernach erlassenen Vorschriften (regulations) werden in dem sog. code of federal regulations (CFR) gesammelt. Es muss wie im deutschen Recht auch mit höherrangigem Recht und der Ermächtigung zur Rechtsetzung (sog. parent legislation) konform sein. Bevor eine administrative agency rechtsetzend tätig wird, muss sie dies durch Veröffentlichung im sog. federal register ankündigen (notice of proposed rulemaking) und den Betroffenen in einem gerichtsähnlichen Verfahren Gelegenheit zur Stellungnahme geben (hearing).[1147]

3. Kompetenzverteilung: Sherman und FTC Act

DOJ und FTC haben überlappende Zuständigkeiten im Bereich der antitrust laws, wobei allein der Antitrust Division des DOJ die Durchsetzung des Sherman Act gemäß seinen Sec. 1, 2, 4[1148] obliegt[1149]. Der Sherman Act wird heute fast ausschließlich zur Verfolgung von Missbrauchsverhaltensweisen genutzt. Nur das DOJ kann bei den US-Gerichten Strafverfahren zur Ahndung von Wettbewerbsverstößen einleiten, weshalb das DOJ regelmäßig gegen Kartellbildung und sonstige per se violations vorgeht, das unter den Sherman Act fällt[1150].

Die Zuständigkeit der FTC ergibt sich aus Sec. 5 FTC Act und ist aufgrund seiner Generalsklausel („unfair methods of competition") zwar an der Schnittstelle des

---

1143 Derzeit nimmt diese Funktion *Thomas O. Barnett* für die antitrust division des DOJ wahr.
1144 *Campbell/Grundmann*, in: Immenga/Mestmäcker (Hrsg.), EG-Wettbewerbsrecht, C.I.2.a), Rdnr. 6; *Sullivan/Grimes*, S. 888, 891; *Grimes*, GRURInt 1973, S. 643, 644.
1145 So auch die Federal Communications Commission (FCC); vertiefend Teil 2: B.I., S. 281 ff.
1146 Ebenda, Rdnr. 7.
1147 *Hay*, US-amerikanisches Recht, Rdnrn. 84, 90.
1148 15 U.S.C. 1, 2, 4.
1149 *May*, 135 U. Pa. Law Rev. 495, 498 ff. (1987).
1150 *Campbell/Grundmann*, in: Immenga/Mestmäcker (Hrsg.), EG-Wettbewerbsrecht, C.I.a), Rdnr. 8; *Sullivan/Grimes*, S. 888 f.; 893 ff.

Sherman Act angesiedelt, so dass er auch identische Sachverhalte erfasst. Sec. 5 FTC Act geht aber über Sachverhalte, die in den Anwendungsbereich des Sherman Act fallen, weit hinaus[1151]. Die Institution FTC steht in engem Verhältnis zu der damals in Standard Oil Co.[1152] und American Tobacco Co.[1153] entwickelten rule of reason. Der vernünftige Umgang im Wettbewerb sollte mit der Etablierung der FTC als einer „Handelsaufsicht" gewährleistet sein. In diesem Lichte ist auch die generalsklauselartige Formulierung eines fairen Wettbewerbs zu interpretieren. Obwohl die FTC aus diesem Zusammenhang heraus nicht für die Bekämpfung unlauteren Wettbewerbs im Sinne des deutschen Rechtsverständnisses tätig sein sollte, wurde sie rasch zum Brennpunkt für die Schaffung und Durchsetzung von Regelungen betreffend täuschende oder unlautere Wettbewerbspraktiken, auch soweit sie mit Wettbewerbsbeschränkungen oder Monopolfragen nicht zusammenhingen[1154]. Das Unlauterkeitsrecht bildet auch heute noch den Schwerpunkt der Tätigkeit der FTC.

4. Konkurrierende Zuständigkeit für Sec. 7 Clayton Act

Gemäß Sec. 7A (d) Clayton Act haben aber sowohl DOJ als auch FTC eine konkurrierende Zuständigkeit bei der Überwachung von Unternehmenszusammenschlüssen. Sherman und FTC Act haben daher keine eigenständige Bedeutung für die Fusionskontrolle, zumal die Eingriffschwelle des Clayton Act deutlich darunter angesiedelt ist. Die überlappende Zuständigkeit zwischen DOJ und FTC wird mittels Aufteilung nach Branchen und Regelungsmaterien relativ konfliktarm gehalten (sog. Clearing)[1155]. Beide Behörden sind darum bemüht, ihre überlappende Zuständigkeit konstruktiv fortzuentwickeln. Dies zeigt sich bei gemeinsam erlassenen Verwaltungsvorschriften genauso, wie bei der Koordination von Einzelfällen und der freiwilligen gegenseitigen Akteneinsicht[1156].

5. Verfahren

Für die Fusionskontrolle spielen zivil- und strafrechtliche Folgen eine zu vernachlässigende Rolle. Wie bereits angesprochen können Zusammenschlüsse nach Sec. 7 A Clayton Act nicht sofort vollzogen werden, sondern müssen zunächst bei DOJ und FTC angemeldet werden. Gemäß Sec. 7 A (a) (2) Clayton Act bedürfen Zusammenschlüsse nur dann einer Anmeldung, wenn die jährlichen Nettoumsätze der einen Partei mindestens 100 Mio. Dollar und die der anderen 10 Mio. Dollar betra-

---

1151 *Sullivan/Grimes*, S. 891; zu Aufgaben und historischer Entwicklung der FTC vgl. *Henderson*, The FTC: A Study in Administrative Law and Procedure, 1924.
1152 Standard Oil Co. (N.J.) v. United States, 221 U.S. 1, 31 S.Ct. 502 (1911).
1153 United States v. American Tobacco Co., 221 U.S. 106, 31 S.Ct. 632 (1911).
1154 *Grimes*, GRURInt 1973, S. 643.
1155 *Heineke*, S. 142; *Hay*, US-amerikanisches Recht, Rdnr. 636; *Spieler*, S. 100; Vgl. zu den Übereinkommen DOJ/FTC: 68 ATTR (BNA) 403 (1995); 4 Trade Reg. Rep. (CCH) 9, 565.05; 65 ATTR (BNA) 746 (1993).
1156 So insbesondere im Fall Microsoft; vgl. *Sullivan/Grimes*, S. 889.

gen. Zusammenschlüsse, die diese Schwellen nicht erreichen, sind per se freigestellt. Gemäß Sec. 7A (b) (1) (B) Clayton Act muss eine Wartezeit von 30 Tagen[1157] eingehalten werden, wenn nicht FTC und der Assistent Attorney General des DOJ gemäß Sec. 7A (b) (2) Clayton Act das Vollzugsverbot vorher außer Kraft setzen. Die Parteien haben im Zuge der Wartezeit eine erhebliche Mitwirkungspflicht und müssen die notwendigen Informationen für die Beurteilung des Zusammenschlusses beibringen. Wird der Zusammenschluss nach Ablauf der Wartezeit nicht beanstandet, gilt der Zusammenschluss als genehmigt. Bestehen wettbewerbliche Bedenken gegen eine Freigabe, werden die Probleme des jeweiligen Zusammenschlusses bekannt gegeben und in einem Aushandlungsprozess gemeinsam mit den Parteien besprochen. In dessen Verlauf werden Abhilfemaßnahmen (remedies) erörtert und eine Einigung bzw. ein Vergleich (settlement oder consent decree[1158]) angestrebt.

Sind die Parteien mit solchen Zusagen einverstanden, so erfolgt die Freigabe mit Nebenbestimmungen (conditions). Settlements finden nicht außerhalb der richterlichen und öffentlichen Kontrolle statt. Nach dem sog. Watergate Skandal unter der Nixon Administration zu Beginn der siebziger Jahre wurde mit dem Tunney Act[1159] (auch sog. Antitrust Procedures and Penalties Act) ein Kontrollmechanismus implementiert. Man wollte verhindern, dass das DOJ als „rechtliches Stempelkissen" für bestimmte Interessengruppen fungiert oder durch die Regierung missbraucht wird[1160]. Wird ein Vergleich zwischen DOJ und den Zusammenschlussparteien geschlossen, so muss das DOJ gemäß 15 U.S.C. § 16 (b) ein sog. competitive impact statement abgeben. Darin sind alle Abhilfemaßnahmen zu benennen und zu begründen. Von dem Zusammenschluss betroffenen Personen ist Gelegenheit zur Stellungnahme zu geben. Anschließend ist die Entscheidung im federal register zu veröffentlichen. Das jeweils zuständige Gericht muss dann gemäß 15 U.S.C. § 16 (e) beurteilen, ob der Vergleich im öffentlichen Interesse (public interest) steht. Der Begriff des öffentlichen Interesses wird im Tunney Act nicht definiert. Allerdings weist die Konkretisierung in Absatz (e) darauf hin, dass die wettbewerblichen Auswirkungen, wie sie im competitive impact statement angeführt wurden, gerichtlich überprüft werden können. Auch die Beilegung wettbewerbsschädlicher Effekte durch die Abhilfemaßnahmen können danach einer richterlichen Überprüfung unterzogen werden. Das Gericht kann einen consent decree später auch abändern, wenn sich die Umstände, die solche Zusagen als erforderlich begründet hatten, verändert haben

---

[1157] Die First kann durch eine cash tender offer auf 15 Tage verkürzt werden oder aus anderen Gründen erweitert werden; vgl. 15 U.S.C. 18a (b) (1) (B), (e) (2), (g) (2).
[1158] In der Missbrauchsaufsicht wird eher von Vergleich (consent decree) in der Fusionspraxis von Übereinkommen (settlement) verwendet wird.
[1159] Pub L No 93-528, 88 Stat 1706 (1974), cod. at 15 USC § 16 (b)-(h) (1994).
[1160] *Byowitz/Sherman*, S. 3, ABA Section of Antitrust Law, Spring Meeting, April 05, 2006 m. Hinw. auf die Gesetzesbegründung; vgl. HR Rep. No. 93-1463, 8 f., 12 (1974); allerdings hatte der Supreme Court in Sam Fox Publishing Co. v. United States, 366 U.S. 683, 689 (1961) darauf hingewiesen, dass ein Vergleich eine gerichtliche Verfügung voraussetze.

oder ex-post unbillig sind[1161]. Wie weit der Beurteilungsspielraum (discretionary power) des Assistent Attorney General ist und wie weit damit die richterliche Kontrolle nach dem public interest standard reicht, wird heute seit U.S. v. Microsoft[1162] verstärkt diskutiert. Eine einheitliche Meinung hat sich hierzu weder in der Literatur noch in der Rechtsprechung herauskristallisiert[1163]. Allerdings hatte der D.C. Circuit darauf hingewiesen, dass die Gerichte nicht die Aufgabe hätten, die Rolle des Assistent Attorney General zu übernehmen. Insbesondere sei ein Gericht allein auf das konkrete Verfahren und die Auswirkungen beschränkt und dürfe insofern keine hierüber hinausgehenden wettbewerblichen Probleme beurteilen.[1164] Es ist daher nahe liegend, dass gerade bei Zusammenschlüssen, die kein konkretes Verhalten betreffen, sondern erst eine indirekte Verhaltensausübung ermöglichen, die Kontrolle der Gerichte über den public interest test stark eingeschränkt ist.

Anders als das DOJ ist die FTC als independent agency von den Anforderungen des Tunney Act befreit. Dennoch kann auch sie nicht ohne jegliche Kontrolle handeln. Verfahrensbeendende Entscheidungen infolge von remedies und conditions sind als Einzelfallentscheidungen (sog. adjudication) ebenfalls anzukündigen. Sie müssen Verfahrensrechte einhalten und über den faktischen und rechtlichen Hintergrund aufklären.[1165] Diese Erfordernisse ergeben sich auch vor dem verfassungsrechtlichen Hintergrund, denn independent agencies müssen als Institutionen mit integrierten Elementen der Rechtsanwendung, der Rechtssetzung und der quasigerichtlichen Streitschlichtung[1166] besondere Verfahrensschritte einhalten, damit die nicht strikt durchgeführte Gewaltenteilung[1167] zulässig ist. Die FTC hat das Verfahren, das den consent decrees zugrunde liegt, im CFR konkretisiert[1168], das zusammen mit dem FTC Act Parallelen zum Tunney Act aufweist[1169]. Allerdings bedarf eine Freigabe im Wege eines consent decree keiner Zustimmung durch das Gericht, weshalb auch der public interest Nachweis nicht geführt werden muss[1170].

Stimmen die Parteien einem consent decree nicht zu, können DOJ und/oder FTC eine Untersagung nicht selbständig verfügen. Vielmehr bedarf eine solche (injunctive relief) gemäß Sec. 15 Clayton Act bzw. Sec. 13 (b) FTC Act einer richterlichen Entscheidung des jeweiligen Federal District Court. Dies folgt auch aus den

---

1161 Diese Möglichkeit ergibt sich nicht aus dem Tunney Act selbst, sondern aus den Federal Rules of Civil Procedure (FRCP), vgl. § 60 (b) (5) FRCP.
1162 United States v. Microsoft Corp., 56 f.3d 1448 (DC Cir 1995).
1163 Vgl. die Besprechung bei *Shelanski/Sidak*, 68 Chi. Law Rev. 95, 137 (2001); *Blizzard*, 13 Berkeley Tech. Law J. 355 ff. (1998); hierzu auch *Sullivan/Grimes*, S. 900 f.
1164 United States v. Microsoft Corp., 56 f.3d 1448, 1459 ff. (DC Cir 1995).
1165 Mullane v. Central Hannover Bank & Trust Co., 339 U.S. 306 (1950); *Hay*, US-amerikanisches Recht, Rdnr. 91.
1166 *Ladeur*, K&R 1998, S. 479.
1167 Grundlegend zu den *checks and balances* nur Youngstown Sheet & Tube Co. v. Sawyer, 343 U.S. 579 (1952).
1168 16 C.F.R. § 2.34.
1169 Vgl. *Byowitz/Sherman*, S. 4.
1170 *Sullivan/Grimes*, S. 901

Grundsätzen des einstweiligen Verfügungsrechts des Zivilprozesses, die in § 65 (a), (b) FCRP niedergelegt sind.[1171] Eine Untersagungsverfügung kann den Charakter einer einstweiligen Verfügung haben (preliminary injunction) oder abschließend sein (permanent injunction). Consent decrees können auch noch im Laufe des Prozesses geschlossen werden.[1172]

6. Merger Guidelines

Besondere Bedeutung kommt heute den sog. Merger Guidelines zu. Sie wurden erstmals im Jahre 1968 von dem DOJ erlassen[1173] und entwickelten sich in mehreren Richtliniennovellen fort. 1992 wurde erstmals die FTC mit in die Guidelines einbezogen[1174]. Sie sind in der letzten Fassung[1175] von 1997 gültig. Zu beachten ist aber, dass die 1992 Guidelines nur horizontale Zusammenschlüsse betreffen. Für vertikale und konglomerate Zusammenschlüsse galten die 1984 Non-Horizontal Merger Guidelines[1176]. Allerdings sind diese durch die horizontalen Richtlinien von 1992 außer für die in § 4 enthaltenen horizontalen Effekte nicht horizontaler Zusammenschlüsse abgelöst und von den 1997 Merger Guidelines novelliert worden. Ausweislich ihrer Funktion als „Statement of Current Department Policy"[1177] haben die Merger Guidelines keine Gesetzeskraft und binden weder Kartellbehörden selbst noch die Gerichte. Vielmehr legen die Guidelines das methodische Vorgehen bei der kartellrechtlichen Analyse von Zusammenschlüssen durch die Behörden dar und sollten zu Rechtssicherheit und Transparenz der behördlichen Einschätzung beitragen. Der Supreme Court hat aus zwei Gründen nie Anlass gehabt, sich mit den Merger Guidelines intensiver auseinanderzusetzen. Zum einen hatte es bei Erlass der Guidelines im Jahre 1968 keine so dramatische Fusionswelle wie zu Beginn der 50er und 60er Jahre gegeben. Zum anderen wurde dem DOJ 1975 gemäß 15 U.S.C. § 29 das Recht genommen, nach einer Entscheidung des District Court, den Court of Appeals zu überspringen und Rechtsmittel beim Supreme Court einzulegen. Diese Sprungrevision wurde durch die Veränderung des Kartellprozessrechts mittels eines vorgeschalteten Zulassungsrechts (sog. writ of certiorari) verhindert, weshalb das Gericht ein unüberprüfbares Ermessen besitzt, solche Rechtsmittel anzunehmen.[1178] Der Supreme Court hat seit 1975 keine materielle Entscheidung im Recht der Zusammenschlusskontrolle mehr gefällt.

Das Fusionskontrollrecht der heutigen Zeit wird damit von District und Appeals Court-Entscheidungen geprägt. Man kann darüber spekulieren, ob es der Rückzug

---

1171 *Brinks/Fritze*, Int. Rev. Ind. Prop. Cop. Law 1, 2 f. (1988).
1172 *Sullivan/Grimes*, S. 887.
1173 DOJ, Merger Guidelines (1968), 4 Trade Reg. Rep. (CCH) 13, 101.
1174 DOJ & FTC, Horizontal Merger Guidelines (1992), 4 Trade Reg. Rep. (CCH) 13, 104.
1175 DOJ & FTC, Horizontal Merger Guidelines (1997), revised, 4 Trade Reg. Rep. (CCH) 13, 104.
1176 DOJ, Merger Guidelines (1984), 4 Trade Reg. Rep. (CCH) 13, 103.
1177 Vgl. 1968 Merger Guidelines, § 1.
1178 *Posner*, Antitrust Law, S. 130 f.

des Federal Supreme Court aus der Kartellrechtspraxis ist, der die Bedeutung der Merger Guidelines in ein anderes Licht gerückt hat. Jedenfalls ist bemerkenswert, dass trotz der fehlenden Bindungswirkung die Entscheidungspraxis der Gerichte[1179] heute von den Merger Guidelines maßgeblich beeinflusst wird. So haben die Gerichte beispielsweise den Herfindahl-Hirschman Index (HHI) zur Ermittlung der Marktkonzentration[1180], aber auch die Dogmatik der Analyse übernommen. Dabei dienten die Guidelines überwiegend als Stütze zur Freigabe eines Zusammenschlusses[1181]. Sie haben aber andererseits auch zu einer faktischen Bindungswirkung des DOJ in den Fällen geführt, in denen die Behörde von ihren eigenen Guidelines abgewichen[1182] ist, um einen Unternehmenszusammenschluss untersagen zu lassen.

III. Materiell-rechtlicher Gehalt der US-amerikanischen Fusionskontrolle

Ausgehend von Sec. 7 Clayton Act sind Zusammenschlüsse rechtswidrig, wenn sie den Wettbewerb wesentlich verringern (substantially lessen competition) oder zur Errichtung eines Monopols führen (tend to create a monopoly).

1. Zusammenschlussbegriff

Sec. 7 Clayton Act erfasste zu Beginn seiner Entstehung nur den Anteilserwerb eines Unternehmens an einem Konkurrenten[1183]. Damit wurden durch den Clayton Act zunächst weder vertikale und konglomerate, noch Asset-Deals, also die Übernahme von Vermögenswerten, mit in den Tatbestand einbezogen, was eine Umgehung der Zusammenschlusskontrolle vereinfachte. Diese Gesetzeslücke zeigte sich in United States v. Columbia Steel[1184] ganz deutlich. Bei diesem Zusammenschluss begehrte eine Tochter von United Steel die Übernahme der Produktionsgüter von Consolidated Steel. Obwohl der Zusammenschluss zu einem vertical foreclosure effect führte und der Markt bereits hoch konzentriert war, verneinte der Supreme Court die Eröffnung von Sec. 7 Clayton Act. Der Entscheidung folgte die schnelle Reaktion des Gesetzgebers. Mit dem Celler-Kefauver Act[1185] wurde Sec. 7 Clayton Act entscheidend verändert. Zum einen wurde dem reinen Share-Deal der Asset-Deal zur Seite gestellt („whether by acquisition of stock or assets") und zum anderen wurde die Verringerung des Wettbewerbs an sich mit in die Bestimmung aufge-

---

1179 Vgl. nur FTC v. H.J. Heinz Co., 246 f.3d 708 (D.C. Cir. 2001); FTC v. Staples, Inc., 970 f.Supp. 1066 (D.D.C. 1997); FTC v. Cardinal Health, Inc., 12 f.2d 34 (D.D.C. 1998); FTC v. Swedish Match, 131 f.2d 151 (D.D.C. 2000).
1180 FTC v. University Health, Inc. 938 f.2d 1206, 1211 n.12 (11th Cir. 1991); FTC v. Staples, Inc., 970 f.Supp. 1066, 1081 f. (D.D.C. 1997); FTC v. Cardinal Health, Inc., 12 f.2d 34, 53 f., (D.D.C. 1998).
1181 *Sullivan/Grimes*, S. 537.
1182 So im Fall United States v. Waste Management, Inc., 743 f.2d 976, 983 (2d Cir. 1984).
1183 Act of October 15, 1914, Ch. 323, 38 Stat. 730 (cod. at 15 U.S.C. 12-27).
1184 United States v. Columbia Steel, 334 U.S. 495, 68 S.Ct. 1107, 92 L.ed. 1533 (1948).
1185 Celler-Kefauver Act of Dec. 29, 1950, Ch. 1184, 64 Stat. 1125 (cod. at 15 U.S.C. 18, 21).

nommen, so dass nicht mehr nur die Wettbewerbsbeziehung zwischen den Zusammenschlussparteien ausschlaggebend war[1186]. Heute ist allgemein anerkannt[1187], dass dem Zusammenschlussbegriff ein weiter Anwendungsbereich zukommt. Dieser wird daher auch nicht im Sinne des gesellschaftsrechtlichen Erwerbsvorgangs verstanden.[1188] Vielmehr umfasst er nach der Rechtsprechung der Gerichte[1189] auch den wirtschaftlichen Kontrollerwerb, so dass ihm ein funktionales Verständnis inne wohnt.

2. Market Definition

Um die künftige Entwicklung des durch einen Zusammenschluss etwaig veränderten Wettbewerbs prognostizieren zu können, ist der Wettbewerb vor dem Zusammenschluss zu analysieren und mit der Situation danach zu vergleichen. Üblicherweise bedient man sich hierzu der gedanklichen „Konstruktion des relevanten Marktes, die wie der Name schon sagt, den relevanten Bereich festzustellen versucht, innerhalb dessen die wettbewerbliche Betätigung des zusammengeschlossenen Unternehmens erfolgt.[1190] Dieser Systematik bediente sich schon der Supreme Court in United States v. E.I. du Pont de Nemours & Co.[1191] und später in Brown Shoe Co. v. United States[1192]. Das Gericht führt in beiden Fällen aus[1193]: »determination of the relevant market is a necessary predicate to a finding of a violation of the Clayton Act because the threatened monopoly must be one which will substantially lessen competition >within the area of effective competition<. Substantiality can be determined only in terms of the market affected« und fügt in Brown Shoe Co. hinzu[1194]: »the area of effective competition must be determined by reference to a product market (the "line of commerce") and a geographic market (the "section of the country")«.

Der Supreme Court hat mit den zugrunde liegenden Fällen die Weichen gestellt und die Dogmatik festgelegt, mit der Zusammenschlüsse auch in der Folgezeit von den Gerichten[1195] beurteilt wurden. Entscheidend war, dass das Gericht davon ausging, dass bei einer Außerachtlassung der Marktdefinition die Beurteilung unmög-

---

1186   So etwa Supreme Court in Brown Shoe Co. v. United States, 370 U.S. 294, 317 (1962).
1187   *Clark*, Corporate Law, S. 401-498; *Henn/Alexander*, The Law of Corporations, S. 979-988.
1188   *Sullivan/Grimes*, S. 512; *Hovenkamp*, Federal Antitrust Policy, S. 491.
1189   Vgl. McTamney v. Stolt Tankers & Terminals, 678 f.Supp. 118 (E.D.Pa.1987); Eastman Kodak Co. v. Goodyear Tire/Rubber Co., 114 f.3d 1547, 1997-1 Trade Cas. 71824 (Fed.Cir.1997); Cf. Lucas Aut. Eng. v. Bridgest./Firest., 140 f.3d 1228 (9th Cir.1998).
1190   *Sullivan/Grimes*, S. 575, 578.
1191   United States v. E.I. du Pont de Nemours & Co., 353 U.S. 586 (1957).
1192   Brown Shoe Co. v. United States, 370 U.S. 294 (1962).
1193   United States v. E.I. du Pont de Nemours & Co., 353 U.S. 586, 593 (1957); Brown Shoe Co. v. United States, 370 U.S. 294, 324 (1962).
1194   Brown Shoe Co. v. United States, 370 U.S. 294, 324 (1962).
1195   Bernard Food Industries, Inc., v. Dietrene Co., 415 f.2d 1279, 1284, (7th Cir. 1969); Becker v. Safelite Glass Corp., 244 f.Supp. 625, 637 (1965); United States v. Chas. Pfizer & Co., 245 f.Supp. 737, 739 (1965); Walker Process Equip., Inc. v. Food Machinery & Chem. Corp., 382 U.S. 172, 177 (1965).

lich ist, ob ein Unternehmen die Fähigkeit besitzt, als Monopolist zu agieren[1196]. Der relevante Markt hatte demnach eine sachliche Komponente, die Produkte oder Leistungen im weiten Sinne (product market) abstecken und eine räumliche, die die geographische Reichweite des sachlichen Marktes (geographic market) begrenzen sollte.

a) Product Market

Der product market als sachlich relevanter Markt wurde aus Sicht des Supreme Court[1197] so umschrieben: »the outer boundaries of a product market are determined by the reasonable interchangeability of use or the cross-elasticity of demand between the product itself and substitutes for it.« Danach gehören zu einem sachlich relevanten Markt solche Produkte oder Leistungen, die aus Sicht der Nachfrager untereinander vernünftigerweise, d.h. unter Berücksichtigung von Preis, Verwendungszweck und Qualität, austauschbar sind und damit bei einer Anhebung des Preises für das von dem Unternehmen angebotene Produkt oder der Leistung keine Abwanderung der Nachfrage zu einem anderen austauschbaren Produkt erfolgt. Ökonomisch gesprochen wird mit dieser Definition die Nachfrageelastizität der am Markt existierenden Produkte ermittelt. Eine niedrige Elastizität spiegelt die Marktmacht des Unternehmens wider[1198], da trotz einer Anhebung des Preises die Nachfrage nicht signifikant fällt, wie es die Preis-Absatz-Funktion bei vollständigem Wettbewerb nahe legt. Umgekehrt ist eine hohe Kreuzpreiselastizität dann Kennzeichen für Wettbewerb, da sich die Nachfrage im Sinne der Preis-Absatz-Funktion adäquat verhält.[1199]

b) Geographic Market

Der geographisch relevante Markt wird ähnlich der Produktmarktabgrenzung definiert, wobei zu fragen ist, ob für den Nachfrager die Fähigkeit und Bereitschaft besteht, die im Rahmen eines etwaigen Preisanstiegs angebotenen Produkte oder Leistungen auch in anderen räumlichen Gebieten nachzufragen[1200]. Der Supreme Court definierte den räumlich relevanten Markt teils landesweit[1201], stellte aber klar,

---

1196 Walker Process Equip., Inc. v. Food Machinery & Chem. Corp., 382 U.S. 172, 177 (1965); die FTC hat in jüngerer Zeit eine Marktabgrenzung nicht vorgenommen, wenn der Missbrauch offensichtlich („*inherently suspect*") war; krit. *Keyte/Stoll*, Markets? We don't need no stinking markets! The FTC and Market Definition, 49 Antitrust Bull. 593 ff. (2004).
1197 Brown Shoe Co. v. United States, 370 U.S. 294, 325 (1962).
1198 So auch United States v. E.I. du Pont de Nemours & Co., 351 U.S. 377, 394 (1956): »*When a product is controlled by one interest, without substitutes available in the market, there is monopoly power*«.
1199 Vgl. oben Teil 1: A.III.2.a), S. 63 f.
1200 *Sullivan/Grimes*, S. 583.
1201 Brown Shoe Co. v. United States, 370 U.S. 294, 336 ff. (1962).

dass dieser auch auf einzelne Regionen begrenzt sein könne[1202]. Entscheidend war nach Standard Oil[1203], dass die Nachfrager auch in praktischer Hinsicht ihre Bedarfsbefriedigung innerhalb des in Rede stehenden Gebietes decken können. In Marine Bancorporation, Inc.[1204] führte der Supreme Court aber aus, dass das Tatbestandsmerkmal in Sec. 7 Clayton Act „section of the country" nur bedeute, dass der relevante Markt solche Güter und Leistungen einbeziehen müsse, die von dem akquirierten Unternehmen zu einem signifikanten Grad in dem betreffenden Gebiet abgesetzt werden. In der Entscheidung Eastman Kodak Co.[1205] wurde deutlich, dass der geographisch relevante Markt nicht nur das Staatsgebiet erfassen müsse, sondern auch ein weltweiter Markt für bestimmte Produkte bestehen kann. Dieser umfasste in diesem Fall die USA, Westeuropa und Japan.

c) Erweiterte Anwendung der Marktabgrenzung

Die Marktabgrenzung des Supreme Court ist auch die Ausgangssituation, mit der sich die Behörden und Gerichte bei der kartellrechtlichen Prüfung auseinandersetzen. Diese Entscheidungen markieren daher auch nur die Grundsätze, nach denen zu beurteilen ist, wie die Grenzen der wettbewerblichen Tätigkeit von Unternehmen abgesteckt werden müssen. Die Marktabgrenzung hat sich mit der ökonomischen Analyse[1206] weiterentwickelt und orientiert sich stark an der ökonomischen Realität. Einige wichtige Abwandlungen sind heute in der Kartellrechtspraxis allgemein anerkannt und sollen hier skizziert werden.

aa) Potentieller Wettbewerb

Potentieller Wettbewerb hat in der Supreme Court Rechtsprechung im Rahmen der Marktabgrenzung nie eine Rolle gespielt[1207]. Das Gericht wies stattdessen explizit darauf hin, dass in einem potentiellen Wettbewerbsfall nach Sec. 7 Clayton Act, der relevante räumliche Markt der des aktuell stattfinden Wettbewerbs zwischen dem zu akquirierenden und dem übernehmenden Unternehmen ist[1208]. Damit wurde die nachfrageseitige Austauschbarkeit der Produkte aus E.I. du Pont de Nemours & Co.[1209] aufrecht erhalten. Vielmehr waren es die Court of Appeals[1210], die die Mög-

---

1202 Standard Oil Co. v. United States, 337 U.S. 293, 299 (1949); Tampa Electric Co. v. Nashville Co., 365 U.S. 320, 327 (1961); United States v. Marine Bancorporation, Inc., 418 U.S. 602, 621 (1974) mHa United States v. Pabst Brewing Co., 384 U.S. 546 (1966).
1203 Standard Oil Co. v. United States, 337 U.S. 293, 299 (1949); vgl. auch Tampa Electric Co. v. Nashville Co., 365 U.S. 320, 327 (1961).
1204 United States v. Marine Bancorporation, Inc., 418 U.S. 602, 620 f. (1974).
1205 United States v. Eastman Kodak Co., 63 f.3d 95, 105 ff. (2d Cir. 1995).
1206 Vgl. Teil 2: A.III.2.d), S 245.
1207 Vgl. auch United States v. Aluminum Co. of America, 377 U.S. 271, 275 ff. (1964).
1208 United States v. Marine Bancorporation, Inc., 418 U.S. 602, 621 (1974).
1209 United States v. E.I. du Pont de Nemours & Co., 353 U.S. 586 (1957).

lichkeit eines Eintritts potentieller Unternehmen in den Markt eines vermeintlich beherrschenden Anbieters gesehen und bereits im Rahmen der Marktabgrenzung gewürdigt haben. Im Gegensatz zum Supreme Court hielten sie das Drohpotential potentiellen Markteintritts nicht erst im Rahmen der Marktbeherrschungsfrage für erwähnenswert. Vielmehr bewerteten sie die Frage, welche Unternehmen im Wettbewerb zueinander stehen, bereits unter Einbeziehung der noch gar nicht im Markt befindlichen Unternehmen. Infolge dieser frühzeitigen Berücksichtigung fielen auch die Marktanteile der in Rede stehenden Unternehmen niedriger aus, als ohne eine solche Betrachtung. Die Rechtsprechung hat zwei Fallgruppen für den Marktzutritt potentieller Wettbewerber gebildet, wonach einem potentiellen Wettbewerber der Markteintritt gelingen kann. Zum einen ist zu berücksichtigen, dass ein Marktzutritt durch die Umstellung des Produkts von bislang nicht aktuell in Wettbewerb zueinander stehenden Wettbewerbern erfolgen kann (Angebotsumstellungsflexibilität). Zum anderen kann auch ein außerhalb des geographischen Gebiets angesiedeltes Unternehmen durch eine Gebietsausweitung in Konkurrenz zu den in Frage stehenden Unternehmen treten (Gebietsausweitungsflexibilität).

aaa) Supply Side Substitution (Angebotssubstitution)

Die Angebotsumstellungsflexibilität wurde von den Gerichten in zahlreichen Fällen[1211] im Rahmen der Marktabgrenzung gewürdigt. So stellte sich in dem Fall Telex Corp. v. IBM[1212] die Frage, ob IBM den Markt für „Peripheriegeräte" monopolisiert hatte. Bei der Marktabgrenzung beurteilte der District Court[1213] den relevanten Markt als den für IBM kompatible Peripheriegeräte. Dies ergab die Analyse der Kreuzpreiselastizität. Denn die Nachfrager von Peripheriegeräten, die bereits einen IBM kompatiblen PC besaßen, wären nach Auffassung des Gerichtes nicht in der Lage, Peripheriegeräte eines Fremdherstellers einzusetzen, solange diese inkompatibel wären. Infolge der engen Marktabgrenzung hatte IBM einen hohen Marktanteil. Diese Auffassung hielt vor dem Appeals Court[1214] nicht Stand. In Aufhebung des erstinstanzlichen Urteils hob das Berufungsgericht hervor, dass erstens ein Hersteller inkompatibler Peripherie durch eine einfache Modifikation der Schnittstelle kostengünstig auch IBM kompatible Peripherie anbieten könne. Zweitens konnte auch ein sog. Converter eingesetzt werden, um grundsätzlich inkompatible Geräte mit IBM-

---

1210 Telex Corp. v. IBM, 510 f.2d 894 (10th Cir.), 367 f.Supp. 280 ff.; cert. dismissed 423 U.S. 802 (1975); Calnetics Corp. v. Volkswagen of America, 348 f.Supp. 606 (C.D. Cal 1972), rev., 532 f.2d 674 (9th Cir. 1976), cert. den., 429 U.S. 940 (1976); FTC v. Owens-Illinois, 681 f.Supp. 28 (D.D.C.), vacated as moot, 850 f.2d 694 (D.C. Cir. 1988); FTC v. Illinois Cereal Mills, 691 f.Supp. 1131 (N.D.Ill. 1988), aff. sub nom. FTC v. Elders Grain, 868 f.2d 901 (7th Cir. 1989).
1211 Ebenda.
1212 Telex Corp. v. IBM, 510 f.2d 894 (10th Cir.), 367 f.Supp. 280 ff.; cert. dismissed 423 U.S. 802 (1975).
1213 Telex Corp. v. IBM, 367 f.Supp. 280 ff. (1974).
1214 Telex Corp. v. IBM, 510 f.2d 894, 919 (10th Cir.).

PCs lauffähig zumachen. Damit mussten nach Auffassung des Berufungsgerichts alle Computerperipheriegeräte mit in den relevanten Markt einbezogen werden.

bbb) Gebietsausweitungsflexibilität

Eine weitere Möglichkeit des Markteintritts derzeit nicht am Markt etablierter Anbieter wurde ferner darin gesehen, dass ein räumlich entfernter Anbieter seine Produkte auch in die in Rede stehende Region verlagert[1215]. In United States v. Country Lake Foods[1216] ging es um einen Zusammenschluss von Country Lake Foods mit dem Konkurrenten Superior-Dairy Fresh Milk. Das DOJ definierte den relevanten Markt als den für flüssige Milchlieferanten in den Großstädten von Minneapolis St. Paul, der so insgesamt acht Molkereibetriebe zählte. Zusammen hätten die beiden Unternehmen in diesem Gebiet einen Marktanteil von über 35% gehabt. Die Parteien entgegneten, dass das räumlich relevante Gebiet um Minneapolis St. Paul 350 Meilen besitzen würde, da die moderne Milchbearbeitung zu einer gestiegenen Haltbarkeit der Milch geführt und auch der Transport verbessert worden sei, so dass sich der Markt erweitert hätte. Das Gericht stimmte dem zu, nachdem es einige der in der Region angesiedelten Unternehmen danach befragt hatte, ob ein Markteintritt bei Preisanhebung für sie wahrscheinlich wäre. Das Gericht gelangte zu der Überzeugung, dass die übrigen Molkereibetriebe aufgrund der profitablen Möglichkeit, alle Nachfrager in der geographischen Region zu erreichen, mit einer Gebietsausweitung bereits jetzt potentiellen Wettbewerbsdruck („safeguard against market power") auf die Zusammenschlussparteien ausüben würden. Der Zusammenschluss wurde daher nicht untersagt.

bb) Submarkets

Mit der Anerkennung sog. Submarkets[1217] lieferte der Supreme Court selbst eine (etwas irreführende) Abwandlung der traditionellen Marktabgrenzung. Solche Teilmärkte wurden erstmals in Brown Shoe[1218] diagnostiziert, wobei das Gericht betonte, dass innerhalb der relativ weiten Marktabgrenzung der „reasonable interchangeability" und der „cross-elasticity" noch weitere, gut zu unterscheidende („well-defined") Teilmärkte existieren können, die für sich selbst Produktmärkte darstellen können. Die Grenzen eines solchen Teilmarktes können dadurch festgestellt werden, in dem praktische Indizien gesammelt werden, wie eigentümliche Charakteristika und Verwendungswecke des Produktes, unterschiedliche Nachfrager, unterschiedli-

---

1215 Elliott v. United Center, 126 f.3d 1003 (7th Cir. 1997), cert. den., 118 S.Ct. 1302 (1998); United States v. Country Foods, 754 f.Supp. 669, 676 f. (D. Minn. 1990).
1216 United States v. Country Foods, 754 f.Supp. 669 (D. Minn. 1990).
1217 Brown Shoe Co. v. United States, 370 U.S. 294, 325 (1962); United States v. Aluminum Co. of America, 377 U.S. 271, 274 ff. (1964); United States v. Continental Can Co., 378 U.S. 441, 457 f. (1964); United States v. Grinnell Corp., 384 U.S. 563, 572 (1966).
1218 Brown Shoe Co. v. United States, 370 U.S. 294, 325 (1962).

che Preise, Empfindlichkeit gegenüber Preisänderungen oder spezialisierte Zwischenhändler und Lieferanten.[1219]

Die Feststellung von Teilmärkten wird in der Literatur[1220] als willkürlich empfunden, da nicht genau klar ist, welche Aussage der Supreme Court mit der Existenz von Teilmärkten verbunden wissen möchte. Die willkürliche Handhabbarkeit von Submarkets wurde in drei Fällen besonders deutlich. In United States v. Aluminum Co. of America[1221] ging es um den Zusammenschluss von zwei Unternehmen, die beide in der Aluminiumleiterfertigung tätig waren. Das Gericht stellte zwei relevante Produktmärkte fest, in denen der zusammengerechnete Marktanteil der Parteien gering war. Allerdings wurden mehrere relevante Teilmärkte gebildet, in denen die vereinigten Marktanteile höher waren als in den Ursprungsmärkten. Infolge dessen wurde der Zusammenschluss untersagt.

Auf ähnliche Art und Weise urteilte das Gericht in United States v. Grinnell Corp.[1222], wenn auch in einem Missbrauchsverfahren nach Sec. 2 Sherman Act[1223] und nicht explizit mit Hinweis auf einen Submarket. Grinnell wurde vorgeworfen, den Markt für eine bestimmte Art von zentralstationären Alarmanlagen zu monopolisieren. Damit wurde der Markt nicht nur eng abgegrenzt, sondern einzig auf das Produkt von Grinnell beschränkt. Der Grund hierfür war, dass Grinnell eine bis dahin einzigartige Technologie entwickelt hatte und diese für die Zentralversorgung von Alarmanlagen nutzte, um von dieser Zentrale weitere Notdienste, wie Feuerwehr und Polizei, zu benachrichtigen. Aus Sicht der Beklagten bildeten aber alle Alarmanlagen den relevanten Markt und nicht die technische Neuerung von Grinnell allein. Das Gericht wies dies unter Hinweis darauf zurück, dass es für eine bestimmte Gruppe von Nachfragern nur das von der Beklagten am Markt angebotene Produkt gäbe. Denn entscheidend sei der hohe Grad an Produktdifferenzierung, der für eine Gruppe von Nachfragern eine Austauschbarkeit mit anderen Produkten unmöglich mache. Zum Schutz der geschäftlichen Grundlage könne für einige Nachfrager nur dieses Produkt in Frage kommen, weil sie nur mithilfe dieser technischen Neuerung Versicherungskosten sparen konnten.

Im Gegensatz hierzu wurde in United States v. Continental Can Co.[1224] die Anwendung der Submarket-Rechtsprechung nicht dazu genutzt, um einen Zusammenschluss zu untersagen oder eine Monopolisierung nachzuweisen. Vielmehr hatten zwei Unternehmen in der Summe bereits hohe Marktanteile bei allen Verpackungs-

1219 Ebenda.
1220 Vgl. *Posner*, Antitrust Law, S. 152 f.
1221 United States v. Aluminum Co. of America, 377 U.S. 271 (1964); United States v. Continental Can Co., 378 U.S. 441 (1964).
1222 United States v. Grinnell Corp., 384 U.S. 563 (1966)
1223 Der Federal Supreme Court geht aber davon aus, dass sich die Marktabgrenzung nach Sherman und Clayton Act nicht unterscheiden. Deshalb kann auch im Folgenden auf Missbrauchsfälle zurückgegriffen werden; vgl. hierzu United States v. Grinnell Corp., 384 U.S. 563, 579 (1966); dem wird in der Literatur zugestimmt, vgl. *Posner*, Antitrust Law, S. 151; *Fisher*, 1 J. Econ. Perspect. 23, 28 f. (1987).
1224 United States v. Continental Can Co., 378 U.S. 441 (1964).

materialien für Flüssigkeiten. Das Gericht bildete jedoch mehrere Teilmärkte bestehend aus Glasflaschen und Dosen, ließ dagegen aber andere Teilmärkte, auf denen die Unternehmen hohe Marktanteile hatten, für die Beurteilung der Marktkonzentration mit dem Argument der Austauschbarkeit und Kreuzpreiselastizität weg. Damit war der Zusammenschluss nicht zu untersagen.

Die Bildung von Teilmärkten ist nach diesen Entscheidungen des Supreme Court heftiger Kritik[1225] ausgesetzt gewesen und wird auch heute[1226] noch als Beispiel für die willkürliche Handhabbarkeit der Marktabgrenzung angeführt. Auch unterinstanzliche Gerichte[1227] bildeten seitdem unterschiedliche Teilmärkte, die in keiner Beziehung miteinander standen, also vernünftigerweise nicht miteinander ausgetauscht werden konnten. Teilweise[1228] wurden die Begriffe relevanter Markt und relevanter Teilmarkt auch synonym gebraucht. Auch gegenwärtig werden Teilmärkte in der Rechtsprechung gebildet. Allerdings bekennen sich auch immer mehr Gerichte dazu, dass die Bezeichnung irreführend oder unbrauchbar ist[1229].

d) Marktabgrenzung und Merger Guidelines

Die sachliche Marktabgrenzung des Supreme Court wird von DOJ und FTC mit Hinweis in den 1997 Merger Guidelines[1230] als Ausgangspunkt der Beurteilung eines Zusammenschlusses gesehen. Die „Verwaltungsrichtlinien" konkretisieren[1231] die Beurteilung der Kreuzpreiselastizität mithilfe des SSNIP-Tests, auch hypothetischer Monopolistentest genannt. Nach § 1.11 der 1997 Merger Guidelines grenzt die Behörde Produktmärkte danach ab, ob ein hypothetisch Profit maximierender Monopolist, der als einziger gegenwärtiger und künftiger Anbieter eines bestimmten Produktes am Markt auftritt, seine Preise mit gewisser Wahrscheinlichkeit „small but significant and nontransitory" (SSNIP) anheben wird. Die Behörde verwendet hierfür zunächst einen sehr eng abgegrenzten Produktmarkt und fragt, ob Nachfrager des hypothetischen Monopolisten zu einem anderen Produkt wechseln würden. Verliert der hypothetische Monopolist infolge des SSNIP-Preisanstiegs eine ausreichende Anzahl von Nachfragern an einen anderen, nächst besserem Anbieter, so würde

---

1225 Statt vieler *Jones*, 54 Amer. Econ. Rev. 407 ff. (1964); a.A.: *Martin*, 54 Amer. Econ. Rev. 413, 414 f. (1964).
1226 *Posner*, Antitrust Law, S. 152 f.; *Pitofsky*, 90 Col. Law Rev. 1805 ff. (1990); *Baer/Balto*, Col. Bus. Law Rev. 207, 214 ff. (1999); *Hay/Werden*, 83 Amer. Econ. Rev.173, 175 (1993); differenzierend *Shocker/Srinivasan*, 16 J. Mark. Res.159, 166 (1979).
1227 SuperTurf v. Monsanto Co., 660 f.2d 1275 (8th Cir. 1981); Image Technical Services, Inc. v. Eastman Kodak Co., 125 f.3d 1195 (9th Cir. 1997).
1228 Forsyth v. Humana, 99 f.3d 1504, 1513 (9th Cir. 1996); FTC v. Staples, 970 f.Supp. 1066 (D.D.C. 1997); FTC v. Cardinal Helath, 12 f.Supp.2d 34 (D.D.C. 1998).
1229 Allen-Myland, Inc. v. IBM Corp., 33 f.3d 194, 208 (3d Cir.), cert. den., 513 U.S. 1066, 115 S.Ct. 684, 130 L.ed.2d 615 (1994); Olin Corp. v. FTC, 986 f.2d 1295, 1299 (9th Cir. 1993), cert. den., 510 U.S. 1110, 114 S.Ct. 1051, 127 L.ed.2d 373 (1994).
1230 1997 Merger Guidelines, § 1.1.
1231 1997 Merger Guidelines, § 1.11.

dies die Fähigkeit des hypothetischen Monopolisten begrenzen, eine Monopolrendite abzuschöpfen. Damit wäre das so gefundene Substitut mit in den relevanten Markt einzubeziehen. Erst wenn infolge des Preisanstiegs eine geringere als die für die Einbeziehung eines weiteren Produktes in den sachlich relevanten Markt erforderliche Nachfragegröße zu einem anderen Produkt wechseln würde, stehen die Grenzen des relevanten Marktes fest. Das gleiche Konzept wird auch bei der räumlichen Marktabgrenzung verwendet. Es wird also ermittelt, welche Produkte bei einer Preisanhebung in räumlicher Hinsicht mit den Produkten der zu beurteilenden Unternehmen in Wettbewerb stehen.

Der SSNIP-Test ist nach vielfacher Kritik auch gegenüber der „blinden" Adaption der Rechtsprechung[1232] der ökonomischen Wirklichkeit näher gebracht worden. So war ein Kritikpunkt gegenüber den 1982 Guidelines der Ausgangspreis, mit dem der SSNIP-Test begonnen wurde[1233]. Dieses Problem ist aus dem Fall United States v. E.I. du Pont de Nemours & Co.[1234] bekannt und wurde als sog. Zellophantrugschluss (cellophane fallacy) berühmt[1235]. Der Supreme Court definierte in diesem Fall den sachlich relevanten Markt – wie sich später herausstellte – zu weit, und zwar als den für flexible Verpackungsmaterialien, anstatt einen eigenen Zellophanmarkt anzunehmen. Da der Marktpreis für Zellophan bereits überhöht war, wurden andere höherpreisige Materialien, wie Wachspapier, mit in den relevanten Produktmarkt einbezogen und verfälschten das Ergebnis der Marktdefinition. Auch die Merger Guidelines besaßen anfangs kein adäquates Korrektiv für bereits existierende Wettbewerbsbeschränkungen. Die neuen Guidelines beheben diesen Mangel, indem sie anmerken, dass der am Markt angebotene Preis nur dann nicht zugrunde gelegt wird, wenn sich aus den Umständen vor Zusammenschluss ablesen lässt, dass bereits ein koordiniertes Verhalten auf dem Markt vorherrscht, so dass insbesondere Oligopolsachverhalten besondere Aufmerksamkeit geschenkt wird. In einem solchen Fall legen die Behörden einen Preis zugrunde, der einen wettbewerblichen Preis widerspiegelt[1236]. Auch wird der SSNIP-Preisanstieg nach den neuen Guidelines nicht mehr wie früher mit statischen 5% ansetzen[1237], sondern diesen den jeweiligen industriellen Gegebenheiten angepasst. In der Literatur[1238] wird trotz vereinzelt an-

---

1232 *Scherer/Ross*, S. 180; *Elzinga*, 26 Antitrust Bull. 739, 744 (1981); *Note*, 94 Yale Law J. 670, 676 f. (1985).
1233 *Elzinga*, 26 Antitrust Bull. 739, 744 (1981); *Turner*, 70 Harvard Law Rev. 281, 308 ff. (1956); *Note*, 94 Yale Law J. 670, 676 f. (1985).
1234 United States v. E.I. du Pont de Nemours & Co., 353 U.S. 586 (1957).
1235 Vgl. *Posner*, Antitrust Law, S. 150 f.; *Stocking/Mueller*, 45 Amer. Econ. Rev.29 ff. (1955); *White*, 1 J. Econ. Perspect. 13, 15 (1987).
1236 1997 Merger Guidelines, § 1.11.
1237 *Scherer/Ross*, S. 180; *Ordover/Willig*, 71 Cal. Law Rev. 535, 540 ff. (1983); *Schmalensee*, 1 J. Econ. Perspect. 41, 47 (1987); a.A. *White*, 1 J. Econ. Perspect. 13, 14 ff. (1987).
1238 *Baker/Blumenthal*, 71 Cal. Law Rev. 311, 322 (1983); *Fisher*, 1 J. Econ. Perspect. 23, 28 (1987); *Sullivan*, 71 Cal. Law Rev. 632, 638 (1983); *Ordover/Willig*, 71 Cal. Law Rev. 535, 539 (1983); *Pitofsky*, 90 Col. Law Rev. 1805, 1822 und 1864 (1991).

geführter praktischer Schwierigkeiten[1239] die Implementierung des Hypothetischen Monopolistentests positiv gesehen. Insbesondere setzt dieses Konzept einer willkürlichen Marktdefinition Grenzen und zeigt realitätsnahe Märkte auf, deren Besonderheiten Rechnung getragen werden kann.

aa) Berücksichtigung von Potentiellem Wettbewerb

Der potentielle Wettbewerb wird seit den 1984 Merger Guidelines[1240] explizit berücksichtigt. Darin wurde erstmals erklärt, dass DOJ (und nunmehr auch FTC) einen Zusammenschluss nicht beanstanden, sofern sich der Markteintritt anderer Unternehmen als einfach darstellt. Dies sei dann der Fall, wenn die in Frage stehenden Wettbewerber ihre am Markt angebotenen Preise nicht eine erhebliche Zeit über das wettbewerbliche Niveau heben könnten. Auch in den 1997 Merger Guidelines wird dieser Grundsatz weiterverfolgt, allerdings in modifizierter und differenzierter Art und Weise. Unterschieden wird vor allem zwischen sog. uncommitted und committed entry. Der erste wesentliche Unterschied zwischen uncommitted und committed entry betrifft die Frage, in welchem Prozess der wettbewerblichen Beurteilung diese Unterscheidung eine Rolle spielt. Indem § 1.0 1997 Merger Guidelines erklären, dass die Marktabgrenzung einzig nach der Nachfrageelastizität erfolgt, liegt der Schluss nahe, dass Angebotsumstellung und Gebietsausweitung nicht mit in die Marktdefinition Einzug finden. Allerdings besagen die Merger Guidelines auch, dass Reaktionen der Anbieter an anderer Stelle Berücksichtigung finden, nämlich bei der Frage, ob sie als Teilnehmer in den relevanten Markt mit einzubeziehen bzw. im Rahmen der Markteintrittsanalyse zu berücksichtigen sind und verweisen auf § 1.3 und § 3.0 der Guidelines.

Damit machen die Merger Guidelines die Struktur der Einbeziehung von potentiellem Wettbewerb deutlich. Nicht bereits bei der Frage, welche Produkte als austauschbar angesehen werden, wird eine etwaige Angebotsumstellungs- bzw. Gebietsausweitungsflexibilität[1241] berücksichtigt, sondern erst in einem zweiten Schritt gemäß § 1.32 bei der Identifikation der Unternehmen, die sich auf den so abgegrenzten Märkten wieder finden. Danach werden aber nicht alle potentiellen Wettbewerber berücksichtigt, sondern nur solche, die aktuell zwar nicht am Markt teilnehmen, wohl aber als Reaktionen der Anbieterseite eine Miteinbeziehung als präzise erscheinen lassen. Solche Marktteilnehmer werden als uncommitted entrants bezeichnet. Diese Einbeziehung sieht die Richtlinie dann vor, wenn bei einer entsprechenden Anhebung des SSNIP-Preises eine Angebotsreaktion der potentiellen Wettbewerber derart erfolgt, dass ihr Markteintritt innerhalb von einem Jahr in den betreffenden Markt als wahrscheinlich gilt und ohne erhebliche versunkene Kosten des

---

1239 *Dunfee*, 78 Nw. U. Law Rev. 733, 754 (1984); *Jorde*, 71 Cal. Law Rev. 464, 481 (1983); *Sims/Blumenthal*, New Merger Guidelines Provide No Real Surprises, Legal Times v. 21.06.1982, S. 17; *Stigler/Sherwin*, 28 J. Law Econ. 555, 582 (1985).
1240 1984 Merger Guidelines, § 3.3.
1241 1997 Merger Guidelines, § 1.321.

Marktein- und Marktaustritts einhergeht. Entscheidend sind damit Marktzutrittszeitraum und die Frage der Kosten, die aufgewendet werden müssen. Um also als uncommitted entrant berücksichtigt zu werden, muss durch einen SSNIP-Preisanstieg von 5% +/- x innerhalb von einem Jahr ein Markteintritt wahrscheinlich sein und es dürfen keine versunkene Kosten mit dem Markteintritt verbunden sein. Als mögliche potentielle Wettbewerber identifiziert § 1.321 Merger Guidelines solche Unternehmen, die entweder das betreffende Produkt bereits herstellen bzw. anbieten (Production Substitution) oder solche, die ein anderes nicht austauschbares Produkt anbieten (Production Extension), sofern es ihnen nach dem zugrunde gelegten Marktzutrittszeitraum von einem Jahr und ohne erhebliche versunkene Kosten möglich ist, ihre Produkte im relevanten Markt anzubieten oder diese umzustellen. Da im ersten Fall nur solche Unternehmen in Betracht kommen, die außerhalb des räumlich relevanten Marktes tätig sind, berücksichtigt § 1.321 die Gebietsausweitungsflexibilität. Im zweiten Fall ist dagegen von Angebotsumstellungsflexibilität die Rede.

Potentielle Wettbewerber, die eine längere Zeit für den Markteintritt in Anspruch nehmen und/oder deren Marktein- und Marktaustritt mit signifikanten versunkenen Kosten einhergehen, werden nicht als Marktteilnehmer identifiziert. Diese committed entrants sind erst bei der Frage, ob das in Rede stehende Unternehmen Marktmacht ausüben kann, mit zu berücksichtigen.[1242] Damit werden auch die Marktanteile, die solche committed entrants im Laufe der Zeit den in Frage stehenden Unternehmen abgewinnen können, erst im Rahmen der wettbewerblichen Beurteilung hinterfragt, nicht aber bereits bei der Beurteilung, welche Marktanteile auf die aktuellen und die potentiellen Wettbewerber entfallen.

Die Berücksichtigung des potentiellen Wettbewerbs in den Merger Guidelines fügt sich dogmatisch sauber in den vorgegebenen Marktdefinitionsrahmen des Supreme Court ein. Sie begrenzen nämlich die von den unterinstanzlichen Gerichten begonnene Berücksichtigung des potentiellen Wettbewerbs insofern, als dass nicht bereits bei der Marktdefinition ein weiter Kreis relevanter Produkte gezogen wird. Denn die funktionelle Austauschbarkeit aus Sicht der Nachfrageseite, die der Supreme Court[1243] im Prinzip vorgegeben hat, wird in dem Moment verlassen, wenn Berücksichtigung findet, was als Substitut im Prinzip noch nicht am Markt vorhanden ist. M.a.W: wenn die Berücksichtigung eines potentiellen Wettbewerbers im Rahmen der Marktabgrenzung erfolgt, dann wird nicht nur er, sondern eine Produktkategorie miteinbezogen. Damit erhöht sich die Anzahl der in den Markt eintrittswilligen und eintrittsfähigen Unternehmen um diejenigen, die an einer Angebotsumstellung eventuell kein Interesse haben. Damit führt allein der Standort der Betrachtung potentiellen Wettbewerbs zu einer Verzerrung der Rolle, die dem potentiellen Marktteilnehmer im Wettbewerb zukommt.

1242   1997 Merger Guidelines, § 1.32.
1243   United States v. E.I. du Pont de Nemours & Co., 351 U.S. 377, 399 (1956): »[...] considerable degree of functional interchangeability exists [...]«.

bb) Distanzierung vom Konzept der Teilmärkte

In Reaktion auf die willkürliche Handhabbarkeit der Marktabgrenzung durch Submarkets versuchen die Kartellbehörden das Konzept der Teilmärkte zu vermeiden. Heute wird explizit darauf hingewiesen, dass die Behörden die kleinste Gruppe von Produkten bei der Marktdefinition berücksichtigen und mit dieser den SSNIP-Test durchführen, so dass sich grundsätzlich keine Abweichung von der üblicherweise geltenden Marktabgrenzung ergibt. Allerdings findet sich in den Guidelines auch der Hinweis, dass die Behörden zusätzliche relevante Produkt- und geographische Märkte mit in ihre Marktabgrenzung aufnehmen[1244], sofern sie einen spezifischen Verwendungszweck oder für eine bestimmte Gruppe einen besonderen Nutzen aufweisen bzw. örtliche Besonderheiten vorliegen. Damit scheinen sich die Guidelines zwar an der von der Rechtsprechung entwickelten Teilmarktbildung zu orientieren. Allerdings ist nach den Guidelines ein Preisdiskriminierungspotential gegenüber den Nachfragern erforderlich. Denn die Marktabgrenzung, nach der DOJ und FTC vorgehen, differenziert ausdrücklich zwischen der generellen Marktabgrenzung nach § 1.11 und einer solchen bei Bestehen von Preisdiskriminierung nach § 1.12. Die gleiche Differenzierung wird auch bei der räumlichen Marktabgrenzung nach § 1.2.1 und § 1.2.2 verfolgt. Diese Käufergruppen werden als sog. targeted buyers[1245] bezeichnet. Preisdiskriminierung wird nach den Guidelines mit dem Beispiel hoher Wechselkosten belegt. Bei targeted buyers wird zusätzlich die Frage gestellt, ob andere Verkäufer insbesondere durch Wiederverkauf diese beliefern können und so die Wahrscheinlichkeit einer Preisdiskriminierung vermindern[1246].

3. Substantial Lessening of Competition („SLC"-Test)

Nach Feststellung des sachlich und räumlich relevanten Marktes und der Bestimmung der Marktteilnehmer muss ermittelt werden, welche wettbewerblichen Folgen der Zusammenschluss hat[1247]. Nach Sec. 7 Clayton Act darf der Zusammenschluss nicht zu „substantial lessening of competition" oder „creation of monopoly" führen. Die wettbewerbsrechtliche Rezeption der Bedeutung dieser Generalklausel seitens des Supreme Court wurde bereits im Rahmen der wettbewerbskonzeptionellen Grundlage der antitrust laws angesprochen. Dabei wurde klar, dass Marktanteilskriterien für die Beurteilung der wettbewerblichen Auswirkungen eines Zusammenschlusses als prima facie-Beweis für dessen Wettbewerbsminderung gelten können[1248], aber dass andererseits eine Gesamtwürdigung vorzunehmen ist, in deren

---

1244 Einführend 1997 Merger Guidelines, § 1.0.
1245 1997 Merger Guidelines, § 1.22.
1246 Ebenda, Fn. 12.
1247 Brown Shoe Co. v. United States, 370 U.S. 294, 328 (1962); *Sullivan/Grimes*, S. 590 f.; *Willig/Salop/Scherer*, Microeconomics 281, 282 f. (1991).
1248 So in Brown Shoe Co. v. United States, 370 U.S. 294 (1962); United States v. Philadelphia National Bank, 374 U.S. 321 (1963).

Rahmen die wettbewerblichen Folgen abzuschätzen sind und gegebenenfalls eine Widerlegung der Vermutung einer Wettbewerbsverminderung stattfinden kann[1249]. Damit zeigt sich, dass der Ausdruck „substantial lessening of competition" („SLC") ausfüllungsbedürftig ist, will man nicht nur auf den Marktanteil bzw. auf die Marktkonzentration abstellen. Auf der anderen Seite kann aber auch keine willkürliche Einbeziehung von wettbewerblichen Kriterien ausschlaggebend für die Beurteilung sein, will man eine „wahrscheinlich unmögliche" Definition des offenen Wettbewerbsbegriffes vermeiden. Wendet man sich dem in der Literatur beschriebenen „SLC"-Kriterium zu, so wird der Begriff mit „market power", also Marktmacht gleichgesetzt[1250]. Es wurde bereits dargelegt[1251], dass aus ökonomischer Perspektive Marktmacht die Fähigkeit eines Unternehmens kennzeichnet, seine Preise über das wettbewerbliche Niveau zu heben, so dass im Ergebnis zu wenig Nachfrager zu einem Substitut wechseln können. Diese Auffassung wird auch vom Supreme Court vertreten. Zwar hat das Gericht in einem Zusammenschlussverfahren nie ausdrücklich gesagt, dass SLC mit Marktmacht gleichzusetzen ist. Dennoch lässt sich seiner Erläuterung zum Begriff der Monopolmacht dieser Rückschluss entnehmen. So arbeitete das Gericht in United States v. E.I. du Pont de Nemours & Co. den Unterschied zwischen Monopoly Power und SLC heraus, indem es anführte, dass ein Monopol die Macht beinhalte, den Wettbewerb auszuschließen, wann immer der Monopolist dies wünscht. Sec. 7 Clayton Act möchte aufkommende Monopolmacht daher im Keim ersticken. Weil bereits per definitionem eine Monopolstellung Wettbewerb gänzlich eliminieren kann, ist eine Wettbewerbsverringerung Bestandteil der „tendency to monopolize".[1252] Mit dieser Aussage des Gerichtes wird deutlich, dass eine wesentliche Wettbewerbsverringerung ein Vorstadium eines Monopols darstellt, allerdings nicht dem Monopol gleichzusetzen ist, weil eine solche Stellung noch nicht erlaubt, den Wettbewerb ganz auszuschließen. Vielmehr, so das Gericht in seiner ersten United States v. E.I. du Pont de Nemours & Co.-Entscheidung, sei nur die Monopolmacht in der Lage, Preise zu kontrollieren und den Wettbewerb ganz auszuschließen.[1253] Auch die unterinstanzlichen Gerichte haben die wirtschaftswissenschaftliche Definition von Marktmacht adaptiert und sehen hierin ausdrücklich die Fähigkeit eines Unternehmens, durch die gezielte Reduzierung der Ausbringungsmenge einen Preisanstieg zu bewirken[1254]. Und sofern einem Unternehmen eine solche Preisanhebung gelungen ist, steht dies als Indiz für Marktmacht[1255]. Auch DOJ und FTC haben diese Sichtweise in den Zielsetzungen ihrer Merger Gui-

---

1249 So in United States v. General Dynamics Corp., 415 U.S. 486 (1974).
1250 *Sullivan/Grimes*, S. 575; *Landes/Posner*, 94 Harvard Law Rev. 937 (1981).
1251 Vgl. Teil 1: A.III.1., S. 55 ff.
1252 United States v. E.I. du Pont de Nemours & Co., 353 U.S. 586, 592 f. (1957).
1253 United States v. E.I. du Pont de Nemours & Co., 351 U.S. 377, 391 (1956).
1254 United States v. Microsoft Corp., 253 f.3d 34, 51 (D.C. Cir. 2001); Ball Memorial Hospital, Inc. v. Mutual Hospital Ins.Inc., 784 f.2d 1325, 1335 (7th Cir. 1986).
1255 Rebel Oil Co. v. Atlantic Richfield Co., 51 f.3d 1421, 1434 (9th Cir. 1995); FTC v. Indiana Federation of Dentists, 476 U.S. 447, 460 f. (1986).

delines[1256] ausdrücklich implementiert, so dass zur Frage, was unter SLC zu verstehen ist, eine Gleichsetzung mit Marktmacht ohne bedenkenlos erfolgen kann[1257]. Damit ist zu prüfen, wie Marktmacht im US-amerikanischen Antitrustrecht festgestellt wird und welche Kriterien hierfür von Bedeutung sind.

a) Marktkonzentration

Ein Kriterium für die Feststellung von Marktmacht bildet trotz der Abkehr von dem starren SCP-Paradigma die Marktkonzentration gemessen an dem Marktanteil. Sowohl in Brown Shoe Co. v. United States[1258] als auch in United States v. Philadelphia National Bank[1259] wurde einem hohen Marktanteil eine wesentliche Gefahr für die Entstehung von Marktmacht beigemessen. Begründet wurde dies mit den Erwägungen des Kongresses[1260] zur Gesetzesänderung des Clayton Act, der vor allem eine „aufkommenden Flut der Konzentration der amerikanischen Wirtschaft" verhindern und den Mittelstand stärken wollte, nachdem die FTC[1261] die starke Konzentrationszunahme in mehreren Studien angemahnt hatte.

aa) Herfindahl-Hirschman Index (HHI)

Das DOJ folgte dieser Auffassung in seinen 1968 Merger Guidelines und wendete das CR4-Konzept an, das die Marktanteile der vier größten Unternehmen innerhalb des relevanten Marktes misst[1262]. Das Konzept wurde seit den 1982 Merger Guidelines durch den Herfindahl-Hirschman-Index (HHI)[1263] ersetzt. Dieser gibt die Konzentration nicht durch eine einfache Summierung der Marktanteile, sondern durch ihre quadrierte Marktanteilssumme wieder. Der Vorteil der HHI-Methode ist die Möglichkeit, hohe Einzelmarktanteile an dem Index ablesen zu können. Hierhinter steht das Bedürfnis, die oligopolistische Gefahr des koordinierten Verhaltens und der Kollusion durch die Preisführerschaft eines großen Unternehmens auszumachen, während der CR4-Index nur die Möglichkeit eröffnet, die Gefahr einfacher Kollusion und koordiniertes Verhalten zu erkennen. Die Methode nach HHI basiert damit auf dem Gedanken, dass die nicht lineare Betrachtung von Marktanteilen durch überproportionale Gewichtung die grundsätzliche Marktmachtgefahr, die durch eine

---

1256 1997 Merger Guidelines, §0.1: *Market power to a seller is the ability profitably to maintain prices above competitive levels for a significant period of time.*
1257 *Böge*, WuW 2002, S. 825; *Scheidge/Sturhahn*, WuW 2002, S. 31, 33.
1258 Brown Shoe Co. v. United States, 370 U.S. 294 (1962).
1259 United States v. Philadelphia National Bank, 374 U.S. 321 (1963).
1260 95 Congressional Record 11486, 11489, 11494-11495, 11498; 96 Congressional Record 16444, 16448, 16450, 16452, 16503.
1261 FTC, The Present Trend of Corporate Mergers and Acquisitions, in: Hearings on H. R. 515, 300-317; FTC, The Merger Movement: A Summary Report, in: Hearings on H. R. 515, 95.
1262 Ab einer Konzentration v. 75% wurde ein hoher Marktanteil festgestellt.
1263 *Werden*, The 1982 Merger Guidelines and the Ascent of the Hypothetical Monopolist Paradigm, Präsentationspapier der Antitrust Division des DOJ v. 04.06.2002.

Konzentrationszunahme entstehen kann, besser widerspiegelt. Die Merger Guidelines[1264] unterteilen das Spektrum der Marktkonzentration in drei Bereiche: in einen unkonzentrierten (HHI < 1000), einen mit mittelmäßiger Konzentration (HHI 1000-1800) und einen hochkonzentrierten Bereich (HHI > 1800). Den Guidelines zufolge erfolgt nur bei mittelmäßig- und hochkonzentrierten Märkten ein Einschreiten der Behörden. Dabei ist nicht nur relevant, welcher HHI durch den Zusammenschluss erreicht wird, sondern vor allem, inwieweit sich der Wert durch den Zusammenschluss erhöht. Dabei entstehen wettbewerbliche Bedenken in der zweiten Kategorie dann, wenn der HHI um 100 Punkte erhöht wird. Auf hochkonzentrierten Märkten dagegen sind bei einer Erhöhung von 50 bis 100 Punkten signifikante Bedenken anzumelden. In diesem Fall spricht eine Vermutung für die Entstehung oder Verstärkung von Marktmacht bzw. dessen erleichterte Ausübung[1265].

bb) Praktische Umsetzung des HHI

Obwohl auch die HHI-Schwellen immer weiter gesenkt wurden, sind nur wenige Zusammenschlüsse bekannt geworden, die in eine der ersten beiden Kategorien fielen. Laut einer Studie[1266], die sich mit den Verfahrensdaten zwischen 1982 bis 1988 beschäftigt, wird belegt, dass die Kartellbehörden gegen viele der nach HHI bedenklich einzustufenden Zusammenschlüsse nicht vorgegangen sind. In der Studie wurde außerdem gezeigt, dass nur in zwei von 51 Fällen überhaupt ermittelt wurde, die in die dritte Kategorie nach HHI fielen. Tatsächlich spiegelt die Durchsetzung von Sec. 7 Clayton Act durch die Behörden den wettbewerbspolitischen Einfluss der Chicago School und der personellen Besetzung der FTC und des DOJ mit Chicago nahen Anhängern wieder[1267], die in den 80er Jahren erhebliche Bedenken hinsichtlich der Aussagekraft von Marktkonzentrationsschwellen hatten. Diese mangelnde Transparenz und Ermessenfreiheit, die DOJ und FTC in diesen Jahren walten ließen, wird immer noch kritisch beobachtet. Transparenz sei wichtiger als früher, weil die Rechtsfortbildung innerhalb der Fusionskontrolle immer mehr von einer Interventionsentscheidung von DOJ und FTC abhängen würde[1268]. Die Gerichte[1269] betrachten den HHI, sofern gegen Zusammenschlüsse vorgegangen wird, als Maßstab, obwohl

---

1264 1997 Merger Guidelines, § 1.5.
1265 Ebenda.
1266 House Subcommittee on Monopolies and Commercial Law, Federal Merger Enforcement (1979-1987), abgedruckt in: 54 Antitrust & Trade Reg. Rep. 476, 477 (1988).
1267 *I.Schmidt*, S. 250 f.; *Buxbaum*, WuW 1989, S. 566 ff.; *Sullivan/Grimes*, S. 593: »*An FTC statistical program to gather data on industrial performance was abandoned during the Reagan years*«.
1268 *Grimes*, 51 Bu ff. Law Rev. 937, 993 (2003); »*The matter of transparency is especially urgent with respect to merger enforcement because the locus of law and rulemaking power has shifted to the federal agencies, with only sparse judicial review of agency decision*«.
1269 Vgl. FTC v. PPG Industries, Inc., 798 f.2d 1500, 1503 (D.C. Cir. 1986); FTC v. University Health, Inc., 938 f.2d 1206, 1211 n.12 (11th Cir. 1991); FTC v. Staples, Inc., 970 f.Supp. 1066, 1081 f. (D.D.C. 1997); FTC v. Cardinal Health, Inc., 12 f.2d 34, 53 f. (D.D.C. 1998).

ihnen grundsätzlich keine Bindungswirkung zukommt. Dabei erfolgt ein Rückgriff auf die Merger Guidelines nicht nur im Hinblick der Eingriffschwelle, sondern auch hinsichtlich ihrer Anwendung insgesamt.

cc) Folgen der Marktkonzentration

aaa) Die Sichtweise(n) des Supreme Court

Der Federal Supreme Court[1270] hat darauf hingewiesen, dass es keinen starren Prozentsatz gäbe, ab dem Monopol- bzw. Marktmacht angenommen werden könne. Dennoch wurde das Vorliegen von Monopolmacht zum Teil ausdrücklich allein auf den Marktanteil gestützt[1271]. Grundlage dieser Entscheidungen sind die gesetzgeberische Intention der Clayton Act Novelle und der damals vorherrschenden wettbewerbspolitischen Zielsetzung des Mittelstandschutzes. Diese als sog. Incipiency Doctrine bekannt gewordene Implementierung in die Rechtsfortbildung der antitrust laws kommt auch in den beiden hierfür sinnbildlichen Entscheidungen Brown Shoe Co. v. United States[1272] oder United States v. Von's Grocery Co.[1273] zum Ausdruck, in denen der Supreme Court das erste Stadium von Marktmacht[1274] verhindert wissen wollte. Die Incipiency Doctrine und der wettbewerbspolitische Einfluss der Regierung sind nicht von der Hand zu weisen, wenn wie in der Von's Grocery Entscheidung ein Marktanteil von unter 10% als ausreichender Marktmachtindikator galt. Die General Dynamics Entscheidung[1275] steht daher auch mit dem bis hierin gewonnenen Bild des höchstrichterlichen Wettbewerbsverständnisses nicht im Einklang, wenn man die Argumentation allein auf den Marktanteil stützt. Die Aussage, die in dieser Entscheidung besonders hervorsticht ist die Einsicht, dass die Marktmacht eines Unternehmens eben nicht nur auf den Marktanteil gestützt werden kann,

---

1270 United States v. Columbia Steel, 334 U.S. 495, 527 f. (1948); United States v. First National Bank, 376 U.S. 665, 672 (1964): »*We do not undertake to prescribe any set of percentage figures by which to measure the reasonableness of a corporation's enlargement of its activities by the purchase of the assets of a competitor. The relative effect of percentage command of a market varies with the setting in which that factor is placed*«.
1271 So in International Boxing Club v. United States, 358 U.S. 242, 249 (1959) »*Monopolmacht bei 93%*«; United States v. E.I. du Pont de Nemours & Co., 351 U.S. 377, 379, 391 (1956) »*75% Marktanteil stellen Monopolmacht dar*«.
1272 Brown Shoe Co. v. United States, 370 U.S. 294 (1962).
1273 United States v. Von's Grocery Co., 384 U.S. 270 (1966).
1274 Brown Shoe Co. v. United States, 370 U.S. 294, 346 (1962): »*We cannot avoid the mandate of Congress that tendencies toward concentration in industry are to be curbed in their incipiency*«; United States v. Von's Grocery Co., 384 U.S. 270, 276 f. (1966): »*Congress sought to preserve competition among many small businesses by arresting a trend toward concentration in its incipiency before that trend developed to the point that a market was left in the grip of a few big companies.Thus, where concentration is gaining momentum in a market, we must be alert to carry out Congress' intent to protect competition against ever-increasing concentration through mergers [...]. The facts of this case present exactly the threatening trend toward concentration which Congress wanted to halt*«.
1275 United States v. General Dynamics Corp., 415 U.S. 486 (1974).

sondern auch die Ressourcen eines Unternehmens einzubeziehen habe. In Ausschau weiterer Faktoren, die bei einer wettbewerblichen Beurteilung zu berücksichtigen sind, findet man in einigen Entscheidungen des Gerichts auch den Bezug zur Leichtigkeit des Markteintritts[1276] von potentiellen Wettbewerbern, aber auch Hinweise auf die Gefahr von Marktzutrittsschranken[1277]. Diesbezüglich erklärte das Gericht in Matsushita Electronic Industries Co. v. Zenith Radio Corp.[1278] in einem obiter dictum, dass bei Abwesenheit von Marktzutrittsschranken der Preisfestsetzungsspielraum auch bei erheblicher Marktkonzentration unmöglich sei.

Es kann an dieser Stelle dahinstehen, inwieweit die Marktmachtdogmatik des Supreme Court in sich konsistent ist. Sieht man sie als Trendwende einer sich wandelnden Wettbewerbspolitik gewinnen weitere Kriterien als nur der Marktanteil bzw. die Marktkonzentration eine immer größere Aufmerksamkeit, die auch den Schwerpunkt der wettbewerblichen Beurteilung in diese Richtung verlagert. Sieht man sie dagegen als Korrektur einer zu starren Sichtweise ist eine solche Gesamtwürdigung als genauso unentbehrlich zu interpretieren.

bbb) Beurteilung durch unterinstanzliche Gerichte

In der Spruchpraxis unterinstanzlicher Gerichte[1279] wurde ein Marktanteil von 70% als ausreichend befunden, um einen Zusammenschluss zu untersagen. Unter 50% wurde dagegen nie Marktmacht angenommen, während Werte zwischen 50% und 70% Marktanteil unterschiedlich entschieden werden[1280].

In der neueren Rechtsprechung[1281] ist die Leichtigkeit des Marktzutritts potentieller Unternehmen anerkannt. Allerdings wird nicht nur starr auf die wettbewerbsfeindliche Bedeutung von Marktzutrittsschranken geschaut. Es wird zunehmend vertreten, dass natürliche Marktkräfte mit gewisser Wahrscheinlichkeit die wettbewerblichen Probleme beheben können, so dass „barriers to entry are not significant for antitrust analysis purposes"[1282]. Beispielsweise wurde in Rebel Oil Co. v. Atlan-

---

1276 Brooke Group Ltd. v. Brown & Williamson Tobacco Corp., 509 U.S. 209, 226 (1993): »[...] where the market is highly diffuse and competitive, or where new entry is easy [...]«; Cargill, Inc. v. Monfort of Colorado, Inc., 479 U.S. 104, 119 n. 15 (1986): »[...] other factors, such as [...] the barriers to entry after competitors have been driven from the market, must also be considered«.
1277 Matsushita Electronic Industries Co. v. Zenith Radio Corp., 475 U.S. 574, 591 n.15 (1986).
1278 Ebenda.
1279 Heatransfer Corp. v. Volkswagenwerk AG, 553 f.2d 964, 981 (5th Cir. 1977) »ausreichend zwischen 71% und 76%«; Morgenstern v. Wilson, 29 f.3d 1291, 1296 n.3 (8th Cir. 1994) »80% sind ausreichend«.
1280 Vgl. American Bar Association, Antitrust Law Developments, S. 235 f. (1997) mwN.
1281 Rebel Oil Co., Inc. v. Atlantic Richfield Co., 51 f.3d 1421, 1439 (9th Cir. 1995), cert. den. 516 U.S. 987 (1995); Los Angeles Land Co. v. Brunswick Corp. 6 f.3d 1422, 1425 f., 1429 (9th Cir. 1993); Fabrication Enters v. Hygenic Corp., 848 f.Supp. 1156, 1160 (S.D.N.Y. 1994); revised on other grounds, 64 f.3d 53 (2d Cir. 1995).
1282 Rebel Oil Co., Inc. v. Atlantic Richfield Co., 51 f.3d 1421, 1439 (9th Cir. 1995), cert. den., 516 U.S. 987 (1995).

tic Richfield Co. [1283] trotz eines hohen Marktanteils und bestehender Marktzutrittsschranken eine Untersagung des Zusammenschlusses mit dem Grund abgelehnt, weil – so das Gericht wörtlich – trotz derzeit bestehender Marktzutrittsschranken weitere Marktkräfte, wie Innovationen, die zur Abkehr des Produktes des Altsassen führen, zu erhöhtem Wettbewerbsdruck auf das marktbeherrschende Unternehmen führen können, so dass wettbewerbliche Bedenken nicht bestehen und im Übrigen einen staatlichen Eingriff nicht rechtfertigen[1284].

Auch wenn man die letzten Supreme Court Entscheidungen[1285] als Beginn einer weniger stringenten Beachtung der Marktanteile ansieht, so ist doch auffällig, dass die District Court und Court of Appeals mit der Berücksichtigung von Innovationen und der Hinterfragung der Marktzutrittsschranken die Rechtsfortbildung in Richtung neuer ökonomischer Erkenntnisse weiter betrieben haben.

ccc) Merger Guidelines

Transaktionen, die den HHI-Wert überschreiten sind trotz der wettbewerblichen Bedenken der Merger Guidelines nicht per se rechtswidrig, noch müssen solche Zusammenschlüsse unterbunden werden. DOJ und FTC haben die Schwellenwerte nur eingeführt, um zu gewährleisten, dass in solchen Fällen die wettbewerblichen Gefahren mit größerer Sorgfalt und Aufmerksamkeit verfolgt werden[1286]. So heißt es in den Guidelines[1287]: »bevor entschieden wird, ob gegen einen Zusammenschluss vorgegangen wird, schätzen die Behörden ab, ob andere Marktfaktoren die wettbewerblichen Auswirkungen des Zusammenschlusses berühren.« Hierzu zählen Markteintritt, Effizienzgesichtspunkte und failing firms oder divisions. Diese grundsätzliche Behandlung der Marktkonzentration steht daher im Einklang mit der in der Rechtsprechung abnehmenden Bedeutung des Marktanteils für die wettbewerbliche Beurteilung. Die Merger Guidelines beschreiben aber – trotz der Berücksichtigung weiterer Kriterien für die wettbewerbliche Beurteilung eines Zusammenschlusses – ausführlich, welche grundsätzlichen Gefahren sie in der Marktkonzentration sehen. Dabei werden zwei Effekte beschrieben, die durch eine Marktkonzentration wahrscheinlicher werden: koordiniertes Parallelverhalten (coordinated interaction) und einseitige Effekte (unilateral effects)[1288]. Hintergrund dieser Differenzierung ist die

---

1283 Ebenda.
1284 Ebenda.
1285 United States v. General Dynamics Corp., 415 U.S. 486 (1974); Matsushita Electronic Industries Co. v. Zenith Radio Corp., 475 U.S. 574, 591 n.15 (1986).
1286 *Glick/Mangum/Etcheverry*, 99 W. Va. Law Rev. 595 ff. (1997).
1287 1997 Merger Guidelines, § 2.0.
1288 1997 Merger Guidelines, § 2.1, § 2.2.

moderne Oligopoltheorie[1289], die auch eine kleine Gruppe von Marktteilnehmern als marktmächtig einstuft, sofern diese eine Outputreduzierung genauso wie ein Monopolist wirksam bewirken können. Dieser Hintergrund kommt in § 2.0 der Merger Guidelines[1290] direkt zum Ausdruck.[1291] Richtigerweise stellen die Guidelines aber auch klar, dass die Wahrscheinlichkeit der wettbewerblichen Gefahren nicht nur von den theoretischen Möglichkeiten dieser beiden gesteigerten Verhaltensmöglichkeiten abhängen, sondern dass zusätzlich die erwähnten Marktfaktoren einbezogen werden müssen[1292]. Daher machen die Behörden trotz der Vermutung erhöhter wettbewerblicher Gefahren durch oligopolistische und monopolistische Marktstrukturen an dieser Stelle nicht halt, sondern nehmen explizit eine Gesamtwürdigung vor.

ddd) Zusammenfassung

Sowohl die wettbewerbspolitische Meinung, als auch die Gerichte und Kartellbehörden haben sich von der Marktkonzentration als einzig ausschlaggebendem Kriterium distanziert. Der Marktanteil ist immer noch Ausgangspunkt der wettbewerblichen Beurteilung eines Zusammenschlusses, aber lange nicht mehr nur das einzige Kriterium. Vor allem die unterinstanzlichen Gerichte haben in ihrer Rechtsfortbildung zur Anerkennung weiterer Kriterien im Rahmen der Abwägung der wettbewerblichen Folgen beigetragen und die Marktkonzentrationskriterien um weitere Abwägungsgründe ergänzt. Obwohl der Supreme Court die von den unterinstanzlichen Gerichten aufgeführten Argumente nicht selbst entwickelt hat und noch in den 1960er Jahren einzig auf Marktanteile zur Beurteilung der Marktkonzentration abgestellt hat, um die wettbewerblichen Folgen eines Zusammenschlusses zu beurteilen, heißt dies nicht, dass sich Gerichte im Widerspruch zum Supreme Court bewegen. Denn der Supreme Court hat mit seiner General Dynamics Entscheidung selbst den Anstoß gegeben, um das Blickfeld für weitere außerhalb der Marktanteilsbetrachtung angesiedelte Kriterien zu öffnen. Ferner hat das Gericht in der Matsushita Entscheidung in einem obiter dictum die Bedeutung des potentiellen Wettbewerbs hervorgehoben. Dass gegen die unterinstanzliche Rechtsprechung keine grundlegenden Bedenken bestehen, zeigt auch die Tatsache, dass der Supreme Court bislang von einem writ of certiorari keinen Gebrauch gemacht hat. Wie der Supreme Court in

---

1289 Zur klassischen Oligopoltheorie grundlegend: Chamberlin, The Theory of Monopolistic Competition, 1933; Fellner, Competition Among the Few, 1949; Stigler, 72 J. Polit. Economy 55-69 (1964); die moderne Oligopoltheorie wird um das Gefangegenendilemma der Spieltheorie ergänzt, hierzu: Neumann/Morgenstern, Theory of Games and Economic Behavior, 1944.
1290 *Other things being equal, market concentration affects the likelihood that one firm, or a small group of firms, could successfully exercise market power.*
1291 Vgl. ausf. Posner, Antitrust Law, S. 69 ff.; Sullivan/Grimes, S. 596 ff.
1292 *Because an individual merger may threaten to harm competition through more than one of these effects, mergers will be analyzed in terms of as many potential adverse competitive effects as are appropriate.*

Rule 10 seiner Geschäftsordnung[1293] festhält, ist zwar die Zulassung des Rechtsmittels keine rechtliche Entscheidung, sondern eine Ermessenssache, die darüber hinaus nur aus zwingenden Gründen erfolgen kann. In den aufgeführten Regelbeispielen werden als ein solch zwingender Grund abweichende Gerichtsentscheidungen genannt. Allerdings bestimmt Rule 10 (c), dass ein zwingender Grund auch darin gesehen werden kann, dass ein State Court oder ein Court of Appeals [...] has decided an important federal question in a way that conflicts with relevant decisions to this Court. A petition for a writ of certiorari is rarely granted when the asserted error consists of erroneous factual findings or the misapplication of a properly stated rule of law. Daher kann aus den regelmäßigen Ablehnungen der Revisionszulassung geschlussfolgert werden, dass das Gericht entweder einen solch zwingenden Grund nicht gesehen hat, weil es mit seiner offenen Position deutlich gemacht hat, dass ausdrücklich auch weitere Gesichtspunkte Berücksichtigung finden sollen. Oder das Gericht hielt die Frage für nicht klärungsbedürftig, weil keine wichtige Bundesangelegenheit betroffen ist. Anlässlich der Gefahr von Marktmacht darf letztere Erwägung des Gerichts aber bezweifelt werden.

b) Wettbewerbliche Beurteilung nach Sec. 7 Clayton Act

Fraglich ist daher, inwieweit die weiteren Kriterien, wie die Rolle des potentiellen Wettbewerbs, Effizienzgesichtspunkt oder Innovationen in der Gerichts- und Behördenpraxis berücksichtigt werden. Denn bislang ist allein klar gemacht worden, dass nicht nur die Marktkonzentration für die wettbewerbliche Beurteilung eine Rolle spielt. Dabei ist aber nach wie vor offen, in welchem Verhältnis die weiteren wettbewerblichen Kriterien zu der Marktkonzentration stehen. Aus ökonomischer Sicht kann die Gefahr eines Zusammenschlusses nicht allein an den Marktanteilen und der Marktkonzentration abgelesen werden. Vielmehr besteht ein Zusammenhang zwischen Marktanteilen, Nachfrageelastizität und Angebotselastizität durch Angebots-

---

[1293] Rules of the Supreme Court of the United States, revised, 14.03.2005 (Rule 10):
Review on a writ of certiorari is not a matter of right, but of judicial discretion. A petition for a writ of certiorari will be granted only for compelling reasons. The following, although neither controlling nor fully measuring the Court's discretion, indicate the character of the reasons the Court considers: (a) a United States court of appeals ha entered a decision in conflict with the decision of another United States court of appeals on the same important matter; has decided an important federal question in a way that conflicts with a decision by a state court of last resort; or has so far departed from the accepted and usual course of judicial proceedings, or sanctioned such a departure by a lower court, as to call for an exercise of this Court's supervisory power; (b) a state court of last resort has decided an important federal question in a way that conflicts with the decision of another state court of last resort or of a United States court of appeals;(c) a state court or a United States court of appeals has decided an important question of federal law that has not been, but should be, settled by this Court, or has decided an important federal question in a way that conflicts with relevant decisions of this Court. A petition for a writ of certiorari is rarely granted when the asserted error consists of erroneous factual findings or the misapplication of a properly stated rule of law.

umstellung oder Gebietsausweitung. Diese von der Chicago School in den Vordergrund gerückte Dimension ist nach wie vor eine relativ statische Betrachtung, wenn sie auch den Vorzug hat, den Markteintritt von potentiellen Wettbewerbern abzuschätzen. Dies dürfte mittlerweile auch von Vertretern des konservativen SCP-Paradigmas anerkannt sein. Die kritische Frage bleibt aber bestehen, ob allokative und produktive Effizienzen einer Abwägung zugänglich sind[1294], um Effizienzsteigerungen der Zusammenschlussbeteiligten als wettbewerblich wünschenswerte Erwägungen der Fusionskontrolle zugrunde zu legen. Diese Frage wird bei den Effizienzgesichtspunkten geprüft. Für die vorliegende Arbeit ist aber auch wichtig, inwieweit die dynamische Komponente, wie Innovation, Eingang in das US-amerikanische Fusionskontrollrecht findet. Daher soll das Augenmerk vorliegend auf die Kriterien potentieller Wettbewerb, statische und dynamische Effizienz gelegt werden.

aa) Berücksichtigung des Potentiellen Wettbewerbs

aaa) Merger Guidelines

Wie die Berücksichtigung des potentiellen Wettbewerbs im Rahmen der Marktabgrenzungsphase[1295] gezeigt hat, ist für sog. committed entrants nach den Merger Guidelines[1296] erst im Rahmen der wettbewerblichen Beurteilung von Unternehmenszusammenschlüssen Raum. In dieser sog. entry analysis wird geprüft, ob die wettbewerblichen Gefahren koordinierter oder unilateraler Preisfestsetzung durch einfache Markteintritte (ease of entry) abgeschwächt werden. Die Merger Guidelines heben dabei hervor, dass solch ein Markteintritt nicht nur diesen wettbewerblichen Gefahren entgegenwirkt, sondern dass sogar wettbewerbswidrige Zusammenschlüsse in ihrem ersten Stadium[1297] abgeschreckt werden[1298]. Sind die potentiellen Wettbewerber committed entrants, d.h. sind für den Markteintritt erhebliche versunkene Investitionen aufzuwenden, so analysieren die Behörden in einer Drei-Schritt-Prüfung, ob Markteintritte einfach sind. Das ist nach § 3.0 dann der Fall, wenn der Markteintritt zeitgerecht, wahrscheinlich und ausreichend ist, um die wettbewerblichen Bedenken zu zerstreuen. Bereits in § 3.1 der Guidelines kommt zum Ausdruck, dass sich die Marktzutrittsschranken, die einen Markteintritt erschweren können, nicht der Stigler'schen Definition folgen[1299]. Danach wird der Aufwand für den Marktzutritt für „planning, design, and management; permitting, licensing, and other approvals; construction, debugging, and operation of production facilities; and promotion (including necessary introductory discounts), marketing, distribution, and

---

1294 Vgl. Teil 1: A.IV.2., S. 84 ff.
1295 Vgl. Teil 2: A.III.2.d)aa), S. 247.
1296 1997 Merger Guidelines, § 1.32.
1297 1997 Merger Guidelines, § 3.0: *Such entry likely will deter an anticompetitive merger in its incipiency [...]*.
1298 Vgl. zum ökonomischen Hintergrund *Coate/Langenfeld*, 38 Antitrust Bull. 557 ff. (1993).
1299 *Sullivan/Grimes*, S. 607.

satisfaction of customer testing and qualification requirements" berücksichtigt, wo dies sachgerecht erscheint. Außerdem ist Ausgangspunkt der Beurteilung, inwieweit Marktzutritt bislang stattgefunden hat oder woran er gescheitert ist, um auch Erfahrungswerte in die Analyse mit einzubeziehen.

Der Zutrittszeitraum, innerhalb dessen ein Markteinzutritt eines potentiellen Wettbewerbers durch die Guidelines berücksichtigungsfähig ist, beträgt grundsätzlich zwei Jahre (Timeliness)[1300]. Innerhalb dieser Zeitspanne müssen die potentiellen Wettbewerber den nötigen Wettbewerbsdruck im relevanten Markt ausgeübt haben. Nur dann, wenn es sich um ein langlebiges Produkt handelt, ist der Zutrittszeitraum zu verlängern. Die Aufnahme langlebiger Produkte in die Guidelines basiert auf der sog. Coase Vermutung (Coase Conjecture)[1301]. Danach bestehen zwischen solchen Produkten des täglichen Lebens, die eine immer wiederkehrende und daher stabile Nachfrage abbilden, andere ökonomische Verhältnisse als für langlebige, nicht durch einmaligen Gebrauch verzehrbare Güter. Der Markteintritt von potentiellen Wettbewerbern kann daher längere Zeit in Anspruch nehmen, bis genügend Nachfrager vorhanden sind.[1302]

Weil der Marktzutritt eines potentiellen Wettbewerbers bereits in der Vergangenheit stattgefunden hätte, wenn der Marktpreis nicht dem unter Bedingungen des vollständigen Wettbewerbs entsprochen hätte, legen die Merger Guidelines dem Zusammenschluss eine fiktive Outputreduzierung mit einer Erhöhung des Preises um 5% zugrunde. Diese Schlussfolgerung ist konsequent, wenn die wettbewerblichen Gefahren eines Zusammenschlusses in einer Outputreduzierung einhergehend mit hohen Preisen gesehen werden.[1303] Als Eintrittswahrscheinlichkeit wird daher nach § 3.3 Merger Guidelines (Likelihood) von den committed entrants erwartet, dass sie den Preis vor Zusammenschluss (premerger price) anbieten können. Ausreichend ist damit nicht, dass potentielle Wettbewerber Preise unterhalb der 5%-Schwelle profitabel anbieten können, weil ansonsten der durch den Zusammenschluss fiktiv initiierte Preisanstieg nicht korrigiert wird, im Endeffekt also dann doch eine Wettbewerbsbeschränkung vorliegen würde. Die Guidelines enthalten an dieser Stelle einen ganzen Katalog von Kriterien, die bei der Betrachtung der Eintrittswahrscheinlichkeit eine Rolle spielen können. Dabei wird die Eintrittswahrscheinlichkeit auf Grundlage der sog. Minimum Viable Scale (MVS) ermittelt, also dem geringsten Marktanteil, um den Preis vor dem Zusammenschluss auch profitabel anbieten zu können. Insgesamt kann daher die Wahrscheinlichkeit eines Markteintritts nur dann bejaht werden, sofern die von den potentiellen Wettbewerbern ermittelten Absatzmöglichkeiten mindestens die Größe der MVS erreichen.

Schließlich wird als letztes Kriterium für den potentiellen Wettbewerb Sufficiency vorausgesetzt. Dieses Kriterium verlangt, dass der Markteintritt ausreichend in Ausmaß, Eigenschaft und Wirkungsbereich ist. In einem gewissen Sinne resümiert

---

1300   1997 Merger Guidelines, § 3.2.
1301   *Coase*, 15 J. Law Econ. 143 ff. (1972); vgl. *Waldman*, 17 J. Econ. Perspect. 131 ff. (2003).
1302   Ebenda.
1303   Vgl. auch *Baker*, 65 Antitrust Law J. 353 ff. (1997).

das Kriterium damit die Anforderungen an den potentiellen Wettbewerb insgesamt. Wie der damalige Director of the Bureau of Economics der FTC Jonathan B. Baker selbst feststellte, soll das Element nur hervorheben, dass sogar schneller und profitabler Markteintritt nicht immer ausreichend sein muss, um die wettbewerblichen Gefahren eines Zusammenschlusses zu zerstreuen[1304].

bbb) Rechtsprechung

Genauso wichtig wie die die Einschätzung der Behörden ist die Frage, mit welchem Maßstab die Gerichte den potentiellen Wettbewerb bewerten. Hinsichtlich der heute unbestrittenen Anerkennung des potentiellen Wettbewerbs wird von vielen Autoren[1305] auf drei Entscheidungen der unterinstanzlichen Gerichte zurückgegriffen, um die volle Entfaltung des potentiellen Wettbewerbs zu kennzeichnen.

(1) United States v. Waste Management Inc.

Neben dem besonderen, vom Supreme Court entschiedenen Fall, General Dynamics, der heute als Leitentscheidung der failing company defense begriffen wird und als Entlastungsgrund immer noch umstritten[1306] ist, hat United States v. Waste Management, Inc.[1307] für den potentiellen Wettbewerb historische Bedeutung. In dieser Entscheidung wurde ein Zusammenschluss von zwei Müllabfuhrunternehmen freigegeben, obwohl ein Marktanteil von fast 50% und damit ein HHI von mehr als 2500 erreicht worden war. Zudem hatte sich der Wert allein durch die Zusammenschlussparteien um fast 1200 HHI-Punkte erhöht. Diese Daten fallen heute nach den Merger Guidelines in die Kategorie hochkonzentrierter Märkte und hätten danach eine Vermutung für die Entstehung bzw. eine Verstärkung von Marktmacht begründet. Dies sah auch das Gericht. Aufgrund der geringen Aussagekraft von Marktanteil

---

1304 *Baker*, 65 Antitrust Law J. 353 ff. (1997): »*This element is stated separately to highlight the possibility that even rapid and profitable entry might not be sufficient. It might be limited in "magnitude, character and scope," to use another Guidelines phrase, even if it is not delayed in time*«.
1305 *Sullivan/Grimes*, S. 603 ff.; *Hovenkamp*, Federal Antitrust Policy, S. 531 ff.; *Kovacic/Shapiro*, 14 J. Econ. Perspect. 43, 54 (2000); *Baker*, 65 Antitrust Law J. 353 ff. (1997); *Gey*, S. 133 ff.
1306 Die *Failing Company Defense* ist eigentlich auf zwei andere Entscheidungen zurückzuführen, vgl. International Shoe Co. v. FTC, 280 U.S. 291 (1930) und Citizen Publishing Co. v. United States, 394 U.S. 131 (1969). Allerdings beinhaltet die General Dynamics Entscheidung eine Voraussetzung der Failing Company Defense und ist daher richtigerweise eine Flailing Company Defense. Vgl. hierzu *Areeda/Hovenkamp*, Antitrust Law, Rdnr. 963a3; *Correia*, 64 Antitrust Law J. 683 ff. (1996); *Sohn*, 61 Antitrust Law J. 155 ff. (1992); zum Europäischen Recht ausf. *Garten*, Die Failing Company Defense im europäischen Recht, (zur Abgr.: S. 110 ff.).
1307 United States v. Waste Management, Inc., 742 f.2d 976, 983 (2d Cir. 1984).

und der Möglichkeit, die Vermutung zu widerlegen[1308], reichten die aus Sicht des Gerichts nicht vorhandenen Marktzutrittsschranken aus, um den Zusammenschluss freizugeben.

(2) United States v. Syufy Enterprises

Eine Marktkonzentration von sogar 100% lag dem Fall United States v. Syufy Enterprises[1309] zu Grunde. Die erste Besonderheit dieser Entscheidung liegt darin, dass ein Zusammenschluss von Kinos, die sämtlich über Erstverwertungsrechte verfügten, genehmigt wurde, obwohl hierdurch ein Monopol entstand. Die wichtigere Bedeutung kam der Bedeutung des potentiellen Wettbewerbs zu. Das Gericht stützte seine Argumentation hinsichtlich des Markteintritts neuer Marktteilnehmer nicht nur auf theoretische Erkenntnisse und Fakten bezüglich der Aufwendungen für den Markteintritt. Stattdessen legte das Gericht dar, dass die vergangene Entwicklung in dem Marktsegment von einem erfolgreichen Marktzutritt anderer Wettbewerber gekennzeichnet war. Der Marktzutritt in der Vergangenheit diente daher als nützliches Indiz, um die Stärke des potentiellen Wettbewerbs zu demonstrieren.

(3) United States v. Baker Hughes Inc.

Auch in United States v. Baker Hughes Inc.[1310] vereinigten die Parteien so hohe Marktanteile auf sich, dass eine Vermutung wettbewerblicher Bedenklichkeit des Zusammenschlusses im Raum stand. Baker Hughes stellte bestimmte her und schloss sich mit einem Wettbewerber zusammen. Das Gericht stellte fest, dass es sich bei dem Markt für Werkzeuge des Bergbaus um einen sehr kleinen Markt handelte, der darüber hinaus durch fluktuierende Marktanteile gekennzeichnet sei. Das Justizministerium schätzte anders als das Gericht die Marktzutrittsschranken als erheblich ein, da es der Auffassung war, dass mit dem Markteintritt erhebliche versunkene Investitionen zu tätigen waren[1311]. Das DOJ verlangte daher auch, dass die Zusammenschlussparteien nachwiesen, dass Marktzutritt schnell und wirksam erfolgen könnte („quick and effective") und so die Marktmacht der Zusammenschlussparteien wirksam begrenzen würde. Das Gericht wies jedoch darauf hin, dass Darlegung und Beweis der Parteien hinsichtlich fehlender wesentlicher Marktzutrittsschranken, die Vermutung der Rechtswidrigkeit entkräftet hätten. Im Ergebnis konkretisierte der District Court die in Philadelphia National Bank[1312] ausgesprochene Widerlegbarkeit einer wettbewerblichen Gefahr durch Konzentrationszunahme. Denn hier hatte der Supreme Court nur gesagt, dass die Vermutung widerlegt wer-

---

1308 United States v. Philadelphia National Bank, 374 U.S. 321 (1963); United States v. General Dynamics Corp., 415 U.S. 486 (1974).
1309 United States v. Syufy Enterprises, 903 f.2d 659 (9th Cir. 1990).
1310 United States v. Baker Hughes, Inc., 908 f.2d 981, 983 ff. (D.C.Cir. 1990).
1311 *Baker*, 65 Antitrust Law J. 353 ff. (1997).
1312 United States v. Philadelphia National Bank, 374 U.S. 321 (1963).

den könne, nicht dagegen welche Anforderungen an die Darlegungs- und Beweislast zu stellen sind.

(4) Jüngere Rechtsprechung

In der Rechtsprechung kommt dem potentiellen Wettbewerb immer größere Bedeutung zu. Hierbei wird in erster Linie auf die in den Entscheidungstrias[1313] entwickelten Kriterien Bezug genommen[1314]. Waren Marktzutritte in der Vergangenheit erfolgreich, ist dies ein Indiz dafür, dass der Marktzutritt nicht durch hohe Zutrittsschranken gekennzeichnet ist[1315]. Allerdings deuten fehlgeschlagene Marktzutritte darauf hin, dass eine wirksame Eintrittsdrohung von Newcomern nicht besteht[1316].

Als Indiz für die Höhe der Marktzutrittsschranken greift die Rechtsprechung teilweise[1317] auch auf in der Vergangenheit erforderliche Marktzutrittszeiträume zurück. Zweifel an der Wirksamkeit potentiellen Wettbewerbs bestehen, wenn der Marktzutritt länger als 2 Jahre dauert[1318]. Für die Länge des Zutrittszeitraumes werden die besonderen Eigenschaften eines Industriezweiges berücksichtigt[1319].

Ferner nehmen die Gerichte auch auf die Erwartungen der Nachfrage Bezug. So nimmt die Wahrscheinlichkeit von Marktzutritten in einem relativ gesättigten Markt ab. Prosperiert der Markt, ist die Wahrscheinlichkeit des Markteintrittes hoch.[1320]

ccc) Potential Competition Doctrine

Potentieller Wettbewerb hat nicht nur eine Marktmacht begrenzende Funktion auf die Auswirkungen eines Zusammenschlusses. Darüber hinaus kann potentieller Wettbewerb durch einen Zusammenschluss beseitigt werden, meist indem sich ein aktueller Marktteilnehmer und ein potentieller Newcomer zusammenschließen[1321].

1313 United States v. Waste Management, Inc., 742 f.2d 976, 983 (2d Cir. 1984); United States v. Syufy Enterprises, 903 f.2d 659 (9th Cir. 1990); United States v. Baker Hughes, Inc., 908 f.2d 981, 983 ff. (D.C.Cir. 1990).

1314 United States v. United Tote, 768 f.Supp. 1064 (D.Del.1991); FTC v. Cardinal Health, Inc., 12 f.Supp.2d, 34, 56 ff. (D.D.C. 1998).

1315 Anti-Monopoly v. Hasbro, 958 f.Supp. 895 (S.D.N.Y.), aff'd, 130 f.3d 1101 (2d Cir. 1997); United States v. Waste Management, Inc., 742 f.2d 976, 983 (2d Cir. 1984).

1316 FTC v. Staples, Inc., 970 f.Supp. 1066, 1086 f. (D.D.C 1997); FTC v. Swedish Match, 131 f.Supp.2d 151, 171 (D.D.C. 2000).

1317 United States v. Ivaco, Inc., 704 f.Supp. 1409 (W.D. Mich. 1989); United States v. United Tote, 768 f.Supp. 1064 (D.Del.1991).

1318 United States v. Ivaco, Inc., 704 f.Supp. 1409, 1420 (W.D. Mich. 1989).

1319 United States v. United Tote, 768 f.Supp. 1064 (D.Del.1991); FTC v. Illinois Cereal Mills, 691 f.Supp. 1131 (N.D.Ill.1988); FTC v. Elders Grain, 868 f.2d 901 (7th Cir. 1989).

1320 FTC v. Cardinal Health, Inc., 12 f.Supp.2d, 34, 56 ff. (D.D.C. 1998); FTC v. Staples, Inc. 970 f.Supp. 1066, 1086 ff. (D.D.C. 1997).

1321 Sind dagegen zwei potentielle Wettbewerber betroffen, wird die Wahrscheinlichkeit ihres Markteintritts begünstigt, so dass es nur dann zu einem Marktmachtproblem kommt, sofern diese auf anderen Märkten vorher miteinander in Wettbewerb standen.

In der US-amerikanischen Fusionskontrolle ist dieser Gedanke in die vom Supreme Court entwickelte (perceived) potential competition doctrine[1322] eingeflossen und kommt vor allem bei Zusammenschlüssen von Konglomeraten zur Anwendung. Dabei werden zwei Fallkonstellationen voneinander unterschieden. Nach der „Urformel" der perceived potential competition doctrine kann die Absorption eines potentiellen Wettbewerbers allein deshalb das SLC-Kriterium erfüllen, weil dessen bereits existente, die Macht aktueller Marktteilnehmer disziplinierende Wirkung (sog. wings effect) entfallen würde[1323]. Nach der sog. actual potential entrant Theorie wird der potentielle Wettbewerber durch den Zusammenschluss von seinem beabsichtigten Markteintritt mit der Wirkung abgehalten, dass der erlahmte Wettbewerb auf dem betreffenden Markt nicht (wieder-)belebt wird[1324]. Schon die Voraussetzungen, die für die perceived potential competition doctrine aufgestellt wurden, zeigen, mit welchen Beweisschwierigkeiten die Wettbewerbsbehörden konfrontiert sind. So muss nach den aufgestellten Grundsätzen der Rechtsprechung nicht nur eine hohe Marktkonzentration[1325] vorliegen. Vielmehr muss nachgewiesen werden, dass der konkrete potentielle Wettbewerber nach seinen Eigenschaften und Fähigkeiten von den etablierten Unternehmen als Markteintrittskandidat wahrgenommen wird[1326], weil erst damit die Voraussetzungen einer disziplinierenden Wirkung erst vorliegen. Inzident wird damit die Frage nach der Höhe der MZS aufgeworfen[1327]. Da aber bei hohen MZS die Eintrittsdrohung und damit der Einfluss auf das Preissetzungsverhalten der etablierten Wettbewerber abnimmt, bei niedrigen MZS ein eintrittsfähiger Wettbewerber bereits eingetreten wäre, sind nur begrenzte Sachverhalte denkbar, mit denen die Eintrittsfähigkeit des potentiellen Wettbewerbs widerspruchsfrei begründet werden kann[1328]. In jedem Fall muss daneben nachgewiesen werden, dass der potentielle Wettbewerber durch seine Markteintrittsdrohung den Verhaltensspielraum der etablierten Teilnehmer tatsächlich begrenzt hat[1329].

Obwohl unterinstanzliche Gerichte[1330] die Anwendung der actual potential entrant Theorie bestätigt haben, wirkt sich der Unterschied beider Konzeptionen nur selten aus. Denn wenn ein actual potential entrant durch die Fusion vom Markteintritt abgehalten wird, wohnt ihm im Regelfall eine Marktmacht begrenzende Funktion

---

1322 FTC v. Procter & Gamble Co., 386 U.S. 568 (1967); United States v. Marine Bancorporation, Inc., 418 U.S. 602 (1974); United States v. Penn-Olin Chem. Co., 378 US 158 (1964); Grundzüge des Gedankens waren bereits erkennbar in: United States v. Columbia Steel, 334 U.S. 495 (1948).
1323 Ebenda; ausf. *Posner*, Antitrust Law, S. 136-147.
1324 Tenneco, Inc. v FTC, 689 f.2d 346 (2d Cir. 1982); United States v. Siemens Corp., 621 f.2d 499 (2d Cir. 1980); FTC v. Atlantic Richfield Co., 549 f. 2d 289 (4th Cir. 1977).
1325 United States v. Marine Bancorporation, Inc., 418 U.S. 602, 630 ff. (1974).
1326 Ebenda, 418 U.S. 602, 633 (1974).
1327 Ebenda.
1328 *Gey*, S. 160.
1329 United States v. Marine Bancorporation, Inc., 418 U.S. 602, 625 (1974).
1330 Tenneco, Inc. v FTC, 689 f.2d 346 (2d Cir. 1982); United States v. Siemens Corp., 621 f.2d 499 (2d Cir. 1980); FTC v. Atlantic Richfield Co., 549 f. 2d 289 (4th Cir. 1977).

bereits inne. Anders als bei der begrenzenden Funktion des Preissetzungsverhaltens aktueller Marktteilnehmer im Rahmen der perceived potential competition doctrine verlangt der Supreme Court daher den eindeutigen Nachweis, dass das betreffende Unternehmen auch ohne die Fusion in den Markt eingetreten wäre.[1331]

Obwohl die Merger Guidelines dem potentiellen Wettbewerb überdurchschnittliche Aufmerksamkeit schenken, wenden die potential competition Grundsätze mit Vorsicht an. Die Marktkonzentrationsschwelle, ab dem die Grundsätze greifen sollen, liegen bei einem HHI von 1800 Punkten[1332]. Mit dem Verständnis der neueren Oligopoltheorie wird neben den von der Rechtsprechung erwogenen Kriterien aber auch auf die Folgen des Zusammenschlusses und den Marktanteil des akquirierten Wettbewerbers geschaut. Bei einem Marktanteil von 5-20% erfolgt keine Untersagung des Zusammenschlusses[1333]. Gerade auf engen Oligopolmärkten kann die Akquisition einen Technologievorsprung bewirken und so ein bisher wahrscheinliches Parallelverhalten der aktuellen Wettbewerber durchbrochen werden. Daneben befassen sich die Merger Guidelines ganz gezielt mit der Frage, warum dem potentiellen Wettbewerber die Fähigkeit des Markteintritts bislang versperrt geblieben ist[1334], um Hinweise für die Eintrittswahrscheinlichkeit und -fähigkeit des betreffenden Unternehmens zu erhalten. Allerdings schließen die Richtlinien ein Einschreiten aus, sofern mindestens drei weitere potentielle Wettbewerber mit äquivalenten Eigenschaften und Fähigkeiten verbleiben.

Die Grundsätze der potential competition doctrine kommen hauptsächlich auf oligopolistischen Märkten mit hohen MZS zur Anwendung[1335], so dass sie für Telekommunikationsmärkte auf den ersten Blick einige Relevanz besitzt. Weder DOJ noch FTC gelang es jedoch bislang, einen Zusammenschluss von Netzbetreibern mit Rückgriff auf diese Grundsätze zu untersagen. Eine Marktmachtdisziplinierung bzw. eine Begrenzung des Verhaltensspielraums durch den potentiellen Wettbewerber ist meist nicht nachzuweisen. Erst Recht wurde daher auch nicht mit der zusätzlichen Hürde der actual competition doctrine operiert. Bei einem Zusammenschluss zweier benachbarter Netzbetreiber müsste dann nachgewiesen werden, dass zumindest eine der Fusionsparteien in den Versorgungsbereich des anderen aller Voraussicht nach eingetreten wäre und dass weniger als drei weitere, mit dem betreffenden Unternehmen vergleichbare potentielle Wettbewerber verbleiben. Vergleichbare potentielle Wettbewerber liegen bei den angrenzenden Netzen aber fast immer vor.[1336]

1331 United States v. Marine Bancorporation, Inc., 418 U.S. 602, 631 ff. (1974); United States v. Falstaff Brewing Corp., 410 US 526, 560 ff. (1973).
1332 1984 Merger Guidelines, § 4.131.
1333 1984 Merger Guidelines, § 4.134.
1334 1984 Merger Guidelines, § 4.132.
1335 *Sullivan/Grimes*, S. 620; United States v. Marine Bancorporation, Inc., 418 U.S. 602, 630 (1974): »*the doctrine comes into play only where there are dominant participants in the target market engaging in interdependent or parallel behavior and with the capacity effectively to determine price and total output of goods or services*«.
1336 *Friedrich*, 6 CommLaw Consp. 261, 263 (1998).

bb) Berücksichtigung von Effizienzen

Effizienzgesichtspunkte sind seit geraumer Zeit Gegenstand internationaler Diskussionen und zumindest hinsichtlich ihrer Handhabung auch im US-amerikanischen Fusionskontrollrecht äußerst umstritten. Die Effizienzanalyse im ersten Teil[1337] hat einen Einblick in das umstrittene wettbewerbskonzeptionelle Anwendungsfeld gegeben. An dieser Stelle soll Effizienzanalyse in der US-amerikanischen Fusionskontrolle skizziert werden. Auch für Effizienzen gilt, dass ihre Berücksichtigung gesetzlich nirgends festgeschrieben ist. Die offene Formulierung von Sec. 7 Clayton Act, die Wettbewerbsverringerung und die Gefahr der Monopolisierung zu verhindern, ist offensichtlich so weit, dass ein eindeutiger gesetzlicher Auftrag diesbezüglich ausscheidet[1338]. Auch hier ist daher ein Rückgriff auf Case Law und Merger Guidelines geboten.

aaa) Effizienzen im Lichte der Supreme Court Rechtsprechung

Der Supreme Court deutete in der Brown Shoe Entscheidung seine ablehnende Haltung gegenüber der Abwägungsfähigkeit von Effizienzen an. Er führte darin aus, dass große integrierte Unternehmen für den Konsumenten durchaus zu Vorteilen führen können, betonte aber gleichzeitig die hinter dem Celler-Kefauver Act von 1950 stehende Intention des Kongresses und fügte seiner Implementierung der Incipiency Doctrine[1339] die Beigabe an, dass eine Förderung von kleinen, entwicklungsfähigen und in örtlichem Eigentum befindlichen Betrieben durch den Zusammenschluss gefährdet würden. Darüber hinaus habe der Kongress die durch die industrielle Fragmentierung bedingten höheren Kosten und Preise billigend in Kauf genommen.[1340] Die Fortführung dieser Haltung kam in Philadelphia National Bank zum Ausdruck: »We are clear, however, that a merger the effect of which >may be substantially to lessen competition< is not saved because, on some ultimate reckoning of social or economic debits and credits, it may be deemed beneficial [...Congress] therefore proscribed anticompetitive mergers, the benign and the malignant alike, fully aware, we must assume, that some price might have to be paid.«[1341] Diese Sichtweise kam auch in FTC v. Procter & Gamble[1342] zum Ausdruck und fügte

---

1337 Vgl. Teil 1: A.IV.2., S. 84 ff.
1338 Vgl. *Fisher/Lande*, 71 Cal. Law Rev. 1580, 1588 (1983); *Berry*, 33 San Diego Law Rev. 515, 519 (1996); *Heineke*, S. 165.
1339 Vgl. Teil 2: A.III.3.a)cc)aaa), S. 253.
1340 Brown Shoe Co. v. United States, 370 U.S. 294, 344 (1962): »*Of course, some of the results of large integrated or chain operations are beneficial to consumers[...]But we cannot fail to recognize Congress' desire to promote competition through the protection of viable, small, locally owned businesses. Congress appreciated that occasional higher costs and prices might result from the maintenance of fragmented industries and markets*«.
1341 United States v. Philadelphia National Bank, 374 U.S. 371 (1963).
1342 FTC v. Procter & Gamble Co., 386 U.S. 568, 580 (1967) m. Hinw. auf Brown Shoe Co. v. United States, 370 U.S. 294, 344 (1962).

sich daher nahtlos in die bisherige wettbewerbliche Vorstellung des Supreme Court ein. Auch diesmal lehnte es das Gericht ab, Effizienzvorteile den wettbewerblichen Gefahren gegenüberzustellen und abzuwägen.

Die Schwierigkeit, den Aussagen des Supreme Court eine Antwort hinsichtlich der Berücksichtigungsfähigkeit von Effizienzvorteilen in der Fusionskontrolle abzuringen, besteht darin, dass seine auf den ersten Blick ablehnende Haltung auch effizienzfreundlich ausgelegt werden kann. Ferner hat er sich früh aus der materiellen Fusionskontrolle zurückgezogen und es daher vermieden, die jüngere wirtschaftswissenschaftliche Entwicklung für Sec. 7 Clayton Act fruchtbar zu machen. So wird beispielsweise darauf hingewiesen, dass das Gericht in Brown Shoe nicht nur die wettbewerblichen Gefahren gesehen, sondern vergeblich nach Vorteilen einer Fusion Ausschau gehalten habe[1343]. Bezüglich der Procter & Gamble Entscheidung wird von einigen betont, dass das Gericht zumindest erkannt hätte, dass es sich bei der Berücksichtigung der Effizienzgesichtspunkte nicht um einen Rechtfertigungsgrund im eigentlichen Sinne handele, sondern um ein „echtes Kriterium des Wettbewerbs". Auch wenn der Supreme Court eine Abwägung dieses Kriteriums für ausgeschlossen gehalten habe, weil er sich der Zielsetzung des Kongresses bewusst gewesen sei, so sei doch auch für den Supreme Court klar gewesen, dass Effizienzen eine Komponente des Wettbewerbs darstellen würden.[1344] Tatsächlich geben einige Stellen der zitierten Entscheidungen Hinweise für eine offene Haltung gegenüber Effizienzen[1345]. Ob dem Supreme Court aber quasi „die Hände gebunden" gewesen seien, mag bezweifelt werden[1346].

Tatsächlich macht es aus den besagten Gründen wenig Sinn, sich an den älteren Fusionsentscheidungen aufzuhalten. Nützlicher ist hingegen der Blick auf Parallelen in der Missbrauchsaufsicht bezüglich vertikaler Vertriebsabsprachen[1347]. Wie im ersten Teil[1348] gezeigt wurde, hat die Chicago School die Bedeutung der Effizienzen auch bei vertikalen Bindungen aufgezeigt und insbesondere die Probleme des freerider Verhaltens aufgezeigt, die in der neueren Industrie- und Transaktionskostenökonomie als bedeutendes Argument für eine a priori Zulässigkeit einer solchen Vereinbarung sprechen[1349]. In United States v. Arnold, Schwinn & Co.[1350] setzte sich

---

1343 Brown Shoe Co. v. United States, 370 U.S. 294, 334 (1962): »*The trend toward vertical integration in the shoe industry [...]seems likely to foreclose competition [...]without producing any countervailing competitive, economic or social advantages*«.
1344 *Kolasky/Dick*, 71 Antitrust Law J. 207, 211 (2003).
1345 Ausf.: *Areeda/Turner*, § 941; *Heineke*, S. 168 ff.; *Berry*, 33 San Diego Law Rev. 515 ff. (1996); *Kattan*, 62 Antitrust Law J. 513 ff. (1994).
1346 *Pitofsky*, 81Geo. Mason L. Rev.195, Fn. 5 (1998); *Gotts/Goldman*, in: Hawk (Hrsg.), S. 201, 206; *Yao/Dahdouh*, 62 Antitrust Law J. 23, 30 (1993); *Fisher/Lande*, 71 Cal. Law Rev. 1580, 1588 (1983).
1347 Für eine Übertragbarkeit auf die Fusionskontrolle vgl. *Posner*, Antitrust Law, S. 151; *Fisher*, 1 J. Econ. Perspect. 23, 28 f. (1987).
1348 Vgl. Teil 1: A.II.1.d), S. 44; für Exklusivvereinbarungen vgl. Teil 1: A.V.3.b)bb), S. 103.
1349 *Knieps*, Wettbewerbsökonomie, S. 152 ff., 168 f.; *Posner*, Antitrust Law, S. 173 f., 186 f.; das Novum betonend auch *Kovacic/Shapiro*, 14 J. Econ. Perspect. 43, 55 ff. (2000).

der Supreme Court über diese Gesichtspunkte hinweg und schloss auch hier eine Berücksichtigung von Effizienzvorteilen in Vertikalvereinbarungen noch explizit aus. Ganz ähnlich wie in den Fusionsfällen führte er aus, dass die kleineren und mittleren Unternehmen zunehmend von vertikal integrierten Giganten verdrängt werden[1351]. Hätte es das Modell der vertikalen Separation aufgrund von Franchising nicht gegeben, so das Gericht, wären die unabhängigen Franchisenehmer wahrscheinlich Angestellte des Giganten geworden. Daher benötige die Nation soziale und ökonomische Beiträge[1352].

In Continental TV Inc. v. GTE Sylvania Inc.[1353], die General Dynamics zeitlich folgte, gab der Supreme Court diese Haltung zugunsten einer fundierten ökonomischen Analyse auf. Darin ging das Gericht ausführlich auf das free-rider Problem ein und stützt sich dabei explizit auf die Sichtweise der Chicago School[1354]. Diese Trendwende in der Beurteilung von Effizienzen kam auch noch in anderen Entscheidungen zum Ausdruck. In Broadcast Music, Inc. v. BCS, Inc. war eine horizontale Absprache Gegenstand eines Kartellverfahrens, in welchem der Supreme Court ausführte, dass eine horizontale Absprache nicht per se rechtswidrig sei, sondern diese danach beurteilt werden müsse, "whether the practice facially appears to be one that would always or almost always tend to restrict competition and decrease output, and in what portion of the market, or instead one designed to increase economic efficiency and render markets more, rather than less, competitive".[1355] Eine ähnliche Kehrtwende kann auch an der Entscheidung Albrecht v. Herald Co. demonstriert werden. Darin hatte das Gericht gegenüber dem Verlag Herald einen faktischen Kontrahierungszwang zugunsten des Auslieferers Albrecht zugestanden. Letzterer erhöhte seine Preise für die Auslieferung, woraufhin Herald den Vertrag kündigte und einem günstigeren Vertriebsunternehmen die Auslieferung übertrug. Das Gericht war der Auffassung, dass Preisbindungen – egal ob sie Minimum- oder Maximalpreise betreffen und ob sie durch Vertrag oder durch Unternehmenszusammenschluss begründet werden – eine per se Verletzung von Sec. 1 Sherman Act darstellen und daher eine hierauf gestützte Kündigung rechtswidrig sei[1356]. Diese Auffassung wurde in State Oil v. Khan explizit revidiert. Der Supreme Court gibt darin zu, dass seine frühere Haltung aufgrund der auch von ihm in zahlreichen anderen ergangenen Entscheidungen und der wirtschaftswissenschaftlichen Auseinandersetzung mit Vertikalvereinbarungen so nicht mehr aufrecht erhalten werden könne.

1350 United States v. Arnold, Schwinn & Co., 388 U.S. 365 (1967).
1351 United States v. Arnold, Schwinn & Co., 388 U.S. 365, 386 (1967).
1352 Ebenda.
1353 Continental T.V. v. GTE Sylvania, 433 U.S. 35 (1977).
1354 Ebenda, 56 (1977) mit Rückgriff auf *Bork*, 75 Yale Law J. 373, 403 (1966) und *Posner*, 75 Col. Law Rev. 282, 283 (1975).
1355 Broadcast Music, Inc. v. CBS, 441 U.S. 1, 19 f. (1979)
1356 Albrecht v. Herald Co., 390 U.S. 145, 151 (1968) m. Verw. auf United States v. Trenton Potteries Co., 273 U.S. 392 (1927); United States v. Socony-Vacuum Oil Co., 310 U.S. 150 (1940); Kiefer-Stewart Co. v. Seagram & Sons, 340 U.S. 211 (1951); United States v. McKesson & Robbins, Inc., 351 U.S. 305 (1956).

Niedrige Preise kämen den Endverbrauchern zugute und zwar ungeachtet ihrer Durchsetzung, solange sie keinen räuberischen Preiskampf bedeuten. Diese Maßnahmen zugunsten des Verbrauchers seien das Wesen des Wettbewerbs.[1357] Posner, der in dieser Entscheidung dem Court of Appeals vorsaß, interpretierte seine eigene Urteilsbegründung und die hierauf folgende Bestätigung des Supreme Court folgendermaßen: »It was high time the Supreme Court overruled Albrecht, and the court accepted [my] invitation.«[1358] Auch wenn der Supreme Court aus Klarstellungsgründen gehalten ist, diese Grundsätze auch auf die Fusionskontrolle auszuweiten[1359], so kann im Lichte der neueren Entwicklung in der Missbrauchsaufsicht nicht bestritten werden, dass eine Effizienzanalyse mit Sec. 7 Clayton Act im Einklang steht.

bbb) Die Merger Guidelines

(1) 1968 und 1982 Merger Guidelines

Das DOJ antizipierte die Effizienzanalyse durch Implementierung einer begrenzten Efficiency Defense bereits in seinen Merger Guidelines von 1968[1360]. Darin waren Effizienzgesichtspunkte unter „exceptional circumstances"[1361] einer Rechtfertigung des Zusammenschlusses zugänglich. Die Guidelines wiesen drei Gründe aus, warum nur eine begrenzte Berücksichtigung möglich wäre. Erstens würde das Justizministerium gegen Unternehmen, die ihre mindestoptimale Betriebsgröße noch nicht erreicht hätten, sowieso nicht vorgehen. Zweitens könnten solche Betriebsgrößenvorteile grundsätzlich durch internes Wachstum erfolgen. Und drittens gäbe es erhebliche Schwierigkeiten bei der praktischen Umsetzung einer breiten Berücksichtigung von Effizienzen, da ihre Existenz und Tragweite nur schwer nachgewiesen werden könnten.[1362] Ungeachtet dieser noch sehr zögerlichen Anerkennung von Effizienzen begannen Zusammenschlussparteien vermehrt damit, dem Justizministerium und der Handelsaufsicht ihrer Zusammenschlussbegründung Effizienzgesichtspunkte beizufügen. Trotz einer Reihe von Ablehnungen sind auch Fälle bekannt[1363], in denen diese exceptional circumstances vorlagen und nicht vor den Gerichten angegriffen wurden. Dabei ist hervorzuheben, dass das Justizministerium eng mit der Literatur zusammenarbeitete bzw. selbst Ökonomen beschäftigte. Der damalige Assistant

---

1357 State Oil v. Khan, 522 U.S. 3 (1997).
1358 Posner, Antitrust Law, S. 189.
1359 *Pitofsky*, 81Geo. Mason L. Rev.195, 213 (1998); *Heineke*, S. 171.
1360 1968 Merger Guidelines, § 10; Hintergrund einer solchen Berücksichtigung war die ökonomisch fundierte Analyse von Effizienzgesichtspunkten durch *Oliver E. Williamson*. Wegweisend *Williamson*, 58 Amer. Econ. Rev. 18 ff. (1969).
1361 1968 Merger Guidelines, § 10.
1362 Ebenda.
1363 General Motors, 103 FTC 374 (1984); Vgl. zu weiteren nicht veröffentlichten Fällen *Kolasky/Dick*, 71 Antitrust Law J. 207, 214 f. (2003).

Attorney General, Donald F. Turner[1364], lehnte zum damaligen Zeitpunkt Efficiencies als Rechtfertigung eines Zusammenschlusses in Frage. Er plädierte dafür, Effizienzen als wettbewerbsimmanent zu begreifen und nur dann von einer efficiency defense zu sprechen, sofern die Marktanteile eine kritische Schwelle überstiegen. In einem solchen Fall solle die Möglichkeit einer Widerlegung der Marktmachtvermutung bestehen.[1365] Einerseits bestätigt die Einbeziehung von Effizienzen die Sichtweise der Chicago School. Andererseits bemängelte die Chicago School die Unlösbarkeit einer Abwägung zwischen Effizienzen auf der einen und der Marktmachtvermutung aufgrund von Marktanteilen auf der anderen Seite[1366]. Der marktanteilsferne Ansatz der Chicago Schule fand sich eingeschränkt in den Merger Guidelines von 1982[1367] wieder, in denen die Marktmachtvermutungsschwelle für Fusionen derart heraufgesetzt wurde, dass eine Abwägung zwischen Marktmacht und Effizienzen – abgesehen von „extraordinary cases"[1368] – weitgehend vermieden wurde. Damit kam die fusionsfreundliche Ideologie[1369] der Chicago School unmittelbar in den Merger Guidelines zum Ausdruck. Die FTC zeigte sich dagegen gegenüber Effizienzen aufgeschlossen, sofern diese messbar seien. In ihrer am gleichen Tag der 1982 Merger Guidelines abgegebenen Stellungnahme gegenüber horizontalen Unternehmenszusammenschlüssen betonte sie, dass Effizienzen nicht als „Defense" behandelt würden, sondern nur, sofern sie die durch den Zusammenschluss erhöhten Marktmachtgefahren deutlich überwiegen[1370].

(2) 1984 Merger Guidelines

Die erneute Revision der Merger Guidelines im Jahr 1984 veränderte die Sichtweise für die Effizienzbeurteilung vollständig. In einer Presseerklärung[1371] wies das US Justizministerium auf die ursprünglich „missglückte" Formulierung der „efficiency passage" hin. Vom Wortlaut der bisherigen Guidelines her würden Effizienzgesichtspunkte nur unter außergewöhnlichen Umständen berücksichtigt werden, wobei in praxi Effizienzeinwände nie ignoriert würden[1372]. Effizienzgesichtspunkte wurden seit den 1984 Merger Guidelines nicht mehr unter die Gesetzesbezeichnung „Defen-

---

1364 Donaldf. Turner, Ph.D. in Economics lehrte selbst viele Jahre an der Harvard Law School, vgl. *Posner*, Antitrust Law, S. 55, Fn. 4; *Williamson*, The Merger Guidelines of the DOJ.
1365 *Areeda/Turner*, S. 153 f.
1366 *Bork*, The Antitrust Paradox: A Policy at War with Itself, 1978, S. 126; *Posner*, Antitrust Law, S. 133-136. Dies übersehen einige in Literatur und gehen dav. aus, dass die 1982 Guidelines der Chicago Schule entsprechen. Vgl. bspw. *Heineke*, S. 176.
1367 1982 Merger Guidelines, § 10.A.
1368 Der Term *extraordinary* weicht in seiner Akzentuierung von *exceptional* ab und kennzeichnet hierbei den noch restriktiven Gebrauch seitens des DOJ.
1369 *Heineke*, S. 150.
1370 *Kolasky/Dick*, 71 Antitrust Law J. 207, 214 f. (2003) zitieren dabei den späteren Associate Director for Mergers and Joint Ventures *James E. McCarty*, 467 PLI 213, 225 (1984).
1371 Department of Justice (DOJ), 1984 Merger Guidelines, Pressemitteilung v. 14.06.1984.
1372 Ebenda.

ses" gefasst, sondern unter die Sektion „competitive effects"[1373]. Damit wies die Gesetzessystematik fortan darauf hin, dass Effizienzgesichtspunkte bei der wettbewerblichen Beurteilung des Zusammenschlusses und nicht erst im Rahmen seiner Rechtfertigung mit zu berücksichtigen seien. Noch deutlicher kommt der Effizienzgedanke in den Guidelines selbst zum Ausdruck, indem formuliert wird: »The primary benefit of mergers to the economy is their efficiency-enhancing potential, which can increase the competitiveness of firms and result in lower prices to consumers.«[1374] Damit war die von der Chicago Schule kritisierte Abwägung abgeschafft worden. Stattdessen lag die Betonung auf der vollständigen Betrachtung des Zusammenschlusses, so dass die wettbewerbliche Beurteilung nicht mehr in Vorteilen der Effizienzen und Nachteilen des Wettbewerbs gespalten wurde. Ebenfalls aus Chicago Sicht begrüßenswert war die Einführung einer Präambel, die das primäre Ziel in der Effizienz steigernden Wirkung von Unternehmenszusammenschlüssen erkannte[1375]. Die Voraussetzungen, nach denen Effizienzen als berücksichtigungsfähig galten, hatten mit den alten Guidelines nur noch wenige Gemeinsamkeiten. Nach den 1982 Merger Guidelines mussten Effizienzargumente noch (1) mit klaren und überzeugenden Beweisen dargelegt werden und (2) mit substanziellen Kosteneinsparungen durch economies of scale erreichbar sein, um (3) gegenüber bereits solche Vorteile genießenden Unternehmen ein wettbewerbliches Gegengewicht entgegensetzen zu können, (4) ohne dass solche Voraussetzungen durch internes Wachstum oder weniger bedenkliche Zusammenschlüsse geschaffen werden können[1376]. Die 1984 Merger Guidelines dagegen wiesen einige fundamentale Änderungen auf[1377]. Zunächst musste weiterhin klar und überzeugend bewiesen werden, dass ein Zusammenschluss Effizienzvorteile aufweist. Die erste Änderung betraf das „Warum" eines Zusammenschlusses. Es musste weder ein Gegengewicht zu anderen Unternehmen hergestellt, noch musste darauf verwiesen werden, dass auch internes Unternehmenswachstum oder ein anderer Zusammenschluss zu ähnlichen Veränderungen in der Kostenstruktur führen würde. Stattdessen reichte es aus, wenn die Unternehmen eine „vernünftige Notwendigkeit" für die Effizienzerzielung bekundeten. Das zweite neue Element betraf die Frage des „Wie" der Beurteilung. Da in den ehemaligen Guidelines eine extraordinary case Betrachtung bedeutete, dass nur in Ausnahmefällen zwischen Effizienzen einerseits und wettbewerblichen Gefahren andererseits abgewogen wurde, war auch das „Wie" der Effizienzanalyse ein ganz

---

1373 1984 Merger Guidelines, § 3.5.
1374 Ebenda.
1375 Ebenda: »*The primary benefit of mergers to the economy is their efficiency-enhancing potential, which can increase the competitiveness of firms and result in lower prices to consumers. Because the Antitrust Laws and, thus, the standards of the Guidelines, are designed to proscribe only mergers that present a significant danger to competition, they do not present an obstacle to most mergers. As a consequence, in the majority of cases, the Guidelines will allow firms to achieve available efficiencies through mergers without interference from the Department*«.
1376 1982 Merger Guidelines, § 10.A.
1377 Vgl. *Davis*, 11 Del. J. Corp. Law 25 (1986); *Clanton*, 53 Antitrust Law J. 345 (1984).

anderer Prozess. Dieser stellte nämlich noch die Effizienzen im Ausnahmefall den Vorteilen gegenüber, vermied diese in den meisten Fällen jedoch durch Adaption hoher Marktkonzentrationsschwellen. Die neuen Guidelines von 1984 sahen dies anders. Das „Wie" der Effizienzbetrachtung musste fortan den wettbewerblichen Gefahren in einem sog. sliding scale Prozess gegenübergestellt werden. Je größer damit die Gefahr einer Wettbewerbsbeeinträchtigung durch den Zusammenschluss war, desto größer mussten die Effizienzvorteile sein, damit sie die Gefahren überwiegen konnten. Schließlich ergaben sich auch Änderungen hinsichtlich der berücksichtigungsfähigen Effizienzen. Neben economies of scale sollten in die wettbewerbliche Beurteilung weitere Effizienzkriterien einfließen, die – und das war eine tief greifende Veränderung – nicht abschließend enumeriert, sondern bewusst offen gehalten wurden[1378].

(3) 1992 und 1997 Merger Guidelines

Die 1992 erneut novellierten Merger Guidelines wiesen keine umfangreichen Änderungen gegenüber den alten Richtlinien auf und behielten die Formulierung der Effizienzgesichtspunkte im Wesentlichen bei. Hieß es in § 3.5 der 1984 Merger Guidelines aber noch: »if the parties to the merger establish by clear and convincing evidence that a merger will achieve such efficiencies, the Department will consider those efficiencies in deciding whether to challenge the merger«[1379], fehlte diese Formulierung in den 1992 Merger Guidelines. Damit war auch eine Beweislastregel entfallen. In den alten Guidelines lag der Nachweis einer solchen Behauptung bei den Zusammenschlussparteien. Die entscheidende Frage war daher, ob damit Beweislastumkehr geschaffen worden war. Die Intention, die hinter den 1992 Guidelines steckte, kann nur den zugrunde liegenden Stellungnahmen und der Fusionspraxis entnommen werden. DOJ und FTC begriffen die Änderung lediglich als Klarstellung, um zu betonen, dass nunmehr von dem strukturorientierten Ansatz zugunsten einer umfassenden wettbewerblichen Analyse abgewichen werde. Eine Beweislastumkehr sei nicht geplant[1380]. Stellt man die Fusionszahlen der 1990er Jahre gegenüber, kann die Gültigkeit dieser Aussage angezweifelt werden[1381], da sich die Zusammenschlussaktivität 1996 auf einem Höhepunkt der US-amerikanischen Geschichte befand. Allerdings können hierfür mehrere Gründe[1382] in Frage kommen. Allein die Änderung der Merger Guidelines ist wohl nicht allein ausschlaggebend für die Fusionswelle der 1990er Jahre. Rückblickend wird angenommen, dass die

---

1378 *[...] efficiencies include, but are not limited to, achieving economies of scale [...]*.
1379 1984 Merger Guidelines, § 3.5 Abs. 2.
1380 *Arquit*, 795 PLI/CORP 33 (1992).
1381 *Kattan*, 62 Antitrust Law J. 513, 522 ff. (1994); *Roberts/Salop*, 19 World Comp. Law Econ. Rev. (1996).
1382 *Sullivan/Grimes*, S. 523 f.: Deregulierung der Telekommunikation und die technologische Konvergenz spielten nach Auffassung von *Sullivan/Grimes* Schlüsselrollen.

Änderung der Guidelines den Behörden aber die Möglichkeit eröffnete, verstärkt Effizienzargumente mit in die Beurteilung einfließen zu lassen[1383].

Mit den 1997 Merger Guidelines kehrt eine vollständig systematische Betrachtung in die Effizienzanalyse ein. Ihr fester Standpunkt innerhalb der wettbewerblichen Beurteilung wurde beibehalten, was dadurch zum Ausdruck kommt, dass bevor gegen einen Zusammenschluss vorgegangen wird, die wettbewerblichen Implikationen genau analysiert werden. Effizienzgesichtspunkte werden am Ende der wettbewerblichen Analyse berücksichtigt. Auch dies ist Ausdruck eines systematischen sliding scale approach. So wird erst der Markt unter Einbeziehung der uncommitted entrants ermittelt. Hieran schließt sich nach § 2 die Prüfung koordinierter und unilateraler Effekte durch die Fusion an. Im dritten Schritt wird nach § 3 der committed entry beurteilt und hiernach Bilanz gezogen. Nunmehr kann beurteilt werden, ob der Verhaltensspielraum eventuell durch potentiellen Wettbewerb eingeschränkt wird oder ob große wettbewerbliche Gefahren bestehen. Erst jetzt kommt der sliding scale approach zur Entfaltung, wonach größere Gefahren auch durch erhebliche Effizienzen gedeckt sein müssen, damit sie keine wettbewerbliche Gefahren begründen. Damit wird deutlich, warum die Guidelines klarstellend festhalten: »Efficiencies almost never justify a merger to monopoly or near monopoly.« Zur Frage, welche Effizienzen zum Einsatz kommen, haben die Richtlinien eine weitere Systematisierung vorgenommen. Fortan soll über die Einbeziehung von "Cognizable efficiencies" in einer Zwei-Schritt-Prüfung entschieden werden. Solche Effizienzen sollen nur dann vorliegen, wenn sie zusammenschlussspezifisch, nachvollziehbar und nicht aus einer wettbewerbswidrigen Outputreduzierung resultieren[1384]. Die Zusammenschlussspezifität von Effizienzen wird definiert als Effizienzen, die voraussichtlich (likely) mit dem Zusammenschlussvorhaben eintreten und ohne Zusammenschluss unwahrscheinlich wären. Die Nachvollziehbarkeit knüpft an das Informationsproblem an, das Behörden und Gerichte haben, wenn sie von außen die innere Kostenstruktur eines Unternehmens beurteilen sollen. Daher ist die substantiierte Darlegung der Effizienzerwartungen für die Behörden von besonderer Wichtigkeit. Dass Effizienzgründe nicht in einer wettbewerbswidrigen Outputreduzierung gesehen werden, ist keine echte Voraussetzung, da dies weniger effizient als vielmehr ein Signal für bestehende Marktmacht ist. Daher dient die Formulierung lediglich der Klarstellung, dass Effizienzen die allokative Effizienz nicht verringern dürfen. Welche Effizienzen hierbei mit in die Beurteilung einbezogen werden sollen, lassen die Merger Guidelines offen.

ccc) Rezeption der Gerichte

Auch die Rechtsprechung hat in einigen Fällen eine Effizienzanalyse vorgenommen. Dies soll an drei Entscheidungen beispielhaft illustriert werden.

1383 *Kolasky/Dick*, 71 Antitrust Law J. 207, 225 (2003).
1384 1997 Merger Guidelines, § 4 Abs. 5.

(1) FTC v. University Health Inc.

In FTC v. University Health Inc.[1385] beanstandete die FTC eine Krankenhausfusion. Die Parteien trugen in dem Berufungsverfahren vor dem District Court Effizienzargumente vor, denen das Gericht Beachtung schenkte und folgte. Die seitens der FTC beantragte preliminary injunction wurde abgelehnt. Der Court of Appeals würdigte die geltend gemachten Effizienzvorteile ausgiebig und orientierte sich in seiner Dogmatik an den damals geltenden 1984 Merger Guidelines. Zum Ausdruck kam dies dadurch, dass die sog. efficiency defense seitens des Gerichts nicht als Rechtfertigungsgrund eines wettbewerbswidrigen Zusammenschlusses behandelt wurde. Vielmehr nahm das Gericht nach Erreichen der Vermutungsschwelle im Hinblick auf die Marktkonzentration eine Effizienzanalyse vor. Dieses Vorgehen begründete der 11th Circuit explizit damit, dass Effizienzgesichtspunkte mit in die wettbewerbliche Analyse einzubeziehen sind. Hierbei sei wichtig zu erfahren, ob das Zusammenschlussvorhaben positive Auswirkungen auf die Konsumentenwohlfahrt habe, um abschließend über die wettbewerblichen Auswirkungen entscheiden zu können.[1386] Da es den Zusammenschlussparteien nicht gelang, Effizienzwirkungen zu beweisen, gab das Gericht der Berufung der FTC statt und hob das erstinstanzliche Urteil auf.

(2) FTC v. H.J. Heinz Co.

FTC v. H.J. Heinz Co.[1387] betraf den Markt für glasabgefüllte Babynahrungsmittel. Der weltgrößte Wettbewerber, Gerber, hielt zu diesem Zeitpunkt einen Marktanteil von 65%. Die Zusammenschlussparteien vereinigten zusammen etwa 32,8% Marktanteil (15,4% Beech-Nut und 17,4% Heinz). Die FTC befand, dass durch den Zusammenschluss aus einem engen Oligopol ein Dyopol entstehen würde und dass es in den letzten 60 Jahren keine signifikanten Marktzutritte gegeben hatte. Außerdem würde zwischen den drei Oligopolisten bereits stillschweigendes Parallelverhalten existieren, das sich in einer bereits merkbaren Wettbewerbsbeschränkung äußere[1388]. Sie beantragte daraufhin in einer umstrittenen drei zu zwei Mehrheit der Kommissionsmitglieder eine preliminary injunction. Die Zusammenschlussparteien argumentierten mit Kosteneinsparungen, mehr Wettbewerb und niedrigeren Preisen, um ein Gegengewicht zum Marktführer Gerber herzustellen[1389].

Der District Court ermittelte einen HHI von 4775 Punkten und durch den Zusammenschluss wurde eine Erhöhung von 510 Punkten gemessen. Ferner erkannte es, dass es in letzter Zeit keine signifikanten Markteintritte gegeben hatte und dieser

---

1385 FTC v. University Health, Inc. 938 f.2d 1206 (11th Cir. 1991).
1386 FTC v. University Health, Inc. 938 f.2d 1206, 1223 (11th Cir. 1991).
1387 FTC v. Heinz, 116 f.2d 190 (D.D.C. 2000), rev. 246 f.3d 708 (D.C.Cir. 2001).
1388 *Leary*, Antitrust 32, 33 (Spring 2002).
1389 FTC v. Heinz, 116 f.2d 190, 196 (D.D.C. 2000).

auch künftig unwahrscheinlich sei.[1390] Das Bundesgericht vertrat die Auffassung, dass die von der FTC vorgebrachten Argumente nicht den Beweis dafür erbracht hätten, dass der Zusammenschluss zu einer Preiserhöhung führen würde[1391]. Außerdem ging der District Court davon aus, dass der Zusammenschluss substantielle Kosteneinsparungen bei Gehältern und Betriebkosten mit sich bringen würde[1392], die einen wettbewerbsfähigen Konkurrenten gegenüber dem Giganten Gerber entstehen ließe (sog. against giants defense). Aus diesen Gründen sah das Bundesgericht davon ab, die beantragte preliminary injunction zu erlassen.

In dem Berufungsverfahren wurde mindestens genauso stringent nach den 1997 Merger Guidelines verfahren wie es der District Court zuvor getan hatte. Allerdings gelangte der Court of Appeals zu einem anderen Ergebnis. Zunächst rügte das Gericht das erstinstanzliche Urteil bezüglich des von der FTC abgeforderten Beweises der Preiserhöhung. Stattdessen wies das Gericht darauf hin, dass die antitrust laws einen zusammenschlussbedingten Preisanstieg bei Erreichen von bestimmten Marktanteilskriterien vermuten würden. Dennoch nahm das Gericht eine ausführliche Effizienzanalyse vor[1393]. Der Appeals Court verlangte jedoch guidelinekonform den Nachweis von extraordinary efficiencies[1394]. Hierbei seien die Zusammenschlussparteien in der Pflicht, die Effizienzgewinne in ihrem Ausmaß und ihrer zusammenschlussspezifischen Wirkung[1395] nachzuweisen, um einen prima facie bestehenden Verstoß zu widerlegen, was den Parteien nicht gelang.

(3) FTC v. Tenet Health Care Corp.

Ein zweite Krankenhausfusion, die einen Court of Appeals mit der Effizienzwirkung von Unternehmenszusammenschlüssen beschäftigte, war der Fall FTC v. Tenet Health Care Corp.[1396] Das erstinstanzliche Gericht hatte Effizienzwirkungen des Zusammenschlusses zwar beachtet. Der Court of Appeals befand die Effizienzanalyse des Gerichts aber für nicht ausreichend. Das Berufungsgericht hielt dem District Court vor, dass es „evidence of enhanced efficiencies" nicht beachtet hätte. Nach Auffassung des Gerichts hätte die Betrachtung der weiteren technischen Entwicklung zwingend vorgenommen werden müssen[1397]. Es hob das District Court Urteil daher auf. Denn in Anbetracht der signifikanten Veränderungen der Krankenhausindustrie in der Vergangenheit und die tiefgründigen Veränderungen in naher Zukunft,

---

1390 Ebenda.
1391 Ebenda, 116 f.2d 190, 197 (D.D.C. 2000).
1392 Ebenda, 116 f.2d 190, 199 (D.D.C. 2000).
1393 FTC v. Heinz, 246 f.3d 708, 719 (D.C.Cir. 2001).
1394 Ebenda, 246 f.3d 708, 720 (D.C.Cir. 2001); vgl. 1997 Merger Guidelines, § 4.0: *When the potential adverse competitive effect of a merger is likely to be particularly large, extraordinarily great cognizable efficiencies would be necessary to prevent the merger from being anticompetitive.*
1395 FTC v. Heinz, 246 f.3d 708, 721 f. (D.C.Cir. 2001).
1396 FTC v. Tenet Health Care Corp., 186 f.3d 1045 (8th Cir. 1999).
1397 Ebenda, 186 f.3d 1045, 1054 (8th Cir. 1999).

sei eine Fusion aus heutiger Sicht vielleicht wettbewerbsschädlich, sie könnte aber Vorteile für den Wettbewerb in der Zukunft haben[1398]. Diese in der Zukunft liegenden Effizienzvorteile des Zusammenschlusses erörterte das Gericht ausgiebig. Es gelangte dabei zu dem Ergebnis, dass trotz einer möglichen Preissteigerung in einem kleinen Gebiet, wo nicht viele Krankenhäuser zugegen waren, Vorteile aus der Fusion daraus erwachsen würden, dass die Bündelung der Ressourcen das zusammengeschlossene Unternehmen dazu befähigten, eine bessere medizinische Versorgung zu gewährleisten und dass dies den Wettbewerb in einem größeren geographischen Gebiet fördern würde.

ddd) Zusammenfassung

Zusammenfassend ist festzuhalten, dass die Gerichte im Rahmen der Fusionskontrolle Effizienzargumente berücksichtigen und ihre Vorteile genau analysieren. Die Effizienzanalyse ist mittlerweile fester Bestandteil bei der Anwendung der antitrust laws durch die Gerichte[1399]. Die hier behandelten Fälle zeigen aber ganz deutlich, wie unterschiedlich die Effizienzanalyse ausfallen kann. In allen Fällen dient der Marktanteil als Vermutungsschwelle, so dass eine reine Chicago School Sichtweise von den Gerichten in Übereinstimmung mit den Merger Guidelines abgelehnt wird. Die efficiency defense ist daher nur zur Widerlegung eines prima facie bestehenden Verstoßes gegen Sec. 7 Clayton Act geeignet und damit nicht das alleinige Merkmal für die Beurteilung der wettbewerblichen Auswirkungen eines Zusammenschlusses. Welchen Stellenwert die Effizienzanalyse und die Merger Guidelines als Ausdruck der ökonomischen Analyse haben, zeigt die Entscheidung FTC v. H.J. Heinz ganz deutlich. Darin wurde nicht nur auf den SSNIP-Test Bezug genommen, sondern auch der HHI in seiner Höhe, des durch den bevorstehenden Zusammenschluss erwarteten Anstiegs und der damit verbundenen Rechtsfolge berücksichtigt. Gemäß den Guidelines wurde dogmatisch korrekt der gesteigerte Verhaltensspielraum analysiert und erst danach nach Marktzutritts- und Innovationsmöglichkeiten gesucht, um erst dann aufgrund des sliding scale approach nach den extraordinary efficiencies zu fragen. In der Literatur[1400] wird hierzu angemerkt, dass dem Vorgehen des Court of Appeals Akribie zu bescheinigen sei, da es sich durch seine ausgiebige Tatsachenfeststellung am Rande der für ein Berufungsgericht rechtlichen Zulässigkeit bewegt habe. Bemerkenswert war in erster Linie, dass das Gericht – wie es auch selbst feststellte[1401] – trotz der hohen und bis dahin wohl einzigartigen Marktkonzentration, die in Folge des Zusammenschlusses zu Marktmacht durch ein

---

1398   Ebenda, 186 f.3d 1045, 1062 (8th Cir. 1999) m. Verw. auf United States v. Mercy Health Services, 107 f.3d 632, 637 (8th Cir. 1997).
1399   FTC v. Staples, Inc., 970 f.Supp. 1066 (D.D.C. 1997); FTC v. Cardinal Health, Inc., 12 f.2d 34 (D.D.C. 1998); FTC v. Swedish Match, 131 f.2d 151 (D.D.C. 2000); United States v. Carilion Health System, 892 f.2d 1042 (4th Cir. 1989).
1400   *Kolasky*, 16 Antitrust, 82, 83 (2001).
1401   FTC v. Heinz, 246 f.3d 708, 717 (D.C.Cir. 2001).

Dyopol geführt hätte, eine Effizienzanalyse nicht abgelehnt hatte. Die Heinz-Entscheidung wird daher zu Recht als Bestätigung für die umfassende Berücksichtigung von Effizienzvorteilen in der Fusionskontrolle gesehen[1402].

eee) Wohlfahrtsstandard

Dass die Merger Guidelines und die Gerichte Effizienzerwartungen großes Gewicht beimessen, besagt noch nicht, welcher Wohlfahrtsstandard der Effizienzanalyse zugrunde gelegt wird. Weder die Merger Guidelines noch die Rechtsprechung lassen hierbei Eindeutigkeit erkennen. Dass der total welfare standard nicht verfolgt wird, ist aber offensichtlich. Weder in den Guidelines noch in der Rechtsprechung wird allein auf die Differenz zwischen produktiver und allokativer Effizienz abgestellt. Vielmehr ist häufiger von dem Schutz des Verbrauchers zu lesen. In den Merger Guidelines heißt es: »[…] the Agency considers whether cognizable efficiencies likely would be sufficient to reverse the merger's potential to harm consumers in the relevant market, e.g., by preventing price increases in that market.«[1403] In der Literatur[1404] wird aber zutreffend darauf hingewiesen, dass hieraus ein pass-on requirement im Sinne des consumer surplus Ansatzes nicht direkt abgeleitet werden könne, obwohl der Wortlaut hierauf hindeute und die Konsumentenrente in einigen Kartellverfahren auch von der FTC betont werde. Vor allem aber wird ein striktes pass-on requirement mit ökonomischen Gründen überwiegend[1405] abgelehnt. Andere[1406] wollen den Guidelines ein solches Erfordernis entnehmen. Dies widerspräche aber der häufig überlesenen[1407] Fußnote in den Guidelines, in der es heißt: »[…] the Agency also will consider the effects of cognizable efficiencies with no short-term, direct effect on prices.«[1408] Denn dieser, eher dynamische Aspekt der Effizienzanalyse ist dem consumer surplus Ansatz fremd, weshalb er sich allein auf den Preis als verlässliche Quelle der Effizienzwirkung stützt. Daher spricht vieles dafür, dass die Merger Guidelines und die Kartellbehörden dynamischen Effizienzgesichtspunkten zwar Beachtung schenken, aufgrund ihrer schwiegen Nachweisbarkeit aber auch strengere Maßstäbe verlangen.

Auch die Rechtsprechung lässt viel Raum für Interpretationen des maßgeblichen Wohlfahrtsstandard. So ist in FTC v. University Health Inc. auffällig, dass auf die Konsumentenwohlfahrt Bezug genommen wird, um den „overall effect on competi-

---

1402 *Leary*, Antitrust 32, 38 (Spring 2002); *Immenga/Stopper*, RIW 2001, S. 512, 515; a.A.: *Kolasky*, 16 Antitrust, 82, 83 (2001); *Gotts/Goldman*, in: Hawk (Hrsg.), S. 201, 215.
1403 1997 Merger Guidelines, § 4 Abs. 6.
1404 *Heineke*, S. 180 f.; *Pitofsky*, 81 Geo. Mason L. Rev.195, 207 f. (1998); *Kolasky/Dick*, 71 Antitrust Law J. 207, 230 f. (2003).
1405 *Fisher/Lande*, 71 Cal. Law Rev. 1580, 1691 ff. (1983); *Lande*, 34 Hastings Law J. 65 ff. (1982); *Salop*, Efficiencies in Dynamic Merger Analysis, in: FTC, Hearings on Global and Innovation-based Competition (1995).
1406 *Kattan*, 62 Antitrust Law J. 513, 520 (1994).
1407 Vgl. aber *Gotts/Goldman*, in: Hawk (Hrsg.), S. 201, 247, Fn. 184.
1408 1997 Merger Guidelines, Fn. 27.

tion" zu beurteilen[1409]. Allerdings schweigt das Gericht darüber, ob solche Effizienzen direkt an die Konsumenten weitergegeben werden müssen. Stattdessen »sei der Beweis nützlich, dass die Effizienzen den Konsumenten zugute kommen.« Dies ist ein Hinweis für einen eher flexiblen Ansatz, der mit Elementen statischer und dynamischer Effizienz im Einklang steht. Andererseits wird hierin teilweise[1410] der consumer surplus Standard wieder erkannt. Begrenzte Auslegungsmöglichkeiten lässt dagegen FTC v. Tenet Health Care Corp. zu. Diese vielfach zitierte, aber im Hinblick auf die dynamische Effizienz wohl eindeutig vernachlässigte Entscheidung zeigt, dass das Gericht dem strukturellen Wandel größeren Wert als dem Preiswettbewerb beigemessen hat, in dem es die enhanced efficiencies betont und allein mit der Begriffswahl der Besonderheit dynamischer Effizienzgesichtspunkte Ausdruck verliehen hat. Erstaunlich war, dass das Gericht erkannte, dass die allokative Effizienz auch kurzfristig durch den Zusammenschluss leiden könnte, um technischen Fortschritt zu ermöglichen[1411]. Dies deckt sich weder dem total noch dem consumer surplus Ansatz, sondern spricht eher für einen hybriden Ansatz.

In diesem Sinne können auch die Äußerungen von Vertretern des DOJ verstanden werden, dass grundsätzlich der consumer surplus Ansatz verfolgt werde, aber nicht das Maß aller Dinge sei[1412]. Dynamische Effizienzen werden in der US-amerikanischen Fusionskontrolle insoweit nicht ausgeblendet, sondern mit in die wettbewerbliche Beurteilung einbezogen.

IV. Ergebnis zu den Grundzügen der US-amerikanischen Fusionskontrolle

Das US-amerikanische Kartellrecht hat eine traditionsreiche Geschichte, in dessen Verlauf die Rechtsprechung das SCP-Paradigma der Harvard School sukzessive aufgegeben hat. Heute ist auch die Fusionskontrolle insgesamt stark an der ökonomischen Realität orientiert, was nicht zuletzt den Wettbewerbsbehörden und dem wettbewerbstheoretischen Fundus der Chicago School zu verdanken ist. Das Department of Justice (DOJ) und die Federal Trade Commission (FTC) haben in enger Zusammenarbeit und im Dialog mit der ökonomischen Literatur Leitlinien ihrer Zusammenschlussbeurteilung (Merger Guidelines) entwickelt, um die Fusionskontrolle transparenter zu gestalten. Sie haben diese den ökonomischen Erkenntnissen laufend angepasst. Die Rechtsprechung ist dem in vielerlei Hinsicht gefolgt und hat die zunächst unverbindlichen Richtlinien der Behörden in das Case Law implementiert, so dass die Merger Guidelines heute geltendes Recht verkörpern.

Die Fusionskontrolle ist in erster Linie in Sec. 7 Clayton Act verankert. Im Kern erklärt die Vorschrift einen Zusammenschluss für rechtswidrig, wenn er den Wettbewerb auf einem Markt wesentlich verringert (substantial lessening of competiti-

---

1409 FTC v. University Health, Inc. 938 f.2d 1206, 1222 (11th Cir. 1991).
1410 *Heineke*, S. 180.
1411 Vgl. FTC v. Tenet Health Care Corp., 186 f.3d 1045, 1062 (8th Cir. 1999) m. Verw. auf United States v. Mercy Health Services, 107 f.3d 632, 637 (8th Cir. 1997).
1412 *Werden*, 11 Antitrust 12, 13 f. (1997); *Kolasky/Dick*, 71 Antitrust Law J. 207, 230 f. (2003).

on). Dieses unbestimmte SLC-Kriterium wird heute in Anlehnung an den ökonomischen Marktmachtbegriff als die Fähigkeit eines Unternehmens verstanden, durch die gezielte Reduzierung der Ausbringungsmenge einen erheblichen Preisanstieg zu bewirken und über längere Zeit aufrechtzuerhalten.

In Übereinstimmung mit diesem ökonomischen Marktmachtbegriff werden die Erkenntnisse hinsichtlich der Grenzen eines Marktes anhand des hypothetischen Monopolistentests (SSNIP-Test) in sachlicher und räumlicher Hinsicht gewonnen. Dabei wird das betreffende Unternehmen zunächst fiktiv als hypothetischer Monopolist eingestuft und ein Preisanstieg stufenweise simuliert. Je nach Elastizität der Nachfrage wechseln mehr oder weniger Nachfrager zu einem anderen, nächst besserem Anbieter, bis keine Substitute für das jeweilige Produkt mehr vorhanden sind. Dann stehen die Grenzen des relevanten Marktes fest.

In dem sich anschließenden Schritt werden die Marktteilnehmer identifiziert. Neben den aktuellen Wettbewerbern des betreffenden Unternehmens wird dabei auch nach potentiellen Wettbewerbern Ausschau gehalten. Ein solcher wird dann bereits auf Marktdefinitionsebene einbezogen, wenn er als uncommitted entrant gilt. Um als solcher berücksichtigt zu werden, muss durch einen weiteren SSNIP-Preisanstieg von etwa 5-10% innerhalb eines Jahres mit dem Markteintritt gerechnet werden. Erfolgt der Markteintritt später, kann dieser erst im Rahmen der wettbewerblichen Analyse Eingang in die Zusammenschlussbeurteilung finden.

Trotz der Abkehr von dem SCP-Paradigma der Harvard Schule ist auch heute noch der Marktanteil, berechnet aus dem sog. Herfindahl-Hirschman Index (HHI), Ausgangspunkt einer jeden wettbewerblichen Beurteilung. Der HHI kennzeichnet im Gegensatz zu anderen Indizes, wie die eine einfache Marktanteilsaddition der führenden vier Unternehmen (CR4-Index), nicht nur die Marktkonzentration in ihrer Summe, sondern lässt auch Rückschlüsse auf die Art der Konzentration zu, insbesondere, inwieweit ein oligopolistisch begünstigendes Marktverhalten bereits vorliegt, das Wohlfahrtsverluste begünstigen kann. Eine Schlüsselrolle nimmt der HHI bei der Bewertung der wettbewerblichen Auswirkungen eines Zusammenschlusses ein, indem die Veränderung der Indexhöhe bezogen auf festgelegte Schwellenwerte Aufschluss über die Schwere der Wettbewerbsbedenken gibt.

Obwohl der HHI ausführlich von den Wettbewerbsbehörden untersucht wird, hat er nur die Wirkung einer ersten widerlegbaren Vermutung für eine wesentliche Verringerung des Wettbewerbs. Dies hatte auch der U.S. Supreme Court in seiner General Dynamics Entscheidung Jahrzehnte zuvor antizipiert. In Fortführung dieser höchstrichterlich entwickelten Rule of Reason sind Fusionsfreigaben trotz Überschreitung dieser Schwellen keine Seltenheit.

Sind diese Werte überschritten, wird beurteilt, ob infolge des Zusammenschlusses unilaterales oder koordiniertes Verhalten der Beteiligten wahrscheinlicher wird. Dabei werden solche potentiellen Wettbewerber mit in die Analyse einbezogen, für die aufgrund der Höhe der Marktzutrittsschranken ein Markteintritt längere Zeit in Anspruch nimmt. Für solche committed entrants, die für den Markteintritt erhebliche versunkene Investitionen aufzuwenden haben, wird in einer Drei-Schritt-Prüfung ermittelt, ob Markteintritte timely, likely und sufficient sind.

Potentieller Wettbewerb kann durch einen Zusammenschluss auch ausgeschaltet werden. Um diesen Gefahren vorzubeugen, hat der Supreme Court die potential competition doctrine entwickelt. Dabei muss neben einer hohen Marktkonzentration nachgewiesen werden, dass der konkrete potentielle Wettbewerber die Fähigkeit besitzt, in den betreffenden Markt einzutreten und dass er bereits eine Marktmacht begrenzende Funktion auf die aktuellen Wettbewerber ausübt. Höhere Anforderungen werden dagegen an einen actual potential entrant gestellt. Diesem, kurz vor dem Markteintritt stehenden, potentiellen Wettbewerber muss dann nachgewiesen werden, dass er auch ohne Zusammenschluss in den Markt eingetreten wäre. Aufgrund der Beweisschwierigkeiten und der notwendigen Berücksichtigung des verbleibenden Wettbewerbsdruckes durch die übrigen potentiellen Wettbewerber hat die actual potential competition doctrine nur für oligopolistische Märkte mit erheblichen Marktzutrittsschranken Relevanz. Für Telekommunikationsmärkte, die durch erhebliche Marktzutrittsschranken und einer geringen Anzahl von Netzbetreibern gekennzeichnet sind, haben die Wettbewerbsbehörden den Anwendungsbereich beider Theorien bislang für nicht eröffnet gesehen, weil weder eine aktuelle Marktmachtdisziplinierung noch ein bevorstehender Markteintritt nachgewiesen werden konnte und zudem meist weitere, gleich starke potentielle Wettbewerber vorhanden bleiben, die eine Marktmachtausübung verhindern können. Die Anwendung beider Konzeptionen scheidet daher praktisch aus.

Spätestens seit der FTC v. Heinz Co. Entscheidung kann auch die Anerkennung der Effizienzanalyse in der US-Fusionskontrolle nicht mehr bestritten werden. Sie steht nicht im Widerspruch zum Verständnis der Supreme Court Rechtsprechung und wird von den unterinstanzlichen Gerichten in Übereinstimmung mit den Merger Guidelines auch bei sehr hohen HHI konsequent durchgeführt. Allerdings sind im Rahmen der Effizienzanalyse noch viele Fragen offen. Das umstrittene und künftig wohl noch an Relevanz gewinnende Problem ist die Frage nach dem anzuwendenden Wohlfahrtsstandard. Der consumer surplus Ansatz, der eine Weitergabe (pass-on) der Effizienzen an den Verbraucher verlangt, scheint sich zwar bei erster Lesart der Merger Guidelines aufzudrängen. Dabei wird aber übersehen, dass die Richtlinien in diesem Punkt bewusst offen gehalten wurden und ein pass-on nicht zwingend ist. Sie legen zwar den ersten Schwerpunkt auf leicht messbare Effizienzen, die sich in niedrigeren Preisen niederschlagen. Explizit erfasst werden aber auch andere Effizienzen, die keine unmittelbaren Auswirkungen auf die Preis-Absatz-Funktion haben und eher langfristiger Natur sind. In welchem Verhältnis allokative und produktive Effizienzen stehen, bleibt nach den Richtlinien aber offen. Auch die Rechtsprechung verhält sich in diesem Punkt bislang uneinheitlich. Die Wettbewerbsbehörden haben in einigen Stellungnahmen angedeutet, dass ein strikter consumer surplus Ansatz inadäquat sei und auch nicht von den Merger Guidelines vorausgesetzt werde. Daher bleibt die Beurteilung des richtigen Wohlfahrtsstandards der weiteren Entwicklung der US-Fusionskontrolle vorbehalten.

Von dieser wohlfahrtstheoretischen Problemstellung zu unterscheiden ist die Frage nach einer Berücksichtigungsfähigkeit von dynamischen Effizienzkriterien innerhalb der Fusionskontrolle. Eindeutige Hinweise für ihre Einbeziehung lassen sich weder aus den Merger Guidelines noch aus der Rechtsprechung ableiten. DOJ und FTC wollen zwar ausdrücklich neue Produkte im Rahmen der wettbewerblichen Prüfung berücksichtigen. Genauere Angaben fehlen hier aber, so dass Innovationen einerseits im Wege des sog. quality corrected price eher statisch-komparativ begriffen werden könnten. Die in den Guidelines angeführte Einbeziehung längerfristiger Effizienzen könnte aber auch hier als dynamischer Ansatz begriffen werden. Da sie sich nicht leicht messen lassen, ist ihre Einbeziehung aber mit Beweisschwierigkeiten verbunden. Solche Schwierigkeiten hatte das Berufungsgericht in dem Fall FTC v. Tenet Health Care Corp. indes nicht gesehen. Das Gericht wies darauf hin, dass der im Umbruch stehenden Marktentwicklung besonderes Gewicht beizumessen sei. Wegen der Neustrukturierung des Sektors wurden neben Synergien vor allem die positiven Effekte für die technische Entwicklung gesehen. Trotz einer erheblichen Zunahme der Marktkonzentration und den damit verbundenen Marktmachtgefahren gab das Gericht den dynamischen Effizienzgewinnen den Vorzug.

B. Zusammenschlusskontrolle im Sektor der Telekommunikation

Nachdem das System der allgemeinen Fusionskontrolle behandelt wurde, soll nun die Aufmerksamkeit auf die Märkte der Telekommunikation gelenkt werden. Dabei sollen etwaige Unterschiede der US-Fusionskontrolle auf Telekommunikationsmärkten aufgedeckt und mögliche Wechselwirkungen mit dem Regulierungsrecht aufgezeigt werden. Ziel der Darstellung ist die im ökonomischen Teil aufgeworfene Frage, mit welchen Handlungsmöglichkeiten die betrauten Stellen einer dynamischen Telekommunikationsentwicklung Rechnung tragen und welche Maßnahmen ergriffen werden, um den Besonderheiten dieser Märkte gerecht zu werden.

Obwohl die Zusammenschlusskontrolle von Breitbandkabelnetzen den Schwerpunkt dieser Arbeit bildet, ist es aus Sicht der US-amerikanischen Zusammenschlusspraxis unmöglich, separate Aussagen für diesen Netzsektor zu treffen. Einerseits haben Kabelnetze im Gegensatz zu den strukturellen Veränderungen des klassischen PSTN historisch und wettbewerbspolitisch weit weniger Bedeutung erhalten, so dass sie sich unbeobachtet zu Full Service Netzen entwickeln konnten. Zum anderen ist aufgrund der in den USA eingetretenen cross-medialen Verflechtung zwischen den Netzbetreibern untereinander eine rein horizontale Integration der Kabelnetze selten. Dort, wo dies anders ist, also reine Kabelnetzbetreiber fusionieren oder von anderen akquiriert werden, bestimmen vertikale Verflechtungen vor allem mit konglomeraten Inhalteanbietern das Geschehen und damit auch das Problem einer wettbewerblichen Beurteilung. Damit scheidet eine Analyse dieser Zusammenschlüsse zwar nicht aus. Ihnen wird daher auch nachgegangen. Da aber viele Gesichtspunkte der reinen Infrastrukturakquisition im PSTN auf strukturelle Gesichtspunkte der Kabelnetze in Deutschland übertragbar sind, soll der Fusionskontrolle im PSTN der USA besondere Aufmerksamkeit geschenkt werden.

I. Kompetenzgeflecht zwischen DOJ, FCC und FTC

Der kompetenzielle Überlappungsbereich zwischen FTC und DOJ wird bei Unternehmenszusammenschlüssen im Sektor der Telekommunikation durch die Einbeziehung der US-amerikanischen Regulierungsbehörde für Kommunikation, die sog. Federal Communications Commission (FCC) verkompliziert. Auch die FCC ist eine independent bzw. regulatory agency und ist daher ebenfalls mit den Elementen der Rechtsanwendung, der Rechtsetzung und der quasi-gerichtlichen Streitschlichtung[1413] ausgestattet. Wie die FTC und andere administrative agencies besitzt auch die FCC unterschiedlichen Handlungsformen. Die FCC wird vor allem im Wege der regulations tätig, die im CFR veröffentlicht werden müssen. Die grundlegenden Verfahrensschritte aus notice of proposed rulemaking, hearing und rulemaking muss sie daher auch beachten. Darüber hinaus handelt die FCC im Wege von Einzelfallentscheidungen (adjudications) und umfasst daneben auch informelles Verwaltungs-

---

[1413] *Ladeur*, K&R 1998, S. 479.

handeln.[1414] Um die Rollenverteilung zwischen DOJ, FTC und FCC in der Zusammenschlusskontrolle des Telekommunikationssektors adäquat erfassen zu können, bedarf es einer retrospektiven Betrachtung der über die Jahre gesetzlich veränderten Zuständigkeitsverteilung.

1. Sec. 1, 2 Sherman Act

Noch bevor der Clayton Act mit seinem eigenen Fusionskontrolltatbestand eingeführt und die FTC mit dem FTC Act ins Leben gerufen wurde, war das U.S. Justizministerium für sämtliche Unternehmenszusammenschlüsse und jegliche Monopolisierungsvorwürfe nach dem Sherman Act zuständig und verfolgte so beispielsweise auch AT&T im Jahr 1913. AT&T hatte durch Akquisitionen von Western Union Telegraph Co. und kleineren Netzbetreibern eine monopolistische Stellung im Long Distance Bereich erlangt[1415]. Das DOJ bezichtigte AT&T, ihre marktbeherrschende Stellung missbräuchlich dazu verwendet zu haben, um kleinere LEC in ihr Bell System zu integrieren. In einem consent decree, der sog. Kingsbury Commitment, erreichte das Justizministerium eine Entflechtung von AT&T bezüglich Western Union und die Verpflichtung zur Zusammenschaltung mit unabhängigen Netzbetreibern. Außerdem wurde AT&T verpflichtet, keine weiteren Akquisitionen im Netzbereich zu tätigen.[1416] Trotz der umfangreichen Verpflichtungen beanstandete das DOJ die in den Jahren nach dem Vergleich von AT&T beantragten Zusammenschlüsse mit kleineren Netzbetreibern nicht, da viele unabhängige Telefonnetzbetreiber eine Zusammenschaltung verweigerten und daher von den Endkunden mehrfache Telekommunikationsverträge geschlossen werden mussten. Der Kongress hob 1921 die Kingsbury Commitment auf und übertrug der Interstate Commerce Commission (ICC)[1417] die Kompetenz, sämtliche Zusammenschlüsse im Telekommunikationssektor von den Regelungen der antitrust laws freizustellen. Hierzu erließ der Kongress den Willis-Graham Act von 1921[1418]. Mit diesem wurde der Telefondienst mit der Begründung, dass Wettbewerb aufgrund der Netzfragmentierung und dem Mangel an Zusammenschaltung nicht im öffentlichen Interesse sei, offiziell zu einem natürlichen Monopol erklärt. Durch den bereits 1910 eingeführten Man-Elcins Act hatte die ICC zudem die Regulierungshoheit bezüglich des zwischenstaatlichen Fernmeldeverkehrs (sog. interstate wire and radio connection common carriage). Doch diese Regulierung spielte nur eine geringe Rolle, da sich die ICC hauptsächlich mit dem Personen- und Güterverkehr befasste.[1419]

1414 Vgl. auch FCC, The Rulemaking Process, abrufbar unter: <http://www.fcc.gov/rules.html>.
1415 *Noll/Owen*, in: Kwoka/White (Hrsg.), S. 328, 330 f.
1416 *Woroch*, in: Cave/Majumdar/Vogelsang/Elsevier (Hrsg.), Ch. 15, S. 9; *Noll/Owen*, in: Kwoka/White (Hrsg.), S. 328, 330 f.
1417 Die ICC wurde später Teil der FCC; vgl. *Faulhaber*, Telecommunications in Turmoil: Technology and Public Policy, S. 7.
1418 Vgl. Willis-Graham Act, Ch. 20, 42 Stat. 27 (cod. at 47 U.S.C. 221 (a)).
1419 *Müller*, in: Horn/Knieps/ders. (Hrsg.), S. 290.

2. Sec. 214 (a), 310 (b) Communications Act

Mit Erlass des Communications Act[1420] von 1934 (CA1934) wurde die FCC gegründet bzw. in diese umbenannt (zuvor: Federal Radio Commission – FRC)[1421]. Die Federal Radio Commission war für den Broadcasting zuständig, d.h. für den terrestrischen Rundfunk. Gegründet um eine effiziente Frequenzallokation zu gewährleisten, wurde die FRC nach ihrer Umbenennung durch den Communications Act mit umfassenden Rechten auch zur Regulierung des Telekommunikationswesens ausgestattet und war mit den nur rudimentär ausgestalteten Regulierungsinstrumenten der ICC unvergleichbar. Nach Sec. 1 CA1934 bestand das Regulierungsziel allein darin, „as to make available, so far as possible, to all the people of the United States a rapid, efficient, Nation-wide, and world-wide wire and radio communication service with adequate facilities at reasonable charges". Dieses umfasste daher nicht nur die Telefonie als ein Mittel der Individualkommunikation, sondern auch weiterhin die Massenkommunikation, wie terrestrisches Fernsehen und Kabelrundfunk[1422]. Ferner war die Kompetenz nicht nur auf den fernmeldetechnischen Bereich begrenzt, sondern umfasst auch die inhaltliche Betätigung der Veranstalter einschließlich der Betätigung von Rundfunkveranstaltern[1423]. Weil der Willis-Graham Act aufrechterhalten wurde, übertrug der Kongress der FCC auch die ausschließliche Kompetenz, über Unternehmenszusammenschlüsse im Bereich der Telekommunikation zu entscheiden. Nach Sec. 221 (a) CA1934 wurde hierbei gegenläufiges Recht ausgeschlossen. Die relevante Stelle des Sec. 221 (a) CA1934 lautete: "If the Commission finds that the proposed [transaction] is [...] in the public interest, it shall certify to that effect; and thereupon any Act or Acts of Congress making the proposed transaction unlawful shall not apply". Dieser Anwendungsausschluss, insbesondere[1424] von Sec. 7 Clayton Act, kam klarstellend auch in Sec. 7 (6) Clayton Act zum Ausdruck: "Nothing contained in this section shall apply to transactions duly consummated pursuant to authority given by [...] the Federal Communications Commission". Demnach waren die Wettbewerbsbehörden von der Zusammenschlusskontrolle entbunden.

Die eigentliche Ermächtigungsgrundlage zur Beurteilung von Zusammenschlüssen durch die FCC ergibt sich aber aus dem Zustimmungsvorbehalt der Sec. 214 (a), 310 (d) Communications Act[1425]. Gemäß Sec. 214 (a) Communications Act soll kein Common Carrier eine Ausweitung seines Betriebes in Form der Errichtung oder

---

1420 Communications Act 1934, Ch. 652, 48 Stat. 1064 (cod. in 15 U.S.C. 21; 47 U.S.C. 35, 151-609).
1421 *Harris/Kraft*, 11 J. Econ. Perspect. 93, 95 (1997).
1422 Die FCC lehnte die Ausübung ihrer Kompetenzen für den Kabelrundfunk zunächst aber ab; vgl. hierzu unter Teil 2: B.III.3.a), S. 324 f.
1423 Vgl. ausf. *Hoffmann-Riem*, Kommerzielles Fernsehen, S. 69 ff., 127 ff.
1424 Damit waren gleichzeitig auch Zusammenschlussbeurteilungen auf Grundlage des Sherman und FTC Act ausgeschlossen.
1425 Vgl. auch 47 U.S.C. 34-39 für die Übertragung v. Unterseelizenzen, die vor allem im Rahmen von Zusammenschlüssen großer Internet Backbone Provider v. Bedeutung sind.

Akquisition von Infrastrukturen vornehmen, solange nicht die FCC dem Vorhaben zugestimmt hat. Unter einem solchen Vorbehalt stehen auch die Lizenzen für Radio Communications nach Sec. 310 (d) Communications Act, wonach weder eine Errichtungsentscheidung, Senderlizenzen noch sonstige Rechte, die nach dem Communications Act gewährt wurden, übertragen, abgetreten oder in sonstiger Weise veräußert oder durch Unternehmenszusammenschluss übertragen werden dürfen. Damit wird deutlich, dass Unternehmenszusammenschlüsse von Telekommunikationsunternehmen fast immer unter die Vorschriften fallen und insoweit auch von der Kompetenz der FCC erfasst werden.

Mit Sec. 601 (b) des Telecommunications Act von 1996[1426] wurde Sec. 221 (a) Communications Act endgültig aufgehoben und gleichsam die ausschließliche Kompetenz der FCC für die Beurteilung von TK-Zusammenschlüsse beendet.

3. Verhältnis zu Sec. 7 Clayton Act

Auch der Passus in Sec. 7 Clayton Act, wonach die Wettbewerbsbehörden von einer Zusammenschlussbeurteilung lange Zeit ausgeschlossen waren, wurde damit hinfällig und gestrichen[1427]. Zwar wurden damit zunächst die Kompetenzen der Kartell- und Handelsaufsicht wieder begründet. Im Gegensatz zum Wiederaufleben der Kompetenzen des DOJ scheidet eine Zusammenschlussbeurteilung durch die FTC nach 15 U.S.C. §§ 18, 21 (a) zumindest bei sog. Common Carrier aber weiterhin aus. Diese auf den Robinson-Patman Act[1428] aus dem Jahr 1936 zurückgehende Beschränkung der FTC erklärt sich daraus, dass das Gesetz zwar einen umfassenden Diskriminierungstatbestand in den Clayton Act implementiert und die Befugnisse der FTC auch auf die Zusammenschlusskontrolle ausgeweitet hatte. Gleichzeitig sollte mit der Kompetenzerweiterung der FTC aber nicht die sektorspezifische Regulierungshoheit der bereits existierenden agencies[1429] unterlaufen werden.[1430]

Für den Sektor der Common Carrier fällt dieser Regelungsbereich daher auch seither in die Zuständigkeit der FCC. Daher ist nicht verwunderlich, dass die FCC neben der sich aus Sec. 214 (a), 310 (d) Communications Act angelegten Kompetenz, Zusammenschlüsse auch immer im Wege des Sec. 7 Clayton Act beurteilen konnte. Damit besitzen DOJ und FCC eine Doppelzuständigkeit (concurrent jurisdiction), wie sie DOJ und FTC in anderen Wirtschaftsbereichen der US-Fusionskontrolle kennen. Die FCC hat von der Beurteilung nach Sec. 7 Clayton Act noch

---

1426 Telecommunications Act, Pub. L. No. 104-104, 110 Stat. 56 (cod. in sc. Sec. of 47 U.S.C.).
1427 Vgl. Pub. L. 104-104, title VI, § 601 (b) (3), 110 Stat. 143.
1428 Robinson-Patman Act, 49 Stat. 1528, (cod. at 15 U.S.C. 13, 13b, 21a); ausf. *Hansen*, 51 Fordham Law Rev. 1113 (1983).
1429 Dies sind: Surface Transportation Board; FCC; Secretary of Transportation; Board of Governors of the Federal Reserve System; FTC.
1430 *Clark*, Secretary FTC,"The Robinson-Patman Act: General Principles, Commission Proceedings, and Selected Issues", Rede anlässlich der Ambit Group Retail Channel Conference for the Computer Industry, San Jose, California, 17.06.1995.

kein einziges Mal Gebrauch gemacht[1431]. Stattdessen stützte sie ihre Freigabe- oder Untersagungsentscheidungen bislang allein auf Sec. 214 (a), 314 (d) Communications Act. Dies wird zwar bis heute mit wettbewerbspolitischen Argumenten kritisiert[1432]. Dass der FCC aber eine solche Wahlfreiheit hinsichtlich der Ermächtigungsgrundlage zusteht, ist aber nahezu unumstritten[1433].

4. Triple Review für Fusionen im Kabelmarkt?

Die zunächst überschaubare Zuständigkeitsverteilung zwischen FTC und FCC wirkt bei Zusammenschlüssen von Kabelnetzen komplizierter, zumal Clayton und Communications Act teils unterschiedliche Begrifflichkeiten verwenden. Denn 47 U.S.C. Sec. 221 (a) Communications Act beinhaltete nur die ausschließliche Kompetenz der FCC für Zusammenschlüsse zwischen Telefonunternehmen (Telephone Companies)[1434]. Diese Begriffswahl ist vom Wortlaut enger als der Regelungsbereich nach Sec. 1 Communications Act. Vor diesem Hintergrund war die Hoheit der FCC, über Telekommunikationszusammenschlüsse zu entscheiden, nur auf den Bereich des klassischen PSTN beschränkt. Broadcasting und Kabelnetze, die zur Zeit des Willis-Graham Act noch gar nicht errichtet waren, fielen daher nicht unter diese ausschließliche Kompetenz. Im Zusammenhang mit 15 U.S.C. § 21 (a) konnte aber davon ausgegangen werden, dass durch Sec. 221 (a) Communications Act Common Carrier erfasst waren, weshalb die Formulierung Telephone Company auch aufgrund des Konvergenzverständnisses etwas missverständlich und nicht mehr zeitgemäß ist[1435].

Der noch an anderer Stelle[1436] ausführlich zu behandelnde Common Carrier Begriff ist in Sec. 3 (10) Communications Act definiert. Dessen Wortlaut gibt indes wenig Aufschluss über den zentralen Regelungsgegenstand. Er ist vom Wortlaut her sehr weit gefasst und nimmt Bezug zu jeglicher Kommunikation per Kabel oder Funk. Allein der terrestrische Rundfunk fällt per definitionem nicht unter den Common Carrier Begriff. Klassische Breitbandkabelverteilnetze werden derzeit noch nicht[1437] als Common Carrier eingestuft, sondern gemäß Sec. 3 (8) als Cable Sys-

---

1431 *Weiss/Stern*, 6 CommLaw Consp. 101, 104 (1998).
1432 Vgl. nur *Barkow/Huber*, U. Chi. Law Forum 29, 81 f. (2000).
1433 Vgl. United States v. FCC, 652 f.2d 72, 82, 85 (1980); *Barkow/Huber*, U. Chi. Law Forum 29, 41 (2000); *Weiss/Stern*, 6 CommLaw Consp. 101, 104 (1998).
1434 47 U.S.C. 221 (a):
Upon application of one or more telephone companies for authority to consolidate their properties [...] or a part thereof [...] or [...] to acquire the whole or any part of the property of another telephone company [...]. If the Commission finds that the proposed consolidation, acquisition, or control will be of advantage to the persons to whom service is to be rendered and in the public interest, it shall certify to that effect; and thereupon any Act or Acts of Congress making the proposed transaction unlawful shall not apply.
1435 Vgl. hierzu auch die sinngemäße Aufhebungsentscheidung des Kongresses in den Gesetzesmaterialien: Conf. Rep. No. 104-230, 200-1 (1996), in: P&F, The Telecommunications Act Law and Legislative History, 1996, CR 200-1 (1996).
1436 Teil 2: B.III.2.b)aa)aaa), S. 303 ff.
1437 Krit. *Noam*, S. 217 ff.; vgl. auch *Noam*, 18 Telecomm. Pol. 435 ff. (1994).

tems begriffen[1438], so dass weder Sec. 221 (a) Communications Act, noch 15 U.S.C. § 21 (a) anwendbar ist, die FTC insofern auch nie ihre Kompetenz für Kabelnetze verloren hat.

Weiterhin kann aber auch die FCC eine Zuständigkeit über Sec. 214, 310 Communications Act herleiten. Dies gelingt mit Leichtigkeit über die sog. Cable-Ownership-Restrictions[1439], die häufig mehrfachen Lizenzübertragungsvorgänge für Funklizenzen von Head-Ends[1440] oder auch über Programmlizenzen[1441] nach Sec. 308 Communications Act. Zunehmend sind auch Sprachtelefonlizenzen betroffen, entweder wenn Common Carrier an einer vertikalen Transaktion beteiligt sind oder die Netze selbst über Vermittlungseinrichtungen verfügen.

Damit besteht für Zusammenschlüsse mit Beteiligung eines Breitbandkabelnetzes grundsätzlich ein Zuständigkeitsgeflecht zwischen DOJ, FTC und FCC.

Einschränkend ist aber zu sagen, dass das Clearing zwischen DOJ und FTC auch für diesen Sektor gut funktionierte. So war im Gegensatz zu den Zusammenschlüssen im Bereich der Common Carrier nicht das DOJ für Breitbandkabelnetze zuständig, sondern die FTC. Kurz nach dem Zusammenschluss AOL/Time Warner ist am 05.03.2002 von Vertretern des DOJ und der FTC erklärt worden, dass die FTC sich zunehmend aus der Zusammenschlusspraxis im Bereich Multichannel Video Programming Distribution (MVPD) entfernen werde[1442]. Hintergrund dieser Veränderung des Clearing Prozesses ist die Einigkeit zwischen den Behörden, dass die fachliche Kompetenz des DOJ die der FTC in diesem Sektor bei weitem überwiegt. Gerade bei den in naher Zukunft erwarteten cross-medialen Transaktionen sei das DOJ mit seiner langjährigen Erfahrung besser gerüstet, um wettbewerblichen Bedenken Rechnung zu tragen.[1443] Dies ändert zwar nichts an der originären Kompe-

---

1438 American Civil Liberties Union v. FCC, 523 f.2d 1344 (9th Cir. 1976); Philadelphia Television Broadcasting Co. v. FCC, 359 f.2d 282 (D.C. Cir. 1966); vgl. hierzu Teil 2: B.III.2.b)aa)bbb), S. 304 f.
1439 Vgl. 47 U.S.C. 533; vgl. hierzu noch unter Teil 2: B.III.3.g)ee), S. 357 ff.
1440 FCC, Cable Television Fact Sheet, Information Bulletin, 2000.
1441 Da es kaum mehr Kabelnetzbetreiber ohne eigenes Programmangebot gibt, hat die vertikale Integration mit Inhalteanbietern dazu geführt, dass heute fast jede Transaktion eine solche Lizenz nach 47 U.S.C. § 308 betrifft.
1442 DOJ/FTC, Memorandum Of Agreement Allocates Industry Sectors Between Agencies, DOJ and FTC Announce New Clearing Procedures for Antitrust Matters, 05.03.2002.
1443 *Muris*, in: DOJ/FTC, Memorandum Of Agreement Allocates Industry Sectors Between Agencies, 05.03.2002: »*The agreement allocates primary responsibility for antitrust enforcement in the media and entertainment industry to the DOJ, because its expertise in this area far outweighs that of the FTC. A comparison of the relative expertise of the agencies within specific sectors of this industry further demonstrates that the DOJ is better situated to conduct these investigations. For example, the FTC's expertise in multi-channel video distribution programming - including cable and satellite - is more limited than the DOJ's. Although the FTC has investigated numerous cable transactions, most of its expertise in this area is too old to count in the clearance dispute process. In any event, the majority of the FTC's cable investigations involved only horizontal issues, and did not present the complex vertical issues raised by media mergers in the last few year*«.

tenz der FTC, hat aber Auswirkungen auf die praktische Zusammenschlusskontrolle. Fusionen im Kabelsektor werden daher in Zukunft nur noch von DOJ und FCC unter Verdrängung der FTC beurteilt werden, wobei das DOJ aufgrund der Zurückhaltung der FCC im Terrain der antitrust laws die alleinige Verantwortung für Verfahren übernehmen wird, die nach Sec. 7 Clayton Act zu beurteilen sind[1444].

II. Kompetenzen der PUCs und LFAs

Der Vollständigkeit halber ist an dieser Stelle auf die einzelstaatlichen Regulierungsbehörden, sog. Public Utility Commissions (PUCs), und auf die örtlichen Konzessionsgebiete der Local Franchise Authorities (LFAs) hinzuweisen. Diese haben auf einzelstaatlicher Ebene gewisse Kompetenzen im Rahmen der leitergebundenen Kommunikation. Insbesondere bei der Zulassung von Netzbetreibern können die Einzelstaaten besondere Regelungen treffen[1445], die damit auch auf den Lizenzübertragungsvorgang indirekte Auswirkungen haben können. So können bei einem Zusammenschluss einerseits viele tausend Konzessionsgebiete und dementsprechend auch LFAs betroffen sein, die gemäß Sec. 617 Communications Act[1446] eine direkte Mitwirkungsmöglichkeit bei der Lizenzübertragung bei Kabelnetzen haben. Hingegen existiert für jeden Einzelstaat nur eine PUC, die zudem alle in der National Association of Regulatory Utility Commissioners (NARUC) organisiert sind und die Koordination eines Zusammenschlusses um einiges einfacher gestalten. Dennoch sind hier viele kompetenzielle Fragen offen[1447].

Der Einfluss der hauptsächlich im Sprachtelefonsektor agierenden PUCs ist durch den Regulierungsbereich der FCC stark eingeschränkt[1448] und wird zunehmend auch durch die Rechtsprechung[1449] begrenzt. Die Kompetenzproblematiken entstehen häufig daraus, dass der Kongress die Anwendung einzelstaatlichen Rechts nicht genau genug ausschließt, was ihm durch die Supremacy Clause nach Art. VI der Verfassung zusteht. Bei undeutlicher Formulierung von Kompetenzbeziehungen oder vielfältigen Überschneidungen mit dem einzelstaatlichen Recht ist nach der

---

1444   DOJ/FTC, Memorandum of Agreement Between the FTC and the Antitrust Division of the United States Department of Justice Concerning Clearance Procedures For Investigations, Appendix A, DOJ, Tz. 10 (Media and Entertainment).
1445   *Harris/Kraft*, 11 J. Econ. Perspect. 93, 95 (1997).
1446   Cod. at 47 U.S.C. 537.
1447   Vertiefend *Vogelsang*, Federal Versus State Regulation in U.S. Telecommunications; *Kellogg/Thorne/Huber*, Federal Telecommunications Law; *Noll*, in: Newburg (Hrsg.); *Nadler*, 47 Fed. Comm. Law J. 457 ff. (1995).
1448   FCC, FCC Finds That Vonage Not Subject to Patchwork of State Regulations Governing Telephone Companies, FCC News, 09.11.2004 (Voice over IP); vgl. *Meehan*, 6 Telecommunications (Holland & Knight) 1 ff. (2004); *McFadden*, 49 Fed. Comm. Law J. 457, 467 ff. (1997); *Gewessler*, CR 1996, S. 626, 630.
1449   Cox Communications PCS v. City of San Marcos, 204 f.2d 1260 and 1272 (S.D. Cal. 2002); Public Service Commission of Maryland, 909 f.2d 1510 (D.C. Cir. 1990); Illinois Bell Tel. Co. v. FCC, 883 f.2d 104 (D.C. Cir. 1989).

Dogmatik des Supreme Court[1450] zu ermitteln, ob die Behörde aufgrund ihrer vom Kongress delegierten Befugnisse einen solchen Anwendungsausschluss gegenläufigen einzelstaatlichen Rechts selbst herbeiführen kann. Daher stehen die gesetzlichen Regulierungszielsetzungen und Aufgaben der FCC mit der Schnittstelle zum einzelstaatlichen Recht in engem Zusammenhang. Im Grunde darf die Regulierungshoheit der FCC nicht durch gegenläufige Regelungen und Entscheidungen der PUCs unterlaufen werden, so dass die bundesstaatliche Kompetenz der FCC einen gewissen Vorrang genießt[1451]. Zu dieser Regulierungshoheit gehört zwar auch eine Anschlusszuständigkeit. Kompetenziell ist diese aber immer dann überschritten, wo die Regelungen für die Erreichung der Zielsetzung nach dem Communications Act nicht erforderlich oder außer Verhältnis stehen[1452].

Der Kongress hat diese Schnittstelle mit dem Telecommunications Act von 1996 nach Sec. 253 Telecommunications Act zu konturieren versucht und daher sog. Safe Harbour Regelungen eingeführt, die durch die FCC nicht eingeschränkt werden können. Dies betrifft nach Sec. 253 (b) Telecommunications Act die öffentliche Sicherheit und Ordnung, sowie den Erlass bestimmter Regelungen zur Einhaltung gewisser Qualitätsstandards und nach Sec. 253 (c) Telecommunications Act Wegerechte[1453]. Mit Sec. 253 (a) Telecommunications Act wurde den Einzelstaaten ausdrücklich das Recht genommen, staatliche Wettbewerbsbarrieren zu errichten, wodurch der FCC enorme Kompetenzerweiterungen zugewachsen sind. So wurde der FCC nach Sec. 253 (d) Telecommunications Act die Möglichkeit eingeräumt, unter gewissen Umständen einzelstaatliche Vorschriften außer Kraft zu setzen, so dass für einzelne Regelungsgegenstände Durchgriffsrechte der FCC begründet werden, die im Ergebnis mit den Querschnittskompetenzen des Bundes nach deutschem Recht vergleichbar sind[1454]. Die unterinstanzlichen Gerichte[1455] haben diese erweiterten Kompetenzen der FCC bestätigt und der Supreme Court[1456] ihre Verfassungsmäßigkeit positiv festgestellt, woraufhin die Einzelstaaten sich zunehmend zurückhaltend mit dem Erlass neuer Vorschriften verhalten[1457].

1450 Fidelity Federal Savings & Loan Assn. v. De la Cuesta, 458 U.S. 141 (1982); Capital Cities Cable, Inc. v. Crisp, 467 U.S. 691 (1984).
1451 Grundlegend Computer & Communications Industry Association v. FCC, 693 f.2d 198 (D.C. Cir. 1982); Louisiana Public Service Communications v. FCC, 476 U.S. 355 (1986).
1452 Public Service Comm. of Maryland, 909 f.2d 1510 (D.C. Cir. 1990); Illinois Bell Tel. Co. v. FCC, 883 f.2d 104 (D.C. Cir. 1989); California v. FCC, 905 f.2d 1217 (9th Cir. 1990).
1453 Vgl. Bell Atlantic-Maryland Inc., v. Prince George's County, Maryland, 49 f.2d 805, 816 (D. Md. 1999), vacated 212 f.3d 863 (4th Cir. 2000); City of Auburn v. Qwest Corporation, 247 f.3d 966 (9th Cir. 2001), cert. den., 122 S.Ct. 809 (2002); Bell South Telecommunications Inc., v. Town of Palm Beach, 252 f.3d 1169 (11th Cir. May 25, 2001).
1454 *Windthorst*, CR 1998, S. 281.
1455 SBC v. FCC, 154 f.3d 226 (5th Cir. 1998; BellSouth v. FCC, 144 f.3d 58 (D.C. Cir. 1998).
1456 AT&T v. Iowa Utilities Board, 119 U.S. 721 (1999).
1457 *Bickerstaff*, MMR 2001, S. 72, 73.

Die genannten Kompetenzausschlüsse beziehen sich allesamt auf den an derer Stelle[1458] noch vertieft zu behandelnden Common Carrier[1459] Bereich bzw. auf sog. Telecommunications Services[1460]. Auch für sog. Interstate Informations Services[1461] sind die Kompetenzen der FCC weiter als die der Einzelstaaten. Dagegen sind die Kompetenzverflechtungen zwischen einzel- und bundesstaatlichen Behörden im Bereich der Kabelnetze komplizierter und hängen mit vielen Vorschriften[1462] zusammen, die aber nur dann relevant werden, wenn Cable Services[1463] betroffen sind. Gerade die Konflikt hinsichtlich der Einordnung neuerer Dienste, wie etwa der Internetzugang oder auch VoIP-Angebote, interaktives Fernsehen, etc. entzünden sich daher vor allem an den Begrifflichkeiten, die somit Regulierungsrahmen und Weichen für kompetenzielle Zuweisungen festlegen. Angesichts der weitgehend abgeschlossenen Rekonsolidierung im PSTN wirken sich die Kompetenzprobleme aber nicht mehr gravierend aus.

Größere kompetenzielle Bedenken bestehen dagegen vermutlich bei Beteiligung der LFAs, wobei allein in dem Zusammenschluss AT&T Comcast/AT&T, Comcast[1464] 1.791 LFAs ihre Zustimmung zur Lizenzübertragung der Kabelnetzfusion nach Sec. 617 Communications Act erteilen mussten. Allerdings sind die letzten Zusammenschlussvorgänge auch hier ohne nennenswerten Kompetenzstreit abgelaufen[1465], zumal nach 120 Tagen die Zustimmung zur Lizenzübertragung fingiert wird.

Aufgrund dieser überschaubaren Konflikte kann die einzelstaatliche Regulierung durch PUCs und LFAs weitgehend ausgeklammert werden. Dort, wo eine Einbeziehung angebracht erscheint, wird aber auf ihre Rolle hingewiesen.

III. Grundlagen der Zusammenschlussbeurteilung durch die FCC

Wie nun zu zeigen sein wird, unterscheidet sich der Blickwinkel der FCC bei der Beurteilung von Zusammenschlüssen ganz wesentlich von dem rein ökonomisch ausgerichteten Verständnis der antitrust laws. Dies lässt sich auch auf die divergierenden funktionellen Aufgaben der Regulierungsbehörde zurückführen. Möglicherweise schlägt sich eine solche funktionelle Betrachtung auch in der Bewertung von Zusammenschlüssen nieder. Zunächst soll daher der materiell-rechtliche Kern, nach dem die FCC Zusammenschlüsse beurteilt, offen gelegt werden, um bereits an dieser Stelle Anhaltspunkt für eventuelle Abweichungen zu erhalten.

1458 Vgl. sogleich unter Teil 2: B.III.2.b)aa)aaa), S. 303 ff.
1459 Definition vgl. 47 U.S.C. 153 (46).
1460 Definition, ebenda.
1461 Definition vgl. 47 U.S.C. 153 (20).
1462 Dies sind vor allem 47 U.S.C. 533 (d), 541 (b) (3).
1463 Definition vgl. 47 U.S.C. 153 (10).
1464 AT&T Comcast/AT&T, Comcast, Merger Order, FCC 02-310 (2002), Tz. 25.
1465 Vgl. die Website des Transaction Teams der FCC unter <http://www.fcc.gov/transaction>.

1. „Public Interest Test" v. „SLC-Test"

Dass sich die FCC durchweg für eine Beurteilung der Zusammenschlüsse auf Grundlage des Communications Act entschieden hat, wird mit Blick auf den nach Sec. 214 (a), 310 (d) Communications Act eröffneten Beurteilungsspielraum deutlich, wonach eine Freigabeentscheidung schlicht von einer öffentlichen Notwendigkeit bzw. einem öffentlichen Interesse abhängig gemacht wird. Dabei unterscheidet sich der Wortlaut der beiden Rechtsgrundlagen. Denn während der Zustimmungsvorbehalt nach Sec. 214 (a) Communications Act an einem gegenwärtigen und künftigen öffentlichen Nutzen und ihrer Notwendigkeit (public convenience and necessity)[1466] gemessen wird, ist eine Bewilligung nach Sec. 310 (d) Communications Act an die Voraussetzung gebunden, dass dem öffentliche Interesse, Nutzen und Notwendigkeit gedient wird (public interest, convenience, and necessity)[1467]. In ihrer Bedeutung unterscheiden sich die Begriffe aber nicht. So hatte der Supreme Court die Termini bereits in ICC v. Railway Labor Executives Association[1468] gleichgesetzt. Gemeinhin wird der identische Beurteilungsmaßstab auch als sog. public interest test oder public interest standard bezeichnet[1469]. Die FCC hat daher anders als nach den antitrust laws zu beurteilen, ob das Zusammenschlussvorhaben im „öffentlichen Interesse" ist[1470].

a) Der Zweck der Regulierung als Auslegungsmaßstab

Zwar taucht der public interest standard an vielen Stellen des Communications Act auf[1471]. Er ist aber nirgends genauer definiert und bedarf als unbestimmter Rechtsbegriff der Auslegung. Da der Tatbestand in jedem spezifisch verwendetem Zu-

---

1466 47 U.S.C. 210 (a):
No carrier shall undertake the construction of a new line or of an extension of any line, or shall acquire or operate any line, or extension thereof, or shall engage in transmission over or by means of such additional or extended line, unless and until there shall first have been obtained from the Commission a certificate that the present or future public convenience and necessity require or will require the construction, or operation, or construction and operation, of such additional or extended line [...].
1467 47 U.S.C. 310 (d):
No construction permit or station license, or any rights thereunder, shall be transferred, [...]except upon application to the Commission and upon finding by the Commission that the public interest, convenience, and necessity will be served thereby.
1468 ICC v. Railway Labor Association, 315 U.S. 373, 376 f. (1942).
1469 *Powell*, The Public Interest Standard: A New Regulator's Search for Enlightenment, Before the American Bar Association, 17th Annual Legal Forum on Communications Law, Las Vegas, Nevada, April 5, 1998.
1470 Vgl. MCI/WorldCom, Merger Order, 13 FCC Rec. 18025 (1998), Tz. 8 ff.; Bell Atlantic/NYNEX, Merger Order, FCC 97-286, 12 FCC Rec. 19985 (1997), Tz. 29; SBC/Ameritech, Merger Order, FCC 99-279, 14 FCC Rec. 14712 (1999), Tz. 1.
1471 Im Einzelnen nur *Read/Weiner*, 49 Fed. Comm. Law J. 290 ff. (1997).

sammenhang eine andere Bedeutung erhalten kann[1472], ist er nicht ohne weiteres auf die Zusammenschlusskontrolle in der Telekommunikation übertragbar. Aufgrund dieser Flexibilität des Begriffes lässt sich schon eine Systematik vermuten, die auf eine enge Orientierung an dem jeweiligen Schutzzweck hindeutet.

Diese Vermutung wurde von dem Supreme Court in seiner New York Central Securities Corp. Entscheidung[1473] noch vor Verabschiedung des Communications Act bestätigt. Der Entscheidung lag eine Konsolidierung eines Eisenbahnverkehrssystems zugrunde, in der auch die ICC nach dem „öffentlichen Interesse" verfährt[1474]. Der Supreme Court führte aus, dass das public interest Konzept nicht derart unbestimmt sei, dass es etwa sämtliche Maßnahmen erfasse, die der öffentlichen Wohlfahrt Rechnung trügen. Vielmehr entstehe durch die direkte Beziehung des Begriffes zu den Aufgaben der Behörde (ICC) in den nachfolgenden Kapiteln des Gesetzes ein gut konturierter Aufgabenbereich, der den Kompetenzen der Regulierungsbehörde notwendige und hinreichende Grenzen setze. Damit könne die Behörde im öffentlichen Interesse alle Aufgaben wahrnehmen, die der Angemessenheit der Transportdienste, ihren essentiellen Bedingungen für ihre Wirtschaftlichkeit und Effizienz, ihrer angemessenen Bereitstellung und der besten Nutzung der Einrichtungen Rechnung tragen würden.[1475] Diese Auslegungsgrundsätze hat der Supreme Court später in einem obiter dictum auch für den public interest standard der FCC nach Sec. 214, 310 Communications Act übertragen[1476]. Natürlich stehen hierbei nicht die Ziele der ICC, sondern die der FCC nach Sec. 1 Communications Act[1477] im Vordergrund.

Allerdings fügte der Supreme Court diesem Grundsatz hinzu: »The statutory standard no doubt leaves wide discretion and calls for imaginative interpretation.« Damit genießt die FCC seit ihrer Entstehung über erhebliche Spielräume bei der Anwendung des public interest standard. Er gewährt einen weiten Beurteilungsspielraum[1478], gibt der FCC eine Einschätzungsprärogative hinsichtlich ihrer Aufgabenerfüllung[1479] und ist insoweit nicht der vollen Kontrolle der Gerichte unterstellt[1480]. Die richterliche Gewalt kann dabei prüfen, ob die FCC nach gültigen Rechtsnormen

---

1472 FCC v. Sanders Bros. Radio Station, 309 U.S. 470 (1940); NBC v. United States, 319 U.S. 190 (1943); CBS v. Democratic National Committee, 412 U.S. 94, 117 (1973); FCC v. Pacifica Foundation, 438 U.S. 726 (1978); *Krasnow/Goodman*, 50 Fed. Comm. Law J. 606 ff. (1998); *Read/Weiner*, 49 Fed. Comm. Law J. 290 ff. (1997).
1473 New York Central Securities Corp. v. United States, 287 U.S. 12 (1932).
1474 Angesichts der auch für diesen Industriezweig geltenden Netzregulierung und der vergleichbaren Ausnahmebestimmungen nach 15 U.S.C. 18, 21 (a), 49 U.S.C. 1, 5 können Entscheidungen, die diese Märkte betreffen, auf die Telekommunikation übertragen werden.
1475 New York Central Securities Corp. v. United States, 287 U.S. 12, 22 f. (1932).
1476 Vgl. FCC v. RCA Communications, Inc., 346 U.S. 86, 90 (1953) m. Verw. auf New York Central Securities Corp. v. United States, 287 U.S. 12 (1932).
1477 Cod. at 47 U.S.C. 151.
1478 Rainbow Broadcasting Co. v. FCC, 949 f.2d 405, 410 (DC Cir. 1991); FCC v. RCA Communications, Inc., 346 U.S. 86, 91 (1953).
1479 Rainbow Broadcasting Co. v. FCC, 949 f.2d 405, 410 (DC Cir. 1991).
1480 FCC v. Pottsville B. Co., 309 U.S. 134, 138 (1940).

handelt, ob sie sich in dem vom Kongress vorgegebenen rechtlichen Rahmen bewegt oder darüber hinaus hinausschießt, ob die Verfahren der FCC den Regeln der Rechtsstaatlichkeit entsprechen und rechtliches Gehör gewährt wird. Kurz gesagt, haben die Gerichte die Kontrolle darüber, ob sich die FCC in Übereinstimmung mit den rechtlichen Grundsätzen bewegt, die für sie gelten, auf denen sie basiert und die ihren Handlungsspielraum begrenzen[1481].

Eine auf den public interest standard gestützte Entscheidung der FCC ist insoweit mit beträchtlichem richterlichen Respekt zu würdigen[1482]. Sofern die Kommission daher nicht einem klaren rechtlichen Fehler unterliegt und die relevanten Faktoren des öffentlichen Interesses beachtet, muss die Entscheidung der FCC aufrechterhalten werden[1483].

b) Der Eingang des Wettbewerbsgedankens

Wie der Supreme Court nahe legt, verlangt der public interest standard, dass bei seiner spezifischen Anwendung Sinn und Zweck der Regulierungsziele beachtet werden. Noch vor der Novellierung des Communications Act durch den auf Wettbewerb und Deregulierung ausgerichteten Telecommunications Act hatte die FCC bereits damit begonnen, bei dieser Auslegung verstärkt Wettbewerbselemente zu berücksichtigen. Im Lichte des Sec. 1 Communications Act ist dieses Vorgehen deshalb so bemerkenswert, da der Wettbewerbsbegriff vor der Gesetzesnovelle weder in den Regulierungszielen, noch in einzelnen Vorschriften verankert war. Mit dem Verständnis der Supreme Court Rechtsprechung hätte daher der Grundversorgungscharakter der alleinige Maßstab ihrer Auslegung sein müssen.

Dieser Paradigmenwechsel ist auf die wechselhafte Geschichte der Deregulierungsbemühungen seitens FCC und der Spruchpraxis der Gerichte zurückzuführen, durch die der Wettbewerbsgedanke Eingang in das US-Kommunikationsrecht fand. Er vollzog sich daher nicht – wie vom Telecommunications Act ausdrücklich gefordert – nach einem marktwirtschaftlich integrierten Plan, mehr Wettbewerb im Sektor der Telekommunikation zu schaffen[1484].

aa) Die Schritte zur Liberalisierung der Dienste

Die Liberalisierung der Telekommunikationsdienste kann auf viele ineinander greifende Entscheidungen der FCC und der Rechtsprechung zurückgeführt werden, die insgesamt zu einer sukzessiven Entschärfung des Zielkonflikts zwischen Grundver-

---

1481 FCC v. Nelson Bros. B&M Co., 289 U.S. 267 (1933).
1482 FCC v. WNCN Listeners Guild, 450 U.S. 582, 596 (1981).
1483 SBC Communications Inc. v. FCC, 56 f.3d 1484, 1490 (DC Cir. 1995).
1484 *Brock*, The Telecommunications Industry: The Dynamics of Market Structure, S. 231; *Scherer*, Telekommunikationsrecht und Telekommunikationspolitik, 1985, S. 207; *Nohe*, 48 Fed. Comm. Law J. 307 ff. (1996).

sorgungscharakter der Telekommunikation und wettbewerblichem Marktverständnis beigetragen haben.

aaa) Above 890 MHz

Den ersten Grundstein für eine Abkehr von der natürlichen Monopoltheorie legte die sog. „Above 890"-Entscheidung[1485] der FCC aus dem Jahr 1959. Nachdem der Wettbewerb durch die Entscheidung des Gesetzgebers mit dem Willis-Graham Act ausgeschlossen wurde und AT&T zum fast alleinigen Anbieter im TK-Sektor erwuchs, begehrten Privatunternehmen den Einsatz neu entwickelter Mikrowellenübertragungssysteme, um im Fernverkehrsbereich TK-Dienstleistungen anbieten zu können. Diese wurden in einigen Feldversuchen bereits für die Übertragung von Rundfunkprogrammen und deren Weiterleitung in Breitbandkabelnetze genutzt[1486], konnten später aber auch im Fernverkehrsbereich der Sprachtelefonie eingesetzt werden, so dass die von AT&T angebotenen Fernverkehrsdienste auch von anderen hätten erbracht werden können. AT&T selbst argumentierte gegen eine Zulassung der Mikrowellennetze mit der Frequenzknappheit und pochte damit auf die alleinige Netzträgerschaft. In einem umfangreichen Prüfungsverfahren, traf die Kommission die folgenreiche Entscheidung, dass oberhalb des 890 MHz-Frequenzbereichs genügend Frequenzen vorhanden waren, die auch von anderen Unternehmen genutzt werden konnten, ohne dass hierdurch störende Interferenzen entstünden[1487]. Mit der „Above 890"-Entscheidung leitete die FCC einen ersten Schritt in Richtung Wettbewerb im Netzbereich ein. An dieser Stelle ist aber darauf hinzuweisen, dass zwischen den privaten Netzen und den etablierten Netzbetreibern kein direkter Wettbewerb um Endkunden entstehen konnte[1488]. Denn die Freigabeentscheidung der FCC sollte den Gebrauch der Netze nicht für Dritte in Konkurrenz zum etablierten Netzbetreiber eröffnen. Der Betrieb war lediglich zur internen Nutzung gedacht.[1489]

bbb) Zulassung von MCI

1963 begehrte Microwave Communications Inc. (MCI) als Common Carrier zugelassen zu werden und ein Mikrowellennetz zu errichten. Im Gegensatz zur „Above 890"-Entscheidung wollte MCI damit in direkte Konkurrenz zu dem etablierten Netzbetreiber AT&T treten. Im Vordergrund des Streits einer Zulassung standen deshalb nicht nur Fragen der Frequenzknappheit und des öffentlichen Interesses an einem störungsfreien Betrieb. AT&T stützte sich auf die volkswirtschaftlich unsinnige Verdopplung bestehender Übertragungswege bei Wettbewerb. Auch in den Anhörungen der Wettbewerber (hearing) kamen die bekannten ökonomischen Ar-

---

1485 Allocation of Microwave Frequencies Above 890 Mc., 27 FCC 359 (1959), (Above 890).
1486 Above 890, 27 FCC 359, 360 f. (1959)
1487 Above 890, 27 FCC 359, 412 (1959).
1488 *Nohe*, 48 Fed. Comm. Law J. 307, 311 f. (1996).
1489 Above 890, 27 FCC 359, 407 f. (1959).

gumentationsmuster des natürlichen Monopols zum Ausdruck. So wurde das Cream Skimming[1490] ausführlich erörtert, das dem benötigten Finanzbedarf bei der Versorgungsfunktion ländlicher Gebiete abträglich gewesen wäre[1491]. Die FCC gab nach einem fast siebenjährigen Verfahren der Zulassung von MCI statt[1492]. Allerdings wurden der Zulassung zahlreiche Nebenbestimmung (conditions) beigefügt, die der Gefahr begegnen wollten, dass der reibungslose Betrieb von AT&T gestört wird und eine volkswirtschaftlich unsinnige Versenkung von Investitionen stattfindet[1493]. Daher wurden nur bestimmte, höherwertige Telekommunikationsdienste in einem begrenzten geografischen Gebiet zugelassen. Von der Einführung von Wettbewerb kann daher aus Sicht dieser Entscheidung noch nicht gesprochen werden[1494].

ccc) Specialized Common Carrier Rulemaking

Die Specialized Common Carrier Entscheidung[1495] der FCC aus dem Jahr 1971 war die Konsequenz der partiellen Zulassung von MCI. Sie zog über 1.700 Zulassungsanträge als Common Carrier nach sich. Die FCC befand dabei, dass die 33, hauptsächlich mit MCI verflochtenen Antragssteller nur Dienste für jeweils einen Dritten anbieten durften, so dass sie nicht als Common Carrier eingestuft wurden, sondern nur den Status eines Specialized Common Carrier (SCC) erhielten. Damit waren weiterhin Vermittlungstechnik und Zusammenschaltung mit dem öffentlichen Telekommunikationsnetz ausgeschlossen.[1496] Die FCC war der Auffassung, dass Markteintritte dieser Netzbetreiber positive Auswirkungen haben würden und kein Grund für den Ausschluss der SCC für das spezialisierte Angebot von TK-Dienstleistungen bestehe. Diese missverständliche Ausdrucksweise[1497] der FCC lieferte zwar die Grundlage dafür, dass der Markteintritt anderer privater Unternehmen als im „öffentlichen Interesse" gesehen wurde, weil nach Sec. 214 (a) Communications Act auch die Errichtung neuer Telekommunikationslinien dem public interest standard entsprechen muss[1498]. Aber offensichtlich hatte die FCC weiterhin Bedenken gegen weitläufigen Wettbewerb im öffentlichen Telekommunikationsnetz[1499].

1490   Vgl. Teil 1: B.IV.1.e), S. 151.
1491   Vgl. President's Task Force on Communications Policy, Final Report, 1968, S. 12 ff.
1492   Application of Microwave Communications, Inc., Decision, 18 FCC 2d 953, 967 (1967).
1493   Vgl. President's Task Force on Communications Policy, Final Report, 1968, S. 12 ff.; ausf. *Scherer*, Telekommunikationsrecht und Telekommunikationspolitik, 1985, S. 209 f.
1494   Application of Microwave Communications, Inc., Decision, 18 FCC 2d 953, 966 (1976).
1495   Sepcialized Common Carrier Service Order, 29 FCC 2d 870 (1971), reconsideration denied in Memorandum Opinion & Order, 31 FCC 2d 1106 (1971).
1496   *Scherer*, Telekommunikationsrecht und Telekommunikationspolitik, 1985, S. 211.
1497   So das Gericht in Southern Pacific Communications Co. v. AT&T Co., 556 f.Supp., 825, 865 (1983): »*The Specialized Common Carriers decision was not a model of clarity [...]*«.
1498   Sepcialized Common Carrier Service Order, 29 FCC 2d 870, 920 (1971).
1499   *Scherer*, Telekommunikationsrecht und Telekommunikationspolitik, 1985, S. 211.

ddd) Execunet I-III

Drei Jahre nach Zulassung der SCC beantragte MCI bei der FCC, erstmals in Konkurrenz zu AT&T einen öffentlichen Telekommunikationsdienst namens Execunet einzuführen[1500]. Da die FCC in ihrer SCC Entscheidung ausdrücklich eine private Teilnahme an der öffentlichen vermittelten Telefonie abgelehnt hatte, befand die FCC das Begehren von MCI und das Angebot des Execunet-Dienstes als offensichtlich rechtswidrig[1501]. Diese ablehnende Entscheidung der FCC hielt einer gerichtlichen Überprüfung nicht stand. In insgesamt drei Execunet Urteilen[1502] konkretisierte der D.C. Circuit Court of Appeals die Natur des Telekommunikationswettbewerbs. In Execunet I befand das Gericht, dass das Regulierungsziel darauf basiere, unnötige Duplizierungen von Leitungen und Telekommunikationsanlagen zu verhindern, nicht dagegen TK-Dienste zu regulieren[1503]. Insofern obliege der FCC die Darlegungslast für die Nichtzulassung von Diensttträgern und das Fehlen eines public interest nach Sec. 214 Communications Act. In Execunet II verpflichtete das Gericht AT&T, ihren Konkurrenten im Fernnetz die Zusammenschaltung zu den Ortsnetzen zu ermöglichen[1504], nachdem sich AT&T mit Rückendeckung der FCC[1505] geweigert hatte, Ortsnetzzusammenschaltung zu gewähren. Die Entscheidungstrias wurde durch das dritte Execunet Urteil abgeschlossen, in dem AT&T nun auch zur Zusammenschaltung mit LEC verpflichtet wurde[1506].

eee) Competitive Carrier Rulemaking

Die Execunet Urteile waren Meilensteine der Öffnung des Wettbewerbs im Sektor der US-amerikanischen Telekommunikation und haben die Deregulierung unaufhaltsam in Gang gesetzt. Die entscheidende Aussage nach den Execunet Urteilen für den hier in Frage stehenden public interest standard war daher zunächst, dass Wettbewerb mit dem public interest standard vereinbar ist und nicht etwa hinter die öffentlichen Interessen zurückzutreten hat. Das Gericht hat aber in keinem der Urteile geäußert, dass das öffentliche Interesse etwa mit Wettbewerb gleichzusetzen sei. Deshalb kann zur Zeit der Execunet Urteile der Schwerpunkt des öffentlichen Interesses im Schutz der Grundversorgung mit Telekommunikation gesehen werden, wohinter der Wettbewerb mangels ihrer Gefährdung nicht zurückzustehen hat.

1500 MCI Telecommunications Corp. v. FCC, 60 FCC2d 25, 26 (1976).
1501 MCI Telecommunications Corp. v. FCC, 60 FCC2d 25, 26 (1976); *Brock,* The Telecommunications Industry: The Dynamics of Market Structure, S. 226.
1502 MCI v. FCC, 561 f.2d 365 (D.C. Cir. 1977) cert. den., 434 U.S. 1040 (1978) [Execunet I]; MCI v. FCC, 580 f.2d 590 (D.C. Cir. 1978), cert. den., 439 U.S. 980 (1978) [Execunet II]; Lincoln Tel. & Tel. Co. v. FCC, 659 f.2d 1092 (D.C. Cir. 1981) [Execunet III].
1503 MCI v. FCC, 561 f.2d 365, 375 (D.C. Cir. 1977) cert. den., 434 U.S. 1040 (1978).
1504 MCI v. FCC, 580 f.2d 590 (D.C. Cir. 1978), cert. den., 439 U.S. 980 (1978) [Execunet II].
1505 Petition of AT&T for a Declaratory Ruling and Expedited Relief, Memorandum Opinion & Order, 67 FCC 2d 1455 (1978).
1506 Lincoln Tel. & Tel. Co. v. FCC, 659 f.2d 1092 (D.C. Cir. 1981) [Execunet III].

bb) Parallele Entwicklungen bei den Endgeräten

Nicht nur zeitlich parallel zur Above 890-Entscheidung, sondern auch mit identischen rechtlichen Erwägungen wurde mit Hush-a-Phone[1507] die Deregulierung des Endgerätebereichs im Telekommunikationssektor der USA eingeleitet. Das Hush-a-Phone stellte eine technische Abhörsicherung dar, die auf die Sprechmuschel installiert wurde.[1508] In den Benutzungsbestimmungen von AT&T wurde eine Verbindung mit Fernmeldeeinrichtungen ausgeschlossen (sog. Kollokation)[1509]. Die FCC bestätigte zwar die Rechtmäßigkeit der Benutzungsbedingungen. Diese hielten aber einer gerichtlichen Überprüfung nicht stand, da die Rechte der Nutzer, ihre Endgeräte in vernünftiger Art und Weise zu nutzen, beschränkt wurden, ohne dass das zwingende öffentliche Interesse entgegenstanden[1510]. Aus der Entscheidung konnte zwar nicht direkt abgeleitet werden, dass nun auch der Endgerätemarkt zu liberalisieren sei. Allerdings war die Argumentationsgrundlage des Gerichts eine Vorlage, um die Verhältnismäßigkeit des Endgerätemonopols zu hinterfragen. Dies geschah mit der Carterfone Entscheidung[1511] der FCC, die zunächst keinen Grund mehr erkannte, Komplementärtechnologien zuzulassen. Kurz danach wurde die Aufrechterhaltung eines uneingeschränkten Endgerätemonopols von AT&T und Western Electric aufgegeben. Trotz eines aufwendigen Registrierungs- und Zulassungsprogramms[1512], die fortan Hersteller von Endgeräten durchlaufen mussten, wurde damit das Ende des Engerätemonopols besiegelt.

cc) Der aktuelle FCC Framework

Diese maßgeblich durch den Einfluss der Rechtsprechung geänderte Sichtweise der FCC wurde mit dem Telecommunications Act von 1996 weiter fortgeführt. Während der Telecommunications Act im Rahmen der Restriktionen der Sec. 214, 310 Communications Act weiterhin keine genaueren Maßstäbe hinsichtlich des public interest standard implementiert hat, kommt die herausragende Bedeutung des Wettbewerbs an vielen Stellen des Gesetzes zum Ausdruck. Bereits in der Präambel weist der Gesetzgeber darauf hin: »[The Telecommunications Act is] an act to promote competition and reduce regulation in order to secure lower prices and higher quality services for American telecommunications consumers and encourage the rapid deployment of new telecommunications technologies.« Damit zeigt sich, dass den Wettbewerb in den Communications Act implementieren wollte und eine Aus-

---

1507 Hush-a-Phone Corp. v. United States, 238 f.2d 266 (D.C. Cir. 1956).
1508 *Darr*, 6 Berkeley Tech. Law J. 28 ff. (1991).
1509 In re Use of the Carterfone Device in Message Toll Tel. Serv., 13 FCC 2d 420, 437 (1968).
1510 Hush-a-Phone Corp. v. United States, 238 f.2d 266, 269 (D.C. Cir. 1956).
1511 In re Use of the Carterfone Device in Message Toll Tel. Serv., 13 FCC 2d 420 (1968).
1512 Interstate and Foreign Message Toll Telephone, First Report & Order, 56 FCC 2d 593 (1975), modified on reconsideration, 58 FCC 2d 716 (1976), Second Report & Order, 58 FCC 2d 736 (1976), aff'd sub nom. North Carolina Utilities Commission v. FCC, 552 f.2d 1036 (4th Cir.), cert. den., 434 U.S. 874 (1977).

legung diese Intention zu berücksichtigen hat. Außerdem wird der Wettbewerbsbegriff an einigen Stellen mit dem öffentlichen Interesse in Beziehung gesetzt. Beispielsweise gewährt Sec. 10 (a) Telecommunications Act[1513] der FCC, sofern sie von der Auferlegung von Regulierungsverfügungen absehen möchte, einen flexiblen Rahmen, indessen die Behörde zu beurteilen hat, ob eine Regulierungsverfügung im öffentlichen Interesse steht. Das öffentliche Interesse erfasst nach Sec. 10 (b) Telecommunications Act explizit die Auswirkungen, die eine unterlassene Verfügung auf den Wettbewerb hat. Dabei soll die FCC vorwiegend berücksichtigen, ob durch die unterlassene Maßnahme wettbewerbliche Strukturen gefördert und der Wettbewerb zwischen Telekommunikationsdienstleistungen gesteigert werden[1514]. Damit ist Sec. 1 Communications Act zwar nicht hinfällig, so dass der Grundversorgungsauftrag nicht etwa zu vernachlässigen ist. Stattdessen ist die FCC aufgerufen, die unterschiedlichen Zielsetzungen des Gesetzgebers in Einklang zu bringen.

Der aktuelle FCC Framework für die Beurteilung von Zusammenschlüssen ist heute maßgeblich mit Wettbewerbselementen besetzt[1515]. Anders als DOJ/FTC hat es die Regulierungsbehörde aber bislang abgelehnt, mithilfe von Richtlinien zu mehr Transparenz beizutragen[1516]. Die hiergegen eingewandte teils konstruktive Kritik der Literatur[1517] hat sie lediglich dazu bewogen, öffentlich Stellung[1518] zu nehmen. Die FCC gibt dabei zu verstehen, dass sie sich der Besorgnis mangelnder Transparenz bewusst ist und auch einen vermeintlichen Willkürvorwurf nachvollziehen kann. Allerdings unterscheide sich die Beurteilung eines Zusammenschlusses in Substanz und Verfahren ganz erheblich von der Analyse nach dem SLC-Test, weil der public interest standard eine differenziertere Auseinandersetzung mit einem Zusammenschluss verlange.

Die Auffassung der FCC ist auch vom Kongress[1519] mehrfach kritisiert worden. Dennoch steht sie im Einklang mit dem gesetzgeberischen Willen, der Behörde einen umfassenderen Beurteilungsspielraum als nach dem SLC-Test einzuräumen. Um die Probleme der Transparenz, der Zuständigkeiten die Dauer der Zusammenschlussbeurteilung der FCC zu beseitigen, wurde eine gesetzliche Gleichstellung der

---

1513 Cod. at 47 U.S.C. 160 (Sec. 10 Communications Act).
1514 Vgl. 47 U.S.C. 160 (b).
1515 Bell Atlantic/NYNEX Order, 12 FCC Rec. 19986, 20126 (1997); In re Application of Pacific Telesis Group and SBC Communications, Inc. for Consent to Transfer Control of Pacific Telesis Group and Its Subsidiaries, Memorandum Opinion & Order, 12 FCC Rec. 2624, Tz. 2 (1997).
1516 Hierzu krit. *Barkow/Huber*, U. Chi. Law Forum 29, 60 (2000).
1517 *Tramont*, 53 Comm. Law J. 49 ff. (2000); *Barkow/Huber*, U. Chi. Law Forum 29, 60 (2000); *Weiss/Stern*, 6 CommLaw Consp. 101, 114 ff. (1998).
1518 FCC, Issues Memorandum for March 1, 2000 Transactions Team Public Forum on Streamlining FCC Review of Applications Relating to Mergers.
1519 Vgl. *Mayton*, 38 Emory Law J. 715 ff. (1989).

Begriffe erwogen[1520]. Diese und kleinere Reformvorhaben[1521], wie der Merger Review Act, der eine Beurteilungsfrist von 90 Tagen und weit weniger Genehmigungsmöglichkeiten vorsah[1522], konnten sich aber nicht durchsetzen.

Abgesehen von der vielfach geäußerten Kritik ist in den von der FCC getroffenen Entscheidungen[1523] der letzten Jahre ein dogmatisches Gerüst erkennbar, das für die Fusionsparteien einen strengeren Rahmen vorgibt als Sec. 7 Clayton Act. So müssen die Zusammenschlussparteien nachweisen, dass ihr Vorhaben dem öffentlichen Interesse dient und etwaige Nachteile nicht nur ausgeglichen, sondern von den Vorteilen überkompensiert werden[1524], was den Zusammenschlussparteien regelmäßig erhebliche Darlegungs- und Beweisschwierigkeiten bereitet.

In ihren einleitenden Ausführungen einiger Zusammenschlussverfahren nimmt die FCC Bezug auf die Ziele des Telecommunications Act. Seine Wertvorstellungen haben heute eindeutig Schwerpunktcharakter und determinieren die Sichtweise der FCC. Die Regulierungsbehörde betont aber, dass ihre Entscheidungspraxis in der Zusammenschlusskontrolle auch heute noch maßgeblich von den Hintergründen und Grundprinzipien des AT&T Entflechtungsverfahrens[1525] geprägt sei[1526]. Denn der Telecommunications Act habe sein Grundmodell dem Entflechtungsverfahren entnommen und durch weitere Maßnahmen fortgesetzt und ergänzt.[1527] In SBC/Ame-

---

1520 Read/Weiner, 49 Fed. Comm. Law J. 290, 321 (1997); vgl. auch Hearing before the Antitrust Subcommittee of the Senate Judiciary Committee,"The Third Anniversary of the Telecom Act: A Competition and Antitrust Review" v. 25.02.1999.

1521 Telecom Antitrust Merger Reviews in the 106th Congress, S 467, the Antitrust Merger Review Act; S 1121, the Antitrust Improvements Act; S 1125, the Telecommunications Merger Review Act; HR 2533, the Fairness in Telecommunications License Transfers Act; HR 2783, bill to limit the length of FCC merger reviews; HR 3186, the Telecommunications Merger Review Act; HR 4019, Telecommunications Merger Review Act of 2000.

1522 Sec. 3 Telecommunications Merger Review Act of 2000, HR 4019 (47 U.S.C. 417):
(a) LIMITATIONS- In any proceeding to approve an application to assign or transfer control of a license, permit, or certificate pursuant to the provisions of section 214 or 310, the Commission (1) may not deny such application unless (A) the assignment or transfer of control will result in a violation of the Commission's rules and regulations in effect on the date such application is received by the Commission; and (B) such violation cannot be cured by the conditional approval of the assignment or transfer of control pursuant to the provisions of paragraph (2); (2) may not condition approval of such application except to the extent necessary to (A) ensure that the assignee or transferee is in compliance with all Commission rules and regulations in effect on the date of such approval; or (B) permit the orderly disposition of assets to comply with such rules and regulations; and (3) shall complete all action on any such application within 90 days after the date of receipt by the Commission of the application, unless the applicant requests an extension.

1523 Vgl. u.a. SBC/Ameritech, Merger Order, 14 FCC Rec. 19988 (1999); MCI/WorldCom, Merger Order, 13 FCC Rec. 18031-32 (1998); Bell Atlantic/NYNEX, Merger Order, 12 FCC Rec. 20003-04 (1997).

1524 Der Nachweis ist nur erforderlich, sofern die Marktanteilskriterien die Vermutungsschwelle nach dem SSNIP-Test überschreiten. Ansonsten sind DOJ und FTC beweispflichtig.

1525 United States v. AT&T Co., 552 f.Supp. 131 (D.D.C. 1982), aff'd, 460 U.S. 1001 (1983).

1526 SBC/Ameritech, Merger Order, FCC 99-279, 14 FCC Rec. 14712 (1999). Tz. 12.

1527 Ebenda, Tz. 15.

ritech heißt es einleitend: »By fundamentally altering that environment, the MFJ, together with its underlying rationale, provides the central backdrop against which all telecommunications regulation takes place in this country, and, indeed, the measure against which we evaluate the merger before us.«[1528] Diese Aussage wurde ausdrücklich zwar nur für Common Carrier getroffen. Aufgrund der Interdependenz zwischen PSTN und Kabel spielt der Grundgedanke dieser Entwicklung aber auch dort eine nicht unerhebliche Rolle.

Bevor daher Aussagen in Bezug auf einzelne Zusammenschlüsse getroffen werden können, muss daher der betonte Regulierungsrahmen für beide Infrastrukturregimes beleuchtet werden. Die Untersuchung der Eingriffsinstrumente der Regulierungsbehörde gebietet sich nicht nur im Hinblick auf die eigene Dogmatik der Regulierungsbehörde. Darüber hinaus dient sie der Beantwortung der hier aufgeworfenen Fragestellung, inwieweit Wettbewerbsrecht und Regulierung trotz ihrer unterschiedlichen Ausrichtung ineinander greifen. Die FCC kann dieses Verständnis ungemein erleichtern, indem sie mit ihrer jahrzehntelangen Erfahrung zu einem Erkenntnisgewinn der rechtlichen Wechselwirkungen beitragen kann.

2. Grundzüge der Common Carrier Regulierung

a) Die Rolle von United States v. AT&T

Als 1974 gegen den AT&T-Konzern das auf Sec. 2 Sherman Act gestützte Missbrauchsverfahren eingeleitet wurde, kontrollierte das Bell System etwa 80% der Ortsnetze und fast 100% des Fernverkehrsbereichs. Dazu kam die komplementäre Bündelung mit Endgeräten durch die Tochtergesellschaft Western Electric Corp. Im Kern stellte das DOJ die Rechtmäßigkeit der vertikalen Integration des Bell Systems in Frage[1529]. In der durch 80 Einzelfallbeispiele (episodes) erhärteten Klageschrift wurde AT&T vorgeworfen, seine marktbeherrschende Stellung im Endgerätemarkt, im Ortsnetz und im Fernnetz rechtswidrig dazu auszunutzen, um den gesamten Telekommunikationsmarkt zu monopolisieren[1530].

aa) Der Weg bis zum MFJ

Dieser Vorwurf war keine neue Erkenntnis des DOJ, sondern baute auf den gesammelten Erfahrungen der Liberalisierungsentwicklungen auf. Da AT&T zu dieser Zeit mit dem Engeräteherstellwer Western Electric nach Aufhebung der Kingsbury Commitment durch den Willis-Graham Act wieder vertikal verflochten war, kam es zu

---

1528 Ebenda, Tz. 12.
1529 *Scherer*, Telekommunikationsrecht und Telekommunikationspolitik, 1985, S. 225.
1530 United States v. AT&T Co., 552 f.Supp. 131 (D.D.C. 1982), aff'd, 460 U.S. 1001 (1983); *Schiller*, Die fortschreitende Privatisierung in der Welt-Telekommunikationsindustrie, Media Perspektiven 1983, S. 411-416; *Scherer*, Telekommunikationsrecht und Telekommunikationspolitik, 1985, S. 225; *Noll/Owen*, in: Kwoka/White (Hrsg.), S. 328, 332.

wettbewerblich diskriminierendem Verhalten im Endgerätebereich. AT&T argumentierte zwar stets mit der Netzsicherheit und der Netzintegrität. Diese Praktiken waren jedoch typische Fälle von vertical foreclosure und illegalen exclusionary practices, die nach Sec. 1 Sherman Act als „conspiracy to restrain trade" begriffen und daher auch seit 1949 von dem DOJ verfolgt wurden. In einer Einigung zwischen AT&T und dem DOJ im Jahr 1956, dem zweiten consent decree[1531], stimmte die Fernmeldegesellschaft zu, ihre geschäftlichen Aktivitäten auf den Bereich regulierter Telekommunikation zu beschränken. Außerdem mussten die Bell Telephone Laboratories, die bis dato größte und fortschrittlichste private Forschungseinrichtung der Welt[1532], ihr Patente anderen Wettbewerbern durch Lizenzierung zur Verfügung stellen. Mit dieser vertikalen Separierung erhoffte man sich, die Gefahr des Verdrängungswettbewerbs und der internen Subventionierung zwischen regulierten und nicht regulierten Bereichen zu beenden, um weiterhin die traditionelle Rentabilitätsregulierung betreiben zu können[1533]. Die Akzeptanz dieser für AT&T einschneidenden Verpflichtung war nicht überraschend, da sich zu diesem Zeitpunkt die dargestellte Liberalisierung der Dienste und Endgeräte abzeichnete. Außerdem sollte die vom DOJ verfolgte vertikale Entflechtung mit dem Endgerätebereich und die Zerschlagung (sog. divestiture) von Western Electric Corp. in drei Gesellschaften vermieden werden. Mit diesem consent decree blieb es AT&T daher später verwehrt, in den unregulierten Bereich des Datenverarbeitungssektors vorzudringen[1534], der zunehmend mit der Übertragungsleistung verschmolz[1535]. Dies verhinderte zwar den frühzeitigen Eintritt von AT&T in die sog. Telematik. Dieses Verbot wurde jedoch kurze Zeit später mit der sog. Second Computer Inquiry (Computer II)[1536] aufgehoben, da eine sinnvolle Trennung von Computer- und Carriertechnologie nicht mehr möglich war[1537].

bb) Inhalt des consent decree (MFJ)

Die in der Folgezeit durch Regulierung und Rechtsprechung begonnene Liberalisierung[1538] bewog dann das DOJ, die leveraging Strategie von AT&T anzugreifen, die

1531 Vgl. *Brock*, The Telecommunications Industry: The Dynamics of Market Structure, S. 189.
1532 *Scherer*, Telekommunikationsrecht und Telekommunikationspolitik, 1985, S. 207.
1533 *Müller*, in: Horn/Knieps/ders. (Hrsg.), S. 329.
1534 Vgl. auch die sog. First Computer Inquiry, Tentative Decision, 28 FCC 2d 291 (1970); Final Decision, 28 FCC 2d 291 (1970).
1535 Es wird darüber spekuliert, ob der frühzeitige Eintritt v. AT&T in den Computersektor für das Unternehmen nicht sinnvoller gewesen wäre als die vertikale Integration aufrechtzuerhalten; vgl. hierzu *Noll/Owen*, in: Kwoka/White (Hrsg.), S. 328, 332, Fn. 8.
1536 Am. of Sec. 64.702 of the Comm. Rules and Reg., Final Decision, 77 FCC 2d 384; Computer II Reconsideration Order, 84 FCC 2d 50 (1980), further recons., Computer II Further Recons. Order, 88 FCC 2d 512 (1981), aff. sub nom. Computer and Communications Industry Association v. FCC, 693 f.2d 198 (D.C. Cir. 1982), cert. den., 461 U.S. 938 (1983).
1537 Vgl. noch weiter unten Teil 2: B.III.4.a)aa)aaa), S. 367 ff.
1538 Die Zulassung v. MCI im Fernverkehrsbereich ergab sich aber erst im Laufe des Verfahrens; vgl. MCI Telecommunications Corp. v. FCC, 60 FCC2d 25, 26 (1976).

darin bestand, die Marktmacht aus einzelnen Märkten auf weitere Märkte zu übertragen und zu verfestigen. Im Einzelnen führte das DOJ an, dass AT&T seine marktbeherrschende Stellung auf dem Telekommunikationsendgerätemarkt und auf dem Gebiet seiner Ortsnetze dazu ausnutzen würde, um den Fernverkehrsmarkt zu monopolisieren[1539]. Außerdem habe sich AT&T gegenüber Wettbewerbern geweigert, Zusammenschaltung mit seinen Fernverkehrsnetzen zu ermöglichen[1540]. 1982 einigten sich DOJ und AT&T in einem dritten consent decree, das von dem Gericht in seiner Modification of Final Judgement (MFJ) bestätigt wurde[1541].

Das MFJ sah eine strukturelle Neuverteilung aufgrund einer Entflechtungsvereinbarung vor, die 7 RBOC schuf. Deren Aktivität war fortan auf den Telefonortsnetzbereich beschränkt und AT&T wurde mangels Beteiligung an der Ortsnetzinfrastruktur zwangsläufig auf den Fernverkehrsbereich verwiesen. Daneben enthielt der Plan of Reorganization[1542] Vorgaben hinsichtlich Local Access und Transport Area (LATA) sowie dem zwischen den LATAs stattfindenden Verkehr (Inter-LATA). Die 7 RBOC durften nur innerhalb ihrer 161 LATAs Gespräche vermitteln, während die Vermittlung Inter-LATA für sie ausgeschlossen wurde. Daneben durften die RBOC nur insoweit vertikale Beziehungen zu Endgeräteherstellern aufbauen, als dies die Vermarktung betraf. Von der Endgeräteherstellung waren sie ausgenommen. Außerdem durften die RBOC bis 1991 keine sog. Information Services[1543], d.h. Mehrwertdienste, anbieten. Aufgrund dieser einschneidenden Bedingungen des MFJ wurde AT&T im Gegenzug von den Restriktionen befreit, die ihr der consent decree von 1956 auferlegt hatte. Damit blieb AT&T mit Western Electric und den Bell Laboratories verflochten, so dass Geräteherstellung und FuE von ihr weiter betrieben werden konnten. Diese auf den ersten Blick drastischen wirtschaftlichen Einbußen für AT&T wurden lange als Siegeszug und die Festigung der industriepolitischen Machtposition von AT&T bezeichnet[1544]. Denn die Gesellschaft konnte sich durch das MFJ von den ertragsschwachen Regionalgesellschaften im Ortsnetzbereich trennen, sich auf das lukrative Fernverkehrsgeschäft konzentrieren und vor allem „höhere" Telekommunikationsdienste anbieten, die den RBOC verwehrt blieben. Wie sich heute zeigt, kann das MFJ eher als Pyrrhussieg bezeichnet werden, da die aktuelle Expansionsstrategie der RBOC neben MCI auch AT&T erfasst hat[1545].

1539 United States v. AT&T Co., 552 f.Supp. 131, 139 (D.D.C. 1982); *Schiller*, Media Perspektiven 1983, S. 411-416.
1540 United States v. AT&T Co., 524 f.Supp. 1353, 1354. Vgl. hierzu auch *MacAvoy/Robinson*, 1 Yale J. Reg. 1, 21 (1983).
1541 United States v. AT&T Co., 552 f.Supp. 131 (D.D.C. 1982). Dieser Vergleich wird gemeinhin als MFJ bezeichnet.
1542 AT&T, Plan of Reorganization, United District Court for the District of Columbia, Civil Action No. 82-0192, United States of America v. Western Electric Comp. Inc. and AT&T.
1543 Letztere Restriktion hielt vor dem Court of Appeals (United States v. Western Electric Co., 900 f.2d 283 (D.C. Cir. 1990) nicht Stand und wurde aus dem MFJ gestrichen. Vgl. United States v. Western Electric Co., 767 f.Supp. 308 (D.D.C. 1991).
1544 *MacAvoy/Robinson*, 1 Yale J. Reg. 1, 21 (1983).
1545 SBC zahlt einen hohen Preis, FTD v. 31.01.2005.

b) Regulierungspraxis der FCC

Auch wenn mit dem MFJ häufig das Ende der US-amerikanischen Monopolära des Telekommunikationswesens angedeutet und die weitere Entwicklung auf den Telecommunications Act zurückgeführt wird, verwässert ein solcher Blick die dem MFJ vorausgegangene Deregulierungsoffensive der FCC. Unzweifelhaft hat das MFJ durch seinen Eingriff in die Marktstruktur die Telekommunikationsindustrie tief greifend verändert. Dies gilt sowohl für AT&T als auch für die anderen Telekommunikationsunternehmen. Genauso unzweifelhaft ist auch, dass die Gesetzesnovelle des Communications Act eine Neuordnung vorsieht, auf die sich die FCC bei ihrer Zusammenschlussbeurteilung zu Recht stützt.

Allerdings bleibt häufig unerwähnt, dass die dem Telecommunications Act zugrunde liegenden Wertentscheidungen von der FCC und vor allem von den PUCs bereits vielfach praktiziert wurden und zum Großteil nur geltendes Regulierungsrecht umgesetzt haben[1546]. Zum zweiten ist daran zu denken, dass AT&T den Markt zum damaligen Zeitpunkt nicht allein bediente. Dies dürften die Entscheidungen ausgehend von „Above 890" bis Execunet III[1547] deutlich gemacht haben. Schließlich ist daran zu erinnern, dass die FCC anders als die Kartellaufsicht das Verhalten der Akteure laufend beurteilen und strukturelle Markteingriffe von langer Hand planen muss. Um die Auswirkungen beider Ereignisse, sowohl des MFJ und des Telecommunications Act in das Regulierungsregime der Regulierungsbehörde einbetten zu können, sind die Entwicklungen der Regulierung zumindest nach der Regulierungspraxis der FCC darzustellen.

aa) Gesetzliches Regulierungsumfeld

Die Regulierung durch die FCC ist weitgehend funktional bestimmt. Dem gesetzlichen Auftrag des Sec. 1 Communications Act kann dabei entnommen werden, dass die FCC zur Regulierung des Telekommunikationswesens im öffentlichen Interesse berechtigt und verpflichtet ist, das jeden Bereich der leiterlosen oder leitergebundenen Übertragung von elektromagnetischen Signalen betrifft[1548].

Die Zentralnormen der Common Carrier Regulierung finden sich im zweiten Unterkapitel (Sec. 201-229 Communications Act) und werden daher als Title II Regulierung bezeichnet. Sie stellt das Kernfeld der Regulierungstätigkeit der FCC dar. Heute umfasst sie mehrere gesetzlich verankerte und konkretisierte Regulierungsinstrumente, die vor der Novelle durch den Telecommunications Act nirgends eindeutig kodifiziert waren. In den Sec. 201 ff. Communications Act finden sich aber Zielsetzungen, die die FCC auch schon nach altem Recht zu beachten hatte. Sie war daher bei ihrer Regulierungstätigkeit nicht völlig frei. Besondere Bedeutung kommt

---

1546 *Noam/Atkinson*, S. 5.
1547 Teil 2: B.III.1.b)aa), S. 292 ff.
1548 Vgl. United States v. Southwestern Cable Co., 392 U.S. 157, 168 (1967); *Schoenwald*, 49 Fed. Comm. Law J. 369, 374 Fn. 8 (1997).

dabei den Sec. 201 und 202 Communications Act zu, wonach Common Carrier ihre Dienste zu gerechten und vernünftigen Konditionen festzusetzen haben und jedem solche Dienste auch anbieten müssen. Nach Sec. 202 Communications Act unterliegen sie auch einer besonderen Missbrauchsaufsicht. Dieses Diskriminierungsverbot betrifft Preise, das Angebot von Diensten oder Betriebsanlagen. Hier die FCC aufgerufen, Bestimmungen zu erlassen, die den Regulierungszielen am besten Rechnung tragen[1549].

aaa) Umrisse des Common Carrier Begriffes

Der Common Carrier Begriff ist damit Dreh- und Angelpunkt und Grundvoraussetzung, damit Regulierungsmaßnahmen nach dem zweiten Unterkapitel seitens der FCC ergehen können. Erst durch ihn wird das breite Regulierungsfeld eröffnet. Der Begriff Common Carrier ist nach Sec. 1 (10) Communications Act als Zirkelschluss definiert: »The term "common carrier" or "carrier" means any person engaged as a common carrier for hire in interstate or foreign communication by wire or radio [...].« In 47 C.F.R. § 21.2 wird Communication Common Carriage als »any person engaged in rendering communication service for hire to the public« begriffen[1550]. Der Term hat damit einen Leistungs- und einen Öffentlichkeitsbezug, die dem Sec. 3 (10) Communications Act nur schwer entnommen, aber im Wortlaut des Begriffes (common und carrier) vermutet werden können. In den Gesetzesmaterialien finden sich keine Hinweise für die Klarstellung des Begriffes, wobei in den Debatten zur Verabschiedung des 1934 Communications Act ein Selbstverständnis vorausgesetzt wurde. Denn der Begriff ist nicht für den Telekommunikationssektor reserviert. So fand er beispielsweise Eingang bei Flugverkehr[1551], im Eisenbahnwesen[1552], im Schiffstransport[1553], der Busbeförderung[1554] und auch im Taxiwesen[1555]. Deutlich wird dabei, dass es sich sämtlich um die besonderen Netzwirtschaftsbereiche mit Transportcharakter (carriage) handelt, wobei aber weder die Grundversorgungsfunktion noch die in der Netzstruktur angelegte Marktmachtgefahr hinreichende Voraussetzungen für dessen Charakterisierung darstellen. So fiel der terrestrische Rundfunk nie unter den Common Carrier Begriff, sondern ist explizit ausgenommen[1556].

1549 47 U.S.C. 201 (b): *The Commission may prescribe such rules and regulations as may be necessary in the public interest to carry out the provisions of this Ch.*
1550 47 C.F.R. § 21.2.
1551 Smith v. O'Donnell, 12 P.2d 933 (Cal. 1932).
1552 Kerigan v. Southern Pacific Railroad Co., 22 P. 677 (Cal. 1889); Cowden v. Pacific Coast S.S.Co., 29 P. 873 (Cal. 1892).
1553 Metz v. California South R. Co., 24 P. 610 (Cal. 1890); vgl. auch *Eldredge*, 15 Tul. Mar. Law J. 397, 399 f. (1991).
1554 Lopez v. Southern California Rapid Transit District, 710 f.2d 907 (Cal. 1985).
1555 Larson v. Blue & White Cab Co., 75 P.2d 612 (Cal. Ct. App. 1938).
1556 47 U.S.C. 153 (10), 2. Hs.

In NARUC v. FCC[1557] wurde stattdessen der Öffentlichkeitsbezug hervorgehoben. Das Gericht sah in der Öffentlichkeit, als Adressat der Common Carrier Leistung, einen unbestimmten Personenkreis[1558]. Daher sind auch solche Netzbetreiber Common Carrier, die in ihren Möglichkeiten begrenzt sind, jeder Person die angebotene Dienstleistung auch tatsächlich zur Verfügung zu stellen, sofern sie sich vorbehalten, die Leistung jedem potentiellen Nutzer zu gewähren. Jedoch darf sich für die unterschiedlichen Nutzer des Netzbetreibers keine unterschiedliche Behandlung ergeben[1559]. Ein Ausschlusskriterium stellen daher auch ausgehandelte Vertragsbedingungen dar[1560]. Auch bei Kapazitäten, die nur einem kleinen, geeigneten Kreis von Nutzern zur Verfügung gestellt werden[1561] oder bei der nicht gewerblichen, gemeinnützigen Erbringung[1562], handelt es sich um Leistungen eines Non Common Carrier. Da der Begriff nicht an das Netzeigentum anknüpft, können auch Nutzer der Einrichtung Common Carrier sein[1563]. Zu beachten ist, dass bestimmte Leistungen als Common Carrier und andere in der Eigenschaft eines Non Common Carrier erbracht werden können[1564]. Ist dagegen der Schwerpunkt der Tätigkeit auf Leistungen an die Allgemeinheit gerichtet, liegt Common Carriage vor[1565].

bbb) Überholtes Verständnis, zeitgemäße Definition

Damit ist der Begriff für vorliegendes Verständnis aber noch zu vage, da Kabelnetze bislang nie dem Common Carrier Begriff zugeordnet wurden[1566]. Auch ihre Leistung richtet sich generell an einen unbestimmten Nutzerkreis und wird ein einheitlicher Abonnementpreis wie im PSTN erhoben. In der recht knappen Literatur[1567] wird darauf hingewiesen, dass auch Einflüsse des First Amendment, dem ersten Zusatzartikel der US-amerikanischen Verfassung, im Common Carrier Status verankert seien. Der Supreme Court hält in Abgrenzung der Kabelnetze die Übertragung selbst erzeugter, der Wahlfreiheit der Gesprächsteilnehmer unterliegender Inhalte für ausschlaggebend. Die Inhaltsneutralität und die Wahrung des kommunizierten Inhaltes

---

1557 National Association of Regulatory Utilities Commissioners v. FCC, 525 f. 2d 640, cert. den., 425 U.S. 992 (D.C. Cir. 1976), (NARUC I).
1558 NARUC I, 525 f. 2d 640, 642 (D.C. Cir. 1976).
1559 State of Iowa and Iowa Telecommunications and Technology Commission v. FCC, D.C. Cir. No. 99-1149, opinion issued 27.06.2000.
1560 National Association of Regulatory Utilities Commissioners v. FCC, 533 f.2d 601, 608 (D.C. Cir. 1976), (NARUC II).
1561 Vgl. *Lister*, 53 Fed. Comm. Law J. 91, 95 (2000).
1562 AT&T v. FCC, 572 f.2d 17 (2nd Cir. 1978), cert. den., 439 U.S. 875 (1978).
1563 AT&T v. FCC, 365 f.2d 486 (Cir. 1966), cert. den., 385 U.S. 1008 (1966).
1564 Railroad Company v. Lockwood, 17 Wall. 3857, 3877 (18738); Express Cases, 117 U.S. (18867); FCC v. Midwest Video Corp., 45450 U.S. 6789 (1979).
1565 Motion of AT&T Corp. to be Reclassified as a Non-Dominant Carrier, Order, 11 FCC Rec. 3271, 3280 ff., 1 Comm. Reg. 63 (1995).
1566 American Civil Liberties Union v. FCC, 523 f.2d 1344 (9th Cir. 1976); Philadelphia Television Broadcasting Co. v. FCC, 359 f.2d 282 (D.C. Cir. 1966).
1567 Vgl. aber ausf. *Noam*, 18 Telecomm. Pol. 435, 440 (1994).

standen häufiger im Streit[1568], wenn die Kommunikation unberechtigter Weise unterbrochen, verändert oder erschwert wurde. Daher ist die Common Carrier Regulierung nicht nur auf Kabelnetze[1569], sondern grundsätzlich auf jedes Netz anwendbar[1570], sofern Individualkommunikation angeboten wird und keine anderen als die von Common Carrier erbrachten Dienste im Vordergrund stehen[1571].

Zusammenfassend ergibt sich ein höchst undeutlicher Common Carrier Begriff, der zur „Netzabgrenzung" allein auf den Schwerpunkt der übertragenen Dienste abstellt. Die Anwendung auf Kabelnetze ist bislang jedenfalls noch nicht positiv entschieden worden. Da bestimmte Dienste als Common Carrier erbracht werden können und andere als Non Common Carrier, ist denkbar, dass im Wege der gleichgewichtigen Übertragung von Individual- und Massenkommunikation eine Ausweitung des Begriffes auf Kabelnetze stattfindet.

bb) Competitive Carrier Rulemaking der FCC

Nach den Execunet Urteilen und fünf Jahre vor Erlass des MFJ, stellte die FCC die Monopolstruktur des Fernmeldewesens öffentlich mit der sog. Competitive Carrier Rulemaking[1572] in Frage und betrieb mit ihrer Modifikation und laufenden Anpassung eine vorsichtige, aber konsequente Deregulierungspolitik[1573]. Darin äußerte sie zwar nicht, dass die Entscheidung gegen den Wettbewerb etwa falsch gewesen sei, sondern betonte, dass die industrielle Veränderung im Telekommunikationssektor, der veränderte technische und wettbewerbliche Wandel auch eine Änderung der Grundversorgungsfunktion mit sich bringen müssten[1574]. In ihren Ermittlungsverfahren zur Competitive Carrier Rulemaking, den zugrunde liegenden Notice of Inquiry, führte sie aus, dass mit Aufkommen zahlreicher wettbewerblicher Telekommunikationsanbieter ein neuer Ansatz gewählt werden müsse, der aufzeige, dass die Natur

---

1568 *Noam*, 18 Telecomm. Pol. 435 440 (1994) m. Verw. auf die Entsch. Navel v. New York Tel., 170 N.Y.S.2d 95, (1957); Chelation v. Valentine, 53 N.Y.S.2d 127 (1945).
1569 NARUC II, 533 f.2d 601 (D.C. Cir. 1976) m. Verw. auf FCC v. Midwest Video Corp., 440 U.S. 689, 701 (1979).
1570 *Lister*, 53 Fed. Comm. Law J. 91, 95 (2000).
1571 FCC v. Midwest Video Corp., 440 U.S. 689, 707 (1979).
1572 Policy and Rules Concerning Rates for Competitive Common Carrier Services and Facilities Authorizations, Notice of Inquiry and Proposed Rulemaking, 77 FCC 2d 308 (1979).
1573 Policy and Rules Concerning Rates for Competitive Common Carrier Services and Facilities Authorizations Therefor, Notice of Inquiry and Proposed Rulemaking, 77 FCC 2d 308 (1979); First Report & Order, 85 FCC 2d 1 (1980); Further Notice of Proposed Rulemaking, 84 FCC 2d 445 (1981); Second Report & Order, 91 FCC 2d 59 (1982); Order on Reconsideration, 93 FCC 2d 54, (1983); Third Report & Order, 48 Fed. Reg. 46,791 (1983); Third Further Notice of Proposed Rulemaking, 48 Fed. Reg. 28, 292 (1983); Fourth Report & Order, 95 FCC 2d 554 (1983); Fourth Further Notice of Proposed Rulemaking, 96 FCC 2d 922 (1984); Fifth Report & Order, 98 FCC 2d 1191 (1984); Sixth Report & Order, 99 FCC 2d 1020 (1985).
1574 Policy and Rules Concerning Rates for Competitive Common Carrier Serv. and Fac. Auth., Notice of Inquiry and Proposed Rulemaking, 77 FCC 2d 308 Tz. 6 (1979).

dieser Unternehmen und die gesamte Telekommunikationsindustrie die Bedürfnisse der Verbraucher besser zu befriedigen vermögen würden als das reine Monopol[1575]. In Kraft trat das erste ausführliche Regulierungsregime, das mit dieser Erkenntnis nach mehr Wettbewerb verlangte[1576]. Wie die Rechtsprechung[1577] später bestätigte, war damit die Inkarnation von Wettbewerbselementen in den public interest test nach Sec. 214, 310 Communications Act als Beurteilungsgrundlage verwirklicht[1578].

aaa) Dominant/Non Dominant Carrier

Nach Auffassung der FCC waren alle Netzbetreiber oder Wiederverkäufer von Telekommunikationsdienstleistungen als Common Carrier einzustufen[1579]. Dazu musste gemäß der soeben dargestellten Definition das unterschiedslose Allgemeinheitsmerkmal erfüllt sein und darüber hinaus eine inhaltsneutrale Übermittlung vorliegen. In einem zweiten Schritt wurde dann aber ein gegabelter Weg eingeschlagen, bei dem zwischen solchen mit und ohne Marktmacht differenziert wurde, sog. dominant und non dominant carrier[1580].

In Anlehnung an das in den antitrust laws entwickelte Marktmachtkonzept ging die FCC davon aus, dass ein Unternehmen mit Marktmacht die Möglichkeit besitze, sein Verhalten so auszurichten, dass es den öffentlichen Interessen zuwiderlaufe. Dies könne dazu führen, dass das Unternehmen Preise über das wettbewerbliche Niveau festsetzt, um nicht wettbewerbsgerechte Gewinne zu erzielen. Auch könne das Unternehmen seine Preise zu niedrig ansetzen, damit andere vom Markteintritt abgeschreckt oder bereits existierende Wettbewerber ausgeschaltet werden (predatory pricing).[1581] Dabei sah die FCC, wie später auch im MFJ zum Ausdruck kam, dass Marktmacht einem Unternehmen einen Anreiz verschaffe, solche Dienste, die sich im Wettbewerb behaupten müssen, mit Mitteln querzusubventionieren, die aus der Abschöpfung der Monopolrendite aus nicht wettbewerblichen Bereichen erwachsen würden. Der augenscheinlichste Beweis von Marktmacht sei die Kontrolle einer wesentlichen Einrichtung (bottleneck facility).[1582] Nur solche Unternehmen sollten daher auch als dominant carrier eingestuft werden[1583]. Diese Auffassung geht

---

1575 Policy and Rules Concerning Rates for Competitive Common Carrier Services and Facilities Authorizations, First Report & Order, 85 FCC 2d 1 (1980).
1576 Vgl. auch *Friedrich*, 6 CommLaw Consp. 261, 265 f. (1998).
1577 SBC v. FCC, 56 f.3d 1484 (DC Cir. 1995); South Central Bell Phone Co. and Southern Bell Co., Application to Merge, Memorandum Opinion & Order, 6 FCC Rec. 7136, 13 (1991); Application of GTE to Acquire Control of Telnet Corp., 72 FCC 2d 11, 135 ff. (1979).
1578 *Read/Weiner*, 49 Fed. Comm. Law J. 290, 301 f. (1997); *Friedrich*, 6 CommLaw Consp. 261 ff. (1998).
1579 Second Report & Order, 91 FCC 2d 59 Tz. 5 (1982); Further Notice of Proposed Rulemaking, 84 FCC 2d 445 Tz. 54 (1981).
1580 First Report & Order, 85 FCC 2d 1 Tz. 54 (1980).
1581 Ebenda, Tz. 56 (1980).
1582 Ebenda, Tz. 15, 57 ff.
1583 Ebenda, Tz. 54 f.

aus ökonomischer Sicht in die Richtung moderner Regulierungstheorie, wie sie im Konzept der Contestability und auch im disaggregierten Regulierungsansatz zum Ausdruck kommt[1584], auch wenn der Bottleneck-Begriff nicht auf Subadditivität rekurrierte. Stattdessen ging die FCC davon aus, dass eine wesentliche Einrichtung dann vorläge, wenn nur wenige Wettbewerber eine begrenzte Anzahl vernünftigerweise austauschbare Güter oder Dienste besäßen[1585]. Daher wurde AT&T auch nach dem Entflechtungsverfahren immer noch als dominant carrier eingestuft, obwohl sehr früh der Markt von MCI, Sprint und anderen durch reversible Mikrowellentechnik angegriffen wurde. Im Ergebnis kam damit eine Haltung zum Ausdruck, die zu Vorsicht gegenüber AT&T ermahnte und einem false negative[1586] neigte. Trotz dieser Abweichung schlussfolgerte die FCC unter Zugrundelegung ihres Bottleneck-Begriffes folgerichtig, dass ein non dominant carrier seine Preise nicht über das wettbewerbliche Niveau heben könnte, da in einem solchen Fall, Marktanteile zugunsten Wettbewerber verloren gingen. Andererseits wäre auch predatory pricing ausgeschlossen, da solche Unternehmen ihre Kosten nicht decken könnten und so ebenfalls zum Marktaustritt gedrängt würden.[1587]

Mangels Marktabgrenzung konnte die FCC darüber hinaus auch nicht zwischen solchen Unternehmen differenzieren, die nur auf einigen Märkten den dominant carrier Begriff erfüllten und auf anderen einen solchen Status nicht besaßen. Dieser von der FCC selbst als konservativ[1588] bezeichnete Ansatz vereinfachte die Analyse ganz gravierend, da die Feststellung von Marktmacht, in welchem Bereich auch immer, für den Common Carrier Status ausreichte. Die Regulierungsbehörde nahm zunächst eine sechsgliedrige Klassifikation vor, wobei nur die SCC und die Wiederverkäufer (sog. Reseller) von Telekommunikationsdienstleistungen als non dominant eingestuft wurden. Sämtliche Telefongesellschaften, unabhängig ihrer Größe, wurden als dominant carrier begriffen. Die Marktmachtbegründung fiel aber unterschiedlich aus. Auffällig war aber, dass die FCC trotz der fehlenden bzw. nicht explizit angeführten Marktabgrenzung bereits zwischen Local Exchange und Long Distance Bereichen differenzierte. Hierbei stufte sie AT&T sowohl im Regional- als auch im Fernnetz als dominant carrier ein. Auch kleinere Gesellschaften konnten über die Konstruktion von Joint Venture als marktbeherrschende Unternehmen eingestuft werden, wenn sie – wie damals üblich – vertraglich an das Fernnetz von AT&T angeschlossen waren. Nichtsdestotrotz übersah die FCC nicht, dass jeder Knotenpunkt, über den Telefonverkehr vermittelt wurde und über den jeder Carrier verfügte, eine essential facility war[1589], zu dem Wettbewerber Zugang haben mussten, um Telefondienste anbieten zu können.

1584 Vgl. Teil 1: B.IV.2., S. 153 ff. und B.IV.4., S. 163 ff.
1585 First Report & Order, 85 FCC 2d 1 (1980), Tz. 57.
1586 Zum Begriff vgl. Teil 1: A.VI.4, S. 108 f.
1587 First Report & Order, 85 FCC 2d 1 (1980), Tz. 54 f.
1588 Ebenda, Tz. 55.
1589 Ebenda, Tz. 65.

bbb) Rechtsfolgen der Klassifikation

Non dominant carrier unterlagen nicht der „traditionellen Title II Regulierung"[1590]. Diese umfasste ROR Preisfestsetzung, eine Veröffentlichungspflicht der Tarife, Kontrolle über die Ausweitung des Geschäftsfeldes und Universaldienstregulierung[1591], die sich gemeinhin in Sec. 201-205, 214 Communications Act wieder finden. Stattdessen wählte die FCC einen sog. streamlined approach, mit dessen Hilfe die Regulierungsbehörde die Common Carrier Regulierung wesentlich einschränkte. Damit sollte die Behörde als Regulativ überall dort Abstand von den Regulierungsinstrumenten nehmen, wo der Wettbewerb ohne solche Instrumente auskam.

(1) Folgen für Dominant Carrier

Die Ausgestaltung der in Sec. 201-205, 214 Communications Act enthaltenen Regulierungsvorgaben setzte die FCC für dominant carrier im Rahmen von Sec. 203 (a), (b) (1) Communications Act mit einer ex-ante Preisregulierung mit 90tägiger Vorlaufzeit ihrer Bekanntmachung um, wobei eine schwebende Unwirksamkeit der Tarife für maximal fünf Monate bei Widerspruch nach Sec. 204 (a) (1), 208 (a) Communications Act bestand. Außerdem mussten die Betreiber nach Sec. 201 (a) Communications Act Universaldienste erbringen, waren also verpflichtet, bei Nachfrage einen Anschluss zu ermöglichen, auch wenn dies betriebswirtschaftlich irrational war. Zudem unterlagen sie dem vollen Anwendungsbereich des Sec. 214 Communications Act und daher nicht nur einer Zusammenschlusskontrolle, sondern durften ihre Netze weder außer Betrieb setzen, erweitern oder sonst wie modifizieren, bevor nicht die Zustimmung der FCC eingeholt wurde.[1592] Hinsichtlich der Diskriminierungsfreiheit war außerdem entscheidend, dass die Anbieter ihre Dienste anderen Netzbetreibern zur Verfügung stellen mussten, insbesondere eine Zusammenschaltung nicht verweigern konnten, was ja bereits die Rechtsprechung[1593] ausdrücklich angemahnt hatte.

(2) Folgen für Non Dominant Carrier

Non dominant carrier wurden in dem First Report der Competitive Carrier Rulemaking milder reguliert. Um den Marktzutritt zu beschleunigen und das wettbewerbliche Preisniveau möglichst schnell zu erreichen, wurde nach der streamlined regulation vermutet, dass die erhobenen Entgelte seitens der non dominant carrier wettbewerblich waren[1594], womit den SCC und Reseller die Last des Sec. 204 Communica-

---

1590 Ebenda, Tz. 54 ff.
1591 Ebenda, Tz. 85 ff.
1592 Ebenda, Tz. 54 ff.
1593 Vgl. Teil 2: B.III.1.b)aa)ddd), S. 295.
1594 First Report & Order, 85 FCC 2d 1 (1980), Tz. 88 ff.; vgl. bereits Policy and Rules Concerning Rates for Competitive Common Carrier Services and Facilities Authorizations, Notice of Inquiry and Proposed Rulemaking, 77 FCC 2d 308 (1979), Tz. 59.

tions Act genommen werden sollte. Die FCC nahm von der Entgeltgenehmigung Abstand und setzte stattdessen eine ex-post Kontrolle durch[1595], die auf Antrag von Wettbewerbern und Endkunden erfolgte. Non dominant carrier wurden ferner davon befreit, Kosten- und Kapitalinvestitionsinformationen beizubringen. Die einzige Voraussetzung war die Bekanntgabe der Entgelte, die mit einer Frist von nur 14 Tagen in Kraft treten konnten[1596]. Mit demselben Muster wurde auch das Diskriminierungsverbot der Sec. 201 f. Communications Act ausgeschlossen[1597]. Ebenfalls abgestuft waren die Pflichten nach Sec. 214 Communications Act. Dabei war vor allem nur eine Lizenz für den Betrieb von TK-Dienstleistungen erforderlich, um in den gesamten USA tätig zu werden[1598]. Außerdem musste der sonst strikten Bekanntgabepflicht von Auf- und Abrüstmaßnahmen nur halbjährlich nachgekommen werden[1599].

(3) Zusammenfassung

Der Ausschnitt dieses relativ kurzen Vergleichs zwischen der dominant und non dominant carrier Regulierung zeigt den Anspruch, den die FCC bereits im Jahr 1980 bei der Förderung des Wettbewerbs hatte. Ihr asymmetrischer Ansatz trug dem Grundsatz Rechnung, dass in Bereichen eines natürlichen Monopols Wettbewerb nur mit unterschiedlicher Behandlung von Altsassen und neu in den Markt eintretenden Wettbewerbern erfolgen kann. Gerade bei der Entgeltregulierung, die ja den Kern der gesamten Regulierungstätigkeit bildet, führt Diskriminierung letztlich zur Unwirksamkeit aller Regulierungsinstrumente, insbesondere bei Zugangsansprüchen gegenüber Altsassen, da insoweit der Anspruch über Zugangsentgelte unterlaufen werden kann. Außerdem basierte der Ansatz auf einer Annäherung an wettbewerbliche Märkte, indem erstmals zwischen Anbietern mit und ohne Marktmacht unterschieden wurde. Als erster Versuch einer wettbewerblicher Öffnung kann der Ansatz daher als fortschrittlich bezeichnet werden.

ccc) Regulierung von Local Exchange Carrier

Bis zum Erlass des Telecommunications Act hatte die FCC nur sehr begrenzte Möglichkeiten, den LEC Bereich zu regulieren. Diese Begrenzung ergab sich zum einen aus der Präambel bzw. dem breiten Regulierungsziel des Communications Act nach Sec. 1, der explizit nur „interstate and foreign commerce in communication" erfasst. Zum zweiten ist gemäß Sec. 1 (b) eine deutliche Kompetenzbegrenzung der FCC in Bezug auf innerstaatliche Kommunikationsdienste enthalten. Diese Regelungen verwehrte es der FCC ein einheitliches Regulierungsregime auf den Bereich anzu-

---

1595 First Report & Order, 85 FCC 2d 1 (1980), Tz. 107.
1596 Ebenda, Tz. 102.
1597 Ebenda, Tz. 88.
1598 Ebenda, Tz. 133.
1599 Ebenda, Tz. 138 ff.

wenden, der kompetenziell bei den Einzelstaaten liegt[1600]. Die Einzelstaaten haben dem Wettbewerb im Ortsnetz zum Zeitpunkt der Neuausrichtung des Regulierungsregimes durch die FCC nur wenig Beachtung geschenkt[1601]. Stattdessen haben sie weiterhin örtliche Monopole per Konzessionsvertrag gestattet. Diesen Vereinbarungen lagen im Gegenzug für eine Konzessionsgebühr, regelmäßig Exklusivversorgungsrechte und qualitative Mindeststandards zugrunde, während die PUCs die Preisregulierung vornahmen. Damit hatte die FCC außer für den zwischenstaatlichen Bereich weder die Kompetenz, Entgelte zu regulieren, noch diese Unternehmen zu verpflichten, den Zugang zu Telekommunikationsanlagen oder Leitungen anderen CAP zu gewähren. Die Einzelstaaten begannen ihren Sichtwechsel bei der Beurteilung der Telekommunikationsindustrie Anfang der neunziger Jahre, nachdem in New York (1985) der erste CAP zugelassen wurde und so neben dem Etablierten, lokale Infrastrukturen aufbauen konnte und Zugang zu dessen Einrichtungen erhielt[1602]. Der beginnende Wandel vollzog sich dabei von Einzelstaat zu Einzelstaat[1603] und gewährte teilweise auch sog. local loop unbundling[1604], also den entbündelten Zugang zum Teilnehmeranschluss, so dass Telekommunikationsdienste über die gemietete Infrastruktur der Altsassen exklusiv angeboten werden konnten. Hierbei spielte traditionell auch die NARUC eine entscheidende Rolle, die 1889 gegründet wurde, um eine Vereinheitlichung einzelstaatlichen Regulierungsrechts bei zahlreichen Common Carrier zu erreichen. Die NARUC ist als zwischenstaatliche Einrichtung zwar nicht selbst zur Rechtsetzung befugt, sie dient aber der koordinierten Rechtsetzung, über die sich auch eine Bindungswirkung herbeiführen lässt[1605]. Durch die NARUC haben sich Divergenzen im Regulierungsrecht der PUCs, aber auch gegenüber der FCC deutlich entschärft.

Auch das MFJ hatte im Local Bereich Auswirkungen auf den Wettbewerb durch CAP. Denn nach dem MFJ sollte es einer RBOC nicht gestattet sein, in den Long Distance Markt eindringen zu können, solange kein ausreichender Wettbewerb im regionalen Festnetz entstanden war[1606]. Damit eröffnete das MFJ durch die Möglichkeit, auf diese „Bedingung" des consent decree zu verzichten, Anreizwirkungen für RBOC, um den Wettbewerb in ihrem Territorium zu forcieren. Nur so konnten sie im Long Distance Bereich tätig werden und den Endkunden als vertikal integriertes Unternehmen Leistungen aus einer Hand anbieten. Zudem mussten sie nach dem MFJ Zusammenschaltung und Zugang zu ihrem Netz gewähren, sofern Wettbewerber Telekommunikationsdienste anbieten wollten. Da RBOC auch nicht im Fernver-

---

1600 *Rosston*, 5 Media Law Pol. 1, 2 (1997).
1601 *McFadden*, 49 Fed. Comm. Law J. 457, 458 (1997).
1602 *Noam/Atkinson*, S. 5 Fn. 1.
1603 Zu den ersten Staaten zählten Colorado, Connecticut, Florida, Georgia, Hawaii, Iowa, Minnesota, New Hampshire, North Carolina, Tennessee, Texas, Utah, Virginia, Wisconsin und Wyoming.
1604 *Noam/Atkinson*, S. 5 Fn. 1.
1605 *Nohe*, 48 Fed. Comm. Law J. (1996).
1606 Vgl. hierzu den Inhalt des consent decree: Teil 2: B.III.2.a)bb), S. 300.

kehrsbereich tätig werden konnten, wuchs der Druck von Seiten der anderen ILEC, GTE und SNET, die nicht vom Entflechtungsverfahren betroffen waren[1607] und daher auch im Fernverkehrsbereich aktiv waren. Sie konnten trotz Regulierung weiterhin ihren Quersubventionierungsvorteil ausspielen. Nichtsdestotrotz war aber der Zutritt von Newcomern weiterhin durch einzelstaatliches Recht begrenzt, so dass auch nach dem MFJ ein generelles Zulassungsrecht von CAP ausgeschlossen war. Das MFJ ermöglichte lediglich die Verpflichtung zum Zugang, sofern die Einzelstaaten Wettbewerb durch alternative Carrier zuließen.

Auf der anderen Seite waren LEC aber nicht vollständig der bundesstaatlichen Regulierung der FCC entzogen. Denn der grenzüberschreitende Interexchange Bereich war in dem Moment tangiert, wenn eine Interstate-Verbindung durch einzelstaatliche Regelungen untergraben werden konnte. Damit konnte die FCC den Zugang zu LEC erzwingen bzw. die Zugangsentgelte zu den LATAs festlegen, sofern zwischenstaatliche Verbindungen nachgefragt oder angeboten wurden.

cc) Schrittweise Veränderung des Ansatzes

Die FCC war sich ihres noch zögerlichen Regulierungsansatzes bewusst und betonte selbst, dass der streamlined approach nur einen Zwischenschritt der künftigen Regulierung darstellen würde. Dies kam an vielen Stellen des First Report, aber auch in der Competitive Carrier Notice of Inquiry[1608] zum Ausdruck. Explizit wies sie im ersten Bericht beispielsweise darauf hin, dass sie die Marktentwicklung unter gegebenem Ansatz beobachten wolle, bevor weitere grundsätzliche Änderungen gemacht würden[1609].

aaa) Permissive Forbearance Approach

Ab 1982 gab die FCC ihre Zurückhaltung schrittweise auf und veröffentlichte ihren Second Report[1610]. Darin änderte sich die Divergenz zwischen non dominant carrier und dominant carrier Regulierung fundamental. So wurde die begonnene Asymmetrie zwischen Anbietern mit und ohne Marktmacht verschärft. Dies äußerte sich an mehreren Stellen. Zum einen betraf dies die Entgeltregulierung. So waren fortan non dominant carrier von der Tarifregulierung ganz ausgeschlossen. Außerdem mussten auch keine halbjährlichen Anzeigen bezüglich der Aufnahme und Beendigung von Diensten oder der Errichtung und Stilllegung von Telekommunikationsanlagen ergehen. Sec. 214 Communications Act fand damit keine Anwendung mehr. Hintergrund war die gewonnene Erkenntnis, dass die Last von Sec. 203, 214 Communications Act den Preiswettbewerb einschränkt, die Innovation von Diensten behindert

---

1607 *Harris/Kraft*, 11 J. Econ. Perspect. 93, 103 (1997).
1608 Policy and Rules Concerning Rates for Competitive Common Carrier Serv. and Fac. Authorizations, Notice of Inquiry and Proposed Rulemaking, 77 FCC 2d 308 (1979), Tz. 97.
1609 First Report & Order, 85 FCC 2d 1 (1980), Tz. 121.
1610 Second Report & Order, 91 FCC 2d 59 (1982).

und die wettbewerbliche Reaktionsgeschwindigkeit herabsetzt. Außerdem hätte Sec. 214 Communications Act negative Auswirkungen auf den Marktzutritt.[1611]

Dieser Ansatz wurde als permissive forbearance approach bezeichnet, weil er eine vollständige Aufhebung zentraler Regulierungsmechanismen auf Antrag vorsah. Er begünstigte zunächst aber nur bestimmte Netzbetreiber, die als funkgestützte Wiederverkäufer von Telekommunikationsdienstleistungen in Erscheinung traten. Damit waren Wiederverkäufer auf der letzten Meile oder die SCC von den Vorteilen des forbearance Ansatzes ausgeschlossen. Dies änderte sich zunächst auch nicht mit dem Third Report[1612]. Einen Monat darauf folgte dann die Ausweitung auf SCC[1613] und Reseller[1614] insgesamt. Gemäß ihrer schon im First Report[1615] gewonnenen Erkenntnis machte sie den Wettbewerbsgedanken fruchtbar, dass im Falle einer Preisfestsetzung der Etablierten über dem wettbewerblichen Niveau eine Angebotssubstitution insbesondere durch Reseller stattfinden würde[1616],

Mit dem nur ein Jahr später folgendem Fifth Report[1617] fand auch eine Reklassifizierung bislang als dominant carrier eingestufter Anbieter statt, so dass nur noch die örtlichen Telefongesellschaften und AT&T unter die Marktmachtdefinition fielen[1618]. Der forbearance approach wurde aber auf diese aus der dominant carrier Regulierung entlassenen Anbieter nicht angewandt. Für sie sollte der streamlined approach gelten, der zuvor auf SCC und Reseller angewandt wurde. Die FCC hatte daher eine dreistufige Regulierung begonnen, die auf die begonnene Marktmachtanalyse der FCC zurückgeführt werden kann. Sie nahm darin fortan eine Marktabgrenzung auf Grundlage der Substituierbarkeit vor. Ihre geographische Abgrenzung fiel dabei aber national aus und enthielt keine Teilmärkte.[1619]

Die Marktabgrenzung ermöglichte nun, bestimmte Leistungen eines Carrier nach Marktmachtkriterien unterschiedlich stark zu regulieren. Dieses Vorgehen sollte aber nur dann eingeschlagen werden, sofern das marktmächtige Unternehmen seine im Wettbewerb angebotenen Dienstleistungen und Produkte durch eine selbständige Tochter anbot, sie also ausgliederte[1620]. Diese selbständigen Einheiten sollten dann entweder dem streamlined approach mit geringer Regulierungsdichte unterliegen oder nach dem forbearance approach ganz aus der Regulierung entlassen werden. Die Entscheidung über den jeweils einzuschlagenden Weg wurde anhand der Charakteristiken des betroffenen Unternehmens beurteilt[1621].

1611 Ebenda, Tz. 12.
1612 Er weitete lediglich die Regulierungstätigkeit außerhalb der Kontinental USA aus; vgl. Third Report & Order, 48 Fed. Reg. 46, 791 (1983).
1613 Fourth Report & Order, 95 FCC 2d 554 (1983), Tz. 35.
1614 Ebenda, Tz. 35.
1615 First Report & Order, 85 FCC 2d 1 (1980), Tz. 54, 56, 79 ff.
1616 Fourth Report & Order, 95 FCC 2d 554 (1983), Tz. 36.
1617 Fifth Report & Order, 98 FCC 2d 1191 (1984).
1618 Ebenda, Tz. 4.
1619 Fourth Report & Order, 95 FCC 2d 554 (1983), Tz. 25 ff.
1620 Ebenda, Tz. 17, 37.
1621 Ebenda, Tz. 37.

bbb) Mandatory Forbearance Approach

Keine zwei Jahre später löste die FCC mit ihrem sechsten Bericht[1622] die auf Antrag der Unternehmen angewandte Regulierungslockerung durch den sog. mandatory forbearance approach ab. Dieser führte zu einem faktischen Rückzug der Regulierung aus dem non dominant carrier Bereich, der bislang noch zwischen streamlined und forbearance Ansatz differenzierte und war der nächste logische Schritt nach drei Jahren erfolgreicher Marktbeobachtung. Die Regulierungsbehörde nannte hierfür plausible Gründe. Zum einen würde die im streamlined approach fortgeführte Bekanntgabe der Tarife und der Entgeltregulierung einen überflüssigen Anreiz zu wettbewerbswidrigem Verhalten darstellen, da sie schnelle und effiziente Wettbewerbsreaktionen ausschließen würden[1623]. Außerdem würde nur in seltenen Fällen interveniert[1624]. Daneben behandelte die FCC das Problem vollkommener Preistransparenz für andere Wettbewerber. Hierin sah die FCC eine Möglichkeit der Wettbewerber, durch Parallelverhalten höhere als die wettbewerblichen Preise zu verlangen[1625]. Da die FCC sich die Möglichkeiten einer ex-post Aufsicht und einer nachträglichen dominant carrier Reklassifizierung vorbehalten hatte, konnte sie die Unternehmen auch weiterhin mit den scharfen Instrumenten der klassischen Title II Regulierung disziplinieren[1626].

dd) Einschränkungen durch die Rechtsprechung

aaa) Ermessen der FCC nach Sec. 203 Communications Act

Die FCC hatte ihre gesamte Deregulierungsstrategie nur auf wenige Rechtsgrundlagen gestützt und argumentierte bei ihrer flexiblen Handhabung des Regulierungsregimes mehr mit dem Sinn und Zweck des gesamten Communications Act. Dieser gebe ihr einen breiten Beurteilungsspielraum, der allein im „öffentlichen Interesse" stehe[1627]. Damit erinnerte sie an die offene Formulierung des Supreme Court[1628]. Ihre rechtliche Argumentation, mit der sie die Common Carrier Regulierung einem vielschichtigen Regulierungsgefüge zugeführt hatte, basierte schon zu Beginn der Competitive Carrier Rulemaking im Wesentlichen auf ihrem Verständnis der gesetzgeberischen Intention des Kongresses, marktmächtige Anbieter zu disziplinieren und nicht jedes Telekommunikationsunternehmen den strengen Regelungen zu un-

---

1622 Sixth Report & Order, 99 FCC 2d 1020 (1985).
1623 Ebenda, Tz. 13; vgl. bereits Second Report & Order, 91 FCC 2d 59 (1982), Tz. 12 und nochmals in Fifth Report & Order, 98 FCC 2d 1191, 1199 (1984), Fn. 24.
1624 So schon Second Report & Order, 91 FCC 2d 59 (1982), Tz. 5.
1625 Sixth Report & Order, 99 FCC 2d 1020 (1985), Tz. 13.
1626 Fourth Report & Order, 95 FCC 2d 554 (1983), Tz. 33 ff.
1627 So vor allem in MCI v. FCC, 765 f.2d 1186, 1193 (D.C. Cir. 1985).
1628 Vgl. FCC v. RCA Communications, Inc., 346 U.S. 86, 90 (1953) m. Verw. auf New York Central Securities Corp. v. United States, 287 U.S. 12 (1932).

terwerfen[1629]. Hierfür gab es ihrer Meinung nach auch keinen Grund, stand doch der asymmetrische Ansatz ihres Regulierungsregimes mit dem modernen Marktmachtverständnis im Einklang. Daher interpretierte die FCC den Communications Act auch dahingehend, dass dieser ihr nur das Recht gebe, sie aber nicht dazu verpflichte, bestimmte Regulierungsmaßnahmen zu ergreifen, sofern nicht ausnahmsweise zwingende Gründe dafür sprachen[1630]. Die undifferenzierte Anwendung der Title II Regulierung auch auf Unternehmen ohne Marktmacht stünde dagegen mit dem Communications Act im Widerspruch.

Im Einzelnen stützte sich die Behörde für das Unterlassen von Regulierungsmaßnahmen noch vor Erlass des Second Report in der zugrunde liegenden Further Notice[1631] auf Sec. 203 (b) (2) Communications Act. Danach kann die Kommission bei Ausübung ihres Ermessens mit Hinweis auf gute Gründe jede Anforderung, die Sec. 203 Communications Act an Common Carrier stellt, im Einzelfall oder in einem Rulemaking modifizieren[1632]. Sec. 203 Communications Act betraf dabei nur schedules of charges, d.h. die Bekanntmachung der Tarife im Verzeichnis der FCC, nicht aber die Entgeltregulierung insgesamt. Später stützte sich die FCC neben dem weiterhin als mitentscheidend angeführten Sec. 203 (b) (2) auf Sec. 203 (c) (1) Communications Act. Darin wird die Aufnahme der Tätigkeit eines Common Carrier an die Voraussetzungen der Entgeltbekanntmachung, also des ex-ante Verfahrens geknüpft. Allerdings findet sich auch hier die Möglichkeit, von dieser Vorschrift Ausnahmen zu machen, und zwar „unless otherwise provided by or under authority of this chapter".[1633]

1629 First Report & Order, 85 FCC 2d 1 (1980), Tz. 114 ff.; Sixth Report & Order, 99 FCC 2d 1020, 1028 f. (1985), Fn. 29.
1630 Policy and Rules Concerning Rates for Competitive Common Carrier Serv. and Fac. Authorizations, Notice of Inquiry and Proposed Rulemaking, 77 FCC 2d 308 (1979), Tz. 59.
1631 Further Notice of Proposed Rulemaking, 84 FCC 2d 445 (1981), Tz. 88.
1632 47 U.S.C. 203 (b) (2):
The Commission may, in its discretion and for good cause shown, modify any requirement made by or under the authority of this section either in particular instances or by general order applicable to special circumstances or conditions.
1633 47 U.S.C. 203 (c):
No carrier, unless otherwise provided by or under authority of this Ch. shall engage or participate in such communication unless schedules have been filed and published in accordance with the provisions of this Ch. and with the regulations made thereunder; and no carrier shall (1) charge, demand, collect, or receive a greater or less or different compensation for such communication, or for any service in connection therewith, between the points named in any such schedule than the charges specified in the schedule then in effect, or (2) refund or remit by any means or device any portion of the charges so specified, or (3) extend to any person any privileges or facilities in such communication, or employ or enforce any classifications, regulations, or practices affecting such charges, except as specified in such schedule.

bbb) Rechtswidrigkeit von Mandatory Forbearance

Der für non dominant carrier zunächst vorteilhaft erscheinende forbearance approach hatte aber auch seine Nachteile. Denn die Einstufung und Entgeltbekanntmachungen im Verzeichnis der FCC hatten zur Folge, dass die Unternehmen keine Individualvereinbarungen mit Endkunden treffen mussten. Die sog. filed rate doctrine enthält hierbei unter anderem die Allgemeingültigkeit der Entgelte und aller sonstigen Bedingungen, die sich zwar mit gewisser Verzögerung umsetzen lassen, aber gegenüber jedem Kunden wirksam werden und damit Allgemeingültigkeit haben. Damit lassen sich gerade für Carrier mit einem großen und zerstreuten Kundenkreis enorme Verwaltungskosten einsparen, indem nur ein Verfahren mit der FCC durchlaufen werden muss[1634]. Entscheidend war aber auch, dass die Entgelte, die von der FCC freigegeben wurden, von den PUCs unangreifbar waren, also keine gegensätzlichen Entgelte festgesetzt werden konnten. Dies wurde von den PUCs zwar immer wieder in Frage gestellt, aber in ständiger Rechtsprechung[1635] bestätigt. Aus diesem Grund führte der von der FCC begonnene mandatory forbearance approach auch bei den Wettbewerbern von AT&T zu neuen Lasten, die nach dem alten streamlined approach mit einem kürzeren Veröffentlichungszeitraum ihrer Tarife evidente Wettbewerbsvorteile gegenüber dem Altsassen besaßen und daher auch immer mehr Marktanteile für sich gewinnen konnten. Deshalb war nicht verwunderlich, dass der damals größte Konkurrent von AT&T, MCI, einen Tag nach Veröffentlichung des mandatory forbearance approach im Sixth Report der Competitive Carrier Rulemaking die neuen Bestimmungen der FCC vor dem D.C. Circuit angriff. Nach Auffassung von MCI zwang der als Soll-Vorschrift ausgestaltete Sec. 203 (a) Communications Act die FCC dazu, jeden Common Carrier der Tarifregulierung zu unterstellen, so dass ihr Ermessen für eine Entlassung aus dieser Regulierung nicht ausreichte[1636]. Das Gericht teilte die Bedenken von MCI und stützte sich ebenfalls auf den grundsätzlich abschließenden Wortlaut von Sec. 203 (a) Communications Act. Ungeachtet der dynamischen Marktverhältnisse würden die Kompetenzen der FCC daher nicht ausreichen, um Wettbewerber in vollem Umfang aus dem Regulierungsregime der Entgelte zu entlassen. Das Gericht sah zwar, dass die FCC die Möglichkeit besaß, von den restriktiven Entgeltregulierungsvorschriften und dem Verfahren der Entgeltbekanntmachung in gewissem Umfang abzuweichen. Der Wortlaut von „modify" gestatte es ihr aber nicht, die Unternehmen in vollem Umfang aus dem Regulierungsregime zu verbannen.[1637] Entscheidend war auch, dass sich der D.C. Circuit auf

---

1634 Vgl. hierzu und zu weiteren Vorteilen *Lister*, 53 Fed. Comm. Law J. 91, 98 ff. (2000).
1635 Mississippi Power & Light Co. v. Mississippi ex rel. Moore, 487 U.S. 354, 373 f. (1988); Nantahala Power & Light Co. v. Thornburg, 476 U.S. 953, 962-66 (1986); Montana-Dakota Utilities Co. v. Northwestern Public Services Co., 341 U.S. 246, 251 f. (1951); Smith v. Illinois Bell Tel. Co., 282 U.S. 133 (1930); Public Services Co. of New Hampshire v. Patch, 167 f.3d 29, 35 (1st Cir. 1998); AT&T Communications of the Mountain States, Inc. v. Public Services Commission of Wyoming, 625 f.Supp. 1204, 1208 (D. Wyo. 1985).
1636 MCI v. FCC, 765 f.2d 1186, 1191 (D.C. Cir. 1985).
1637 Ebenda, 765 f.2d 1186, 1191, 1192 (D.C. Cir. 1985).

eine eigene Entscheidung der FCC bezog[1638], in der es Western Union nicht gestattet worden war, ganz aus der Regulierung entlassen zu werden. Darin hatte die FCC noch selbst erklärt, dass sie für eine vollständige Entlassung aus dem Entgeltverfahren keine Möglichkeit sehe[1639]. Im Übrigen sei aber auch der Kompetenzrahmen der FCC vom Kongress so abgesteckt worden, dass es der FCC nicht oblag, durch ein breites Ermessen über das „Ob" von Regulierung zu entscheiden und damit Telekommunikationspolitik zu betreiben[1640]. Dies sei, wie andere deregulierte Industriezweige zeigten[1641], dem Kongress als gesetzgebendem Organ vorbehalten[1642].

ccc) Rechtswidrigkeit von Permissive Forbearance

Obwohl MCI den mandatory forbearance approach damit gerichtlich aushebelte, konnte im Rahmen des permissive und streamlined approach weiterhin von bestimmten Entgelten abgewichen werden, ohne diese zwingend auf individualvertraglich auszuhandeln und ohne das langwierige Entgeltverfahren der FCC zu durchlaufen. Dies ermöglichte eine flexiblere und aggressivere Preisreaktion der Wettbewerber vor allem gegenüber AT&T. AT&T wurde dagegen weiterhin als dominant carrier eingestuft und benötigte aufgrund der Regulierungsvorschriften regelmäßig längere Zeit, um die Entgeltstruktur zu verändern, zumal Wettbewerber routinemäßig die Rechtmäßigkeit von Preisänderungen gemäß Sec. 204 (a) Communications Act anzweifelten, um marktmächtige Carrier in ihrer Reaktion zu beeinträchtigen[1643]. Da hierdurch eine unangemessene Asymmetrie zwischen Wettbewerbern, insbesondere zwischen MCI und AT&T entstand, wandte sich der Bell-Konzern gegen das Verhalten von MCI. AT&T griff die Möglichkeit an, überhaupt Individualvereinbarungen schließen zu dürfen, weil damit regelmäßig gegen Sec. 203 (a) Communications Act verstoßen würde und hierdurch Schäden entstünden[1644]. AT&T leitete damit zwar ein Ermittlungsverfahren gegen MCI nach Sec. 208 Communications Act ein, womit die FCC verpflichtet wurde, darüber zu entscheiden, ob die Individualvereinbarungen von MCI rechtswidrig waren. Da aber MCIs Verhalten vom permissive forbearance approach gedeckt war, wurde erkennbar, dass AT&T implizit die Rechtmäßigkeit des gesamten Regulierungsregimes in Frage stellte[1645].

1638 Ebenda, 765 f.2d 1186, 1191, 1192 f. (D.C. Cir. 1985).
1639 Western Union Tel. Co., Memorandum Opinion & Order, 75 f.C.C.2d 461 (1980), Tz. 47.
1640 MCI v. FCC, 765 f.2d 1186, 1191, 1195 (D.C. Cir. 1985).
1641 Central & S.Motor Freight Tariff Association v. United States, 757 f.2d 301 (D.C. Cir. 1985); Brae Corp. v. United States, 740 f.2d 1023 (D.C. Cir. 1984); National Small Shipments Traffic Conference, Inc. v. Civil Aeronautics Bd., 618 f.2d 819 (D.C. Cir. 1980)
1642 MCI v. FCC, 765 f.2d 1186, 1191, 1194 (D.C. Cir. 1985). Das Gericht wies auch darauf hin, dass sich die Regelungen v. § 203 unterschieden. So erlaubten sie explizit ein Absehen v. Regulierung, sofern dies mit dem öffentlichen Interesse im Einklang stand, vgl. 49 U.S.C. 10101, 44 U.S.C. 10505 (a), 1388 (c).
1643 *Schoenwald*, 49 Fed. Comm. Law J. 369, 411 (1997).
1644 AT&T v. FCC, 978 f.2d 727, 730 (D.C. Cir. 1992).
1645 Ebenda.

Dies lehnte die FCC ab und stützte sich nicht direkt auf ihren vierten Bericht, der weiterhin Ausnahmen für das Entgeltregulierungsverfahren vorsah. Vielmehr lehnte die Regulierungsbehörde ein Vorgehen mit der Begründung ab, dass sie die Regelungen vor dem Hintergrund der Rechtsprechung überarbeite[1646]. Damit versuchte die FCC, den von AT&T implizit angegriffenen permissive approach einer rechtlichen Würdigung zu entziehen und verabschiedete gleichzeitig neue Entgeltregulierungsvorschriften[1647]. Der erneut angerufenen D.C. Circuit, der bereits die Rechtswidrigkeit des mandatory forbearance approach festgestellt hatte, rügte das Vorgehen der FCC aufs Schärfste und hielt ihn nicht davon ab, die faktische Aufrechterhaltung des Fourth Report einer kritischen Würdigung zu unterziehen. Das Gericht stützte sich dabei auf identische Argumente[1648], stellte die Rechtswidrigkeit des permissive approach fest[1649] und nahm der FCC im Ergebnis ihre gesamte regulatorische Grundlage der letzten Jahre.

ddd) Reaktion der FCC

Da das Gericht aber nicht auf die Rechtmäßigkeit des zwischenzeitlich ergangenen Tariff Filing Report[1650] einging, sondern nur den im vierten Bericht enthaltenen permissive forbearance Ansatz gerügt hatte, hielt die FCC an ihrem Tariff Filing Report fest. Damit glaubte die FCC sich nicht in Widerspruch zu dem Urteil des D.C. Circuit zu setzen, obwohl darin mit etwas abgewandeltem materiell-rechtlichem Inhalt nur die ex-post Aufsicht verschärft wurde[1651], aber der Gehalt der Regulierung wieder ins Leben gerufen wurde. In der Begründung zu diesem Report fanden sich im Prinzip keine weiteren Argumentationsmuster, die von der Begründung in den anderen Berichten abwichen. Stattdessen wiederholte die FCC, dass Wettbewerbsbeschränkungen ohne einen restriktiven Ansatz nicht abgebaut werden könnten[1652] und verwies auf die positiven Veränderungen im Fernverkehrsmarkt, die durch ihre Regulierung entstanden seien[1653]. Damit missachtete die FCC ganz offensichtlich die Entscheidung des Gerichts.

1646 In re AT&T v. MCI, Memorandum Opinion & Order, 7 FCC Rec. 807, Tz. 13 (1992).
1647 In re Tariff Filing Requirements for Interstate Common Carriers, Notice of Proposed Rulemaking, 7 FCC Rec. 804 (1992).
1648 AT&T v. FCC, 978 f.2d 727, 730 (D.C. Cir. 1992); vgl. bereits MCI v. FCC, 765 f.2d 1186, 1191, 1192-1195 (D.C. Cir. 1985).
1649 AT&T v. FCC, 978 f.2d 727, 736 (D.C. Cir. 1992).
1650 In re Tariff Filing Requirements for ICC, Report & Order, 7 FCC Rec. 8072 (1992).
1651 Report & Order, 7 FCC Rec. 8072 Tz. 36 f. (1992).
1652 Report & Order, 7 FCC Rec. 8072 (1992), Tz. 36.
1653 Ebenda, Tz. 40.

eee) Zwiespalt beim U.S. Supreme Court

Aufgrund des Ausnahmecharakters der Entgeltregulierung, der im Tariff Filing Report weiterhin verankert war, stellte der D.C. Circuit in einer per curiam[1654] Entscheidung die Rechtswidrigkeit fest, worauf hin writ of certiorari vom Supreme Court gewährt wurde. In einer umstrittenen 4:3 Entscheidung[1655] wurde der permissive approach als kompetenzrechtlich rechtswidrig beurteilt. Während die Mehrheit des Gerichtes sich an dem Begriff „modify" aufhielt und in den sprachlichen Wurzeln den Wortstamm „moderate" entdeckte, der in Sec. 203 (b) (2) Communications Act nur ein maßvolles bzw. gemäßigtes Abweichen von dem Grundsatz in Sec. 203 (a) Communications Act vorsehe, nahm sich die abweichende Meinung des Gerichts (dissentening opinion) einer teleologischen Auslegung des Communications Act an. In ihrer Argumentation kam der Sachverstand der Richter zum Ausdruck, die das Telekommunikationswesen als eine ungewöhnlich dynamische Industrie darstellten[1656], die daher aus der Sicht des Gesetzgebers auch ein ungewöhnliches Ermessen bei der Beurteilung des öffentlichen Interesses erhalten sollte[1657]. Daher wäre auch der reine Literalsinn unangebracht, der der FCC der nötigen Flexibilität beim Umgang mit diesem Sektor berauben würde[1658]. Trotz dieser überzeugenden Argumentation war durch die Mehrheitsentscheidung auch der permissive forbearance Ansatz hinfällig.

fff) Weitere Reaktion der FCC

Die Entscheidungen der Gerichte bedeuteten für die FCC nur noch eine minimale Flexibilität. Mangels einer genaueren Umschreibung der Handlungsmöglichkeiten war die FCC mit dem Diktum entlassen worden, Regulierungsmaßnahmen nach dem Muster des „erfolgreichen" streamlined approach für den Bereich der Entgeltregulierung zu erlassen[1659]. Um nicht ganz von ihrem forbearance Ansatz Abstand nehmen zu müssen, reduzierte[1660] die FCC die Vollzugsmöglichkeit angekündigter Tarifänderungen im Rahmen des Sec. 203 Communications Act in ihren neuen Tariff Filing Requirements Notice von 14 auf einen Tag[1661]. Außerdem stellte die FCC ihre bislang eingeschlagene forbearance Regulierung bezüglich Telekommunikationsanlagen und Lizenzrestriktionen im Rahmen des Sec. 214 Communications Act mit dem

---

1654 Per Curiam Entscheidungen werden vom Gericht selbst als solche bezeichnet und kennzeichnen aufgrund der rechtlichen Offensichtlichkeit eine kurze, häufig von allen Richtern einstimmig getragene Entscheidung.
1655 Justice Sandra Day O'Connor nahm an der Entscheidung nicht Teil.
1656 MCI v. AT&T, 114 S.Ct. 2223, 2232 f. (1994).
1657 MCI v. AT&T, 114 S.Ct. 2223, 2234 (1994).
1658 Ebenda.
1659 MCI v. FCC, 765 f.2d 1186, 1196 (D.C. Cir. 1985); MCI v. AT&T, 114 S.Ct. 2223, 2231 (1994).
1660 Vgl. First Report & Order, 85 FCC 2d 1 (1980), Tz. 102.
1661 In re Tariff Filing Requirements Notice, 8 FCC Rec. 1395, 1396 (1993), Fn. 9.

Hinweis darauf, dass sie von den Gerichten „unaffected" blieben[1662], nie in Frage. Aus ökonomischer Sicht kann die Beibehaltung dieser Regulierungsoptionen als Schadensbegrenzung verstanden werden, die ansonsten einen 15jährigen Rückschritt in den Deregulierungsbemühungen bedeutet hätte.

Allerdings war die Kompetenzbegrenzung der FCC durch die Rechtsprechung folgenreich. Die Aufhebung des forbearance approach führte zu erhöhter Kollusion und damit zu weniger Preiswettbewerb[1663]. Um ihrem wettbewerblichen Ansatz weiterhin gerecht werden und die Marktmacht, die in ihren Augen weiterhin von AT&T ausging, begrenzen zu können, führte die Regulierungsbehörde u.a. die Price Cap Regulierung[1664] ein, die den Anreiz zu ineffizienter geschäftlicher Aktivität begrenzen sollte. Damit sollten, statt AT&T über den von Konkurrenten ausgehenden Wettbewerbsdruck zu disziplinieren, die Handlungsmöglichkeiten durch einen gezielten Einsatz der Tarifierung im Hinblick auf Ineffizienzen genommen und so Anreize zu Innovation und effizienter Allokation geschaffen werden[1665]. 1995 wurde dann schließlich auch AT&T reklassifiziert[1666] und damit aus der dominant carrier Regulierung entlassen, was angesichts des fehlenden Ortsnetzbezugs überfällig war.

c) Die Rolle des Telecommunications Act (1996)

aa) Wiederherstellung des Forbearance Approach

Nachdem der Supreme Court der FCC die Grenzen ihrer ökonomischen Regulierungskompetenz aufgezeigt hatte, trat wenig später der Telecommunications Act in Kraft. Mit seinem auf Wettbewerb und Deregulierung gemünzten Verständnis hat er auch die Rolle der Regulierungsbehörde kompetenziell erweitert. Entscheidend war, dass der von der FCC selbst entwickelte forbearance approach Gesetzeskraft erhielt[1667]. Mit der gesetzlichen Kodifizierung in Sec. 10 Communications Act, der sozusagen im allgemeinen Teil steht, kann die FCC nun sämtliche Vorschriften der Title II-Regulierung außer Kraft setzen und nicht nur über die Entgelte und ihrer Bekanntmachung disponieren[1668]. Diese Kompetenzerweiterung war deshalb not-

---

1662 Ebenda, Tz. 6.
1663 Vgl. Sixth Report & Order, 99 FCC 2d 1020 (1985), Tz. 13.
1664 AT&T Price Cap Order, 4 FCC Rec. 2873 (1989).
1665 Ebenda, Tz. 36 f.
1666 In re Motion of AT&T Corp. to be Reclassified as Non-Dominant Carrier, Order, (AT&T Reclassification Order), 11 FCC Rec. 3271 (1995).
1667 Sec. 401 Telecommunications Act (cod. at 47 U.S.C. 160).
1668 47 U.S.C. 160:
[...] the Commission shall forbear from applying any regulation or any provision of this Act, [...] if the Commission determines that (1) enforcement of such regulation or provision is not necessary to ensure that the charges, practices, classifications, or regulations by, for, or in connection with that telecommunications carrier [...] are just and reasonable and not unjustly or unreasonably discriminatory; (2) enforcement of such regulation or provision is not necessary for the protection of consumers; and (3) forbearance from applying such provision or regulation is consistent with the public interest.

wendig, weil die Rechtsprechung Modifikationen der Regulierung bislang nur dort zugelassen hatte, wo dies auch gesetzlich vorgesehen war. Außer im Rahmen von Sec. 203 Communications Act verfolgte die FCC aber auch in anderen sensiblen Regulierungsbereichen, wie der Lizenzierung oder dem Netzzugang, eine asymmetrische Regulierung, wo nach dem Gesetzeswortlaut keine Modifikationsmöglichkeiten bestanden. Damit waren auch diese Vorschriften latent rechtswidrig. Voraussetzung für die Anwendung der gesetzlichen forbearance ist, dass die Diskriminierungsfreiheit und der Schutz der Verbraucher auch ohne Regulierung gewährleistet sind und dass die Entlassung aus der Regulierung mit dem öffentlichen Interesse im Einklang steht. Der Kongress wiederholt damit die Worte der FCC, mit der sie den forbearance Ansatz in ihrer Competitive Carrier Rulemaking ins Leben gerufen und vor Gericht verteidigt hatte.

bb) Marktmachtspezifische Regulierung für Common Carrier

Der Telecommunications Act war die erste grundlegende Reform des 1934 Communications Act und hat nicht nur eine Neuorientierung im Regulierungsrecht, sondern auch eine rechtliche Neustrukturierung des gesamten Telekommunikationssektors angestoßen[1669]. Der Wettbewerb kann dabei als zentrale Figur des Telecommunications Act verstanden werden, für dessen Verwirklichung nunmehr zahlreiche Regulierungsinstrumente existieren. Die Gründe für die regulatorische Neuorientierung werden gemeinhin in der technologischen Konvergenz und der Zersplitterung der Regulierung gesehen[1670]. Während das MFJ eine ökonomisch disaggregierte Wettbewerbsstruktur mithilfe der Separation in Orts- und Fernnetzbereich verwirklicht hatte, soll der Telecommunications Act vor allem den Ortsnetzwettbewerb stärken. Zwar hat der Telecommunications Act den consent decree aus dem Jahre 1984 aufgehoben. Die darin geäußerten Bedenken eines frühzeitigen Marktzutritts der RBOC werden nach dem Telecommunications Act aber durch eine Marktzutrittsregulierung beibehalten. Die Verwirklichung des Wettbewerbs im Ortsnetz wird durch den Telecommunications Act mithilfe einer two-wire policy[1671] angestrebt, d.h. einer Leistungserbringung von Telekommunikation durch Common Carrier und Cable Operator durch konvergente Übertragungstechnologien. Dennoch hat sich der Telecommunications Act immer noch nicht von dem Common Carrier Begriff getrennt, so dass er weiterhin an der technologiespezifischen Einordnung der Infrastrukturen im Ortsnetz festhält.

Die auch vor diesem Hintergrund verständliche kompetenzielle Erweiterung der FCC für den Ortsnetzsektor geht mit dem Zurückdrängen der Regulierung der PUCs einher. Wie erläutert[1672], hat sich diese kompetenzielle Verschiebung in Sec. 253

1669 *Economides*, The Telecommunications Act and its Impact, S. 2.
1670 *Krattenmaker*, 49 Fed. Comm. Law J. 1 (1997); *Meyerson*, 49 Fed. Comm. Law J. 252 (1997); *Gewessler*, CR 1996, S. 626; *Bickerstaff*, MMR 2001, S. 72, 73.
1671 H.R. Conf. Rep. No. 104-458, 148.
1672 Vgl. Teil 2: B.II., S. 287 f.

Communications Act niedergeschlagen. Diese gesetzgeberische Entscheidung ist aus ökonomischer Sicht verständlich und zu begrüßen, da zwischen den Orts- und Fernnetzen ökonomische Interdependenzen[1673] bestehen und sich nicht in zwei Hemisphären mit unterschiedlichem Regulierungsrecht einteilen lassen[1674], wie dies noch nach Sec. 2 (b) Communications Act vorgesehen war.

Das Regulierungsgefüge des Telecommunications Act setzt weiterhin am Common Carrier Begriff an, auch wenn er zusätzlich den Terminus des Telecommunications Carrier verwendet. Dieser wird in Sec. 3 (44) Communications Act als das Angebot von Telekommunikation definiert. Telekommunikation wiederum meint den technischen Übermittlungsvorgang, der sich nach Sec. 3 (43) Communications Act als inhaltsneutraler Transport für die Öffentlichkeit versteht. Der Begriff setzt zwar erstmals ausdrücklich eine Technologieneutralität voraus, in dem die Telekommunikationsdienstleistung nach Sec. 3 (46) Communications Act explizit als von der zugrunde liegenden Infrastruktur unabhängiges Angebot von Telekommunikation verstanden wird. Allerdings sollen Telecommunications Carrier ausdrücklich als Common Carrier behandelt werden. Die ehemals als Enhanced Services unregulierten Dienstleistungen bleiben auch weiterhin von der klassischen Title II Regulierung ausgenommen. Diese werden zwar nunmehr als Information Services begriffen. Am inhaltlichen Verständnis des Begriffes hat sich jedoch nichts geändert[1675]. Der Kongress hat Telecommunications Carrier in vier Kategorien eingeteilt und der jeweiligen Klassifikation eine bestimmte regulatorische Eingriffsintensität gegenübergestellt. Heute unterscheidet man Regulierungsmaßnahmen, die für alle Telecommunications Carrier gleichermaßen gelten, und solche, die zusätzlich gegenüber LEC greifen. Hinzu kommen zusätzliche Pflichten gegenüber ILEC und solche, die eine noch intensivere Regulierung der RBOC vorsehen.[1676]

aaa) Zusammenschaltung

Die zentrale Vorschrift des neuen Telecommunications Act findet sich in Sec. 251 Communications Act. Nach Sec. 251 (a) werden alle Telecommunications Carrier

---

1673 Dies hat ja auch schon das Bsp. AT&T und das hierauf ergangene MFJ unter Berücksichtigung des Leveraging deutlich gemacht. Vgl. hierzu bereits Teil 2: B.III.2.a), S. 299 ff.
1674 Krit. bereits der U.S. Supreme Court in Louisiana Public Service Commission v. FCC, 476 U.S. 355, 360 (1986): »*However, while the Act would seem to divide the world of domestic telephone service neatly into two hemispheres - one comprised of interstate service, over which the FCC would have plenary authority, and the other made up of intrastate service, over which the States would retain exclusive jurisdiction - in practice, the realities of technology and economics belie such a clean parceling of responsibility*«.
1675 47 U.S.C. 153 (20):
The term "Information Service" means the offering of a capability for generating, acquiring, storing, transforming, processing, retrieving, utilizing, or making available information via telecommunications, and includes electronic publishing, but does not include any use of any such capability for the management, control, or operation of a telecommunications system or the management of a telecommunications service.
1676 *Meyerson*, 49 Fed. Comm. Law J. 252, 255 (1997); *Gewessler*, CR 1996, S. 626, 631.

zur Zusammenschaltung verpflichtet. Darüber hinaus darf kein Netzelement eines solchen Carrier Eigenschaften, Funktionen oder Fähigkeiten aufweisen, die der Zusammenschaltung zuwiderlaufen. Diese Pflichten sind unabhängig von Größe und Marktmacht der Carrier. Die Zusammenschaltungsverpflichtung gilt auch unabhängig davon, ob es sich um ein Nachbarnetz eines Carrier handelt oder ob eine Zusammenschaltung erst indirekt erfolgen soll. Ins Auge fällt auch die diskriminierungsfreie Gewährleistung der Kollokation, mit der die Möglichkeit eröffnet wird, Komplementärprodukte mit den Netzen zu verbinden[1677].

bbb) Allgemeine Pflichten der Local Exchange Carrier

Neben dieser allgemeinen Zusammenschaltungspflicht müssen die Ortsnetzgesellschaften gemäß Sec. 251 (b) (1) Communications Act Resale, nach Sec. 251 (b) (2) Communications Act Nummernportabilität, gemäß Sec. 251 (b) (3) Communications Act Dialing Parity, gemäß Sec. 251 (b) (4) Communications Act Zugang zu Wegen und Kabelschächten gewähren und reziproke Kompensationsvereinbarungen nach Sec. 251 (b) (5) Communications Act schließen.

ccc) Entbündelungspflicht der Incumbent LEC

Die wichtigste Neuerung des Telecommunications Act in Bezug auf ILEC betrifft den entbündelten Zugang (unbundled access). Diese in Sec. 251 (c) (3) Communications Act statuierte Verpflichtung geht weit über Resale hinaus, indem jedes Netzelement eines ILEC für die Erbringung eigener TK-Dienstleistungen zur Verfügung gestellt werden muss. Damit können Mietleitungen der ILEC nachgefragt und den Kunden als eigene Leistung angeboten werden. Die Preise, die den Wettbewerbern für die entbündelten Netzelemente in Rechnung gestellt werden, müssen sich gemäß Sec. 251 (c) (3), 252 (d) (1) Communications Act an den Kosten der Zusammenschaltung orientieren und dürfen allenfalls einen vernünftigen Gewinn beinhalten. Zudem müssen solche Zugangsbedingungen diskriminierungsfrei sein. FCC und PUCs haben die so beschriebenen Entgelte als die Total Element Long Run Incremental Cost (TELRIC) konkretisiert. Hierzu zählen die in der Zukunft zu erwartenden Infrastrukturkosten nebst einer angemessenen Verzinsung des eingesetzten Kapitals, so dass keine überhöhten Profite aus einer Vermietung der Infrastrukturelemente von den ILEC verlangt werden können und Effizienzanreize gesetzt wird. Dieser asymmetrische Regulierungsansatz wird auch im Bereich des Resale verfolgt, indem der Vergleich zwischen Sec. 251 (c) (4) Communications Act und Sec. 251 (b) (1) Communications Act zeigt, dass nur die ILEC Endkundenanschlüsse zu Großhandelspreisen anbieten müssen, nicht dagegen die CLEC.

[1677] Sec. 101 Telecommunications Act (cod. at 47 U.S.C. 256).

ddd) Marktzutrittsschranken für RBOC

Für RBOC werden vom Telecommunications Act neben den für alle LEC und ILEC anzutreffenden Regulierungsmaßnahmen besonders scharfe Regulierungsinstrumente geschaffen, für die zusätzlich eine eigene Title III Regulierung nach Sec. 271-276 Communications Act greift. Sec. 271 Communications Act kodifiziert hierbei erstmals die Möglichkeit der RBOC, sich auf Antrag im Long Distance Bereich zu betätigen. Die Voraussetzungen für den Marktzutritt sind immer dann erfüllt, wenn infrastrukturbasierter Wettbewerb (facilities based competition) besteht[1678], also vorwiegend durch die Errichtung paralleler Netze[1679]. Ansonsten existiert ein umfangreicher Katalog an Voraussetzungen (sog. Competitive Checklist), wonach eine für den Marktzutritt hinreichende Wettbewerbsintensität analysiert werden muss.[1680]. Der Katalog nimmt daher Bezug auf bislang erreichte Verbesserungen der Wettbewerbsstruktur und -bedingungen und analysiert beispielsweise die Intensität der Zusammenschaltung, des entbündelten Netzzugangs, des Wiederverkaufs von Telekommunikationsdienstleistungen und der Bereitstellung von Teilnehmerverzeichnissen. Wie der industrielle Vergleich des Telekommunikationssektors gezeigt hat, sind heute mehrere RBOC wieder vertikal integriert.[1681] Die FCC ist bei einer Entscheidung nach Sec. 271 Communications Act auch an administrative Vorgaben gebunden. Nach Sec. 271 (d) Communications Act muss die FCC nicht nur jede einzelne Region im Hinblick auf die Erfüllung der Katalogvoraussetzungen prüfen, sondern auch die Attorney General des DOJ und die State Commissions aller betroffenen Regionen vor einer Entscheidung konsultieren, wobei aber keine gemeinsame Entscheidung herbeigeführt werden muss, sondern eine Alleinentscheidungsbefugnis der FCC besteht.

3. Regulierungsregime für Kabelnetze

Wie die wettbewerbliche Analyse des ersten Teils[1682] gezeigt hat, besitzen die Breitbandkabelnetze als einzige Infrastruktur der USA das Potential, in aktiven Wettbewerb zum klassischen Festnetz entweder durch rückkanalfähige Internetanbindung mit VoIP oder durch komplementäre Vermittlungseinrichtungen für Sprachtelefonie zu treten. Daher können die Zusammenschlüsse der Common Carrier den intermodalen Wettbewerb mit Kabelnetze beeinflussen. Zwar schneidet die FCC in ihrem Zusammenschlussverfahren SBC/Ameritech die Implikationen für Breitbandkabelnetze nur am Rande an[1683]. Wie gesehen, zwingt aber das Regulierungsregime insge-

---

1678 47 U.S.C. 271 (c) (1) (A).
1679 FCC, Before the Subcommittee on Communications of the Committee on Commerce, Science, and Transportation v. 25.03.1998.
1680 47 U.S.C. 271 (c) (2).
1681 Vgl. für einen vollständigen Überblick zu den sog. In-Region Entscheidungen, abrufbar unter: <http://www.fcc.gov/Bureaus/Common_Carrier/in-region_applications>.
1682 Vgl. Teil 1: B.III.4.e), S. 145.
1683 SBC/Ameritech Order, 14 FCC Rec. 19988 (1997), Tz. 632 ff.

samt zu einer ganzheitlichen Betrachtung des Wettbewerbs, da die Konvergenz im Hinblick auf die two-wire policy[1684] gesetzlich intendiert ist. Daneben gewinnt aber auch die Regulierung im Kabel eine nicht zu unterschätzende Rolle bei der Beurteilung von Zusammenschlüssen, an denen Kabelnetzbetreiber beteiligt sind. Auch hier entscheidet die Behörde nach Sec. 214, 310 Communications Act, weshalb maßgeblicher Beurteilungsmaßstab der public interest standard bleibt.

Um neben der Rolle der Regulierung für die Zusammenschlusspraxis auch einen Vergleich mit der Regulierung der Common Carrier anzustellen, bedarf es auch vorliegend einer kurzen Darstellung der Entwicklung des Regulierungsrechts und seiner aktuellen Grundzüge. Hierzu zwingt aber auch die sich hieran anschließende Darstellung der Regulierung für den Breitbandinternetzugang, die ohne Vorkenntnisse der Kabelnetzregulierung Missverständnis erzeugt.

a) Bundesstaatliche Kompetenzen zur Regulierung der Kabelnetze

Zum Zeitpunkt des Inkrafttretens des Communications Act und der mit ihm ins Leben gerufenen FCC waren die Kabelnetze der USA noch gar nicht errichtet. Daher fehlte zunächst ein eigenes Regulierungsregime für diesen Bereich der Kabelkommunikation. Neben den Common Carrier wurde aber bereits der terrestrische Rundfunk als Massenkommunikationsmittel erfasst und in Sec. 301 ff. Communications Act besonders geregelt. Trotz des generalklauselartigen Charakters Sec. 1 Communications Act, dessen breiter Wortlaut die Auffassung des Gesetzgebers zum Ausdruck bringt, jede Form der elektrischen Kommunikation zu erfassen[1685], nahmen Kabelnetze eine Zwitterstellung ein. Denn zum damaligen Zeitpunkt erweckten die Kabelnetze zumindest aus Sicht der FCC den Eindruck, dass sie keine nachhaltige Technologie für die Entwicklung eines nationalen Kommunikationssystems darstellten[1686], wie die Präambel des Communications Act für die Regulierung seitens der FCC aber verlangt. Andererseits war auch die Erfassung der Kabelnetze über Sec. 301 ff. kein Raum, da Kabelnetze keine Signale aussendeten und so das begrenzt verfügbare national regulierte Frequenzspektrum nicht in Anspruch nahmen. Diese Sichtweise wurde von der FCC im Jahre 1958 in der Auxiliary Service Inquiry bestätigt. Sie lehnte ihre Kompetenz auf Antrag einiger terrestrischer Sender, die um den Zuschauereinzugsbereich fürchteten, mit der Begründung ab, dass Kabelnetze weder Leistungen eines Common Carrier bereitstellen noch terrestrische Rundunkübertragungsleistungen erbringen würden[1687]. Vielmehr stelle die Leistung der Kabelnetze eine Weiterleitung von Signalen dar und sei daher eine funktionelle

---

1684 Vgl. Teil 1: B.III.2.c)bb), S. 320, Fn. 1671.
1685 Senate Report No. 781, 73rd Congress, 2nd Session, 1 (1934).
1686 Sixth Report & Order on Rules Governing TV Broadc. Stations, 17 Fed. Reg. 3905 (1952).
1687 Frontier Broadcasting Co. v. J.E. Collier & Carl O. Krummel, Memorandum Opinion & Order, 24 FCC 251, 253 f. (1958); bestätigt in: Inquiry Into the Impact of Community Antenna Systems, TV Translators, TV "Satellite" Stations, and TV "Repeaters" on the Orderly Development of Television Broadcasting, Report & Order, 26 FCC 403, 427 f. (1959).

Technologie, deren Regulierung ausscheiden würde. Außerdem könne man sich derzeit nicht vergegenwärtigen, wo dem öffentlichen Interesse entgegengewirkt werde[1688]. Vielmehr waren Kabelnetze „Community Antenna Television Systems" (CATV), die terrestrische Signale auffingen und über Verstärkereinrichtungen in eigens errichtete Koaxialkabelnetze weiterleiteten und zudem als kleine örtliche Inselnetze ausgestaltet waren. Daher nutzten die Kabelnetze außer den öffentlichen Wegen und Strassen der Einzelstaaten keine begrenzt verfügbaren Ressourcen, die ein für die Gewährung einer Lizenz erforderliches öffentliches Interesse an einer effizienten Nutzung hätten begründen können[1689]. Aufgrund der leitergebundenen Technologie führte ihr Betrieb auch nicht zu Interferenzen mit den Rundfunksignalen, die drahtlos übertragen wurden, so dass auch diese die Rundfunkregulierung nicht zu begründen vermochten.

Da Cable Operator bei der Errichtung von Kabelnetzen meist öffentliches, nicht in ihrem Eigentum stehendes Territorium verkabeln müssen, berührte die Errichtungsentscheidung aber hoheitliche Rechte der Einzelstaaten. Die Wegerechte können daher auch nur von diesen und nicht vom Bund eingeräumt werden, was Einzelstaaten sehr früh dazu bewog, auf Konzessionsbasis (sog. cable franchising)[1690] die Verkabelung und Versorgung der Haushalte zu dulden. Die Konzessionsverträge gaben den Kabelnetzbetreibern das Exklusivversorgungsrecht (mit Laufzeiten zwischen 10 und 35 Jahren[1691]) und forderten neben einer Lizenzgebühr im Gegenzug zur Konzessionsgewährung bis zu 35% des Bruttoumsatzes[1692], in späteren Jahren daneben auch Einspeisegarantien für bestimmte, meist regionale Programme. Darüber hinaus wurden die von den Netzbetreibern erhobenen Anschlussentgelte reguliert.[1693] Man ging hierbei ganz offensichtlich von einem natürlichen Monopol der Kabelnetze aus[1694].

Der technologische Fortschritt der Kabelnetze, insbesondere durch die Möglichkeit der Mikrowellentechnik, terrestrische Sender anderer lokaler Regionen in Kabelnetze heranzuführen und einzuspeisen, führte zu einer völlig neuartigen Situation, die so weder von der FCC, noch von der Industrie erwartet worden war. Die zuneh-

---

1688 Inquiry Into the Impact of Community Antenna Systems, TV Translators, TV "Satellite" Stations, and TV "Repeaters" on the Orderly Development of Television Broadcasting, Report & Order, 26 FCC 403, 408 (1959).
1689 Vgl. 47 U.S.C. 307 (b).
1690 Vgl. zu der verfassungsrechtlichen Diskussion *Lee*, 36 Vand. Law Rev. 867 ff. (1983); zu der politischen Einflussnahme *Winter*, 67 ABA Journal 275 (1981).
1691 *Posner*, Cable Television: The Problem of Natural Monopoly, S. 6.
1692 So ein Interview v. Eisenmann mit CEO v. Century Communications Leonard Tow v. 25.08.1995, in: *Eisenmann*, 74 Bus. Hist. Rev. 1, 9 Fn. 20 (2000).
1693 Krit. hierzu *Posner*, 3 Bell J. Econ. Manage. Sci. 98 ff. (1972); anders *Williamson*, 7 Bell J. Econ. 73 ff. (1976), der erst dann v. Regulierung und Konzessionsverträgen Abstand nehmen möchte, wenn eine bessere Möglichkeit des Wettbewerbs gegeben ist.
1694 So bspw. die Ansicht v. Ernest Morial in: Cable Franchising Investigation: Hearings Before the Subcommission on Telecommunications, Consumer Protection, and Finance of the House Comm. on Energy and Commerce, 97th Congress, 1st Session 515 (1981); *Lubinsky*, 49 Fed. Comm. Law J. (1996); *Posner* 98, 111 (1972).

mende Errichtung von Kabelnetzen ließ befürchten, dass die langwierigen Prozesse um die Frequenzpolitik und die Investitionen in neue terrestrische Netze seitens der mittlerweile konkurrierenden Kabelnetzbetreiber untergraben würden[1695]. Daher bestanden Bedenken im Hinblick auf die finanzielle Situation der terrestrischen Sender, die um ausreichende Zuschaueranteile und damit um eine Refinanzierung über Werbung besorgt waren[1696].

Nur vier Jahre nach der Auxiliary Service Inquiry bestätigte der D.C. Circuit in seiner Carter Mountain[1697] Entscheidung die von der FCC[1698] einem Kabelnetzbetreiber untersagte Einspeisung örtlich nicht verfügbarer Programme über die Mikrowellentechnik. Ab 1966 bedurfte es eines Antrags[1699], dem theoretisch dann entsprochen werden konnte, sofern die Zulassung mit dem public interest standard im Einklang stand. Dabei stützte sich die FCC auf ihre ancillary clause. Zu einer Zulassung kam es in der Folgezeit aber fast nie[1700]. Der 9th Circuit bestätigte in Southwestern Cable[1701] die Auffassung der Kabelnetzbetreiber, dass die FCC keine Kompetenz zur Regulierung der Weiterleitung terrestrischen Rundfunks besitze. Der Supreme Court hob das Urteil unter Aufrechterhaltung der FCC Entscheidung auf[1702]. Dabei betonte das Gericht, dass zu den verschiedenen Aufgaben der FCC für die Regulierung des Rundfunks alle vernünftigen Randbedingungen zählten, um diesen Aufgaben auf wirksame Art und Weise gerecht werden zu können[1703]. Weil die Kabelweitersendung die Stellung der terrestrischen Sendernetze ernsthaft gefährde und hierdurch letztendlich der Öffentlichkeit die Vorteile eines solchen örtlichen Sendernetzes entzogen würde, zählte die Regulierung der Kabelnetze zu den vernünftigen Randbedingungen der Regulierung. Dies stand im Einklang mit der bisherigen Auffassung des Supreme Court, der die technologische Dynamik im Hinblick auf die Kompetenz zur Regulierung des Kommunikationswesens wiederholt betont hatte und das ihm zugrunde liegende Recht des Communications Act als kodifizierte Erkenntnis der korrespondierender Notwendigkeit ausreichend flexibler rechtlicher Regelungen begriff[1704].

1695 *Hazlett*, Station Brakes: The Government's Campaign Against Cable Television, Reason, 02/1995, S. 41, 43.
1696 Second Report & Order, 2 FCC 2d 725, 761 (1966).
1697 Carter Mountain Transmission Corp. v. FCC, 321 f.2d 359 (D.C. Cir. 1963).
1698 In re Application of Carter Mountain Transmission Corp., 32 FCC 459 (1962).
1699 Second Report & Order., 2 FCC 2d 725, 782 (1966).
1700 *Shapiro*, in: Hollowell (Hrsg.), Cable Handbook: 1975-1976.
1701 Southwestern Cable Co. v. United States, 378 f.2d 118 (9th Cir. 1967).
1702 Southwestern Cable Co. v. United States, 392 U.S. 157 (1968).
1703 Southwestern Cable Co. v. United States, 392 U.S. 157, 178 (1968).
1704 FCC v. Pottsville B. Co., 309 U.S. 138 (1940); National Broadcasting Co. v. United States, 319 U.S. 190, 219; Southwestern Cable Co. v. United States, 392 U.S. 157, 173 (1968).

b) Regulierungsmaßnahmen bis 1972

Die Entscheidung, die die FCC nach Carter Mountain im Second Report and Order formalisierte, täuscht häufig darüber hinweg, welches Potential die FCC und auch der Supreme Court den Kabelnetzen beimaßen. Beide bezeichneten das Wachstum der Kabelnetze als explosiv[1705] und noch bevor das Internet überhaupt erfunden war, sprach die FCC davon, dass die wachsende Mehrkanalfähigkeit der Kabelnetze erwarten lasse, dass eine Vielfalt neuer Dienste entstehen werde, die Endnutzern und Geschäftskunden die Nutzung von Telefax, elektronischer Post und neuartigen Informationsdiensten ermöglichen werde[1706]. Trotz der Kritik, die sich vor allem aus der Literatur[1707] bezüglich der Regulierung von Kabelnetzen herausbildete, konnte sich die FCC nicht auf den freien Markt verlassen, um ihren breit angelegten Grundversorgungsauftrag zu erfüllen. Sie hatte die erwähnte Abnahme der Zuschaueranteile zu würdigen und durfte dem freien Spiel der Marktkräfte nicht vertrauen, da die Kabelnetze allein dem Informationsinteresse der Bevölkerung noch nicht hinreichend Rechnung tragen konnten. Terrestrischer Rundfunk war noch immer das am meisten genutzte Massenkommunikationsmedium, dessen finanzielle Ressourcen gesichert werden mussten. Die gesamte Regulierung bis 1972 bestand in der Sicherung und Aufrechterhaltung dieser Interessen. Kabel hatte auch für die FCC einen hohen Stellenwert. Man hatte jedoch offensichtliche Probleme, den Interessen von Kabelnetzbetreibern, Rundfunksendern und Programmanbietern gerecht zu werden. Vor allem von den Sendern wurden immer wieder Wettbewerbsverzerrungen zugunsten der Kabelnetzbetreiber betont, die die FCC auch nicht mehr mit Erwägungen der Komplementarität entkräften konnte. Die FCC musste daher Schutzmaßnahmen für den Rundfunk ergreifen und erörterte die Auswirkungen der CATV Systeme auf den Rundfunk nochmals vertieft in ihren Notice of Inquiry und Notice of Proposed Rulemaking[1708].

aa) Regelungen zum Schutze des Rundfunks

In ihrer ersten Regulierungsverfügung, dem First Report and Order[1709], statuierte die FCC gegenüber Kabelnetzbetreibern zwei Verpflichtungen. Zum einen mussten sie die örtlich über Terrestrik empfangbaren Programme in ihren Netzen weiterverbreiten, durften diese also nicht ausschließen[1710]. Zweitens, durften sie den Inhalt der

---

1705 Second Report & Order, 2 FCC 2d 725, 738 (1966), Fn. 15; Sw. Cable Co. v. U.S., 392 U.S. 157, 163 (1968); United States v. Midwest Video Corp., 406 U.S. 649, 661 (1972).
1706 Notice of Proposed Rulemaking and Notice of Inquiry, 15 FCC 2d 417, 419 f. (1968).
1707 Vgl. nur *Posner*, 3 Bell J. Econ. Manage. Sci. 98 ff. (1972).
1708 Notice of Inquiry and Notice of Proposed Rulemaking, 1 FCC 2d 453 (1965).
1709 In re Amendment of Subpart L, Pt. 11, to Adopt Rules and Regulations To Govern the Grant of Authorizations in the Business Radio Services for Microwave Stations to Relay TV Signals to Community Antenna Systems, First Report & Order, 38 FCC 683 (1965).
1710 First Report & Order, 38 FCC 683, 716 ff. (1965).

örtlichen Programme nicht duplizieren[1711], so dass die Attraktivität des terrestrischen Programmangebotes hätte abnehmen können. Noch einschneidendere Maßnahmen trafen Kabelnetzbetreiber in dem Second Report and Order. Die zuvor in den Notice of Inquiry and Notice of Proposed Rulemaking begonnene Diskussion um die Kompetenz, nicht nur solche CATV Systeme zu regulieren, die über Mikrowellentechnologie verfügten und damit ins Frequenzallokationsregime der FCC fielen, sondern auch reine CATV Systeme, die lediglich die Frequenzen von terrestrischen Sendern auffingen[1712], endete in der positiven kompetenziellen Feststellung zur Regulierung[1713]. Sie führte zum ersten stringenten Regulierungsregime für die Breitbandkabelnetze der USA. Ein Kabelnetz hatte fortan alle örtlichen terrestrischen Sender in sein Kabelnetz einzuspeisen und verfügbar zu machen, sog. must-carry-Regulierung[1714]. Außerdem mussten sog. PEG-Kanäle (channels for public, educational, and government use[1715]) offen gehalten werden. Abhängig von der Größe des jeweiligen Marktes wurde Kabelnetzbetreibern aber nunmehr erstmals explizit gewährt, Signale von bis zu drei Sendern und drei lokalen Sendernetzwerken zusätzlich einzuspeisen, womit das Wachstum des viel versprechenden Kommunikationsmediums Cable nicht vollends zum Erliegen kam. Dennoch wurden Kabelnetze weiterhin als komplementäre Systeme zum terrestrischen Rundfunk begriffen und waren noch lange keine Substitute[1716]. Um das aus dem Regulierungsrecht bekannte Cream Skimming auch im terrestrischen Rundfunk zu vermeiden, wurde an die mittlerweile begonnene Ausstrahlung von eigenen Premium-Inhalten die Bedingung geknüpft, nicht mehr als einen besonderen Film pro Woche einzuspeisen. Dieser durfte nicht jünger als 2 Jahre und nicht älter als 10 Jahre alt sein. Genauso wenig durften zeitgleich stattfindende Sportereignisse übertragen werden.

bb) Einflüsse des Copyright Act

Die Entscheidung der FCC war nicht nur eine Folge ihrer eingeleiteten Untersuchungen bezüglich der Auswirkungen von Kabelfernsehen auf die terrestrische Übertragung[1717], sondern wurde auch von der Lobbyarbeit vermeintlich betroffener Interessen[1718] begleitet. Die Kabelnetzbetreiber, die für die Weiterleitung der Signale keine Entgelte an die Sender entrichteten, waren aufgrund zweier Leitentscheidun-

---

1711 Ebenda.
1712 Notice of Inquiry and Notice of Proposed Rulemaking, 1 FCC 2d 453 (1965).
1713 First Report & Order, 38 FCC 683 (1965); Second Report & Order, 2 FCC 2d 725 (1966).
1714 Ausf. *Hobbs*, 8 Campbell Law Rev. 339, 346 f. (1986); *Shapiro/Kurland/Mercurio*, Cablespeech: The Case for First Amendment Protection.
1715 So in Franchise-Gebieten wie King County, Washington Code § 6.27.A.80 (1991).
1716 *Hobbs*, 8 Campbell Law Rev. 339, 348 (1986).
1717 FCC, Notice of Proposed Rulemaking, 35 FCC 2d 893 (1975); FCC, Further Notice on Proposed Rulemaking, 48 FCC 2d 453 (1974).
1718 Vgl. bspw. Broadcasting v. 10.03.1975, S. 6 und v. 17.03.1975, S. 10.

gen des Supreme Court zum Copyright Act[1719] bei der Verhandlung mit den Rundfunksendern gestärkt hervorgegangen, deren Klagen[1720] aufgrund der vermeintlichen Verletzung von Copyright durch die unentgeltliche Kabelweitersendung bereits bei den Gerichten anhängig waren. Nachdem der betroffene Kabelnetzbetreiber, Fortnightly Corp., vor dem District Court[1721] und Court of Appeals[1722] unterlag, bestätigte der Supreme Court[1723] die gegenteilige Auffassung, dass die Kabelweitersendung keine Vorführung im Sinne von 17 U.S.C. § 1 Copyright Act[1724] darstelle. Daher verletze ein weiterleitender Kabelnetzbetreiber auch keine geschützten Interessen der Rechteinhaber. Vielmehr unterscheide sich die Tätigkeit von Rundfunksendern und Kabelnetzbetreibern dadurch, dass der Rundfunkveranstalter seine Sendungen zusammenschnüre und ein Programm ausstrahle. Der Kabelnetzbetreiber habe auf den Inhalt der Sendung dagegen keinen Einfluss, sondern empfange diese ausgestrahlten Programme wie ein Zuschauer, um lediglich das Programm weiterzuleiten.[1725] Die zweite Leitentscheidung folgte dann mit CBS Inc. v. Teleprompter Corp. Während Fortnightly Corp. v. United Artists den Fall eines einfachen Kabelnetzbetreibers ohne Mikrowellentechnik betraf, argumentierte CBS damit, dass Teleprompter ein Multiple System Operator (MSO) sei. Dieser leite nicht nur Signale weiter, sondern importiere weitere Signale aus anderen Gebieten, die vor Ort nicht verfügbar seien, womit das Tatbestandsmerkmal „perform" nach 17 U.S.C. § 1 Copyright Act erfüllt werde. Dieser Auffassung stimmte das Berufungsgericht unter Aufhebung des erstinstanzlichen Urteils[1726] zu. Der Supreme Court hielt aber in seinem Revisionsverfahren an der einige Jahre zuvor getroffenen Fortnightly Entscheidung fest. Denn entscheidend sei, dass die Signale bereits ausgesendet worden seien, unabhängig davon, ob sie jeder oder nur Teile der Öffentlichkeit empfangen könnten[1727]. Die Kabelnetzbetreiber hatten mit den beiden Copyright Leitentscheidungen des Supreme Court eine wirtschaftliche sichere Grundlage, um auch weiterhin den Kabelnetzbetrieb zu forcieren. Bereits nach der ersten Copyright Entschei-

---

1719 Copyright Act of 1909, Ch. 320, 35 Stat. 1075, superseded by Copyrights Act of 1976, Public Law No. 94-553, 90 Stat. 2541 (cod. at 17 U.S.C. 101-1010 (1988)).
1720 So bspw. auch CBS, Inc. v. Teleprompter Corp., 355 f.Supp. 618, 620 (S.D.N.Y. 1972).
1721 Fortnightly Corp. v. United Artists, 255 f.Supp. 177 (S.D.N.Y. 1966).
1722 Fortnightly Corp. v. United Artists, aff., 377 f.2d 872 (2d Cir. 1967).
1723 Fortnightly Corp. v. United Artists, rev., 392 U.S. 390 (1968).
1724 17 U.S.C. 1 (d) lautet:
Any person entitled thereto, upon complying with the provisions of this title, shall have the exclusive right: to perform or represent the copyrighted work publicly if it be a drama or, if it be a dramatic work and not reproduced in copies for sale, to vend any manuscript or any record whatsoever thereof; to make or to procure the making of any transcription or record thereof by or from which, in whole or in part, it may in any manner or by any method be exhibited, performed, represented, produced, or reproduced; and to exhibit, perform, represent, produce, or reproduce it in any manner or by any method whatsoever.
1725 Fortnightly Corp. v. United Artists, rev., 392 U.S. 390, 400 f. (1968).
1726 CBS, Inc. v. Teleprompter Corp., 355 f.Supp. 618 (S.D.N.Y. 1972), rev., 476 f.2d 338 (2d Cir. 1973).
1727 CBS, Inc. v. Teleprompter Corp., rev., 415 U.S. 394 (1974).

dung erhöhten die Rundfunkveranstalter den Druck auf die FCC, stärker in die Autonomie der Kabelnetzbetreiber einzugreifen, um nicht ihre wirtschaftliche Existenz zu gefährden.

c) Deregulierungsbemühungen ab 1972

Im Jahr 1972 erließ die FCC 1972 neue Regulierungsverfügungen[1728]. Die einschneidenden und von vielen als unsinnig[1729] empfundene Regulierung wurde wieder zurückgefahren. Die FCC hatte die Gefahr der Kabelnetze für das öffentliche Interesse eindeutig überschätzt. Gerade die Gefahr, dass der Kabelnetzbetrieb den terrestrischen Grundversorgungsauftrag gefährden würde, konnte in zahlreich angefertigten Studien nicht bestätigt werden. Hinzu kam, dass die großen terrestrischen Rundfunksender schon lange begonnen hatten, den Einstieg in das Kabelnetzgeschäft zu planen und entweder bereits Geschäftsanteile an Kabelnetzen besaßen bzw. diese selbst errichteten oder sukzessive akquirierten.

aa) Cable/Broadcast Cross-Ownership Rules

Die Sender begriffen das Kabelfernsehen als Chance für Expansion, die nicht nur die Möglichkeit bot, wie bisher ein oder zwei Programme zeitgleich auszustrahlen, sondern als MSO mehrere Sender zu betreiben. Bereits 1969 wurden 32,2% der CATV Systeme der USA ganz oder zum Teil von Unternehmen mit Rundfunkinteressen gehalten[1730]. Die Expansion der terrestrischen Sender ins Kabelnetzgeschäft lenkte von der Gefahr der Kabelnetze ab. Man beschäftigte sich innerhalb der FCC mehr mit der Frage, ob durch den Einstieg der Sender und der Zeitungen in die leitergebundene Industrie nicht mehr zu bändigende Konglomerate entstehen würden[1731], als mit der Tatsache, dass Kabelnetze für die Endkunden zu einem immer attraktiverem Substitut erwuchsen. 1970 wurde dann erstmals eine mediale Konglomeration bestehend aus terrestrischen und Kabelnetzen durch die sog. Cable/Broadcast Cross-Ownership Rules unterbunden. Die Regelungen enthielten zum einen verschärfte Übertragungsmodalitäten, so dass ein terrestrischer Sender sein eigenes Programm im Kabelnetz nicht übertragen durfte und daher durch vertikale Verflechtung Gefahr lief, an seine Konkurrenten Marktanteile zu verlieren[1732]. Zum anderen wurde der Lizenzübertragungsvorgang unterbunden[1733].

1728 FCC, Cable TV Report & Order, 36 FCC 2d 143 (1972), recons., 36 FCC 2d 326 (1972).
1729 *Eisenmann*, 74 Bus. Hist. Rev. 1, 4 (2000).
1730 Television Factbook, CATV Ownership (1969-1970), No. 39, S. 79-A.
1731 Amendment of Part 74, Subpart K, of the Commission's Rules and Regulations Relative to Community Antenna Television Systems, Second Report & Order, 23 FCC 2d 816 (1970).
1732 47 C.F.R. § 76.501 (a).
1733 47 C.F.R. § 73.3555 (e).

bb) Consensus Agreement

Neben dieser ökonomischen Einsicht der FCC stand Anfang der siebziger Jahre aber immer noch die Urheberrechtsfrage im Raum, die – wollte man die Sender aus dem Kabelgeschäft zugunsten der Meinungsvielfalt im Fernsehen drängen – den Kabelnetzbetreibern tatsächlich einen Wettbewerbsvorteil bot und zu Wettbewerbsverzerrungen führte. In dem sog. Consensus Agreement verständigten sich die betroffenen Parteien darauf, dass für Kabelnetze fortan neue Copyright Agreements gelten und eine neue Regulierungsstruktur (sog. syndicated exclusivity) eingeführt werden sollte[1734]. Dieses neue Regulierungsmodell sollte den Kabelnetzbetreibern Anreize setzen, um den freizügigen Signalimport zu beschränken. Damit sollten die lokalen Sender weiterhin wirtschaftlich betrieben werden können. Gleichzeitig wollte man aber auch nicht die wirtschaftliche Grundlage der Kabelnetzbetreiber zerstören, die ja gerade aufgrund ihrer Mehrkanalfähigkeit eine Produktdifferenzierungsmöglichkeit gegenüber dem terrestrischen Empfang besaßen, wodurch eine zentrale Wettbewerbsbedingung erfüllt war. Im Übrigen erhoffte man sich mit der Beachtung von Urheberrechten auch den Wettbewerb um Inhalte durch die Kabelnetzbetreiber zu stärken. Insgesamt stellte der Consensus Agreement die Erkenntnis dar, dass Kabel- und terrestrische Rundfunkübertragung eine intensive Symbiose bilden sollten[1735].

Maßgeblich an der Deregulierung beteiligt war FCC Chairman Johnson, ein Verfechter der „wired cities". Die FCC verfolgte nach den oben dargestellten Grundsätzen zum Consensus Agreement das Ziel, beide Parteien durch Zugeständnisse zu einem fairen Wettbewerb zu bewegen. Die Zustimmung der Kabelnetzbetreiber zur Beachtung von syndicated exclusivity bedeutete, dass sie Exklusivrechte nicht mehr länger weitersenden konnten. Im Gegenzug wurde hierfür der Import von Rundfunksendern aus anderen örtlich frei empfangbaren Regionen gelockert. Außerdem versuchte die FCC, die Kabelnetzbetreiber für ihre must-carry-Verpflichtungen im öffentlichen Interesse zu entschädigen, in dem sie Rahmenbedingungen für die Konzessionsverträge schuf. Diese waren höchst ineffizient, gewährten sie einem Konzessionsnehmer ein staatlich legitimiertes Monopol, während im Gegenzug kommunale Programmplätze und Anschlüsse für kommunale Einrichtungen gewährt wurden[1736]. Diese Regelungen in den Konzessionsverträgen waren aufgrund der wirtschaftlichen, rechtlichen und sozialen Unterschiede in den LFAs ebenfalls uneinheitlich, so dass sich ein Kabelnetzbetreiber auf unterschiedliche Bedingungen in einzelnen Gemeinden einstellen musste und der Betrieb nicht einheitlich kalkuliert werden konnte. Die FCC verlangte daher von den Stadtverwaltern, dass ein vollständig öffentliches und ordnungsgemäßes Verfahren zur Konzessionserteilung stattgefunden hat, dass der Konzessionsnehmer den Aufbau des Kabelnetzes signifikant vo-

---

1734 Cable Television Report & Order, 36 FCC 2d 143, 148, 222 (1972).
1735 Vgl. auch zu dem späteren Amendment of Parts 73, 76, of the Commission's Rules Relating To Program Exclusivity in the Cable and Broadcast Industries, Memorandum Opinion & Order, 4 FCC Rec. 2711, 24 (1989).
1736 *Zupan*, 32 J. Law Econ. 401 ff. (1989).

rantrieb, die Laufzeit nicht länger als 15 Jahre betrug, eine ex-ante Genehmigung bezüglich der Konzessionsgebühren stattfand, sowie ein formalisiertes Verfahren existierte, um den Endkunden Beschwerdemöglichkeiten einzuräumen. Diese standardisierten Bedingungen wurden von einem Certificate of Compliance begleitet. Dieses war eine Art Prüfzeichen, das tatsächlich aber die Einhaltung aller Lizenzbedingungen forderte und damit einer bundesstaatlichen Lizenz im Rundfunkwesen bzw. einer Betreiberlizenz für Common Carrier entsprach[1737]. Ganz entscheidend war die weitestgehende Entlastung der Kabelnetzbetreiber hinsichtlich der Lizenzgebühr. Während gerade in den Einzelstaaten der Kabelnetzbetrieb eine lukrative Einnahmequelle darstellte, indem der Bruttoumsatz für diesen Sektor zum Teil mit bis zu 35% besteuert wurde, sah die FCC das Wachstum der Kabelnetze hierdurch und durch die an die Common Carrier ähnlichen Tarifverpflichtungen gefährdet[1738]. Außerdem musste die FCC aufgrund des Consensus Agreement weitere entlastende Maßnahmen für die Kabelnetzbetreiber schaffen, wollte sie den langwierigen und den aus ihrer Sicht wichtigen mediatorischen Prozess um die Inhalte nicht gefährden. Daher rundete die Nivellierung der Lizenzgebühr auf maximal 3% des Bruttoumsatzes[1739] das Ergebnis des Consensus Agreement ab.

Trotz dieser umfangreichen Deregulierungsbemühungen hielt die Regulierungsbehörde an den must-carry-Verpflichtungen und den PEG-Kanälen weiterhin fest. Nachdem der Consensus Agreement von den Parteien gebilligt wurde, verfügte die FCC weitere Regulierungsvorschriften[1740]. Danach mussten die Netzbetreiber technische Voraussetzungen für mindestens 20 Kanäle schaffen, sofern an die CATV Anlage mehr als 3500 Teilnehmer angeschlossen waren. Mit Blick auf die künftige Bedarfsbefriedigung sollten diese Netze auch Zweigwege-Kommunikation erlauben.[1741] Vier der zwanzig Kanäle sollten fortan für die PEG-Kanäle bereit gestellt werden[1742]. Außerdem musste sog. leased access und damit Bandbreite für andere Programmanbieter bereit gestellt werden[1743].

1737 *Emmons*, 21 Bus. Econ. Hist. 182, 187 (1992).
1738 *Johnson*, Toward Competition in Cable Television, S. 2.
1739 *Crandall/Furchtgott-Roth*, S. 7; *Eisenmann*, 74 Bus. Hist. Rev. 1, 9 (2000).
1740 Amendment of Part 76 of the Commission's Rules and Regulations Concerning the Cable TV Channel Capacity and Access Channel Requirements of Section 76.251, 59 FCC 2d 294 (1976) (cod. in scattered Sec. of 47 C.F.R.).
1741 47 C.F.R. 76.252 (1977).
1742 47 C.F.R. 76.254 (a) (1977).
1743 47 C.F.R. 76.254 (a), (b) (1977); nunmehr 47 U.S.C. 532 (b) (1), 47 C.F.R. § 76.701 (1999).

d) Spruchpraxis der Gerichte zur Regulierung der Inhalte

aa) Home Box Office v. FCC

Die Beschränkung der Kabelnetzbetreiber im Pay-TV war Gegenstand von Home Box Office v. FCC[1744]. Die Regulierungsbehörde hatte zwar 1975 begonnen, ihre strengen Regelungen abzubauen, die die Ausstrahlung von Premium-Inhalten nahezu unmöglich machten, da die inhaltlichen Beschränkungen, wie die Regel, nur Spielfilme, die älter als zwei und jünger als zehn Jahre alt waren, wenige Endkundenabonnements versprachen[1745]. Die 1975 eingeführten moderateren Regelungen bauten aber nur wenige Hemmnisse ab, so dass es auch dem Sender Home Box Office (HBO) unter diesen Bedingungen unmöglich erschien, seinen Dienst gewinnbringend zu vermarkten, zumal HBO auf die neue Satellitentechnik setzte, um die Kabelnetze nicht mehr nur über die terrestrische Funktechnik mit Inhalten zu versorgen. Als bedeutsam erwiesen sich daher die Marktzutrittsschranken durch sog. anti-siphoning rules. Danach war ein Ausschreibungswettbewerb um Inhalte zwischen Free-TV Broadcaster und Pay-TV Networks ausgeschlossen, um die Sender vor Werbeverlusten weiter zu schützen. Nach Auffassung der FCC war auch diese Restriktion von der Rechtsprechung des Supreme Court gedeckt.

Der von HBO angerufene D.C. Circuit Court of Appeals erkannte im materiellen Gehalt der Regulierungen eine Überschreitung der Kompetenzen der FCC als auch einen Verstoß gegen den First Amendment[1746]. Bezüglich der Kompetenzüberschreitung stellte das Gericht zunächst fest, dass der Communications Act in Sec. 1 der FCC keine ausdrückliche Kompetenz zur Regulierung der Kabelnetze zuspreche. Daher sei mit Blick auf die Rechtsprechung des Supreme Court[1747] allein eine Anschlusszuständigkeit der Regulierungsbehörde nach Sec. 2 (a) gegeben, wo durch den Betrieb von Kabelnetzen offensichtliche Auswirkungen auf den terrestrischen Rundfunk entstünden. Aber nur dann, wenn die in Frage stehende Regulierungsverfügung dazu diene, lang bewährte Regulierungsziele für den terrestrischen Rundfunk zu fördern, mithin die Vielfalt der Meinungen und Dienste, sei eine solche Anschlusszuständigkeit begründet.[1748] Diese Voraussetzungen sah das Gericht als nicht erfüllt an. Hinsichtlich des First Amendment betonte es, dass das Recht zur Meinungsäußerung nicht unbeschränkt sei. Daher dürften Rechte Dritter trotz der mangelnden Kapazitätsknappheit im Kabel nicht verwässert werden[1749]. Die anti-siphoning rules intendierten eine solche problematische Sachlage zu beheben, indem sie diejenigen ohne Zugang zum Pay-TV (Rundfunkveranstalter) denjenigen mit

---

1744 Home Box Office v. FCC, 567 f.2d 9 (D.C. Cir. 1977), cert. den., 434 U.S. 829 (1977).
1745 Vgl. hierzu 47 C.F.R. §§ 73.643, 76.225 (1975).
1746 Home Box Office v. FCC, 567 f.2d 9 (D.C. Cir. 1977), cert. den., 434 U.S. 829 (1977).
1747 United States v. Midwest Video Corp., 406 U.S. 649, 667-668 (1972); United States v. Southwestern Cable Co., 392 U.S. 157, 173-176 (1968).
1748 Home Box Office, Inc. v. FCC, 567 f.2d 9, 13 (D.C. Cir. 1977).
1749 Red Lion Broadcasting Co. v. FCC, 395 U.S. 367, 387 (1969); Associated Press v. United States, 326 U.S. 1, 20 (1945).

Zugang (Pay Cable Networks) gleichstellen wollten. Der Zweck der Regelung war insofern, die Meinungsäußerung der Rundfunksender durch bessere Bezugsmöglichkeiten der Kabelnetzbetreiber bei Premium-Inhalten nicht zu unterlaufen. Daran werde aber deutlich, dass bessere Bezugsmöglichkeiten bei Premium-Inhalten allein nicht die Meinung eines anderen zu unterdrücken vermögen, sondern allenfalls die Informationsmöglichkeiten einer Gruppe von Rundfunkteilnehmern durch schlechtere Bezugsmöglichkeiten der terrestrischen Sender verschlechterten. Allerdings mangele es vorliegend an den Voraussetzungen, die nach der Rechtsprechung des Supreme Court bei inhaltsneutralen Regelungen nach dem intermediate standard of scrutiny (auch O'Brien Test genannt) erforderlich seien. Danach muss der Staat bei Überprüfung des verfassungsrechtlichen Eingriffes in die Grundrechtspositionen darlegen, dass die beschränkenden Normen auf einer substantiierten und bedeutenden Regelungsabsicht beruhen und der Regelungszweck nicht überschritten wird[1750]. Diesen mit den Regulierungsabsichten verfolgten Zweck vermochte das Gericht nicht nachzuvollziehen. Daher diene die Beschränkung des Pay-TV-Anbieters, seine freie Meinung durch die Ausstrahlung von Premium-Inhalten zu äußern, keinem höheren Ziel[1751].

Die Home Box Office Entscheidung ebnete den Weg für Pay-TV. Mit der Ausstrahlung von Premium-Inhalten, die nicht über terrestrisches Fernsehen übertragen wurden, ermöglichte dies den Kabelnetzbetreibern, sich mit ihren Inhalten gegenüber alternativen Übertragungsformen abzuheben. Die Produktdifferenzierungsmöglichkeit aufgrund des Urteils war damit der Beginn, Kabelnetze nicht mehr nur als komplementäre Technologie für Terrestrik, sondern als Substitut zu betrachten. Außerdem eröffnete die Entscheidung des Gerichtes die Möglichkeit, Satellitentechnik für die Übertragung von Inhalten nutzbar zu machen. Denn die Technologie rentierte sich aufgrund der hohen fixen Kosten nur, sofern die economies of scale ausgeschöpft und mehrere Kabelnetze für die Einspeisung erreicht werden konnten[1752].

bb)   FCC v. Midwest Video (Midwest Video II)

FCC v. Midwest Video[1753] betraf die umfangreichen nach dem Consensus Agreement von der FCC etablierten Regulierungsverfügungen. Der 8th Circuit befand, dass auch diese Regulierungsmaßnahmen von der Kompetenz der FCC nicht gedeckt seien. Entscheidend war hierbei, dass das Gericht in den jeweiligen Verfügungen bezüglich Zugang, Kapazität und Einrichtungsbereitstellung nicht nur Ähnlichkeiten, sondern echte Common Carrier Verpflichtungen erkannte, die nicht mal für den terrestrischen Rundfunk selbst galten. Im Übrigen bekundete das Ausgangsge-

---

1750   Turner Broadcasting System, Inc. v. FCC, 114 S.Ct. 2469 (1997); Ward v. Rock Against Racism, 491 U.S. 781, 802 (1989); United States v. O'Brien, 391 U.S. 377 (1968).
1751   Home Box Office v. FCC, 567 f.2d 9, 14 f. (D.C. Cir. 1977).
1752   *Emmons*, 21 Bus. Econ. Hist. 182, 187 (1992).
1753   Midwest Video Corp. v. FCC, 571 f.2d 1025 (8th Cir. 1978), aff., 440 U.S. 689 (1979).

richt ernsthafte Bedenken hinsichtlich der Verletzung von First Amendment Grundsätzen. Anders als der 8th Circuit argumentierte die FCC. Ihrer Meinung nach war die Auffassung des Gerichts nicht überzeugend, da abgesehen davon, ob es sich um Common Carrier ähnliche Verpflichtungen handelte, solche Regulierungsmaßnahmen nach dem Title II nicht beabsichtigt seien. Vielmehr seien die Maßnahmen vernünftigerweise an die Kompetenz angelehnt, die die FCC zur Regulierung des Rundfunks besitze. Daher spiele es keine Rolle, ob die Regelungen solchen nach dem zweiten Titel ähnelten. Die entscheidende Frage sei nicht, ob die Maßnahmen irgendeiner Kategorie des Communications Act zugeordnet werden könnten, sondern ob die Maßnahmen die gesetzlichen Zielsetzungen für den Rundfunk förderten[1754]. Damit lehnte sich die FCC an die in Southwestern Cable v. FCC gewonnene Erkenntnis an, dass die Anschlusszuständigkeit nicht gesetzlich manifestiert sein müsse, um von der Generalklausel des Sec. 2 (a) Communications Act Gebrauch machen zu können[1755]. Allerdings berücksichtigte die Regulierungsbehörde nicht, dass bereits in der Definition des Common Carrier Begriffes deklaratorisch zum Ausdruck kam, dass »[...] a person engaged in radio broadcasting shall not [...] be deemed a common carrier«[1756]. Der Supreme Court teilte die Auffassung der FCC dagegen nicht. Die Verfügungen seien faktische Common Carrier Verpflichtungen, für die die FCC keine Kompetenz besäße.[1757]

Midwest Video II war der Beginn einer Reihe von Änderungen in der Kabelnetzregulierung der FCC. So wurden alle Restriktionen in Bezug auf die Einspeisung örtlich nicht empfangbarer Programme aufgegeben. Auch der bürokratische Prozess der Lizenzerteilung im Wege des Certificate of Compliance wurde durch ein Verfahren einfacher Bekanntmachung ersetzt, so dass der Genehmigungsvorbehalt entfiel. Midwest Video II kann mit der Deregulierung des klassischen Telefonsektors durch die Execunet Urteile[1758] verglichen werden. Auch in zeitlicher Hinsicht verlief die Entscheidung fast parallel. Für den Kabelnetzbetrieb hieß dies zwar nicht etwa das Aufbrechen der staatlich legitimierten Monopole durch die Konzessionsverträge. Allerdings war zum Zeitpunkt der Midwest Video II Entscheidung die Grundversorgung mit Rundfunk über Kabelnetze noch lange nicht gewährleistet. 1972 waren erst 10% aller Haushalte in der Lage, Rundfunk über Kabelnetze zu empfangen[1759]. Daher kann das Urteil des Supreme Court eher als eine Deregulierungsentscheidung

---

1754 Amendment of Part 76 of the Comm. Rules and Reg. Concerning the Cable TV Channel Capacity and Access Channel Requirements of Sec. 76.251, 59 FCC 2d 294, 299 (1976).
1755 Southwestern Cable Co. v. United States, 392 U.S. 157 (1968).
1756 47 U.S.C. 153 (h); gemäß 47 U.S.C. 153 (10) idF des TCA weiterhin unverändert.
1757 Midwest Video Corp. v. FCC, 440 U.S. 689, 708 f. (1979).
1758 MCI v. FCC, 561 f.2d 365 (D.C. Cir. 1977) cert. den., 434 U.S. 1040 (1978) [Execunet I]; MCI v. FCC, 580 f.2d 590 (D.C. Cir. 1978), cert. den., 439 U.S. 980 (1978) [Execunet II]; Lincoln Tel. & Tel. Co. v. FCC, 659 f.2d 1092 (D.C. Cir. 1981) [Execunet III]; hierzu bereits oben, Teil 2: B.III.1.b)aa)ddd), S. 295.
1759 *Emmons*, 21 Bus. Econ. Hist. 182, 186 (1992); vgl. auch Staff of Subcommittee on Communications of the House Committee on Interstate and Foreign Commerce, Cable Television: Promise Versus Regulatory Performance, S. 11 (1976).

des terrestrischen Rundfunks begriffen werden, dessen kapazitive Beschränkungen sich zu diesem Zeitpunkt abzeichneten bzw. dessen Unterlegenheit gegenüber den Breitbandkabelnetzen deutlich wurde. Mit Midwest Video II war nunmehr die Entscheidung des Gesetzgebers über Zugangsfragen und must-carry-Verpflichtungen gefragt.

e) Deregulierung der Entgelte (1984 Policy Act)

Die in der Folgezeit regelrecht entstandene Boomphase des Kabelnetzbetriebs und der zunehmende Wettbewerb, der auch von zahlreichen anderen Übertragungsmedien (bspw. DBS) ausging, standen weiterhin im Konflikt mit den Konzessionsverträgen. Die Begrenzung der Teilnehmerentgelte war dabei ein Kernproblem, das in den Konzessionsverträgen regelmäßig verankert war[1760]. Die Carter Administration drängte auf eine noch weitergehende Deregulierung der Kabelnetzbranche. Zu restriktiv waren ihrer Meinung nach immer noch die Beschränkungen, die Einzelstaaten und Gemeinden den Netzbetreibern auferlegten. Zusammen mit der Aufsicht und den Regulierungsverfügungen der FCC empfand man dies als Hemmung für den sektoralen Wirtschaftszweig der Kabelnetze.

Diese Auffassung spiegelte sich in dem neuen Title VI des Communications Act wider, der den 1984 Cable Communications Policy Act[1761] kodifiziert hatte. Ein zentraler Gesetzeszweck der Novelle war die Förderung von Wettbewerb in Kabelnetzen, aber nicht etwa durch Deregulierungsvorschriften, wie sie für Common Carrier gelten. Seither sind Kabelnetze von der Common Carrier Regulierung explizit ausgenommen[1762]. Außerdem sollten die wettbewerblichen Marktkräfte über die Teilnehmerentgelte bestimmen.[1763] Neben dem Wegfall der Rate Regulation wahrte der Policy Act die Interessen der Kabelnetzbetreiber in mehrfacher Hinsicht. So bestimmt Sec. 622 (b) Communications Act[1764], dass die Lizenzgebühr der Konzessionsverträge den Maximalsatz von 5% der jährlichen Umsätze aus dem operativen Betrieb nicht übersteigen darf. Dies bedeutete zwar eine Anhebung um 2 Prozentpunkte gegenüber dem Consensus Agreement. In einer Zusammenschau führt dies aber zu einer echten Kostenreduktion. Darüber hinaus wurde gemäß Sec. 622 (c) Communications Act[1765] die Anhebung von Lizenzgebühren seitens der Gemeinden mit der Freiheit verknüpft, die Anhebung der Entgelte aus den Konzessionsverträgen

---

1760 *Arnesen/Blizinsky*, 32 Amer. Bus. Law J. 627, 632 (1995); *Posner*, 3 Bell J. Econ. Manage. Sci. 98 ff. (1972); zur Preisentw. vgl. *Hazlett/Spitzer*, 81 Con. Res. Mag. 15 ff. (1998).
1761 Act of October 30, 1984, Pub. L. 98-549, 98 Stat. 2779 (cod. at 47 U.S.C. 521-573).
1762 47 U.S.C. 541 (c) lautet:
 Any cable system shall not be subject to regulation as a common carrier or utility by reason of providing any cable service.
1763 Sec. 601 (6) [47 U.S.C. 521] "Purposes": *The purposes of this title are to promote competition in cable communications and minimize unnecessary regulation that would impose an undue economic burden on cable systems.*
1764 47 U.S. C § 542 (b) (1984).
1765 47 U.S. C § 542 (c) (1984).

gegenüber dem Endkunden durchzureichen. Ferner sah der Policy Act die automatische Verlängerung der Konzessionsverträge für Kabelnetzbetreiber vor, soweit sie die Anforderungen an den Konzessionsvertrag erfüllten. Diese Anforderungen waren nunmehr an die strengen Voraussetzungen von Sec. 626 Communications Act[1766] geknüpft, das ein kompliziertes Verfahren bereithält, aber gemäß dem Gesetzeszweck von Sec. 601 (5) Communications Act die Kabelnetzbetreiber vor unfairen Ablehnungen schützt. Dabei sind gemäß Sec. 626 (b) (2) Communications Act in erster Linie die Leistung des Kabelnetzbetreibers hinsichtlich der Modernisierung der Kabelanlage und gemäß Sec. 626 (c) (1) (B) Communications Act die der Signalqualität, aber auch der Abrechnungsmethoden mit in die Beurteilung einzubeziehen. Klarstellend kommt in Sec. 611 (b)[1767] i.V.m. Sec. 626 Communications Act zum Ausdruck, dass Bewertung und Regulierung der Inhalte – wie die Gerichte in Home Box Office und Midwest Video II befanden – ausgeschlossen sind, so dass ein etwaiges Missfallen über Inhalte keinen Ablehnungsgrund darstellen dürfen.

Die Befreiung von der Rate Regulation durch den Policy Act war jedoch daran geknüpft, dass „effective competition" bestand[1768]. Was dieser wirksame oder funktionsfähige Wettbewerb zu bedeuten hatte, wurde nicht definiert, sondern überließ die Voraussetzungen, wonach diese gegeben sein sollten, der Ausgestaltung durch die FCC. Nach Auffassung der Regulierungsbehörde war „effective competition" dann gegeben, wenn zumindest drei örtliche terrestrische Sender im Einzugsgebiet eines Konzessionsgebiets eines Kabelnetzbetreibers empfangbar waren und ein signifikanter Zuschaueranteil („significantly viewed") bestand[1769]. Diese Voraussetzungen galten in den gesamten USA fast ausnahmslos, so dass eine de facto Deregulierung der Endkundenentgelte stattfand[1770]. An dieser faktischen Deregulierung änderten auch zahlreiche „Überarbeitungen der Aufgreifkriterien seitens der FCC nichts[1771].

f) Reregulierung (1992 Protection Act)

Nach dem Report des General Accounting Office erhöhten sich die Preise in dem Zeitraum, in dem der Policy Act in Kraft war, drei mal schneller als der Preisindex

---

1766 47 U.S. C § 546 (1984).
1767 47 U.S. C § 531 (b) (1984).
1768 47 U.S. C § 543 (b) (1) (1984).
1769 Am. of Parts 1, 63, 76 of the Commission's Rules to Implement the Provisions of the Cable Communications Policy Act of 1984, 58 R.R.2d 1276 (P&F) (1985) (Report & Order).
1770 *Arnesen/Blizinsky*, 32 Amer. Bus. Law J. 627, 632 (1995); Miller&Holbrooke Information Services, Inc., Cable Update, 1989, S. 6; *Dibadj*, 6 NYU J. Leg. Pub. Pol. 245, 253 (2003).
1771 So hielt bereits die erste Definition v. „effective competition" vor dem District of Columbia Circuit Court of Appeals nicht stand: American Civil Liberties Union v. FCC, 823 f.2d 1554 (D.C. Cir. 1987), cert. den., 485 U.S. 959 (1988); vgl. zu den einzelnen Änderungen nur den Report of the Senate Committee on Commerce, Science, and Transportation, 102nd Congress, 1st Session (1991).

für die Lebenshaltung[1772]. Die Kabelnetzbetreiber selbst begründeten diesen Anstieg als vernünftigen Schritt in die richtige Richtung und fühlten sich vom Report aufgrund des gleichzeitigen Anstiegs der Programminhalte in Kabelnetzen bestätigt[1773]. Die Preisanhebung der Kabelnetzbetreiber veranlasste den Kongress nach Regierungswechsel, den Cable Television Consumer Protection and Competition Act of 1992[1774] zu verabschieden. Nach der Definition in Sec. 2 (b) Protection Act gehöre es zur Politik, der Öffentlichkeit die Vielfalt der Meinungen und Informationen über Kabelnetze und andere Übertragungsformen zugänglich zu machen und hierbei soweit wie möglich auf die Märkte zu vertrauen. Gleichzeitig solle sichergestellt sein, dass Kabelnetze auch weiterhin mit ihrer Kapazität und ihrem Programmangebot expandierten. Dort, wo kein „effective competition" existiere, sollten die Interessen der Kabelnutzer gesichert werden. Außerdem müsse sichergestellt sein, dass Kabelnetzbetreiber keine übermäßige Marktmacht gegenüber Programmanbietern und Konsumenten besitzen würden.

Diese erklärte sektorale Wirtschaftspolitik wurde in Sec. 623 (l) (1) Communications Act mit der Definition des Begriffes „effective competition" gleichgesetzt. „Effective competition" bestehe danach dann, wenn:

- ein Kabelnetzbetreiber weniger als 30% der Fernsehhaushalte im Konzessionsgebiet als Kabelkunden habe, oder
- 1. das Konzessionsgebiet mindestens zwei Kabelnetzbetreiber ausweise, die zumindest 50% der Haushalte für sich gewonnen hätten und vergleichbare Inhalte anbieten würden und wenn 2. die Anzahl der Haushalte, die zum Netzbetreiber mit dem geringeren Angebot gehören, über 15% betrage, oder
- wenn die Gemeinde als Konzessionsgeberin selbst als Multi Channel Operator auftrete und mindestens 50% der Haushalte mit Programmen versorge.

Waren diese Voraussetzungen nicht erfüllt, unterlag ein Kabelnetzbetreiber der Entgeltregulierung. Gegenstand der Entgeltregulierung waren aber nicht nur Basic Services, so dass Premium-Inhalte etwa aus der Regulierung heraus fielen. Vielmehr unterwarf die FCC in ihrer diesbezüglichen Regulierungsverfügung den Gesamtprogramminhalt eines Netzbetreibers der Rate Regulation, wodurch Netzbetreiber ihre preisliche Gestaltungsfreiheit sowohl bei Basic- als auch bei Premium-Diensten verloren[1775]. Die Preisregulierung sah hier drastische Kürzungen für die Basic Servi-

---

1772 GAO, National Survey of Cable Television Rates and Services, GAO/RCED, 1989, S. 89 ff.; GAO, Follow-Up National Survey, 1990, S. 90 ff.; *Eisenmann*, 74 Bus. Hist. Rev. 1, 19 Fn. 50 (2000) m. Hinw. auf die Consumer Price Index-Tabelle (CPI) bei: Emmons/Grossmann, Note on Cable Television Regulation, Harvard Business School case 9-391-022, 1993, S. 19; *Arnesen/Blizinsky*, 32 Amer. Bus. Law J. 627, 632 (1995).
1773 Vgl. beispielsweie McGovern, Industry Officials Feel Vindicated by GAO Report, Multichannel News v. 14.08.1989, S. 5.
1774 Act of October 5, 1992, Pub. L. No. 102-385, 106 Stat. 1460 (cod. at 47 U.S.C. 533).
1775 *Crandall/Furchtgott-Roth*, S. 41.

ces von bis zu 17% vor. Dieser Schritt war aus ökonomischer und wirtschaftspolitischer Sicht für viele unverständlich, da sich die USA bis dahin in allen Netzsektoren außer der natürlichen Gasindustrie von der Preisregulierung verabschiedet hatten[1776].

Gerechtfertigt wurde dieser Schritt mit der vom General Accounting Office[1777] vermeintlich als Machtmissbrauch bezeichneten Preiserhöhung.[1778] Ökonomisch rechtfertigte sich der Protection Act mit drei zentralen Marktmachtgefahren: 1) Marktmacht gegenüber Endkunden durch zuviel erhobene Entgelte, Sec. 2 (a) (1-3) Protection Act , 2) Marktmacht gegenüber Inhalteanbietern durch diskriminierende Zugangsbedingungen oder Weigerungen der Einspeisung, Sec. 2 (a), (2), (4) Protection Act, 3) Marktmacht gegenüber anderen Übertragungsformen, vor allem gegenüber terrestrischer Übertragung, Sec. 2 (a) (12 ff.) Protection Act.

Neben der ökonomischen Regulierung verfolgte der Protection Act aber auch andere Zielsetzungen und brachte für die FCC einen massiven bürokratischen Aufwand mit sich. Er nutzte dabei einen bis dahin ungekannt breiten generalklauselartigen Wortlaut, dessen Ausgestaltung der FCC obliegen sollte. Das Gesetz verlangte von der FCC etwa 24 Regulierungsverfügungen im CFR zu kodifizieren[1779], um die gesetzlichen Zielsetzungen der Novelle ins Regulierungsrecht umzusetzen. Dies betraf must-carry-Verpflichtungen[1780] auf Bundesebene, die Wiedereinführung von leased access[1781] und program access[1782] Bestimmungen, die das Jahrzehnt der Deregulierung konterkarierten. Netzbetreiber, die mit Inhalteanbietern vertikal integriert waren (affiliated programming) oder solche Inhalte selbst produzierten, wurden aufgrund der program access provision verpflichtet, ihre Inhalte nicht exklusiv einzuspeisen, wodurch eine faktische Entbündelung des Programmangebots entstand. Da aber der Zugang zum Programm eines vertikal integrierten Kabelnetzbetreibers nur dann möglich war, wenn Satelliteneinspeisung erfolgte, rüsteten die Netzbetreiber auf terrestrische Übertragungsformen ab und errichteten lokale Glasfaserringe, um die Einspeiseverpflichtung zu umgehen[1783].

Wie abzusehen war, führte der Protection Act zu einer drastischen Abnahme von Investitionen in bestehende Kabelnetze und vor allem in attraktive Inhalte, da die Voraussetzungen für „effective competition" nach dem Kriterienkatalog von Sec. 623 (l) (1) Communications Act von kaum einem Netzbetreiber zu erfüllen waren. Von nun an unterlagen die meisten Betreiber der Entgeltregulierung. Auch besaßen erfolgreiche Betreiber mit exklusiven Inhalten keine wettbewerblichen Vorteile

---

1776 Ein guter Gesamtüberblick findet sich bei *Winston*, 31 J. Econ. Lit. 1263-1289 (1993); *Winston*, 12 J. Econ. Perspect. 89-110 (1998).
1777 GAO, National Survey of Cable Television Rates and Services, GAO/RCED; GAO, Follow-Up National Survey.
1778 *Crandall/Furchtgott-Roth*, S. 37; *Parsons*, 16 J. Media Econ. 23, 35 (2003).
1779 *Hazlett*, Cable TV Reregulation: The Episodes You Didn't See on C-SPAN, Regulation, 2001, abrufbar unter: <http://www.cato.org/pubs/regulation/reg16n2d.html>.
1780 Consumer Protection and Competition Act, § 4.
1781 Ebenda, § 9.
1782 Ebenda, § 19; 47 C.F.R. §§ 76.1000-76.1004.
1783 Vgl. EchoStar Communications v. FCC, 292 f.3d 749 (D.C. Cir. 2002).

mehr. Wurden durch die Deregulierungsoffensive 1984 noch 97% der Kabelnetzbetreiber aus der Entgeltregulierung entlassen, war 1994 ein durchschnittlicher Entgeltrückgang von mehr als 8% zu verzeichnen, was auch an den drastischen Sparmaßnahmen lag[1784]. Die damit einhergehende gesetzliche Bevorzugung gegenüber alternativen Carrier führte schnell zu einem Marktanteilszuwachs von DBS, DTH, LMDS und kleineren SMATV[1785].

Die Anstrengungen, die Kabelnetzbetreiber aufgrund des Protection Act zu erbringen hatten, führten entgegen der Annahme, die Gesetzesänderung würde unter anderem den intramodalen Wettbewerb beflügeln, dazu, dass vertikal integrierte Netzbetreiber mit eigenen Programminhalten eine Ausdehnung ihrer Kabelnetze erzwingen mussten, um die hohen Fixkosten der Programmproduktion und des Lizenzerwerbs über mehre Kunden zu verteilen. Damit setzte sich die Konsolidierung der Kabelnetzbranche fort.

g) Geltendes Regulierungsrecht

Das heutige Regulierungsrecht für Kabelnetze ist hauptsächlich in Sec. 601 ff. Communications Act geregelt. Auch hier hat der Telecommunications Act seinen auf Wettbewerb ausgerichteten Stempel aufgedrückt, die sich aus der erklärten two-wire policy ergibt[1786]. Die historischen Ansätze des 1984 Policy Act und des 1992 Protection Act sind damit aber hauptsächlich nur in den Bereichen der ökonomischen Regulierung beseitigt worden. Viele außerökonomische Zielsetzungen sind daher noch in den früheren Novellen zu finden.

aa) Must-Carry-Regelungen

Bezüglich der Regulierung der Inhalte hat die Gesetzesnovelle daher auch keine maßgebliche Deregulierung gebracht. Es hat mehrfach Gesetzesvorschläge gegeben, die den als Rückschritt empfundenen Protection Act versucht haben zu revidieren. Bislang hat sich der Kongress zu einer grundlegenden Reform aber nicht durchgerungen. Daher bestehen derzeit noch die must-carry-Verpflichtungen, die die Einspeisung örtlich empfangbarer terrestrischer Signale in ihre Netze verlangen[1787]. Außerdem müssen vertikal integrierte Netzbetreiber nach wie vor ihre Programme Wettbewerbern zu angemessenen und vernünftigen Preisen zur Verfügung stellen[1788], so dass ein Marktmachttransfer von oder zu vertikal verflochtenen Märkten weitgehend ausgeschlossen ist.

1784 *Higgins*, FCC Re-Reg Savings Average is 8 Percent, Multich. News, 18.07.1994, S. 1, 48.
1785 Unter SMATV (Satellite Master Antenna Television) werden zentrale Antennensysteme einer Gemeinschaftsantennenanlage zum Empfang von Satellitensignalen verstanden.
1786 Vgl. Teil 1: B.III.2.c)bb), S. 320, Fn. 1671; Teil 1: B.III.3., S. 323.
1787 47 U.S.C. 534 ff.
1788 47 U.S.C. 548 (c).

aaa) Turner Broadcasting v. FCC (Turner I)

Der Kongress stand mit der Beibehaltung dieser Regelungen auf rechtlich gesichertem Boden. Denn der Supreme Court hatte bereits kurz nach Verabschiedung des Protection Act die Vereinbarkeit der must-carry-Regelungen mit dem First Amendment in Turner Broadcasting System Inc. v. FCC[1789] bestätigt. Turner war zwar der Ansicht, dass die must-carry-Regelungen nicht nach dem intermediate standard of scrutiny, sondern nach dem strict scrutiny test zu beurteilen wären, weil sie inhaltsbezogene Regelungen[1790] darstellen würden. Nach dem strict scrutiny test hätte das Gericht dann nicht abwägen dürfen, ob die must-carry-Verpflichtungen auf einer substantiierten und bedeutenden Regelungsabsicht beruhen und den Regelungszweck fördern und nicht überschreiten, sondern vielmehr, ob durch die Regelungen ein zwingendes Interesse des Staates mit dem mildesten Mittel erreicht wird[1791]. Diese Sichtweise teilte der Supreme Court aber nicht. Er verwies darauf, dass die must-carry-Regelungen einen Teil der Breitbandkabelkapazität dazu nutzen würden, um lokal über Terrestrik empfangbare Rundfunksender in die Kabelnetze einzuspeisen, unabhängig um was für Inhalte es sich handelt. Daher war der Rechtfertigungsmaßstab des intermediate scrutiny test anzuwenden. Dieser verfolgte hier auch ein wichtiges Ziel, nämlich den kostenlos leiterlosen Empfang, den der Kongress ohne must-carry-Regelungen gefährdet gesehen habe[1792]. Die konkrete Gefahr gehe dabei von den strategisch nutzbaren Bottleneck-Einrichtungen aus. Die Kabelnetzbetreiber hätten daher eine Gatekeeper-Stellung, die es ihnen ermöglichen würde, über das Ob und das Wie der Ausstrahlung zu entscheiden. Diese könnten dann First Amendment Rechte verletzen, indem sie keine andere als die des Netzbetreibers Meinung zuließen.[1793]

bbb) Time Warner v. United States (Time Warner I)

Nach Turner I griff Time Warner unter anderem[1794] in Time Warner v. United States[1795] die leased access rules vor dem D.C. Circuit an. Time Warner argumentierte damit, dass die erzwungene Bereitstellung von Kabelkapazität zu Mietzwecken an andere Wettbewerber (video programmer) ein klarer Verstoß gegen den First Amendment darstellen würde, da der Kongress in seiner Gesetzesbegründung die Meinungsäußerungsfreiheit der Kabelnetzbetreiber explizit beschränken wollte.

1789 Turner Broadcasting System, Inc. v. FCC, 512 U.S. 622 (1994) (Turner I).
1790 Zur Anwendbarkeit des strict scrutiny test auf inhaltsbezogene Regelungen vgl. Texas v. Johnson, 491 U.S. 397, 412 (1989); Burson v. Freeman, 504 U.S. 191, 198 (1992).
1791 Perry Education Association v. Perry Local Educators' Association, 460 U.S. 37, 45 (1983); United States v. Grace, 461 U.S. 171, 177 (1983).
1792 Turner Broadcasting System, Inc. v. FCC, 512 U.S. 622, 638 ff. (1994).
1793 Ebenda, 512 U.S. 622, 657 (1994).
1794 Vgl. Teil 2: B.III.3.g)ee)ccc), S. 361.
1795 Time Warner Entertainment Co., L.P., v. United States, 211 f.3d 1313 (D.C. Cir. 2001), cert. den., 121 S.Ct. 1167 (2001).

Die Gesetzesbegründung des Kongresses weist tatsächlich darauf hin, dass der hinter der Regelung stehende Zweck die Pluralität der Meinungen für die Öffentlichkeit gewährleisten möchte, weshalb die Anzahl der von den Kabelnetzbetreibern selbst genutzten Kanäle aufgrund ihrer vertikalen Integration und Fülle von Programminhalten beschränkt werden sollte.[1796] Time Warner machte daher zum Vergleich der Sach- und Rechtslage auf Entscheidungen des Supreme Court im Pressewesen[1797] aufmerksam, für die der Supreme Court eine inhaltliche Beschränkung stets als mit dem First Amendment unvereinbar beurteilte. Allerdings wies auch der D.C. Circuit mit Verweis auf Turner I[1798] darauf hin, dass der maßgebliche Unterschied zwischen der Betätigung der Presse und innerhalb des Kabelrundfunks darin bestehe, dass Kabelnetzbetreiber eine ökonomische und physische Bottleneck-Einrichtung betrieben und damit über eine Markteintrittsbarriere besäßen, die einen intramodalen Wettbewerb im Kabel im Gegensatz zur Presse ausschlösse.[1799] Daher fand auch bei der leased access Regulierung nur der intermediate scrutiny test Anwendung, innerhalb dessen die Notwendigkeit der Meinungsvielfalt über Kabel vernünftig erschien und die Nachprüfung ihrer objektiven Richtigkeit aufgrund der gesetzlichen Einschätzungsprärogative ausgeschlossen war. Auch die leased access Regulierung ist damit verfassungsmäßig.

bb) Regelungen für das Digitale Fernsehen

Wie bereits im ersten Teil der Arbeit dargestellt wurde, ist beim Übergang von der analogen zur digitalen Übertragung viel Koordinationsbedarf vorhanden, da nicht nur die Systeme der Betreiber und der Programmanbieter, sondern auch die Endkunden ihren Teilnehmeranschluss durch zusätzliche Endgeräte (Set-Top-Boxen, Modem) umrüsten müssen. Dies erfordert massive Infrastruktur- und Plattforminvestitionen, die sich nur bei Amortisation durchsetzen lassen.[1800] In den USA ist dieser Vorgang weitgehend abgeschlossen[1801]. Die FCC hat Jahre vor dieser Entwicklung die Einführung des digitalen Fernsehens als eine ambivalente Situation bezeichnet. Sie sei chancenreich, weil keine installed base bestünde, die einen solchen Wechsel behindern könnte, aber auch risikoreich, weil Regulierung das Potential besitze, Wachstum, Innovation und technischen Wandel zu einer Zeit zu behindern, in der Businesspläne und Technologie unbekannt, unausgereift und unvollständig seien.[1802] Daher sah sich die FCC gezwungen, nur einen Mindeststandard an Regulierung zu gewährleisten und die Entwicklung des Digitalfernsehens abzuwar-

---

1796 Senate Report No. 102-92, 25, 80 (1991).
1797 Miami Herald Publishing Co. v. Tornillo, 418 U.S. 241, 255 f. (1974).
1798 Turner Broadcasting System, Inc. v. FCC, 512 U.S. 622, 656 (1994).
1799 Time Warner Entertainment Co., L.P., v. United States, 211 f.3d 1313 (D.C. Cir. 2001).
1800 Vgl. Teil 1: B.II.3.b), S. 120.
1801 In re Annual Assessment of the Status of Competition in the Market for the Delivery of Video Programming, 11th Annual Report, FCC 05-13 Tz. 34 ff. (2005).
1802 In re Implementation of Section 304 of the Telecommunications Act, (First Report & Order), FCC 97-80, 13 FCC 14775 Tz. 15 (1998).

ten und mediatorisch zu begleiten. Aus empirischer Sicht hat sich dieser Ansatz als positiv herausgestellt. Daher sollen die wichtigsten Entscheidungen der FCC angesprochen werden.

aaa) Endgeräteregulierung (Set-Top-Boxen)

(1) Gesetzlicher Rahmen, Sec. 629 Communications Act

Die Schlüsselvorschrift für die Regulierung des Digitalfernsehens findet sich in Sec. 629 Communications Act[1803], der den Titel „Wettbewerbliche Verfügbarkeit von Navigationsgeräten" trägt. Darin verpflichtet der Gesetzgeber die FCC, den Rezipienten über jegliche Einrichtungen, die den Zugang zu Programmangeboten und anderen Diensten ermöglichen (Navigationsgeräte), die Verfügbarkeit der Inhalte zu gewährleisten[1804]. Allerdings soll die Regulierung die Sicherheit von Diensten, die über das System des Netzbetreibers angeboten werden, nicht gefährden. Damit soll also die Netzintegrität und die Sicherheit des Netzbetriebs nicht gefährdet werden[1805]. Außerdem sollen die Rechte von Diensteanbietern hierdurch nicht unterlaufen werden können.[1806] Schließlich sollen die Netzbetreiber auch selbst Endgeräte anbieten dürfen, sofern die Kosten für diese separat ausgewiesen werden und nicht mit den Erträgen aus dem Programm- oder Dienstangebot des Netzbetreibers querfinanziert werden[1807]. Die Regelungen der FCC besitzen ferner nur vorübergehenden Charakter, was in einer an das öffentliche Interesse gebundenen Sunsetklausel zum Ausdruck kommt[1808]. Die Gesetzesmaterialien bestätigen, dass der Kongress bei Erlass der Vorschrift nicht nur den Endgerätemarkt im Auge hatte, sondern durch die Vorschrift einen umfassenden Wettbewerbsschutz gesichert sah, weil der Konsument durch sie bei der Auswahl an Abonnementdiensten profitiert und hierdurch verschiedene Distributionsformen entstehen[1809]. Gemeint ist damit nichts anderes,

---

1803 Cod. at 47 U.S.C. 549.
1804 47 U.S.C. 549 (a) lautet:
The Commission shall [...] adopt regulations to assure the commercial availability, to consumers of multichannel video programming and other services offered over multichannel video programming systems, of converter boxes, interactive communications equipment, and other equipment used by consumers to access multichannel video programming and other services offered over multichannel video programming systems, from manufacturers, retailers, and other vendors not affiliated with any multichannel video programming distributor.
1805 Parallelvorschrift im deutschen TKG für die Netzintegrität, vgl. § 21 Abs. 4 TKG.
1806 47 U.S.C. 549 (b) lautet:
The Commission shall not prescribe regulations under subsection (a) of this section which would jeopardize security of multichannel video programming and other services offered over multichannel video programming systems, or impede the legal rights of a provider of such services to prevent theft of service.
1807 47 U.S.C. 549 (a).
1808 47 U.S.C. 549 (e).
1809 H.R. Rep. No. 104-204, 104th Congress, 1st Session 112 (1995).

als dass der Wettbewerb im Endgerätemarkt durch Technologieoffenheit zu einer Absenkung der Wechselkosten zu anderen Infrastrukturbetreibern und Programmanbietern führt. Diese Wechselmöglichkeit führt zu einer Wechselbereitschaft, sofern das Programmangebot eines anderen Programmanbieters attraktiver ist. Damit wird letztlich auch der Wettbewerb auf dem Programmmarkt gefördert, so dass sich bei fortschreitender vertikaler Integration der Netzbetreiber auch ein infrastrukturbasierter Wettbewerb über den Endgerätemarkt ergeben kann.

(2) Regulierung durch FCC

Die Regulierungsbehörde hat in ihrer First Report & Order vom 11.06.1998[1810] damit begonnen, die erforderlichen Maßnahmen zum Schutz des Wettbewerbs zu ergreifen. In ihrer ersten Verfügung betreffend das digitale Fernsehen stellte die FCC fest, dass trotz des technologischen Wandels, der enormen Kapitalanstrengung und der nach Maßgabe des Telecommunications Act erforderlichen Zurückhaltung der Regulierung kritischer Regulierungsbedarf für die Endgeräte bestehe, um wettbewerbliche Märkte zu gewährleisten. Zu den wichtigsten Punkten zählen zum einen die Rechte der Nutzer, jegliche Navigationseinrichtungen in Verbindung mit dem System eines jeden Netzbetreibers zu nutzen[1811], wobei die FCC auf die Parallele in der Carterfone-Entscheidung[1812] hinweist. Der zweite kritische Punkt betrifft die Architektur, die technischen Spezifikationen und die Bündelung modularer Elemente der Endgeräte. So müssen Netzbetreiber, die eigene Endgeräte vermarkten, ihre Sicherheitselemente von anderen Elementen der Endeinrichtung separieren und diese anderen Herstellern zur Verfügung stellen[1813]. Damit wird gewährleistet, dass auch Fremdhersteller das jeweilige CA-Modul in ihren Endgeräten einsetzen können, so dass durch Wechsel des CA-Moduls die Endgeräte in beliebigen Netzen und mit beliebigen Programmen betrieben werden können. Außerdem unterliegen die Endgeräte der Entgeltregulierung insofern, als dass eine Querfinanzierung ausscheidet[1814]. Alle technischen Spezifikationen, also insbesondere Schnittstelleninformationen müssen verfügbar gemacht werden, um mit dem eigenen Netzsystem betrieben werden zu können[1815]. Im Übrigen darf ein Netzbetreiber weder über Verträge, noch aufgrund von Patent-, Urheber- oder sonstigen Rechten, Hersteller oder Vertreiber von der Belieferung an Endkunden abhalten[1816]. Hinsichtlich des elementaren EPG hielt sich die FCC mit der Auferlegung von Regelungen zurück. Sie bekannte sich zu ihrer Pflicht, den Markt auch für diesen Dienst zu fördern, da klar sei, dass dieser unter die Voraussetzungen von Sec. 629 Communications Act fällt. Denn dieser

---

1810 First Report & Order, FCC No. 97-80, 13 FCC 14775 Tz. 133 (1998).
1811 47 C.F.R. § 76.1201.
1812 Vgl. Teil 2: B.III.1.b)bb), S. 296.
1813 47 C.F.R. § 76.1204 (a) (1).
1814 47 C.F.R. §§ 76.1206, 76.923.
1815 47 C.F.R. § 76.1205.
1816 47 C.F.R. § 76.1202.

stelle eine Einrichtung dar, die dem Endnutzer Zugang zu Diensten ermögliche, die über das System bereitgestellt werden. Allerdings wies die FCC auch darauf hin, dass sie nicht abschätzen könne, welche Regelungen gegenüber Netzbetreibern zu ergreifen wären. Daher sei dieser Markt zu beobachten und in regelmäßigen Abständen auf die Erfordernisse von Regulierung zu überprüfen.[1817]

(3)   Grenze: Gemstar v. AOL/Time Warner

Der Fall Gemstar v. AOL/Time Warner[1818] betraf das EPG von der Gemstar International Group, Ltd., dem damals führenden Anbieter von EPG-Software für Endgeräte. Das Unternehmen bezog die EPG-Daten hierbei aus dem laufenden Programm über ein Signal innerhalb der sog. vertikalen Austastlücke („VBI"). Da Gemstar selbst kein Programmangebot besaß, hat das Unternehmen mit örtlich empfangbaren terrestrischen Sendernetzen, die über die must-carry-Regelungen in die Kabelnetze eingespeist wurden, Verträge geschlossen, die sie dazu verpflichteten, die von Gemstar gewünschten und zur Verfügung gestellten Daten über die VBI zu übertragen. Diese Daten wurden in den Empfangsgeräten auf Teilnehmerseite über das EPG sichtbar gemacht und enthalten eine Vielzahl von Informationen über sämtliche Programme, aber auch Werbung und anderes Material. Mit AOL/Time Warner bestanden dagegen keine vertraglichen Abreden. Allein die STB-Hersteller schlossen mit Gemstar Lizenzverträge, um den Endkunden das EPG von Gemstar anbieten zu können. AOL/Time Warner filterte die Informationen über das VBI, so dass Gemstars Dienst nicht mehr nutzbar war.[1819] Die FCC musste die Frage klären, ob die Weigerung von AOL/Time Warner gegen die must-carry Verpflichtung verstieß und/oder ein Verstoß gegen übriges Regulierungsrecht vorlag.

Nach Sec. 614 (b) (3) (A) Communications Act sind Kabelnetzbetreiber – soweit technisch möglich – verpflichtet, VBI-Informationen und programmbezogenes Material zu übertragen, um ihrer must-carry Verpflichtung nachzukommen. Allerdings steht die Übertragung von nichtprogrammbezogenem Material im Ermessen des Betreibers. Als Regelbeispiele solcher nichtprogrammbezogener Materialien werden

---

1817   First Report & Order, FCC 97-80, 13 FCC 14775 (1998), Tz. 116.
1818   In re Gemstar International Group, Ltd. and Gemstar Development Corp., Petition for Special Relief, FCC CSR 5528 - Z (2000) & In re Time Warner Cable, Petition for Declaratory Ruling, FCC CSR 5698 - Z (2001), Memorandum Opinion & Order (VBI Memorandum Opinion & Order), FCC 01-354 (2001).
1819   VBI Memorandum Opinion & Order, FCC 01-354 (2001), Tz. 2.

Teletext und Werbung genannt.[1820] AOL/Time Warner war der Auffassung, dass es sich bei dem Dienst von Gemstar nicht um programmbezogene Inhalte handelte. Die FCC zog zur Auslegung der Vorschrift den vom 7th Circuit entschiedenen Fall WGN Continental Broadcasting v. United Video Inc.[1821], heran, der die Frage behandelte, ob der Urheberrechtsschutz eines Programms auch das Material im VBI erfasst. Das Gericht führte drei Faktoren an, wonach dies zu beurteilen sei. Zunächst müsse der Veranstalter die Intention besitzen, dass sich das innerhalb des VBI übertragene Material an den gleichen Zuschauerkreis richte, an die auch das Hauptprogramm gerichtet ist. Zweitens müsse die jeweilige über die VBI übertragene Information zeitgleich zum Hauptprogramm ausgestrahlt werden. Schließlich müsse die Information integraler Bestandteil des laufenden Programms sein.[1822] Nach Auffassung der FCC war keines dieser Merkmale erfüllt. Der Veranstalter selbst stelle mithilfe der VBI dem Zuschauer seines Programms keine weiteren Informationen zur Verfügung. Stattdessen leite der Sender jegliche Informationen durch, die Gemstar vorgebe.[1823] Auch sei das VBI-Material nicht zum laufenden Programm verfügbar, sondern werde in regelmäßigen Abständen unabhängig von dem laufenden Programmangebot übertragen. Sobald die Informationen in der STB des Zuschauers gespeichert und aktuell seien, finde keine weitere Übertragung mehr statt.[1824] Schließlich sei die Übertragung der VBI-Daten auch nicht integraler Bestandteil des Hauptprogramms, sondern weise eine Fülle von Informationen für andere Sender auf und enthielte daneben auch Werbung.[1825]

Die zweite Frage, ob die von AOL/Time Warner vorgenommene Filterung der EPG-Daten einen Verstoß gegen übriges Regulierungsrecht, insbesondere gegen Sec. 629 Communications Act darstellen würde, verneinte die FCC ebenfalls. Die Regulierungsbehörde ist der Auffassung, dass die gesetzliche Vorschrift keine Regelung zulasse, um die Übertragung von Daten zu gewährleisten. Die Regelung möchte stattdessen die wettbewerbliche Verfügbarkeit von Endgeräten ermöglichen, damit übertragene Inhalte herstellerunabhängig empfangen werden können und nicht eine Bindung an die Geräte des Netzbetreibers erfolgt.[1826] Die Vorschrift erfasse aber keinen Einfluss auf das Programmmaterial des Netzbetreibers, damit Endgeräte

---

1820 47 U.S.C. 543 (b) (3) (A) lautet:
      A cable operator shall carry in its entirety, on the cable system of that operator, the primary video, accompanying audio, and line 21 closed caption transmission of each of the local commercial television stations carried on the cable system and, to the extent technically feasible, program-related material carried in the vertical blanking interval or on subcarriers. Retransmission of other material in the vertical blanking internal or other non-program-related material (including teletext and other subscription and advertiser-supported information services) shall be at the discretion of the cable operator. [...].
1821 WGN Continental Broadcasting Co. v. United Video Inc., 693 f.2d 622 (7th Cir. 1982).
1822 Ebenda, 693 f.2d 622, 627 (7th Cir. 1982).
1823 VBI Memorandum Opinion & Order, FCC 01-354 (2001), Tz. 12.
1824 Ebenda, Tz. 15.
1825 Ebenda, Tz. 18.
1826 Ebenda, Tz. 31.

aufgrund ihrer technischen Ausgestaltung ordnungsgemäß funktionieren. Der Endgerätehersteller ist damit auf die vom Netzbetreiber ausgewählten und übertragenen Inhalte angewiesen.

Im Ergebnis wurde in der Gemstar Entscheidung kein Hindernis für die Endgerätehersteller getroffen. Betroffen war allein der Dienst des EPG-Anbieters. Sofern der Netzbetreiber selbst Daten für ein EPG bereithält, ist dieser durch die Regelung für die offene Spezifikation zur Weitergabe der für den ordnungsgemäßen Betrieb erforderlichen technischen Daten verpflichtet, also in dem Fall auch an Gemstar. Daher besteht ein Unterschied darin, ob der Netzbetreiber selbst die Daten bereitstellt oder ein Dritter diese durchleitet. Schließlich haben Rundfunkveranstalter die Möglichkeit, über die must-carry Verpflichtung Informationen ihres laufenden Programms unter den Voraussetzungen von WGN Continental Broadcasting an die Endgeräte zu übertragen. Allerdings verbietet die Auslegung der FCC eine programmübergreifende Ausstrahlung von Daten, die mit dem eigenen übertragenen Inhalt in keinerlei Zusammenhang stehen. Damit zeigt sich der enge Anwendungsbereich für die Übertragung von Datendiensten über den klassischen Übertragungsweg, sei es Breitbandkabel, DBS oder Satellit. Etwas anderes gilt aber für Informationen, die über das Internet übertragen werden. Hier sind inhaltsbezogene Einschränkungsmöglichkeiten der Netzbetreiber sowohl über DSL oder Kabelinternet ausgeschlossen. Im Zuge der technologischen Konvergenz werden daher auch diese Wettbewerbsprobleme weitgehend eliminiert.

(4) Jüngste Entwicklung

Nach Verabschiedung der First Report & Order gaben die Kabelnetzbetreiber und die Endgerätehersteller eine Einigung in Bezug auf die weitere Strategie beim Ausbau des Digitalfernsehens bekannt. In diesem Memorandum of Understanding (MOU)[1827] wurden zahlreiche Punkte geregelt, wie beispielsweise die zukunftssichere Integration der STB-Funktionalität in die Wiedergabegeräte und damit auch Plug&Play-Möglichkeiten mit der Integration von EPG. Die FCC begrüßte sowohl die vertragliche Einigung der Parteien als auch die technischen Aspekte des MOU. Sie wies aber darauf hin, dass der Markt immer noch (2003) in einem frühen Entwicklungsstadium sei und daher der Ausbau weiter forciert werden müsse. Insbe-

---

1827 Letter from *Carl E. Vogel*, President and CEO, Charter Communications, et al., to Michael K. Powell, Chairman, FCC (19.12.2002), Memorandum of Understanding Among Cable MSOs and Consumer Electronics Manufacturers (signed by Charter Communications, Inc., Comcast Cable Communications, Inc., Cox Communications, Inc., Time Warner Cable, CSC Holdings, Inc., Insight Communications Company, L.P., Cable One, Inc., Advance/Newhouse Communications, Hitachi America, Ltd., JVC Americas Corp., Mitsubishi Digital Electronics America, Inc., Matsushita Electric Corp. of America (Panasonic), Philips Consumer Electronics North America, Pioneer North America, Inc., Runco International, Inc., Samsung Electronics Corporation, Sharp Electronics Corporation, Sony Electronics, Inc., Thomson, Toshiba America Consumer Electronics, Inc., Yamaha Electronics Corporation, USA, and Zenith Electronics Corporation) ("MOU").

sondere seien Vereinbarung im Hinblick auf bidirektionale Dienste und Endgeräte früh zu treffen. Da die FCC eine schnellere Entwicklung des Digitalfernsehens vorausgesagt hatte, wurde die Frist in ihrer sog. Extension Order[1828] für die Aufhebung technologischer Integration von STB-Sicherheitsmerkmalen mit den übrigen Modulen der Netzbetreiber auf den 01.06.2006 verlängert, damit eine schnellere Ausbreitung von Digitalempfangsgeräten stattfindet und der Übergang von der Simulcast-Phase zur rein digitalen Übertragung reibungslos erfolgen kann. Allerdings müssen Cable Operator weiterhin das CA-Modul entbündelt anbieten. In ihrer einige Monate später folgenden Second Report & Order[1829] implementierte die FCC die von der Industrie in dem MOU getroffenen Vereinbarungen mit einigen Veränderungen in das geltende Regulierungsrecht, womit die technischen Spezifikationen und Kopierschutzmerkmale gesetzlich kodifizierte wurden. Die Verfügung der FCC schlägt aber einen neuen Weg für die Entwicklung der STB ein. Bislang ist das Sicherheitselement ein Hardware-/Softwarebauteil der STB, so dass für unabhängige Hersteller hohe Kosten der Herstellung dieser Module bestehen. CA-Module werden in die CI-Schnittstelle der STB geschoben und ermöglichen dann die Aufnahme einer SIM-Karte, die selbst den Schlüssel zur Entschlüsselung bereithält. Die FCC hat in ihrer Second Report & Order festgestellt, dass die Herstellung und Verbreitung sowohl von CA-Modulen und SIM-Karten kostenintensiv sei und mit langen Verzögerungen der von den Netzbetreibern bereitgestellten Karten einhergehe.[1830] Hintergrund ist, dass die Netzbetreiber selbst integrierte Boxen mit eingebettetem Verschlüsselungssystem (sog. embedded CAS) verwenden dürfen und damit die Funktionen der Sicherheitselemente fest in ihrer STB integrieren können, so dass sie kein Interesse an der schnellen Umsetzung und Verfügbarkeit solcher Module und Karten haben. Daher wurde den Netzbetreibern und der STB-Industrie die Verpflichtung auferlegt, bis 2007 ein Modell zu entwickeln, um die Verschlüsselung ganz auf Softwareelemente umzustellen[1831], so dass die Kosten für CA-Module und Karten eliminiert, ein einheitlicher Standard umgesetzt und damit der Endgerätemarkt forciert werden kann. Die durch die FCC angestoßene Entwicklung bleibt abzuwarten. Die Behörde hat aber mit der schwebenden Wirksamkeit der Integrationsmöglichkeiten von Sicherheits- und anderen Funktionselementen der STB ein wirksames Druckmittel, um die Netzbetreiber auf eine softwarebasierte Lösung umzuschwenken. Denn ohne die Bündelung der Sicherheitselemente müssen die Netzbetreiber erstmals selbst hohe Kosten in Kauf nehmen und sind aufgrund der geringeren Synergien, als sie netzbetreiberunabhängige Hersteller verwirklichen können, auf dem Endgerätemarkt wettbewerblich benachteiligt.

1828 Implementation of Section 304 of the Telecommunications Act: Commercial Availability of Navigation Devices, (Extension Order), 18 FCC Rec. 7924 (2003).
1829 Implementation of Section 304 of the Telecommunications Act: Commercial Availability of Navigation Device and Compatibility Between Cable Systems and Consumer Electronics Equipment, (Second Report & Order), 18 FCC Rec. 20885 (2003).
1830 Second Report & Order, 18 FCC Rec. 20885 (2003), Tz. 27.
1831 Ebenda, Tz. 46.

bbb) Interaktives Fernsehen („ITV")

Eine mit dem Digitalfernsehen zusammenhängende und frühzeitig diskutierte Problematik betrifft das interaktive Fernsehen („ITV"). In ihrer ITV Notice of Inquiry[1832] aus dem Jahr 2001 versuchte die FCC den Begriff ITV zu definieren, um regulatorischen Handlungsbedarf festzustellen. Dabei fasste sie den Begriff sehr eng. Ihrer Meinung nach sind ITV-Dienste solche, die eine teilnehmerbezogene Auswahl- oder Handlungsmöglichkeit in Bezug auf ein ausgestrahltes Programm eröffnen[1833]. Um die Definition zu erläutern, füllt die FCC die Definition mit Beispielen. So sollen ITV-Dienste Optionen im EPG aktivieren können, um zusätzliches Programmmaterial oder spezifische auf bestimmte Nutzergruppen abgestimmte Informationen abzurufen. Die Wahl kann hierbei auf zusätzliche Inhalte oder auf andere Kameraeinstellungen eines Sportereignisses fallen. Als ITV-Dienst erfasst sein sollen aber auch Kaufangebote für Spiele, die mit dem Programm in Verbindung stehen, also beispielsweise ein Kinderspiel zum Kinderfilm. Damit verstärkt sich der Eindruck, dass die FCC einen eindeutigen Programmbezug als ITV-Dienst verlangt.

Kritische Stimmen in der Literatur[1834] teilen diese Auffassung ebenso wenig wie etwa die britische Regulierungsbehörde[1835]. Sie wollen ITV-Dienste als Pull-Dienste begreifen, die durch den Teilnehmer ausgelöst werden und nicht notwendigerweise Bestandteil eines spezifischen Programms sind.

Das abweichende Verständnis der FCC erklärt sich aus dem relativ engen Anwendungsbereich für die Übertragung von Datendiensten über den klassischen Übertragungsweg, wie ihn die Gemstar Entscheidung aufgezeigt hat. Da weder das must-carry Regime noch Sec. 629 Communications Act nichtprogrammbezogene Dienste erfassen und daher auch nicht gewährleisten, ist potentieller Schutz von ITV-Diensten gegenüber den Netzbetreibern nicht möglich, sofern ein solcher Dienst isoliert angeboten bzw. keine Annexdienstleistung zu dem jeweilig ausgestrahlten Programmmaterial darstellt.

Auch nach der Midwest Video II Entscheidung[1836] des Supreme Court hat die FCC für Eingriffe in die Übertragungsleistung und -kapazität der Netzbetreiber keine Kompetenzen. Da aber der Supreme Court explizit die Frage offen gelassen hat, ob Common Carrier ähnliche Verpflichtungen einen Netzbetreiber dann treffen können, sofern die Regelungen einem höheren Zweck dienen, insbesondere wenn sie als Schutzmaßnahme gegenüber anderen Regulierungszielen erforderlich sind, kann über Common Carrier ähnliche Verpflichtungen gegenüber Netzbetreibern nachgedacht werden, sofern dies für den Schutz des Endgerätemarktes nach Sec. 629 Communications Act erforderlich ist.

1832   In re Nondiscrimination in the Distribution of Interactive Television Services Over Cable, (ITV Notice of Inquiry), FCC 01-7 (2001).
1833   ITV Notice of Inquiry, FCC 01-7 (2001), Tz. 6.
1834   *Galperin/Bar*, 55 Fed. Comm. Law J. 61, 68 (2002).
1835   Independent Television Commission (ITC), Interactive Television (2000).
1836   Vgl. oben, Teil 2: B.III.3.d)bb), S. 334, Fn. 1753.

Insgesamt zeigt sich, dass die Regulierungsoptionen der FCC für ITV-Dienste noch offen sind. Für eine Regulierung von ITV-Diensten sprechen ökonomische Gründe, um den Marktmachttransfer der Netzbetreiber von der Leitungsebene auf die Plattformseite im Vorfeld auszuschließen und damit Wettbewerb bei den Endgeräten und damit in Rückkopplung stehenden ITV-Diensten zu erhalten. Eine Anschlusszuständigkeit der FCC aus Sec. 629 Communications Act wäre daher denkbar. Der Wortlaut von Sec. 614 (b) (3) (A) Communications Act, die als vertragliche Lösung ausgestalteten leased access Regelungen des Sec. 612 (c) Communications Act und die Spruchpraxis der Gerichte stimmen hier aber eher pessimistisch.

Trotz (oder vielleicht auch aufgrund[1837]) dieser Netzbetreiber nahen Auslegung von ITV-Diensten hat sich der Dienst bislang nicht entwickeln können. AOLTV als ehemaliger Anbieter ohne eigene TK-Infrastruktur hat seinen ITV-Dienst Anfang des Jahres 2003 eingestellt und auch andere Unternehmen haben sich bislang nicht etablieren können. Nach Aussagen von AOL habe es an Zuschauerinteresse gefehlt[1838]. Auch bei der FCC ist es bei den Ermittlungsverfügungen der ITV Notice of Inquiry geblieben. Bislang ist ITV unreguliert, wird aber wohl nach Abschluss der Diskussion um die Regulierung des Internetzugangs[1839] wieder verstärkt Aufmerksamkeit erhalten.

cc) Entgeltregulierung

Hinsichtlich der Entgelte bricht der Telecommunications Act gemäß seinem Sec. 301 (b) mit dem alten Regulierungsregime und befristete die Vorschriften der Entgeltregulierung des Protection Act (47 U.S.C. § 543 (c)) bis zum 31.03.1999. Für kleine Netzbetreiber (smaller cable companies) galt dagegen gemäß Sec. 301 (c) Telecommunications Act die sofortige Aufhebung der Teilnehmerentgeltregulierung[1840]. Zu ihnen zählen gemäß der Definition von Sec. 301 (c) Telecommunications Act solche Netzbetreiber, die direkt oder indirekt durch ein verbundenes Unternehmen weniger als 1% aller Haushalte der USA mit Abonnements auf sich vereinen (bzw. weniger als 50.000) und nicht mit einem Unternehmen verbunden sind, das mehr als 250 Mio. Dollar Umsatz erwirtschaftet. Seit dem 01.04.1999 sind Kabelnetzbetreiber in den USA von den Restriktionen der Entgeltregulierung im „upper tier" Bereich befreit, so dass nur noch Basic Services der Entgeltregulierung unterliegen[1841]. Damit ist für Kabelnetzbetreiber das Phasing-Out[1842] fast abgeschlossen. Basic Services, also solche Dienste, die die PEG-Kanäle und must-carry

---

[1837] Zu bedenken ist, dass mangels einer klaren Regelung zugunsten der Dienstleister Rechtsunsicherheit besteht, daher kaum Komplementaritäten und Netzwerkeffekte entstehen.
[1838] *Hu*, America Online confirms end of AOLTV, CNET.news.com v. 18.02.2003, abrufbar unter: <http://www.news.com.com>; America Online trennt sich von AOLTV, heise online news v. 19.02.2003, abrufbar unter: <http://www.heise.de>.
[1839] Vgl. sogleich unter Teil 2: B.III.4., S. 364.
[1840] Vgl. FCC, Cable Television Fact Sheet, Small Cable Operators and the TCA, 1996.
[1841] 47 U.S.C. 543 (b) (1).
[1842] Vgl. bspw. *Knieps*, 50 Kyklos, 325; vgl. auch Teil 1: B.IV.4.b)cc), S. 170 f.

Programme enthalten, sind hinsichtlich der Festlegung der Entgelte allein Gegenstand der örtlichen kommunalen Regulierung der LFAs. Dabei hat sich aber diese Festlegung strikt an den Maßstäben und Richtlinien der FCC zu orientieren[1843]. Die Richtlinien der FCC für den „basic tier" Bereich sind nicht nur vor dem regulierungsrechtlichen, sondern auch vor dem ökonomischer Hintergrund komplex und beschäftigen sich auf mehr als 500 Seiten[1844] ausschließlich mit der Frage, welche Preisbemessung vernünftig erscheint[1845].

Von der Entgeltregulierung macht die Gesetzesnovelle dort Ausnahmen, wo „effective competition" besteht. Damit setzt auch der Telecommunications Act den Begriff des Policy Act fort[1846]. Auch heute muss sich „effective competition" am örtlichen Wettbewerb messen lassen, d.h. in den Konzessionsgebieten der Einzelstaaten bzw. der Gemeinden. Dieser notwendige local loop Wettbewerb soll durch den diagonalen Einstieg solcher Netzbetreiber ermöglicht werden, die bislang keine Programminhalte übertragen haben, also insbesondere durch Common Carrier. Solche alternativen Netzbetreiber für die Inhalteübertragung müssen im Gegensatz zum Communications Act nicht eine bestimmte Anzahl von Haushalten versorgen oder im Konzessionsgebiet der Kabelnetzbetreiber eine bestimmte Penetrationsrate erreicht haben. Ausreichend ist allein, dass die Netzbetreiber mit dem Kabelangebot vergleichbare Dienste öffentlich anbieten.[1847] Nach der hierauf Bezug nehmenden Regulierungsverfügung der FCC ist diese Voraussetzung bereits dann gegeben, wenn eine Telefongesellschaft physisch mit geringem finanziellen Aufwand in der Lage ist, vergleichbare Dienste anbieten zu können[1848], so dass die Common Carrier mit dem Angebot solcher Dienste nicht mehr lange auf sich warten lassen können. Wie die Beispiele SBC und Verizon gezeigt haben, verspricht ihre Glasfaserverkabelung genau dieses Ziel zu erreichen.

dd) Gegenseitiger Markteintritt von LEC und Cable Operator

Damit wird deutlich, dass der Telecommunications Act für den diagonalen Einstieg der Common Carrier erhebliche Anreizfunktionen besitzt (sog. incentive regulation). Er strebt in Konsequenz seiner selbst erklärten two-wire policy aber nicht nur den Markteintritt der Common Carrier in das Kerngeschäftsfeld der Kabelnetzbetreiber an, sondern setzt auch umgekehrt auf den Eintritt der Cable Operator in den traditionellen Markt der Common Carrier. Diese betreiben bis heute hauptsächlich Infrastrukturen, die insbesondere Kabelnetzbetreibern zur Distanzüberwindung dienten. Sie traten daher allenfalls als Video Common Carrier bei der Inhalteübertragung auf, schnürten also nicht selbst Endkundenangebote, sondern waren insofern nur im

---

1843 47 U.S.C. 543.
1844 Rate Regulation, Report & Order, 8 FCC Rec. 5631, 72 Rad. Reg. 2d 733 (1993).
1845 47 U.S.C. 543 (b) (1).
1846 47 U.S.C. 543 (l) (1) (A) (1992).
1847 47 U.S.C. 543 (l) (1) (D).
1848 47 C.F.R. 76.905 (e).

Vorleistungsbereich für Kabelnetzbetreiber tätig. Die genutzte Technologie basiert hierbei im Fernleitungsverkehr auf Glasfasern und früher auf Mikrowelleneinrichtungen (so hauptsächlich in der Anfangsphase der SCC). Dieses komplementäre Angebot von Übertragungseinrichtungen für die Kabelnetzbetreiber und die bewusste Ausklammerung der Inhalteübertragung ist nur historisch vor dem Hintergrund des „direct video programming ban"[1849] verständlich.

aaa) Historischer Ausschluss von intermodalem Wettbewerb

Die Grundlagen für die Restriktionen hinsichtlich des Markteintritts der Common Carrier in das Kerngeschäftsfeld der Kabelnetzbetreiber wurden durch die FCC im Jahre 1970 geschaffen[1850]. Danach war es Common Carrier nicht gestattet, Cable Services in ihrem eigenen Konzessionsgebiet anzubieten. Die FCC befürchtete, dass die im Local Bereich angesiedelten LEC die jungen Kabelnetze übernehmen und so ihr damals bereits als Last empfundenes Monopol auch auf den meinungsbildenden Bereich ausdehnen könnten[1851]. Die gesetzlichen Grundlagen fanden sich später auch in Sec. 613 (b) Policy Act[1852]. Zeitlich trafen die gesetzlichen Marktzutrittsschranken für Common Carrier in Kabelmärkten mit der Deregulierung der Teilnehmerentgelte zusammen. Allerdings übernahm der Communications Act nicht den Wortlaut, den die FCC zuvor in ihren Regulierungsverfügungen vorsah, sondern wich in einem Punkt ab. So war es Common Carrier nur nicht gestattet, ein gegenüber den Endkunden vergleichbares Angebot zu unterbreiten. Davon ausgenommen war aber der Transport von Videosignalen, weshalb sie als Übermittler von Videosignalen auch als Video Common Carrier bezeichnet wurden. Der weitgehend offene Communications Act sah ferner vor, dass die FCC von Ausnahmen Gebrauch machen konnte, wenn sie im öffentlichen Interesse waren. Dies war vor allem in Randgebieten der Fall, wo eine Unterversorgung bestand oder sonst wichtige Gründe vorlagen[1853]. Neben dem Genehmigungsvorbehalt gegenüber dem Markteintritt der Telefongesellschaften war auch die Unternehmensbeteiligung zwischen Kabelnetzbetreibern und Common Carrier in den Verfügungen der FCC geregelt[1854]. Danach musste jede Telefongesellschaft vor Erlaubnis zum Markteintritt nachweisen, dass sie mit Kabelnetzgesellschaften nicht intermodal verflochten war.

1849 47 U.S.C. 533 (b), repeal. by Pub. Law 104-104, Title III, § 302 (b) (1), 110 Stat. 124 (1996).
1850 21 FCC 2d 307, 18 Rad. Reg. 2d 1549, recons. granted in part, 22 FCC 2d 746 (1970).
1851 *Hammond*, 21 Rutgers Comp. Tech. Law J. 1, 47 f. (1995).
1852 Cod. at 47 U.S.C. 533 (b).
1853 *Crandall/Furchtgott-Roth*, S. 45.
1854 Appl. of Tel. Comp. for Sec. 214 Certif.s for Ch. Facilities, 21 FCC 2d 307, 325 (1970).

(1) First Dialtone Order

Nachdem die FCC im Jahre 1988 die Verfassungsmäßigkeit der Cross-Ownership Restriktionen hinterfragt und positiv beantwortet hatte[1855], entstanden weitere Fragen bezüglich des ökonomischen Sinngehalts in der sich abzeichnenden konvergenten, aber noch hoch konzentrierten Netzstruktur. In ihrer First Dialtone Order[1856] befand die FCC, dass seit dem Wachstum der Kabelnetzbetreiber eine Gefahr seitens der Telefongesellschaften nicht mehr bestand und die Notwendigkeit gesetzlicher Vorkehrungen entfallen war[1857]. Zu diesen Vorkehrungen gehörte zunächst, dass aus Gründen der Vermeidung von Quersubventionierung mit dem Telefonfestnetz nur ausgegliederte selbständige Rechtspersönlichkeiten der Telefonunternehmen zum Markteintritt befähigt waren. Nach einer Abwägung der Kosten und Vorteile für das öffentliche Interesse konnte die FCC im Einzelfall den Markteintritt genehmigen. Der Netzbetrieb war aber nicht schrankenlos. So durfte der Inhaltetransport nur maximal 5% der Kapazität der Common Carrier betragen[1858]. Von der Zulassung der Common Carrier in den Kabelnetzmarkt erhoffte sich die FCC zum einen, dass der Markteintritt in ländlichen Gebieten, in denen der Kabelnetzbetrieb mangels Bündelungsvorteilen nicht lukrativ war, eine bessere Informationsversorgung der Bevölkerung ermöglichen würde[1859]. Andererseits befand sie in Anlehnung an das General Accounting Office den nationalen Kabelnetzmarkt für hoch konzentriert[1860] und erhoffte sich intermodalen Wettbewerb mit den Common Carrier. Auch das DOJ schloss sich der Auffassung der FCC an, ging in seiner ökonomisch-rechtlichen Würdigung aber einen Schritt weiter. Nach seiner Auffassung würden die Vorteile intermodalen Wettbewerbs die wettbewerblichen Risiken überwiegen. Außerdem würde eine vertikale Integration der Telefongesellschaften mit Inhalten zu Effizienzvorteilen führen.[1861]. Die First Dialtone Order war nur ein scheinbarer Schritt in Richtung Marktzutritt der Telefongesellschaften. Denn die Schranken für einen Transport waren hoch, die Kapazitätsbeschränkung stieß ebenfalls auf Probleme, da Videoübertragung eine viel höhere Bandbreite als Sprachtelefonie erfordert. Allerdings beteiligten sich die Common Carrier zunehmend an Kabelnetzgesellschaften. 1990 waren etwa 300 der damals 8400 Kabelnetze mit den Telefongesellschaften rechtlich verwoben.

1855 Telephone Co.-Cable Television Cross-Ownership Rules, 3 f.C.C.R. 5849, 5864 (1988).
1856 Ebenda, 3 f.C.C.R. 5847 (1988).
1857 Ebenda, 3 f.C.C.R. 5847 f. (1988).
1858 Ebenda, 3 f.C.C.R. 5781, 5789 (1988).
1859 FCC, Fact Sheet, Cable Television Bull., (2000); *Crandall/Furchtgott-Roth*, S. 45.
1860 FCC, Report on Competition, Rate Deregulation and the Commission's Policies Relating to the Provision of Cable Television Service, 5 f.C.C.R. 4962, 5002-07 (1990).
1861 Telephone Co.-Cable Television Cross-Ownership Rules, 3 f.C.C.R. 5843, 5849 (1988); vgl. hierzu auch die Stellungnahme der National Telecommunications and Information Administration (NTIA); NTIA, U.S. Department of Commerce, The NTIA Infrastructure Report: telecommunications in the Age of Information, S. 234 ff. (1991); NTIA, U.S. Department of Commerce, Globalization of the Mass Media, S. 144 (1993)

(2) Chesapeake v. United States

Der Protection Act war angesichts seiner vorsichtigen Balance zwischen Wettbewerb auf der einen Seite und Konzentrationskontrolle auf der anderen auch im Hinblick auf die Cable/Telco[1862]-Verknüpfung restriktiver als der Policy Act[1863]. Die neuen Regelungen untersagten die Beteiligung der Common Carrier an den Kabelnetzbetreibern mit mehr als 5% der stimmberechtigten Anteile. Knapp ein Jahr später gelang es der RBOC, Bell Atlantic, diese Beschränkung durch den Federal Appeals Court of Virginia[1864] für verfassungswidrig erklären zu lassen. Erneut stützte ein Appeals Court, wie schon im Fall HBO v. FCC[1865], seine Argumentation auf First Amendment Grundsätze und befreite die Common Carrier von der intermodalen Konzentrationsvorschrift des Protection Act. Dem folgten der 9th Circuit in zwei Fällen[1866] und fünf andere District Courts[1867], die mit ähnlichen Sachverhalten von RBOC betraut waren. Die Gründe, die für eine Verfassungswidrigkeit sprachen, waren Folge des angewandten intermediate scrutiny test. Das vorgebrachte Hauptargument der Bundesregierung bestand darin, dass durch den aufkeimenden Wettbewerb der Telefongesellschaften im Fernsehmarkt, eine Bestrebung bestünde, durch die bereits flächendeckende Vollversorgung mit Leitungen und Kabeln in den lokalen Ortsnetzen, andere Unternehmen beim Zugang zu den Leitungen und Kabelschächten zu diskriminieren. Die Gerichte entgegnetem diesem Argument mit unterschiedlichen Bedenken. Ohne breite Ausführungen wurde der intermediate scrutiny test als richtiger Beurteilungsmaßstab aufgrund des First Amendment angenommen[1868]. Daher scheiterte die Geeignetheit der Vorschrift, denn auch ohne Beteiligung am Kabelgeschäft war eine Diskriminierung der Common Carrier möglich. In Bellsouth v. United States war das Gericht der Auffassung, dass die FCC bereits durch die Abmilderung der Notwendigkeit, Telefongesellschaften den Markteintritt

---

1862 Cable/Telco bezeichnet die Verflechtung der Cable Operator mit Common Carrier.
1863 *Hoffmann-Riem*, Regulating Media, The Licensing and Supervision of Broadcasting in Six Countries, S. 51.
1864 The Chesapeake and Potomac Telephone Company of Virginia v. United States, 830 f.Supp. 909 (E.D.Va.1993), aff'd, 42 F3d 181 (4th Cir. 1994) cert granted.
1865 Home Box Office, Inc. v. FCC, 567 f.2d 9, 55 (D.C.Cir.1977), cert. den., 434 U.S. 829 (1977).
1866 US West, Inc. v. United States, No. 94-35775, 1994 WL 760379 (9th Cir. December 30, 1994); Pacific Telesis Group v. United States, No. 94-16064, 1994 WL 719063 (9th Cir. Dec. 30, 1994).
1867 Ameritech Corp. v. United States, 867 f.Supp. 721 (N.D. Ill. 1994); BellSouth Corp. v. United States, 868 f.Supp. 1335 (N.D. Ala. 1994); NYNEX Corp. v. United States, No. 93-323-P-C (D. Me. Dec. 8, 1994); United States Tel. Association v. United States, No. 1:94CV01961 (D.D.C. Feb. 13, 1995); Southwestern Bell Corp. v. United States, No. 3:94-CV-0193-D (N.D. Tex. Mar. 27, 1995).
1868 Dieser schützt nicht nur die Meinungsäußerungsfreiheit, sondern vor allem die Möglichkeiten der anderen Seite, Meinungen zu rezipieren. Dieses Recht auf Informationsfreiheit verlangt daher auch eine Zurückhaltung jeglicher übertragener Inhalte, seien sie nun Ausdruck der Meinung des Senders oder eines anderen.

zu versagen, selbst zu erkennen gegeben hatte, dass eine Diskriminierungsgefahr durch Common Carrier nicht bestand. Im Übrigen, sei die Technologie, über die die Telefongesellschaften verfügten, einer Diskriminierung nicht zugänglich. Es bestünden alternative Technologien, auf die ausgewichen werden könne (DBS und Wireless Cable)[1869]. Das seitens der Behörde weiter vorgebrachte Argument betraf die Quersubventionierung, mit deren Hilfe es den Telefongesellschaften durch Markteintritt hätte möglich sein sollen, entweder die Monopolstellung im Local Exchange Sektor zu verfestigen oder durch leveraging die Marktmacht auf den anderen Sektor zu übertragen. Bei dieser Argumentation stand die Erforderlichkeit der Restriktionen in Frage. Denn die FCC verfügte durch ihre First Dialtone Order bereits über eine Regulierungsmaßnahme, die einer solchen Gefahr begegnete. Danach war der Betrieb eines Kabelnetzes in rechtlich getrennten Einheiten möglich und war auf 5% der Common Carrier Kapazität beschränkt. Genau diese Restriktionen erachtete das Gericht für ausreichend und stellte in den Raum, ob bereits diese zu restriktiv waren[1870]. Die Gerichte verneinten damit alle vorgebrachten Argumente und erklärten die Beteiligungsbeschränkung für verfassungswidrig.

bbb) Telecommunications Act von 1996

Der Telecommunications Act führte zu ganz erheblichen Veränderungen hinsichtlich der Anforderungen an eine Querbeteiligung von Telefongesellschaften und Kabelnetzbetreibern, da er in seiner Zielrichtung eine grundlegende Veränderung der Marktstruktur auf Telekommunikationsmärkten beabsichtigt. Wie bereits im Rahmen der Entgeltregulierung angedeutet wurde[1871], ist gemäß Sec. 301 (b) (3) Telecommunications Act bei der Definition von „effective competition" in Sec. 623 (l) (1) Communications Act der Katalog der Voraussetzungen um den Eintritt von LEC ergänzt worden. Damit ist wirksamer Wettbewerb nicht nur gegeben, wenn bestimmte terrestrische Signale vorhanden und weitere Kabelnetzbetreiber sich innerhalb eines Konzessionsgebietes befinden und ihre Dienste anbieten, sondern auch dann, wenn LEC oder die mit ihnen verbundenen Unternehmen Endkunden Programm-Inhalte anbieten, die mit denjenigen der Kabelnetzbetreiber vergleichbar sind. Das Beteiligungsverbot an Kabelnetzbetreibern ist für fast alle Carrier gefallen. Den LEC ist es gemäß Sec. 652 (a) Communications Act in ihren eigenen Konzessionsgebieten gestattet, sich mit bis zu 10% an wettbewerblichen Kabelnetzen zu beteiligen. In anderen geographischen Gebieten ist dies ausnahmslos möglich.

(1) Markteintrittsbedingungen der LEC

Die Aufhebung der Restriktionen war eine folgerichtige Entscheidung der selbst erklärten Politik. Sie stand aber auch in engem Zusammenhang mit dem erläutertem

---

1869 BellSouth Corp. v. United States, 868 f.Supp. 1335, 1343 (1994).
1870 Ebenda, 868 f.Supp. 1335, 1342 f. (1994).
1871 Vgl. oben, Teil 2: B.III.3.g)cc), S. 350.

zwischenzeitlich als verfassungsrechtlich bedenklich erachtetem Cross-Ownership Ban. Seit der Gesetzesnovelle können Telefongesellschaften Inhalte in ihrer Eigenschaft als Common Carrier oder als klassische Breitbandkabelbetreiber anbieten. Hierzu widmete der Telecommunications Act den Common Carrier einen eigenen Part V (Video Programming Services Provided by Telephone Companies) innerhalb des für die Kabelkommunikation geltenden Subchapter V-A des Communications Act. Der Technologieoffenheit steht es natürlich nicht entgegen, wenn sie ihr Angebot auch leiterlos anbieten[1872]. Dabei sind sie von allen Restriktionen, die für Cable Operator und Common Carrier gelten, befreit und müssen nur die Vorschriften für die drahtlose Kommunikation gemäß Sec. 301 ff. Communications Act beachten. Der Kongress erwartete – angesichts der terrestrischen Kapazitätsknappheit zu Recht – einen Großteil der Markteintritte durch die Nutzung und Aufrüstung der eigenen, bereits vorhandenen und lizenzrechtlich gesicherten, leitergebundenen Infrastruktur, insbesondere der LEC, die über einen eigenen local loop verfügen[1873]. Mit Hilfe dieses Ansatzes dürfen sich Common Carrier als sog. Open Video Systems Operator betätigen, indem sie ein Certificate of Compliance gemäß Sec. 573 (a) (1) Communications Act beantragen. Innerhalb des Open Video Systems fehlen tief greifende Common Carrier Regelungen. Dies darf aber nicht darüber hinwegtäuschen, dass sie frei von jeglichen Restriktionen sind. Der Gesetzgeber sah hinsichtlich der Meinungsvielfalt die gleichen Gefahren, die von Kabelnetzbetreibern ausgehen können und unterwirft Open Video Systems Operator daher der Bedingung, dass sie nur ein Drittel der verfügbaren Kapazität für sich in Anspruch nehmen, sofern die Nachfrage die verfügbare Kapazität übersteigen sollte[1874]. Die anderen zwei Drittel werden von dem must-carry Regime, der Einspeisung von PEG-Kanälen und von nicht mit dem Unternehmen verbundenen Anbietern von Programmangeboten in Anspruch genommen. Bei verfügbarer Kapazität stellt das Diskriminierungsverbot sicher, dass der Betreiber weder hinsichtlich Preis und Bedingungen andere Unternehmen ungerecht oder unvernünftig behandelt[1875]. Außerdem sind program access rules vorgesehen, die genauso wie für Cable Operator einen vertical foreclosure Effekt verhindern möchten. Allerdings ergeben sich für das Angebot der Open Video Systems auch entscheidende Vorteile. So fehlt im Segment der Inhalteübertragung eine Rate Regulierung, so dass auch basic tier frei von jeglichen Restriktionen sind. Ebenfalls ausgeschlossen sind leased access Regelungen, sowie Regelungen im Endgerätebereich[1876].

1872   47 U.S.C. 571 (a) (1).
1873   H.R. Conf. Rep. No. 104-458, 187 (1996).
1874   47 U.S.C. 573 (b) (1) (B).
1875   47 U.S.C. 573 (b) (1) (A).
1876   47 U.S.C. 573 (c) (1) (C).

(2) Markteintrittsbedingungen der Cable Operator

Auch Kabelnetzbetreiber waren vor der Gesetzesnovelle nicht befugt, Dienste anzubieten, die ein Common Carrier erbrachte. Mit Sec. 621 (b) (3) (B) Communications Act und der Kompetenzbegrenzung der Einzelstaaten gemäß Sec. 253 Communications Act wurden die Kabelnetzbetreiber nunmehr von jeglichen örtlichen Restriktionen befreit, um Telekommunikationsdienste anbieten zu können. Insbesondere darf keine weitere Lizenz für das Angebot dieser Dienste verlangt werden. Außerdem werden alle für das Kabelregulierungsregime geltenden Vorschriften im Bereich der Telekommunikationsdienste ausgeschlossen. Diese Neuausrichtung, die der Telecommunications Act für Kabelnetzbetreiber mit sich bringt, hat die Ausweitung neuer Dienste durch Cable Operator massiv gefördert. Weitergedacht wurde das Konzept des Markteintritts der Kabelnetzbetreiber auch hinsichtlich der Entgelte. So verlangt Sec. 622 (b) Communications Act, dass die Konzessionsgebühren sich nur aus den Erträgen von Cable Services und eben nicht aus dem Gesamtertrag eines Kabelnetzbetreibers errechnen. Somit fallen Telekommunikationsdienste, also insbesondere Telefonie, aus der Abgabe heraus. Ansonsten gelten – mit Ausnahme der ILEC-Pflichten – für Kabelnetze alle sonstigen Voraussetzungen, die auch von LEC zu beachten sind, d.h. insbesondere Zusammenschaltung und Notruffunktionalität.

ee) Konzentrationsvorschriften

Eine herausragende Besonderheit der US-amerikanischen Regulierung ist die bereits angedeutete Existenz von Konzentrationsvorschriften, die sog. Cable Horizontal Ownership und Vertical Integration Rules, die mit dem 1992 Protection Act Eingang in den Communications Act gefunden haben. Im Grunde machen sie eine präventive Zusammenschlusskontrolle für Kabelnetze obsolet. Diese sind in 47 C.F.R. §§ 76. 503 f. als regulations der FCC enthalten und basieren auf Sec. 613 (f) Communications Act[1877]. Die Konzentrationsvorschriften lassen vermuten, dass der Gesetzgeber mit ihnen zwei unterschiedliche Zielsetzungen verfolgte. Einerseits ging der Kongress bei Verabschiedung des Protection Act davon aus, dass die Konzentration in der Kabelindustrie zu Marktzutrittsschranken für Programmanbieter führen und die Vielfalt der Meinungen durch eine abnehmende Programmvielfalt behindern werden

---

1877 § 533 (f) (1) lautet:
In order to enhance effective competition, the Commission shall, within one year after October 5, 1992, conduct a proceeding - (A) to prescribe rules and regulations establishing reasonable limits on the number of cable subscribers a person is authorized to reach through cable systems owned by such person, or in which such person has an attributable interest; (B) to prescribe rules and regulations establishing reasonable limits on the number of channels on a cable system that can be occupied by a video programmer in which a cable operator has an attributable interest; and (C) to consider the necessity and appropriateness of imposing limitations on the degree to which multichannel video programming distributors may engage in the creation or production of video programming.

könnte[1878]. Andererseits sollte aber auch der Wettbewerb gefördert werden. Diese zwei Ziele lassen sich naturgemäß schwer trennen, da mit der zugrunde liegenden Infrastruktur auch immer die Gefahr einer Gatekeeper-Stellung einhergeht[1879]. Grundbedingung für Meinungspluralismus ist daher Wettbewerb auf Infrastrukturebene. Der Gesetzgeber hat diesen Bedingungszusammenhang gesehen. Dies deutet sich bereits dadurch an, dass die Vorschrift mit „enhancement of effective competition" überschrieben ist. Auch inhaltlich demonstriert Sec. 613 (f) Communications Act die komplexe Beziehung zwischen Meinungs- und Marktmacht, indem auf die Offenhaltung horizontaler und vertikaler Märkte abgestellt wird. Gleichzeitig wird ersichtlich, dass auch die vertikale Verflechtung mit Inhalteanbietern als strategisches Kriterium beim Wettbewerb der Kabelnetzbetreiber verstanden wird.

Die FCC soll daher Regelungen erlassen, die die Teilnehmerzahl nach vernünftigen Kriterien beschränken, die ein Kabelnetzbetreiber direkt oder indirekt über Beteiligungen erreichen darf (horizontale Konzentration)[1880]. Daneben soll die FCC die maximale Anzahl von Kanälen festsetzen, die ein Kabelnetzbetreiber mit eigenen Inhalten füllen darf[1881]. Außerdem soll es der FCC nach Abschätzung der Notwendigkeit und Angemessenheit obliegen, Regelungen zu erlassen, die das Ausmaß der Inhalteproduktion beschränken[1882]. Letztere Vorgaben sind sprachlich etwas verunglückt. Der Gesetzgeber hat mit ihnen aber eindeutig den Schutz der Programmanbieter, aber auch den Schutz anderer Kabelnetzbetreiber bezweckt. Dies kommt in Abs. (2) zum Ausdruck, in welchem der Gesetzgeber die Kriterien benennt, die bei einer Festschreibung der Regulierung zu berücksichtigen sind. So heißt es in den Vorgaben für die FCC nach Sec. 613 (f) (2) (B) Communications Act, dass ein Kabelnetzbetreiber seine eigenen Programme bei der Ausstrahlung nicht bevorzugt behandeln dürfe. Gleichzeitig soll aber der Programmfluss zu anderen Kabelnetzbetreibern nicht behindert werden. In Sec. 613 (f) (2) (A) Communications Act geht der Gesetzgeber dagegen direkt auf die Gefahren ein, die mit der horizontalen Integration gegenüber den Sendern verbunden sind. Darin heißt es, dass die FCC Sorge tragen müsse, dass kein Kabelnetzbetreiber aufgrund seiner Größe oder eine ausreichend große Gruppe von Kabelnetzbetreibern durch kollektives Handeln den Programmfluss von den Inhalteanbietern zu den Endkunden behindern könne. Mit diesen vom Gesetzgeber befürchteten Gefahren einer horizontalen und vertikalen Konzentration verbundenen Gefahren kommt die netzwerkökonomische Interdependenz der Kabelnetze deutlich zum Ausdruck. Der Gesetzgeber sieht hauptsächlich durch die horizontale Integration der Kabelnetze Gefahren für den Wettbewerb der Netzbetreiber untereinander, weil hierdurch strategische Parameter gegenüber den Inhalteanbietern möglich werden und letztlich zu Gefahren gegenüber den Endkunden

---

1878 § 2 (a) (4) Cable TV Consumer Protection and Competition Act of 1992; 47 U.S.C. 521.
1879 *Bejcek*, Mergers and New Technologies - Contents, IIC 2005, S. 809, 823; *Holznagel*, NJW 2002, S. 2351, 2354; *Ott*, MMR 2006, S. 195.
1880 47 U.S.C. 533 (f) (1) (B).
1881 47 U.S.C. 533 (f) (1) (C).
1882 47 U.S.C. 533 (f) (2) (A).

erwachsen können. Die vertikale Konzentration mit Inhalten nimmt hierbei eine eigenständige Bedeutung ein und ist in erster Linie auf den Wettbewerb mit Inhalteanbietern gemünzt. Aber auch diese lässt sich nicht von dem Wettbewerb mit anderen Kabelnetzbetreibern trennen. Der Gesetzgeber bringt auch dies damit zum Ausdruck, dass er die Betätigungsfreiheit der Netzbetreiber bei der Inhalteproduktion eindämmen möchte und den Programmfluss zu anderen Netzbetreibern nicht unterbunden wissen möchte.

In den restlichen mit Sec. 613 (f) Communications Act vom Gesetzgeber verfolgten Zielsetzungen kommt aber auch en Zielkonflikt zum Ausdruck. So heißt es etwa in Sec. 613 (f) (2) (D), dass die FCC Effizienzvorteile und anderen Synergien durch die Integration von Kabelnetzen berücksichtigen soll. Ferner müssen die von der FCC aufzustellenden Regelungen gemäß Sec. 613 (f) (2) (E) Communications Act zwingend die dynamische Natur der Kommunikationslandschaft reflektieren. Auch soll durch die Konzentrationsvorschriften die weitere Entwicklung der Kabelnetze sowohl für die Erschließung nicht penetrierter Gebiete[1883], als auch für die Entwicklung von „high quality Inhalten"[1884] nicht behindert werden. Der Gesetzgeber vermeidet allerdings eine Konzentrationsvorgabe und bürdet damit der Regulierungsbehörde die Lösung des Zielkonfliktes auf.

aaa) Horizontal Ownership Rules

Die FCC hatte auf Grundlage von Sec. 613 (f) Communications Act erstmals 1993 solche Regulierungsvorschriften erlassen. Danach durfte ein Kabelnetzbetreiber nicht mehr als 30% der von Kabelnetzen penetrierten Haushalte bedienen.[1885] Diese Regeln wurden 1999 zugunsten eines sog. open field approach aufgegeben, der nicht mehr den Anteil eines Kabelnetzes an der Penetrationsrate, sondern der über MVPD versorgten Haushalte erfasste[1886]. Danach soll ein Kabelnetzbetreiber weder direkt oder indirekt über Beteiligungen mehr als 30% aller Teilnehmer versorgen dürfen, die an MVPD angeschlossen sind[1887]. Ausgenommen hiervon sind Kabelnetze, die nach 1999 errichtet wurden[1888]. Damit stellt die FCC klar, dass eine Gebietsauswei-

---

1883   47 U.S.C. 533 (f) (2) (F).
1884   47 U.S.C. 533 (f) (2) (G).
1885   Report & Order, FCC 92-264 (1998).
1886   In re Implementation of Section 11 (c) of the Cable Television Consumer Protection and Competition Act of 1992: Horizontal Limits, (Third Report & Order) FCC 99-289 (1998); In re Implementation of Section 11 (c) of the Cable Television Consumer Protection and Competition Act of 1992: Horizontal Limits, (Second Order on Reconsideration & Further Notice), FCC 92-264 (1998); In re Implementation of Section 11 (c) of the Cable Television Consumer Protection and Competition Act of 1992: Horizontal Limits, (Report & Order), FCC 92-264 (1998); (codified in scattered subsections of 47 C.F.R. 76); hierzu *Abrar*, N&R 2007, S. 29,33; *ders.*, Fusionskontrolle in dynamischen Netzsektoren am Beispiel des Breitbandkabelsektors, 2006, S. 21 f.
1887   47 C.F.R. § 76.503 (a).
1888   47 C.F.R. § 76.503 (b).

tung durch neu errichtete Kabelnetze gewünscht ist und ihre Akquisition der Unterversorgung Rechnung tragen soll, was dem Willen des Gesetzgebers Rechnung trägt, eine Unterversorgung zu vermeiden. Zu den MVPD sollten gemäß dem open field approach alle Netze zählen, also auch DBS, LMDS, SMATV und sogar Open Video Systems der Common Carrier. Damit ist die Konzentrationsvorschrift zwar eine für das Kabelnetz spezifische, grenzt aber den Markt innerhalb dessen ein Marktanteil von 30% erreicht werden muss, deutlich weiter ab als zuvor. Die Änderung des Ansatzes begründete die FCC damit, dass die Konzentrationsvorschriften die Bedingungen eines konvergierenden Marktplatzes widerspiegeln müssen, ohne dass der Wettbewerb zu eng gefasst wird[1889]. Insbesondere DBS stehe mit über 25% der versorgten Haushalte in signifikanten Wettbewerb zu den Kabelnetzen und auch die Kabelnetzbetreiber seien erfolgreich in die Telefonie- und Internetmärkte eingetreten. Daher stelle die Vorschrift eine sinnvolle Beschränkung der Kabelnetzbetreiber dar, um den Wettbewerb bei Inhalten nicht zu beschränken und ihnen gleichzeitig die nötige Flexibilität zu geben, um ihre Gebiete selbst zu erweitern und in die neuen Märkte für Telefonie und Internet zu treten.[1890] Der ökonomische Gehalt des open field approach resultiert dabei aus der Berücksichtigung der Interessen der bundesweit ausgestrahlten Sender, da diese in engem Zusammenhang mit der Verbreitungsplattform stehen. Diese müssten, um ökonomisch lebensfähig zu bleiben, eine bestimmte Anzahl aller Haushalte erreichen. Da im Durchschnitt aber nur 50% der Kabelnetzbetreiber bereit sind, die jeweiligen Inhalte zu übertragen, benötige ein durchschnittlicher Sender ein offenes Feld der Übertragungsbereitschaft (open field) von etwa 40% aller MVPD. Dieses offene Feld sei mit einer Konzentrationsbeschränkung von 30% der Kabelnetzbetreiber an allen MVPD Haushalten gewährleistet, weil der Marktanteil der beiden größten Netzbetreiber zusammen bei 60% liege und bei einer Beschränkung des Wettbewerbs durch koordiniertes Verhalten ein offener Markt von 40% verbleibe, denn bei drei großen Netzbetreibern seien solche Absprachen weniger wahrscheinlich.[1891]

bbb) Vertical Integration Rules

Die vertikale Konzentrationsvorschrift ist anders als die horizontale nicht als Zusammenschlussverbot einzustufen, sondern hindert die Netzbetreiber nur daran, ihre verfügbaren Programminhalte auch allesamt einzuspeisen. Die Regulierungsverfügung der FCC[1892] begrenzt die Einspeisung eigener Programminhalte oder die über Beteiligung dem Netzbetreiber zuzurechnenden auf 40% der insgesamt aktivierten Programmplätze, sofern die Kabelkapazität mehr als 75 Kanäle fasst[1893]. Weitere

---

1889 Third Report & Order, FCC 99-289 (1998), Tz. 36 ff.
1890 FCC, FCC Revises Cable Horizontal Ownership and Attribution Rules, FCC News, 08.10.1999.
1891 Third Report & Order, FCC 99-289 (1998), Tz. 40 ff.
1892 47 C.F.R. § 76.504.
1893 47 C.F.R. § 76.504 (a).

zwei Programmplätze oder 45% der Kabelkapazität stehen dem Netzbetreiber zur Verfügung, sofern er Minderheitenprogramme ausstrahlt. Solche Minderheiten müssen mindestens 50% der Anteile an dem Inhalteanbieter halten.[1894] Damit entsteht neben dem must-carry Regime, das die Anzahl der verfügbaren Programmplätze sinnvoll zwischen Netzbetreiber und kommerziellen Sendern verteilt, ein weiteres Einspeisehindernis für Kabelnetzbetreiber. Die Vorschrift bezweckt zum einen, dass der Netzbetreiber aufgrund seiner Eigentümerschaft des Kabelnetzes nicht nur sein eigenes Programm einspeist und damit die Meinungsvielfalt gefährdet. Auf der anderen Seite setzt die Vorschrift durch die umgesetzte Regulierungsverfügung der FCC Anreize zu mehr Investition in den Kanalausbau und der Einspeisung fremder Inhalte, damit weitere eigene Inhalte des Netzbetreibers eingespeist werden können. Allerdings ist hervorzuheben, dass die FCC bereits in ihrem Second Report betonte, dass die vertikale Integration zwischen Kabelnetzbetreibern und Inhalteanbietern zu mehr Programmvielfalt und Wettbewerb im Inhaltemarkt geführt hat, so dass eine gewisse Verflechtung aus Sicht der Regulierung wünschenswert erscheint.[1895]

ccc) Time Warner v. FCC (Time Warner II)

Nach gerichtlicher Prüfung der horizontalen und vertikalen Konzentrationsvorschriften hob der D.C. Circuit in Time Warner v. FCC[1896] beide Regulierungsverfügungen der FCC auf und verwies die Sache unter Berücksichtigung der Rechtsauffassung des Gerichtes zurück an die Behörde[1897]. Time Warner griff die horizontalen und vertikalen Konzentrationsbeschränkungen an. Das Unternehmen sah in beiden Vorschriften eine Verletzung des First Amendment. Das Gericht stimmte dem unter Anwendung des intermediate scrutiny test zu. Obwohl der D.C. Circuit die Vereinbarkeit der Konzentrationsvorschriften am Maßstab des First Amendment maß, erkannte es in der Vorschrift den maßgeblichen Schutzzweck des Wettbewerbs, nicht hingegen den der Meinungsvielfalt repräsentiert. Der Gesetzgeber habe zwar das Recht die Meinungsvielfalt zu schützen. Mit der Vorschrift werde aber der Wettbewerb als herausragendes Ziel bezweckt und trage damit einem anderen staatlichen Ziel Rechnung[1898]. Damit konnte die Konzentrationsschwelle auf Infrastrukturebene auch nicht zur sachlichen Rechtfertigung der Meinungsvielfalt herangezogen werden. Im Ergebnis lief die Prüfung des D.C. Circuit somit allein auf die Frage hinaus, ob die von der FCC im CFR kodifizierten Regulierungsverfügungen, den Schutz des Wettbewerbs und den damit verbundenen Zielvorstellungen des Gesetzgebers ausreichend reflektierten. Das Gericht befand, dass die Konzentrationsvorschriften weit über dieses Ziel hinausgingen.

1894   47 C.F.R. § 76.504 (c), (e), (f).
1895   Second Order on Reconsideration & Further Notice, FCC 92-264 (1998), Tz. 44.
1896   Time Warner Entertainment Co., L.P. v. FCC, 240 f.3d 1126 (D.C. Cir. 2001); abrufbar unter: <http://www.fcc.gov/ogc/documents/opinions/2001/94-1035.html>.
1897   Time Warner Entertainment Co., L.P. v. FCC, 240 f.3d 1126, 1145 (D.C. Cir. 2001).
1898   Ebenda, 240 f.3d 1126, 1131 (D.C. Cir. 2001).

Das wesentliche Argument des D.C. Circuit bezog sich nicht auf den open field approach und der damit verbundenen Notwendigkeit einer Offenhaltung von 40% aller MVPD Haushalte. Im Gegenteil, das Gericht betonte die herausragende Bedeutung von DBS, obwohl diese Form der Übertragung nur einen Marktanteil von 15,4% auf dem Endkundenmarkt erreichte[1899]. Vier Jahre zuvor besaß DBS gerade einmal einen Marktanteil von 3%. Gleichwohl bezog die damals zuständige FTC in einem Zusammenschlussverfahren DBS ebenfalls in den relevanten Markt für MVPD mit ein[1900]. Auch der D.C. Circuit widersprach dieser Marktabgrenzung und den Wettbewerbsverhältnissen nicht. Die Satellitenübertragung wachse in seiner aktuellen Teilnehmerzahl drei Mal so schnell wie die Kabelnetze und erreiche prinzipiell jeden Teilnehmer in den USA. Der Markt sei daher ganz wesentlich von DBS geprägt. Folglich würden aktuelle Marktanteile der Kabelnetzbetreiber keine Marktmacht widerspiegeln, sondern die Angebots- und Nachfrageelastizität auf dem Markt vernachlässigen. Wenn ein MVPD sich weigere, Endkunden neue Programme zu offerieren, wechseln seine Endkunden zu einem anderen MVPD und damit hauptsächlich zu DBS. Dies würde der Competition Report der FCC belegen.[1901]

Unvereinbar war nach Auffassung des Gerichts die statische Marktanteilsbetrachtung für die Vermutung von Kollusion. Auch wenn die Notwendigkeit einer Offenhaltung von 40% der MVPD Haushalte für die Sender und Inhalteanbieter nicht geprüft wurde, sondern dahingestellt blieb, befand das Gericht, dass die Schlussfolgerung von kollektiver Marktmacht ab 30% unsubstantiiert blieb. Hinsichtlich des unilateralen Verhaltens führte es aus, dass es sein könne, dass ein MSO, der etwa 60% des gesamten Marktes bediene, Exklusivvereinbarungen mit Sendern schließen könne und damit den Wettbewerb beschränke. Abgesehen, dass auch die antitrust laws und die Regulierung bestimmtes Verhalten verbieten würden, erscheine eine Vorbeugung eines solchen Verhaltens durch die Konzentrationsvorschriften gerechtfertigt. Die Schlussfolgerungen, kollusivem Verhalten daher auf Grundlage einer Konzentrationsbeschränkung von 30% vorbeugen zu müssen, sei aber eine willkürliche Festlegung. Dass Kollusion durch eine Konzentrationszunahme wahrscheinlicher werde, sei keine spezifische Besonderheit der Kabelnetzbranche. Dieser Grundsatz gelte für alle Märkte. Damit fehlte „substantial evidence", dass ab 30% Kollusion derart begründet erschien, um die präventiven Konzentrationsvorgaben beibehalten zu können. Weil auch von DBS zunehmender Wettbewerbsdruck ausgehe, wie ihn die FCC in ihrem Third Report & Order erkannt habe, fehlte die dynamische Berücksichtigung dieses Kriteriums.[1902]

Insgesamt mangelte es den regulations der FCC an einer angemessenen Berücksichtigung der Zusammenhänge zwischen Marktkonzentration und einer vermeintlich resultierenden Gefahr für Marktmacht. Eine horizontale Konzentrationsschwelle von

---

1899 Ebenda, 240 f.3d 1126, 1134 f. (D.C. Cir. 2001).
1900 Vgl. FTC, In re Time Warner Inc.; Turner Broadcasting System, Inc.; TCI, Inc.; Liberty Media Corp., Decision & Order, FTC No.C-3709 (1997), S. 4.
1901 Time Warner Entertainment Co., L.P. v. FCC, 240 f.3d 1126, 1134 f. (D.C. Cir. 2001).
1902 Ebenda, 240 f.3d 1126, 1132 ff. (D.C. Cir. 2001).

30% oder eine vertikale Integrationsbeschränkung auf 40% der Kanäle war damit eine willkürliche Festlegung, weil hierfür keine zwingenden Gründe geltend gemacht wurden.

ddd) Weitere Entwicklung

Die FCC hat die von dem D.C. Circuit geforderten Feststellungen über die Zusammenhänge von Marktkonzentrationsschwelle und unilateralem und koordiniertem Verhalten in einem förmlichen Rulemaking Verfahren versucht zu konkretisieren. Ihr Aufruf an interessierte Kreise, die sektorielle Veränderung des Rundfunksektors zu kommentieren und Vorschläge für neue Konzentrationsschwellen zu unterbreiten, blieb erfolglos. Die hierzu in Auftrag gegebene Studie[1903] lieferte ebenfalls keine Anhaltspunkte, ab welcher Schwelle, Restriktionen angebracht seien. Vielmehr gab sie zu erkennen, dass generell eine Verhandlungsmacht (bargaining power), gleichzeitig aber auch positive Effekte auf dem Inhaltemarkt entstehen könnten. Die FCC hat ihre Konzentrationsvorschriften bislang nicht überarbeitet. Derzeit ist das Rulemaking Verfahren noch im Stadium des Proposed Rulemaking. Daher hat die FCC Mitte 2005 erneut zur Kommentierung aufgerufen[1904], um den betroffenen Kreisen Gelegenheit zur Stellungnahme zu gegeben. Derzeit ist nicht sicher, ob die FCC ihren open field approach beibehalten wird. Einige Kommentatoren[1905] weisen darauf hin, dass viele nationale Sender mit einem Marktanteil von unter 20% aller erreichten MVPD Haushalte lebensfähig seien und wirtschaftlich arbeiten. Die FCC vertritt vorläufig (sog. tentative conclusion) die Auffassung, dass der Markt weit abgegrenzt werden und alle MVPD Haushalte erfassen müsse. Dieser weise eine nationale Dimension auf, wobei Teilmärkte dann gebildet werden können, sofern in einem Gebiet besondere Bedingungen herrschen.[1906] Der D.C. Circuit hatte in Time Warner II dargelegt, dass ein dynamischer Ansatz für die Beurteilung von Marktmacht notwendig sei, da sich die Marktverhältnisse aktuell änderten. Diese Einschätzung war richtig. DBS versorgt mittlerweile mehr als 25% Haushalte. Ferner werden die Erwägungen des Gerichts durch den Markteintritt der RBOC mittels Glasfaserversorgung und DSL gestützt. Sollten diese, wie angekündigt[1907], Teilnehmer im zweistelligen Mio. Bereich bis 2007/2008 erreichen, wächst der intermodale Wettbewerb insgesamt schlagartig, so dass die Verhandlungsmacht der Kabelnetze noch weiter abnimmt, als in den letzten Jahren mittels DBS schon geschehen. Aufgrund dieser Veränderungen ist aktuell noch nicht sicher, ob die FCC eine Marktanteilsbetrachtung für Kabelnetze überhaupt durchsetzen wird. Da Sec. 613 (f) Communications Act aber letztlich nur auf Kabelnetzbetreiber Anwendung findet, ist

---

1903 *Bykowsky/Kwasnica/Sharkey*, Horizontal Concentration in the Cable Television Industry: An Experimental Analysis (2002).
1904 FCC, Cable TV Horizontal and Vertical Ownership Limits, FCC 05-96 (2005).
1905 FCC, Proposed Rule, FCC 05-96 (2005), Tz. 18 ff.
1906 Ebenda, Tz. 13 ff.
1907 Vgl. Teil 1: B.III.4.e), S. 145 f.

eine Revision der Regelung überfällig. Wie auch der D.C. Circuit betonte, existieren ausreichende Regelungen in den antitrust laws und den übrigen Regulierungsvorschriften, die einen Missbrauch verhinderten[1908].

4. Internet Open Access (DSL und Cable)

Die im ersten Teil[1909] angedeutete Bedeutung des Internet für die weitere Telekommunikationsentwicklung und den Wettbewerb ist an dieser Stelle aus Sicht des Regulierungsrechts zu beleuchten. Die kapazitiven Möglichkeiten von Cable und DSL für den gegenseitigen Markteintritt sind vor dem Hintergrund innovativer Technologien deutlich geworden. Für die Zusammenschlusskontrolle von großer Bedeutung ist die Beantwortung der Frage, inwieweit die Entstehung von Marktmacht, die den Anreiz zum Aufbau von Internetkapazität im local loop vermindern könnte, durch Regulierung behoben oder abgemildert werden kann. Im Vordergrund stehen hierbei die Zugangsmöglichkeiten der intramodalen Wettbewerber, insoweit also der ISP, die auf Open Access Regelungen angewiesen sind, sofern vertragliche Abreden nicht ausreichen, um diskriminierungsfreien Zugang zu erhalten. Um die für die Zusammenschlusskontrolle notwendigen Informationen, also auch im Hinblick auf die intermodalen Bedingungen, zu erhalten, ist die Frage nach Open Access sowohl gegenüber Common Carrier als auch gegenüber Cable Operator zu beantworten. Damit soll der Blick für die Folgen eines Zusammenschlusses geschärft und die etwaige Möglichkeit der Abwägung zwischen false positive und false negative auch hinsichtlich des Internetzugangs eröffnet werden.

a) Breitbandregulierungsrahmen

Der Gesetzgeber[1910] hatte bei Verabschiedung des Telecommunications Act eher das Problem eines elektronischen Rot-Licht-Milieus[1911] im Sinn als die konvergenten Möglichkeiten, die das Internet in Bezug auf jegliche Kommunikation ermöglicht. Die Regulierung des Internetzugangs findet sich nicht explizit, aber doch andeutungsweise in Sec. 706 Telecommunications Act. Dieser geht auf "advanced telecommunications incentives" ein und definiert sie „without regard to any transmission media or technology, as high-speed, switched, broadband telecommunications capability that enables users to originate and receive high-quality voice, data, graph-

---

1908   Time Warner Entertainment Co., L.P. v. FCC, 240 f.3d 1126, 1133 (D.C. Cir. 2001).
1909   Vgl. Teil 1: B.II.3., S. 115 ff.
1910   Vgl. Communications Decency Act of 1996, Pub. L. No. 104-104, 110 Stat. 133 (to be cod. at 47 U.S.C. 223 (a)-(h)); v. Court of the East District of Pennsylvania und Supreme Court für mit dem First Amendment (und dem Bestimmstheitsgrundsatz des Fifth Amendment) unvereinbar und damit für verfassungswidrig erklärt, vgl. Reno v. ACLU, 929 f.Supp. 824 (E.D. Pa. 1996), 117 S.Ct. 2329 (1997).
1911   So die Sprachwahl des ehemaligen Senator James Exon, vgl. 141 Congress Record S1953 (February 1st, 1995); vgl. ausf. *Cannon*, 49 Fed. Comm. Law J. 51 (1996); *Moorefield*, 3 Boston U. J. Sci. Tech. Law 13 ff. (1997); *Akdeniz*, 147 New Law J. 1003 ff. (1997).

ics, and video telecommunications using any technology". Der Gesetzgeber gibt der FCC dabei die Aufgabe, diese neuen Technologien zu fördern und zwar durch Nutzung des vorhandenen Regulierungsregimes und durch Maßnahmen, die den Wettbewerb auf den örtlichen Telekommunikationsmärkten betreffen oder durch Regulierungsmethoden, die Barrieren zu Infrastrukturinvestitionen entfernen. Dieses klar umrissene Ermessen der FCC soll durch regelmäßige Inquiries[1912] zur Feststellung der Entwicklung der Breitbandzugänge begleitet werden. Damit stellt Sec. 706 Telecommunications Act eine Präambel eines Breitbandregulierungsrahmens dar. Trotz dieses klar umrissenen Ziels zeigt der Verweis auf die Regulierungsvorschriften, dass der Gesetzgeber die vorhandenen Regulierungsinstrumente als ausreichend erachtet hat, damit die FCC diesem Ziel Rechnung tragen kann. Die FCC selbst erkennt in ihrer Advanced Service Order, dass Sec. 706 der FCC keine Regulierungskompetenzen überträgt, sondern nur auffordert, ihren forbearance Ansatz nach Sec. 10 (a) Communications Act auch in Bezug auf Breitbanddienste auszuweiten, um erweiterte Dienste zu fördern[1913]. Wie dieser forbearance Ansatz aber auszuüben ist, darüber schweigt der Communications Act und lässt weiten Interpretationsspielraum zu. Festzuhalten bleibt daher zunächst, dass der Breitbandregulierungsrahmen selbst keine Aussage darüber trifft, wie Breitbandanschlüsse genau zu regulieren sind.

aa) Information Service vs. Telecommunications Service

Das für Common Carrier dargestellte Regulierungsrecht legt angesichts der weit reichenden Kollokation und Entbündelung nahe, dass zumindest DSL Open Access aus rechtlicher Sicht keine Schwierigkeiten bereitet. Diese findet über Sec. 251 (c) (3) Communications Act[1914] Anwendung. Danach ist es die Pflicht eines ILEC, jedem nachfragenden Telecommunications Carrier für die Bereitstellung von Telekommunikationsdiensten diskriminierungsfreien Zugang zu Netzwerkelementen auf entbündelter Basis an jedem technisch realisierbaren Punkt, zu gerechten, vernünftigen und diskriminierungsfreien Preisen und Bedingungen als auch unter den nach

---

1912 Vgl. Sec. 706 Notice of Inquiry, Fourth Report, FCC 04-208 (2004); Sec. 706 Notice of Inquiry, Third Report, FCC 02-33 (2002); Sec. 706 Notice of Inquiry, Second Report, FCC 00-290 (2000); Sec. 706 Notice of Inquiry, First Report, FCC 99-5 (1999).
1913 Deployment of Wireline Services Offering Advanced Telecommunications Capability, FCC 98-147, etc., Memorandum Opinion & Order, and Notice of Proposed Rulemaking, 13 FCC Rec. 24012, (Advanced Services Order), Tz. 77.
1914 Cod. at 47 U.S.C. 251; 47 U.S.C. 251 (c) (3) lautet:
The duty to provide, to any requesting telecommunications carrier for the provision of a telecommunications service, nondiscriminatory access to network elements on an unbundled basis at any technically feasible point on rates, terms, and conditions that are just, reasonable, and nondiscriminatory in accordance with the terms and conditions of the agreement and the requirements of this section and section 252 of this title. An incumbent local exchange carrier shall provide such unbundled network elements in a manner that allows requesting carriers to combine such elements in order to provide such telecommunications service.

Sec. 251, 252 Communications Act geregelten Voraussetzungen zur Verfügung zu stellen. Wie schon gesehen, findet Sec. 251 (c) Communications Act nicht auf alle LEC Anwendung, die trotz ihrer Bottleneck-Einrichtung keine Pflicht zur Bereitstellung ihrer Leitungen haben. Der wettbewerbspolitische Hintergrund dieser Entscheidung liegt in der incentive regulation, die für Wettbewerber der ILEC und RBOC Anreize setzt, selbst in die Infrastruktur zu investieren, infrastrukturbasierten Wettbewerb zuschaffen. Damit können LEC bzw. CLEC selbst DSL-Zugänge vermarkten und anbieten, ohne Gefahr zu laufen, dass ein Dritter über ihre Leitungen neue Dienste anbietet, die die Amortisation der hohen versunkenen Investitionen in der Anfangsphase des Infrastrukturaufbaus gefährden könnten. Das zentrale rechtliche Problem zeigt sich gegenüber ILEC/RBOC aber am Gesetzeswortlaut des Sec. 251 (c) (3) Communications Act. Dieser ist nämlich nur dann einschlägig, wenn der Zugangspetent mithilfe der Bereitstellung der entbündelten Elemente selbst Telekommunikationsdienste anbieten möchte. Damit hängt das Schicksal des DSL Open Access davon ab, ob der DSL-Zugang als Telecommunications Service zu begreifen ist. Eine Entscheidung wird daher auch nicht einfach nach dem Gesetzeswortlaut der einzelnen Definitionen entschieden, sondern zunehmend im Hinblick auf seine regulatorischen und wettbewerblichen Implikationen hinterfragt. Relevant wurde die Klassifizierung des Internetzugangs nach dem Telecommunications Act in dem Universal Service Report[1915]. Darin hatte die FCC zu den Schlüsselbegriffen des Telecommunications Act von 1996 Stellung genommen. Darin führte die Behörde an, dass der Internetzugang eine Art Information Service darstelle[1916], zu dessen Realisierung Telecommunications benutzt würde[1917]. Die zugrunde liegende Technologie sei dabei aber nicht entscheidend[1918]. Dieser Gedanke ließ die Befürworter intramodalen und technologieneutralen Breitbandwettbewerbs hoffen, dass die FCC allen Infrastrukturen eine Entbündelungspflicht auferlegt, indem sie den Zugang als Telecommunications Service und den Datenverkehr der ISP als unregulierten Information Service einordnet.

1915 In re Federal-State Joint Board on Universal Service, 13 FCC Rec. 11501 (1998) (Universal Service Report).
1916 Universal Service Report, 13 FCC Rec. 11501 (1998), Tz. 73.
1917 Ebenda, Tz. 39.
1918 Ebenda, Tz. 59: »*A telecommunications service is a telecommunications service regardless of whether it is provided using wireline, wireless, cable, satellite, or some other infrastructure*«.

aaa) 1st Computer Inquiry

Diese Hoffnung basierte auf der zum damaligen Zeitpunkt noch geltenden Computer II-Entscheidung[1919], die eine Differenzierung zwischen basic und enhanced services vorsah. Dieser Trennung lag wiederum der Grundgedanke zugrunde, dass enhanced services auf den basic services aufbauen und letztere Bottlenecks der enhanced services sind, die sich grundsätzlich in einem wettbewerblichen, hoch innovativen und von Markteintrittsbarrieren freien Markt befinden. Die Notwendigkeit dieser Differenzierung ergab sich vor dem Hintergrund der durch die Telematik angestoßenen Konvergenz. Noch vor der Computer II-Entscheidung hatte die FCC nicht nach der vertikalen Natur der Dienste differenziert, sondern allein danach, ob es sich bei dem Dienst um eine reine Übertragungs- oder Datenverarbeitungsleistung handelt. Diese säuberliche Trennung in zwei Hemisphären[1920] erwies sich später als unpraktikabel, da man das Problem der sog. hybrids unterschätzt hatte[1921]. So bezeichnete die FCC Technologien und Dienste, denen aufgrund des Konvergenzphänomens eine eindeutige Zuordnung zu einem der zwei genannten Bereiche fehlte. Die FCC hatte das geltende Regulierungsregime und die Konvergenz der Kommunikations- und Computertechnologie schon 1960 in ihrer Computer I-Entscheidung erkannt[1922] und versucht zwei Dinge zu vermeiden. Zum einen wollte sie die grundsätzlich wettbewerbliche Computertechnologie nicht regulieren[1923]. Allerdings musste die Regulierung der Common Carrier gewährleisten, dass keine Hebelwirkung der Infrastrukturmonopole stattfindet und so auch andere Bereiche monopolisiert[1924]. Hybrids wollte man im Einzelfall einer Untersuchung unterziehen, um die Regulierung darauf zu konkretisieren[1925]. Die Behörde gelangte in ihrer vorläufigen Entscheidung (sog. Tentative Decision) zu der Überzeugung, dass der Schwerpunkt des Einsatzes einer bestimmten Technologie darüber zu entscheiden habe, ob dieser als Übermittlungsvorgang oder Datenverarbeitungsprozess eingeordnet wird[1926]. Mit dieser Klas-

---

1919 Amendment of Section 64.702 of the Commission's Rules & Regulations, Final Decision (Computer II Final Decision), 77 FCC 2d 384 (1980); Computer II Reconsideration Order, 84 FCC 2d 50 (1980), further recons., Computer II Further Reconsideration Order, 88 FCC 2d 512 (1981), aff. sub nom. Computer and Communications Industry Association v. FCC, 693 f.2d 198 (D.C. Cir. 1982), cert. den., 461 U.S. 938 (1983).
1920 So aber noch die Auffassung der FCC, vgl. Regulatory & Policy Problems Presented by the Interd. of Computer and Comm. Serv. & Fac., Tentative Decision (Computer I Tentative Decision), Notice of Inquiry, 28 FCC 291 (1970).
1921 Regulatory & Policy Problems Presented by the Interd. of Computer and Comm. Serv. & Fac., Tent. Dec. (Computer I Final Decision), Notice of Inquiry, 28 FCC 2d 267 (1971).
1922 Regulatory & Policy Problems Presented by the Interd. of Computer and Comm. Serv. & Fac. (Computer I Notice of Inquiry), Notice of Inquiry, 7 FCC 2d 11 (1966).
1923 Computer I Final Decision, 28 FCC 2d 267, 270 (1971), Tz. 11.
1924 Ebenda, Tz. 12.
1925 Computer I Final Decision, 28 FCC 2d 267 (1971).
1926 Amendment of Section 64.702 of the Commission's Rules and Regulations (Computer II Tentative Decision), Tentative Decision and Further Notice of Inquiry and Rulemaking, 72 FCC 2d 358 (1979).

sifizierung entstand aber das Problem, dass die technologische Konvergenz weder auf Ebene der Vermittlungseinrichtung noch auf dem Endgerätemarkt halt machte. Die Computertechnologie, insbesondere die softwareseitige Verarbeitung der Daten, wurde daher schnell Bestandteil der Kommunikationsinfrastruktur und dominierte den Übermittlungsvorgang.

bbb) 2nd Computer Inquiry

Die Lösung des Problems schien daher über die Dienstebene als über die technologiespezifische Einordnung gewährleistet zu sein[1927], so dass die Unterscheidung zwischen basic und enhanced services sachgerecht erschien. Basic Services sollten fortan als das Angebot reiner Übertragungsleistungen verstanden werden, wobei die Datenverarbeitung einbezogen wurde, sofern diese zum Nutzen des Netzwerkes für die Bewegung von Informationen beitrug[1928]. Mit dieser Aussage wollte die FCC die Weiterentwicklung des Netzes gewährleisten. Ohne Einbeziehung der Computertechnologie in die Definition des Begriffes der basic services fürchtete sie die technologische Stagnation des Gesamtnetzes, weil es dem Alleinanbieter AT&T aufgrund des zweiten consent decree von 1956 verwehrt blieb, enhanced services anbieten zu dürfen[1929]. Enhanced Services waren nach der Definition der FCC dagegen Dienste, die über Einrichtungen der Common Carrier angeboten wurden und die Interaktion des Teilnehmers mit gespeicherten Informationen erforderten. Außerdem fielen hierunter Anwendungen, die auf die vom Teilnehmer übermittelte Information in Format, Inhalt, Zeichen, Protokoll oder ähnlichen Aspekte reagieren oder einen zusätzlichen Informationsgehalt auf vom Teilnehmer übermittelte Informationen enthielten[1930]. Mit dieser Definition wurde deutlich, dass die FCC einen sog. layered approach auf enhanced services anwandte. Die FCC führt hierzu aus: »Because enhanced services are dependent upon the common carrier offering of basic services, a basic service is the building block upon which enhanced services are offered.«[1931] Die Rechtsfolge war, dass enhanced services nach 47 C.F.R. § 64.702 (a) unreguliert blieben, während der zugrunde liegende basic service der Title II Regulierung des Communications Act unterstellt wurde. Hinter diesem asymmetrischen Ansatz stand der Gedanke, dass enhanced services bereits durch effective competition gekennzeichnet seien und daher ein Marktversagen nicht vorliegen würde[1932]. Außerdem

---

1927 Computer II Final Decision, 77 FCC 2d 384 (1980), Tz. 113.
1928 Computer and Communications Industry Association v. FCC, 693 f.2d 198, 205 Fn. 18 (D.C. Cir. 1982); Computer II Final Decision, 77 FCC 2d 384 (1980), Tz. 96.
1929 Amendment of Section 64.702 of the Commission's Rules and Regulations (Computer II Notice of Inquiry), Notice of Inquiry and Proposed Rulemaking, 61 FCC 2d 103 (1976).
1930 47 C.F.R. § 64.702 (a).
1931 Computer II Final Decision, 77 FCC 2d 384 (1980), Tz. 231.
1932 Ebenda, Tz. 124 ff.

mussten die Common Carrier ihre basic services entbündelt anbieten[1933], so dass eine Übertragung von Marktmacht ausgeschlossen war.

Dass aber auch diese umfassend anmutende Definition der FCC eine Lücke aufwies, wurde später durch den Frame Relay Dienst[1934] von AT&T erneut deutlich. Dieser Dienst baute nämlich erstmals keine Verbindung über den Wählton auf. Vielmehr wurde mithilfe zusätzlicher Merkmale eine direkte Hochgeschwindigkeitsstrecke errichtet. AT&T argumentierte damit, dass der gesamte Dienst ein enhanced service sei. Allerdings sah die FCC allein in dem Umstand, dass paketbasierte Vermittlungseinrichtungen benutzt wurden, noch keinen enhanced service[1935] Entscheidend war daher, dass die FCC den entbündelten basic frame relay service anordnete, unabhängig davon, ob das Angebot von AT&T einen kombinierten, erweiterten Protokoll- und Transportdienst darstellte[1936].

Im Ergebnis hat sich die FCC in ihrer Frame Relay Order von ihrer eigenen Definition entfernt und diese um eine ökonomische Komponente erweitert. Erst diese gewährleistete, dass allein durch den Wechsel der zugrunde liegenden Technologie für bestimmte Dienste kein Ausschluss der Entbündelungspflicht der Common Carrier entstand.

bb) Breitbandinternet ist Telecommunications Service

Die Terminologie des Telecommunications Act hat die Begriffe des basic und enhanced service zwar nicht übernommen. Allerdings enthält der Act die Dichotomie von telecommunications service und information service, die weitgehend auf die von der FCC getroffene Unterscheidung der Second Computer Inquiry übertragen werden kann[1937]. Trotz der im Universal Service Report angedeuteten Überlegung der FCC, dass der Internetzugang eine Art Information Service darstelle, ordnete die Regulierungsbehörde die Bereitstellung des DSL-Zugangs zunächst als Telecommunications Service ein, der nach altem Regulierungsregime einem basic service entspricht. Damit galt weiterhin sowohl die in den Computer Inquiries begonnene Entbündelung der basic services. Aber auch Sec. 251 (c) (3) Communications Act

---

1933 Ebenda, Tz. 231; Independent Data Communications Manufacturers Association, Inc. Petition for Declaratory Ruling and AT&T Co. Petition for Declaratory Ruling, Memorandum Opinion & Order (Frame Relay Order), 10 FCC Rec. 13717 (1995), Tz. 13; Amendment of Sections 64.702 of the Commission's Rules and Regulations (Computer III Phase I Order), 104 FCC 2d 958 (1986).
1934 Frame Relay Order, 10 FCC Rec. 13717 (1995).
1935 Ebenda, Tz. 40.
1936 Ebenda, Tz. 13.
1937 Universal Service Report, 13 FCC Rec. 11501, 11511 (1998); Policy and Rules Concerning the Interstate, Interexchange Market, Report & Order (CPE Order), 16 FCC Rec. 7418 (2001), Tz. 2; 1998 Biennial Review - Review of Customer Premises Equipment and Enhanced Services Unbundling Rules in the Interexchange, Exchange Access and Local Exchange Markets, Further Notice of Proposed Rulemaking (CPE Further Notice), 13 FCC Rec. 21531 (1998); AT&T Corp. v. City of Portland, 216 f.3d 871 (9th Cir. 2000).

wurde auf die physikalische Infrastruktur mit der Folge angewandt, dass Common Carrier ihren Wettbewerbern ihre DSL-Zugängen im Wege des sog. Line Sharing entbündelt anbieten mussten. Damit hat sich die im Universal Service Report angekündigte Sichtweise, dass der Internetzugang als eine Art Information Service zu werten ist, nicht durchgesetzt. Stattdessen setzte die FCC ihre Regulierung mit der konsequenten Anwendung der Computer Inquiries fort. Denn mit der Frame Relay Order hatte die FCC zu entscheiden, ob ein nicht mehr klar trennbares Angebot von Übertragungskapazität und einem paketvermittelten Dienst als basic service oder enhanced service eingeordnet werden musste. Mit der folgenreichen Entscheidung, dies unabhängig von der zugrunde liegenden Technologie zu beurteilen, hatte die FCC eine logische Erklärung geliefert, die sich eben nicht mehr allein an Begrifflichkeiten festmachen ließ.

b) Die Open Access Debatte um Kabelnetze

Da der Telecommunications Act die Common Carrier Regulierung auf Kabelnetze grundsätzlich ausschließt[1938], ist auch die Anwendung der für sie geltenden Zugangs-, Zusammenschaltungs- und Entbündelungspflichten nicht anwendbar, die sich in Form des Line Sharing, aber auch des Resale für Kabelinternet auswirken könnten. Dies gilt aber nur dann, wenn der angebotene Dienst als Kabeldienst (Cable Service) zu werten ist[1939].

Handelt es sich beim Internetzugang über Kabel dagegen um einen Telecommunications Service, könnten die nach der Computer II/III-Entscheidung angeordneten Entbündelungspflichten auch auf Kabelnetzbetreiber übertragen werden, so dass es dann prinzipiell nicht mehr darauf ankommt, ob der Internetzugang über Kabel oder DSL hergestellt wird. In diesem Fall könnten die dem Internetzugang zugrunde liegenden Übertragungskapazitäten dann als Telecommunications Service und der den Übermittlungsvorgang von Daten auszeichnende Verkehrsfluss als Information Service verstanden werden.

Es wird zutreffend darauf hingewiesen, dass die Einordnung von Internetzugängen über Kabel trotz Einordnung als Telecommunications Service aber auch die streamlined bzw. forbearance regulation nach sich ziehen kann. Wie gezeigt wurde[1940], sieht Sec. 706 Telecommunications Act diese für die weitere Entwicklung der Breitbandlandschaft ausdrücklich vor. Insoweit wird der FCC ein Ermessen für den Ausschluss bestimmter Regulierungsmaßnahmen eingeräumt[1941]. Je nach wettbewerblicher Einschätzung und mit Blick auf das öffentliche Interesse[1942] kann die FCC dann geneigt sein – trotz der Klassifikation als Telecommunications Service – die Kabelnetzbetreiber in den rechtlichen Verpflichtungen restriktiver zu behandeln

---

1938 47 U.S.C. 541 (c).
1939 47 U.S.C. 541 (c).
1940 Vgl. oben, Teil 2: B.III.4.a), S. 364.
1941 *Frieden*, 55 Fed. Comm. Law J. 207, 227 (2002).
1942 Vgl. 47 U.S.C. 160 (a).

und damit weniger intensiv oder überhaupt nicht zu regulieren. In der Konsequenz könnten auch Open Access-Verpflichtungen ausscheiden. Im Wege der weiteren Differenzierung ist schließlich daran zu denken, dass die zugrunde liegende Zugangsmodalität über Kabel direkt als Informations Service klassifiziert werden könnte, wie die FCC bereits reine ISP zugeordnet hat[1943]. Solche unterliegen derzeit keiner besonderen Regulierung. Allerdings ist ihnen gegenüber grundsätzlich auch die Kompetenz nach der ancillary clause eröffnet, so dass die FCC auch gemäß dieser Anschlussklausel regulierungsrechtliche Maßnahmen ergreifen könnte.

Die Konsequenzen einer Kategorisierung innerhalb der Begrifflichkeiten des Communications Act zeigen sich nicht nur im Rahmen ihrer regulatorischen Behandlungen, sondern haben auch grundlegende Auswirkungen auf die Regulierungskompetenzen der Einzelstaaten. Aus den Wegerechten und den hierauf basierenden franchise agreements folgt bei Klassifizierung als Cable Service eine Kompetenzverschiebung zugunsten der Einzelstaaten[1944], in deren Hoheitsrechte die FCC nur aus wettbewerblichen Gründen eingreifen kann. Gleiches gilt auch für die Information Services[1945].

aa) Wortlaut und Entstehungsgeschichte

Der Begriff Cable Service bezieht sich zum einen auf (A) die unidirektionale Übermittlung entweder (i) von Programminhalten (video programming)[1946] oder (ii) anderer Programmdienste (programming services)[1947] an die Teilnehmer eines Kabelnetzes. Cable Services umfassen zum anderen (B) auch die erforderliche Teilnehmerinteraktion für die Wahl oder die Nutzung der zuvor genannten Programminhalte oder der Programmdienste[1948]. Während video programming als eine dem terrestrischen Fernsehrundfunk vergleichbare Form der Programmveranstaltung definiert wird[1949], begreift das Gesetz programming services als Informationen, die jedem Teilnehmer generell zur Verfügung gestellt werden[1950]. Der Internetzugang ist weder ein unidirektional übertragener Programminhalt, noch ist er ein unidirektional übertragener Programmdienst, da er in seiner Ausprägung als Datenhighway sowohl den Transport vom als auch zum Endnutzer übernimmt und daher bidirektional ausgestaltet ist. Somit kommt nach dem Wortlaut der Vorschrift für die Einordnung des Dienstes als Cable Service allein die Variante der erforderlichen Teilnehmerinteraktion in Betracht. Fraglich ist aber, in welchem Verhältnis die Absätze (A) und (B)

1943 Universal Service Report, 13 FCC Rec. 11501, 11536 (1998), Tz. 73.
1944 *Maher*, 52 Fed. Comm. Law J. 211, 217 (1999).
1945 California v. FCC, 39 f.3d 919, 931 ff. (9th Cir. 1994); Computer and Comm. Ind. Ass'n. v. FCC, 693 f.2d 198, 214-218 (D.C. Cir. 1982), cert. den., 461 U.S. 938 (1983).
1946 47 U.S.C. 522 (6) (A) (i).
1947 47 U.S.C. 522 (6) (A) (ii).
1948 47 U.S.C. 522 (6) (B).
1949 47 U.S.C. 522 (20).
1950 47 U.S.C. 522 (14).

von Sec. 622 (6) zueinander stehen, da Absatz (B) auf die in Absatz (A) genannten Dienste und Inhalte Bezug nimmt.

Versteht man die Vorschrift dahingehend, dass sich auch die erforderliche Teilnehmerinteraktion auf Programme und Programmdienste der unidirektionalen Übermittlung bezieht, so scheitert Absatz (B) für die Einordnung als Cable Service daran, dass bei der Internetnutzung gerade nicht die Inhalte klassischer Verteildienste im Vordergrund stehen, sondern in erster Linie solche, die abgerufen werden.[1951] Versteht man den Tatbestand allerdings dahingehend, dass auch andere Programmdienste mit einbezogen werden, also stellt man allein auf die Definition von programming service ab, so ist in der Kombination mit dem Begriff der erforderlichen Teilnehmerinteraktion ausschlaggebend, was unter dem Tatbestandmerkmal der Nutzung eines Programmdienstes zu verstehen ist. Der Wortlaut hilft an dieser Stelle nicht weiter, um diese Frage zu klären. Der Rückgriff auf die Entstehungsgeschichte und die Evolution der gesetzlichen Regelung offenbart, dass das Tatbestandsmerkmal der Nutzung von Programminhalten und -diensten erst nachträglich vom Gesetzgeber mit dem Telecommunications Act eingeführt wurde[1952]. In den Gesetzesmaterialien des Kongresses zur Kodifizierung von Sec. 602 (6) im Communications Act durch den Policy Act findet sich der Hinweis, dass Cable Services den Nutzen der Teilnehmer darauf beschränken sollten, Programmauswahl und Optionen zu dem jeweiligen Programm zu treffen. Ausdrücklich nicht erfasst sein sollte die Interaktion, die den einzelnen Teilnehmer zu Home-Shopping-, Bank-, Mail-, Ein- oder Zweiwege-Übermittlung von Daten-, Sprach- oder Videokonferenzdiensten befähigt.[1953] In der Gesetzesnovelle wollte der Kongress dagegen mithilfe der Ergänzung des Tatbestands um die Nutzung solcher Programminhalte und -dienste den technischen Wandel der Kabelnetze zum Ausdruck bringen, die dem Teilnehmer nunmehr auch Spielkanäle und Information Services zur Seite stellen können[1954]. Damit hilft auch der Rückgriff auf die Gesetzesmaterialien allein nicht weiter.

bb) Sichtweise der FCC

aaa) Cable Internet ist kein Cable Service

Die FCC hat die Einordnung des Internetzugangs als Cable Service deshalb abgelehnt, weil die über das Internet einem Teilnehmer zugänglich gemachten Informationen nicht im Sinne der Definition eines programming service allen Teilnehmern eines Kabelnetzes zur Verfügung stehen, sondern nur demjenigen, der die Informa-

---

1951 Amicus Curiae Brief of the FCC, S. 20, in: AT&T Corp. v. City of Portland, No.99-35609 (9th Cir. Aug. 16, 1999); Comstock/Butler, Access Denied, in: Cooper (Hrsg.), Open Architecture as Comm. Policy, S. 294; *Dibadj*, 6 NYU J. Leg. Pub. Pol. 245, 259 (2003).
1952 Telecommunications Act, Pub. L. No. 104-104, Sec. 301 (a) (1), 110 Stat. 56 (cod. at 47 U.S.C. 522 (6) (B)).
1953 H.R. Report No. 934, 98th Congress, 2d Session 42 ff. (1984).
1954 Senate Conference Report No. 230, 104th Congress, 2d Session (1996).

tion zielgerichtet abfragt[1955]. Die Kabelnetzbetreiber argumentieren damit, dass sie allen Teilnehmern den Internetzugang zur Verfügung stellen und keine einzelnen Informationen übermitteln, sondern die gesamte Bandbreite des Internet als das Angebot begreifen[1956]. Im Conference Report, den der Gesetzgeber vollständig übernommen hat, wird darauf hingewiesen, dass die Definition des Cable Service nicht die Intention besitze, die lange Zeit herrschende Regulierungspraxis und die hiermit verbundene Unterscheidung zwischen Telecommunications Service und Cable Service zu untergraben oder den Internetverbindungsaufbau über Telefonnetze als Cable Services zu qualifizieren. Damit stellt der Gesetzgeber klar, dass die Neuregelung der Cable Services keinen Einfluss auf die Regulierung der Common Carrier hat. Der Umkehrschluss ist dagegen unzulässig. Daher scheidet etwa der Schluss aus, dass Angebote der Kabelnetzbetreiber nicht als Telecommunications oder Information Service behandelt werden sollen. Insgesamt zeigt sich, dass der Internetzugang allein aus der definitorischen Sicht des Communications Act als Cable Service ausgelegt werden könnte. Zwingend ist dieser Schluss allerdings nicht.

bbb) Cable Internet ist ein Information Service

Die FCC hatte in der Entscheidung AT&T Corp. v. City of Portland die Einordnung des Internetzugangs bewusst offen gelassen. Sie ließ aber erkennen, dass sie die Konzeption von Sec. 601 ff. Communications Act dahingehend verstehe, dass dieser Abschnitt in erster Linie Verteildienste erfasse, weil er auf dem Grundgedanken einer Punkt-zu-Mehrpunkt Verbindung fuße. Daher seien gerade vermittelte Dienste, wie das Musterbeispiel der Telefonie, der Zuordnung als Cable Services entzogen. Insoweit stand nach ihrer Überzeugung auch der Internetzugang über Kabel der Einordnung als Cable Services entgegen.

Da der Druck der Kabelnetzbetreiber, aber auch der Verbrauchergruppen und der konkurrierenden Telefonfestnetzbetreiber wuchs, die allesamt eine unterschiedliche Behandlung einer Einstufung von Internet über Kabel verlangten, leitete die FCC im September 2000 den gewöhnlichen „Verordnungsprozess" über die Cable Modem Notice of Proposed Rulemaking (Cable Modem NPRM)[1957] ein. Darin nahm sie sich erstmals dem Problem der Klassifizierung des Internetzugangs über Kabel an. Die Regulierungsbehörde analysierte hierbei den Breitbandmarkt und versuchte den Internetzugang über das Kabelnetz zu konkretisieren. Ihrer Meinung nach würde sich der Internetzugang generell aus mehreren einzelnen Diensten zusammensetzen.

1955 FCC (Amicus Curiae Brief), AT&T Corp. v. City of Portland, 216 f.3d 871 (9th Cir. 2000).
1956 Senate Conference Report No. 230, 104th Congress, 2d Session (1996), S. 169.
1957 FCC, FCC Launches Inquiry Regarding High-Speed Internet Service, FCC News, 28.09.2000; FCC, FCC Chairman Hairman To Launch Proceeding On"Cable Open Access", FCC News, 30.06.2000; Appropriate Regulatory Treatment for Broadband Access to the Internet Over Cable Facilities, Notice of Proposed Rulemaking, FCC 02-52, 17 FCC Rec. 4798 (2002), (Cable Modem NPRM).

Dieser Dienst kombiniere Computerverarbeitung, Informationsangebote, Computerinteraktivität mit Datentransport, die den Endnutzern zusammen eine Vielfalt von Anwendungen ermöglichen würden. Bezug nehmend auf ihren Universal Service Report führte die FCC aus, dass Internet Access Provider ihren Endkunden keine separaten Dienste anbieten, die daher auch nicht unterschiedlich behandelt werden sollten. Einen Schwerpunkt in ihrer Analyse war auch der DNS Dienst. Da auch der Dienst DNS die Generierung, Bereithaltung, Speicherung, Transformierung, Verarbeitung, Übermittlung und Nutzung von Informationen zum Gegenstand hätten, seien diese Dienste als Information Service einzustufen.[1958] Diese Aussage traf bereits seit dem Universal Service Report auf ISP zu, die vor Verabschiedung des Telecommunications Act als enhanced service provider eingestuft wurden[1959]. Dabei beinhalte der Internetzugang Datentransportelemente insoweit, als ein ISP den Datenverkehr zwischen den Nutzern bzw. den einzelnen Rechnern eröffnen muss, die letztlich der Interaktion dienen. Allerdings könne der Übermittlungsvorgang allein nicht von diesen Diensten getrennt werden. Diese kombinierten Dienste, die von einem ISP bereitgehalten werden müssen, um den reibungslosen Internetdatenverkehr zu ermöglichen, bewog die FCC den Internetzugang als einen gebündelten, untrennbar ineinander greifenden Dienst zu klassifizieren.[1960] Für den Internetzugang über Kabelnetze besteht aber die berechtigte Frage, ob die Bereitstellung der Hochgeschwindigkeitsstrecke, die technisch der von DSL ähnelt, eine dem Internetzugang zugrunde liegende Plattform darstellt. Insoweit erfüllt sie alle Kriterien, die schon zuvor in den Computer Inquiries und der Frame Relay Order dazu führten, dass die Behörde die aufeinander aufbauenden Dienste entkoppele.

Fraglich ist damit, ob Cable Modem Services als Telekommunikationsdienste begriffen werden können. Die FCC lehnte dies mit der Argumentation ab, mit der sie bereits die Einordnung der ISP in die Kategorie der Information Services vornahm. So würden alle Informationsdienste die Nutzung von Telekommunikation erfordern. Aber allein dadurch, dass solch ein Dienst Telekommunikation nutzt, entsteht noch kein Telekommunikationsdienst. Erforderlich wäre vielmehr die Bereitstellung von Telekommunikation gegen ein Entgelt an die Allgemeinheit. In der bloßen Nutzung von Telekommunikation durch den Netzbetreiber selbst sei dagegen bereits begrifflich kein Angebot an die Öffentlichkeit zu sehen. Man habe ein solches Stand-Alone-Angebot bislang auch nicht am Markt beobachten können.[1961] Sowohl den Zusammenhang zu den Computer Inquiries als auch den zu der Frame Relay Order

---

1958 Cable Modem NPRM, FCC 02-52, 17 FCC Rec. 4798 (2002), Tz. 45 ff.
1959 Universal Service Report, 13 FCC Rec. 11501, 11536 (1998), Tz. 73; vgl. auch Child Online Protection Act, Public Law No. 105-277, § 1403 (e) (4),112 Stat. 2681 (1998) (cod. at 47 U.S.C. S 231 (e) (4)); Internet Tax Freedom Act, Public Law No. 105-277, § 1101 (e), 112 Stat. 2681 (1998) (reproduced at note to 47 U.S.C. 151 (e) (1998)); Howard v. America Online, Inc., 208 f.3d 741, 752 f. (9th Cir. 2000); California v. FCC, 905 f.2d 1217, 1223 ff. (9th Cir. 1990).
1960 Universal Service Report, 13 FCC Rec. 11501, 11539 (1998), Tz. 80.
1961 In re Inquiry Concerning High-Speed Access to the Internet Over Cable and Other Facilities (Cable Declaratory Ruling), 17 FCC Rec. 4798 (2002), Tz. 40.

lehnt die Kommission mit den Worten ab, eine solche Sichtweise sei unangemessen und nähert sich den eigentlichen Gründen, warum die Kommission den Internetzugang über Kabel anders behandelt als über DSL. Offensichtlich geht die FCC von einem veränderten ökonomischen Umfeld aus, das damals und heute herrscht. In der Zeit der Computer II/III-Entscheidung habe das Ziel einer Unterscheidung zwischen basic und enhanced services darin bestanden, traditionelle leitergebundene Common Carrier von Informationsdiensten zu trennen. Dieser radikale Weg sei bei Cable Modem Services nicht notwendig, da man die lang ersehnte Hoffnung auf Infrastrukturwettbewerb zwischen Common Carrier und Cable Operator untergraben würde. Im Übrigen zuwiderliefe dieser Ansatz den Zielsetzungen von Sec. 706 Telecommunications Act, der zu Infrastrukturinvestitionen ermutigen und keine Hemmnisse schaffen soll.[1962] Im Ergebnis böten daher auch Kabelnetzbetreiber wie reine ISP ohne Infrastruktureinrichtungen einen Informations- und keinen Telekommunikationsdienst an.[1963] Aufgrund der globalen Natur des Internet ist auch dieser Dienst nicht auf einzelne Staaten beschränkbar, weshalb ihm Interstate Charakter zukommt und damit auch die ancillary clause des Sec. 4 (i) Communications Act eröffnet.

cc) Spruchpraxis der Gerichte

Aufgrund der regulatorischen und kompetenziellen Folgen dieser Klassifikation durch die FCC ist offensichtlich, dass sowohl ISP als auch klassische Common Carrier Existenzargumente vorbrachten. ISP, deren Interesse an einem möglichst breiten wettbewerblichen Betätigungsfeld gelegen ist, äußerten ernsthafte Bedenken, dass der Bottleneck-Charakter der Kabelnetze in Verbindung mit dem nach Auffassung der FCC zulässigen Bündelprodukt (Internetzugang) ohne Eröffnung der zugrunde liegenden physikalischen Infrastruktur dazu benutzt werden würde, um andere ISP im Wettbewerb um das Angebot von Internetzugängen auszuschließen. Common Carrier hingegen waren aufgrund ihrer gesetzlichen Resale- und Entbündelungspflicht, aber auch aufgrund der Computer Inquiries allenfalls in der Lage, TELRIC-Preise zu verlangen. Daher machten sie eine Ungleichbehandlung geltend.[1964] Die Telefongesellschaften, vor allem die RBOC, forderten daher ebenfalls die Aufhebung ihrer Entbündelungspflichten oder die der Kabelnetzbetreiber[1965] (sog. level playing field[1966]). Unzufrieden mit dieser Entscheidung der FCC waren

---

1962 Ebenda, Tz. 42-47.
1963 Ebenda, Tz. 7, 41, 59.
1964 FCC License Transfer, Memorandum Opinion & Order, 14 FCC 3160, Tz. 83, 15 Comm. Reg. 29 (1999).
1965 So bspw. SBC Communications, vgl. Pizzo, Why Is Broadband So Narrow?, Forbes ASAP v. 09.10.2001; so auch U.S. West und die Oregon Internet Service Providers Association, in: AT&T Corp. v. City of Portland, 216 f.3d 871 (9th Cir. 2000); vgl. hierzu auch *Hazlett/Ford*, 3 Bus. Polit. 21 ff. (2001).
1966 Soweit ersichtlich, war es Senator Kennedy, der den Begriff für den Breitbandwettbewerb prägte, vgl. 142 Congress Record S710 v. 01.02.1996). Der Begriff ist aber weitaus älter.

auch die Einzelstaaten und Gemeinden[1967], denen mangels Einordnung als Cable Services eine Erhebung von Entgelten aufgrund von Sec. 622 (b) Communications Act nicht möglich war. Aufgrund dieser zuwiderlaufenden Interessen waren Rechtsstreitigkeiten der betroffenen Interessenkreise vorprogrammiert.

aaa) AT&T v. City of Portland

In der Rechtssache AT&T v. City of Portland wurde zunächst der District Court of Oregon mit der Frage der Rechtsnatur des Kabelinternet betraut[1968]. Dieser entschied, dass es sich bei den Cable Modem Services um Cable Services handelte und daher die Gemeinden die Kompetenz besäßen, die Entbündelungspflicht zugunsten von wettbewerblichen ISP anzuordnen[1969]. Der Einordnung als Cable Service vermochte der Court of Appeals for the 9th Circuit nicht zu folgen und hob das Urteil des District Court auf. Zunächst ging das Gericht auf den unidirektionalen Charakter von Sec. 602 (6) Communications Act ein und stellte dessen Unvereinbarkeit mit dem bidirektionalen Internetzugangsdienst fest. Das Gericht machte hierbei aber auch gesetzessystematische Gründe geltend. So führe die Einordnung als Cable Service zu dem absurden Ergebnis, dass auch die must-carry-Verpflichtungen sowie die Einspeisung der PEG-Kanäle auf das Internet angewendet werden müssten, was nicht nur aus technischen Gründen unmöglich ist[1970]. Internetzugang bestehe für die meisten Nutzer aus zwei unterschiedlichen Diensten, dem Zugang an einem Point-Of-Presence (POP) und der Herstellung der Verbindung zu diesem POP über die letzte Meile. Am POP erhalte der Nutzer eine IP-Adresse über das DNS. Auf der letzten Meile verbinde der Anbieter den Nutzer über seine Pipeline mit dem ISP. Letzterer Vorgang sei Telekommunikation, nämlich die vom Nutzer zwischen Punkten bestimmte unveränderte Übermittlung von Informationen, über die der Endkunde die Herrschaft über Form und Inhalt habe[1971]. Sobald Telekommunikation der Öffentlichkeit angeboten werde, entspreche diese Art der Verbindungsherstellung einem Telekommunikationsdienst und der Anbieter einem Common Carrier, egal

---

1967 Vgl. bspw. die Aussage des Portland City Commissioner, *Erik Sten*: »*We have enough cases in which local governments are really left in the lurch by federal policy. The fact that AT&T is suing us is not nearly reason enough to back down*«; Yim, AT&T, TCI Sue Local Regulators, Portland, Multnomah County, Portland Oregonian, S.A1 v. 20.01.1999.

1968 Hier zeigte sich erstmals die bereits oben, Teil 2: B.III.4.b), S. 370 angesprochene Kompetenzproblematik zwischen einzelstaatlichen Behörden und der FCC. Denn in erster Linie ging es nicht nur um die Ergründung der Rechtsnatur des Kabelinternetzugangs. Vielmehr erhoffte sich die Gemeinde Portland über den Lizenzübertragungsvorgang von TCI an AT&T im Wege ihres Zusammenschlusses mithilfe der Nebenbestimmung des Open Access den Wettbewerb im Sinne von 47 U.S.C. 533 (d) (2) für Cable Services zu schützen. Offenhaltung/Bündelung des Kabelinternet von/mit ISP müsste dann aber als Cable Service zu qualifizieren sein.

1969 AT&T Corp. v. City of Portland, 43 f.2d 1146, 1152 (D. Or. 1999).

1970 AT&T Corp. v. City of Portland, 216 f.3d 871 (9th Cir. 2000) m. Verw. auf NCTA v. FCC, 33 f.3d 66, 75 (D.C. Cir. 1994).

1971 Vgl. 47 U.S.C. 153 (43).

welcher Einrichtungen er sich bediene[1972]. Wie das Netz eines jeden Common Carrier auch bildeten die Einrichtungen der Kabelnetzbetreiber in Bezug auf die Hochgeschwindigkeitsstrecke zu den ISP simple inhaltsneutrale Netzwerke, die nur Datentransport ermöglichen würden.[1973] Die dem Internetzugang zugrunde liegende Infrastruktur wurde damit im Ergebnis als Telekommunikationseinrichtung und die Bereitstellung der Hochgeschwindigkeitsstrecke über die Kabelmodemplattform als Telecommunications Service qualifiziert.

bbb) MediaOne v. County of Henrico

In dem ähnlich gelagerten Fall Media One v. County of Henrico[1974] entschied zunächst der District Court for the Eastern District of Virginia, dass es sich bei der Kabelmodemtechnologie um eine Übermittlungstechnologie handelte, die als Telekommunikationseinrichtung zu begreifen sei. Da insoweit also Telekommunikationseinrichtungen und -dienste betroffen wären, verstoße eine Nebenbestimmung, wie die in diesem Fall MediaOne auferlegte Entbündelungspflicht für den Kabelinternetzugang, gegen Sec. 621 (b) (3) (D) Communications Act[1975], wonach es den LFAs nicht gestattet ist, solche Bestimmungen mit der Konzessionsverlängerung, Konzessionsgewährung oder der Übertragung einer solchen Lizenz zu verbinden. Den von MediaOne über den ISP Road Runner angebotenen Internetzugang selbst klassifizierte das Gericht dagegen als Cable Service[1976], weshalb MediaOne weiterhin als Cable System zu begreifen sei und daher Common Carrier ähnliche Verpflichtungen, wie der offene Netzzugang zu der Kabelmodemplattform, die Sec. 621 (c), 624 (f) (1) Communications Act verletzen würden[1977]. Das in diesem Fall angerufene Berufungsgericht bestätigte die Verletzung von Sec. 621 (b) (3) (D) Communications Act[1978]. Allerdings machte der 4th Circuit deutlich, dass eine Klassifizierung des Internetzugangs über die Kabeltechnologie nicht in den Aufgaben- und Pflichtenkreis des Gerichts fiel, sondern allein der Interpretation der FCC obliege[1979]. Denn denkbar sei auch, dass dieser von der FCC – wie in ihrem Universal Service Report angedeutet – als Information Service eingeordnet werde. Gleichwohl stehe unweigerlich fest, dass die dem Internetzugang zugrunde liegende Infrastruktur, unabhängig davon, ob es sich um Kabel- oder Telefonfestnetze handele, als Telekommunikationseinrichtungen zu begreifen sei. Denn die Grundlage der Datenübermittlung sei der Transport über physische Einrichtungen bzw. die Infrastruk-

---

1972 Vgl. 47 U.S.C. 153 (44), (46).
1973 AT&T Corp. v. City of Portland, 216 f.3d 871 (9th Cir. 2000).
1974 MediaOne Group, Inc. v. County of Henrico, 97 f.2d 712 (E.D. Va. 2000), aff., 254 f.3d 356 (4th Cir. 2001).
1975 MediaOne Group, Inc. v. County of Henrico, 97 f.2d 712, 714 (E.D. Va. 2000).
1976 Ebenda, 97 f.2d 712, 715 (E.D. Va. 2000).
1977 Ebenda, 97 f.2d 712, 715 f. (E.D. Va. 2000).
1978 Ebenda, 254 f.3d 356, 372 (4th Cir. 2001).
1979 Ebenda, 254 f.3d 356, 372 (4th Cir. 2001).

tur[1980]. Daher sei eine Nebenbestimmung mit dem Lizenztransfer, die den Zugang zu diesen Einrichtungen regelt, unvereinbar mit dem Gesetzestext.

ccc) Brand X

Nachdem die FCC den Internetzugang über Kabel als einheitlichen Information Service klassifiziert hatte, wurde der 9th Circuit Court of Appeals, der bereits in AT&T v. City of Portland entschieden hatte, dass Kabelinternet teilweise als Telekommunikationsdienstleistung zu qualifizieren sei, mit der endgültigen Klärung der Frage betraut. In Aufrechterhaltung seiner Rechtsauffassung in AT&T v. City of Portland hob das Gericht die Klassifizierung der FCC auf[1981]. Das Gericht führte weniger neue Argumente hinsichtlich seiner zuvor getroffenen Entscheidung an. Stattdessen wurden die Grundsätze richterlicher Überprüfung der Kommissionsentscheidung behandelt. Der 9th Circuit wies dabei darauf hin, dass er an seine zuvor getroffene Entscheidung gebunden sei[1982] und nicht den sonst üblichen sog. Chevron Test[1983] anwenden könne, der die Überprüfbarkeit einer Regulierungsverfügung erheblich einschränkt. Diese rechtliche Würdigung wiederum hielt vor der jüngst getroffenen Entscheidung des Supreme Court[1984] nicht Stand. Er wies darauf hin, dass der 9th Circuit den Chevron Test hätte anwenden müssen[1985]. Dieser fußt auf dem Gedanken, dass eine Behörde, deren Kompetenz auf breite Säulen gestellt ist, um veränderten Bedingungen gerecht werden zu können, mit seiner Nähe und Fachkompetenz besser ausgestattet ist als ein Gericht, um komplexe Fragen in einer dynamischen Entwicklung zu beantworten[1986]. Daher dient der Chevron Fall als Präzedenzfall und steht Muster für den Maßstab richterlicher Überprüfung von behördlichen Politikentscheidungen. Danach muss ein Gericht zunächst entscheiden, ob die in Frage stehende Rechtsgrundlage mehrdeutig ist. Sofern dies nicht der Fall ist und sich nur eine Auslegung anbietet, kann das Gericht seine eigene Auffassung als die einzig rechtmäßige durchsetzen. Liegt dagegen unter zulässiger Auslegung der betreffenden Rechtsgrundlage Mehrdeutigkeit vor, so ist nach Chevron zu entscheiden, ob die Auslegung auch vernünftig erscheint. [1987]

Zunächst rügte das höchste Bundesgericht den vom 9th Circuit aus AT&T v. City of Portland zugrunde gelegten Maßstab. Eine solche Vorgehensweise sei nur dann möglich, wenn zuvor richtigerweise festgestellt wurde, dass die Entscheidung auf der Unzweideutigkeit der behördlichen Ermächtigungsgrundlage ergangen ist. Dabei

---

1980 Ebenda, 254 f.3d 356, 369 (4th Cir. 2001).
1981 Brand X Internet Services v. FCC, 345 f.3d 1120, 1132 (9th Cir. 2003).
1982 Ebenda, 345 f.3d 1120, 1128 ff. (9th Cir. 2003).
1983 Der Name ist dem Fall Chevron U.S.A. Inc. v. Natural Resources Defense Council, Inc., 467 U.S. 837 (1984) entliehen.
1984 NCTA v. Brand X Internet Services, 545 U.S. _(2005) (Brand X).
1985 Brand X, 545 U.S. _(2005), Slip Op., S. 8.
1986 Chevron U.S.A. Inc. v. Natural Resources Defense C., Inc., 467 U.S. 837, 865 f. (1984).
1987 Ebenda, 467 U.S. 837, 843 f. (1984).

sei es aber zu einem falschen Ergebnis gekommen[1988]. Deshalb wäre streng nach Chevron zu verfahren gewesen. Unter diesem Anwendungsmaßstab hat der Supreme Court alle in Betracht kommenden Rechtsgrundlagen geprüft. Das Gericht verglich den Kabelinternetzugang zunächst mit der Definition des Telecommunications Service. Maßgeblich war daher, ob die Auslegung des Kabelinternetzugangs als einem Dienst zulässig ist, der unter Zuhilfenahme von Telekommunikation angeboten wird. Das Gericht bestätigte dies mit dem Argument, dass das Angebot von Kabelinternet nicht zwingend auch das Angebot der zugrunde liegenden Hochgeschwindigkeitsstrecke bedeute. Vielmehr könne in dem Angebot von Kabelinternetzugängen auch das Angebot von Internetzugängen unter Zuhilfenahme der Telekommunikationseinrichtungen gesehen werden.[1989] Nachdem das Gericht – in Anlehnung an die Argumentation der FCC[1990] – auch die Mehrdeutigkeit des Begriffes Cable Service festgestellt hatte, fuhr das Gericht in seiner Chevron Analyse fort und fragte nach der vernünftigen Zuordnung des Kabelinternetzugangs als Informationsdienst insgesamt. Der Supreme Court bejahte auch dies und stützte die gesamte Argumentation auf die vernünftige Begründung in der FCC Declaratory Ruling. Schließlich widmete sich der Supreme Court der entscheidenden Ungleichbehandlung der Internetzugangsanbieter über DSL. Darin kam zum Ausdruck, dass eine Ungleichbehandlung bislang aus guten Gründen erfolgt ist und nur aus historischer Sicht verständlich sei. Dabei verwies das Gericht auf die Computer II-Entscheidung, die erst die Differenzierung zwischen basic und enhanced services möglich gemacht hatte. Hierbei wurde auch betont, dass eine zwischenzeitlich stattfindende Reklassifizierung der DSL-Zugänge diskutiert werde und daher nicht ersichtlich sei, dass die Kommission an dieser traditionellen Zweiteilung in der Behandlung der Internetzugänge festhalte. Vielmehr könne erst nach abschließender behördlicher Beurteilung der Zugangsvermittlung über DSL entschieden werden, ob zwischen Kabelinternet und Internet über DSL Inkonsistenzen erkennbar sind.[1991]

5. Ergebnisse zu den Grundzügen der Regulierung

Die FCC ist durch die ihr anheim gestellten dynamischen Regulierungsinstrumente und den ihr eröffneten Handlungsspielraum eine äußerst flexible Regulierungsbehörde. Das Bild einer Monopolbehörde hat sich ganz offensichtlich nicht erst mit dem Telecommunications Act von 1996 gewandelt, sondern war Teil ihrer eigenen Deregulierungsoffensive. Maßgeblich hierzu beigetragen hat auch das DOJ mithilfe der im Sherman Act verankerten Missbrauchsaufsicht und dem Entflechtungsrecht. Schließlich ist es der Rechtsprechung zu verdanken, dass die Konturen zwischen Grundversorgung und Wettbewerb geschärft wurden: Ein staatlich legitimierter Wettbewerbsausschluss konnte nicht aufrechterhalten werden, wenn Grundversor-

---

1988   Brand X, 545 U.S. _(2005), Slip Op., S. 10.
1989   Ebenda, Slip Op., S. 17.
1990   Ebenda, Slip Op., S. 18 ff.
1991   Ebenda, Slip Op., S. 29 ff.

gung und Störungsfreiheit gewährleistet waren. Begleitet und getrieben wurde diese Entwicklung auch durch den technologischen Fortschritt, der nicht unwesentlich von der vertikal integrierten Struktur des Bell Konzerns ausging.

Diese für sog. Common Carrier, den klassischen Telefonfestnetzgesellschaften der USA, geltenden Grundsätze lassen sich nicht ohne weiteres auf die Kabelnetze übertragen, da sie auch unter dem besonderen Schutzschirm des First Amendment stehen. Die FCC hat zwar auch hier früh interveniert. Allerdings ist ihre kompetenzielle Reichweite wesentlich eingeschränkter als beim inhaltsneutralen PSTN, was sich daneben auch aus den teils in den Einzelstaaten und Gemeinden gelegenen Inselnetzen und der dadurch eröffneten Regelungs- und Regulierungshoheit erklärt. Aufgrund des zunehmenden Interstate Charakters durch Telefonie und Internet und den historischen Kabelnetzreformen des 1984 und 1992 Cable Act hat die FCC aber auch hier an Kompetenzen gewonnen. Nur besondere Anliegen, wie Wegerechte, Abführung von Umsätzen oder die öffentliche Sicherheit, sind daher kompetenziell bei den Einzelstaaten und Gemeinden angesiedelt.

Die Common Carrier Regulierung ist hauptsächlich in den Sec. 201 ff. Communications Act geregelt und enthält einen mehrstufig asymmetrischen Ansatz, der stark von den Einflüssen des Entflechtungsverfahrens des Bell Konzerns der achtziger Jahre geprägt ist. Diese Title II/III Regulierung ordnet einerseits gegenüber allen Common Carrier die Zusammenschaltung an. Daneben finden sich besondere Vorschriften für LEC, ILEC und RBOC, die in dieser Reihenfolge an Eingriffsintensität gewinnen. Während RBOC in nachgelagerte Märkte nur unter bestimmten Voraussetzungen eindringen dürfen, gelten solche Bestimmungen für andere Carrier nicht. Damit sollte vor allem der vertical price squeeze aus dem Ortsnetz vermieden werden und so zu mehr Wettbewerb führen. Die FCC besitzt daneben über eine Reihe anderer Regulierungsinstrumente. Bevor der Telecommunications Act in Kraft trat, hatte sie bereits einen auf Marktmacht gegründeten Ansatz entwickelt, um non dominant carrier aus der Regulierung zu entlassen. Nachdem die Gerichte diesen Ansatz mit den Kompetenzen der FCC für unvereinbar erklärten, erweiterte der Gesetzgeber mit dem Telecommunications Act die Möglichkeit der Regulierungsbehörde, von bestimmten Maßnahmen mit Blick auf wettbewerbliche Aspekte abzusehen. Somit gründet sich die Flexibilität der FCC heute auf gesetzlichem Boden.

Die Regulierung von Cable Systems ist in den Sec. 601 ff. Communications Act geregelt und hat teils ähnliche wettbewerbliche Gesichtspunkte erkennen erlassen, die auch schon in der historischen Entwicklung der Common Carrier Regulierung zum Ausdruck kamen. Aufgrund der unterschiedlichen Struktur der Netze und der First Amendment Einflüsse sind heute aber weit weniger ökonomische Belastungen im vorhandenen Regulierungsregime enthalten als im Common Carrier Recht. Diese Einschränkungen sind auch hier von der Rechtsprechung initiiert worden, wobei der erste Verfassungszusatz, die Meinungsfreiheit, auch dem Gesetzgeber Schranken setzt. Daher konnte der Gesetzgeber mit dem Telecommunications Act nicht wie im Common Carrier Bereich Kompetenzen an die FCC delegieren, um der Regulierungsbehörde mehr ökonomische Handlungsfreiheit bei der Regulierung von Kabelnetzen zu geben. Daneben finden sich aber andere Instrumente, die in erster Linie die Pluralität der Meinungen gewährleisten sollen und bestimmten Minderheiten besonderen Schutz gewähren. So enthalten die Vorschriften must-carry-Regelungen, die von den Netzbetreibern die Einspeisung örtlich empfangbarer terrestrischer Signale in ihre Netze verlangen. Auch müssen sog. PEG-Kanäle offen gehalten werden (channels for public, educational, and government use), die ein besonderes öffentliches Interesse begründen. Daneben müssen mit Inhalten vertikal integrierte Netzbetreiber ihre Programme Wettbewerbern zu angemessenen und vernünftigen Preisen zur Verfügung stellen, so dass ein Marktmachttransfer von oder zu vertikal verflochtenen Märkten weitgehend ausgeschlossen wird und Diskriminierungsmöglichkeiten gemindert werden. Somit gibt es im US-amerikanischen Kommunikationsrecht eine Art essential facilities doctrine bei Inhalten.

Seit Mitte 1999 sind Kabelnetzbetreiber auch weitgehend von den ehemals strengen Restriktionen der Entgeltregulierung befreit, die Jahre zuvor auf einzelstaatlicher Ebene eingeführt und später durch den 1992 Cable Act auf Bundesebene kodifiziert wurde. Diese Freiheit bei der Entgeltfestsetzung gilt dabei im sog. upper tier Bereich, also bei Inhalten, die nicht in das Bouquet der PEG-Kanäle fallen oder sich im must-carry Regime befinden. Vor allem mit ihnen genießen die Kabelnetzbetreiber gegenüber den Common Carrier entscheidendes Potential, um andere Dienste zu etablieren und ihre Netze aufzurüsten. Somit unterliegen nur noch diese Basic Services der Entgeltregulierung. Sie unterliegen zwar hinsichtlich der Festlegung allein der örtlich kommunalen Regulierung der LFAs. Diese haben sich aber strikt an den Maßstäben und Richtlinien der FCC zu orientieren. Sobald effective competition besteht, scheidet aber auch in diesem Segment eine Entgeltregulierung aus.

Mit dem Begriff des effective competition in Kabelnetzen nähert man sich dem Hauptanliegen des Telecommunications Act, der zwar den Begriff des 1984 und 1992 Cable Act übernommen hat, aber mit dem ehemaligen Wettbewerbsverständnis nur noch wenig gemein hat. Dabei wird effective competition am örtlichen Wettbewerb gemessen, der aber im Gegensatz zu seinen gesetzlichen Vorläufern nicht mehr den Wettbewerb durch andere Kabelnetzbetreiber verlangt, also insbesondere keinen Cable Overbuilt. Vielmehr soll notwendiger Wettbewerb durch den diagonalen Einstieg solcher Netzbetreiber ermöglicht werden, die bislang keine Programminhalte übertragen haben, also insbesondere durch Common Carrier. Damit wird die Zielsetzung der als two-wire policy bezeichneten Telekommunikationspolitik klar. Sie durchzieht heute den gesamten Communications Act und vor allem die auf seiner Grundlage erlassenen Vorschriften durch die FCC. Allein dass der Maßstab des effective competition anhand der Eintrittsfähigkeit der Common Carrier zu beurteilen ist, eröffnet im Zusammenhang mit dem erheblichen Wettbewerbsdruck von Kabelinternet auf DSL die hierhinter stehende Incentive Regulierung der FCC. Mit ihr scheint die FCC den Schlüssel zu selbsttragendem Wettbewerb auf den „Kommunikationsmärkten" gefunden zu haben, wie die Beispiele SBC und Verizon empirisch belegen. Als weiterer Nachweis der angestrebten two-wire policy dient nicht nur die im Segment der Inhalteübertragung fehlende Entgeltregulierung, sondern auch der Ausschluss von leased access Regelungen, sowie Spezifikationen für Set-Top-Boxen (STB).

STB werden in den USA ebenfalls von der FCC reguliert. Allerdings ist die Regulierungsdichte hier nicht sehr ausgeprägt. Die FCC hat es vorgezogen, den noch nicht mit starken Netzwerkeffekten geprägten Markt vor allem bei der Standardsetzung mediatorisch zu begleiten. Heute ist der Vorgang der Digitalisierung und der Entwicklung von STB weitgehend abgeschlossen. Überhöhtes Diskriminierungspotential lässt sich derzeit nicht feststellen, da bestimmte im Markt „angelegte" Machtprobleme, wie leveraging, frühzeitig ausgeschlossen wurden. So unterliegen die Netzbetreiber mit eigenem STB-Angebot einem Quersubventionierungsverbot. Auch muss die STB weitgehend „entbündelt" angeboten werden. Dies betrifft den Einsatz von CA-Modulen, aber auch Schnittstelleninformationen und andere modulare Elemente, die einen Netzbetreiber auch nicht mittels gewerblicher Schutzrechte dazu berechtigen, Hersteller oder Vertreiber von der Belieferung an Endkunden auszuschließen. Eine interessante Entwicklung zeichnet sich derzeit beim Übergang zu einer konvergenten IPTV Umgebung ab. Mit ihren wirksamen regulatorischen Druckmitteln will die FCC bis Ende 2007 eine reine Softwarelösung in die nächste Generation der STB implementieren, so dass ein Diskriminierungspotential über die Offenlegung von Schnittstelleninformationen oder der Belieferung mit SIM-Karten seitens der Netzbetreiber ausscheidet.

So wie die Incentive Regulierung Common Carrier zum Markteintritt zu bewegen versucht, werden auch Cable Operator zum Markteintritt gebeten. Daher wurden sie von jeglichen einzelstaatlichen und örtlichen Restriktionen befreit, um Telekommunikationsdienste anbieten zu können. Außer den bestehenden Lizenzen wird daher auch keine Sprachtelefonlizenz verlangt. Außerdem ist das Kabelregulierungsregime im Bereich der Telekommunikationsdienste ausgeschlossen. Entscheidend war aber, dass die Konzessionsgebühren sich nur aus den Erträgen der Cable Services und eben nicht aus dem Gesamtertrag eines Kabelnetzbetreibers errechnen. Somit fallen Telekommunikationsdienste aus der Abgabe heraus.

Dass die hier aufgezeigte Unterscheidung zwischen Cable Operator und Common Carrier im Zuge der Konvergenz auf seine Grenzen stoßen wird, ist eindeutig und wird sich auf lange Sicht nur noch historisch beurteilen lassen. Für die derzeitige Entwicklung ist dieses Ergebnis nicht tragisch. Sie bot der FCC für die wettbewerbliche Steuerung des einzelnen Industriezweigs sogar einige Vorteile. Dies zeigt die Beurteilung des „hybriden" Internetzugangs über die unterschiedlichen Infrastrukturen, Kabel und PSTN. Indem Kabelinternet als Information Service begriffen wurde, können Zugangsansprüche zumindest nicht aus dem geltenden Regulierungsregime hergeleitet werden. Umgekehrtes galt lange Zeit für den als Telecommunications Service behandelten DSL-Zugang. Dieses Ergebnis wurde vom Supreme Court einmal mehr mit dem breiten Beurteilungsspielraum der FCC bestätigt. Mittlerweile hat die FCC zwar auch den DSL-Zugang als Information Service eingeordnet[1992] und damit dem Kabelinternet gleichgestellt. Dennoch bleiben beide Zugänge verschieden, die regelmäßig in der von Sec. 7 Communications Act vorgegebenen

---

1992 In re Broadband Internet Access, First Report & Order and NPRM, FCC 05-150 (2005).

Broadband Roadmap zu überprüfen sind. Infolge dieses gesetzlichen Auftrags ist eine Rückkehr zur Infrastrukturöffnung zu erwarten, sofern sich der Wettbewerb bei Kabel und/oder DSL nicht wie erwartet entwickelt. Mithilfe der ancillary clause ist der FCC eine breite Palette an Regulierungsmaßnahmen anheim gestellt, deren Ausschöpfung dann zu erwarten ist. Wie einer der FCC Commissioners betont, stelle diese neue Form der Regulierung einen Versuch dar, dessen Ausgang man vermutlich erst in einigen Jahren abschätzen könne[1993].

IV. Ausgewählte Zusammenschlüsse in der Telekommunikation

Nach Darstellung der Grundlagen, die den Wettbewerb und die Regulierung des Telekommunikationssektors in den USA kennzeichnen, kann sich nun den eigentlichen Zusammenschlüssen in der Telekommunikation zugewandt werden. Angesichts der nach dem Telecommunications Act begonnenen Konsolidierung der Telekommunikationsbranche können in Anlehnung an den ökonomischen Zusammenschlussbegriff auch vorliegend unterschiedliche Formen der Zusammenschlussaktivität im Hinblick auf die Zusammenschlussrichtung unterschieden werden.

Hierbei ist einmal die horizontale Fusionswelle der RBOC/ILEC untereinander von Bedeutung. Zu diesen Transaktionen zählen die Zusammenschlüsse SBC/PacTel[1994], Bell Atlantic/NYNEX[1995], SBC/SNET[1996], SBC/Ameritech[1997], Bell Atlantic/GTE[1998] und SBC/Bell South[1999]. Besondere wettbewerbliche Folgen haben daneben auch die erst kürzlich freigegebenen vertikalen Zusammenschlüsse im PSTN zwischen den RBOC/ILEC und IXC. Hierzu zählen die beiden Fusionen SBC/AT&T[2000] und Verizon/MCI[2001]. Schließlich ist eine diagonale Zusammenschlussaktivität der Kabelnetzbetreiber zu beobachten, wobei hier in der Vergangenheit hauptsächlich die Verflechtung mit IXC auffällig war. Zu diesen Zusammenschlüssen zählten neben anderen vor allem AT&T/TCI[2002], AT&T/MediaOne[2003] und AT&T Comcast/AT&T, Comcast[2004]. Neben einigen horizontalen Fusionen im Kabelnetz selbst zeigten sich Fusionsaktivitäten aber daneben auch zwischen den Ka-

---

1993 Ebenda, Statement of Commissioner Copps, Concurring.
1994 SBC/PacTel, Merger Order, FCC 97-28, 12 FCC Rec. 2624 (1997).
1995 Bell Atlantic/NYNEX, Merger Order, FCC 97-286, 12 FCC Rec. 19985 (1997).
1996 SBC Communications, Inc./Southern New England Telecomm. Corporation, Memorandum Opinion & Order, FCC 98-276, 13 FCC Rec. 21292 (1998), (SBC/SNET, Merger Order).
1997 SBC/Ameritech, Merger Order, FCC 99-279, 14 FCC Rec. 14712 (1999).
1998 Bell Atlantic/NYNEX. Merger Order, FCC 00-221, 15 FCC Rec. 14032 (2000).
1999 SBC Communications, Inc./BellSouth Corporation, Memorandum Opinion & Order, DA 00-2223, 15 FCC Rec. 25459 (2000), (SBC/Bell South, Merger Order).
2000 SBC/AT&T, Merger Order, FCC 05-183 (2005).
2001 Verizon/MCI, Merger Order, FCC 05-184 (2005).
2002 AT&T/TCI, Merger Order, FCC 99-24, 14 FCC Rec. 3160 (1999).
2003 AT&T Corporation/MediaOne Group, Inc., Memorandum Opinion & Order, FCC 00-202, 15 FCC Rec. 9816 (2000), (AT&T/MediaOne, Merger Order).
2004 AT&T Comcast Corp./AT&T Corp and Comcast, Memorandum Opinion & Order, FCC 02-310 (2002), (AT&T Comcast/AT&T, Comcast, Merger Order).

belnetzbetreibern und ISP, wobei AOL/Time Warner[2005] nicht nur aufgrund der wirtschaftlichen, sondern auch der wettbewerblichen Bedeutung hervorzuheben ist.

Im Folgenden wird in Beibehaltung der Differenzierung nach der ökonomischen Zusammenschlussrichtung die Zusammenschlussbeurteilung durch die FCC nachgezeichnet und abschließend Stellung genommen. Aufgrund der weitgehend identischen ökonomischen Implikationen dieser Zusammenschlüsse soll hier der Fokus auf einige ausgewählte Zusammenschlüsse liegen. Auf die durch die Kompetenzüberschneidung teilweise abweichende Beurteilung seitens DOJ/FTC nach dem Clayton und FTC Act wird in der Darstellung inzident Bezug genommen, soweit sich hieraus für die Untersuchung bedeutsame Unterschiede zwischen dem public interest framework der FCC und dem SLC-Test der Kartellbehörden ergeben.

1. Zusammenschlüsse zwischen ILEC (horizontale Integration)

Die Rekonsolidierung zwischen RBOC/ILEC auf horizontaler Ebene wurde durch die Kartellbehörden und die FCC freigegeben. Diese Entwicklung ist vor dem Hintergrund des MFJ und des Telecommunications Act erstaunlich. Das MFJ hat mit der Aufspaltung in RBOC und den beiden ILEC eine bewusste horizontale Separation geschaffen, durch die Wettbewerb gefördert werden sollte. Die Reduzierung von 7 auf die verbliebenen 4 ILEC wirft daher die Frage nach den Gründen für die Billigung dieser Rekonsolidierung auf. Unterstrichen wird die Notwendigkeit einer Erklärung auch vor dem Hintergrund des Telecommunications Act, der die Wettbewerbsförderung erstmals in den Communications Act implementiert und das im vorangegangenen Regulierungsteil beschriebene Bedürfnis und Selbstverständnis nach mehr Wettbewerb im Telekommunikationssektor mittels durchdachter Regulierungsinstrumente bundesgesetzlich manifestiert hat. Alle der genannten horizontalen Zusammenschlüsse im sensiblen Ortsnetzbereich sind tatsächlich aber nur mit zahlreichen conditions[2006] bewilligt worden, so dass dieser Aspekt in der Darstellung nicht vernachlässigt werden darf.

Dabei sollen für die nun zu behandelnde horizontale Integration im PSTN die Zusammenschlüsse SBC/Ameritech[2007] und Bell Atlantic/NYNEX[2008] im Vordergrund der Betrachtung stehen, da ihnen insoweit Mustercharakter bei Beurteilung und Bewertung der Zusammenschlusskontrolle zukommt. Diese dokumentieren Analyse und Schwerpunkte der Betrachtung durch die FCC.

2005 AOL/Time Warner, Memorandum Opinion & Order, FCC 01-12, 16 FCC Rec. 6547 (2001), (AOL/Time Warner, Merger Order).
2006 *Conditions* sind Nebenbestimmungen, wobei im US-amerikanischen Recht nicht weiter nach Bedingung und Auflage differenziert wird. Allerdings existiert diese Unterscheidung faktisch, indem Conditions vor und/oder nach Vollzug zu erfüllen sind.
2007 SBC/Ameritech, Merger Order, FCC 99-279, 14 FCC Rec. 14712 (1999).
2008 Bell Atlantic/NYNEX, Merger Order, FCC 97-286, 12 FCC Rec. 19985 (1997).

a) Summary

So entschied die FCC in SBC/Ameritech, dass der beabsichtigte Zusammenschluss ohne ergänzende conditions die Wahrnehmung des gesetzlichen Auftrags der FCC in drei Kernbereichen verletzen würde. Erstens, würde der beabsichtigte Zusammenschluss die Möglichkeiten des Ortsnetzwettbewerbs durch große ILEC signifikant beschränken. Zweitens, würde die durch den Zusammenschluss entstehende Gebietsausweitung die FCC und PUCs dabei behindern, die Zielsetzungen und den Regulierungsauftrag des Telecommunications Act umzusetzen. Schließlich stiegen mit dem Zusammenschluss auch Anreize und Möglichkeiten, andere Wettbewerber zu diskriminieren.[2009] Wettbewerbliche Vorteile entstünden durch den Zusammenschluss dagegen nur wenige. So würde der Infrastrukturausbau durch die erhöhte Finanzkraft der Unternehmen schneller stattfinden und außerdem mit Einsparungen verbunden sein.[2010] Die FCC hat in ihrer Analyse des Zusammenschlusses den zusammenschlussspezifischen Gefahren die Vorteile für das öffentliche Interesse gegenübergestellt und die Gefahren durch insgesamt 30 conditions[2011] versucht auszuräumen. Die FCC verfolgte mit diesen Nebenbestimmungen zum Zusammenschluss insgesamt folgende Ziele: 1) advanced services sollten beschleunigt vorangetrieben werden, 2) innerhalb des Zusammenschlussgebietes sollten offenere Märkte entstehen, 3) der Wettbewerb zu und von diesen Märkten sollte gefördert werden, 4) im Privatkundensegment sollten Telefondienste verbessert werden.[2012] Nach diesem Muster ist die Analyse der FCC hier nachzuzeichnen.

b) Potentielle Gefahren für das öffentliche Interesse

Potentielle Gefahren für das öffentliche Interesse untersucht die Kommission regelmäßig[2013] in drei Bereichen: Einerseits wird auf den Wettbewerb zwischen den Parteien abgestellt. Auf der anderen Seite wird die Bedeutung des Zusammenschlusses für die Regulierung abgeschätzt. Zusätzlich wird das Diskriminierungspotential gegenüber Wettbewerbern analysiert und damit der Schutzzweck des öffentlichen Interesses auf Dritte ausweitet.[2014]

aa) Wettbewerbliche Auswirkungen

Die FCC beginnt bei der Analyse der wettbewerblichen Auswirkungen damit, den existierenden Wettbewerb aus ökonomischer und regulatorischer Sicht zu bewerten.

2009 SBC/Ameritech, Merger Order, FCC 99-279, 14 FCC Rec. 14712 (1999), Tz. 55-62.
2010 Ebenda, Tz. 318-340.
2011 Für einen vollständigen Überblick vgl. SBC/Ameritech, Merger Order, FCC 99-279, 14 FCC Rec. 14712 (1999), Appendix C - Conditions.
2012 SBC/Ameritech, Merger Order, FCC 99-279, 14 FCC Rec. 14712 (1999), Tz. 355.
2013 Bell Atlantic/GTE, Merger Order, FCC 00-221, 15 FCC Rec. 14032 (2000), Tz. 96-179.
2014 SBC/Ameritech, Merger Order, FCC 99-279, 14 FCC Rec. 14712 (1999), Tz. 63-254.

Dabei betonte sie häufig, dass sich die Märkte der Telekommunikation derzeit in einem Wandel befänden (a changing industry) und es sich daher um sog. Übergangsmärkte (transitional markets) handele.[2015] Daher dürfe der Status-Quo dieser Märkte nicht ausschlaggebend sein und bei der wettbewerblichen Beurteilung auch nicht überbewertet werden. Vielmehr müssten die Märkte im Zusammenhang mit der vom Telecommunications Act verfolgten Zielsetzung wettbewerblicher Märkte gesehen werden, womit sich der Übergangscharakter der Märkte ergebe. Damit macht die FCC klar, dass nicht nur die Märkte vor und nach dem Zusammenschluss beurteilt werden müssten, sondern der künftige, im Übergang zur Regulierung des Telecommunications Act befindliche Markt als Maßstab der wettbewerblichen Beurteilung gelte. Der transitional markets approach folgt aus Sicht der Behörde aus der Natur der FCC, die sich auch im public interest test niederschlage. Die FCC betont hierbei, dass der Unterschied zwischen ihr und antitrust agencies darin bestehe, dass sie keine statische Behörde sei, die wettbewerbliche Nachteile für den Wettbewerb zu verhindern suche, sondern die aktiv an einer Öffnung der Märkte für den Wettbewerb gestaltend mitwirke und daher auch einen weiteren in die Zukunft gerichteten Fokus besitze.[2016] Die FCC hat wiederholt betont, dass ihre Prüfung durch die antitrust laws maßgeblich mit beeinflusst[2017], aber nicht von dem darin enthaltenen Spielraum beschränkt werde[2018]. Dies hat der D.C. Circuit Court of Appeals in ständiger Rechtsprechung[2019] mit der Maßgabe bestätigt, dass die Beurteilung mit vernünftigen Gründen und Erwägungen zu erfolgen habe und mit dem Communications Act im Einklang stehen müsse.

Bei einem Zusammenschluss von RBOC/ILEC handelt es sich um Marktteilnehmer, die nicht in aktuellem Wettbewerb zueinander stehen, sondern in benachbarten Regionen tätig werden, so dass allenfalls ein potentielles Wettbewerbsverhältnis besteht. Die FCC setzt sich hierbei mit der Frage auseinander, welcher Maßstab

---

2015 Bell Atlantic/GTE, Merger Order, FCC 00-221, 15 FCC Rec. 14032 (2000), Tz. 97; SBC/Ameritech, Merger Order, FCC 99-279, 14 FCC Rec. 14712 (1999), Tz. 63 ff.; MCI/WorldCom, Merger Order, FCC 98-225, 13 FCC Rec. 18025 (1998), (MCI/WorldCom, Merger Order), Tz. 18 ff.; der *transitional markets approach* wurde erstmals erwähnt in Bell Atlantic/NYNEX, Merger Order, FCC 97-286, 12 FCC Rec. 19985 (1997), Tz. 16, 95, 152, aber erst in MCI/WorldCom als solcher bezeichnet.
2016 Bell Atlantic/GTE, Merger Order, FCC 00-221, 15 FCC Rec. 14032 (2000), Tz. 96, Fn. 244; SBC/Ameritech, Merger Order, FCC 99-279, 14 FCC Rec. 14712 (1999), Tz. 63; MCI/WorldCom, Merger Order, FCC 98-225, 13 FCC Rec. 18025 (1998), Tz. 21.
2017 AT&T/TCG, Merger Order, FCC 98-169, 13 FCC Rec. 15236 (1998), Tz. 12 m. Verw. auf FCC v. RCA Communications, Inc., 346 U.S. 86, 94 (1953); United States v. FCC, 652 f.2d at 81 f.; Bell Atlantic/NYNEX, Merger Order, FCC 00-221, 15 FCC Rec. 14032 (2000), Tz. 32.
2018 Bell Atlantic/NYNEX, Merger Order, FCC 00-221, 15 FCC Rec. 14032 (2000), Tz. 32, Fn. 71 (1997); »*The public interest standard, and the competitive analysis conducted thereunder, are necessarily broader than the standard applied to ascertain violations of the Antitrust Laws*«.
2019 WorldCom, Inc., et al. v. FCC, 238 f.3d 449 (D.C. Cir. 2001); United States v. FCC, 652 f.2d 72, 90 f. (D.C. Cir. 1980).

zwischen den Fusionsparteien angelegt werden muss, wenn es sich um potentielle Wettbewerber handelt. Sie geht hierbei sowohl auf die actual potential competition doctrine als auch auf die Grundsätze der perceived potential competition doctrine ein, lehnt eine direkte Übertragung aber ab. In Verbindung mit dem transitional markets Ansatz wird die Schwelle einer Wahrnehmung der Parteien als potentielle Wettbewerber darunter angesiedelt. Die FCC führt überzeugend aus, dass die Markteintrittsdrohung nicht nur bei Zugrundelegung der antitrust Grundsätze, sondern auch vor dem Hintergrund gesetzlicher Marktzutrittsschranken beurteilt werden müsse, die erst mit dem Telecommunications Act gefallen seien. Da sie vom Markteintritt in die jeweilige Region des anderen ausgeschlossen gewesen waren (sog. precluded competitor), komme es nicht darauf an, ob die Parteien bereits gegenseitige Markteintrittsversuche unternommen hätten, um in den betreffenden Markt des anderen einzutreten. Vielmehr müsse aus Sicht der künftig erwarteten Wettbewerbsentwicklung beurteilt werden, ob sog. significant market participants mit einer gewissen Wahrscheinlichkeit, effektiv und mit einem gewissen Volumen in den Markt des anderen eintreten werden.[2020]. Dabei müsse beurteilt werden, ob Möglichkeiten und Anreize bestünden, dass zumindest eine der Fusionsparteien in den Markt der anderen eintreten werde[2021].

Im transitional markets approach liegt ein gravierender Unterschied zum Prüfungsumfang von DOJ und FTC. Denn diese Sichtweise ermöglicht die Einbeziehung von Wettbewerbern als aktuelle Marktteilnehmer, die ihre Absicht, in den Markt einzutreten, noch gar nicht manifestiert haben.[2022] Außerdem wird sichtbar, welches Gewicht die FCC der regulatorischen Umgebung und ihren eigenen Regulierungsabsichten beimisst. Die Regulierungsbehörde erinnert damit gleich zu Beginn ihrer wettbewerblichen Analyse daran, dass der Zusammenschluss auch konsistent mit ihrer eigenen Tätigkeit im Rahmen der Marktregulierung sein sollte bzw. ihre regulatorische Tätigkeit nicht unterlaufen darf.

aaa) Marktabgrenzung

In Übereinstimmung mit den Kartellbehörden und der Rechtsprechung definiert die FCC einen sachlich relevanten Produktmarkt und grenzt diesen in einem geographischen Gebiet ab. Die Abgrenzung erfolgt dabei ebenfalls unter Zugrundelegung des hypothetischen Monopolistentests (SSNIP-Test). Eine detaillierte Analyse der Common Carrier Marktabgrenzung hatte die Regulierungsbehörde bereits in ihrer

---

2020 Bell Atlantic/NYNEX, Merger Order, FCC 97-286, 12 FCC Rec. 19985 (1997), Tz. 60; WorldCom/MCI, Merger Order, 13 FCC Rec. 18025, FCC 98-225, (1998), Tz. 19 f.; SBC/Ameritech, Merger Order, FCC 99-279, 14 FCC Rec. 19988 (1999), Tz. 64.
2021 SBC/Ameritech, Merger Order, FCC 99-279, 14 FCC Rec. 19988 (1999), Tz. 64, Fn. 141; AT&T/TCG, Merger Order, FCC 98-169, 13 FCC Rec. 15236 (1998), Tz. 17, 23, 25, 27, 39, 42 f.
2022 Vgl. auch *Schrameyer*, S. 114.

LEC Classification Order[2023] vorgenommen. Danach umfasst der sachlich und räumlich relevante Markt auch für die Telekommunikationsmärkte die Dienste, für die es keine engen Substitutionsmöglichkeiten nach dem SSNIP-Test gibt. Hinsichtlich der Höhe der Preisanhebung wird der gleiche flexible Preisindex verwendet, wie ihn Merger Guidelines und Rechtsprechung zugrunde legen. Hierbei spielt die Nachfragesubstitution die entscheidende Rolle. Angebotsumstellungsflexibilität und Gebietsausweitung werden erst bei der Ermittlung der Marktteilnehmer geprüft. Die FCC hat auf Grundlage dieser Kriterien geschlossen, dass jede Punkt-zu-Punkt Verbindung als eigener geographisch relevanter Markt behandelt werden könnte[2024]. Aus Gründen der Praktikabilität und Effektivität, sowie der Pflichten von Common Carrier, ihre Entgelte der FCC bekanntzumachen, die dann national und nicht für örtliche Regionen gelten, grenzt die Behörde die Märkte aber grundsätzlich weiter ab[2025]. Entscheidendes Kriterium dieser Zusammenfassung einzelner Verbindungsmärkte ist die Sicht des Verbrauchers bei der Wahl der Verbindung in das jeweilige Zielgebiet. Hat er hierbei die Möglichkeit, sich anderer Carrier zu bedienen, so ist auch der Markt weiter. Der Fernverkehrsbereich (Interexchange bzw. Long Distance) ist daher grundsätzlich national abzugrenzen[2026], während Ortsnetzvermittlung (Local Exchange) und Zugangsdienste im Ortsnetz (Exchange Access[2027]) eigene räumlich relevante Märkte konstituieren. Hinzu kommt ein eigener sachlich und räumlich relevanter Markt für Bündelangebote aus Local Exchange/Exchange Access und Interexchange, sofern CLEC betroffen oder nach Sec. 271 Communications Act in den Fernverkehrsbereich entlassene ILEC solche Bündelprodukte schnüren. Innerhalb des Produktmarktes sind wiederum unterschiedliche Präferenzen von Verbrauchern zu würdigen. So kommen neben den Privatnutzern, mittlere und große Geschäftskunden bzw. staatliche Abnehmer in Betracht[2028].

Die FCC hat auch in SBC/Ameritech[2029] und Bell Atlantic/NYNEX[2030] die sachlich relevanten Märkte als die für Local Exchange und Exchange Access Service definiert. Local Exchange betrifft den Ortsnetzwettbewerb, wie er sich aus Sicht des Endkunden gestaltet, wenn er einen Anbieter für die Vermittlung von Gesprächen

---

2023 Regulatory Treatment of LEC Provision of Interexchange Services Originating in the LEC Local Exchange Area and Policy and Rules Concerning the Interstate, Interexchange Marketplace, FCC 96-149/FCC 96-61, Second Report & Order, FCC 96-149, Third Report & Order, FCC 96-61, 12 FCC Rec. 15756 (1997) (LEC Classification Order).
2024 LEC Classification Order, FCC 96-61, 12 FCC Rec. 15756 (1997), Tz. 64 ff.
2025 Ebenda, Tz. 66; SBC/Ameritech, Merger Order, FCC 99-279, 14 FCC Rec. 19988 (1999), Tz. 69, Fn. 147; MCI/WorldCom, Merger Order, 13 FCC Rec. 18025, FCC 98-225, (1998), Tz. 30.
2026 Vgl. nur MCI/WorldCom, Merger Order, 13 FCC Rec. 18025, FCC 98-225, (1998), Tz. 30; LEC Classification Order, FCC 96-61, 12 FCC Rec. 15756 (1997), Tz. 66; dies folgt auch aus den sog. geographic rate averaging rules, kodifiziert in 47 C.F.R. § 64.1801 (a); 47 U.S.C. 254 (g).
2027 Gemeint ist hierbei der LATA-Bereich.
2028 Bell Atlantic/NYNEX, Merger Order, FCC 97-286, 12 FCC Rec. 19985 (1997), Tz. 53.
2029 SBC/Ameritech, Merger Order, FCC 99-279, 14 FCC Rec. 19988 (1999), Tz. 68.
2030 Bell Atlantic/NYNEX, Merger Order, FCC 97-286, 12 FCC Rec. 19985 (1997), Tz. 49 ff

innerhalb des Ortsnetzes sucht. Der Exchange Access Service betrifft dagegen die Zugangsmöglichkeiten von Dritten, um Gesprächen innerhalb und außerhalb der Ortsnetze zu vermitteln. Dabei nimmt die FCC eine weitere Abgrenzung von bestimmten Nachfragegruppen vor, die der vom Supreme Court entwickelten Teilmarktabgrenzung ähnelt. Dabei wird der Massenmarkt von dem Geschäftskundenmarkt differenziert, was nicht zuletzt Konsequenz der Universaldienstregulierung ist, die vor allem in ländlichen und finanzschwachen Gebieten, Telekommunikationsdienstleistungen zu erschwinglichen Preisen zur Verfügung stellen möchte[2031]. Darüber hinaus sind auch die Anforderungen an größere Unternehmen ganz andere und spiegeln sich in einer Vielzahl von Besonderheiten[2032] wieder. Daher sind die Anforderungen der Nachfragegruppen aus ihrer Sicht nicht identisch und müssen richtigerweise getrennt begriffen werden. Den räumlich relevanten Markt beschränkt die FCC dagegen allein auf Hauptstädte[2033]. Denn der potentielle Wettbewerb zwischen Fusionsparteien sei nicht auf ihre jeweilig versorgten Gebiete auszudehnen. Realistischerweise würde sich das wechselseitige Angebot der Parteien gegenwärtig und in den nächsten Jahren örtlich beschränkt auf dicht besiedelte Regionen abspielen. In dem Zusammenschluss SBC/Ameritech waren St. Louis und Chicago besondere Gebiete, da konkrete Markteintrittspläne von Ameritech bestanden, in dieser Großstadt Telekommunikationsdienste anzubieten. Umgekehrt bestanden auch Absichten von SBC in das von Ameritech bediente Gebiet Chicago einzusteigen. In Bell Atlantic/NYNEX war dagegen allein der LATA 132 (New York) der geographisch relevante Markt der Zusammenschlussparteien, da die FCC auch hier die realistische Einschätzung teilte, dass nur in diesem Gebiet ein Markteintritt erfolgreich stattfinden könnte.[2034]

bbb) Identifizierung der wichtigsten Marktteilnehmer

Für die Ermittlung der Wettbewerbssituation auf den so abgegrenzten Märkten greift die FCC auf die Vorgaben der Merger Guidelines[2035] zurück und ermittelt zunächst die most significant market participants. Die RBOC/ILEC selbst sind als solche unproblematisch zu identifizieren, wobei sie immer noch als marktbeherrschend (dominant carrier) gelten. Für andere Telekommunikationsunternehmen wäre nach den allgemeinen Regeln des Antitrustrechts eine Einbeziehung als Marktteilnehmer nur unter schwierigen Bedingungen möglich. Dies gilt in besonderem Maße für

---

2031 *Hammond*, 45 DePaul U. Law Rev. 1067, 1068 (1996); vertiefend *Trinchero/Smith*, 51 Fed. Comm. Law J. 303 ff. (1999); *Kiddoo/Hansel*, 544 PLI/Patent Bar Rev. 117, 135 (1998).
2032 Bspw. Multiplex-Anschlüsse, QoS-Aspekte bei Hochgeschwindigkeitsstrecken, VPN-Verbindungen zur Vernetzung örtlich getrennter Niederlassungen, große Voice Mail Systeme, etc., vgl. hierzu auch Bell Atlantic/NYNEX, Merger Order, FCC 97-286, 12 FCC Rec. 19985 (1997), Tz. 53.
2033 SBC/Ameritech, Merger Order, FCC 99-279, 14 FCC Rec. 19988 (1999), Tz. 69 f.; Bell Atlantic/NYNEX, Merger Order, FCC 97-286, 12 FCC Rec. 19985 (1997), Tz. 49 ff.
2034 Bell Atlantic/NYNEX, Merger Order, FCC 97-286, 12 FCC Rec. 19985 (1997), Tz. 57.
2035 1997 Merger Guidelines, § 1.32.

Ortsnetzbereiche, da der konkrete Markteintritt von Wettbewerbern mit versunkenen Kosten verbunden ist. Die Antitrust Division des DOJ hat sich insofern erst gar nicht mit dem potentiellen Wettbewerb in der leitungsgebundenen Telekommunikation beschäftigt. Stattdessen hat sie die Marktteilnehmer allein in den überlappenden Bereichen (sog. overlapping markets) der Mobilfunksparte seitens SBC und Ameritech und hierbei allein den Einzugsbereich der Stadt St. Louis und den Bundesstaat Missouri für Local Exchange und Long Distance Services zum wettbewerblichen Bereich erklärt.[2036] Das DOJ stützte dieses Vorgehen auf die konkreten Markteintrittspläne von Ameritech, die vor dem Zusammenschluss erklärt hatte, dass sie in dem betreffenden Territorium von SBC beabsichtige, Local Exchange und Long Distance Mobilfunkdienste anzubieten. Konkrete Markteintrittspläne über die leitungsgebundene Telekommunikation bestanden dagegen nicht, weshalb auch die Varianten der potential competition doctrine hier nicht zu einer Identifizierung der Gesellschaften als most significant market participants führten. Anders fiel die Beurteilung durch die FCC aus.[2037] Sie stützt sich aufgrund des transitional markets approach nicht allein auf konkrete Markteintrittspläne der Gesellschaften, sondern beurteilte Fähigkeiten und Anreize zum Markteintritt abstrakt (highly likely)[2038]. Neben dem beabsichtigten Markteintritt über Mobilfunkdienste bestand nach Auffassung der FCC in dem Zusammenschluss SBC/Ameritech daher auch die Möglichkeit, über Regulierungsinstrumente sowohl leitungsgebundene TK-Dienste anzubieten als auch einen größeren Bereich als den vom DOJ erkannten abzudecken.[2039] Dabei ist aber einschränkend anzumerken, dass die FCC (ebenso wie das DOJ) eine signifikante Marktteilnahme aufgrund der Größen-, Verbund- und Dichtevorteile nur in größeren Metropolen erkannt und die ländlichen Regionen realistischerweise ausgeklammert hatte.

ccc) Analyse des Zusammenschlusses

Ein Kernelement des public interest test bildet die Marktanalysestufe. Dabei wird in Übereinstimmung mit den Merger Guidelines untersucht, ob durch den betreffenden Zusammenschluss die Wahrscheinlichkeit steigt, dass es zu unilateralem oder koordiniertem Verhalten der identifizierten Marktteilnehmer kommt, sich in irgendeiner Weise wettbewerbswidrig zu verhalten und hierdurch das Ziel des Telecommunications Act zu unterlaufen. Dabei verbietet der public interest test wettbewerbsschädliche Folgen der Zusammenschlüsse durch die Möglichkeiten der Regulierung zu relativieren[2040]. Damit prüft die FCC zunächst nicht, welche Möglichkeiten ihr an-

---

2036 Vgl. U.S. v. SBC Communications, Inc. and Ameritech Corp., Competitive Impact Statement, DOJ 99-0715 (1999).
2037 SBC/Ameritech, Merger Order, FCC 99-279, 14 FCC Rec. 14712 (1999), Tz. 71 ff.
2038 Vgl. Bell Atlantic/GTE, Merger Order, FCC 00-221, 15 FCC Rec. 14032 (2000), Tz. 110; Bell Atlantic/NYNEX, Merger Order, FCC 97-286, 12 FCC Rec. 19985 (1997), Tz. 15.
2039 SBC/Ameritech, Merger Order, FCC 99-279, 14 FCC Rec. 14712 (1999), Tz. 84 ff.
2040 Bell Atlantic/NYNEX, Merger Order, FCC 97-286, 12 FCC Rec. 19985 (1997), Tz. 95.

heim gestellt sind, um das potentiell wettbewerbswidrige Verhalten zu kontrollieren. Allein die gesteigerte Marktmacht oder die Erhöhung von Marktzutrittsschranken sind ausreichend, um Schäden für das öffentliche Interesse zu bejahen. Denn eines der wichtigsten Ziele des Telecommunications Act sei die Abschmelzung der Markteintrittsbarrieren, die den ILEC in der Vergangenheit die Monopolmacht über das Angebot von lokalen Telekommunikationsdienstleistungen in ihren Versorgungsregionen gaben. Daher sei auch nicht entscheidend, ob die Zusammenschlussparteien bereits jetzt miteinander im Wettbewerb stünden, sondern allein, ob das wünschenswerte Szenario eines Markteintritts trotz Zusammenschluss weiterhin erfüllt werden könne.[2041] Diese Zielsetzung sei jedenfalls dann realistischer, wenn die Markteintrittsbarrieren abgebaut würden[2042].

Die Einschätzung der FCC, dass die RBOC/ILEC als gegenseitige Markteintrittskandidaten in Frage kommen und Garant einer wettbewerblichen Entwicklung durch die Überwindung von Marktzutrittsschranken seien, kam ausnahmslos in allen horizontalen Zusammenschlüssen der RBOC/ILEC zum Ausdruck[2043]. Obwohl die FCC den HHI hierbei am Rande ihrer Prüfung erwähnt und ihn für die Beurteilung der Marktkonzentration auch verwendet, kann sie ihm nicht das Gewicht beimessen, wie DOJ und FTC. Denn das Konzept der transitional markets bewirkt, dass die Marktteilnehmer zwar identifiziert werden, ihr Marktanteil aber noch nicht existiert und daher auch nicht abgeschätzt werden kann. Ähnlich der potential competition doctrine muss der hypothetische Monopolistentest aber auch gar nicht detailliert geprüft werden. Vielmehr reicht auch danach aus, dass der Markt bereits hoch konzentriert ist, was in den Territorien der RBOC/ILECS stets gegeben ist, und ein markteintrittsfähiger Kandidat durch den Zusammenschluss wegfällt.

Mit der Zusammenschlussprüfung in Bell Atlantic/NINEX hat die FCC eine stringente Prüfung nach dem Muster der Merger Guidelines vorgenommen und dabei belegt, dass sich bei Infrastrukturzusammenschlüssen im Telekommunikationssektor mithilfe des transitional markets Ansatzes sehr schnell eine wesentliche Verringerung des Wettbewerbs nach dem SLC-Test ergibt[2044]. Daher wurde auch in späteren Konsolidierungsprozessen der RBOC/ILEC die Dogmatik der Guidelines diesbezüglich gelockert. Hier[2045] kam die FCC ohne aufwändige Prüfung zu dem Ergebnis, dass durch den Zusammenschluss der most significant potential competitors eine signifikante Verringerung des Wettbewerbs gegeben und hierdurch dem öffentlichen Interesse geschadet worden wäre. Der Unterschied im Hinblick auf die wett-

---

2041 Ebenda, Tz. 95.
2042 SBC/Ameritech, Merger Order, FCC 99-279, 14 FCC Rec. 14712 (1999), Tz. 92.
2043 Vgl. SBC/Ameritech, Merger Order, FCC 99-279, 14 FCC Rec. 14712 (1999), Tz. 92 ff.; Bell Atlantic/NYNEX, Merger Order, FCC 97-286, 12 FCC Rec. 19985 (1997), Tz. 95 ff.
2044 Bell Atlantic/NYNEX, Merger Order, FCC 97-286, 12 FCC Rec. 19985 (1997), Tz. 101-143.
2045 SBC/BellSouth, Merger Order, DA 00-2223, 15 FCC Rec. 25459 (2000), Tz. 97; Bell Atlantic/GTE, Merger Order, FCC 00-221, 15 FCC Rec. 14032 (2000), Tz. 97 ff.; SBC/Ameritech, Merger Order, FCC 99-279, 14 FCC Rec. 14712 (1999), Tz. 93; SBC/SNET, Merger Order, FCC 98-276, 13 FCC Rec. 21292 (1998), Tz. 14 ff.

bewerbliche Prüfung zwischen den Kartellbehörden einerseits und der FCC andererseits folgt aber nicht nur aus dem transitional markets approach. Vielmehr dient die Abschätzung der wettbewerblichen Auswirkungen zunächst allein der Beantwortung der Frage, ob die FCC ihrem Auftrag aus dem Telecommunications Act, für mehr Wettbewerb zu sorgen, gerecht wird, sofern sie den Zusammenschluss freigibt.

bb) Auswirkungen auf die Vergleichsmarktbetrachtung

Die doppelte Funktion, die die FCC im Hinblick auf ihre Regulierungstätigkeit und die Zusammenschlussbeurteilung wahrnimmt, zwingt die agency nicht nur dazu, den Wettbewerb zu fördern und Wettbewerbsbeschränkungen zu unterbinden, sondern auch die Instrumente für diese Beurteilung zu bewahren. Damit dient auch diese regelmäßig an zweiter Stelle zu beurteilende Frage allein der Einhaltung ihres gesetzlichen Auftrages. Eines der wichtigsten Hilfsmittel ist hierbei die sog. comparative practises analysis (auch benchmarking genannt), die mithilfe wettbewerblicher Vergleichsmärkte wettbewerbliche Probleme zuverlässiger, schneller und vor allem kostengünstiger erkennt, als dies mithilfe von theoretischen Preismodellen geschehen könnte.[2046] Die FCC bezeichnet die Vergleichmarktbetrachtung als wertvolles Instrument, um die Marktöffnung des Telecommunications Act zu fördern und advanced services beschleunigt zu verbreiten. Im Übrigen leitet die FCC aus der Zielsetzung des Telecommunications Act, Regulierung möglichst zu vermeiden, die Notwendigkeit ab, das Werkzeug des benchmarking zu erhalten, da ansonsten die notwendigen Informationen über stärkere Eingriffe in die Autonomie der Unternehmen stattfinden müssten. Dies wiederum sei mit hohen Kosten verbunden, die im Ergebnis auf Wettbewerber und Verbraucher umgewälzt werden würden.[2047] Daher ist die Erhaltung von Vergleichsmärkten kein Selbstzweck der FCC, sondern dient dem höchstrangigen Ziel, den Communications Act effektiv umzusetzen und der Kommunikationspolitik Rechnung zu tragen. Diese Annahme der Kommission verträgt sich mit der rein ökonomischen Betrachtung, da mit abnehmender Anzahl der Marktteilnehmer die Wahrscheinlichkeit kollusiven Verhaltens zunimmt und im Extremfall durch stillschweigendes Parallelverhalten kaum nachgewiesen werden kann. Gerade die nötigen Kosteninformationen, den Teilnehmerverzeichnissen, sowie der Möglichkeit, bestimmte Einrichtungen zu entbündeln und nicht gebündelt anzubieten, ist bei mehreren Teilnehmern einfacher und lässt sich transparenter am Markt ablesen, als Akten einzusehen und Ermittlungen anzustellen, die darüber hinaus nie die Gegenwart widerspiegeln, sondern sich als Momentaufnahmen an der Vergangenheit orientieren. Die Regulierungsbehörde betont die Bedeutung der Vergleichmarktbetrachtung insbesondere für die Verfahren nach Sec. 271 Communica-

---

[2046] SBC/Ameritech, Merger Order, FCC 99-279, 14 FCC Rec. 14712 (1999), Tz. 101 ff.; Bell Atlantic/NYNEX, Merger Order, FCC 97-286, 12 FCC Rec. 19985 (1997), Tz. 147 ff.
[2047] Bell Atlantic/GTE, Merger Order, FCC 00-221, 15 FCC Rec. 14032 (2000), Tz. 127 ff.; SBC/Ameritech, Merger Order, FCC 99-279, 14 FCC Rec. 14712 (1999), Tz. 102 ff.; Bell Atlantic/NYNEX, Merger Order, FCC 97-286, 12 FCC Rec. 19985 (1997), Tz. 147 ff.

tions Act, um nach erfolgreichem Nachweis örtlich wettbewerblicher Märkte, in den Long Distance Sektor eintreten zu dürfen. Die Vergleichsmarktbetrachtung wurde in diesen Verfahren nicht nur von FCC und DOJ, die bei den Verfahren gemäß Sec. 271 Communications Act angehört werden muss, sondern auch von den betroffenen Parteien selbst immer wieder bemüht, um den vergleichsweise starken/schwachen Grad an Ortsnetzwettbewerb zu demonstrieren.[2048] Die Bedeutung der Vergleichsmarktbetrachtung ist daher vor diesem Grund ein wichtiger Baustein für die Überwindung der Informationsdefizite, die Regulierung üblicherweise mit sich bringt. Bereits die Gerichte, einschließlich des für das MFJ maßgeblich verantwortliche Appellationsgerichtes, haben die Bedeutung der verbleibenden 7 RBOC für die Vergleichsmarktbetrachtung stets wiederholt und darauf hingewiesen, dass mit ihr die Identifizierung der wesentlichen Einrichtungen für Entbündelung, aber auch die Gleichartigkeit des Zugangs, d.h. ihre Diskriminierungsfreiheit, die Endgeräteinstallation, usw. entscheidend vereinfacht werde. Auch die RBOC selbst waren anfangs stets Verfechter dieser Theorie.[2049] Die FCC weist ferner darauf hin, dass sich der Verhandlungsprozess um Zusammenschaltung und entbündelten Netzzugang nach Sec. 251 Communications Act, der nur auf ILEC anwendbar ist, von dem auf wettbewerblichen Telekommunikationsmärkten der CLEC eklatant unterscheide und die Vergleichsmarktbetrachtung hier eine erhebliche Rolle gespielt habe und nach wie vor spiele[2050]. So verfüge ein ILEC immer über die schwer nachweisbare Macht, wahrheitswidrig zu behaupten, dass bestimmte Leistungen nicht entbündelt angeboten werden könnten oder dass der zugrunde gelegte Preis einer Leistung den tatsächlich anfallenden Kosten entspreche, gerade wenn sich an die Preise und Kosten der CLEC angenähert werde. Diese hätten mangels flächendeckender Bündelungs- und Dichtevorteile keine den RBOC/ILEC entsprechende Struktur und könnten insofern nicht als Vergleichsmaßstab herangezogen werden.[2051] Daneben hat die Vergleichsmarktbetrachtung aufgrund der kompetenziellen Zersplitterung zwischen FCC und PUCs eine verklammernde Wirkung, um auf einzelstaatlicher Regulierungsebene Missbrauchsgefahren durch Erfahrungen aus anderen Märkten zu erkennen[2052].

Auch für den Zusammenschluss SBC/Ameritech waren die negativen Voraussetzungen der Vergleichsmarktbetrachtung erfüllt. Die FCC bezog hierbei auch die Stellungnahmen von Wettbewerbern mit ein, die zahlreiche Beispiele anführten,

---

[2048] Vgl. FCC, Joint Application by SBC Communications Inc., Sw. Bell Telephone Company, and Southwestern Bell Communications Services, Inc., et. al, FCC-01-129 (2001).
[2049] United States v. Western Elec. Co., 993 f.2d 1572, 1580 (D.C. Cir.), cert. den., 510 U.S. 984 (1993); United States v. Western Elec. Co., 583 f.Supp. 1257, 1258 f. (D.D.C. 1984), aff., 846 f.2d 1422, cert. den., 488 U.S. 924 (1988); SBC/Ameritech, Merger Order, FCC 99-279, 14 FCC Rec. 14712 (1999), Tz. 126.
[2050] SBC/SNET, Merger Order, FCC 98-276, 13 FCC Rec. 21292 (1998), Tz. 157 f.; SBC/Ameritech, Merger Order, FCC 99-279, 14 FCC Rec. 14712 (1999), Tz. 109, Fn. 225.
[2051] SBC/SNET, Merger Order, FCC 98-276, 13 FCC Rec. 21292 (1998), Tz. 161; SBC/Ameritech, Merger Order, FCC 99-279, 14 FCC Rec. 14712 (1999), Tz. 109.
[2052] Vgl. nur PUC of Wisconsin, FCC 98-141 (1999), Tz. 7; Illinois Commerce Commission, AT&T v. GTE, Arbitration Decision, 96-AB-005 (1996), Tz. 2, 4, 11, 17, 28, 30.

wonach SBC in der Vergangenheit die technische Realisierbarkeit bestimmter Regulierungsinstrumente angezweifelt hatte[2053]. Erst die Vergleichmarktbetrachtung habe gezeigt, dass andere ILEC ihren Wettbewerbern genau diese technischen Voraussetzungen ermöglichten. Insgesamt würden die Zusammenschlüsse zu negativen Auswirkungen für die Vergleichsmarktbetrachtung führen und waren aus Sicht der FCC mit dem öffentlichen Interesse unvereinbar.[2054]

cc) Auswirkungen auf das Diskriminierungspotential

Anders als im Rahmen der wettbewerblichen der Zusammenschlusswirkung im Hinblick auf den gesetzlichen Wettbewerbsförderungsauftrag des Telecommunications Act dient die Abschätzung der Diskriminierungsmöglichkeit der Zusammenschlussparteien allein dazu, die konkreten wettbewerblichen Gefahren zu analysieren. Hierbei muss die Frage beantwortet werden, welche Möglichkeiten und Anreize die Parteien haben, um sich diskriminierend zu betätigen.

Die FCC erkennt bei den Zusammenschlüssen der RBOC/ILEC drei Hauptdiskriminierungsfelder. Zum einen bestehe ein erhöhtes Diskriminierungspotential gegenüber Wettbewerbern bei der Bereitstellung von advanced services[2055], die nach Sec. 706 Telecommunications Act besondere Bedeutung haben, und zum anderen seien der Interexchange und Local Exchange Bereich betroffen. Durch horizontale Zusammenschlüsse werde sich dieses Diskriminierungspotential erhöhen.

Gleich zu Beginn ihrer wettbewerblichen Analyse geht die FCC mit Verweis auf die in der Literatur[2056] begonnene Diskussion auf das Konzept der Netzwerkeffekte ein und erkennt, dass eine Diskriminierung in einer Region dazu führen könne, dass andere Gebiete von dem diskriminierenden Verhalten erfasst werden. Die hier hinter stehende Argumentation basiert auf der einfachen Annahme, dass durch eine Diskriminierung die Kosten von Wettbewerbern stiegen und dadurch ihre Wettbewerbsfähigkeit auch auf anderen, nicht von dem Zusammenschluss erfassten, geographischen Gebieten geschwächt werde.[2057] Hierdurch entstünde insoweit eine Erhöhung der Marktzutrittsschranken. Nach Argumentation der FCC erhöhe sich das Diskriminierungspotential durch den Zusammenschluss derart, dass die Anreize zur Diskriminierung mit größerem Territorium auch den Investitionsrückfluss und die

---

2053 So führte AT&T folgende verweigerte Dienste und Dienstmerkmale an: 1) Selective Routing of Operator and Directory Assistance Services, 2) Mechanized Loop Testing, 3) Collocation of Remote Switching Module, 4) Interim Number Portability, 5) Advanced Intelligent Network (AIN) Triggers; vgl. hierzu ausf. SBC/Ameritech, Merger Order, 14 FCC Rec. 19988 Tz. 142 ff., Fn. 282 ff. (1999).
2054 SBC/Ameritech, Merger Order, FCC 99-279, 14 FCC Rec. 14712 (1999), Tz. 184; restr. in: Bell Atlantic/NYNEX, Merger Order, FCC 97-286, 12 FCC Rec. 19985 (1997), Tz. 156.
2055 Vgl. Teil 2: B.III.4.a), S. 364.
2056 Vgl. nur die Ex Parte Ansichten v. *Hayes/Jayaratne/Katz*, An Empirical Analysis of the Footprint Effects of Mergers Between Large ILEC, abrufbar unter: <http://www.fcc.gov>.
2057 Bell Atlantic/GTE, Merger Order, FCC 00-221, 15 FCC Rec. 14032 (2000), Tz. 177 f.; SBC/Ameritech, Merger Order, FCC 99-279, 14 FCC Rec. 14712 (1999), Tz. 192.

Preisflexibilität in einem größeren Gebiet beträfen und nunmehr das zusammengeschlossene Netz der Fusionsparteien weiträumiger eine gezielte Ausschaltung eines Wettbewerbers erlaube. Aufgrund der Netzwerkeffekte sei daher das Diskriminierungspotential des zusammengeschlossenen Unternehmens weitaus höher als die Summe der Diskriminierung ohne den Zusammenschluss.[2058]

aaa) Advanced Services

Besondere Beachtung schenkt die Regulierungsbehörde bei Konsolidierungen der RBOC/ILEC den advanced services und insofern dem Internetzugang über DSL. Vor allem Sec. 706 Telecommunications Act hat seine Wirkung auch in den zahlreichen Zusammenschlussverfahren gezeigt. Die FCC hebt die neuen Formen der Datenübertragung hervor und verlangt die strenge Einhaltung ihrer advanced services rulemaking[2059]. So stellt sie den DSL-Zugang als einen Dienst heraus, der auf Input der LEC angewiesen ist und somit von einem Upstream Markt abhängig ist. Aufgrund dieser vertikalen Abhängigkeit bestehe Diskriminierungspotential. Außerdem hätten die Anreize zur Bottleneck-Diskriminierung in der Vergangenheit dazu geführt, dass sich neue Dienste nur langsam entwickelt hätten.[2060] Die Wettbewerber hätten vier besondere Probleme bei der Etablierung neuer Dienste wie DSL: 1) Probleme mit dem operations support system (OSS), 2) Probleme beim Zugang zu den Vermittlungsstellen und anderen Einrichtungen, um eigene Einrichtungen mit denen der ILEC zu verknüpfen (Kollokation), 3) die Verfügbarkeit entbündelter Einrichtungen, 4) die lange Dauer, bis ILEC/RBOC sich zu der Verhandlungslösung bekennen. Bei all diesen Problemen komme hinzu, dass Wettbewerber meist keine eigenen neuen Innovationen durchsetzen können. Altsassen gestalten ihre elektronischen Bauteile in den Vermittlungsstellen bewusst derart, dass nur identische technische Lösungen verwendet werden können. Innovation wird damit aufgrund diskriminierender Bedingungen verhindert.

Diese bereits bestehenden Diskriminierungsanreize würden durch einen Zusammenschluss der Parteien verstärkt werden. Auch hier bezieht sich die FCC auf das Konzept der Netzwerkeffekte und hebt hervor, dass die Altsassen die externen Effekte der Diskriminierung in ihren gemeinsamen Regionen internalisieren könnten und so einen negative feedback effect auslösen könnten. Die installed base von Newcomern und Wettbewerbern, insbesondere der Anbieter von IP-basierter Tele-

---

2058 Bell Atlantic/GTE, Merger Order, FCC 00-221, 15 FCC Rec. 14032 (2000), Tz. 178; SBC/Ameritech, Merger Order, FCC 99-279, 14 FCC Rec. 14712 (1999), Tz. 193.
2059 Deployment of Wireline Services Offering Advanced Telecommunications Capability, et al., FCC 98-147, et al., Memorandum Opinion & Order, and Notice of Proposed Rulemaking (Advanced Services Order & NPRM), 13 FCC Rec. 24012 (1998); Deployment of Wireline Services Offering Advanced Telecommunications Capability, FCC 98-147, First Report & Order and Further Notice of Proposed Rulemaking (Advanced Services Further Notice), 14 FCC Rec. 4761, 4764, (1999), Tz. 6.
2060 Bell Atlantic/GTE, Merger Order, FCC 00-221, 15 FCC Rec. 14032 (2000), Tz. 181 ff.; SBC/Ameritech, Merger Order, FCC 99-279, 14 FCC Rec. 14712 (1999), Tz. 197 ff.

fonie (VoIP), die nach Sec. 706 Telecommunications Act besonderen Schutz genießen, werde dadurch geschmälert und die Kosten derart erhöht, dass ein Marktaustritt wahrscheinlich werde. Gemäß den Gleichungen direkter und indirekter Netzwerkeffekte sei auch die Summe der Diskriminierung von beiden Unternehmen als getrennte Regionalgesellschaften niedriger als die gebündelte Diskriminierung eines zusammengeschlossenen Unternehmens.[2061]

bbb) Long Distance Services

Für Long Distance Services bestehe erhöhtes Diskriminierungspotential in Bezug auf Zugangsmöglichkeiten und Preise. Hinsichtlich der Preisdiskriminierung bezieht sich die FCC auf die leveraging Theorie, die auch das MFJ für den Telekommunikationssektor entscheidend mitgeprägt hat. Zwar sei eine solche Diskriminierung nicht im Interesse des fusionierten Unternehmens, sofern ein Markteintritt nach Sec. 271 Communications Act noch ausgeschlossen sei. Allerdings werde mit zunehmender Ortsnetzgröße faktisch auch Interexchange betrieben, womit nach Zusammenschluss Anreize und Möglichkeiten entstünden, eine Gesprächsvermittlung von Interexchange zu behindern. Außerdem bestünden ähnliche Anreize in Bezug auf Qualitätsaspekte und Preisgestaltung wie in dem Beispiel der advanced services. Die FCC macht in diesem Zusammenhang deutlich, dass die IXC aufgrund der dynamischen Entwicklung von Kundenbedürfnissen zunehmend differenzierte Produkte einsetzen müssten und insofern immer mehr von der Kooperationsbereitschaft der ILEC abhängig wären. Diese Bereitschaft werde durch die Vergrößerung der Ortsnetze zunehmend in Frage gestellt und sei durch Fusionen ernsthaft gefährdet, was außerdem dazu führe, dass Videodienste über die Einrichtungen der ILEC (wie IPTV) behindert würden, die ebenfalls unter dem besonderen Schutzmantel von Sec. 706 Telecommunications Act stehen.[2062]

ccc) Local Exchange Services

Im Local Bereich wird seitens der FCC mit vergleichsweise ähnlichen Argumenten auf die gesteigerten Diskriminierungsmöglichkeiten der Zusammenschlussparteien hingewiesen. Gezeigt wird, dass auch hier der Anreiz steige, in preislicher und qualitativer Hinsicht zu diskriminieren bzw. den reinen Bottleneck auch mangels einer Vergleichsmarktbetrachtung für Wettbewerber preislich unattraktiv zu gestalten. Betroffen seien hiervon die CLEC, die in vertikaler Hinsicht von vom Input der ILEC abhängig seien. Für CLEC ergebe sich die Besonderheit, dass Diskriminierung hier aufgrund von QoS-Aspekten möglich sei, die von der FCC nicht immer einfach

---

2061 Bell Atlantic/GTE, Merger Order, FCC 00-221, 15 FCC Rec. 14032 (2000), Tz. 183 ff.; SBC/Ameritech, Merger Order, FCC 99-279, 14 FCC Rec. 14712 (1999), Tz. 207 ff.
2062 Bell Atlantic/GTE, Merger Order, FCC 00-221, 15 FCC Rec. 14032 (2000), Tz. 191 ff.; SBC/Ameritech, Merger Order, FCC 99-279, 14 FCC Rec. 14712 (1999), Tz. 225 ff.

zu lokalisieren und zu identifizieren seien.[2063] Nach dem Zusammenschluss würden sich auch hier verstärkt Netzwerkeffekte zeigen, die sich auf den Märkten insgesamt und nicht nur in der Zusammenschlussregion auswirken würden. Die Parteien argumentierten zwar in umgekehrter Richtung, indem sie anführten, dass bei Diskriminierung nur in einer Region, der Anreiz der Wettbewerber stiege, verstärkt in andere Märkte einzutreten, wodurch wiederum mehr Wettbewerb entstünde. Allerdings zeigte die FCC in mehreren Verfahren auf, dass eine größere Zahl von Ortsnetzgesellschaften für CLEC insofern Chancen böten, als dass gute Reputationen in einer Region, die Aufmerksamkeit in anderen nach sich ziehen und hierdurch ein Markteintritt der CLEC mit nationaler Eintrittsfähigkeit erleichtert werden könnte. Diese spill over effects würden durch Zusammenschlüsse der RBOC/ILEC eliminiert.[2064]

c) Erwartete Vorteile für das öffentliche Interesse

Die FCC berücksichtigt von Amtswegen die Vorteile, die von dem Zusammenschluss für das öffentliche Interesse ausgehen[2065]. Vorteile werden in erster Linie aus wettbewerblicher Sicht mit Blick auf die Merger Guidelines bewertet[2066]. Die FCC konzentriert sich nahezu vollständig auf zusammenschlussspezifische Effizienzen. Der Maßstab muss hierbei ausreichend wahrscheinlich und nachprüfbar sein, darf aber nicht aus einer Outputreduzierung oder einer Preisanhebung resultieren[2067]. Die Behörde macht außerdem deutlich, dass die Parteien die Beweislast für eventuell zu berücksichtigende Effizienzen tragen[2068] und weist darauf hin, dass je schwerwiegender sich die aus der Fusion erwachsenden Nachteile darstellen, desto größer die Effizienzvorteile sein müssen, um dem öffentlichen Interesse insgesamt zu dienen[2069]. Damit verfolgt auch die FCC den sliding scale approach[2070] der Merger Guidelines von DOJ und FTC.

In dem Zusammenschluss SBC/Ameritech wurden folgende Kernbereiche von Effizienzen analysiert. So wiesen die Parteien darauf hin, dass der Zusammenschluss

---

2063 Bell Atlantic/GTE, Merger Order, FCC 00-221, 15 FCC Rec. 14032 (2000), Tz. 199 ff.; SBC/Ameritech, Merger Order, FCC 99-279, 14 FCC Rec. 14712 (1999), Tz. 236 ff.
2064 Bell Atlantic/GTE, Merger Order, FCC 00-221, 15 FCC Rec. 14032 (2000), Tz. 200; SBC/Ameritech, Merger Order, FCC 99-279, 14 FCC Rec. 14712 (1999), Tz. 237.
2065 Bell Atlantic/NYNEX, Merger Order, FCC 97-286, 12 FCC Rec. 19985 (1997), Tz. 157 ff.; AT&T/TCI. Merger Order, 14 FCC Rec. 3160 (1999), Tz. 13; MCI/WorldCom, Merger Order, 13 FCC Rec. 18025 (1998), Tz. 194.
2066 Vgl. SBC/Ameritech Order, 14 FCC Rec. 19988 (1999), Tz. 255, Fn. 480 (1999) m. Hinw. auf die 1992 Merger Guidelines.
2067 SBC/Ameritech, Merger Order, FCC 99-279, 14 FCC Rec. 14712 (1999), Tz. 255.
2068 SBC/Ameritech, Merger Order, FCC 99-279, 14 FCC Rec. 14712 (1999), Tz. 48 Fn. 116 mwN; MCI/WorldCom, Merger Order, 13 FCC Rec. 18030 (1998), Tz. 10 Fn. 33; die Beweislastverteilung ist allerdings auch gesetzlich in 47 U.S.C. 309 (e) kodifiziert.
2069 SBC/Ameritech, Merger Order, FCC 99-279, 14 FCC Rec. 14712 (1999), Tz. 256; Bell Atlantic/NYNEX, Merger Order, FCC 97-286, 12 FCC Rec. 19985 (1997), Tz. 157.
2070 Vgl. hierzu Teil 2: A.III.3.b)bb)bbb)(2), S. 269 ff.

die Möglichkeit eröffne, in 30 anderen lokalen Märkten tätig zu werden, die sich außerhalb der Region der Zusammenschlusspartner befänden. Zweitens würden Effizienzen daraus erwachsen, dass Einsparungen bei der Beschaffung, Einsparungen durch Konsolidierung von doppelten Kapazitäten, Eliminierung der jeweils schlechteren Technologie und schnellerer Diffusion neuer Technologien möglich werden würden. Die FCC hielt der erklärten Expansionswirkung entgegen, dass die Parteien die geplante Ausweitung nach dem Zusammenschluss nicht bewiesen hätten[2071] und dass die Zusammenschlussspezifität nicht nachvollziehbar sei[2072]. Hinsichtlich der erwarteten Synergien hebt die FCC dagegen die Einsparmöglichkeiten selbst hervor[2073], verlangt aber, dass diese an die Endkunden direkt weitergegeben werden müssen. Weisen die Parteien nicht nach, dass die Effizienzen den Endkunden direkt zugute kommen, bleiben solche Effizienzgesichtspunkt im Rahmen der wettbewerblichen Auswirkungen zunächst unberücksichtigt. Damit realisiert sich die vom Court of Appeals for the 8th Circuit eingeschlagene Richtung für die dynamischen Märkte der Telekommunikation nicht wie erwartet. Hatte das Gericht betont, dass die tiefgründigen Veränderungen in naher Zukunft, eine Fusion aus heutiger Sicht vielleicht wettbewerbsschädlich erscheinen lassen, sie aber in naher Zukunft auch Vorteile für den Wettbewerb insgesamt mit sich bringen könnte[2074], verschließt sich die FCC gegenüber solchen Erwartungen. Vielmehr verlangt sie sogar von dem Pass-On Erfordernis die Nachprüfbarkeit. Zu betonen ist aber, dass die FCC Verbesserungswirkungen nicht nur auf den durch den Zusammenschluss negativ betroffenen Märkten gegenüberstellt, sondern eine umfassende Prüfung in jeglichen Bereichen vornimmt. Im Ergebnis hat keiner der behandelten RBOC/ILEC Zusammenschlüsse allein aufgrund von Effizienzvorteilen die Nachteile für das öffentliche Interesse beseitigt.

d) Conditions/Remedies

Die eigentliche Bedeutung der Zusammenschlussverfahren der RBOC/ILEC liegt in der mit den Freigabeentscheidungen verbundenen conditions, womit prinzipiell schon deutlich wird, dass die FCC mit ihnen die Nachteile für das öffentliche Interesse beseitigt hat. Die gesetzlichen Grundlagen, die einen Verbindung einer Freigabeentscheidung mit Nebenbestimmungen erlauben, finden sich in Sec. 214 (c), 303 (r) Communications Act. Danach darf die FCC für die Zwecke der Lizenzerteilung und Lizenzübertragung diese mit conditions versehen, sofern dies vom öffentlichen

---

2071 SBC/Ameritech, Merger Order, FCC 99-279, 14 FCC Rec. 14712 (1999), Tz. 268.
2072 Ebenda, Tz. 270-300.
2073 SBC/Ameritech, Merger Order, FCC 99-279, 14 FCC Rec. 14712 (1999), Tz. 318-340; Bell Atlantic/NYNEX, Merger Order, FCC 97-286, 12 FCC Rec. 19985 (1997), Tz. 158.
2074 FTC v. Tenet Health Care Corp., 186 f.3d 1045, 1062 (8th Cir. 1999) m. Verw. auf United States v. Mercy Health Services, 107 f.3d 632, 637 (8th Cir. 1997).

Interesse verlangt wird[2075]. Im Rahmen der Funklizenzübertragung dürfen solche conditions auch auferlegt werden, sofern sie notwendig sind, um die Regelungen des Communications Act zu erfüllen[2076].

Commissioner Susan Ness kommentierte ihre Freigabeentscheidung in Bell Atlantic/NYNEX damit, dass sie nur deshalb einer Konsolidierung der RBOC zugestimmt habe, weil sie glaube, dass die mit der Freigabeentscheidung verbundenen conditions den Schaden für das öffentliche Interesse durch den Verlust des potentiellen Wettbewerbs bei Weitem überwiege[2077]. Die FCC stellt ihrer Prüfung zur Angemessenheit der conditions grundlegende Überlegungen an, die weder DOJ noch FTC in ihren Entscheidungen je haben einfließen lassen. So ist die Kommission der Auffassung, dass eine schlichte Abwägung der Vor- und Nachteile für das öffentliche Interesse dem public interest test nicht gerecht werde. Zum einen seien die Marktöffnungsmechanismen des Communications Act nicht unabhängig von der Anzahl der existierenden Marktteilnehmer und auch nicht unabhängig von der jeweiligen Größe der ILEC und RBOC. Zum anderen erlaube die dynamische Telekommunikationsindustrie eben keine so kurzsichtige Betrachtung. Zwei der Ziele, die mit den conditions verfolgt wurden, sollen aufgrund ihrer Bedeutung für die Breitbandkabelnetze Deutschlands dargestellt werden: 1) die Förderung von effizienten Advanced Services und 2) die Sicherstellung von offenen lokalen Märkten.

aa) Förderung gerechter und effizienter advanced services

Die auffällige Besorgnis der FCC, aber auch des Kongresses um die effiziente und zügige Verbreitung von Breitbanddiensten, wird von der Kommission konsequent in ihren conditions zu den Freigabeentscheidungen der RBOC umgesetzt. Die advanced services stehen auch hier chronologisch und in ihrer Bedeutung für die wettbewerbliche Entwicklung an erster Stelle ihrer Begründung. Diese sollen gerecht und effizient gefördert werden. In den Verfahren SBC/Ameritech[2078] und Bell Atlantic/GTE[2079] wurden dutzende neuer Regelungen in dem jeweils 80 Seiten umfassenden Anhang festgelegt, die hier allesamt nicht dargestellt werden können. Um Umfang und Ausmaß dieser Verhaltensrestriktionen zu skizzieren, reicht es aber aus, die wesentlichen Bestimmungen näher zu beleuchten, durch die dem öffentlichen

---

2075 47 U.S.C. 214 (c) lautet:
[The FCC] may attach to the issuance of the certificate such terms and conditions as in its judgment the public convenience and necessity may require.
2076 47 U.S.C. 303 (r) lautet:
The Commission shall [...] make such rules and regulations and prescribe such restrictions and conditions, not inconsistent with law, as may be necessary to carry out the provisions of this Ch. [...].
2077 Pressemitteilung v. Commissioner *Susan Ness* zu Bell Atlantic/NYNEX v. 14.08.1997.
2078 SBC/Ameritech, Merger Order, Conditions, FCC 99-279 (1999), (SBC/Ameritech, Conditions).
2079 Bell Atlantic/GTE, Merger Order, Conditions, FCC 00-221 (2000), (Bell Atlantic/GTE, Conditions).

Interesse in einer Weise Rechnung getragen wurde, dass eine Freigabe durch die FCC erteilt werden konnte.

bb) Trennung von advanced services

Die FCC sieht großes Potential in der Trennung der Geschäftsbereiche der advanced services von dem übrigen Kerngeschäftsfeld der RBOC/ILEC. Mithilfe dieser strukturellen Separierung in RBOC einerseits und ISP andererseits sollen die Diskriminierungsmöglichkeiten verringert und bestehende Machtmissbräuche transparenter werden.[2080] Dabei macht sich die FCC mit der strukturellen Separierung das Regulierungsinstrument aus Sec. 272 Communications Act zunutze, wonach RBOCs im Falle der Zusammenarbeit mit Töchtern dieselbe Kooperationsbereitschaft gegenüber nicht verbundenen Wettbewerbern zeigen müssen. Neben dieser, bereits im Regulierungsrecht verankerten Vorkehrung, die die RBOC durch die Bereitstellung eigener advanced services aber schlicht umgehen konnten, wird durch die Übertragung aller für advanced services erforderlichen Einrichtungen an die verbundenen Unternehmen eine Rückwärtsintegration ausgeschlossen. Mit dieser faktischen Einführung von Line Sharing erhoffte sich die FCC daher zunehmenden Wettbewerb bei der Bereitstellung von DSL. Da darüber hinaus im Falle eines abgestimmten wettbewerbswidrigen Verhaltens zwischen RBOC und ausgegliedertem ISP nach Sec. 251 (c) Communications Act eine Regulierung der RBOC-Tochter nach den ILEC Bestimmungen möglich ist, bestand nach Auffassung der FCC ein wirksames Druckmittel, um abgestimmtes leveraging zu unterbinden, zumal den Töchtern gegenüber Wettbewerbern ein wirksamer Bottleneck fehlen würde. Neben diesen Bedingungen sicherte die FCC mithilfe sog. surrogate rules auch ihre begonnene Regulierung von Line Sharing ab, indem sie ihre von den Gerichten noch unbestätigte Line Sharing Order[2081] in die conditions für den Fall der Unwirksamkeit implementierte[2082]. Nach diesen werden Wettbewerbern mit Discountabschlägen günstigere Bedingungen für den Zugang zur Infrastruktur der RBOC/ILEC eingeräumt.

cc) Advanced Services OSS

Eine Besonderheit des SBC/Ameritech Zusammenschlusses betraf die sog. advanced services operations support systems (OSS).[2083] Dieser zentrale Bestandteil für die

---

2080 Bell Atlantic/GTE, Merger Order, FCC 00-221, 15 FCC Rec. 14032 (2000), Tz. 260 ff.; SBC/Ameritech, Merger Order, FCC 99-279, 14 FCC Rec. 14712 (1999), Tz. 363 ff.
2081 In re Local Competition Provisions of the TCA 1996, FCC 96-98, Third Report & Order and Fourth Further Notice of Proposed Rulemaking, FCC 99-238 (1999) (Third Report & Order and Fourth FNPRM or UNE Remand Order); Deployment of Wireline Services Offering Advanced Telecommunications Capability, FCC 98-147/FCC 96-98, Third Report & Order and Fourth Report & Order, FCC 99-355 (1999) (Line Sharing Order).
2082 Bell Atlantic/GTE, Merger Order, FCC 00-221, 15 FCC Rec. 14032 (2000), Tz. 273 ff.; SBC/Ameritech, Merger Order, FCC 99-279, 14 FCC Rec. 14712 (1999), Tz. 369 f.
2083 SBC/Ameritech, Merger Order, FCC 99-279, 14 FCC Rec. 14712 (1999), Tz. 371 f., 424.

Abwicklung der Bereitstellung von advanced services war vor dem Zusammenschluss der RBOC in ihren Regionen nur rudimentär ausgestaltet. Hier wurden meist sog. Electronic Data Interchange Interfaces (EDII) verwendet, die eine Diskriminierung einfacher machten. Aufgrund der Erfahrungen der Wettbewerber mit diesen OSS wurde seitens der FCC und den Parteien ein Konzept zur Realisierung diskriminierungsfreier OSS ausgearbeitet. Den Fusionsparteien wurde aufgegeben, ein einheitliches elektronisches OSS zu entwickeln und innerhalb der 13 Bundesstaaten, in denen SBC/Ameritech tätig sein würde, zu installieren. Das Advanced Services OSS ist mit hohen Investitionskosten verbunden, was auch die FCC erkannte. Mit ihm lassen sich Kosten- und Preistransparenz realisieren und schützen so wirksam vor Diskriminierung. Die FCC legte daher großen Wert auf die Installation solcher Schutzmaßnahmen, die auch heute noch für viel Vereinfachung der Regulierungstätigkeit beitragen. Entscheidend war auch, dass die Implementierung des OSS in mehrere Phasen eingeteilt wurde, in denen auch die Konstruktion und der Sachverstand der Wettbewerber einfließen konnte. So wurden SBC/Ameritech insbesondere dazu verpflichtet, zusammen mit Wettbewerbern die Bedürfnisse solcher Kontrollsysteme festzulegen und diese gemeinsam zu entwickeln. Außerdem sollten diese Systeme nur dann implementierfähig sein, sofern Wettbewerber mit der Ausgestaltung einverstanden waren. Jede Verzögerung der Installation wurde darüber hinaus mit Sanktionen belegt und Streitigkeiten auf Schlichtungsstellen beschränkt, die von dem Common Carrier Bureau der FCC bestimmt werden sollten. Damit die Entwicklung eines OSS zügig voranschreiten konnte, wurde solange die OSS nicht implementiert waren, ein 25%iger Abschlag auf entbündelte Netzelemente veranschlagt.

dd) Zugang zu Loop Informationen für advanced services

Neben der Installation von Advanced Services OSS ist ein weiteres Element zur Verhinderung von Diskriminierung der Zugang zu Loop Informationen. Loop Merkmale sind für neue Dienste wichtig, da beispielsweise im Zusammenhang mit DSL die Länge der Kupferdoppelader bis zur Vermittlungsstelle ausschlaggebend dafür ist, ob gewisse Bandbreiten realisiert werden können. Ohne solche Loop Informationen erfolgen Angebote von Wettbewerbern immer in der Hoffnung, dass die physikalische Struktur potentieller Kunden auch tatsächlich ausreicht, um neue Dienste anbieten zu können. Daneben muss auch für jede neue Technologie berücksichtigt werden, welche Leitung dem Teilnehmer zugeordnet ist. Der Zugang zu den Loop-Informationen orientiert sich durch die detaillierte Beschreibung in den Nebenbestimmungen nach den Bedürfnissen der Wettbewerber[2084].

2084 Bell Atlantic/GTE, Merger Order, FCC 00-221, 15 FCC Rec. 14032 (2000), Tz. 277; SBC/Ameritech, Merger Order, FCC 99-279, 14 FCC Rec. 14712 (1999), Tz. 375.

ee) Sicherstellung von offenen lokalen Märkten

Um die Offenheit der lokalen Märkte zu gewährleisten, wurde in den Zusammenschlüssen häufig eine sog. Carrier-to-Carrier Performance Plan Vereinbarung getroffen[2085], wonach die Parteien für jeden Bundesstaat separat auf monatlicher Basis, die eingegangenen Verpflichtungen gegenüber CLEC im Internet bekannt machen müssen. Daneben werden die Parteien regelmäßig dazu verpflichtet, auch für den Local Bereich Schnittstellen für OSS auf diskriminierungsfreier Basis nach Absprache mit den Wettbewerbern zu entwickeln und in den Vermittlungsstellen einzuführen[2086]. Zu ihnen und den darin gespeicherten Informationen erhalten Wettbewerber Zugang auf diskriminierungsfreier Basis zu den anfallenden Kosten. Ein weiteres Feld, in dem conditions auf die Diskriminierungsmöglichkeiten eingreifen sollen, betrifft die Kollokation, wobei in einigen Zusammenschlüssen ein unabhängiger Schlichter Art und Umfang der Zusammenschaltung bestimmen sollte[2087]. Nach der sog. most-favored nations arrangement, hatte die FCC mit den Zusammenschlussparteien außerdem vereinbart[2088], dass sofern Töchter der RBOC Zusammenschaltungsmodalitäten mit Wettbewerbern vereinbaren, diese Bedingungen auch anderen gegenüber eingehalten werden sollten, so dass eine Selbstbindung der Parteien über die im Communications Act genannten Regulierungsinstrumente hinaus entstand. Daneben wurden zahlreiche andere Vereinbarungen getroffen, die insgesamt zu einer Abweichung der im Telecommunications Act und dem Communications Act niedergelegten Regulierungsinstrumente und zu einer Besserstellung der Wettbewerber führten, wobei auch verhaltensgebundene Zusagen, wie die Einhaltung bestimmter Preise bei Zusammenschaltung oder Vergünstigungen bei Resale zählten[2089].

ff) Förderung von Out-of-Region Competition

Als echte Verhaltenszusage akzeptiert die FCC regelmäßig auch die Betätigung der Zusammenschlussparteien im sog. Out-of-Region oder Out-of-Territory Competition. Nachdem in vielen Verfahren geäußert wurde, dass die Synergieeffekte die Parteien dazu befähigen würden, in andere lokale Märkte einzudringen, akzeptierte die FCC in Bell Atlantic/GTE die Zusage unter der Bedingung einer Investitionsleistung

---

2085 Bell Atlantic/GTE, Merger Order, FCC 00-221, 15 FCC Rec. 14032 (2000), Tz. 279 ff.; SBC/Ameritech, Merger Order, FCC 99-279, 14 FCC Rec. 14712 (1999), Tz. 377 ff.
2086 Bell Atlantic/GTE, Merger Order, FCC 00-221, 15 FCC Rec. 14032 (2000), Tz. 285 ff.; SBC/Ameritech, Merger Order, FCC 99-279, 14 FCC Rec. 14712 (1999), Tz. 381 ff.; Bell Atlantic/NYNEX, Merger Order, FCC 97-286, 12 FCC Rec. 19985 (1997), Tz. 182 ff.
2087 Bell Atlantic/GTE, Merger Order, FCC 00-221, 15 FCC Rec. 14032 (2000), Tz. 290; SBC/Ameritech, Merger Order, FCC 99-279, 14 FCC Rec. 14712 (1999), Tz. 387.
2088 Bell Atlantic/GTE, Merger Order, FCC 00-221, 15 FCC Rec. 14032 (2000), Tz. 300; SBC/Ameritech, Merger Order, FCC 99-279, 14 FCC Rec. 14712 (1999), Tz. 388 ff.
2089 Bell Atlantic/GTE, Merger Order, FCC 00-221, 15 FCC Rec. 14032 (2000), Tz. 306 ff.; SBC/Ameritech, Merger Order, FCC 99-279, 14 FCC Rec. 14712 (1999), Tz. 391 ff.

von 500 Mio. Dollar außerhalb der eigenen Region[2090]. In SBC/Ameritech hatte sie zur Auflage gemacht in 30 Ballungsgebiete mit bestimmten investiven Maßnahmen einzudringen[2091]. Die Einhaltung dieser Zusagen wurde an einen abgestuften Katalog von Sanktionen geknüpft Verstöße sollten mit bis zu 1,2 Mrd. Dollar geahndet werden können und einem Fonds zufließen.

2. Zusammenschlüsse: ILEC/IXC (vertikale Integration)

Die hier zu behandelnden Zusammenschlüsse, SBC/AT&T einerseits und Verizon/MCI andererseits, die in erster Linie zu einer vertikalen Integration der beiden größten RBOC der USA, SBC und Verizon, und den beiden dominierenden IXC, AT&T und MCI, führten, beenden die vom MFJ in den 1980er Jahren angestoßene vertikale Separation auf überraschende Art und Weise. Sachkundige Beobachter sprechen hier nicht ohne Grund von einer kuriosen Situation[2092], da sowohl SBC und Verizon als sog. Baby Bells anfangs nur Bruchteile des von AT&T dominierten Monopols besaßen und mit der Freigabe des Zusammenschlusses zu zwei Mega-Carrier der USA erwachsen sind. Im Ergebnis ist damit die traditionsreiche Geschichte von AT&T beendet worden. Die Folgen der Zusammenschlüsse sind statistisch ernüchternd. SBC hat 52 Mio. TAL und 5,1 Mio. DSL-Zugänge und übernimmt die Großkundenanschlüsse von AT&T mit einem globalen Netzwerk in 50 Ländern der Welt. Vergleichbar sind die Zahlen von Verizon. Die Gesellschaft hat 53 Mio. TAL, versorgt 3,6 Mio. Endkunden mit DSL-Anschlüssen und übernimmt mit der Akquisition von MCI – neben den staatlichen Anschlüssen und den größten US-Geschäftskunden – deren IP-Backbone, das sich auf über 140 Länder in der Welt erstreckt.[2093]

Die Zusammenschlüsse wurden sowohl seitens der FCC als auch vom DOJ geprüft und mit minimalen conditions freigegeben, wobei grundsätzlich zwei voneinander getrennte Zusammenschlussverfahren geprüft, aber aufgrund der nahezu identischen Sachverhalte wechselseitig aufeinander Bezug genommen wurde.

a) Die Prüfung des DOJ

Das DOJ hat beide Zusammenschlüsse in Competitive Impact Statements geprüft und hierbei nur sog. Special Access bzw. Local Private Lines (local loop) als die für

---

2090 Bell Atlantic/GTE, Merger Order, FCC 00-221, 15 FCC Rec. 14032 (2000), Tz. 319 ff.
2091 SBC/Ameritech, Merger Order, FCC 99-279, 14 FCC Rec. 14712 (1999), Tz. 398 ff.
2092 Companies the Americas: SBC completes $16bn AT&T deal, Financial Times, 19.11.2005; Übernahmen v. MCI und AT&T genehmigt, Handelsblatt v. 01.11.2005, S. 14; Die Wiederauferstehung einer Telefon-Ikone, Handelsblatt v. 05.01.2006, S. 18; diese Kuriosität bestätigen Pressemitteilungen, in denen fälschlicherweise dav. ausgegangen wird, dass AT&T SBC übernommen hätte, vgl. hierzu nur Landesbank Rheinland-Pfalz v. 08.03.2006.
2093 And Then There Were Two in Telecom?, abrufbar unter: <http://www.opticallynetworked.com>, 25.02.2005; Die Wiederauferstehung einer Telefon-Ikone, Handelsblatt v. 05.01.2006, S. 18.

die wettbewerbliche Beurteilung relevanten Märkte abgegrenzt. Damit hat sich das DOJ, wie schon in den RBOC/ILEC Konsolidierungen deutlich wurde, allein auf die overlapping markets konzentriert, die insofern in horizontalem Wettbewerb standen, und damit auf die Prüfung der vertikalen Beziehungen ganz verzichtet.[2094] Dies ist angesichts der Darstellung der Unterschiede zwischen transitional approach und potential competition grundsätzlich nachvollziehbar. Andererseits hätte sich eine Prüfung der Markt abschottende Wirkung und des leveraging in vertikaler Hinsicht aufdrängen müssen. Dass die Antitrust Division dagegen keine Prüfung im Hinblick auf Sec. 271 Communications Act vorgenommen hat, ist angesichts ihrer mangelnden Mitentscheidungsbefugnis[2095] und begrenzten Mitwirkungspflicht einleuchtend.

Nach Aussage in ihrem Competitive Impact Statement sei SBC (Verizon) in den allermeisten Gebieten ihres Versorgungsbereichs mit 52 Mio. TAL alleiniger local loop Anbieter auf dem Massenmarkt. Etwas anderes gelte aber für das Geschäftskundensegment in größeren Metropolen[2096]. Hier sei AT&T (MCI) der signifikanteste Marktteilnehmer, da insoweit bei großen Geschäftsgebäuden eigene local loop Einrichtungen aufgebaut worden sein, so dass Infrastrukturwettbewerb zwischen SBC (Verizon) und AT&T (MCI) bestehe. Durch den Zusammenschluss würde infrastrukturbasierter Wettbewerb im Local Bereich der größten Metropolen wegfallen. Obwohl die Marktanteile von AT&T/MCI bei der Bereitstellung der local loop Anschlüsse in den Gebieten von SBC/Verizon verschwindend gering waren (weniger als jeweils 1%[2097]), war das DOJ der Auffassung, dass dieser aufkeimende Wettbewerb ohne Zugeständnisse zu einer offensichtlichen Verringerung signifikanten Wettbewerbs geführt hätte.[2098] Das DOJ gab den Zusammenschlüsse daher ohne aufwändige Prüfung von Effizienzgesichtspunkten unter Maßgabe eines Entflechtungsplanes mit consent decree frei, welche die Veräußerung doppelt vorhandener

---

2094 United States v. SBC Communications Inc. & AT&T Corp., Competitive Impact Statement, Civil Action No.: 1:05CV02102 (EGS), filed: 16.11.2005; United States v. Verizon Communications Inc. & MCI Inc., Competitive Impact Statement, Civil Action No.: 1:05CV021 03 (HHK), filed: 16.11.2005.
2095 Vgl. Teil 2: B.III.2.c)bb)ddd), S. 323.
2096 Betroffen waren im Fall AT&T: Chicago, Illinois; Dallas-Fort Worth, Texas; Detroit, Michigan; Hartford-New Haven, Connecticut; Indianapolis, Indiana; Kansas City, Missouri; Los Angeles, California; Milwaukee, Wisconsin; San Diego, California; San Francisco-San Jose, California; und St. Louis, Missouri; bei MCI waren es folgende Gebiete: Baltimore-Washington, D.C.; Boston, Massachusetts; New York, New York; Richmond, Virginia; Providence, Rhode Island; Tampa, Florida; Philadelphia, Pennsylvania; Portland, Maine.
2097 Vgl. SBC/AT&T, Merger Order, FCC 05-183 (2005), Tz. 38. Sowohl SBC als auch Verizon versorgen etwa 250.000 Gebäude mit eigenen TAL, AT&T hat etwa 1.691 TAL.
2098 United States v. SBC Communications Inc. & AT&T Corp., Competitive Impact Statement, Civil Action No.: 1:05CV02102, filed: 16.11.2005, II.C.; United States v. Verizon Communications Inc. & MCI Inc., Competitive Impact Statement, Civil Action No.: 1:05CV02103 (HHK), filed: 16.11.2005, II.C.

local loop Anschlüsse und die dazu gehörigen Wege- und Gebäuderechte (Indefeasible Rights of Use – „IRUs") in den betroffenen Gebieten vorsahen[2099].

b) Die Prüfung der FCC

Die FCC hat anders als das DOJ in beiden Zusammenschlussverfahren eine Vielzahl betroffener sachlich relevanter Märkte abgegrenzt und gemäß ihrem public interest framework die Auswirkungen für das öffentliche Interesse geprüft. Außerdem geht die FCC auf die multilateralen Beziehungen der Zusammenschlüsse ein und lässt erkennen, dass sie den horizontalen und vertikalen Effekten unterschiedliche Bedeutung beimisst.[2100]

aa) Die betroffenen Märkte

Die FCC hat ihrer Marktabgrenzung in beiden Zusammenschlussverfahren anders als sonst üblich folgende Wettbewerbsbeziehungen der Zusammenschlussparteien vorangestellt: 1) Wholesale Special Access Competition, 2) Retail Enterprise Competition, 3) Mass Market Competition, 4) Internet Backbone Competition, 5) Wholesale Interexchange Competition und 6) U.S. International Services Competition. Die FCC bezeichnet diese Kategorisierung als Schlüsseldienste und grenzt innerhalb dieser die relevanten Märkte ab, die zumindest jeweils aus zwei sachlich relevanten Märkten und vielen räumlich relevanten Märkten bestehen und daher aggregiert betrachtet werden.

bb) Die wettbewerbliche Analyse

Es bedarf vorliegend keiner Einzelmarktanalyse, wie sie die FCC vorgenommen hat, da sich viele Grundaussagen wiederholen. Um die Besonderheiten der Zusammenschlüsse zu skizzieren, sollen die wettbewerblich interessanten Schwerpunkte behandelt werden, zu denen vor allem die ersten vier Kategorien zählen.

cc) Wholesale Special Access Competition

Wholesale Special Access Competition betrifft den Wettbewerb um die letzte Meile, wie er bereits vom DOJ als sog. Special Access erkannt wurde. Die FCC unterteilt diesen Markt weiter in einen segmentierten und einen einteiligen sachlich relevanten Markt. Segmentierung folgt aus der Zusammenschaltung mit Einrichtungen von CLEC, die im Wege der Kollokation, eigene Leitungen mit denen der RBOC ver-

---

2099 United States v. SBC Communications Inc. & AT&T Corp., Final Judgement, Civil Action No. 1:05CV02102 (EGS), Appendix A; United States v. Verizon Communications Inc. & MCI Inc., Final Judgement, Civil Action No.: 1:05CV02103 (HHK), Appendix A.
2100 SBC/AT&T, Merger Order, FCC 05-183 (2005), Tz. 20 ff.; Verizon/MCI, Merger Order, FCC 05-184 (2005), Tz. 20 ff.

bunden haben. Solche Anschlüsse seien im Gegensatz zur einteiligen Leitung, die meist allein von RBOC beherrscht wird und in die angeschlossenen Gebäude hineinreicht, durch die von Wettbewerbern investierten Ortsnetzinfrastrukturen in Verbindung mit der Inanspruchnahme von entbündelten Netzelementen durch Regulierung und Verhandlungslösungen wettbewerblich ausgestaltet.[2101]

Die FCC erkannte hierbei, dass AT&T (MCI) einziger Wettbewerber im einteiligen Markt in einigen Regionen sei und durch den Zusammenschluss auch ein horizontaler Wettbewerbsausschluss entstünde. Die Regulierungsbehörde erachtete jedoch die seitens des DOJ erwirkten consent decrees mit der Pflicht zur Veräußerung der betroffenen Einrichtungen als ausreichende Vorkehrung gegen ein unilaterales und koordiniertes Verhalten der Zusammenschlussparteien auf dem einteiligen Markt für Special Access. Im segmentierten Markt, wo Wettbewerber über Zusammenschaltung und entbündelten Zugang hohe Marktanteile hätten, würde der Verlust von AT&T (MCI) durch den Zusammenschluss mit SBC (Verizon) dagegen durch die Angebotssubstitution der Wettbewerber aufgefangen werden. In vertikaler Hinsicht hielt die FCC die Argumentation der beigeladenen Wettbewerber, dass die zusammengeschlossenen Unternehmen die Preise gegenüber Wettbewerbern anheben könnten und so Vorteile im Long Distance Segment hätten, für nicht ausreichend begründet. Die FCC wies dabei darauf hin, dass sowohl SBC, als auch Verizon bereits vertikal integrierte Unternehmen seien und dass ein befürchteter vertical price squeeze in dem bereits anhängigen general rule making Verfahren[2102] behandelt würde. Durch den Zusammenschluss verschlechtere sich der Wettbewerb hier jedenfalls nicht.[2103]

aaa) Retail Enterprise Competition

Retail Enterprise Competition bezeichnet den Wettbewerb um die Nachfrage großer Unternehmen, Konzerne und staatlicher Einrichtungen nach unterschiedlichsten Kommunikationsprodukten. Die FCC nimmt hier eine aggregierte Marktabgrenzung vor und differenziert zwischen Großkunden mit mehreren Niederlassungen in dem jeweiligen Versorgungsbereich der Ortsnetzgesellschaften und solchen mit nationaler Präsenz. Für erstere sei der relevante Markt regional, für letztere national abzugrenzen, wobei sachlich die unterschiedlichsten Produktmärkte differenziert aufgenommen und überprüft wurden.[2104] Die FCC erkannte hier neben den Zusammen-

---

2101   SBC/AT&T, Merger Order, FCC 05-183 (2005), Tz. 26; Verizon/MCI, Merger Order, FCC 05-184 (2005), Tz. 26.
2102   Special Access Notice of Proposed Rulemaking, 20 FCC Rec. 1994 (2005); Section 272 (f) (1) Sunset of the BOC Separate Affiliate and Related Requirements, WC 02-112, Further Notice of Proposed Rulemaking, 18 FCC Rec. 10914 (2003); vgl. auch 47 U.S.C. 272 (e) (1).
2103   SBC/AT&T, Merger Order, FCC 05-183 (2005), Tz. 31 ff.; Verizon/MCI, Merger Order, FCC 05-184 (2005), Tz. 31 ff.
2104   SBC/AT&T, Merger Order, FCC 05-183 (2005), Tz. 57 ff., 63; Verizon/MCI, Merger Order, FCC 05-184 (2005), Tz. 57 ff., 63.

schlussparteien eine Reihe alternativer Carrier, insbesondere auch Cable Operator, die die Nachfrage befriedigen würden und sich am Markt bereits erfolgreich etabliert hätten. Obwohl hier die HHI-Schwellen in vielen Marktsegmenten deutlich überschritten wurden, äußerte die FCC, dass die Marktanteile allein nicht den Anstieg bei Datenprodukten durch Cable und VoIP wiedergeben würden. Mittlerweile seien nicht nur Cable Operator, CLEC und ISP dabei, herkömmliche Sprachtelefonie auf IP-Ebene anzubieten. Sogar Endgerätehersteller, Reseller und andere würden erfolgreich Dienste auf den Märkten anbieten. Im Übrigen würde eine marktanteilsbezogene Betrachtung die Bedeutung der innovativen Wettbewerber verzerren, die mitunter großes Potential besäßen.[2105] Ein gewichtiges Argument der FCC hinsichtlich der Einschätzung, dass die Zusammenschlüsse nicht zu einer Wettbewerbsbeeinträchtigung führen würden, war der begonnene Rückzug von AT&T und MCI aus dem Geschäftskundensegment. Wie sie selbst betont, erkennt die FCC intermodal dramatische Zuwachsraten auf Kosten des PSTN.

bbb) Mass Market Competition

Auch im Endkundensegment, dem sog. mass market, sieht die FCC durch die Zusammenschlüsse zwischen den RBOC und IXC keine wettbewerblichen Gefahren. Dabei geht sie gestützt auf die sich veränderte Kundennachfrage und in Abkehr von ihrer bisherigen Marktabgrenzung davon aus, dass der Endkunde einerseits Zugang zum Netz und anderseits Nutzung des Netzes nachfrage. Dies könne ein Telefonfestnetz, ein Funknetz oder das Internet sein, so dass der Endkunde nach wie vor Local, Long Distance und gebündelte Dienste nachfrage. In geographischer Hinsicht differenziert die FCC in aggregierter Betrachtung nach den unterschiedlichen Bedingungen des jeweiligen Einzelstaats und kommt so zu einer einzelstaatlichen Marktabgrenzung.[2106]

Im Rahmen der Marktabgrenzung wird die konvergente Entwicklung der Telekommunikationsinfrastrukturen der USA deutlich. War die Regulierungsbehörde bislang noch der Auffassung, dass VoIP kein ausreichendes Substitut für die vermittelte Telefonie sei, schlägt sich der intermodale Wettbewerb durch Kabelnetzbetreiber und zum Teil auch der Mobilfunkanbieter deutlich in der Marktabgrenzung nieder. Auch sog. over-the-top VoIP Angebote, die auf den Internetzugängen ohne eigene Infrastruktur aufsetzen, erkennt die FCC als deutliche Wettbewerber im Markt für Local, Long Distance und gebündelte Dienste. Vor allem Kabelnetzbetreiber würden über eigene VoIP-Angebote massiv in den Markt der Local, Long Distance und gebündelten Dienste treten, wobei auch unterschiedliche Tarifbedingungen gelten würden, je nach dem ob der Endkunde eine niedrigere Grundgebühr und dafür hohe marginale Kosten wünscht oder eine höhere Grundgebühr und unbe-

---

2105 SBC/AT&T, Merger Order, FCC 05-183 (2005), Tz. 73; Verizon/MCI, Merger Order, FCC 05-184 (2005), Tz. 74.
2106 SBC/AT&T, Merger Order, FCC 05-183 (2005), Tz. 82 ff., 97 ff.; Verizon/MCI, Merger Order, FCC 05-184 (2005), Tz. 83 ff., 98 ff.

grenzte Sprechzeiten. Dabei verliere der früher eigenständige Long Distance Sektor immer mehr an Bedeutung, da die Endkunden zunehmend gebündelte Dienste in Anspruch nehmen würden und über VoIP aufgrund der „Ubiquität" des Internet eine sinnvolle Unterscheidung zwischen Long Distance und Local Services auf lange Sicht nicht mehr getroffen werden könne. Weil sich aber noch Long Distance Angebote am Markt befänden, wurden diese auch aufgrund der Zusammenschlussparteien AT&T und MCI, die lange Zeit als klassische IXC klassifiziert werden konnten, miteinbezogen.[2107]

Bei der wettbewerblichen Beurteilung kommt die FCC mit Blick auf den intermodalen Wettbewerb auf allen betroffenen Märkten zu der Überzeugung, dass eine Verschlechterung nicht stattfinde und sich durch die freiwilligen Zusagen, den Endkunden DSL auf entbündelter Basis anzubieten, d.h. ohne die Verpflichtung, monatliche Gebühren für den „Telefonanschluss" zu entrichten, sogar verbessere.[2108] Da AT&T und MCI von der FCC nicht als herausragende Wettbewerber bei Endkundenanschlüssen am Markt auftraten, wurde die Möglichkeit unilateralen oder koordinierten Verhaltens verneint. Vertikal Effekte wurden aus Gründen der abnehmenden Bedeutung des Long Distance Sektors ebenfalls abgelehnt.

ccc) Internet Backbone Competition

Obwohl SBC und AT&T einerseits, sowie Verizon und MCI andererseits im Internet-Backbone Markt über eigene Infrastrukturkapazitäten besaßen, ging die FCC nicht davon aus, dass die Zusammenschlüsse zu einem signifikanten Wettbewerbsverlust bei Internet Backbone Competition führen würden.

In horizontaler Hinsicht wurden von Wettbewerbern viele Argumente für die Wahrscheinlichkeit von unilateralem und koordiniertem Verhalten angeführt. So würden die Zusammenschlüsse dazu führen, dass ein Internet-Backbone Monopol oder zumindest ein Dyopol entstünde. Bezüglich unilateralen Verhaltens wurde im Wesentlichen auf das Konzept der Netzwerkeffekte zurückgegriffen und mit der Theorie des tipping argumentiert, das auf den Internet-Backbone Märkten erstmals in MCI/WorldCom[2109] von DOJ und FCC angewandt und bestätigt wurde. So würden beide Zusammenschlüsse darin resultieren, dass aufgrund der dominierenden Größe der Backbones die Zusammenschaltung im Internet entweder ganz verweigert oder aber zu höheren Preisen verlangt werden würde (sog. de-peering strategy)[2110].

2107 SBC/AT&T, Merger Order, FCC 05-183 (2005), Tz. 85 ff., 91 ff., 95 f.; Verizon/MCI, Merger Order, FCC 05-184 (2005), Tz. 86 ff., 92 ff., 96 f.
2108 SBC/AT&T, Merger Order, FCC 05-183 (2005), Tz. 73; Verizon/MCI, Merger Order, FCC 05-184 (2005), Tz. 74.
2109 MCI/WorldCom, FCC 98-225, 13 FCC Rec. 18025 (1998), Tz. 147 ff.; DOJ, Network Effects in Telecommunications Mergers - MCI/WorldCom Merger: Protecting the Future of the Internet, 23.08.1999.
2110 Ausf. *Knieps*, in: Barfield/Heiduk/Welfens (Hrsg.), S. 223 ff.

Hierdurch entstünden dann ein oder zumindest zwei dominante Backbones.[2111] Die FCC hielt dem entgegen, dass der Internet-Backbone Markt auf der hierarchischen Ebene der Tier 1 nicht hoch konzentriert sei. Vielmehr würden sechs bis acht Wettbewerber existieren, die zum Teil höhere Marktanteile als AT&T oder MCI besäßen. Außerdem seien weder SBC, noch Verizon Tier 1 IBPs, sondern viel kleinere IBPs mit deutlich niedrigerer Kundenzahl als im Special Access Segment für Local Services. Daneben wurden auch Hinweise für ein koordiniertes Verhalten zwischen SBC/AT&T und Verizon/MCI angeführt, die durch stillschweigendes de-peering die Preise erhöhen und so einen eng oligopolistisch strukturierten Markt entstehen lassen könnten. Dem widersprach die FCC. Die Regulierungsbehörde führte aus, dass ein etwaiges Parallelverhalten nicht stillschweigend erfolgen könne, sondern sofort am Markt erkannt werde, weil es sich in den peering agreements[2112] niederschlagen würde. Solche Vereinbarungen seien aber mit den antitrust laws unvereinbar und wären bei einem solchen Vorgehen unwirksam, so dass koordinierte Effekte ausgeschlossen werden könnten.[2113]

In vertikaler Hinsicht untersuchte die FCC die Auswirkungen des Zusammenschlusses im Hinblick auf Diskriminierungsmöglichkeiten bei Datenverkehr (packet und traffic degradation) und im Special Access Bereich. Die Wettbewerber argumentierten damit, dass die Zusammenschlussparteien gegenüber alternativen Carrier erwägen könnten, ihren eigenen Datenpaket eine höhere Priorität einzuräumen, die sich in Paketverlusten und höheren Latenzen äußern würde und somit zu Geschwindigkeitsverlusten führen würde. Die FCC sah hierin einerseits keinen zusammenschlussbedingten Anreiz, der also schon vorher hätte bestehen können und bislang noch nie Gegenstand eines Ermittlungsverfahrens gewesen sei. Zum anderen war die FCC der Auffassung, dass die Zusammenschlussparteien allesamt den Anreiz hätten, IP-Dienste über eigene Infrastrukturen, auch wenn sie durch Reseller oder andere Provider bereitgestellt werden, zu fördern. Die FCC war überzeugt, dass die Verluste im Endkundenmassensegment die Zusammenschlussparteien vor die große Herausforderung stellten, gerade VoIP zu fördern, um Endkunden nicht an andere alternative Carrier, wie Kabelnetze oder Mobilfunkanbieter zu verlieren, die mittlerweile ebenfalls mit den größten IBPs der USA vertikal integriert seien. Daher sei eine Versorgung mittels Internetdiensten von anderen über die eigene Infrastruktur als kleineres Übel zu sehen. Als weiteren Grund gegen eine Diskriminierung alternativer ISP führte die FCC außerdem an, dass keine eindeutigen Hinweise vorhanden wären, um zu zeigen, dass diese befürchtete Diskriminierung technisch überhaupt umgesetzt werden könnte, zumal die ISP alternative Backbones besäßen, die zunächst unabhängig von denjenigen der Parteien seien. Im Übrigen verpflichteten

---

2111 So bspw. EarthLink, Petition to Deny, S. 3 ff. (25.04.2005); CompTel/ALTS, Petition to *Deny*, S. 32 ff. (21.10.2005); Broadwing/SAVVIS, Petition to Deny, S. 35 ff. (25.04.2005).
2112 Zu Peering und Transit Vereinbarungen im Internet nur *Knieps*, in: Barfield/Heiduk/Welfens (Hrsg.), S. 217, 224 f.
2113 SBC/AT&T, Merger Order, FCC 05-183 (2005), Tz. 119 ff.; Verizon/MCI, Merger Order, FCC 05-184 (2005), Tz. 120 ff.

sich die Parteien, die Policy Statement der FCC hinsichtlich der Breitbandmärkte[2114] zu befolgen, die nur unverbindliche Richtlinien für einen offenen und fair zugänglichen Breitbandmarkt darstellen. Hinsichtlich der Diskriminierung im Special Access Segment im Wege des leveraging verwies die FCC dagegen wieder auf ihr rulemaking[2115] Verfahren.[2116]

dd) Conditions

Anders als im Rahmen der Beurteilung der RBOC/ILEC Rekonsolidierung hat die Darstellung der beiden vorwiegend vertikalen Zusammenschlüsse gezeigt, dass auch ohne weitere Zugeständnisse ein Schaden für das öffentliche Interesse (public interest harm) nicht entstanden wäre. Gleichwohl haben die Parteien Zugeständnisse gemacht, ohne die auch eine ablehnende Haltung der FCC denkbar gewesen wäre. Wie der public interest framework gezeigt hat[2117], müssen die Zusammenschlussparteien nicht nur – wie im Falle einer Prüfung nach Clayton und FTC Act – nachweisen, dass keine Wettbewerbsbeschränkungen entstehen. Vielmehr muss das Vorhaben dem öffentlichen Interesse dienen[2118]. Daher ist nicht verwunderlich, dass die Parteien in SBC/AT&T und Verizon/MCI erhebliche Zugeständnisse gemacht haben. Auf einige ist hier in gebotener Kürze einzugehen.

Die Parteien verpflichteten sich gegenüber der FCC, neben der Einhaltung der DOJ consent decrees für den Zeitraum von zwei Jahren keine Preiserhöhungen für entbündelte Netzwerkelemente vorzunehmen. Ferner stimmten die Parteien einem Service Quality Measurement Plan zu, wonach die Parteien die Entwicklung bei Special Access Diensten dokumentieren und der FCC vierteljährlich berichten. Für den Zeitraum von 30 Monaten werden weder AT&T, noch MCI die Großhandelspreise für Hochgeschwindigkeitszugänge anheben. Ebenfalls für den Zeitraum von 30 Monaten bieten die Parteien keine Special Access Dienste an, die nicht auch Wettbewerber nutzen. Außerdem wird die Anzahl der Peering Vereinbarungen drei Jahre lang nicht reduziert, so dass de-peering Verhalten weitgehend ausgeschlossen werden kann. Die üblicherweise geheimen Peering Bedingungen sollen im Internet für zwei Jahre frei zugänglich offen gelegt und bei Veränderung bekannt gemacht werden. Wie bereits angesprochen, bieten die Parteien DSL-Zugänge auf entbündelter Basis ohne vermittelte Telefonie an; gleichfalls verpflichten sich die Parteien, ihr Verhalten an die Breitband Policy der FCC anzupassen.

2114 Appropriate Framework for Broadband Access to the Internet over Wireline Facilities, Policy Statement, FCC 05-151 (2005).
2115 Special Access Notice of Proposed Rulemaking, 20 FCC Rec. 1994 (2005); Section 272 (f) (1) Sunset of the BOC Separate Affiliate and Related Requirements, WC 02-112, FNPR, 18 FCC Rec. 10914 (2003); vgl. auch 47 U.S.C. 272 (e) (1).
2116 SBC/AT&T, Merger Order, FCC 05-183 (2005), Tz. 140 ff.; Verizon/MCI, Merger Order, FCC 05-184 (2005), Tz. 139 ff.
2117 Vgl. Teil 2: B.III.1.b)cc), S. 296 f.
2118 SBC/Ameritech, Merger Order, 14 FCC Rec. 19988 (1999), Tz. 46; MCI/WorldCom, Merger Order, FCC 98-225, 13 FCC Rec. 18025 (1998), Tz. 10.

3. Zusammenschlüsse im Kabelnetz

Wie der Überblick der Kabelnetzindustrie im ersten Teil der Untersuchung gezeigt hat, steht diese Branche im Gegensatz zu der mittlerweile hoch konzentrierten Struktur im PSTN kurz vor einer großen Fusionswelle. Die wechselhafte Geschichte der Querbeteiligung und Verflechtung mit AT&T, deren Breitbandgeschäft ausgegliedert und mittlerweile an Comcast veräußert wurde, hat die Verflechtung mit Common Carrier beendet. Neben der jüngst angekündigten Übernahme[2119] des fünft größten, aber insolventen Cable Operator der USA, Adelphia Communications, durch Time Warner Cable und Comcast deutet vieles darauf hin, dass die Konsolidierung im Kabel noch nicht beendet ist. Die freigegebenen Zusammenschlüsse zwischen SBC/AT&T und Verizon/MCI[2120] werden den intermodalen Wettbewerbsdruck auf die Kabelnetzbetreiber noch erhöhen und auch hier zu einer weiteren Konsolidierung führen. Es bleibt abzuwarten, wie sich der Markt dann insgesamt entwickeln wird, da auch in den USA noch erhebliche Investitionsanstrengungen bevorstehen, sollten die Grenzen der Kompressionstechnik für Programminhalte zu höheren Bandbreiten zwingen. Vermutlich wird aber der wechselseitig ausgeübte intermodale Wettbewerbsdruck zu einer schnelleren Aufrüstung der Kabelnetze mit Cable Internet und des PSTN mit hochwertigen Breitbandanschlüssen führen. Angesichts der Notwendigkeit zu Produktdifferenzierung wird diese Entwicklung aber auch erhebliche Auswirkungen auf die Inhalteproduktion und den Markt für Senderechte haben.

Diese bevorstehenden Zusammenschlüsse werden zeigen, inwieweit die FCC zwischen ihnen und den Zusammenschlüssen im PSTN überhaupt unterscheiden wird. Da sich die Kabelnetzbetreiber genauso wie die ehemaligen RBOC in Richtung eines Full Service Network bewegen, ist zu erwarten, dass die Regulierungsbehörde vor dem Hintergrund von Sec. 706 Telecommunications Act diese Fusionswelle mit conditions freigeben wird.

Die Wettbewerbsbehörden und die FCC waren für die relativ „kleinen" rein horizontalen Fusionen anfangs nicht „sensibilisiert". Dennoch ist bei allen Zusammenschlüssen, die seitens der FCC einerseits und von der FTC andererseits beurteilt wurden, erkennbar, dass dem intermodalen Wettbewerb zwischen PSTN und Kabelnetzen große Aufmerksamkeit geschenkt wird. Dies wurde in allen Zusammenschlussverfahren[2121] zwischen AT&T und den großen Kabelnetzgesellschaften deutlich. In diesem Zusammenhang spielt der Zusammenschluss AT&T Comcast/AT&T

2119 Der Zusammenschluss ist bei der FCC rechtshängig unter Adelphia Communications, Time Warner, Inc., Comcast Corporation, FCC 05-192 (2005), (Adelphia/TW/Comcast).
2120 Vgl. Teil 2: B.IV.2., S. 403 ff.; SBC/AT&T, Merger Order, FCC 05-183 (2005); Verizon/MCI, Merger Order, FCC 05-184 (2005).
2121 AT&T/TCI, Merger Order, FCC 99-24, 14 FCC Rec. 3160 (1999); AT&T/MediaOne, Merger Order, FCC 00-202, 15 FCC Rec. 9816 (2000); AT&T Comcast/AT&T, Comcast, Merger Order, FCC 02-310 (2002).

(Broadband), Comcast[2122] eine wichtige Rolle, der neben den vertikalen Effekten auch zu einer horizontalen Integration der bereits von AT&T akquirierten Kabelnetze von TCI und MediaOne führte. Angesichts der zunehmenden vertikalen Verflechtung mit Inhalteanbietern und ISP ist als weiterer wichtiger Zusammenschluss AOL/Time Warner[2123] zu erwähnen. Beide Zusammenschlüsse sollen hier unter diesen Gesichtspunkten beispielhaft skizziert werden.

a) AT&T Comcast/AT&T, Comcast

Nachdem AT&T ihr operatives Breitbandgeschäft in AT&T Broadband ausgegliedert hatte, das unter anderem die übernommenen Gesellschaften TCI, TCG und MediaOne umfasste, fusionierte der anschließend größte Kabelnetzbetreiber der USA, AT&T(Broadband), mit der damals drittgrößten Kabelnetzgesellschaft, Comcast. Das zwischenzeitliche Clearing[2124] zwischen FTC und DOJ begründete die alleinige Kompetenz des DOJ für die wettbewerbsrechtliche Beurteilung nach Sec. 7 Clayton Act. Allerdings leitete die antitrust division kein Verfahren gegen die Zusammenschlussparteien ein[2125]. Die FCC hat den Zusammenschluss dagegen eingehend geprüft und auch hier mit conditions bewilligt.

aa) Gefahren für das öffentliche Interesse

Die FCC hat in dem Zusammenschlussverfahren hauptsächlich drei Gefahrenbereiche für das öffentliche Interesse analysiert. Zum einen hat sie die Auswirkungen der horizontalen Integration im Hinblick auf die Inhalteproduktion und -verbreitung bewertet[2126]. Zweitens ist sie auf die vertikalen Effekte auf dem Inhaltemarkt eingegangen[2127]. Schließlich hat sie die übrigen Märkte, hauptsächlich den Internetzugang und Telekommunikationsdienste, sowie die Entwicklung des digitalen Fernsehens untersucht[2128].

Die durch den Zusammenschluss herbeigeführte horizontale Integration bewertete die FCC zwar auch im Hinblick auf ihre Konzentrationsvorschriften, den Cable Ownership Rules[2129]. Angesichts der Aufhebung und Zurückverweisung dieser Vorschriften an die FCC durch das Urteil des D.C. Circuit [2130] wurden aber auch die allgemeinen kartellrechtlichen Erwägungen angestellt. Die FCC wollte mit diesem Vorgehen demonstrieren, dass noch nicht einmal die vom Gericht als „zu streng"

2122 AT&T Comcast/AT&T, Comcast, Merger Order, FCC 02-310 (2002).
2123 AOL/Time Warner, Merger Order, FCC 01-12, 16 FCC Rec. 6547 (2001).
2124 Vgl. Teil 2: B.I.4., S. 285.
2125 DOJ, Justice Department Will Not Challenge Merger of Comcast and AT&T Broadband, 13.11.2002.
2126 AT&T Comcast/AT&T, Comcast, Merger Order, FCC 02-310 (2002), Tz. 29 ff.
2127 Ebenda, Tz. 127 ff.
2128 Ebenda, Tz. 152 ff.
2129 47 C.F.R. § 76.503 (a); vgl. Teil 2: B.III.3.g)ee)aaa), S. 359.
2130 Time Warner Entertainment Co. v. FCC, 240 f.3d 1126 (D.C. Cir. 2001).

empfundenen Konzentrationsvorschriften vorlagen und der Zusammenschluss auch nicht gegen übrige Wettbewerbsgrundsätze verstieß.

Dabei begann die FCC mit einer Marktabgrenzung, die zum einen die wettbewerblichen Implikationen auf die Inhalte[2131] und zum anderen auf die Versorgung[2132] von Endkunden abstellte. Insoweit definierte sie also zunächst zwei relevante Produktmärkte: 1) Einspeisemarkt (programming, packaging) und 2) Endkundenmarkt. Die FCC stützt sich im Rahmen dieser sachlichen Abgrenzung etwa nicht auf den Einspeisemarkt in Kabelnetze, sondern setzte gemäß der zwischenzeitlich ausgesetzten Konzentrationsvorschriften auf alle Distributionsformen durch MVPD, wie es der D.C. Circuit implizit voraussetzte, um der dynamischen Entwicklung der Infrastrukturen gerecht zu werden. Dies war insofern nicht abwegig, als auch auf Seiten der Beigeladenen vor allem die RBOC Verizon und SBC sowie der ILEC Qwest standen und die horizontale Konzentration der Netze als auch die zunehmende Verflechtung mit Inhalten als wettbewerblich bedenklichen gegenüber „anderen MVPD" bewerteten[2133].

aaa) Video Programming Services

Der geographisch relevante Einspeisemarkt sei sehr weit, zumindest aber national abzugrenzen, da Inhalte heute über weite Strecken und aufgrund der Distanzkostendegression auch zu niedrigen Kosten transportiert werden könnten. Für regionale Programme ergebe sich jedoch ein kleinerer geographisch relevanter Markt.[2134] Daher nahm die FCC auch eine Differenzierung bei der Marktanteilsberechnung vor. Bei national ausgestrahlten Programmen sei auch der Marktanteil national bezogen. Bei regionalen Programmen müsste der Marktanteil dagegen in Bezug zum Ausstrahlungsgebiet der jeweiligen Sender gesehen werden.[2135]

Allerdings erkannte die Regulierungsbehörde keinerlei durch den Zusammenschluss ausgehende Gefahren, obwohl die Zusammenschlussparteien selbst mit Inhalten vertikal verflochten waren und 29% aller Haushalte der USA nach dem Zusammenschluss mit Rundfunkinhalten versorgten.

Die Argumentation der Beigeladenen stützte sich auf zwei wesentliche Aspekte von bargaining power durch Kabelnetze: Zum einen würde die erhöhte Teilnehmerzahl zu (erhöhter) Monopsonmacht bei der Nachfrage von Programminhalten führen. Dadurch könnten die Zusammenschlussparteien Vergünstigungen beim Bezug von Inhalten erhalten. Die Inhalteanbieter müssten diese Ersparnisse refinanzieren, indem sie von anderen MVPD höhere Preise verlangten, was dann wiederum zu höheren Kosten (raising rivals' cost) für andere MVPD führen würde. Diese hätten

---

2131 AT&T Comcast/AT&T, Comcast, Merger Order, FCC 02-310 (2002), Tz. 42.
2132 Ebenda, Tz. 89.
2133 Ebenda, Tz. 55, Fn. 128, 100.
2134 Ebenda, Tz. 43.
2135 Ebenda, Tz. 43, 59.

dann gegenüber den Zusammenschlussparteien einen wettbewerblichen Nachteil.[2136] Die gesteigerte Verhandlungsmacht würde zudem dazu befähigen, Exklusivvereinbarungen mit Inhalteanbietern abzuschließen, so dass andere MVPD von dem Inhaltemarkt mehr und mehr abgeschottet werden würden. Da sowohl AT&T als auch Comcast bereits mit Inhalten vertikal integriert waren, fürchteten Wettbewerber auch die foreclosure Möglichkeit gegenüber Inhalteanbietern, die eine Einspeisung ausschließen könne.[2137]

Die FCC teilte die Bedenken der Beigeladenen nicht. Bemerkenswert war, dass die Regulierungsbehörde eine fundierte ökonomische Analyse vornahm und neben empirischen Ergebnissen sogar spieltheoretische Modelle[2138] heranzog. Diese hatten aufgrund der Modellbedingungen zwar nur begrenzte Aussagekraft. Dennoch wurden die bereits für die Horizontal und Vertical Ownership Rules angefertigten Untersuchungen diskutiert und die aktuelle ökonomische Literatur[2139] in die komplexe ökonomische Würdigung einbezogen. Die FCC ließ einen Zusammenhang zwischen Netzgröße eines MVPD und der Verhandlungsmacht gegenüber Programmanbietern gelten. Eine Ausweitung des Netzes durch Zusammenschluss hätte danach auch direkt Auswirkungen auf die gegenüber den Inhalteanbietern erzielbaren Erlöse und dem Zuwachs an Verhandlungsstärke der Netzbetreiber. Allerdings ließ sich nicht nachweisen, ab welcher Marktkonzentration genau die Schwelle erreicht ist, ab der Monopsonmacht ausgeübt werden kann. Die FCC sieht also richtigerweise, dass nicht das Netz bereits Marktmacht erzeugt. Vielmehr versucht sie zu erkennen, ab wann tatsächlich auch Monopsongewinne erzielt werden können, d.h. ab wann Nachfragemacht vorliegt.[2140] Die Studie von Bykowsky, Kwasnica und Sharkey konnte bei einem Marktanteil von 29% der MVPD Haushalte keine Monopsonmacht nachweisen. Sie zeigte sogar, dass eine horizontale Konzentrationszunahme von 27% auf 51% des MVPD-Marktes keine substantiellen Veränderungen hinsichtlich der Verhandlungsmacht des nach sich ziehen würde.[2141] Angesichts der experimentellen Modellbedingungen[2142] nahm die FCC aber die Zusage der Parteien entgegen,

---

2136 Ebenda, Tz. 44.
2137 Ebenda, Tz. 46, Fn. 108 mwN.
2138 *Bykowsky/Kwasnica/Sharkey*, Horizontal Concentration in the Cable Television Industry: An Experimental Analysis (2002).
2139 *Chipty/Snyder*, 81 Rev Econ. Stat. 326 ff. (1999); *Adilov/Alexander*, Most-Favored-Customers in the Cable Industry, FCC Media Bureau Staff Research Paper (2002).
2140 AT&T Comcast/AT&T, Comcast, Merger Order, FCC 02-310 (2002), Tz. 53.
2141 *Bykowsky/Kwasnica/Sharkey*, Horizontal Concentration in the Cable Television Industry: An Experimental Analysis (2002), S. 4.
2142 Die Studie bildet zahlreiche Faktoren ab, die auch in realen Konstellationen vorkommen. So wurden bspw. sequentielle und multilaterale Verhandlungen eingebaut. Auch wurden die Werbeerlöse mit einbezogen. Grenzen der Untersuchungen ergeben sich im Hinblick auf die Beteiligung v. DBS.Auch bereits bestehende vertikale Integration konnte nicht berücksichtigt werden. Da für Deutschland nur ASTRA eine Rolle für die DBS-Infrastruktur spielt und vertikale Integration der Kabelnetzbetreiber noch ganz am Anfang steht, kann die Studie eine gewisse Aussagekraft auch für den deutschen Markt haben.

die noch zu implementierenden horizontale Konzentrationsbegrenzung einzuhalten und daher möglicherweise auch Teilnehmernetze zu veräußern[2143].

Die FCC verneinte die Möglichkeit, dass die Parteien nach einem Zusammenschluss ihre Netze abschotten könnten[2144]. Zwar wurde auch hier ein positiver Zusammenhang zwischen Netzgröße, vertikaler Integration mit Inhalten und einer abnehmenden Bereitschaft, andere Programmanbieter einzuspeisen, erkannt. Allerdings hätten ihrer Auffassung nach die grundlegenden Voraussetzungen von foreclosure nicht vorgelegen. Erfolgreiche Marktabschottung erfolge nur dann, wenn hierzu der ökonomische Anreiz bestehe und der Netzbetreiber auch die Fähigkeit einer solchen Strategie besitze. Grundvoraussetzung ist dabei, dass der MVPD mit Inhalten überhaupt vertikal integriert ist. Die Fähigkeit zur Marktabschottung werde von der Anzahl der Teilnehmer determiniert. Er muss also so viele Haushalte bedienen, dass eine Nichteinspeisung des Programmes zu einem Marktaustritt des Senders führe und potentielle Sender vom Markteintritt abhalte. Der ökonomische Anreiz zur Marktabschottung ist dabei ambivalent. Denn der Netzbetreiber, der einen Sender nicht einspeist, verliert in zweifacher Hinsicht an (ökonomischen) Gewinnen.[2145] Zum einen erhält er keine Einspeisevergütung, muss also diesen Verlust einkalkulieren. Zum anderen verliert auch sein eigenes System an Wert, so dass indirekte Netzwerkeffekte verloren gehen. Auch in der Studie von Bykowsky, Kwasnica und Sharkey wurden die Netzwerkeffekte als auch die besondere Bedeutung von Inhalten als Positionalgüter nicht berücksichtigt. Dennoch machen die Verfasser darauf aufmerksam, dass die Verhandlungsmacht der Sender und Inhalteanbieter prinzipiell höher sei als die der Kabelnetze. So merken sie an: »Indeed, programming networks may have increased bargaining power in the future if a MVPD presently carries them. This increased bargaining power may be due to the dissatisfaction MVPD subscribers may experience from having a previously carried programming network dropped by the MVPD.«[2146] Unter Einbeziehung dieser Kriterien waren nach Auffassung der FCC keine public interest harms erkennbar. Zwar waren AT&T und Comcast bereits signifikant mit Inhalten vertikal integriert. Auch hatten sie hohe Marktanteile bei Teilnehmeranschlüssen, so dass die Anreize zu einer Marktabschottung durchaus gegeben waren. Allerdings konnten weder die Beigeladenen noch die FCC nachweisen, dass die erhöhte Teilnehmerzahl tatsächlich dazu befähigen würde, rivalisierende Inhalteanbieter auszuschließen.[2147]

Darüber hinaus ging die FCC auf ihre eigenen regulations ein. Das Diskriminierungsverbot in den CFR verbietet MVPD solche Inhalteanbieter zu benachteiligen, die nicht mit ihm verbunden sind. Diese müssen dieselben Bedingungen erhalten,

---

2143 AT&T Comcast/AT&T, Comcast, Merger Order, FCC 02-310 (2002), Tz. 48.
2144 Ebenda, Tz. 56, 63.
2145 Ebenda, Tz. 58.
2146 *Bykowsky/Kwasnica/Sharkey*, Horizontal Concentration in the Cable Television Industry: An Experimental Analysis (2002), S. 52.
2147 AT&T Comcast/AT&T, Comcast, Merger Order, FCC 02-310 (2002), Tz. 57 ff.

wie die mit dem MVPD verbundenen Inhalteanbieter.[2148] Diese Diskriminierungsregeln würden dabei helfen, eine Diskriminierung zu verhindern, sofern verbundene Inhalteanbieter bevorzugt werden würden. Daneben wies sie auf die Veränderungen des Marktes generell hin, der zunehmend von Exklusivität auch der Satellitenbetreiber geprägt sei. Dieses zunehmende Clustering müsse für Infrastrukturen global geregelt werden und sei kein spezifisches Problem des Zusammenschlusses.[2149]

Die FCC bezog daher erneut Regulierung als Maßnahme der Disziplinierung etwaig „wettbewerbsschädlichen" Verhaltens mit in ihre Beurteilung ein. Im Ergebnis kam die FCC zu der Überzeugung, dass es den Parteien nicht gelänge, Monopsonmacht auszuüben oder die Kosten von Wettbewerbern signifikant zu erhöhen. Auch würde eine Marktabschottung nicht begünstigt.[2150]

bbb) Video Programming Distribution

Den sachlichen Produktmarkt für Video Programming Distribution grenzte die FCC gemäß ihren Horizontal Ownership Rules[2151] und früheren Erfahrungen[2152] ebenfalls als den für MVPD ab und machte insoweit keine infrastrukturbezogene Differenzierung. Geographisch sah sie gestützt auf den SSNIP-Test dagegen „technisch" lokale Märkte, da der Endkunde aufgrund eines kleinen, aber signifikanten Preisanstiegs der Kabelentgelte seine Wohnung nicht wechsle. Wie in anderen Zusammenschlussverfahren auch, nahm sie dann aber aus Praktikabilitätsgesichtspunkten und Gründen der Effizienz eine aggregierte Betrachtung nach ähnlichen Substitutionsmöglichkeiten vor und kam so zu einer Abgrenzung nach Konzessionsgebieten.[2153] Satellitenübertragung (DBS) durch DirecTV und EchoStar, aber auch Betreiber von SMATV wurden daher nicht erst als uncommitted entrants mit in den geographisch relevanten Markt einbezogen werden, sondern als aktuelle Wettbewerber gesehen.

(1) Wegfall von potentiellem Wettbewerb

Die FCC war überzeugt, dass AT&T(Broadband) und Comcast keine potentiellen Wettbewerber in ihren Regionen seien, da sie ihre Versorgungsgebiete nicht beabsichtigten zu überbauen und auch keine Anhaltspunkte dafür ersichtlich waren, dass sie gegenseitige Markteintritte planen würden. Mangels potentiellen Wettbewerbs zwischen den Zusammenschlussparteien wäre dieser daher auch nicht schlagartig weggefallen.[2154] Dieser Gesichtspunkt weicht von der Zusammenschlussbeurteilung

---

2148   47 C.F.R. § 76.1301 (c); AT&T Comcast/AT&T, Comcast, Merger Order, FCC 02-310 (2002), Tz. 63, Fn. 150.
2149   AT&T Comcast/AT&T, Comcast, Merger Order, FCC 02-310 (2002), Tz. 64.
2150   Ebenda, Tz. 65.
2151   47 C.F.R. § 76.503 (a); vgl. Teil 2: B.III.3.g)ee)aaa), S. 359.
2152   AT&T/TCI, Merger Order, FCC 99-24, 14 FCC Rec. 3160 (1999), Tz. 21.
2153   AT&T Comcast/AT&T, Comcast, Merger Order, FCC 02-310 (2002), Tz. 90.
2154   Ebenda, Tz. 92 ff.

bei Common Carrier signifikant ab. Denn wie gezeigt wurde[2155], wendet die FCC dort den transitional markets approach an, indem der potentielle Wettbewerb aus Sicht der künftigen Überführung der Märkte in den deregulierten Wettbewerb beurteilt wird. Im Gegensatz zum Common Carrier Wettbewerb ist sie offensichtlich nicht der Auffassung, dass Kabelnetze in ihren geographischen Konzessionsgebieten zueinander in wechselseitigen Wettbewerb treten werden. Dieser sog. Cable Overbuilt ist in den USA zumindest aus der Perspektive des Kabelnetzwettbewerbs[2156] tatsächlich vernachlässigbar. Diese tatsächliche Feststellung steht ferner im Einklang mit dem geltende Regulierungsregime, wonach die Common Carrier Regulierung nicht für Kabelnetze greift[2157]. Daher stellt die Nichtanwendung des transitional markets approach im Bereich der Kabelnetze eine konsistente Abweichung von der Zusammenschlussbeurteilung im Common Carrier Bereich und den Kompetenzen der FCC hinsichtlich der Cable Regulierung dar.

(2) Möglichkeiten der Diskriminierung anderer MVPD

Den Schwerpunkt der wettbewerblichen Auswirkungen des Zusammenschlusses auf MVPD bildete die Bedeutung der Inhalte für andere MVPD. Denn der Endkunde verlange in erster Linie attraktive Inhalte seitens des Netzbetreibers, weshalb andere MVPD durch zu hohe Entgelte beim Bezug von Inhalten oder durch einen Ausschluss vom Bezug solcher Inhalte Nachteile erleiden könnten.[2158] Ob der Zusammenschluss zu solchen horizontalen Effekten führte, wurde zweistufig anhand des ökonomischen Anreizes und der Fähigkeit der Zusammenschlussparteien beurteilt, ein derartiges Verhalten durch die horizontale und indirekt vertikale Integration durchzusetzen oder zu verstärken[2159]. Das vermeintlich erzeugte wettbewerbliche Problem steht in enger Beziehung zu den program access rules[2160], die die FCC ausführlich behandelte.

(a) Diskriminierung durch wachsende Zahl eigener Inhalte

Kabelnetzbetreiber besäßen generell den Anreiz, eigene Inhalte zu verbreiten. Auch könne ein Anreiz bestehen, solche Inhalte nur über die eigene Plattform zu verbreiten. Allerdings sei eine solche foreclosure Strategie nur dann ökonomisch sinnvoll, wenn die Erlöse die Verluste kompensierten. Letztere entstünden daraus, dass der MVPD mit eigenen Exklusivinhalten keine Erlöse von anderen MVPD mehr erhielt (sog. license fees). Ferner würde ein niedrigerer footprint auch niedrigere Werbeer-

---

2155 Vgl. Teil 2: B.IV.1.b)aa), S. 385 ff.
2156 Cable Overbuilt erfolgt in erster Linie seitens der RBOC, vgl. *Savage/Wirth*, Entry and Potential Competition in US Cable TV Markets (TPRC 2002), S. 8; *Cho*, Ameritech Left Wondering?, CableWorld v. 30.05.2000.
2157 Vgl. Midwest Video II; hierzu bereits Teil 2: B.III.3.d)bb), S. 334.
2158 AT&T Comcast/AT&T, Comcast, Merger Order, FCC 02-310 (2002), Tz. 105.
2159 Ebenda, Tz. 108.
2160 Vgl. 47 C.F.R. §§ 76.1000-76.1004; vgl. hierzu bereits B.III.3.f), S. 337.

löse (advertising revenues) generieren. Schließlich müsste der MVPD zur „Umgehung" der program access provision die übertragenen Inhalte über terrestrische Technik heranführen, da die Regelungen nur bei einer Ausstrahlung über Satellit greifen[2161], und damit auch diese Kosten einzukalkulieren wären. Diese Kosten müssten gegen die Vorteile der foreclosure Strategie abgewogen werden. Diese können in erster Linie in dem erwarteten Anstieg neuer Teilnehmer gesehen werden, die auf das ausgestrahlte Programm nicht verzichten wollen.[2162]

Die Abwägung der FCC in dem vorliegenden Zusammenschluss ergab aber, dass AT&T/Comcast solche ökonomischen Anreize weder gegenwärtig noch bei der künftigen Inhalteproduktion und beim Rechteerwerb haben würde, da die Kosten einer foreclosure Strategie die Gewinne überstiegen. M.a.W.: Für die Zusammenschlussparteien ergab sich kein ökonomischer Anreiz, andere MVPD beim Programmbezug zu behindern oder auszuschließen. Die FCC bestritt aber nicht, dass solche Umgehungsstrategien generell ausgeschlossen werden könnten. Sie war aber der Überzeugung, dass solchen Gefahren insgesamt und damit mit einer Anpassung der Horizontal Ownership und program access rules begegnet werden müsse. Jedenfalls seien die Gefahren keine dem Zusammenschluss spezifisch anhaftenden.[2163]

(b) Diskriminierung mittels Exklusivität an Inhalten

Dieselben Grundgedanken machte die FCC auch bezüglich solcher Inhalte und Sender fruchtbar, die keine vertikalen Verflechtungen mit den Zusammenschlussparteien aufwiesen[2164]. Sie erkannte auch hier weder einen ökonomischen Anreiz noch die Fähigkeit der Parteien, aufgrund der vermeintlich gesteigerten Verhandlungsmacht gegenüber regionalen und nationalen Sendern diese zu Exklusivvereinbarungen zu zwingen und damit andere MVPD auszuschließen[2165]. Zwar finden die program access rules als Vorsichtsmaßnahme befürchteter Diskriminierungsstrategien in diesem Fall keine Anwendung, weil die zwingende Voraussetzung einer gesellschaftsrechtlichen Verflechtung gerade nicht gegeben ist. Nach Auffassung der FCC würde sich angesichts der Erweiterung des Netzes und der Zusammenlegung der Teilnehmerzahlen aber keine signifikante Veränderung der Verhandlungsmacht ergeben, die es den Parteien erlauben würde, Exklusivvereinbarungen auf Kosten von konkurrierenden MVPD auszudehnen. Diese Sichtweise begründete sie mit den Unterschieden zwischen vertikaler Integration einerseits und Exklusivität andererseits und wurde diesbezüglich auch in der gesetzgeberischen Intention bezüglich des Gesetzesauftrages zu den program access rules in Sec. 628 Communications Act fündig. Denn während der Kabelnetzbetreiber bei vertikaler Integration mit Inhalten durchaus Anreize besitzt, andere MVPD im Hinblick auf künftige Teilnehmer durch Exklusi-

---

2161 47 C.F.R. §§ 76.1000.
2162 AT&T Comcast/AT&T, Comcast, Merger Order, FCC 02-310 (2002), Tz. 101.
2163 Ebenda, Tz. 103.
2164 Ebenda, Tz. 105.
2165 Ebenda, Tz. 108.

vität auszuschließen, ist ein Sender und Inhalteanbieter an einer möglichst breiten Versorgung der Haushalte interessiert. Exklusivvereinbarungen könnten nur dann durchgesetzt werden, wenn die Exklusivität für die Sender und Inhalteanbieter höhere Erlöse erwarten lasse als die parallele Verwertung durch mehrere MVPD.[2166] M.a.W.: Die Interessen zwischen Kabelnetzbetreiber einerseits und Inhalteanbieter bzw. Sender andererseits sind nicht zwingend deckungsgleich, weshalb Exklusivität erstens nicht leicht durchgesetzt werden kann und für die etwaig vom Kabelnetzbetreiber intendierte foreclosure Strategie mit erheblichen ökonomischen Risiken behaftet ist. Auch diesbezüglich machte die FCC aber darauf aufmerksam, dass nicht generell ausgeschlossen werden könne, dass auch Exklusivvereinbarungen mit ungebundenen Inhalteanbietern und Sendern in Zukunft noch erhebliche wettbewerbliche Probleme erzeugen könnten. Dieses sei ebenfalls ein industrieweites Problem und kein besonderes, das von dem Zusammenschluss ausgehe. Diesen Punkt müssten die künftigen Horizontal Ownership Rules etwaig berücksichtigen.[2167]

ccc) Sonstige Gefahren

Die FCC erkannte weder in Bezug auf die weitere Entwicklung von High-Speed-Internet Zugängen, Telekommunikationsdiensten, noch bezüglich der Etablierung digitalen Fernsehens Gefahren für das öffentliche Interesse. Es bestehe weder Diskriminierungspotential gegenüber ISP, noch seien Anzeichen vorhanden, dass integrierte ISP vorzugsweise behandelt werden würden.[2168] Die Argumentation der RBOC, dass das zusammengeschlossene Unternehmen die DSL-Penetration behindere[2169], war zu erwarten, fürchteten sie potentielle Marktanteile an das Unternehmen aufgrund des beschleunigten Internetausbaus zu verlieren. Nachvollziehbar war insofern auch, dass sie auf eine Gleichbehandlung mit den Kabelnetzbetreiber bezüglich der Internetzugangsregulierung drängten, dem sich die FCC mit Blick auf die ausstehenden Cable Modem NPRM[2170] und dem Bedürfnis national einheitlicher Regelungen verweigerte.[2171]

Aufgrund der Ausgliederung des Breitbandgeschäfts in AT&T(Broadband) und der nur begrenzten wettbewerblichen Überlappungsbereiche im Bereich Sprachtelefonie und Internetzugängen bestanden auch keine Bedenken im Hinblick auf andere Telekommunikationsdienste.[2172]

Mit Blick auf ihre eigenen Regulierungsverfügungen im Bereich des digitalen Fernsehens betreffend STB, Navigatoren, CAS und ITV sah die FCC ebenfalls keine

---

2166 AT&T Comcast/AT&T, Comcast, Merger Order, FCC 02-310 (2002), Tz. 108.
2167 Ebenda, Tz. 109.
2168 Ebenda, Tz. 137.
2169 Vgl. nur SBC, Reply Letter filed by SBC Communications Inc., 18.07.2002, S. 7 ff.
2170 Appropriate Regulatory Treatment for Broadband Access to the Internet Over Cable Facilities, Notice of Proposed Rulemaking, FCC 02-52, 17 FCC Rec. 4798 (2002), (Cable Modem NPRM).
2171 AT&T Comcast/AT&T, Comcast, Merger Order, FCC 02-310 (2002), Tz. 129 ff.
2172 Ebenda, Tz. 152 f.

Gefahren, da sie ausreichende Regelungen implementiert hätte, die durch den Zusammenschluss nicht unterlaufen werden würden[2173]. Im Übrigen sei der erst im Entstehen befindliche Markt bereits jetzt wettbewerblich und könnte aufgrund des geringen Marktanteils von unter 30% auch nicht durch eine proprietäre Strategie vermachten, zumal die FCC zwischen der Industrie und den Netzbetreibern eine vermittelnde und auf Wettbewerb bedachte Funktion einnehme.[2174]

bb) Vorteile für Breitbandinternet

Statt der von den Wettbewerbern angeführten vermeintlichen Wettbewerbsbeschränkungen erkannte die FCC in dem Zusammenschluss erhebliche Synergien und Effizienzen, die in Kosteneinsparungen resultieren würden. Die schwierige Frage war, ob diese Synergien und Effizienzen sich auch in einer schnelleren Entwicklung von Breitbandanschlüssen und neuen Diensten bemerkbar machen würden. Die FCC bejahte diese Frage. Angesichts der besseren Strategie bei der Planung und Forcierung des Kabelnetzausbaus bei Comcast, die zu dem Zeitpunkt schon 94% ihrer Kabelnetze zu rückkanalfähigen 750 MHz Netzen ausgebaut hatte, lag AT&T bei etwa 59% und hatte im Gegensatz zu dem Zusammenschlusspartner eine schlechtere Refinanzierungsrate[2175]. Hinzu kam, dass die FCC auch die hohen up-front Fixkosten für die Aufrüstung einbezog und so zu Synergien durch economies of scale und scope beim Roll Out von Breitbandanschlüssen kam, die dem zusammengeschlossenen Unternehmen einen zügigeren Ausbau erlauben würden. Eine weitere wichtige Entwicklung wurde auch in der Sprachtelefonie (VoIP) gesehen. Angesichts des damaligen Standards DOCSIS 1.1 konnte die FCC zum damaligen Zeitpunkt aber nicht abschätzen, ob sich VoIP über Kabel tatsächlich so entwickeln würde, wie es die Parteien vorgaben. Die FCC gab der Entwicklung von VoIP daher nur begrenztes Gewicht.[2176]

cc) Conditions

In den Nebenbestimmungen zu der Transaktion wurde vor allem sichergestellt, dass AT&T sich – wie zuvor angekündigt – von den restlichen Anteilen an Time Warner Cable trennt, da letztere Gesellschaft über erhebliche Anteile an Inhalteanbietern verfügt und den Markt ohne Zweifel konzentriert hätte. Da die FCC ansonsten aber keine Bedenken hatte, wurden den Parteien neben einigen Vollzugsvorkehrungen aber keine weiteren Nebenbestimmungen auferlegt.[2177]

2173 Ebenda, Tz. 155, 158.
2174 Ebenda, Tz. 165.
2175 Ebenda, Tz. 183, 184.
2176 Ebenda, Tz. 189 ff.
2177 Ebenda, Tz. 223 ff.

b) AOL/Time Warner

Die am 10.01.2000 angekündigte Übernahme des Medienkonglomerates und zweitgrößten Kabelnetzbetreibers der USA, Time Warner, durch den weltweit größten ISP, America Online (AOL), hatte ein Transaktionsvolumen von 183 Milliarden Dollar und stellt bis heute den größten Zusammenschluss in der Geschichte der USA dar[2178]. Time Warner hat eine der größten Filmdatenbanken mit einer großen Anzahl von Exklusivrechten, mehrere Premium-Rundfunkveranstalter, wie HBO, Time Magazine, TNT, TBS und CNN[2179]. Zum Zeitpunkt der Transaktion hatte Time Warner (Cable) eine Penetrationsrate von etwa 20 Mio. Haushalten und 12 Mio. angeschlossenen Teilnehmern über das eigene Breitbandkabelnetz.[2180] AOL verfügte im Gegenzug über 26 Mio. Endkunden, die ihren Internetzugang über den ISP-Dienst herstellten und etwa 135 Mio. registrierte Nutzer für Internetinhalte und andere Dienste.[2181] Hierzu zählt insbesondere der Internet Messaging (IM) Dienst von AOL, eine Plattform, auf deren Grundlage Individualkommunikation über Schrift, Bild und Sprache, sowie Bewegtbilder, wie beispielsweise Videokonferenzen, möglich sind.

aa) Summary

Das Zusammenschlussvorhaben wurde sowohl von der FTC[2182] im Wege einer consent order, als auch von der FCC[2183] unter mehreren conditions freigegeben. In ihrer Zusammenschlussbeurteilung kam die FCC aufgrund der erzielten Ergebnisse in den Nebenbestimmungen zu dem Ergebnis, dass die Vorteile des Zusammenschlusses die Nachteile für das öffentliche Interesse überwiegen würden.

Die Nachteile, die von der beabsichtigten Fusion ausgingen, würden sich zunächst im Hochgeschwindigkeitsinternetzugang bemerkbar machen. Denn das zusammengeschlossene Unternehmen AOL/Time Warner hätte danach die Möglichkeit und den Anreiz gehabt, nicht verbundene ISP den Zugang zu den Kabelnetzen zu verweigern oder auf andere Weise hinsichtlich Nutzungsentgelt, Geschäftsbedingungen und Konditionen zu diskriminieren. Zweitens würde der Zusammenschluss das Unternehmen dazu befähigen, seine dominante Stellung beim Hochgeschwindigkeitszugang auch auf Grundlage der Netzinfrastruktur anderer Kabelnetzbetreiber

---

2178 Applications for Consent to the Transfer of Control of Licenses & Section 214 Authorizations by Time Warner Inc. & America Online, Inc. to AOL/Time Warner Inc., FCC 00-30 (Jan.22, 2001) (separate statement of Susan Ness, FCC Commissioner); AOL and Time Warner In record $350 Billion Merger, Communications Daily, 11.01.2000, S. 1; AOL: You've Got Time Warner, Kagan, Broadband, 10.01.2000.
2179 *Lavine*, Press Conference Regarding the AOL-Time Warner Merger, 09.12.2000.
2180 FCC, Fact Sheet: FCC's Conditioned Approval of AOL-Time Warner Merger, 09.04.2002.
2181 Ebenda.
2182 In re America Online, Inc. and Time Warner Inc., FTC C-3989, Agreement Containing Consent Orders; Decision and Order, 2000 WL 1843019 FTC.
2183 AOL/Time Warner, Merger Order, 16 FCC Rec. 6547 (2001).

zu festigen. Außerdem würde ein koordiniertes Verhalten mit AT&T zunehmen, die AOL/Time Warner gegenüber anderen ISP bevorzugt behandeln würden. Drittens, erkannte die FCC, dass die Weiterentwicklung des IM-Dienstes von AOL den Wettbewerb um diese Applikationen beschränken könnte. Schließlich setzte sich die FCC mit dem interaktiven Fernsehen (ITV) auseinander. Sie befürchtete auf der einen Seite, dass Diskriminierungspotential gegenüber anderen Anbietern von ITV durch den Zusammenschluss entstehen würde.

bb) Nachteile für das öffentliche Interesse

aaa) Zugang zu High-Speed-Internet

Die Auswirkungen des Zusammenschlusses auf das Hochgeschwindigkeitsinternet über Kabel- und DSL-Zugänge bildeten den Schwerpunkt in der Prüfung der FCC. In der Marktabgrenzung nach dem SSNIP-Test kam die FCC zu dem Ergebnis, dass 1) Hochgeschwindigkeitsinternetzugänge über Kabel und DSL austauschbar seien und sich damit innerhalb eines sachlich relevanten Marktes befände und dass 2) der schmalbandige, über den herkömmlichen Wählton des klassischen Telefonnetzes bereitgestellte Internetzugang nicht in den sachlich relevanten Markt falle.[2184]

Die FCC erkannte im Internetzugangssegment mehrere Diskriminierungsmöglichkeiten. Zum einen stellte die Regulierungsbehörde Diskriminierungspotential gegenüber nicht verbundenen ISP über die Kabelplattform von Time Warner fest und damit gegenüber direkten Wettbewerbern von AOL. Diese Bündelstrategie versperre Wettbewerbern den Zugang zu den Kabelnetzen von Time Warner und führe zu weniger Auswahlmöglichkeiten beim Endkunden, wodurch die Stellung von AOL gefestigt werde. Dadurch werde der Wettbewerb im relevanten Markt für High-Speed-Internet beschränkt. Die FCC zog hierzu nicht nur die Expertenmeinungen der RBOC/ILEC und mit den Zusammenschlussparteien nicht verbundenen ISP heran, sondern stützte sich sinnvoller Weise auf AOL selbst, die noch in dem Zusammenschlussverfahren AT&T/TCI[2185] als Beigeladene die Auffassung vertraten, dass die vertikale Integration von Kabelnetzbetreibern und ISP genau solche wettbewerbsbeschränkenden Strategien fördere[2186]. Kurz gesagt, die eigentumsrechtliche Verknüpfung der Bottleneck-Architektur der Kabelnetze ermögliche eine Beschränkbarkeit verschiedener ISP. Die vertikale Integration mit einem ISP führe erst zu Anreizen, solche Beschränkungen durchzusetzen, um den eigenen Dienst im Wege des leveraging zu fördern.

Interessanterweise hat die FCC auch ein Diskriminierungspotential gegenüber ISP, die in fremden Kabelnetzen aktiv sind, festgestellt. Diese Diskriminierungs-

---

2184 AOL/Time Warner, Merger Order, 16 FCC Rec. 6547 (2001), Tz. 69 ff.
2185 AT&T/TCI, Merger Order, FCC 99-24, 14 FCC Rec. 3160 (1999).
2186 Joint Applications of AT&T Corp. and Tele-Communications, Inc. for Transfer of Control to AT&T of Licenses and Authorizations Held by TCI and Its Affiliates or Subsidiaries, FCC 98-178 (1998).

möglichkeit ergäbe sich daraus, dass Time Warner selbst attraktive Inhalte besitze und mit Rundfunkveranstaltern vertikal integriert sei. So könnte das vertikal integrierte Unternehmen, AOL/Time Warner, die Einspeisung ihrer attraktiven Inhalte in fremde Kabelnetze davon abhängig machen, dass die Kabelnetzbetreiber den ISP-Dienst von AOL exklusiv anböten und somit andere ISP von der Nutzung der Kabelnetze für Cable Modem-Services ausschlössen.[2187]

Schließlich wurde von der Regulierungsbehörde auch die vermeintliche Beeinträchtigung der Lebensfähigkeit von DSL-Zugängen untersucht. Kurioserweise machten die RBOC geltend, allen voran SBC, BellSouth und GTE[2188], der Zusammenschluss würde Internetzugänge über DSL gefährden, da AOL mit seinem AOL Plus Angebot in diesen Regionen verfügbar sei und die RBOC mit AOL in Kooperation stünden. Die FCC sah, dass AOL solche Verträge künftig in den Regionen ablehnen könnte, in denen eine Penetration von Time Warners Kabelnetzen besteht und um das Roll Out von Kabelinternet zu unterstützen. Auf der anderen Seite ist AOL durch die Verträge mit SBC und Verizon fast in den ganzen USA per DSL mit Internetzugängen präsent. Ein Abbruch dieser Vertragsverhältnisse würde nicht nur zulasten abnehmender Kundenzahlen gehen, sondern auch die Strategie von AOL gefährden, für jeden Haushalt einen Internetanschluss gleich welcher Technologie anbieten zu können (AOL Anywhere Strategy). Im Übrigen bestanden auch weitere ISP, so dass die Schwächung von DSL keine ernsthafte Gefahr darstellte.[2189]

bbb) Instant Messaging (IM)

Der IM-Dienst von AOL war der zweite zentrale Gesichtspunkt der wettbewerblichen Analyse. Die Behörde führte an, dass IM von sehr starken Netzwerkeffekten geprägt sei und für die künftige Kommunikationsstruktur eine große Rolle spiele[2190]. Der technische Sachverstand der FCC offenbarte das fundamentale Grundgerüst, das einem IM-Dienst zugrunde liegt, die sog. Names and Presence Database (NPD)[2191]. Die NPD ist wesentliche Voraussetzung und der Netzwerkwert, auf die die Applikation eines IM aufbaue, da darin Informationen der Nutzer gespeichert werden und so eine Kontaktmöglichkeit zwischen den Nutzern, aber auch für Hersteller komplementärer Applikationen und Produkte möglich werde. Die Diskussion um den IM-Dienst von AOL entzündete sich zunächst an der Frage, ob die FCC überhaupt die kompetenziellen Voraussetzungen besitzen würde, um diesen Dienst zu regulieren. Zweitens war klärungsbedürftig, inwieweit dieser Dienst von dem Zusammenschluss erfasst wurde bzw. ob sich ihre Zuständigkeit im Rahmen des Lizenzübertragungsvorganges auf den IM-Dienst ausdehnen ließ. Die FCC sah auch aufgrund

---

2187 AOL/Time Warner, Merger Order, 16 FCC Rec. 6547 (2001), Tz. 101 ff.
2188 So SBC, BellSouth und GTE in AOL/Time Warner, Merger Order, 16 FCC Rec. 6547Tz. 113 Fn. 322 (2001).
2189 AOL/Time Warner, Merger Order, 16 FCC Rec. 6547 Tz. 113 ff. (2001).
2190 Ebenda, Tz. 129 f.
2191 Ebenda, Tz. 129, 138 f.

in der Vergangenheit vielfach geäußerter Kritik, dass der IM-Dienst auf einer proprietären virtuellen Plattform lief und so die NPD Wettbewerbern nicht zugänglich gemacht wurde. Außerdem versagte AOL seinen Wettbewerbern eine Interoperabilität auch auf andere Art und Weise. Interoperabilität von IM-Diensten hat aus Sicht der FCC mehrere Vorteile für den Wettbewerb. Einerseits werde hierdurch Kommunikation zwischen kleinen und größeren Netzwerken erlaubt, weshalb die Effizienz eines solchen Systems steige. Zweitens führe dies zu mehr Produkt- und Dienstleistungsvielfalt, sowie Innovation. Ferner entstünden mehr Wettbewerb und weniger Bedarf für Regulierung.[2192]

Die FCC stützte ihre sachliche Zuständigkeit zur Regulierung des IM-Dienstes auf die Generalklausel ihrer Title I-Kompetenz des Communications Act, ohne den IM-Dienst genauer zu klassifizieren. Allerdings wies sie darauf hin, dass IM-Dienste in die Definition von Sec. 1 ff. Communications Act fallen würden, da es sich insoweit um leitungsgebundene und funkgestützte Kommunikation handele[2193]. Denn es gehe bei dem IM-Dienst um die Übertragung, einen Dienst oder eine Einrichtung zur Übertragung von Zeichen, Signalen, Bildern oder Geräuschen jedweder Art. Eine genauere Kategorisierung hielt die FCC dagegen für nicht erforderlich. Eine solche Berücksichtigung kann aber nur erfolgen, sofern der Dienst in irgendeiner Weise von der Lizenzübertragung betroffen ist bzw. sofern der Zusammenschluss mit Time Warner auf den Dienst von AOL Auswirkungen auf das öffentliche Interesse hat. Dies bejahte die FCC damit, dass der Telecommunications Act von 1996 von ihr eine Zurückhaltung bei der Regulierung verlange und daher die Behörde in Voraussicht alle Anstrengungen unternehmen müsse, um künftig nicht ex post handeln zu müssen[2194]. Der freie Markt sei zu schützen und könne nicht mit der Begründung, von der Regulierung Abstand nehmen zu müssen, eine Wettbewerbsbeschränkung sehenden Auges stattgeben[2195]. Und in dem Zusammenschluss mit Time Warner sah die Behörde das Gebot der Offenhaltung der Märkte verletzt.

Die Argumentation der FCC in Bezug auf den IM-Dienst orientiert sich stark an der Theorie stabiler Marktmacht[2196]. So habe AOL eine IM-Applikation, die nicht besser sei oder mehr Nutzen durch seine überlegene Technologie liefere, sondern allein weil es eine größere Installed Base besitze. Daher sei auch die Weigerung einer Interoperabilität nachzuvollziehen, da sich AOL derzeit in einer positive feedback loop befinde. Bereits dies sei ein Schaden für das öffentliche Interesse[2197]. Die Fusion mit Time Warner habe aber weitere Konsequenzen. Denn mit der Infrastruktur von Time Warner würde AOL auf dem Markt für sog. advanced IM-based high-

---

2192 Ebenda, Tz. 131.
2193 Ebenda, Tz. 148.
2194 Ebenda, Tz. 150.
2195 Ebenda, Tz. 151.
2196 Vgl. hierzu Teil 1: B.V.3.b)aa), S. 201.
2197 AOL/Time Warner, Merger Order, 16 FCC Rec. 6547 (2001), Tz. 175.

speed services (AIHS) ²¹⁹⁸ eine dominante Stellung erhalten. Da AIHS eine hohe Bandbreite erfordern, besitze die neue Formation zusammen mit dem Breitbandkabel von Time Warner das Potential, eine unangreifbare marktbeherrschende Stellung zu errichten. Hierzu würden auch die Exklusivinhalte von Time Warner beitragen, die als komplementäre, zum AIHS ausgestaltete Produkte indirekte Netzwerkeffekte generieren könnten.

Die FCC erlegte den Zusammenschlussparteien die Verpflichtung auf, die nächste Generation des IM kompatibel zu gestalten.²¹⁹⁹

ccc) Vertikale Wechselwirkungen mit Inhalten und ITV

Die vertikalen Wechselwirkungen mit Inhalteanbietern (video programmer) und interaktivem Fernsehen (ITV) wurden von der FCC genauestens untersucht²²⁰⁰. Hinsichtlich der Auswirkungen auf die Inhalteübertragung ist allerdings vorauszuschicken, dass der Zusammenschluss mit AOL für das fusionierte Unternehmen keine weitere direkte Verbindung zu Inhalten hatte. Auch brachte er keine horizontale Ausweitung der Infrastruktur mit sich. Damit hätte weder eine Ausschlussmöglichkeit gegenüber anderen Kabelnetzbetreibern von der Übertragung mit Inhalten, noch eine gesteigerte Einkaufsmacht gegenüber Sendern und Inhalteanbietern durch gestiegene Abonnentenzahlen befürchtet werden müssen. Die zu dem Verfahren beigeladenen Parteien äußerten stattdessen grundsätzliche Bedenken gegen die Einkaufsmacht der Kabelnetzbetreiber und die vertikale Integration der Time Warner Netze mit Inhalten²²⁰¹. Die FCC verwies insoweit auf ihre laufenden Ermittlungen in ihren Notice of Proposed Rulemaking²²⁰² bezüglich der Einspeisung von fremden Inhalten und der Diskriminierung von EPG-Daten und machte richtigerweise mehrfach darauf aufmerksam, dass dies kein zusammenschlussspezifisches Problem darstelle, das man mit conditions versehen könnte²²⁰³.

Bezüglich den Gefahren gegenüber dem künftigen interaktiven Fernsehen stellte die FCC fest, dass AOL/Time Warner beabsichtigen würde, die existenten Kabel-Set-Top-Boxen mit AOLTV-Boxen in ein einheitliches Set-Top-Box-Modell zu integrieren und hierbei die Kabelinternetzugänge als Rückkanal für die bidirektionale Anbindung des Endkunden zu ermöglichen. Außerdem verstand die FCC die

---

2198 Von den AIHS werden erweiterte Möglichkeiten erwartet, die ein Vielfaches der Bandbreite erfordern als herkömmliche IM. So soll Telefonie, Kurzvideos oder Onlineshopping durch intelligente Präferenzerkennung voll automatisierter computergestützter Agenten möglich werden. Die Relevanz dieses Dienstes als sog. Cash-Cow scheinen aber vor allem mit Blick auf neuere Produkte und Dienste überholt zu sein.
2199 AOL/Time Warner, Merger Order, 16 FCC Rec. 6547 (2001), Tz. 191 ff.
2200 Ebenda, Tz. 216-243.
2201 Vgl. die Ex Parte Anträge v. National Association of Broadcasters (NAB), MSTV, Disney Reply, Freedom Broadcasting Reply in: AOL/Time Warner, Merger Order, 16 FCC Rec. 6547 (2001) Tz. 208 Fn. 519, abrufbar unter: <http://www.fcc.gov>.
2202 Vgl. oben Teil 2: B.III.3.g)bb), S. 342 ff.
2203 AOL/Time Warner, Merger Order, 16 FCC Rec. 6547 (2001), Tz. 297, 209.

vorgetragenen Bedenken der Wettbewerber, dass AOL/Time Warner die Möglichkeit und Anreize hätte, an den Head-Ends Einrichtungen zu verwenden, die Diskriminierungspotential gegenüber anderen Programmanbietern besitzen. Allerdings war die FCC der Auffassung, dass das zusammengeschlossene Unternehmen Interessen besäße, die miteinander in Konflikt stünden. So sei klar, dass durch die Fusion ein Anreiz bestehe, so viel eigene interaktive Inhalte wie möglich einzuspeisen, um AOLTV, den interaktiven Dienst von AOL, attraktiv zu machen. Auf der anderen Seite seien Inhalte nicht unbeschränkt verfügbar, so dass man auch auf fremde Inhalte angewiesen sei. Auch sei zu berücksichtigen, dass in Zukunft die Refinanzierung der Inhalteproduktion und des Einkaufs von Senderechten weniger über Werbung als vielmehr durch Zusatzangebote interaktiven Fernsehens stattfinde, so dass eine zunehmende Abhängigkeit von ITV-Diensten und der Möglichkeit der Sender, solche Dienste selbst anzubieten, bestehe.[2204]

Die etwaigen Gefahren des Zusammenschlusses für ITV und dessen komplementäre Dienstleistungen seien nach Auffassung der FCC ausreichend durch die Auflagen der FTC Consent Order gedeckt. Diese Vereinbarung hatte dem Unternehmen zusätzlich zum geltenden Regulierungsregime ein Diskriminierungsverbot für die Übertragung und den Transport von Inhalten auferlegt und das Unternehmen zusätzlich dazu verpflichtet, interaktive Inhalte zumindest nicht über den Internetzugang zu blockieren[2205]. Der Inhalteanbieter Disney verwies darauf, dass die derzeitige Kapazität der Internetzugänge nicht ausreichen würde, um ITV-Dienste über einen ISP anbieten zu können. Man sei insoweit auf den Programmkanal angewiesen und könne diese Inhalte nicht separat über einen Internetzugang anbieten. Die FCC stimmte dem zu, weigerte sich jedoch, dem Unternehmen weitere conditions aufzuerlegen. Die Behörde verwies diesbezüglich auf ihre laufende ITV Notice of Inquiry[2206], da in diesem Fall keine zusammenschlussspezifische Frage entstünde, sondern die gesamte Industrie vor den Herausforderungen der digitalen interaktiven Zukunft stünde und daher eine industrieeinheitliche Regulierung favorisiert werde.

ddd) Koordiniertes Verhalten mit AT&T

Die FCC sah in Bezug auf den Hochgeschwindigkeitsinternetzugang außerdem Probleme koordinierten Verhaltens mit AT&T. Zum damaligen Zeitpunkt hatte AT&T einen Langzeitvertrag mit Excite@Home, dem damals größten ISP der USA, der etwa 1,5 Mio. Endkunden mit Breitbandanschlüssen versorgte[2207]. Die FCC erkannte, dass bei Ablauf dieser Vertragsbindung die Suche nach einem geeigneten Partner für die Realisierung von Internetzugängen beginne und auch solche mit AOL/Time Warner verbundene ISP, insbesondere AOL selbst, als Vertragspartner in Frage kämen. Dabei wies die FCC auf die Wechselwirkungen zwischen AT&T

2204 AOL/Time Warner, Merger Order, 16 FCC Rec. 6547 (2001), Tz. 233 ff., 248 ff.
2205 Vgl. FTC Consent Order, 2000 WL 1843019 IV.B. FTC.
2206 Vgl. oben Teil 2: B.III.3.g)bb)bbb), S. 349 ff.
2207 AOL/Time Warner, Merger Order, 16 FCC Rec. 6547 (2001), Tz. 259.

und AOL/Time Warner und die Besonderheiten der Fusion deutlich hin.[2208] Neben den komplexen gesellschaftsrechtlichen Verbindungen zwischen Time Warner und AT&T an Time Warner Entertainment[2209] wurde deutlich gemacht, dass AT&T den potentiellen Zugang für die Breitbandanschlüsse von AOL bereithalte, die damals noch von Excite@Home bedient wurden. Die Verbindung mit Time Warner würde AOL in eine verbesserte Verhandlungsposition bringen, da nun im Gegenzug für ISP-Dienste Programminhalte vergünstigt angeboten werden könnten. Diese strategische Partnerschaft hätte aus Sicht der FCC noch dadurch verstärkt werden können, dass AT&T, selbst bei Ausgliederung der Kabelnetze in die Gesellschaft AT&T Broadband, als Mutterkonzern und Long Distance Betreiber Telefondienste für Time Warner exklusiv anbieten könnte[2210], was bereits zwischen den Parteien diskutiert wurde.[2211]

Die conditions fielen aufgrund dieser wechselseitigen Beziehung zwischen Kabelnetzbetreibern auch relativ scharf aus. AT&T durfte mit AOL keine Exklusivversorgungsrechte schließen. Auch sollte eine Diskriminierung anderer ISP durch ein ausdrückliches Verbot gegenüber AOL/Time Warner ausgeschlossen werden, auf AT&T in irgendeiner Hinsicht derart einzuwirken, dass andere ISP benachteiligt werden. Im Übrigen wurde AOL/Time Warner aufgegeben anderen ISP den Zugang auf Verhandlungslösung zu gewähren, andernfalls hätte die FCC das Recht gehabt, den Parteien selbst Zugangsverpflichtungen unter nicht diskriminierenden Bedingungen aufzuerlegen.[2212]

cc) Vorteile für das öffentliche Interesse

Einhellige Meinung zwischen den FCC Commissioners[2213] war, dass die Verbreitung von Internetanschlüssen in den USA durch die Fusion generell schneller erfolgen würde. Die Kommission ging davon aus, dass AOL/Time Warner als erster großer Anbieter von Breitbandanschlüssen zusammen mit den Internetkunden von AOL zunehmenden Druck auch auf die RBOC ausüben würde, damit DSL vorangetrieben werde. Zu diesem Zeitpunkt war DSL nur rudimentär am Markt vorhanden. Dies bewirke wiederum eine positive Wechselwirkung zwischen DSL und Cable Internet andererseits.[2214]

Eine weitere wichtige Erkenntnis der FCC war, dass AOL/Time Warner der Finanzkraft und der Ressourcen in vertikal integrierten Märkten die Digitalisierung gezielt fördern könnte. Dabei stützte sich die FCC auch auf die gescheiterten Versu-

---

2208 AOL/Time Warner, Merger Order, 16 FCC Rec. 6547 (2001), Tz. 261 ff.
2209 Ebenda, Tz. 260, 265.
2210 Ebenda, Tz. 271.
2211 Ebenda, Fn. 710.
2212 Ebenda, Tz. 272.
2213 Vgl. bereits *Lathen*, Chief, Cable Services Bureau, FCC, Remarks Before the National Governor's Association, 27.02.2000.
2214 AOL/Time Warner, Merger Order, 16 FCC Rec. 6547 (2001), Tz. 304.

che Time Warners, die Plattform für digitales Fernsehen zu errichten und stellte die positiven Ergebnisse von AOL gegenüber, mit deren Hilfe nun eine kombinierte Strategie eröffnen und die Akzeptanz für die Digitalisierung zum Durchbruch verhelfen könne. Dabei könne für die Aufrüstung von Netz und Dienst auch auf zusätzliche Einnahmequellen aus Telefonie und Internetzugängen zurückgegriffen werden, um die Investitionen zu refinanzieren.[2215]

4. Vergleich mit den DOJ/FTC Conditions

Die Zusammenschlüsse im TK-Sektor haben punktuell gezeigt, dass auch die allgemeinen Wettbewerbsbehörden in das Wettbewerbsgeschehen eingreifen und insbesondere ihre Freigabeentscheidungen durchaus mit verhaltensgebundenen Nebenbestimmungen verbinden. So hat die FTC in AOL/Time Warner ein Diskriminierungsverbot für die Übertragung und den Transport von Inhalten auferlegt und das Unternehmen zusätzlich dazu verpflichtet, interaktive Inhalte zumindest nicht über den Internetzugang zu blockieren[2216]. Auch das DOJ operiert zuweilen mit verhaltensgebundenen Auflagen. Die antitrust division merkt hierzu in ihrem erst kürzlich veröffentlichten policy guide to merger remedies[2217] an, dass sie in dem zehnjährigen Zeitraum von 1993 bis 2003 von 113 Zusammenschlüssen weniger als 10 dieser Transaktionen[2218] mit verhaltensgebundenen conditions (sog. conduct relief) freigab, die fast allesamt den Sektor der Telekommunikation betreffen.

Dass die Wettbewerbsbehörden aus rechtlicher Sicht verhaltensgebundene Maßnahmen treffen können, ist nicht umstritten. Der Supreme Court hatte den breiten Ermessensspielraum bei der Auferlegung von Nebenbestimmungen bereits Anfang der fünfziger Jahre in United Shoe Machinery Corp.[2219] in einer per curiam Entscheidung[2220] nicht beanstandet. Unabhängig von der gewählten Art der Nebenbestimmung, d.h. ob struktur- (structural remedy) oder verhaltengebunden (conduct remedy), muss diese unter den vergleichbar effektiven Mitteln die mildesten auswählen. Dabei ist dieses Gebot weniger Ausfluss eines Verhältnismäßigkeitsprinzips, sondern soll den gesamtwirtschaftlichen Vorteilen Rechnung tragen.[2221] Damit sollen insbesondere Effizienzvorteile nicht verloren gehen, die der Gesamtwohlfahrt

---

2215 AOL/Time Warner, Merger Order, 16 FCC Rec. 6547 (2001), Tz. 306 f.
2216 Vgl. FTC Consent Order, 2000 WL 1843019 IV.B. FTC.
2217 DOJ, Antitrust Division Policy Guide to Merger Remedies, October 2004, S. 20, Fn. 29.
2218 United States v. MCI Communications Corp, 1994-2 Trade Cas. 70,730 (D.D.C.1994), modified, 1997-2 Trade Cas. 71,935 (D.D.C. 1997); United States v. Sprint Corp., 1996-1 Trade Cas. 71,300 (D.D.C. 1996); United States v. TCI, 1996-2 Trade Cas. 71,496 (D.D.C. 1994); United States v. AT&T Corp., 59 Fed. Reg. 44158 (D.D.C. 1994) (same); United States v. Northrop Grumman Corp., 68 Fed. Reg. 1861 (D.D.C. 2003); United States v. Lehman Bros. Holdings, Inc., 1998-2 Trade Cas. 72,269 (D.D.C. 1998).
2219 United States v. United Shoe Machinery Corp., 347 U.S. 521 (1954).
2220 Zum Begriff vgl. Fn. 1654.
2221 Vgl. nur United States v. United Shoe Machinery Corp., 105 f.Supp. 295, 349 (1953): »[...] it would be undesirable, at least until milder remedies have been tried[...]«.

schaden.[2222] Die Wettbewerbspraxis ist insoweit darauf fokussiert, einem vermiedenen Fehler 2. Ordnung auf Ebene der Freigabeentscheidung nicht im Rahmen der Nebenbestimmungen zu erliegen.

Die eigentliche Bedeutung von conduct remedies kommt aber in ihrer Ausprägung als „sektorspezifische" Verhaltensbestimmungen zum Ausdruck. Dies ist deshalb so bemerkenswert, weil die FCC als Regulierungsbehörde die alleinige Kompetenz zur sektorspezifischen Regulierung besitzt. Soweit ersichtlich hat es bislang keine Konflikte zwischen FCC und DOJ/FTC hinsichtlich des Eingriffs des Justizministeriums in den Bereich gegeben, der grundsätzlich der Regulierungsbehörde vorbehalten ist. Weil die Abhilfemaßnahmen aber „freiwillig" von den Parteien zugestanden werden, ansonsten ein Zusammenschluss nicht freigabefähig wäre, müssen solche Zusagen mit sektorspezifisch anmutendem Gehalt nicht notwendig als hoheitliche Maßnahmen begriffen werden. Insoweit obliegt es den Parteien, von ihrem Zusammenschlussvorhaben Abstand zu gewinnen oder die notwendige Korrektur für den Wettbewerb zu akzeptieren. Bereits im Entflechtungsverfahren des Bell Konzerns hatten DOJ und AT&T lange darüber verhandelt, welche geeigneten Maßnahmen ergriffen werden sollten. In Erwägung gezogen wurden Entgeltregulierung, Zusammenschaltung und die Endgerätefrage. Dass es letztlich zu einer Entflechtung kam, war sowohl eine Entscheidung des betroffenen Konzerns als auch des DOJ. Denn während die technischen Spezialisten des Konzerns den administrativen Aufwand und die hoheitliche Kontrolle fürchteten, wäre die Überwachung der Einhaltung der Verhaltensmaßnahmen (sog. monitoring) für das Justizministerium zeit- und kostenintensiv gewesen.[2223] Der Aspekt der Effizienz von remedies selbst spielt daher auch heute noch eine wichtige Rolle bei der Entscheidungsfindung hinsichtlich der richtigen Abhilfemaßnahme. Dieses Prinzip wird schon daraus verständlich, dass man die Kosten der „Wettbewerbsregulierung" aus ökonomischer Sicht in die gesamtwirtschaftliche Kosten-Nutzen Abwägung des Zusammenschlusses mit einbeziehen muss.[2224]

Verhaltensgebundene und strukturorientierte Nebenbestimmungen lassen sich aber praktisch nicht klar voneinander abgrenzen. Häufig enthalten conditions daher auch eine implizite Verhaltensbeschränkung. Shelanski und Sidak betonen, dass gerade auf Hochtechnologiemärkten, wie der Entflechtungsversuch von Microsoft gezeigt habe, eine sinnvolle Trennung nicht mehr vorgenommen werden könne, strukturorientierte Bestimmungen sogar tiefgreifendere Aufsichtsmaßnahmen nach sich ziehen würden.[2225] Dies leuchtet schon vor dem Hintergrund ein, dass hier vor allem Komplemente eingesetzt werden. Eine Entflechtung müsste dann darauf achten, dass die komplementären Produkte nicht bevorzugt behandelt werden, was abgesehen von den Effizienzverlusten auch eine quasi Entgeltregulierung nach sich zöge. Die Verfasser zeigen zudem, dass auch nach der Entflechtung von AT&T eine

---

2222 So auch DOJ, Antitrust Division Policy Guide to Merger Remedies, October 2004, S. 7 f.
2223 *Shelanski/Sidak*, 68 Chi. Law Rev. 95, 131 (2001).
2224 Vgl. *Joskow*, 18 J. Law Econ. Organ. 95, 99 f. (2002); hierzu bereits Teil 1: A.VI.4., S. 108.
2225 *Shelanski/Sidak*, 68 Chi. Law Rev. 95, 147 (2001).

kontinuierliche und erhebliche Überwachung notwendig wurde.[2226] In der neueren Literatur[2227] werden daher gerade auf Märkten mit Netzwerkeffekten Entflechtungsmaßnahmen und andere in die Organisationsstruktur der Unternehmen eingreifende Maßnahmen abgelehnt. Favorisiert wird im Gegensatz zu einer strukturellen Separierung die Anwendung der essential facility doctrine bzw. die Erörterung von remedies, um existierende und absehbare wettbewerbliche Probleme von Bottlenecks durch Zugangsverpflichtungen gegenüber Netzen zu beheben[2228].

Diese Sichtweise scheinen DOJ und FTC in ihre Praxis implementiert zu haben. In ihrem policy guide to merger remedies erklärt das DOJ, dass es Verhaltensmaßnahmen auf regulierten Märkten deshalb für geeignet halte, weil bereits eine sektorspezifisch agierende Behörde mit einer umfassenden Beobachtung betraut sei, so dass das Effizienzproblem des monitoring keine Rolle spiele[2229]. Ein weiteres Argument für sog. stand-alone conduct reliefs, also solchen Abhilfemaßnahmen, die ohne strukturelle Separierung von Unternehmensteilen oder einer Abspaltung von Netzen auskommen und allein eine Verhaltensauflage betreffen, ist der große Effizienzverlust, der durch solche Netzseparierungen einhergeht. Wie bereits im ersten Teil der Arbeit ausführlich erörtert, ist ein Netzwachstum aufgrund von Zusammenschlüssen nicht per se wohlfahrtsschädlich[2230]. Genau diesen, von der netzökonomischen und interdisziplinären Literatur[2231] auch im Rahmen der conditions bzw. remedies abgelehnten, Strukturmaßnahmen kommt auch das DOJ mit den Worten nach: »Stand-alone conduct relief is only appropriate when a full-stop prohibition of the merger would sacrifice significant efficiencies and a structural remedy would similarly eliminate such efficiencies or is simply infeasible.«[2232]

V. Wesentliche Ergebnisse der Fusionskontrolle im TK-Sektor

Neben der Kompetenz von DOJ und FTC ist auch die Federal Communications Commission (FCC) nach Sec. 7 Clayton Act zur Beurteilung von Zusammenschlüssen berufen. Als Regulierungsbehörde für Kommunikation sind ihre Aufgaben spezieller als die der allgemeinen Handelsaufsicht der FTC. Der Auftrag der FCC findet sich im Communications Act, dessen ausdrückliches Regulierungsziel darin besteht, leitungsgebundene und funkgestützte Kommunikation zu angemessenen Bedingungen zu gewährleisten. Mit der Novelle durch den Telecommunications Act von 1996 ist der Wettbewerbsgedanke erstmals gesetzlich implementiert worden. Die FCC ist

---

2226 Ebenda, 148 ff.
2227 *Economides*, Competition Policy in Network Industries, 2004, S. 22; *Shelanski/Sidak*, 68 Chi. Law Rev. 95, 148 ff. (2001); *Le Blanc/Shelanski* (2002), S. 23 f.
2228 Vgl. United States v. MCI Communications Corp, 1994-2 Trade Cas. 70,730 (D.D.C.1994), modified, 1997-2 Trade Cas. 71,935 (D.D.C. 1997).
2229 DOJ, Antitrust Division Policy Guide to Merger Remedies, October 2004, S. 20.
2230 Vgl. Teil 1: B.V.4., S. 208; Teil 1: C.III.2.d), S. 218; Teil 1: C.IV., S. 220.
2231 *Economides*, Competition Policy in Network Industries, 2004, S. 22; *Shelanski/Sidak*, 68 Chi. Law Rev. 95, 148 ff. (2001); *Le Blanc/Shelanski* (2002), S. 23 f.
2232 DOJ, Antitrust Division Policy Guide to Merger Remedies, October 2004, S. 20.

daher für den Vollzug dieser Vorgaben und die im Rahmen des Gesetzes vorgesehene Rechtsetzung ausschließlich zuständig. Der Kongress hat daher neben der Verhaltensaufsicht auch die Zusammenschlusskontrolle durch eine Zuständigkeitsverteilung zugunsten der FCC nach Sec. 11 Clayton Act aufgelöst und diesen sektoralen Wirtschaftszweig ausdrücklich von der allgemeinen Handelsaufsicht der FTC befreit. Allerdings greift diese klare Kompetenzabgrenzung nur, sofern eine Common Carrier an dem Zusammenschluss beteiligt ist. Der Common Carrier Begriff wird seit jeher als das öffentliche Angebot einer inhaltsneutralen Übermittlung an die Öffentlichkeit verstanden. Eindeutig ist, dass begrifflich das PSTN erfasst wird, so dass hier DOJ und FCC eine Doppelzuständigkeit (concurrent jurisdiction) besitzen. Die Übermittlung von Inhalten an die Öffentlichkeit scheidet im Gegensatz dazu gerade aus. Insoweit ist auch eine Kompetenz der FCC nach Sec. 11 Clayton nicht gegeben, so dass die Zuständigkeit der FTC wieder auflebt. Mittlerweile haben DOJ und FTC in einem Clearing Abkommen Zusammenschlüsse von Telekommunikationsunternehmen unabhängig von der betroffenen Infrastruktur der Zuständigkeit des DOJ übertragen. Das DOJ genießt damit für eine Beurteilung reiner Kabelnetztransaktionen nach Sec. 7 Clayton Act eine Alleinzuständigkeit.

Da die FCC in den letzten fünfzig Jahren von Sec. 7, 11 Clayton Act kein einziges Mal Gebrauch gemacht hat, hatte die kompetenzielle Rollenverteilung allenfalls eine Bedeutung für die FTC. Die Regulierungsbehörde stützt sich stattdessen regelmäßig auf Sec. 214 (a), 314 (d) Communications Act, die faktisch einen Kontrolltatbestand begründen. Nach diesen Vorschriften stehen Übertragung von Lizenzrechten und Ausweitung der Geschäftstätigkeit eines Carrier unter dem Vorbehalt der Zustimmung durch die FCC, wovon regelmäßig alle Kommunikationsinfrastrukturen betroffen sind. Somit besteht auf Bundesebene eine überschaubare Doppelzuständigkeit von DOJ und FCC nach unterschiedlichen Kompetenznormen. Diese wird zwar durch Mitwirkungsbefugnisse und Zustimmungsvorbehalte der auf einzelstaatlicher Ebene zuständigen Public Utilities Commissions (PUCs) und Local Franchise Authorities (LFAs) überlagert. Ausschlussfristen und zwischenstaatliche Einrichtungen, wie die National Association of Regulatory Utility Commissioners (NARUC), sorgen aber auch hier für eine relativ reibungslose Zusammenarbeit.

Anders als DOJ/FTC ist die FCC nicht an eine rein ökonomische Betrachtung im Sinne von Sec. 7 Clayton Act gebunden, wenn sie ihr Vorgehen auf den Communications Act stützt. Sie muss sich daher auch nicht an dem Kriterium einer wesentlichen Verringerung des Wettbewerbs messen lassen, sondern hat im Rahmen des Zustimmungsvorbehalts allein den Maßstab des öffentlichen Interesses (public interest standard) zu beachten. Der Supreme Court verbindet mit dem Begriff eine Sichtweise, die vom Schutzzweck des gesamten Communications Act her determiniert wird, so dass Regulierungsziele und Regulierungsinstrumente mit ihm im Einklang stehen müssen. Diesen Zusammenhang stellt die FCC in ihren Zusammenschlussverfahren gleich zu Beginn ihrer Analyse besonders heraus. Dabei betont sie die Besonderheiten, die das Entflechtungsverfahren des Bell Konzerns für die Regulierung gespielt habe und noch spiele und dass die Grundsätze des Telecommunications Act sie zu besonderer Rücksichtnahme verpflichteten.

In diesem vorgegebenen Rahmen wurden die Grundzüge der gesetzlichen Regulierungsvorgaben und ihre praktische Umsetzung durch die Regulierungsbehörde beleuchtet. Auch unter Einbeziehung der rechtshistorischen Entwicklung konnten Reichweite und Grenzen ihres Beurteilungsspielraums skizziert werden. Dieser hat sich als äußerst flexibel und weit reichend erwiesen und hängt unmittelbar von den Kompetenzen der FCC ab. Da der Gesetzgeber mit breit angelegten Politikzielen innerhalb des Communications Act operiert, verblassen die ehemals scharfen Konturen zu konkret fassbaren Regulierungszielen. Die zentralen Eckpfeiler lassen sich aber an drei Zielsetzungen festhalten, die im Communicaitons Act an vielen Stellen sichtbar sind. Zu ihnen zählen die Förderung des Wettbewerbs insgesamt, vor allem mithilfe des Ortsnetzwettbewerbs, die weitere technologische Entwicklung durch die Konvergenz der Infrastrukturen und das schrittweise Phasing-Out sektorspezifischer Instrumente durch selbsttragenden Wettbewerb. Dabei wird schnell erkennbar, dass alle Zielsetzungen miteinander in direktem Zusammenhang stehen. Darüber hinaus enthalten sie genau die Bausteine, die für den funktionsfähigen Wettbewerb auf Telekommunikationsmärkten herausragende Bedeutung besitzen. Sie stehen damit mit den ökonomischen Ergebnissen des ersten Teils vollständig im Einklang.

Den elementaren Grundstein für den Einzug des Wettbewerbs ins Telekommunikationsrecht legte die FCC selbst, indem sie Marktneulinge dort zuließ, wo dies nicht mit dem öffentlichen Interesse kollidierte. Für Common Carrier schloss die FCC eine Kollision aus, wenn durch die konkret zugelassene Tätigkeit die Grundversorgung weiterhin gewährleistet erschien. Mit identischen Überlegungen wurde die FCC daher auch von der Rechtsprechung zur Einhaltung dieses Grundsatzes ermahnt, wenn die Zielvorgaben des Communications Act auch ohne ein Wettbewerbsverbot gewährleistet werden konnten. Damit begann eine Deregulierungsoffensive, in deren Verlauf auch das DOJ mittels ihrer allgemeinen Missbrauchsaufsicht nach dem Sherman Act zur Beseitigung der Monopolstrukturen durch den Bell-Konzern (AT&T) beigetragen hat. Dass die FCC in ihrer Zusammenschlussbeurteilung daher den vom District Court of Columbia in seiner Modification of Final Judgement (MFJ) gebilligten Vergleich (consent decree) besonders betont, wird erst mit Blick auf die damit verbundenen Konsequenzen deutlich. Denn mit dem MFJ wurde die vertikale integrierte Struktur des PSTN aufgelöst und mit horizontal in etwa gleich großen Ortsnetzgesellschaften, den sog. Baby Bells bzw. Regional Bell Operating Companies (RBOC), neu strukturiert. Durch ein vereinbartes Wettbewerbsverbot der Baby Bells im Fernverkehrsmarkt erhoffte man sich damit, das vom Sherman Act als Missbrauchsform behandelte leveraging (hier aus dem unangreifbaren Ortsnetz in den prinzipiell wettbewerblichen Fernverkehrsmarkt) zu unterbinden. Der Telecommunications Act hat die für Baby Bells geltenden Marktzutrittsschranken des consent decree gesetzlich kodifiziert.

Der Telecommunications Act verankert aber nicht nur diesen Status-Quo, sondern legt die Voraussetzungen für nahezu selbsttragenden Wettbewerb mit minimalen Regulierungseingriffen fest. So soll nicht nur Ortsnetzwettbewerb elementare Grundbedingung für eine Betätigung der Common Carrier im Fernverkehrssektor sein. Vielmehr setzt die Gesetzesnovelle auf den diagonal wechselseitigen Markteintritt der Kabelnetzbetreiber und Common Carrier in die bislang jeweils dominierten Märkte. Anreize für diesen zunächst technologischen Prozess werden vor allem durch eine infrastrukturasymmetrische Regulierung gesetzt, die in Maßnahmen und Dichte divergieren. Dabei macht sich die FCC auch die herrschenden Wettbewerbsverhältnisse zunutze, indem sie die Anreizregulierung auf diese abstimmt und dadurch die Marktteilnehmer quasi zum Markteintritt drängt. Dieser konzeptionelle Ansatz wurde vor allem mithilfe des zwischen PSTN und Kabelnetzen differenzierenden Common Carrier Begriffes erleichtert. Aus wettbewerbstheoretischer Sicht sticht daher ein intermodales Wettbewerbsverständnis heraus, das sich telekommunikationspolitisch als two-wire policy begreifen lässt. Endziel dieser angestoßenen Entwicklung ist der Aufbruch der nur noch zum Teil durch Bottleneck-Strukturen geprägten Ortsnetzen und die Entwicklung neuer Telekommunikationsdienste und -märkte, wodurch mehr Wettbewerb in der Fläche ermöglicht werden soll. Unterstützung findet diese auf Konvergenz angelegte Regulierung auch in dem Politikziel des Telecommunications Act, sog. advanced services mit den Mitteln des geltenden Regulierungsregimes zu fördern, die eine Broadband Roadmap auf Grundlage vollständiger Konvergenz vorsieht.

Mit dem von der FCC selbst hergestellten Bezug zu dieser regulatorischen Umgebung erschließen sich einem die Faktoren, die der public interest framework zu berücksichtigen hat. Augenscheinlich ist dabei, dass sich die FCC von Wettbewerbselementen nicht frei zeichnen kann. Denn zum einen hat der Telecommunications Act die Förderung von Wettbewerb als eines der herausragenden Ziele der Kommunikationspolitik vorgegeben und zweitens sieht der Communications Act die üblichen wettbewerblichen Zielfunktionen auf Telekommunikationsmärkten weitestgehend mit Wettbewerb verwirklich- und gewährleistbar.

Daher ist nicht verwunderlich, dass die FCC sich stark an den Merger Guidelines orientiert und sich auch explizit auf diese stützt. Ausgehend von einer sachlichen und räumlichen Marktabgrenzung, die den SSNIP-Test in Bezug setzt, identifiziert sie die aktuellen und potentiellen Teilnehmer innerhalb dieser Märkte, insbesondere diejenigen, von denen signifikanter Wettbewerb ausgeht. Anschließend beurteilt sie die potentiell schädlichen Auswirkungen für das öffentliche Interesse (sog. potential public interest harms) durch unilaterales und koordiniertes Verhalten und die vertikalen Effekte. Sodann wendet sie sich im Rahmen der potential public interest benefits Effizienzgesichtspunkten und Anreizen zu Innovation und Diffusion zu, um dann die Vor- und Nachteile gewichtet gegeneinander abzuwägen. Hier entscheidet sich zwar grundsätzlich, ob der Zusammenschluss untersagt oder freigegeben wird. Allerdings hat die FCC es meist vorgezogen, Zusammenschlüsse unter sog. conditions bzw. remedies für mit dem öffentlichen Interesse vereinbar zu erklären.

Dennoch weicht die Dogmatik der wettbewerblichen Beurteilung in vielen Punkten ab und ist nicht so exakt vorgezeichnet, wie der von DOJ und FTC. Die FCC hat wiederholt betont, dass ihre Prüfung durch die antitrust laws maßgeblich mit beeinflusst, aber nicht von dem darin enthaltenen Spielraum beschränkt werde. Dies hat der D.C. Circuit Court of Appeals in ständiger Rechtsprechung mit der Maßgabe bestätigt, dass die Beurteilung mit vernünftigen Gründen und Erwägungen erfolgt und mit dem Communications Act im Einklang steht. Eine wesentliche Abweichung von der wettbewerbsbehördlichen Prüfung bildet der sog. transitional markets approach. Danach ist nicht der Status-Quo, sondern der künftig erwartete Wettbewerb für die Beurteilung der wettbewerblichen Beziehungen ausschlaggebend. Die FCC bringt damit den Übergangscharakter der Märkte zum Ausdruck, die durch die Regulierung erst zu wettbewerblichen Märkten erwachsen sollen. Dieses Konzept basiert daher einerseits auf dem Verständnis eines konvergierenden Marktumfeldes und ist andererseits Ausdruck der im Telecommunications Act angelegten wettbewerblichen Öffnung der Märkte. Daher hat der transitional markets approach nicht nur Auswirkungen auf die Identifizierung betroffener Märkte und Marktteilnehmer, sondern vor allem auf die Gewichtung der Bedeutung einzelner Märkte. Diese Gewichtung hat wiederum Einfluss auf die mit der ökonomischen Zusammenschlussrichtung üblicherweise verbundenen Marktmachtgefahren und Effizienzvorteile.

Für die Marktabgrenzung ergeben sich einige Besonderheiten. Besonders erwähnenswert ist, dass eine infrastrukturbezogene Definition der Märkte im Rahmen der Zusammenschlussbeurteilung nicht stattfindet. Substituierbarkeitsbeziehungen werden dann berücksichtigt, sofern technische Möglichkeiten zur Substitution bestehen oder sich abzuzeichnen beginnen. Die FCC hat dem Übergangscharakter der Märkte dadurch Rechnung getragen, dass beispielsweise bei der Abgrenzung von Sprachtelefonie auch VoIP-Angebote einbezogen wurden, die hauptsächlich von Kabelnetzbetreibern und CLEC erbracht werden. Eine solche infrastrukturneutrale Betrachtung findet auch bei Inhalten statt. In die betroffenen sachlich relevanten Märkte werden hier alle Multiple Video Distribution Provider (MVPD) einbezogen, so dass sich darin nicht nur Kabelnetze, sondern auch Satellit (DBS), Terrestrik und alle übrigen Übertragungstechnologien wieder finden. In den Zusammenschlussverfahren SBC/AT&T und Verizon/MCI lässt die FCC im Rahmen der Innovationsentwicklung durchblicken, dass sie in Zukunft wohl auch IP-basierte Dienste von Common Carrier in die Marktdefinition einbeziehen wird. Nicht deutlich geworden ist, ob sie diese bereits jetzt als uncommitted entrants im Rahmen der Marktabgrenzung oder als committed entrants in der wettbewerblichen Analyse berücksichtigt. Jedenfalls ist im Lichte ihrer jüngeren Entscheidungspraxis darauf zu vertrauen, dass der dynamischen Entwicklung auch in der Marktabgrenzung Rechnung getragen wird. Für die geographische Reichweite dieser so abgegrenzten Märkte stehen einerseits nationale Inhalteanbieter nationalen MVPD und regionale Inhalteanbieter den geographisch verfügbaren MVPD gegenüber. Für Endkunden beschränkt sich der räumliche Markt nach aggregierter Betrachtung aller Anschlusskunden dagegen auf das jeweilige Konzessionsgebiet.

Für die Feststellung der sog. most significant market participants spielt der transitional markets Ansatz vor allem dann eine Rolle, wenn horizontale Wettbewerbsbeziehungen in Frage stehen. Der von der potential competition doctrine nicht erfassbare potentielle Wettbewerb wird hierbei von dem zukünftig zu erwartenden signifikanten Wettbewerb ersetzt, so dass weder konkrete Markteintrittspläne eines actual potential entrant noch die aktuelle Marktmachtdisziplinierung des potentiellen Wettbewerbers festgestellt werden müssen. Vielmehr kann sich aus dem Übergangscharakter der Märkte ergeben, dass größere Regionalnetze in Zukunft – auch von Regulierungsinstrumenten unterstützt – aller Voraussicht nach die Fähigkeit besitzen, in die jeweils angrenzende Regionen mit ausreichender Kapazität einzudringen. Allerdings beschränkt die FCC den erwarteten Markteintritt unter Zugrundelegung einer ökonomisch realistischen Sichtweise nur auf größere Metropolen, in denen Bündelungs- und Dichtevorteilen besonders ausgeprägt sind. Während so für benachbarte RBOC in einigen Zusammenschlussverfahren besondere Gebiete künftig zu erwartender Wettbewerbsbeziehungen identifiziert werden konnten, sind solche wechselseitigen Markteintritte bei Kabelnetzen seltener zu beobachten und daher auch nicht im Rahmen des transitional markets approach festzustellen. Dort, wo die Einschätzung künftig zu erwartender Wettbewerbsbeziehungen dagegen zutrifft, lassen sich ohne größere Schwierigkeiten signifikante Wettbewerbsverringerungen nachweisen, ohne die noch nicht existenten Marktanteile am HHI messen zu müssen. Für die durch aktuell horizontale Wettbewerbsbeziehungen geprägten Märkte, sog. overlapping markets, unterscheiden sich die Wettbewerbsbedenken der FCC dagegen nicht von dem Maßstab, den DOJ/FTC zugrunde legen. Auch bei schwerpunktmäßig vertikalen Zusammenschlüssen wird die übliche Marktabgrenzung zugrunde gelegt, wenngleich auch hier die herrschenden Wettbewerbsverhältnisse nicht maßgebend sein müssen. Denkbar ist die Anwendung des transitional markets approach daher auch hier. Für die begonnene Entwicklung der Netze spielt der Ansatz insofern eine bedeutende Rolle, als horizontal cross-mediale Zusammenschlüsse, beispielsweise zwischen „RBOC" und Kabelnetzbetreibern, eine signifikante Verringerung des Wettbewerbs bereits heute sehr deutlich machen.

Der Übergangscharakter der Märkte, der von statischen Versorgungsnetzen zu dynamischen Breitbandnetzen tendiert und mit einer Fülle von ISP und anderen Dienstleistern besetzt sein wird oder sollte, kommt auch in der bereits angesprochenen Gewichtung der Märkte zum Ausdruck. Dabei lässt sich die FCC ganz offensichtlich von der Broadband Roadmap leiten, wie sie der Communications Act für die weitere Entwicklung der Telekommunikationsmärkte als telekommunikationspolitisches Ziel formuliert. In der Analyse der FCC lässt sich regelmäßig erkennen, dass sie der konvergenten Entwicklung eine herausragende Bedeutung beimisst. Dies gilt sowohl für die Gefahren als auch für die Chancen, die ein Zusammenschluss für den technologischen Fortschritt haben kann.

Solche Gefahren hat die FCC in vergangenen Zusammenschlüssen zum Teil auf netzwerkökonomische Argumente gestützt. Die horizontale Erweiterung eines Netzes könne danach aufgrund von Netzwerkeffekten einen überproportionalen Anstieg an Diskriminierungsmöglichkeiten und Diskriminierungsanreizen bieten. Folglich könne eine Ausschaltung von Wettbewerbern nach erfolgtem Zusammenschluss gezielter und einfacher stattfinden als es den Parteien ohne Zusammenschluss allein möglich wäre. In den Zusammenschlüssen der RBOC sah die FCC hauptsächlich Gefahren für Breitbandzugänge. Diese haben sich im Vergleich zu Kabelinternet sehr schleppend entwickelt. Die FCC war der Auffassung, dass hier eine nur schwer feststellbare Bottleneck Diskriminierung durch die Ortsnetzgesellschaften stattfinde. Die mangelnde Transparenz für solche Verhaltensweisen wurde dabei in den sog.

operation support systems (OSS), aber auch in den schlechten Voraussetzungen der Kollokation in den Vermittlungsstellen erkannt. Überrascht haben die Ergebnisse bei der vertikalen Integration von RBOC und IXC. Denn die FCC hat hier kaum Marktmachtbedenken geäußert, was zunächst dem Ansatz des MFJ zu widersprechen scheint. Der Sichtwechsel basiert auf einer Neugewichtung der Märkte. Während Entscheidungsgrundlage des MFJ der vertical price squeeze und leveraging waren, lehnt die FCC solche Bedenken unter den veränderten Marktbedingungen ab. Vor allem weil der Internet Backbone Markt wettbewerblich ausgestaltet ist und die Entwicklung von VoIP den Wettbewerb im Ortsnetz entfacht hat, liegen die Voraussetzungen eines erfolgreichen leveraging nicht mehr vor. Diese Entwicklung hat die sonst grundsätzlich wichtige Unterscheidung zwischen Orts- und Fernnetzen nahezu obsolet gemacht. Anreize zu Bottleneck Diskriminierung hatte die FCC unter den extremen Bedingungen der AOL/Time Warner Fusion gesehen, der weniger eine Kabelnetzfusion als vielmehr einen konglomeraten Zusammenschluss zwischen einem der weltgrößten ISP und dem größten Kabelnetzbetreiber der USA darstellte.

Der horizontalen Integration der Kabelnetze kommt eine besondere Bedeutung zu, da diese auch im Mittelpunkt der deutschen Fusionskontrolle im Sektor der Telekommunikation stehen. Der Zusammenschluss AT&T/Comcast betraf eine solche Gebietserweiterung der Kabelnetzgesellschaften durch Fusion. Ferner führte der Zusammenschluss auch zu einer Zunahme an vertikalen Beziehungen zu Inhalteanbietern und Sendern, da beide Gesellschaften bereits in dieser Hinsicht vertikal verflochten waren. An der Zusammenschlussbeurteilung der FCC war bemerkenswert, dass die Regulierungsbehörde eine fundierte ökonomische Analyse gestützt auf neuere ökonomische Untersuchungen, empirische Ergebnisse und spieltheoretische Modelle vornahm. Dabei standen im Mittelpunkt der Bewertung die Auswirkung auf die beiden abgegrenzten Märkte, die Einspeisung bzw. Nachfrage nach Inhalten und die Auswirkungen der Konzentration auf den Wettbewerb um den Endkunden. Obwohl die Parteien nach dem Zusammenschluss mehr als 27 Mio. Teilnehmer und damit fast 30% der USA mit Rundfunkinhalten versorgten, sah die FCC keine wettbewerblichen Bedenken. Die Verhandlungsstärke gegenüber den Inhalteanbietern und Sendern würden zwar zunehmen. Nachfragemacht mit der Folge ökonomischer Gewinne wurden im Hinblick auf den Einspeisemarkt aber genauso wenig erkannt wie die durch den Zusammenschluss befähigende oder verstärkte Anbietermacht, andere Sender von der Einspeisung auszuschließen. Die Grundlage, nach der diese Beurteilung erfolgt, bemisst sich gegenüber Inhalteanbietern nach dem sog. open field approach. Danach muss beurteilt werden, ob durch den Zusammenschluss und der hypothetischen Annahme einer Nichteinspeisung von Inhalteanbietern nach Zusammenschluss ein prozentual offenes Feld von MVPD die Überlebensfähigkeit der Inhalteanbieter zu gewährleisten vermag. Die Rechtsprechung hat die Marktanteilsbetrachtung als zu statisch abgelehnt und die Regelung der FCC aufgehoben. Der open field approach selbst blieb hiervon jedoch unberührt. In der ökonomischen Diskussion besteht ebenfalls die Unsicherheit, ab wann es einem MVPD generell möglich ist, Monopsonmacht oder Anbietermacht gegenüber Inhalteanbietern und Sendern auszuüben. Denn der Netzbetreiber verliere durch eine solche Diskriminierung einerseits die Einspeisevergütung. Andererseits verliere auch sein System insgesamt an Wert, weil Inhalte Wert bildende Faktoren darstellten und damit auch im Lichte netzökonomischer Diskussion zu führen sind. Die FCC konnte aus diesen Gründen nicht erkennen, dass der Zusammenschluss solche Anreize begünstigt hätte. Mit ähnlicher Argumentation lehnte die FCC wettbewerbliche Bedenken auf dem Endkundenmarkt ab. Geprüft wurde hier insbesondere, ob ein horizontaler und vertikaler Zusammenschluss Anreize setzt und dazu befähigt, andere MVPD zu benachteiligen. Solche Möglichkeiten werden in der ökonomischen Literatur vor allem durch zwei Verhaltensmöglichkeiten gesehen. Einerseits kann ein marktmächtiger MVPD es ablehnen, eigene Inhalte auch für die Verbreitung in Distributionsgebiete anderer MVPD anzubieten. Andererseits kann der MVPD Exklusivvereinbarungen mit Inhalteanbietern schließen, um die Inhalte nur in sein Distributionsgebiet einzuspeisen. Beide Möglichkeiten sah die FCC als nicht realistisch an. Im ersten Fall wären die Kosten eines Ausschlusses der Distribution im Vergleich zu den hinzugewonnenen Teilnehmern zu hoch gewesen. Im letzten Fall waren die Interessen zwischen ungebundenen Inhalteanbietern/Sendern und den Zusammenschlussparteien nicht deckungsgleich, was angesichts der zusätzlichen Vergütung, die für eine Exklusivvereinbarung anfällt, für eine erfolgreiche Verdrängungsstrategie anderer MVPD noch unrealistischer sei.

Im Zusammenhang mit den durch Marktmacht erweiterten Verhaltensspielräumen untersucht die FCC in allen geprüften Zusammenschlussverfahren nicht nur die ökonomischen Möglichkeiten einer Diskriminierung, sondern hinterfragt auch die rechtliche Durchsetzbarkeit etwaiger Strategien mit Blick auf ihre eigene Regulierung und das allgemeine Wettbewerbsrecht. Dieser im ersten Teil der Arbeit als für die Telekommunikation besonders geeigneter Ansatz wird von der Regulierungsbehörde durchweg konsistent durchgeführt. Die FCC beurteilt hierbei stets, ob das jeweilig diskutierte Problem ein dem Zusammenschluss spezifisch anhaftendes darstellt oder ob geeignete Regulierungsverfügungen in einem ordnungsgemäßen Regulierungsverfahren implementiert werden müssen. Besonders hervorzuheben ist dabei, dass Netzgröße und Marktmacht nicht gleichgesetzt werden und horizontale Erweiterung nicht automatisch als Verstärkung von Marktmacht begriffen wird.

Im Rahmen der Vorteile für das öffentliche Interesse berücksichtigt die FCC regelmäßig statische Effizienzen. Hierbei hat die FCC sowohl die Reduzierung von Transaktionskosten als auch die Vermeidung doppelter Marginalisierung und die Begrenzung von free-rider Problemen als Effizienzvorteile anerkannt. Allein aus statischen Effizienzerwägungen heraus wäre aber bislang noch kein Zusammenschluss freigegeben worden. Größere Bedeutung kommt dagegen dynamischen Effizienzen zu. Das Gewicht, das technologischem Fortschritt an dieser Stelle beigemessen wird, verhält sich spiegelbildlich zu der Gefahrenanalyse. Daher wurde kein Zusammenschluss auf der public interest benefits Ebene von einer Diskussion über die Entwicklung von Breitbandinternet und konvergenten Diensten ausgenommen. Dabei kann ein Bedeutungszuwachs gerade den letzten Verfahren entnommen werden, die die Netzkonzentration noch weiter erhöht haben. Die FCC erhofft sich häufig eine Investition in die Infrastruktur infolge von Einsparungen durch Synergien und

Effizienzen. Dies gilt für die Fusion von Kabelnetzen genauso wie für solche im PSTN. Für Kabelnetze ist daneben auch wichtig zu betonen, dass mit Zusammenschlüssen Anstöße für Digitalisierung, interaktive Dienste und Implementierung neuartiger Technologien verbunden werden. Bemerkenswert ist, dass die steigende Netzgröße nicht nur wie im Rahmen der Gefahranalyse als negative feedback Mechanismus begriffen wird, sondern auch als Chance, damit FuE-Investitionen stattfinden. Denn aufgrund der höheren installed base bestehe eine stetig abfallende Durchschnittskostenkurve, die nicht nur dem Infrastrukturbetreiber, sondern allen Wettbewerbern zugute komme, so dass sich die pro Kopf Ausgaben verringern würden. Schließlich sieht die FCC in Kabelnetzkonsolidierungen trotz vertikaler Verflechtungen zu Inhalteanbietern sogar einen steigenden Wettbewerb um die Inhalte und eine sich hierdurch relativierende Nachfragemacht der Netzbetreiber gegenüber Inhalteanbietern und Sendern.

Die Schlüsselrolle, die der public interest test einnimmt, ist bei den Abhilfemaßnahmen (remedies) und Nebenbestimmungen (conditions) verortet. Verallgemeinernd lässt sich festhalten, dass statische und dynamische Effizienzvorteile für sich allein genommen nie in der Lage waren, ein öffentliches Interesse zu begründen. Jegliche Marktmachtbedenken werden in den Entscheidungen der FCC punktuell adressiert, den Effizienzwirkungen gegenübergestellt, wobei sich eindeutig zeigt, dass infrastrukturell abgesicherte Marktmacht nur schwer nivelliert werden kann. Die einzelnen conditions sind in ihrer Reichweite und Dimension mindestens genauso flexibel, wie der public interest test Gefahren und Vorteile für das öffentliche Interesse ausfindig zu machen vermag.

Während strukturorientierte conditions zu einer Entflechtung überlappender Wettbewerbsbereiche genutzt werden, ist die Anzahl auferlegter verhaltensgebundener Abhilfemaßnahmen weitaus häufiger. Hierzu zählen nicht nur Zusagen der Parteien, typischerweise mit Marktmacht verbundene Preiserhöhungen gegenüber Wettbewerbern und Endkunden nicht vorzunehmen. Auch bestimmte diskriminierende Verhaltensweisen, die im Rahmen der wettbewerblichen Analyse aufgedeckt wurden, werden von der FCC regelmäßig von der Freigabeentscheidung abhängig gemacht. Beispielsweise wurde den Parteien der RBOC Konsolidierung aufgegeben, Wettbewerbern Abschläge auf den bestehenden Preis entbündelter Netzelemente zu gewähren und zusammen mit Wettbewerbern Software zu entwickeln, die ein diskriminierendes Verhalten der Zusammenschlussparteien transparenter machen sollte. Von immenser Wichtigkeit für die dynamische Implementierung einer konvergenten Entwicklung ist auch die Entgegennahme von Investitionszusagen. Hierzu zählt die häufig anerkannte Verpflichtung, in die Ortsnetze anderer Regionen einzutreten oder Infrastrukturinvestitionen in bestimmter Höhe außerhalb der eigenen Region zu tätigen. Daneben enthält das durch conditions geschaffene Recht teils erheblich schärfere Maßnahmen als das Regulierungsregime des Communications Act, das für alle Marktteilnehmer gleichermaßen greift. Zwar lehnt es die FCC teilweise auch ab, abweichende Regelungen zu implementieren, wie ITV in dem Zusammenschluss AOL/Time Warner beispielhaft belegt. Solche Erwägungen trifft die FCC aber nur dann, wenn ein Regulierungsbedarf für den gesamten Sektor besteht oder zunächst eine Phase der Marktbeobachtung für sinnvoll gehalten wird. AOL/Time Warner zeigt unterdessen auch, dass bestimmte Verhaltensauflagen von dem Regulierungsrecht nicht nur in ihrer Schärfe abweichen können, sondern auch teilweise Regulierungsinstrumente erst mithilfe der conditions neu entwickelt werden. So wurde den Parteien eine Art Line-Sharing Pflicht zwischen Kabelinternet und herkömmlicher Kabelkommunikation auferlegt, obwohl ein solcher Open Access zur Kabelinfrastruktur von dem geltenden Regulierungsregime ausgeschlossen ist. Ähnliche Nebenbestimmungen wurden auch in den Zusammenschlüssen SBC/AT&T und Verizon/MCI erlassen. Darin verpflichteten sich die Parteien zum vollständig entbündelten Angebot von DSL, obwohl dieses mittlerweile als Informations Service eingeordnet und daher ebenfalls unreguliert bleibt.

Die Zusammenschlüsse im TK-Sektor haben ferner gezeigt, dass auch DOJ/FTC Zusammenschlüsse nach Sec. 7 Clayton Act beurteilen, wobei sich in der Praxis keine größeren Konflikte ergeben. Insbesondere sind keine Zusammenschlüsse bekannt, die von dem DOJ untersagt, von der FCC dagegen freigegeben wurden, was angesichts des breiter angelegten public interest test als auch der für die Parteien strengeren Beweislast im Fusionskontroll-Kommunikationsrecht nachvollziehbar ist. Der substantielle Unterschied, den das SLC-Kriterium in Sec. 7 Clayton Act mit sich bringt, ist einerseits auf materiell-rechtlicher Ebene zu verorten und zeigt sich andererseits im Recht der Nebenbestimmungen. Materiell-rechtlich wird die künftige Entwicklung der Märkte aus Sicht der Regulierungsziele durch DOJ/FTC vernachlässigt. Potentielle Wettbewerbsbeziehungen zwischen den Netzen werden aus Sicht des Wettbewerbsrechts nicht berücksichtigt, weil die erheblichen versunkenen Investitionen Marktzutrittsschranken darstellen und damit einen gegenseitigen Markteintritt im Sinne der potential competition doctrine ausschließen. Allerdings erkennen die Wettbewerbsbehörden stets Effizienzvorteile. Es ist kein Fall bekannt, der per se zu einem Fusionsverbot geführt hätte. Auch die Zusammenschlüsse SBC/AT&T und Verizon/MCI, die von dem Ausgang des MFJ abweichen, wurden vom DOJ gebilligt. Ein interessantes Bild hat die Ebene der Nebenbestimmungen gezeigt. Hier agieren DOJ und FTC häufig mit Verhaltensauflagen, obwohl die Behörden keine sektorspezifische Regulierungskompetenz besitzen. Es wurde gezeigt, dass Verhaltensauflagen auf regulierten Märkten häufiger sind als auf nicht regulierten. Das DOJ begründet ihr besonderes Vorgehen vor allem mit den erwarteten Effizienzvorteilen, die ansonsten verloren gehen würden. Ferner stützt sie die üblicherweise mit einer Verhaltensaufsicht verbundenen, gesamtwirtschaftlichen Kosten mit der bestehenden Kontrolle und Kompetenz der FCC.

Insgesamt zeigt die Zusammenarbeit zwischen FCC, DOJ und FTC ein recht harmonisches und rechtlich abgestimmtes Feld, auch wenn sich auf den ersten, dogmatischen Blick eine Kompetenzkollision aufdrängen muss. Die Kooperation der Behörden offenbart jedoch, dass man sich auf eine etwaige Deregulierung gut vorbereitet und weniger durch dogmatische Kompetenzstreitigkeiten als vielmehr mit pragmatischen Lösungsansätzen den Bedürfnissen und Besonderheiten der Telekommunikation Rechnung trägt.

3. Teil: Gemeinschaftsweite Fusionskontrolle und Regulierung

»*Unter Marktgesichtspunkten besteht ein Gewinn für den Wettbewerb schon deshalb, weil das Unternehmen zu erheblichen Investitionen bereit ist. Auch hier muss beachtet werden, dass die New Economy mit ihrer starken technologischen Dynamik nicht nach Kriterien beurteilt werden darf, die eher an der Beobachtung statischer Märkte entwickelt worden sind.*«

Karl-Heinz Ladeur (2004)[2233]

Auch der nun folgende Teil ist an der Frage eines Interessenausgleichs zwischen einer effizienten und innovativen Telekommunikationsindustrie und der Vermeidung von Marktmacht ausgerichtet. Angesichts der engen Verzahnung zwischen Gemeinschaftsrecht und dem Recht der Mitgliedsstaaten erfolgt eine gemeinsame Darstellung von europäischem und deutschem Fusionskontrollrecht. Anschließend werden Rahmengesetzgebung der EG für die Telekommunikation und Regulierungsrecht nach nationalem Recht behandelt. Abschließend erfolgt eine Gegenüberstellung von sektorspezifischer Regulierung in der Breitbandkabellandschaft Deutschlands und den einzelnen Zusammenschlussverfahren des Bundeskartellamts.

A. Unterschiede zwischen europäischem und deutschem Fusionskontrollrecht

I. Bedeutung des Rechtsvergleichs für die Untersuchung

1. Gemeinschaftsweite Harmonisierung

Im Europäischen Recht sind Grundlagen für ein gemeinschaftsweites Kartellrecht und Rahmenbedingungen für das nationale Telekommunikationsrecht der Mitgliedsstaaten angelegt. Einflüsse der EU auf das nationale Kartell- und Telekommunikationsrecht der Mitgliedsstaaten sind nicht von der Hand zu weisen und nehmen, wie in fast jedem Rechtsgebiet, stetig zu[2234]. Für die Fusionskontrolle gilt die Subsidiarität der deutschen Zusammenschlusskontrolle[2235], wenn auch eine Harmonisierungsabsicht zwischen EG und Mitgliedsstaaten nach überwiegender Meinung[2236] nicht aus dem Grundsatz der Gemeinschaftstreue hergeleitet werden kann. Allerdings ergaben sich in der Vergangenheit Kollisionen zwischen europäischem Kartellrecht und nationalem GWB, insbesondere bei der Missbrauchsaufsicht. Die Initiative zur

---

2233 *Ladeur*, ZUM 2002, S. 252, 260.
2234 *Ladeur*, K&R 2004, S. 153; *ders.*, K&R 2006, S. 197 ff.
2235 *Mestmäcker*, in: Immenga/ders. (Hrsg.), GWB-Kommentar, Vor § 35 Rdnr. 16, § 35 Rdnr. 39.
2236 BGH WuW/E BGH 3026, 3034 „Backofenmarkt"; BGH WuW/E DE-R 243, 244 f. „Primasenser Zeitung"; *Kappes*, S. 43; *Bach*, WuW 1992, S. 571, 573 ff.

Rechtsangleichung kam daher mit der 6. GWB-Novelle[2237] von deutscher Seite. Mit der Novelle des europäischen Kartellrechts durch die Kartellverordnung (EG) Nr. 1/2003[2238] waren die nationalen Vorschriften der §§ 1-18 GWB a.F. teilweise nicht mehr anwendbar[2239], da das EG-Kartellrecht durch konkrete Ausformulierung des gemeinschaftsrechtlichen Vorrangs mitgliedsstaatliche Abweichungen für unanwendbar erklärt hatte. Im Untersuchungszeitraum hat der nationale Gesetzgeber hierauf mit der 7. GWB-Novelle[2240] reagiert. Mit der Novelle sind nicht nur weitere Missstände behoben worden. Vielmehr hat der deutsche Gesetzgeber aufgrund autonomer Entscheidung einen vollständigen Gleichlauf des allgemeinen Kartellrechts mit dem EG-Kartellrecht hergestellt. Heute gibt es im Bereich der horizontalen und vertikalen Wettbewerbsbeschränkungen daher kein eigenständiges deutsches Kartellrecht mehr.[2241] Hiervon unberührt bleibt derzeit noch die Fusionskontrolle. Wie sie sich in Zukunft entwickeln wird, bleibt abzuwarten. Das Bundeswirtschaftsministerium hat sich entgegen ursprünglicher Überlegungen entschieden, die europäische Entwicklung der Fusionskontrolle erst einmal zu beobachten.

Von dem Harmonisierungsdruck aufgrund von vertikalen Rechtskollisionen zwischen EG und Mitgliedsstaaten zu unterscheiden ist die Harmonisierungsentwicklung im Telekommunikationsrecht. Im Gegensatz zum nationalen Kartellrecht findet dieses seine rechtshistorischen Wurzeln im Gemeinschaftsrecht selbst[2242]. Kommission, Parlament und Rat besitzen für diesen Sektor Rechtssetzungskompetenzen aus Art. 83 Abs. 3, 86 Abs. 3, 95 Abs. 1 EG[2243] und haben durch ihren Gebrauch die Liberalisierung der Telekommunikation vorgegeben. Daher ist das Telekommunikationsrecht der Gemeinschaft richtlinienkonform in nationales Recht umzusetzen und dieses wiederum gemeinschaftskonform auszulegen[2244].

2. Soft Harmonization („Internationals Kartellrecht")

Neben diesem gemeinschaftsrechtlichen Einfluss auf das Recht der Mitgliedsstaaten und damit auch auf das deutsche Recht besteht aufgrund der Globalisierung der Märkte auch ein Harmonisierungsbestreben insbesondere zwischen der EU und den USA[2245]. Gerade für transatlantische Transaktionen wird die Notwendigkeit einer

---

2237 Fassung v. 26.08.1998; in Kraft getreten am 01.01.1999, BGBl. I 2546.
2238 VO (EG) Nr. 1/2003 des Rates v. 16.12.2002 zur Durchführung der in den Artikeln 81 und 82 des Vertrags niedergelegten Wettbewerbsregeln (Kartell-VO 1/2003), ABl. L 1 v. 04.01. 2003, S. 1 ff.
2239 Vgl. *Bechtold/Buntschek*, NJW 2005, S. 2966; *Weitbrecht*, EuZW 2004, S. 449.
2240 Inkraftgetreten am 01.07.2005, BGBl. I 42/1954; Neubekanntmachung i.d.F. v. 13.07.2005, BGBl. I 44/2114.
2241 *Bechtold/Buntschek*, NJW 2005, S. 2966, 2970; *Fikentscher*, GRURInt 2004, S. 727, 729.
2242 *Schuster*, in: Beck'scher TKG-Kommentar, § 1 Rdnrn. 2 ff.
2243 Nummerierung nach der Fassung des Amsterdamer Vertrages.
2244 Vgl. EuGH, Slg. 1990, 4135 „Marleasing"; *Schuster*, in: Beck'scher TKG-Kommentar, § 1 Rdnr. 13.
2245 *Fleischer/Körber*, WuW 2001, S. 6 ff.; *Wolf*, ZRP 1998, S. 465, 466.

Angleichung des Rechts in ganz besonderem Maße deutlich[2246]. Auf Grundlage bilateraler Kooperationsabkommen[2247] und informellen Gesprächen pflegen die europäischen und US-amerikanischen Behörden in letzter Zeit einen immer intensiver werdenden Gedankenaustausch und stimmen sich bei grenzüberschreitenden Fusionen zunehmend ab[2248]. Dieser lose Verbund wird als soft harmonization, die daraus hervorgehenden Regeln als soft law bezeichnet[2249]. Solche Regeln können durch den Prozess der faktischen Harmonisierung in die Entwicklung transatlantisch verbindlicher Regeln einmünden, so dass eine Konvergenz „von unten" in übergemeinschaftsweit vereinbarte Rechtsregeln „von oben" umschlägt[2250]. Diese transatlantischen Harmonisierungsbeziehungen haben daher auch direkte Auswirkungen auf die nationalen Rechtsordnungen, soweit sie dem Angleichungsdruck der gemeinschaftlichen Regelungen unterliegen.

In der Telekommunikation spielt die internationale Kooperation seit Langem eine große Rolle und ist insbesondere bei Standardisierungsfragen, d.h. vor allem in technischer Hinsicht von großer Bedeutung. Als ein Beispiel sei nur die global agierende International Telecommunications Union (ITU) genannt, deren Sachverstand gerade im Frequenzregime nicht mehr hinweggedacht werden kann. Diese Art der technischen Kooperation ist von der rechtlichen Harmonisierung zu unterscheiden. Letzter Gedanke erhält in der Telekommunikation insoweit an Zündstoff, als die Öffnung der TK-Märkte nicht zu einem „natürlichen Zusammenwachsen der Märkte" führt, sondern zu aggressiven gegenseitigen Markteintritten. Gerade die Incumbents operieren seit der Öffnung der Märkte fast ausnahmslos global. Ihre globale Präsenz ist nicht zuletzt darauf zurückzuführen, dass sie von der sektorspezifischen Regulierung ihres Heimatlandes als ehemalige Monopolisten[2251] besonderen Pflichten unterliegen und außerhalb dieses Territoriums von den großzügigeren Regelungen für Newcomer profitieren können.[2252] Ein internationaler Koordinierungsbedarf ist daher auch im Sektorenrecht mehr als deutlich, gerade wenn die Märkte langfristig dem Wettbewerb überlassen werden sollen. Die US-amerikanische Rechtsent-

---

2246 *Montag*, Konvergenz bei internationalen Fusionen, S. 39 ff.
2247 Beschluss des Rates und der Kommission v. 10.04.1995; ABl. L 95 v. 27.04.1995, S. 45 ff.; vgl. auch Abkommen zwischen den EG und der Regierung der USA über die Anwendung der „Positive Comity"-Grundsätze bei der Durchsetzung ihrer Wettbewerbsregeln, ABl. L 173 v. 18.06.1998, S. 28 ff.
2248 *Christiansen*, WuW 2005, S. 285, 291 f.; *Friess*, Die internationale Zusammenarbeit der EU und USA - Austausch v. Informationen, FIW-Symposium Insbruck, 15.02.2002; *Wallwitz*, EuZW 1997, S. 525 ff.; vgl. *Monti*, EU competition policy after May 2004, Speech at the Fordham Annual Conference on International Antitrust Law and Policy, S. 2, 9; krit. *Wolf*, ZRP 1998, S. 465 ff.
2249 *Immenga*, in: MüKo, Bd.11, Rdnr. 99 ff.
2250 *Fox*, 43 Va. J. Int. Law 911 (2003); *Immenga*, in: MüKo, Bd.11, Rdnr. 111.
2251 Damit ist nicht gemeint, dass die ehemaligen Monopolisten etwa aufgrund ihrer Rechtsnachfolge reguliert werden müssen. Dennoch haben die Incumbents ihre ökonomische Marktmacht nicht automatisch verloren. Daher ist vorliegen eine faktische Marktmacht-Asymmetrie gemeint, die sich in Regulierung niederschlägt.
2252 *Hoffmann*, in: Picot/Doeblin (Hrsg.), S. 33, 38 f.

wicklung hat auch im TK-Sektor herausragende Einflüsse auf die Gemeinschaft. Bereits die Marktöffnung hatte ihre empirische Grundlage in dem Entflechtungsverfahren des Bell Konzerns und den Folgen des MFJ. Dieses hatte die wirtschaftswissenschaftliche These bestätigt, dass auch diese Industrie mit geeigneten Maßnahmen für den Wettbewerb geöffnet werden kann[2253]. Hinzu kamen weitere internationale Belege für eine erfolgreiche Marktöffnung, wie die Privatisierung der British Telecom mit der graduellen Einführung eines „Bottleneck-Dyopols" in Großbritannien[2254], sowie die in Japan angestoßene Privatisierung mit Grundzügen der US-amerikanischen Regulierung[2255]. Gleichzeitig wuchs damit aber auch der handelspolitische Druck, der vor allem von den Vereinigten Staaten auf die EG ausgeübt wurde[2256]. Heute ist dieser handelspolitische Druck beidseitig und institutionalisiert und wird mehr und mehr durch bestehende internationale Gremien formalisiert[2257], der weit über die Mitgliedsstaaten der EU hinausgehen kann. Ein Beispiel ist die Mitte 2002 mit Beschluss[2258] der Kommission eingerichtete European Regulatory Group (ERG), die ausweislich ihrer Funktion gem. Art. 2 ERG-Beschluss als Schnittstelle zwischen den nationalen Regulierungsbehörden fungieren soll, um eine stärkere Koordinierung der nationalen Regulierungsbehörden der Mitgliedsstaaten der EG zu bewirken und die Entwicklung eines gemeinsamen Binnenmarktes und die einheitliche Anwendung des europäischen Rechtsrahmens für Telekommunikation fördern soll. Allerdings befragt und bezieht die ERG gemäß einer breit angelegten Konsultationsmöglichkeit in Art. 4 ERG-Beschluss auch andere internationale Gremien, wie die Independent Regulators Group (IRG) in ihre „Koordinierung" mit ein[2259]. Insoweit befindet sich auch das Europäische Regulierungsrecht inmitten der globalen Diskussion und deutet auch hier auf bestehendes soft law hin.

3. Ausblick: Zentrale Wettbewerbsregulierung?

Zusammenschlüsse auf deutschem Hoheitsgebiet spielen sich angesichts der national vertikal integrierten Telekommunikationsinfrastruktur des PSTN fast ausnahmslos im „zerstückelten" Breitbandkabelsektor ab. Diese werden daher auch hier schwerpunktartig behandelt werden. Da aber die europäische Gesamtstruktur der Netze der territorialen Separation derjenigen nach dem MFJ ähnelt, wirft die Rechtsverglei-

---

2253 *Horn/Knieps/Müller*, S. 401 f.; *Knieps/Müller/v. Weizsäcker*, S. 74; zur juristischen Diskussion in Deutschland vgl. *Scherer*, Telekommunikationsrecht und Telekommunikationspolitik, 1985, S. 245 ff; *Möschel*, WuW 1986, S. 555, 557.
2254 *Wissmann/Klümper*, in: Wissmann (Hrsg.), Telekommunikationsrecht, S. 5 Rdnr. 1.
2255 *Scherer*, Telekommunikationsrecht und Telekommunikationspolitik, 1985, S. 230 ff. (Großbritannien), 238 ff. (Japan).
2256 *Koenig/Loetz/Neumann*, S. 49.
2257 *Ladeur/Möllers*, DVBl. 2005, S. 525, 527; vgl. auch Art. 10 Abs. 5 der RahmenRL.
2258 Kommission, Beschl.v. 29.07.2002 zur Einrichtung der Gruppe Europäischer Regulierungsstellen für elektronische Kommunikationsnetze und -dienste (ERG-Beschluss), ABl. L 200 v. 30.07.2002, S. 38 ff.
2259 Vgl. *Groebel*, MMR 12/2002, S.XVf.

chung auch die Frage nach dem Umgang mit gemeinschaftsweiten Zusammenschlüssen im Telekommunikationssektor und der Interdependenz mit der Regulierung auf. Das gemeinschaftsweite Verhältnis von Zusammenschlusskontrolle und Regulierung soll und kann in dieser Arbeit nicht umfassend behandelt werden. Denn der Schwerpunkt liegt eindeutig auf dem gegenwärtig noch bestehenden und mittelfristig vermutlich noch fortdauernden Bedürfnis, das Zusammenspiel zwischen Gemeinschaftsrecht und nationalem Recht bei der Überführung der „nationalen TK-Märkte" zu einem gemeinschaftsweiten Markt zu konturieren. Allerdings beabsichtigt die Arbeit auch den „Blick über den Tellerrand", so dass insoweit Aspekte dieser Entwicklung nicht ausgeblendet werden dürfen. Denn gerade die zusammenwachsende Telekommunikation erreicht Dimensionen, die eine nationale „Wettbewerbsregulierung" nicht nur provinziell erscheinen lassen[2260], sondern bei Lichte besehen auch die Frage ihrer Effektivität aufwerfen. Ähnlich wie die FCC als zwischenstaatliche regulatory agency eine Zersplitterung von Rechtsregeln mit den positiven Folgen von Netz- und Wettbewerbswachstum vermeidet, ist die Frage berechtigt, wieso nicht auch die EG eine solche Strategie implementieren sollte. Die EG-Kommission ist stets darum bemüht, das Sektorenrecht der Mitgliedsstaaten und die Maßstäbe des Wettbewerbsrechts für die Überführung der Märkte in eine ex-post Aufsicht zu harmonisieren, wobei eine zentrale Regulierungsbehörde aber gerade nicht besteht. Tatsächlich lässt sich aber aus zwei Gründen eine etwaig bestehende Abstinenz der Kommission gegenüber einer zentralen Wettbewerbsaufsicht für die künftige Entwicklung in Zweifel ziehen: Einerseits hat der erste Teil der Arbeit deutlich gemacht, dass sich Fusionskontrolle und Regulierung nicht in zwei säuberlich zu trennende Hemisphären einteilen lassen, weshalb bereits die Existenz einer gemeinschaftsweiten Fusionskontrolle auch sektorspezifische Verhaltenseingriffe zumindest im Bereich der Nebenbestimmungen nahe legt. Zum anderen ist die bereits heute mit einer Koordinierungsfunktion der sektorspezifischen Regulierung ausgestattete Kommission mehr als nur ein „Abstimmungsorgan" für die dezentral organisierten Regulierungsbehörden der Mitgliedsstaaten.

Insgesamt setzt damit der Überblick über die Bedeutung der Fusionskontrolle und der Telekommunikation denknotwendig voraus, den Rechtsvergleich in das europäische Recht einzubetten und etwaige Unstimmigkeiten, die Einfluss auf die vorliegende Untersuchung haben könnten, aufzuzeigen, um Lösungsansätze entwickeln zu können.

[2260] Für das allgemeine Kartellrecht ablehnend: *Terhechte*, EuZW 2004, S. 353.

II. Einleitendes zur deutsch-europäischen Fusionskontrolle

1. Rechtsgrundlagen der europäischen Fusionskontrolle

Das Europäische Recht enthielt auf primärrechtlicher Ebene nie einen eigenständigen Fusionskontrolltatbestand. In dem Vertrag zur Gründung der Europäische Wirtschaftsgemeinschaft (EWG-V[2261]) vom 25.03.1957 wurde in Art. 2 EWG-V die Hauptaufgabe der Gemeinschaft in der Errichtung eines gemeinsamen Marktes als Präambel primärrechtlich kodifiziert. Unter der näheren Beschreibung aller mit diesem Ziel verfolgten Tätigkeiten verankerte Art. 3 Abs. 1 lit. f) EWG-V die Errichtung eines Systems, das den Wettbewerb innerhalb des Binnenmarkts vor Verfälschungen schützt. Diese Zielvorstellung wurde in den gemeinsamen Regeln betreffend den Wettbewerb (Art. 85 ff. EWG-V; Art 81 ff. EG) näher konkretisiert. Das allgemeine EG-Kartellrecht hat hier seinen Anknüpfungspunkt. So enthält Art. 81 Abs. 1 EG das Verbot wettbewerbsbeschränkender Vereinbarungen und Verhaltensweisen. Er lautet auszugsweise: Mit dem Gemeinsamen Markt unvereinbar und verboten sind alle Vereinbarungen zwischen Unternehmen, Beschlüsse von Unternehmensvereinigungen und aufeinander abgestimmte Verhaltensweisen, welche den Handel zwischen Mitgliedstaaten zu beeinträchtigen geeignet sind und eine Verhinderung, Einschränkung oder Verfälschung des Wettbewerbs innerhalb des Gemeinsamen Marktes bezwecken oder bewirken [...]. Art. 82 Abs. 1 EG verbietet den Missbrauch einer marktbeherrschenden Stellung. Darin heißt es: Mit dem Gemeinsamen Markt unvereinbar und verboten ist die missbräuchliche Ausnutzung einer beherrschenden Stellung auf dem Gemeinsamen Markt oder auf einem wesentlichen Teil desselben durch ein oder mehrere Unternehmen, soweit dies dazu führen kann, den Handel zwischen Mitgliedstaaten zu beeinträchtigen. Die Einzelheiten zur Durchsetzung der Art. 81 und 82 EG sind gemäß Art. 83 EG einer vom Rat zu erlassenden Verordnung vorbehalten. Diese wurde 1962 als die Kartell-VO (EWG) Nr. 17/62[2262] erlassen und nunmehr durch die Kartell-VO 1/2003[2263] ersetzt. Obwohl häufig als Kartellverfahrensrecht begriffen, enthielt die Durchführungsverordnung auch materiell-rechtliche Regelungen.[2264] Jedoch fehlte den sekundärrechtlichen Vorgaben eine Zusammenschlusskontrolle. Ein Vergleich mit dem Recht der Montan-Union ließ sich durchaus so begreifen, dass der EWG-V eine gemeinschaftsweite allgemeine Fusionskontrolle nicht zum Gegenstand haben sollte. Denn insoweit unterschieden sich die Regelungen von dem weitgehend strukturpolitisch angelegten

---

2261 Die Bezeichnung EWG-V wird allein zur historischen Inbezugnahme verwendet.
2262 VO (EWG) Nr. 17/62 des Rates v. 06.02.192: Erste Durchführung zu den Artikeln 85 und 86 des Vertrages, (Kartell-VO 17/62), ABl. L 13 v. 21.02.1962, S. 204 ff.; *Schwarze/Weitbrecht*, S. 31 f.
2263 Kartell-VO 1/2003, ABl. L 1 v. 04.01.2003, S. 1 ff.
2264 Ausf. *Schwarze/Weitbrecht*, S. 27 ff.

Recht der Montan-Union, das in Art. 66 EGKS-V explizit eine Fusionskontrolle durch die „Hohe Behörde" vorsah.[2265]

a) Art. 81 und 82 EG als Ursprung der europäischen Fusionskontrolle

Mit diesem, vom Wortlaut und der Systematik her eindeutig anmutendem Verständnis der auf die Verhaltenskontrolle beschränkten Regelungen, entstand die Diskussion um das „Ob" und das „Wie" der Etablierung einer gemeinschaftsweiten Fusionskontrolle[2266]. Noch bevor eine Einigung zwischen den Mitgliedsstaaten sichtbar war, entschied der EuGH in dem Fall Continental-Can[2267] aus dem Jahr 1973, dass das externe Unternehmenswachstum notwendiger Bestandteil der in den Art. 3 Abs. 1 lit. f), 85, 86 EWG-V vorgesehenen Wettbewerbsordnung der Gemeinschaft sei. Denn für die Frage, ob Unternehmenszusammenschlüsse von den Vorschriften erfasst sind, müsse auf Geist, Aufbau und Wortlaut der Vorschrift, sowie auf System und Ziele des Vertrages zurückgegriffen werden[2268]. Unter Anwendung dieser Grundsätze gelangte das Gericht zu der Entscheidung, dass „ein missbräuchliches Verhalten dann vorliegen kann, wenn ein Unternehmen in beherrschender Stellung diese dergestalt verstärkt, dass der erreichte Beherrschungsgrad den Wettbewerb wesentlich behindert, dass also nur noch Unternehmen auf dem Markt bleiben, die in ihrem Marktverhalten von dem beherrschenden Unternehmen abhängen"[2269]. Von dieser Formulierung wurden zunächst allein Zusammenschlüsse mit einem marktbeherrschenden Unternehmen erfasst, die zu einer wesentlichen Behinderung des Wettbewerbs oder zu dessen praktischer Ausschaltung beitragen[2270]. Dem Kommissions-Memorandum von 1965 folgend hielt der EuGH zunächst aber das Kartellverbot des Art. 85 EWG-V auf den Unternehmenserwerb für nicht anwendbar[2271]. In Erwägungsgrund 6 der am 21. September 1990 in Kraft getretenen Fusionskontrollverordnung (EWG) Nr. 4064/89[2272] heißt es: »Die Artikel 85 und 86 des Vertrages sind zwar nach der Rechtsprechung des Gerichtshofs auf bestimmte Zusammenschlüsse anwendbar, reichen jedoch nicht aus, um alle Zusammenschlüsse zu erfassen, die sich als unvereinbar mit dem vom Vertrag geforderten System des unverfälschten Wettbewerbs erweisen könnten.« Bereits die rechtshistorische Entwick-

---

2265 *Axster*, in: Festschrift für Quack, S. 569, 570.
2266 Denkschrift der EWG v. 01.12.1965 - SEK (63) 3500; WuW 1966, 330.
2267 EuGH, Slg. 1973, 215 „Continental Can Company".
2268 Ebenda, Rdnr. 22.
2269 Ebenda, Rdnr. 26.
2270 *Gleiss/Hirsch*, in: Hirsch/Burkert (Hrsg.), Kommentar zum EG-Kartellrecht, Art. 86 Rdnr. 106; *Krimphove*, S. 44.
2271 *Axster*, in: Festschrift für Quack, S. 569, 570.
2272 VO (EWG) Nr. 4064/89 des Rates v. 21.12.1989 über die Kontrolle von Unternehmenszusammenschlüssen, (FKVO 4064/89), ABl. L 395 v. 30.12.1989, S. 1 ff.; geändert durch VO (EG) Nr. 1310/97 des Rates v. 30.06.1997 zur Änderung der VO (EWG) Nr. 4064/89 des Rates über die Kontrolle von Unternehmenszusammenschlüssen, ABl. L 180 v. 09.07.1997, S. 1 ff.

lung offenbart damit eine verblüffende Parallele zu der US-amerikanischen Anwendung der Missbrauchsaufsicht auf Zusammenschlüsse nach dem Sherman Act durch den Supreme Court zu Beginn des 20. Jahrhunderts[2273].

b) Fusionskontrollverordnung

Die heute geltende Grundlage der europäischen Fusionskontrolle ist die in der Fassung vom 01.05.2004 vorliegende Fusionskontrollverordnung[2274], die die FKVO 4064/89 ersetzt hat. Letzterer waren langwierige Verhandlungen vorausgegangen[2275], in deren Verlauf die Kommission eindeutig das Interesse der Mitgliedstaaten an der Mitwirkung zu gewinnen versuchte[2276]. Der Vorlage eines Verordnungsvorschlags seitens der Kommission an den Ministerrat im Jahr 1973 über die Kontrolle von Unternehmenszusammenschlüssen[2277] folgten partielle Änderungen[2278]. Bis dahin bekamen die Kommissionsbemühungen mit Blick auf die als mitgliedstaatlich kompetenzfreundlich ergangene Continental-Can Entscheidung eher geringere Aufmerksamkeit, zumal die Mitgliedstaaten selbst an der Schaffung eigener Fusionskontrollgesetze arbeiteten. Diese Abstinenz der Mitgliedstaaten sollte sich mit dem auf Grundlage der Art. 85 f. EWG-V eröffneten Fusionskontrollverfahren British Airways/Caledonian[2279], aber vor allem mit der spektakulären Morris/Rothmans Entscheidung[2280] des EuGH ändern. Im letztgenannten Fall entschied das Gericht, dass der Beteiligungserwerb am Kapital eines Konkurrenzunternehmens insbesondere dann unter Art. 85 EWG-V fällt, wenn das investierende Unternehmen durch den Erwerb der Beteiligung oder durch Nebenklauseln der Vereinbarung rechtlich oder faktisch die Kontrolle über das geschäftliche Verhalten des anderen Unternehmens erlangt.[2281] Die Morris/Rothmans Entscheidung kann damit als allgemeine Anerkennung der Zusammenschlusskontrolle nach den Art. 85 f. EWG-V verstanden werden.

2273 Vgl. Teil 2: A.I.1., S. 225; Teil 2: A.I.2.b), S. 228.
2274 VO (EG) Nr. 139/2004 des Rates v. 20.01.2004 über die Kontrolle v. Unternehmenszusammenschlüssen, (FKVO 139/2004), ABl. L 24 v. 20.01.2004, S. 1 ff.
2275 Deren fast 16 jähriger Verlauf wird ironisch als Historienspiel, dessen Abschluss als gordischer Knoten bezeichnet; vgl. *Caspari/Schwarz*, in: Festschrift für Benisch, S. 383 ff.
2276 *Sauter*, in: Festschrift für Quack, S. 657, 658.
2277 ABl. C 492 v. 31.10.1973, S. 1 ff.
2278 ABl. C 36 v. 12.02.1982, S. 3; ABl. C 51 v. 23.02.1984, S. 8; ABl. C 324 v. 07.12.1986, S. 5.
2279 Der Fall wurde nicht entschieden; abgedruckt in: Bull. EU, 1988, Nr. 3, S. 40.
2280 EuGH, Slg. 1987, 4487, 4568 ff. „Morris/Rothmans".
2281 Zum damals umstrittenen Anwendungsbereich der Art. 85 f. EWGV vgl. *Ebenroth/Hauschka*, ZRP 1989, S. 62 ff.; *Riesenkampff*, WuW 1988, S. 465 ff.; *Satzky*, DB 1988, S. 377 ff.; *Schödermeier*, WuW 1988, S. 185, 187 ff.; *Sedemund/Montag*, NJW 1988, S. 601, 608 f.; *Steindorff*, ZHR 1988, S. 57 ff. Zum Verhältnis zur FKVO vgl. statt vieler *Kurz*, Das Verhältnis der EG-Fusionskontrollverordnung zu Artikel 85 und 86 des EWG-Vertrages.

c)   Kompetenz nach Art. 83, 308 EG

Kompetenziell basiert die FKVO genauso wie die Kartell-VO auf den Art. 83, 308 EG[2282]. Art. 83 EG sieht ein Vorschlagsrecht der Kommission nach Anhörung des Europäischen Parlaments vor, auf dessen Grundlage dann vom Rat zweckdienliche Verordnungen oder Richtlinien beschlossen werden können, um die in den Art. 81 f. EG niedergelegten Grundsätze zu verwirklichen. Da der EuGH die Fusionskontrolle aus Art. 82 EG entwickelt hat, erstreckt sich damit auch die Sekundärrechtsgesetzgebung aus Art. 83 EG auf die Zusammenschlusskontrolle. Dass die Fusionskontrolle weiter gehen kann als die von dem EuGH entwickelten Standards, verdeutlicht Art. 308 EG, der für den Erlass der FKVO kumulativ herangezogen wurde[2283]. Diese Generalklausel gibt dem Rat in dem dafür vorgesehenen Verfahren eine Lückenfüllungskompetenz zur Verwirklichung der Ziele des Gemeinsamen Marktes, für die das Primärrecht die erforderlichen Befugnisse nicht vorsieht. Er ist damit eine besondere Ausprägung des effet utile[2284], den die Auslegung des Primärrechts zur effektiven Durchsetzung des Gemeinschaftsrechts verlangt.

2.   Sonderstellung der Kommission in der europäischen Fusionskontrolle

Zur Bedeutung der zu untersuchenden Fragestellungen wird auf das Primär- und Sekundärrecht der EG und die hierzu ergangene Rechtsprechung zurückgegriffen. Auch die Kommissionspraxis spielt eine entscheidende Rolle, da sie als Exekutivorgan der Gemeinschaft nach Art. 211 EG das Gemeinschaftsrecht vollzieht, daneben aber auch rechtsetzend im Rahmen der ihr nach Art. 249 EG obliegenden Handlungsformen tätig werden kann und gemeinhin als Hüterin der Verträge[2285] bezeichnet wird. Die Kommission behandelt in ihrer Praxis eine Vielzahl von Fusionsfällen und wird seitens der Rechtsprechung in ihrer Beurteilung nur selten korrigiert. Tatsächlich besitzt die Kommission im Rahmen des gesamten Kartellrechts eine Sonderstellung, die kurzer Erläuterung bedarf:

Grundsätzlich hat der EuGH gemäß Art. 220 EG die Aufgabe, die Wahrung des Rechts bei der Auslegung und Anwendung des EG-Vertrages zu sichern. Diese Formulierung ist etwas unpräzise, da der EuGH bei Handlungen der Gemeinschaftsorgane bzw. der Mitgliedsstaaten nicht nur die Einhaltung des Primärrechts, sondern darüber hinaus alle Rechtsquellen und damit auch das Sekundärrecht unter Einschluss der allgemeinen Rechtsgrundsätze berücksichtigt[2286]. Hierbei kommt eine an den Vertragszielen und dem Grundsatz des effet utile orientierte Interpretationsme-

---

2282   FKVO 139/2004, ABl. L 24 v. 20.01.2004, S. 1 ff.; FKVO 4064/89, ABl. L 395 v. 30.12.1989, S. 1 ff.
2283   *Immenga*, in: MüKo, Bd.11, Rdnr. 8.
2284   Vgl. bspw. EuGH, Slg. 1976, I-497 „Royer"; EuGH, Slg. 1991, I-5357 „Francovich"; EuGH, Slg. 1997, I-2195 „Draehmpaehl".
2285   Vgl. statt vieler *Oppermann*, Europarecht, Rdnr. 330.
2286   *Schweitzer/Hummer*, Europarecht, Rdnr. 447.

thode zum Einsatz. Die Normen des EG-Vertrages werden dabei weit ausgelegt, wobei die richterliche Rechtsfortbildung zur Lückenfüllung des Gemeinschaftsrechts beiträgt.[2287] Daher ist auch der unbestimmte Rechtsbegriff des Wettbewerbs, dem im Zusammenhang mit der Fusionskontrolle und Regulierung besondere Bedeutung zukommt, grundsätzlich seinem Entscheidungsmonopol[2288] übertragen. Daneben hat aber auch die Kommission die Aufgabe, unbestimmte Rechtsbegriffe auszulegen und insbesondere den Wettbewerbsbegriff zu konturieren. Entscheidend ist damit, welche Zurückhaltung der EuGH bei der Beurteilung des Wettbewerbsbegriffes übt. Bereits vor Inkrafttreten der FKVO begrenzte das Gericht seine Kompetenz bei der Würdigung komplexer wirtschaftlicher Sachverhalte im Rahmen der Art. 85 ff. EWG-V auf die Frage, ob die Verfahrensvorschriften eingehalten worden sind, ob die Begründung ausreichend ist, ob der Sachverhalt zutreffend festgestellt worden ist und ob keine offensichtlich fehlerhafte Würdigung des Sachverhalts und kein Ermessensmissbrauch vorliegen[2289]. Bezüglich der wirtschaftlichen Beurteilung eines Sachverhaltes auf Grundlage der Art. 85 ff. EWG-V gestand die Rechtsprechung der Kommission daher einen breiten Beurteilungsspielraum zu. Dieser Beurteilungsspielraum besteht fort und erstreckt sich auch auf die Regeln der FKVO. Erst jüngst bestätigte[2290] der EuGH seine[2291] und vom EuG[2292] wiederholt zum Ausdruck gebrachte Auffassung, dass die Grundregeln der Verordnung und insbesondere Art. 2 FKVO vor allem bei der wirtschaftlichen Beurteilung eines Sachverhaltes der Kommission ein besonderes Ermessen einräumen, da die Aufstellung der Regeln für Zusammenschlüsse selbst wesentliches Ermessen verlangen. Daher muss eine gerichtliche Überprüfung unter Einhaltung dieses Ermessens und unter Berücksichtigung des Beurteilungsspielraumes erfolgen. Dabei gilt aber die Einschränkung, dass die Anwendung ökonomisch „eindeutiger" Erkenntnisse oder die Nichtanwendung der einschlägigen ökonomischen Theorie der Kontrolle der Gerichte unterliegen. In der Sache Schneider Electric v. Kommission hatte der EuG klargestellt, dass die fehlerhafte Anwendung solcher Erkenntnisse die Wirkung hat, dass die Fusionsentscheidung ihrer Beweiskraft beraubt wird[2293]. Im Ergebnis zeigt sich also, dass die Rechtsprechung die Einhaltung der von den Organen rechtlich gesetzten Gren-

---

2287 Ebenda, Rdnr. 451 ff.
2288 *Oppermann*, Europarecht, Rdnr. 681.
2289 EuGH, Slg. 1987, 4487, Rdnr. 62 „Rothman/Morris"; EuGH, Slg. 1985, 2566, Rdnr. 34 „Remia".
2290 EuGH, Urteil v. 15.02.2005 - C-12/03 P, Rdnr. 26 „Kommission v. Tetra Laval BV"; vgl. ausf. *Burholt*, WRP 2005, S. 858 ff.; *Möller/Wirtz*, EWS 2005, S. 145 ff.
2291 EuGH, Slg. 1998, I-1375, Rdnm. 223 f. „Kali+Salz".
2292 EuG, Slg. 2002, II-2585, Rdnr. 64 „Airtours"; EuG, Slg. 1999, II-753, Rdnm. 164 f. „Gencor v. Kommission".
2293 EuG, 2002 II-4071, Rdnr. 411 „Schneider v. Kommission": »*The errors of analysis and assessment found above are thus such as to deprive of probative value the economic assessment of the impact of the concentration which forms the basis for the contested declaration of incompatibility*«.

zen der Wettbewerbspolitik kontrolliert[2294], so dass letztlich die wettbewerbstheoretische Konzeption des Gemeinschaftsrechts der Ausformung der Kommission obliegt. Damit gewinnen die FKVO und die Kommissionspraxis, sowie ihre in diesem Zusammenhang erlassenen Leitlinien entscheidende Bedeutung bei den vorliegend zu behandelnden Fragen.

Einschränkend gilt aber auch in der Fusionskontrolle, dass die Kommission an die materiellen Normen des Gemeinschaftsrechts gebunden ist, so dass sie nicht jede ihr zweckmäßig erscheinende Wirtschaftspolitik betreiben kann.[2295] Ungetrübt hiervon bleibt aber das im Verhältnis zu den Mitgliedsstaaten auf den Grundsätzen des Gemeinsamen Marktes zu verwirklichende System, dessen Schnittstelle zur Wirtschaftspolitik nur schwer konturiert werden kann[2296].

3. Wettbewerbskonzeption des europäischen Fusionskontrollrechts

Die Beurteilung von Zusammenschlüssen erfolgt auf Grundlage des Art. 2 Abs. 1 S. 1 FKVO. Danach sind Zusammenschlüsse im Sinne der Verordnung nach Maßgabe der Ziele der Verordnung und der darin enthaltenen Bestimmungen auf ihre Vereinbarkeit mit dem Gemeinsamen Markt zu überprüfen. Eine Definition des Wettbewerbs fehlt sowohl in der FKVO als auch im Primärrecht. Gleichwohl sind nach Art. 2 Abs. 3 FKVO Zusammenschlüsse, durch die wirksamer Wettbewerb im Gemeinsamen Markt oder in einem wesentlichen Teil desselben erheblich behindert würde, insbesondere durch Begründung oder Verstärkung einer beherrschenden Stellung, für mit dem Gemeinsamen Markt unvereinbar zu erklären. Damit ist Anknüpfungspunkt und folglich auch Schutzobjekt der FKVO der „wirksame Wettbewerb". Die Vermutung, dass hier der Terminus im Sinne der Workability-Konzepte zugrunde liegt, wird durch die zahlreichen Marktstrukturkriterien des Art. 1 Abs. 1 S. 2 lit. a) und b) FKVO untermauert[2297], obgleich die Uneinheitlichkeit der Sprachfassungen ein Grundproblem bei der Suche nach der Wettbewerbskonzeption darstellt[2298].

a) Aussagen im Primärrecht

Dem Grundsatz der Einheit des Gemeinschaftsrechts folgend, ist das gesamte Recht widerspruchsfrei auszulegen, so dass die wettbewerbstheoretische Konzeption der FKVO nicht mit der des EG-Vertrages kollidieren darf. Eine ableitbare Wettbewerbskonzeption könnte sich daher auch aus dem Primärrecht ergeben. Im EG-Vertrag finden sich Hinweise, dass der funktionsfähige Wettbewerb bzw. wirksame Wettbewerb im ökonomischen Sinne von der Europäischen Wettbewerbsordnung verfolgt werden könnte. Da wirksamer bzw. funktionsfähiger Wettbewerb zunächst

---

2294 *Everling*, WuW 1990, S. 995, 1007; *Hildebrand*, S. 380; *Kerber*, S. 186.
2295 *Immenga*, in: ders./Mestmäcker (Hrsg.), EG-Wettbewerbsrecht, 1. Abschnitt, Rdnr. 69.
2296 *Weiler*, 100 Yale L. J. 2403, 2477 (1991).
2297 *Kerber*, in: Oberender (Hrsg.), S. 69, 84.
2298 *Koenig/Vogelsang/Kühling/Loetz/Neumann*, S. 39.

als unbestimmter Rechtsbegriff der Auslegung bedarf, hat eine solche unter Rückgriff auf die Ziele und Funktionen innerhalb des Wirtschaftssystems der Europäischen Union zu erfolgen[2299]. Nach Art. 2 EG ist es Aufgabe der Gemeinschaft, durch die Errichtung des Gemeinsamen Marktes und der schrittweisen Annäherung der Wirtschaftspolitik ihrer Mitgliedstaaten eine harmonische Entwicklung des Wirtschaftslebens und eine beständige und ausgewogene Wirtschaftsausweitung zu erzielen (Integrationsfunktion). Dieser Gemeinsame Markt soll nach Art. 14 Abs. 2 EG die Züge eines echten Binnenmarktes tragen und marktwirtschaftlich geprägt sein[2300], wobei Art. 3 Abs. 1 lit. g) EG betont, dass zu den Mitteln, durch die der Binnenmarkt geschaffen werden soll, die Errichtung eines Systems unverfälschten Wettbewerbs gehört (Wertaustausch- bzw. Lenkungsfunktion). Damit wird vom EG-Vertrag in erster Linie der Zweck verfolgt, den wettbewerblich organisierten Binnenmarkt gegen private Beschränkungen zu schützen[2301]. Neben diesen Zielfunktionen hat der Wettbewerb aber noch eine antreibende Wirkung (Antriebsfunktion) im Schumpeter'schen Sinne[2302]. Die Antriebsfunktion wurde von der Kommission wie folgt definiert: [Der wachsende Wettbewerbsdruck zwingt die Marktbürger...], die bestehenden Produktions-, Verteilungs-, Rationalisierungs- und Verbesserungsmöglichkeiten im Hinblick auf eine optimale Befriedigung der Verbraucher auszuschöpfen. Der Wettbewerb dient damit [...] gleichzeitig dem technischen und dem wirtschaftlichen Fortschritt [und ...] wirkt der Tendenz des Kosten- und Preisauftriebs entgegen; insbesondere vermindert er die Gefahr der Überwälzung von Kosten auf die Preise [...].[2303] In Art. 3 Abs. 1 lit. n) EG kommt genau dieser Gedanke zum Ausdruck. Danach umfasst die Tätigkeit der Gemeinschaft die Förderung von FuE. Damit weist nicht nur die Kommission der FuE einen wichtigen Stellenwert innerhalb ihres Wettbewerbsverständnisses zu. Vielmehr wird FuE von der Gemeinschaft zum Vertragsziel erhoben. Seine Ausprägung erfährt sie in den Art. 163 ff. EG. Nach Art. 163 Abs. 2 EG unterstützt sie in der gesamten Gemeinschaft die Unternehmen, einschließlich kleiner und mittlerer Unternehmen auf dem Gebiet von FuE. Dem dynamischen Kriterium des technischen Fortschritts wird damit außergewöhnliche Aufmerksamkeit geschenkt. Art. 3 Abs. 1 lit. m) EG können darüber hinaus industriepolitische Erwägungen entnommen werden. Danach umfasst die Tätigkeit der Gemeinschaft die Stärkung der Wettbewerbsfähigkeit der Industrie. Konkretisiert wird der industriepolitische Einfluss in Art. 157 Abs. 1 S. 2 EG. Danach soll

---

2299 Allgemeine Rechtspraxis des EuGH. Vgl. zum teleologischen Rückgriff EuGH, Slg. 1974, 491, Rdnr. 14 „Nold/Kommission"; *Catalano*, Manuel de droit des Communautés européennes, S. 423, 431, 433; *Kronstein*, S. 115.
2300 *Dreher*, WuW 1998, S. 656-666; *Mestmäcker*, in: Festschrift für Böhm, S. 345 ff.
2301 EuGH, Slg. 1973, 215, 244 ff. "Continental Can"; EuGH Slg. 1974, 223, 252 ff. „Commercial Solvents/Kommission"; EuGH Slg. 1977, 2115, 2145 ff. „Inno/ATAB"; EuGH Slg. 1979, 461, 552 ff. „Hoffmann-La Roche/Kommission"; EuGH Slg. 1980, 3393, 3421 „Maizena/Rat"; EuGH Slg. 1989, 2119, 2126 „Hoechst".
2302 *Krimphove*, S. 44.
2303 Ebenda, S. 45; *v. der Groeben*, I A 40/1; Mitteilung der Kommission an den Rat, das Parlament und den Wirtschafts- und Sozialausschuss bezüglich BC-NET, KOM 87/370, I.1.1.

die Anpassungsflexibilität erleichtert, das Umfeld für Unternehmen unabhängig ihrer Größe begünstigt, sowie die Politik zum Zwecke der Förderung von FuE genutzt werden. Industriepolitische Einflussnahme ist aufgrund der Vertragszielbestimmungen daher nicht von der Hand zu weisen[2304]. Die Zielfunktionen des EG-Vertrages machen damit deutlich, dass Ansätze der Workability Konzepte vorhanden sind[2305], wenngleich die außerökonomische Integrationsfunktion und die industriepolitische Anpassung des Umfelds an die Unternehmen nicht in den Workability Ansätzen verankert sind.

b) Anhaltspunkte in der Kommissionspraxis

Die Kommission beurteilt die Begründung und die Verstärkung einer marktbeherrschenden Stellung als wichtigste Form der Schädigung des wirksamen Wettbewerbs. Die marktbeherrschende Stellung wurde in ihrer Anwendungspraxis der FKVO regelmäßig als wirtschaftliche Machstellung eines oder mehrer Unternehmen verstanden, die dieses in die Lage versetzt, die Aufrechterhaltung eines wirksamen Wettbewerbs auf dem relevanten Markt zu verhindern, indem sie ihnen die Möglichkeit verschafft, sich ihren Konkurrenten, ihren Kunden und letztlich den Verbrauchern gegenüber in nennenswertem Umfang unabhängig zu verhalten[2306]. In ihren Leitlinien zur Bewertung horizontaler Zusammenschlüsse[2307] weist die Kommission darauf hin, dass die Marktanteile und Konzentrationsgrade Anhaltspunkte für die Marktstruktur und die wettbewerbliche Bedeutung der Fusionspartner und ihrer Mitbewerber darstellen. Damit ist Ausgangspunkt ihrer Wettbewerbsanalyse das signifikanteste Marktstrukturkriterium, der Marktanteil. Die weiteren Aspekte ihrer ökonomischen Analyse dienen nach eigenen Aussagen[2308] der Ermittlung von Anhaltspunkten für die Marktstruktur. Damit deutet sich an, dass auch die Kommission die FKVO im Sinne der wettbewerbstheoretischen Grundlage des funktionsfähigen Wettbewerbs auslegt. Dennoch ist die Tendenz der Kommission erkennbar, ihrer Praxis die jeweils aktuellen ökonomischen Forschungsergebnisse zugrunde zulegen. Einige sehen hierin eine Annäherung an das preistheoretische Modell der vollständigen Konkurrenz.[2309]

Auf der anderen Seite vollzieht die Kommissionspraxis derzeit einen bedeutenden Wandel, indem sie sich der ökonomischen Analyse verstärkt zuwendet. Anzeichen

---

2304 *Immenga*, EuZW 1994, S. 14, 16.
2305 *Kerber*, in: Oberender (Hrsg.), S. 69, 84; *Krimphove*, S. 46; *Heineke*, S. 69.
2306 EuGH, Slg. 1999 II-753, Rdnr. 200 „Gencor/Kommission"; EuGH, Slg. 1998 I-1375, Rdnr. 221 „Kali+Salz". Kommission, IV/M.1383 v. 29.09.1999, Tz. 225-229 „Exxon/Mobil"; Kommission, COMP/M.2434 v. 26.09.2001, Tz. 67-71 „Grupo Villar MIR/EnBW/Hidroelectricadel".
2307 Kommission, Leitlinien zur Bewertung horizontaler Zusammenschlüsse gemäß der Ratsverordnung über die Kontrolle von Unternehmenszusammenschlüssen (Horizontale Leitlinien), ABl. C 31 v. 05.02.2004, S. 5 ff., Tz. 14.
2308 Ebenda.
2309 *Kerber*, in: Oberender (Hrsg.), S. 69, 84.

für einen Paradigmenwechsel offenbart die Hinwendung zu Effizienzgesichtspunkten in den Leitlinien zur Bewertung horizontaler Zusammenschlüsse[2310]. Darin heißt es: Es ist möglich, dass die durch eine Fusion entstehenden Effizienzvorteile die Auswirkungen auf den Wettbewerb und insbesondere potenzielle Nachteile für Verbraucher ausgleichen, die die Fusion sonst haben könnte.

In den Leitlinien für vertikale Beschränkungen im Sinne von Art. 81 EG weist die Kommission den Schutz des Wettbewerbs zum Wohle der Verbraucher und zur effizienten Verteilung der Ressourcen[2311] als Hauptziel der EG-Wettbewerbspolitik aus. Im Sinne des Schutzes der Konsumentenwohlfahrt „à la Chicago" steht auch die Aussage, dass bei den meisten vertikalen Beschränkungen Probleme für den Wettbewerb nur bei unzureichendem Markenwettbewerb stattfänden[2312].

In der ersten Fassung der Durchführungsverordnung galten viele Vereinbarungen im Sinne von Art. 81 Abs. 1 EG als verboten und waren nach Art. 81 Abs. 2 EG zivilrechtlich nichtig. Jedoch sieht Art. 81 Abs. 3 EG eine Freistellungsmöglichkeit von dem Verbot vor, wenn die Vereinbarung unter angemessener Beteiligung der Verbraucher an dem entstehenden Gewinn zur Verbesserung der Warenerzeugung oder Warenverteilung oder zur Förderung des technischen oder wirtschaftlichen Fortschritts beitragen [...]. Unumstritten ist heute, dass diese unbestimmten Rechtsbegriffe eindeutig die ökonomische Effizienz erfassen[2313]. Ein Effizienzeinwand im Sinne einer Freistellungsmöglichkeit, wie sie noch in Art. 9 Kartell-VO 17/62 als Administrativausnahme verankert war, spiegelte allerdings die eher restriktive Haltung gegenüber Effizienzvorteilen zu Beginn des EG-Kartellrechts wider. Auch hatte die Kommission vor nicht allzu langer Zeit in ihrem XXX. Bericht über die Wettbewerbspolitik darauf hingewiesen, dass sich Effizienzsteigerungen negativ auf den Wettbewerb auswirken können, indem sie es etablierten Marktteilnehmern ermöglichen würden, einzelne Unternehmen auszugrenzen oder anderen die Bedingungen des gemeinsamen Verkaufs bzw. Einkaufs aufzuzwingen[2314]. Solche, mit der Chicago School schlechthin unvereinbaren Äußerungen, haben stark an Aussagekraft verloren. Eine erste Änderung brachte der bereits in den sechziger Jahren eingeleitete und zu Beginn des 21. Jahrhunderts verstärkte Erlass der sog. Gruppenfrei-

---

2310 Kommission, Horizontale Leitlinien, ABl. C 31 v. 05.02.2004, S. 5 ff., Tz. 76.
2311 Kommission, Leitlinien für vertikale Beschr., ABl. C 291 v. 13.10.2000, S. 1 ff., Tz. 7.
2312 Ebenda, Tz. 6.
2313 *Whish*, S. 152 ff.; *Schwarze/Weitbrecht*, S. 32 f.; *Schwarze/Weitbrecht*, S. 33; *Drexl*, GRURInt 2004, S. 716 ff.
2314 EU-Kommission, Die Wettbewerbspolitik der Europäischen Gemeinschaft, XXX. Bericht über die Wettbewerbspolitik, S. 59.

stellungsverordnungen[2315], die ganze Bereiche und typische Vertragsgestaltungen freistellten. Konnten diese noch als Arbeitsentlastung bei der Bearbeitung der Antragsflut nach Art. 81 Abs. 3 EG angesehen werden[2316], war dies doch gleichzeitig Ausdruck der grundsätzlichen Anerkennung der Effizienzvorteile „wettbewerbsbeschränkender" Vereinbarungen. Die Methode zur Freistellung solcher Vereinbarungen hat sich unter Art. 1 Abs. 2 Kartell-VO 1/2003 zu einem vollständigem System der Legalausnahme gewandelt[2317]. In den hierzu erlassenen Leitlinien der Kommission zur Anwendung von Art. 81 Abs. 3 EG heißt es: »Vereinbarungen, die den Wettbewerb beschränken, können durch ihre Effizienzgewinne gleichwohl wettbewerbsfördernde Wirkungen haben [...]. In Art. 81 Abs. 3 EG werde anerkannt, dass schwerer wiegende Vorteile die negativen Auswirkungen aufwiegen könnten.«[2318]

Im Ergebnis zeigt dieser kurze Ausschnitt des wettbewerbspolitischen Wandels in der Kommissionspraxis, dass Effizienzerwartungen besonderes Gewicht zukommt, strukturelle Wettbewerbsbedingungen aber weiterhin Geltung beanspruchen. Insgesamt erscheint der Wandel auch für alle Säulen des Kartellrechts konsistent durchgeführt zu werden und weist damit deutlich in Richtung Chicago School.

c) Rechtsprechung von EuGH und EuG

Der EuGH betreibt nicht selbst Wettbewerbspolitik, sondern hat gemäß Art. 220 EG die Aufgabe, die Wahrung des Rechts bei der Auslegung und Anwendung des EG-Vertrages zu sichern. Wie schon die Sonderstellung der Kommission in der Fusionskontrolle deutlich gemacht hat, kontrolliert das Gericht die Entscheidungen der Gemeinschaftsorgane und überprüft die Einhaltung der von den Organen rechtlich

---

2315 VO Nr. 2790/1999 v. 22.12.1999 über die Anwendung von Art. 81 Abs. 3 des Vertrages auf Gruppen von vertikalen Vereinbarungen und aufeinander abgestimmten Verhaltensweisen, ABl. L 336 v. 29.12.1999, S. 21 ff; VO Nr. 1400/2002 v. 31.07.2002 über die Anwendung von Art. 81 Abs. 3 des Vertrags auf Gruppen von vertikalen Vereinbarungen und aufeinander abgestimmten Verhaltensweisen im Kraftfahrzeugsektor, ABl. L 203 v. 01.08.2002, S. 30 ff.; VO Nr. 772/2004 v. 27.04.2004 über die Anwendung v. Art. 81 Abs. 3 des Vertrages auf Gruppen von Technologietransfer-Vereinbarungen, ABl. L 123 v. 27.04.2004, S. 11 ff.; VO Nr. 358/2003 v. 27.02.2003 über die Anwendung von Art. 81 Abs. 3 des Vertrages auf Gruppen von Vereinbarungen, Beschlüssen und aufeinander abgestimmten Verhaltensweisen im Versicherungssektor, ABl. L 53 v. 28.02.2003, S. 8 ff.; VO Nr. 2658/2000 v. 29.11.2000 über die Anwendung von Art. 81 Abs. 3 des Vertrags auf Gruppen von Spezialisierungsvereinbarungen, ABl. L 304 v. 5.12.2000, S. 3 ff.; VO Nr. 2659/2000 v. 29.11.2000 über die Anwendung von Art. 81 Abs. 3 des Vertrags auf Forschung und Entwicklung, ABl. L 304 v. 5.12.2000, S. 7 ff.
2316 *Kirchhoff*, in: Wiedemann (Hrsg.), Handbuch des Kartellrechts, § 9, Rdnr. 19; *Bogdandy/Buchhold*, GRUR 2001, S. 798, 799.
2317 *Schwarze/Weitbrecht*, S. 29 ff.; *Weitbrecht*, EuZW 2003, S. 69, 70; zur Entwicklung und Kritik statt vieler *Deringer*, EuZW 2000, S. 5 ff.; *Jaeger*, WuW 2000, S. 1062 ff.
2318 Kommission, Leitlinien zur Anwendung von Art. 81 Abs. 3 EG-Vertrag, ABl. C 101 v. 27.04.2004, S. 97 ff., Tz. 33 m. Verw. auf die Anerkennung durch den EuGH in EuGH, Slg. 1966, 322 „Consten und Grundig/Kommission".

gesetzten Grenzen der Wettbewerbspolitik[2319]. Aber auch eine Kontrolle der Einhaltung dieser Grenzen kann nicht abstrakt und losgelöst von jeder normativen Prägung geschehen, da nicht nur die wirtschaftswissenschaftliche Überlieferung umstritten und konzeptionsreich, sondern auch die gesetzgeberischen Intentionen und Wertvorstellungen immer mit in die gesetzlichen Grundlagen fließen, so dass auch der EuGH nicht frei von jeglicher Wertung des Wettbewerbsbegriffes sein dürfte. In Continental-Can sah das Gericht in dem Zusammenschluss einen Eingriff in die Struktur des tatsächlichen Wettbewerbs. Der Eingriff könne den Beherrschungsgrad dergestalt verstärken, dass dieser den Wettbewerb wesentlich behindert und das Marktverhalten anderer Wettbewerber determiniert.[2320] In Selektives Vertriebssystem setzte der EuGH die Voraussetzungen des unverfälschten Wettbewerbs im Sinne der Art. 3 Abs. 1 lit. g), 85 Abs. 1 EG mit dem Vorhandensein von wirksamem Wettbewerb bzw. „workable competition" gleich. Dabei müsse soviel Wettbewerb vorhanden sein, dass die grundlegenden Forderungen des Vertrages erfüllt und seine Ziele, insbesondere die Bildung eines einzigen Marktes mit binnenmarktähnlichen Verhältnissen, erreicht werden. Diese Forderung lasse es zu, dass Art und Intensität des Wettbewerbs je nach den in Betracht kommenden Waren oder Dienstleistungen und der wirtschaftlichen Struktur des betroffenen Marktsektors verschieden sein können.[2321] Diese beiden Positionen des EuGH zeigen deutlich, dass sich der EuGH an der damals vorherrschenden Wettbewerbskonzeption des funktionsfähigen bzw. des wirksamen Wettbewerbs orientierte. Zwar wird in der Literatur[2322] zutreffend darauf hingewiesen, dass ein Grundproblem bei der Suche nach einer im europäischen Recht verankerten Wettbewerbskonzeption die uneinheitliche Sprachfassung sei. Dies ist zwar ein durchaus berechtigter Hinweis. So wird in der englischen Fassung häufig von „workable competition" gesprochen und nicht etwa mit Funktionsfähigkeit gleichgesetzt, sondern als „wirksamer Wettbewerb" übersetzt[2323]. Umgekehrt findet sich der Begriff des „effective competition" gelegentlich als „funktionsfähiger Wettbewerb" in der deutschen Fassung der Dokumente wieder[2324]. Für die vorliegende Zwecke reicht dies aber aus, um zu belegen, dass die Rechtsprechung zumindest von dem strukturalistischen Ansatz geprägt war. Nicht nur der terminologische Bezug zu „workable competition", sondern in erster Linie die Erkenntnis, dass die spezifischen Charakteristika der jeweiligen Industrie bei der wettbewerblichen Prüfung berücksichtigt werden müssen, stehen im Zeichen der Strukturalisten. So sind auch die Vertreter der Industrial Organization stets darum bemüht, in indust-

---

2319 *Everling*, WuW 1990, S. 995, 1007; *Hildebrand*, S. 380; *Kerber*, S. 186.
2320 Vgl. EuGH, Slg. 1973, 315, Rdnr. 26 „Continental Can Company".
2321 EuGH, Slg. 1977, 1875, 1905 „Metro I" (Selektives Vertriebssystem).
2322 *Koenig/Vogelsang/Kühling/Loetz/Neumann*, S. 39.
2323 EuGH, Slg. 1977, 1875, Rdnr. 20 „Metro I" (Selektives Vertriebssystem); EuGH, Slg. 1980, 3125, Rdnr. 176 „van Landewyck/Kommission"; Kommission, IV/33640 v. 18.05.1994 „Exxon/Shell", ABl. L 144 v. 09.06.1994, S. 20 ff.
2324 Vgl. Kommission, COMP/36.539 v. 15.09.1999 „British Interactive Broadcasting/Open"; weitere Nachweise bei *Koenig/Vogelsang/Kühling/Loetz/Neumann*, S. 39, Fn. 80-83.

riespezifischen Analysen die Besonderheiten des jeweiligen industriellen Sektors im Hinblick auf Marktstrukturen statisch festzumachen[2325]. Aus diesen und anderen Überlegungen wird daher von Teilen der Literatur[2326] von einem Bekenntnis des EuGH für workable competition im wettbewerbskonzeptionellen Sinn ausgegangen. Daneben hat der EuGH aber auch den besonderen Schutz der Handlungsfreiheit[2327] und der Chancengleichheit[2328] für Unternehmen im Binnenwettbewerb betont, was als unmittelbarer Ausfluss der Grundfreiheiten des EG-Vertrages verstanden werden muss. Denn diese stellen die Eckpfeiler des gemeinsamen Marktes dar[2329].

In Abkehr von dieser letzten her systemtheoretischen Aussage ist auch in der Rechtsprechung ein Wandel zu erkennen, der aufgrund der Zurückhaltung der Gerichte gegenüber dem Beurteilungsspielraum der Kommission aber nicht im Bereich einer wettbewerbskonzeptionellen Vorstellung liegt. Vielmehr ist jüngst die Bedeutung der ökonomischen Analyse durch den EuG gestärkt worden. In Airtours/First Choice hat der EuG erklärt, dass bei jeder Beurteilung der Entstehung einer marktbeherrschenden Stellung durch einen Zusammenschluss nicht nur die Änderung der Wettbewerbsstruktur betrachtet werden dürfe, sondern auch dynamische Kriterien, insbesondere die Stabilität der Stellung und die Aufrechterhaltung wettbewerbswidrigen Parallelverhaltens der Beurteilung zugrunde zu legen seien[2330]. Dem Fall lag (strukturell betrachtet) ein Zusammenschluss zugrunde, der eine weites in ein enges Oligopol verwandelte. Trotz der strukturalistischen Hypothese, die hier eindeutig eine Verstärkung von Marktmacht nahe gelegt hätte, sah das Gericht die Notwendigkeit einer ökonomischen Analyse. Dabei betonte es drei Voraussetzungen, damit angesichts der Konzentration ein Parallelverhalten angenommen werden könne. Erstens müsse jeder Teilnehmer des Oligopols die Möglichkeit haben, das künftige Verhalten des anderen erkennen zu können (Transparenz). Zweitens müsse die Situation eines stillschweigenden Parallelverhaltens über eine gewisse Zeit beständig bleiben und drittens müsse erwiesen sein, dass das gegenwärtige und künftige Verhalten von Wettbewerbern sowie von Verbrauchern nicht dazu führen, dass die Unternehmen von ihrer Politik abweichen.[2331]

Diese Sichtweise steht im Einklang mit der modernen Oligopoltheorie und ist vor diesem Hintergrund weniger ein wettbewerbspolitischer Ansatz, sondern basiert auf modernen wirtschaftswissenschaftlichen Erkenntnissen. Nach Auffassung einiger sei dies bereits das Zeichen für einen Paradigmenwechsel im Sinne der Chicago School[2332]. Unter Auswertung einzelner Entscheidungen der Gerichte wird in der

---

2325 Vgl. Teil 1: A.IV.1.b), S. 78; Teil 1: A.IV.1.d), S. 81.
2326 Vgl. *Everling*, S. 1008.
2327 EuGH, Slg. 1984, 883, Rdnr. 46 - „Hasselbad"; EuGH, Slg. 1995, I-3447 Tz. 24 „Volkswagen/VAG Leasing"; EuGH, Slg. 1998, I-1983, Rdnr. 13 „Javico".
2328 EuGH, Slg. 1991, I-5941, Rdnr. 25 „GB-Inno-BM".
2329 *Bergau*, S. 41.
2330 EuG, Slg. 2002, II-02585 „Airtours/First Choice".
2331 Ebenda.
2332 So auch *Kerber*, in: Oberender (Hrsg.), S. 69, 85 in Bezug auf EuGH, Slg. 1998 I-1375 „Kali+Salz".

überwiegenden Literatur von einer grundsätzlich wettbewerbstheoretischen Offenheit[2333] oder einer Distanzierung von der Vielzahl der vorhandenen wettbewerbspolitischen Leitbilder[2334] ausgegangen. Gleichwohl ist in jüngerer Zeit ein Bekenntnis der Gerichte für mehr „Ökonomie" offensichtlich geworden.

4. Gedankengut und Entstehung der deutschen Fusionskontrolle

Bevor das Gesetz gegen Wettbewerbsbeschränkungen (GWB) in Kraft getreten ist, existierte in Deutschland die ziemlich wirkungslose Kartellverordnung von 1923, die zudem durch ein Gesetz über die Errichtung von Zwangskartellen von 1933 abgelöst wurde. Erste Ansätze zur Formulierung eines deutschen GWB reichen bis in das Jahr 1948.[2335] Der Verkündung am 27.05.1957 waren jedoch langjährige Beratungen, der gescheiterte Josten-Entwurf[2336] von 1949 und insgesamt 18 weitere Referentenentwürfe vorausgegangen[2337]. In der Folgezeit wurde die sachliche Auseinandersetzung im Hinblick auf die Schaffung eines GWB von parteipolitischer Uneinigkeit und den Einflüssen der Alliierten überschattet. Auf Grundlage des 14. und 15. Referentenentwurfes wurde am 07. November 1951 das GWB vorläufig verabschiedet. In ihm war ein Kartellverbot verankert. Ein Fusionskontrollrecht enthielt die Fassung aber genauso wenig wie Entflechtungsregelungen. Auf Druck der Alliierten[2338], die 1950 die Dekonzentrationskompetenz für die Zusammenschlusskontrolle übertrugen, wurde eine Fusionskontrolle nachträglich eingefügt.[2339] Gemäß § 18 GWB v.F. war die Erlangung einer marktbeherrschenden Stellung durch einen Zusammenschluss erlaubnispflichtig. Der Vorschlag ließ sich allerdings am Widerstand des Bundesverbands der Deutschen Industrie (BDI) nicht durchsetzen[2340]. Das GWB trat somit erst am 01. Januar 1958 und ohne eine Fusionskontrolle in Kraft. Maßgeblich zur Entstehung beigetragen hatten auch Ludwig Erhard und Eberhard Günther, die sich der Freiburger Schule des Ordo- bzw. Neoliberalismus zuordnen lassen[2341]. Diese Schule empfand die Notwendigkeit, die Träger wirtschaftlicher Macht zu einem Verhalten zu veranlassen, „als ob" vollständige Kon-

---

2333 *Heineke*, S. 69 f.; *Everling*, WuW 1990, S. 995, 1008; *Bergau*, S. 54.
2334 *Müller-Graff*, in: Hailbronner/Klein/Magiera/ders. (Hrsg.), Handkommentar zum Vertrag über die Europäische Union, Art. 85 Rdnr. 66; *Schröter*, in: Groeben/Thiesing (Hrsg.), Kommentar zum EWG-Vertrag, Art. 85 Rdnr. 74; *Whish*, S. 14; *Gleiss/Hirsch*, in: Hirsch/Burkert (Hrsg.), Kommentar zum EG-Kartellrecht, Art. 85 Rdnr. 114; *Koenig/Loetz/Neumann*, S. 50.
2335 *Herdzina*, S. 123 f.; *I.Schmidt*, S. 163 f.
2336 Entwurf zu einem Gesetz zur Sicherung des Leistungswettbewerbs und zu einem Gesetz über das Monopolamt. Hierzu: *Günther*, in: Festschrift für Böhm, S. 183 ff.
2337 Vgl. zu den Einzelheiten der Referentenentwürfen *Robert*, insb. S. 122 ff.
2338 Vgl. Alliierter Entwurf eines GWB vom 28.11.1951, Amtliche Materialien zum GWB.
2339 *Kartte/Holtschneider*, in: Cox/Jens/Markert (Hrsg.), Handbuch des Wettbewerbs, S. 206 f.
2340 *Robert*, S. 229 ff., 237 ff.; *Kartte/Holtschneider*, in: Cox/Jens/Markert (Hrsg.), Handbuch des Wettbewerbs, S. 208.
2341 *I.Schmidt*, S. 164.

kurrenz bestünde, mit dem Ziel, wettbewerbsanaloge Preise zu erzielen[2342]. Auf der anderen Seite kann man den Einfluss der US-amerikanischen Wettbewerbspolitik nicht von der Hand weisen, die zum damaligen Zeitpunkt Marktkonzentration vorbeugen wollte und das SCP-Paradigma verkörperte[2343].

Erst mit der 2. GWB-Novelle, das am 05.11.1973 in Kraft trat, fand auch die Zusammenschlusskontrolle Eingang in das deutsche Kartellrecht. Dieser Wandel vollzog sich unter dem maßgeblichen Einfluss von Erhard Kantzenbach und brachte auch einen Wandel der dem GWB zugrunde liegenden Philosophie. Das Entstehen einer marktbeherrschenden Stellung wurde damit als per se gefährlich eingestuft.[2344] Die Fusionskontrolle ist heute in den §§ 35 ff. GWB geregelt.

a) Grenzen der Auslegung

Das GWB wurde bis heute in insgesamt sieben Novellen teilweise gelockert, verschärft, erweitert und modifiziert. In fast jeder dieser Novellen kommt die Handschrift der jeweiligen Regierung zum Ausdruck und erschwert durch Rückgriff auf die gesetzgeberische Intention, ein hinter dem GWB stehendes wettbewerbspolitisches Konzept abzuleiten. Die Problematik ähnelt damit der US-amerikanischen Diskussion um ein wettbewerbskonzeptionelles Leitbild. Allerdings findet sich der regierungspolitische Einfluss nicht in der Besetzung der Gerichte und der Kartellbehörde wieder, sondern unmittelbar im Gesetz. In diesem Sinne muss man mit der gesetzgeberischen Intention bei der Auslegung des GWB behutsam umgehen. Auch eine Literaturauswertung hinsichtlich einer im deutschen Kartellrecht verankerten Wettbewerbskonzeption ist daher mit den genannten Schwierigkeiten verbunden. Während die in zeitlicher Nähe zur 2. Gesetzesnovelle ganz herrschende Kartellrechtsliteratur[2345] das ökonomische Konzept Kantzenbachs als die wettbewerbskonzeptionelle Prägung des GWB verstand, wird heute überwiegend[2346] die Auffassung vertreten, dass dem GWB kein bestimmtes Wettbewerbskonzept (mehr) zugrunde liege. Emmerich findet die passenden Worte, dass das Kartellrecht nahezu unleserlich geworden war, bevor es von der 6. GWB-Novelle abgelöst wurde[2347].

2342 *Knieps*, Wettbewerbsökonomie, S. 69 f.
2343 Vgl. Teil 2: A.I.2.c), S. 229.; vgl. *I.Schmidt*, S. 164, Fn. 4.
2344 *I.Schmidt*, S. 173.
2345 *Langen/Bunte*, Kommentar zum Kartellrecht, § 24 Rdnr. 23 f.; *Nagel*, in: Cox/Jens/Markert (Hrsg.), Handbuch des Wettbewerbs, S. 337 f.; *Müller/Giessler/Scholz*, Wirtschaftskommentar, Bd.1, § 24 Rdnr. 24a; *Baumbach/Hefermehl*, Wettbewerbsrecht, Allg. Rdnr. 16a; *Hönn*, GRUR 1977, S. 141, 144; *Lademann*, DB 1985, S. 2661, 2662; *v. Gamm*, NJW 1980, S. 2489, 2491; *ders.*, WM 1976, S. 338, 340.
2346 *Kellermann*, in: Immenga/Mestmäcker (Hrsg.), GWB-Kommentar, § 24 Rdnrn. 40 ff.; *Herdzina*, in: Festschrift für Benisch, S. 3 ff.; *I.Schmidt*, S. 165; BKartA, Merkblatt: Auslegungsgrundsätze zur Prüfung von Marktbeherrschung in der deutschen Fusionskontrolle, 2000, S. 4 f.; *Geberth/Janicki*, WuW 1987, S. 447, 452 ff.; *Baur*, ZHR 1997, S. 293 ff.
2347 *Emmerich*, S. 12.

b) Der SCP-Ansatz in Rechtsprechung und Kartellamtspraxis

Der Kartellsenat des Bundesgerichtshofs (BGH) machte den funktionsfähigen und wirksamen Wettbewerb unter Berufung auf die Gesetzesmaterialien der 2. GWB-Novelle[2348] bereits 1978 zum Schutzweck des GWB[2349]. Damit verwendete das Gericht Fachtermini der Wettbewerbskonzepte, die insbesondere zum damaligen Zeitpunkt das von Kantzenbach entwickelte Konzept erwähnen. Es erfolgt der Hinweis, dass die Interventionsmöglichkeit nach GWB von der Wirksamkeit und Funktionsfähigkeit des Wettbewerbs abhänge. Die Instrumente der Missbrauchs- und Zusammenschlusskontrolle sollen daher nur dann eröffnet sein, wenn ein Unternehmen keinem wirksamen Wettbewerb ausgesetzt sei oder aber wenn auf dem betroffenem relevanten Markt kein funktionsfähiger Wettbewerb mehr bestehe[2350]. Eine substanzielle Auseinandersetzung mit dem Wettbewerbsbegriff selbst vermeidet der BGH. Stattdessen blieb die begriffliche Konkretisierung stets der bruchstückhaften Rechtsfortbildung überlassen.[2351] Ein deutliches Kennzeichen für die Verknüpfung von Marktstruktur, Marktverhalten, und Marktergebnis ist die Aussage, dass der Grundgedanke der Fusionskontrolle darin bestehe, bereits an den strukturellen Wettbewerbsvoraussetzungen ansetzen zu müssen, weil schon daraus eine negative Auswirkung auf das Wettbewerbsverhalten der Unternehmen auf dem Markt zu erwarten sei[2352]. Dem folgen die unterinstanzlichen Gerichte. Auch das OLG Düsseldorf sieht den Schutz des GWB vor einer Verschlechterung der Marktstrukturen[2353]. Die tatsächliche Beeinträchtigung des funktionsfähigen Wettbewerbs sei daher in der Fusionskontrolle nicht entscheidend. Vielmehr müsse der Möglichkeit entgegengewirkt werden, dass die marktstrukturellen Veränderungen den Gebrauch einer den funktionsfähigen Wettbewerb einschränkenden Verhaltensweise förderten.[2354] Die unilateralen und koordinierten Effekte eines Zusammenschlusses müssen nach dieser Ansicht daher nicht explizit abgeschätzt werden. Vielmehr reicht es, dass die Marktstruktur sich soweit verändert, dass den Unternehmen solche Verhaltensmöglichkeiten offen stehen.

2348 BT-Drs.VI/2520.
2349 BGHZ 71, S. 102, 111 „Sachs/GKN".
2350 Ebenda.
2351 *Koenig/Vogelsang/Kühling/Loetz/Neumann*, S. 33.
2352 BGHZ 71, S. 102, 111 „Sachs/GKN".
2353 OLG Düsseldorf, WuW/E OLG DE-R 1413-1418.
2354 BGHZ 13, 33, 37 „Ausschließlichkeitsvereinbarung"; BGHZ 107, 273, 278 „Unbillige Behinderung durch ordentliche Vertragskündigung"; BGHZ 112, S. 218, 225 „Vertragliches Wettbewerbsverbot"; BGHZ 137, S. 297, 311 „Europapokalheimspiele"; BGH WuW/E BGH 2875, 2878 „Herstellerleasing"; OLG München, WuW/E OLG 5864-5869. Vgl. auch BKartA, Merkblatt: Auslegungsgrundsätze zur Prüfung v. Marktbeherrschung in der deutschen Fusionskontrolle, 2000, S. 1 f.

Bei der Ergründung der marktstrukturellen Verschlechterung soll es dem Bundeskartellamt obliegen[2355], die Marktbeherrschungsvermutung aufgrund des Marktanteils in einer Gesamtüberprüfung aller wettbewerbsrelevanten Umstände positiv festzustellen[2356]. In dieser Gesamtüberprüfung ist gemäß § 19 Abs. 2, 3 GWB zu entscheiden, ob das Unternehmen eine im Verhältnis zu seinen Wettbewerbern überragende Marktstellung hat. § 19 Abs. 3 GWB begreift den Marktanteil als Vermutungskriterium einer Marktbeherrschung. § 19 Abs. 2 S. 1 Nr. 2 GWB stellt dagegen auf die Finanzkraft, den Zugang zu Beschaffungs- und Absatzmärkten, die Verflechtung mit anderen Unternehmen, auf rechtliche oder tatsächliche Marktzutrittsschranken, auf tatsächlichen oder potentiellen Wettbewerb, Angebots- und Nachfrageumstellungsflexibilität, sowie Nachfrageelastizität ab. Der Tatbestand führt damit unterschiedliche Strukturmerkmale auf, anhand derer festgestellt werden soll, ob ein Unternehmen über eine überragende Marktstellung verfügt. § 19 GWB ist zwar allgemeiner Missbrauchstatbestand marktbeherrschender bzw. marktstarker Unternehmen. Allerdings sind die dort genannten Kriterien auch für die Widerlegungsmöglichkeiten innerhalb der Zusammenschlusskontrolle nach § 36 Abs. 1 GWB allgemein[2357] anerkannt. Damit dominieren auch in dieser Hinsicht Strukturgesichtspunkte. Nach der Rechtsprechung des BGH[2358] und ihm folgender unterinstanzlicher Gerichte[2359] haben Marktanteil und Marktkonzentration im Gegensatz zu den anderen Kriterien des § 19 Abs. 2 S. 1 Nr. 2 GWB eindeutig Schwerpunktcharakter. Auch das Bundeskartellamt hat bei der Beurteilung der Frage, ob durch einen Zusammenschluss eine marktbeherrschende Stellung entsteht oder verstärkt wird, Marktanteile der Zusammenschlussbeteiligten stets als wichtigsten Indikator angesehen[2360]. Für eine überragende Marktstellung nach dem Zusammenschluss sprächen neben dem zu erwartenden Marktanteil die Marktanteilsabstände zu den Wettbewerbern und deren geringe Zahl[2361]. Den übrigen Kriterien kam bei dieser Beurteilung meist nur unterstützende Bedeutung zu[2362]. Bereits in ihrem ersten Hauptgutachten

---

2355 Die Beweislast wurde durch die 6. GWB-Novelle gem. § 19 Abs. 3 S. 2 GWB zulasten der Unternehmen umgekehrt; vgl. KG WuW/E OLG 3051, 3071 „Morris/Rothmans"; *Mestmäcker/Veelken*, in: Immenga/Mestmäcker (Hrsg.), GWB-Kommentar, § 36 Rdnr. 170.
2356 BGHZ 71, S. 102, 108 „Sachs/GKN".
2357 Statt vieler *Möschel*, in: Immenga/Mestmäcker (Hrsg.), GWB-Kommentar, § 19 Rdnr. 96.
2358 BGHZ 131, 107, 116 f. „Backofenmarkt"; BGH, WuW/E BGH 1655, 1659 „Zementmahlanlage II"; BGHZ 76, 55, 73 f. „Elbe Wochenblatt I".
2359 KG Berlin, WuW/E OLG 5271-5286.
2360 BKartA, WuW/E DE-V 1011-1016; BKartA, WuW/E DE-V 553-557; BKartA, WuW/E DE-V 777-785; Vgl. hierzu auch BKartA, Merkblatt des Bundeskartellamts über die Kooperationsmöglichkeiten für kleinere und mittlere Unternehmen, S. 29.
2361 KG Berlin, WuW/E OLG 5271-5286.
2362 Vgl. die Erwägungen zur Rolle des potentiellen Wettbewerbs nur BGH, WuW/E BGH 1655, 1659 „Zementmahlanlage II"; BGHZ 76, 55, 73 f. „Elbe Wochenblatt I"; BGHZ 82, 1, 11 „Zeitungsmarkt München". Zum Zugang neuer Technologien, zu Auswirkungen auf benachbarte Märkte, Synergieeffekten und zur Finanzkraft vgl. KG Berlin, WuW/E OLG 5271-5286, bestätigend BGHZ 131, 107, 116 f. „Backofenmarkt". Vgl. auch BKartA, WuW/E BKartA 2669-2679.

kritisierte die Monopolkommission, die gemäß § 44 GWB u.a. die Anwendung der Vorschriften über die Zusammenschlusskontrolle würdigt, die statische Marktanteilsbetrachtung scharf[2363]. Die Kritik hatte dazu geführt, dass im Rahmen einer Zusammenschlussbeurteilung außer Marktanteil auch weitere Kriterien, die in § 19 Abs. 2 S. 1 Nr. 2 GWB nicht abschließend aufgezählt werden, berücksichtigt werden[2364].

c) Die eigenständige Bedeutung der wettbewerblichen Handlungsfreiheit

Die wohl wichtigste Aussage für das grundlegende „wettbewerbskonzeptionelle" Verständnis „des GWB" ist die in ständiger Rechtsprechung des BGH getroffene Aussage, dass das Ziel der Fusionskontrolle in ausgewogenen Marktstrukturen gesehen werden müsse, durch die einseitige, nicht mehr leistungsbedingte Verhaltensspielräume der Unternehmen im Interesse des umfassenden Schutzes der Handlungsfreiheit anderer Unternehmen verhindert werden[2365]. Ein in diesem Sinne bewirkte Verschlechterung der Marktstruktur gehe mit einem übermäßigen, vom Wettbewerb nicht mehr hinreichend kontrollierten Verhaltensspielraum einher[2366]. Mit dem GWB geschützt wird damit die Handlungsfreiheit der Wettbewerber nicht bloß aufgrund der materiellen Vorgabe der grundgesetzlich geschützten Position, sondern aufgrund des Wettbewerbs um seiner selbst Willen, so dass der Wettbewerb die Handlungsfreiheit selbst verkörpert. Ziel ist also der Schutz des Wettbewerbs als einer Institution, die nicht mit der Handlungsfreiheit etwa in einem Zielkonflikt stehe, sondern sie notwendiger Weise genauso voraussetze, wie der Individualschutz des Wettbewerbs den Institutionenschutz. Vertreter des Bundeskartellamts[2367] betonen den Wettbewerb als ergebnisoffenes Entdeckungsverfahren, bei dem es nicht darum gehe, Wohlfahrtswirkungen in Einzelfällen zu prognostizieren. Wettbewerb sei daher ein eigenes Ziel und nicht Instrument zur Erreichung einer bestimmten Zielfunktion. Gesamtwirtschaftliche Wohlfahrt und die Konsumentenwohlfahrt seien bei diesem Maßstab der Wettbewerbspolitik zwar implizit bereits mitberücksichtigt, aber eben nicht explizit berücksichtigungsfähig.

Diese Aussagen weisen deutlich auf die von Hayek[2368] geprägte „spontane Ordnung" des Wettbewerbs hin und stehen im Einklang mit einem neuklassischen Wettbewerbsverständnis, für das in Deutschland das Hoppmann'sche Freiheitskon-

---

2363 Monopolkommission, I. Hauptgutachten 1973/1975, Tz. 853, 951.
2364 *Bechtold/Schockenhoff*, DB 1990, 1549 f.; *Mestmäcker/Veelken*, in: Immenga/Mestmäcker (Hrsg.), GWB-Kommentar, § 36 Rdnr. 142.
2365 BGHZ 71, 102, 111 „Sachs/GKN"; BGHZ 74, 359, 364 „WAZ"; BGHZ 77, 279, 281 „Mannesmann/Brueninghaus"; BGHZ 79, 62, 67 „Klöckner/Becorit"; BGHZ 82, 1, 8 ff „Springer/MZV"; BGHZ 119, 346, 363 „Springer Beig (Pinneberger Tageblatt)".
2366 BGHZ 79, 62, 76 „Klöckner/Becorit"; OLG Düsseldorf, Die AG 1986, S. 226, 227 „Pilsburry/Sonnen-Bassermann".
2367 *Böge/Jakobi*, BB 2005, S. 113 f.
2368 *V. Hayek*, Die Theorie komplexer Phänomene, 1972, S. 25 ff.; *ders.*, Die Verfassung der Freiheit, 1991, S. 30 ff.

zept steht[2369]. Insoweit weichen die Ausführungen von dem Konzept der optimalen Wettbewerbsintensität ab, wie Kantzenbach ihn beschrieb und dessen Ansatz, wie die begriffliche Auseinandersetzung des BGH mit dem funktionsfähigen Wettbewerb deutlich gemacht hat, unbestreitbar großen Einfluss auf das GWB hatte. Kantzenbachs Ansatz ist ökonomisch-instrumental. Daher hatte er die Einbeziehung der Wettbewerbsfreiheit als einem außerökonomischen Ziel zunächst ausgeklammert.[2370] Rechtsprechung und Bundeskartellamt folgen daher dem Kantzenbach'schen Ansatz nicht bedingungslos, sondern sehen in der Handlungsfreiheit der Wettbewerber einen besonderen Eckpfeiler des Wettbewerbs selbst, der mögliche Mittel zur Wohlfahrtssteigerung mit Blick auf die klassischen Freiheitsrechte beschränken möchte[2371]. Der Individualschutz der Wettbewerber ist damit gleichzeitig wesentliches Schutzobjekt des GWB. Deutlich erkennbar wird damit der mit dem deutschen GWB verfolgte systemtheoretische Ansatz. Anders als in den USA, wo der individuelle Freiheitsaspekt zunächst auch im Konzept der Harvard School, aber auch in der Rechtsprechung des Supreme Court gestützt auf die gesetzgeberische Intention des Clayton Act Anklang gefunden hatte[2372], aber letztlich doch zugunsten eines Wohlfahrtsstandards aufgegeben wurde[2373], hält sich der deutsche Ansatz „mit aller Kraft" an der Freiheitskomponente fest.

Der systemtheoretische Ansatz konnte aber nicht immer konsequent beschritten werden. Ansätze einer Hinwendung zu einer wohlfahrtsökonomischen Betrachtung finden sich insbesondere in der Entscheidung des Gesetzgebers, diverse Ausnahmeregelungen mit Einzelfallbeurteilung zuzulassen[2374]. Hierher gehören beispielsweise die sonstigen Kartelle im Sinne von § 7 GWB a.F. oder die Sonderkartelle nach § 8 GWB a.F.[2375].

d)   Paradigmenwechsel durch die 7. GWB-Novelle?

Der so gewonnene konturenlose Wettbewerbsbegriff scheint daher einer Effizienzanalyse, insbesondere in der Zusammenschlusskontrolle nicht ansatzweise zugänglich zu sein. Es drängt sich die Vermutung auf, dass hier das US-amerikanische und europäische Wettbewerbsverständnis im Sinne eines wohlfahrtsorientierten Ansatzes einerseits und deutsches Wettbewerbsverständnis im Sinne eines systemtheoretischen Ansatzes andererseits eine auseinanderklaffende Lücke bilden. Im Zusammenhang mit der Bedeutung von ökonomischen Analysemethoden (sog. more eco-

---

2369   Vgl. hierzu ausf. bereits Teil 1: A.IV.1.c), S. 79.
2370   *I.Schmidt*, S. 13 f., 18.
2371   *I.Schmidt*, S. 33.
2372   *Kaysen/Turner*, Antitrust Policy, S. 48 f.; *Sullivan/Grimes*, S. 14; vgl. zur Incipiency Doctrine nur Brown Shoe Co. v. United States, 370 U.S. 294 (1962); United States v. Von's Grocery Co., 384 U.S. 270 (1966); hierzu Teil 2: A.III.3.a)cc)aaa), S. 253.
2373   Vgl. Teil 2: A.III.3.b)bb)aaa), S. 265 ff.
2374   *Herdzina*, S. 125 f.
2375   Wettbewerbliche Ausnahmebereiche gelten nach der 7. GWB-Novelle gemäß §§ 3, 28, 30 GWB für Mittelstandskartelle, der Landwirtschaft, sowie Zeitungen und Zeitschriften.

nomic approach) wird vereinzelt angemerkt, dass die deutsche Perspektive sich im Einklang mit den Entwicklungen auf europäischer Ebene befinde. Es stehe traditionell auf ökonomischen Füssen.[2376] Tatsächlich steht das Bundeskartellamt rein ökonomischen Analysemethoden aber kritisch gegenüber[2377]. Das hierzu vor noch nicht allzu langer Zeit veröffentlichte Diskussionspapier des Bundeskartellamtes führt als Fazit einer Auseinandersetzung mit ökonomischen Methoden aus, dass es offen erscheine, ob eine Einzelfallbetrachtung im Ergebnis auch zu einer größeren Einzelfallgerechtigkeit führe. Diskussionswürdig sei dagegen, ob nicht mit einer stärkeren ökonomischen Einzelfallbetrachtung die Zielvorstellung verbunden sein sollte, geltende gesetzliche Vermutungen und per se Regeln an den Ergebnissen einer ökonomischen Einzelfallbetrachtung zu überprüfen und letztlich zu bestätigen, zu verfeinern oder neue per se Regeln zu entwickeln[2378]. Dieser kurze Ausschnitt aus der Diskussion um ökonomische Analysemethoden reicht aus, um zu zeigen, dass eine Einsicht bislang noch keinesfalls die deutsche Kartellbehörde erreicht hat. Deutlich wird aber auch, dass allein mit der Anerkennung einer ökonomischen Analyse im GWB noch keine Abkehr von dem systemtheoretischen Ansatz verbunden sein wird. Denn „Einzelfallgerechtigkeit" und neue „per se Regeln" sind ein deutlicher Fingerzeig für die eventuelle Nutzung der Analysemethoden zugunsten einer ökonomischen Untermauerung wettbewerbsfeindlichen Verhaltens, nicht jedoch zugunsten einer stärkeren Auseinandersetzung mit wohlfahrtsfördernden Aspekten des Wettbewerbs.

So deutlich die Abneigung des Bundeskartellamts gegen eine Einbeziehung von Effizienzen auch sein mag, bleiben ihm zumindest im Bereich der Verhaltenskontrolle kaum Möglichkeiten, ein eigenständiges Wettbewerbsverständnis durchzusetzen. Obwohl die Kartell-VO 1/2003 dem nationalen Wettbewerbsrecht eine formale Eigenständigkeit überlässt[2379], hat der deutsche Gesetzgeber mit der 7. GWB-Novelle Abweichungen vom europäischen Kartellrecht durch eine dynamische Verweisung auf das EG-Kartellrecht in § 2 Abs. 2 GWB ausgeschlossen[2380]. Aufgrund der in Walt Wilhelm[2381] vom EuGH (sog. Teerfarbenentscheidung) anerkannten Zweischrankentheorie[2382] bilden nationales und europäisches Wettbewerbsrecht zwei Schranken, die nebeneinander anwendbar bleiben. Im Ergebnis lief diese Normenhäufung darauf hinaus, dass sich das jeweils strengere Recht, also gegebenenfalls auch strengeres nationales Recht gegenüber milderem europäischen Recht durchsetzte, weil beide Rechtsordnungen grundsätzlich verschiedene Schutzgüter

---

2376 *Hildebrand*, WuW 2005, S. 513.
2377 Vgl. BKartA, Wettbewerbsschutz und Verbraucherinteressen im Lichte neuerer ökonomischer Methoden, S. 28; *Böge*, WuW 2004, S. 726, 733.
2378 BKartA, Wettbewerbsschutz und Verbraucherinteressen im Lichte neuerer ökonomischer Methoden, S. 28.
2379 *Schwarze/Weitbrecht*, S. 42.
2380 *Immenga*, in: MüKo, Bd.11, Rdnr. 57, Fn. 107; *Bechtold/Buntschek*, NJW 2005, S. 2966, 2967; *Drexl*, GRURInt 2004, S. 716, 720.
2381 EuGH, Slg. 1969, 1, Rdnr. 5 „Walt Wilhelm".
2382 Begr. v. *Koch*, BB 1959, 241 ff.

regeln. Europäisches Kartellrecht bezieht sich auf den zwischenstaatlichen Handel, das nationale Kartellrecht dagegen auf den nationalen Markt.[2383] Seit der Teerfarbenentscheidung ist aber klar, dass sich auch nationales Wettbewerbsrecht nicht in Widerspruch zu europäischem Wettbewerbsrecht setzen darf[2384]. Der Gesetzgeber wäre also durchaus frei darin gewesen, das historisch gewachsene Wettbewerbsrecht aufrechtzuerhalten und damit die regelmäßig strengeren Abweichungen vom EG-Kartellrecht durchzusetzen, soweit der zwischenstaatliche Handel[2385] nicht betroffen ist. Es ist bereits angeklungen[2386], dass in allen anderen Fällen bereits die Kartell-VO 1/2003 entgegenstehendes Recht gemäß ihrem Art. 3 Abs. 2 S. 1 für unanwendbar erklärt hatte. § 2 Abs. 2 GWB hat daher konstitutive Bedeutung für die Fälle unterhalb der Zwischenstaatlichkeit[2387]. Mit diesem dynamischen Verweis auf das EG-Kartellrecht finden damit auch die Effizienzgesichtspunkte, die die wettbewerbskonzeptionelle Richtung des europäischen Kartellrechts vorgeben, grundsätzlich Eingang in das nationale Recht, so dass es Aufgabe der nationalen Rechtsprechung und des Bundeskartellamtes ist, das GWB an das EG-Kartellrecht auch wettbewerbskonzeptionell anzugleichen. Im Ergebnis muss dann auch der Maßstab im Sinne einer wohlfahrtsökonomischen Fundierung Geltung haben. Man könnte zwar der Auffassung zugeneigt sein, den wettbewerbskonzeptionellen Ansatz des europäischen Rechts trotz materiell-rechtlichen Gleichlaufs des GWB aus Subsidiaritätserwägungen abzulehnen und stattdessen rein nationale Sachverhalte mit dem historisch gewachsenen systemtheoretischen Ansatz zu begegnen. Es lässt sich jedoch nur schwer begründen, warum nationales Recht Sachverhalten mit lokaler und/oder regionaler Bedeutung einer strengeren Beurteilung unterziehen sollte als das europäische Recht zwischenstaatliche Sachverhalte beurteilt.[2388] Im Gegenteil, die Intention des Gesetzgebers geht dahin, solche Sachverhalte nicht strenger zu beurteilen als nach europäischem Recht[2389].

Vor dem Hintergrund dieses Konvergenzverständnisses zeigt sich also keine Divergenz in wettbewerbskonzeptioneller Hinsicht. Das europäische Kartellrecht hat sich damit, wenn auch durch Nachgeben des deutschen Gesetzgebers, im Ergebnis durchgesetzt. Es bleibt aber zu fragen, welche Spuren die Novellen für das übrige GWB hinterlassen. Denn Art. 3 Abs. 2 S. 2 Kartell-VO 1/2003 stellt klar, dass es den Mitgliedsstaaten überlassen bleibe, strengeres innerstaatliches Recht im Hinblick auf unilaterales Verhalten zu erlassen oder anzuwenden. Auch die Fusionskontrolle bleibt nach Art. 3 Abs. 3 Kartell-VO 1/2003 unberührt[2390]. Daher steht das

---

2383 *Rehbinder*, in: Immenga/Mestmäcker (Hrsg.), EG-Wettbewerbsrecht, Bd.1, Einl., Rdnr. 3.
2384 EuGH, Slg. 1969, 1, Rdnr. 9 „Walt Wilhelm"; zuletzt bestätigt in EuGH, Slg. 1992, I-4785, Rdnr. 12 „DGDC/AEB"; EuGH, Slg. 1987, 2354, Rdnr. 14 „Albako".
2385 EuGH, Slg. 1985, I-391, Rdnr. 28 ff. „BNIC/Clair"; mittl. restr. EuGH, Slg. 1999, I-135, Rdnr. 38 ff. „Carlo Bagnasco"; EuGH, Slg. 1998, I-1983, Rdnr. 17 ff. „Javico".
2386 Vgl. Teil 3: A.I.1., S. 441.
2387 *Bechtold/Buntschek*, NJW 2005, S. 2966, 2967.
2388 *Schwarze/Weitbrecht*, S. 43 f.
2389 *Bechtold/Buntschek*, NJW 2005, S. 2966, 2967.
2390 Vgl. zum Verhältnis der FKVO zu §§ 35 ff. GWB sogleich unter Teil 3: A.III.2., S. 468 ff.

Gemeinschaftsrecht einer künftigen Anwendung des systemtheoretischen Ansatzes innerhalb der Missbrauchsaufsicht nach §§ 19, 20 GWB, aber auch innerhalb der Fusionskontrolle nach §§ 35 ff. GWB nicht entgegen. Im Falle einer Beibehaltung des systemtheoretischen Ansatzes für diese beiden Säulen des Kartellrechts fehlt dem deutschen GWB fortan ein konsistentes System, da sich die wettbewerbliche Analyse für vertikale und horizontale Vereinbarungen einerseits und Missbrauchsaufsicht sowie Fusionskontrolle andererseits konzeptionell unterscheiden. Die etwaige Verschärfung der Fusionskontrolle gegenüber dem Kartellverbot des Art. 81 Abs. 1 EG wäre mit den ökonomischen Überlegungen des ersten Teils und den Ergebnissen der neuen Industrie- und Institutionenökonomik[2391] nur schwer vereinbar, obgleich das Kartellverbot des Art. 81 Abs. 1 EG und damit auch des § 1 GWB nur die Vereinbarung als solche erfasst, nicht jedoch das unter Art. 82 EG und §§ 19, 20 GWB fallende koordinierte missbräuchliche Verhalten der Kartellmitglieder[2392]. Insoweit könnte der systemtheoretische Ansatz wieder als „wichtige Rechtfertigung" besonders wettbewerbsschädlicher Verhaltensweisen und Zusammenschlüsse herangezogen werden und damit den vom Gesetzgeber herbeigeführten Systembruch unberücksichtigt lassen. Unberührt hiervon bleibt aber nach alledem, dass eine Vermutung dafür spricht, dass das deutsche Kartellrecht innerhalb der drei Säulen des Kartellrechts mit zweierlei Maß messen wird, weil es mit der 7. GWB-Novelle zwei voneinander zu unterscheidende wettbewerbskonzeptionelle Bereiche erhalten hat.

III. Das System der formellen Fusionskontrolle

Nach Art. 21 Abs. 2 FKVO dürfen die Mitgliedsstaaten ihr nationales Fusionskontrollrecht nicht auf Zusammenschlüsse anwenden, die der FKVO unterliegen. Dies ist grundsätzlich dann der Fall, wenn die Aufgreifkriterien nach Art. 1 FKVO erfüllt sind. Hiervon sehen die „deutsche Klausel" in Art. 9 FKVO und die „niederländische Klausel" in Art. 22 FKVO aber Ausnahmen vor. Für die Durchführung der europäischen Fusionskontrolle ist gemäß Art. 21 Abs. 1 FKVO die Kommission zuständig, die gemäß Art. 19 Abs. 2 FKVO eine enge und stetige Verbindung zu den Mitgliedsstaaten aufrechterhalten muss. Nach Art. 3 Abs. 1 der Geschäftsordnung der Kommission[2393] wurde die Generaldirektion Wettbewerb eingerichtet, für die der Wettbewerbskommissar die Verantwortung trägt. Außerdem existiert eine sog. Merger Task Force (MTF), die mit der Wahrnehmung der Zusammenschlusskontrolle betraut wurde. Mit der Neufassung der FKVO wurde innerhalb der Generaldirektion Wettbewerb auch der Posten eines Chefökonomen[2394] geschaffen. Seine Auffassung

---

2391 Teil 1: A.VI., S. 105 ff.
2392 EuG, Slg. 1992 II-1403, Rdnr. 1548 „SIV"; *Möschel*, in: Immenga/Mestmäcker (Hrsg.), EG-Wettbewerbsrecht, Bd.1, Art. 86 EGV, Rdnrn. 6 ff.
2393 Geschäftsordnung der Komm., KOM (2000) 3614, ABl. L 308 v. 08.12.2000, S. 28 ff.
2394 Derzeit besitzt den Posten Prof. Dr. Lars-Hendrik Röller.

zu ökonomischen Sachverhalten sowohl im Rahmen des allgemeinen Wettbewerbs- aber auch des Kartell- und Fusionskontrollrechts spielt eine wichtige Rolle[2395].

1. Aufgreifkriterien und Zusammenschlussbegriff

Voraussetzung für die Anwendung der europäischen Fusionskontrolle ist gemäß Art. 1 Abs. 1 FKVO das Vorliegen eines Zusammenschlusses mit gemeinschaftsweiter Bedeutung. Auch der Zusammenschlussbegriff nach der FKVO wird funktional verstanden. Nach Art. 3 Abs. 1 FKVO wird ein Zusammenschluss dadurch bewirkt, dass eine dauerhafte Veränderung in der Struktur der Unternehmenskontrolle entweder durch Fusion gemäß § 3 Abs. 1 lit. a) FKVO oder gemäß § 3 Abs. 1 lit. b) FKVO durch Erwerb von Anteilsrechten, Vermögenswerten, durch Vertrag oder in sonstiger Weise stattfindet. Die Beurteilung der Unternehmenskontrolle wird dabei gemäß § 3 Abs. 2 FKVO an der bestimmenden Einflussnahmemöglichkeit auf die Tätigkeit eines Unternehmens festgemacht, wobei Art. 3 Abs. 2 lit. a) und b) FKVO beispielhaft sowohl Eigentums- und Nutzungsrechte nennt, als auch den Einfluss auf die innere Zusammensetzung und das Willensbildungsorgan der Gesellschaft abstellt. Die Generalklausel ist im europäischen Recht deshalb gewählt worden, weil man sich nicht auf die gesellschaftsrechtlichen Institute eines Mitgliedsstaates beschränken konnte[2396] und die einzelnen Konzeptionen der Fusionskontrollen in den Mitgliedstaaten erhebliche Unterschiede aufweisen[2397]. Der Zusammenschlusstatbestand der FKVO hat damit einen breiten Anwendungsbereich[2398].

Ob ein Zusammenschluss gemeinschaftsweite Bedeutung hat, ist grundsätzlich nach Art. 1 Abs. 2, 3 FKVO zu ermitteln und bestimmt sich nach den Gesamtumsätzen der an dem Zusammenschluss beteiligten Unternehmen. Die darin genannten Umsatzschwellen haben den Sinn, die wirtschaftliche Macht der Unternehmen zu erfassen[2399] und den Anwendungsbereich auf solche Zusammenschlüsse zu begrenzen, die auf den Binnenmarkt der Gemeinschaft unmittelbaren Einfluss haben[2400]. Diese liegen je nach Art der Beteiligung zwischen 2,5 und 5 Mrd. Euro. Die FKVO ist allerdings nicht anwendbar, sofern zwei Drittel des gemeinschaftsweiten Gesamtumsatzes in ein und demselben Mitgliedsstaat erzielt werden.

2395 Vgl. Kommission, XXXIII. Bericht über die Wettbewerbspolitik, 2003, Vorwort, S. 23 ff.
2396 *Immenga*, in: ders./Mestmäcker (Hrsg.), EG-Wettbewerbsrecht, Bd.1, FKVO, D., Art. 3 Rdnr. 28.
2397 *Immenga*, in: ders./Mestmäcker (Hrsg.), EG-Wettbewerbsrecht, Bd.1, FKVO, B. Rdnr. 2.
2398 Kommission, Bekanntmachung über den Begriff des Zusammenschlusses, ABl. C 66 v. 02.03.1998, S. 5; Mestmäcker, Europäisches Wettbewerbsrecht, S. 108; *Böge*, WuW 2004, S. 138, 139; zur alten Rechtslage *Krimphove*, S. 240.
2399 Kommission, Änderung eines Vorschlags für eine VO des Rates über die Kontrolle v. Unternehmenszusammenschlüssen, ABl. C 36 v. 12.02.1982, S. 3, 5.
2400 FKVO, Erwgr. 9, 10; so bereits *Krimphove*, S. 223.

2. Verweisungsregime

Werden die durch den beabsichtigten Zusammenschluss genannten Umsatzschwellen erreicht, so besitzt die Kommission grundsätzlich die ausschließliche Zuständigkeit und damit auch die materielle Prüfkompetenz. Damit wird eine aufwendige Doppelprüfung vermieden, so dass die Kommission dann die einzige Anlaufstelle für die Zusammenschlussparteien darstellt (sog. „one stop shop")[2401]. Werden die Kriterien des Art. 1 Abs. 2, 3 FKVO nicht erreicht, sind grundsätzlich die Mitgliedsstaaten ausschließlich zuständig, so dass im Falle gemeinschaftsweit agierender Unternehmen eine Mehrfachnotifizierung in mehreren Mitgliedsstaaten notwendig sein kann.

a) Verweisung an die Mitgliedsstaaten

Ungeachtet der Feststellung gemeinschaftsweiter Bedeutung nach Umsatzschwellen sieht Art. 9 Abs. 2 FKVO die Möglichkeit vor, das Zusammenschlussverfahren an den jeweiligen Mitgliedsstaat zu verweisen (sog. deutsche Klausel). Erforderlich ist zunächst, dass ein gesonderter Markt vorliegt. Ein solcher wird gemäß Art. 9 Abs. 7 FKVO anhand einer Abweichung von dem Referenzmarkt bestimmt, der wiederum auf die Homogenität der Wettbewerbsbedingungen abstellt, der in dem Gebiet herrscht, auf dem die beteiligten Parteien auftreten. Dies trifft insbesondere dann zu, wenn die in ihm herrschenden Wettbewerbsbedingungen sich von denen im Referenzmarkt deutlich unterscheiden. Bei dieser Beurteilung ist insbesondere auf die Art und die Eigenschaften der betreffenden Waren oder Dienstleistungen abzustellen, ferner auf das Vorhandensein von Zugangsschranken, auf Verbrauchergewohnheiten sowie auf das Bestehen erheblicher Unterschiede bei den Marktanteilen der Unternehmen oder nennenswerte Preisunterschiede zwischen dem betreffenden und den benachbarten Gebieten.[2402] Liegt ein solcher gesonderter Markt vor, muss beurteilt werden, ob durch den Zusammenschluss eine Beeinträchtigung des Wettbewerbs auf diesem Markt droht. Das Verweisungsregime nach Art. 9 FKVO verdeutlicht, dass noch bevor die Kommission oder die Mitgliedsstaaten kompetenziell in das materielle Hauptprüfverfahren eintreten dürfen, die Notwendigkeit einer wettbewerblichen Abschätzung verlangt wird. Dies kann zu erheblichen Problemen führen, obwohl an eine erste Einschätzung nicht die gleichen Anforderungen zu stellen sind, die für das Hauptprüfverfahren gelten. So wurde mit Neufassung der FKVO das nach Art. 9 Abs. 2 FKVO a.F. noch vorhandene Kriterium[2403] der drohenden Begründung oder Verstärkung einer marktbeherrschenden Stellung aus dem

---

2401 *Ritter*, in: Immenga/Mestmäcker (Hrsg.), EG-Wettbewerbsrecht, Bd.1, FKVO, VO 17 A. Rdnr. 42; *Wagemann*, in: Wiedemann (Hrsg.), Handbuch des Kartellrechts, § 15 Rdnr. 5 f.
2402 EuG, Slg. 2002, II-01433 „Royal Philips Electronics N.V. v. Kommission".
2403 Vgl. zu der streng an diesem Kriterium orientierte Kommissionspraxis nur: Monopolkommission, XIV. Hauptgutachten 2000/2001, Tz. 598 ff.

Gesetzestext gestrichen, nachdem insbesondere das Bundeskartellamt[2404] in seiner Stellungnahme zur Revision des gemeinschaftlichen Fusionskontrollrechts Kritik an den Verweisungskriterien geäußert hatte. Ist eine solche drohende Beeinträchtigung festzustellen und ist sie erheblich, so kann die Kommission gemäß Art. 9 Abs. 3 FKVO den Fall entweder selbst prüfen oder an den Mitgliedsstaat verweisen. Liegt dagegen eine drohende Beeinträchtigung des Wettbewerbs auf einem gesonderten Markt eines Mitgliedsstaates vor, der keinen wesentlichen Teil des Gemeinsamen Marktes darstellt, ist eine Verweisung zwingend.

b) Verweisung an die Kommission

Trotz des Nichterreichens der Umsatzschwellen können die Mitgliedsstaaten nach Art. 22 FKVO auch umgekehrt einen Zusammenschluss an die Kommission verweisen (sog. niederländische Klausel). Voraussetzung ist danach, dass der Zusammenschluss den zwischenstaatlichen Handel betrifft und den Wettbewerb auf dem Territorium des oder der antragstellenden Mitgliedsstaaten erheblich zu beeinträchtigen droht. Allerdings hat jeder Mitgliedsstaat, in dessen Zuständigkeit der Zusammenschluss fällt, ein Vetorecht. Im Falle seiner Ausübung wird der Zusammenschluss dann nicht an die Kommission verwiesen. Die Klausel offenbart den Kompromisscharakter, die diese Norm besitzt. Denn noch in ihrem Grünbuch verfolgte die Kommission die Absicht, Zusammenschlüsse, die in mehr als drei Mitgliedsstaaten anzumelden gewesen wären, automatisch in ihre Zuständigkeit zu verlagern. Denn ihrer Ansicht nach würden Anmeldungen in drei Mitgliedsstaaten zuverlässige Hinweise für den offensichtlich grenzüberschreitenden Charakter eines Zusammenschlusses liefern[2405]. Die Kommission konnte sich mit diesem Argument letztlich nicht durchsetzen. Stattdessen gelang es ihr im Rahmen der Novelle, die Ausübungsfristen des Vetorechts auf 15 Tage zu verkürzen.

3. Verfahren

Das Fusionskontrollverfahren der Europäischen Kommission ist komplex gestaltet und gliedert sich in drei Verfahrensstufen: den informellem Vorgesprächen, dem Vorverfahren und dem Hauptprüfverfahren. Während Vor- und Hauptverfahren in den §§ 6, 8 FKVO geregelt sind, sind die Grundsätze des informellen Verfahrens nicht Bestandteil der FKVO, werden aber in den Erwägungsgrund 11 der Durchführungsverordnung (DVO) zur FKVO vorausgesetzt und ihre Vertraulichkeit gewähr-

---

2404 BKartA, Stellungnahme des Bundeskartellamtes zum Grünbuch der Kommission zur Revision der VO Nr.EG 4064/89 des Rates über die Kontrolle von Unternehmenszusammenschlüssen, E/G4-3001/93 Bd.3, S. 9.
2405 Grünbuch über die Revision der VO (EWG) 4064/89 des Rates v. 11.12. 2001, (Grünbuch), KOM (2001) 745 endg., Tz. 32.

leistet[2406]. Für die europäische Fusionskontrolle gilt das Beschleunigungsgebot[2407], weshalb die Fristen der Prüfphasen, in denen über den Zusammenschluss zu entscheiden ist kurz ausfallen[2408]. Das informelle Vorverfahren (auch Phase Null genannt) dient dazu, um auszuloten, ob und in welchem Gebiet sich wettbewerbliche Bedenken ergeben. Mit Hilfe der offiziellen Prüfphasen soll die Kommission die wettbewerblichen Probleme schneller und effektiver behandeln können.[2409] Das Vorverfahren (auch Phase I genannt) ist ein summarisches Verfahren, das mit der förmlichen Anmeldung des Zusammenschlusses eingeleitet und nach Art. 7 Abs. 1 FKVO ein Vollzugsverbot bis zur Freigabeentscheidung durch die Kommission gemäß Art. 6 Abs. 1 lit. b) FKVO und Art. 8 Abs. 2 FKVO auslöst. Darin wird geklärt, ob der Zusammenschluss gemeinschaftsweite Bedeutung hat, Anlass zu ernsthaften Bedenken mit der Vereinbarkeit des Gemeinsamen Marktes gibt und daher das in Art. 8 FKVO geregelte Hauptverfahren einzuleiten ist. Innerhalb des Vorverfahrens kann das Mitteilungsrecht der Mitgliedsstaaten in Anspruch genommen werden, das zur Verweisung des Falles führen kann. Liegen dagegen alle Punkte kumulativ vor, so tritt sie in die Hauptprüfung (auch Phase II genannt) ein und stellt dies, wie nach Art. 6 Abs. 1 lit. c) FKVO gefordert, durch Entscheidung fest. In den übrigen Fällen ergeht die Entscheidung, dass der Zusammenschluss entweder keine gemeinschaftsweite Bedeutung hat und gemäß Art. 6 Abs. 1 lit. a) FKVO nicht unter die Verordnung fällt oder aber gemäß Art. 6 Abs. 1 lit. b) FKVO keine ernsthaften Bedenken bestehen und daher der Zusammenschluss mit dem Gemeinsamen Markt vereinbar ist. Aufgrund der betroffenen Verfahrensrechte vollzieht sich die Phase II zunächst in mehreren Verfahrensabschnitten und endet mit der Entscheidung der Kommission als Kollegialorgan. Die Kommission kann den Zusammenschluss gemäß Art. 8 Abs. 2 FKVO als mit dem Gemeinsamen Markt vereinbar, gemäß Art. 8 Abs. 3, 4 FKVO als nicht mit dem Gemeinsamen Markt für vereinbar erklären oder, wenn sich die Bedenken durch Maßnahmen ausräumen lassen, nach Art. 8 Abs. 2 FKVO unter Auflagen und Bedingungen freigeben. Diese Möglichkeit besteht gemäß Art. 6 Abs. 2 FKVO auch schon im Vorverfahren, sofern die Änderungen der beteiligten Unternehmen den Zusammenschluss als mit dem Gemeinsamen Markt für vereinbar erscheinen lassen. Auf die Bedeutung dieser Nebenbestimmungen zu der Freigabeentscheidung wird später[2410] noch einmal zurückzukommen sein.

2406 VO (EG) Nr. 802/2004 v. 07.04.2004 zur Durchführung der VO (EG) Nr. 139/2004 des Rates über die Kontrolle von Unternehmenszusammenschlüssen, ABl. L 133 v. 30.04.2004, S. 1 ff., Erwgr. 11.
2407 *Immenga*, in: ders./Mestmäcker (Hrsg.), Kommentar zum Europäischen Kartellrecht, Vor Art. 6 FKVO Rdnr. 4.
2408 Vgl. ausf. *Dittert*, WuW 2004, S. 148, 149 ff.
2409 *Drauz/Schroeder*, Praxis der europäischen Fusionskontrolle, S. 187; *Koppensteiner*, Wettbewerbsrecht, § 20 Rdnr. 49; *Emmerich*, S. 476; vgl. auch Kommission, Best Practices on the conduct of EC merger control proceedings, GD Wettbewerb S. 5.
2410 Vgl. unten Teil 3: A.IV.5.a), S. 518 ff.

4. Schnittstelle zur deutschen Fusionskontrolle, § 35 Abs. 3 GWB

Nach § 35 Abs. 3 GWB findet die Zusammenschlusskontrolle nach GWB keine Anwendung, soweit die Kommission ausschließlich zuständig ist. Die Vorschrift hat nur klarstellenden Charakter. Sofern die Kommission in den Fällen der Art. 9 Abs. 1 und 3 FKVO den Zusammenschluss an das Bundeskartellamt verweist, finden mit Zugang der Verweisungsentscheidung allein die Vorschriften des GWB Anwendung. Im Rahmen einer solchen Verweisung ist dann gemäß § 39 Abs. 4 GWB keine Anmeldungs- und Anzeigepflicht erforderlich. Der Anwendungsbereich der deutschen Fusionskontrolle ist im Falle einer Verweisungsentscheidung der Kommission grundsätzlich immer eröffnet, da die Umsatzschwellen des GWB nach § 35 Abs. 1 und 2 GWB deutlich niedriger sind als die der Europäischen Fusionskontrolle. Hier müssen die Umsatzerlöse weltweit bei mehr als 500 Mio. Euro und im Inland von einem beteiligten Unternehmen bei mehr als 25 Mio. Euro liegen.

Das GWB definiert den Begriff des Zusammenschlusses in § 37 GWB. Er unterscheidet den Vermögenserwerb in § 37 Abs. 1 Nr. 1 GWB, den Kontrollerwerb in § 37 Abs. 1 Nr. 2 GWB, den Anteilserwerb in § 37 Nr. 3 GWB und den Erwerb von wettbewerblich erheblichem Einfluss durch sonstige Verbindungen in § 37 Abs. 1 Nr. 4 GWB. Die Regelung des § 37 GWB wird als abschließend[2411] und ihr Anwendungsbereich angesichts des Generalklauselcharakters des Kontrollerwerbs nach § 37 Abs. 1 Nr. 2 GWB als umfassend[2412] bewertet. Aufgrund der Zielsetzung eines umfassenden Wettbewerbsschutzes wird auch der Unternehmensbegriff funktional ausgelegt[2413]. Aus diesen Gründen erfüllt ein Zusammenschlussvorgang meist mehrere Zusammenschlusstatbestände[2414].

Anders als in den USA ist das Bundeskartellamt zur Beurteilung von Zusammenschlüssen, unabhängig von dem betroffenen industriellen Sektor, ausschließlich zuständig. Die Regulierungsbehörde hat mangels entsprechender Ermächtigungsgrundlagen keine Möglichkeit, eine Freigabe oder eine Untersagung von Fusionen zu erwirken. Zwar war in § 32 TKG a.F. ein Zusammenschlussverbot angelegt, das der Regulierungsbehörde ex-ante die Möglichkeit eröffnete, gegenüber einem Lizenznehmer, der auf einem Markt über eine marktbeherrschende Stellung nach § 19 GWB verfügt, die Lizenzerteilung mit der Auflage eines (horizontalen) Zusammen-

---

2411 *Richter*, in: Wiedemann (Hrsg.), Handbuch des Kartellrechts, § 19 Rdnr. 74; *Mestmäcker/Veelken*, in: Immenga/Mestmäcker (Hrsg.), GWB-Kommentar, § 37 Rdnr. 2.
2412 *Traugott*, WRP 1999, S. 621, 623.
2413 *Richter*, in: Wiedemann (Hrsg.), Handbuch des Kartellrechts, § 19 Rdnr. 74; *Mestmäcker/Veelken*, in: Immenga/Mestmäcker (Hrsg.), GWB-Kommentar, § 37 Rdnr. 2; *Ruppelt*, in: Langen/Bunte (Hrsg.), Kommentar zum Kartellrecht, § 37 Rdnr. 6.
2414 Deren kumulative Anwendbarkeit hat das Bundeskartellamt bereits vor der 5. GWB-Novelle geklärt; nunmehr durch die Regierungsbegründung der 6. GWB-Novelle bestätigt. Vgl. zur damals umstritten Rechtslage nur BKartA, WuW/E BKartA 2169 „Tui-Air-Conti"; BKartA, WuW/E BKartA 2114 „Coop Schleswig-Holstein/Deutscher Supermarkt"; so auch die h.L.: *Mestmäcker/Veelken*, in: Immenga/Mestmäcker (Hrsg.), GWB-Kommentar, § 37 Rdnr. 5; a.A.: *Kleinmann/Bechtold*, Kommentar zur Fusionskontrolle, § 23 Rdnr. 15.

schlussverbotes zu verbinden. Die Vorschrift hatte aber nur für sog. Strohmannkäufe[2415] Bedeutung und hat nach Wegfall der Lizenzpflicht nach aktuellem TKG den Verbotstatbestand obsolet werden lassen. Ein umfassender Zusammenschlusstatbestand, wie er in §§ 214 (a), 310 (b) Communications Act angelegt ist, existierte auch nach TKG a.F. nie. Die Kompetenz zur Beurteilung von Zusammenschlüssen im Sektor der Telekommunikation war daher seit jeher beim Bundeskartellamt angesiedelt[2416].

IV. Das materielle Fusionskontrollrecht

Sind die formellen Voraussetzungen der Fusionskontrolle erfüllt, so treten die Kommission oder im Falle einer Verweisung bzw. seiner originären Zuständigkeit das Bundeskartellamt in die materielle Prüfung des Zusammenschlusses ein.
Nach Art. 2 Abs. 3 FKVO sind Zusammenschlüsse, durch die wirksamer Wettbewerb im Gemeinsamen Markt oder in einem wesentlichen Teil desselben erheblich behindert würde, insbesondere durch Begründung oder Verstärkung einer beherrschenden Stellung, für mit dem Gemeinsamen Markt unvereinbar zu erklären. Die FKVO 4064/89 formulierte in Art. 2 Abs. 3 dagegen noch, dass Zusammenschlüsse, die eine beherrschende Stellung begründen oder verstärken, durch die wirksamer Wettbewerb im Gemeinsamen Markt oder in einem wesentlichen Teil desselben erheblich behindert wird, für unvereinbar mit dem Gemeinsamen Markt zu erklären sind. Beide Tatbestände weisen Parallelen zu der vom EuGH entwickelten Definition der beherrschenden Stellung[2417] für die Missbrauchsaufsicht auf. Eine beherrschende Stellung ist danach „die wirtschaftliche Machtstellung eines Unternehmens, die dieses in die Lage versetzt, die Aufrechterhaltung eines wirksamen Wettbewerbs auf dem relevanten Markt zu verhindern, indem sie ihm die Möglichkeit verschafft, sich seinen Wettbewerbern, seinen Abnehmern und letztlich den Verbrauchern gegenüber in einem nennenswerten Umfang unabhängig zu verhalten". Damit zeigt sich, dass die Definition der beherrschenden Stellung aus Art. 82 EG den Verordnungstext „mit" geprägt hat. Welche Unterschiede sich aus den Formulierungen ergeben und welche Auswirkungen die neue Stellung des wirksamen Wettbewerbs im Marktbeherrschungskonzept der europäischen Fusionskontrolle einnimmt, bleibt einer gesonderten Prüfung[2418] vorbehalten.
Für die deutsche Zusammenschlusskontrolle gilt, dass auch im Falle einer Betroffenheit anderer als ausschließlich nationaler Märkte, für die die Kommission nicht

---

2415 TKG-Entwurf, BT-Drs. 13/3609, S. 45.
2416 Vgl. *Salger/Traugott*, in: Beck'scher TKG-Kommentar, § 32 Rdnr. 38 f.; *Wissmann* in: ders. (Hrsg.), Telekommunikationsrecht, S. 116 Rdnr. 3.
2417 EuGH, Slg. 2003 II-0000 „Van den Bergh Foods"; EuGH, Slg. 2000 I-1365 „Compaigne Maritime Belge Transports"; EuGH, Slg. 2000, II-3929 Rdnr. 147 „Aéroports de Paris v. Kommission"; EuGH, Slg. 1979, 461 „Hoffmann-La Roche"; EuGH, Slg. 1978, 207 „United Brands v. Kommission".
2418 Vgl. Teil 3: A.IV.4.a)bb), S. 507 ff.

zuständig ist oder Verweisungsgründe bestehen, die FKVO auch in materiellrechtlicher Hinsicht keine Geltung beansprucht. Damit unterscheidet sich das Verhältnis zwischen Fusionskontrolle und Kartellverbot signifikant. Denn Vereinbarungen, die materiell-rechtlich den Tatbestand des Art. 81 Abs. 1, 3 EG erfüllen, müssen dem dortigen Maßstab nun auch ohne Zwischenstaatlichkeit folgen. Wie bereits festgestellt wurde, ist die dritte Säule des Kartellrechts, d.h. die Fusionskontrolle von diesen Vorgaben befreit. Sie kann sich ausschließlich an dem nationalen Maßstab messen lassen, so dass für Zusammenschlüsse, die vom Bundeskartellamt beurteilt und von den nationalen Gerichten überprüft werden, auch nur die deutsche Zusammenschlusskontrolle nach §§ 35 ff. GWB zur Anwendung gelangt. Nach § 36 Abs. 1 GWB ist ein Zusammenschluss, von dem zu erwarten ist, dass er eine marktbeherrschende Stellung begründet oder verstärkt, vom Bundeskartellamt zu untersagen[2419]. Objektiv betrachtet knüpft auch § 36 Abs. 1 GWB an die beherrschende Marktstellung an, enthält aber sonst keinen tatbestandlichen Bezug zu wirksamem oder funktionsfähigem Wettbewerb.

1. Marktabgrenzung und Marktbeherrschung

a) Zweistufigkeit des Ansatzes

Heute ist in keiner der hier behandelten Rechtsordnungen mehr ernsthaft umstritten[2420], dass vor einer wettbewerblichen Prüfung die Marktgrenzen festzustellen sind. International übergreifend hat sich dieses zweistufige Vorgehen als vorzugswürdig erwiesen. Im deutsch-europäischen Kontext hat sich diese Dichotomie ebenfalls aus logischen Überlegungen heraus gebildet und ist auf den Marktbeherrschungsbegriff selbst zurückzuführen. Die artifizielle Trennung in Marktabgrenzung und Beherrschungsprüfung ist zwar nicht ohne Kritik[2421] geblieben. Denn naturgemäß beeinflussen sich beide Fragen, weil eine Verengung des Marktes hin zur isolierten Betrachtung einzelner Bereiche notwendig auch zur Isolation von Marktanteilen führt[2422] und damit den Zweck der Erfassung des Wettbewerbsdrucks verwässert. Über diese Kritik hat sich die herrschende Auffassung[2423] aber stets mit der Argumentation hinweggesetzt, dass andere Lösungen dieser artifiziellen Trennung keine besseren oder geeigneteren Möglichkeiten bieten würden, um über die Marktbeherrschung einstufig zu befinden. Diese vor allem in Deutschland im Zusammenhang mit dem Bedarfsmarktkonzept[2424] stehenden Argumente haben noch nicht an Gültigkeit verloren. Andererseits sind die Rechtfertigungsversuche nicht auf ein be-

---

2419 Zu der Möglichkeit einer Abwägung noch später unter Teil 3: A.IV.4.b)bb), S. 515.
2420 Vgl. hierzu *Knöpfle*, DB 1990, S. 1385, 1393; *Ruppelt*, in: Langen/Bunte (Hrsg.), GWB-Kommentar, § 19 Rdnr. 8; *Sandrock*, in: FS für Kummer, S. 449, 462; *Marko*, S. 79.
2421 *Knöpfle*, DB 1990, S. 1385, 1393; *Sandrock*, in: FS für Kummer, S. 462; *Marko*, S. 79.
2422 *Beese/Müller*, RTkom 2001, S. 83, 84.
2423 Zuletzt *Neveling*, S. 39 ff.
2424 Hierzu sogleich unter: Teil 3: A.IV.2., S. 477 ff.

stimmtes Konzept bei der Ermittlung des in Frage stehenden Marktes begrenzt. Aus ökonomischer Sicht ist eindeutig, dass das vermeintlich marktmächtige Unternehmen vor einer Preisanhebung die Substitutionselastizität als auch die Anbieterflexibilität und den potentiellen Wettbewerb abschätzen muss[2425]. Erst wenn alle Elemente zu seinen Gunsten sprechen, wird es Marktmacht mit der Folge eines über dem Wettbewerbsniveau liegenden Preises mit einer gewissen Dauer erzielen können. Dennoch ist für die Rechtsordnung entscheidend, dass man zumindest die Produkte und geographischen Räume erfasst, die auch von dem in Rede stehendem Unternehmen entscheidungsrelevant sind. Aus diesem Grund ist auch der berechtigte Hinweis von v. Weizsäcker, dass die Grundfrage nicht lauten dürfe, was der relevante Markt sei, sondern wie stark ein Anbieter mit bestimmten Produkten Wettbewerb ausgesetzt sei[2426], keine Kritik an einem zweistufigen Ansatz. Vielmehr ist darauf zu achten, dass die Wertung bei der Marktabgrenzung nicht zu einer willkürlichen Feststellung der Märkte ausartet, sondern nahezu genau die Wettbewerbskräfte wiedergibt, die in der Realität herrschen[2427]. Auch der von den US-amerikanischen Wettbewerbsbehörden verwandte SSNIP-Test muss vor seiner Anwendung ein Urteil über den in Betracht zu ziehenden Markt fällen. Insbesondere die cellophane fallacy und die Reaktion des DOJ in den Merger Guidelines zeigen, dass auch hier die Marktabgrenzung nicht von ökonomischen Analyseverfahren ersetzt, sondern konkretisiert wird[2428].

b) Sinn und Zweck der Marktabgrenzung

Sinn und Zweck der Marktabgrenzung ist daher die Eingrenzung der Wettbewerbsbeziehung der einzelnen Produkte und Dienste zueinander. Denn jede Form der Konzentrationsmessung setzt zunächst die Bestimmung der statistischen Grundgesamtheit voraus, für die die Konzentration festgestellt werden soll[2429]. Die Frage der Marktabgrenzung ist alles andere als trivial[2430], insbesondere wenn ein bestimmter Grad von Produktdifferenzierung einen Aktionsparameter im Wettbewerb darstellt[2431]. Wird der Markt zu weit gefasst, d.h. werden nicht die wirkende Kräfte, sondern andere, keine Einflüsse auf diesen festgestellten Bereich ausübenden Kriterien einbezogen, so läuft man Gefahr, tatsächlich bestehende oder durch Zusammenschluss entstehende Marktmacht nicht mehr adäquat erfassen zu können. Grenzt man den Markt zu eng ab, so kann der Markt im Extremfall nur ein Produkt enthalten, was dann letztlich den Gedanken einer Marktbeherrschung geradezu aufdrängt,

---

2425 Vgl. bereits Teil 1: A.III.2, S. 62 ff.
2426 *V. Weizsäcker*, Wirtschaftswissenschaftliches Gutachten zum Fusionsvorhaben Liberty/DTAG vor dem Bundeskartellamt, Oktober 2001, S. 6.
2427 *Lademann*, WuW 1988, S. 575 ff.
2428 Walker Process Equip., Inc. v. Food Machinery & Chem. Corp., 382 U.S. 172, 177 (1965).
2429 *Kantzenbach/Krüger*, WuW 1990, S. 472; *Brock*, 25 Antitrust Bull. 535 (1984).
2430 *I.Schmidt*, WuW 1965, S. 453 ff.
2431 *Kantzenbach/Krüger*, WuW 1990, S. 472, 473.

obwohl tatsächlich keine bestehen muss.[2432] Die Marktabgrenzung kann daher auch als eine der zentralen Stellschrauben im System der Marktbeherrschungsprüfung angesehen werden, die wohl in ihrer praktischen Umsetzung den am häufigsten kritisierten Prüfungspunkt innerhalb einer Kartellrechtsanalyse bildet.

c) Relativität des Marktbeherrschungsbegriffes

Eine wichtige Differenzierung gibt die sog. Relativität des Marktbeherrschungsbegriffes[2433] vor. Sie hat mehrere Ausprägungen und kennzeichnet ganz allgemein die wettbewerbliche Ambivalenz von Verhaltensweisen je nach Marktumständen[2434]. Plastisch sichtbar werden damit Verhaltensweisen eines marktbeherrschenden Unternehmens, die auf Wettbewerbsunterdrückung gerichtet sind, sich aber nicht als Missbrauch darstellen[2435]. Relativität in diesem Sinn soll aber auch bedeuten, dass nicht auf das generelle („absolute") Machtverhältnis gegenüber allen aktuellen oder potentiellen Geschäftspartnern und Wettbewerbern auf dem betreffenden Markt abgestellt wird, sondern auf die individuelle Beziehung zu einzelnen Anbietern oder Nachfragern[2436]. Nach Ansicht von Möschel erlaube die Begrenzung des Missbrauchs auf die Feststellung „wettbewerbsbeschränkender" Praktiken, Verhaltensweisen auszuklammern, welche auf wettbewerbspolitisch erwünschter höherer Effizienz beruhen. Auch würden sich dann die Sanktionen der Vorschrift noch auf eine Form „objektiven Verhaltensunrechts" zurückführen und wären von daher in einem auf Handlungsfreiheiten basierenden Privatrechtssystem legitimierbar[2437]. Im Grunde nähert man sich mit diesem (Vor)-Verständnis dem Begriff ökonomischer Marktmacht und den üblicherweise mit ihm verbundenen horizontalen und vertikalen Effekten[2438], die sowohl im System des Art. 82 EG als auch nach §§ 19, 20 GWB als Missbrauchsformen eine Bewertung des in Rede stehenden Unternehmens und seiner ausgeübten Verhaltensweise verlangen.

Abgesehen von der Notwendigkeit einer differenzierten Erfassung der Marktmachteffekte, die mit dem Denkansatz beherrschbar werden, ist angesichts der engen Verknüpfung von Marktmacht und Marktabgrenzung auch die Notwendigkeit

---

2432 *Beese/Müller*, RTkom 2001, S. 83 ff.; *Immenga*, MMR 2000, S. 196 ff.
2433 *Möschel*, in: Immenga/Mestmäcker (Hrsg.), GWB-Kommentar, § 19 Rdnr. 21; *Möschel*, Pressekonzentration und Wettbewerbsgesetz, S. 81; ausf. für die Telekommunikation *Bunte*, MMR Beilage 1/2002, S. 1, 2 ff.
2434 *Möschel*, in: Immenga/Mestmäcker (Hrsg.), GWB-Kommentar, § 19 Rdnrn. 15, 106.
2435 EuGH, Slg. 1979, 461, 547 „Vitamine"; BKartA WuW/E BKartA 1817, 1826 „Fertigfutter" KG WuW/E OLG 3124 „Milchaustauschfuttermittel"; *Möschel*, Pressekonzentration und Wettbewerbsgesetz, S. 79 ff.; *Hoppmann*, Die Abgrenzung des relevanten Marktes im Rahmen der Missbrauchsaufsicht über marktbeherrschende Unternehmen, S. 41 ff.; *Sandrock*, in: FS für Kummer, S. 449, 360 ff.
2436 *Markert*, in: Immenga/Mestmäcker (Hrsg.), GWB-Kommentar, § 20 Rdnr. 39; *Ulmer*, BB 1975, S. 661, 666.
2437 *Möschel*, in: Immenga/Mestmäcker (Hrsg.), GWB-Kommentar, § 19 Rdnrn. 15.
2438 Vgl. hierzu bereits Teil 1: A.III.1., S. 55 ff.; Teil 1: A.V., S. 92 ff.

verbunden, die zur Beherrschung gehörenden Marktgrenzen nicht zu verwässern. Auch diese Beziehung vermag die „Theorie" der Relativität des Marktbeherrschungsbegriffes grundsätzlich zu berücksichtigen. Nach überwiegender Meinung[2439] muss aufgrund der schwierigen Trennbarkeit von Marktbeherrschung und Marktabgrenzung bereits auf der Ebene der Abgrenzung danach gefragt werden, zu welchem Zweck sie vorgenommen werde. Diese normzweckbezogene Marktabgrenzung differenziert daher nicht nur zwischen dem Missbrauchstatbestand und der Fusionskontrolle[2440], sondern beispielsweise auch zwischen den einzelnen Verhaltensweisen des Missbrauchs selbst, d.h. beispielsweise auch zwischen den einzelnen Missbrauchtatbeständen des § 19 GWB[2441]. Auch die Kommission hat in ständiger Praxis die normzweckbezogene Marktabgrenzung anerkannt. In ihrer Bekanntmachung über die Definition des relevanten Marktes im Sinne des Wettbewerbsrechts der Gemeinschaft führt sie aus, dass die Kriterien für die Definition des relevanten Marktes im allgemeinen bei der Analyse bestimmter Verhaltensweisen auf dem Markt und bei strukturellen Änderungen beim Produktangebot angewandt werden würden. Allerdings könne dies zu unterschiedlichen Ergebnissen führen, je nachdem, was für eine Wettbewerbsfrage geprüft werde. Dabei spiele auch der Zeithorizont eine Frage, d.h. beispielsweise ob strukturelle Veränderungen für den gesamten Sektor in Zukunft in Frage stehen oder aber eine Verhaltensweise auf einem Markt in der Vergangenheit beurteilt werden müsse.[2442] Diese Auffassung bekommt in der Literatur großen Zuspruch. Gerade in der Fusionskontrolle gehe es darum, die voraussichtlichen Wirkungen eines Zusammenschlusses anhand der im Zeitpunkt des Vollzuges bestehenden Informationen über die Marktstellung der beteiligten Unternehmen vorausschauend zu beurteilen[2443]. Insbesondere sind bei der Fusionskontrolle dynamische Elemente einzubeziehen. Entscheidend sei daher, wie sich der Markt nach dem Zusammenschluss in „naher Zukunft" darstellen werde. In die Marktdefinition sollen daher künftige technische Entwicklungen wie auch erwartete Veränderungen der wirtschaftlichen oder rechtlichen Rahmenbedingungen Eingang finden.[2444] Damit führt der Normzweckbezug zu einer adäquaten Berücksichtigung der normübergreifenden, aber auch der norminternen Systematik und kann im Einzelfall zu einer Abweichung der Marktabgrenzung führen.[2445]

2439 BGH WuW/E BGH 1749, 1754 „Klöckner/Becorit"; BKartA WuW/E BKartA 1840, 1841 „Texaco-Zerssen"; *Ruppelt*, in: Langen/Bunte (Hrsg.), GWB-Kommentar, § 19 Rdnr. 6; *Wendland*, in: Beck'scher TKG Kommentar, Vor § 33 Rdnr. 7; *Mayen*, MMR 2001, S. 648, 649 f.
2440 BGH WuW/E BGH 1749, 1754 „Klöckner/Becorit"; BGH WuW/E BGH 2575, 2576 „Kampffmeyer/Plange"; BKartA WuW/E BKartA 1840, 1841 „Texaco/Zerssen".
2441 *Ruppelt*, in: Langen/Bunte (Hrsg.), GWB-Kommentar, § 19 Rdnr. 6.
2442 Kommission, Bekanntmachung der Kommission über die Definition des relevanten Marktes im Sinne des Wettbewerbsrechts der Gemeinschaft (Bekanntm. Marktdef.), ABl. C 372 v. 09.12.1997, S. 5 ff., Tz. 12.
2443 *Mestmäcker/Veelken*, in: Immenga/Mestmäcker (Hrsg.), GWB-Kommentar, § 38 Rdnr. 37.
2444 Kommission, COMP/M. 222 v. 12.11.1992, Tz. 71 „Mannesmann/Hoesch".
2445 *Bunte*, MMR Beilage 1/2002, S. 1, 3.

2. Marktabgrenzung nach Gemeinschafts- und nationalem Recht

Zur Feststellung der Marktgrenzen wird im europäischem[2446] und deutschem Wettbewerbsrecht[2447] das Bedarfsmarktkonzept angewandt. Bereits das US-amerikanische Recht hat gezeigt, dass es auch dort als notwendige Konstruktion zur Ermittlung des Marktes dient[2448]. Die Grundübereinstimmung nach allen Konzeptionen liegt darin, dass all diejenigen Produkte oder Dienstleistungen einem sachlich relevanten Markt zugeordnet werden, die aus Sicht der Marktgegenseite – und zwar nicht aufgrund ihrer technischen Identität, sondern aufgrund ihrer Funktion[2449] – austauschbar oder substituierbar sind. Daher wird nach deutschem Sprachgebrauch auch teilweise von dem Konzept funktioneller Austauschbarkeit gesprochen.[2450] Das Konzept findet sachlich in Bezug auf das jeweilige Produkt bzw. die jeweilige Dienstleistung, aber auch räumlich, d.h. in Bezug auf das geographische Gebiet Anwendung.

2446 EuGH, Slg. 2003 II-0000 „Van den Bergh Foods"; EuGH, Slg. 2000 I-1365 „Compaigne Maritime Belge Transports"; EuGH, Slg. 1996, I-5951, Rdnr. 13 „Tetra Pak/Kommission"; EuGH, Slg. 1980, I-3775, Rdnr. 25 „L'Oreal"; EuGH, Slg. 1983, I-3461, Rdnr. 37 „Michelin/Kommission"; EuGH, Slg. 1979, 461 „Hoffmann-La Roche"; EuGH, Slg. 1978, 207 „United Brands v. Kommission"; EuGH, Slg. 1973, 215, Rdnr. 32 „Continental Can Company"; EuG, Slg. 2000, II-1885, Rdnr. 62 „Kish Glass/Kommission"; Kommission, Bekanntm. Marktdef., ABl. C 372 v. 09.12.1997, S. 5 ff., Tz. 7; vgl. KOM (97) 1884 endg., Tz. 30 „Blokker/Toys „R" Us".

2447 WuW/E BGH 1435, 1440 „Vitamin-B-12"; WuW/E BGH 3026, 3028 = BGH NJW 1996, 595, 596 „Backofenmarkt"; BGH NJW 1996, S. 2656, 2657 = BGH WuW/E BGH 3058 ff. „Pay-TV-Durchleitung"; KG WuW/E OLG 995, 996 „Handpreisauszeichner"; KG WuW/E OLG 1745, 1748 „Kfz-Kupplungen"; BKartA, WuW/E BKartA 2591 „Fresenius/Semina"; *Möschel*, in: Immenga/Mestmäcker (Hrsg.), GWB-Kommentar, § 19, Rdnr. 15 ff.; *Paschke/Kersten*, in: Frankfurter Kommentar, § 19 Rdnr. 63 ff.; *Ruppelt*, in: Langen/Bunte (Hrsg.), GWB-Kommentar, § 19 Rdnr. 10; *Holznagel/Enaux/Nienhaus*, S. 29; *Neveling*, S. 58 ff.; *Traugott*, WuW 1998, 929 ff.

2448 Zur Marktabgrenzung nach US-amerikanischem Recht vgl. Teil 2: A.III.2., S. 239 ff.

2449 Vgl. BKartA WuW/E BKartA 2591, 2593 „Fresenius/Semina" mwN; Tunis Bros. Co. v. Ford Motor Co., 952 f.2d 715 (3.Cir.1991), cert. den. 505 U.S. 1221 (1992).

2450 Vgl. EuGH, Slg. 1996, I-5951, Rdnr. 13 „Tetra Pak/Kommission"; EuGH, Slg. 1980, I-3775, Rdnr. 25 „L'Oréal"; EuGH, Slg. 1983, I-3461, Rdnr. 37 „Michelin/Kommission"; EuG, Slg. 2000, II-1885, Rdnr. 62 „Kish Glass/Kommission"; EuGH, Slg. 1979, 461, Rdnr. 23"Hoffmann-La Roche"; EuGH, Slg. 1973, 215, Rdnr. 32 „Continental Can Company"; Kommission, Bekanntm. Marktdef., ABl. C 372 v. 09.12.1997, S. 5, Tz. 7; vgl. KOM (97) 1884 endg., Tz. 30 „Blokker/Toys „R" Us"; WuW/E BGH 3026, 3028 = BGH NJW 1996, 595, 596 - Backofenmarkt; BGH NJW 1996, S. 2656, 2657 = BGH WuW/E BGH 3058 ff. „Pay-TV-Durchleitung"; *Möschel*, in: Immenga/Mestmäcker (Hrsg.), GWB-Kommentar, § 19, Rdnr. 15 ff.; *Paschke/Kersten*, in: Frankfurter Kommentar, § 19 Rdnr. 63 ff.; *Ruppelt*, in: Langen/Bunte (Hrsg.), GWB-Kommentar, § 19 Rdnr. 10; *Holznagel/Enaux/Nienhaus*, S. 29; *Neveling*, S. 58 ff.; *Traugott*, WuW 1998, 929 ff.

a) Sachlich relevanter Markt

Bei der Beurteilung, ob eine für bestimmte Produkte und Dienste hinreichende Austauschbarkeit besteht, um sie einem einheitlichen sachlichen Produktmarkt zuzuordnen, sind nach dem Bedarfsmarktkonzept bzw. dem Konzept funktioneller Austauschbarkeit die Eigenschaften, Preise und der vorgesehene Verwendungszweck der Produkte oder Dienstleistungen heranzuziehen.[2451] Schwerpunkt der Beurteilung bildet in der Kommissionspraxis wie auch in der US-amerikanischen Kartellrechtspraxis die Frage nach dem Preis, weshalb es sich vorwiegend an der Preiselastizität der Nachfrage (sog. Kreuzpreiselastizität) orientiert[2452]. In der deutschen Kartellrechtspraxis hat sich dagegen der Verwendungszweck als das sachgerechteste und herausragende Kriterium erwiesen[2453]. In der dem Kartellamt folgenden deutschen Literatur[2454] wird die Bedeutung des Preises bei der Marktabgrenzung als „indizielle Beurteilungshilfe" beschrieben. Eine Messung der Marktgrenzen mithilfe der Kreuzpreiselastizität aber überwiegend abgelehnt. Dieser konzeptionelle Unterschied ist ein wichtiger, wenn auch nicht der einzige, zeigt aber bereits als eine der wichtigsten Stellschrauben der beiden Kartellrechtssysteme die Divergenz zwischen Plausibilitätserwägungen des deutschen und der ökonomisch fundierten Analyse des europäischen Kartellrechts. Die Marktabgrenzung hat seit der Novelle der FKVO keine weiteren Änderungen erfahren. In ihren Leitlinien zur Bewertung horizontaler Zusammenschlüsse belässt es die Kommission bei dem Hinweis, dass die Marktabgrenzung für die Würdigung eines Zusammenschlusses von Bedeutung sei[2455]. Zu weiteren Ausführungen verweist sie auf ihre diesbezügliche Bekanntmachung aus dem Jahr 1997[2456].

aa) Europa: SSNIP-Test

Die Kommission beschränkt sich nicht auf das ökonomische Konzept der Kreuzpreiselastizität[2457] der Nachfrage, sondern wendet in ständiger Rechtspraxis[2458] den umfassenden SSNIP-Test an, der den DOJ/FTC Merger Guidelines gleicht. Gefragt

---

2451 EuGH, Slg. 1996, I-5951, Rdnr. 13 „Tetra Pak/Kommission"; EuGH, Slg. 1983, I-3461, Rdnr. 37 „Michelin/Kommission"; EuG, Slg. 2000, II-1885, Rdnr. 62 „Kish Glass/Kommission"; EuGH, Slg. 1979, 461, Rdnr. 23 „Hoffmann-La Roche"; EuGH, Slg. 1973, 215, Rdnr. 32 „Continental Can Company"; Kommission, Bekanntm. Marktdef., ABl. C 372 v. 09.12.1997, S.13; vgl. KOM (97) 1884 endg., Tz. 30 „Blokker/Toys „R" Us"
2452 Vgl. nur Kommission, KOM (1999) 3022 endg. Tz. 22 ff. „Airtours/First Choice"; IV/M. 190 v. 22.07.1992, Tz. 13 „Nestlé/Perrier".
2453 Vgl. nur Bechtold, GWB Kommentar, § 19 Rdnr. 8.
2454 *Ruppelt*, in: Langen/Bunte (Hrsg.), Kommentar zum Kartellrecht, § 19 Rn. 13; *Möschel*, in: Immenga/Mestmäcker (Hrsg.), GWB-Kommentar, § 19, Rdnr. 33; *Beckmann*, WuW 2002, S. 16 ff.; krit. auch *Traugott*, WuW 1998, S. 929, 930.
2455 Kommission, Horizontale Leitlinien, ABl. C 31 v. 05.02.2004, S. 5 ff., Tz. 10.
2456 Kommission, Bekanntm. Marktdef., ABl. C 372 v. 09.12.1997, S. 5 ff.
2457 *Immenga*, in: ders./Mestmäcker (Hrsg.), EG-Wettbewerbsrecht, Art. 2, Rdnr. 41.
2458 Zuletzt bestätigt in Kommission, COMP/M.2187 v. 17.10.2001, Tz. 26 „CVC/Lenzing".

wird auch hier, inwieweit eine Preiserhöhung von 5-10% zu einer signifikanten Abwanderung der Nachfrage führt. Ist die Nachfrageelastizität hinreichend groß, werden weitere Produkte bzw. Dienstleistungen in den zu bestimmenden Markt einbezogen, bis keine Abwanderung mehr stattfindet[2459]. Wie die Kommission erklärt, stelle die Nachfrageelastizität aus ökonomischer Sicht die unmittelbarste und wirksamste disziplinierende Kraft dar, die auf die Anbieter eines gegebenen Produkts einwirke, vor allem was ihre Preisentscheidung anbetreffe. Diese ökonomische Beurteilung des relevanten Marktes ist auf Zustimmung der Gerichte[2460] gestoßen. Denn nach ständiger Rechtsprechung[2461] soll die Marktabgrenzung Aufschluss über die tatsächliche Wirtschaftsmacht eines Unternehmens geben. Entscheidend sei also gerade nicht, ob bestimmte Produkte aufgrund ihrer objektiven Merkmale, aufgrund derer sie sich zur Befriedigung eines gleich bleibenden Bedarfs besonders eignen, austauschbar sind. Vielmehr müsse aufgrund der tatsächlichen Wettbewerbsbedingungen sowie der Struktur der Nachfrage und des Angebots auf dem Markt eine hinreichende Austauschbarkeit bestehen.

Außer der Nachfrage wird auch eine Angebotsflexibilität, sowohl durch unterschiedliche Produkte als auch aus anderen geographischen Gebieten, bereits bei der Abgrenzung des relevanten Marktes mitberücksichtigt.[2462] Allerdings komme ihr keine so große Bedeutung zu, wie der Nachfragesubstitution, da sie im Allgemeinen weniger unmittelbar wirken würde und daher weitere Faktoren für eine Beurteilung notwendig seien. Dies setze daher voraus, dass die Anbieter in Reaktion auf kleine, dauerhafte Änderungen bei den relativen Preisen in der Lage sind, ihre Produktion auf die relevanten Erzeugnisse umzustellen und sie kurzfristig auf den Markt zu bringen, ohne spürbare Zusatzkosten oder Risiken erwarten zu müssen. Sind diese Voraussetzungen erfüllt, so würden die zusätzlich auf den Markt gelangenden Produkte auf das Wettbewerbsgebaren der beteiligten Unternehmen eine disziplinierende Wirkung ausüben. Dieses Ergebnis sei hinsichtlich Wirksamkeit und Unmittelbarkeit dem Substitutionseffekt der Nachfrage gleichwertig.[2463]

Von der Angebotsflexibilität zu trennen ist der potentielle Wettbewerb, der rein ökonomisch betrachtet ebenfalls Disziplinierungswirkung entfaltet, aber aufgrund einer höheren Markteintrittsschwelle nicht als aktuelle Konkurrenz wahrgenommen wird[2464]. Auch die Kommission macht diese Unterscheidung. Potentieller Wettbewerb wird im Rahmen der Marktabgrenzung folglich nicht berücksichtigt, da spürbarer potentieller Wettbewerb von weiteren Faktoren abhänge. Insbesondere sei auf

---

2459 Kommission, Bekanntm. Marktdef., ABl. C 372 v. 09.12.1997, S. 5 ff., Tz. 17 f.
2460 Vgl. nur EuG, Slg. 1994, II-755, Rdnr. 68 „Tetra Pak/Kommission".
2461 EuG, Slg. 1994, II-755, Rdnr. 63 „Tetra Pak/Kommission"; EuGH, Slg. 1983, I-3461, Rdnr. 37 „Michelin/Kommission".
2462 Kommission, Bekanntm. Marktdef., ABl. C 372 v. 09.12.1997, S. 5 ff., Tz. 13; IV/M.190 v. 22.07.1992 „Nestlé/Perrier"; COMP/M.2627 v. 19.12.2001, „Otto Versand/Sabre/Travelocity JV".
2463 Kommission, Bekanntm. Marktdef., ABl. C 372 v. 09.12.1997, S. 5 ff., Tz. 13 f., 20 ff.
2464 Teil 1: A.III.2.c), S. 65 ff.

die Marktzutrittsbedingungen abzustellen, damit der potentielle Wettbewerb als wirksame Wettbewerbkraft wahrgenommen werden könne.[2465] Wie auch die US-amerikanischen Merger Guidelines gezeigt haben, wird die Marktwahrnehmung im Sinne der antitrust laws davon abhängig gemacht, ob es sich um einen uncommitted oder committed entrant handelt. Diese Bewertung verlangt wiederum ein Werturteil hinsichtlich bestehender Marktzutrittsschranken. Den gleichen Weg geht auch die Kommission, indem sie danach differenziert, wie hoch die Marktzutrittsschranken sind, damit das Angebot innerhalb eines bestimmten Zeitraumes umgestellt oder der potentielle Marktteilnehmer nach längerer Markteintrittsphase den Preissetzungsspielraum des Unternehmens begrenzt[2466]. Während sich daher die Angebotsflexibilität anhand des SSNIP-Tests feststellen lässt und damit unmittelbar zu erfolgen hat, wird der potentielle Wettbewerb im Einklang mit den US-amerikanischen Merger Guidelines erst im Rahmen der wettbewerblichen Beurteilung einbezogen.

bb) Deutschland: Bedarfsmarktkonzept je nach Bedarf

Aufgrund der ausschließlichen Betrachtung der funktionellen Austauschbarkeit aus Sicht der Marktgegenseite nach dem Bedarfsmarktkonzept für die Abgrenzung des Marktes werden grundsätzlich keine substituierenden Effekte durch Anbieter berücksichtigt. Dabei hat sich zwar das Angebotsumstellungskonzept etabliert und hat mittlerweile auch Eingang in § 19 Abs. 2 S. 1 Nr. 2 GWB gefunden. Wesentlicher Unterschied zu der europäischen und US-amerikanischen Praxis ist aber, dass der relevante Markt im deutschen Kartellrecht grundsätzlich nur die Nachfrageelastizität erfasst. Die Entscheidungspraxis zeigt, dass das Bedarfsmarktkonzept also nicht als Ausgangspunkt der Beurteilung des relevanten Marktes verstanden wird. Vielmehr fragt es wörtlich nach der funktionellen Austauschbarkeit aus Sicht der Marktgegenseite, so dass die Reaktion der Anbieter als Unterfall des potentiellen Wettbewerbs erst bei der Beherrschungsprüfung berücksichtigt wird[2467]. Das Bundeskartellamt hat zu dieser Rechtspraxis erklärt, dass der Gesetzeszweck auf die Erhaltung wettbewerblicher Strukturen gerichtet sei[2468]. Von diesem selbst erklärten Grundsatz werden aber teilweise Ausnahmen[2469] gemacht. Das Bundeskartellamt wechselt dann vom Bedarfsmarkt zum sog. „Wettbewerbsmarkt" über, wenn es die anhand der funktionalen Austauschbarkeit gewonnenen Ergebnisse missbilligt oder wenn sie keine Aussagekraft besitzen[2470]. Das Amt spricht dann von einem sog. „modifizier-

---

2465 Kommission, Bekanntm. Marktdef., ABl. C 372 v. 09.12.1997, S. 5 ff., Tz. 24.
2466 Kommission, IV/M.190 v. 22.07.1992, Tz. 20 „Nestlé/Perrier".
2467 Vgl. zum Regelfall einer Nachfragesicht nur BKartA WUW/E BKartA 1475, 1477 „Haindl/Holtzmann".
2468 BKartA AG 1980, S. 196, 198 „Bayer/Röhm".
2469 BKartA WuW/E BKartA 2729, 2736 ff. „Hochtief/Philipp Holzmann"; BKartA WuW/E BKartA 2905, 2906 „Merck/KMF"; BKartA WuW/E DE-V 109 „Dow Chemical/Shell"; die Abweichung bestätigt KG WuW/E DE-R 94, 96 „Hochtief/Philipp Holzmann".
2470 *Mestmäcker/Veelken*, in: Immenga/Mestmäcker (Hrsg.), GWB-Kommentar, § 38 Rdnr. 47.

ten Bedarfsmarktkonzept"[2471]. Auch die Gerichte haben solche Modifikationen zugelassen, teilweise aber auch eigenständig Abweichungen vorgenommen. Das KG[2472] hatte beispielsweise in der Vergangenheit auf die Kreuzpreiselastizität zurückgegriffen. Durchgesetzt hat sich dieses Kriterium aber weder in der Rechtsprechung noch in der ihr folgenden Literatur. Es weise offensichtlich Schwächen auf, die es zweckmäßig erscheinen lassen, das Konzept nur in geeigneten Fällen heranzuziehen[2473]. Flexible Steuerungsmöglichkeiten der Marktabgrenzung gewährt auch die Relativität des Marktbeherrschungsbegriffes, die dem BGH bei der Abgrenzung von Teilmärkten geholfen hat[2474] und auch eine aggregierte Betrachtung wieder zu Gesamtmärkten erlaubt[2475], wo sich eine atomistische Marktabgrenzung geradezu aufdrängt. Den Marktanteil von Wettbewerbern durch die Möglichkeit, ihr Angebot so umzustellen, dass sie als aktuelle Marktteilnehmer dem Markt zugerechnet werden, hat der BGH aber damit abgelehnt, dass die Eigenschaft als potentieller Wettbewerber sich auf jeden Anbieter gleichermaßen auswirke, und die entsprechenden wettbewerblichen Einflüsse auf den relevanten Markt unmittelbar nichts über das Verhältnis der im Wettbewerb zueinander stehenden Anbieter aussagen würden. Dass eine solche Sichtweise den ökonomischen Verhältnissen, die sich der aktuelle Marktteilnehmer durch einen potentiellen Wettbewerber ausgesetzt sieht, nicht gerecht wird, bedarf keiner weiteren Erläuterung. Denn deutlich wurde, dass die Angebotsflexibilität sich von dem potentiellen Wettbewerb durch seinen kurzen Marktzutrittszeitraum unterscheidet[2476]. Der BGH verengt damit den Markt ohne ausreichende Argumentation[2477].

Allerdings hat das Bundeskartellamt[2478] in der Entscheidungspraxis wesentlich häufiger auf angebotsseitige Austauschbarkeit im Rahmen der Marktabgrenzung zurückgegriffen. Insbesondere dort, wo eine Nichteinbeziehung der angebotsseitigen Marktkräfte zu offensichtlich ökonomischen Fehlern geführt hätte, kam das „modifizierte Bedarfsmarktkonzept"[2479] zum Einsatz. Bereits dies deutet darauf hin, dass die Modifikation nicht aus einer ökonomischen Notwendigkeit heraus entsprang, sondern durch Plausibilitätserwägungen um die Angebotsflexibilität erweitert wur-

---

2471 Ausf. hierzu *Säcker*, ZWeR 2004, S. 1, 19 ff.
2472 KG WuW/E OLG 1983 f. „Rama-Mädchen"; KG WuW/E OLG 2120, 2123 „Mannesmann/Brueninghaus".
2473 Vgl. statt vieler *Wendland*, in: Beck'scher TKG-Kommentar, Vor § 33, Rdnr. 31.
2474 Vgl. nur BGH WuW/E BGH 1238, 1241 f. „Registrierkassen"; BGH WuW/E BGH 1288, 1291 „EDV-Ersatzteile"; ihm folgend OLG Düsseldorf WuW/E OLG 4901, 4904 „Dehnfolien-Verpackung"; BGH WuW/E BGH 2771, 2776 „Kaufhof/Saturn"; BGH WuW/E BGH 1711, 1715 „Mannesmann/Brueninghaus".
2475 KG WuW/E OLG 1745, 1748 „Sachs"; BGH WuW/E BGH 1501, 1502 f. „Kfz-Kupplungen".
2476 Vgl. Teil 1: A.III.2.c), S. 65 ff.
2477 *Gey*, S. 255.
2478 Den offensichtlichsten Fall der Angebotsumstellungsflexibilität im Fall von Chipkartenherstellern BKartA, Beschl.v. 18.04.2000, B 7-26/00, S. 6 ff. „Gemplus/ODS"; vgl. auch BKartA WuW/E DEV 191 ff., Tz. 7.
2479 BKartA WuW/E DE-V 191 ff. „Beck/Nomos".

de[2480]. Dass Fachzeitschriften oder bestimmte Bücher einen eigenständigen Markt mit einer notwendigen Marktkonzentration von 100% bilden sollten[2481], erscheint nicht nur lebensfremd, wie Säcker zu Recht anmerkt, sondern verdeutlicht mit welcher Willkür sich die Märkte durch die Kriterien Eigenschaft, Verwendungszweck und zum Teil auch mithilfe des „verständigen Verbrauchers"[2482] formen lassen. Die willkürliche Festlegung hatte in der sog. Lufthansa Entscheidung[2483] gezeigt, welche Konsequenzen eine Nichteinbeziehung der Angebotsflexibilität und damit eine falsche Marktabgrenzung haben können. In dem zugrunde liegenden Fall wurde eine Luftverkehrsgesellschaft im Rahmen eines Missbrauchsverfahrens als marktbeherrschend auf einer spezifischen Flugstrecke eingeordnet. Das Bundeskartellamt verfügte die Senkung des Preises auf der Strecke. Das KG hob die Entscheidung u.a. mit der Begründung auf, dass das Amt sein Ermessen nicht ordnungsgemäß ausgeübt hätte[2484]. Denn inzwischen existierte aktueller Wettbewerb auf der Strecke, weshalb eine Preissenkung vermutlich den Marktaustritt des Newcomers zur Folge gehabt hätte. Die Aufrechterhaltung der Kartellamtsentscheidung hätte den Wettbewerb im Keim erstickt.[2485] Die Entscheidung reflektiert nicht nur, dass das Unternehmen keine Marktmacht hatte. Vielmehr existierten keine irreversiblen Investitionen für Newcomer, weshalb zumindest die Angebotsflexibilität bei einer solch engen Begrenzung des Marktes auf die eine Flugtrecke hätte in Erwägung gezogen werden müssen.

Trotz der sporadisch anerkannten Angebotsflexibilität kann im Ergebnis nicht davon gesprochen werden, dass die Angebotssubstitution Bestandteil der Marktabgrenzung nach GWB ist[2486]. Auch derzeit bestehen vor allem Zweifel an den Voraussetzungen, die erforderlich sind, um als Marktteilnehmer im Rahmen der Marktabgrenzung wahrgenommen zu werden. Das Bundeskartellamt hat von einer kurzfristigen und unproblematischen Änderung der Produktion gesprochen. Allerdings ist diese Aussage für sich genommen noch zu abstrakt. Insbesondere fehlen Ausführungen im Hinblick auf die Höhe der Marktzutrittsschranken, so dass unklar bleibt, welcher Zeitraum für die Angebotsumstellung anzusetzen ist. Vieles spricht dafür, dass das Bundeskartellamt ergebnisorientiert und weniger ökonomisch fundiert vor-

---

2480 *Säcker*, ZWeR 2004, S. 1, 19-22.
2481 Ebenda mwN.
2482 BGH WuW/E BGH 2433, 2437 „Gruner+Jahr/Zeit".
2483 KG WuW/E DE-R 124 ff. „Flugpreis Berlin-Frankfurt/M".
2484 KG WuW/E DE-R 124, 127 „Flugpreis Berlin-Frankfurt/M".
2485 *Traugott*, WuW 1998, 929, 932.
2486 Teilweise wird eine Angebotsflexibilität auch auf Nachfragemärkten erkannt. Allerdings ist hierzu anzumerken, dass auf Nachfragemärkten die Angebotsflexibilität spiegelbildlich der Nachfrageelastizität auf Anbietermärkten entspricht. Eine Abweichung vom Bedarfsmarktkonzept kann darin jedenfalls nicht gesehen werden. Hierzu nur *Mestmäcker/Veelken*, in: Immenga/Mestmäcker (Hrsg.), GWB-Kommentar, § 38 Rdnr. 47.

geht. In der neueren Literatur[2487] wird die Berücksichtigung der Angebotsflexibilität für erforderlich gehalten und daher auch eine zunehmend ökonomische Betrachtung gerade für die Fusionskontrolle befürwortet.

cc) „Konzept des Substitutionswettbewerbs"

Die unterschiedlichen Marktabgrenzungskonzepte in der europäischen und deutschen Rechtspraxis führen nicht nur zu unterschiedlichen Ergebnissen bei der Einordnung der Angebotsflexibilität, deren Nichtberücksichtigung – wie die Lufthansa Entscheidung[2488] eindrucksvoll belegt – den Wettbewerb aktiv zu schädigen vermag. Ein weiteres Konfliktfeld eröffnet sich einem durch das zum Teil anerkannte Konzept des sog. „Substitutionswettbewerbs".

Produkte, die dem Substitutionswettbewerb zugeordnet werden, sollen nicht in den relevanten Markt nach GWB einbezogen werden. Sie gehören nicht dem „Marktwettbewerb" an, sondern werden dem sog. marktnahen Bereich zugeordnet[2489]. Marktwettbewerb ist dadurch gekennzeichnet, dass alle dort enthaltenen Produkte sowohl eine hohe kurzfristige als auch eine hohe langfristige Substitutionselastizität aufweisen. Substitutionswettbewerb, der vom Marktwettbewerb ausgeklammert wird, weist dagegen eine hohe langfristige, aber eine schwache kurzfristige Substitutionselastizität auf.[2490] Unterscheidungsmerkmal beider Wettbewerbsformen ist damit die kurzfristige Substitutionselastizität. Von einer geringen kurzfristigen Substitutionselastizität spricht man, wenn der Substitutionsprozess erst bei einer starken Verteuerung oder signifikanten Verschlechterung des betreffenden Produktes einsetzt, da die Verwendung der Substitute für die Konsumenten zu erheblichen Nutzeneinbußen bzw. für die Weiterverarbeiter zu erheblichen Ertragseinbußen führen würde. Vom Substitutionswettbewerb wiederum wird der potentielle Wettbewerb und mit ihm die Angebotsflexibilität unterschieden. Kantzenbach u.a. führen zu der Unterscheidung aus, dass der Substitutionswettbewerb als aktuelle Konkurrenz auf einem anderen Markt verstanden werden müsse, wohingegen sich der potentielle Wettbewerb auf den relevanten Markt richte, aber keine aktuellen Anbieter beinhalte[2491]. Damit zeigt sich, dass der Substitutionswettbewerb wie auch der potentielle Wettbewerb von der Wettbewerbsbehörde eine wertende Entscheidung abverlangt. Diese Wertung ist allerdings nicht auf die Höhe der Marktzutrittsschranken gerichtet, sondern auf den Grad der gegenseitigen Austauschbarkeit. Substitutionswettbewerb neben der Angebotssubstitution und dem potentiellen

---

2487 *Gey*, S. 254; *Immenga*, in: ders./Mestmäcker (Hrsg.), EG-Wettbewerbsrecht, Art. 2, Rdnr. 44; *Traugott*, WuW 1998, 929, 931 f.; *Säcker*, ZWeR 2004, S. 1, 26 allerdings mit dem Konzept der Wirtschaftspläne.
2488 KG WuW/E DE-R 124 ff. „Flugpreis Berlin-Frankfurt/M".
2489 BGH WuW/E BGH 2425, 2430 „Niederrheinische Anzeigenblätter"; *Immenga*, in: ders./Mestmäcker (Hrsg.), EG-Wettbewerbsrecht, Art. 2, Rdnr. 42 f.; *Rösler*, NZG 2000, S. 857, 865; *Knöpfle*, NJW 1990, S. 1219.
2490 *I.Schmidt*, S. 67, 71 f.; *Kantzenbach/Krüger*, WuW 1990, S. 472, 473.
2491 *Kantzenbach/Krüger*, WuW 1990, S. 472, 476.

Wettbewerb abzugrenzen, ist nicht unproblematisch. Denn wie die Vertreter des Konzepts selbst betonen ist eine hohe Angebotsflexibilität dadurch gekennzeichnet, dass die Unternehmen bereits auf anderen Märkten fest etabliert sind. Obwohl sich Angebotsflexibilität als Teilaspekt des potentiellen Wettbewerbs auf dem gleichen relevanten Markt niederschlagen soll, wird eine hohe Angebotsflexibilität dann gesehen, wenn sie auf einem anderen Markt stattfindet. Zu fragen wäre dann, ob damit Angebotsflexibilität, Substitutionswettbewerb oder beides vorliegt. Das Konzept verdeutlicht die Schwierigkeit einer Antwort, aber auch die Verwandtschaft mit dem potentiellen Wettbewerb.

Der Begriff des Substitutionswettbewerbs wurde in der Untersuchung bislang ausgeklammert, weil er nicht nur mit ökonomischen Zweifeln[2492] behaftet ist, sondern auch eine eigenständige Bedeutung im deutschen Kartellrecht hat. Die Auseinandersetzung mit dieser Form des Wettbewerbs ist dem US-amerikanischen Recht fremd. Hier wird die so gekennzeichnete Wettbewerbsform meist als potentieller Wettbewerb verstanden oder der Angebotselastizität zugerechnet[2493]. Auch wenn häufig angemerkt wird[2494], dass das Konzept in der europäischen Rechtspraxis anerkannt sei, bestehen diesbezüglich und hinsichtlich der künftigen Relevanz begründete Zweifel. Die englische Sprachfassung der Entscheidungen[2495], denen der Begriff des Substitutionswettbewerbs entnommen wird, sprechen im Gegensatz zu deutschen Fassungen und Interpretation durch die Literatur[2496] von potential competition und teilweise von sensitive goods (empfindliche Güter), weshalb die ausländische Literatur diesen auch als potentiellen Wettbewerb begreift[2497]. Daneben enthalten die Marktdefinitionsleitlinien der Kommission trotz ihrer umfassenden Berücksichtigung der detailreichen theoretischen Kriterien für die Marktabgrenzung nicht mal einen Hinweis auf den Begriff des Substitutionswettbewerbs. Dennoch finden sich Entscheidungen[2498], in denen die Kommission sog. close substitutes erkannt hat, die nicht mit in den relevanten Markt einbezogen wurden. Auffällig ist aber, dass diese als nahe Substitute gekennzeichneten Produkte deshalb besonders abgegrenzt wurden, weil mit ihnen auf die Zusammenschlussgefahr zwischen den Unternehmen aufmerksam gemacht wurde. Hingegen wurden sie nicht ausgesondert, um einen hohen Marktanteil zu begründen. Diesen Aspekt schält die Kommission auch in

---

2492 Vgl. die Abbildung bei *Säcker*, ZWeR 2004, S. 1, 16, der dem Substitutionswettbewerb weniger Bedeutung beimisst als dem potentiellen Wettbewerb, indem er ihn außerhalb des relevanten Marktes verortet wissen will.
2493 Ebenda, S. 472, 479 f.
2494 *Conde Galgo*, GRURInt 2006, S. 16 ff., insb. S. 27; *Scheffler*, EuZW 2005, S. 751, 752.
2495 EuGH, RS.C-12/03P, ABl. C 70 v. 22.03.2003, S. 3 ff. (noch nicht in der amtlichen Slg.) „Kommission/Tetra Laval BV": »*The Decision was based on a horizontal-type of analysis relating to elimination of potential competition*«.
2496 *Scheffler*, EuZW 2005, S. 751, 752.
2497 *Bishop/Lofaro/Rosati/Young*, S. 145.
2498 Kommission, COMP/M.2537 v. 17.10.2001 „Philips/Marconi Mediacal Systems"; COMP/M.2256 v. 02.03.2001 „Philips/Agilent Health Care".

ihren Leitlinien zur Bewertung horizontaler Zusammenschlüsse[2499] besonders heraus, indem sie diesem Gesichtspunkt einen eigenen Abschnitt widmet. Aber auch hier kommt zum Ausdruck, dass der Unterschied zum potentiellen Wettbewerb nur schwer konturierbar ist. So wird eine solche Produktdifferenzierung auch in der unterschiedlichen räumlichen Lage zweier Produkte gesehen[2500]. Schließlich erscheint die Bedeutung des Substitutionswettbewerbs in der europäischen Praxis überbewertet zu werden, weil diese mittlerweile zu dem SSNIP-Test übergangen ist. Mit ihm werden Substitutionseffekte auf der Angebotsseite dann mit berücksichtigt, sofern diese innerhalb eines Zeitraums von einem Jahr stattfinden, unabhängig ob sie sich aus Konvergenzgründen unterschiedlicher Märkte ergeben oder auf Markteintritten basieren. Damit werden nicht nur Teile des potentiellen Wettbewerbs mit in den relevanten Markt einbezogen, sondern auch so verstandene Substitutionsgüter, die nach deutschem Bedarfsmarktkonzept aufgrund ihrer fehlenden kurzfristigen Elastizität nicht bereits in den relevanten Markt, sondern in den marktnahen Bereich fallen[2501].

Der Substitutionswettbewerb ist dagegen zu einem festen Bestandteil der Kartellamtspraxis[2502] erwachsen und hat im Bereich der Gasversorgung einige Bedeutung. Der deutsche Gesetzgeber teilt die Auffassung, dass hier Substitutionswettbewerb besteht, was sich unmittelbar in der Regulierungsdichte niederschlägt. Dies zeigt ein Ausschnitt aus der Strom- und Gasregulierung. Während beispielsweise § 12 Abs. 2 der Bundestarifordnung Elektrizität (BTOElt) eine Offenlegung der Kostenkalkulation gegenüber den Stromversorgern verlangt, fehlt eine entsprechende Bestimmung für die Gaswirtschaft aufgrund der gesetzgeberischen Überzeugung wirksamen Substitutionswettbewerbs[2503]. Die Konzeption und ihr überragender Einzug in die Kartellamtspraxis sind nicht zuletzt auf den Einfluss der Monopolkommission zurückzuführen. Diese hatte bereits in ihrem 2. Sondergutachten auf die große gesamtwirtschaftliche Bedeutung längerfristiger Elastizität hingewiesen[2504] und in ihrem 5. Hauptgutachten die Entscheidungspraxis des Bundeskartellamts als zu eng kritisiert[2505]. Auch der BGH[2506] und ihm folgende unterinstanzliche Kartellsenate[2507] haben den Substitutionswettbewerb teils wörtlich verwendet und damit grundsätzlich ihre Zustimmung zu der Konzeption zum Ausdruck gebracht. Der BGH hat in

---

2499 Kommission, Horizontale Leitlinien, ABl. C 31 v. 05.02.2004, S. 5 ff., Tz. 28.
2500 Ebenda, Fn. 32.
2501 So für die Merger Guidelines schon *Kantzenbach/Krüger*, WuW 1990, S. 472, 479 f.
2502 WuW/E BKartA 1647, 1649 „Erdgas Schwaben"; BKartA WuW/E BKartA 1840, 1841 „Texaco-Zerssen"; BKartA WuW/E BKartA 2213, 2217 „Linde/Agefko I"; BKartA WuW/E DE-V 91 „LEW"; BKartA WuW/E BKartA 1719, 1725 „BP-Gelsenberg".
2503 *Eckert*, in: Tegethoff/Büdenbender/Klinger (Hrsg.), Das Recht der Energieversorgung, BTOGas, § 4 Rdnrn. 2 f.; *Kunth/Tüngler*, NJW 2005, S. 1313, 1315.
2504 Monopolkommission, 2. Sondergutachten 1975, Tz. 94 ff.
2505 Monopolkommission, V. Hauptgutachten 1982/1983, S. 195 ff.
2506 BGH WuW/E BGH 2112, 2122 „Gruner+Jahr/Zeit"; WuW/E BGH 2425, 2430 „Niederrheinische Anzeigenbl."; WuW/E BGH 1854, 1857 „Zeitungsmarkt München".
2507 KG WuW/E OLG 3759 f. „Pilsburry/Sonnen-Bassermann"; 4095, 4107 „Weiss-Druck".

Gruner+Jahr I den Substitutionswettbewerb deshalb nicht in den relevanten Markt einordnen wollen, weil er keinen Einfluss auf die konkreten Wettbewerbsverhältnisse habe, sondern alle Wettbewerber gleichermaßen betreffe[2508]. Dem folgt auch das Bundeskartellamt in seinen aktuellen Auslegungsgrundsätzen[2509]. Hierzu ist einschränkend anzuführen, dass der BGH in späteren Entscheidungen diese Sichtweise korrigiert und ausführt, dass bei vorhandenem Substitutionswettbewerb, der den Verhaltensspielraum der Unternehmen auf dem relevanten Markt wirksam begrenze, viel dafür spreche, dass der relevante Markt zu eng abgegrenzt wurde[2510]. In der einschlägigen Literatur[2511] wird in diesen Entscheidungen eine Abkehr des BGH von dem Konzept gesehen. Die wirtschaftswissenschaftliche Literatur[2512], die das Konzept mitgeprägt hat, merkt selbstkritisch an, dass die Ermittlung der Substitutionselastizitäten aufwandsmäßig nicht zu bewältigen sei und dass deshalb die Behörden mit Plausibilitätserwägungen und Erfahrungssätzen arbeiteten. Eine Vielzahl von Produkten mit unterschiedlich großen Substitutionsmöglichkeiten sei daher mehr oder weniger willkürlich zuzuordnen. Die Bedeutung des Substitutionswettbewerbs wird aus diesem Blickwinkel heraus also auf die willkürliche Marktabgrenzung zurückgeführt, die die wirkenden Marktkräfte angeblich nicht korrekt wiederzugeben vermag. Dies deckt sich mit der Aussage des BGH, dass im Falle wirksamen Substitutionswettbewerbs der Markt dann wohl zu eng abgegrenzt wurde. Berechtigterweise fragt daher auch Knöpfle kritisch: »Welchen Sinn hat es, bestimmte Alternativen, durch die Vordertür, nämlich bei der Marktabgrenzung, „hinauszuwerfen" und durch die Hintertür, nämlich bei der Gesamtwürdigung, wieder hereinzuholen?[...] Auf den ersten Blick stellt sich hier das ungute Gefühl ein, [...] dass etwas nicht stimmt.«[2513] Knöpfle erkennt die Unstimmigkeit darin, dass der Marktbeherrschungsbegriff unzulässigerweise und willkürlich operationalisiert werde. Denn die Auffassung des BGH, dass hinreichend hoher Substitutionswettbewerb die Verhaltensmöglichkeiten aller Unternehmen einschränke und daher für die Berücksichtigung dieser Wettbewerbform im Rahmen der Marktabgrenzung kein Raum sei, entbehre jeder Grundlage, wenn aufgrund des Substitutionswettbewerbs der Verhaltensspielraum des vermeintlich marktmächtigen Unternehmens bereits hinreichend eingedämmt sei. Umgekehrt sei für die Berücksichtigung des Substitutionswettbewerbs dann kein Raum, wenn er zu schwach sei, und zwar unabhängig davon, ob er alle beteiligten Unternehmen oder nur das vermeintlich marktmächtige Unterneh-

---

[2508] BGH WuW/E BGH 2112, 2123 „Gruner+Jahr/Zeit".
[2509] BKartA, Merkblatt: Auslegungsgrundsätze zur Prüfung von Marktbeherrschung in der deutschen Fusionskontrolle, 2000, S. 32.
[2510] BGH WuW/E BGH 2425, 2430 „Niederrheinische Anzeigenblätter"; WuW/E BGH 2433, 2441 „Gruner+Jahr/Zeit II"; WuW/E BGH 1711, 1714 „Mannesmann/Brueninghaus".
[2511] *Mestmäcker/Veelken*, in: Immenga/Mestmäcker (Hrsg.), GWB-Kommentar, § 36 Rdnr. 215.
[2512] *Kantzenbach/Krüger*, WuW 1990, S. 472, 475.
[2513] *Knöpfle*, NJW 1990, S. 1219.

men gleichermaßen betreffe. Er sei dann vielmehr deshalb unerheblich, weil er den erwähnten Verhaltensspielraum gar nicht einschränke.[2514]

Die Auffassungsunterschiede, die bezüglich der Bedeutung des Substitutionswettbewerbs bestehen, sind ebenso wenig als ein rein dogmatischer Streit zu verstehen wie die Einordnung der Angebotsflexibilität. Fest steht, dass die Zuordnung zweier Produkte zu einem relevanten Markt unbestreitbar zu einer ganz anderen wettbewerbsrechtlichen Würdigung führt und zu ganz unterschiedlichen Marktbeherrschungsergebnissen gelangen kann als wenn diese Wettbewerbsbeziehungen erst im Rahmen der wettbewerblichen Analyse besprochen werden[2515]. So ist bislang kein Fall bekannt, der die Marktbeherrschung aufgrund bestehenden Substitutionswettbewerbs entfallen lassen hätte[2516], selbst wenn das Bundeskartellamt die theoretische Möglichkeit hierzu betont[2517]. Für die wettbewerbsbezogene Marktabgrenzung folgt hieraus, dass die Marktabgrenzung nicht dem Theorienstreit verhaftet sein darf. Zu wichtig ist ihre Bedeutung für die wettbewerbsrechtlichen Konsequenzen eines Zusammenschlussverbots oder den mit ihr verbundenen Verhaltensgeboten und -verboten. Sie haben wie gesehen direkte Auswirkungen auf den Wettbewerb. Erst der wettbewerbsbehördliche Eingriff, der sich nicht an den ökonomischen Realitäten orientiert, kann aus einem wettbewerblichem Verhalten ein im Grunde missbräuchliches Verhalten schaffen und damit den Wettbewerb beschränken. Damit werden Fehler 1. Ordnung geradezu heraufbeschworen. Die wettbewerbsrechtliche Schlussfolgerung für das deutsche GWB muss damit auch lauten, dass Angebotselastizität und, sofern man denn sog. Substitutionswettbewerb überhaupt unterscheiden möchte, letztere bereits adäquat bei der Marktabgrenzung zu berücksichtigen sind. Dabei bietet sich ein ökonometrischer Ansatz, wie der SSNIP-Test an, der die Substitutionselastizität sowohl auf der Nachfrage- als auch auf der Angebotsseite durch beidseitige Substitutionseffekte messen kann und darüber hinausgehende Effekte im Rahmen des potentiellen Wettbewerbs berücksichtigt.

b) Räumlich relevanter Markt

Auch für die räumliche Marktabgrenzung gilt das Bedarfsmarktkonzept[2518] und damit die Austauschmöglichkeiten aus Nachfragesicht, die ähnliche Probleme aufwerfen, wie die sachlich-gegenständliche Definition. Zusätzlich zu den genannten

---

2514 Ebenda, S. 1219, 1220 f.
2515 *Beese/Müller*, RTkom 2001, S. 83 ff.; *Immenga*, MMR 2000, S. 196 ff.
2516 So ausdrücklich BGH WuW/E BGH 2425, 2430 „Niederrheinische Anzeigenblätter"; BGH WuW/E BGH 2433, 2441 „Gruner+Jahr/Zeit II".
2517 BKartA, Merkblatt: Auslegungsgrundsätze zur Prüfung v. Marktbeherrschung in der deutschen Fusionskontrolle, 2000, S. 32.
2518 Kommission, Bekanntm. Marktdef., ABl. C 372 v. 09.12.1997, S. 5 ff., Tz. 29; *Möschel*, in: Immenga/Mestmäcker (Hrsg.), GWB-Kommentar, § 19 Rdnr. 35 mwN.

Problemen bestand vor kurzem weitestgehende Einigkeit[2519], dass das deutsche GWB auf das Inland beschränkt sei. Nur in Fällen, in denen eine grenzüberschreitende Deckung des Bedarfs in nennenswertem Umfang stattfindet[2520], wurden Ausnahmen zugelassen. Mit der 7. GWB-Novelle ist diese unberechtigte außerökonomische Auslegung des GWB aufgegeben worden. In dem neu hinzugefügten Satz 3 in § 19 Abs. 2 GWB heißt es nun explizit: Der räumlich relevante Markt im Sinne dieses Gesetzes kann weiter sein als der Geltungsbereich dieses Gesetzes.

Die Kommission orientiert sich in Übereinstimmung mit der Rechtsprechung dagegen an den Vorgaben des Verweisungskriteriums des Art. 9 Abs. 7 FKVO. Danach führen Abweichungen von der Homogenität des Referenzmarktes zu einem gesonderten Markt. In ständiger Rechtspraxis[2521] wird in diesem Sinne der räumliche Markt als dasjenige Gebiet definiert, in dem die betroffenen Unternehmen an Angebot und Nachfrage von Gütern und Dienstleistungen tatsächlich beteiligt sind und eine hinreichende Homogenität der Wettbewerbsbedingungen besteht[2522]. Von Nachbargebieten muss es sich daher durch unterschiedliche Wettbewerbsbedingungen spürbar unterscheiden. Allerdings legt sich die Kommission nicht unbedingt auf einzelne geographische Märkte fest, sondern sieht ein Nebeneinander von lokalen, regionalen, nationalen, gemeinschaftsweiten und Weltmärkten. Wie auch im US-amerikanischen Fusionskontrollrecht wird der räumlich relevante Markt anhand des hypothetischen Monopolistentests ermittelt, so dass Nachfrage- und Angebotssubstitution einbezogen werden, potentieller Wettbewerb aber erst im Anschluss geprüft wird. Damit werden auch hier Abgrenzungsschwierigkeiten und Fehlabgrenzungen konzeptionell begrenzt.

3. Marktbeherrschung

Nach Abgrenzung der relevanten Märkte muss entschieden werden, ob auf den so abgegrenzten Märkten durch den Zusammenschluss eine beherrschende Stellung begründet oder verstärkt wird.

2519 BGH GRUR 2004, S. 1045 „Staubsaugerbeutelmarkt"; WuW/E BGH 3026 ff. „Backofenmarkt"; *Möschel*, in: Immenga/Mestmäcker (Hrsg.), GWB-Kommentar, § 19 Rdnr. 35; a.A. *Gey*, S. 256; zu der zunehmenden Bedeutung europäischer und globaler Märkte nur *Knieps*, Wettbewerbsökonomie, S. 50.

2520 A.A. wohl BGH GRUR 2004, S. 1045 „Staubsaugerbeutelmarkt"; KG WuW/E OLG 5549, 5555 „Fresenius/Schiwa"; mit der 7. GWB-Novelle ist in § 19 Abs. 2 Nr. 2 S. 3 GWB diese räumliche Marktabgrenzung aufgegeben worden. Darin heißt es: »*Der räumlich relevante Markt im Sinne dieses Gesetzes kann weiter sein als der Geltungsbereich dieses Gesetzes*«.

2521 EuG, Slg. 1998, I-1375 „Kali+Salz"; Slg, 2002, II-4201 „Schneider Electric v. Kommission"; Kommission, COMP/M.26 v. 20.11.1990 „Cargill/Unilever".

2522 Vgl. nur EuGH, Slg. 1978, 207, Rdnr. 44 „United Brands v. Kommission"; Slg. 1983, I-3461, Rdnr. 37 „Michelin/Kommission"; Kommission, IV/M.68 v. 18.02.1991 „Tetra Pak/Alfa-Laval"; IV/M.43 v. 29.05.1991, Tz. 16 „Magneti Marelli/CEAc"; vgl. auch Kommission, Bekanntm. Marktdef., ABl. C 372 v. 09.12.1997, S. 5 ff., Tz. 16 ff.

a)   Marktbeherrschungsprüfung in der FKVO

Die Formulierung der Marktbeherrschung wird weder in der FKVO noch in den primärrechtlichen Vorschriften legal definiert. Gemeinhin wird aber in der europäischen Fusionskontrolle die Notwendigkeit eines zwingenden Rückgriffs auf Rechtsprechung und Praxis zu Art. 82 EG gesehen[2523], weil die FKVO als sekundärrechtliche Ratsverordnung nicht in der Lage ist, den primärrechtlichen Geltungsanspruch der Art. 81 f. EG auszuhebeln. Für die Missbrauchaufsicht des Art. 82 EG definiert der EuGH die beherrschende Stellung in ständiger Rechtsprechung[2524] als „die wirtschaftliche Machtstellung eines Unternehmens, die dieses in die Lage versetzt, die Aufrechterhaltung eines wirksamen Wettbewerbs auf dem relevanten Markt zu verhindern, indem sie ihm die Möglichkeit verschafft, sich seinen Wettbewerbern, seinen Abnehmern und letztlich den Verbrauchern gegenüber in einem nennenswerten Umfang unabhängig zu verhalten". Damit zeigt sich, dass die Definition des EuGH den Verordnungstext mitgeprägt hat. Diese besteht aus zwei Elementen, dem unabhängigen Verhaltensspielraum gegenüber Wettbewerbern, Abnehmern und Endkunden und zum anderen der Möglichkeit, die Aufrechterhaltung des wirksamen Wettbewerbs zu verhindern. Die Umschreibung der beherrschenden Stellung durch die Rechtsprechung wird in der Praxis nicht als duale Konzeption oder eines breiteren Anwendungsbereichs verstanden, um etwa weitere Sachverhalte erfassen zu können[2525]. Dieses Verständnis ergibt sich bereits aus dem Wortlaut. Wichtiger ist, dass die zu unterbindende Machtstellung, die letztlich den Kern der Beherrschung bildet, ein Synonym eines nicht mehr von Marktteilnehmern und Nachfragern kontrollierbaren Verhaltensspielraumes darstellt. Der EuGH hat aber weder die Kriterien aufgestellt, wonach ein solcher Verhaltensspielraum eröffnet sein soll, noch setzt er den Verhaltensspielraum ausdrücklich mit der Möglichkeit einer Preisfestsetzung gleich.

aa)   Gesetzliche Kriterien der FKVO

In Art. 2 Abs. 1 lit. a) und b) FKVO werden verschiedene Kriterien genannt, die bei der Prüfung der Vereinbarkeit eines Zusammenschlusses mit dem Gemeinsamen Markt zu berücksichtigen sind. Gleich an erster Stelle steht die Aufrechterhaltung und Entwicklung des wirksamen Wettbewerbs, insbesondere der Struktur aller betroffenen Märkte, sowie des tatsächlichen und potentiellen Wettbewerbs. Im Rahmen dieser Bewertung finden folgende Elemente Berücksichtigung: Marktstellung, wirtschaftliche Macht, Finanzkraft der beteiligten Unternehmen, Wahlmöglichkeiten der Lieferanten und Abnehmer, ihr Zugang zu den Beschaffungs- und Absatzmärk-

---

[2523]   *Miersch*, S. 75; *Emmerich*, S. 479 f.
[2524]   EuGH, Slg. 2003 II-0000 „Van den Bergh Foods"; Slg. 2000 I-1365 „Compaigne Maritime Belge Transports"; Slg. 2000, II-3929 Rdnr. 147 „Aéroports de Paris v. Kommission"; Slg. 1979, 461 „Hoffmann-La Roche"; Slg. 1978, 207 „United Brands v. Kommission".
[2525]   *Bürger*, S. 23.

ten, rechtliche oder tatsächliche Marktzutrittsschranken, Entwicklung des Angebots und der Nachfrage bei den jeweiligen Erzeugnissen und Dienstleistungen, Interessen der Zwischen- und Endverbraucher sowie die Entwicklung des technischen und wirtschaftlichen Fortschritts, sofern diese dem Verbraucher dient und den Wettbewerb nicht behindert. Dabei sind die genannten Kriterien nicht abschließend[2526], sondern können sich auch nach Maßgabe und den Zielen der FKVO und damit auch den Zielen des EG-Vertrages ergeben. Der Gesetzestext setzt damit weder eindeutig Schwerpunkte, noch ist ihm eine Gewichtung der einzelnen Kriterien zu entnehmen.

bb) Bedeutung des Marktanteils

aaa) Rechtsprechung

Ähnlich dem Sec. 7 Clayton Act besitzt auch die FKVO keine starre Linie, ab der ein Marktanteil zwingend zu einer beherrschenden Stellung führt. Eindrücklich hat sich der Wandel auch in der europäischen Fusionskontrolle vom SCP-Paradigma zu einer stärker ökonomisierten Fusionskontrolle bestätigt[2527]. Allerdings findet sich in Erwägungsgrund 32 der FKVO eine Negativvermutung dafür, dass eine beherrschende Stellung bei einem Marktanteil von 25% nicht besteht. Sowohl Kommission als auch die Rechtsprechung sehen in dem Marktanteil ein wichtiges Kriterium. Der EuGH betonte, dass besonders hohe Marktanteile den Beweis für das Vorliegen einer beherrschenden Stellung liefern können[2528]. Auch die Kommission ging früh davon aus, dass Marktanteile die jeweilige Marktstellung eines Unternehmens kennzeichnen würden und geeignet seien, als ein wichtiger Indikator für die Beurteilung der zukünftigen Bedingungen zu fungieren[2529], so dass ehemals von einem hoch administrativem workable competition Ansatz gesprochen wurde[2530].

Allerdings ist in den genannten Entscheidungen[2531] und vor allem später[2532] deutlich erkennbar geworden, dass Marktanteile allein nicht in der Lage sind, die Begründung oder Verstärkung einer beherrschenden Stellung mit hinreichender Wahrscheinlichkeit zu belegen. Bereits in der Hoffmann-La Roche Entscheidung des EuGH aus dem Jahr 1979, die immer wieder für einen vermeintlich verfolgten Industrial Organization Ansatz fruchtbar gemacht wird[2533], deutete das Gericht an, dass es trotz besonders hoher Marktanteile auch außergewöhnliche Umstände gäbe,

---

2526 *Rösler*, NZG 2000, S. 857, 865; *Löffler*, in: Langen/Bunte (Hrsg.), Kommentar zum Kartellrecht, Art. 2 FKVO Rn. 7.
2527 Kommission, IV/M.222 v. 12.11.1992, Tz. 91 „Mannesmann/Hoesch".
2528 Vgl. nur EuGH, Slg. 1973, 215, Rdnrn. 30 ff. „Continental Can Company".
2529 Vgl. nur Kommission, IV/M.222 v. 12.11.1992, Tz. 91 „Mannesmann/Hoesch".
2530 *Miersch*, S. 75.
2531 EuGH, Slg. 1979, 461 Rdnr. 41 „Hoffmann-La Roche".
2532 EuG, RS.T-374-00 „Verband der freien Rohrwerke e.V. v. Kommission"; Kommission, IV/M.475 v. 22.12.1994 „Shell Chemie/ELF Atochem"; IV/M.475 v. 14.02.1995 „Mercedes-Benz/Kässbohrer"; IV/M.821 v. 9.10.1996 „Baxter/Immuno".
2533 *Gey*, S. 174; *Miersch*, S. 75.

die nicht zu einer Marktbeherrschung führen würden[2534]. Welche Umstände dies sind, ließ das Gericht abermals offen. Erst kürzlich wies der EuG in der Entscheidung Schneider Electric v. Kommission darauf hin, dass Marktanteile von 66% auf dem Markt für Bauteile keine ausreichende Grundlage einer Untersagungsentscheidung darstellen würden. Neben der im Übrigen bemängelten Präzision der Kommissionsentscheidung wies das Gericht darauf hin, dass keine Aussagen über die Verhältnisse der anderen 34% gemacht worden seien.[2535] Diese eher dynamische Beurteilung spiegelt sich auch in dem Airtours Urteil[2536] des EuG wider. Der Entscheidung lag ein Oligopolsachverhalt zugrunde, in dem das Gericht drei kumulative Voraussetzungen aufstellte, wonach ein kollektives Verhalten der Marktteilnehmer wahrscheinlicher würde. Erstens müsse jedes Oligopol-Mitglied über Mittel verfügen, um das Verhalten der anderen Mitglieder auf dem betreffenden Markt in Erfahrung bringen zu können. Es muss also Transparenz herrschen. Zweitens müsse es einen Anreiz für jeden einzelnen von ihnen geben, von einem gemeinsamen Vorgehen auf dem Markt auf Dauer nicht abzuweichen. Dies beinhalte die Notwendigkeit, über hinreichend wirksame Sanktions- bzw. Abschreckungsmittel zu verfügen. Drittens setze das Vorliegen einer gemeinsamen Marktbeherrschung voraus, dass weder andere aktuelle, noch potentielle Wettbewerber oder auch Nachfrager das gewinnbringende Vorgehen nicht in Frage stellen.[2537] Zudem verpflichtete das EuG die Kommission zu einer dynamischen Analyse im Hinblick auf die Stabilität des Parallelverhaltens und seine Dauerhaftigkeit[2538]. Damit entsprechen die Kriterien des EuG nicht einer statischen Betrachtung, wie der klassischen Oligopoltheorie, sondern setzen an einer fundierten ökonomischen Betrachtung an.

bbb) Kommission (Horizontale Leitlinien)

In der Praxis der Kommission[2539] zeigt sich, dass ab einem Marktanteil von etwa 45-50% ernsthafte Bedenken gegen eine Freigabe entstehen können. Auf der anderen Seite zeigten die Fusionsvorhaben Alcatel/Telettra[2540] und Tetra Pak/Alfa-Laval[2541] mit einem erreichten Marktanteil von 70% und 90%, dass trotz hoher Marktanteile eine Freigabe nicht ausgeschlossen ist. Die Kommission hat zusammen mit der FKVO 139/2004 wie schon mehrfach angesprochen Leitlinien zur Bewertung hori-

---

2534 EuGH, Slg. 1979, 461 Rdnr. 41 „Hoffmann-La Roche".
2535 EuG, Slg. 2002, II-4071 Rdnrn. 377 ff. „Schneider Electric v. Kommission ".
2536 EuG, Slg. 2002, II-2585 Rdnr. 62 „Airtours v. Kommission".
2537 EuG, Slg. 2002, II-2585 Rdnr. 62 „Airtours v. Kommission"; Slg. 1999, II-753 „Gencor v. Kommission".
2538 EuG, Slg. 2002, II-2585 Rdnr. 192 „Airtours v. Kommission"; Slg. 1999, II-753 „Gencor v. Kommission".
2539 Kommission, COMP/M.2337 v. 15.06.2001 „Nestlé/Ralston Purina"; IV/M.1221 v. 25.08. 1998 „Rewe/Meinl"; vgl. auch *Wagemann*, in: Wiedemann (Hrsg.), Handbuch des Kartellrechts, § 16 Rdnr. 47 mwN.
2540 Kommission, IV/M.42 v. 10.12.1990 „Alcatel/Telettra".
2541 Kommission, IV/M.68 v. 18.02.1991 „Tetra Pak/Alfa-Laval".

zontaler Zusammenschlüsse[2542] erlassen. Wie andere Mitteilungen und Leitlinien stellen sie keine direkten Rechtsquellen dar, sondern entfalten eine Selbstbindung der Kommission über den Gleichheitssatz[2543]. In den Leitlinien findet sich der Hinweis, dass Marktanteile und Konzentrationsgrad Anhaltspunkte für die Marktstruktur und die wettbewerbliche Bedeutung der Fusionspartner und der Wettbewerber darstellen[2544]. Daher werden sie in der Kommissionspraxis auch weiterhin der Wettbewerbsanalyse vorangestellt[2545]. Bei dieser Konzentrationsbestimmung greift die Merger Task Force der Kommission nicht allein auf eine Marktanteilsaddition nach CR4- oder CR-8 Methode zurück, sondern bedient sich verstärkt der HHI-Methode. An die Marktanteilshöhen sind aber anders als im US-amerikanischen Recht keine konkreten Verdachtsmomente geknüpft. Vielmehr hat die Kommission Safe Harbour Regeln eingeführt, unterhalb derer Schwellenwerte eine Fusion unbedenklich erscheint. Sie sind nicht statisch an einen bestimmten HHI gekoppelt. Die Kommission hat ihre Safe Harbour Regeln dadurch relativiert, dass sie kürzlich eingetretene potentielle Wettbewerber, Unternehmen, deren Innovationspotential sich nicht in dem aktuellen Marktanteil wieder spiegelt oder sofern Anzeichen für koordiniertes Verhalten bestehen, ausdrücklich ab einem HHI von 1000-2000 bzw. oberhalb von 2000 mit Delta-Werten zwischen 250 und 150 Punkten mit in ihre Beurteilung einfließen lässt. Trotz niedriger Schwellenwerte kann daher eine Untersagung ergehen.[2546] Nach der Ermittlung des HHI schließt sich ein den Merger Guidelines von DOJ und FTC identisches Vorgehen an, um die wettbewerblichen Auswirkungen zu analysieren[2547]. Hierbei differenziert die Kommission ebenfalls zwischen koordiniertem und nicht koordiniertem Verhalten. Wie gezeigt[2548] werden weitere Substitutionsmöglichkeiten einbezogen, die nicht in den relevanten Markt fallen. Hierzu zählen nahe Wettbewerber oder niedrigere Nachfrageelastizitäten durch Wechselkosten.[2549] Hinsichtlich des koordinierten Verhaltens findet sich die explizite Rezeption der EuG Rechtsprechung zu der Oligopoltheorie[2550]. Danach müssen die Verhaltenskoordination wahrscheinlich und Transparenz, sowie Abschreckungsmittel (Cheating) effektiv vorhanden sein[2551].

2542 Kommission, Horizontale Leitlinien, ABl. C 31 v. 05.02.2004, S. 5 ff.
2543 EuG, Slg. 1998, II-717 -Rdnr. 89 „Vlaams Gewest"; *Pampel*, EuZW 2005, S. 11 ff.; *Kallmayer/Haupt*, EuZW 2002, S. 677, 679; *Schwarze/Weitbrecht*, S. 36, Fn. 61 mwN.
2544 Kommission, Horizontale Leitlinien, ABl. C 31 v. 05.02.2004, S. 5 ff., Tz. 14 f.
2545 Kommission, COMP/M.1806 v. 18.02.2000, Tz. 150, 415 „Astra Zeneca/Novartis".
2546 Kommission, Horizontale Leitlinien, ABl. C 31 v. 05.02.2004, S. 5 ff., Tz. 19 ff.
2547 Ebenda, Tz. 22 ff.
2548 Vgl. Teil 3: A.IV.2.a)cc), S. 483 ff.
2549 Kommission, Horizontale Leitlinien, ABl. C 31 v. 05.02.2004, S. 5 ff., Tz. 24-38.
2550 Ebenda, Tz. 39 Fn. 55.
2551 Ebenda, Tz. 39-57.

b) Marktbeherrschungsprüfung nach GWB

Im GWB ist die Marktbeherrschung der zentrale Begriff der Fusionskontrolle. Gemäß § 36 Abs. 1 GWB ist die Entstehung oder Verstärkung einer marktbeherrschenden Stellung vom Bundeskartellamt zu untersagen. Im Gegensatz zur US-amerikanischen und europäischen Fusionskontrolle ist der Begriff der marktbeherrschenden Stellung in § 19 Abs. 2 GWB legal definiert. § 36 Abs. 1 GWB verweist insofern auf § 19 GWB, wobei auch hier allgemein anerkannt[2552] ist, dass die Marktbeherrschung ein prognostisches Element besitzt und sich daher von dem in der Missbrauchsaufsicht verwandten Begriff unterscheidet, so dass auch hier eine durch Zusammenschluss herbeigeführte Marktveränderung zu berücksichtigen ist. Nach § 19 GWB ist ein Unternehmen marktbeherrschend, wenn es ohne Wettbewerber ist (Nr. 1, 1. Alt.), keinem wesentlichen Wettbewerb ausgesetzt ist (Nr. 1, 2. Alt.) oder eine überragende Marktstellung besitzt (Nr. 2). Im Vergleich zu der Rechtsordnung der Gemeinschaft und der USA musste sich in Deutschland auch die oligopolistische Marktbeherrschung nicht erst durch Rechtsfortbildung entwickeln. Vielmehr ist in § 19 Abs. 2 S. 2 GWB die oligopolistische Marktbeherrschung explizit neben der Einzelmarktbeherrschung in § 19 Abs. 2 S. 1 GWB genannt. Für die Einzelmarktbeherrschung sind in § 19 Abs. 2 Nr. 2 GWB ähnlich dem Art. 2 Abs. 1 lit. b) FKVO Marktstrukturkriterien genannt, die feststellen sollen, ob ein Unternehmen eine im Verhältnis zu seinen Wettbewerbern überragende Marktstellung hat. Das Gesetz benennt hierbei Marktanteil, Finanzkraft, Zugang zu den Beschaffungs- oder Absatzmärkten, Verflechtungen mit anderen Unternehmen, rechtliche oder tatsächliche Marktzutrittsschranken, tatsächlichen oder potentiellen Wettbewerb, die Fähigkeit, das Angebot oder die Nachfrage auf andere Waren oder gewerbliche Leistungen umzustellen, sowie die Möglichkeit der Marktgegenseite, auf andere Unternehmen auszuweichen. Nach überwiegender Auffassung sind diese Kriterien nicht nur bei der Feststellung der überragenden Marktstellung, sondern auch in den Fällen von § 19 Abs. 2 Nr. 1 GWB zu prüfen. Es muss also immer eine Gesamtbetrachtung aller relevanten Umstände vorgenommen werden[2553]. Der BGH hat aus der Entstehungsgeschichte geschlussfolgert, dass die Nr.1 und Nr. 2 in einem echten Alternativverhältnis zueinander stehen und die Annahme einer überragenden Marktstellung möglich bleibt, selbst wenn es an wesentlichem Wettbewerb nach Nr. 1 nicht fehlt[2554]. Damit ist der Marktbeherrschungsbegriff enger als ihn § 19 Abs. 2 Nr. 1 GWB vorgibt[2555]. Obwohl der Begriff der Marktbeherrschung im GWB mit Beurteilungskriterien für seine Feststellung besetzt wird, ist seine genaue Bedeutung

---

[2552] BGH WuW/E BGH 1685, 1691 „Springer-Elbe-Wochenblatt"; *Mestmäcker/Veelken*, in: Immenga/Mestmäcker (Hrsg.), GWB-Kommentar, § 36 Rdnr. 119 ff.; *Schulz*, in: Langen/Bunte (Hrsg.), Kommentar zum Kartellrecht, § 19 Rdnr. 5; *Immenga*, MMR 2000, S. 141; *Bunte*, MMR Beilage 1/2002, S. 1, 2 f.
[2553] BGH WuW/E BGH 3037, 3039 „Raiffeisen".
[2554] BGH WuW/E BGH 1445, 1449 f. „Valium"; WuW/E BGH 1435, 1438 ff. „Vitamin B12".
[2555] *Möschel*, in: Immenga/Mestmäcker (Hrsg.), GWB-Kommentar, § 19 Rdnrn. 44, 52.

nach dem Gesetzeswortlaut offen. Der BGH und die ihm folgende Literatur definieren die marktbeherrschende Stellung regelmäßig als einen vom Wettbewerb nicht mehr hinreichend kontrollierten Verhaltensspielraum[2556]. Diese Definition hatte der Gesetzgeber mit seiner 2. GWB-Novelle angeregt[2557]. Sie ähnelt der Rechtsprechung des Supreme Court und der europäischen Gerichte, wobei sich die Rechtsprechung zu der Frage, wann ein solcher Verhaltensspielraum nicht mehr als ausreichend empfunden wird, an den einzelnen Marktstrukturkriterien orientiert.

Wie schon die Entstehungsgeschichte und die Darstellung des Wettbewerbsverständnisses eindrücklich bestätigt haben, bilden nach der Rechtsprechung des BGH[2558], der ihm folgenden unterinstanzlichen Gerichte[2559] und der Praxis des Bundeskartellamts[2560] Marktanteil und Marktkonzentration im Gegensatz zu den anderen Kriterien des § 19 Abs. 2 S. 1 Nr. 2 GWB eindeutig den Schwerpunkt der Zusammenschlussbeurteilung. Diese zusätzlichen, von der Monopolkommission angeregten Kriterien sind, wie gezeigt, nunmehr gesetzlich verankert. Der Grund für die weiterhin hervorragende Bedeutung des Marktanteils liegt in der gesetzlichen Kodifikation der Marktanteile in dem Marktbeherrschungsvermutungstatbestand des § 19 Abs. 3 GWB. Ein einzelnes Unternehmen gilt dabei als marktbeherrschend, wenn es einen Marktanteil von mindestens einem Drittel hat. Im Oligopol gilt die Gruppe als marktbeherrschend, wenn zwei oder drei Unternehmen einen Marktanteil von mindestens 50% auf sich vereinigen oder fünf Unternehmen einen Marktanteil von zwei Dritteln besitzen. Die Marktanteilshöhen, die einen prima facie Beweis für die Marktbeherrschung begründen, zeigen die niedrige Schwelle der deutschen Fusionskontrolle, die von den US-amerikanischen Merger Guidelines und den Europäischen Leitlinien ganz erheblich abweichen. So entspricht der Marktanteil von 33% einem HHI von 1089 Punkten. In einem „Oligopol" mit fünf Unternehmen, beispielsweise mit einem Marktanteil von je 15% liegt der HHI sogar nur bei 1125 Punkten. Zu Recht werden die Marktanteilsschwellen in der neueren Literatur[2561] als zu niedrig kritisiert, um von Marktbeherrschung im preistheoretischen Sinne sprechen zu können.

[2556] Vgl. nur BGH WuW/E BGH 1533, 1535 „Erdgas Schwaben"; *Bechtold*, GWB Kommentar, § 19 Rdnr. 17.
[2557] Regierungsbegründung zur 2. GWB-Novelle, BT-Drs.VI/2520, S. 21 ff.
[2558] BGHZ 131, S. 107, 116 f. „Backofenmarkt"; 76, S. 55, 73 f. „Elbe Wochenblatt I"; 82, S. 1, 11 „Zeitungsmarkt München"; WuW/E BGH 1655, 1659 „Zementmahlanlage II".
[2559] KG Berlin, WuW/E OLG 5271-5286.
[2560] BKartA, WuW/E DE-V 1011-1016; WuW/E DE-V 553-557; WuW/E DE-V 777-785; vgl. hierzu auch BKartA, Merkblatt des Bundeskartellamts über die Kooperationsmöglichkeiten für kleinere und mittlere Unternehmen nach dem Kartellgesetz, S. 29.
[2561] *Gey*, S. 247.

c) Potentieller Wettbewerb und Marktbeherrschung

Der potentielle Wettbewerb ist deshalb besonders hervorzuheben, weil er mittlerweile das wahrscheinlich wichtigste Marktstrukturkriterium des europäischen Fusionskontrollrechts darstellt, das zur Beurteilung des Vorliegens oder Nichtvorliegens einer beherrschenden Stellung ergänzend herangezogen wird[2562]. Auch im deutschen Fusionskontrollrecht wird der potentielle Wettbewerb eine immer wichtigere Größe bei der Beurteilung von Zusammenschlüssen.

aa) Potentieller Wettbewerb in der FKVO

Bereits der Wortlaut von Art. 2 Abs. 1 lit. a) FKVO bezieht sich auf eine verstärkte Berücksichtigung des potentiellen Wettbewerbs. Aber auch Art. 2 Abs. 1 lit. b) FKVO weist darauf hin, dass neben den anderen Marktstrukturkriterien Zutrittsschranken eine zentrale Rolle für die Beurteilung des Zusammenschlusses spielen müssen. Das US-amerikanische Recht hat gezeigt, welche Bedeutung der potentielle Wettbewerber bei Telekommunikationszusammenschlüssen hat. Dabei stand der entfallene potentielle Wettbewerb gerade bei den Zusammenschlüssen von RBOC im Vordergrund, wohingegen der disziplinierende Wettbewerbsdruck durch potentiellen Wettbewerb nach einem Zusammenschluss weitgehend vernachlässigt werden kann. Denn gerade die Infrastrukturzusammenschlüsse – und hierbei ganz besonders die zusätzlich durch Subadditivität gekennzeichneten in den Ortsnetzen – haben die hohe Irreversibilität und damit die Marktzutrittsschranken aufgezeigt, die einen Bottleneck begründen. Potentieller Wettbewerb kann aber auch bei der Stärkung des intermodalen Charakters des Telekommunikationswettbewerbs eine bedeutende Rolle spielen, den die FCC mittlerweile offensiv verfolgt. Fraglich ist daher, welche Rolle dem potentiellen Wettbewerb im europäischen Wirtschaftsraum beigemessen wird.

aaa) Wirksamer Wettbewerb infolge potentiellen Wettbewerbs

Als Marktmachtausschluss fungiert der potentielle Wettbewerb immer dann, wenn trotz des Zusammenschlusses die Markteintrittsdrohung von Newcomern bereits einen solchen Wettbewerbsdruck ausübt, dass mit einer Anhebung des Preises über das wettbewerbliche Niveau nicht zu rechnen ist. Die FKVO selbst enthält keine Aussage darüber, wie dem potentiellen Wettbewerb Rechnung zu tragen ist. Die separate Betonung des potentiellen Wettbewerbs auf der einen Seite (Art. 2 Abs. 1 lit. a) FKVO) und die der Marktzutrittsschranken auf der anderen (Art. 2 Abs. 1 lit. b) FKVO) stellen klar, dass die Kommission bei der Prüfung des potentiellen Wettbewerbs die Marktzutrittsschranken als Faktor und nicht als alleiniges Entscheidungskriterium heranzieht. In ihren horizontalen Leitlinien führt die Kommission aus: »Wenn ein Marktzutritt als ausreichender Wettbewerbsdruck zu den Zusam-

---

2562 Vgl. insgesamt ausf. *Gey*, Potentieller Wettbewerb und Marktbeherrschung.

menschlussparteien angesehen werden soll, muss nachgewiesen werden, dass er geeignet ist, mit hinreichender Wahrscheinlichkeit und rechtzeitig die potenziellen wettbewerbswidrigen Wirkungen eines Zusammenschlusses zu verhindern oder aufzuheben.« Aus dieser Formulierung folgen drei Prüfungsschritte, die gesondert behandelt werden: die Wahrscheinlichkeit des Marktzutritts[2563], seine Rechtzeitigkeit[2564] und sein hinreichender Umfang, um die wettbewerbswidrige Wirkung eines Zusammenschlusses zu verhindern[2565]. Im Rahmen der Wahrscheinlichkeit des Marktzutritts wird dann dem Umfang der Marktzutrittsschranken Rechnung getragen. Die Leitlinien differenzieren umfassend zwischen rechtlichen und tatsächlichen Marktzutrittsschranken, wobei zu ersteren regulatorische Schranken, wie Konzessionen[2566], zählen und zu den zweiten vor allem Vorsprünge durch FuE[2567], Größenvorteile[2568], aber auch das Image der Unternehmen berücksichtigt werden. Damit zeigt sich auch hier ein struktureller Ansatz in Anlehnung an die Definition von Bain. Notwendige Werbemaßnahmen infolge des Imagevorsprungs[2569], Vertriebs- und Absatznetze[2570], Patentschutzgesichtspunkte[2571] sind nur einige der Beispiele, die die Kommission in ihrer Praxis als Marktzutrittsschranken identifiziert hat. Damit werden notwendigerweise hohe versunkene Kosten erfasst. Eine genauere Prüfung[2572] der Kommissionspraxis ist daher an dieser Stelle entbehrlich.

bbb) Zusammenschluss mit einem potentiellen Wettbewerber

Wichtiger erscheint es, sich der Frage zuzuwenden, welche Auswirkungen die Kommission mit dem Zusammenschluss von Unternehmen erkennt, von denen mindestens einer die Stellung eines potentiellen Wettbewerbers einnimmt. Die US-amerikanische Fusionskontrolle[2573] hat hierbei gezeigt, welche strengen Anforderungen an eine Untersagung zu stellen sind. Die Kommission als auch das EuG haben eine Begründung oder Verstärkung einer marktbeherrschenden Stellung durch einen Zusammenschluss von potentiellen Wettbewerbern ausdrücklich anerkannt. Dabei folgt die Kommission in ihren horizontalen Leitlinien der Definition der beherrschenden Stellung des EuGH und führt aus: »Wenn der potenzielle Wettbewerber

---

2563 Kommission, Horizontale Leitlinien, ABl. C 31 v. 05.02.2004, S. 5 ff., Tz. 69 ff.
2564 Ebenda, Tz. 74.
2565 Ebenda, Tz. 75.
2566 Kommission, IV/M.1430 v. 06.04.1999, Tz. 27 „Vodafone/Airtouch"; IV/M.2016 v. 07.07.2000, Tz. 33 „France Télécom/Orange".
2567 Kommission, IV/M.774 v. 01.07.1996 „Saint Gobain/Wacker Chemie/NOM".
2568 Kommission, IV/M.430 v. 17.01.1994 „Procter & Gamble/VP Schickedanz (II)".
2569 Kommission, IV/M.833 v. 25.03.1997 „The Coca Cola Company/Carlsberg"; COMP/M.2097 v. 11.08.2000 „SCA/Metsä Tissue".
2570 Kommission, IV/M.833 v. 25.03.1997 „The Coca Cola Company/Carlsberg".
2571 Kommission, IV/M.877 v. 18.02.1997 „Boeing/McDonnell/Douglas"; IV/M.269 v. 04.01.1994 „Shell/Montecatini".
2572 Vgl. ausf. *Gey*, S. 206 ff.
2573 Vgl. Teil 2: A.III.3.b)aa)ccc), S. 262 f.

den Verhaltensspielraum der bereits in dem Markt tätigen Unternehmen spürbar eingrenzt, kann eine Fusion mit diesem Wettbewerber wettbewerbswidrige Auswirkungen haben.«[2574] Damit solche wettbewerbswidrigen Auswirkungen entstehen, müssen zwei Voraussetzungen vorliegen. Zum einen müssen von dem potentiellen Wettbewerber bereits spürbare, den Verhaltensspielraum begrenzende Wirkungen ausgehen oder aber Anhaltspunkte dafür vorliegen, dass sich dieser zu einer wirksamen Wettbewerbskraft entwickeln wird. Zweitens dürfen keine anderen potentiellen Wettbewerber vorhanden sein, die einen hinreichenden Wettbewerbsdruck nach dem Zusammenschluss aufrechterhalten können[2575]. Die Kommission berücksichtigt bei dieser Beurteilung eine Reihe von Kriterien, die sich angesichts der industriespezifischen Zusammenschlüsse[2576] nicht abschließend aufzählen lassen. In der Südzucker/Saint Louis Sucre Entscheidung[2577] hat die Kommission jedoch einige allgemein gehaltene Kriterien aufgestellt, die dem potentiellen Wettbewerb seine spezifische Wirkung verleihen. Potentieller Wettbewerb ist dabei umso wichtiger,

- je geringer der vorhandene Wettbewerb auf einem Markt ist,
- je höher der Regulierungsgrad eines Marktes ist,
- je größer die Abhängigkeit der Kunden ist, d. h. je schwieriger die zur Geschäftstätigkeit der Kunden unbedingt benötigten vorgelagerten Produkte oder Dienstleistungen substituierbar sind, und
- je stärker die Marktmacht jenes Marktteilnehmers ist, dem die Unternehmen aus benachbarten Märkten als potenzielle Wettbewerber gegenüberstehen.

Ist einer dieser Faktoren in einem Markt stark ausgeprägt, so stellt die Eliminierung eines bedeutenden potentiellen Wettbewerbers eine entscheidende Verschlechterung der Wettbewerbsstruktur dar.[2578] Dabei kann es naturgemäß Schwierigkeiten bereiten, festzustellen, ob der als potentieller Wettbewerber geltende Teilnehmer wirklich ein potentieller Eintrittskandidat ist und damit als wirksame Wettbewerbskraft angesehen werden kann. In der EDF/EnBW[2579] Entscheidung ging die Kommission in einer Drei-Schritt-Prüfung vor und analysierte zunächst, ob Anreize bestünden, ohne einen Zusammenschluss überhaupt in den französischen Strommarkt einzutreten. Hierbei überprüfte die Kommission zunächst nicht, welche konkreten Anreize das Unternehmen besitzen würde, sondern stellte auf die generellen Marktbedingungen ab, die für alle Newcomer auf dem regulierten Markt galten[2580]. Erst nach positiver

---

2574 Kommission, Horizontale Leitlinien, ABl. C 31 v. 05.02.2004, S. 5 ff., Tz. 59.
2575 Ebenda, Tz. 60.
2576 Vgl. nur Kommission, COMP/M.1853 v. 07.02.2001 „EDF/ENBW"; COMP/M.1630 v. 18.01.2000 „Air Liquide/BOC"; IV/M.1439 v. 13.10.1999 „Telia/Telenor"; IV/M.164 v. 13.12.1991, „Mannesmann/VDO".
2577 Kommission, COMP/M.2530 v. 20.12.2001„Südzucker/Saint Louis Sucre".
2578 Ebenda, Tz. 82 f.
2579 Kommission, COMP/M.1853 v. 07.02.2001 „EDF/ENBW".
2580 Ebenda, Tz. 52 f.

Einschätzung, dass die Marktbedingungen lukrativ genug seien, um in den Markt einzutreten, wurde geprüft, welche Ausgangsposition der potentieller Wettbewerber EnBW hatte, um in den Markt auch eintreten zu können[2581], d.h. ob die Struktur und Größe ausreichend waren, auch ohne den Zusammenschluss als hinreichend großer Wettbewerber zu agieren. Hierbei wurde allein auf die Möglichkeit des Markteintrittes abgestellt. Im Anschluss wurde dagegen der abstrakte Anreiz des Unternehmens ermittelt, in den französischen Markt eintreten zu wollen[2582]. Obwohl EDF und EnBW dargelegt hatten, dass die Unternehmen aufgrund der traditionellen Verbindung zueinander von einem gegenseitigen Markteintritt abgehalten werden würden, setzte sich die Kommission über die Aussagen der Parteien hinweg und stufte EnBW als potentiellen Wettbewerber ein.

Der EuG hat die Möglichkeit einer Verstärkung der beherrschenden Stellung mit einem Wettbewerber in der Tetra Laval/Sidel Entscheidung gebilligt[2583], lässt aber für die Auswirkungen des Zusammenschlusses nicht genügen, dass der potentielle Wettbewerber wegfällt. Gerade der durch den Zusammenschluss ausgeschaltete potentielle Wettbewerb muss den Verhaltensspielraum des aktuellen Wettbewerbers entscheidend begünstigen[2584]. Hierfür fordert er überzeugende Beweise[2585].

bb) Potentieller Wettbewerb im GWB

Weil der potentielle Wettbewerb im Sinne von uncommitted oder committed entrants im Rahmen des GWB nur bei der Marktbeherrschungsprüfung eine Rolle spielt, sind auch Angebotsumstellungs- und Gebietsausweitungsflexibilität wie schon gesehen nicht bei der Marktabgrenzung zu berücksichtigen. § 19 Abs. 2 Nr. 2 GWB stellt explizit auf alle Formen dieses potentiellen Wettbewerbs erst für die Beurteilung der Marktbeherrschungsprüfung ab. Berücksichtigung finden auch hier rechtliche und tatsächliche Marktzutrittsschranken. Während in der Vergangenheit dem potentiellen Wettbewerb nur eine geringe Bedeutung zukam und für die Zusammenschlussparteien keine verlässliche Argumentationsgrundlage lieferte, geht das Bundeskartellamt heute immer mehr auf die Bedeutung des potentiellen Wettbewerbs ein. In ihren Auslegungsgrundsätzen zur Prüfung von Marktbeherrschung, denen zwar allenfalls der Charakter von Verwaltungsvorschriften beigemessen aber aufgrund ihrem Zweck, die Entscheidungspraxis transparenter zu gestalten, besondere Bedeutung zukommt, weist das Kartellamt darauf hin, dass der potentielle Wettbewerb einen großen Stellenwert einnehme[2586]. Die Marktzutrittsschranken seien dabei ein verlässlicher Indikator für die Bedeutung des potentiellen Wettbewerbs.

2581 Ebenda, Tz. 54 ff.
2582 Ebenda, Tz. 65 ff..
2583 EuG, Slg. 2002 II-4381 Rdnr. 323 „Tetra Laval v. Kommission".
2584 Ebenda, Rdnr. 324 ff.
2585 Ebenda, Rdnr. 155.
2586 BKartA, Merkblatt: Auslegungsgrundsätze zur Prüfung von Marktbeherrschung in der deutschen Fusionskontrolle, 2000, S. 23.

aaa) Marktmacht begrenzende Wirkung

Der potentielle Wettbewerb hat auch im deutschen Fusionskontrollrecht zwei Aspekte, die auseinander gehalten werden müssen. Zum einen kann der potentielle Wettbewerb als Wettbewerbskraft verstanden werden, die Wettbewerbsdruck auf die Zusammenschlussparteien ausübt. Die Auslegungsgrundsätze des Bundeskartellamts tragen dieser Marktmacht begrenzenden Wirkung des potentiellen Wettbewerbs in mehreren Prüfungsschritten Rechnung. So muss geprüft werden, ob ein wettbewerblich relevanter und effektiver Marktzutritt möglich und wahrscheinlich ist. Dieser muss auch hinreichend konkretisierbar sein, wobei aber auch Menge und Preis der Markteintrittskandidaten, sowie die Zeitspanne ihres Markteintrittes die unkontrollierte Ausübung des Verhaltensspielraumes der Zusammenschlussparteien wirksam einengen müssen. Den Marktzutrittsschranken wird in der Praxis besondere Aufmerksamkeit geschenkt. Das Bundeskartellamt nimmt hier eine Kategorisierung in gesetzliche, strukturelle und strategische Marktzutrittsschranken vor, die ebenfalls economies of scale und scope, proprietäre Zugangssysteme, langfristige Lieferverträge und Ausschließlichkeitsbindungen, sowie Demarkations- und Konzessionsverträge erfassen.[2587] Trotz dieser strengen Voraussetzungen an die Marktzutrittsschranken hat das Bundeskartellamt bei einem Zusammenschluss von Gasversorgern die marktbeherrschende Stellung eines regionalen Gasversorgers verneint[2588], obwohl dieser gemäß § 19 Abs. 2 Nr. 1 GWB ohne Wettbewerber war. Trotz fehlendem aktuellen Wettbewerbs verfügte ein anderes Gasversorgungsunternehmen über eigene Rohrleitungen in dem betreffenden Gebiet, weshalb das Bundeskartellamt davon ausging, dass durch den Bau von Stichleitungen auch eine Versorgung der Endkunden durch ihn stattfinden könne. Im Gegensatz zum Bundeskartellamt geht die Rechtsprechung mit der Berücksichtigungsfähigkeit des potentiellen Wettbewerbs sehr zurückhaltend um. Dabei forderte der BGH bislang eine hohe Wahrscheinlichkeit des Markteintrittes und sogar konkrete Anhaltspunkt dafür, dass neue Anbieter in den Markt eintreten werden[2589].

Trotz der unterschiedlichen Anforderungen an den potentiellen Wettbewerber verlangen Bundeskartellamt und Rechtsprechung übereinstimmend eine gewisse Wahrscheinlichkeit des Marktzutritts durch den potentiellen Wettbewerber. Damit vermag der deutsche Ansatz den ökonomischen Aspekt einer disziplinierenden Wirkung des potentiellen Wettbewerbs nicht zu erfassen und unterscheidet sich insofern von der europäischen und US-amerikanischen Fusionskontrolle ganz erheblich.

2587 Ebenda, S. 24-29.
2588 BKartA, Beschl.v. 25.02.2003, Az. B8-144/02, S. 16 ff. „E.ON Bayern AG/Stadtwerke Straubing".
2589 BGH WuW/E BGH 2575, 2583 f. „Kampffmeyer/Plange"; WuW/E BGH 2783, 2791 f. „Warenzeichenerwerb".

bbb) Zusammenschluss mit einem potentiellen Wettbewerber

Bei einem Zusammenschluss mit einem potentiellen Wettbewerber forderte das Bundeskartellamt anfangs die Eintrittswilligkeit und die Eintrittsfähigkeit des potentiellen Wettbewerbers[2590] in den relevanten Markt des bereits in diesem Markt tätigen Zusammenschlusspartners. Der erste Fall, der den Zusammenschluss mit einem potentiellen Wettbewerber betraf, war BP-Gelsenberg/Ruhrgas AG. Während BP Gelsenberg noch nicht auf dem deutschen Gasmarkt tätig war, wohl aber in der Mineralölindustrie, war die Ruhrgas AG marktbeherrschender Anbieter auf dem deutschen Gasmarkt. Das Bundeskartellamt bescheinigte BP-Gelsenberg die Absicht, in den deutschen Markt für Gas einzutreten. Ähnlich wie die Europäische Kommission schon im Falle EDF/EnBW argumentierte, stellte das Bundeskartellamt nicht die Frage, ob bereits Versuche unternommen worden seien oder aufgrund konkreter Umstände ein Markteintritt geplant sei. Vielmehr stellte die Wettbewerbsbehörde allein auf den Anreiz ab, ob der Markteintritt für BP möglich sei und sich dieser abstrakt lohnen würde. Dies bestätigte das Bundeskartellamt und hielt den Markteintritt von BP unter weniger einschneidenden Bedingungen für möglich, indem sich BP auch mit einem Unternehmen zusammenschließen könnte, das keine marktbeherrschende Stellung auf diesem Markt besessen hatte. Mittlerweile stellt das Kartellamt an die Eintrittsfähigkeit und Eintrittswahrscheinlichkeit noch niedrigere Anforderungen. So war im Fall Kali-Salz/PCS trotz der bestehenden erheblichen Marktzutrittsschranken der Wegfall eines potentiellen Wettbewerbers ausreichend, um eine Verstärkungswirkung feststellen zu können[2591]. Ähnlich verfährt das Bundeskartellamt derzeit in der leitungsgebundenen Energieversorgung[2592].

4. Das Effizienzkriterium in der Fusionskontrolle

Die Berücksichtigungsfähigkeit von Effizienzen als Entlastungsgrund (efficiency defense) im Europäischen Fusionskontrollrecht ist derzeit ein brisantes politisches, aber auch juristisches Konfliktfeld. In den Fokus der Öffentlichkeit geriet die Diskussion in dem Zusammenschlussverfahren zwischen General Electric Company und Honeywell International, Inc. (GE/Honeywell)[2593]. Der Zusammenschluss ist sowohl Symbol der Globalisierung als auch der zunehmenden Kooperationsnotwendigkeit zwischen der EU und den USA, da in diesem Fall das DOJ durch geringfügige Zusagen dem Zusammenschluss statt gab, die EU Kommission aber ihre ablehnende Haltung mit einer Untersagungsverfügung zum Ausdruck brachte. Neben dem angeführten politischen Argument des Protektionismus[2594] wurde – trotz der in die-

---

2590 BKartA, WuW/E BKartA 1719, 1724 „BP-Gelsenberg".
2591 BKartA, WuW/E BKartA 2885, 2889 - Kali+Salz/PCS".
2592 BKartA, WuW/E DE-V 301, 308 Tz. 193 ff. „RWE/VEW".
2593 Kommission, COMP/M.2220 v. 05.02.2001 „GE/Honeywell", hierzu ausf. *Keden*, Der Zusammenschlussfall GE/Honeywell.
2594 *Carney*, Loggerheads: Mario Monti, Central Planner, Wall Street J. v. 06.07.2001, S. 6.

sem Fall unterschiedlichen betroffenen sachlichen und räumlichen Märkte – wiederholt auf die abweichende Behandlung von Effizienzkriterien der transatlantischen Partner hingewiesen[2595]. Ähnliche Reaktionen hatte einige Jahre zuvor die unterschiedliche Beurteilung des Zusammenschlusses Boeing/McDonnell Douglas[2596] ausgelöst[2597], der ebenfalls den Flugzeugsektor betraf.

a) Effizienzen im europäischen Fusionskontrollrecht

Der Effizienzgedanke ist dem Europäischen Fusionskontrollrecht nicht fremd[2598], wenn er auch vor Inkrafttreten der FKVO 139/2004 nirgends explizit erwähnt wurde. Nunmehr finden sich in den Erwägungsgründen der neuen FKVO, aber auch in den Leitlinien der Kommission zur Beurteilung horizontaler Zusammenschlüsse Ausführungen zu solchen Effizienzwirkungen. Angesichts der noch jungen Novelle hat die Kommission das Kriterium in ihrer Praxis nur zurückhaltend angesprochen. Angesichts der selbst erklärten Diskretion gegenüber dem Beurteilungsspielraum der Kommission haben auch die Gerichte hierzu nie explizit Stellung genommen. Nachfolgend soll hauptsächlich ein Überblick über die Kommissionspraxis und der Rechtsprechung zu der Effizienzproblematik gegen werden, um dann die Diskussion um die neue FKVO 139/2004 zu führen und zumindest eine Tendenz für die Europäische Fusionskontrolle aufzuzeigen.

aa) Effizienzen nach der FKVO 4064/89

Die Offenheit der europäischen Fusionskontrolle für eine Effizienzanalyse wurde schon in der FKVO 4064/89 diskutiert. Ausgangspunkt war dabei Art. 2. In dessen Abs. 3 heißt es: Zusammenschlüsse, die eine beherrschende Stellung begründen oder verstärken, durch die wirksamer Wettbewerb im Gemeinsamen Markt oder in einem wesentlichen Teil desselben erheblich behindert wird, sind für unvereinbar mit dem Gemeinsamen Markt zu erklären. Auf der anderen Seite verlangt Abs. 2: Zusammenschlüsse, die keine beherrschende Stellung begründen oder verstärken, durch die wirksamer Wettbewerb im Gemeinsamen Markt oder in einem wesentlichen Teil desselben erheblich behindert wird, sind für vereinbar mit dem Gemeinsamen Markt zu erklären. Vom Wortlaut her entsteht der Eindruck einer dualen Konzeption. Denn zum einen verlangt der Tatbestand eine „erheblichen Behinderung des wirksamen Wettbewerbs" (sog. SIEC-Test). Zum anderen ist das „Marktbeherrschungskonzept"

2595 *Kolasky*, North Atlantic Competition Policy: Converging Toward What? BIICL Second Annual International and Comparative Law Conference London, England, 17 May 2002, abrufbar unter: <http://www.doj.gov>; *Veljanovski*, 49 Antitrust Bull. 153 ff. (2004); *Schmitz*, 23 U. Pa. J. Int. Econ. Law, 539 ff. (2002).
2596 Kommission, IV/M.877 v. 05.02.2001 „Boeing/McDonnell Douglas".
2597 *Karpel*, 47 Amer. U. Law Rev, 1029, 1031 f. (1998); *Roberto*, 24 Brooklyn J. Int. Law, 593, 594 (1998).
2598 Vgl. Kommission, XXVI. Wettbewerbsbericht, Tz. 1; bereits schon XI. Wettbewerbsbericht, S. 11; *Bergau*, S. 71; *Kinne*, S. 144 ff.

durch die „Begründung oder Verstärkung einer marktbeherrschenden Stellung" erkennbar. Während seitens der deutschen Literatur[2599] und des Bundeskartellamts[2600] mehrfach betont wurde, dass die beherrschende Stellung und die erhebliche Behinderung des wirksamen Wettbewerbs unweigerlich miteinander verknüpft seien, hält die Kommission in einigen Fällen die beherrschende Stellung von einer Vereinbarkeit mit dem gemeinsamen Markt auseinander. So führte sie in Aerospitiale/Alenia/de Havilland aus, dass eine hohe Marktkonzentration, die zu einer marktbeherrschenden Stellung führt, nicht ausreichend sei, um eine Unvereinbarkeit mit dem Gemeinsamen Markt herzustellen, wenn starke Beweise vorlägen, dass diese nur von kurzer Dauer sein würde[2601].

Noch weiter geht der EuG in seiner Entscheidung Air France v. Kommission. Darin stellte er fest, dass die Kommission einen Zusammenschluss für vereinbar mit dem Gemeinsamen Markt zu erklären habe, sobald zwei Voraussetzungen kumulativ erfüllt seien. Erstens dürfe der betreffende Zusammenschluss keine beherrschende Stellung begründen oder verstärken und zweitens dürfe der Wettbewerb auf dem Gemeinsamen Markt nicht durch die Begründung oder Verstärkung einer solchen Stellung erheblich behindert werden. Liege eine Begründung oder Verstärkung einer beherrschenden Stellung nicht vor, sei der Zusammenschluss zu genehmigen, ohne dass geprüft zu werden brauche, wie er sich auf den wirksamen Wettbewerb auswirke[2602]. Noch konkreter wird das Gericht in Schneider Electric v. Kommission: »Somit ist weder rechtlich hinreichend bewiesen, dass durch den angemeldeten Zusammenschluss eine beherrschende Stellung auf den dänischen Märkten für Bauteile von Endverteilungsanlagen begründet wird, noch, die Begründung einer solchen Stellung unterstellt, dass auf diesen Märkten infolge der beherrschenden Stellung ein wirksamer Wettbewerb im Sinne des Artikels 2 Absatz 3 der Verordnung Nr. 4064/89 erheblich behindert wird.«[2603] Ähnlich heißt es an anderer Stelle: »Somit ist weder rechtlich hinreichend bewiesen, dass durch den Zusammenschluss eine beherrschende Stellung auf den italienischen Märkten für Bauteile von Bereichs- und Endverteilungsanlagen begründet wird, noch, sofern eine solche Stellung vorliegen sollte, dass auf diesen Märkten infolge dieser beherrschenden Stellung ein wirksamer Wettbewerb im Sinne des Artikels 2 Absatz 3 der Verordnung Nr. 4064/89 erheblich behindert wird.«[2604]

Erst kürzlich äußerte sich zu dieser Frage erstmals der EuGH und bestätigte die Rechtsauffassung des EuG: »[...] nach Artikel 2 Absatz 3 der Verordnung

---

2599 *Löffler*, in: Langen/Bunte (Hrsg.), Kommentar zum Kartellrecht, Art. 2 FKVO Rdnrn. 9, 174; *Immenga*, in: ders./Mestmäcker (Hrsg.), GWB-Kommentar, Kommentar zum Europäischen Kartellrecht, Art. 2 FKVO Rdnr. 18.
2600 BKartA, Das Untersagungskriterium in der Fusionskontrolle, - Marktbeherrschende Stellung vs. Substantial Lessening of Competition?, Diskussionspapier v. 08./09.10.2001, S. 5.
2601 Kommission, IV/M.53 v. 15.05.1991, Tz. 53 „Aerospatiale/Alenia/de Havilland".
2602 EuG, Slg. 1994, II-323, Rdnr. 79 „Air France v. Kommission".
2603 EuG, Slg. 2001, II-4071, Rdnr. 349 „Schneider Electric v. Kommission".
2604 Ebenda, Rdnr. 402.

[...sind...] Zusammenschlüsse, die eine beherrschende Stellung begründen oder verstärken, durch die wirksamer Wettbewerb im Gemeinsamen Markt oder in einem wesentlichen Teil desselben erheblich behindert würde, für unvereinbar mit dem Gemeinsamen Markt zu erklären[...]. Umgekehrt hat die Kommission einen ihr gemeldeten Zusammenschluss, der in den Anwendungsbereich der Verordnung fällt, für vereinbar mit dem Gemeinsamen Markt zu erklären, sofern die beiden Voraussetzungen dieser Bestimmung nicht erfüllt sind.«[2605]

Aus dieser Differenzierung könnte der Eindruck einer wettbewerblichen Wirksamkeit trotz Marktbeherrschung infolge von Effizienzen entstehen.[2606] Auch Art. 2 Abs. 1 lit. b) FKVO spräche für eine Effizienzanalyse, der von der Kommission eine Beurteilung der Entwicklung des technischen und wirtschaftlichen Fortschritts verlangt. Der Wortlaut gibt jedenfalls noch keinen Aufschluss über die Berücksichtigungsfähigkeit von Effizienzen. Auch nach der FKVO 4064/89 hat der Effizienzeinwand keine Rolle für die Freigabe eines Zusammenschlusses gespielt.

Die Kommission hat sich aber vereinzelt zu dem Merkmal des technischen und wirtschaftlichen Fortschritts aus Art. 2 Abs. 1 lit. b) FKVO geäußert:

aaa) AT&T/NCR

Die Übernahme von NCR, einem führenden konglomeraten Hersteller von Personal Computer, Workstations, Halbleitertechnologien und Software, durch die bis dahin nur partiell ansässige AT&T in der Gemeinschaft hatte ein Transaktionsvolumen von über 35 Mrd. Euro.[2607]. Der abgegrenzte Markt für Workstations wurde im Hinblick auf die Konzentrationswirkung untersucht und bescheinigte NCR einen durch AT&T zufließenden Vorsprung bei Know-how im Segment der technischen Fertigung und Marketing. Die Kommission erkannte Synergien, die sich in zukunftsweisende Technologien bemerkbar machen würden und durch statische Effizienzen zu niedrigeren Kosten produziert werden könnten[2608]. Allerdings wurden diese nicht etwa zur Rechtfertigung im Sinne des Art. 2 Abs. 1 lit. b) FKVO herangezogen. Die Kommission erklärte, dass es nicht ausgeschlossen sei, dass solche Synergien eine marktbeherrschende Stellung begründen oder verstärken könnten[2609]. Weil NCR aber zunehmendem Wettbewerbsdruck durch andere ebenfalls erfolgreiche Unternehmen ausgesetzt gewesen ist, gab die Kommission den Zusammenschluss letztlich frei. Die AT&T/NCR Entscheidung der Kommission zeigt, dass Effizienzen in der frühen Phase ihrer Entscheidungspraxis als efficiency offense begriffen wurden.

2605 EuGH, Urteil v. 15.02.2005 - C-12/03 P, Rdnr. 28 (noch nicht in der amtlichen Sammlung) „Kommission v. Tetra Laval BV" mit Bezug auf EuG, Slg. 1994, II-323, Rdnr. 79 „Air France v. Kommission" und EuG, Slg. 1999, II-753, Rdnrn. 170 „Gencor v. Kommission".
2606 *Schmitz*, 23 U. Pa. J. Int. Econ. Law, 539, 561 ff. (2002).
2607 Kommission, IV/M.050 v. 18.01.1991 „AT&T/NCR".
2608 Kommission, IV/M.050 v. 18.01.1991, Tz. 28 „AT&T/NCR".
2609 Ebenda, Tz. 29.

bbb) MSG Media Service

Der Zusammenschluss MSG Media Service[2610] betraf die Gründung eines Joint Venture Unternehmens zwischen Bertelsmann, der Kirch-Gruppe und die DTAG. Gegenstand des Joint Venture war im Wesentlichen die Errichtung der Infrastruktur für Pay-TV Angebote, die sich nicht nur in der Herstellung und dem Vertrieb einer STB und die damit zusammenhängenden technischen Kontrollsysteme erschöpfen, sondern auch Packaging, Multiplexing und die Vermarktung dieser Dienstleistungen umfassen sollte[2611]. Betroffen waren die nationalen Produktmärkte für 1) technische und administrative Dienstleistungen, 2) Pay-TV Inhalte und 3) TV-Kabelnetze. Im Rahmen ihrer Zusammenschlussbeurteilung führte die Kommission an, dass die MSG voraussichtlich auch in näherer Zukunft der einzige Anbieter dieser Dienstleistungen auf dem deutschen Markt bleiben und damit eine Alleinstellung haben werde. Zwar sei eine Alleinstellung in einem Zukunftsmarkt, der sich gerade erst zu entwickeln beginnt, nicht zwangsläufig als marktbeherrschende Stellung im Sinne von Art. 2 Abs. 3 FKVO der Fusionsverordnung anzusehen. Die Annahme, dass keine Marktbeherrschung besteht, setze jedoch in einem derartigen Fall voraus, dass dieser Zukunftsmarkt offen für künftigen Wettbewerb bleibe und die Alleinstellung daher nur vorübergehend sei. Diese Voraussetzung war nach Auffassung der EU-Kommission im vorliegenden Fall nicht gegeben. Es sei zu erwarten, dass der Markt für die von MSG angebotenen Dienstleistungen durch den Zusammenschluss bereits in der Entstehungsphase abgeschottet und MSG eine auf Dauer angelegte Alleinstellung erlangen werde.[2612] Diese Aussage liefert Parallelen zu der Entscheidung Aerospitiale/Alenia/de Havilland, auch wenn hier nicht auf die Vereinbarkeit mit dem gemeinsamen Markt hingewiesen wird, so wird doch die marktbeherrschende Stellung im Sinne von Art. 2 Abs. 3 FKVO genannt und damit in konformer Auslegung der Ermessensvorschrift ein weiteres Element verlangt, in diesem Fall die Gleichsetzung des wirksamen Wettbewerbs mit der Offenhaltung der Märkte. Daneben widmete sich die Kommission in der MSG-Entscheidung auch den von den Parteien vorgebrachten Effizienzeinwendungen. So wiesen die Parteien darauf hin, dass durch die Dienstleistungen der MSG die rasche Durchsetzung des digitalen Fernsehens gefördert werde. Die Kommission ging auf den Fortschrittshinweis des Art. 2 Abs. 1 lit. b) FKVO ein und brachte zum Ausdruck, dass der „Effizienzeinwand" nur unter der Voraussetzung berücksichtigt werden könne, dass es nicht zu einer Behinderung des Wettbewerbs komme. Daher „rechtfertigen aber die Auswirkungen des beabsichtigten Zusammenschlusses die Erwartung, dass er zu einer Abschottung und frühzeitigen Vermachtung des Zukunftsmarktes für technische und administrative Dienstleistungen und zu einer erheblichen Behinderung wirksamen Wettbewerbs auf dem zukünftigen Markt für Pay-TV führt"[2613]. Denn der Markt für Pay-

---

[2610] Kommission, IV/M.469 v. 09.11.1994 „MSG Media Service".
[2611] Ebenda, Tz. 8.
[2612] Ebenda, Tz. 55.
[2613] Ebenda, Tz. 100 f. „MSG Media Service".

TV sei in Zukunft von einem Bottleneck-Charakter der Infrastruktur geprägt. Weil sowohl Bertelsmann und Kirch auf der Infrastrukturebene, als auch auf dem nachgelagerten Programmmarkt für entgeltfinanziertes Fernsehens tätig seien, wurde eine Hebelwirkung gesehen. Daher sah die Kommission richtigerweise größere Gefahren für den Programmmarkt als für die anderen beiden abgegrenzten Märkte.[2614] Im Ergebnis liefert die MSG Media Service Entscheidung zwar keine Voraussetzungen, nach denen Effizienzen berücksichtigungsfähig sind. Allerdings ist bereits hier erkennbar, dass dynamische Effizienzen in die Beurteilung einfließen.

ccc) Nordic Satellite Distribution

Das Zusammenschlussverfahren Nordic Satellite Distribution betraf ähnlich wie im Fall MSG die Gründung eines Joint Venture zwischen den norwegischen, dänischen Altsassen Telenor, Telekom Denmark und dem schwedischen Medienkonglomerat Kinnevik[2615]. Nach Abgrenzung der drei Märkte, 1) der Bereitstellung von Transponderkapazität für die Satellitenübertragung von Fernsehprogrammen und damit verbundenen Diensten für Fernsehsender, 2) Betrieb von Kabelnetzen und 3) Verteilung von Pay-TV über Satellit und anderen verschlüsselten Programmen über DBS[2616], kam die Kommission zunächst zum Ergebnis einer beherrschenden Stellung auf allen drei Märkten. Nach Ansicht der beteiligten Unternehmen hätte das Joint Venture zu wirtschaftlichem und technischem Fortschritt geführt. Kurz- und mittelfristig hätte die Entwicklung einer nordischen Hot-Bird Position die Ausstrahlung von Satellitenprogrammen im nordischen Raum verbessert, und langfristig hätte Nordic Satellite Distribution nach Umstellung auf die Digitaltechnik den Kabelnetz- und SMATV-Betreibern wesentliche Einsparungen zugunsten der Verbraucher ermöglicht.[2617] Die Kommission erkannte einen Teil der Effizienzen an, insbesondere ging sie anlässlich eines integrierten Verschlüsselungssystems für alle Netze, egal ob über Kabel oder DBS, davon aus, dass Kosteneinsparungen für Endkunden insbesondere dadurch einträten, dass die Netzbetreiber selbst keine Entschlüsselung an den Kabelkopfstationen mehr vornehmen müssten. Allerdings läge das eigentliche wettbewerbliche Problem nicht in der Leistungsfähigkeit der Infrastruktur, sondern in einer Ausweitung und Offenhaltung der Transponderkapazität. Diese Offenheit, die im Übrigen auch zu den Marktmachtgefahren beitrüge, sei nicht gewährleistet und für die integrierte Infrastruktur auch nicht durch den Zusammenschluss erforderlich. Vielmehr könne eine solche Infrastruktur auch auf andere Weise erreicht werden, weshalb die Voraussetzungen des Art. 2 Abs. 1 lit. b) FKVO nicht vorlägen.[2618] Die Hauptaussage in Nordic Satellite Distribution wird überwie-

---

2614 Ebenda, Tz. 74 ff.
2615 Kommission, IV/M.490 v. 23.02.1995, Tz. 4-7 „Nordic Satellite Distribution".
2616 Ebenda, Tz. 55.
2617 Ebenda, Tz. 145 ff..
2618 Ebenda, Tz. 150-152.

gend als Etablierung des Effizienzgedankens empfunden. Solche müssten aber zusammenschlussspezifisch sein.[2619]

ddd) GE/Honeywell

GE/Honeywell[2620] betraf in erster Linie unterschiedliche Märkte für Triebwerke und Komplementärprodukte. Auf den erst genannten Märkten war General Electric schon mit einem Marktanteil von über 50% bereits installierter Triebwerke vertreten. Die Konkurrenz erreichte dagegen nur 26% und 21%. Die Auftragsbücher wiesen sogar einen Marktanteil von 65% auf.[2621] Auf anderen sachlichen Märkten fungierte auch Honeywell als Zulieferer von Triebwerken mit einem Marktanteil von etwa 40%. Auf den Komplementärmärkten war Honeywell ebenfalls führend. Die Kommission stellte auf bestimmten Märkten für Komplementärprodukte die Begründung einer beherrschenden Stellung fest, obwohl General Electric auf diesen noch gar nicht tätig war. Sie machte hierbei in erster Linie Portfolio- und vertikale Ausschlusseffekte durch Bündelung geltend, wobei die Finanzkraft als erheblicher Faktor herausgestellt wurde[2622]. Auf dem Markt für Triebwerke bestimmter Flugzeugtypen sah die Kommission bereits eine beherrschende Stellung von General Electric. Der behauptete Portfolio-Effekt stieß vor allem seitens der US-amerikanischen Literatur[2623] auf heftige Kritik. Nicht nur die behaupteten wettbewerblichen Gefahren des Portfolio- oder Rangeffekts waren hierbei ein berechtigter Kritikpunkt, sondern auch die fehlende Bereitschaft, überhaupt auf Effizienzgesichtspunkt einzugehen.

eee) Zwischenergebnis

Bislang hat die Kommission in keinem Fall Effizienzen als Rechtfertigungsgrund einer marktbeherrschenden Stellung ausreichen lassen.[2624]. Obwohl sie diese anschneidet, lässt sie offen, ob Effizienzvorteile trotz Entstehung oder Verstärkung einer marktbeherrschenden Stellung berücksichtigungsfähig sind. In der OECD Konferenz 1996 teilte die Kommission mit, dass Effizienzgesichtspunkte im Rah-

---

2619 *Röller/Stennek/Verboven*, S. 69 (2000); wohl auch *Bürger*, S. 31 f.; *Heineke*, S. 98.
2620 Kommission, COMP/M.2220 v. 05.02.2001 „GE/Honeywell".
2621 Ebenda, Tz. 38 ff.
2622 Ebenda, Tz 81, 83, 164, 173.
2623 *Burnside*, 23 EU Comp. Law Rev. 107 (2002); *Pflanz/Caffara*, 23 EU Comp. Law Rev. 115 (2002); *Kolasky*, North Atlantic Competition Policy: Converging Toward What? BIICL Second Annual International and Comparative Law Conference London, England, 17 May 2002, abrufbar unter: <http://www.doj.gov>; *Veljanovski*, 49 Antitrust Bull. 153 ff. (2004); *Schmitz*, 23 U. Pa. J. Int. Econ. Law 539 ff. (2002).
2624 Kommission, IV/M.53 v. 15.05.1991, Tz. 53 „Aerospatiale/Alenia/de Havilland"; IV/M. 469 v. 09.11.1994 „MSG- Media Service"; IV/M.490 v. 19.07.1995 „Nordic Satellite Distribution"; IV/M.619 v. 24.04.1996 „Gencor/Lonrho"; IV/M.774 v. 04.12.1994 „Saint-Gobain/Wacker-Chemie/NOM"; IV/M.993 v. 27.05.1998 „Bertelsmann/Kirch/PREMIERE".

men der Marktbeherrschungsprüfung nicht berücksichtigt werden könnten, sofern eine marktbeherrschende Stellung entstünde: »There is no real legal possibility of justifying an efficiency defense under the Merger Regulation. Efficiencies are assumed for all mergers up to the limit of dominance – the "concentration privilege". Any efficiency issues are considered in the overall assessment to determine whether dominance has been created or strengthened and not to justify or mitigate that dominance in order to clear a concentration which would otherwise be prohibited.«[2625] Damit bestätigt die Aussage der Kommission das bis hierhin gefundene Ergebnis, dass die erhebliche Behinderung des wirksamen Wettbewerbs zumindest bei der Einbeziehung von Effizienzvorteilen keine besondere Rolle spielt. Die Kommission verfolgt im Ergebnis keinen ökonomischen Wohlfahrtsstandard und setzt ihn daher auch nicht mit der Konsumentenrente gleich.

bb) Die Neuregelung: FKVO 139/2004

Im Zuge der Novelle durch die FKVO 139/2004 hat sich eine Anpassung in Art. 2 Abs. 3 FKVO ergeben. Dieser lautet: Zusammenschlüsse, durch die wirksamer Wettbewerb im Gemeinsamen Markt oder in einem wesentlichen Teil desselben erheblich behindert würde, insbesondere durch Begründung oder Verstärkung einer beherrschenden Stellung, sind für mit dem Gemeinsamen Markt unvereinbar zu erklären. In den Erwägungsgründen und den Leitlinien der Kommission zur Beurteilung horizontaler Zusammenschlüsse finden nunmehr auch eindeutige Kriterien, die das Effizienzkriterium berücksichtigt wissen wollen. Soweit ersichtlich, sind hierzu bislang aber keine Entscheidungen der Kommission noch der Rechtsprechung ergangen.

aaa) Entstehungsgeschichte

Neben dem unbestreitbaren Einfluss der US-amerikanischen Wettbewerbsbehörden spielte für die Neuregelung der FKVO eine Reihe von Gesichtspunkten eine zentrale Rolle. So hatte die Kommission bereist im Grünbuch von 2001 über die Revision der Verordnung 4064/89[2626] interessierte Kreise aufgefordert, zu einer möglichen Abweichung zugunsten des im US-amerikanischen Fusionskontrollrechts verwendeten SLC-Test Stellung zu nehmen. Die Kommission selbst sah keinen grundsätzlichen Reformbedarf[2627]. Anlass zur Diskussion gab die behauptete „Lücke" im System des Marktbeherrschungstests, die von einigen Vertretern der Mitgliedsstaaten angeführt wurde. Diese sei nicht in der Lage, nicht-koordinierte Effekte im Oligopol

---

2625 OECD, General Distribution - Competition Policy and Efficiency Claims in Horizontal Agreements, OECD/GD(96)65, S. 53.
2626 Grünbuch, KOM (2001) 745 endg.
2627 Grünbuch, KOM (2001) 745 endg., Rdnr. 1.

zu erfassen[2628]. Diese Auffassung wurde noch weiter gestärkt, als der EuG die vermeintliche Lücke in Airtours/First Choice[2629] entdeckt zu haben schien. Deutschland beharrte auf der Position, den Marktbeherrschungstest nicht zu ändern. Das Bundeskartellamt bescheinigte dem SLC-Test Ähnlichkeit mit dem bewährten System und führte Unterschiede in der internationalen Kartellrechtspraxis, insbesondere die abweichenden Entscheidungen zwischen DOJ/FTC und Kommission, auf andere Einflussfaktoren zurück[2630]. Insbesondere das Vereinigte Königreich (UK) sah den SLC-Test dagegen als flexibleren Standard, um Effizienzgesichtspunkte berücksichtigen zu können und führte als Stütze die US-amerikanische Praxis an[2631]. Die Kommission gelangte in ihrem Verordnungsentwurf[2632] zur gleichen Auffassung wie das Bundeskartellamt. Der Marktbeherrschungstest und der SLC-Test haben zu weitgehend übereinstimmenden Ergebnissen geführt, und der Marktbeherrschungstest hat sich in Bezug auf ein breites Spektrum an Fallkonstellationen, in denen es um Marktmacht geht, als sehr anpassungsfähig erwiesen[2633]. Hinsichtlich der vermeintlichen Oligopollücke wollte sie dagegen Klarstellung durch Änderung der Verordnung schaffen. Dieser konnte sich letztendlich aber nicht im Rat durchsetzen. Eingeführt werden sollte nach Auffassung der Kommission ein neuer Absatz 2, der zu höherer Rechtssicherheit führen sollte. Auf der anderen Seite war aber auch abzusehen, dass er zu erheblichen rechtstechnischen Bedenken geführt hätte, da das darin beschriebene koordinierte und nicht-koordinierte Verhalten eine Reihe unbestimmter Rechtsbegriffe enthielt und die spürbare Beeinträchtigung von Zielsetzungen verlangte. Dies hätte dem Tatbestand zulasten der Flexibilität womöglich einen abschließenden Charakter verliehen. Auch der zweite Vorschlag, den SLC-Test in ein eindeutiges Alternativverhältnis zum Marktbeherrschungstest zu setzen, stieß auf Ablehnung, was nach Auffassung einiger als Eingeständnis einer tatsächlich bestehenden Gesetzlücke zu werten gewesen wäre. Obwohl die Befürworter des Effizienzgedankens die positiven Auswirkungen hervorgehoben hatten und zum Teil einen gesonderten Tatbestand forderten, gelangte die Kommission zu dem Ergebnis, dass dies für die Einbeziehung von Effizienzen nicht erforderlich sei. „Nach Ansicht der Kommission ist es sowohl nach der derzeitigen als auch nach der neuen vorgeschlagenen Fassung der Fusionskontrollverordnung rechtlich durchaus möglich, Effizienzerwägungen im Rahmen der materiell-rechtlichen Prüfung ausdrücklich einzubeziehen. Diese Auffassung wird in vielen Beiträgen zum Grünbuch geteilt. Art. 2 Abs. 1 lit. b) FKVO bietet hierfür eine Rechtsgrundlage"[2634]. Trotz dieser

---

2628 Vgl. insbesondere United Kingdom Response, Commission Greenpaper on the Review of Council Regulation (EEC) 4064/89, (United Kingdom Response) Rdnr. 37; *Kapp/Meßmer*, EuZW 2005, S. 161.
2629 EuG, Slg. 2002, II-2585 „Airtours/First Choice".
2630 *Scheidgen/Sturhahn*, WuW 2002, S. 31, 32; *Böge*, WuW 2002, S. 825.
2631 United Kingdom Response, Rdnr. 37.
2632 Vorschlag für eine VO des Rates über die Kontrolle von Unternehmenszusammenschlüssen, (Verordnungsentwurf), KOM (2002) 711 endg., ABl. C 20 v. 28.01.2003, S. 4 ff.
2633 Verordnungsentwurf, KOM (2002) 711 endg., ABl. C 20 v. 28.01.2003, S. 4 ff., Tz. 54.
2634 Verordnungsentwurf, KOM (2002) 711 endg., ABl. C 20 v. 28.01.2003, S. 4 ff., Tz. 60.

scheinbaren Absage, Effizienzen künftig stärker zu berücksichtigen, gab der Verordnungsentwurf in den vorgeschlagenen Erwägungsgründen vereinzelt den Begriff der Effizienzen wieder. So hieß es in Erwägungsgrund 24: Um die Auswirkungen eines Zusammenschlusses auf den Wettbewerb im Gemeinsamen Markt bestimmen zu können, sollte begründeten Effizienzargumenten der beteiligten Unternehmen Rechnung getragen werden. Es ist möglich, dass die durch einen Zusammenschluss bewirkten Effizienzvorteile die Auswirkungen des Zusammenschlusses auf den Wettbewerb, insbesondere den möglichen Schaden für die Verbraucher, neutralisieren, so dass durch den Zusammenschluss keine beherrschende Stellung begründet oder verstärkt wirkt, durch die wirksamer Wettbewerb im Gemeinsamen Markt oder in einem wesentlichen Teil desselben erheblich behindert würde[2635]. Diese Aussage der Kommission stellte ein Novum zur bisher festgestellten Rechtslage dar, da der Verordnungstext mit dem Neutralisierungsgedanken offensichtlich von der Aufhebung der wettbewerblichen Gefahren eines Zusammenschlusses durch Entstehung von Effizienzen ausgeht. Außer in dem Erwägungsgrund Nr. 24 haben Effizienzgesichtspunkte keinen Niederschlag im Verordnungstext gefunden. Im Ergebnis hat sich also im Untersagungstatbestand ein Kompromiss durchgesetzt, der den SIEC-Test zum zentralen Tatbestandsmerkmal macht und die Begründung oder Verstärkung einer marktbeherrschenden Stellung zum Regelbeispiel deklassiert, ohne dass jedoch der Effizienzgedanke in der Entstehungsgeschichte hauptursächlich war. Mangels Aufhebung des Marktbeherrschungsbegriffes sind auch Rechtsprechung und Kommissionspraxis, soweit sich in Beweggründen und Leitlinien keine weiteren Besonderheiten ergeben, auf die neue FKVO 139/2004 anwendbar[2636]. In ihrer gemeinsamen Stellungnahme weisen Kommission und Rat darauf hin, „dass der Begriff „erhebliche Behinderung des wirksamen Wettbewerbs" in Artikel 2 Absätze 2 und 3 dieser Verordnung unter Berücksichtigung der in Artikel 2 Absätze Absatz 1 und in den Erwägungsgründen, insbesondere Erwägungsgrund 25, genannten Ziele dieser Verordnung ausgelegt werden sollte."[2637]

bbb) Erwägungsgründe

Der Erwägungsgrund Nr. 25 der FKVO 139/2004 bestätigt das gefundene Ergebnis, dass die Neufassung des Untersagungstatbestandes in erster Linie die Lücke bei Oligopolsachverhalten schließen sollte. Darin heißt es: Für die Anwendung der Bestimmungen des Artikels 2 Absätze 2 und 3 wird beabsichtigt, den Begriff „erhebliche Behinderung wirksamen Wettbewerbs" dahin gehend auszulegen, dass er sich über das Konzept der Marktbeherrschung hinaus ausschließlich auf diejenigen wettbewerbsschädigenden Auswirkungen eines Zusammenschlusses erstreckt, die

---

2635 Ebenda, S. 23, Erwgr. 24.
2636 VO (EG) Nr. 139/2004 des Rates v. 20.01.2004 über die Kontrolle von Unternehmenszusammenschlüssen, (FKVO 139/2004), ABl. L 24 v. 20.01.2004, S. 1 ff, Erwgr. 26.
2637 Addendum zum Entwurf eines Protokolls v. 27.01.2004 anlässlich der 2557. Tagung des Rates der Europäischen Union am 20.01.2004, 5501/04 ADD 1, S. 3.

sich aus nicht koordiniertem Verhalten von Unternehmen ergeben, die auf dem jeweiligen Markt keine beherrschende Stellung haben würden. Damit zeigt sich nunmehr die enge Verknüpfung zwischen Marktbeherrschung und erhebliche Behinderung wirksamen Wettbewerbs, die das anfänglich gefundene Zwischenergebnis korrigiert. Die Aufrechterhaltung wirksamen Wettbewerbs soll nach diesem Erwägungsgrund jede vermeintliche oder tatsächliche Lücke unterhalb von Marktbeherrschung füllen[2638]. Auf der anderen Seite findet sich in Erwägungsgrund Nr. 29 der FKVO 139/2004 der abgewandelte Verordnungsentwurfstext der Kommission bezüglich der Berücksichtigungsfähigkeit von Effizienzen wieder. Darin heißt es: Um die Auswirkungen eines Zusammenschlusses auf den Wettbewerb im Gemeinsamen Markt bestimmen zu können, sollte begründeten und wahrscheinlichen Effizienzvorteilen Rechnung getragen werden, die von den beteiligten Unternehmen dargelegt werden. Es ist möglich, dass die durch einen Zusammenschluss bewirkten Effizienzvorteile die Auswirkungen des Zusammenschlusses auf den Wettbewerb, insbesondere den möglichen Schaden für die Verbraucher, ausgleichen, so dass durch den Zusammenschluss wirksamer Wettbewerb im Gemeinsamen Markt oder in einem wesentlichen Teil desselben, insbesondere durch Begründung oder Stärkung einer beherrschenden Stellung, nicht erheblich behindert würde. Die Kommission sollte Leitlinien veröffentlichen, in denen sie die Bedingungen darlegt, unter denen sie Effizienzvorteile bei der Prüfung eines Zusammenschlusses berücksichtigen kann. Darin deutet sich bereits an, dass die Schwelle, nach der Effizienzen berücksichtigt werden können, nach oben gesetzt wurde. So müssen Effizienzargumente nicht nur begründet, sondern auch wahrscheinlich sein und die Parteien sollen die Darlegungslast vorgebrachter Effizienzargumente tragen. Weiterhin ist aber von einem Ausgleichsmechanismus die Rede, der sowohl im Hinblick auf die erhebliche Behinderung, aber auch der Marktbeherrschung angewandt werden soll. Weitere Hinweise auf die Berücksichtigungsfähigkeit von Effizienzgesichtspunkten finden sich im Verordnungstext nicht.

ccc) Leitlinien zu horizontalen Zusammenschlüssen

Die Kommission hat dem Auftrag des 29. Erwägungsgrundes Rechnung getragen und veröffentlichte zeitgleich mit der endgültigen Fassung der FKVO Leitlinien zur Bewertung horizontaler Zusammenschlüsse. Diese umfassen einen umfangreichen Katalog zur Berücksichtigungsfähigkeit von Effizienzen. Er ist systematisch innerhalb der Ermittlung vorhersehbarer Folgen, d.h. der wettbewerbswidrigen Folgen und den relevanten Ausgleichsfaktoren, platziert worden[2639]. Augenscheinlich ist dabei, dass die vermeintlichen Nachteile von Effizienzen, wie sie die Kommission in AT&T/NCR angedeutet hatte, nirgends in den Leitlinien erwähnt werden. In Text-

---

[2638] *Röller/Strohm*, Ökonomische Analyse des Begriffs „significant impediment to effective competition", abgedruckte Rede des Chefökonom der EU, S. 6 f., abrufbar unter: <http://www.europa.eu.int/comm/competition/speeches/index_2005.html>.
[2639] Kommission, Horizontale Leitlinien, ABl. C 31 v. 05.02.2004, S. 5 ff., Tz. 12, 76.

ziffer 76 konkretisiert die Kommission ihr Vorgehen im Rahmen der umfassenden wettbewerblichen Prüfung dahingehend, dass der technische und wirtschaftliche Fortschritt berücksichtigt wird, sofern er den Verbrauchern zum Vorteil gereicht und keine Hindernisse für den Wettbewerb errichtet. Das letzte Kriterium weist darauf hin, dass Effizienzen auch weiterhin als efficiency offense behandelt werden dürfen. Verstärkt wird dieser Eindruck durch die in Art. 2 Abs. 1 FKVO genannten Strukturmerkmale, die Marktzutrittsschranken im Sinne der Theorie von Bain gleichen[2640]. Allerdings gibt es Anzeichen dafür, dass die efficiency offense in Zukunft restriktiv gehandhabt wird. Denn während der Entwurfstext noch auf Nachteile von Effizienzen einging, werden diese in der endgültigen Fassung nicht mehr erwähnt. Abgesehen hiervon sehen die Leitlinien nunmehr ausdrücklich die Möglichkeit vor, ein Vorhaben mit Art. 2 Abs. 3 FKVO für unvereinbar zu erklären, sofern die Effizienzen Fähigkeiten und Anreize der Parteien verstärken, den Wettbewerb zum Vorteil für die Verbraucher zu beleben. Hierdurch können die nachteiligen Wirkungen entgegengewirkt werden.[2641] An anderer Stelle heißt es: Behauptete Effizienzvorteile werden daran gemessen, dass die Verbraucher durch den Zusammenschluss nicht benachteiligt werden. Deshalb sollten Effizienzvorteile erheblich sein, sich rechtzeitig einstellen und den Verbrauchern in den relevanten Märkten zugute kommen, in denen ansonsten Wettbewerbsbedenken entstehen würden[2642]. Die Leitlinien unterstreichen damit zunächst, dass die durch den Zusammenschluss eröffneten Möglichkeiten eines wettbewerbsschädlichen Verhaltens nicht ausgeräumt werden müssen. Diese führen aber nicht zu Bedenken ihrer Vereinbarkeit mit dem Gemeinsamen Markt, weil die Konsumentenvorteile diese kompensieren. In diesem neuen Abwägungselement liegt eine werthaltige Aussage gerade für dynamische Märkte.

Nunmehr soll geklärt werden, welche Anforderungen an Effizienzen gestellt werden und welche Rolle die in Art. 2 Abs. 1 lit. b) FKVO geforderte Berücksichtigung des Verbrauchers spielt. Die Leitlinien nennen drei Kriterien, die für eine Berücksichtigung im Rahmen der wettbewerblichen Prüfung erfüllt sein müssen:

(1) Fusionsspezifität

Der Zusammenschluss muss fusionsspezifische Effizienzvorteile mit sich bringen. Diese liegen dann vor, wenn die Effizienzvorteile unmittelbare Folge des angemeldeten Zusammenschlusses sind und nicht in ähnlichem Umfang durch weniger wettbewerbswidrige Alternativen erzielt werden können. Unter diesen Umständen wird davon ausgegangen, dass die Effizienzvorteile durch den Zusammenschluss bedingt und somit fusionsspezifisch sind[2643]. Der Vergleichsmaßstab der Fusionsspezifität bezieht dabei auf die wettbewerbliche Lage, die ohne den Zusammenschluss beste-

---

2640 Dies verkennt *Bürger*, S. 105 o.w.N.
2641 Kommission, Horizontale Leitlinien, ABl. C 31 v. 05.02.2004, S. 5 ff., Tz. 77.
2642 Ebenda, Tz. 79.
2643 Ebenda, Tz. 85.

hen würde und nicht etwa ex-ante[2644]. Somit kann die Kommission auch die dynamische Entwicklung der Märkte berücksichtigen. Auch an anderer Stelle wird der künftigen Entwicklung Rechnung getragen. So sollen eingeleitete Restrukturierungen wichtige Funktionen für Dynamik und Wettbewerbsfähigkeit eines Wirtschaftszweiges aufweisen.[2645]

Die Anforderungen an die Fusionsspezifität sind deutlich milder als noch in den Beratungen teilweise vorgeschlagen wurde. Schärfster Gegner einer Effizienzberücksichtigung war das Bundeskartellamt. Nach seiner Auffassung müsste Effizienzen, sofern sie überhaupt Eingang in die Beurteilung eines Zusammenschlusses finden sollten, eine zwingende Kausalität nachgewiesen werden. Diese dürften dann nicht auch auf andere Weise ohne Zusammenschluss erzielbar sein[2646]. Dem ist die Kommission letztlich nicht gefolgt. Nach den Leitlinien vergleicht sie zwar die behaupteten Effizienzgewinne infolge der Fusion mit alternativen Realisierungsmöglichkeiten. Diese müssen aber realistisch, erreichbar und nicht nur rein theoretisch sein. Die Kommission erwägt allein solche Alternativen, die in Anbetracht der in dem betroffenen Wirtschaftszweig üblichen Geschäftspraktiken nach vernünftigen Maßstäben in der wirtschaftlichen Situation, in der sich die Parteien befinden, praktikabel sind.[2647] Für Einwände, wie sie das Bundeskartellamt geradezu heraufbeschworen hätte, lassen die Leitlinien daher keinen Raum. In der Literatur[2648] wird diese Entscheidung der Kommission überwiegend begrüßt.

(2) Der anzuwendende Wohlfahrtsstandard

Die Leitlinien verlangen, dass die Verbraucher nicht benachteiligt werden dürfen. Diese Voraussetzungen ist dann erfüllt, wenn die Effizienzen ihnen in erheblichem Umfang, rechtzeitig und in den relevanten Märkten zugute kommen. Zu diesen Effizienzen zählen statische, als auch dynamische Effizienzen, die sowohl bei FuE als auch im Hinblick auf Innovationen bestehen können. Hinsichtlich der statischen Effizienzen legen die Leitlinien den Schwerpunkt auf günstigere Ausgangsbedingungen durch eine Senkung der variablen und Grenzkosten, da sie im Gegensatz zur Senkung der Fixkosten eher zu niedrigeren Preisen für die Verbraucher führen. Vor diesem Hintergrund ergibt sich eindeutig die Entscheidung für den wohlfahrtstheoretischen Preisstandard, der letztlich auf die Konsumentenrente abstellt. Daneben enthalten die Leitlinien aber auch einen an dem US-amerikanischem Recht angelehnten sliding scale approach, der dazu führt, dass im Ergebnis eine Abwägung zwischen der Wahrscheinlichkeit der eintretenden Effizienzen und der wettbewerbs-

---

2644 Ebenda, Tz. 9.
2645 Ebenda, Tz. 76.
2646 BKartA, Stellungnahme des Bundeskartellamtes zum Entwurf einer Mitteilung der Kommission über die Kontrolle horizontaler Zusammenschlüsse gemäß der Fusionskontrollverordnung, Az. E/G4-3003/03, S. 5.
2647 Kommission, Horizontale Leitlinien, ABl. C 31 v. 05.02.2004, S. 5 ff., Tz. 85.
2648 *Bürger*, S. 109; ablehnend: BKartA, aaO (Fn. 2646).

beschränkenden strukturellen Wirkung des Zusammenschlusses stattfindet. Dieser sliding scale approach findet sich einmal im Hinblick auf die Rechtzeitigkeit der eintretenden Effizienzen[2649]. Sind die Effizienzen nur relativ langsam realisierbar, so sind die Anforderungen an das Ausmaß der Effizienzvorteile strenger als wenn sie sich rascher einstellen würden. Eine weitere Abwägung findet sich in Bezug auf die Schwere der eintretenden Nachteile[2650]. Wiegen diese schwer, steigt auch Anspruch an die Erheblichkeit der Effizienzwirkungen. Wie weit dieser Abwägungsvorgang geht, zeigt Textziffer 84, der ähnlich den Merger Guidelines formuliert: Es ist höchst unwahrscheinlich, dass ein Zusammenschluss, der zu einer Marktstellung führt, die einem Monopol nahe kommt oder ein ähnliches Maß an Marktmacht erbringt, mit der Begründung für mit dem Gemeinsamen Markt vereinbar erklärt werden könnte, dass Effizienzvorteile ausreichen würden, den möglichen wettbewerbswidrigen Wirkungen entgegenzuwirken.[2651]

Offen bleibt allerdings in welchem Verhältnis statische und dynamische Effizienzen stehen bzw. ob dynamischen Effizienzen größeres Gewicht beigemessen werden sollte. Angesichts der in MSG Media Service[2652] bereits dargestellten „Neigung" der Kommission, dynamischen Effizienzen besondere Beachtung zu schenken und dem im Primärrecht[2653] verankerten Förderungswillen, spricht vieles dafür, dass diese Praxis auch künftig fortgesetzt werden wird.

(3) Beweislast bei den Parteien

Schließlich müssen Effizienzvorteile nachprüfbar sein[2654]. Das Nachprüfbarkeitskriterium der Leitlinien konkretisiert das noch bei den Erwägungsgründen der FKVO als Darlegungslast vermutete Erfordernis[2655], welches sich an die Parteien des Zusammenschlusses richtet. Das Nachprüfbarkeitskriterium bezieht sich im Grunde auf alle im Rahmen der Berücksichtigungsfähigkeit genannten Kriterien und damit sowohl auf die Zusammenschlussspezifität als auch auf die Weitergabe der Effizienzvorteile an die Verbraucher. Innerhalb dieser Prüfungsschritte steigt die Darlegungslast und damit das Erfordernis, Daten des Zusammenschlusses und die Hintergründe der erzielbaren Effizienzen der Kommission durch externe Studien, interne Unterlagen, aber auch durch Hinweise für in ähnlichen Fällen erzielte Effizienzen beizubringen[2656].

2649   Kommission, Horizontale Leitlinien, ABl. C 31 v. 05.02.2004, S. 5 ff., Tz. 83.
2650   Ebenda, Tz. 84.
2651   Ebenda.
2652   Ebenda.
2653   Vgl. Teil 3: A.II.3.a), S. 451.
2654   Kommission, Horizontale Leitlinien, ABl. C 31 v. 05.02.2004, S. 5 ff., Tz. 84.
2655   FKVO 139/2004, ABl. L 24 v. 20.01.2004, S. 1 ff, Erwgr. 26.
2656   Kommission, Horizontale Leitlinien, ABl. C 31 v. 05.02.2004, S. 5 ff., Tz. 87 f.

b) Die Bedeutung von Effizienzen nach GWB

Angesichts der Entwicklungen in den USA und auf europäischer Ebene hat die Diskussion um die Rolle von Effizienzen das deutsche Fusionskontrollrecht erfasst. Dabei stellt sich zunächst die Frage, an welcher Stelle des Fusionskontrolltatbestandes ein solches Effizienzkriterium berücksichtigungsfähig sein könnte. Die FKVO berücksichtigt das Effizienzkriterium im Rahmen der Generalklausel einer beherrschenden Stellung, weil das Marktbeherrschungskonzept mittlerweile keinem strukturellen Ansatz mehr folgt, sondern auf die Konsumentenwohlfahrt abstellt, sich daher hauptsächlich am Preis orientiert. Wie gesehen ist aber am Begriff selbst nicht direkt ablesbar, ob Effizienzen berücksichtigt werden. Da auch das deutsche Fusionskontrollrecht den Begriff der Marktbeherrschung verwendet, muss die Bedeutung des Marktbeherrschungsbegriffes in diesem Zusammenhang erläutert werden.

aa) Schutz der Wettbewerber, § 19 Abs. 2 Nr. 2 GWB

Die niedrigen Marktanteilsschwellen der Marktbeherrschungsvermutung nach § 19 Abs. 3 GWB und die vom BGH angedeutete Bedeutung des Marktanteilskriteriums für die Fusionskontrolle als Marktstrukturkontrolle geben Anlass, den Wettbewerbsbegriff nochmals genauer zu konturieren. Der BGH betont, dass das Ziel der Fusionskontrolle in ausgewogenen Marktstrukturen gesehen werden müsse, durch die einseitige, nicht mehr leistungsbedingte Verhaltensspielräume der Unternehmen im Interesse des umfassenden Schutzes der Handlungsfreiheit anderer Unternehmen verhindert werden[2657]. Die Handlungsfreiheit der Wettbewerber ist damit ein bedeutendes Schutzobjekt des Wettbewerbsbegriffes und findet seine Parallele in der vom EuGH anfangs verwendeten Formulierung, dass die marktbeherrschende Stellung dem Unternehmen einen gesteigerten Verhaltensspielraum (gegenüber Verbrauchern) und Wettbewerbern gegenüber eröffnet. Die vielfach zitierte Aussage des BGH hat dazu geführt, den Wettbewerb institutionell dahingehend zu begreifen, dass der Verbraucher mittelbar über die Institution des Wettbewerbs geschützt wird, wohingegen der Wettbewerber des marktbeherrschenden Unternehmens Individualschutz genießt und sich auf die Regeln des GWB direkt beziehen kann.[2658] Dieser Individualschutz ist in § 19 Abs. 2 GWB gesetzlich verankert und hat für die deutsche Fusionskontrolle erhebliche Auswirkungen. Denn der durch einen Zusammenschluss gesteigerte Verhaltensspielraum gegenüber Wettbewerbern macht auch im Falle einer Preisreduzierung oder technischen Fortschritts aufgrund von Effizienzen den verlorenen Schutz der Wettbewerber obsolet. Im Gegenteil, der Vorsprung der Zusammenschlussparteien kann dazu führen, dass diese aufgrund von Synergieef-

---

2657 BGHZ 71, S. 102, 111 „Sachs/GKN"; 74, S. 359, 364 „WAZ"; 77, S. 279, 281 „Mannesmann/Brueninghaus"; 79, S. 62, 67 „Klöckner/Becorit"; 82, S. 1, 8 ff „Springer/MZV"; 119, S. 346, 363 „Springer Beig (Pinneberger Tageblatt)".
2658 Zur Kontroverse nur *Mestmäcker*, in: Immenga/ders. (Hrsg.), GWB-Kommentar, GWB Einleitung, Rdnr. 67; *K.Schmidt*, S. 63.

fekten im wettbewerblichen Prozess besser da stehen als ihre Konkurrenten. Allein aus diesem Vorsprung kann sich eine Situation ergeben, die zu einer überragenden Marktstellung im Sinne von § 19 Abs. 2 Nr. 2 GWB und damit zu einer marktbeherrschenden Stellung führt, ohne dass günstige Preise für den Verbraucher eine Marktbeherrschung entfallen ließen. Damit liegt der Schluss nahe, dass das auf symmetrische Marktverhältnisse abzielende Kriterium zwischen den Unternehmen ein bestimmtes Gleichgewicht auf den Märkten verlangt, das mit der Effizienzanalyse schlechterdings unvereinbar ist. Auch wenn durch die Weitergabe der Effizienzen an die Verbraucher, beispielsweise durch niedrigere Preise, die eigentliche Funktion des Wettbewerbs in institutioneller Hinsicht erfüllt wird, steht der Individualschutz nach § 19 Abs. 2 GWB dennoch ausdrücklich entgegen. Da § 19 Abs. 2 Nr. 2 GWB die Marktstellung berücksichtigt, ist nahe liegend, dass der durch Effizienzen entstehende Vorsprung sogar zu untersagen wäre. Eine solche Auslegung als efficiency offense erinnert stark an die Entscheidung AT&T/NCR der Kommission. Auch hier wurden Effizienzen eher als wettbewerbsschädliche Vorsprünge der Zusammenschlussparteien begriffen. Mit der Neuregelung der FKVO ist eine solche Beurteilung nicht mehr aktuell. Denn während der Mitteilungsentwurf noch die Möglichkeit einer Berücksichtigung von Größen- und Verbundvorteilen als Faktoren für die Bestimmung von Marktmacht benannte[2659], sind diese in den endgültigen Leitlinien nicht mehr enthalten. Im Ergebnis zeigt sich bereits an dieser Stelle, welche unterschiedlichen Perspektiven mittlerweile zwischen dem europäischen und deutschen Marktbeherrschungsbegriff entstanden sind.

bb) Abwägungsklausel, § 36 Abs. 1 GWB

Ein Möglichkeit, Effizienzkriterien angemessen zu berücksichtigen, könnte sich aber aus § 36 Abs. 1, 2. Hs. GWB ergeben. Diese Abwägungsklausel trägt dem Umstand Rechnung, dass Zusammenschlüsse, die eine marktbeherrschende Stellung erwarten lassen, auch zu Vorteilen führen können, die dann abwägend miteinander verglichen werden sollen. Daher ist ein Zusammenschluss dann nicht zu untersagen, wenn die beteiligten Unternehmen nachweisen, dass durch den Zusammenschluss auch Verbesserungen der Wettbewerbsbedingungen eintreten und dass diese Verbesserungen die Nachteile der Marktbeherrschung überwiegen. Die Abwägungsklausel ist als Ausprägung des rechtsstaatlichen Verhältnismäßigkeitsgrundsatzes vom Bundeskartellamt zu beachten, wobei die Parteien den Nachweis der Verbesserungen zu führen haben[2660].

Für die Möglichkeit, Effizienzen im Rahmen der Abwägungsklausel zu berücksichtigen, bleibt angesichts des engen Marktbeherrschungsbegriffes in § 19 Abs. 2 Nr. 2 GWB nur wenig Raum. Denn wie gesehen begünstigen Effizienzen meist nur die Zusammenschlussparteien bzw. den Verbraucher, nicht aber die Wettbewerber,

---

2659 Vgl. Kommission, Entwurf einer Mitteilung der Kommission über die Kontrolle horizontaler Zusammenschlüsse gemäß der Fusionskontrollverordnung v. 11.12.2002, Tz. 21.
2660 *Richter*, in: Wiedemann (Hrsg.), Handbuch des Kartellrechts, § 20 a.F. Rdnrn. 153 f.

die aufgrund der Synergieeffekte hinter den Wettbewerbsmöglichkeiten des marktbeherrschenden Unternehmens weiter zurückfallen. Somit stellt sich die Frage, welche Fälle die Abwägungsklausel überhaupt erfassen soll. Es wird darauf hingewiesen[2661], dass die Abwägungsklausel insbesondere zwei Fälle im Auge habe. Zum einen sollen die Fälle erfasst werden, in denen ein Anteilserwerb zu einer Konzentration von Marktmacht bei dem erwerbenden Unternehmen, zugleich aber zu einer Dekonzentration bei dem Veräußerer führe. Die Abwägungsklausel kann aber auch die Wirkungen auf einzelnen Märkten miteinander vergleichen. Kompensationsfähig soll eine marktbeherrschende Stellung auf einem relativ unbedeutenden Markt sein, wenn auf einem gesamtwirtschaftlich wichtigeren Markt positive Veränderungen des Wettbewerbs entstehen. Dies soll Märkte einschließen, auf denen die Zusammenschlussparteien noch nicht tätig sind[2662]. Diskutiert wird aber auch, ob die Wettbewerbsverbesserungen auf dem beherrschten Markt eintreten können, was zum Teil bei der Sanierungsfusion bejaht wird[2663].

Berücksichtigungsfähig sind damit solche Effizienzen, die durch den Zusammenschluss den Verhaltensspielraum anderer Unternehmen durch den entstehenden Kosten- oder Innovationsdruck begrenzen, wenn auf diesem Markt keine ausreichenden Wettbewerbsbedingungen herrschen. Gerade auf Infrastrukturmärkten könnte diese Möglichkeit zu einer etwaigen Abwägung von statischen und dynamischen Effizienzen in intermodaler Hinsicht führen.

cc) Meinungen in der Literatur

In der Literatur wird die Möglichkeit der Einbeziehung von Effizienzen nach überwiegender Auffassung[2664] abgelehnt. Die in der Literatur geführte Diskussion kann hierbei nicht ohne den Blick auf die FKVO gesehen werden, da jedenfalls bislang die Berücksichtigung von Effizienzkriterien im Tatbestandsmerkmal der Marktbeherrschung als ausgeschlossen galt. Weder Rechtsprechung noch Bundeskartellamt haben hierzu je Stellung genommen. Erst im Rahmen der FKVO Novelle wird das Verhältnis von Effizienzen und dem Marktbeherrschungsbegriff allmählich skizziert. Als Argument gegen die Einbeziehung von Effizienzen im Rahmen der Abwägungsklausel dient lediglich der Hinweis, dass gesamtwirtschaftliche Vorteile und Allgemeininteressen als nicht wettbewerbliche Verbesserungen naturgemäß keine

---

2661 *Mestmäcker/Veelken*, in: Immenga/Mestmäcker (Hrsg.), GWB-Kommentar, § 36 Rdnr. 282.
2662 *Richter*, in: Wiedemann (Hrsg.), Handbuch des Kartellrechts, § 20 a.F. Rdnrn. 161.
2663 KG WuW/E OLG 2228, 2233 „Zeitungsmarkt München"; *Mestmäcker/Veelken*, in: Immenga/Mestmäcker (Hrsg.), GWB-Kommentar, § 36 Rdnr. 296 f.; *Richter*, in: Wiedemann (Hrsg.), Handbuch des Kartellrechts, § 20 a.F. Rdnrn. 161.
2664 *Böge/Jakobi*, BB 2005, S. 113 f.; *Böge*, WuW 2004, S. 138, 146 f.; *Kapp/Meßmer*, EuZW 2005, S. 161.

Berücksichtigung finden können[2665] und daher nur der im Einzelfall beschwerliche Weg einer Ministererlaubnis nach § 42 GWB in Frage komme. Das Bundeskartellamt hat seine Sichtweise in Bezug auf Effizienzvorteile erstmals in seiner Stellungnahme zum Verordnungsentwurf der FKVO 139/2004 zum Ausdruck gebracht. Darin wird betont, dass Effizienzvorteile eine marktbeherrschende Stellung nie ausräumen können. Denn bereits begrifflich bedeute Marktbeherrschung, dass das in Frage stehende Unternehmen keinem Wettbewerbsdruck mehr ausgesetzt. Da Wettbewerbsdruck zu wettbewerblichen Preisen führe, bestehe infolge seines Fehlens keine Notwendigkeit, Effizienzen an die Verbraucher weiterzugeben. Daher würde auch das Vorbringen von Effizienzen an der wettbewerblichen Beurteilung nichts mehr ändern und wäre ein Einbeziehung spekulativ.[2666]

c) Stellungnahme

Die Kritik an der Effizienzanalyse setzt an einem strukturell geprägten Ansatz an, der sich von dem nunmehr in der europäischen Fusionskontrolle geprägten Ansatz der Konsumentenwohlfahrt grundlegend unterscheidet. Während der erste Eingriffe der Behörden aufgrund abstrakt definierter Marktstrukturen rechtfertigt, orientiert sich das Konzept der Konsumentenwohlfahrt an den Auswirkungen eines Zusammenschlusses, mithin am Marktergebnis, das wiederum anhand der Konsumentenrente und damit in erster Linie am Preis gemessen wird. Die Kritik läuft damit in dem nunmehr von der Kommission verfolgten Ansatz ins Leere und weist in eine Richtung, für die es mittlerweile eine andere Modellvorstellung gibt. Mit dieser neuen Modellvorstellung ist damit zwar das Marktstrukturmerkmal nicht vollkommen außer Kraft gesetzt, da durch den HHI immer noch eine industrieökonomisch verlässliche Quelle einer strukturellen Komponente besteht. Allerdings gibt es kein Konzentrationsprivileg in dem Sinne mehr, dass ab einer bestimmten Schwelle Effizienzvorteile nicht mehr berücksichtigt würden. Die Kommission hat sich somit von dem SCP-Paradigma gelöst. Die europäischen Grundsätze lassen sich daher auch nicht einfach auf die deutschen übertragen.

2665 BKartA, Tätigkeitsbericht 2001/2002, BT-Drs. 15/1226, S. 24; *Mestmäcker/Veelken*, in: Immenga/Mestmäcker (Hrsg.), GWB-Kommentar, § 36 Rdnr. 307; *Bechtold*, GWB Kommentar, § 36 Rdnr. 22.
2666 BKartA, Stellungnahme des Bundeskartellamtes zum Entwurf einer Mitteilung der Kommission über die Kontrolle horizontaler Zusammenschlüsse gemäß der Fusionskontrollverordnung, Az. E/G4-3003/03, S. 5; *Kapp/Meßmer*, EuZW 2005, S. 161; *Böge*, WuW 2004, S. 138, 146 f.; *I.Schmidt*, WuW 2004, S. 359.

5. Recht der Nebenbestimmungen

Den Vertretern des strukturellen Ansatzes ist zuzugestehen, dass die Fusionen trotz ihrer versprechenden Effizienzvorteile meist auch eine wettbewerbsschädliche Wirkung aufweisen[2667]. Wie bereits im ersten Teil der Arbeit deutlich wurde[2668], ist gerade bei Zusammenschlüssen auf konzentrierten Märkten, aber auch bei solchen, die erhebliche Effizienzen freisetzen können und zudem durch Ungewissheiten hinsichtlich von Marktmacht geprägt sind, eine Zusammenschlussverbot zu vermeiden und möglichst mit Nebenbestimmungen zu operieren. Im Zusammenspiel mit behaupteten Effizienzvorteilen sollten mit der Möglichkeit, sowohl Effizienzen zu berücksichtigen und Gefahren gleichzeitig abzumildern, die Chancen einer Freigabeentscheidung zugunsten des technologischen Fortschritts und einer dynamischen Marktentwicklung ergehen. Die US-amerikanische Fusionspraxis hat gezeigt, dass Zusammenschlussverbote äußerst selten sind. Fast ausschließlich werden daher kritische Zusammenschlüsse mit Nebenbestimmungen (im europäischen Fusionskontrollrecht ebenfalls als „conditions" bezeichnet) freigegeben und haben hier zu einem äußerst sinnvollen Ausgleich zwischen Marktmacht einerseits und Effizienz andererseits beigetragen. Fraglich ist, inwieweit Kommission und Bundeskartellamt mit solchen Nebenbestimmungen operieren.

a) Nebenbestimmungen im europäischen Fusionskontrollrecht

Da sich die Kommission ohne Zweifel von dem SCP-Paradigma gelöst hat, stellt sich die Frage, wie sie mit solchen Nebenbestimmungen bislang umging und wie sich der Umgang in Zukunft gestalten könnte. Diese nunmehr verfolgte Nähe zur Chicago School und der US-amerikanischen Fusionskontrollpraxis bewirkt, dass Marktstrukturkriterien an Bedeutung verlieren, wenn sie auch nach wie vor in Art. 2 Abs. 1 lit. b) FKVO genannt werden.

aa) Rechtsgrundlage: Art. 8 Abs. 2 FKVO

Für die Verbindung von Freigabeentscheidungen mit Auflagen und Bedingungen kommen als Rechtsgrundlagen Art. 6 Abs. 2 FKVO für Nebenbestimmungen im Vorverfahren und andererseits Art. 8 Abs. 2 FKVO für solche im Hauptverfahren zur Anwendung. Die Voraussetzungen, nach denen die Kommission im Vorverfahren Auflagen und Bedingungen mit ihrer Freigabeentscheidung verbinden kann oder muss, unterscheiden sich in einigen Punkten von den Voraussetzungen im Hauptverfahren, was bereits aus dem unterschiedlichen Maßstab der materiellen Beurteilung des Zusammenschlusses folgt. Nach Art. 6 Abs. 2 FKVO darf der Zusammenschluss

---

[2667] So vor allem *I.Schmidt*, WuW 2004, S. 359; BKartA, Wettbewerbsschutz und Verbraucherinteressen im Lichte neuerer ökonomischer Methoden, Diskussionspapier des Arbeitskreis Kartellrecht, 2004, S. 9.

[2668] Vgl. Teil 1: A.VI.4., S. 108; Teil 1: C.IV., S. 220 ff.

keinen Anlass mehr zu ernsthaften Bedenken geben. Nach Art. 8 Abs. 2 FKVO muss das Zusammenschlussvorhaben dagegen mit dem Gemeinsamen Markt vereinbar sein. Diese Unterscheidung führt zwar auch zu Abeichungen innerhalb der materiellen Nachweispflicht. Grundsätzlich stehen aber außerhalb dieser Verpflichtung die gleichen materiell-rechtlichen Kriterien zur Prüfung an[2669]. Eine Differenzierung soll an dieser Stelle daher nicht vertieft werden[2670]. Hier interessieren allein die im Hauptverfahren ergehenden Nebenbestimmungen und damit die zentrale Stellung von Art. 8 FKVO. In Art. 8 Abs. 2 FKVO heißt es: Stellt die Kommission fest, dass ein angemeldeter Zusammenschluss nach entsprechenden Änderungen durch die beteiligten Unternehmen dem in Artikel 2 Absatz 2 festgelegten Kriterium [...] entspricht, so erlässt sie eine Entscheidung, mit der der Zusammenschluss für vereinbar mit dem Gemeinsamen Markt erklärt wird. Nach Art. 8 Abs. 2 Unterabs. 1 FKVO kann die Kommission ihre Entscheidung mit Bedingungen und Auflagen verbinden, um sicherzustellen, dass die beteiligten Unternehmen den Verpflichtungen nachkommen, die sie gegenüber der Kommission hinsichtlich einer mit dem Gemeinsamen Markt zu vereinbarenden Gestaltung des Zusammenschlusses eingegangen sind. Damit weist Art. 8 Abs. 2 FKVO darauf hin, dass zu ergehende Nebenbestimmungen an vorherige Verpflichtungen geknüpft sind, die nach allgemeiner Auffassung[2671] als „Zusagen" und von der Kommission manchmal auch als „Verpflichtungszusagen" bezeichnet werden. Nähere Ausführungen und konkrete rechtliche Maßstäbe, nach denen Zusagen akzeptiert bzw. welche Anforderungen an die Nebenbestimmungen zu stellen sind, lassen sich der FKVO nicht entnehmen. Die Kommission hat aber für die ehemalige FKVO 4964/89 eine Mitteilung über zulässige Abhilfemaßnahmen erlassen[2672], die nur die Kommissionspraxis und die Auslegung der relevanten Normen zusammenfasst. Für die neue FKVO existiert eine solche Mitteilung noch nicht. Allerdings werden sie von der Kommission immer noch als einschlägige Richtlinien ausgewiesen[2673].

bb) Verhältnis von Zusagen und Nebenbestimmungen

Zusagen auf der einen Seite und Nebenbestimmungen auf der anderen sind bereits von Sinn und Zweck beider Institute, die wettbewerbsrechtlichen Bedenken zu beseitigen, eng miteinander verwoben. Während Zusagen von den Zusammenschlussparteien gegenüber der Kommission gemacht werden, ist das Recht der Nebenbestimmungen auf Seiten der Kommission anzuwenden, um gemäß Art. 8 Abs. 2 Un-

---

2669 EuG, Slg. 2003 II-1279, Rdnr. 169 „BaByliss v. Kommission".
2670 Ausf. hierzu und den formellen Problemen und der Historie vgl. nur *Immenga*, in: ders./Mestmäcker (Hrsg.), GWB-Kommentar, Kommentar zum Europäischen Kartellrecht, Art. 8 Rdnr. 32 mwN; vgl. auch *Riegger*, S. 237 ff.; *Heithecker*, S. 42 ff.
2671 *Uhlig*, S. 179; *Heithecker*, S. 42; anders noch: *Riesenkampff*, WuW 1977, S. 291, 298.
2672 Mitteilung der Kommission über die im Rahmen der VO (EWG) 4064/89 des Rates und der VO (EG) Nr. 447/98 der Kommission zulässige Abhilfemaßnahmen, ABl. C 68 v. 02.03.2001, S. 3 ff.
2673 Kommission, <http://ec.europa.eu/comm/competition/mergers/legislation/legislation.html>.

terabs. 1 FKVO, die Einhaltung der Zusagen zu gewährleisten. Damit kann man Zusagen definieren als die durch die Parteien gegenüber der Kommission im laufenden Fusionskontrollverfahren erfolgende verbindliche Ankündigung von Maßnahmen, die die Parteien vor oder nach der Freigabe des Zusammenschlussvorhabens durch die Kommission durchführen, um die Entstehung oder Verstärkung einer marktbeherrschenden Stellung durch das Zusammenschlussvorhaben zu verhindern[2674]. Das Gegenstück zu dieser zeitlichen Abgrenzung bilden die zu unterscheidenden Nebenbestimmungen. Die Nebenbestimmungen sind nach Art. 8 Abs. 2 Unterabs. 1 FKVO vom Fortbestand der Freigabeentscheidung abhängig und weisen damit die auch nach deutschem Recht erforderliche Akzessorietät im Hinblick auf einen Verwaltungsakt im Sinne von § 36 VwVfG auf. Die Kommission trennt in ihrer Kommissionspraxis oft nicht zwischen den beiden Rechtsinstituten Bedingung und Auflage. Häufig wird daher synonym von Auflagen und Bedingungen gesprochen[2675], im Ergebnis aber eine nach deutschem Recht zu klassifizierende Auflage erteilt[2676]. Die Kommission ist sich der Unterschiedlichkeit zweifelsohne bewusst und differenziert formell nach der Rechtsfolge ihrer Nichteinhaltung[2677]. Denn während bei der Auflage der Zusammenschluss vollzogen werden und bei Verstoß ein Widerruf der Freigabeentscheidung gemäß Art. 8 Abs. 6 lit. b) FKVO erfolgen kann, suspendiert die Bedingung bis zu ihrer Erfüllung und zwingt die Parteien nicht[2678], die ihre Anmeldung bis zu einer Entscheidung der Kommission im Hauptverfahren zurückziehen und eventuell in veränderter Form neu anmelden können.[2679] Allerdings ist die eindeutige Qualifizierung einer Maßnahme als Auflage oder Bedingung häufig problematisch, da zur Gewährleistung der Sicherung wettbewerblicher Strukturen eine Maßnahme unterschiedliche Komponenten aufweisen kann, die ineinander greifen müssen. So ist beispielsweise die Anordnung der Veräußerung von Betriebsteilen auf der einen Seite als Bedingung zu qualifizieren, da ohne eine solche der Vollzug des Zusammenschlusses nicht stattfinden kann. Auf der anderen Seite ist ein vollständige Veräußerung meist nur nach einem Vollzug möglich[2680], so dass zur Durchführungen bestimmte Anordnungen zu treffen sind, wie beispielsweise die Bestellung eines Treuhänders mit dem unwiderrufbaren Mandat, das betreffende Geschäft zu veräußern. Hierin wäre eine Auflage zu sehen.[2681]. Zu beachten ist, dass die Auferlegung von Nebenbestimmungen gemäß Art. 8 Abs. 2 FKVO im Ermessen der Kommission steht[2682]. Dieses Ermessen ist aber nicht unerschöpflich, sondern ist

---

2674 *Heithecker*, S. 46.
2675 *Uhlig*, S. 183; *Riegger*, S. 36 ff., 64 ff.; *Heithecker*, S. 62; *Uhlig*, WuW 2000, S. 574 f.
2676 Vgl. *Wagemann*, in: Wiedemann (Hrsg.), Handbuch des Kartellrechts, § 17 Rdnr. 126 mwN.
2677 Vgl. Kommission, ABl. C 68 v. 02.03.2001, S. 3 ff., Tz. 11.
2678 So bereits *Savigny*, System des heutigen Römischen Rechts, Band 3, 1840, S. 231: »*Die Bedingung suspendiert, zwingt aber nicht; die Auflage zwingt, suspendiert aber nicht*«.
2679 Vgl. *Bechtold*, EuZW 1994, S. 653, 659; *Groger/Janicki*, WuW 1992, S. 991, 1000.
2680 *Uhlig*, WuW 2000, S. 574, 577; Kommission, IV/M.1221 v. 25.08.1998 „Rewe/Meinl".
2681 Bsp. aus Kommission, ABl. C 68 v. 02.03.2001, S. 3 ff., Tz. 11.
2682 *Leibenath*, S. 89; *Heithecker*, S. 205 ff.; *Schwarze*, EuZW 2002, S. 741, 744.

ganz besonders an den Verhältnismäßigkeitsgrundsatz geknüpft[2683], so dass nicht nur die Freigabeentscheidung als solche, sondern auch die Auferlegung von Nebenbestimmungen dann erfolgen muss, wenn die Voraussetzungen des Art. 2 Abs. 2 FKVO vorliegen, also durch den Zusammenschluss wirksamer Wettbewerb im Gemeinsamen Markt nicht erheblich behindert würde. Daher ist auch das Auswahlermessen hinsichtlich der Nebenbestimmungen auf das mildeste Mittel beschränkt[2684]. Die Kommission darf daher keine Nebenbestimmungen treffen, die über das erforderliche Maß[2685] hinaus gehen.

cc) Rechtsfolge der Entflechtung

Ohne zu tief in das Entflechtungsverfahren einzusteigen, ist wichtig klarzustellen, welche Konsequenzen Verstöße gegen Auflagen oder bei Nichterfüllung einer Bedingung nach sich ziehen. Wie erwähnt gilt in der FKVO das Vollzugsverbot nach Art. 7 Abs. 1 FKVO. Die Unternehmen dürfen also den angemeldeten Zusammenschluss solange nicht vollziehen, bis eine Freigabeentscheidung der Kommission ergangen ist, und zwar entweder[2686] schon in der Phase I nach Art. 6 Abs. 1 lit. b) FKVO oder in der Phase II nach Art. 8 Abs. 1, 2 FKVO. Verstoßen die Zusammenschlussbeteiligten gegen eine Bedingung nach[2687] Durchführung des Hauptverfahrens, so folgt schon aus ihrem Suspensiveffekt und Art. 8 Abs. 2 FKVO, dass der Zusammenschluss mit dem gemeinsamen Markt unvereinbar ist, falls eine Bedingung für die Freigabe nicht erfüllt ist. Dies schließt den Anreiz aus, die Bedingung nicht zu erfüllen, um anschließend zurück in die Phase II-Verfahren eintreten zu können und dort nach weiteren Verhandlungslösungen mit der Kommission zu suchen. Stellt die Kommission gemäß Art. 8 Abs. 4 lit. b) FKVO fest, dass die Bedingung nicht erfüllt ist und dennoch vollzogen wurde, beispielsweise weil die Bedingung auflösend bedingt ist oder im Falle einer aufschiebenden Bedingung der Zusammenschluss rechtswidrig vollzogen wird, kann die Kommission gemäß Art. 8 Abs. 4 Unterabs. 2 FKVO geeignete Maßnahmen treffen, um den Zustand vor Vollzug (soweit wie möglich) wiederherzustellen. Sie kann insbesondere die Auflösung (auch Entflechtung genannt) verfügen.

Erfüllen die Parteien eine Auflage nicht, so kann die Kommission ihre Freigabeentscheidung gemäß Art. 8 Abs. 6 lit. b) FKVO widerrufen. Die Rechtsfolgen sind

---

2683 *Schwarze,* EuZW 2002, S. 741, 744.
2684 *Heithecker,* S. 206; *Wagemann,* in: Wiedemann (Hrsg.), Handbuch des Kartellrechts, § 16 Rdnr. 105.
2685 Weitere Differenzierung im Hinblick auf die Nachweispflichten lassen sich auch nach den Verfahrensstufen treffen, vgl. *Heithecker,* S. 48 f.; *Schwarze,* EuZW 2002, S. 741, 744.
2686 Hat die Kommission innerhalb der Frist des Art. 10 Abs. 1 bzw. 2 FKVO keine Entscheidung getroffen, so gilt der Zusammenschluss gemäß Art. 10 Abs. 6 FKVO ebenfalls als mit dem Gemeinsamen Markt für vereinbar erklärt, so dass gemäß Art. 7 Abs. 1 klarstellungsweise als dritte Möglichkeit Art. 10 Abs. 6 FKVO genannt wird.
2687 Wenn noch kein vollständiges Hauptprüfungsverfahren stattg. hat (Art. 6 Abs. 1 FKVO), ist dagegen ein Phase II-Verfahren zu durchlaufen, vgl. *Dittert,* WuW 2004, S. 148, 158.

zwar nirgends erwähnt, aus der Systematik folgt aber, dass noch nicht vollzogene Zusammenschlüsse die Wirkung einer nicht erteilten Erlaubnis haben und damit die Wirkung des Art. 7 Abs. 1 FKVO ex tunc wiederherstellen. Ist dagegen der Zusammenschluss bereits vollzogen – dies trifft in den meisten Fällen zu – fällt die Erlaubnis zum Zeitpunkt des Widerrufs, d.h. ex nunc weg. Sie trifft dann eine Entscheidung nach Art. 8 Abs. 3 FKVO, wonach der Zusammenschluss die Untersagungskriterien des Art. 2 Abs. 3 FKVO erfüllt und daher mit dem Gemeinsamen Markt unvereinbar ist. Anschließend trifft sie dann eine Entscheidung nach Art. 8 Abs. 4 lit. a) FKVO, wonach der Zusammenschluss dann rückgängig zu machen ist, so dass ebenfalls das Entflechtungsverfahren zur Anwendung kommt.[2688]

Sowohl bei einem Vollzug unter Nichteintritt einer Bedingung oder Auflage ist darauf zu achten, dass der Grundsatz der Verhältnismäßigkeit gewahrt bleibt, da insofern Art. 8 Abs. 4 Unterabs. 2 FKVO ein abgestuftes System vorsieht, das durch die unbestimmte Rechtsbegriffe und Ermessensspielräume geprägt ist. Für die Parteien ist dann die weniger belastende Maßnahme zu wählen.

dd) Das „ehemalige" Problem der Verhaltenszusage

Sinn und Zweck der „Zusagen" als auch der Bedingungen und Auflagen ist es, die wettbewerblichen Probleme, die sich aus einem Zusammenschluss ergeben würden, zu beseitigen, ohne den Zusammenschluss in seiner Gesamtheit zu untersagen[2689]. Unterhalb des Oberbegriffs „Zusagen" unterscheidet man zwei Kategorien, die strukturbezogenen und die verhaltensbezogenen Zusagen. Die klassischste Form der strukturbezogenen Zusage ist die Veräußerung von Beteiligungen an Unternehmen und ganzer Geschäftsbereiche. Als Verhaltenszusage ist die dagegen die Verpflichtung zu werten, aufgrund der durch den Zusammenschluss hinzugewonnenen Marktmacht, bestimmte Verhaltensweisen nicht zu praktizieren. Hierzu zählen insbesondere die Versprechen, die Preise nicht anzuheben, sich nicht diskriminierend gegenüber Zwischenverbrauchern zu verhalten, Kapazitäten nicht zu erhöhen, nicht einzuschränken, eine Marke nicht zu verwenden, etc.[2690]. Im Einzelfall ist eine eindeutige Entscheidung in Richtung Verhaltens- oder Strukturmaßnahme äußerst schwierig zu treffen[2691]. Die europäische Fusionskontrollpraxis hat lange Zeit zwischen den einzelnen Maßnahmen unterschieden. Aber auch diese verblasst zunehmend[2692]. Die Diskussion um die Dichotomie von strukturbezogenen und verhaltensbezogenen Zusagen hat seinen Ursprung in der Grundsatzfrage über die Zielsetzung und der

---

2688 *Krimphove*, S. 320.
2689 *Rosenfeld/Wolfsgruber*, EuZW 2003, S. 743, 745; in diesem Sinne auch Kommission, ABl. C 68 v. 02.03.2001, S. 3 ff., Tz. 5; *Mestmäcker/Veelken*, in: Immenga/Mestmäcker (Hrsg.), GWB-Kommentar, § 40 Rdnr. 43.
2690 *Uhlig*, WuW 2000, S. 574, 577; Kommission, IV/M.1221 v. 25.08.1998 „Rewe/Meinl".
2691 Vgl. *Mestmäcker/Veelken*, in: Immenga/Mestmäcker (Hrsg.), GWB-Kommentar, § 40 Rdnr. 48; *Canenbley*, Remedies under EC Competition Law: Finding the Right Cure, in: IBA, EC Merger Control: Ten Years On, S. 269-280, 272 f.
2692 Vgl. auch *Hirsbrunner*, EuZW 2006, S. 711, 715 mit Bsp.

wettbewerbstheoretischen Konzeption der Fusionskontrolle. Getrieben wird sie von den Strukturalisten, die davon ausgehen, dass verhaltensbezogene Maßnahmen der präventiven Fusionskontrolle, die Marktstrukturen erhalten will, nicht gerecht werden bzw. unvereinbar mit ihr sind.

aaa) Überholte Kommissionspraxis

In der Kommissionspraxis waren strukturbezogene Abhilfemaßnahmen lange Zeit die bewähre Methode, um wettbewerbliche Bedenken auszuräumen. Unter der Überschrift „Abhilfemaßnahmen, die die Kommission akzeptiert", enthält die alte Mitteilung über zulässige Abhilfemaßnahmen noch genau diese Dichotomie[2693]. Am ausführlichsten wird daher auch die Veräußerung behandelt, die zweifelsohne den Inbegriff der strukturbezogenen Maßnahmen darstellt. Alle übrigen werden dagegen unter „andere Abhilfemaßnahmen" gefasst. Das klassischen Bild des SCP-Paradigmas trat in der bereits angesprochenen MSG Media Service Entscheidung auch im Hinblick auf die von den Parteien angebotenen, von der Kommission aber abgelehnten Zusagen, deutlich zutage. Die MSG hätte eine ganze Reihe von Maßnahmen vorgenommen, die fast ausschließlich als verhaltensbezogen zu beurteilen sind. Die Kommission lehnte die Zusagen fast alle aus diesem Grund als unzulässig ab. So begrüßte sie einige Zusagen als solche mit strukturellem Bezug; die meisten wurden aber als im Ansatz ungeeignete Verhaltensauflagen klassifiziert[2694]. Ähnliche Entscheidungen ergingen mit Blick auf den Telekommunikationssektor auch in den Zusammenschlussverfahren Bertelsmann/Kirch/Premiere[2695] und DTAG/Beta Research[2696]. Trotzdem hatte die Kommission bereits zu diesem Zeitpunkt gegen ihre eigene Verwaltungspraxis „verstoßen" und auch schon mehrfach verhaltensbezogene Nebenbestimmungen mit einer Freigabeverfügung verbunden[2697]. Trotz ihrer existierenden Mitteilung über zulässige Abhilfemaßnahmen und diverser Mustertexte[2698] ist die Zusagenpraxis der Kommission gerade in letzter Zeit von einer großen Vielfalt geprägt[2699]. Hierzu zählen etwa verhaltensbezogene Änderungsverpflichtungen[2700], die Pflicht der Beendigung von Distributionsverträgen[2701], die die Pflicht, in

---

2693 Vgl. Kommission, ABl. C 68 v. 02.03.2001, S. 3 ff., Tz. 30-38.
2694 Kommission, IV/M.469 v. 09.11.1994, Tz. 99 „MSG Media Service".
2695 Kommission, IV/M.993 v. 01.12.1997 „Bertelsmann/Kirch/PREMIERE".
2696 Kommission, IV/M.1027 v. 08.12.1997 „DTAG/Beta Research".
2697 Vgl. Kommission, IV/M.269 v. 04.01.1994 „Shell/Montecatini"; IV/M.475 v. 14.02.1995 „Mercedes-Benz/Kässbohrer".
2698 Vgl. die mittlerweile veröffentlichte Merger Remedies Study: Kommission, DG COMP „Merger Remedies Study", Oktober 2005, abrufbar unter: <http://ec.europa.eu/comm/competition/mergers/others/remedies_study.pdf>.
2699 Vgl. den Überblick bei *Hirsbrunner*, EuZW 2006, S. 714 ff.
2700 Vgl. Kommission, COMP/M.3770 v. 04.07.2005 „Lufthansa/Swiss"; COMP/M.3680 v. 28.04.2005 „Alcatel/Finnmeccanica/Alcatel Alenia Space".
2701 Vgl. Kommission, COMP/M.3658 v. 03.03.2005 „Orkla/Chips"; COMP/M.3779 v. 24.06.2005, „Pernod Ricard/Allied Domecq".

Zukunft zu gleichen Bedingungen zu lizenzieren[2702] oder eine Technologie zur Verfügung zu stellen[2703].

bbb) Aktuelle Rechtsprechung

Diese von der Kommission eingeleitete Trendwende findet ihre Analogie auch in der Rechtsprechung. Mit den vom EuG entschiedenen Fällen Gencor v. Kommission[2704], BaByliss v. Kommission[2705] und Tetra Laval/Sidel[2706] soll vorliegend der dogmatische Hintergrund dieser Trendwende beleuchtet werden:

(1) Gencor/Lonrho

In der dem Urteil vorausgegangenen Untersagungsverfügung hinsichtlich des Zusammenschlusses Gencor/Lonrho[2707] hatten die Parteien zugesagt, ihren Output in einem betroffenen lokalen Markt zu erhöhen, ihre jährliche Produktion beizubehalten und einen neuen Lieferanten am Markt zu etablieren, der dann hätte veräußert werden sollen[2708]. Die Maßnahmen wären ökonomisch geeignet gewesen, wirksamen Wettbewerb nicht erheblich zu behindern. Allerdings erging auch hier eine Unvereinbarerklärung gemäß Art. 8 Abs. 3 FKVO, obwohl die Kommission die Zusagen als positiv gewertet hatte. Die Begründung lautete[2709]: »The commitment offered is behavioural in nature and cannot therefore be accepted under the Merger Regulation.« Auch in der Erwiderung der auf Art. 253 EG gestützten Klage von Gencor, die eine unverhältnismäßige Ablehnung der Zusagen rügte, wiederholte die Kommission die ihrer Ansicht nach entstehenden verhaltensbezogene Aspekte. So sei die FKVO strukturell ausgestaltet, weil sie Konzentration verhindern wolle und daher auch die Auflösung dieser Probleme struktureller Natur seien müssten. Das EuG arbeitete in seiner Grundsatzentscheidung die Unterschiede zwischen Missbrauchsaufsicht und Fusionskontrolle auf und wies darauf hin, dass letztere vor allem Marktstrukturen zu verhindern suchen, die den wirksamen Wettbewerb erheblich behindern würden. Das Gericht führt weiter aus[2710]: »Es kommt infolgedessen nicht darauf an, ob die angebotene Verpflichtung als verhaltensbestimmende oder als strukturorientierte Verpflichtung qualifiziert werden kann. Zwar verdienen strukturorientierte Verpflichtungen wie die Verkleinerung des Marktanteils der aufgrund des Zusammenschlusses entstehenden Einheit über den Verkauf einer Tochtergesellschaft grundsätzlich dem Zweck der Verordnung entsprechend den Vorzug, weil sie

---

2702 Vgl. Kommission, COMP/M.3998 v. 19.05.2006 „Axalto/Gemplus".
2703 Vgl. Kommission, COMP/M.3593 v. 11.04.2005 „Appollo/Bakelite".
2704 EuG, Slg. 1999, II-753 „Gencor v. Kommission".
2705 EuG, Slg. 2003 II-1279 „BaByliss v. Kommission".
2706 EuG, Slg. 2002 II-4381, „Tetra Laval v. Kommission".
2707 Kommission, IV/M.619 v. 24.04.1996 „Gencor/Lonrho".
2708 Ebenda, Tz. 215.
2709 Ebenda, Tz. 216.
2710 EuG, Slg. 1999, II-753, Rdnr. 319 „Gencor v. Kommission".

die Entstehung oder Verstärkung einer zuvor von der Kommission festgestellten beherrschenden Stellung endgültig oder zumindest auf längere Zeit verhindern, ohne dass mittel- oder langfristig Überwachungsmaßnahmen notwendig wären. Es lässt sich indessen nicht a priori ausschließen, dass auf den ersten Blick verhaltensbestimmende Verpflichtungen wie die Nichtverwendung einer Marke für eine bestimmte Zeit oder die Zurverfügungstellung eines Teils der Produktionskapazität der aufgrund des Zusammenschlusses entstehenden Einheit an Konkurrenten oder allgemein der Zugang zu einer wesentlichen Infrastruktur unter nichtdiskriminierenden Bedingungen ebenfalls geeignet sein können, die Entstehung oder Verstärkung einer beherrschenden Stellung zu verhindern.«

(2) BaByliss v. Kommission

Das EuG bestätigte die Gencor Rechtsprechung kürzlich erneut in seiner BaByliss v. Kommission Entscheidung[2711]. Darin wiederholte sie die Ausführungen wortgetreu[2712], stellte aber die entscheidende Formulierung voran[2713]: »Auch wenn die Veräußerung von Unternehmensteilen häufig die geeigneteste Abhilfemaßnahme darstellt, um insbesondere bei horizontalen Überschneidungen, einem Wettbewerbsproblem in einfacher Weise zu begegnen, so kann doch nicht von vornherein ausgeschlossen werden, dass ein Lizenzvertrag als adäquate Maßnahme anzusehen ist, um festgestellten Wettbewerbsproblemen abzuhelfen.« Damit bringt das Gericht zum Ausdruck, dass strukturorientierte Maßnahmen aufgrund ihrer Einfachheit, und nicht etwa weil sie das mildeste Mittel darstellen, sich häufig als geeigneter darstellen als verhaltensbedingte. Daraus folgt aber nicht notwendigerweise, dass diese auch angemessen sind. Daher hat die BaByliss v. Kommission Rechtsprechung des EuG die bislang in der Literatur[2714] unerwähnte Notwendigkeit geschaffen, die Geeignetheit einer Maßnahme auch in Zukunft an den Bedürfnissen und den Einschnitten der Parteien festzumachen und damit dem Verhältnismäßigkeitsgrundsatz Rechnung zu tragen, so dass heute nicht mehr von einer generellen Vorzugswürdigkeit struktureller Maßnahmen gesprochen werden kann.

(3) Tetra Laval/Sidel

Den bisherigen Höhepunkt im Recht der Nebenbestimmungen kennzeichnet das Zusammenschlussverfahren Tetra Laval/Sidel. Tetra Laval und Sidel sind in der Verpackungsindustrie für Flüssignahrungsmittel tätige Unternehmen, wobei die Kommission Tetra Laval eine beherrschende Stellung bei sterilen Kartonverpackungen und Sidel eine führende Stellung bei einer speziellen Art von PAT- und PET-

---

2711 EuG, Slg. 2003 II-1279 „BaByliss v. Kommission".
2712 Ebenda.
2713 EuG, Slg. 2003 II-1279, Rdnr. 170 „BaByliss v. Kommission".
2714 Bei *v. Rosenfeld/Wolfsgruber*, EuZW 2003, S. 743 ff. nicht erwähnt.

Verpackungssystemen zusprach[2715]. Die „Substitutionswirkung" zwischen den Verpackungsmaterialien wurde von der Kommission bestätigt[2716]. Durch die Fusion fürchtete sie eine Einschränkung des „Substitutionswettbewerbs" durch die Hebelwirkung des Marktes, in dem Tetra Laval eine beherrschende Stellung innehatte, auf den umkämpften Markt für PET- und PAT-Verpackungssystemen[2717]. Das EuG ging auf die Hebelwirkung ausführlich ein und unterschied drei grundlegende Merkmale. Die Hebelwirkung müsse möglich sein[2718], das Unternehmen müsse einen Anreiz hierzu haben[2719] und drittens müsse auf die Formen der Hebelwirkung eingegangen werden[2720]. Die beiden ersten Elemente bejahte das Gericht weitestgehend, so dass nur nach das „Wie" des Einsatzes einer Hebelwirkung in Frage stand. Die Kommission befürchtete mehrere Möglichkeiten der Ausübung der Hebelwirkung. Einerseits könnte durch die Koppelung und Bündelung von Kartonprodukten mit PET-Verpackungen im Verkauf vorgegangen werden. Zweitens bestünde die Möglichkeit, über die Kampfpreise, Preiskriege und Treuerabatte die Marktmacht vom Kartonsektor auf den PET-Sektor auszudehnen. Das EuG führte dazu aus: »Bei der Anwendung von Druck, etwa durch Zwangsverkäufe, oder Anreizen wie Kampfpreisen oder objektiv nicht gerechtfertigten Treuerabatten durch ein Unternehmen, das wie die Klägerin auf den Märkten für keimfreien Karton eine beherrschende Stellung einnimmt, handelt es sich jedoch normalerweise um einen Missbrauch dieser Stellung.« Der Missbrauch einer marktbeherrschenden Stellung ist in Art. 82 EG als Verbot ausgestaltet. Sofern durch einen Zusammenschluss eine beherrschende Stellung entsteht oder verstärkt wird, kann sich das Unternehmen nicht allein aufgrund der entstehenden Stellung über diese Regeln hinwegsetzen.[2721] Des weiteren macht der EuG darauf aufmerksam, dass die im Rahmen des Zusammenschlussverfahrens von den Parteien angebotenen Zusagen, ein missbräuchliches Verhalten nicht an den Tag zu legen, deshalb geeignete Verpflichtungen der Parteien darstellten, da sie durch Art. 82 EG sanktioniert würden und daher der Kommission ein geeignetes Mittel ihrer Überwachung einräumen würden[2722].

Obwohl die Entscheidung des EuG noch auf der alten FKVO basierte, betritt die Entscheidung nicht nur im Hinblick auf die Zusagenpraxis und das Recht der Nebenbestimmungen Neuland. Ruft man sich die Definition der marktbeherrschenden Stellung in GWB und in der FKVO in Erinnerung, so wird deutlich, dass das EuG eben nicht nur die Begrenzungswirkung des Wettbewerbs im Hinblick auf einen dem Unternehmen eröffneten Verhaltensspielraum begreift, sondern alle Faktoren mit einbezieht, die die Ausübung der Marktmacht verhindern und begrenzen kön-

---

2715 EuG, Slg. 2002 II-4381, Rdnr. 40 „Tetra Laval v. Kommission".
2716 Ausf. *Gey*, S. 229 ff.; *Hirsbrunner*, EuZW 2003, S. 709 ff.
2717 EuG, Slg. 2002 II-4381, Rdnrn. 34, 48 ff. „Tetra Laval v. Kommission".
2718 Ebenda, Rdnrn. 191 ff.
2719 Ebenda, Rdnrn. 200 ff.
2720 Ebenda, Rdnrn. 217 ff.
2721 Ebenda, Rdnr. 218.
2722 EuG, Slg. 2002 II-4381, Rdnr. 158 „Tetra Laval v. Kommission".

nen. Diese Auffassung ist im GWB nicht gerade ausgeprägt. Vielmehr ist schon die Definition des BGH, die sich an der Verschlechterung der Marktstruktur mit einem übermäßigen, vom Wettbewerb nicht mehr hinreichend kontrollierten Verhaltensspielraum[2723] orientiert, mit der Auffassung des EuG unvereinbar. Die Entscheidung des EuG wurde mittlerweile vom EuGH im Wesentlichen bestätigt. Er führt hierzu aus, dass die Kommission die von Tetra in Bezug auf das künftige Verhalten des neuen Unternehmens eingegangenen Verpflichtungen hätte berücksichtigen müssen[2724]. Die Nichtigerklärung der Kommissionsentscheidung seitens des EuG wurde damit durch den EuGH aufrechterhalten.

ee) Bedeutung für die Märkte der Telekommunikation

Für die Telekommunikation sind die Entwicklungen weg von dem rein strukturbezogenen und hin zu einem neutralen Ansatz mit Blick auf die US-amerikanische Praxis gravierend. Eine interessante Möglichkeit, sich mit der künftigen Berücksichtigungsfähigkeit von verhaltensorientierten Zusagen zu beschäftigen, eröffnet sich vor dem Hintergrund, dass die Kommission wettbewerblich positive Nebenbestimmungen allein augrund der Strukturbezogenheit abgelehnt hatte. Damit sind prinzipiell solche Entscheidungen der Kommission, die einer Freigabe aufgrund der Verhaltensbezogenheit entgegenstanden, in Zukunft freigabefähig, sofern keine weiteren wettbewerblichen Probleme existieren.[2725]

Mit zunehmenden Wegfall der Dichotomie zwischen verhaltens- und strukturorientierten Zusagen und dem Einzug der Ökonomisierung der Wettbewerbsanalyse ist daher im Folgenden insbesondere an die Entscheidungen zu erinnern, die den Zielkonflikt zwischen den positiven Wirkungen der Zusagen auf der einen Seite und dem Strukturbezug auf der anderen Seite zulasten einer Freigabe aufgelöst haben. Anhand dieser Fälle lässt sich die künftige Entwicklung im Recht der Nebenbestimmungen sinnvoll vorauszeichnen. Zudem sind auch weitere Entscheidungen heranzuziehen, in denen die Kommission klar gegen den verhaltensorientierten Ansatz verstoßen hat. Dabei sind besonders diejenigen Fälle hervorzuheben, die einen nahen Bezug zur Telekommunikation aufweisen. Dadurch sollen Gestaltungsmöglichkeiten im Recht der Nebenbestimmungen in Bezug auf den Sektor der Telekommunikation aufgezeigt werden.

aaa) MSG Media Service

Auch hier ist vor allem an die MSG Media Service Entscheidung zu erinnern, da sie wichtige Erkenntnismöglichkeiten eröffnet. Die Parteien boten im Rahmen des Ver-

---

2723 BGHZ 79, S. 62, 76 „Klöckner/Becorit"; KG WuW/E OLG 3759 f. „Pilsbury/Sonnen-Bassermann".
2724 EuGH, Urteil v. 15.02.2005 - C-12/03 P, Rdnr. 89 „Kommission v. Tetra Laval BV".
2725 *Abrar*, N&R 2007, S. 29, 35; ders., Fusionskontrolle in dynamischen Netzsektoren am Beispiel des Breitbandkabelsektors, 2006, S. 18.

fahrens folgende wesentliche Zusagen an: So sollte die STB mit einem Common Interface mit den von der Digital Video Broadcasting Group (DVB) aufgestellten Vorgaben ausgestattet werden. Es sollte keine Nutzungsbeschränkung geben. Der freie Verkauf über den Handel sollte gefördert werden. Die MSG hätte sich zudem verpflichtet, keine Abonnementdaten unter den Pay-TV Anbietern ihren Gesellschaftern Kirch und Bertelsmann bekannt zugeben. Das EPG sollte diskriminierungsfrei geführt werden. Außerdem hätte MSG marktgerechte Preise verlangt. Besonders interessant ist die Verpflichtzusage, dass die Telekom ihre Netze so für die digitale Nutzung aufrüstet, dass keine Kapazitätsknappheit entsteht.[2726] Die Kommission führte aus: »[…die vorgeschlagenen Zusagen…] beziehen sich auf bestimmte Gesichtspunkte, die generell für die wettbewerbliche Struktur des künftigen digitalen Pay-TV von besonderer Bedeutung sein können. Insbesondere erscheint die Einführung eines Common Interface vom wettbewerblichen Standpunkt aus als eine Lösung des Problems der Zugangskontrolle, die eine positive Auswirkung auf die Entwicklung eines freien und ungehinderten Wettbewerbs zur Folge hat. […] Ebenso ist eine transparente Preispolitik für die administrativen und technischen Dienstleistungen ein positiver Faktor für die wettbewerbliche Entwicklung digitalen Pay-TV.«[2727] Die Kommission bemängelte die konkrete Ausgestaltung der Zusagen als verhaltensorientiert.

bbb) BSkyB/KirchPayTV

In dem Zusammenschlussverfahren BSkyB/KirchPayTV übernahm der britische Rundfunkveranstalter BSkyB[2728] die gemeinsame Kontrolle an dem digitalen Veranstalter KirchPayTV[2729]. Nach Auffassung der Kommission wäre eine Verstärkung einer marktbeherrschenden Stellung von KirchPayTV auf dem deutschen Markt für Pay-TV durch die finanziellen Mittel von BSkyB zu erwarten gewesen. Im Bereich des Rechtehandels entstünden Marktzutrittsschranken für Dritte.[2730] Daneben war nach Auffassung der Kommission der Zukunftsmarkt für ITV betroffen, wodurch die proprietäre Software der STB die Alleinstellung von Kirch auch beim ITV aussichtsreich gemacht hätte[2731]. Der Zugang Dritter zur Plattform war damit – wie

---

2726 Kommission, IV/M.469 v. 09.11.1994, Tz. 94 „MSG Media Service".
2727 Ebenda, Tz. 95.
2728 BSkyB ist ein Veranstalter von analogem und digitalem Fernsehen und vertreibt Pakete von Fernsehkanälen an Abonnenten im Vereinigten Königreich und Irland sowie eigene Kanäle an Kabelbetreiber und Betreiber von digitalem terrestrischem Fernsehen. Das Unternehmen stellt weiterhin für Astra-Transponder benützende Fernsehveranstalter analoge und digitale Zugangssysteme und Abonnentenverwaltungsdienste zur Verfügung
2729 KirchPayTV war im Bereich der audiovisuellen Medien einschließlich privates Fernsehen, Rechtehandel, Film- und TV-Produktion und Post-Produktion (z.B. Synchronisation), Unternehmensfernsehen, Pay-TV, Produktion von Fernsehkanälen und technischen Dienstleistungen für digitales Fernsehen und Verschlüsselungstechnologie tätig.
2730 Kommission, COMP/JV.37 v. 21.03.2000, Tz. 78 „BSkyB/KirchPayTV".
2731 Ebenda, Tz. 79.

schon in MSG Media Service – erneut das zentrale wettbewerbliche Problem. Die Zusagen, die die Kommission in BSkyB/KirchPayTV entgegennahm, zählen zu den komplexesten in der Geschichte ihrer Zusagenpraxis. Insgesamt wurden 15 Kategorien gebildet, innerhalb derer dann die einzelnen wettbewerblichen Bedenken ausgeräumt werden sollten. Einige der von der Kommission berücksichtigten Zusagen sind in dem vorliegenden Zusammenhang besonders erwähnenswert. So wurde die Offenlegung der API Spezifikationen und die Zulassung komplementärer Software zugesagt[2732]. Auch verpflichteten sich die Parteien, die Informationen für das CI auf streng offen zulegen[2733]. Programmen Dritter sollten diskriminierungsfrei technische Dienstleistungen bereitgestellt werden[2734]. Daneben verpflichteten sich die Parteien, Lizenzen zu fairen und nichtdiskriminierenden Bedingungen für die Entwicklungen von STB zu gewähren.[2735]. Kirch verpflichtete sich außerdem, ein offenes, auf der MHP-Plattform der DVB basierendes, API zu entwickeln[2736].

Erstaunlicherweise erging hier eine Vereinbarkeitserklärung gemäß Art. 6 Abs. 1 lit. b) FKVO, also noch in der Phase I[2737], obwohl fast sämtliche Zusagen als verhaltensorientiert zu werten sind. Besonders ins Gewicht fäll hier, dass die Kommission sogar mehrere Entwicklungs- und damit auch Investitionsentscheidungen der Parteien vorwegnahm.

ccc) Telia/Telenor

Der Zusammenschluss Telia/Telenor[2738] betraf die im ehemaligen Staatbetrieb geführten Altsassen Schwedens, Telia, und Norwegens[2739], Telenor. Unter anderem hätte der Zusammenschluss eine marktbeherrschende Stellung bei Telefonie und der Distributionsebene für Programminhalte auf Ebene der Kabelnetze begründet oder verstärkt, durch die wirksamer Wettbewerb im Gemeinsamen Markt erheblich behindert worden wäre[2740]. Die Kommission erklärte die Vereinbarkeit gemäß Art. 8 Abs. 2 FKVO unter der Bedingung der Einhaltung von Zusagen. Die Zusagen hatten struktur- und verhaltensbestimmende Merkmale, die im Wesentlichen den Wettbewerb in intramodaler und intermodaler Hinsicht betrafen. Da beide Unternehmen noch Eigentum und Funktionsherrschaft sowohl an Teilen der Kabelnetze als auch fast vollständig am Telefonfestnetz hatten, bestanden im Hinblick auf den bis dahin faktisch nicht bestehenden intermodalen Wettbewerb große Bedenken. Daher waren

---

2732   Ebenda, Annex 1, Punkte 4, 8.
2733   Ebenda, Annex 1, Punkt 9.
2734   Ebenda.
2735   Ebenda, Annex 1, Punkt 8 ff..
2736   Ebenda, Annex 1, Punkt 5.
2737   Krit.: *Heithecker*, S. 148 f.
2738   Kommission, IV/M.1439 v. 13.10.1999 „Telia/Telenor".
2739   Dass Norwegen weder damals noch heute Mitglied der EG (EU) war, ist aufgrund ihrer gemeinschaftsweiten Tätigkeit mit unterschiedlichen Töchtern unbeachtlich, vgl. hierzu bereits: EuGH, Slg. 1973, 215, Rdnr. 14 f. „Continental Can Company".
2740   Kommission, IV/M.1439 v. 13.10.1999, Tz. 376 f. „Telia/Tenelor".

auch die Strukturzusagen von besonderer Wichtigkeit für die Kommission. So wurde die Verpflichtung durchgesetzt, dass die Kabelnetze zugunsten des intermodalen Wettbewerbs ausgegliedert werden sollten. Das zusammengeschlossene Unternehmen verpflichtete sich daneben, Wettbewerbern den Zugang zu ihren jeweiligen Ortsnetzen an jedem technisch denkbaren Punkt auf diskriminierungsfreier Basis und damit auch die entbündelte Teilnehmeranschlussleitung zu gewähren. Dies sollte Wettbewerbern ermöglichen, eigene Kundenbeziehungen aufzubauen.[2741] Die Entscheidung Telia/Telenor ist in vielfacher Hinsicht bemerkenswert, da zum damaligen Zeitpunkt in den Ländern der Zusammenschlussparteien keine gesetzliche Verpflichtung bestand, Wettbewerbern ihre Teilnehmeranschlussleitung auf entbündelter Basis zur Verfügung zu stellen. Daher ist der sektorspezifische Charakter dieser Zusage ein konkretes Beispiel der in dieser Arbeit verfolgten Auffassung, dass sektorspezifische Vorschriften mit denen des Fusionskontrollrechts enger verzahnt werden müssen, um die Märkte langfristig funktionsfähig zu gestalten bzw. diese offen zu halten. Die Kommission hat genau dies in ihrer Telia/Telenor Entscheidung zum Ausdruck gebracht. Im Übrigen wird aber auch hier wieder deutlich, dass diese verhaltensbezogene Maßnahme nach damaliger Auffassung der Kommission eigentlich gegen die selbst erklärte Politik sprach.

ddd) Mitteilung der Kommission

Die hier dargestellten Entscheidungen zeigen den Paradigmenwechsel, den die Kommission mit BSkyB/KirchPayTV und Telia/Telenor im Sektor der Kommunikation vollzogen hat. In der Mitteilung der Kommission über zulässige Abhilfemaßnahmen werden einige dieser Punkte bereits besprochen und die Gencor Rechtsprechung fast unverändert in die allgemeinen Grundsätze mit aufgenommen[2742]. Da die Mitteilung aber noch vor BaByliss v. Kommission veröffentlicht wurde, wird darin der strukturorientierte Ansatz als bisweilen „bevorzugte" Maßnahme angesehen[2743]. Die Kommission erkennt insbesondere an, dass Strukturzusagen in manchen Situationen nicht in Frage kommen. So weist die Kommission darauf hin, dass Wettbewerbsprobleme aufgrund besonderer Faktoren entstehen können, wie aufgrund von Ausschließlichkeitsvereinbarungen, der Zusammenlegung von Netzwerken („Netzwerkeffekte") oder wichtiger Patente. In diesen Fällen müsse die Kommission entscheiden, ob sich andere Arten von Abhilfemaßnahmen in einer Weise auf den Markt auswirken, die ausreichen, um wirksamen Wettbewerb wiederherzustellen.[2744] So findet sich zum Zugang zu Infrastrukturen ein erweiterter Katalog von Kriterien, die stark an die Gefahren des Umgangs mit Hochtechnologiemärkten angelehnt sind.

2741 Kommission, IV/M.1439 v. 13.10.1999, Tz. 386-392 „Telia/Tenelor".
2742 Kommission, ABl. C 68 v. 02.03.2001, S. 3 ff., Tz. 9.
2743 Kommission, ABl. C 68 v. 02.03.2001, S. 3 ff., Tz. 26: »*Während die Veräußerung als Abhilfemaßnahme am meisten bevorzugt wird, ist sie jedoch für die Kommission nicht die einzige Abhilfemaßnahme*«.
2744 Kommission, ABl. C 68 v. 02.03.2001, S. 3 ff., Tz. 26.

Indem sie den Infrastrukturbegriff derart ausweitet, dass nicht nur physische Netze, sondern auch Schlüsseltechnologien erfasst werden, zu denen wiederum Patente, Know-how oder andere geistige Eigentumsrechte zählen sollen, erachtet die Kommission Veräußerungs-, Lizenzierungs- bzw. generelle Offenlegungspflichten als zulässig[2745].

Als revolutionär lässt sich dabei die Möglichkeit beschreiben, dass die Kommission den Zugang zu Inhalten im Telekommunikations- und Mediensektor als besonders geeignet hält. Dieser Ansatz ist im Grundsatz lobenswert. Es wird erkennbar, dass sich die Kommission den besonderen wettbewerblichen Gefahren des Einzelfalles[2746] widmet. Allerdings kommen die jüngsten Entwicklungen der Rechtsprechung, wonach der für die Parteien mildeste Eingriff das Wesen der Nebenbestimmungen bildet[2747], nicht deutlich zum Ausdruck.

eee) Entwurf der neuen Mitteilung zur FKVO 139/2004

Auch der erst kürzlich von der Kommission vorgelegte Entwurf[2748] über die Mitteilung zulässiger Abhilfemaßnahmen nach der FKVO 139/2004 vom 24.04.2007 enthält eine bemerkenswerte Entwicklung in Richtung einer flexibleren Abstimmung des Rechts der Nebenbestimmungen.

Während die alte Mitteilung dem diskriminierungsfreien Zugang zur Infrastruktur noch als verhaltensgebundene Zusage Ausnahmecharakter beigemessen hat, will die Kommission diese nunmehr als eigene Kategorie mit Strukturbezug begreifen, wohingegen Zusagen, die sich direkt auf den Marktpreis beziehen, als verhaltensgebundene verstanden werden[2749]. Angesichts des eingeforderten Strukturbezugs von Zusagen, erfährt damit der offene Netzzugang gerade bei Fusionen im Kommunikationssektor eine bedeutsame Aufwertung.

Obwohl die Kommission reine Verhaltenszusagen noch kritisch sieht und nur im Ausnahmefall für geeignet hält, um die von dem Zusammenschluss erwarteten wettbewerblichen Beeinträchtigungen zu unterbinden, lässt sich auch diesbezüglich ein Sichtwechsel der Kommission nicht absprechen. Nicht die Dogmatik des Fusionskontrollrechts wird gegen die Verhaltenskontrolle angeführt, um etwa bereits die Möglichkeit zu unterbinden, dass sich das Unternehmen wettbewerbsfeindlich betätigt. Vielmehr führt die Kommission gegen die regelmäßige Anerkennung von verhaltensgebundenen Nebenbestimmungen lediglich tatsächliche Schwierigkeiten an, etwa die Unternehmen zu überwachen und wettbewerbswidrige Verhaltensweisen zu

---

2745 Kommission, ABl. C 68 v. 02.03.2001, S. 3 ff., Tz. 28.
2746 Vgl. Kommission, ABl. C 68 v. 02.03.2001, S. 3 ff., Tz. 9.
2747 Vgl. hierzu auch *Schwarze*, EuZW 2002, S. 741, 744.
2748 Kommission, Entwurf einer Mitteilung über im Rahmen der Verordnung (EG) Nr. 139/2004 des Rates und der Verordnung (EG) Nr. 802/2004 der Kommission zulässige Abhilfemaßnahmen („Neue Mitteilung") v. 24.04.2007.
2749 Kommission, Neue Mitteilung v. 24.04.2007, Tz. 17.

erkennen[2750]. Damit reichert die Kommission die Tetra Laval/Sidel Rechtsprechung um den Gesichtspunkt der Transparenz an, der auch in Zukunft eine größere Rolle in der europäischen Zusagenpraxis spielen könnte. Letztlich zeigt sich auch hier, dass sich die Kommission auch bei der Implementierung von Nebenbestimmungen dem Effizienzmuster[2751] der US-amerikanischen Fusionskontrolle annähert[2752].

b) Recht der Nebenbestimmungen im GWB

Auch das Bundeskartellamt besitzt die Möglichkeit, Freigabeverfügungen mit Nebenbestimmungen zu versehen. Die Ermächtigung findet sich in § 40 Abs. 3 S. 1 GWB, wonach die Freigabe mit Bedingungen und Auflagen verbunden werden kann. Die Verbindung von Freigabeentscheidungen mit Nebenbestimmungen ist erst mit der 6. GWB-Novelle eingeführt worden. Vor der Novelle teilte das Bundeskartellamt nach Prüfung des Zusammenschlusses den Parteien nur mit, dass der Zusammenschluss die Untersagungsvoraussetzungen nicht erfüllte. Diese Mitteilung hatte nach überwiegender Auffassung[2753] keine Verwaltungsaktqualität, weshalb auch für die Auferlegung von Nebenbestimmungen nach § 36 VwVfG kein Raum war. Waren die Untersagungsvoraussetzungen dagegen erfüllt, so hatte das Bundeskartellamt kein Ermessen, von der Untersagungsentscheidung abweichende Regelungen zu treffen. Allerdings hat das Bundeskartellamt in zahlreichen Fällen Zusammenschlüsse nicht untersagt, wenn sich die Parteien des Zusammenschlusses bereit erklärten, die durch den Zusammenschluss herbeigeführten Unternehmens- und Marktstrukturen in Übereinstimmung mit Anregungen des Bundeskartellamts zu ändern. Diese Anregungen wurden in der Praxis als Zusagen bezeichnet.[2754]

aa) Allgemeine Grundsätze

Der Gesetzgeber hat diese rechtliche „Grauzone"[2755] der Zusagenpraxis nunmehr gesetzlich kodifiziert, indem zum einen die Freigabe Verwaltungsaktcharakter bekommen hat und damit auch mit Nebenbestimmungen nach § 36 VwVfG ergehen kann. Zum zweiten wurden die beiden Nebenbestimmungen der Bedingung und Auflage explizit in § 40 Abs. 3 GWB aufgenommen, womit die beiden Rechtsinstitute dem Recht der Nebenbestimmungen bei Freigabeentscheidungen der Vorschrift einen abschließenden Charakter verleihen. Für die Definition der Begriffe Auflage

---

2750 Kommission, Neue Mitteilung v. 24.04.2007, Tz. 69.
2751 Vgl. DOJ, Antitrust Division Policy Guide to Merger Remedies, October 2004, S. 7 f.
2752 Vgl. zu den Parallen unter Teil 2: B.IV.4, S. 428 f.
2753 *Traumann*, BB 1983, S. 342, 343; *Bunte*, S. 18.
2754 Vgl. zur Zusagenpraxis nur BKartA, Tätigkeitsbericht 1987/1988, S. 39 ff.; hierzu krit. bereits Monopolkommission, I. Hauptgutachten 1973/1975, Tz. 936 ff.
2755 Die Zusagen wurden meist durch öffentlich-rechtliche Verträge abgesichert, was hinsichtlich der Durchsetzbarkeit einen gewissen Unsicherheitsfaktor darstellte; hierzu *Traumann*, Die Zusage im Verfahren der Zusammenschlusskontrolle, insbesondere S. 110; *Wolf*, in: FS für Mestmäcker, S. 801 ff.

und Bedingung kann auf die Regelungen in § 36 VwVfG zurückgegriffen werden[2756]. Danach sind Auflagen und Bedingungen Nebenbestimmungen zu einem Verwaltungsakt. Für die Unterscheidung zwischen Auflage und Bedingung gilt das zur europäischen Fusionskontrolle Gesagte entsprechend, wobei aber das Bundeskartellamt in seinen Entscheidungen streng zwischen Auflagen und Bedingungen unterscheidet[2757]. Die Entscheidung, ob ein Zusammenschluss nicht untersagt, sondern unter Auflagen oder Bedingungen freigegeben wird, trifft letztlich die Wettbewerbsbehörde selbst. Sie ist hierbei nach dem Grundsatz der Verhältnismäßigkeit zur Ausübung von Ermessen verpflichtet. Allerdings kommt der Grundsatz nur zum Tragen, sofern die Zusammenschlussparteien der Behörde mehrere Möglichkeiten von zu ergreifenden Abhilfemaßnahme unterbreiten. Denn nach allgemeiner Auffassung hat die Behörde keine Vorschlagspflicht[2758]. Anders als nach der FKVO ist aber die Freigabeentscheidung im Vorprüfverfahren keine förmliche Entscheidung, sondern hat wie nach altem Recht nur informatorischen Charakter[2759], weshalb auch Drittschutzmöglichkeiten stark eingeschränkt sind[2760].

bb) Verbot laufender Verhaltenskontrolle und Literatur

Der bedeutendste Unterschied zum europäischen Recht der Nebenbestimmungen betrifft die Verhaltenskontrolle, die gemäß § 40 Abs. 3 S. 2 GWB als gesetzliches Verbot ausgestaltet ist. Danach dürfen Bedingung und Auflage nicht darauf gerichtet sein, dass die beteiligten Unternehmen einer laufenden Verhaltenskontrolle unterstellt werden. Hinter dem Verbot der laufenden Verhaltenskontrolle stehen noch die gesetzgeberischen Erwägungen der 2. GWB-Novelle und damit die dem GWB immanenten ordnungspolitischen Zielrichtung. Der Grund für dieses Verbot wird allgemein darin gesehen, dass die Fusionskontrolle als Strukturkontrolle ausgestaltet ist.[2761] Denn ein Zusammenschluss ändert unstreitig zunächst nur die Marktstruktur, die per definitionem einen Verhaltensspielraum eröffnet, der nicht mehr durch den Wettbewerb hinreichend kontrolliert wird. Das Recht der Nebenbestimmungen soll dagegen die Untersagungsvoraussetzungen von § 36 Abs. 1 GWB entfallen lassen, nicht dagegen die Ausübung der durch die veränderte Marktstruktur hinzugewonnenen Marktmacht erschweren oder verhindern. Die Nebenbestimmung dürfe nicht

---

2756 *Uhlig*, WuW 2000, S. 574.
2757 *Uhlig*, WuW 2000, S. 574, 575.
2758 *Mestmäcker/Veelken*, in: Immenga/Mestmäcker (Hrsg.), GWB-Kommentar , § 40 Rdnr. 20; *Bechtold*, GWB Kommentar, § 40 Rdnr. 47; *Uhlig*, WuW 2000, S. 574, 578; *Kappes*, S. 30.
2759 Monopolkommission, Wettbewerbspolitik in Zeiten des Umbruchs, XI. Hauptgutachten 1994/1995, Tz. 1000; *Mestmäcker/Veelken*, in: Immenga/Mestmäcker (Hrsg.), GWB-Kommentar , § 40 Rdnr. 20; *Bechtold*, GWB Kommentar, § 40 Rdnr. 6.
2760 *Laufkötter*, WuW 1999, S. 671, 673; *Mestmäcker/Veelken*, in: Immenga/Mestmäcker (Hrsg.), GWB-Kommentar , § 40 Rdnr. 85; a.A.: *Kappes*, S. 47 ff. mwN.
2761 *Mestmäcker/Veelken*, in: Immenga/Mestmäcker (Hrsg.), GWB-Kommentar, § 40 Rdnr. 48; *Richter*, in: Wiedemann (Hrsg.), Handbuch des Kartellrechts, § 21 a.F. Rdnrn. 96; *Veelken*, WRP 2003, S. 692, 706 ff.; *Herfarth*, WuW 2004, S. 584, 585 f.

darauf gerichtet sein, zwar die aus dem Zusammenschluss resultierende, eine Marktbeherrschung begründende bzw. verstärkende Marktstruktur zuzulassen, die daraus resultierenden Gefahren aber präventiv mit der Auflage abzuwehren. Damit würde der Unterschied zwischen dem Gefährdungstatbestand der Fusionskontrolle und dem Verletzungstatbestand des Missbrauchsverbots missachtet[2762].

Wie gesehen ist die Unterscheidung zwischen verhaltens- und strukturorientierten Zusagen und Nebenbestimmungen in der Praxis nicht einfach. In der einschlägigen Literatur[2763] wird daher auch nicht gefordert, eine Verhaltenskontrolle etwa ganz auszuschließen. Vielmehr sei das entscheidende Merkmal der Verhaltenskontrolle in seinem dauerhaften Charakter gesehen. Vereinfacht gesprochen scheiden solche Nebenbestimmungen aus, die langfristig das Verhalten des Unternehmens kontrollieren und nicht kurzfristig ein bestimmtes Verhalten unterbinden. Eine Verhaltensauflage ist daher nach GWB grundsätzlich zulässig[2764], eine Kontrolle, die der Regulierung gleichkommt, scheidet hingegen aus.

Aufgrund des im deutschen Fusionskontrollrecht verankerten Verbots der laufenden Verhaltenskontrolle hat das Bundeskartellamt oftmals Schwierigkeiten eine klare Grenze zu ziehen. Das Problem der Abgrenzung zwischen diesen beiden Formen der Zusagen ist bislang weder in der Literatur noch in der Rechtsprechung geglückt. Mit Blick auf die bereits gewonnenen Erkenntnisse lässt sich gerade für die Telekommunikation sagen, dass Veräußerungszusagen, sowie solche der Einflussbegrenzung unproblematische Fälle der Marktstrukturkriterien darstellen und für diese daher auch nicht die Gefahr einer laufenden Verhaltenskontrolle besteht. Andererseits sind die in der Telekommunikation so wichtigen Marktöffnungszusagen durch Zugang zur Infrastruktur zu bestimmten Entgelten besonders wichtig, um sowohl die Konsolidierung durch Unternehmenszusammenschlüsse zu ermöglichen und andererseits die Gatekeeper-Stellung im Bottleneck Bereich zu vermeiden. Hier liegt die Überschreitung der Grenze zur Verhaltenskontrolle aber besonders nahe.

cc) Laufende Verhaltenskontrolle im Energiesektor

Das Bundeskartellamt hat in letzter Zeit die Grenze zu einer laufenden Verhaltenskontrolle insbesondere in der leitungsgebundenen Energieversorgung mehrmals überschritten. In dem Zusammenschlussverfahren EnBW/ZEAG meldete der Energieversorger EnBW den beabsichtigten Erwerb der Mehrheit der Anteile an dem regionalen Stromversorger ZEAG. ZEAG besaß eine marktbeherrschende Stellung auf dem Kleinkundenmarkt in ihrem geographischen Gebiet, so dass zusammen mit EnBW eine Verstärkungswirkung erwartet wurde. Das Bundeskartellamt gab den Zusammenschluss unter der Bedingung frei, dass ZEAG die Netznutzungsentgelte für Fremdanbieter senkt und im Internet öffentlich bekannt macht.[2765] In dem Zu-

---

[2762] *Möschel*, DB 2001, S. 131, 134; *Veelken*, WRP 2003, S. 692, 708.
[2763] *Veelken*, WRP 2003, S. 692, 707; *Herfarth* WuW 2004, S. 584, 586.
[2764] Ebenda.
[2765] BKartA, Beschl.v. 29.07.2002, Az. B8-40000-U-23/02 „EnBW/ZEAG".

sammenschlussverfahren RWE/VEW schlossen sich zwei Energieversorger zusammen, die insbesondere auf dem nationalen Strommarkt ohne die umfangreichen Auflagen eine Dyopolstellung eingenommen hätten. Neben mehreren Veräußerungszusagen war bemerkenswert, dass das Bundeskartellamt hier mit den Parteien den Strompreis auf den Marktpreis festlegte. Dabei wurde das Entgelt unter Differenzierung eines Energie- und eines Netzkostenteiles aufgeschlüsselt, um die Transparenz zu erhöhen und Diskriminierungen vorzubeugen.[2766] In dem Zusammenschluss EnBW/Stadtwerke Schwäbisch Gmünd wurde den Beteiligten aufgegeben, ihr Gasversorgungsnetz für die Durchleitung Dritter diskriminierungsfrei zur Verfügung zu stellen. Ferner mussten die internen Kosten der Durchleitung öffentlich bekannt gemacht werden.[2767] In vielen anderen Verfahren[2768], die die Gaswirtschaft betreffen, wird den Zusammenschlussparteien außerdem regelmäßig die Vereinbarung einmaliger Sonderkündigungsrechte im Hinblick auf langfristige Gaslieferverträge in Konzessionsgebieten aufgegeben oder auf eine allgemeine Verbesserung der Durchleitungsbedingungen hingewirkt. Dieses Vorgehen zeigt, dass das Bundeskartellamt in der Vergangenheit gegen § 40 Abs. 3 S. 2 GWB verstoßen hat.

6. Zwischenergebnis: Divergenz des Wettbewerbsrechts

Die Untersuchung der Zusammenschlussbeurteilung auf Grundlage des deutschen GWB und der europäischen FKVO haben verdeutlicht, dass sich beide Regimes zunehmend voneinander entfernen. Dies betrifft sowohl die Marktabgrenzung, die zwar in grundsätzlicher Hinsicht nach dem Bedarfsmarktkonzept vorgenommen wird und sich auch in allen der hier betrachteten Rechtsordnungen durchgesetzt hat. Dessen zugrunde liegender Austauschbarkeitsbegriff wird aber nach den neuen Kommissionsleitlinien zur Beurteilung horizontaler Zusammenschlüsse nicht wie in der deutschen Rechtspraxis weitestgehend abstrakt bestimmt, sondern orientiert sich in Anlehnung an die US-amerikanischen Erfahrungen an dem sog. hypothetischen Monopolistentest (SSNIP-Test), der ökonomisch geprägt ist und auch die Angebotssubstitution mit einbezieht. Da die Marktabgrenzung in direktem Zusammenhang zur Ermittlung der Wettbewerbskräfte steht, wird auf dieser Ebene der Grundstein für die Beurteilung einer marktbeherrschenden Stellung gelegt. Ob sich diese Divergenz bei der Frage der Substituierbarkeitsbeziehungen „im" Breitbandkabelnetz auswirkt, bleibt aber zu bezweifeln, da bereits die Praxis der FCC gezeigt hat, dass bei horizontalen Zusammenschlüssen von Kabelnetzen die installed base der angeschlossenen Teilnehmer an das Satelliten- oder Kabelnetz ausschlaggebend ist.

[2766] BKartA, Beschl.v. 03.07.2000, Az. B8-309/99 „RWE/VWE".
[2767] BKartA, Beschl.v. 26.01.2001, Az. B8-40000-U-202/00 „EnBW/Stadtwerke Schwäbisch Gmünd".
[2768] BKartA, Beschl.v. 18.05.2001 „Trienekens/Stadtwerke Viersen/Stadt Viersen; Beschl.v. 28.05.2001 „EnBW Regional/Stadt Schramberg/Stadtwerke Schramberg/EVS Energieversorgung Schramberg; Beschl.v. 22.01.2002 „RWE Plus/Stadtweerke Düren/Stadt Düren".

Noch gravierendere Unterschiede als bei der Marktabgrenzung finden sich im Rahmen der Marktbeherrschungsprüfung. Mit einer bislang noch ungeklärten Abweichung vom Begriff der marktbeherrschenden Stellung hat die neue FKVO 139/2004 das Tatbestandsmerkmal der erheblichen Behinderung des wirksamen Wettbewerbs eingeführt. Damit finden neue Auslegungsmöglichkeiten Eingang in das europäische Fusionskontrollrecht, die stark an die Merger Guidelines von DOJ und FTC erinnern. Erwähnenswert in diesem Zusammenhang ist der Herfindahl-Hirschman Index oder die realistische Einschätzung des potentiellen Wettbewerbs. Auch viele andere Aspekte der Leitlinien lassen die starke Ökonomisierung der europäischen Fusionskontrolle deutlich zutage treten.

Als auffälligstes Novum ist die Berücksichtigungsfähigkeit von Effizienzkriterien zu nennen, wie sie auch in den USA zur Anwendung kommen. Insgesamt zeigt sich, dass die FKVO stark am Konsumentenwohlfahrtsstandard orientiert ist und daher in Zukunft Parallelen mit der US-amerikanischen Fusionskontrolle aufweisen wird. Das deutsche GWB enthält dagegen noch starke Grundzüge des SCP-Paradigmas. Sie ist aber auch mit neuklassischen Elementen des Individualschutzes besetzt. Hieran erinnert vor allem das in § 19 Abs. 3 GWB als Vermutungsschwelle definierte Marktanteilskriterium. Zwar ist auch hier erkennbar, dass diese heute nur noch prima facie eingesetzt werden und von der Prüfung weiterer Kriterien nicht entbindet. Potentieller Wettbewerb, Angebotsumstellungsflexibilität und weitere Kriterien werden aber erst bei der Marktbeherrschung relevant. Schließlich ist eine Berücksichtigung von Effizienzgesichtspunkten im deutschen GWB nach dem klaren Wortlaut des § 19 Abs. 2 S. 2 Nr. 2 GWB undenkbar, da sich hier der dem deutschen Kartellrecht immanente Individualschutz zeigt. Effizienzen und Synergien tragen danach eher zu einer unausgeglichenen Wettbewerbssituation bei. Insofern kann auch von einer im deutschen Recht verankerten efficiency offense statt eines die marktbeherrschende Stellung relativierenden Kriteriums gesprochen werden. Das Verbraucherkriterium ist daneben nicht wie in der Rechtsprechung des EuGH eine für das GWB unmittelbar dem Schutz unterfallende Rechtsposition. Somit würde eine Zuwendung zum Konsumentenwohlfahrtsstandard die gefestigte Rechtsprechung zur Ratio des GWB in grundsätzlicher Hinsicht erschüttern.

Mit der Neuausrichtung der FKVO in Richtung Ökonomisierung sind auch die tradierten Grundsätze bezüglich der Zusagenpraxis und der Anforderungen an die mögliche Verbindung einer Freigabe mit Nebenbestimmungen im Aufweichen begriffen, da die europäische Fusionskontrolle im Gegensatz zur deutschen keine starre Marktstrukturkontrolle vollzieht. Insbesondere bei Zusammenschlüssen im TK-Sektor wurde deutlich, wie schwierig es im Einzelfall sein kann, einen Verhaltens- von einem Struktureingriff zu unterscheiden.

Da auch immer häufiger Marktbedingungen vorliegen, die mit gewerblichen Schutzrechten verknüpft sind, Bottleneck-Einrichtungen im Infrastrukturbereich bestehen, die als monopolistische Engpasseinrichtungen fungieren und sich die Telekommunikation zu einem wettbewerblichen Markt erst entwickeln muss, zeigt eine reine Strukturkontrolle erhebliche Schwächen.

B. Sektorspezifische Regulierung der Telekommunikation

I. Kompetenzen der Organe

1. Liberalisierungskompetenz nach Art. 86 Abs. 3 EG

Ähnlich wie die Fusionskontrolle hat sich auch das Telekommunikationsrecht aus den primärrechtlichen Wettbewerbsvorschriften entwickelt. Ursprung der Rechtsetzungskompetenz der Gemeinschaft für die sektorspezifische Regulierung und die Liberalisierung der Telekommunikation waren die in Ausprägung der Vertragszielbestimmung des Art. 3 lit. g) EG näher konkretisierten Missbrauchsvorschriften der Art. 81 f. EG. Während die FKVO mit Art. 83, 308 EG einen unmittelbaren Ansatzpunkt für die Kontrolle von Unternehmenszusammenschlüssen hatte, schied die Errichtung sektorspezifischer Regeln aufgrund der in Art. 81 f. EG fehlenden Adressierbarkeit der im Staatseigentum geführten Unternehmen aus. Mit Art. 86 EG existiert daneben aber eine Zurechnungsnorm für staatliche Unternehmen und solchen, denen die Mitgliedsstaaten besondere oder ausschließliche Rechte gewähren. Nach Art. 86 Abs. 1 EG ist es den Mitgliedsstaaten untersagt, dem EG-Vertrag und insbesondere seinen Art. 12, 81-89 EG widersprechende Maßnahmen zu treffen oder beizubehalten. Art. 86 EG ist aber nicht nur als Verbotstatbestand ausgestaltet, sondern ermächtigt die Kommission in seinem Abs. 3 im Gegensatz zu den Ermächtigungsgrundlagen, auf denen die FKVO errichtet ist, unabhängig von Europäischem Parlament und Rat vorzugehen und entsprechende Richtlinien und Entscheidungen zu erlassen, um der Vorschrift effektiv Geltung zur verleihen. Damit die Eingriffsvoraussetzungen des Art. 86 Abs. 3 EG vorliegen, muss es sich um ein öffentliches Unternehmen handeln oder um eines, das über besondere oder ausschließliche Rechte verfügt. Zweitens muss eine Maßnahme der Mitgliedsstaaten dem EG-Vertrag oder den Art. 12, 81-89 EG widersprechen. Die an Art. 86 Abs. 3 EG geknüpften Voraussetzungen waren damit schon auf den ersten Blick die maßgeschneiderte Antwort auf die noch vollständig monopolisierte Telekommunikation[2769] der Mitgliedsstaaten. Erstens war das Fernmeldewesen noch immer entweder im Staatseigentum und damit auch nach der restriktivsten Definition[2770] ein öffentliches Unternehmen im Sinne von Art. 86 Abs. 1 EG oder es war ein privates mit besonderen oder ausschließlichen Rechten, was meist sowohl die Übertragung des Endgerätemonopols und das ausschließliche Recht zur Erbringung von Telekommunikationsdienstleistungen bedeutete. Zweitens lag durch die Gewährung der ausschließlichen Rechte ein Verstoß gegen die allgemeine Missbrauchsvorschrift des Art. 82 EG

2769 Vgl. zum Energierecht *Schalast*, Umweltschutz und Wettbewerb als Wertwiderspruch im deregulierten deutschen und europäischen Elektrizitätsmarkt, S. 118 ff.
2770 Einerseits definiert in: Art 2 lit. a) Richtlinie 80/723/EWG der Kommission v. 25.06.1980 über die Transparenz der finanziellen Beziehungen zwischen den Mitgliedstaaten und den öffentlichen Unternehmen, ABl. L 195 v. 29.07.1980, S. 35 ff. (Transparenzrichtlinie); restr. m. Verw. auf mangelnde Bindungswirkung des Sekundärrechts für die Auslegung des Primärrechts *Groeben/Thiesing*, Kommentar zum EWG-Vertrag, Art. 90 Fn. 54.

nahe. Dieser ist bei Missbrauch einer marktbeherrschenden Stellung auf dem Gemeinsamen Markt oder eines wesentlichen Teiles erfüllt. Der Gemeinsame Markt ist stets dann betroffen, wenn die Maßnahme den zwischenstaatlichen Handel beeinträchtigt. Diese Vorgaben wurden von der Rechtsprechung der europäischen Gerichte weit ausgelegt[2771]. Für die Telekommunikation drängte sich der zwischenstaatliche Handel schon aufgrund von grenzüberschreitenden Verbindungen, aber auch aufgrund des Endgerätemonopols der Staatsbetriebe auf. Denn bereits jede mengenmäßige Beschränkungen nach Art. 28 EG, die geeignet ist, den innergemeinschaftlichen Handel unmittelbar oder mittelbar, tatsächlich oder potentiell zu behindern, erfüllt den Tatbestand[2772]. Dies galt erst Recht für staatlich ermöglichte nationale Ausschließlichkeitsrechte[2773]. Neben diesem eindeutigen Auftrag enthält Art. 86 Abs. 2 EG aber eine Bereichsausnahme. Diese gilt dann, sofern Unternehmen mit Dienstleistungen im allgemeinen wirtschaftlichen Interesse die ihnen zur Erfüllung übertragenen besonderen Aufgaben rechtlich oder tatsächlich nicht wahrnehmen könnten, sofern ihnen dies nach Art. 86 Abs. 1 oder Abs.3 EG verwehrt wäre. Diese auf den ersten Blick auf den Grundversorgungscharakter der Telekommunikation zugeschnittene Ausnahme ist aber lediglich auf den öffentlichen Sektor als Instrument der Wirtschafts- oder Fiskalpolitik anwendbar und wurde auch vom EuGH[2774] im Einklang mit dem Kommissionsverständnis[2775] für die Anwendung auf Telekommunikationsmärkten ausgeschlossen. In ihrem Grünbuch zur Entwicklung einer dynamischen europäischen Volkswirtschaft[2776] wurden dann die Ansätze erarbeitet, wie dem Auftrag aus Art. 86 Abs. 3 EG Rechnung zu tragen sei. Die Grundüberlegungen der Kommission schlugen sich in einer Liberalisierung von drei Bereichen, den Endgeräten, der Dienste und der Netze nieder, die durch mehrere Richtlinien „teilweise" umgesetzt wurden[2777].

2771 EuGH, Slg. 1985 I-391, Rdnr. 28 ff. „BNIC/Clair"; mittl. restr. EuGH, Slg. 1999, I-135, Rdnr. 38 ff. „Carlo Bagnasco"; Slg. 1998, I-1983, Rdnr. 17 ff. „Javico".
2772 EuGH, Slg. 1974, I-837, Rdnr. 5 „Dassonville".
2773 EuGH, Slg. 1991, I-1223, Rdnr. 33 „Frankreich v. Kommission" (TK-Endgeräte); vgl. auch EuGH, Slg. 1992 I-5833 „Spanien/Italien/Belgien v. Kommission" (Wettbewerb auf dem Markt für Telekommunikationsdienste).
2774 EuGH, Slg. 1991, I-1223, Rdnr. 11 ff. „Frankreich v. Kommission" (TK-Endgeräte).
2775 Richtlinie 88/301/EWG der Kommission v. 16.05.1988 über den Wettbewerb auf dem Markt für Telekommunikations-Endgeräte (Endgeräterichtlinie), ABl. L 131 v. 27.05.1988, S. 73 ff., Erwgr. 11.
2776 Auf dem Weg zu einer dynamischen europäischen Volkswirtschaft, Grünbuch über die Entwicklung des gemeinsamen Marktes für Telekommunikationsdienstleistungen und Telekommunikationsendgeräte v. 30.07.1987, KOM (1987), 290 endg.
2777 Endgeräterichtlinie, ABl. L 131 v. 27.05.1988, S. 73 ff.; Richtlinie 90/388/EWG der Kommission v. 28.06.1990 über den Wettbewerb auf dem Markt für Telekommunikationsdienste (Diensterichtlinie), ABl. L 192 v. 24.07.1990, S. 10 ff.

2. Harmonisierungskompetenz nach Art. 95 Abs. 1 EG

Neben den unabhängigen Kompetenzen der Kommission zur sektorspezifischen Rechtsetzung kann auch der Rat zusammen mit der Kommission in diesem Bereich nach dem hierfür vorgesehenen Verfahren des Art. 251 EG rechtsetzend tätig werden. Hierzu befugt sind sie auf Grundlage des Art. 95 Abs. 1 i.V.m. Art. 14 EG zur schrittweisen Verwirklichung des Binnenmarktes. Gemäß Art. 14 Abs. 2 EG gehört der freie Waren- und Dienstleistungsverkehr zu den Merkmalen des EG Binnenmarktes. Der grenzüberschreitende Handel ist im Zusammenhang mit den Telekommunikationsmärkten wie erwähnt schnell erreicht, so dass die Organe zur Aufrechterhaltung des Binnenmarktes die hierfür erforderlichen Regeln treffen können. Neben dieser zu den Wettbewerbsregeln zählenden Rechtsangleichskompetenz ist im Verfahren nach Art. 251 EG auch die Einhaltung der Sozialziele in Bezug auf transeuropäische Netze aus Art. 154 ff. EG zu beachten. Diese Zielbestimmung will einen Beitrag zur Verwirklichung der Ziele der Art. 14, 158 EG leisten und den Bürgern der Union, den Wirtschaftsbeteiligten sowie den regionalen und lokalen Gebietskörperschaften in vollem Umfang die Vorteile zugute kommen zu lassen, die sich aus der Schaffung eines Raumes ohne Binnengrenzen ergeben. Die Gemeinschaft trägt daher zum Auf- und Ausbau transeuropäischer Netze in den Bereichen der Verkehrs-, Telekommunikations- und Energieinfrastruktur bei. Zur Verwirklichung dieser Ziele soll die Tätigkeit der Gemeinschaft im Rahmen eines Systems offener und wettbewerbsorientierter Märkte auf die Förderung des Verbunds und der Interoperabilität der einzelstaatlichen Netze sowie des Zugangs zu diesen Netzen abzielen und insbesondere solche Netze verbinden, die am Rande der Gemeinschaft liegen, eingeschlossen sind oder inselartig getrennt sind. Auf Grundlage des Art. 95 Abs. 1 EG wurden die sog. Harmonisierungsrichtlinien[2778] erlassen. Auch diese sind von den Mitgliedsstaaten in innerstaatliches Recht zu transformieren. Die heute geltenden Richtlinien[2779] basieren fast ausschließlich auf der Harmonisierungskompetenz des Rates. Den betreffenden Organen obliegt es nach Maßgabe des Art. 83 Abs. 1 EG Verhaltensnormen zu schaffen, die direkt an die Unternehmen gerichtet sind. Die Bedeutung dieser Vorschrift gewinnt im Rahmen der weiteren Liberalisierung des Telekommunikationssektors zunehmend Bedeutung, insbesondere wenn von einem theoretischen Phasing-Out sektorspezifischer Regulierung ausgegangen wird. Bislang wird von Art. 83 EG im Rahmen der Kartellverordnung[2780] Gebrauch gemacht. Besondere Regelungen für Telekommunikationsmärkte existieren auf

---

2778 Richtlinie 90/387/EWG des Rates v. 28.06.1990 zur Verwirklichung des Binnenmarktes für Telekommunikationsdienste durch Einführung eines offenen Netzzugangs (Open Network Provision - ONP), ABl. L 192 v. 24.07.1990, S. 1 ff., vgl. weiter hierzu: Richtlinie 92/44/EWG des Rates v. 05.06.1992 zur Einführung des offenen Netzzugangs bei Mietleitungen, ABl. L 165 v. 19.06.1992, S. 27 ff.
2779 Vgl. Fn. 15.
2780 Kartell-VO 1/2003, ABl. L 1 v. 04.01.2003, S. 1 ff.

Grundlage dieser Vorschrift nicht. Der EuGH[2781] hatte die Möglichkeit einer Heranziehung dieser Norm für die Zwecke sektorspezifischer Regulierung insoweit für sachgemäß erachtet, als damit an das Verhalten marktbeherrschender Unternehmen angeknüpft wird.

3. Qualitativer Unterschied

Die „Liberalisierungskompetenz" der Kommission nach Art. 86 Abs. 3 EG hat gleich bei ihrer erstmaligen Anwendung bei den Mitgliedsstaaten Protest ausgelöst[2782], obwohl sich die Mitgliedsstaaten zu der Deregulierung des Fernmeldewesens verständigt hatten. Grund für die ablehnende Haltung war, dass der Einflussbereich der Mitgliedstaaten stärker als nach Art. 95 EG beschnitten wird, da letztere eine Entscheidung des Rates erfordert und daher einem Mitspracherecht der Mitgliedstaaten unterliegt. Die Behandlung der unterschiedlichen Kompetenzen weist aber auch einen qualitativen Unterschied auf, der sich aus den mit den Vorschriften verbundenen Zielbündeln für den Rat und der linear zielgerichteten, besonderen Vorschrift für die Kommission ergibt. Während die Harmonisierungskompetenz breiter angelegt ist und im Ergebnis die Rechtsangleichung zum Zwecke der Schaffung eines Binnenmarktes beabsichtigt, ist die sich aus Art. 86 Abs. 3 EG ergebende Bestimmung der Kommission spezifischer angelegt und greift die Asymmetrie zwischen den ehemals im Staatsmonopol befindlichen Unternehmen und dem freien Wettbewerb auf. Damit besteht zwar die Aufgabe des Rates, im Verfahren nach Art. 251 EG tätig zu werden, nicht allein darin, den sozialen transeuropäischen Netzverbund zu gewährleisten, sondern auch um den Binnenmarkt zu verwirklichen und damit Verhaltensnormen für marktbeherrschende Unternehmen im Sektor der Telekommunikation zu schaffen. Wie aber der EuGH betonte[2783]: »betrifft Art. 95 EG den Erlass der Maßnahmen zur Angleichung der Rechts- und Verwaltungsvorschriften der Mitgliedstaaten, die die Errichtung und das Funktionieren des Binnenmarktes zum Gegenstand haben. Gegenstand von Artikel 83 ist der Erlass aller zweckdienlichen Verordnungen oder Richtlinien zur Verwirklichung der in den Artikeln 81 und 82 niedergelegten Grundsätze, also der für alle Unternehmen geltenden Wettbewerbsregeln.« Demgegenüber betreffe Art. 86 EG seinerseits die Maßnahmen, die die Mitgliedstaaten gegenüber Unternehmen erlassen haben, zu denen sie besondere Beziehungen der in diesem Artikel genannten Art unterhalten[2784].

2781 EuGH, Slg. 1991, I-1223, Rdnr. 24 „Frankreich v. Kommission" (TK-Endgeräte).
2782 *Jansen*, NJW 1991, S. 3062, 3064.
2783 EuGH, Slg. 1991, I-1223, Rdnr. 24 „Frankreich v. Kommission" (TK-Endgeräte).
2784 Ebenda.

II. Strukturelle Anforderung an den Wettbewerb

Der qualitative Unterschied zwischen der Harmonisierungs- und der Liberalisierungskompetenz deutet daher darauf hin, dass die Maßnahmen der Kommission im Rahmen des Art. 86 Abs. 3 EG struktureller und verhaltensorientierter Natur sein können und daher einen umfassenderen Anwendungsbereich eröffnen, als dies auf Grundlage des Art. 83 Abs. 3 EG und daher erst Recht für Art. 95 EG geschehen könnte. Insbesondere hätte darüber nachgedacht werden können, wie das Vorbild der USA beispielhaft belegt hat, einzelne regionale Netze zu separieren und Zutrittsschranken bis zur Entstehung wirksamen Wettbewerbs in den Bottleneck Bereichen der Ortsnetze voranzutreiben. Die Kommission wählte einen für die Mitgliedsstaaten weit restriktiveren Weg und nutzte ihre Kompetenz für im Wesentlichen sechs Richtlinien[2785], die auffälligerweise nicht die Netzeigentümerschaft der Telefonfestnetze antasteten und auch bislang keine weiteren strukturellen Vorkehrungen getroffen haben. Hieraus können einige Erkenntnisse für den Wettbewerbscharakter des EG-Telekommunikationsrechts gewonnen werden.

1. Wettbewerbspolitisch motivierte Kabelrichtlinie

Als Beispiel ihrer Ermächtigung im Rahmen des Art. 86 Abs. 3 EG sei die Kabelrichtlinie[2786] genannt, die als bislang einzige Richtlinie einen echten intermodalen Charakter für Wettbewerb zwischen PSTN und Kabelnetzen aufweist[2787]. Vor Erlass dieser Richtlinie hatte die Kommission eine Untersuchung eingeleitet, in der die ökonomischen Auswirkungen der Netzträgerschaft von PSTN und Kabelnetzen in der Hand eines Unternehmens[2788] geklärt werden sollten, bevor von der Kompetenz des Art. 86 Abs. 3 EG Gebrauch gemacht wurde. Wie ökonomisch unschwer vo-

---

2785 Endgeräterichtlinie, ABl. L 131 v. 27.05.1988, S. 73 ff.; Diensterichtlinie, ABl. L 192 v. 24.07.1990, S. 10 ff.; Richtlinie 94/46/EG der Kommission v. 13.10.1994 zur Änderung der Richtlinien 88/301/EWG und 90/388/EWG, insbesondere betreffend die Satelliten-Kommunikation (Satellitenrichtlinie), ABl. L 268 v. 19.10.1994, S. 15 ff; Richtlinie 95/47/EG des Europäischen Parlaments und des Rates v. 24.10.1995 über die Anwendung v. Normen für die Übertragung von Fernsehsignalen (Kabelfernsehrichtlinie), ABl. L 281 v. 23.11.1995, S. 51 ff.; Richtlinie 96/2/EG der Kommission v. 16.01.1996 zur Änderung der Richtlinie 90/388/EWG betreffend die mobile Kommunikation und Personal Communications (Mobilfunkrichtlinie), ABl. L 20 v. 26.01.1996, S. 59 ff.; Richtlinie 96/19/EG der Kommission v. 13.03.1996 zur Änderung der Richtlinie 90/388/EWG hinsichtlich der Einführung des vollständigen Wettbewerbs auf den Telekommunikationsmärkten (Änderungsrichtlinie), ABl. L 74 v. 22.03.1996, S. 13 ff.
2786 Richtlinie 1999/64/EG der Kommission v. 23.06.1999 zur Änderung der Richtlinie 90/388/EWG im Hinblick auf die Organisation ein und demselben Betreiber gehörender Telekommunikations- und Kabelfernsehnetze in rechtlich getrennten Einheiten (Kabelrichtlinie), ABl. L 175 v. 10.07.1999, S. 39 ff.
2787 Zum fehlenden Wettbewerb zwischen PSTN und Mobilfunk nur: *Knieps*, MMR Beilage 2/2000, S. 1, 4; *Mestmäcker*, MMR Beilage 8/1998, S. 11.
2788 Dies war in Deutschland bis zum Jahr 2003 die DTAG; vgl. Telekom macht Kabelnetzverkauf perfekt, Handelsblatt v. 29.01.2003, S. 1.

rauszusehen war, kam die Untersuchung[2789] zu dem Ergebnis, dass die derzeitige Eigentumsstruktur in den Mitgliedsstaaten die notwendige technische Weiterentwicklung der existierenden Infrastruktur behindere. Die Separierung sei notwendig, um intermodalen Wettbewerb zwischen PSTN und Kabelnetzen zu fördern, weshalb die Entscheidung zur rechtlichen Trennung getroffen wurde[2790].

2. Aufrechterhaltung der Liberalisierungskompetenz

Fast alle sektorspezifischen Regelungen basieren auch nach der Revision der Richtlinien auf Art. 95 EG, mithin auf der Rechtsgrundlage, die ein koordiniertes Rechtsetzungsverfahren mit Rat und Europäischem Parlament verlangt. Richtigerweise geht aber die Kommission auch heute noch davon aus, dass sie ihre Kompetenz aus Art. 86 Abs. 3 EG durch die Liberalisierung nicht verloren hat.

a)   Kompetenz aufgrund besonderer Rechte

So formuliert sie in ihrer neuen Wettbewerbsrichtlinie[2791]: »In Artikel 86 des Vertrages wird die Kommission damit beauftragt sicherzustellen, dass die Mitgliedstaaten in Bezug auf öffentliche Unternehmen und Unternehmen, die besondere oder ausschließliche Rechte genießen, ihren Verpflichtungen aus dem Gemeinschaftsrecht nachkommen. Gemäß Artikel 86 Absatz 3 kann die Kommission diese Verpflichtungen näher definieren und erläutern und damit zugleich die nötigen Voraussetzungen schaffen, um ihr die effektive Ausübung der ihr in dem genannten Absatz übertragenen Überwachungsaufgaben zu ermöglichen.[2792] [...] In Anbetracht der Entwicklungen [...] ist es angezeigt, einige der in der Richtlinie 90/388/EWG [...] verwendeten Begriffsbestimmungen an die neuesten technologischen Entwicklungen anzupassen[2793]. [...] In diesem Zusammenhang sollte auch der deutliche Hinweis

---

2789   *Arthur D. Little International*, Cable Review, 1997; *Coudert*, Study on the Scope of the Legal Instruments under EC Competition Law available to the European Commission to implement the Results of the ongoing review of certain situations in the telecommunications and cable television sectors, 1997.

2790   Art. 1 Punkt 2 Kabelrichtlinie, ABl. L 175 v. 10.07.1999, S. 39 ff.: „*In Mitgliedstaaten, die einer Fernmeldeorganisation für denselben geographischen Raum, in dem diese bereits eine beherrschende Stellung auf dem Markt für über Telekommunikationsinfrastrukturen erbrachte Dienste einnimmt, ein besonderes oder ausschließliches Recht zur Errichtung und zum Betrieb v. Kabelfernsehnetzen eingeräumt haben, hat diese Fernmeldeorganisation keinen Anreiz zur Aufrüstung ihres schmalbandigen Telekommunikationsnetzes und ihres breitbandigen Kabelfernsehnetzes zu einem integrierten Breitband-Kommunikationsnetz („full-service network"), das in der Lage ist, Sprache, Daten und Bilder mit hoher Bandbreite zu übertragen*".

2791   Richtlinie 2002/77/EG der Kommission v. 16.09.2002 über den Wettbewerb auf den Märkten für elektronische Kommunikationsnetze und -dienste (Wettbewerbsrichtlinie), ABl. L 249 v. 17.09.2002, S. 21 ff.

2792   Wettbewerbsrichtlinie, ABl. L 249 v. 17.09.2002, S. 21 ff., Erwgr. 2.

2793   Ebenda, Erwgr. 6.

erfolgen, dass die Mitgliedstaaten gehalten sind (sofern nicht bereits geschehen), die ausschließlichen und besonderen Rechte im Zusammenhang mit der Nutzung sämtlicher elektronischer Kommunikationsnetze und nicht nur der speziell zur Erbringung elektronischer Kommunikationsdienste verwendeten Netze aufzuheben[2794].« Kompetenzrechtlich entscheidend ist die Beantwortung der Frage, ob es sich bei den Erbringern der Telekommunikationsdienstleistungen um öffentliche Unternehmen oder solche mit ausschließlichen oder besonderen Rechten handelt. Ausschließlichkeitsrechte bestehen heute in keinem Mitgliedstaat mehr, da im Telekommunikationssektor keinem Unternehmen mehr unter Ausschluss jeglichen Wettbewerbs das Recht zur Ausübung einer bestimmten wirtschaftlichen Tätigkeit vom Staat eingeräumt wird[2795]. Fraglich ist dagegen, ob derzeit noch besondere Rechte bestehen. Die Kommission ist der Ansicht, dass das entscheidende Kriterium für das Wegfallen besonderer Rechte, ein objektives, angemessenes und nach nichtdiskriminierenden Kriterien durchgeführtes Ausschreibungsverfahren ist[2796].

b) Keine Kompetenz aufgrund Liberalisierung

Dies wird in der Literatur[2797] teilweise mit der Auffassung bestritten, dass die Kommission den Begriff der besonderen Rechte restriktiv auslegen müsse. Zur Begründung wird hierbei auf eine Schlechterbehandlung der ehemaligen Monopolunternehmen hingewiesen. Über die herkömmlichen kartellrechtlichen Missbrauchsvorschriften der Art. 81 f. EG hinaus ermöglicht die Auslegung des Begriffes der besonderen Rechte erweiterte Eingriffsbefugnisse struktureller Natur, was die Kabelrichtlinie exemplarisch belegt. Daher habe die durch die Gemeinschaft angestoßene Liberalisierung nach Einstellung des „vollständigen Wettbewerbs" der Kommission die Kompetenz entzogen. Die Behörde dürfe jedenfalls nicht die Umwandlung ehemaliger Monopolrechte in besondere Rechte dazu nutzen, um die Zuständigkeit in diesem Wirtschaftszweig niemals zu verlieren. Vielmehr seien die den Liberalisierungsprozess begleitenden Maßnahmen von der Kompetenz des Rates gedeckt.[2798]

c) Eigene Auffassung: Weites Ermessen

Ausgangspunkt der Auffassung in der Literatur ist der Begriff der besonderen Rechte im Sinne von Art. 86 Abs. 3 EG. Bei dieser Argumentation ist aber Vorsicht geboten, um nicht die ökonomischen Bedingungen derart zu vernachlässigen, dass der Eindruck entstehen kann, die Kommission würde ihre Kompetenz aus Art. 86 Abs. 3

2794 Ebenda, Erwgr. 8.
2795 So EuGH, Slg. 1991 I-5889, Rdnr. 14 „Merci Convenzionali Porto di Genova".
2796 Erstmals in der Richtlinie 94/46/EG der Kommission v. 13.10.1994 zur Änderung der Richtlinien 88/301/EWG und 90/388/EWG, insbesondere betreffend die Satellitenrichtlinie, ABl. L 268 v. 19.10.1994, S. 15 ff., Erwgr. 6. und 7, Art. 1 Abs. 1 lit.b); Kabelrichtlinie, ABl. L 175 v. 10.07.1999, S. 39 ff., Erwgr. 6.
2797 Vgl. hierzu bspw. *Bartosch*, NJW 1999, S. 3750, 3752.
2798 Ebenda.

EG missbrauchen. Art. 86 Abs. 1 EG ist nicht zweckentfremdet dahingehend zu nutzen, um besondere Rechte abzuschaffen oder der öffentlichen Hand die Betätigung zu versagen. Vielmehr ist Art. 86 Abs. 1 EG insbesondere in Zusammenhang mit Art. 82 EG zu sehen. Sinn und Zweck des Art. 86 Abs. 1, 3 EG ist die Beseitigung einer Asymmetrie, die aus besonderen Rechten resultiert. Eine solche wettbewerbliche Struktur entspricht der integrierten Struktur des PSTN in vielen europäischen Ländern offensichtlich nicht. Denn ein auf dieser Grundlage agierendes Unternehmen hat keine ökonomischen Anreize, diskriminierungsfreien und fairen Zugang auch zu wesentlichen Vorleistungen zu gewähren[2799]. Allein das Beispiel Deutschland verdeutlicht, dass die national vertikal und horizontal integrierte Struktur im Telefonfestnetz mit Privatisierung der DBP in das Eigentum der Rechtsnachfolgerin, der DTAG, übergegangen ist. Folgte man der Auffassung, die die begonnen Liberalisierung als ausreichend erachtet und der Kommission ihre Kompetenz abspricht, nur weil auf Grundlage der Harmonisierungskompetenzen der Dienstleistungswettbewerb angestoßen wurde und sich zugegebenermaßen positiv entwickelt hat, verlöre die Europäische Gemeinschaft bei Fehlschlagen der auf Grundlage der Harmonisierungskompetenz begonnenen sektorspezifischen Regulierung ihren primärrechtlichen Anknüpfungspunkt für weitere Liberalisierungsmaßnahmen. Dass ein solches Fehlgehen der Regulierung möglich ist und nicht außerhalb aller Wahrscheinlichkeit liegt, zeigt das in den USA derzeit angestoßene Phasing-Out bei DSL, das als „Versuch" begriffen wird und für die Telekommunikation als „Try-and-Error-Verfahren"[2800] mangels einer klaren wettbewerbstheoretischen Konzeption wesenstypisch ist.

Dass daher die Kommission ihre Liberalisierungskompetenz in der Praxis an die Durchführung eines Ausschreibungsverfahrens knüpft, ist nicht zu beanstanden. Dennoch ist der ablehnenden Meinung in der Literatur zu konstatieren, dass eine abstrakte Festlegung des Begriffes besonderer Rechte nicht ausreichend ist, um seiner Ratio gerecht zu werden. Denn nicht nur ein durchgeführtes Ausschreibungsverfahren führt zur Zweckerreichung des in Art. 86 Abs. 3 EG manifestierten Gedankens. Trotz Beibehaltung der bestehenden rechtlichen Verhältnisse ist durch den Aufbau von alternativen Infrastrukturen durchaus Wettbewerb denkbar, so dass auch die tatsächlichen Verhältnisse und nicht nur ein abstrakt stattzufindendes Verfahren Einfluss auf die kompetenzielle Situation haben. Damit ist die seitens der Kommission gemachte Vorgabe eines chancengleichen und nichtdiskriminierenden Ausschreibungsverfahrens solange sachgerecht, als sich der Wettbewerb nicht derart entfaltet, dass von einem sich selbsttragenden Wettbewerb gesprochen werden kann. Im Übrigen kann auch nicht damit argumentiert werden, dass die Harmonisierungskompetenz den Zweck hinreichend erfüllt und daher eine den Liberalisierungspro-

---

2799 *Koenig/Loetz*, TKMR 2004, S. 132, 136.
2800 *Takuo Imagawa*, Rede auf der Global Summit 2002: »a *"try and error" principle is desirable in this remarkably growing field. Legislation which is perfect ex ante is not necessary, and continuous modification should be justified*«.

zess begleitende Maßnahme darstelle. Denn wie der EuGH[2801] ausführt, steht der etwaige Erlass einer Regelung durch den Rat aufgrund einer allgemeinen Zuständigkeit nach anderen Vorschriften des Vertrages, in der Bestimmungen enthalten wären, die den besonderen Bereich von Art. 86 EG berühren, der Ausübung der der Kommission in diesem Artikel verliehenen Zuständigkeit nicht entgegen. Damit sieht auch der EuGH in den Harmonisierungsregeln, die nicht den strukturellen Eingriff in die besonderen Rechte erlauben, keine geeigneten Instrumente, um den nötigen, sich selbsttragenden Wettbewerb zu erzeugen, wenngleich sie in der Lage sind, so gut es geht, zur Verwirklichung des Binnenmarktes beizutragen.

d) Zwischenergebnis

Insgesamt bleibt daher festzuhalten, dass die Kompetenz der Kommission nach Art. 86 Abs. 3 EG solange bestehen bleibt, bis sich selbsttragender Wettbewerb eingestellt hat oder besondere Rechte nicht mehr vorliegen. Die Kommission macht den Wegfall besonderer Rechte in der Praxis von einem Ausschreibungsverfahren abhängig. Sie hat hierbei von Art. 86 Abs. 3 EG bislang nur restriktiv Gebrauch gemacht. Insbesondere hat sie kein asymmetrisches Strukturkonzept für das PSTN vorgelegt, legt aber den Schwerpunkt auf intermodalen Wettbewerb durch Breitbandkabelnetze sowohl in Bezug auf die Sprachtelefonie als auch bei Rundfunk und neueren Diensten. Dem ist nicht nur in rechtlicher, sondern auch in ökonomischer Hinsicht zuzustimmen. Der institutionelle Rahmen sollt daher nicht nur klar gemacht haben, welche Kompetenz die Kommission besitzt, sondern vor allem, dass sie einen intermodalen Regulierungsansatz gewählt hat, dem im weiteren Verlauf gemeinschaftskonform Rechnung zu tragen ist. Eine weitergehende Netzseparierung wie in den USA wurde seitens der Kommission nicht als notwendig erachtet, um Art. 86 Abs. 1 EG zu gewährleisten, wenngleich das Recht zum sektorspezifischen Eingriff ihr nach wie vor vorbehalten bleibt[2802]. Wie die Kommission zu Recht hinweist, sind aber auch die Mitgliedsstaaten dazu aufgerufen, einer geeigneten Struktur Rechnung zu tragen.

Zu vergegenwärtigen ist aber, dass die Harmonisierungskompetenz des Rates durch die fortschreitende Liberalisierung nicht an Einfluss abnehmen wird. Zwar ist im Zusammenhang mit dem erörterten kompetenziellen Rahmen deutlich geworden, dass das Gemeinschaftsrecht, sofern es auf der Rechtsetzungskompetenz des Rates gemäß Art. 95 EG basiert, keinen asymmetrischen Strukturansatz verfolgen kann[2803]. Damit ist gemeint, dass der Anwendungsbereich sektorspezifischer Regeln dann ausscheidet, wenn das zu regulierende Unternehmen seine Sonderstellung auf dem Markt nicht aus eigener Kraft, sondern aus seiner vormals bestehenden staatlichen

---

2801 EuGH, Slg. 1992 I-5833, Rdnr. 14 „Spanien/Italien/Belgien v. Kommission" (Wettbewerb auf dem Markt für Telekommunikationsdienste).
2802 Wettbewerbsrichtlinie, ABl. L 249 v. 17.09.2002, S. 21 ff., Erwgr. 8.
2803 So auch *Engel/Knieps*, S. 53, 66 ff., allerdings mit Blick auf die Richtlinien selbst.

Privilegierung erlangt hat[2804]. Da sich Netze aber nicht isoliert betrachten lassen, weil sie sich interdependent verhalten, ist die Regulierung transeuropäischer Netze stark von dem Harmonisierungsgedanken geprägt[2805] und erlaubt so ihre marktmachtspezifische Regulierung.

III. Der sektorspezifische Regulierungsrahmen

Der EU-Regulierungsrahmen wurde am 04.02.2002 durch fünf Richtlinien[2806] und eine Entscheidung[2807] novelliert. Außerdem hat die Kommission die auf Grundlage des Art. 86 Abs. 3EG erwähnte Wettbewerbsrichtlinie[2808] neu gefasst. Alle Vorschriften, die den bisherigen Rechtsrahmen bildeten, sind nun aufgehoben worden. In Kraft bleibt lediglich noch die Verordnung über den entbündelten Teilnehmeranschluss[2809]. Die Rahmenrichtlinie (RahmenRL) bildet hierbei nach deutscher Terminologie eine Art Allgemeiner Teil, während die anderen vier Richtlinien, die Genehmigungs-, Zugangs-, Universaldienst- und DatenschutzRL als Besonderer Teil verstanden werden können.[2810]

1. Regulierungsziele

Das gesamte Richtlinienpaket hat an verschiedenen Stellen Zielsetzungen und Grundsätze verankert. Diese finden sich zum Teil in der RahmenRL selbst aber auch in den Einzelrichtlinien. Die RahmenRL stellt in ihrem Art. 8 einige „policy objectives", d.h. Regulierungsziele[2811] auf. Eine für den europäischen Rechtsrahmen besonders zu erwähnende Bestrebung ist die technologieneutrale[2812] Regulierung nach Art. 8 Abs. 1 Unterabs. 2 RahmenRL, die sich von der Common Carrier Regulierung nach US-amerikanischem Kommunikationsrecht fundamental unterscheidet. Im Zusammenhang mit den Breitbandkabelnetzen wurde in Deutschland die Frage der Anwendbarkeit des TKG a.F. auf diese „Rundfunknetze" nicht einheitlich[2813] beantwortet. Mit der Wahl eines technologieneutralen Ansatzes erstreckt der Richtliniengeber den Geltungsbereich auf alle elektronischen Kommunikationsdienste und -netze. Kommunikationsnetze werden in Art. 2 lit. a) RahmenRL definiert als

---

2804 *Kühling*, S. 25; *Koenig/Loetz*, K&R 1999, S. 298, 299.
2805 *Ladeur/Möllers*, DVBl. 2005, S. 525, 526.
2806 Vgl. Fn. 15
2807 Entscheidung Nr. 676/2002/EG des Europäischen Parlaments und des Rates v. 07.03.2002 über einen Rechtsrahmen für die Funkfrequenzpolitik in der Europäischen Gemeinschaft (Frequenzentscheidung), ABl. L 108 v. 24.04.2002, S. 1 ff.
2808 Wettbewerbsrichtlinie, ABl. L 249 v. 17.09.2002, S. 21 ff.
2809 VO (EG) Nr. 2887/2000 des Parlaments und des Rates v. 18.12.2000 über den entbünd. Zugang zum Teilnehmeranschl. (TAL-VO), ABl. L 336 v. 30.12.2000, S. 4 ff.
2810 *Bartosch*, EuZW 2002, S. 389 ff.
2811 *Scherer*, K&R 2002, S. 273, 278.
2812 Es existieren aber noch netzspezifische Regeln, vgl. *Scherer*, K&R 2002, S. 273, 274.
2813 Hierzu noch unter Teil 3: C.II.1., S. 631.

Übertragungssysteme und gegebenenfalls Vermittlungs- und Leitwegeinrichtungen sowie anderweitige Ressourcen, die die Übertragung von Signalen über Kabel, Funk, optische oder andere elektromagnetische Einrichtungen ermöglichen, einschließlich Satellitennetze, feste (leitungs- und paketvermittelte, einschließlich Internet) und mobile terrestrische Netze, Stromleitungssysteme, soweit sie zur Signalübertragung genutzt werden, Netze für Hör- und Fernsehfunk sowie Kabelfernsehnetze, unabhängig von der Art der übertragenen Informationen. Dieser Definition entspricht auch die ZugangsRL[2814]. Damit umfasst der Netzbegriff alle derzeit auch nur ansatzweise zur Übertragung von Kommunikation denkbaren Netze. Die Erfassung der Paketvermittlung lässt auch die Einbeziehung künftiger Übertragungsformen lückenlos erscheinen. Der Grund für die Wahl eines technologieneutralen Ansatzes kann als Reaktion auf die Globalisierung und der technologischen Konvergenz gesehen werden[2815], die bislang in den Mitgliedsstaaten noch nicht so weit wie in den USA ist, sich aber allmählich zu entwickeln beginnt. Die Kommission hatte die technologische Konvergenz mit ihrem Grünbuch zur Konvergenz[2816] aus dem Jahr 1997 vertieft behandelt. Auch die Kabelrichtlinie basiert letztlich auf der Bestrebung, ein technologisch konvergentes Umfeld für alle Dienste zu schaffen. Aus rechtsvergleichender Sicht kritisch anzumerken ist aber, dass sich gerade die US-amerikanischen TK-Märkte ohne die Technologieneutralität, sondern mit Schwerpunktsetzung und Flexibilität in der Regulierung positiv entwickelt haben. Der EU-Regulierungsrahmen hat dagegen den Vorteil, dass er die schwierige Vorhersehbarkeit[2817] von dynamischen Märkten mit seinem technologieneutralen Ansatz aufgreift und so Rechtsunsicherheit beseitigt und andererseits von den Organen nicht für jede Technologie das Durchlaufen des aufwendigen Rechtsetzungsverfahrens und den Abstimmungsbedarf mit den Mitgliedsstaaten[2818] abverlangt. Das zweite grundlegende Regulierungsziel ist die Wettbewerbsförderung. Nach Art. 8 Abs. 2 lit. c) RahmenRL sollen effiziente Infrastrukturinvestitionen gefördert und Innovationen unterstützt werden. Daneben stellt Art. 8 Abs. 3 RahmenRL den Bezug zu den Art. 154 ff. EG her und zielt auf eine stärkere Förderung transeuropäischer Netze. Abs. 4 schließlich macht auf die Universaldienste aufmerksam und möchte das Interesse der Verbraucher fördern.

2814 ZugangsRL, ABl. L 108 v. 24.04.2002, S. 7 ff., Erwgr. 1.
2815 RahmenRL, ABl. L 108 v. 24.04.2002, S. 33 ff., Erwgr. 5.
2816 Vorausgegangen war das Grünbuch zur Konvergenz der Branchen Telekommunikation, Medien und Informationstechnologie und ihren ordnungspolitischen Auswirkungen - Ein Schritt in Richtung Informationsgesellschaft v. 03.12.1997, KOM (1997) 623 endg.; vgl. auch RahmenRL, ABl. L 108 v. 24.04.2002, S. 33 ff., Erwgr. 5.
2817 *Ladeur*, in: Hoffmann-Riem (Hrsg.), S. 57, 66 f., 70 f.; vgl. auch *Kairo/Paulweber*, RTkom 2001, S. 13 ff.; 68 ff.
2818 Das Abstimmungsverfahren mit den Mitgliedsstaaten führt zu einer Herausbildung einer neuen dritten Ebene der Verwaltung der EG, vgl. hierzu *Ladeur/Möllers*, DVBl. 2005, S. 525 ff.; auch *Schumacher*, Das EU-Richtlinienpaket zur Neuordnung der Telekommunikationsmärkte und seine Umsetzung im TKG 2004.

2. Grundsätze der Regulierung

Die Regulierungsziele basieren selbst auf Grundsätzen, die im neuen Regulierungsrahmen nicht im Zusammenhang erwähnt werden, aber ihren Vorausläufer in dem Kommunikationsbericht 1999 der Kommission[2819] haben. Nach Vorstellung der Kommission sollte neben klar formulierten Regulierungszielen eine Beschränkung auf das zur Erreichung der Ziele erforderliche Mindestmaß an Eingriffen stattfinden. Daneben sollte die Rechtssicherheit in den sich schnell wandelnden dynamischen Märkten der Telekommunikation verbessert und Technologieneutralität angestrebt werden. Außerdem soll die Regulierung auf Ebene der betroffenen Unternehmensaktivität, also weltweit, regional und national ansetzen. Man kann daher das gesamte Richtlinienpaket als eines zusammenfassen, das auf Transparenz und Vereinfachung der gemeinschaftlichen Ordnung, auf Konvergenz der Telekommunikation, Medien und Informationstechnologie, auf Flexibilisierung und allmählichem Abbau sektorspezifischer ex-ante Regulierung und auf die stärkere gemeinschafsweite Harmonisierung in inhaltlicher, verfahrensrechtlicher und organisationsrechtlicher Hinsicht abzielt.[2820]

3. Der institutionelle Rahmen

Die RahmenRL fasst grundsätzliche Vorschriften zusammen und enthält insbesondere die Vorschriften zur transnationalen Zusammenarbeit. Der Rechtsrahmen definiert die Begriffe, an die sich die anderen Richtlinien zu orientieren haben und hilft bei Auslegungsschwierigkeiten mit seinen bereits dargestellten Regulierungszielen und grundsätzlichen Erwägungen. Das Kernelement der RahmenRL bildet aber der institutionelle Rahmen, unter dessen „Aufsicht" die nationalen Regulierungsbehörden (NRB) tätig werden.

a) Ausgestaltung der nationalen Regulierungsbehörden (NRB)

Im Gegensatz zum allgemeinen Kartell- und Fusionskontrollrecht besitzt die Kommission keine gemeinschaftseigene Vollzugsmöglichkeit, sondern folgt dem in den Regulierungszielen niedergelegtem Bestreben, mit der Regulierung auf Ebene der betroffenen Unternehmensaktivität, also gemeinschaftsweit, regional und national anzusetzen. Da Richtlinien in nationales Recht umzusetzen sind, kommt den Mitgliedsstaaten gemäß Art. 3 Abs. 1 RahmenRL die Aufgabe zu, dass alle den NRB mit dieser und den Einzelrichtlinien übertragenen Aufgaben von einer zuständigen Stelle wahrgenommen werden. Der Begriff der NRB ist nicht auf den engeren Wortsinn begrenzt, sondern wird in Art. 3 lit. g) RahmenRL als eine oder mehrere Stellen begriffen, die die Regulierungsaufgaben der Richtlinien umsetzen. Damit wird den

---

[2819] Entwicklung neuer Rahmenbedingungen für elektronische Kommunikationsinfrastrukturen und zugehörige Dienste - Kommunikationsbericht 1999: KOM(1999) 539 endg.
[2820] *Schrameyer*, S. 9 f.; *Scherer*, MMR 2002, S. 200 f.; *Scherer*, K&R 2002, S. 273 f.

Mitgliedsstaaten keine besondere Struktur der NRB aufgebürdet, sondern gewährleistet, dass diese die erforderlichen Aufgaben flexibel in ihre bestehenden Strukturen einpassen können. Dabei müssen die Mitgliedsstaaten aber beachten, dass eine Einflussnahme auf die NRB gering gehalten wird, sofern sie noch an Kommunikationsunternehmen beteiligt sind (Art. 3 Abs. 2 RahmenRL). Außerdem müssen die NRB durch Unparteilichkeit und Transparenz gekennzeichnet sein (Art. 3 Abs. 3 RahmenRL).

b) Sonderrolle der Kommission im Zentrum der Marktregulierung

Die wichtigste Bestimmung der RahmenRL gilt dem Marktregulierungsverfahren, das sich von dem alten Telekommunikationsregime entscheidend verändert hat[2821]. Voraussetzung für Regulierungsmaßnahmen nach der Zugangs- oder UniversaldienstRL ist gemäß Art. 16 Abs. 2 RahmenRL ein durchgeführtes Marktanalyseverfahren der relevanten Märkte, auf denen kein wirksamer Wettbewerb herrscht. Die relevanten Märkte müssen dabei nach Art. 15 Abs. 3 RahmenRL von den NRB zuvor abstrakt festgestellt worden sein. Dies setzt aber eine Berücksichtigung der Empfehlung der Kommission nach Art. 15 Abs. 1 RahmenRL voraus. Damit zeigt sich der bereits geschilderte Einflusszuwachs, den der Richtliniengeber über Art. 95 EG der Kommission zuteil werden ließ, um die transeuropäischen Netze unter dem Dach der EG zu regulieren. Denn nach Art. 249 Abs. 5 EG sind Empfehlungen anders als Entscheidungen unverbindliche Rechtsinstrumente, deren Befolgung ohne Einfluss auf die Mitgliedsstaaten bleibt. Im Prozess der Marktdefinition nach Art. 15 RahmenRL bleibt eine solche Abweichung von den Empfehlungen der Kommission aber nicht ohne Auswirkungen. Art. 15 Abs. 3 S. 2 RahmenRL sieht vor einer Gültigkeit der Abweichung einer NRB von den Empfehlungen der Kommission ein zwingend durchzuführendes Verfahren vor. Dabei hat ein Anhörungsverfahren nach Art. 6 RahmenRL stattzufinden, das nicht nur interessierten Parteien das Recht zur Stellungnahme gibt. Es trägt auch zu Transparenz bei, indem die Ergebnisse der Öffentlichkeit zugänglich zu machen sind. Unter der Überschrift der Konsolidierung des Binnenmarktes ist neben der Anhörung ein wichtiges Abstimmungsverfahren vorgesehen, das als Konsultations- und Konsolidierungsverfahren bezeichnet wird und im Ergebnis als Kooperationsverpflichtung zwischen etwaig abweichenden NRB, den übrigen, von der Abweichung möglicherweise betroffenen NRB und der Kommission verstanden werden kann. Aus diesem multipolaren Abstimmungsverhältnis ergibt sich, dass die abweichende Maßnahme zumindest Auswirkungen auf den Handel zwischen den Mitgliedsstaaten haben muss, was Art. 7 Abs. 3 lit. b) RahmenRL auch konsequenterweise voraussetzt. Wie aber bereits dargelegt wurde, sind keine allzu großen Anforderungen an diese Zwischenstaatlichkeitsklausel zu stellen, da sich aufgrund des Netzwerkgedankens und der mittlerweile mehr global

---

[2821] *Koenig/Loetz/Neumann*, S. 75; *Schütz/Attendorn*, MMR Beilage 4/2002, S. 1, 13 ff.

als lokal aufgestellten Telekommunikationsunternehmen eine wechselseitige Beeinflussung zwischen den einzelnen NRB aufdrängt[2822].

Daneben besitzt die Kommission unter zusätzlichen qualifizierenden Voraussetzungen auch noch ein Vetorecht nach Art. 7 Abs. 4 RahmenRL, sofern die NRB in zentralen Fällen der Marktabgrenzung oder der Feststellung eines Marktbeherrschungsverhältnisses von der Auffassung der Kommission abweicht. Dieses ist aber nicht statisch im Sinne einer einfachen Ablehnung zu verstehen, sondern erhält eine maßgebliche Bedeutung durch die Pflicht, entsprechende Änderungsvorschläge zu unterbreiten. Die Kommission erhält mit diesem Instrument ein konstruktives Element, mit dessen Hilfe sie über die Kernnormen des sektorspezifischen Rechts (Marktdefinition und Feststellung von Marktbeherrschung) gestalterisch mitwirken kann. Zum Zweck der Kooperation wurde ferner die European Regulators Group (ERG) gegründet[2823], die bereits nach Erwägungsgründen 36 und 37 der RahmenRL als geeigneter Mechanismus zur Stärkung der Zusammenarbeit und der Koordinierung der NRB erwähnt wird und über Koordination mit anderen internationalen Gremien keinen unerheblichen praktischen Einfluss auf die Steuerung sektorspezifischen Rechts besitzt. Durch diese Verflechtungen entsteht durch das EG-Telekommunikationsrecht die Besonderheit einer dritten Ebene der Verwaltung[2824]. Die Verfahrensnormen zeigen hierbei, dass sich die Kommission an die Spitze der Regulierungsbehörden aufschwingt und ihre ursprüngliche Rolle als Hüterin der Verträge zu einer moderierenden Oberregulierungsbehörde erweitert[2825].

4. Materielle Regulierung

Die besonderen Richtlinien haben zwei grundsätzliche Elemente, die es in materieller Hinsicht zu unterscheiden gilt. Sie weisen einen ökonomischen und einen nichtökonomischen Teil der Regulierung auf. Zu der ökonomischen Regulierung zählen alle Markteingriffsinstrumente, die besondere Regeln für die Art des sektorspezifisch zu gestaltenden Wettbewerbs enthalten und damit dem Ziel der Förderung des Wettbewerbs Rechnung tragen. Hiervon unterscheiden sich die nichtökonomischen Regulierungsinstrumente, die zwar auch in den freien ökonomischen Prozess eingreifen, aber eine andere Motivation besitzen. Hierzu zählen Regeln des Daten- und Kundenschutzes, aber auch die universell jedem potentiellen Teilnehmer des Netzwerks zur Verfügung stehenden Mindeststandards eines bestimmten Dienstes.[2826] Im vorliegenden Zusammenhang ist zwar wichtig zu erwähnen, dass solche außeröko-

---

2822 *Kühling*, S. 417 f.; *Ladeur/Möllers*, DVBl. 2005, S. 525, 526.
2823 Vgl. *Groebel*, MMR 12/2002, S.XV ff.
2824 *Ladeur/Möllers*, DVBl. 2005, S. 525, 527.
2825 *Kühling*, S. 420; zu Problemen effektiven Rechtsschutzes: *Trute*, in: FS für Selmer, S. 585 ff.; *Ladeur/Möllers*, DVBl. 2005, S. 525, 529 ff.; *Schumacher*, Das EU-Richtlinienpaket zur Neuordnung der Telekommunikationsmärkte und seine Umsetzung im TKG 2004.
2826 *Koenig/Loetz/Neumann*, S. 109, 159.

nomische Komponenten existieren. Schwerpunkt der vorliegenden Betrachtung bilden aber vorliegend die ökonomisch motivierten Eingriffsinstrumente.

a) Ökonomische Regulierung nach der ZugangsRL

Die gesamte ökonomische Regulierung im hier verstandenen Sinne ist in der ZugangsRL geregelt. Sie erfasst gemäß Art. 1 Abs. 1 ZugangsRL den Zugang zu elektronischen Kommunikationsnetzen und zugehörige Einrichtungen, sowie die Zusammenschaltung als besondere Art des Zugangs. Die Zugangsregulierung wird daher als Oberbegriff für mehrere Formen der Netznutzung begriffen[2827]. Sie regelt die Zusammenschaltung, also die Interoperabilität der einzelnen Netze untereinander und enthält spezifische Regelungen für entbündelte Netzelemente und die Entgeltregulierung. Die ZugangsRL regelt die Wettbewerbsbedingungen zwischen Kommunikationsdienstleistern, setzt also an der Vorleistungsebene an, wohingegen die UniversaldienstRL die Endkundenbeziehungen erfasst[2828]. So stellt Art. 1 Abs. 2 S. 3 ZugangsRL klar, dass der Zugang für Endnutzer nicht unter den Begriff „Zugang" im Sinne der Richtlinie fällt. Um das Ausmaß der Zugangsregulierung zu erfassen, sind einige Einzelheiten wichtig zu erfassen.

Nach Art. 2 lit. a) ZugangsRL ist Zugang der Oberbegriff für die ausschließliche oder nicht ausschließliche Bereitstellung von Einrichtungen und/oder Diensten für ein anderes Unternehmen unter bestimmten Bedingungen, zur Erbringung elektronischer Kommunikationsdienste. Darunter fallen unter anderem: 1) Zugang zu Netzkomponenten und zugehörigen Einrichtungen, wozu auch der feste oder nicht feste Anschluss von Einrichtungen gehören kann. Dieser beinhaltet insbesondere a) den Zugang zum Teilnehmeranschluss, sowie b) zu Einrichtungen und Diensten, die erforderlich sind, um Dienste über den Teilnehmeranschluss zu erbringen. Erfasst wird ferner 2) Zugang zu physischen Infrastrukturen, wie Gebäuden, Leitungen und Masten; 3) Zugang zu einschlägigen Softwaresystemen, einschließlich Systemen für die Betriebsunterstützung; 4) Zugang zur Nummernumsetzung oder zu Systemen, die eine gleichwertige Funktion bieten; 5) Zugang zu Fest- und Mobilfunknetzen, insbesondere um Roaming zu ermöglichen; 6) Zugang zu Zugangsberechtigungssystemen für Digitalfernsehdienste und 7) Zugang zu Diensten für virtuelle Netze. Zusammenschaltung betrifft gemäß Art. 2 lit. b) ZugangsRL die physische und logische Verbindung öffentlicher Kommunikationsnetze, die von demselben oder einem anderen Unternehmen genutzt werden, um 1) Nutzern eines Unternehmens die Kommunikation mit Nutzern desselben oder eines anderen Unternehmens oder 2) den Zugang zu den von einem anderen Unternehmen angebotenen Diensten zu ermöglichen. Dienste können a) von den beteiligten Parteien erbracht werden oder b) von anderen Parteien, die Zugang zum Netz haben. Zusammenschaltung ist ein Sonderfall des Zugangs und wird zwischen Betreibern öffentlicher Netze hergestellt.

2827 ZugangsRL, ABl. L 108 v. 24.04.2002, S. 7 ff., Erwgr. 3.
2828 *Schütz/Attendorn*, MMR Beilag 4/2002, S. 1, 15.

Der Teilnehmeranschluss wird in Art. 2 lit. e) ZugangsRL definiert als die die physische Verbindung, mit dem der Netzendpunkt in den Räumlichkeiten des Teilnehmers an den Hauptverteilerknoten oder an eine gleichwertige Einrichtung im festen öffentlichen Fernsprechnetz verbunden wird. Dagegen werden die zugehörigen Einrichtungen in Artikel 2 lit. b) RahmenRL als diejenigen mit einem 1) elektronischen Kommunikationsnetz und/oder 2) einem elektronischen Kommunikationsdienst verbundenen Einrichtungen, welche die Bereitstellung von a) Diensten über dieses Netz und/oder b) diesen Dienst ermöglichen und/oder c) unterstützen. Dieser Begriff schließt auch i) Zugangsberechtigungssysteme und ii) elektronische Programmführer ein.

Der Zugangsbegriff erfasst heute weit mehr Zugriffsmöglichkeiten als nach nationalem TKG a.F. Außerdem geht die neue Definition auch über die ONP-Richtlinie nach altem Recht hinaus[2829]. Gemäß dem technologieneutralen Ansatz setzt auch die ZugangsRL konsequent um, was für dynamische Märkte erwartet wird. Gerade die Einbeziehung der virtuellen Netze ist bedeutend für den Aufbau neuer Plattformen und der in Zukunft zunehmenden Bedeutung der Netzwerke auf Netzen[2830]. Dabei ist auch wichtig, dass der Zugang zu Diensten genauso gleichwertig behandelt wird, wie der Zugang zu den zugrunde liegenden Kommunikationsnetzen, die technologieneutral als die physikalische Infrastruktur gemäß Art. 2 lit. a) RahmenRL begriffen werden. Kommunikationsdienste beschränken sich gemäß Art. 2 lit. b) RahmenRL auf die Übertragungsleistung, wobei das Merkmal der ganz oder überwiegenden Übertragungsleistung stark an die in den US-amerikanischen Computer Inquiries zunächst unterschätzten hybriden Dienste erinnern.

Auch die Zusammenschaltung geht über die Definition nach altem Recht hinaus. War nach der alten Zusammenschaltungsrichtlinie (ZusammenschaltungsRL) dieser Vorgang auf Telekommunikationsnetze beschränkt und damit auf Teilnehmernetze, um untereinander Kommunikation zu ermöglichen[2831], fallen mit der Ausweitung auf Kommunikationsnetze unweigerlich auch die Hürden einer Zusammenschaltung für Netze ohne Bidirektionalität und erfassen daher nun auch hybride Verbindungen, wie Verbindung zwischen paketvermittelten bidirektionalen und leitungsgebundenen unidirektionalen Netze, wobei viele Spielarten denkbar sind. Damit zeigt sich auch hier der Gedanke, dass in einem Gemeinsamen Markt möglichst alle Netze miteinander zu verbinden sind, seien sie nun zunächst auf Verbreitung von Inhalten oder auf Sprachvermittlung ausgerichtet. Zu beachten ist bei all den bestehenden Verpflichtungen, dass ausweislich des fünften Erwägungsgrundes der ZugangsRL das Primat der Verhandlungspflicht gilt, d.h. die Pflicht sich wie auf einem freien unregulierten Markt zunächst den gewünschten Vertragspartner zu suchen und sich mit ihm in Verhandlung über Preis und Modalitäten einig zu werden.

2829 *Schütz/Attendorn*, MMR Beilag 4/2002, S. 1, 17.
2830 *Kruse*, in: ders./Stockmann/Vollmer (Hrsg.), S. 247, 261; *Galperin/Bar*, 55 Fed. Comm. Law J. 61, 69 (2002).
2831 *Schuster*, in: Beck'scher TKG-Kommentar, § 3 Rdnr. 27a; *Wissmann/Klümper*, in: Wissmann (Hrsg.), Telekommunikationsrecht, S. 42 Rdnr. 82.

b) System der unechten asymmetrischen Regulierung

Die Zugangsverpflichtungen treffen aber nicht jeden Kommunikationsnetzbetreiber oder Kommunikationsdienstanbieter. Vielmehr ist das System der Zugangsverpflichtung auch nach der Novelle noch in einem abgestuften System anzuwenden. Zentraler Anknüpfungspunkt bei jeder Art des Regulierungseingriffes ist die Frage nach der Marktstellung des zu regulierenden Unternehmens. Damit setzt das neue Regulierungsregime im Prinzip seine Systematik nach altem Recht mit einigen Änderungen fort. Das System des Eingriffs kann daher als unechte asymmetrische Regulierung[2832] bezeichnet werden, weil es nicht nach dem „Warum" der Marktstellung fragt, also insbesondere nicht danach, ob diese aufgrund ehemals bestandener ausschließlicher oder besonderer Rechte besteht, sondern von der aktuellen Marktstellung. Daher unterscheidet sich das System von der US-amerikanischen Common Carrier Regulierung, das für ILEC und RBOC besondere Verhaltenspflichten und Struktureingriffe vorsieht[2833]. Damit ist die europäische Regulierung im Kern langfristiger angelegt.

c) Das SMP-Konzept

Anknüpfungspunkt für die weitereichende Regulierungseingriffe ist nach Art. 8 Abs. 2 ZugangsRL ein Betreiber mit beträchtlicher Marktmacht (Significant Market Power), sog. SMP-Konzept. Das SMP-Konzept wurde dem allgemeinen Wettbewerbsrecht und damit dem von der europäischen Rechtsprechung entwickelten Marktbeherrschungsbegriff angenähert[2834]. Während noch im alten EG-Telekommunikationsrecht nach Art. 4 Abs. 3 der ZusammenschaltungsRL ein Marktanteil von 25% ausreichend sein sollte, um Marktbeherrschung anzunehmen[2835], enthält das SMP-Konzept keine starren Marktanteilsschwellen. Die Feststellung als solche ist an die Durchführung des Marktdefinitions- und Marktanalyseverfahrens nach Art. 14-16 RahmenRL gebunden, so dass gerade die zentralen Elemente einer modernen Regulierungskonzeption nicht unwesentlich von dem Kommissionsverständnis abhängen. Allerdings kommt in fast allen Vorschriften, die auf die beträchtliche Marktmacht abstellen, sichtbar zum Ausdruck, dass die NRB bei der Auferlegung der Regulierungsinstrumente über keinen unerheblichen Beurteilungs- und Ermessenspielraum verfügen (können). So erlegt die NRB „erforderliche Verpflichtungen" auf (beispielsweise Art. 8 Abs. 2 i.V.m Art. 9 ff. ZugangsRL) und „kann" die NRB

2832 *Kühling*, S. 25.
2833 Vgl. 47 U.S.C. 251 (c), 271.
2834 *Wissmann/Klümper*, in: Wissmann (Hrsg.), Telekommunikationsrecht, S. 36 Rdnr. 65.; *Schrameyer*, S. 16 ff.
2835 Vgl. 97/33/EG des Europäischen Parlamentes und des Rates v. 30.07.1997 über die Zusammenschaltung in der Telekommunikation im Hinblick auf die Sicherstellung eines Universaldienstes und der Interoperabilität durch Anwendung der Grundsätze für einen offenen Netzzugang (ONP) (Zusammenschaltungsrichtlinie), ABl. L v. 26.07.1997, S. 32 ff.; rechtsvergleichend *Glahs*, in: Scheurle/Mayen (Hrsg.), TKG-Kommentar, § 33 Rdnrn. 6 ff.

Anträgen auf bestimmte Verpflichtungen stattgeben (beispielsweise Art. 12 ZugangsRL). Damit scheint es, als ob die NRB aufgrund des Kompetenzentzugs im Wege der Einbindung in das Marktregulierungs- und Marktdefinitionsverfahren „entschädigt" wurden und über das „Ob" und das „Wie" des Regulierungseinsatzes weitgehend selbständig entscheiden können.[2836].

Will die NRB einem Unternehmen allerdings andere Maßnahmen, als die in Art. 9-13 der ZugangsRL genannten, auferlegen, entscheidet hierüber letztlich doch die Kommission gemäß Art. 8 Abs. 3 Unterabs. 2, 14 Abs. 2 ZugangsRL in dem hierfür vorgesehenen Regelungsverfahren[2837]. Diese Systemvorgabe ergibt sich daraus, dass die EG im Bereich der SMP-Regulierung eine Vollharmonisierung anstrebt und daher auch das nationale Recht bzw. die NRB auf solche Maßnahmen beschränkt sind, die das Richtlinienrecht ausdrücklich vorsieht. Umsetzungsspielraum zur Schaffung weiterreichender Eingriffsrechte durch die Mitgliedsstaaten bestehen daher nicht.[2838] Aber nicht nur bei anderen als ausdrücklich vorgesehenen Maßnahmen, sondern gemäß Art. 8 Abs. 4 ZugangsRL bei jeglicher Auferlegung von Verpflichtungen nach Art. 8 ZugangsRL muss diese in Rückkopplung zu der Art des auftretenden Problems geschehen und „angemessen" und „gerechtfertigt" erscheinen. Daher hat auch gemäß Art. 8 Abs. 4 S. 2 ZugangsRL ein Anhörungsverfahren nach Art. 6 f. RahmenRL stattzufinden. Der damit eröffnete Verweis auf Art. 7 RahmenRL eröffnet der Kommission, wie schon gesehen, erhebliche Einflussrechte und wird durch die Einbeziehung von NRB anderer Mitgliedsstaaten noch weiter gestärkt. Damit ist das anfänglich vermutete Ermessensregime durch die Klauseln von Art. 8 Abs. 3 und Abs. 4 ZugangsRL erheblich beschnitten. Damit hat die die europäische „Oberregulierungsbehörde" auch in materiell-rechtlicher Hinsicht erheblichen Einfluss.

aa) Regulierung von SMP-Unternehmen

Die besonderen Regulierungsmaßnahmen, die gegenüber Unternehmen mit beträchtlicher Marktmacht getroffen werden können, sind in Art. 8 ff. ZugangsRL niedergelegt und kommen ex-ante zum Einsatz. Diese Vorabverpflichtungen hält die Kommission immer noch für notwendig, weil sich bislang kein selbsttragender Wettbewerb eingestellt hat[2839]. Das Primat der Verhandlungspflicht erfährt im Rahmen der SMP-Regulierung entscheidende Einschränkungen. Insofern wird davon ausgegangen, dass gerade Betreiber mit beträchtlicher Marktmacht über eine Verhandlungsstärke verfügen, die eine zu breit angelegte Verhandlungspflicht unsachgerecht erscheinen lässt. Die Verhandelbar sind daher nach Art. 4 Abs. 1 S. 2 ZugangsRL nur

---

2836 *Koenig/Loetz/Neumann*, S. 75; *Schütz/Attendorn*, MMR Beilage 4/2002, S. 1, 15.
2837 Vgl. Art. 5, 7, 8 des Ratsbeschlusses 1999/468/EG v. 28.06.1999 zur Festlegung der Modalitäten für die Ausübung der der Kommission übertragenen Durchführungsbefugnisse, ABl. L 184 v. 17.07.1999, S. 23 ff.
2838 *Koenig/Loetz/Neumann*, S. 78.
2839 *Spoerr*, MMR 2000, S. 674, 675.

konkrete Zugangs- und Zusammenschaltungsaspekte. Mindestanforderungen werden SMP-Unternehmen aber im Vorfeld aufgegeben. Hierbei ist zu beachten, dass der Mechanismus der Vorabverpflichtung nur dann greift, sofern es sich um einen Betreiber im Sinne von Art. 2 lit. c) ZugangsRL handelt, worunter ein Unternehmen zu verstehen ist, das ein öffentliches Kommunikationsnetz oder eine zugehörige Einrichtung bereitstellt oder hierzu befugt ist. Daher ist sowohl das Eigentum als auch das Nutzungsrecht aufgrund von Miete und anderen vergleichbaren Vertragstypen erfasst, die dem betreffenden Unternehmen eine auch nur vorübergehende Funktionsherrschaft einräumen[2840]. Hierhinter steht der Gedanke, dass der reine Dienstanbieter, sollte er über eine beherrschende Stellung im Sinne von Art. 82 EG verfügen, bereits von der allgemeinen Missbrauchsaufsicht erfasst wird. Anders verhält es sich bei einem marktbeherrschenden Kommunikationsnetzbetreiber. Er hat die Möglichkeit, seine Stellung gegenüber anderen Netzbetreibern und Dienstanbietern auszubauen und seine Infrastruktur strategisch zu nutzen, so dass letzterer zu einem Bottleneck heraufgestuft und mit ex-ante Verpflichtungen belegt wird.

Zu den umfangreichen Verpflichtungen der Art. 8 ff. ZugangsRL zählen Transparenz (Art. 9), Gleichbehandlung (Art. 10), getrennte Buchführung (Art. 11), Gewährung von Zugang zu Netzeinrichtungen und deren Nutzung (Art. 12), sowie die Entgeltregulierung (Art. 13). Alle genannten Verpflichtungen sind für einen Markt, der noch nicht ausreichendem Wettbewerb ausgesetzt ist, von besonderer Bedeutung. Insbesondere Art. 12 ZugangsRL enthält einen Katalog von Regelbeispielen, die von der NRB einem SMP-Betreiber auferlegt werden können. Hierzu zählt die Entbündelung der TAL, Resale von Diensten zu Großhandelsbedingungen, die Kollokation und gemeinsamen Nutzung von Gebäuden, Leitungen und Masten, aber auch Zugang zu technischen Schnittstellen, Protokollen oder anderen Schlüsseltechnologien, die für die Interoperabilität von Diensten oder Dienste für virtuelle Netze unverzichtbar sind. Damit ist Art. 12 ZugangsRL die zentrale Norm der materiellen Zugangsverpflichtung, die die anderen Verpflichtungen der Art. 9-11 und 13 ZugangsRL erst sinnvoll verknüpft. Denn im Falle einer isolierten Auferlegung wäre der Zugang ein weitgehend stumpfes Mittel. Zugangsverpflichtungen nach Art. 12 ZugangsRL stehen immer am Ende eines Prozesses der Marktdefinition und Marktanalyse nach den Art. 14 ff. RahmenRL und beinhalten die konkreten Lösungsmöglichkeiten der spezifischen, auf den festgestellten Märkten existierenden Probleme. Daher sind die Möglichkeiten, die Art. 12 ZugangsRL konkret erfasst, nicht statisch auf alle SMP-Betreiber anzuwenden, sondern eröffnen einen Beurteilungsspielraum, wie den Problemen am besten zu begegnen ist. Die Grenze möglicher Maßnahmen nach Art. 12 ZugangsRL bildet der Zugangsbegriff nach Art. 2 lit. a) ZugangsRL. Hierbei ist aber zu beachten, dass bestimmte Beurteilungskriterien in die Abwägung mit einfließen müssen. Der in Art. 12 Abs. 2 ZugangsRL genannte Katalog an Krite-

---

2840 *Wissmann/Klümper*, in: Wissmann (Hrsg.), Telekommunikationsrecht, S. 43 Rdnr. 85; *Klotz*, K&R-Beilage 1/2003, S. 3, 6; a.A.: *Hefekäuser*, WIK-Konferenz in Berlin am 26./27.2.2002, WIK-Proceedings Nr. 9, S. 11, 19.

rien muss dabei in einem angemessenen Verhältnis zu den in Art. 8 Abs. 2 ZugangsRL genannten Regulierungszielen stehen. Zu berücksichtigen sind die wirtschaftliche und technische Tragfähigkeit (lit. a), die Kapazität (lit. b), die Anfangsinvestitionen und Investitionsrisiken (lit. c), aber auch die Notwendigkeit der langfristigen Sicherung des Wettbewerbs (lit. d). Der Schwerpunkt der Kriterien wird hierbei im Infrastrukturwettbewerb gesehen[2841].

bb) Unternehmen ohne SMP-Merkmale

Unternehmen ohne SMP-Merkmale unterliegen grundsätzlich keinen Zugangsansprüchen. Hier entfaltet der Vorrang der Verhandlung seine volle Bedeutung. Nach Art. 4 Abs. 1 S. 1 ZugangsRL sind Betreiber öffentlicher Kommunikationsnetze berechtigt und auf Antrag von hierzu befugten Unternehmen verpflichtet, über die Zusammenschaltung zwecks Erbringung der öffentlich zugänglichen elektronischen Kommunikationsdienste zu verhandeln. Art. 4 Abs. 1 S. 2 ZugangsRL nimmt zusätzlich den Begriff des Zugangs auf, der aufgrund einer Angebotspflicht zu einer versteckten Kontrahierungspflicht sowohl im Rahmen des Zugangs als auch bei der Zusammenschaltung führt. Da aber der reine Kontrahierungszwang faktisch fruchtlos wäre, wenn nicht auch die Modalitäten des Zugangs angemessen wären, verweist Art. 4 Abs. 1 ZugangsRL auf die Art. 5, 8 ff. ZugangsRL. Da damit auch die gesamten Regelungen, die für SMP-Betreiber nach Art. 8 ff. ZugangsRL vorgesehen sind, greifen würden, ist der Tatbestand teleologisch dahingehend zu reduzieren, dass nur solche Betreiber einem Kontrahierungszwang unterliegen, die in Art. 5 ZugangsRL besonders erwähnt sind. Sie sind dann den SMP-Unternehmen diesbezüglich gleichgestellt[2842]. Hierunter fallen Betreiber, die nach lit. a) den Zugang zu Endnutzern kontrollieren oder gemäß lit. b) i.V.m. Anhang I, Teil II ZugangsRL den Zugang zu API oder EPG kontrollieren. Nach Art. 4 Abs. 1 i.V.m. Art. 5 ZugangsRL gilt daher die Verhandlungspflicht für alle Betreiber, der Kontrahierungszwang dagegen nur gegenüber solchen, die entweder als SMP-Unternehmen einzustufen sind oder aber nach Art. 5 ZugangsRL den Endnutzerzugang kontrollieren.[2843] Aus dieser Regelung fallen Verbindungsnetzbetreiber heraus, die keine Endnutzerzugänge im Sinne von Art. 5 ZugangsRL kontrollieren und keine SMP-Stellung verfügen.

2841 *Koenig/Loetz/Neumann*, S. 79; *Koenig/Loetz*, in: Koenig/Bartosch/Braun (Hrsg.), EC Competition and Telecommunications Law, S. 406 ff.; *Koenig/Loetz*, TKMR 2004, S. 132, 138.
2842 *Husch/Kemmler/Ohlenburg*, MMR 2003, S. 139, 146; *Scherer*, K&R 2002, S. 329, 339; *Rädler/Elspaß*, CR 2004, S. 418, 422.
2843 Zum Entwurf vgl. BT-Drs. 15/2316; zur Stellungnahme des Bundesrates vgl. BR-Drs. 755/03; geltende Fassung nunmehr in BGBl. 2004 I, S. 1190.

IV. Umsetzung und Regulierung nach nationalem Recht

Die Bundesregierung legte nach Ablauf der Umsetzungsfrist am 15.10.2003 ihren endgültigen Entwurf eines Telekommunikationsgesetzes vor. Nach Änderungen durch den Vermittlungsausschuss konnte das Gesetz dann endlich am 26.06.2004 in Kraft treten.[2844] Das nunmehr vorliegende Telekommunikationsgesetz (TKG) unterscheidet sich von seinem Vorgänger (TKG a.f.) grundlegend, was vor dem EG-rechtlichen Hintergrund auch verständlich erscheint. Herzstück der Regulierung bildet dabei der zweite Teil, der die Marktregulierung (§§ 9-43 TKG) zum zentralen Gegenstand macht. Für den Rundfunk bzw. das digitale Fernsehen sind spezielle Vorschriften in den §§ 48-51 TKG normiert. Gleichwohl hat es die Technologieneutralität der Regulierung in der Definition der Telekommunikationsnetze in § 3 Nr. 27 TKG und der Telekommunikationsdienste in § 3 Nr. 24 TKG richtlinienkonform umgesetzt. Gemäß den Anforderungen nach Art. 14-16 RahmenRL stellt auch das TKG in § 9 programmatisch das Normanwendungsprogramm für die Vorschriften der Marktregulierung dem zweiten Teil voran. Darin werden die Verfahrensschritte festgelegt, in denen der Einsatz einzelner Regulierungsinstrumente erfolgt. Diese sind Marktdefinition, Marktanalyse und die nachfolgende Auferlegung einzelner Maßnahmen (Regulierungsverfügungen).

1. Marktregulierungsverfahren, §§ 9 ff. TKG

Nach § 10 Abs. 1 TKG ist die Regulierungsbehörde verpflichtet, erstmals nach Inkrafttreten des Gesetzes die sachlich und räumlich relevanten Märkte festzulegen, die für eine Regulierung nach dem zweiten Teil des TKG in Betracht kommen. Die Bundesnetzagentur hat mittlerweile fast alle der 18 Märkte, die die Kommission in ihrer Empfehlung über relevante Produkt- und Dienstmärkte vorgeschlagen hat[2845], definiert. Damit ein Markt überhaupt der ex-ante Regulierung untersteht, müssen folgende Kriterien kumulativ erfüllt sein[2846]:

- Der Markt muss beträchtliche und anhaltende strukturell oder rechtliche bedingte Marktzutrittsschranken aufweisen,

---

2844 *Koenig/Loetz/Neumann*, S. 79; *Koenig/Loetz*, in: Koenig/Bartosch/Braun (Hrsg.), EC Competition and Telecommunications Law, S. 406 ff.; *Koenig/Loetz*, TKMR 2004, S. 132, 138; z. Entw. *Kühling*, IR 2004, S. 72; *Katzschmann*, IR 2004, S. 176 ff.
2845 Empfehlung der Kommission über relevante Produkt- und Dienstmärkte des elektronischen Kommunikationssektors, die aufgrund der Richtlinie 2002/21/EG des Europäischen Parlaments und des Rates über einen gemeinsamen Rechtsrahmen für elektronische Kommunikationsnetze und -dienste für eine Vorabregulierung in Betracht kommen, ABl. L 114 v. 08.05.2003, S. 45 ff., Anh. Nr. 18 (Ex-ante Empfehlung zur Marktabgrenzung).
2846 *Koenig/Loetz/Neumann*, S. 114; *Immenga/Kirchner*, TKMR 2002, S. 340, 355; *Koenig/Vogelsang/Winkler*, K&R Beilage 1/2005, S. 1, 22; *Ladeur*, K&R 2004, S. 153, 154.; *Korehnke*, TKMR Tagungsband, S. 17, 18; a.A.: *Klotz*, S. 5, 8. Er ist der Auffassung, dass das Fehlen wirksamen Wettbewerbs ausreichend sei.

- er darf längerfristig nicht zu wirksamem Wettbewerb tendieren und
- die Anwendung des allgemeinen Wettbewerbsrechts darf allein nicht ausreichen, um dem betreffenden Marktversagen entgegenzuwirken.

Auch diese Kriterien sind unmittelbar der Kommissionsempfehlung[2847] entnommen. Hat die Marktdefinition ergeben, dass ein einzelner Markt der ex-ante Regulierung grundsätzlich unterliegt, so kommt das Marktanalyseverfahren nach § 11 TKG zur Anwendung, wobei im Rahmen der Festlegung der nach § 10 TKG für eine Regulierung in Betracht kommenden Märkte die Regulierungsbehörde die Prüfung wirksamen Wettbewerbs vornimmt. Wirksamer Wettbewerb besteht nach §§ 11 Abs. 1 S. 2, 3 Nr. 31 TKG dann nicht, wenn ein oder mehrere Unternehmen auf diesem Markt über beträchtliche Marktmacht verfügen. Ein Unternehmen hat nach § 11 Abs. 1 S. 3 TKG beträchtliche Marktmacht, wenn es entweder allein oder gemeinsam mit anderen eine der Beherrschung gleichkommende Stellung einnimmt, d.h. eine wirtschaftlich derart starke Stellung, die es ihm gestattet, sich in beträchtlichem Umfang unabhängig von Wettbewerbern und Endnutzern zu verhalten. Ergänzt wird diese Definition durch den bereits in der RahmenRL festgestellten Bezug zu den Leitlinien der Kommission zur Marktanalyse, wobei nach § 12 TKG das Konsultations- und Konsolidierungsverfahren zu durchlaufen ist. Im Rahmen der Feststellungen nach den §§ 10 ff. TKG wird das jeweilige Unternehmen auf den Märkten, die nicht durch wirksamen Wettbewerb gekennzeichnet sind, identifiziert. Auf der Rechtsfolgenseite wird es einer geeigneten Regulierungsverfügung nach § 13 i.V.m. den jeweiligen sektorspezifischen Instrumenten zugeführt. § 13 Abs. 3 TKG macht deutlich, dass das Verfahren der Marktregulierung nicht in Zwischenschritten erfolgt, wie es die Systematik zunächst nahe legt. Vielmehr erfolgt die Regulierungsverfügung zusammen mit der Marktdefinition und Marktanalyse, so dass ein einheitlicher Verwaltungsakt erlassen wird[2848]. Die Regulierungsverfügung muss aber nicht als gesonderte Verwaltungsakt nach § 35 S. 1 VwVfG gegenüber den einzelnen Unternehmen ergehen. Vielmehr steht es der Regulierungsbehörde frei, auch im Wege der Allgemeinverfügung nach § 35 S. 2 VwVfG vorzugehen und damit die Unternehmen mit beträchtlicher Marktmacht marktbezogen zu adressieren[2849]. In materieller Hinsicht sieht § 13 Abs. 1 TKG eine Auferlegung von den in §§ 19, 20, 21, 24, 30, 39, 40 oder 41 Abs. 1 TKG genannten Verpflichtungen vor. Diese Verpflichtungen beinhalten ex-ante Zugangs- und Entgeltregulierungsmaßnahmen nach den §§ 21, 39 ff. TKG. Sie werden durch „Nebenverpflichtungen", wie der Diskriminierungsfreiheit, des Transparenzgebots oder auch der getrennten Rechnungsführung, sinnvoll ergänzt. Die Besonderheit der ex-ante Regulierung betrifft das System der Rückkopplung der regulatorischen Verpflichtungen zu den wettbewerblichen Problemen des jeweils zu regulierenden Marktes, die auch als situationsbezogene Regulierung

---

2847   Ex-ante Empfehlung zur Marktabgrenzung, ABl. L 114 v. 08.05.2003, S. 45 ff., Erwgr. 9.
2848   *Knauth/Krüger*, K&R Beilage 1/2004, S. 3, 4.
2849   *Koenig/Loetz/Neumann*, S. 125.

bezeichnet wird[2850]. Es handelt sich dabei um eine besondere Ausprägung des allgemeinen Verhältnismäßigkeitsgrundsatzes, wonach die Intensität staatlicher Regulierungseingriffe auf die jeweilige Marktsituation abgestimmt sein muss[2851]. Seine sekundärrechtliche Parallele findet sich wie gezeigt in Art. 8 Abs. 2 ZugangsRL. Daraus wird gefolgert, dass § 13 Abs. 1 TKG der Regulierungsbehörde auch keinen Ermessensspielraum einräumt, sondern in richtlinienkonformer und systematischer Auslegung des TKG eine gebundene Entscheidung abverlangt. Marktdefinition und -analyse überlassen den NRB in den Grenzen der Vorabentscheidung der Kommission nur einen gewissen Beurteilungsspielraum. Anders als die Regulierungsmaßnahmen hält das TKG aber auch eine Reihe von gesetzesunmittelbaren Verpflichtungen bereit. Dies betrifft die Verhandlungspflichten über Zusammenschaltung und Zugang nach §§ 16, 22 TKG, aber auch beim missbräuchlichen Verhalten der Forderung und Vereinbarungen von Entgelten nach § 28 TKG. Das TKG unterscheidet wie das EG-Recht im Hinblick auf Maßnahmen, die allen Unternehmen ohne Vorliegen von beträchtlicher Marktmacht auferlegt werden können. Die zentrale Vorschrift stellt § 18 TKG dar. Sie betrifft die Kontrolle über den Zugang zu Endnutzern und setzt Art. 5 der ZugangsRL um[2852]. Systematisch kann daher zwischen drei Arten der Zugangsverpflichtung unterschieden werden. Dies sind einerseits gesetzesunmittelbare Zugangsverpflichtungen nach §§ 16, 22 TKG. Bei den durch Regulierungsverfügung aufzuerlegenden Verpflichtungen kann dabei zwischen den SMP-Zugangsverpflichtungen nach § 21 TKG und den marktmachtunabhängigen nach § 18 TKG für die Endnutzerkontrolle differenziert werden.

2. Zugangsregulierung, §§ 16, 22; 18; 21 TKG

Die ex-ante Zugangsverpflichtung in § 21 TKG ist Voraussetzung für die Auferlegung der ex-ante Entgeltregulierung. Ohne die Erfüllung dieser Norm greift eine ex-ante Entgeltregulierung nicht, was angesichts des Sinngehalts der Entgeltregulierung, Zugangsansprüche nicht ins Leere laufen zu lassen auch sachgerecht erscheint. Damit wird die Notwendigkeit eines behutsamen Umgangs der Zugangsverpflichtungen vor dem Hintergrund der Kettenreaktion der Regulierung deutlich. Da die Verpflichtung nach § 21 TKG ausgehend von § 13 TKG am Ende eines Marktdefinitions- und Marktanalyseverfahrens steht, ist das Vorliegen einer SMP-Stellung Grundvoraussetzung der Anwendbarkeit. Aus dem Zugangsbegriff, der nunmehr den Zweck zur Erbringung von Telekommunikationsdienstleistungen aus dem Richtlinienrecht übernommen hat, wird abermals klar, dass die ex-ante Zugangsregulierung nach § 21 TKG als Vorleistungsregulierung zu begreifen ist, was auch als unmittelbarer Ausfluss der auf Gemeinschaftsebene getroffenen Endnutzerregulierung in der UniversaldienstRL entspricht. § 21 TKG ist zweistufig in dem Sinn ausgestaltet, dass die aufzuerlegenden Zugangspflichten eine Rechtfertigung verlangen. Damit

---

2850 *Wegmann*, K&R Beilage 1/2004 S. 25, 28 f.
2851 *Wegmann*, K&R Beilage 1/2003, S. 21, 23.
2852 Zu den Abweichungen vgl. *Koenig/Loetz/Neumann*, S. 139 f.

wird eine Abwägung erforderlich, die nach § 21 Abs. 1 TKG auf die Regulierungsziele des § 2 Abs. 2 TKG Bezug nimmt und hierbei einige besondere Interessen nach § 21 Abs. 1 Nrn. 1-7 TKG besonders stark hervorhebt. Zu diesen Prüfkriterien zählen vor allem:

- die technische und wirtschaftliche Tragfähigkeit der Nutzung oder Installation konkurrierender Einrichtungen angesichts der dynamischen Marktentwickelung (Nr. 1)
- die Möglichkeit der Gewährung des vorgeschlagenen Zugangs angesichts der verfügbaren Kapazität (Nr. 2)
- die Anfangsinvestitionen des Eigentümers der Einrichtung unter Berücksichtigung der Investitionsrisiken (Nr. 3)
- die Notwendigkeit der langfristigen Sicherung des Wettbewerbs, insbesondere durch Anreize zu effizienten Investitionen in Infrastruktureinrichtungen, die langfristig einen stärkeren Wettbewerb sichern (Nr. 4)

Neben diesem Abwägungsprogramm, dem als Ermessensstrukturierung eine überproportionale Bedeutung zukommt, unterscheidet das Gesetz auf der Ebene der Zugangsformen zwischen sog. Regelverpflichtungen nach § 21 Abs. 3 TKG, die sich in der regulatorischen Praxis als besonders hilfreich und bedeutsam erwiesen haben, und den sog. fakultativen Verpflichtungen nach § 21 Abs. 2 TKG. Gleich die Nr. 1 der Regelverpflichtungen nennt den vollständig entbündelten und gemeinsamen Zugang zur TAL, die nicht nur für Preselection, sondern auch für die Bereitstellung von DSL große Bedeutung haben. Gerade das Line Sharing wird durch den gemeinsamen Zugang zur TAL ermöglicht, wobei die Praxis zeigt, dass überwiegend Resale Angebote des DSL Anschlusses zum Einsatz kommen, also insbesondere keine eigenen DSLAM in den Vermittlungsstellen installiert werden brauchen. Resale wird über die fakultative Verpflichtung nach Abs. 1 Nr. 3 TKG ermöglicht und nach § 30 Abs. 5 TKG mit Abschlägen gegenüber dem Endnutzerpreis des verpflichteten Betreibers kalkuliert. Eine besondere fakultative Verpflichtung besteht nach § 21 Abs. 2 Nr. 1 TKG. Danach kann ein SMP-Betreiber verpflichtet werden, Zugang zu bestimmten Netzkomponenten oder -einrichtungen einschließlich des entbündelten Breitbandzugangs zu gewähren. Diese generalklauselartige Regelung eröffnet der Regulierungsbehörde eine flexible Methode, um den jeweiligen wettbewerblichen Problemen der Märkte wirksam abzuhelfen.

Die Kontrolle über Endnutzerzugang nach § 18 TKG stellt einen Fremdkörper im zweiten Teil der Marktregulierung dar, da hier anders als nach den übrigen Verpflichtungen des zweiten Teils keine SMP-Stellung verlangt wird. § 9 Abs. 3 TKG klammert die Vorschrift daher auch systematisch korrekt aus dem Marktdefinitions- und -analyseverfahren aus. § 18 TKG macht deutlich, dass der ökonomisch denkbare Ansatz, monopolistische Engpasseinrichtungen als eigenständige Märkte zu begreifen, sich nicht mit dem TKG vereinbaren lässt. Als besondere Form des Zugangs erfasst er die Zusammenschaltung, wobei klarstellend der Vorrang der Verhandlungspflicht zum Ausdruck kommt. Die Vorschrift gilt dabei nicht nur für Teilnehmernetzbetreiber physischer Netze, sondern auch für den nicht physischen Zugang zum Netz. Auch im Rahmen der Endnutzerkontrolle ist eine sachliche Rechtfertigung notwendig, so dass nur in begründeten Fällen eine solche Zugangsverpflichtung in Frage kommt. Welche begründeten Fälle dies sind, lässt die Vorschrift aber offen. Viele Einzelheiten zu § 18 TKG sind bislang ungeklärt. Dies betrifft nicht nur die Begründetheit einer Zugangsverpflichtung, sondern auch in welchem Zusammenhang § 18 TKG zu den Regulierungszielen steht. Da § 2 Abs. 2 Nr. 3 TKG als Regulierungsziel die Förderung effizienter Infrastrukturinvestition enthält, ist insbesondere fraglich, ob Teilnehmernetzbetreiber, die ein Netz gerade aufgebaut haben, einem Zugangsanspruch nach § 18 TKG ausgesetzt sein können.

3. Entgeltregulierung, §§ 27 ff. TKG

Die Entgeltregulierung ist in §§ 27-39 TKG geregelt und bestimmt als Zielsetzung in § 27 Abs. 1 TKG, eine missbräuchliche Ausbeutung, Behinderung oder Diskriminierung von Endnutzern oder von Wettbewerbern durch preispolitische Maßnahmen von Unternehmen mit beträchtlicher Marktmacht zu verhindern. Die materiellern Missbrauchstatbestände finden sich in § 28 TKG, wobei der Preishöhenmissbrauch (§ 28 Abs. 1 Nr. 1 TKG), der Behinderungsmissbrauch (§ 28 Abs. 1 Nr. 2 TKG) und die ungerechtfertigte Preisdiskriminierung (§ 28 Abs. 1 Nr. 3 TKG) als Regelbeispiele ausgestaltet sind. Beispielhaft sind auch die Vermutungstatbestände aufgezählt, die den Behinderungsmissbrauch aus § 28 Abs. 1 Nr. 1 TKG konkretisieren. Zu ihnen zählen Preisdumping (§ 28 Abs. 2 Nr. 1 TKG), Preis-Kosten-Scheren (§ 28 Abs. 1 Nr. 2 TKG), sowie sachlich ungerechtfertigte Bündelungen (§ 28 Abs. 1 Nr. 3 TKG). Systematisch muss auch bei der Entgeltregulierung zwischen der Vorleistungs- und Endnutzerregulierung unterschieden werden. Die Vorleistungsentgeltregulierung findet sich in §§ 30 ff. TKG, wohingegen Entgelte für die Endnutzerregulierung in § 39 TKG geregelt sind.

§ 30 Abs. 1 S. 1 TKG unterstellt Entgelte eines nach § 21 TKG verpflichteten Betreibers der Genehmigung durch die Regulierungsbehörde nach Maßgabe des § 31 TKG. Bei der Entgeltgenehmigung wird die Genehmigungsfähigkeit der Entgelte im Verfahren der Einzelgenehmigung oder dem Price-Cap Verfahren (§ 34 TKG) durchgeführt. Beide Verfahren orientieren sich wie auch in den USA nach den langfristigen zusätzlichen Kosten der effizienten Leistungsbereitstellung (Long Run Incremental Costs – „LRIC") zuzüglich eines angemessenen Zuschlags für leistungsmengenneutrale Gemeinkosten, einschließlich einer angemessenen Verzinsung des eingesetzten Kapitals (§ 31 Abs. 2 TKG). Eine Entgeltgenehmigung ist aber nicht für jeden SMP-Betreiber vorgesehen, insbesondere dann nicht, wenn er nicht gleichzeitig auf dem Markt für Endkundenleistungen, auf dem der Betreiber tätig ist, über beträchtliche Marktmacht verfügt (§ 30 Abs. 1 S. 2 Nr. 1 TKG). Für Betreiber, die gemäß § 18 TKG den Endnutzerzugang kontrollieren, scheidet gemäß § 30 Abs. 4 TKG eine ex-ante Regulierung aus. In diesen Fällen kommt nur eine ex-post Entgeltkontrolle nach § 38 TKG in Betracht, nach der die Betreiber der Regulierungsbehörde 2 Monate vor Inkrafttreten der Entgelte Änderungen anzeigen müssen und im Falle ihres Verstoßes gegen § 28 TKG untersagt werden können. Außerdem wird bei nachträglichem Bekanntwerden von Tatsachen, die einen Verstoß gegen § 28 TKG begründen, ein Entgeltüberprüfungsverfahren der Regulierungsbehörde eingeleitet, das zu einer Unwirksamkeit der Entgelte führen kann. Betreibt daher ein Anbieter mit beträchtlicher Marktmacht auf einem vorgelagerten Markt leveraging und dehnt seine Marktmacht auf einen anderen Markt aus, so entfällt der Ausnahmetatbestand automatisch, so dass dann die Entgeltgenehmigung an die Stelle der Entgeltmissbrauchsaufsicht tritt. Eine Neuerung des neuen ex-post Entgeltregulierungsmaßstabes ist, dass im Verfahren der nachträglichen Entgeltkontrolle nicht mehr der LRIC-Kostenmaßstab gilt. § 38 TKG sieht allein die Einbeziehung der Missbrauchsaufsicht bei der Forderung und Vereinbarung von Entgelten vor, beschränkt sich daher auf die genannten Tatbestände. Dieses Novum führt erstmals zu einer sachgerechten Unterscheidung zwischen ex-ante und ex-post Entgeltregulierung, da zuvor nur die Eingriffsintensität, nicht aber die materielle Beurteilungsgrundlage unterschieden werden konnte war.

Neben den Zugangsentgelten können nach § 39 TKG Entgelte für Leistungen, die auf Endnutzermärkten erbracht werden, welche im Verfahren nach §§ 10, 11 TKG definiert wurden, unter bestimmten Voraussetzungen einer Entgeltregulierung unterworfen werden. Auch hierbei kann zwischen der ex-ante (§ 39 Abs. 1 TKG) und ex-post Entgeltregulierung (§ 39 Abs. 3 TKG) unterschieden werden. Die Regulierung von Endnutzerleistungen nach § 39 TKG ist der UniversaldienstRL angelehnt und setzt nach §§ 13, 39 TKG beträchtliche Marktmacht voraus. Die ex-ante Entgeltregulierung kommt gemäß § 39 Abs. 1 S. 1 TKG aber nur dann in Betracht, wenn die Verpflichtungen im Zugangsbereich (gemeint ist die Vorleistungsregulierung) oder die Betreibervorauswahl gemäß § 40 TKG, die nur gegenüber Unternehmen im Bereich des Telefonnetzes auferlegt werden können, nicht zur Erreichung der Regulierungsziele nach § 2 Abs. 2 TKG führen würden. Kommt die Entgeltgenehmigung nicht in Betracht, so statuiert § 39 Abs. 3 S. 1 TKG die gesetzesunmittelbare ex-post Entgeltregulierung. Eine Besonderheit der ex-post Entgeltregulierung im Endnutzerbereich liegt darin, dass sie anders als im Vorleistungsbereich keine Vorlagepflicht kennt, sondern sich die Tätigkeit der Regulierungsbehörde auf das nachträgliche Bekanntwerden von Tatsachen beschränkt, die den Verstoß gegen § 28 TKG nahe legen. Im Übrigen gelten die Vorschriften für die Vorleistungsregulierung im ex-post Bereich entsprechend und damit auch der Maßstab des § 28 TKG, also gerade keine Orientierung an den LRIC.

4. Besondere Missbrauchsaufsicht, §§ 42, 43 TKG

Die besondere Missbrauchsaufsicht nach §§ 42, 43 TKG nimmt im Rahmen des zweiten Teils eine besondere Stellung ein, da sie im Richtlinienrecht keine Entsprechung findet und dessen systematische Verortung bei der Marktregulierung des zweiten Teils auch nicht recht passend erscheint. Teilweise wird § 42 TKG als Ausläufer von Art. 5 Abs. 4 ZugangsRL verstanden[2853]. Diese regelt die Sicherstellung von Regelungen der NRB durch die Mitgliedsstaaten, damit die NRB aus eigener Initiative tätig werden.

Nach § 42 Abs. 1 TKG darf ein Anbieter von Telekommunikationsdiensten, der [...] ein öffentliches Telekommunikationsnetz betreibt und über beträchtliche Marktmacht verfügt, seine Stellung nicht missbräuchlich ausnutzen. Ein solcher Missbrauch liegt nach § 42 Abs. 1 S. 2 TKG insbesondere dann vor, wenn andere Unternehmen unmittelbar oder mittelbar unbillig behindert oder deren Wettbewerbsmöglichkeiten ohne sachlich gerechtfertigten Grund erheblich beeinträchtigt werden. § 42 Abs. 2 TKG beinhaltet einen Vermutungstatbestand, der mit den Voraussetzungen des früheren § 33 Abs. 1 TKG a.F. vergleichbar ist. Danach wird ein Missbrauch vermutet, wenn ein Unternehmen sich selbst, seinen Tochter- oder Partnerunternehmen den Zugang zu seinen intern genutzten oder zu seinen am Markt angebotenen Leistungen zu günstigeren Bedingungen oder zu einer besseren Qualität ermöglicht, als es sie anderen Unternehmen bei der Nutzung der Leistung für deren Telekommunikationsdienste oder mit diesen in Zusammenhang stehenden Diensten einräumt. Gerechtfertigt ist ein solches Verhalten, wenn das Unternehmen Tatsachen nachweist, die die Einräumung ungünstigerer Bedingungen sachlich rechtfertigen.

§ 42 TKG verlangt das Vorliegen von beträchtlicher Marktmacht und setzt damit ein vorangegangenes Marktdefinitions- und Marktanalyseverfahren voraus[2854]. Obwohl § 42 TKG nicht in § 13 Abs. 1 TKG als separate Regulierungsmaßnahme genannt ist, kann sich die besondere Missbrauchsaufsicht nur auf Märkte beziehen, die zuvor abgegrenzt und auf denen im Rahmen des dafür vorgesehenen Verfahrens beträchtliche Marktmacht festgestellt wurde. Denn beträchtliche Marktmacht folgt fehlendem wirksamem Wettbewerb und setzt notwendigerweise auch weitere Regulierungsverfügungen nach § 13 TKG voraus[2855]. Darüber hinaus formuliert § 9 Abs. 1 TKG den Grundsatz, dass der Marktregulierung des gesamten zweiten Teils nur solche Märkte unterliegen, die als regulierungsbedürftig definiert und analysiert wurden[2856]. Allein § 18 TKG soll nach § 9 Abs. 3 TKG von den Voraussetzungen ausgespart bleiben. Auch § 42 TKG ist im zweiten Teil geregelt und damit Bestandteil der Marktregulierung[2857]. Daher ist die besondere Missbrauchsaufsicht als gesonderter Tatbestand der Regulierungsbehörde zu verstehen, die generalklauselartig das Verhalten von SMP-Unternehmen erfassen soll, die sich trotz Zugangs- und Entgeltregulierungsmaßnahmen diskriminierend verhalten. Eine deutliche Sprache spricht auch die Gesetzesbegründung[2858] zu § 40 TKG-RegE, der inhaltlich unverändert übernommen wurde. Darin heißt es, dass die besondere Missbrauchsaufsicht

---

2853 *Koenig/Loetz/Neumann*, S. 154.
2854 *Koenig/Loetz/Neumann*, S. 154 f.; *Schütz*, Kommunikationsrecht, Rdnr. 863; *Robert*, K&R 2005, S. 354, 358; a.A: *Spoerr/Sellmann*, N&R 2004, S. 98, 107.
2855 *Koenig/Loetz/Neumann*, S. 124 f.; *Robert*, K&R 2005, S. 354, 358.
2856 Vgl. die Gesetzesbegründung, BT-Drs. 15/2316, S. 60 f.
2857 *Schütz*, Kommunikationsrecht, Rdnr. 863.
2858 BT-Drs. 15/2316, S. 71.

auch weiterhin bei der Regulierungsbehörde verbleiben solle, soweit regulierungsbedürftige Märkte betroffen sind, die nach den §§ 10 und 11 als relevante Märkte identifiziert wurden. Da die Regulierungsbehörde auf diesen Märkte für Zugang und Entgeltregulierung zuständig ist, sei sie – im Vergleich zum Bundeskartellamt – die sachnähere Behörde, um Missbräuche auf diesen Märkten abzustellen, zumal ihr ohnehin die Marktanalyse bzw. die Feststellung der beträchtlichen Marktmacht obliege. Damit macht der gesetzesgeberische Wille deutlich, dass die Missbrauchsaufsicht nur auf den Märkten stattzufinden hat, die auch in dem notwendigen Verfahren definiert wurden.

Vereinzelt[2859] wird die Verknüpfung von § 42 TKG mit dem Marktdefinitions- und Marktanalyseverfahren nach §§ 10, 11 TKG abgelehnt. Die Ansicht stützt sich dabei auf Einzelheiten der in § 132 TKG geregelten Zuständigkeitsverteilung zwischen den beiden Organen der Regulierungsbehörde, der Präsidentenkammer (§ 116 Abs. 2 TKG) und den Beschlussabteilungen (§§ 132-136 TKG). Gemäß § 132 Abs. 4 S. 2 TKG ist in der Geschäftsordnung sicherzustellen, dass Festlegungen nach den §§ 10, 11 TKG durch die Präsidentenkammer erfolgen, sofern Entscheidungen der Marktregulierung nach dem zweiten Teil getroffen werden. § 42 TKG wird darin nicht genannt, weshalb hieraus der unzutreffende Schluss gezogen wird, dass es gerade keiner Marktanalyse und damit keiner Festlegung beträchtlicher Marktmacht bedarf, um § 42 TKG anzuwenden[2860]. Allein das Abstellen auf die Geschäftsorganisation scheint kein geeignetes Mittel darzustellen, um Reichweite und Zweckrichtung der Missbrauchsaufsicht zu bestimmen. Der Ansicht ist zu konzedieren, dass die Anwendung von § 42 TKG nicht in jedem Einzelfall eine Marktabgrenzung erforderlich machen kann, da die Norm ein flexibles Instrument darstellt, um Missbräuche zum Schutz des Regulierungsgefüges und des Wettbewerbs zu verhindern. Dies zuwiderliefe daher dem Charakter der Norm. Daher hat der Gesetzgeber es nicht für notwendig erachtet, § 42 TKG in § 13 und § 132 Abs. 4 S. 2 TKG explizit zu erwähnen. Sie ist nämlich kein Marktregulierungsinstrument, das auf die einzelnen Probleme des jeweiligen Marktes reagiert, sondern ein stetig präsentes Mittel, das auch eine Vorfeldwirkung gegenüber missbräuchlichem Verhalten entfaltet[2861]. Eindeutig ist daher, dass die Regulierungsbehörde mithilfe der Norm ein Marktverhalten nicht verbieten kann, sofern keine SMP-Stellung vorliegt. Die andere Meinung übersieht das komplexe Rückkopplungssystem und ist daher aus systematischen und ökonomischen Erwägungen heraus abzulehnen.

2859   *Spoerr/Sellmann*, N&R 2004, S. 98, 107.
2860   Ebenda.
2861   Diese Vorfeldwirkung ist bei § 19 GWB schon lange anerkannt und führt im Ergebnis dazu, dass die Anzahl der Verfahren gering geblieben ist, vgl. *Möschel*, in: Immenga/Mestmäcker (Hrsg.), GWB-Kommentar, GWB, § 19 Rdnr. 101.

V. Marktdefinition und Marktanalyse zwischen Kommission und NRB

1. Marktdefinitionsvorgaben der Kommission

Im Anhang I der RahmenRL findet sich ein Verzeichnis der Märkte, die im Rahmen der Empfehlung der Kommission über die relevanten Produkt- und Dienstmärkte aufzunehmen sind. Darin werden die Märkte nach der UniversaldienstRL, ZugangsRL und der TAL-Verordnung unterschieden. In ihrer Empfehlung[2862] nach Art. 15 Abs. 2 RahmenRL werden dann die relevanten Produkt- und Dienstmärkte abschließend definiert. Diese unterscheidet 18 Märkte, die in Endkunden- und Großkundenmärkte unterteilt werden[2863]. Darin finden sich die Unterscheidungskriterien der RahmenRL unter dieser Zweiteilung wieder.

Trotz des technologieneutralen Ansatzes fällt die Marktabgrenzung infrastrukturspezifisch aus, und zwar fast ausschließlich in Bezug auf das PSTN, vereinzelt in Bezug auf Mobilfunknetze. Allerdings ist der in Nr. 18 definierte Großkundenmarkt für Rundfunk-Übertragungsdienste zur Bereitstellung von Sendeinhalten für Endnutzer infrastrukturneutral, d.h. Breitbandkabelnetze werden nicht infrastrukturspezifisch erfasst. In den Anmerkungen zum Anhang verweist die Kommission darauf, dass die NRB bei der Analyse des Marktes für Zugangsberechtigungssysteme für digitale Fernseh- und Rundfunkdienste Ermessensfreiheit bezüglich der Auferlegung von Verpflichtungen haben. Die Kommission geht daher nach wie vor von einer Dominanz des PSTN für Leistungen der Sprach- und Datenkommunikation aus. Bei Rundfunkdiensten übt sie dagegen eine auffällige Zurückhaltung.

2. Normzweck: Ex-ante Regulierung

Die auf Grundlage des Art. 15 Abs. 2 RahmenRL festgestellten Märkte werden für die ex-ante Regulierung abgegrenzt, d.h. unter dem Blickwinkel bestehender spezifischer Probleme der jeweiligen Märkte. Für die Regulierung nach altem Recht, insbesondere den Vorabverpflichtungen im Wege der ex-ante Regulierung wurde von der Marktdefinition, wie sie Kommission und Rechtsprechung auf wettbewerblichen Märkten anwenden, signifikant abgewichen[2864]. Denn der Zweck der Marktabgrenzung nach altem Rechtsrahmen bezog sich nicht auf die Ermittlung der Marktkräfte, sondern auf die lückenlose Kommunikation[2865]. Die auf dieser Sichtweise abgegrenzten Märkte waren die für Sprachtelefonie im Festnetz, im Mobilfunknetz, Zusammenschaltung und Mietleitungen. In allen anderen Bereichen der Telekommuni-

---

2862 Ex-ante Empfehlung zur Marktabgrenzung, ABl. L 114 v. 11.02.2003, S. 45 ff., Anh.
2863 Eine ausf. Analyse der Märkte findet sich bei *Schrameyer*, S. 145 ff.; auch *Ladeur*, K&R 2004, S. 153 ff.; die englische Fassung der Märkteempfehlung spricht von „*wholesale markets.* Daher liegt es nahe, diese als Vorleistungs- und nicht als Großkundenmärkte zu bezeichnen. So auch schon *Schrameyer*, S. 147 Fn. 579.
2864 Ex-ante Empfehlung zur Marktabgrenzung, ABl. L 114 v. 08.05.2003, S. 45 ff., Erwgr. 3.
2865 Marktanalyseleitlinien, ABl. C 165 v. 11.07.2002, S. 6 ff., Tz. 34.

kation wurden keine Märkte vorgegeben[2866], so dass auch die Rolle des Breitbandkabelnetzes im Rahmen der Regulierung ungeklärt war. Insbesondere ist der Gesetzgeber von den Vorgaben des EG-Rechts abgewichen und hatte fast vollständig den Bezug zu § 19 GWB hergestellt und damit eine Auslegung der Marktbeherrschung nach nationalem Kartellrecht und damit der marktbeherrschenden Stellung ermöglicht. Demgemäß war auch der Streit relativ früh abzusehen, ob eine Marktbeherrschung nach TKG eine andere Sichtweise verlangt als das GWB, d.h. ob insbesondere die für den jeweiligen Normzweck anerkannte Andersbewertung im allgemeinen Kartellrecht auch im TKG fruchtbar gemacht werden kann und ob diese Relativität des Marktbeherrschungsbegriffes auch ein Abweichen von dem im allgemeinen Kartellrecht verankerten Verständnis zulässt[2867]. Mehrheitlich wurde dieser Grundsatz auch auf das TKG a.F. übertragen[2868] und hat hier zu unterschiedlichen Ergebnissen beispielsweise für die Zwecke der Entgeltregulierung und der Zugangsverpflichtung geführt. Nach dem TKG n.F. kann diese Relativität im Rahmen der Marktabgrenzung und Marktmachtprüfung nicht mehr vollständig übertragen werden. Nunmehr bedarf es zur Auferlegung einer Regulierungsverfügung keiner Marktabgrenzung im Einzelfall. Der spezifische Normzweck, ob Zugangs-, Entgelt-, Vorleistungs- oder Endkundenregulierung, ist daher bei Abgrenzung des Marktes noch gar nicht bekannt. Völlig zweckentfremdet findet aber auch die Marktabgrenzung nach dem SMP-Konzept nicht statt, da sie ja grundsätzlich feststellen soll, ob auf einem Markt wirksamer Wettbewerb herrscht. Genau diese Hinweise, nämlich dass die Marktdefinition sich aus Gründen der ex-ante Regulierung von dem allgemeinen Wettbewerbsrecht unterscheiden kann, wurde bereits den Erwägungsgründen entnommen und kommt an vielen Stellen der Leitlinien zum Ausdruck. So heißt es beispielsweise, dass der potentielle Wettbewerb Aufschluss darüber geben kann, ob in einem Markt echter Wettbewerb besteht[2869]. Auch können in Ausnahmefällen Märkte nach Strecken zum Zwecke der ex-ante Regulierung abgegrenzt werden[2870]. Damit wohnt auch dem SMP-Begriff eine gewisse Relativität inne, die den Blick auf die mit der ex-ante Regulierung verfolgte Zweckrichtung zu berücksichtigen hat[2871]. Die Diskussion um die Frage, ob Marktabgrenzung (nunmehr Marktdefinition und -analyse) und Marktbeherrschung (nunmehr SMP) eine ihren Normzweck berücksichtigende Auslegung erfordern, ist daher mit Neufassung als geklärt anzusehen.

2866　*Klotz*, ZWeR 2003, S. 283, 294 Fn. 37.
2867　Für eine solche normzweckbezogene Marktabgrenzung und Marktbeherrschung sprechen sich aus: *Klaue/Schwintowski*, S. 24 f.; *Bunte*, MMR Beilage 1/2002, S. 1, 2 ff.; *Immenga*, MMR 2000, S. 141 ff.; *Mestmäcker*, MMR Beilage 8/1998, S. 1 ff.; a.A.: *Mayen*, MMR 2001, S. 496 ff.; ohne nähere Begründung zur Ablehnung des Normzweckbezugs dagegen *Trafkowski*, MMR 1999, S. 630, 631.
2868　Ebenda.
2869　Marktanalyseleitlinien, ABl. C 165 v. 11.07.2002, S. 6 ff., Tz. 38.
2870　Ebenda, Tz. 61.
2871　Für das TKG n.F. auch *Koenig/Vogelsang/Winkler*, K&R Beilage 1/2005, S. 1, 2.

3. Maßstab: Europäisches Kartellrecht

Die Marktanalyseleitlinien der Kommission für den neuen Rechtsrahmen stellen ferner klar, dass die Märkte nunmehr im Einklang mit den Grundsätzen des europäischen Wettbewerbsrechts definiert werden[2872], so dass die NRB nicht an abweichendes nationales Wettbewerbsrecht gebunden sind, sondern sich (zwingend) an den Grundsätzen des europäischen Rechts zu orientieren haben. Teilweise werden die Auswirkungen der Abweichung zwischen europäischem und nationalem Wettbewerbsrecht noch nicht ausreichend thematisiert. Auch die Monopolkommission hat in ihrem neuesten Sondergutachten am Rande erklärt, die Bundesnetzagentur nutze den Begriff der beträchtlichen Marktmacht im Einklang mit den europäischen und nationalen Vorgaben des Marktbeherrschungsbegriffes[2873]. Die Bundesnetzagentur scheint sich derzeit allein dem europäischen Verständnis wortlos anzuschließen[2874]. Dabei darf aber, wie gezeigt wurde, nicht verkannt werden, dass eine durchgängige Harmonie zwischen nationalem und europäischem Kartellrecht nicht (mehr) existiert. Gerade die neuen Wettbewerbsregeln im Fusionskontrollrecht geben hier Anlass zu ernsthaften Bedenken, sollte sich die Bundesnetzagentur im Konfliktfall für eine Auslegung nach nationalem Wettbewerbsrecht entscheiden. Dennoch verlangen die definierten Märkte keine Identität im Sinne des (europäischen) Wettbewerbsrechts (Art. 15 Abs. 1 S. 2 RahmenRL). Klarstellend formuliert die Empfehlung der Kommission, dass die definierten Märkte auch nach dem neuen Rechtsrahmen nicht durchgehend Märkten im Sinne des Wettbewerbsrechts entsprechen müssen[2875]. In der Kommissionsempfehlung heißt es dagegen[2876]: »Abgesehen von den in dieser Empfehlung aufgeführten Märkten können in bestimmten Fällen Märkte nach dem Wettbewerbsrecht definiert werden.« Auch in den Marktanalyseleitlinien wird der generelle Unterschied zwischen wettbewerbsrechtlicher und sektorspezifischer Marktabgrenzung in Frage gestellt. Hier heißt es, dass bei der Anwendung der Wettbewerbsregeln im Telekommunikationssektor von den NRB, den nationalen Wettbewerbsbehörden (NWB) oder der Kommission gemachte Erfahrungen für die Anwendung des Art. 15 RahmenRL besonders wertvoll sein können. Es sollten hierbei Instanzen übergreifend Informationen und Feststellungen herangezogen werden und Ausgangspunkt von Marktdefinition und Marktanalyse sein.[2877]

Daher stellt auch das EG-Telekommunikationsrecht nicht ohne Grund fest, dass die Märkte im Einklang mit dem Wettbewerbsrecht definiert werden können. Verbindlich für die Bundesnetzagentur bleiben aber allein die Märkteempfehlung und

---

[2872] Marktanalyseleitlinien, ABl. C 165 v. 11.07.2002, S. 6 ff., Tz. 24; vgl. auch ex-ante Empfehlung zur Marktabgrenzung, ABl. L 114 v. 08.05.2003, S. 45 ff., Tz. 5, 8.
[2873] Monopolkommission, 43. Sondergutachten 2005, Tz. 87.
[2874] Vgl. nur BNetzA, Entwurf zur Marktdefinition und Marktanalyse im Bereich der Anrufzustellung in einzelnen Mobiltelefonnetzen, ABl. Nr. 6 v. 6.04.2005, S. 287, 313 ff.
[2875] Ex-ante Empfehlung zur Marktabgrenzung, ABl. L 114 v. 08.05.2003, S. 45 ff., Tz. 3.
[2876] Ebenda, Tz. 18.
[2877] Marktanalyseleitlinien, ABl. C 165 v. 11.07.2002, S. 6 ff., Tz. 35.

die Leitlinien der Kommission, die zwar grundsätzlich nach Art. 249 Abs. 5 EG keine Rechtsverbindlichkeit haben, aber aufgrund ihrer Einbettung in das Gesamtsystem der Marktdefinition und Marktanalyse nicht wirkungslos bleiben. Sie haben erhebliche Steuerungskraft.

Der deutsche Gesetzgeber hat dieser Einbettung in das EG-Telekommunikationssystem auch dadurch Rechnung tragen wollen, dass er der Regulierungsbehörde einen breiten Beurteilungsspielraum zugebilligt hat. In § 10 Abs. 2 S. 2 TKG heißt es, dass die Regulierungsbehörde diese Märkte im Rahmen des ihr zustehenden Beurteilungsspielraumes[2878] bestimmt. In der Gesetzesbegründung zum Entwurf der Bundesregierung wird dieser Beurteilungsspielraum unter Hinweis auf die gerichtlich nur eingeschränkt überprüfbare Prognoseentscheidung, der Fachkompetenz der Regulierungsbehörde, sowie der Bedeutung der Einschätzung des wirksamen Wettbewerbs gerechtfertigt, wobei auch die Abstimmungspflichten mit dem Bundeskartellamt (§ 123 Abs. 1 TKG) ein „Abdriften" der Regulierungsbehörde von der kartellamtlichen Sichtweise unwahrscheinlich machen soll[2879]. Im Zusammenspiel mit dem Auseinanderklaffen des nationalen von dem europäischen Fusionskontrollrechts zeigt aber dieser kurze Ausschnitt der Novelle, dass es im Einzelfall schwierig sein kann, zu beurteilen, ob sich eine von der nationalen Wettbewerbspraxis abweichende Entscheidung der Bundesnetzagentur aus ihrem weiten Beurteilungsspielraum oder aus dem Unterschied zwischen den Wettbewerbsordnungen ergibt.

4. Marktdefinition nach dem SMP-Konzept

a) Vorleistungs- und Endkundenmärkte

In dem ersten Schritt zur Ermittlung der Märkte können zumindest diejenigen für eigenständig gehandelte Vorleistungsprodukte von denen der auf den Endnutzermärkten angebotenen Derivate unterschieden werden. Bei der Marktabgrenzung im Telekommunikationssektor hat daher eine erste grobe Einteilung in eine dieser Kategorien zu erfolgen.[2880] Diese Vorstufe der Marktdefinition wurde bereits nach TKG a.F. und auch im EG-Telekommunikationsrecht befürwortet. In ihrer Mitteilung über die Anwendung der Wettbewerbsregeln auf Zugangsvereinbarungen im Telekommunikationsbereich[2881] hatte die Kommission eine derartige Unterschei-

---

2878 Krit. zur Aufnahme des Beurteilungsspielraumes als Tatbestandsmerkmal *Schrameyer*, S. 74 f.; *Wegmann*, K&R Beilage 1/2004, S. 25, 26 f.; andererseits kann dies auch zurückgehend auf die Marktanalyseleitlinien, ABl. C 165 v. 11.07.2002, S. 6 ff., Tz. 71 auch nur ein klarstellender Hinweis sein.
2879 Entwurfsbegründung zu §§ 9, 10 TKG-RegE, vgl. BT-Drs. 15/2316, S. 60 f.
2880 Ex-ante Empfehlung zur Marktabgrenzung, ABl. L 114 v. 08.05.2003, S. 45 ff., Erwgr. 7; *Koenig/Vogelsang/Winkler*, K&R Beilage 1/2005, S. 1, 2; so schon für das alte Recht *Immenga*, MMR 2000, S. 196.
2881 Mitteilung über die Anwendung der Wettbewerbsregeln auf Zugangsvereinbarungen im Telekommunikationsbereich, Rahmen, Relevante Märkte und Grundsätze, ABl. C 265 v. 22.08.1998, S. 2 ff., Tz. 45.

dung damit begründet, dass in der Telekommunikation mindestens zwei Arten relevanter Märkte zu betrachten sind. Der Markt für eine Dienstleistung, die für Endbenutzer erbracht wird, und derjenige für den Zugang zu Einrichtungen, die zur Erbringung dieser Dienstleistung für Endbenutzer erforderlich sind. Je nach Einzelfall wird es nötig sein, die relevanten Zugangs- und Dienstleistungsmärkte, z. B. die Zusammenschaltung mit dem öffentlichen Telekommunikationsnetz und die Bereitstellung öffentlicher Sprachtelefondienste, abzugrenzen. Auch in ihrer eigenen Märkteempfehlung differenziert die Kommission zwischen diesen beiden Kategorien. Endkundenmärkte sind Märkte für Dienste oder Produkte für Endnutzer, wohingegen Vorleistungsmärkte solche für Vorleistungen darstellen, die Betreiber benötigen, um Endnutzern Dienste und Produkte bereitzustellen[2882]. Die Märkteempfehlung stellt klar, dass innerhalb dieser Marktkategorien weitere Unterscheidungen vorgenommen werden können, je nach Nachfrage- oder Angebotsbedingungen. Vorleistungen umfassen insbesondere alle Infrastruktureinrichtungen, die zur Erbringung von Telekommunikationsdienstleistungen erforderlich sind. Hierzu gehören die Teilnehmeranschlussleitung, die Übertragungswege und Vermittlungseinrichtungen, wobei hierbei wieder nach Zusammenschaltungsleistungen, Zugang zur Teilnehmeranschlussleitung und Mieteleitungen differenziert werden kann.[2883] Endkundenmärkte sind meist durch den Anschluss an das Netz und die tatsächliche Erbringung von Telekommunikationsdienstleistungen geprägt[2884]. Damit können Leistzungen auf dem Endkundenmarkt gleichzeitig solche des Vorleistungsmarktes darstellen. So ist beispielsweise die TAL grundsätzlich dem Endkundenmarkt zuzuordnen, weil über sie das Endkundenangebot des Altsassen erfolgt. Auf der anderen Seite wird die TAL als Markt Nr. 11 der Märkteempfehlung der Kommission als Großkundenmarkt begriffen, um anderen Telekommunikationsunternehmen ein Endkundenprodukt anbieten zu können. Insoweit ist also die Unterscheidung zwischen Endkunden- und Vorleistungsmarkt an der Funktion der Leistung, nicht an ihrem netztechnischen Anknüpfungspunkt festzumachen

Die Endkundenmärkte werden daher aus zweierlei Gründen definiert. Einmal dienen sie dazu, Hinweise für die Erforderlichkeit der Vorleistungsregulierung zu gewinnen. Denn wenn schon auf dem Endkundenmarkt Wettbewerb herrscht, ist auch ein Eingriff auf dem Vorleistungsmarkt nicht erforderlich. Besteht dagegen kein Wettbewerb auf dem Endkundenmarkt, kann Vorleistungsregulierung stattfinden, um den Endkundenmarkt zu beleben. Reicht dagegen auch die Vorleistungsregulierung allein nicht aus, um auf dem Endkundenmarkt Wettbewerb herzustellen, ist neben der Vorleistungsregulierung auch die Endkundenmarktregulierung erforderlich.[2885]

2882 Ex-ante Empfehlung zur Marktabgrenzung, ABl. L 114 v. 08.05.2003, S. 45 ff., Erwgr. 7.
2883 *Gramlich*, in: Heun (Hrsg.), Handbuch zum Telekommunikationsrecht, Rdnr. 152.
2884 Noch zu den Dienstleistungsmärkten, die den Endkundenmärkten entsprechen nur *Wendland*, in: Beck'scher TKG Kommentar, Vor § 33 Rdnr. 22.
2885 *Schütz*, Kommunikationsrecht, Rdnr. 677.

b) Sachlich relevanter Markt

In materiell-rechtlicher Hinsicht ist den Marktanalyseleitlinien eine am europäischen Wettbewerbsrecht orientierte Beurteilung zu entnehmen. Die Kommission gibt vor, dass als Hauptkriterien für die Definition des relevanten Marktes zwei Kriterien in Betracht zu ziehen sind: 1. die Austauschbarkeit der Nachfrageseite (Nachfragesubstitution) und 2. die Angebotsumstellungsflexibilität (Angebotssubstitution). Als dritten Punkt führt sie den potentiellen Wettbewerb an. Er sei eine Wettbewerbskraft, die das Verhalten eines Betreibers beeinflussen könne. Während aber der potentielle Wettbewerb in Übereinstimmung mit dem EG-Wettbewerbsrecht nicht schon im Rahmen der Marktabgrenzung, sondern der SMP-Stellung Berücksichtigung finden soll, ist die Angebotssubstitution in der Marktdefinition zu prüfen.[2886] Denn während die Angebotssubstitution schnell auf eine Preiserhöhung reagiere, sei der potentielle Wettbewerb aufgrund von erheblich gesunkenen Kosten träger. Damit wird die bereits im Rahmen der Fusionskontrolle dargestellte Unterscheidung zwischen Angebotsumstellungsflexibilität und potentiellem Wettbewerb auch hier fortgeführt und besteht – wie im US-amerikanischen Recht auch – in erster Linie nach Art und Umfang von Zutrittszeitraum und Zutrittsschranken. Beurteilungsgrundlage für alle Kriterien ist der hypothetische Monopolistentest (SSNIP), der anhand von Preissteigerungen zwischen 5% und 10% dynamisch vorgenommen werden soll, wobei die Kommission das Problem der cellophane fallacy explizit anspricht und bei bereits ausgereizten Preisen eine Berücksichtigung dieser Problematik verlangt.[2887] Solche Preise würden aber nur in seltenen Fällen auftreten.

c) Räumlich relevanter Markt

Nach Abgrenzung der sachlich relevanten Märkte ist es Aufgabe der NRB, die räumliche Dimension der Märkte festzustellen. Dabei machen die Marktanalyseleitlinien klar, dass die festgestellten Produktmärkte nunmehr auf die Bedingungen hin zu untersuchen sind, die für einen echten Wettbewerb gelten. Damit ist die sachliche Marktabgrenzung nichts weiter als die abstrakte Bestimmung möglicher Substitutionselemente zwischen bestimmten Technologien aus Angebots- und Nachfragesicht. Die räumliche Marktabgrenzung erfasst dagegen das Gebiet, in dem die Unternehmen bei den relevanten Produkten an Angebot und Nachfrage beteiligt sind und die Wettbewerbsbedingungen einander gleichen oder hinreichend homogen sind und von Nachbargebieten unterschieden werden können, in denen erheblich andere Wettbewerbsbedingungen bestehen[2888]. Diese räumliche Dimension eines Marktes geht damit auf das im Primärrecht verankerte Merkmal des Gemeinsamen Marktes

---

2886 Marktanalyseleitlinien, ABl. C 165 v. 11.07.2002, S. 6 ff., Tz. 39.
2887 Ebenda, Tz. 40.
2888 Ebenda, Tz. 56; zum allgemeinen Wettbewerbsrecht st. Rspr., vgl. nur EuGH, Slg. 1978, 207 Rdnr. 44 „United Brands v. Kommission"; EuGH, Slg. 1983, I-3461, Rdnr. 37 „Michelin/Kommission".

ein, das im Falle des allgemeinen Kartellrechts aus Art. 81 f. EG, in der Fusionskontrolle aus Art. 2 Abs. 3 FKVO und im Falle der RahmenRL aus dem Harmonisierungsgedanken der Art. 95, 14 EG hergeleitet werden kann. Die Marktanalyseleitlinien weisen darauf hin, dass die räumlichen Märkte im Bereich der elektronischen Kommunikation in erster Linie aufgrund des Kriteriums des von einem Netz erfassten Gebietes bestimmt werden. Daher könne man lokale, regionale, nationale oder länderübergreifende paneuropäische, europaweite oder globale Märkte abgrenzen[2889]. Auch bei der räumlichen Marktabgrenzung kommen dieselben Kriterien der Bestimmung des Marktes in Betracht, die auch schon im Rahmen des sachlich relevanten Marktes geprüft werden. D.h. auch hier werden bei der Marktdefinition im Wege des SSNIP-Test Nachfrage- und Angebotssubstituierbarkeit geprüft und dementsprechend den Marktkräften angepasst[2890].

5. Marktanalyse (Regulierungsbedürftigkeit)

a) Drei-Kriterien Test

Damit ex-ante Endkunden- und/oder Vorleistungsregulierung nach dem TKG greifen können, bedarf es nach den vorangegangenen Ergebnissen gemäß § 10 Abs. 2 S. 1 TKG der Feststellung, dass die jeweiligen Märkte durch beträchtliche und anhaltende strukturell oder rechtlich bedingte Marktzutrittsschranken gekennzeichnet sind, längerfristig nicht zu wirksamen Wettbewerb tendieren und auf denen die Anwendung des allgemeinen Wettbewerbsrechts allein nicht ausreicht, um dem betreffenden Marktversagen entgegenzuwirken. Inwieweit diese Voraussetzungen im Einzelnen geprüft werden müssen oder von dem Fehlen wirksamen Wettbewerbs auszugehen ist, ist bislang noch nicht ganz klar. Während die überwiegende Meinung[2891] eine Prüfung der Kriterien kumulativ für erforderlich hält, ist vereinzelt[2892] erkennbar, die Regulierungsbedürftigkeit allein am Tatbestandsmerkmal des fehlenden wirksamen Wettbewerbs auszumachen. Letztere Auffassung kann aber nur dann überzeugen, wenn der Begriff des fehlenden wirksamen Wettbewerbs dem des Marktversagens entspricht. Fehlender wirksamer Wettbewerb setzt nach § 11 Abs. 1 S. 1 TKG beträchtliche Marktmacht voraus. Dieser Begriff ist wiederum der von der Rechtsprechung[2893] entwickelten Definition einer beherrschenden Stellung entnommen und kennzeichnet die wirtschaftliche Machtstellung eines Unternehmens, [...]

2889 Marktanalyseleitlinien, ABl. C 165 v. 11.07.2002, S. 6 ff., Tz. 59 f.
2890 Ebenda, Tz. 57.
2891 *Koenig/Loetz/Neumann*, S. 114; *Immenga/Kirchner*, TKMR 2002, S. 340, 355; *Koenig/Vogelsang/Winkler*, K&R Beilage 1/2005, S. 1, 22; *Ladeur*, K&R 2004, S. 153, 154.; *Korehnke*, TKMR Tagungsband, S. 17, 18.
2892 *Klotz*, TKMR Tagungsband, S. 5, 8.
2893 EuGH, Slg. 2003 II-0000 „Van den Bergh Foods"; EuGH, Slg. 2000 I-1365 „Compaigne Maritime Belge Transports"; EuGH, Slg. 2000, II-3929 Rdnr. 147 „Aéroports de Paris v. Kommission"; EuGH, Slg. 1979, 461 „Hoffmann-La Roche"; EuGH, Slg. 1978, 207 „United Brands v. Kommission".

sich seinen Wettbewerbern, seinen Abnehmern und letztlich den Verbrauchern gegenüber in einem nennenswerten Umfang unabhängig zu verhalten. Insbesondere der Preisfestsetzungsspielraum, der auf dynamischen Märkten immer dann entsteht, wenn Innovationen betroffen sind und neue Märkte erschlossen werden, die dem Unternehmen Pioniergewinne einfahren (sollen), würde dem Zweck des Telekommunikationsrechts und seinen Regulierungszielen in § 2 Abs. 2 TKG zuwiderlaufen, wenn hier überhaupt von beträchtlicher Marktmacht gesprochen wird[2894], weil dies zwingend eine Regulierungsverfügung zur Folge hätte. Außerdem ist auch der Gedanke des Phasing-Out davon geprägt, langfristig Strukturen zu schaffen, die den allmählichen Abbau sektorspezifischer Regulierung ermöglichen. Dem stünde es entgegen, würde man bei Vorhandensein einer Machtstellung, die einen unkontrollierten Verhaltensspielraum eröffnet, ausreichen lassen, um spezifische Regulierungsinstrumente anzuwenden. Auch stehen ökonomische Grundüberlegungen einer solchen Auffassung entgegen. Denn solange monopolistische Bottleneck-Einrichtungen bestehen und eine vertikale Marktpräsenz gegeben ist, bestehen gerade die spezifischen Gefahren der Hebelwirkung, der Zugangsverweigerung und damit für Wettbewerber existenzielle Belange auf dem Spiel. Solange es allein um die Ungleichbehandlung oder um die Ausnutzung von Marktbeherrschung zu wettbewerbswidrigen Zwecken geht, sind im allgemeinen Kartellrecht dagegen genügend Regeln vorhanden, um allgemeinen Gefahren entgegenzuwirken[2895]. Im Telekommunikationsrecht bedarf es daher spezifischer Marktprobleme, damit eine Anwendung gerechtfertigt erscheint. Dies bestätigt beispielsweise § 21 Abs. 1 S. 1 TKG, der eine nachfragegerechte Entbündelung an die Gefahr der Behinderung nachhaltig wettbewerbsorientierter Märkte knüpft. Auch § 30 Abs. 1 S. 2 TKG sieht keine besondere Gefahr, wenn nicht der Netzbetreiber auch gleichzeitig auf dem nachgelagerten Endkundenmarkt tätig ist. Die Kommission hat die Notwendigkeit aller genannten Faktoren ausdrücklich in mindestens einem[2896] Konsultationsverfahren nach Art. 7 Abs. 4 RahmenRL gefordert. Darin merkt sie an, dass in diesem Fall das zweite Kriterium („The absence of market conditions tending towards effective competition") von der Marktanalyse der NRB nicht beachtet wurde. Auch die Monopolkommission bestätigt, dass nicht nur die Kommission die Märkte nach dem Drei-Kriterien-Test abgrenzt, sondern auch die Bundesnetzagentur zusätzliche Märkte im Hinblick darauf untersuchen kann, ob sie die genannten Merkmale erfüllen[2897]. Dass Telekommunikationsmärkte betroffen sind, rechtfertigt es noch nicht, das scharfe sektorspezifische Instrumentarium zur Anwendung gelangen zu lassen. Die Mindermeinung in der Literatur ist daher abzulehnen.

2894   *Ladeur*, K&R 2004, S. 153, 154.
2895   *Engel/Knieps*, S. 14; Kommission, COMP/C-1/37.451, 37.578, 37.579 v. 21.05.2003 „DT-AG", ABl. L 263 v. 14.10.2003, S. 10 ff, Tz. 54 ff.
2896   Kommission, Sache IE/2004/0042: Markets in Ireland for Broadcasting Transmission Services to deliver broadcast content to end-users, Az.: SG-Greffe (2004) D/200812, Tz.III.(1), hier: Fn. 6.
2897   Monopolkommission, 43. Sondergutachten 2005, Tz. 86 f.

b) Konkretisierung von beträchtlicher Marktmacht

Bei der Beurteilung eines fehlenden wirksamen Wettbewerbs bzw. der beträchtlichen Marktmacht weisen die Marktanalyseleitlinien erstmals eine Anpassung gegenüber dem europäischen Wettbewerbsrecht auf. Darin[2898] heißt es: »Durch den neuen Rechtsrahmen wurde die Definition der beträchtlichen Marktmacht mit der vom Gerichtshof vorgegebenen Definition der beherrschenden Stellung im Sinne von Artikel 82 EG-Vertrag in Einklang gebracht. Bei der Anwendung der neuen Definition der beträchtlichen Marktmacht werden die NRB folglich gewährleisten müssen, dass ihre Entscheidungen mit der Fallpraxis der Kommission und der einschlägigen Rechtsprechung des Gerichtshofs und des Gerichts erster Instanz übereinstimmen. Bevor diese neue Definition ex ante angewendet werden kann, ist jedoch die Methode zur Ermittlung der Marktmacht anzupassen. Bei der ex ante Beurteilung, ob Unternehmen alleine oder gemeinsam auf dem relevanten Markt eine beherrschende Stellung einnehmen, sind die NRB grundsätzlich auf andere Hypothesen und Annahmen angewiesen als eine Wettbewerbsbehörde bei der ex-post Anwendung von Art. 82 im Hinblick auf eine angebliche missbräuchliche Ausnutzung. Da Beweise für oder Aufzeichnungen über vergangenes Verhalten oftmals fehlen dürften, muss sich die Marktanalyse hauptsächlich auf Prognosen stützen. Die Genauigkeit der Marktanalyse durch die NRB hängt daher entscheidend von den Informationen und Daten ab, die zum Zeitpunkt der einschlägigen Entscheidung zur Verfügung stehen.« Daher ist ähnlich wie in der Fusionskontrolle auch eine dynamische nach vorn blickende Prognose der Marktentwicklung wichtig. Häufig ist daher die Frage entscheidend, inwieweit das betroffene Unternehmen durch Einschränkungen seiner Produktion die Preise erhöhen kann, ohne nennenswerte Umsatz- oder Einnahmeverluste befürchten zu müssen. Daneben spielt an dieser Stelle auch der potentielle Wettbewerb eine entscheidende Rolle[2899]. Die NRB sollen daher berücksichtigen, ob der mittelfristige Marktzutritt von Unternehmen, die auf dem sachlich relevanten Markt noch nicht tätig sind, infolge einer kleinen, aber signifikanten und anhaltenden Preiserhöhung wahrscheinlich ist. Solche Unternehmen werden dann dem Markt zugeordnet. Die Marktanalyseleitlinien weisen ferner auf die im Vergleich zum GWB geringe Bedeutung des Marktanteils hin, was für das neue EG-Telekommunikationsrecht eine gravierende Abweichung von der für das alte Recht geltenden 25%-Schwelle[2900] bedeutet. Zwar sei der Marktanteil immer noch als Indikator zu verstehen, reiche aber nicht aus, um beträchtliche Marktmacht zu un-

---

[2898] Marktanalyseleitlinien, ABl. C 165 v. 11.07.2002, S. 6 ff., Tz. 70.
[2899] Ebenda, Tz. 74.
[2900] Vgl. 97/33/EG des Europäischen Parlamentes und des Rates v. 30.07.1997 über die Zusammenschaltung in der Telekommunikation im Hinblick auf die Sicherstellung eines Universaldienstes und der Interoperabilität durch Anwendung der Grundsätze für einen offenen Netzzugang (ONP) (Zusammenschaltungsrichtlinie), ABl. L v. 26.07.1997, S. 32 ff.; rechtsvergleichend *Glahs*, in: Scheurle/Mayen (Hrsg.), TKG-Kommentar, § 33 Rdnrn. 6 ff.

terstellen.[2901] Angesichts der zeitlich nachfolgenden FKVO 139/2004 wird auf die Bedeutung des SIEC-Konzeptes nicht hingewiesen, weshalb die noch stärkere Ökonomisierung des Wettbewerbsrechts keinen Eingang in die Marktanalyseleitlinien fand. Die Kommission will neben dem Marktanteil vor allem die aus der Fusionskontrolle bekannten Größen, wie Umsätze, Finanzkraft, Gesamtgröße, Größen- und Verbundvorteile berücksichtigen[2902], stellt aber auch auf besondere Faktoren, wie vertikale Integration, Kontrolle über nicht leicht zu duplizierende Infrastrukturen, technologische Vorteile und Überlegenheit, sowie Fehlen potentiellen Wettbewerbs ab[2903]. Komplexer als die fusionskontrollrechtliche Prüfung ist die SMP-Stellung deshalb, weil die Merkmale hier im telekommunikationsspezifischen Zusammenhang gesehen werden müssen. Beispielsweise nimmt die Kommission an, dass es bei der Beurteilung einer sog. wesentlichen Einrichtung[2904] nicht der Entscheidung bedarf, ob diese für Wettbewerber grundlegend oder unverzichtbar ist. Vielmehr sei ausreichend, dass sie ihrem Eigentümer beträchtliche Marktmacht verleihe.[2905] Daneben wird in dem spezifischen Zusammenhang zur Telekommunikation auch auf das Problem des leveraging (Spill Over Effect) eingegangen. Im Einzelfall soll dies die Annahme rechtfertigen, einem Unternehmen auch auf einem vor- oder nachgelagerten Markt beträchtliche Marktmacht zu unterstellen, sofern es dort bereits tätig ist. Die Kommission führt hierzu die Tetra Pak Entscheidung des EuGH[2906] an, in der zwar horizontale Märkte betroffen waren. Sie ist aber der Meinung, dass die Besonderheiten auf Telekommunikationsmärkten es erlauben, diese Grundsätze auf vertikale Marktverhältnisse zu übertragen[2907]. Schließlich gehen die Leitlinien auf die gemeinsame beherrschende Stellung, also der beträchtlichen Marktmacht von zwei oder mehr Unternehmen, ein. Darin führt die Kommission aus, dass sich die Rechtsprechung noch in Entwicklung befinde, führt aber die für die Oligopolstellung entwickelten Grundsätze aus den bereits angesprochenen Fusionskontrollverfahren an. Nicht berücksichtigen konnte die Kommission aber die vom EuG in seinem Airtours/First Choice Urteil[2908] aufgestellten Kriterien, mit der die Gencor Rechtsprechung[2909] konkretisiert wurde. Daher behandelt die Kommission auch nicht die Drei-Kriterien-Prüfung, sondern nennt eine Reihe von Merkmalen, die ein kollusives Verhalten fördern können. Abweichungen für den Telekommunikationssektor nennt sie allerdings nur sporadisch. So betont sie als Indizien für ein solches Verhalten den vergangenen Ausschreibungswettbewerb bei Lizenzen, was

---

2901 Marktanalyseleitlinien, ABl. C 165 v. 11.07.2002, S. 6 ff., Tz. 75.
2902 Ebenda, Tz. 78.
2903 Ebenda.
2904 Die europäische *essential facilities doctrine* basiert auf Art. 82 EG und ist im deutschen Kartellrecht in § 19 Abs. 4 Nr. 4 GWB verankert.
2905 Marktanalyseleitlinien, ABl. C 165 v. 11.07.2002, S. 6 ff., Tz. 81.
2906 EuGH, Slg. 1996, I-5951 „Tetra Pak/Kommission".
2907 Marktanalyseleitlinien, ABl. C 165 v. 11.07.2002, S. 6 ff., Tz. 83 ff.
2908 EuG, Slg. 2002, II-2585 „Airtours v. Kommission".
2909 EuG, Slg. 1999, II-753 „Gencor v. Kommission".

auch schon in einigen Fusionskontrollverfahren[2910] bei Oligopolsachverhalten geprüft wurde und betont die für dynamische Märkte unkontrollierbare Nachfrage oder auch die Heterogenität unterschiedlicher Infrastrukturen und deren Dienste[2911]. Nähere und konkrete Ausführungen sind dagegen nicht ersichtlich.

VI. Zusammenfassende Stellungnahme

Das EG-Telekommunikationsrecht zeigt bedeutende Unterschiede im Vergleich zu dem US-amerikanischen Regulierungssystem. Eine erste Besonderheit besteht darin, dass das europäische Recht technologieneutral ausgestaltet ist. Es findet daher auch keine asymmetrische Regulierung in dem Sinne statt, dass es danach fragt, wie das jeweils zu regulierende Unternehmen seine Marktstellung erreicht hat, sondern fragt wie auch nach allgemeinem Kartellrecht, welches Unternehmen beträchtliche Marktmacht besitzt. Damit erfasst es „Common Carrier" genauso wie Breitbandkabelnetze und macht keine Unterscheidung bei dem zu regulierenden Dienst.

Damit könnte der Eindruck entstehen, dass Telekommunikation generell der sektorspezifischen Aufsicht untersteht und daher Regulierungseingriffe nicht abgebaut werden. Dass dem aber nicht so ist, ergibt sich vor allem daraus, dass das EG-Telekommunikationsrecht nur dann ex-ante tätig wird, sofern der Markt langfristig nicht zu wirksamem Wettbewerb tendiert und das allgemeine Kartellrecht nicht ausreicht, um dem Marktversagen entgegenzuwirken. Damit hat die Novelle ein entscheidendes Kriterium geschaffen, das es von nationalen Regulierungsbehörden zu beachten gilt und daher im Ergebnis eher Zurückhaltung geboten ist.

Eine weitere Abweichung zum US-amerikanischen System ist der dezentral angelegte Regulierungsrahmen. Zwar erhält die Kommission durch die besonderen Konsultations- und Koordinierungsmechanismen auf EG-Ebene einen erheblichen Einflusszuwachs im Vergleich zum alten EG-Telekommunikationsrecht. Dieser Einfluss ist aber weitaus geringer als die zentrale Regulierung durch die FCC, die die Regulierungsverfügungen vorbereitet und dann bundesweit umsetzt. Diese Unterschiede haben entscheidende Vorteile. Ganz wesentlich ist hierbei, dass das Gemeinschaftsrecht den nationalen Strukturbesonderheiten besonders genau Rechnung trägt. Damit ist es trotz eines ähnlichen Maßnahmekatalogs aus Zugang, Zusammenschaltung und Entgeltregulierung weitaus flexibler in seiner konkreten Anwendung. Die einzelnen NRB haben auf nationaler Ebene eine langjährige Erfahrung und kennen die Besonderheiten der regionalen Märkte, so dass relativ einfach feststellbar ist, ob sich langfristig Wettbewerb ergibt oder lang anhaltende Marktzutrittsschranken für Newcomer bestehen, die ihnen den Markteintritt unmöglich machen. Ein zentrales Regulierungssystem hat hier entscheidende Nachteile, auch wenn es scheinbar eine schnellere Harmonisierung schafft.

2910 Vgl. Kommission, COMP/M.1741 v. 28.06.2000 „MCI WorldCom/Sprint"; IV/M.1430 v. 06.04.1999, Tz. 27 „Vodafone/Airtouch".

2911 Marktanalyseleitlinien, ABl. C 165 v. 11.07.2002, S. 6 ff., Tz. 102 ff. m. Hinw. auf Kommission, COMP/M.1838 v. 27.03.2000, Tz. 10 ff. „BT/Esat".

Ein Nachteil nach altem EG-Telekommunikationsrecht war zumindest aus Sicht des deutschen Kartellrechts die Unstimmigkeit mit dem EG-Kartellrecht. Obwohl sich dieser Unterschied kaum bemerkbar machte, hat die Darstellung des allgemeinen Fusionskontrollrechts gezeigt, dass hier gegenwärtig und künftig erhebliche Divergenzen vor allem in einem wettbewerbskonzeptionellen Sinne entstehen. Diese Unstimmigkeiten beseitigen nun die von den NRB zu beachtenden Vorgaben des europäischen Wettbewerbsrechts. NRB können sich daher nicht auf den Standpunkt stellen, ihr nationales Kartellrecht würde vom EG-Recht signifikant abweichen und deshalb andere Marktbeherrschungskriterien aufstellen, die es aus Subsidiaritätserwägungen heraus zu beachten gelte. Die NRB werden daher auch stärker in das materiell-rechtliche Telekommunikationsregime auf Gemeinschaftsebene eingebunden als bislang, so dass sich der Eindruck verfestigt, dass die NRB dezentral organisiert werden, aber von der Kommission als „Oberregulierungsbehörde" kontrolliert und gesteuert werden. Das EG-Telekommunikationsrecht hat die Einhaltung des EG-Kartellrechts auch insoweit institutionell abgesichert, indem es die an die Mitgliedsstaaten eine besondere Zurückhaltung gegenüber den NRB verlangt. Der deutsche Gesetzgeber hat der Bundesnetzagentur etwa einen besonderen Beurteilungsspielraum deklaratorisch zuteil werden lassen.

Insgesamt zeigt das EG-Telekommunikationsrecht einen Kunstgriff bei der Harmonisierung. Denn einerseits lässt es nationales Kartellrecht, d.h. insbesondere die Missbrauchsaufsicht unberührt und geht in Übereinstimmung mit der Kartell-VO davon aus, dass das EG-Kartellrecht hier subsidiär ist. Andererseits wird über die Hintertür allgemeines Kartellrecht nach europäischem Standard insoweit wieder eingeführt, als die Beurteilung, wonach Regulierung gerechtfertigt ist, nach Maßgabe des Europarechts stattzufinden hat. Dies hat den entscheidenden Vorteil bei der künftigen Deregulierung, denn soweit nationales Kartellrecht strenger ist als EG-Telekommunikationsrecht oder im Ergebnis einen Gleichlauf bewirkt, scheidet eine Regulierung aus. Damit ist auch die Konsistenz bei der künftigen Deregulierung gemeinschaftsweit gewahrt.

C. Koexistenz von Fusionskontrolle und Regulierung in Deutschland

I. Zusammenschlusskontrolle im Breitbandkabelnetz

Die einzelnen Wettbewerbsbeziehungen im Breitbandkabelnetz wurden bislang am umfassendsten vom Bundeskartellamt in seinen Fusionskontrollverfahren geprüft, wobei die Marktabgrenzung immer wieder einen der Schwerpunkte bildete. Daneben haben sich auch einige Gerichte mit der Marktabgrenzung befasst, wobei hier die Einspeisung der Inhalte von Sendern nach der Missbrauchsaufsicht im Vordergrund stand. Schließlich war die Kommission in zwei Zusammenschlussverfahren und einem Missbrauchsverfahren mit den jeweiligen Märkten betraut. Abgesehen von der Beurteilung durch die Wettbewerbsbehörden war das Breitbandkabelnetz auch Gegenstand von Regulierungsverfahren. Diese sollen angesichts der noch offenen rechtlichen Analyse und den systematischen Erwägungen für die Darstellung erst im Rahmen der sektorspezifischen Regulierung behandelt werden. An dieser Stelle gebietet es sich, erst einmal den Blick auf das allgemeine Kartell- und Fusionskontrollrecht zu legen. Für die Zwecke der Marktabgrenzung wird daher auf die Sichtweise von BGH, Bundeskartellamt und Kommission zurückgegriffen.

1. Marktabgrenzung

a) Pay-TV Durchleitungsentscheidung des BGH

Die Marktabgrenzung und insbesondere die Substitutionsbeziehung zwischen Kabel und Satellit war früh Gegenstand von Diskussionen und beschäftigte den BGH in seiner legendären Pay-TV Durchleitungsentscheidung[2912]. Der BGH stellt bei seiner sachlichen Marktabgrenzung darauf ab, dass die Programmveranstalter als Nachfrager nach Transportleistungen auftreten und dabei sämtliche Infrastrukturen bei der Belieferung des Endkunden mit Rundfunkinhalten abwägend miteinander verglichen. Dabei entscheide sich der Programmveranstalter zunächst infrastrukturneutral, da es ihm in erster Linie nicht auf eine bestimmte Art der Übertragung ankomme[2913]. Hinsichtlich der räumlichen Marktabgrenzung, d.h. dem Gebiet auf dem sich die Nachfrage niederschlägt, orientiert sich der Veranstalter aber nach dem Endkunden, der grundsätzlich entweder über Satellit, Terrestrik oder Kabel erreichbar sei. Eine Alternativentscheidung zugunsten der einen oder anderen technischen Lösung sei daher nicht möglich[2914]. Vielmehr versuche der Veranstalter die von ihm ins Auge gefassten Empfänger zu erreichen[2915]. Sofern Programmveranstalter die Einspeisung von Inhalten in das gegenüber dem Endkunden verfügbare Netz verlangen, hat diese Marktabgrenzung zur Folge, dass der Betreiber innerhalb seines eigenen Netzes, das

---

2912 BGH v. 19.03.1996 WuW/E BGH 3058, 3062 „Pay-TV-Durchleitung".
2913 Vgl. auch *Raisch/Gudera*, ZUM 1999, S. 904 ff., 906.
2914 BGH v. 19.03.1996 WuW/E BGH 3058, 3062 „Pay-TV-Durchleitung".
2915 Ebenda.

gleichsam den Markt darstellt, einen Marktanteil von 100% hat. In der Konsequenz ist unproblematisch, dass dann der jeweilige Netzbetreiber über eine marktbeherrschende Stellung verfügt.[2916]

b)   Praxis des Bundeskartellamts

aa) Endkundenmärkte

Die deutsche Kartellbehörde beginnt in Liberty/KDG[2917] damit, den Endkundenmarkt als den Markt abzugrenzen, auf dem sich der Kabelnetzbetreiber als Anbieter und der Rezipient als Empfänger der Leistung gegenüberstehen. Das Bundeskartellamt verneint die Substitutionsmöglichkeiten der Endkunden mit anderen Infrastrukturen als dem Kabelanschluss[2918]. Das Kartellamt stützt sich bei seiner Argumentation auf mehrere Aspekte, die sich als technische, finanzielle und rechtliche Argumente untergliedern lassen. In technischer Hinsicht weist es darauf hin, dass Satellit, Terrestrik und Kabel unterschiedliche Kapazitäten aufwiesen, nicht allesamt gleich witterungsbeständig seien und auch qualitativ einige Unterschiede bestünden[2919]. Diese Unterschiede werden auch beim Übergang zur digitalen Technik gesehen[2920]. Der finanzielle Aspekt weise auf Unterschiedlichkeiten hin, da für den Kabelanschluss eine monatliche Zahlung fällig werde, bei Satellit und Terrestrik nur einmalige Anschaffungskosten, die sich von den Kabelentgelten signifikant unterschieden. Im Übrigen bestehe zwischen Endkunde und Satellitenbetreiber aber auch keine Kundenbeziehung. Das Hauptargument sei aber, dass der Endkunde durch mietrechtliche Beschränkungen und gemeindliche Gestaltungssatzungen nicht frei darin ist, eine Satellitenschüssel anzubringen.[2921] Daher entspreche auch der räumlich relevante Markt dem des jeweiligen NE3-Betreibers.

Allerdings unterliegt das Bundeskartellamt in Bezug auf die Einschätzung, dass Endkunden nicht frei wären zu entscheiden, ob sie ihre Programme über Satellit oder Kabel beziehen, einem rechtlichen Irrtum im Sinne des GWB[2922]. Die Sicht des Verbrauchers ist im Rahmen der nachfrageseitigen Austauschbarkeit nicht immer ausschlaggebend. Nach allgemeiner[2923], wenn auch häufig übersehener Auffassung ist die Sicht des für die Nachfrage Dispositionsbefugten ausschlaggebend. Dies hatte der BGH bereits in seiner Valium Entscheidung[2924] klar gestellt. Danach könne bei

---

2916   *Schalast/Jäger/Abrar*, WuW 2005, S. 741, 745.
2917   Vgl. BKartA, Liberty/KDG.
2918   BKartA, Liberty/KDG, Tz. 35-43.
2919   Ebenda, Tz. 35-37.
2920   Ebenda, Tz. 39.
2921   Ebenda, Tz. 36.
2922   Dies übersieht die Literatur ausnahmslos, zuletzt etwa *Wrona*, CR 2005, S. 789, 794.
2923   OLG Dresden, NZS 2001, S. 33, 34; *Möschel*, in: Immenga/Mestmäcker (Hrsg.), GWB-Kommentar, § 19 Rdnr. 35; *Bechtold*, GWB Kommentar, § 19 Rdnr. 80; *Lange*, BB 1996, S. 1997, 2001.
2924   BGH WuW/E BGH 1445, 1447 „Valium".

der Bestimmung der Austauschbarkeit nicht die Sicht des Patienten ausschlaggebend sein. Vielmehr müsse dabei auf die verschreibenden Ärzte als Disponenten der Patientennachfrage abgestellt werden. Denn den Patienten fehle die rechtliche Möglichkeit, sich selbst bestimmte Medikamente zu verordnen bzw. direkt zu besorgen, so dass sie auf die Verordnung durch den Arzt angewiesen seien. Zieht man die Parallele zur Frage, ob Kabel und Satellit aus Sicht der Endkunden austauschbar sind, so darf nicht auf diese, sondern muss auf die Liegenschaftseigentümer abgestellt werden. Denn ihnen obliegt die Entscheidung darüber, wie der Mieter zu versorgen ist. Wenn die Entscheidungsbefugnis aus diesen Gründen bei dem Vermieter als Disponenten liegt, muss folglich sein Interesse bei der Wahl der Empfangseinrichtung ausschlaggebend sein. Die Sicht des Vermieters wird in aller Regel auch mit der eines Eigentümers zusammentreffen, der in erster Linie an der wirtschaftlichen Rendite seiner Investitionen und damit an der Höhe des erzielbaren Mietzinses interessiert sein wird. Sofern der Vermieter neben der Vermietung seiner Objekte auch noch als Kabelnetzbetreiber in Erscheinung tritt, ist dies für ihn zwar ein zweites wirtschaftliches Betätigungsfeld. Allerdings stellt der hierdurch erzielte Mehrwert für ihn nur einen Bruchteil des Mietzinses dar. Folglich wird der Vermieter sein Hauptinteresse in erster Linie der Attraktivität des Mietobjektes widmen und dieses nach Lage und Qualität anpreisen. In der Vergangenheit wurde häufig auf die Wohnwertsteigerung des Mietobjektes bei Vorhandensein einer Kabelanlage hingewiesen. Diese Einschätzung trifft auch heute noch zu, wobei nicht nur Kabel, sondern auch SMATV-Anlagen und kleinere Gemeinschaftssatellitenschüsseln zum Einsatz kommen, die dann in der Wohnanlage zu Kabelsignalen umgewandelt werden oder einen Satellitenreceiver beim Endkunden verlangen. Für den Mieter ist dieser technische Aspekt irrelevant. Er wird hierbei keinen Unterschied merken, so dass nicht nur Kabelanlagen, sondern auch Satellit zu dieser Wohnwertsteigerung beitragen. Im Ergebnis sind daher Kabel und Satellit durchaus als austauschbare Infrastrukturen anzusehen.

Im Verlauf dieser Untersuchung hat sich das Bundeskartellamt dieser Sichtweise überraschenderweise weitestgehend angeschlossen und seinen rechtlichen Irrtum beseitigt. Bereits in KDG/KBW sieht das Amt, dass für Endkunden in Mehrfamilienhäusern auf die Inhaber der Dispositionsbefugnis abzustellen sei[2925]. In den im Juni 2005 parallel beurteilten Zusammenschlussverfahren Iesy/Ish und TC/Ish wird das Kartellamt deutlicher und führt aus[2926]: »In der Entscheidung Liberty/KDG hatte die Beschlussabteilung als Nachfrager auf dem Endkundenmarkt in jedem Fall die einzelnen Haushalte bestimmt. Daran hält die Beschlussabteilung nach erneuter Prüfung nicht mehr fest. Denn für die Marktabgrenzung nach dem Bedarfsmarktkonzept ist die Sicht dessen maßgeblich, der auf der Nachfragerseite die Entscheidung tatsächlich trifft. Bei der Bereitstellung eines Rundfunkanschlusses und der

---

2925 BKartA, KDG/KBW/Iesy/Ish, S. 57 f.
2926 BKartA, Beschl.v. 20.06.2005, Az. B7-22/05, Tz. 208, „Iesy/Ish"; BKartA, Beschl.v. 21.06.2005, Az. B7-38/05, Tz. 171 „TC/Ish".

Belieferung mit Fernseh- und Hörfunksignalen sind maßgebliche Verbrauchsdisponenten in diesem Sinne die Personen, die über die Ausgestaltung der Empfangseinrichtung für Rundfunksignale im konkreten Einzelfall entscheiden. Dies können je nach den konkreten Umständen der oder die Eigentümer, Vermieter oder Mieter der jeweiligen Wohneinheit sein.«

Diese Kehrtwende in der Entscheidungspraxis hat auch Folgen für die räumliche netzbezogene Marktabgrenzung. Daher folge die Beschlussabteilung nicht mehr der Feststellung in der Liberty/KDG-Entscheidung. Vielmehr sei aus der Sicht des Verbrauchsdisponenten im Zeitpunkt der Auswahlentscheidung eine netzbezogene Betrachtungsweise nicht möglich, da das Netz gerade Gegenstand der Auswahlentscheidung sei.[2927] Daher nimmt die Behörde an, dass man zwischen den jeweiligen Endkunden unterscheiden müsse. Bei Mehrfamilienhäusern, wo die Empfänger meist daran gehindert sind, eine eigene Auswahlentscheidung zu treffen, dürfte es sich um regionale Märkte bezogen auf das Gebiet der jeweiligen Regionalgesellschaft handeln, da die Gestattungsgeber hier die Märkte ausschrieben und teilweise Wert auf die Beteiligung einer Regionalgesellschaft legten oder einen integrierten Netzbetreiber bevorzugten. Bei Einfamilienhäusern sei die Lage anders. Diese entschieden sich für den jeweiligen vor Ort ansässigen NE3-Betreiber oder stellen auf Satellit um. Daher seien dies lokale Endkundenmärkte.[2928] Nach Auffassung der 7. Beschlussabteilung führt der Sichtwechsel aber nicht dazu, dass Satellit und DVB-T schon in den sachlich-gegenständlichen Markt einzubeziehen sei, weil dem Empfang über Satellit und DVB-T keine entgeltliche Leistung gegenüberstehe und daher „nur" Substitutionswettbewerb bestehe[2929]. Wie gesehen ist der Substitutionswettbewerb gemäß problematischer Auffassung nach GWB erst bei der Gesamtwürdigung der Wettbewerbsverhältnisse zu berücksichtigen[2930].

bb) Signallieferungsmärkte

Für die Beziehungen zwischen NE3 und NE4 wird der sog. Signallieferungsmarkt abgegrenzt, der wie bereits im ersten Teil der Arbeit angeführt wurde, eine deutsche Besonderheit des Breitbandkabelnetzes darstellt[2931]. Auf diesem Markt stehen sich die Netzbetreiber der Ebene 3 als Anbieter von Rundfunksignalen und die der Ebene 4 als Nachfrager gegenüber. Letztere sind selbst auf „ihrem" Endkundenmarkt tätig. In der Entscheidung Liberty Media hatte das Bundeskartellamt angeführt, dass die Märkte (räumlich) „nicht ganz so eng" abzugrenzen seien wie auf dem Endkundenmarkt. Denn in einem gewissen Umfang könne ein NE4-Betreiber zu einem anderen NE3-Betreiber wechseln, sofern ein anderer NE3-Betreiber unmittelbar angrenze.[2932]

2927 Ebenda.
2928 BKartA, Iesy/Ish, Tz. 219 ff.; TC/Ish, Tz. 182 ff.
2929 BKartA, Iesy/Ish, Tz. 216; TC/Ish, Tz. 179.
2930 Vgl. Teil 3: A.IV.2.a)cc), S. 483 ff.
2931 Vgl. Teil 1: B.III.3.e)bb), S. 140f.
2932 BKartA, Liberty/KDG, Tz. 96.

Diese Marktabgrenzung gab das Bundeskartellamt in der Folgezeit schrittweise auf. In dem gescheiterten Zusammenschlussverfahren KDG/KBW sieht das Bundeskartellamt trotz der zum Zeitpunkt der Liberty/KDG-Entscheidung nahezu identischen technischen Möglichkeiten, dass eine Änderung insoweit angebracht erscheine, als Nachfrager auf diesem Markt heute nicht mehr ausschließlich reine NE4-Betreiber seien. Vielmehr existierten Betreiber, die als integrierte NE3/NE4-Betreiber in Erscheinung treten würden. Ein alternativer Signalbezug über eigene Kabelkopfstationen (SMATV) komme daher ab einer bestimmten Zahl (100-300) versorgter Wohneinheiten in Frage. Angesichts unterschiedlicher Geschäftsmodelle und der Vielzahl kleinerer Inselnetze sei SMATV nicht in den relevanten Produktmarkt einzubeziehen. Zentrale Satellitenanlagen für wenige Wohneinheiten seien aufgrund der erforderlichen STB ebenfalls nicht in den sachlich-relevanten Markt einzubeziehen. Diese Gesichtspunkte könnten aber bei der wettbewerblichen Würdigung unter dem Gesichtspunkt „Restwettbewerb durch Randsubstitution" Berücksichtigung finden. Räumlich bilde jede NE3 einen eigenen Markt.[2933]

In den beiden kürzlich entschiedenen Zusammenschlussverfahren Iesy/Ish und TC/Ish hat das Bundeskartellamt die sachliche Marktabgrenzung auf dem Signallieferungsmarkt weitgehend bestätigt. Die Behörde geht weiterhin davon aus, dass eine Substitution im Sinne des Bedarfsmarktkonzeptes ausscheide. Insoweit gelten die Ausführungen zum Endkundenmarkt. Kabel und Satellit sind ihrer Meinung nach nicht schon bei der sachlichen Marktabgrenzung auf dem Signallieferungsmarkt zu berücksichtigen.[2934] Dies u.a. auch deshalb in Analogie zum Satellitendirektempfang, weil hierbei der Aufbau einer Satellitenanlage bzw. Kabelkopfstation eine Eigenleistung sei und deshalb das Signal nicht mehr an einem Markt nachgefragt werde. An anderer Stelle wird aber darauf hingewiesen, dass mit zunehmender Digitalisierung das Argument einer fehlenden Austauschbarkeit aus Sicht des Endkunden schwinden würde. Denn in Zukunft würden die Endkunden unabhängig vom Übertragungsweg eine STB benötigen[2935], so dass der Gedanke nahe liegt, dass das Bundeskartellamt in Zukunft eine Substitution durch Satellitenanlagen in den relevanten Markt der Signallieferung anerkennen wird. Dies ist als Wandel seit Liberty Media[2936] und auch KDG/KBW[2937] zu verstehen. In räumlicher Hinsicht vertritt das Bundeskartellamt die Auffassung, dass jedes NE4-Netz einen eigenen, sehr engen Radius aufweise und daher lokale oder regionale Märkte bestehen. Ein Stichleitungswettbewerb durch andere NE3-/NE4-Betreiber sei nur sehr begrenzt möglich,

---

2933 BKartA, KDG/KBW/Iesy/Ish, S. 54.
2934 BKartA, Iesy/Ish, Tz. 260 ff.; TC/Ish, Tz. 226 ff.
2935 BKartA, Iesy/Ish, Tz. 262; TC/Ish, Tz. 228.
2936 BKartA, Liberty/KDG, Tz. 39: »*Wird das Netz ausgebaut und mit einem Rückkanal versehen, wird die Übertragung von Rundfunksignalen über Satellit noch weniger mit der Übertragung über das Breitbandkabel austauschbar*«.
2937 BKartA, KDG/KBW/Iesy/Ish, S. 54: »*Die Haushalte müssten eine Satelliten-STB anschaffen, und zwar für jedes Fernsehempfangsgerät. [...dieser] Wechsel [...ist] allerdings bei der wettbewerblichen Würdigung unter dem Gesichtspunkt des Restwettbewerbs durch Randsubstitution zu berücksichtigen*«.

sofern eine kritische Masse erreicht werde. Es bestünden ferner sehr kleine lokale Märkte, die als Bagatellmärkte zu qualifizieren seien und gemäß § 35 Abs. 2 Nr. 2 GWB von der Fusionskontrolle ausgeschlossen sein könnten. Ob diese Märkte gesamtwirtschaftliche Bedeutung hätten, könne aber ausgeklammert werden, da jedenfalls keine Verstärkungswirkung von Marktbeherrschung durch den Zusammenschluss zu erwarten sei.[2938]

cc) Einspeisemärkte

Der bereits vom BGH erkannte „Zugangsmarkt der Inhalteanbieter zum Kabelnetz" wird vom Bundeskartellamt als Einspeisemarkt bezeichnet, auf dem Anbieter von Inhalten von den Kabelnetzbetreibern die Einspeisung ihrer Inhalte in die Kabelnetze nachfragen würden. Als Nachfrager würden neben den Veranstaltern von werbe-, gebühren- und entgeltfinanziertem Rundfunk auch die Anbieter von Mediendiensten, vor allem auch Einkaufskanäle und von Teledienste in Betracht kommen[2939]. Gestützt auf die Pay-TV Durchleitungsentscheidung[2940] des BGH und auf zwei Entscheidungen der Kommission[2941], sowie der RegTP[2942] kommt das Kartellamt zu dem Ergebnis, dass das Breitbandkabelnetz einen eigenen sachlich relevanten Markt darstelle. Es verweist in seiner sachlichen Marktabgrenzung auf die Ausführungen des BGH zur (räumlichen) Marktabgrenzung und führt aus, dass „die Übertragung über Satellit keine Alternative für die Inhalteanbieter darstellt. Da die Rundfunkveranstalter und die anderen Anbieter von Inhalten eine möglichst 100%ige technische Reichweite erreichen wollen, fragen sie die Einspeisung in die Kabelnetze komplementär zur Übertragung über Satellit (und über terrestrische Sendernetze) nach. Aus diesem Grund greift für diesen Markt auch der Hinweis der Parteien nicht, dass ein nennenswerter Teil der Kabelkunden, auf Satellitenempfang wechseln könnte"[2943]. Die Bedarfssituation auf dem Einspeisemarkt sei daher vergleichbar mit den Terminierungsleistungen bei Mobilfunknetzen. Auch hier sei aus ähnlichen Erwägungen heraus für jedes Netz ein eigener Markt abzugrenzen, da die Netze nicht substituierbar seien, sondern sich komplementär zueinander verhielten. Für seine Kunden sei ein Diensteanbieter daran interessiert, die maximale Reichweite zu erzielen[2944]. Zu dem regelmäßig von den Parteien des Zusammenschlusses vorgebrachten Wechselmöglichkeiten des Endkunden auf Satellit und andere Infrastrukturen merkt das

---

2938 BKartA, Iesy/Ish, Tz. 263-266; TC/Ish, Tz. 229-232.
2939 BKartA, Liberty/KDG, Tz. 85.
2940 BGH v. 19.03.1996 WuW/E BGH 3058, 3062 „Pay-TV-Durchleitung".
2941 Kommission, IV/M.469 v. 09.11.1994 „MSG Media Service"; IV/M.1027 v. 08.12.1997 „DTAG/Beta Research".
2942 RegTP, Beschl.v. 24.03.1999, BK 3b 99/001, MMR 1999, S. 299 ff. „Einspeiseentgelte".
2943 BKartA, Liberty/KDG, Tz. 87; BKartA, KDG/KBW/Iesy/Ish, S. 14 f.; Iesy/Ish, Tz. 42 ff., insb. Tz. 53; TC/Ish, Tz. 44.
2944 BKartA, KDG/KBW/Iesy/Ish, S. 16; Iesy/Ish, Tz. 42 ff., insb. Tz. 46; TC/Ish, Tz. 33 ff., insb. Tz. 37.; vgl. zur Marktabgrenzung bei der Mobilfunkterminierung (!) nur *Koenig/Vogelsang/Winkler*, K&R Beilage 1/2005, S. 1 ff.

Bundeskartellamt trotz der abweichenden Haltung gegenüber der Behandlung der Endkundenmärkte an, dass ein Teil der Haushalte tatsächlich nicht auf Satellit wechseln könne. Selbst von den Haushalten aber, die wechseln könnten, würde ein erheblicher Teil dies nicht tun.[2945] Im Rahmen der räumlichen Marktabgrenzung geht das Bundeskartellamt in den neueren Entscheidungen erstmals darauf ein, dass der BGH eine konkrete Bedarfssituation im Sinne von § 20 GWB beurteilen musste und daher zu einer engen räumlichen Marktabgrenzung gelangte. Diese Marktabgrenzung stehe zwar im Rahmen der Fusionskontrolle als Strukturprognose entgegen, weshalb auf das Kriterium der Komplementarität der Netze abzustellen sei. Mangels Substitution erkannte das Amt aber keine Abweichung von dem sachlichen relevanten Markt. Daher sei jedes Netz weiterhin ein eigener räumlich relevanter Markt.[2946] Hinsichtlich der Substitutionsmöglichkeiten dieser Netze über das PSTN (DSL) führte das Bundeskartellamt in Liberty Media aus, dass das Übertragungsmedium DSL für die Übertragung von Rundfunkinhalten nicht geeignet sei und dass es sich erst im Entwicklungsstadium befinde[2947]. Auch in den späteren Verfahren, KDG/KBW[2948] einerseits und Iesy/Ish[2949] bzw. TC/Ish[2950] wurde DSL nicht mit in die Marktabgrenzung einbezogen, obwohl hier das Bundeskartellamt Grundzüge der DSL- und Komprimierungstechnologie behandelte und richtigerweise die technologische Realisierbarkeit herkömmlicher Rundfunkinhalte auf Bandbreiten bis 1-1,5 MBit/s erkannte. Dennoch wies das Amt darauf hin, dass ein frei empfangbarer Fernsehsender über diesen Transportweg den weit überwiegenden Teil der Kabelhaushalte nicht erreichen könne. Dies ergebe sich schon aus der recht geringen Zahl von Breitbandanschlüssen von 6 Mio. in Deutschland. Mittelfristig sei zwar eine Steigerung dieser Zahl zu erwarten. Bis zur flächendeckenden Versorgung von 36 Mio. Endkunden sei aber noch ein weiter Weg zu gehen. Gegen die Versorgung über DSL spreche auch die STB, die erforderlich werde. Das Kartellamt führt hierbei wörtlich aus: »Solche Geräte sind noch vergleichsweise teuer und im Fall spezialisierter Computer kaum erhältlich und nicht standardisiert bzw. im Fall von PC häufig in Wohnräumen unter Einrichtungsgesichtspunkten nicht akzeptiert.«[2951] Eine weitere Hürde stelle der notwendige Umbau der Infrastruktur auf Backbone-Ebene dar, da das Internet für Point-to-Point und nicht für Multipoint konzipiert worden sei. Ferner erfordere auch die letzte Meile des PSTN notwendige Aufrüstmaßnahmen, da DSL-Anschlüsse nur über wenige MBit/s Bandbreite verfügen würden. Dies führe dazu, dass mehrere STB in einem Haushalt mit mehreren Fernsehern praktisch nicht gleichzeitig Rundfunkinhalte empfangen könnten.

2945 BKartA, KDG/KBW/Iesy/Ish, S. 16; Iesy/Ish, Tz. 54.
2946 BKartA, KDG/KBW/Iesy/Ish, S. 30 ff.; Iesy/Ish, Tz. 112-125; TC/Ish, Tz. 103-112.
2947 BKartA, Liberty/KDG, Tz. 42.
2948 BKartA, KDG/KBW/Iesy/Ish, S. 19 f.
2949 BKartA, Iesy/Ish, Tz. 65-71 „Iesy/Ish".
2950 BKartA, TC/Ish, Tz. 56-62.
2951 BKartA, KDG/KBW/Iesy/Ish, S. 14; Iesy/Ish, Tz. 68; TC/Ish, Tz. 59.

c) Marktabgrenzung der Kommission

aa) MSG Media Service & Nordic Satellite

In dem Zusammenschlussverfahren MSG Media Service[2952] entschied die Kommission noch, dass Kabelnetze, Terrestrik und Satellit aus Sicht der Nachfrageseite nicht austauschbare Produktmärkte darstellen würden, da unterschiedliche technische Voraussetzungen und andere Finanzierungsmodalitäten vorlägen. Beim Breitbandkabel würden „Kabelgebühren" ohne Installationskosten anfallen, wohingegen Funkantennen und Parabolantenne mit hohen einmaligen Anschaffungskosten verbunden seien. Aufgrund dieser Kostenunterschiede entstünden auch „Lock-In Effekte". Auch wenn Kabelkunden heute wechseln würden, fehle es doch an einer Austauschbarkeit aufgrund des unterschiedlichen Programmangebots.[2953]

Auch in dem Zusammenschlussverfahren Nordic Satellite Distribution[2954] hielt die Kommission diese Marktabgrenzung aufrecht. Auch hier wurde das Kabelnetz als ein separater Markt eingestuft: Aus der Sicht des Zuschauers unterscheiden sich die angebotenen Übertragungswege (terrestrisch, Direktausstrahlung und Kabel) sowohl in technischer als auch in finanzieller Hinsicht erheblich voneinander. Während der Zuschauer für die terrestrische Übertragung und das Satellitenfernsehen lediglich eine terrestrische Antenne bzw. eine Satellitenempfangsantenne auf eigene Kosten installieren muss, setzt das Kabelfernsehen ein Kabelnetz voraus, das von den Zuschauern über Kabelgebühren finanziert wird. [...] Etwa 4,3 der 10 Millionen Haushalte [sind] in den nordischen Ländern an Kabelfernsehnetze und etwa 0,7 Millionen an SMATV-Anlagen angeschlossen"[2955].

bb) Télévision Par Satellite – „TPS"

TPS wurde als OHG französischen Rechts gegründet. Zweck der Unternehmensgründung war die Einrichtung und der Betrieb einer digitalen Plattform zur Vermarktung von entgeltpflichtigen Satelliten-Fernsehprogrammen und Bildschirmdiensten in Frankreich. Beteiligt waren TF1, France Télévision, M6, CLT und Lyonnaise Satellite, die das CA-Modul von France Télécom, VIACCESS, nutzten. France Télécom und Lyonnaise waren wiederum selbst Kabelnetzbetreiber, während die anderen Sender über Satellit und Terrestrik ausgestrahlt wurden. Auf die wettbewerblichen Probleme braucht hier nicht eingegangen zu werden.[2956] Außerdem handelte es sich um Fragen bezüglich des Verstoßes gegen Art. 82 EG. Allerdings musste auch die Frage der relevanten Märkte geklärt werden. Die Kommission bewertete dabei die Substituierbarkeit zwischen Kabel und Satellit folgendermaßen:

2952 Kommission, IV/M.469 v. 09.11.1994 „MSG Media Service".
2953 Ebenda, Tz. 41.
2954 Kommission, IV/M.490 v. 23.02.1995, Tz. 4-7 „Nordic Satellite Distribution".
2955 Ebenda, Tz. 62.
2956 Vgl. Kommission, IV/36.237 v. 03.03.1999 „TPS".

»Wo der Verbraucher zwischen Kabel- und Satellitenfernsehen wählen kann, d. h. in den Städten und städtischen Randzonengebieten, schneidet das Kabelfernsehen in der Regel günstiger ab, weil das Satellitenfernsehen die Installation einer Parabolantenne erfordert und daher im allgemeinen einer Reihe von Beschränkungen (eigentumsrechtlicher oder städtebaulicher Art) unterworfen ist. Dies ist jedoch kein hinreichender Grund, um eine Unterscheidung zwischen Kabel- und Satellitenmarkt vorzunehmen.«[2957]

d) Stellungnahme zur Marktabgrenzung

Die relativ schnell aufeinander folgenden Veränderungen der kartellamtlichen Marktabgrenzung sind gravierend und machen deutlich, dass hier in der Vergangenheit viele Fehler gemacht wurden, die nicht direkt auf die Harmonisierungsproblematik zwischen europäischem und deutschem Kartellrecht zurückzuführen sind. Eine ökonomisch ausgerichtete Marktabgrenzung hätte die fehlerbehaftete Analyse der Märkte vermutlich begrenzt.[2958] Allerdings macht die dargestellte Kartellamtspraxis auf viele Aspekte aufmerksam, die auch eine ökonomische Sichtweise vermutlich nicht ausgeräumt hätte. Daher sind im Folgenden die problematischen Aspekte der Marktabgrenzungspraxis zu behandeln und Stellung zu beziehen.

aa) Bundesweiter Einspeisemarkt

Von wesentlichen Revisionen der Entscheidungspraxis ausgenommen blieb bislang allein die Abgrenzung des Einspeisemarktes. Dies heißt aber nicht notwendigerweise, dass das Bundeskartellamt hier keinem Fehler unterlag. Der Rechtsvergleich mit den USA macht deutlich, dass die FCC mit dem open field approach einen grundsätzlich anderen Weg beschreitet, indem nicht nur alle Übertragungswege für den Transport zu den Endkunden in Betracht gezogen werden, sondern auch ein nationaler Markt für nationale Sender besteht und regionale Märkte für regionale Sender. Nun ist der deutsche Programmmarkt nicht identisch mit dem US-amerikanischen. Auf letzterem bestehen vertikale Verflechtungen, die dem deutschen Markt in diesem Ausmaß fremd sind. Auch könnten weniger Reichweitenabhängigkeiten bestehen. Außerdem drängt sich ein anderes Nutzungsverhalten bei den Rezipienten auf. Dennoch begegnet die netzbezogene Betrachtung des Bundeskartellamts im Rahmen der Marktabgrenzung durchgreifenden ökonomischen und rechtlichen Bedenken, die die gesamte weitere wettbewerbliche Analyse in Zweifel ziehen.

Wie die Ausführungen zu der Relativität des Marktbeherrschungsbegriffes gezeigt haben, hätte das Bundeskartellamt zunächst die Vorfrage stellen müssen, zu welchem Zweck die Marktabgrenzung überhaupt vorgenommen wird[2959]. Erst in den

---

2957 Ebenda, Tz. 30.
2958 So auch *Abrar*, N&R 2007, S. 29, 35; *ders.*, Fusionskontrolle in dynamischen Netzsektoren am Beispiel des Breitbandkabelsektors, 2006, S. 27 f.
2959 *Abrar*, N&R 2007, S. 29, 32.

neueren Entscheidungen wird der Normzweck des § 36 Abs. 1 GWB im Rahmen der Marktabgrenzung überhaupt in Ansatz gebracht. Der zutreffende Hinweis, dass der BGH die Marktabgrenzung vor dem Hintergrund des § 20 GWB, d.h. für die Missbrauchsaufsicht vorgenommen hat, hätte eine Distanz zu der ökonomisch zutreffenden Sichtweise des BGH begründen müssen. Eine ausreichende Würdigung dieses Unterschieds findet aber letztlich nicht statt. Im Gegenteil, indem das Bundeskartellamt den Vergleich mit der Mobilfunkterminierung anstellt, wirft es die gleiche Frage auf, die der BGH in seiner Durchleitungsentscheidung zu beantworten hatte, nämlich ob der konkret ins Auge gefasste Empfänger von dem Zugangssuchenden auch auf anderem Wege erreicht werden kann. Ein brauchbarer Ansatz hätte dagegen fragen müssen: »Wie wirkt sich ein Zusammenschluss zweier Mobilfunknetzbetreiber auf die Mobilfunkterminierung aus?« Gleichwohl ist die Zugangsverweigerung der Netzbetreiber gegenüber den Sendern bzw. die entstehende oder verstärkte Ausübung von Marktmacht durch den Zusammenschluss das zentrale Problem, dem sich auch die Fusionskontrolle nach § 36 Abs. 1 GWB stellen muss.

Für die Marktabgrenzung ist daher entscheidend, dass sie alle Kräfte adäquat erfasst, die auf die vermeintliche Zugangsverweigerung oder die erwartete Verhandlungsmacht bei der Entgeltbemessung gegenüber den Sendern Einfluss haben. Damit wird letztlich die Frage begreifbar, inwieweit der Zusammenschluss die Verhaltensmöglichkeiten der Zusammenschlussparteien derart verändert, dass von einer marktbeherrschenden Stellung bzw. einer Verstärkungswirkung gesprochen werden kann. Wie die ökonomische Auseinandersetzung im ersten Teil der Arbeit belegt und durch die Entscheidungspraxis der FCC untermauert wird, ist – unabhängig von der Frage der Wohlfahrtswirkung – das entscheidende Kriterium für eine gesteigerte Verhandlungsmacht in Netzen die Teilnehmerzahl[2960] und damit die Netzgröße. Eine isolierte Abgrenzung eines Netzes, gerade wenn wie hier die Einspeisung komplementär auch in alle anderen Netze nachgefragt wird, läuft für die Marktbeherrschungsprüfung ins Leere, weil dann erstens zwei Netze und damit zwei Märkte mit 100% Marktanteil bestehen. Zweitens werden dann alle anderen Netze (weil in der Folge Märkte) ausgesondert und stehen für eine wettbewerbliche Beurteilung konsequenterweise nicht mehr zur Verfügung. Drittens wäre bei einer netzbezogenen Marktabgrenzung im Rahmen der wettbewerblichen Beurteilung zu fragen: »Welchen Marktmachteffekt hat ein Zusammenschluss zweier unterschiedlicher Märkte, die jeweils 100% Marktanteil besitzen und nicht in einem Vertikalverhältnis zueinander stehen?« Die Antwort hierauf müsste lauten: »Sofern keine irreversiblen Investitionen für den wechselseitigen Markteintritt, d.h. keine Marktzutrittsschranken bestehen, entfällt der potentielle Wettbewerb.« Bezweifelt werden kann, dass der potentielle Wettbewerb zwischen den NE3-Betreibern die ausschlaggebende disziplinierende Kraft darstellt, die den jeweiligen Netzbetreiber von einer Diskriminierung gegenüber den Sendern abhält, da zumindest die Marktverhältnisse des ersten Teils gezeigt haben, dass die NE3-Betreiber – von Randbereichen einmal abgesehen

---

2960 So auch *Möschel*, MMR 2001, S. 13, 19.

– in ihren Versorgungsgebieten keinen Markteintritten durch die jeweils anderen Regionalgesellschaften ausgesetzt sind. Damit ist zumindest der räumlich relevante Einspeisemarkt eindeutig weiter als ihn das Bundeskartellamt festgestellt hat.[2961]
Von dieser räumlichen Betrachtung grundsätzlich zu trennen ist der sachlich relevante Produktmarkt. Das Bundeskartellamt zitiert den BGH hierbei in unzutreffender Weise, indem es im Rahmen der sachlichen Marktabgrenzung ausführt, der BGH habe andere Übertragungsformen für die Ausweichmöglichkeiten der Programmanbieter deshalb nicht in Betracht gezogen, weil sich die Errichtung solcher Empfangsmöglichkeiten weitgehend ihrer Einflussnahme entziehe. Der BGH hatte aber die gegenteilige Auffassung vertreten[2962]: »Auszugehen ist hier von der Nachfrage der Anbieter von Rundfunk- und Fernsehprogrammen nach der Durchleitung ihrer Programme zu den Empfängern mittels Kabeln oder anderen technischen Vorrichtungen, die denselben Erfolg gewährleisten, nämlich dass die Anbieter mit ihren Programmen die Empfänger erreichen. Räumlich ist der jeweilige Markt davon bestimmt, dass es den die Durchleitungen nachfragenden Programmanbietern darum geht, gerade die von ihnen ins Auge gefassten Empfänger - nicht beliebige andere Empfänger - zu erreichen. [...] Dort, wo die Kl. bereits eine Gemeinschaftsanlage betreiben, besteht nach den Feststellungen des Berufungsgerichts praktisch kein von Anbietern anderer Durchleitungsmöglichkeiten ausgehender Wettbewerb.« Dies übersieht das Bundeskartellamt in allen neueren Entscheidungen[2963], wohingegen es in Liberty Media[2964] diese Unterscheidung noch im Ansatz erkennt. Der Unterschied zwischen der Auffassung des BGH und der Interpretation durch das Bundeskartellamt ist kein trivialer. Denn im Grunde hätte der BGH diese Differenzierung für § 20 GWB bei einem Zugangsanspruch eines Senders gegenüber einem Netzbetreiber nicht treffen müssen. Auch im Rahmen der Mobilfunkterminierung, um den Vergleich aus Kartellamtsperspektive fortzusetzen, gilt, dass der das Gespräch initiierende Endkunde nur mit dem einen, bestimmten Gesprächspartner Kontakt aufnehmen will und daher mit dem jeweiligen Netz, an das der Endkunde angeschlossen ist[2965]. Bemerkenswert ist daher, dass der BGH alle Übertragungstechnologien aus Sicht der Sender in sachlicher Hinsicht im Rahmen des § 20 GWB in Betracht zieht. Daraus ergibt sich zwar nicht, dass die höchstrichterliche Rechtsprechung im Ergebnis fehlerhaft ist. Sie zeigt nur, dass die sachliche Marktabgrenzung und nicht etwa erst die räumliche bereits auf die konkrete Verbindung zu dem Endkunden und damit auf das Netz hätte abstellen müssen. Denn im Rahmen eines Zugangsanspruches zwecks Durchleitung ist die Nachfrage bereits derart auf das Netz konkretisiert, dass

---

2961 *Abrar*, N&R 2007, S. 29, 32 f.; *ders.*, Fusionskontrolle in dynamischen Netzsektoren am Beispiel des Breitbandkabelsektors, 2006, S. 20 f.
2962 BGH v. 19.03.1996 WuW/E BGH 3058, 3062 „Pay-TV-Durchleitung".
2963 BKartA, Iesy/Ish, Tz. 44; TC/Ish, Tz. 35.
2964 BKartA, Liberty/KDG, Tz. 85 f.
2965 *Koenig/Vogelsang/Winkler*, K&R Beilage 1/2005, S. 1, 2 f.; Kommission, Begründung der Empfehlung der Richtlinie 2002/21/EG (ABl. L 114 v. 08.05.2003, S. 45 ff.), (Begründung der Vorabregulierungsempfehlung), S. 32 (nicht abgedruckt in ABl.).

die etwaig bestehenden Substitutionsmöglichkeiten notwendigerweise die Frage der Angebotssubstitution durch alternative Netzbetreiber betreffen[2966]. Zwar verlangt die etwaige Substitution eines Netzes durch das andere auch zwingend eine Reaktion der Nachfrage, d.h. in diesem Fall der Sender. Wesen der Angebotssubstitution ist aber gerade, dass andere Anbieter ihre Produkte derart umstellen können, dass sie für die Nachfrager erst zu Alternativen erwachsen, die vorher mangels Austauschbarkeit nicht Betracht gezogen wurden. Der BGH hat damit im Ergebnis eine großzügige Marktabgrenzung in sachlicher Hinsicht vorgenommen, indem er die Angebotssubstitution – sehenden Auges oder unbewusst – im konkreten Fall faktisch anerkannt hat. Er lehnt die Austauschbarkeit im vorliegenden Fall aber deshalb ab, weil die in Erwägung gezogenen Alternativen des Senders die Erreichbarkeit des konkreten Endkunden nicht gewährleisteten.

Für den Normzweck des § 36 Abs. 1 GWB liefert die Entscheidung aber die entscheidenden Anhaltspunkte und Argumente einer sachlichen Marktabgrenzung. Denn obwohl es im konkreten Fall nicht „Darlegungslast" des BGH war, die Bedeutung der Einspeisung in Kabelnetze in das Verhältnis zu anderen Übertragungstechnologien zu setzen, macht der BGH in einem obiter dictum globale Ausführungen dazu, worum es den Sendern im Endeffekt geht. Von diesem Endzweck nicht erfasst ist zumindest die vermeintliche Bestrebung, eine bestimmte Übertragungstechnologie zu verwenden. Der Verwendungszweck betrifft die möglichst hohe Reichweite des Programms. Das erkennt im Grundsatz auch das Bundeskartellamt, indem es selbst ausführt, dass die Sender die Netze komplementär nachfragen würden, um möglichst viele Rezipienten zu erreichen. Mit dem Gedanken der Komplementarität setzt sich das Bundeskartellamt aber letztlich selbst in Widerspruch. Denn Komplementarität bedeutet nicht notwendigerweise, dass unterschiedliche Märkte betroffen sind. Im Gegenteil, Komplementarität im vorliegenden Sinne bedeutet, dass alle Übertragungstechnologien nachgefragt werden, die denselben Erfolg gewährleisten, nämlich dass potentielle Rundfunkempfänger erreicht werden können. Damit liefert das Amt mit seiner eigenen Argumentation die Gründe, warum die Sender die jeweilige Infrastruktur für miteinander substituierbar halten. Denn der Endzweck, die Erzielung möglichst hoher Werbeerlöse im Free-TV, ist ebenfalls nicht davon abhängig, welche Infrastruktur der jeweilige Endkunde nutzt, sondern allein wie viele Teilnehmer insgesamt erreicht werden. Dies ist der Grund für Komplementarität und nicht etwa die vermeintlich fehlende Substituierbarkeit der Infrastrukturen. Die Substituierbarkeit der Infrastrukturen durch den Endkunden führt für die Sender vielmehr erst zu der Notwendigkeit, alle Infrastrukturen nachzufragen und nicht etwa nur eine bestimmte verfügbare Technologie, über die der jeweils ins Auge gefasste Empfänger verfügt. Letztere Betrachtungsweise kann nur für den Normzweck eines Netzzugangsanspruches wie im Falle der Durchleitungsentscheidung zugrunde gelegt werden. Im Ergebnis zeigt also auch die Abgrenzung des sachlich

---

[2966] Vgl. hierzu die identischen Ausführungen von *Koenig/Vogelsang/Winkler*, K&R Beilage 1/2005, S. 1 ff., 3 ff. hinsichtlich der Mobilfunkterminierung.

relevanten Marktes, dass im Rahmen des § 36 GWB die Kräfte wiedergegeben werden müssen, die auf die Verhaltensmöglichkeiten der Zusammenschlussparteien Einfluss haben. Dies sind notwendigerweise alle bestehenden Infrastrukturen, die den etwaigen Reichweitenverlust der Sender durch Einspeiseverweigerung der NE3 unberührt lassen. Der Normzweck des § 36 GWB führt daher dazu, sowohl die bestehenden Satellitenanlagen als auch die unabhängigen NE4-Betreiber, die über eigene Kabelkopfstationen verfügen, in den bundesweiten Einspeisemarkt einzubeziehen. Netzbetreiber, die auf das PSTN zurückgreifen, kommen jedenfalls derzeit noch nicht als aktuelle Marktteilnehmer in Betracht, die die Sender als komplementäre Infrastrukturanbieter nutzen.

Das ökonomisch fehlerhafte Ergebnis des Bundeskartellamts wird auch nicht dadurch wieder korrigiert, dass es nach Substitutionsmöglichkeiten innerhalb des so abgegrenzten Marktes Ausschau hält. Zwar ist durchaus überraschend, dass die Ausweichmöglichkeiten mittels Satellit, DVB-T und DSL überhaupt geprüft werden. Denn die Wettbewerbsbehörde fragt damit explizit, ob Substitutionsmöglichkeiten auf der Marktgegenseite bestehen, was insoweit als klarer Verstoß gegen die eigene Dogmatik begriffen werden kann, da hier begrüßenswerter Weise Effekte der Angebotssubstitution angerissen werden. Die Diskussion wird aber letztlich nicht anhand des Zusammenhangs zwischen einer hypothetischen signifikanten Preiserhöhung der Zusammenschlussparteien und einem Markteintritt alternativer Infrastrukturbetreiber geführt. Dies ist angesichts der derzeit bestehenden Substitutionseffekte durch Satellit mit einem Marktanteil von 42,7% und dem erheblichen potentiellen Wettbewerbsdruck durch das vordringende IPTV durch ADSL2+ und künftig auch VDSL eine nicht gerechtfertigte Vernachlässigung der ökonomischen Wirklichkeit[2967]. Vielmehr driftet das Bundeskartellamt vollständig von dem untersuchten Markt ab und findet sich plötzlich auf den Endkundenmärkten wieder. Dort wird in einem „Luft leeren Raum" geprüft, ob die potentiell von der NE3 versorgten Haushalte „nach aller Lebenserfahrung"[2968] eine Wechselmöglichkeit zu anderen Infrastrukturanbietern hätten. Dabei verkennt das Bundeskartellamt, dass der Endkundenmarkt für die Erfassung der durch den Zusammenschluss etwaig veränderten Marktkräfte gegenüber den Sendern keine direkte Bedeutung hat. Zwar ist die Elastizität der Wechselmöglichkeiten durch die Endkunden wichtig, um die Notwendigkeit einer Einspeisung auch in diese Netze abzuschätzen oder eine Aussage darüber zu treffen, wie stabil die etwaig bestehende Marktmacht der NE3 gegenüber den Sendern ist. Allerdings hat eine etwaig durch den Zusammenschluss herbeigeführte oder verstärkte Möglichkeit der Diskriminierung keinen Einfluss auf die Wechselfähigkeit und Wechselbereitschaft der Endkunden, sofern nicht eine vollständige Zugangsverweigerung gegenüber einem Sender erfolgt, der auch eine signifikante Anzahl an Endkunden zu einem Wechsel der Infrastruktur bewegt. Die vollständige Zu-

---

2967 Vgl. ausf. Teil 1: B.II.3.b), S. 120; Teil 1: B.III.1.c), S.123; insbesondere zur Dilemmasituation des Kabelnetzes Teil 1: B.IV.5., S. 175 ff.
2968 BKartA, KDG/KBW/Iesy/Ish, S. 17, 23; Iesy/Ish, Tz. 56, 80; TC/Ish, Tz. 47, 71.

gangsverweigerung ist mit Blick auf die ökonomischen Grundvoraussetzungen, wie sie die FCC zutreffend analysiert hat[2969], in Deutschland nicht nahe liegend. Daneben ist sie kartellrechtlich bedenklich und bedarf zuvor eingehender Prüfung. Ob daher realistische Wechselmöglichkeiten der Endkunden bestehen, ist eine Frage der richtigen Abgrenzung des Endkundenmarktes, die nachfolgend behandelt wird. Die Rolle des PSTN ist angesichts des noch fehlenden aktuellen Wettbewerbs erst im Rahmen der wettbewerblichen Analyse zu beurteilen, sofern hierin nicht der Grad der Angebotsumstellungsflexibilität derart hoch ist, dass er bereits in den relevanten Markt einzubeziehen ist. Angesichts der dogmatischen Besonderheit des deutschen Kartellrechts ist aber auch sie grundsätzlich dort zu behandeln, weshalb die Frage hier zurückgestellt werden kann.

Im Ergebnis zeigt sich, dass die Marktabgrenzung des Bundeskartellamts auf dem Einspeisemarkt mit erheblichen ökonomischen und kartellrechtsdogmatischen Bedenken behaftet ist. Auffällig ist, dass eine Durchmischung aller Wettbewerbsbeziehungen bereits im Rahmen des Einspeisemarktes stattfindet und damit die Sicht für die wesentlichen Wettbewerbsbeziehungen verwässert. Angesichts der engen Marktabgrenzung und ihrer ökonomischen Begründung dürfte letztlich nur der potentielle Wettbewerb innerhalb der wettbewerblichen Analyse als Verstärkungseffekt des Zusammenschlusses gegenüber den Sendern berücksichtigt werden. Denn mangels nationaler, stattdessen netzbezogener Marktabgrenzung besteht logischer Argumentation folgend keine hinreichende Grundlage, um eine Verstärkungswirkung gegenüber den Sendern zu begründen.[2970]

bb) Aggregierte Betrachtung der Endkundenmärkte

Hinsichtlich des Endkundenmarktes ist zunächst positiv anzumerken, dass das Bundeskartellamt mittlerweile den überaus wichtigen und überfälligen Aspekt der Dispositionsbefugnis erkannt hat. Damit hat eine wichtige Komponente Einzug in die Beurteilungsgrundlage erhalten – dass in den meisten Fällen der Vermieter die Auswahlentscheidung hinsichtlich der Versorgung der Wohneinheiten besitzt und damit die rechtlichen Hindernisse aus der Liberty/KDG-Entscheidung zum Wechsel der Infrastruktur nicht mit mietrechtlichen Beschränkungen abgelehnt werden kön-

---

2969 Vgl. hierzu Teil 2: B.IV.3.a)aa)aaa), S. 413 ff.; hinzu kommt die Notwendigkeit der Abschätzung, wie viele Teilnehmer bei einem Ausschluss eines Senders auf eine alternative Infrastruktur wechseln würden. Dies kann wie gesehen nicht abstrakt beurteilt werden, ist daneben von der Art des Senders und seiner Stellung innerhalb der Popularitätshierarchie abhängig und wird auch maßgeblich von indirekten Netzwerkeffekten bestimmt. In Deutschland ist angesichts der minimalen vertikalen Integration der Kabelnetzbetreiber mit Inhalteanbietern ein solch ökonomischer Anreiz zum Ausschluss eines Senders kaum gegeben. Auch ist angesichts der historischen Tradition des noch jungen privaten Free-TV eine erhebliche Popularität der großen Senderfamilien nicht von der Hand zu weisen; vgl. auch *Abrar*, N&R 2007, S. 29, 33.
2970 *Abrar*, N&R 2007, S. 29, 33; *ders.*, Fusionskontrolle in dynamischen Netzsektoren am Beispiel des Breitbandkabelsektors, 2006, S. 22 f.

nen. Mit der Korrektur dieses Rechtsirrtums kommt das Bundeskartellamt auch der ökonomischen Realität einen bedeutenden Schritt näher. Fragwürdig ist hingegen, dass die konkrete Marktabgrenzung dann doch Satellit aus der sachlichen Marktabgrenzung ausklammert. In KDG/KBW hieß es dagegen noch: »Bei dieser Gruppe von Nachfragern gibt es zumindest erwägenswerte Argumente dafür, den Empfang von Rundfunk- und Fernsehsignalen über Satellit mittels einer Satellitenantenne in den relevanten Markt einzubeziehen, weil Wechselhindernisse nur für einen teil der Haushalte bestehen.«[2971] Fragwürdig ist daher, dass das Bundeskartellamt in Iesy/Ish und TC/Ish wieder hiervon abgerückt ist.

Gerade wenn der Endkunde nicht mehr als Marktgegenseite begriffen, sondern auf den Vermieter oder den Eigentümer abgestellt wird, hätte die Behörde erkennen müssen, dass der „Markt" durch erhebliche Substitutionsbeziehungen geprägt ist, die sich nicht einfach mit dem Hinweis bestehenden Substitutionswettbewerbs auf die wettbewerbliche Prüfung verschieben lassen. Denn wie gesehen wird damit der sachlich-gegenständliche Markt künstlich verengt.

Zuallererst hätte darauf eingegangen werden müssen, dass innerhalb der Netze der Zusammenschlussparteien eine Vielzahl unterschiedlicher Netzbetreiber tätig ist und dass viele dispositionsbefugte Liegenschaftseigentümer, Vermieter oder auch Mieter ihre Signale über alternative Infrastrukturen beziehen. Zu diesen zählen zweifelsfrei Satellit und DVB-T. Nun sieht das Bundeskartellamt diese Marktverhältnisse, lehnt eine Einbeziehung dieser Haushalte in den relevanten Markt aber mit der Argumentation ab, dass beim frei empfangbaren DTH und DVB-T keine Leistungsbeziehung begründet werde, ein Markt aber notwendigerweise von Austauschbeziehungen geprägt sei. Dieser Gedanke wurde auch schon in Liberty Media ins Feld geführt. Soweit ersichtlich gab dieses Argument jedoch nicht den Ausschlag, um einen gemeinsamen relevanten Markt für Kabel, Satellit und DVB-T abzulehnen.

Dies wäre auch nicht sachgerecht. Entscheidend ist, dass die Entgeltzahlung nicht ausschlaggebend sein kann, um die Wettbewerbsbeziehung zwischen zwei Gütern hinreichend zu charakterisieren. Dieser Umstand wird von einem Teil der Literatur[2972] seit Jahren im Hinblick auf die Konkurrentenbehinderung nach § 19 GWB kritisch gesehen. Die Kritik bezieht sich dabei nicht auf die Austauschbeziehung zum Satellitenempfang, sondern generell auf Werbe- und Rezipientenmärkte. Eine andere Auffassung hält dagegen eine Leistungsbeziehung wie auch das Bundeskartellamt für zwingend erforderlich[2973]. Dies kann in dieser schlichten Einfachheit nicht überzeugen. Eine Revision der Kartellamtssichtweise ist daher überfällig und wird die Behörde bei einer Beibehaltung dieser Ansicht in dynamischen Netzsektoren vor große Schwierigkeiten stellen. Die deutsche rechtswissenschaftliche Literatur hat sich zum Problem der kostenlosen Nutzung vor allem mit Blick auf das Internet geäußert. Der bislang von der kartellrechtlichen Wahrnehmung eher vernach-

---

2971 BKartA, KDG/KBW/Iesy/Ish, S. 57.
2972 Statt vieler *Möschel*, in: Immenga/Mestmäcker (Hrsg.), GWB-Kommentar, § 19 Rdnr. 30.
2973 *Frey*, ZUM 1998, S. 985, 989.

lässigte Streit entzündete sich aufgrund der in Politik und Medien[2974] umso heftiger geführten Debatte um die Marktdominanz des Suchmaschinenbetreibers Google. Auch hier wird von einem Teil der Literatur[2975] argumentiert, dass der Leistung des Suchmaschinenbetreibers keine Gegenleistung gegenüberstehe und dass er sich zudem nicht zur Aufnahme einer Webseite verpflichten wolle. Andere[2976] gehen ohne jedwede Argumentation von einem Markt im Sinne des Wettbewerbsrechts aus, ohne genauer zu prüfen, was das Wesen dieses Marktes ist. Allerdings merkt Hoeren in diesem Zusammenhang an: »Hier soll im Weiteren nicht die Frage geklärt werden, wann ein Tool-Anbieter als marktbeherrschend bzw. marktmächtig anzusehen ist. Die Klärung dieser Frage würde eine umfangreiche und komplizierte Auseinandersetzung mit dem Marktbegriff im Online-Bereich voraussetzen.« Vereinzelt[2977] wird dagegen „krampfhaft" nach bedeutsamen Sachverhalten gesucht, die eine wirtschaftliche Machtstellung des Suchmaschinenbetreibers begründen können, die ja das Kartellrecht verhindert wissen möchte oder es wird nach Nutzungsrechten Ausschau gehalten, die eine versteckte Leistungsbeziehung enthalten. Letztlich stoßen aber alle Auffassungen[2978] auf die eigentliche Leistungsbeziehung, die zwar so nicht ausgesprochen wird, aber doch im Werbemarkt erkannt wird. Ott geht hier noch einen Schritt weiter und macht sich die kartellrechtliche Konstruktion des sog. Drittmarktes zunutze, begründet auf einem Primärmarkt eine marktbeherrschende Stellung des in Frage stehenden Suchmaschinenbetreibers nach § 19 GWB und kommt zum Ergebnis, dass ihm gegenüber prinzipiell ein Zugangsanspruch nach §§ 19, 20 GWB greift[2979]. Otts Argumentation mag zutreffend sein. Sie ist hier jedenfalls nicht auszubreiten, da nicht zu prüfen ist, ob der Endkunde des Satellitennetzbetreibers einen wettbewerbsrechtlichen Anspruch gegen diesen besitzt. Die Diskussion sollte nur verdeutlicht haben, dass die Finanzierung eines Netzwerkproduktes heute weitaus komplexere Strukturen angenommen hat als in der Vergangenheit, wo ein Gut einen bestimmten Preis auf der Marktgegenseite erzielte und daher eine direkte Austauschbeziehung bestand[2980]. Gerade wenn man sich den Realitäten der Netzwerkökonomie stellt, ist eindeutig, dass das Wesen dieses Wettbewerbs darin besteht, an unterschiedlichen Enden und Ebenen des Netzwerks (ökonomische) Gewinne zu generieren[2981], aber möglichst die Teilnehmerzahl stabil zu halten oder zu steigern, was in der Anfangsphase der Teilnehmergenerierung geradezu eine Gesetzmäßigkeit in der netzwerkökonomischen Debatte ist. Wert bildender Faktor

---

2974 Google löst Microsoft als Feindbild ab, Handelsblatt.com v. 24.08.2005; Google baut seine Marktmacht aus, Handelsblatt.com v. 21.04.2006; für eine Diskussion um Meinungsmacht nur Suchmaschinen: Das Tor zum Netz, abrufbar unter: <http://www.gruene-bundestag.de/cms/publikationen/dokbin/63/63265.pdf>.
2975 *Schulz/Held/Laudien*, S. 59 f.
2976 *Hoeren*, MMR 1999, S. 649.
2977 *Ott*, MMR 2006, S. 195, 197 ff.
2978 *Schulz/Held/Laudien*, S. 59 ff.; *Ott*, MMR 2006, S. 195, 197 f.
2979 *Ott*, MMR 2006, S. 195, 202.
2980 *Shapiro/Varian*, Information Rules, S. 173 ff.
2981 Vgl. auch *Ladeur*, in: Hoffmann-Riem (Hrsg.), S. 57, 65.

ist damit die Anzahl der Teilnehmer im Netz. Man denke hier an die vielen Beispiele, die im ersten Teil diskutiert wurden[2982].

Es verwundert daher, dass das Bundeskartellamt zumindest in dem durch indirekte Netzwerkeffekte geprägten Netzsektor eine Wettbewerbsbeziehung zwischen Kabel und Satellit deshalb ablehnt, weil der Endkunde die Leistung nicht an einem Markt beziehe. In Netzsektoren ist die Möglichkeit der Entgelterzielung in erster Linie von der zugrunde liegenden Teilnehmerzahl abhängig. So zeigt beispielsweise der europäische Satellitenbetreiber SES ASTRA, der auch die deutschen DTH Haushalte allein (!) versorgt, dass sich zunehmend eine solche Leistungsbeziehung durch eine Grundverschlüsselung entwickelt. SES Astra hat bereits angekündigt, dass in Zukunft eine monatliche Grundgebühr von 3 bis 5 Euro pro Haushalt anfalle.[2983] Dieser Ankündigung wäre indes nicht erforderlich gewesen, um eine deutliche Wettbewerbsbeziehung zwischen DTH und Kabel anzunehmen. Ein Blick auf den weitaus entwickelteren US-amerikanischen Markt hätte das künftige Geschäftsmodell von SES Astra in Analogie zu EchoStar und DirecTV aufdrängen müssen. Auch in Deutschland wird, sofern ein kollusives Verhalten zwischen Kabel und Satellit nicht bereits etabliert ist, der Endkundenmarkt in Zukunft durch Wettbewerb um Exklusivinhalte zwischen Satellit, Kabel (und DSL) geprägt sein und stark zunehmen. Die Kommission hatte in Telia/Telenor[2984], in der sie die richtige Marktabgrenzung letztlich offen ließ, darauf aufmerksam gemacht, dass die vermeintliche Unvergleichbarkeit der Leistungsbeziehungen zwischen Kabel und Satellit aus der Bündelung der Infrastruktur mit Übertragungsdiensten resultiere. Kabelnetzbetreiber bieten ihre Infrastruktur meist zumindest mit den Signalen an, wohingegen sich beim Satellit diese beiden Leistungen trennen ließen. Die Funktion von DTH und Kabel bestehe gerade darin, eine Verbindung zwischen Endkunden und Veranstaltern zu ermöglichen, weshalb sich der relevante Produktmarkt nicht schlicht trennen ließe.[2985] Vielmehr erkannte sie zwischen dem Downstream Markt der Distribution und dem Upstream Markt für den Erwerb von Content einen direkten (netzökonomischen) Zusammenhang.

Erst Recht kann eine vermeintlich fehlende Wettbewerbsbeziehung zwischen Kabel und Satellit nicht mit der vom Bundeskartellamt zitierten Entscheidung des BGH „Berliner Musikhochschule"[2986] untermauert werden. Zumindest fehlten in der zugrunde liegenden Entscheidung direkte und indirekte Netzwerkeffekte. Kurioserweise weist das Bundeskartellamt selbst darauf hin, dass die vom Rezipienten am Markt der Ausrüster eingekaufte Infrastruktur (Satellitenanlage, STB) nicht im Wettbewerb zu Kabelnetzbetreibern stehe. Eine Wettbewerbsbeziehung der Kabelnetzbetreiber existiere nur im Verhältnis zu dem – unentgeltlich – DTH abstrahlen-

---

2982 Vgl. für eine vollständige Diskussion unter Teil 1: B.V., S. 187 ff.
2983 Im „Wendejahr" zum „Triple Play", Handelsblatt v. 23.05.2006; Deutscher Kabelverband und VPRT arbeiten mit ASTRA am Digital-Oligopol, vgl. <http://www.radiowoche.de>.
2984 Kommission, IV/M.1439 v. 13.10.1999 „Telia/Telenor".
2985 Ebenda, Tz. 267 ff., insb. 269, 273.
2986 BGH WuW/E BGH 1661, 1663 „Berliner Musikhochschule".

den Satellitenbetreiber.²⁹⁸⁷ Es ist daher ein Widerspruch in sich selbst, dass das Bundeskartellamt aus Gründen der fehlenden Entgeltlichkeit eine Wettbewerbsbeziehung zwischen Kabel und Satellit auf dem Endkundenmarkt ablehnt und diese daher nicht dem relevanten Markt zuordnet, aber die faktische Wettbewerbsbeziehung ohne weitere Begründung bejaht. Als Zwischenergebnis lässt sich damit festhalten, dass sich eine vermeintlich fehlende Wettbewerbsbeziehung zwischen Kabel und Satellit nicht aufgrund einer derzeit noch fehlenden Leistungsbeziehung zwischen „DTH abstrahlendem Satellitenbetreiber" und Endkunden ausscheidet.²⁹⁸⁸

Fraglich ist indes, ob aus Gründen einer fehlenden kurzfristigen Substitutionselastizität davon ausgegangen werden muss, dass Kabel und Satellit nicht zum gleichen relevanten Markt gezählt werden können. Das Bundeskartellamt hätte also die Frage stellen müssen: Wird ein Endkunde, der bereits einen Kabelanschluss besitzt oder in eine Satellitenanlage investiert hat, zu dem jeweils anderen wechseln, wenn der Kabelnetzbetreiber seine Preise signifikant erhöht oder der Satellitennetzbetreiber monatliche Entgelte verlangt? Das Bundeskartellamt analysiert zum Teil solche Wechselmöglichkeiten im Rahmen des Substitutionswettbewerbs. Wie gesehen ist grundsätzlich das entscheidende Kriterium für die Charakterisierung eines relevanten Marktes sowohl nach dem Bedarfsmarktkonzept als auch nach den ökonomischen Analysemethoden die Nachfrageelastizität. Man kann grundsätzlich davon ausgehen, dass die Kosten des Infrastrukturwechsels von Kabel auf Satellit hohe einmalige Investitionen erfordern, die eine kurzfristige Substitutionselastizität ausschließen. Denn es können durchaus begründete Zweifel angebracht sein, dass nach dem 5-10%igen Spielraum des hypothetischen Monopolistentests keine signifikante Abwanderung zu Satellit stattfindet. Dies ließ zwar unberücksichtigt, dass im Rahmen der Gestattungsverträge solche rein autonom vorgenommenen Preiserhöhungen vertraglich ausgeschlossen sein können. Auch wäre dem Umstand nicht hinreichend genug Rechnung getragen, dass dann im Rahmen der Verträge zu NE3-Betreibern Sonderkündigungsrechte entstehen. Allerdings sind die Hürden eines Wechsels nicht unwesentlich hoch.

Auffällig ist allerdings, dass ein Großteil der juristisch-ökonomischen Literatur²⁹⁸⁹ seit langem eine Austauschbarkeit zwischen Kabel und Satellit aus der Perspektive der Marktabgrenzung des Kabels im Sinne des Bedarfsmarktkonzepts bejaht. Die Monopolkommission²⁹⁹⁰ fordert seit ihrem 13. Hauptgutachten, Kabel und Satellit in denselben relevanten Endkundenmarkt einzubeziehen. Auch der Blick in

---

2987 BKartA, Iesy/Ish, Tz. 216; TC/Ish, Tz. 179.
2988 Vgl. auch *Abrar*, N&R 2007, S. 29, 31; *ders.*, Fusionskontrolle in dynamischen Netzsektoren am Beispiel des Breitbandkabelsektors, 2006, S. 24.
2989 *Hefekäuser*, MMR 5/2002, S.V; *Möschel*, MMR 2001, S. 13, 18; *Engel*, ZUM Sonderheft 1997, S. 309 ff.
2990 Monopolkommission, XIII. Hauptgutachten 1998/1999, Tz. 650 ff.; Monopolkommission, XIV. Hauptgutachten 2000/2001, Tz. 37 f.

die USA hat gezeigt, dass sowohl FTC[2991], FCC[2992] und D.C. Circuit[2993] im Fall Time Warner II übereinstimmend davon ausgehen, dass ein sachlich relevanter Markt innerhalb des geographischen Konzessionsgebiets der Kabelnetzbetreiber besteht, obwohl DBS aus Sicht des Marktanteils nur die Hälfte der in Deutschland über Satellit versorgten Haushalte erzielt. Das DOJ[2994] hat DBS als „the first real threat to the cable monopoly" bezeichnet. Schließlich hat auch die EG-Kommission[2995] einen Sichtwechsel vollzogen, indem sie seit ihrer TPS Entscheidung von den „Lock-In Effekten" Abstand genommen hat und diese nicht mehr als ausreichend bewertet, um zwei sachlich-relevante Märkte anzunehmen. Damit gehen die dargestellten Auffassungen von einem sachlich-gegenständlichen Markt aus. Außer dem D.C. Circuit findet sich keine nähere ökonomische Begründung, warum auf dem Endkundenmarkt eine solche Substitutionsbeziehung einen gemeinsamen relevanten Markt begründet. Das Gericht machte aufgrund des raschen Marktanteilswachstums geltend, dass eine hohe Nachfrage- und Angebotselastizität bestünde. Solche Ausführungen lassen sich weder der Monopolkommission noch der EG-Kommission entnehmen.

Die Frage der Substitutionselastizität führt in die Irre, wenn man den sachlich relevanten Markt anhand der individuellen Elastizität der Teilnehmer bestimmt, diese etwa aufgrund fehlender genauer Erkenntnisse ablehnt und dann den räumlich relevanten Endkundenmarkt betrachtet. Diese Marktabgrenzung, die auch das Bundeskartellamt vollzieht, lässt den entscheidenden Gesichtspunkt außer Betracht, nämlich dass ein überwältigender Wechsel zu DTH bereits stattgefunden hat[2996]. Diese Wechselbewegung spricht daher für eine Austauschbeziehung. Dass die Endkunden hingegen nicht wieder zum Kabelempfang wechseln könnten, d.h. dass eventuell eine niedrigere Substitutionselastizität aus Sicht von DTH besteht, ist irrelevant, da allein die Frage entschieden werden muss, ob die Zusammenschlussparteien einem Wettbewerbsdruck durch Satellit ausgesetzt sind und daher Satellit in den relevanten Endkundenmarkt einzubeziehen ist. Dies wird man angesichts der in der Vergangenheit stattgefundenen Wechselbereitschaft der Endkunden bejahen müssen. Mit der Literatur und der Auffassung von Monopolkommission, EG-Kommission und

---

2991 FTC, In re Time Warner Inc.; Turner Broadcasting System, Inc.; TeleCommunications, Inc.; Liberty Media Corp., Decision and Order, FTC No. C-3709 (1997), S. 4.
2992 AT&T Comcast/AT&T, Comcast, Merger Order, FCC 02-310 (2002), Tz. 90.
2993 Time Warner Entertainment Co., L.P. v. FCC, 240 f.3d 1126, 1134 f. (D.C. Cir. 2001).
2994 DOJ, Justice Department Sues to Block Primestar's Acquisition of News Corp./MCI's Direct Broadcast Satellite Assets, May 12th, 1998.
2995 Kommission, IV/36.237 v. 03.03.1999 „TPS".
2996 Rechnet man die alternativen Netzbetreiber außerhalb der NE3-Regionalgesellschaften heraus, die über eigene Kopfstellen verfügen, bezieht den Satellitendirektempfang und die zentralen Satellitenanlagen v. Mehrfamilienhäusern mit ein, so stehen etwa 17 Mio. direkt und indirekt versorgten Kabelkunden der NE3 etwa 14 Mio. Satellitenkunden entgegen. Diese über die Jahre entwickelte Zahl ist zwar auch auf den Gestattungswettbewerb zurückzuführen; vgl. FRK, Der Kabelmarkt, abrufbar unter: <http://www.kabelverband-frk.de/markt/markt.html>.

der US-amerikanischen Rechtspraxis muss zumindest Satellit in den sachlichrelevanten Markt einbezogen werden. Für den räumlich relevanten Endkundenmarkt in Netzsektoren ist grundsätzlich immer das Versorgungsgebiet, d.h. die tatsächliche Penetration des jeweiligen Netzes entscheidend. Dies entspricht der einschlägigen Literatur[2997], der ganz herrschenden Rechtsprechung[2998] und der Auffassung des Bundeskartellamtes[2999] in der durch Irreversibilitäten geprägten leistungsgebundenen Energieversorgung. Auch die Kommission hat in mehreren Entscheidungen[3000] das von dem Netz erfasste Gebiet als räumlich relevantem Markt abgegrenzt. Das Bundeskartellamt bemerkt im Breitbandkabelsektor Deutschlands aber richtigerweise die Besonderheit, dass hier Unterschiede bestehen. Die Besonderheiten ergeben sich vor dem Hintergrund, dass die Regionalgesellschaften auf Grundlage der jeweiligen Anzahl der an einem Übergabepunkt angeschlossenen Teilnehmer Preisdifferenzierung betreiben müssen. Einerseits kann diese Preisdifferenzierung auf Bündelvorteile durch Dichteeffekte in größeren Städten zurückgeführt werden. Andererseits hat der Abkopplungsdruck mittels Satellit und der Gestattungswettbewerb diese Rabattstaffelungssysteme der NE3-Betreiber mit Aufkommen der Satellitentechnik erzeugt, so dass heterogene Wettbewerbsbeziehungen bestehen, die sich aber in homogene Gruppen zusammenfassen, die sich als lokale und regionale Endkundenmärkte innerhalb des Versorgungsgebietes eines jeden NE3-Betreibers wieder finden. Diesen Weg beschreitet richtigerweise auch das Bundeskartellamt. Allerdings fehlt ein eindeutiger Hinweis, ob die lokalen und regionalen Märkte in Gruppen zu aggregierten Gesamtmärkten zusammenfassen lassen. Der BGH hat eine solche aggregierte Betrachtung in mehreren Fällen[3001] zugelassen. Gerade in der Telekommunikation wird nach herrschender Auffassung[3002] eine räumliche Abgrenzung nach Homogenitätskriterien vorgenommen. Dies entspricht generell auch der ständigen Rechtsprechung des EuGH[3003]

2997 *Koenig/Vogelsang/Winkler*, K&R Beilage 1/2005, S. 1, 4.
2998 BGH WuW/E BGH 2953, 2960 „Gasdurchleitung"; WuW/E BGH 1299 „Strombezugspreis"; KG WuW/E OLG 2113, 2116 „Steinkohlenstromerzeuger"; WuW/E OLG 1895, 1897 „Erdgas Schwaben".
2999 BKartA WuW/E BKartA 2107 f. „Gasversorgung Schwanewede", WuW/E BKartA 2157 „EVS/TWS".
3000 Kommission, COMP/M.1650 v. 01.12.1999 „ACEA/Telefonica"; COMP IV/M.1025 v. 15. 01.1998 „Mannesmann/Olivetti/Infostrada".
3001 BGH WuW/E BGH 2771, 2776 „Kaufhof/Saturn"; WuW/E BGH 1711, 1715 „Mannesmann/Brueninghaus".
3002 *Salger/Traugott*, in: Beck'scher TKG-Kommentar, § 32, Rdnrn. 25 ff., 28; *Wendland*, in: Beck'shcer TKG-Kommentar, Vor § 33 Rdnrn. 47 ff., 50; Marktanalyseleitlinien, ABl. C 165 v. 11.07.2002, S. 6 ff., Tz. 56; *Hefekäuser*, MMR 09/2000, S.IX, X; *Traugott*, WuW 1998, 929, 938 f.
3003 EuGH, Slg. 1997, II-923, Rdnr. 102 „Tiercé Ladbroke v. Kommission"; Slg. 1988, 5987, Rdnr. 15 „Alsatel/Novasam"; Slg. 1978, 207, Rdnr. 44 „United Brands v. Kommission".

als auch der Kommissionspraxis[3004]. Letztere kommt erst aufgrund dieser Erkenntnis überhaupt zu einer netzbezogenen Marktabgrenzung. Wie sich der weiteren wettbewerblichen Beurteilung entnehmen lässt, scheint das Bundeskartellamt eine solche aggregierte Betrachtung nicht vorzunehmen. Es kommt daher auch zu der Feststellung: »Der Marktanteil von Ish und Iesy lässt sich auf dieser Grundlage nicht präzise ermitteln, da die genaue Anzahl von Breitbandkabelanschlüssen angesichts hunderter Betreiber und einer in Teilen unklaren Abgrenzung zu Satelliten-Gemeinschaftsempfang nicht feststellbar ist.«[3005] Damit weicht die richtige Marktabgrenzung auch räumlich entscheidend ab.

cc) Signallieferungsmarkt als Vorleistungsmarkt

Die Signallieferungsmärkte haben seit Liberty Media bis Iesy/Ish und TC/Ish eine gravierende Änderung erfahren und kommt mit der vom Kartellamt erstmals betonten, aber letztlich doch offen gelassenen Bagatellmarktklausel des § 35 Abs. 2 Nr. 2 GWB deutlich zum Ausdruck. Signallieferungsmärkte nehmen im Rahmen der Kabelnetzfusionen eine Hybridstellung bei der wettbewerblichen Beurteilung ein. Einerseits sichern sie dem NE3-Betreiber die Abnahme seiner Signale und verhindern damit die Errichtung einer eigenen Kabelkopfstelle und damit den Wechsel zu Satellit. Andererseits wird ihnen aufgrund der vertikalen Separation zwischen der NE3 und NE4 die Ursache erheblicher Ineffizienzen nachgesagt[3006]. Richtig ist, dass die Signallieferungsvereinbarungen eine erhebliche wirtschaftliche Bedeutung für die NE3 haben. Über 11 Mio. Haushalte werden über diese Verträge indirekt versorgt. Nur 6 Mio. der 17 Mio. Haushalte sind dagegen direkte Endkunden der gesamten NE3. Dem Signallieferungsmarkt stehen die mit einer eigenen Kopfstelle versorgten NE4-Betreiber gegenüber. Sie besitzen teilweise keine Heranführnetze zu einer NE3. Teilweise haben sie sich aber auch abgekoppelt. In beiden Fällen beziehen sie ihre Signale über Satellit und zählen so ebenfalls 11 Mio. Endkunden. Dieses vorausgeschickt ist die Aussage des Bundeskartellamts zu werten, dass der sachlich relevante Signallieferungsmarkt nur dem Bezug von NE3-Signalen diene und eine Austauschbarkeit zwischen Kabel und Satellit ausgeschlossen sei, vor allem weil der NE4-Betreiber dann die Leistung nicht mehr an einem Markt beziehe, sondern in Eigenleistung erbringe.

Der sachlich-relevante Signallieferungsmarkt ist so unzutreffend charakterisiert. Richtig ist, dass die Nachfrager auf diesem sachlich eng abgegrenzten Markt ihre Signale ausschließlich von einem NE3-Betreiber beziehen. Bauen sie ihre eigene Infrastruktur auf, so fallen sie nach dieser Sichtweise aus dem Markt heraus. Diese

---

3004 Kommission, IV/M.68 v. 18.02.1991 „Tetra Pak/Alfa-Laval"; IV/M.43 v. 29.05.1991, Tz. 16 „Magneti Marelli/CEAc"; vgl. auch Kommission, Bekanntm. Marktdef., ABl. C 372 v. 09.12.1997, S. 5 ff., Tz. 16 ff.
3005 BKartA, Iesy/Ish, Tz. 226; TC/Ish, Tz. 189.
3006 Vgl. *Abrar*, N&R 2007, S. 29, 31; *ders.*, Fusionskontrolle in dynamischen Netzsektoren am Beispiel des Breitbandkabelsektors, 2006, S. 13 ff.

Sichtweise ist deshalb kritisch, weil das einzig entscheidende Kriterium zur Abgrenzung dieses Marktes erneut darin gesehen wird, dass eine Leistungsbeziehung zwischen NE4 und Satellitenbetreiber nicht aufgebaut werde. Wie schon auf den Endkundenmärkten angeführt, kann dieser Sichtweise nicht gefolgt werden, da insoweit die eigentlichen Wettbewerbsverhältnisse ausgeklammert werden.[3007] Die tatsächliche Entwicklung zeigt, dass die Kabelnetzbetreiber der NE4 keine kostenlose Wertschöpfung mehr betreiben können. Die großen NE3-/NE4-Betreiber, die dem VPRT angehören, haben Pressemeldungen zufolge bereits erste Kooperationen geschlossen, um die „Leistungsbeziehung" zu intensivieren. Auch vor diesem Hintergrund ist die Auffassung des Bundeskartellamts eine Fehleinschätzung der tatsächlichen Wettbewerbsbeziehungen. Mit über 11 Mio. indirekt versorgten Haushalten ist die auch künftige gesamtwirtschaftliche Bedeutung dieses Marktes sowohl aus Sicht der Kabelnetbetreiber als auch von SES Astra eindeutig. Eine Preiserhöhung seitens der NE3 gegenüber der NE4 führt zu einer erhöhten Wechselbereitschaft der NE4 zu Satellit. Bei theoretischer Umrüstung dieser Netze auf Satellit verfügt die NE3 nur noch über eine direkt versorgte Kundenzahl von insgesamt 6 Mio. Wechseln die Haushalte zu Satellit, ist der Fortbestand der NE3 erheblich gefährdet. Insgesamt ist der Signallieferungsmarkt daher als Vorleistungsmarkt abzugrenzen, der in grundsätzlicher Hinsicht einem Wettbewerb zwischen NE3 und Satellit ausgesetzt ist. Räumlich wird der Signallieferungsmarkt aufgrund der weitgehend homogenen Verhältnisse netzbezogen auf das NE3-Netz der Zusammenschlussparteien abzugrenzen sein. Denn wie das Bundeskartellamt richtig erkennt, ist eine NE4 nur über Satellit oder den Netzbetreiber vor Ort zu versorgen.

2. Marktbeherrschungsprüfung

Allen hier im Vordergrund stehenden Zusammenschlussverfahren, Liberty Media, KDG/KBW und Iesy/Ish bzw. TC/Ish, ist gemein, dass an ihnen zumindest eine der vier großen Regionalgesellschaften beteiligt war. Das Zusammenschlussverfahren Liberty Media war dabei das weitaus komplexeste, da die Erwerberin Liberty Media Corp. selbst mit Inhalten vertikal integriert ist und den Erwerb der DTAG-Netze an die Bedingung der Freigabe des Zusammenschlusses mit der vertikal integrierten PrimaCom knüpfte. Somit waren die ökonomischen Auswirkungen dieser Verflechtung schon im Rahmen des ersten Zusammenschlusses mit zu berücksichtigen. Der Zusammenschluss Iesy/Ish betraf dagegen einen sog. market extension merger, hatte also eine horizontal integrative Zusammenschlussrichtung[3008]. Schließlich ist der Zusammenschluss TC/Ish von Bedeutung. Beachtung sollte dem Verfahren deshalb geschenkt werden, weil es sich bei dem Erwerber TeleColumbus (TC) um einen NE4-Betreiber handelt, der teilweise vertikal integriert ist und daher über eigene Kopfstellen verfügt. Andererseits ist TC in den Regionen der KDG tätig und bezieht

---

3007 Ebenda.
3008 Zur Bezeichnung schon unter Teil 1: A.II.3.a), S. 50 ff.

dort, wo sie über keine eigenen Kopfstellen verfügt, Signale von der größten NE3-Betreiberin Deutschlands und tritt daher also als reine Wiederverkäuferin der KDG auf. Daneben ist auch auf den Zusammenschluss KDG/KBW[3009] einzugehen, der ebenfalls zwei der vier großen Regionalgesellschaften betraf. Das Bundeskartellamt untersuchte hier vor allem den Einspeisemarkt und die Auswirkungen für das digitale Fernsehen.

Die nachfolgende Darstellung soll einen Überblick über die Argumentation verschaffen, mit der das Bundeskartellamt die Zusammenschlüsse freigegeben bzw. untersagt hat. Bereits im Rahmen der Abgrenzung der relevanten Märkte wurde deutlich, dass die Wettbewerbsbehörde ihre Sichtweise bezüglich der sachlichen und räumlichen Marktabgrenzung mittlerweile teilweise korrigiert hat. Aufgrund der engen Verzahnung von Marktabgrenzung und Marktbeherrschung hat diese Korrektur natürlich auch Auswirkungen auf die wettbewerbliche Beurteilung. Endkunden-, Signallieferungs- und Einspeisemarkt werden anhand der Entwicklung der Spruchpraxis dargestellt und besprochen werden.

a) Wettbewerbsbeziehungen: Endkundenmarkt

Noch bevor auf die Dispositionsbefugnis des Eigentümers als der Marktgegenseite der Kabelnetzbetreiber abgestellt wurde, ergaben sich Schwierigkeiten bei der Frage, ob die Endkundenmärkte überhaupt einem Wettbewerbsdruck ausgesetzt sind. In dem ersten Zusammenschlussverfahren Callahan NRW/NetCologne wurde schlicht von einer Monopolstellung des jeweiligen Netzbetreibers ausgegangen[3010], sei er nun NE3- oder reiner NE4-Betreiber. Ursächlich für diese durchaus nachvollziehbare Einschätzung war die Außerachtlassung der Dispositionsbefugnis. Denn die Wechselmöglichkeiten eines Endkunden bestehen ja während der Laufzeit und nach Auslaufen der Gestattungsverträge tatsächlich nicht, weil dieser meist durch mietvertragliche Beschränkungen an einer Auswahlentscheidung seines Versorgers rechtlich gehindert ist. Bemerkenswert war daher schon in der Liberty/KDG-Entscheidung, dass das Bundeskartellamt zwar noch nicht den Substitutionswettbewerb zwischen Kabel und Satellit mit in die wettbewerbliche Prüfung einbezog, aber zumindest nicht mehr nur von einem schlichten „Monopol vor der Tür des Endkunden" sprechen wollte. Vielmehr machte es erstmals darauf aufmerksam, dass der Wettbewerb um den Endkunden bei auslaufenden Gestattungsverträgen von Bedeutung sei[3011], obwohl auf den Endkunden als Marktgegenseite abgestellt wurde. Natur und Inhalt dieser Verträge wurden aber nur am Rande besprochen. Mittlerweile genießen sie einen hohen Stellenwert in der kartellamtlichen Diskussion.

3009 Bislang unveröffentlicht.
3010 BKartA, Beschl.v. 04.04.2001, B7-205/00 „NetCologne".
3011 BKartA, Liberty/KDG, Tz. 45 ff.

aa) Exkurs: Bedeutung von Gestattungswettbewerb

Die Rechtsnatur der Gestattungsverträge und ihre Bedeutung für die NE4-Betreiber wurde bereits im ersten Teil angeschnitten[3012]. Durch diese Verträge verpflichtet sich der Hauseigentümer, in seinen Liegenschaften die Verkabelung eines bestimmten Netzbetreibers für einen bestimmten Zeitraum zu dulden, damit dieser den Mietern Rundfunk- und Mediendienste anbieten kann. Die Gegenleistung des Gestattungsnehmers ist die Errichtung und die Wartung der Kabelanlage.[3013] Damit genießt der Netzbetreiber, der mit dem Liegenschaftseigentümer einen solche Vertrag geschlossen hat, regelmäßig Versorgungsexklusivität und ist damit gegenüber dem Marktzutritt Dritter für den eingeräumten Zeitraum rechtlich geschützt. Die Exklusivität verleiht dem Wettbewerb um die Gestattung auf den ersten Blick eine abschottende Wirkung im Sinne von § 19 Abs. 2 Nr. 2 GWB, da mit ihm zumindest über den Breitbandkabel oder Satellit die Konkurrenz um den einzelnen Endkunden ausgeschlossen wird. Somit bestehen hier rechtliche Marktzutrittsschranken[3014]. Diese sind aber insofern für den Netzbetreiber wichtig, als sie die Amortisation seiner Investitionen in die Errichtung, Aufrüstung oder Umgestaltung der Kabelanlage absichern[3015], so dass die Laufzeit eines Gestattungsvertrages direkt von der Amortisation abhängt. Der Zeitraum der Versorgungsexklusivität wird dabei über eine Laufzeitklausel im Gestattungsvertrag mitgeregelt, ohne die die Exklusivität keine Bedeutung hätte. Je nach Investitionsaufwand können daher auch unterschiedliche Laufzeiten vereinbart werden. Für eine Neuerrichtung eines Kabelnetzes werden signifikante versunkene Investitionen innerhalb der NE4 erforderlich. Der Amortisationszeitraum liegt hier daher häufig zwischen 12 und 25 Jahren.

Bei einer bereits aufgerüsteten Kabelanlage stellt sich die Situation anders dar. Hier sind die Investitionen meist schon getätigt, d.h. die Infrastruktur liegt und muss entweder rückkanalfähig ausgebaut oder je nach Bedürfnissen des Liegenschaftseigentümers angepasst werden. Dies kann natürlich mit genauso hohen Investitionen verbunden sein, gerade wenn die veraltete Baum- auf die Sternstruktur umgestellt werden soll. Die Geschäftstätigkeit des Gestattungsnehmers kann aber auch lediglich darin bestehen, die vorhandene Anlage zu warten oder bestimmte neue Dienste zu erbringen. Bei letzteren Verträgen kommen dann relativ kurze Laufzeiten zustande. Neben diesen im Grunde technisch-ökonomisch begründbaren Laufzeiten der Gestattungsverträge kann die Kürze der Vertragslaufzeit auch auf die neuen, sog. modernen Gestattungsverträge, zurückgeführt werden. Ohne auf die einzelnen Modelle detailliert einzugehen[3016], kann das Wesen dieser neuen Geschäftsmodelle

---

3012 Vgl. Teil 1: B.III.3.e)aa), S. 139.
3013 *Schalast/Abrar*, TKMR 2004, S. 74, 75.
3014 So schon BKartA, Liberty/KDG, Tz. 60 ff.
3015 BGH V ZR 292/03, S. 6 = BGHZ 159, 168 ff. dazu Anm. *Nolte/Tiedemann*, MMR 2003, S. 248, 249; BGH V ZR 220/02, S. 7; *Schalast/Schmidt/Schalast*, TKMR 2002, S. 429, 437.
3016 Vgl. ausf. die Darstellung des Bundesverbands deutscher Wohnungsunternehmen (GdW), vgl. GdW, Auslaufen von Gestattungsverträgen mit Kabelnetzbetreibern.

darin gesehen werden, dass das Netzeigentum im Sinne von Posners[3017] Modellvorschlag weitestgehend bei den Gestattungsgebern bleibt. Solche Betreibermodelle werden heute von der Wohnungswirtschaft aufgrund der weitergehenden Einflussrechte in Bezug auf Art, Umfang und vertragliche Bedingungen der Signalversorgung gewählt. Sie ermöglichen weit reichende Mitentscheidungsbefugnisse bei der Programm- und Diensteauswahl als auch Verhandlungsstärke bei der Höhe der Signalbezugskosten. Evident ist daher, dass das Netzeigentum grundsätzlich eine Wertschöpfungsbeteiligung gewährt, die in einer anderen Konstellation in der Regel nicht oder zumindest nicht in gleicher Höhe realisiert werden kann.[3018] Für die Wohnungswirtschaft immer interessanter werden daher Pacht-/Mietmodelle, Pool-Verträge oder solche, bei denen das Wohnungsunternehmen alle Dienstleistungen selbst erbringt und damit zu einem Eigenversorger erwächst.

Läuft ein solcher Gestattungsvertrag aus, finden entweder Ausschreibungen statt, was dann zu einem Ausschreibungswettbewerb der Kabelnetzbetreiber untereinander führt oder aber der Eigentümer der Liegenschaft erwägt die Errichtung einer Satellitenanlage bzw. einer Kabelkopfstation bei größeren Objekten. Damit ist der Wettbewerb im Endkundenmarkt durch einen intermodalen zwischen Satellit und Kabel und durch einen intramodalen Wettbewerb der Kabelnetzbetreiber um das „Gestattungsgebiet" gekennzeichnet.[3019] Bei dem Wettbewerb der Gestattungsverträge muss zwischen zwei grundsätzlichen Situationen differenziert werden, da das Ausmaß des Wettbewerbs um einen solchen Gestattungsvertrag davon abhängt, wie viele Teilnehmer mit ihm erreicht werden können und wie sich im Einzelfall die Dichtevorteile darstellen. Liegenschaftseigentümer in dicht besiedelten Städten und/oder zusammenhängenden Wohneinheiten werden hierbei weit bessere Konditionen und innovativere Leistungen, wie Telefonie und Internet, bei einer Neuausschreibung erwarten können als Liegenschaften, deren Wohneinheiten weit auseinander liegen und/oder nur wenige Teilnehmer erfassen. In diesem Zusammenhang ist auch relevant, dass die meisten Kabelnetzbetreiber, die sich um einen Gestattungsvertrag in den unattraktiven Gebieten bewerben, nicht mit eigenen Inhalten an die Gestattungsgeber herantreten. Sie sind meist reine Reseller der NE3-Signale und erheben ein zusätzliches, über dem Signallieferungspreis liegendes Entgelt. In den attraktiven Gebieten treten dagegen zunehmend vertikal integrierte Netzbetreiber auf, deren Angebot teilweise durch ein eigenes Programmbouquet und Internetzugänge geprägt sein kann.

3017 Vgl. Teil 1: B.IV.3.b)bb), S. 160.
3018 GdW, Auslaufen von Gestattungsverträgen mit Kabelnetzbetreibern, S. 37.
3019 *Schalast/Abrar*, TKMR 2004, S. 74, 81.

bb) Liberty/KDG

Der Wettbewerb bei Auslaufen von Gestattungsverträgen wurde vom Bundeskartellamt in der Liberty/KDG-Entscheidung erstmals als schützenswerter Restwettbewerb bezeichnet[3020]. Dem Schutz des Restwettbewerbs kommt in der deutschen Fusionskontrolle eine besondere Bedeutung zu. Er hat sich aus dem Tatbestandsmerkmal der Verstärkungswirkung nach § 36 Abs. 1 GWB entwickelt. Während das Bundeskartellamt in den Anfängen der Fusionskontrolle die Bedeutung des Restwettbewerbs zunächst verkannt hatte[3021], stellte der BGH klar, dass die Zusammenschlusskontrolle den Zweck habe, bei weitestgehend erlahmtem Wettbewerb den Markt auch für geringe Antriebskräfte des Preiswettbewerbs auf lange Sicht offen zu halten[3022]. Das Bundeskartellamt erkannte neben dem schutzwürdigen Restwettbewerb bei auslaufenden Gestattungsverträgen den potentiellen Durchleitungswettbewerb und den potentiellen Wettbewerb durch den Bau einer zweiten Infrastruktur (Cable Overbuilt) als die Merkmale des Wettbewerbs, die dem Endkunden künftig eine zunehmende Substitutionsmöglichkeit bieten könnten. Mangels Einbeziehung von Satellit in den relevanten Markt hatte diese Infrastruktur dagegen keine eigenständige Bedeutung mehr innerhalb der wettbewerbsrechtlichen Prüfung.

aaa) Vorzugswürdigkeit von „Inter-Brand Competition"

Hinsichtlich der Gestattungsverträge wurde darauf aufmerksam gemacht, dass zwei Voraussetzungen vorliegen müssten, damit ein Netzbetreiber für den Abschluss eines Gestattungsvertrages in Betracht komme. Einerseits müsse er eine gewisse Größe erreichen, da bei der in den nächsten Jahren bevorstehenden Digitalisierung und technischen Aufrüstung die notwendigen Investitionen nicht mehr von den Signalwiederverkäufern der NE4 bewerkstelligt werden könnten. Andererseits müsse sich der Gestattungsnehmer in einer gewissen räumlichen Nähe befinden, um das Netz des Gestattungsgebers an seine Signalquellen anschließen zu können. Unter diesen Voraussetzungen hat das Bundeskartellamt zwei unterschiedliche Arten von Wettbewerb erkannt. Zum einen bestehe der Wettbewerb zwischen den NE4-Betreibern, die als reine Wiederverkäufer und damit als Wettbewerber auf der gleichen Handelsstufe auftreten, was dem sog. intra-brand competition entspräche. Zum anderen könnte der Wettbewerb um auslaufende Gestattungsverträge auch dadurch gekennzeichnet sein, dass vertikal integrierte NE3/NE4-Betreiber sich um den Gestattungsvertrag bewerben. In einem solchen Fall bezöge sich der Wettbewerb auf alle Glieder der Wertschöpfungskette, auf denen die Netzbetreiber tätig sind, d.h. Programme, Programmpakete, zusätzliche Dienste, Marketing, Kundenverwaltung, Netzqualität und Markenbildung. Damit entstünde dann eine ausgeprägte Wettbe-

---

3020 BKartA, Liberty/KDG, Tz. 45 ff.
3021 *Mestmäcker/Veelken*, in: Immenga/Mestmäcker (Hrsg.), GWB-Kommentar, § 36 Rdnr. 185; krit. schon Monopolkommission, I. Hauptgutachten 1973/1975, Tz. 916.
3022 BGH, WuW/E BGH 1501, 1509 „Kfz-Kupplungen".

werbssituation im Sinne von interbrand competition, dem allgemein eine größere Bedeutung zukomme. Dennoch seien beide Formen des Wettbewerbs schützenswert im Sinne des GWB, auch wenn der Wettbewerb künstlich geschaffen worden und aus einer historischen Trennung der Netzebenen hervorgegangen sei.[3023]

bbb) Potentieller Durchleitungswettbewerb

Neben dem Wettbewerb um auslaufende Gestattungsverträge wurde vom Bundeskartellamt die Auffassung vertreten, dass im Breitbandkabelnetz auf Grundlage der Vorschriften des TKG a.F. ein potentieller Durchleitungswettbewerb auf Grundlage der Regulierung denkbar sei. Neben den Netzzugangsansprüchen aus den §§ 33, 35 TKG a.F. bejahte die Wettbewerbsbehörde Ansprüche auf Zusammenschaltung nach § 37 TKG a.F. und den allgemeinen Netzzugangsanspruch nach § 19 Abs. 4 Nr. 4 GWB des allgemeinen Kartellrechts. Das Bundeskartellamt setzte sich mit diesen Ansprüche nicht weiter auseinander, sondern konstatierte allein ihre Anwendbarkeit. Das Bundeskartellamt signalisierte damit, dass trotz angenommener Gebietsmonopole eine Strukturverschlechterung eintreten könne.[3024]

ccc) Cable Overbuilt

Die letzte Möglichkeit des potentiellen Wettbewerbs erkannte das Bundeskartellamt schließlich durch den Cable Overbuilt, d.h. dem Aufbau einer zweiten Infrastruktur auf der NE4 oder mittels eines zweiten Übergabepunktes. Zwar sah es hierin eine betriebswirtschaftlich nicht immer sonnvolle Investition! Dennoch hielt dieses Ineffizienzargument die Behörde nicht davon ab, auch dieser Form des Wettbewerbs besonderen Schutz zu gewähren, der angesichts der regelmäßig vereinbarten Exklusivität zwischen den Parteien des Gestattungsvertrages offensichtlich ausgeschlossen ist. In einem obiter dictum wurde die Unwirksamerklärung von solchen Ausschließlichkeitsbindungen gegenüber dritten Netzbetreibern gemäß § 16 Nr. 2 GWB und gegenüber den Parteien selbst nach § 1 GWB angenommen. Mit Blick auf die übliche Praxis wurde dieser Punkt letztlich aber nicht weiter diskutiert.[3025]

ddd) Wettbewerblicher Status-Quo

Aufgrund der engen Marktabgrenzung auf das jeweilige Netz hielt das Bundeskartellamt die Zielgesellschaften KDG, EWT und PrimaCom für marktbeherrschend, da sie ohne Wettbewerber seien[3026]. Zwar ergebe sich potentieller Wettbewerb aus der Möglichkeit der Durchleitung und des Überbaus der Infrastrukturen. Außerdem sei ein Restwettbewerb bei auslaufenden Gestattungsverträgen im Ansatz zu erkennen.

3023 BKartA, Liberty/KDG, Tz. 51 ff.
3024 Ebenda, Tz. 56.
3025 Ebenda, Tz. 57 ff.
3026 Ebenda, Tz. 45.

Diese Wettbewerbsformen seien aber nicht in der Lage, den Verhaltensspielraum des jeweiligen Netzbetreibers wirksam zu begrenzen, so dass das Bestehen wesentlichen Wettbewerbs (im Sinne von § 19 Abs. 2 Nr. 1 GWB) verneint wurde[3027].

eee) Zusammenschlusswirkung

Durch den Zusammenschluss wäre nach Auffassung der Wettbewerbsbehörde die marktbeherrschende Stellung der von Liberty Media zu übernehmenden sechs Regionalgesellschaften und der Zielgesellschaften EWT und TC auf dem Endkundenmarkt im Sinne von § 36 Abs. 1 GWB verstärkt worden[3028]. Zunächst ging das Bundeskartellamt von einer Abschwächung des Restwettbewerbs auf der NE4 aus. Zwischen den Zielgesellschaften EWT, PrimaCom und der KDG wäre der Gestattungswettbewerb weggefallen. Gleiches gelte für den potentiellen Durchleitungs- und Überbauwettbewerb.[3029] Von dem Zusammenschluss erwartete das Bundeskartellamt ferner, dass im Einzugsbereich von PrimaCom das direkte Wettbewerbsverhältnis mit der KDG schlagartig entfallen wäre[3030]. Ein zentrales Argument in Bezug auf die Verstärkung der marktbeherrschenden Stellung wurde auch in der Finanzkraft von Liberty Media bezüglich der von ihr verfolgten Decoderstrategie gesehen. Da die DTAG als Veräußerin der Netze auftrat, wurde zunächst darauf hingewiesen, dass sich die Finanzkraft von Liberty anders auswirke, als die der DTAG, die offensichtlich kein Interesse an der Aufrüstung der Netze hatte[3031]. Libertys Finanzkraft hätte dazu geführt, dass ein großflächiger Roll-Out von STB im deutschen Markt stattgefunden hätte. Die Strategie des Unternehmens, keine CI-Schnittstelle in den STB zu verwenden, die Eigentümerschaft der STB aber zu behalten und mit ihr den Endkunden mit attraktiven Diensten zu versorgen, hätte nach ihrer Auffassung zu einer Gewöhnung des Endkunden an Liberty und deren Dienste geführt. Somit wäre der Gestattungsgeber auf Dauer an Liberty gebunden gewesen. Wollte der Gestattungsgeber einen anderen Kabelnetzbetreiber wählen, wäre er dem Widerstand der Mieter ausgesetzt, die eine kostenlose STB von Liberty erhalten hätten.[3032] Außerdem wären durch die Boxenstrategie von Liberty Media die Marktzutrittsschranken von Kabelnetzbetreibern auch dadurch erhöht worden, dass der in den Markt eintretende Netzbetreiber den gesamten Decoderbestand hätte austauschen müssen, da diese ja im Eigentum von Liberty verblieben wären[3033]. Schließlich werde durch eine proprietäre Ausgestaltung der STB der potentielle Durchleitungswettbewerb eingeschränkt. Das Kartellamt sah Einschränkungen dieser Wettbewerbsform auf Grundlage des CI-Moduls und des API. Auch bei einer Öffnung für das proprietäre CI-

---

3027 Ebenda, Tz. 55.
3028 Ebenda, Tz. 62.
3029 Ebenda, Tz. 63 f.
3030 Ebenda, Tz. 65 f.
3031 Ebenda, Tz. 67.
3032 Ebenda, Tz. 68 ff.
3033 Ebenda, Tz. 70.

Modul wären Verträge über die Verwendung des Entschlüsselungssystems zu schließen, die eine Durchleitungsentscheidung vielleicht unattraktiv hätten ausfallen lassen können. Das API sei nicht standardisiert, so dass auch keine Anwendungsprogramme durch Dritte entwickelt werden könnten. Insgesamt könnten Wettbewerber daher von der Entwicklung innovativer Zusatzangebote abgehalten werden.[3034] Weitere Bedenken äußerte die Wettbewerbsbehörde in Bezug auf die vertikale Verflechtung von Liberty Media mit Programminhalten. Hierdurch gelänge Liberty eine insgesamt bessere Position beim Abschluss von Gestattungsverträgen, da das Unternehmen über attraktive Inhalte verfüge und die Möglichkeit hätte, exklusive Liefervereinbarungen über Inhalte zu erzielen. Der mangelnde Bekanntheitsgrad könne – ähnlich der Argumentation bei den STB – durch bevorzugte Einspeisung erhöht werden. Daneben wurde die Investition in eigene Programme befürchtet, genauso wie die Akzeptanz der Unannehmlichkeiten für den Umstieg von der analogen zur digitalen Empfangstechnik, die mit einer Erhöhung der Programme erreicht werde und über die Liberty Media zweifelsfrei verfüge. Diese Differenzierungskriterien für die im Wettbewerb zueinander befindlichen Kabelnetzbetreiber würden Liberty dazu bewegen, vermehrt von Exklusivvereinbarungen durch eine erhöhte Einkaufsmacht Gebrauch zu machen.[3035] Schließlich habe Liberty durch die Zahl der an das Netz angeschlossenen Haushalte eine erhebliche Einkaufsmacht gegenüber den Techniklieferanten, was sich angesichts der Beteiligung an Motorola noch eindrücklicher darstelle. Die Größenvorteile beim Einkauf der notwendigen Technik könne an die Verbraucher weitergegeben werden, was zu einer Absicherung der beherrschenden Stellung und der Einflussnahme auf die Ausgestaltung der eingekauften Technik führe.[3036]

cc) Iesy/Ish & TC/Ish

In den Zusammenschlussverfahren Iesy/Ish bzw. TC/Ish hat die Bedeutung der Gestattungsverträge eine neue Dimension erhalten. Insoweit geht die 7. Beschlussabteilung in Abkehr von dem ursprünglich angenommenen „schützenswerten Restwettbewerb" auf einem ansonsten monopolisierten Markt davon aus, dass der Wettbewerb um Gestattungsverträge als wesentliches Marktgeschehen" in den Vordergrund zu rücken sei. Die Intensität dieses Wettbewerbs präge den Endkundenmarkt neben dem Substitutionswettbewerb des Satelliten ganz wesentlich.[3037] Hintergrund dieses Sinneswandels ist die dargestellt Entwicklung durch die modernen Gestattungsverträge, deren Laufzeiten stetig abnehmen. Da die Aufgabe des Gestattungsnehmers, d.h. des Kabelnetzbetreibers, deshalb weiter abnimmt, ist auch die wettbewerbliche Bedeutung dieses intrabrand competition ausgeprägter als in Liberty Media angenommen.

3034 Ebenda, Tz. 71.
3035 Ebenda, Tz. 72-83.
3036 Ebenda, Tz. 84.
3037 BKartA, Iesy/Ish, Tz. 228, 231; TC/Ish, Tz. 192, 195.

aaa) Wettbewerbsdruck durch kleine Netzbetreiber

Neben der Abkehr von der Bedeutung des Gestattungswettbewerbs hat das Bundeskartellamt auch weitere Grundüberzeugungen der Liberty/KDG-Entscheidung aufgegeben. So führt sie in den beiden letzten Zusammenschlussverfahren betreffend des Bieterwettbewerbs um Ish aus, dass die Beschlussabteilung seinerzeit fälschlicherweise vermutet hätte, dass Digitalisierung und Rückkanalfähigkeit nur durch größere Unternehmen zu bewerkstelligen wären. Diese Annahme hätte sich nicht bestätigt. Vielmehr habe sich gezeigt, dass auch kleinere Netzbetreiber in der Lage seien, entsprechende digitale Dienste anzubieten und die Netzaufrüstung durchzuführen. Gerade die kleineren Netzbetreiber würden heute Internetdienste anbieten. Daher müsse die Bedeutung des Gestattungswettbewerbs stärker betont werden.[3038]

bbb) Wettbewerb zwischen Kabel und Satellit

Das Bundeskartellamt hat in der Liberty/KDG-Entscheidung aufgrund der engen Marktabgrenzung den Substitutionswettbewerb mit Satellit vernachlässigt und allein auf die Gestattungsverträge abgestellt. Seit Iesy/Ish und Ish/TC wird der Substitutionswettbewerb mit Satellit aber erstmals mit in die wettbewerbliche Beurteilung einbezogen. Hierbei bezieht sich das Bundeskartellamt explizit auf die Telia/Telenor[3039] Entscheidung der Kommission und führt aus, dass nach Auffassung der Kommission zahlreiche Aspekte für eine Austauschbarkeit sprächen. Wie gesehen hätte dieser Aspekt bereits bei der Marktabgrenzung berücksichtigt werden müssen.

Das Bundeskartellamt untersuchte die Wechselbewegungen zwischen Kabel und Satellit aber „korrigierend" bei der Marktbeherrschungsprüfung. Sie verzeichnet einen signifikanten Rückgang der Kabelanschlüsse in den letzten Jahren. Hinzu komme auch eine Randsubstitutionswirkung von DVB-T, die zu einem leichten Wettbewerbsdruck gegenüber den Kabelnetzbetreibern führe. Das Kartellamt stützt sich bei seinen Erhebungen auch auf den Bundesverband deutscher Wohnungsunternehmen (GdW)[3040], die im Vergleich zum Signalbezug über die NE3 eine Zunahme des Satellitenempfangs in Gemeinschaftsanlagen von 13% auf 38% der befragten Unternehmen innerhalb von vier Jahren verzeichnet haben. Aus den Statistiken des GdW, ASTRA und Heitzig Consult[3041] geht auch hervor, dass der Satellitenempfang bundesweit von 32,3% auf 38% zwischen 1997 bis 2002 gestiegen ist, während das Breitbandkabel von 53,8% auf 56,8% zunehmen konnte. Dagegen fiel der terrestrische Empfang auf 5,2%. Die neuen Zahlen für 2004 bestätigen dagegen eine Trendwende in Richtung Substitution zugunsten Satellit. 53,5% werden auf Grundlage der Breitbandkabeltechnik, 42,7% über Satellit und 3,8% auf terrestri-

---

3038 BKartA, Iesy/Ish, Tz. 237 f.; TC/Ish, Tz. 201 f.
3039 Kommission, IV/M.1439 v. 13.10.1999 „Telia/Telenor".
3040 BKartA, Iesy/Ish, Tz. 251, Fn. 132 f.
3041 GdW, Auslaufen von Gestattungsverträgen mit Kabelnetzbetreibern; SES ASTRA, Pressemitteilung v. 07.03.2003; Heitzig Consult Studie, S. 87 (2002).

schem Weg versorgt.[3042] Für die Breitbandkabelnetze der NE3 ergibt sich dadurch ein Rückgang um mehr als 3%, während Satellit um fast 5%-Punkte zulegen konnte. Das Bundeskartellamt betont neuerdings, dass dem Substitutionswettbewerb auch nicht entgegenstehe, dass über Satellit üblicherweise eine Rückkanalfähigkeit fehle und daher Telefonie, Internet und interaktive Dienste daher nicht realisiert werden können. Dies steht im krassen Gegensatz zu der in der Liberty/KDG-Entscheidung vom Kartellamt vertretenen Auffassung, dass bei einem Kabelnetzausbau hin zur Rückkanalfähigkeit eine Substituierbarkeit der Infrastrukturen noch weiter abnehme[3043]. Die Wettbewerbsbehörde begründet diesen Sichtwechsel mit der Tatsache, dass der sachlich relevante Markt nur die Bereitstellung eines Rundfunkanschlusses und die Belieferung mit Rundfunk beinhalte. Sowohl interaktive Dienste, als auch Internet und Telefonie gehörten zu anderen sachlich relevanten Märkten[3044]. Damit ist der Wettbewerbsdruck des Satellitenempfangs aus Sicht der Vermieter und Eigentümer bzw. vereinzelt auch der Mieter eine gewichtige Größe der wettbewerblichen Beurteilung.

ccc) Wettbewerblicher Status-Quo

Das Bundeskartellamt lässt die Frage einer marktbeherrschenden Stellung der Zusammenschlussparteien auf dem Endkundenmarkt offen. In KDG/KBW führt die Wettbewerbsbehörde aus: »Folgte man den Argumenten zu Gunsten einer Marktabgrenzung unter Einbeziehung des Satellitenempfangs, so erscheint es zumindest möglich, dass es nicht zur Entstehung oder Verstärkung einer marktbeherrschenden Stellung der KDG auf diesem Markt kommt.« In Iesy/Ish und TC/Ish wird dagegen die marktbeherrschende Stellung offen gelassen. Das Bundeskartellamt ist aber der Ansicht, dass der Zusammenschluss nicht zu einer Verstärkungswirkung auf diesem Markt führe. Denn von dem nicht berührten Satellitenwettbewerb bleibe auch der Gestattungswettbewerb in hinreichendem Maße bestehen.
Die 7. Beschlussabteilung hat die Frage der Marktbeherrschung auf den regionalen Endkundenmärkten, auf denen die integrierten NE4/NE3-Betreiber mit den NE3-Betreibern um den Abschluss von Gestattungsverträgen konkurrieren, in beiden Zusammenschlussverfahren nur vage beschrieben. Sie stellt eine Marktbeherrschung auf diesem Markt aber ebenfalls nicht eindeutig fest, sondern kommt zu dem Ergebnis, dass eine Verstärkungswirkung aufgrund des intensiven Gestattungswettbewerbs nicht festzustellen sei. In ihrer wettbewerblichen Analyse beginnt die Wettbewerbsbehörde damit, den Marktanteil der Regionalgesellschaften der NE3 (KDG, Iesy, Ish und KBW) in den Tätigkeitsgebieten der Zusammenschlussparteien zu untersuchen. Es wird erkannt, dass die Regionalgesellschaften einen Marktanteil haben, der über der Vermutungsschwelle von einem Drittel liegt. Hierzu kommt die Wettbewerbsbehörde, indem sie nicht nur die direkt versorgten Endkunden mit in

---

3042 Zahlen von Ende 2004; vgl. SES ASTRA, Pressemitteilung v. 24.02.2005.
3043 BKartA, Liberty/KDG, Tz. 39.
3044 BKartA, Iesy/Ish, Tz. 226; TC/Ish, Tz. 189.

die wettbewerbliche Prüfung einbezieht, sondern auch die NE4-Betreiber den Regionalgesellschaften zurechnet, die als Signalabnehmer der NE3 auf den Endkundenmärkten auftreten[3045]. Der Marktanteil ist aber nach Auffassung der Beschlussabteilung nicht allein aussagekräftig, obwohl hinzukommt, dass die vereinzelt bestehenden langen Laufzeiten der Gestattungsverträge als Marktzutrittsschranken begriffen werden[3046]. Vielmehr bestünde ausreichender Wettbewerbsdruck durch Satellit und Ausschreibungen durch auslaufende Gestattungsverträge. Letzteren gibt das Bundeskartellamt besonderes Gewicht, obwohl sie auf den lokalen Endkundenmärkten, also auf denjenigen, die nicht durch Gestattungswettbewerb gekennzeichnet sind, von ausreichendem Wettbewerbsdruck durch Satellitenempfang ausgeht[3047]. Allein dieser wäre damit im Grunde genommen ausreichend, um nicht von einer marktbeherrschenden Stellung der NE3-Betreiber sprechen zu können. Dennoch wird der Gestattungswettbewerb als wesentliches Marktgeschehen im regionalen Endkundensegment verstanden, weshalb eine marktbeherrschende Stellung der Regionalgesellschaften auf der NE3 gegenüber den Verbrauchsdisponenten der Endkunden (den Gestattungsgebern) schon deshalb nicht begründbar sei, weil die Gestattungsverträge nur auf Zeit geschlossen werden würden und daher nach einiger Zeit ausliefen[3048].

ddd) Zusammenschlusswirkung

Sowohl in Iesy/Ish als auch in TC/Ish hätten die Zusammenschlüsse nach Auffassung des Bundeskartellamts bei offen gelassener Marktbeherrschung weder zu einer Entstehung noch zu einer Verstärkungswirkung im Sinne von § 36 Abs. 1 GWB auf den Endkundenmärkten geführt. Niemals berührt sei durch einen reinen (Infrastruktur-)Zusammenschluss im Breitbandkabelnetz der Satellitenwettbewerb.[3049] Bei den market extension merger der vier großen Regionalgesellschaften sieht das Bundeskartellamt nur potentielle Wettbewerbsverhältnisse betroffen, die bislang noch nie in ein aktuelles Wettbewerbsverhältnis umgeschlagen seien. Vielmehr bildeten die Netzgrenzen auch das Tätigkeitsfeld beim Wettbewerb um Gestattungsverträge. Daher geht die Beschlussabteilung davon aus, dass jedenfalls dann von einem hinreichend gesicherten Gestattungswettbewerb ausgegangen werden könne, wenn an dem Zusammenschlussvorhaben nur potentielle Wettbewerber auf der NE3 betroffen seien.[3050] Anders sieht das Kartellamt Zusammenschlüsse zwischen aktuellen Wettbewerbern um Gestattungsverträge. Dabei geht es davon aus, dass der aktuelle

---

3045 Aus diesem Grund hatte das Bundeskartellamt die NE4-Betreiber, die ihre Signale von der KDG beziehen, nicht beigeladen, weil es in ihnen keine notwendig beizuladenden Parteien nach § 54 Abs. 2 GWB erkannte, sondern diese der KDG zurechnete.
3046 BKartA, Iesy/Ish, Tz. 226; TC/Ish, Tz. 189.
3047 BKartA, Iesy/Ish, Tz. 255; TC/Ish, Tz. 221.
3048 BKartA, Iesy/Ish, Tz. 225; TC/Ish, Tz. 188.
3049 BKartA, Iesy/Ish, Tz. 252; TC/Ish, Tz. 216.
3050 BKartA, Iesy/Ish, Tz. 254, 253.

Wettbewerbsdruck um Gestattungsverträge nur von NE4-Betreibern ausgehe. Bei diesen will sie aber differenzieren. Dieser sei nämlich grundsätzlich nur dann gefährdet, wenn ein integrierter NE4-Betreiber betroffen sei. Hintergrund dieser Sichtweise ist die Auffassung, dass interbrand competition durch integrierte NE4-Betreiber für den Wettbewerb um Gestattungsverträge wichtiger sei als der intrabrand competition, also der Wettbewerb um Gestattungsverträge auf der NE4, der zu einer reinen Durchleitung der Programme führt.[3051] Weil bei letzterem Verhältnis sich der Wettbewerb nur auf die Inhouse-Verkabelung und damit auf Wartung, Endkundenbeziehung und Abrechnung beziehe, habe er für den Endkundenwettbewerb nur eingeschränkte Bedeutung[3052]. Im Gegensatz hierzu beziehe sich der interbrand competition auf die gesamte Wertschöpfungskette im Netz. Das Bundeskartellamt bezeichnet diesen als Infrastrukturwettbewerb. Dieser Wettbewerb umfasse Inhalte und Dienste sowie die Bereiche Marketing, Kundenverwaltung, Netzqualität und Markenbildung. In dem Zusammenschlussverfahren TC/Ish wurde allerdings nur der Wettbewerb um Gestattungsverträge zur Signaldurchleitung zwischen den Zusammenschlussparteien relevant. TC ist zwar grundsätzlich als integrierter NE4-Betreiber ein interbrand competitor, aber eben nicht von Ish. In dem Bundesland NRW, auf dem Ish tätig ist, tritt TC nur als Signalbezieher auf, nicht jedoch als Wettbewerber, der die gesamte Wertschöpfungskette selbst durchläuft.[3053] Daher sah das Bundeskartellamt zwischen den Parteien auch kein tatsächliches Wettbewerbsverhältnis gefährdet, das sich auf den – aus Sicht der Beschlussabteilung – wichtigen interbrand competition bezog.

dd) Stellungnahme: Fehlender Bezug zu aktuellen DTH-Teilnehmern

Die wettbewerbliche Prüfung der Zusammenschlussbeurteilung auf den lokalen und regionalen Endkundenmärkten zeigt, dass das Bundeskartellamt über den Substitutions- und Gestattungswettbewerb letztlich zu der korrekten Einschätzung kommt, dass der Zusammenschluss nicht zu einer Verstärkung von Marktbeherrschung gegenüber den Endkunden führt. Dagegen ist fraglich, ob eine marktbeherrschende Stellung auf den Endkundenmärkten mit der Argumentation überhaupt angenommen werden durfte. Das Problem, das sich letztlich bei der wettbewerblichen Beurteilung auf den Endkundenmärkten widerspiegelt ist die falsche, nahezu atomisierte Marktabgrenzung.[3054] Es ist nicht genau ersichtlich, wie die Marktabgrenzung neuerdings ausfällt. Einerseits bestehen lokale Endkundenmärkte, die durch Substitutionswettbewerb gekennzeichnet seien und andererseits regionale Märkte, auf denen Gestattungswettbewerb herrsche. Da der Satellitenwettbewerb aber bei der Marktabgrenzung aus dem sachlich und folglich räumlich relevanten Markt ausgegrenzt wurde,

---

3051 BKartA, Iesy/Ish, Tz. 253; TC/Ish, Tz. 219., jeweils m. Verw. auf Liberty/KDG, Tz. 53.
3052 BKartA, Iesy/Ish, Tz. 253; TC/Ish, Tz. 219., jeweils m. Verw. Auf Liberty/KDG, Tz. 53.
3053 BKartA, TC/Ish, Tz. 220.
3054 *Abrar*, N&R 2007, S. 29, 31; *ders.*, Fusionskontrolle in dynamischen Netzsektoren am Beispiel des Breitbandkabelsektors, 2006, S. 23 f.

ist die Aussage des Bundeskartellamts unverwertbar, dass der Marktanteil von Ish und Iesy sowohl bei Einfamilienhäusern als auch bei den Gestattungsverträgen erheblich sei und über einem Drittel liege. Wenn der Satellitenwettbewerb ausgeklammert wurde, kann keine Marktanteilsbetrachtung mehr erfolgen. Denn Substitutionswettbewerb soll ja gerade kennzeichnen, dass Wettbewerbsdruck besteht, nicht aber dass er in den relevanten Markt fällt. Lässt man diese eindeutig falsche Analyse außer betracht, so fällt eine ähnliche Unstimmigkeit auch bei den Gestattungsverträgen ins Auge. Auch hier wurde ausgeführt, dass innerhalb der Marktabgrenzung Satellit nicht zu berücksichtigen sei. Das bedeutet, dass die Gestattungsnehmer, die die Signale über Satellit beziehen, nicht in den relevanten regionalen Endkundenmarkt fallen. Räumlich wäre dann der Blick auf die regionalen Märkte zu richten, in denen die den Endkunden versorgenden Kabelnetzbetreiber ihre Signale nicht über Satellit beziehen. Dies sind diejenigen Netzbetreiber, die ihre Signale von der NE3 über die Signallieferverträge beziehen. Da die NE3-Betreiber nur in eigenen Versorgungsbereichen operieren, haben die NE3-Betreiber auch hier einen Marktanteil von 100%. Dies verdeutlicht die schwerwiegenden Fehler des Bundeskartellamtes im Rahmen der wettbewerblichen Analyse des Endkundenmarktes, die eindeutig aus einer falschen, vor allem sachlichen Marktabgrenzung resultiert. Auf der Marktbeherrschungsebene wird daher im Grunde die sachliche Marktabgrenzung wieder verlassen. Die Fehler dieser Sichtweise drängen sich einem auf, wenn man annimmt, dass ein Teil der Gestattungsnehmer auf der NE4 die Versorgung der Haushalte auf Satellit umstellt. Konsequenterweise müsste man auf der Ebene der Marktabgrenzung diese Netzbetreiber ausklammern, denn sie zählen nicht mehr zum sachlich relevanten Markt. Zudem wäre das geographisch weiterhin bestehende Versorgungsgebiet geschrumpft. Dies ändert augenscheinlich nichts an dem Marktanteil, der weiterhin bei 100% liegt. Wenn das Bundeskartellamt die richtige Auffassung vertritt, dass der Gestattungswettbewerb das wesentliche Marktgeschehen auf den regionalen Endkundenmärkten abbilde, so muss zumindest der Anteil der Gestattungsnehmer in den relevanten Markt einbezogen werden, die ihre Haushalte über Satellit und über NE3-Zuführungsleistungen versorgen. Nur damit werden letztlich der Marktanteil der potentiell zu versorgenden Teilnehmer und das Wettbewerbsgebiet erkennbar.

Es stellt sich mithin die Frage, welche Wettbewerbsbeziehungen auf dem Endkundenmarkt überhaupt relevant werden. Denn zu prüfen ist, ob durch den Zusammenschluss gegenüber den Endkunden Marktmacht entsteht oder verstärkt wird. Dann ist es konsequent auf den Wettbewerb zwischen DTH und Kabel abzustellen. Die Anzahl der an das Netz angeschlossenen Haushalte ist die entscheidende Größe, um Inhalte einzukaufen oder eine Exklusivvereinbarungen gegenüber Inhalteanbietern durchzusetzen. Ein Netzbetreiber, der über attraktive Inhalte exklusiv verfügt, hat damit auch entscheidende Vorteile gegenüber dem Endkunden. Die Interdependenz der Märkte wird hier erkennbar. Hierauf wurde bereits mehrfach eingegangen. Der Endkunde ist bei der Wahl seines Netzbetreibers unabhängig. Er kann die Signale über einen NE3-Betreiber beziehen, sofern dieser ortsansässig ist. Er kann seine Signale aber auch über Satellit oder einen NE4-Betreiber beziehen, der entweder als

Reseller der NE3 oder als „Dienstleister" von DTH auftritt. Der entscheidende Unterschied besteht darin, dass die kleineren und mittleren Netzbetreiber keine realistische Möglichkeit besitzen, Programme exklusiv zu beziehen. Sie sind auf die großen Netzbetreiber, sei dies nun die NE3 oder DTH, angewiesen. Aus ihnen ergibt sich die erwähnte Hybridstellung, die sie einnehmen. Für die NE3 ist die NE4 ein Zielkonflikt. Für DTH bildet sie erst die Absatzmöglichkeit. Daraus ergibt sich, dass die Gestattungsverträge das wesentliche Marktgeschehen beim Wettbewerb der Inhalte begründen. Ein Zusammenschluss der NE3-Betreiber hat insofern nur Auswirkungen auf den Endkundenmarkt als damit die Verhandlungsstärke gegenüber Sendern und Inhalteanbietern steigt. Damit erwachsen Produktdifferenzierungsvorteile. Für den Endkunden in regionalen Gebieten ist aber auch Preiswettbewerb zu spüren. Dieser macht sich aufgrund der unterschiedlichen Preisstrukturen von DTH und NE3 bemerkbar. Gäbe es kein Satellit, wäre die mittelständische NE4 mangels anderweitiger Bezugsalternativen gegenstandslos, sofern die NE3 keine Preisnachlässe gewährte oder gewähren müsste. Damit zeigt sich, dass der Zusammenschluss zweier NE3-Betreiber erhebliche Bedeutung für den Endkunden besitzt, da hiervon das für den Endkunden eigentliche Rundfunkprodukt abhängt. Im Ergebnis können die Auswirkungen auf den Endkundenmarkt daher nur beurteilt werden, wenn die Auswirkungen auf dem Einspeisemarkt und dem dort herrschenden Wettbewerb beim Rechteerwerb bekannt sind.

b) Wettbewerbsbeziehungen: Signallieferungsmarkt

Die Marktabgrenzung bezüglich der Signallieferung hat ergeben, dass das Bundeskartellamt nach wie vor an der Einschätzung festhält, dass sich auf dem sachlich relevanten Markt die NE3- und NE4-Betreiber gegenüberstehen, wobei aber nunmehr der räumlich relevante Markt nicht mehr nur lokal, sondern regional abzugrenzen ist und mit dem Versorgungsgebiet der großen Regionalgesellschaften zusammenfällt. Diese Marktabgrenzung führt zwar dazu, dass nicht mehr nur der jeweilige Netzbetreiber in räumlich benachbarten Gebieten als Wettbewerber mit Zuführungsleistungen in Frage kommt, sondern Signallieferanten in dem gesamten Versorgungsbereich der jeweiligen Regionalgesellschaft in die wettbewerbliche Beurteilung mit aufgenommen werden müssen. Diese Marktabgrenzung ändert jedenfalls nichts an dem Ergebnis, dass die großen Regionalgesellschaften bei der Belieferung der Signalabnehmer auf der NE4 keinem signifikanten Wettbewerb durch alternative Signalanbieter ausgesetzt sind, da zwischen den klassischen NE3-Betreibern und den integrierten Netzbetreibern bei der Belieferung der Signalempfänger allenfalls potentieller Stichleitungswettbewerb herrscht, wobei auf den Durchleitungswettbewerb weder in der Liberty/KDG-Entscheidung noch in den anderen beiden Zusammenschlussverfahren eingegangen wird.

aa) Marktbeherrschung der NE3-Betreiber

Während das Bundeskartellamt in der Liberty/KDG-Entscheidung aber noch eine Verstärkungswirkung im Wege des Zusammenschlusses mit der KDG und PrimaCom durch die schon im Rahmen des Endkundenmarktes genannte vertikale Integration mit Inhalten und den Wegfall des potentiellen Wettbewerbs mit PrimaCom als integriertem Netzbetreiber anmahnte[3055], ist nunmehr zu erkennen, dass die Wettbewerbsbehörde die Substitutionselastizität durch den Satellitenempfang, d.h. der eigenen Versorgung der NE4-Betreiber, erstmals auch auf dem Signallieferungsmarkt berücksichtigt. Auch diese wurde bei der sachlichen Marktabgrenzung zunächst vernachlässigt. Bei der wettbewerblichen Beurteilung kommt das Bundeskartellamt jedenfalls zu der Auffassung, dass dieser Wettbewerbsdruck gegenüber den NE3-Betreibern so stark ist, dass sogar der Marktanteil an der Signalbelieferung der Reseller von über 90% durch die Regionalgesellschaft Ish zu relativieren sei. Dabei entfalle zwar nicht die marktbeherrschende Stellung der Regionalgesellschaften auf dem Signallieferungsmarkt, da wirtschaftliche und faktische Hemmschwellen der NE4-Betreiber bestünden. Bei der wettbewerblichen Beurteilung sei jedenfalls die durch den Zusammenschluss bewirkte Strukturveränderung des Zusammenschlusses auf die Auswirkungen der Signalbelieferung zu prüfen:

bb) Paradigmenwechsel des Bundeskartellamts?

Bei der Zusammenschlussbeurteilung zwischen den großen NE3-Betreibern differenziert das Bundeskartellamt nunmehr auch zwischen den rein horizontalen und vertikalen Infrastrukturzusammenschlüssen. Hierbei ist folgendes schon jetzt verallgemeinerungsfähig. Ähnlich wie auf den Endkundenmärkten auch, ist der Wegfall des potentiellen Wettbewerbs zwischen den NE3-Betreibern angesichts der übrigen Ausweichmöglichkeiten, d.h. in erster Linie durch die eigene vertikale Integration mittels SMATV-Anlagen, nicht als Verstärkung einer marktbeherrschenden Stellung zu sehen. Das Bundeskartellamt führt aus, dass die Ermittlungen gezeigt hätten, dass der Aufbau einer SMATV-Anlage nicht selten auch für die Versorgung einer sehr kleinen Anzahl von Wohneinheiten (z.T. schon bei 3 Haushalten) realisiert werde. Dies zeige, dass die Abkopplungsmöglichkeit überhaupt darstellbar sei.[3056]

Im Rahmen der vertikalen Zusammenschlüsse gilt, dass das Bundeskartellamt wie in der Liberty/KDG-Entscheidung weiterhin davon ausgeht, dass es durch eine Integration in die NE3 zu einer „Strukturverschlechterung" im Einzelfall kommen kann. Allerdings vollzieht das Bundeskartellamt an dieser Stelle einen wettbewerbspolitischen Sinneswandel. In der Entscheidung TC/Ish heißt es hierzu: »Die Beschlussabteilung hält zunächst nicht mehr an der in der Liberty/KDG-Entscheidung vertretenen Ansicht fest, wonach die Beseitigung der Möglichkeit, den NE3-Anbieter für die Signallieferung zu wechseln, eine relevante Verstärkung der Markt-

---

3055 BKartA, Liberty/KDG, Tz. 98 ff.
3056 BKartA, Iesy/Ish, Tz. 271; TC/Ish, Tz. 236.

position auf den Signallieferungsmärkten darstellt.«[3057] Zu diesem Ergebnis kommt das Bundeskartellamt über die Frage, welche Auswirkungen eine vertikale Integration mit den Signalbeziehern der NE4 hat. Streng genommen ist die vertikale Integration im deutschen GWB zunächst eine Strukturverschlechterung, weil Wettbewerbern ein Absatzweg im Sinne von § 19 Abs. 2 Nr. 2 GWB abhanden kommt. Die 7. Beschlussabteilung geht aber aufgrund der hervorragenden Bedeutung des Gestattungswettbewerbs und der bevorzugten Behandlung des interbrand competition davon aus, dass der Signallieferungsmarkt keine eigenständig strukturelle Bedeutung habe, weil der Wechsel des NE3-Betreibers zu einem anderen strukturell weitgehend ausgeschlossen sei[3058]. Dennoch bliebe der Zugang zu den Absatzmärkten trotz vertikaler Integration weiterhin offen[3059]. Auch werde durch die vertikale Integration nur ein potentieller Absatzweg für Wettbewerber ausgeschlossen, da vertikal integrierte Netzbetreiber offensichtlich kein Interesse an diesen Gestattungsgebieten hätten, sondern sich der Wettbewerb nur auf den Wiederverkauf von Signalen beschränke[3060].

Der Wiederverkauf sei selbst nur aus der politisch motivierten Netzebenentrennung der 1980er Jahre entstanden und daher künstlicher Natur. Das Bundeskartellamt wendet sich mit diesen Ausführungen von seiner Auffassung in der Liberty/KDG-Entscheidung sichtlich ab und folgt nunmehr den Argumenten der an jenem Zusammenschlussverfahren beteiligten Parteien, vor allem den Ausführungen der Liberty Media Corp. Diese hatten ebenfalls die politischen Motive der Netzebenentrennung in den Vordergrund gerückt und diese als Anomalie des deutschen Marktes beschrieben, die keiner kommerziellen oder industriellen Logik entspreche[3061]. Von Weizsäcker hatte in seinem wirtschaftswissenschaftlichen Gutachten sogar angenommen, dass es sich aufgrund der politischen Motive der 1980er Jahre um keinen Markt im Sinne des GWB handele, der schutzbedürftig sei, da er sich unter Wettbewerbsbedingungen nicht entwickelt hätte[3062]. Dies lehnte das Bundeskartellamt in der besagten Entscheidung noch mit den Worten ab, dass das GWB nicht zwischen schützenswerten und nichtschützenswerten Märkten differenziere[3063]. Nunmehr ist aber genau diese Sichtweise auch der Wettbewerbsbehörde zu entnehmen, da er keine gesamtwirtschaftliche Bedeutung habe.

Abgesehen davon stellt die Behörde nunmehr allein auf die Abkopplungsmöglichkeiten der NE4-Betreiber ab und beurteilt auch die Strukturverschlechterung durch den Zusammenschluss nur noch vor dem Hintergrund, ob die vertikale Integ-

---

3057 BKartA, TC/Ish, Tz. 243.
3058 BKartA, TC/Ish, Tz. 246.
3059 BKartA, TC/Ish, Tz. 246, 250.
3060 BKartA, TC/Ish, Tz. 250.
3061 Vgl. Liberty Media Corp. in: BKartA, Liberty/KDG, Tz. 54.
3062 *V. Weizsäcker*, Wirtschaftswissenschaftliches Gutachten zum Fusionsvorhaben Liberty/DTAG vor dem Bundeskartellamt, Oktober 2001, S. 27 f.
3063 BKartA, Liberty/KDG, Tz. 194.

ration den Substitutionswettbewerb mithilfe des Satelliten einschränke[3064]. Das Bundeskartellamt vertritt hierbei die Auffassung, dass der Signallieferungsmarkt dann in seiner Struktur verschlechtert werde, sofern Abkopplungsmöglichkeiten durch den Betrieb von SMATV-Anlagen durch einen Zusammenschluss zwischen NE3 und NE4 behindert würden. Dies sei bei Netzinseln, wie sie TC im Versorgungsgebiet von Ish betreibt, offensichtlich nicht der Fall. Hier lohne sich eine Entkopplung von der Signalbelieferung der NE3 deshalb nicht, weil in zu viele eigene Kopfstationen investiert werden müsste, was betriebswirtschaftlich unrentabel wäre. Daher hätte der Zusammenschluss TC/Ish auch nicht zu einer Strukturverschlechterung auf dem Signallieferungsmarkt geführt.[3065] Aus dieser wettbewerblichen Einschätzung des Signallieferungsmarktes ist auch ersichtlich, dass durch den Wegfall des nur potentiellen Stichleitungswettbewerbs zwischen Iesy und Ish eine Verstärkungswirkung durch den Zusammenschluss auf dem Signallieferungsmarkt nicht erwartet wurde[3066]. Eine weitere Besonderheit des Zusammenschlussverfahrens TC/Ish ergab sich auch daraus, dass TC in dem KDG-Gebiet als NE3-Reseller auftritt und damit erstmals im Kabelmarkt die Möglichkeit gesehen wurde, dass über die Grenzregionen der großen Regionalgesellschaften hinweg Wettbewerb um die Signalbelieferung von TC auf Grundlage von Stich- oder Mietleitungen zwischen Ish und KDG entstehen könnte, was das Bundeskartellamt als positive wettbewerbliche Auswirkung des Zusammenschlusses würdigte[3067].

cc) Stellungnahme: Inter-Brand Competition (Satellit)

Das Bundeskartellamt nimmt mit dem Paradigmenwechsel dem Signallieferungsmarkt scheinbar seine Schutzwirkung im Wettbewerb mit der NE3, indem auf die historische Netzebenentrennung Bezug genommen wird. Angesichts seiner gesamtwirtschaftlichen Bedeutung, die man – netzökonomisch betrachtet – als die kritische Masse bezeichnen könnte, die letztlich dem Kabel oder dem Satelliten beim Rechteerwerb zu einer dominanten Position verhelfen könnte, ist diese Einschätzung unzutreffend. Richtig ist hingegen, dass Marktbeherrschung hier nicht verstärkt wird. Noch stärker als auf den Endkundenmärkten ist dieser Vorleistungsmarkt durch enormen Wettbewerb geprägt, was vor allem auf die Natur des Gestattungsvertrages zurückgeführt werden kann. In Analogie zum Endkundenmarkt besteht aber auch hier letztlich eine Ausweichmöglichkeit auf Satellit bzw. SMATV, wie das Bundeskartellamt in der wettbewerblichen Beurteilung deutlich macht. Das Bundeskartellamt stößt mit dieser Sichtweise sogar selbst darauf, dass der Signallieferungsmarkt zu eng abgegrenzt wird, wenn es den interbrand competition herausragende Bedeutung beimisst. Dass sich der intrabrand competition auf der NE4 aber hiervon nicht ausschließen lässt, weil er gegenüber Satellit letztlich wieder als inter-

---

3064 BKartA, TC/Ish, Tz. 251.
3065 BKartA, TC/Ish, Tz. 252.
3066 BKartA, Iesy/Ish, Tz. 275.
3067 BKartA, TC/Ish, Tz. 248.

brand competition zu begreifen ist, lässt die Beschlussabteilung notwendigerweise unberücksichtigt, was unmittelbare Folge der engen Marktabgrenzung ist.[3068]

c) Wettbewerbsbeziehungen: Einspeisemarkt

Wie bereits im Rahmen der Marktabgrenzung ausgeführt wurde, leidet die Festlegung des Einspeisemarktes auf das jeweilige Netz des Kabelnetzbetreibers am fehlenden Normzweckbezug. Die Frage der Marktbeherrschung gegenüber Inhalteanbietern drängt sich bei einer solchen Sichtweise natürlich auf. Eine Marktbeherrschung kann daher nicht ernsthaft hinterfragt werden.

aa) Liberty/KDG

In der Liberty/KDG-Entscheidung ist ersichtlich, dass das Bundeskartellamt aufgrund der zu engen Marktabgrenzung erhebliche Probleme bei der Ermittlung der Verstärkungswirkung durch den Zusammenschluss bekam. So prüft das Bundeskartellamt im Rahmen der wettbewerblichen Auswirkungen des Zusammenschlusses die Reichweitenausdehnung um etwa 1,3 Mio. Direktkunden. Daraus wird geschlussfolgert, dass sich die Marktbeherrschung gegenüber den Sendern auf dem Einspeisemarkt infolge der größeren Reichweite verstärken würde. Diese habe aber nach Auffassung der Beschlussabteilung schon in einer „natürlichen Monopolstellung" bestanden. Bei den indirekt versorgten Endkunden argumentiert das Bundeskartellamt damit, dass die fortschreitende Zusammenschlussaktivität zwischen NE3 und NE4 anderen vertikal noch nicht integrierten Netzbetreibern die Möglichkeit nehme, ihre „kritische Masse" an NE4-Betreibern durch Akquisitionen zu erreichen. Eine von der Marktabgrenzung unabhängige Analyse nimmt das Kartellamt bei der Frage der mit Liberty Media verbundenen Inhalte vor. Dabei wird im Rahmen der wettbewerblichen Beurteilung mit dem Zuwachs der Verhandlungsmacht von Liberty gegenüber den Inhalteanbietern argumentiert und der zunehmende Integrationsgrad als vergrößerter Verhaltensspielraum des Kabelnetzbetreibers begriffen. Im Ergebnis sieht die Wettbewerbsbehörde angesichts der Tatsache, dass Liberty nach dem Zusammenschluss rund 60% aller Breitbandkabelkunden in Deutschland versorgt und das Netz zum Vertrieb eigener Inhalte genutzt hätte, als deutliche Verstärkungswirkung der bisher bestehenden Marktbeherrschung. Interessant war hierbei, dass die Beschlussabteilung abschließend erklärte, dass die Sender zwar grundsätzlich die Möglichkeit besäßen, ihre Programme an die verbleibenden Netzbetreiber und Satelliten zu schicken, dass aber diese verbleibende Reichweite nicht ausreiche, um mit wirtschaftlichem Erfolg Konkurrenzprogramme zu Liberty anzubieten. Damit stößt das Bundeskartellamt am Ende selbst auf ihre fehlerhafte Marktabgrenzung, die eigentlich hätte bundesweit ausfallen müssen, korrigiert diese im Ergebnis aber nicht.

3068 *Abrar*, Fusionskontrolle in dynamischen Netzsektoren am Beispiel des Breitbandkabelsektors, 2006, S. 24 f.

bb) KDG/KBW

Nachdem die Veräußerung der Breitbandkabelnetze der DTAG an Liberty Media in den betroffenen sechs Regionen scheiterte, erwarb die Gruppe um den Finanzinvestor Goldman Sachs Capital nach erfolgreicher Freigabe des Zusammenschlusses durch die EU-Kommission[3069] die Netze für weniger als die Hälfte des ursprünglich mit Liberty Media vereinbarten Kaufpreises. Darauf folgte der beabsichtigte Zusammenschluss mit KBW, eine der vier Regionalgesellschaften auf der NE3. KBW wurde von einer weiteren Beteiligungsgruppe um den Finanzinvestor Blackstone im Jahre 2000 von der DTAG ebenfalls nach Freigabe durch die EU-Kommission[3070] erworben. Sie stellt das NE3-Versorgungsnetz in Baden-Württemberg dar. Wie bereits erläutert, behandelt der Zusammenschluss KDG/KBW bisher die ausführlichste Darstellung der Wettbewerbsbeziehung auf dem Einspeisemarkt. Aufgrund des Paradigmenwechsels der 7. Beschlussabteilung des Bundeskartellamtes bezüglich des Einspeise- und Signallieferungsmarktes soll auch ein Blick auf die Zusammenschlüsse Iesy/Ish und TC/Ish erfolgen und dem Zusammenschluss KDG/KBW vergleichend gegenübergestellt werden.

Auch in KDG/KBW wurde an der netzbezogenen Abgrenzung des Einspeisemarktes festgehalten, wobei mit der abstrakten Formulierung der Notwendigkeit 100%iger technischer Reichweite kein Abrücken von der ständigen Spruchpraxis erkennbar war.[3071] Daran änderte auch die Feststellung nichts, dass Pay-TV-Anbieter etwa 0,5 bis 2 Mio. Abonnenten benötigen würden, um ihre Inhalte zu refinanzieren. Bei Free-TV gaben die Sender zwar durchgängig an, etwa 5-10% Reichweitenverlust hinnehmen zu können, aber auch dies blieb bei der Marktabgrenzung unberücksichtigt[3072]. Das Bundeskartellamt nahm aber im Vergleich zur Liberty/KDG-Entscheidung eine weitaus differenziertere und ökonomisch fundiertere Betrachtung der Marktbeherrschungsprüfung und der Zusammenschlusswirkung vor, auf die nun einzugehen ist.

Angesichts dieser Marktabgrenzung stand die marktbeherrschende Stellung der KDG in ihrem Gebiet, wie schon bei Liberty Media außer Frage. Dabei wurde konsequenterweise ein Marktanteil von 100% angenommen, wobei eine horizontale Kontrolle des Verhaltensspielraumes durch Wettbewerb weder tatsächlich noch potentiell stattfände. Erstmals prüfte das Bundeskartellamt die Nachfragemacht der Sender, lehnte diese jedoch aus grundsätzlichen Überlegungen ab. Sie begründete eine fehlende Gegenmacht dieser mit der mangelnden Homogenität der Programmveranstalter und die Relativität ihrer Macht beschränkt auf das eigene Verhandlungsergebnis.[3073] Dabei sei das hohe Reichweitenerfordernis von vornherein eine

---

3069 Kommission, COMP/M.2995 v. 28.02.2003 „APAX Europe V/Goldman Sachs/Providence/Telekom Cable/JV".
3070 Kommission, COMP/JV.50 v. 01.08.2000 „Blackstone/CDPQ/KBW".
3071 BKartA, KDG/KBW/Iesy/Ish, S. 12-30.
3072 Ebenda, S. 17, 22.
3073 Ebenda, S. 32.

Einschränkung der Nachfragemacht. Das Bundeskartellamt nimmt bei ihrer wettbewerblichen Beurteilung eine Betrachtung vor, die die abstrakten Verhaltensparameter der KDG auf der einen Seite mit der Kontrollierbarkeit dieser durch die Programmveranstalter auf der anderen Seite vergleicht. Die Verhaltensparameter werden hierbei mit der unternehmerischen Strategie der KDG zur Bestätigung herangezogen. Das Bundeskartellamt ist hierbei der Auffassung, dass die Verhaltensparameter der KDG in erster Linie in dem „Ob" der analogen Einspeisung, dem „Wie" der „analogen" Einspeisung hinsichtlich der Entgelte, der Netzausbaustrategie, der Grundverschlüsselung und der Ausgestaltung der STB für die digitale Übertragung gesehen werden müssten.[3074]

aaa) Verhaltensparameter der analogen Übertragung

Den Verhaltensparametereinsatz der KDG bei der analogen Übertragung begriff das Bundeskartellamt in zwei Punkten, und zwar der Dauer der Simulcast-Phase und der Einspeiseentgelte. Die Argumentation des Bundeskartellamtes in Bezug auf Simulcast bestand in erster Linie darin, dass vermutet wurde, die KDG hätte eigene Pay-TV Interessen, die durch das vielfältige Free-TV Angebot in Deutschland blockiert würden und daher das Umstellungsszenario mit einer Reichweitenverkürzung einherginge. Da Pay-TV eine STB erfordert, bestehe der Anreiz der KDG darin, eine Boxenumgebung zu schaffen, die den Empfang von Pay-TV nicht ausschließe. Daher habe die KDG ein Interesse daran, die Ausstrahlung von Free-TV zumindest an die Rahmenbedingungen des Pay-TV zu binden, und zwar durch die Einführung einer Grundverschlüsselung, die notwendigerweise eine STB voraussetze und Simulcrypt, zur Verwendung mehrerer CA-Systeme zur Entschlüsselung ein- und desselben Datenstroms, etc. Trotz dieser Interessen an der Bindung der Free-TV Anbieter an die Pay-TV Rahmenbedingungen sei die Strategie der KDG nicht geeignet, die Digitalisierung zu beschleunigen. Obwohl die KDG dem Kartellamt mitteilte, dass die Free-TV Anbieter an der Herauszögerung der Digitalisierung maßgeblich verantwortlich seien, belege dies keine Verhandlungsmacht der Sender, weil die KDG bislang kein Konzept zum analogen Switch-Off vorgelegt habe. Hinsichtlich der Einspeiseentgelte meinte das Bundeskartellamt, dass die KDG gegenüber den Sendern über ein erhebliches Übergewicht verfüge.[3075]

bbb) Verhaltensparameter der digitalen Übertragung

Im Rahmen der digitalen Übertragung würden der KDG noch weitergehende Verhaltensparameter ermöglicht, als dies im analogen Kabelnetz derzeit der Fall sei. Die Netzausbaustrategie der KDG könne hierbei über das „Ob", „Wo" und „Wie" der Kapazitätsknappheit entscheiden und damit auch die Einspeiseentscheidung beeinflussen. Die Fernsehsender müssten diese Entscheidung hinnehmen und hätten eben-

---

3074 Ebenda, S. 33 ff.
3075 Ebenda, S. 33-36.

falls keinen Einfluss auf die Ausbaustrategie der KDG. Auch die Grundverschlüsselung spielt im Rahmen der Verhaltensparameterprüfung des Bundeskartellamts eine erhebliche Rolle. So ist es der Auffassung, dass die Grundverschlüsselung mit hoher Wahrscheinlichkeit eingeführt werde. Diese könne zunächst einen Reichweitenverlust der Sender bedeuten. Denn die Grundverschlüsselung ermögliche die Unterteilung des Free-TV Angebotes in unterschiedliche Bouquets, die der Zuschauer vermutlich nicht alle abonnieren werde. Daneben biete eine Grundverschlüsselung ganz generell die Möglichkeit, einzelne Gruppen oder Teilnehmer der Fernsehhaushalte von bestimmten Programmen auszuschließen. Im Hinblick auf die Netzhoheit ermögliche die Grundverschlüsselung auch eine virtuelle Netzhoheit über die zu spezifizierenden STB, deren API, das EPG oder das CAS. Im Hinblick auf das API äußert die Beschlussabteilung Bedenken hinsichtlich erweiterter Dienste, wobei teilweise Möglichkeiten gesehen werden, die, wie die Beispiele in den USA belegen, vermutlich noch Jahrzehnte in Anspruch nehmen werden, bevor diese Wirklichkeit werden. Beispielsweise wird ITV angesprochen. Auch das EPG ermögliche Diskriminierungsmöglichkeiten, gerade bei einem ausgebauten Netz mit 862 MHz und bei technisch realisierbaren 500 Programmen, wobei zum „Zapping" geneigte Zuschauer hier auf die Reihenfolge der Abbildung im EPG angewiesen wären. Schließlich geht die Wettbewerbsbehörde auf das CAS ein, wobei sie befürchtet, dass die KDG ein sog. embedded CAS, also ein in die STB integriertes CAS favorisieren werde. Das Bundeskartellamt erörtert die damit möglichen Diskriminierungspotentiale vor allem auf die Free-TV und Pay-TV-Anbieter. Für erstere möge das embedded CAS deshalb wettbewerblich bedenklich sein, da der Endkunde gezwungen werde, ohne ein Interesse an Pay-TV haben zu müssen, sich trotzdem eine solche STB anzuschaffen. Sie zwinge STB-Hersteller darüber hinaus zu einem zusätzlichen Zertifizierungsverfahren durch die Verschlüsselung Nagravision. Die nicht unerheblichen Entgelte flössen in die STB-Preise, was augenscheinlich erst einmal nichts mit dem Einfluss auf Free-TV Anbieter zu tun haben braucht. Für Pay-TV Anbieter beinhalte das embedded CAS dagegen erhebliche Relevanz, da es in jedem Fall mitbenutzt werden müsse. Dies macht daher auch Simulcrypt Vereinbarungen notwendig. Zusammen mit der Grundverschlüsselung und dem Freischalterfordernis entfalle aber die Möglichkeit der Pay-TV Anbieter, eigene Boxen zu spezifizieren, was unweigerlich zu mindestens zwei STB oder einer technischen Abhängigkeit von der KDG führen würde.[3076]

ccc) Ausführungen zur KDG Strategie

Das Bundeskartellamt erkannte in der KDG Strategie die zuvor festgestellten Verhaltensparameter wieder, da sie eine eigene Verschlüsselungsstrategie für Pay-TV, eine Grundverschlüsselung und den Betrieb eines eigenen EPG plane. Außerdem zeige die Boxenstrategie einen insgesamt proprietären Charakter, der dazu führe,

---

3076 Ebenda, S. 36-40.

dass andere als KDG zertifizierte Boxen im Netz der KDG nicht existieren werden. So besitze die KDG zunächst die Strategie, die Boxen mit Seriennummern ausstatten zu lassen, die dann frei geschaltet werden müssen. Daneben plane die KDG die Ablösung des Transportmodells zugunsten eines Vermarktungsmodells, wo die KDG also als Programmanbieter der zuvor auf Großhandelsebene eingekauften Inhalte auftritt. Damit, so das Kartellamt, entfalle der Anreiz der Sender selbst STB mit eigenen Spezifikationen am Markt zu etablieren.[3077] Die Spezifikationen der STB sehen außerdem den problematischen Fall eines embedded CAS vor, welches das Simulcrypt Verfahren zwingend nach sich zieht. Die KDG hatte sich aber bereit erklärt, ein CI-Modul auf Basis eines CAM in den STB zu implementieren. Die Beschlussabteilung wies aber darauf hin, dass ein solches noch nicht existiere und auch ohne weitere wettbewerbliche Wirkung wäre, da die KDG daneben einen Jugend- und Kopierschutz, sowie ein residentes EPG einführen wolle, so dass nach der Simulcast-Phase STB ohne KDG eigene Spezifikationen nicht mehr alle Programme darstellen könnten.[3078] Auch das EPG wurde von der Beschlussabteilung moniert, das den STB-Herstellern eine Differenzierungsmöglichkeit nehme[3079]. Ähnlich verhalte es sich mit den Zertifizierungsvorschriften hinsichtlich der Ausgabe von Audio- und Videosignalen. Die KDG plane eine Notwendigkeit zur Autorisierung bei der Übergabe der empfangenen Datenpakete an die Ausgabegeräte (wahrscheinlich ähnlich der von Premiere angekündigten HDCP-Schnittstelle). Diese Schnittstelle könne dahingehend verwandt werden, dass die Nutzung externer Wiedergabegeräte und interner Massenspeicher von dem Einverständnis der KDG abhängig gemacht würden. Dadurch könne dann die Möglichkeit der Sender beeinflusst werden, ob die Kunden das empfangene Programm aufzeichnen oder im Wege des Timeshift zeitversetzt Inhalte abrufen können.[3080] Schließlich zeige die KDG Strategie auch, dass der STB-Herstellermarkt durch eine asynchrone und asymmetrische Weitergabe der Spezifikationen für die Merkmale der STB beeinflusst werde und bereits jetzt erkennbar sei, dass hier kein offener STB-Markt entsteht, sondern bestimmte Hersteller bevorzugt behandelt werden. Die KDG hielt den Ausführungen des Bundeskartellamts entgegen, dass die Sender versuchen würden, mit eigenen Strategien, die Verbreitung von Pay-TV in Deutschland zu verhindern oder zumindest zu verlangsamen. Das Amt war dagegen der Auffassung, dass eine solche Einflussnahme ausschließlich durch den Endkunden erfolge. Einzig die KDG beeinflusse mithilfe ihrer Netzhoheit diesen Käufermarkt. Die Programmveranstalter hätten auf die STB-Hersteller nicht den geringsten Einfluss.[3081]

3077 Ebenda, S. 41.
3078 Ebenda.
3079 Ebenda, S. 42.
3080 Ebenda.
3081 Ebenda, S. 43 f.

ddd) Zusammenschlusswirkung

Die Verstärkungswirkung des Zusammenschlusses in KDG/KBW sah die Behörde einmal in einer Reichweitenausdehnung der KDG und zum anderen in einer Beeinträchtigung des potentiellen Wettbewerbs zwischen der KDG und KBW[3082].

(1) Reichweitenausdehnung

Das Kartellamt differenzierte bei den Folgen einer erhöhten Reichweitensausdehnung zwischen der analogen und digitalen Einspeisung. Im Rahmen der analogen Einspeisung wurde angemerkt, dass sich die Verhaltensspielräume der KDG durch eine Reichweitenausdehnung von 10 Mio. auf 12,3 Mio. Endkunden erweitern würden. Ohne diesen Zusammenschluss entstünde für den Endkunden im Netz von KBW ein weicherer Übergang von der analogen auf die digitale Übertragung. Außerdem wurden Bedenken im Hinblick auf eine Erhöhung der Einspeiseentgelte aufgeworfen. Schließlich wurde auch ganz generell eine durch die Reichweitenerhöhung ermöglichte Abschaltung einzelner Sender gesehen. Im Rahmen der digitalen Einspeisung erkannte das Bundeskartellamt durch den Zusammenschluss einen Ausschluss des Wettbewerbs zwischen der KDG und KBW um Geschäftsmodelle für die digitale Ära, wobei KBW bislang die Plattform noch von der MSG bezieht, die der KDG zuzurechnen ist. In Betracht käme nach Auffassung des Kartellamts der Aufbau einer eigenen STB durch KBW. Diese Möglichkeit würde im Falle eines Zusammenschlusses wegfallen. KBW verfolge hierbei ein ganz unterschiedliches Konzept. So sei in erster Linie eine proprietäre Ausrichtung mangels eigener Pay-TV-Interessen nicht geplant. Verschlüsselte Programme könnten mit einer handelsüblichen STB empfangen werden. Der Zusammenschluss würde daher die Plattform der KDG/MSG auf die KBW Region übertragen. Auch hier entstünde daher eine breitere Gatekeeper Fähigkeit der KDG.[3083]

(2) Einschränkung des potentiellen Wettbewerbs

Interessanter Weise sieht das Bundeskartellamt in dem Zusammenschluss auch die Einschränkung des potentiellen Wettbewerbs. Potentieller Wettbewerb ergebe sich dadurch, dass KBW als NE4-Betreiber in den Regionen der KDG auftreten und über SMATV-Anlagen auch hier in ein tatsächliches Wettbewerbsverhältnis eintreten könnte. Es sei kein Grund ersichtlich, warum KBW wie andere integrierte Netzbetreiber auch von dieser Wettbewerbsmöglichkeit keinen Gebrauch machen sollte. Dadurch könne KBW seine Verhaltensparameter gegenüber den Programmveranstaltern durch eine erhöhte Reichweite ausdehnen und gleichzeitig den Verhaltensspielraum der KDG auf den Einspeisemarkt begrenzen.

3082 Ebenda, S. 46.
3083 Ebenda, S. 46-49.

Aus Sicht der Beschlussabteilung liege auch ein potentieller Durchleitungswettbewerb vor, der sich bislang zwar nicht entwickelt hätte, aber aufgrund von konkreten Plänen seitens Ish bestätigt werde. Ish habe die Absicht, die Einspeisung über ihr Netz hinaus zu betreiben. Dies sei höchst konkreter potentieller Wettbewerb. Die Behörde hält ein solches Modell auch für KBW für anwendbar. Dabei wird ebenfalls auf die Zusammenschaltungsmöglichkeit des § 21 TKG verwiesen. Ferner wird darauf aufmerksam gemacht, dass diese Auffassung auch mit der Rechtsprechung des BGH im Einklang stehe, der einzig auf die dargestellte Eintrittsfähigkeit und die abstrakte Eintrittsbereitschaft abstellt.[3084]

cc) Iesy/Ish

Auch der Zusammenschluss Iesy/Ish wurde im Hinblick auf den Einspeisemarkt geprüft. Es beurteilt die marktbeherrschende Stellung auf identischer Grundlage des KDG Verfahrens.

aaa) Verhaltensparameter

Dies betrifft sowohl die Netzausbaustrategie, das Geschäftsmodell, die technische Plattform als auch die Einspeiseentgelte. Dabei bleiben zwar die Verhaltensparameter von Iesy und Ish dieselben wie in dem KDG Verfahren. Sie werden aber im Hinblick auf die unterschiedlich verfolgte Strategie der Parteien anders gedeutet. Dabei spielt auch die Frage eine Rolle, inwieweit die Verhaltensparameter von der Marktgegenseite kontrollierbar sind, die die Beschlussabteilung hierbei anders eingeschätzt hat als noch im KDG Verfahren. So geht sie in Abkehr ihrer grundsätzlichen Haltung gegenüber der Nachfrage- bzw. gegengewichtiger Marktmacht davon aus, dass die Sender in einem gewissen Umfang auf einige Aspekte Einfluss ausüben. Zwar stellt die Beschlussabteilung den aus dem KDG Verfahren bekannten Satz ihrer wettbewerblichen Analyse voran, dass die Sender (ARD/ZDF, RTL, ProSiebenSat.1 und Premiere) nach den eigenen Ermittlungen nicht einheitlich auftreten würden[3085]. Sie seien daher kein Oligopson auf der Nachfrageseite, weshalb ein bilaterales Monopol nicht vorliege. Dennoch wird deutlich, wie wenig eigene Verhaltensparameter von Ish überhaupt durchsetzbar sind. In erster Linie musste die Beschlussabteilung zu der gescheiterten STB-Strategie Stellung nehmen. Denn Ish hatte versucht, eine proprietäre STB einzusetzen. Trotz ihres eigenen Pay-TV Angebots Ish Plus TV gelang ihr dies aber nicht. Die Gründe hierfür wurden in der von Premiere über die MSG-Plattform betriebenen STB gesehen. Die Beschlussabteilung kam daher zu dem Ergebnis, dass der Verhaltensspielraum von Ish durch die bereits etablierten Boxen eingeschränkt sei, eine eigene STB-Strategie aber noch nicht ganz ausgeschlossen sei. Das Amt kam ferner zu der Einsicht, dass die Sender mittlerweile selbst ein Interesse an der Grundverschlüsselung besitzen würden, da

---

3084 Ebenda, S. 50-52 m. Verw. auf BGH, WuW/E DE-R 668, 673 „Werra Rundschau".
3085 BKartA, Iesy/Ish, Tz. 135, 154.

hierdurch Pay-TV Angebote und Zusatzdienste dem Zuschauer gezielt angeboten werden könnten. Damit könnten eigene Endkundenbeziehungen entstehen. Denn mit Blick auf die Situation in den USA[3086] werde deutlich, dass der direkte Endkundenkontakt künftig eine bedeutende Finanzierungsgrundlage darstelle[3087]. Einflussnahmemöglichkeiten auf den analogen Switch-Off und Simulcast Szenarien bestünden dagegen nicht[3088]. Aus diesen Erwägungen heraus sieht das Bundeskartellamt gegenüber den Sendern ein Monopol, das nicht durch horizontalen Wettbewerb kontrolliert werde[3089].

bbb) Zusammenschlusswirkung

Anders als in KDG/KBW kommt das Bundeskartellamt nicht zu einer Verstärkungswirkung auf dem Einspeisemarkt. Begründet wird dies mit einem verstärkten Wettbewerb gegenüber der Regionalgesellschaft KDG/MSG, wodurch die Verstärkungswirkung durch den entfallenden potentiellen Wettbewerb zwischen Iesy und Ish neutralisiert würde.[3090]

(1) Beeinträchtigung potentiellen Wettbewerbs

Zunächst kommt das Bundeskartellamt mit ähnlicher Argumentation wie in KDG/KBW zu dem Ergebnis, dass der potentielle Wettbewerb zwischen den Zusammenschlussparteien zunächst beseitigt werde. Dieser Wettbewerb könne auf Grundlage des Stichleitungs-, Durchleitungs- und Gestattungswettbewerbs gesehen werden, der grundsätzlich zu verbesserten Einspeisebedingungen gegenüber den Sendern führe. Interessant sind die Ausführungen des Bundeskartellamtes bezogen auf die Netzgröße und die erzielbaren Entgelte. So führt das Amt aus, dass der Zusammenhang zwischen Netzgröße und erzielbaren Einspeiseentgelten über ein schlichtes Proportionalitätsverhältnis hinausgehe. So würden die großen Regionalgesellschaften Einspeiseentgelte in relevantem Umfang erhalten, während die vertikal integrierten Netzbetreiber allenfalls eine ungleich niedrigere Vergütung erzielen könnten. Das Bundeskartellamt erkennt hier also Netzwerkeffekte. Die Wettbewerbsbehörde zieht hieraus den Schluss, dass der unkontrollierte Verhaltensspielraum über die Netzverdopplung hinausgehe. Zweitens entfalle ein Wettbewerb um das bessere Geschäftsmodell, weil Ish sein Modell auf Iesy, das keine Pay-TV Pakete schnürt, übertragen könnte. Die Verhaltensparameter von Ish würden sich daher gegenüber den Sendern erhöhen.[3091]

3086 Verwiesen auf TiVO-Bsp. in den USA, vgl. BKartA, Iesy/Ish, Tz. 145 Fn. 69.
3087 BKartA, Iesy/Ish, Tz. 142 ff.
3088 Ebenda, Tz. 151.
3089 Ebenda, Tz. 124.
3090 Ebenda, Tz. 160 f.
3091 Ebenda, Tz. 170 ff.

(2) Verbesserung der Wettbewerbsparameter gegenüber KDG

Aufgrund der vorgebrachten Monopolargumente eines einzelnen NE3-Netzes gegenüber den Sendern, vertritt das Bundeskartellamt die Position, dass eine Gegenmacht zur KDG geschaffen werden müsse, die derzeit über das Play-Out Center der MSG auch Inhalte an die anderen drei Regionalgesellschaften liefert. Dies stelle ein Hindernis für potentiellen bzw. aktuellen Wettbewerb dar[3092]. Ausschlaggebend für die Freigabe war daher die Verbesserung der Wettbewerbsparameter gegenüber der KDG[3093]. Dabei erkannte das Bundeskartellamt gestiegene Abkopplungsmöglichkeit der Zusammenschlussparteien von der MSG. Iesy sei derzeit auf dieses angewiesen. Iesy sei daher mit seiner relativ geringen Größe kaum in der Lage, sich von der Plattform zu lösen. Das Bundeskartellamt geht hierbei davon aus, dass der Aufbau einer STB-Plattform mit Investitionsvoraussetzungen von 5-10 Mio. Euro bereits ein erhebliches Hindernis für Iesy darstelle[3094]. Allein durch den Zusammenschluss würden die Möglichkeiten zum Aufbau einer Alternativplattform zusammen mit Ish erheblich besser ausfallen als für jeden der beteiligten Parteien allein. Das Bundeskartellamt argumentiert hier mit Größenvorteilen, die sich auch in qualitativer Hinsicht[3095] als überaus wichtig erweisen könnten. Durch den Zusammenschluss mit Ish entstehe erstmals ein Gegengewicht zur KDG[3096], was im Ergebnis zu horizontalem Wettbewerb der Regionalgesellschaften untereinander führen könnte.

d) Stellungnahme: »Missbrauchsaufsicht in der Fusionskontrolle«

Wie die Marktabgrenzung aufgezeigt hat, ist der Einspeisemarkt nicht netzspezifisch, sondern national zu begreifen, um die Zusammenschlusswirkung von Netzen auf die Einspeisebedingungen abschätzen zu können. Das Bundeskartellamt nimmt zwar eine netzbezogene Marktabgrenzung vor, geht dagegen aber seit KDG/KBW bei seiner Marktbeherrschungsprüfung über die netzspezifischen Auswirkungen hinaus und macht im Ergebnis nichts anderes, als die Auswirkungen des Zusammenschlusses auf die nationalen Gegebenheiten der Einspeisebindungen abzuschätzen. Ohne eine nationale Marktabgrenzung – so zeigt auch das Beispiel Liberty Media – verliert sich eine wettbewerbliche Prüfung in einem unstrukturierten Nebeneinander von Argumenten, die teils die Endkunden- und teilweise die Signallieferungsmärkte betreffen. Daher blieb auch die Feststellung der 7. Beschlussabteilung, dass Liberty Media nach dem Zusammenschluss etwa 60% aller Kabelkunden, mithin etwa „nur" 30% aller Fernsehhaushalte erreichen würde, ohne einen klaren Marktmachtbezug. Die vertikale Integration mit Inhalten diente zusätzlich dazu, auf die wettbewerbli-

---

3092 Ebenda, Tz. 180.
3093 Ebenda, Tz. 174 ff.
3094 Ebenda, Tz. 182.
3095 Ebenda, Tz. 187 ff.
3096 Ebenda, Tz. 176.

chen „Probleme" hinzuweisen, nicht aber um konkrete wettbewerbswidrige Strukturen durch den Zusammenschluss aufzuzeigen.

Der Bedeutungszuwachs des Netzes gegenüber den Sendern demonstriert augenscheinlich, dass zwei zusammengeschlossene Netze einen größeren Verhandlungsspielraum gegenüber den Sendern und Inhalteanbietern besitzen. Fraglich war aber in allen Verfahren, ob angesichts der ausgewogenen Marktanteile von Kabel und Satellit ein unilaterales Verhalten der KDG überhaupt bestand, das gegenüber den Sendern ausgeübt werden konnte. Auch in Iesy/Ish wurden Verhaltensparameter und damit Strategien genannt, die zutreffen mögen. Jedoch bleibt bis heute unbeantwortet, ob die Teilnehmerzahlen bereits die Ausübung von Marktmacht reflektieren. Wie bereits in der Stellungnahme zur Marktabgrenzung auf den Einspeisemärkten angeklungen ist, hat es das Bundeskartellamt versäumt, konkret festzustellen, wie viel Reichweite ein Free-TV Sender heute tatsächlich benötigt, damit seine Lebensfähigkeit gesichert ist. Allein auf eine Befragung der an dem Zusammenschlussverfahren Beigeladenen zu vertrauen, ist hierbei nicht sachgerecht, da gerade die beiden auf dem deutschen Inhaltemarkt stark vertretenen Konzerne um Pro Sieben Sat1 und Bertelsmann eine sehr starke Marktstellung einnehmen und angesichts weiterer Markteintritte in den Markt um ihre Zuschaueranteile fürchten müssen. Deutlich wird damit, dass die Kapazitätsknappheit im Kabel für diese Unternehmen von Vorteil ist und weder ein Netzausbau mit der Transportfähigkeit weiterer Sender, noch die vertikale Integration eines Netzbetreibers mit attraktiven Inhalten von ihnen befürwortet wird. Die Wettbewerbsbehörde ist auf diese Verhaltensparameter der Marktgegenseite bislang nicht eingegangen, sondern hat im Liberty Media Verfahren allein auf die Verstopfung der Absatzwege durch die vertikale Integration mit Inhalten verwiesen. Neben der anhaltenden Kapazitätsknappheit im Kabel hätte das Amt aber auch auf die für attraktive Inhalte eingehen müssen. Wie die Beteiligten in dem Zusammenschlussverfahren ausgeführt haben und auch das Kartellamt an einigen Stellen im Zusammenschluss KDG/KBW mit einer fehlenden Würdigung dieser Tatsache erkennen lassen hat, fehlt es im deutschen Markt für Inhalte an einem reichhaltigen Inhalteangebot, insbesondere für Pay-TV Angebote[3097], auf letzterem Markt Premiere eine marktbeherrschende Stellung besitzt. Das Bundeskartellamt hat in diesem Zusammenhang zwar die Möglichkeit eines Oligopson auf der Marktgegenseite der Kabelnetzbetreiber gesehen, dieses aber abgelehnt, wozu aber vertiefte Ausführungen fehlen. Daher kann auch hier keine Stellung zu der fehlenden Analyse des Bundeskartellamts in Bezug auf die Lebensfähigkeit der Sender bezogen werden, da schlicht und ergreifend Datenmaterial hierzu fehlt. Festzuhalten bleibt aber, dass die regelmäßige Annahme des Bundeskartellamts, dass ein Sender auf eine 100%ige technische Reichweite angewiesen ist, ohne vertiefende Ausführungen nicht angenommen werden kann und erst Recht nicht bezüglich der großen Medien-

---

[3097] Stellungnahme von Liberty Media Corp. zur beabsichtigten Untersagung des Zusammenschluss, nicht vertrauliche Fassung, S. 20.

konglomerate. Eine solche generelle und abstrakte Feststellung leidet an einer fehlenden fundierten rechtlich-ökonomischen Begründung und ist daher fehlerhaft. Die festgestellten Diskriminierungsmöglichkeiten in den Liberty Media und KDG/KBW Verfahren sind angesichts der vom Bundeskartellamt eröffneten Strategien wettbewerbsrechtlich erdrückend. Sowohl das embedded CAS als auch die einseitige Spezifizierung der STB-Konzeption, wie sie das Bundeskartellamt beschrieben hat, machen auf leveraging und foreclosure Effekte aufmerksam. Darüber hinaus ist ohne weitere Begründung die Möglichkeit einer Marktmachtausübung durch Zugangsverweigerung erörtert worden. Diese Befürchtungen stimmen tatsächlich bedenklich. Das Bundeskartellamt hat insgesamt nicht ausgeführt, ob solche Strategien nach allgemeinem oder sektorspezifischem Recht durchsetzbar sind.

3. Abwägungsklausel und Nebenbestimmungen

Das Bundeskartellamt hat erst einen Zusammenschluss im Breitbandkabel auf Grundlage der Abwägungsklausel freigegeben. Im Fall Callahan NRW/NetCologne stellte das Bundeskartellamt eine Verstärkungswirkung auf den Märkten der Einspeisung und Signallieferung fest[3098]. Trotz dieser Verstärkung konnte die Abwägungsklausel die Nachteile der Zusammenschlusswirkung beseitigen. Die Parteien wiesen hierbei nach, dass ihr Zusammenschluss zu einem Markteintritt in die Märkte für Breitbandinternet und den Markt für Sprachtelefonie führen würde. Das Kartellamt schätzte damals die Verbesserungswirkung der Märkte für Internet und Sprachtelefonie im räumlichen Gebiet für Köln als wichtigere Märkte ein als die Verstärkung der Marktbeherrschung auf den Rundfunkmärkten[3099]. Auch in den Zusammenschlussverfahren Liberty Media und KDG/KBW wurde die Abwägungsklausel bemüht. Allerdings stellte die Wettbewerbsbehörde hier keine Verbesserungswirkung fest. Dem soll hier ebenfalls nachgegangen werden.

a)   Keine Bedeutung für die künftige IP-Umgebung

aa)   Liberty/KDG

Bei der Abwägung der Vor- und Nachteile des Zusammenschlusses beginnt das Bundeskartellamt in dem Liberty Media Beschluss damit, die Grundsätze der Abwägungsklausel darzustellen. Dabei bemerkt sie, dass die erwartete Digitalisierung und das erweiterte Pay-TV-Angebot der Parteien keine Berücksichtigung finden könnten, da die Parteien als einzelnes Unternehmen auf dem Markt verblieben[3100]. Die Beschlussabteilung ging daher davon aus, dass Verbesserungen daher nur auf den Märkten für breitbandigen Internetzugang nachgewiesen wurden, sie war allerdings der Ansicht, dass sie die Verstärkungswirkung auf dem Endkunden-, dem

---

3098   BKartA, NetCologne, S. 12 f., 14.
3099   BKartA, NetCologne, S. 15 ff.
3100   BKartA, Liberty/KDG, Tz. 103.

Signallieferungs- und Einspeisemarkt nicht überwogen hätten[3101]. Liberty verfolgte mit dem Internetausbaukonzept eine eingeschränkte Aufrüstung, wobei aber immerhin 12 MHz für den Rückkanal zur Verfügung stehen sollten. Die Konzeptplanung sah eine komplexe Umgestaltung der Baum-Stamm-Topologie hin zu einer Sternstruktur vor und sollte durch Clusterbildung und Konsolidierung der Kabelkopfstationen erfolgen. Das Bundeskartellamt sah in dem Netzausbaukonzept Nachteile, da das Netz nicht auf 862 MHz aufgerüstet werden, sondern in kleinere Cluster separiert werden sollte. Liberty wies außerdem darauf hin, dass die beabsichtigte Aufrüstung „state of the art" sei, da bereits Ish und PrimaCom aufgrund ihrer Ausbaupläne auf 862 MHz erhebliche finanzielle Probleme erlitten hätten, was zutraf. Die Beschlussabteilung ging aber davon aus, dass Liberty auf die DTAG in Bezug auf breitbandiges Internet in potentiellen Wettbewerb treten werde und allein aufgrund der rechtlichen Trennung der Kabelnetze und der Telefonfestnetze eine Begrenzung des Verhaltensspielraumes der DTAG stattfinde[3102]. Ferner führten die Parteien an, dass auch der Markt für Sprachtelefonie beeinflusst werde und auch hier Verbesserungswirkungen eingetreten wären. Die Beschlussabteilung sah bei der Umsetzung der Sprachtelefonie über VoIP bislang noch technische Schwierigkeiten, die aber in Zukunft gelöst werden würden. Das Bundeskartellamt ging hierbei aber durchweg davon aus, dass es sich dann um ein Sprachtelefonieprodukt von Liberty Media handeln würde. Weil Liberty aber nicht genau dargelegt hatte, wann mit einer Einführung genau zurechnen sei, lehnte das Bundeskartellamt die Berücksichtigung dieser Verbesserungswirkungen ab.[3103] Daneben wurden weitere Märkte in die Abwägung mit aufgenommen, wobei hier als einziger Markt der Endkundenmarkt für Pay-TV-Inhalte genannt werden soll. Das Bundeskartellamt erkannte hier eine Monopolstellung der Kirch Gruppe, an der zwar auch Liberty Media und BSkyB beteiligt waren, allerdings war der Anteil von Liberty Media an der von Kirch betriebenen Plattform Premiere World vernachlässigbar. Allerdings meinte das Kartellamt, dass ein wesentlicher Wettbewerb zwischen Premiere und Liberty nicht bestehe. Wäre der Zusammenschluss realisiert worden, so wurde davon ausgegangen, dass dies zu intermodalem Wettbewerb zwischen Satellit und Kabel führen würde, da Premiere anders als Liberty Media auch über eine Satelliten-Plattform für Pay-TV-Inhalte verfügte. Das Bundeskartellamt stellte aber klar, dass auch hier ein intermodaler Wettbewerb nur eingeschränkt bestehen würde, was mit Bezug zur nunmehr aufgegebenen engen Marktabgrenzung begründet wurde.[3104] Folglich war hier keine Verbesserungswirkung feststellbar. Bei der Abwägung der Verschlechterungs- und Verbesserungsmärkte betonte das Bundeskartellamt die Bedeutung der Märkte, auf denen durchweg die marktbeherrschende Stellung verstärkt worden wäre. Sowohl der Einspeisemarkt als auch der für die Signallieferung und der Endkunden seien besonders schützenswert, weil hier vermachtete Strukturen bestünden und nur Rest-

---

3101   Ebenda, Tz. 170.
3102   Ebenda, Tz. 129.
3103   Ebenda, Tz. 133-149.
3104   Ebenda, Tz. 150-156.

wettbewerb bestehe[3105]. Dagegen entstünde auf den Internetmärkten zunächst nur ein potentielles Wettbewerbsverhältnis zur DTAG. Der tatsächliche Markteintritt entstehe nur durch eine Aufrüstung des Netzes. An dieser (zügigen) Aufrüstung des Netzes zweifelte das Bundeskartellamt, da insbesondere hier der Gestattungswettbewerb der Aufrüstung Grenzen setzen würde. So wollte gerade die Wohnungswirtschaft die Kabelversorgung selbst kontrollieren und nicht auf Dauer auf Liberty übertragen. Daneben hatte das Bundeskartellamt Schwierigkeiten, den Prognosezeitraum festzustellen. Auf der einen Seite war Liberty der Auffassung, dass aufgrund der hohen Investitionen in die Infrastruktur eine längerer Prognosezeitraum angenommen werden müsste, wohingegen die Beschlussabteilung eine Prognose kurz bemessen wollte, weil sie davon ausging, dass sich der Markt schnell entwickeln werde und daher dynamischen Charakter habe. Außerdem sei das regulatorische Umfeld unklar, insbesondere im Hinblick auf den Zugang zur TAL der DTAG. Je länger der Prognosezeitraum bemessen würde, desto weniger könne mit der im Rahmen des § 36 Abs. 1, 2. Hs. GWB erforderlichen hohen Wahrscheinlichkeit mit dem Eintritt der Verbesserungen gerechnet werden. Die Beschlussabteilung setzte daher einen Prognosezeitraum von drei Jahren, d.h. bis Ende 2004 an.[3106] Bei dieser Beurteilung ging die Beschlussabteilung weniger auf die Verbesserungswirkung durch den Zusammenschluss ein, als vielmehr auf die Situation auf den Internetmärkten. Die Behörde kam zu dem Ergebnis, dass auf den Telekommunikationsmärkten eine hohe Dynamik bestehe. Dies gelte für die Zugangsmärkte aber auch für die ISP-Märkte. Dabei heißt es auch: Zwar verfüge T-Online bislang über eine marktbeherrschende Stellung. Mithilfe des von der DTAG angebotenen Vorproduktes (gemeint sind die Leistungen T-ZISP, T-Gate etc.) könnten auch andere Provider leicht in den Markt eintreten.[3107] Schlussendlich kommt die 7. Beschlussabteilung zu dem Ergebnis, dass es zwar zu einer Verbesserung durch Liberty in den Internetmärkten kommen wird, dass allerdings unklar sei, wie Liberty sich hier behaupten werde[3108].

bb) KDG/KBW

Auch in KDG/KBW hätten nach Auffassung des Bundeskartellamts die Voraussetzungen der Abwägungsklausel nicht vorgelegen. In die Betrachtung einbezogen wurden erneut die Internetmärkte, also der Zugang als auch die Nutzung über ISP. Das Bundeskartellamt kommt richtigerweise auch hier zu dem Ergebnis, dass die DTAG eine marktbeherrschende Stellung auf diesen Märkten besitzt. Die Parteien hatten in dem Zusammenschluss vorgetragen, dass sie auf ein flächendeckendes BK-Netz angewiesen seien, um eine Internet Roll-Out Strategie durchzusetzen. Die Kausalität zwischen dem Zusammenschluss und der Internet-Strategie sahen die

---

3105 Ebenda, Tz. 200 f.
3106 Ebenda, Tz. 209 ff.
3107 Ebenda, Tz. 218 ff.
3108 Ebenda, Tz. 222.

Parteien darin, dass zum einen Werbung und Marketing nur auf nationaler Ebene – ähnlich wie bei der DTAG – möglich sei. Zweitens wurde in der zweiten Abmahnung des Bundeskartellamts deutlich, dass die KDG erhebliche Größenvorteile benötige, um Internetdienste effektiv, d.h. in Konkurrenz zur DTAG anbieten zu können. Das Bundeskartellamt wies die Kausalität zwischen den beabsichtigten Zusammenschlüssen und dem Internet Roll-Out Plan mit der Begründung zurück, dass die Größe und geographische Ausdehnung des Anbieters für die BK-Internet-Penetrationsraten zweifelhaft seien. Das Amt hatte also Bedenken, dass Internetzugänge und die Internetnutzung Größen- und Verbundvorteile benötigen würden und wies insoweit auf die Penetrationsraten anderer Netze hin. Gerade die kleineren BK-Netzbetreiber hätten damit begonnen, ihre Netze rückkanalfähig zu machen und so auch Internetzugänge und ISP-Dienste anzubieten. Das Bundeskartellamt führt aus, dass hier Penetrationsraten in der Größenordnung von 10% und mehr vorlägen.[3109] Daher lag aus Sicht des Bundeskartellamts die Voraussetzung der Abwägungsklausel nicht vor, insbesondere habe auch hier die erforderliche Kausalität gefehlt.

b) Zusagenpraxis

Die KDG hatte versucht, die Bedenken des Bundeskartellamts im Hinblick auf die Verbesserungsmärkte auszuräumen. Im Gegensatz zum Liberty Media Verfahren, in dem keine Zusagen der Parteien gemacht wurden, das Bundeskartellamt aber offensichtlich auf eine andere Strategie der Parteien im Hinblick auf die Netzaufrüstung und das Angebot von Telefonie baute, zeigte sich in KDG/KBW eine strikte Haltung des Bundeskartellamts. Neben der Veräußerung der MSG beabsichtigte die KDG ihre Internetaktivitäten auszubauen und versuchte das Amt mit einem veränderten Internet Roll-Out Plan zu überzeugen. Insgesamt war die KDG bereit, bis Ende 2007 13,3 Mio. und bis Ende 2012 80% der an das Netz der KDG anschließbaren Haushalte internetfähig aufzurüsten. Hierbei war ein Investitionsvolumen in den kommenden drei Jahren von rund 472 Mio. Euro geplant und entsprach einem halben Jahresumsatz der KDG. Geknüpft werden sollte diese Investitionszusage an eine auflösende Bedingung. Die Parteien argumentierten damit, dass eine solche Überprüfung nur ein Mal stattfinden müsste und daher auch keine laufende Verhaltenskontrolle erforderlich sei. Vielmehr müsste das Bundeskartellamt nach 39 Monaten einmalig die Anzahl der Internetanschlüsse überprüfen. Das Bundeskartellamt stimmte dieser Rechtsauffassung nicht zu. Bezogen hierauf wurde argumentiert, dass die Zusammenschlussbeteiligten größtenteils nicht über eigene NE4 verfügen würden. Vielmehr müssten sie mit der NE4 in Kooperation treten[3110]. Eine Sicherheit des Ausbaus könnten die Parteien daher nicht abgegeben. Im Übrigen sei nicht gewährleistet, dass die KDG diese Netze bei unterstellter Aufrüstung auch tatsächlich nutzen würde. Die Aufrüstung könnte auch einer Nutzung von VoD, HDTV

[3109] BKartA, KDG/KBW/Iesy/Ish, S. 60 f.
[3110] BKartA, 2. Abmahnschreiben, v. 10.09.2004, B7-70/04, B7-80/04, B7-90/04, S. 13.

oder anderen Diensten zugeführt werden. Eine solche Nutzungsentscheidung müsse dem Markt überlassen werden und könne nicht prognostiziert werden.[3111] Daneben fehlte auch die praktische Eignung der auflösenden Bedingung. Denn das Bundeskartellamt war der Ansicht, dass es am Ende des Investitionszeitraumes mit der Feststellung der Investition überfordert gewesen wäre. So wisse man noch nicht einmal, was unter einem anschließbaren Haushalt zu verstehen sei.[3112] Unabhängig von der fehlenden Eignung könne die Investitionszusage auch unter dem Aspekt des Verbots einer laufenden Verhaltenskontrolle nach § 40 Abs. 3 S. 2 GWB nicht zum Gegenstand einer Nebenbestimmung gemacht werden. Daran würde auch die Bestellung eines Treuhänders nichts ändern. Schon die Zusage an sich hegten beim Amt Zweifel ihrer Vereinbarkeit mit § 40 Abs. 3 S. 2 GWB. Aufgrund fehlender Kausalität wies das Bundeskartellamt darauf hin, dass der Zusammenschluss für einen Internetausbau keinesfalls erforderlich sei. An Beispielen für alternative Internetstrategien mangelte es nicht. Die Wettbewerbsbehörde sah die Möglichkeit, dass der Internetausbau von unten nach oben, d.h. seitens der NE4-Betreiber erfolge, so dass keine Notwendigkeit bestehe, hier die Netze zu konsolidieren.[3113]

4. Stellungnahme: DSL spielt keine Rolle

Das Bundeskartellamt hat in allen Verfahren verkannt, dass das PSTN die wichtigste Rolle bei der künftigen Stellung des Breitbandkabelnetzes spielt.

In der Liberty/KDG-Entscheidung wird bezüglich des PSTN erklärt, dass das Übertragungsmedium DSL für die Übertragung von Rundfunkinhalten nicht geeignet ist und dass es sich erst im Entwicklungsstadium befinde. Auch in Iesy/Ish und TC/Ish wurde DSL nach ablehnender Haltung gegenüber einer Einbeziehung in die Marktabgrenzung weder in der Angebotssubstitution noch bei der Prüfung des potentiellen Wettbewerbs wahrgenommen. Dies nicht nur inkonsequent, weil die Prüfung auf Ebene der Marktabgrenzung nahe legt, dass es sich um aktuellen Wettbewerb handelt. Vielmehr verkennt das Bundeskartellamt das prognostische Element, das der Fusionskontrolle innewohnt. Ferner ist auffällig, dass im Rahmen des potentiellen Wettbewerbs mit zweierlei Maß gemessen wird. So wird der potentielle Wettbewerb zwischen den Regionalgesellschaften ohne jedweden Bezug zu den erheblichen irreversiblen Investitionen bejaht, wohingegen die weitgehend reversiblen Aufrüstkosten für DSL nicht in Ansatz gebracht werden und auch keinen Eingang in die Marktbeherrschungsprüfung finden.

Abgesehen hiervon ist die Argumentation des Bundeskartellamtes bezüglich der DSL-Anschlüsse kritisch. Denn die Beschlussabteilung verkennt die Dynamik der DSL-Penetration der letzten Jahre. Wie im ersten Teil der Arbeit belegt wurde, steigen die DSL-Penetrationsraten im zweistelligen Prozentbereich und haben Ende 2005 mehr als 10 Mio. Haushalte erreicht. Das bedeutet, dass zwischen dem Kartell-

---

3111 Ebenda, S. 14.
3112 Ebenda, S. 14 f.
3113 Ebenda, S. 16 ff.

amtsbeschluss und dem Jahresende, d.h. nicht mal 6 Monate später, fast eine Verdopplung der DSL-Endkunden in Deutschland stattfand. Diese Zahlen belegen eindrucksvoll die Dynamik, mit der das PSTN seine schmalbandigen Anschlüsse breitbandfähig umrüstet und bereits jetzt fast ein Drittel der Haushalte in Deutschland erreicht. Dies ist nicht unproblematisch hinsichtlich der Gesamtbewertung der Zusammenschlüsse im deutschen Breitbandkabelsektor.

Die Vorstellung der Wettbewerbsbehörde wird von einem fehlenden Konvergenzgedanken animiert. Auch auf dem STB-Markt ist längst zu erkennen, dass sich die Hersteller nicht mehr nur für ein DVB-System entscheiden, sondern zusätzlich IP-Technik verwenden, um mit der Zukunftssicherheit ihrer Boxen auch eine gewisse Unabhängigkeit einer etwaig dominierenden Infrastruktur zu gewinnen. Dass das Bundeskartellamt daher auf die geringen Bandbreiten abstellt, ist nur aus einer kurzfristigen Status-Quo Perspektive verständlich. Die Telekommunikationswirklichkeit sieht aber entscheidend anders aus und ist mit der statischen Marktabgrenzung und Marktbeherrschungsprüfung des Bundeskartellamts in keiner Weise vereinbar.

Der Systematik auch des deutschen Fusionskontrollrechts folgend ist das PSTN bzw. DSL noch nicht im Rahmen der Marktabgrenzung zu berücksichtigen, sondern bei der Marktbeherrschungs- bzw. Verstärkungswirkung einzubeziehen, da es als potentieller Wettbewerber von den Kabelnetzbetreibern als Markteintrittsbedrohung wahrgenommen wird. Dies hat das Bundeskartellamt in allen Verfahren bislang verpasst, weil es den intermodalen Wettbewerb angesichts eines überholten Verständnisses der Telekommunikationslandschaft vernachlässigt. Daher ist nicht verwunderlich, dass auch nach der Abwägungsklausel als Verbesserungsmärkte andere als die „betroffenen" Märkte in Betracht gezogen werden.

II. Regulierung im Breitbandkabelnetz

Im Folgenden soll nun erörtert werden, welche Regulierungsparameter in Bezug auf die Breitbandkabelnetze angewandt werden können, um den sektorspezifischen Handlungsbereich festzustellen. Das Bundeskartellamt hat den Bezug zur Regulierung nur rudimentär hergestellt. Insbesondere hat es nicht geprüft, welche Handlungsparameter die Regulierungsbehörde besitzt, um die festgestellten Verhandlungsparameter der Zusammenschlussparteien auch in rechtlicher Hinsicht bestätigen zu können. Dieses soll nun aus der Perspektive der Regulierung geschehen. Dabei ist besonderes Augenmerk darauf zu legen, ob die im Einzelnen geltend gemachten Befürchtungen überhaupt durchsetzbar sind.

1. Anwendbarkeit des TKG

Die Anwendbarkeit des TKG a.F. auf Breitbandkabelnetze war bis zur Verabschiedung[3114] des neuen EG-Richtlinienpakets teilweise umstritten. Vereinzelt wurde vertreten, das TKG teleologisch auf bidirektionale Kommunikation zu reduzieren, so dass Kabelnetze wegen ihrer Verteilstruktur aus der Anwendung des TKG heraus gefallen wären. Nach richtiger Sichtweise[3115] folgte aber schon aus § 3 Nr. 22 TKG a.F., dass jede Form von Kabel- oder Funkverbindungen mit ihren übertragungstechnischen Einrichtungen als Punkt-zu-Punkt- oder Punkt-zu-Mehrpunkt-Verbindungen erfasst wurden. Andererseits wurde die Anwendbarkeit bestimmter Normkomplexe des TKG auf Breitbandkabelnetze verneint. Dies galt insbesondere für die Netzzugangsansprüche nach §§ 33, 35 TKG a.F.[3116] Nach überwiegender Auffassung in der Literatur[3117] wurde eine solche teleologische Reduktion aber abgelehnt. Sie bejahten sogar die Aktivlegitimation von Rundfunkveranstaltern für Ansprüche nach §§ 33, 35 TKG a.F. Die Regulierungsbehörde[3118] und das VG Köln[3119] hatten in ex-post Entgeltregulierungsverfahren die Anwendbarkeit des TKG bestätigt. Probleme ergaben sich hier vornehmlich im Hinblick auf die Bemessung von Entgelten.[3120] Eine Auslegung ist nach geltendem Recht nicht mehr erforderlich. Sowohl nach Art. 2 lit. a) RahmenRL werden Kabelnetze als elektronische Kommunikationsnetze begriffen und auch § 3 Nr. 27 TKG spricht von Kabelfernsehnetzen als Telekommunikationsnetzen.

a) Gemeinschaftsrechtlich eröffneter Rechtsetzungsspielraum

Die Anwendung des nationalen TKG auf inhaltliche Aspekte der Breitbandkabelnetze bzw. der Rundfunkübertragungsdienste wird durch gemeinschaftsrechtliche Vorgaben (bislang) nicht flankiert. Denn die Zurückhaltung des EG-Telekommunikationsrechts bezüglich der inhaltlichen Komponente, beispielsweise der Einspeisung von Inhalten in Netze, ist nicht zufällig dem Verantwortungsbereich der Mitgliedsstaaten übertragen. Diese Zurückhaltung hat historische Gründe und ist im Prinzip der begrenzten Einzelermächtigung nach Art. E EU-Vertrag, Art. 4 Abs. 1 Unterabs.

3114 So nahm *Ladeur* sowohl vor, aber spätestens nach Verabschiedung des Richtlinienpakets eine technologieneutrale Auslegung sowohl vor dem Hintergrund der Konvergenz aber auch in gemeinschaftskonformer Auslegung des TKG a.F. die Anwendbarkeit auf Breitbandkabelnetze an, vgl. *Ladeur*, ZUM 2002, S. 252, 254; ähnlich *Trute*, in: Trute/Spoerr/Bosch (Hrsg.), TKG, § 35 Rdnr. 15; *Schütz*, MMR 2001, S. 20, 25.
3115 *Schalast/Schmidt/Schalast*, TKMR 2002, S. 429, 430 f.
3116 *Bullinger*, ZUM-Sonderheft 1997, S. 281, 292 ff.; *Mette*, ArchivPT 1998, S. 40, 44.
3117 *Trute*, in: Trute/Spoerr/Bosch (Hrsg.), TKG, § 35 Rdnr. 15; *Wille/Schulz/Fach-Petersen*, in: Beck'scher Kommentar zum Rundfunkrecht, § 52 Rdnr. 36; *Ladeur*, K&R 2001, S. 496, 501; *Gersdorf*, AfP 1997, S. 424, 425; *Libertus*, K&R 1999, 259; *v. Bonin*, JurPC Web-Dok. 169/2000, Abs. 1; *Bartosch*, CR 1997, S. 517, 522.
3118 Vgl. RegTP, Beschl.v. 24.03.1999, MMR 1999, S. 299 ff.
3119 VG Köln, Beschl.v. 19.08.1998 MMR 1998, S. 244 ff.
3120 Vgl. RegTP, Beschl.v. 24.03.1999, MMR 1999, S. 299, 306 ff.

2 EG verankert, die ihre Existenz wiederum der Rechtspersönlichkeit der EU als Rechtsgemeinschaft und eben nicht als Staat mit grundsätzlich unbegrenzter Rechtsetzungsgewalt verdankt. Der EU fehlt insoweit die notwendige Souveränität, so dass die Mitgliedsstaaten die Herren des Vertrages bleiben.[3121]

Die Kompetenz der Gemeinschaft zur Regelung von Sachverhalten im Rundfunkwesen wurde früh von den deutschen Bundesländern in Frage gestellt, da der Rundfunk ein schlechthin kulturelles Phänomen darstellt, für das der EG eine originäre Kompetenz fehlte. Auf der anderen Seite betrifft der Rundfunk – wie jede grenzüberschreitende Tätigkeit – den freien Dienstleistungsverkehr in der Gemeinschaft, dessen Beschränkung nach Art. 49 EG verboten ist. Der EuGH hat die Kompetenz der Gemeinschaft für den Rundfunk auf dieser Grundlage bejaht[3122], was heute auch nicht mehr ernsthaft in Zweifel gezogen werden kann. Andererseits war das Fehlen der Kulturkompetenz der Gemeinschaft für die Frage der Regelung des Rundfunkwesens ein lebhaft umstrittenes Feld[3123] für die Verneinung jeglicher Rechtsetzungskompetenz der EG. Der Konflikt wurde mit der Einführung einer solchen in Art. 151 EG nicht behoben, sondern unter anderen Vorzeichen fortgesetzt. Nach richtiger Auffassung[3124] ist die Kulturkompetenz auch aufgrund der nach Art. 151 Abs. 4 EG festgeschriebenen Wahrung und Förderung der kulturellen Vielfalt in der Gemeinschaft als unterstützende und ergänzende Kulturkompetenz zu verstehen, die den Mitgliedsstaaten ihre originäre Kulturhoheit nicht zu nehmen vermag. Bislang blieben größere Konflikte zwischen gemeinschaftsrechtlicher Dienstleistungsfreiheit und Kulturkompetenz der Mitgliedsstaaten auf ein geringes Maß begrenzt. So wurde insbesondere auf Grundlage des freien Dienstleistungsverkehrs die Richtlinie „Fernsehen ohne Grenzen"[3125] erlassen, die von den Mitgliedsstaaten zwar teilweise als Akt „ultra vires" empfunden wurde. Sie spielt aber für die Einspeisung von Inhalten in Kabelnetze keine Rolle. Auch für die nunmehr anstehende Novelle der Richtlinie werden keine die originäre Kulturkompetenz der Mitgliedsstaaten flankierenden Neuregelungen erwartet. Damit zeigt sich, dass die Gemeinschaft auch im EG-Telekommunikationsrecht auf die angemessene Rücksichtnahme der mitgliedsstaatlichen Kompetenz zur Regelung der Kultur bedacht war. Künftig kann daher auch auf diese kulturell „eröffneten" Rechtsetzungsspielräume der Mitgliedsstaaten vertraut werden.

Hierbei darf und soll aber nicht der Eindruck entstehen, dass die Grenzlinie zwischen der Gemeinschaft und den Mitgliedsstaaten auf einer sauberen Trennlinie

---

3121 *Lenz*, NJW 1993, S. 1962, 1963.
3122 EuGH, Slg. 1974, 409, 428 Rdnr. 6 „Sacchi"; bestätigt in Slg. 1980, 833, 855 Rdnr. 8 „Debauve"; Slg. 1880, 881 „Coditel I"; Slg. 1988, 2085, 2131 Rdnrn. 14 ff. „Bond van Adverteerders u.a./Niederlande".
3123 Hierzu nur *Sparr*, S. 161; *v. der Horst*, Rundfunkkompetenzen im europäischen Kontext.
3124 *Schwartz*, AfP 1993, 409, 417; *v. Stauffenberg/Langenfeld*, ZRP 1992, 252, 254.
3125 Richtlinie 97/36/EG des Europäischen Parlaments und des Rates v. 30.06.1997 zur Änderung der Richtlinie 89/552/EWG des Rates zur Koordinierung bestimmter Rechts- und Verwaltungsvorschriften der Mitgliedsstaaten über die Ausübung der Fernsehtätigkeit, ABl. L 202 v. 30.07.1997, S. 60.

verläuft. Vielmehr können sich komplizierte Diagonalverhältnisse zwischen unterschiedlichen Rechtsmaterien (beispielsweise zwischen Wettbewerbsrecht und Rundfunkrecht) ergeben. Für diese müssen nicht nur interne rechtliche Harmonisierungsprobleme entstehen. Vielmehr kann Koordinierungsbedarf zwischen supranationalem und nationalem Recht erforderlich werden, der sich jenseits der Vorstellung von einem hierarchisch gestuftem Rechtssystem in Europa stellt. Das Problem dieser Erscheinung ist, dass hier die gemeinschaftsrechtliche Subsidiarität dogmatisch gesehen nicht direkt greifen kann, da es sich systematisch um unterschiedliche Rechtsmaterien handelt, die daher nur mittelbar miteinander kollidieren.[3126] So ist zwar in einem Vertikalverhältnis eine Kollision zwischen gemeinschaftsrechtlichem und nationalem Wettbewerbsrecht zugunsten des Geltungsbereiches des EG-Wettbewerbsrechts aufzulösen. Dies besagt aber noch nicht, dass sich die gemeinschaftsrechtlichen Vorgaben auch in einem Diagonalverhältnis auflösen lassen.[3127] Diese Situation verkompliziert sich nochmals, wenn die Konflikte in einem transnationalen Gefüge in Frage stehen, beispielsweise wenn Divergenzen mit der französischen und deutschen Rechtsordnung und der EG-Ebene bestehen.

Besondere Probleme jenseits der hier betrachteten Verhältnisse können sich künftig bei der Medienkonzentrationskontrolle ergeben. Überwirkungen stellen sich aber auch bei dem von der Kommission als unzulässige Beihilfe klassifizierten DVB-T[3128], das von Deutschland staatlich finanziert wird. Auch die Frage der Zulässigkeit der Programmexpansion des öffentlich-rechtlichen Rundfunks, insbesondere bei Exklusivverträgen über attraktive Inhalte eröffnet neue Konfliktfelder.[3129] Derzeit sind solche diagonalen Kollisionen vor allem aufgrund der noch nationalen Fusionskontrolle im Breitbandkabelnetz[3130] als nicht akut einzuschätzen. Als Zwischenergebnis lässt sich daher festhalten, dass der Gesetzgeber frei darin ist, Einspeiseverpflichtungen und sonstige Fragen der Regulierung von Inhalten dem sektorspezifischem Kartellrecht zu überantworten.

b)   Innerstaatliche Kompetenzordnung

Fraglich ist aber, ob die innerstaatliche Gesamtkonzeption Grenzen bezüglich der Anwendbarkeit des TKG auf Breitbandkabelnetze setzt. Die grundrechtlich nach Art. 5 Abs. 1 S. 2 GG garantierte Rundfunkfreiheit ist ein besonders sensibler Bereich deutscher Verfassungsgeschichte und wird vom Bundesverfassungsgericht in ständiger Rechtsprechung als unentbehrliches Massenkommunikationsmittel neben der Presse als der Weg gesehen, über den die öffentliche Meinungsbildung stattfin-

---

3126   Zum Ganzen ausf. *Ladeur*, WuW 2000, S. 965 ff.
3127   *Frey*, ZUM 1999, S. 528, 531.
3128   EU bremst Ausbau des Digitalfernsehens, Handelsblatt v. 18.10.05, S. 6.
3129   *Ladeur*, WuW 2000, S. 965 ff.
3130   Vgl. *Schalast*, K&R 2004, S. 376, 379.

det[3131], die selbst wieder mit dem Demokratieprinzip nach Art. 20 Abs. 3 GG naturgemäß verflochten ist[3132]. Die öffentliche Meinungsbildung vollzieht sich in einem Kommunikationsprozess, der ohne Medien, die Informationen und Meinungen verbreiten und selbst Meinungen äußern, nicht aufrechterhalten werden könnte. In diesem Rahmen kommt der Rundfunkfreiheit wegen seiner Breitenwirkung, Aktualität und Suggestivkraft eine besondere Bedeutung zu.[3133] Sie sichert dem Veranstalter die subjektive Freiheit, Rundfunk nach Art. 5 Abs. 1 S. 2 GG zu verbreiten, und dem Empfänger gemäß Art. 5 Abs. 1 S. 1, 2. Hs. GG die subjektive Freiheit, Rundfunk zu empfangen.[3134] Rundfunk erhält damit die verfassungsrechtliche Lesart einer Institution, die nicht als bloßes Abwehrrecht[3135] des Bürgers gegen den Staat begriffen werden kann, sondern eine positive Ordnung normiert, die den Gesetzgeber zur einfachgesetzlichen und verfassungskonformen Ausgestaltung zwingt. Rundfunk im Sinne von Art. 5 Abs. 1 S. 2 GG ist aufgrund seiner meinungsbildenden Relevanz eine elementare Voraussetzung der geltenden Verfassung. Damit ist die Rundfunkfreiheit funktional bezogen, weshalb ihre subjektiv-rechtliche Dimension zugunsten der Drittnützigkeit zurückgedrängt werden muss[3136]. Der objektive Wertgehalt wird also vom subjektiven gelöst und gewinnt eigenständige Geltungskraft[3137].

Außerdem sei Rundfunk als Institution eine kulturelle Erscheinung, dessen Ausgestaltung gemäß Art. 30, 70 ff. GG allein den Ländern obliegt[3138]. Demgegenüber hat der Bund nach Art. 73 Nr. 7 GG die ausschließliche Gesetzgebungskompetenz über das Postwesen und die Telekommunikation, aber auch die verfassungsrechtliche Verpflichtung, seiner Gewährleistungsverantwortung für ein flächendeckendes Angebot an Telekommunikationsdienstleistungen in angemessener Beschaffenheit und in ausreichender Menge nach Art. 87 f GG gerecht zu werden. Hiermit im Zusammenhang steht auch seine konkurrierende Zuständigkeit für das Recht der Wirtschaft nach Art. 74 Abs. 1 Nr. 11 GG und dem Recht zur Verhütung wirtschaftlicher Machtstellungen nach Art. 74 Abs. 1 Nr. 16 GG. Insgesamt basieren damit die sektorspezifischen Kartellrechtsvorschriften auf diesen Normentrias, wohingegen das allgemeine Kartellrecht sich aus den letztgenannten Kompetenznormen ergibt.

Die Länder haben ihre landesrechtliche Rundfunkhoheit in einem Rundfunkstaatsvertrag (RfStV) vereinheitlicht. Dieser sieht in §§ 52, 53 RfStV spezifische Kabelbelegungsvorschriften und spezielle Tatbestände für die Ausgestaltung digita-

---

3131 BVerfGE 12, 205, 260 „1.RundfunkE"; 57, 295, 319 „3. RundfunkE/FRAG"; 87, 181, 197 „HR3-Beschluss".
3132 BVerfGE 5, 85, 134 f. „KPD-Verbot"; 7, 198, 208 „Lüth"; 12, 205, 260 „1.RundfunkE"; 83, 238, 296 „6. RundfunkE".
3133 BVerfGE 90, 60, 87 „8. RundfunkE".
3134 BVerfGE 57, 295, 319 f. „3. RundfunkE/FRAG".
3135 Zum Wandel vom liberalen zum funktionalen Grundrechtsverständnis *Flitsch*, S. 33 ff.; allgemeiner *Pieroth/Schlink*, Grundrechte, S. 22 f.
3136 *Flitsch*, S. 132 ff., 137 ff.; *Dörr*, ZUM 1997, S. 337, 353.
3137 *Gersdorf*, AfP 1997, S. 424, 428.
3138 BVerfGE 57, 295, 321 „3. RundfunkE/FRAG"; *Hoffmann-Riem*, in: Schmidt (Hrsg.), 1995, S. 563, 586; *Ladeur*, ZUM 1998, S. 261 ff.

ler Plattformen, d.h. der STB vor. Diese Vorschriften sind für jedes Bundesland auch noch mal in den jeweiligen Vorschriften der Landesmediengesetze enthalten und werden institutionell durch die staatsfernen öffentlich-rechtlichen Aufsichtsinstanzen der Landemediananstalten (LMA) der Länder in Selbstverwaltung überwacht und vollzogen. Anerkannt[3139] ist, dass sowohl die rundfunkrechtlichen Regelungen als auch das Wirtschaftsrecht im weitesten Sinne nebeneinander anwendbar sind, weil jeweils andere Zielsetzungen, einmal die der Verhinderung von ökonomischer Marktmacht und andererseits die Verhinderung von Meinungsmacht bzw. einer Einschränkung der publizistischen Vielfalt mit den Normkomplexen verfolgt werden. Die Normen stehen daher in einem komplementären und intersektionellen Verhältnis, wobei Interdependenzen zwischen Meinungs- und Marktmacht evident sind[3140] und sich bereits hieraus die schwierigen Abgrenzungs- und Abstimmungsprobleme zwischen Bundes- und Landeskompetenz aufdrängen.

c) Rundfunkrechtlicher Belegungsplan, § 52 RfStV

Die Kabelbelegung sieht für die digitale Verbreitung ähnlich den US-amerikanischen Vorschriften ein abgestuftes System zwischen must-carry, must-carry-minus und non-must-carry Bereich vor. Im analogen Bereich betrifft die must-carry Regulierung nach § 52 Abs. 3 Nr. 1, 2 RfStV die erforderlichen Übertragungskapazitäten für die des jeweiligen Bundeslandes gesetzlich bestimmten Fernsehprogramme des öffentlich-rechtlichen Rundfunks einschließlich seiner Programmbouquets, die Übertragungskapazität eines analogen Fernsehkanals für die im jeweiligen Land zugelassenen regionalen und lokalen Fernsehprogramme sowie die Offenen Kanäle. Soweit diese Übertragungskapazität danach nicht ausgeschöpft ist, richtet sich die Belegung nach Landesrecht. Für das digitalisierte Netz trifft der Netzbetreiber gemäß § 52 Abs. 4 Nr. 1 RfStV (sog. must-carry-minus Bereich) die Auswahl innerhalb einer weiteren Übertragungskapazität im Umfang von einem Drittel der für die digitale Verbreitung zur Verfügung stehenden Gesamtkapazität selbst. Darin hat er die Interessen der angeschlossenen Teilnehmer zu berücksichtigen, eine Vielzahl von Programmveranstaltern sowie ein vielfältiges Programmangebot an Vollprogrammen, nicht entgeltfinanzierten Programmen, Sparten- und Fremdsprachenprogrammen einzubeziehen, sowie Mediendienste angemessen zu berücksichtigen. Gemäß § 52 Abs. 4 Nr. 2 RfStV (non-must-carry) ist der Netzbetreiber innerhalb darüber hinausgehender Übertragungskapazitäten in seiner Entscheidung nach Maßgabe der allgemeinen Gesetze frei.

3139 *Möschel*, in: Immenga/Mestmäcker (Hrsg.), GWB-Kommentar, GWB, § 19 Rdnr. 114; *Wiedemann*, Handbuch des Kartellrechts, § 19 Rdnr. 226; *Ladeur*, K&R 2001, S. 496, 501.
3140 *Gudera*, S. 42.

aa) „Verfassungsrechtliche Rechtfertigung" der Kabelbelegung

Mit Blick auf die Meinungsvielfalt kann Kabelbelegung, sofern sie allein wirtschaftlichen Interessen überlassen wird, dazu führen, dass der Kampf der Meinungen in dem Medium nicht ausgetragen wird. Bereits für den damals noch ausschließlich über Terrestrik ausgestrahlten Rundfunk betonte das Bundesverfassungsgericht, dass das Medium einen eminenten Faktor der Meinungsbildung darstelle[3141] und nicht dem freien Spiel der Kräfte überlassen werden dürfe, auch wenn die Kapazitätsknappheit (sog. Sondersituation) infolge der modernen Entwicklung wegfalle. Vielmehr folgten die organisatorischen und materiellen Anforderungen an die Veranstaltung von Rundfunkdarbietungen aus der durch Art. 5 Abs. 1 S. 2 GG gewährleisteten Freiheit des Rundfunks, die einen Missbrauch des Mediums durch – sei es auch nur teilweise – Überantwortung an staatliche, gesellschaftliche oder private Machtgruppen verbiete[3142]. Daher muss auch der Gesetzgeber selbst die Voraussetzungen bestimmen, unter denen der Zugang zu den knappen Möglichkeiten der Programmveranstaltung zu eröffnen oder zu versagen ist. Außerdem muss er ein rechtsstaatliches Verfahren bereitstellen[3143], das auch die Zugangsmöglichkeiten anderer Veranstalter unter zumutbaren Kriterien chancengleich erfasst. Daher bezieht sich die Kompetenz der Länder ausdrücklich auch auf die Verbreitung des Rundfunks[3144], so dass die nichttechnische Seite des Rundfunks faktisch auch auf die technische Zugangsgewährung und den verhandelten Netzzugang im privatwirtschaftlichen Bereich zurückwirkt. Das Bundesverfassungsgericht hat es dem Gesetzgeber freigestellt, wie er diese verfassungsrechtlichen Aufgaben bewältigt. Dabei ist es ihm insbesondere freigestellt, ob er ein binnenpluralistisches oder außenpluralistisches Modell wählt, also ob jeder einzelne Veranstalter die publizistische Vielfalt selbst verkörpern muss (so im öffentlich-rechtlichen Rundfunk) oder ob die Gesamtheit der verschiedenen Programme ein pluralistisches Bild abzugeben hat.[3145] Mit der Ausgestaltung der Kabelbelegung – orientiert an der Ausgewogenheit des Programms und der Veranstalter – haben sich die deutschen Landesgesetzgeber mit der Kabelbelegung überwiegend für das außenpluralistische System entschieden[3146]. Insgesamt zeigt sich das duale Rundfunksystem Deutschlands als komplexe Erscheinung, die mit der Ausgestaltung des Kabelbelegungsregimes eine gesetzlich kodifizierte Konfliktschlichtungsinstanz mit Selbstverwaltungsbefugnissen geschaffen hat, um die Anforderungen des Art. 5 Abs. 1 S. 2 GG gegen die rein privatwirtschaftlichen Interessen der Netzbetreiber auch durchzusetzen.

3141 BVerfGE 12, 205, 260 „1.RundfunkE".
3142 BVerfGE 31, 314, 325 „2. RundfunkE"; 57, 295, 323 „3.RundfunkE/FRAG.
3143 BVerfGE 57, 295, 327 „3.RundfunkE/FRAG; 73, 118, 155 f., 196 ff. „4. RundfunkE".
3144 *Schütz*, in: Ricker/Schiwy (Hrsg.), Rundfunkverfassungsrecht, Rdnrn. 35, 212; *Trafkowski*, K&R 2002, S. 62, 63; *Irion/Schirmbacher*, CR 2002, S. 61, 63; *Rossen-Stadtfeld*, ZUM 2000, S. 36, 42.
3145 BVerfGE 57, 295, 325 „3.RundfunkE/FRAG.
3146 *Roßnagel/Hilger*, MMR 2002, S. 445, 447.

bb) Zeitgemäße Interpretation der Rundfunkfreiheit

Es ist viel über die Frage gestritten worden, ob die Länder nach wie vor die für die Gewährleistung der Grundversorgung unumstößliche Kompetenz für die Regulierung der rundfunkrechtlichen Kabelbelegung inne haben dürfen bzw. ob ein Zurückdrängen rundfunkrechtlicher Normanwendung zugunsten eines breiteren Anwendungsbereichs des Wirtschaftsrechts angemessen erscheint[3147]. Dieser Streit geht sogar dahin, den Sonderstatus des öffentlich-rechtlichen Rundfunks aus wettbewerbsrechtlicher Sicht insgesamt zu hinterfragen, da er die wettbewerblichen Probleme hoher Marktzutrittsschranken selbst geschaffen habe[3148]. Teilweise wird auch die Konvergenz zum Gegenstand breiter Überlegungen eines Zurückdrängens öffentlich-rechtlicher Vollprogramme gemacht[3149]. Insgesamt wird also die Bestandsgarantie zunehmend in Frage gestellt. Trotz der vereinzelt durchaus berechtigten Kritik an der Intensität der publizistischen Regulierung ist auch mit dem 8. Rundfunkänderungsstaatsvertrag vom 24.09.2004 eine Deregulierung noch immer nicht in Sicht. Abschließend kann dieser komplexe Streitstand hier keineswegs dargestellt werden. Eine Vielzahl von Eckpfeilern der Kommunikationsordnung spielt hierbei eine Rolle. Für eine zeitgemäße Interpretation der Rundfunkordnung streiten aber die nachfolgend dargestellten Überlegungen.

aaa) Das Privatisierungsgebot des Art. 87 f GG

Ein eminenter Faktor ist hierbei sicherlich das Privatisierungsgebot nach Art. 87 f GG, der eine herausragende Bedeutung bei der Neuausrichtung und der Wertschätzung der einzelnen betroffenen verfassungsrechtlichen Belange bei der Kabelbelegung hat und damit auch auf die institutionelle Seite zurückwirkt. Historisch betrachtet löst Art. 87 f GG die staatliche Exklusivbereitstellung von Infrastrukturen durch die privatwirtschaftliche Tätigkeit ab. 1994 auf Druck der bereits angeschnittenen Liberalisierungs- und Harmonisierungsrichtlinien der EG erlassen, hat der Bund nur noch einen Infrastruktursicherungsauftrag, während die Privatwirtschaft und nicht mehr der Staat zur Erbringung der Dienstleistungen berufen ist. Zweifelsfrei ist hierbei, dass der Grundversorgungsauftrag des Bundes nach Art. 87 f Abs. 1 GG die Aufgabenwahrnehmung der Privaten nicht aushöhlen darf und daher eine gewisse Relativierung des Grundversorgungsauftrages mit der Systematik einhergeht.[3150] Aus der historischen Entwicklung des Art. 87 f GG darf jedoch nicht geschlossen werden, dass hier gemeinschaftsrechtliche Überwirkungen und damit eine gemeinschaftskonforme Rundfunkordnung festzustellen wäre. Angesichts der Sub-

---

3147 Vgl. bejahend: *Gudera*, S. 41 ff.; ablehnend: *Aschenbrenner*, S. 198 f.; vgl. auch *Schütz*, MMR 2001, S. 20, 21 f., der aber das Problem mit dem künftig stattfindenden Netzausbau als weitestgehend behoben sieht.
3148 *Möschel*, MMR 2001, S. 3, 7.
3149 *Weisser*, ZUM 1997, S. 877, 880 ff.
3150 *Windthorst*, in: Sachs (Hrsg.), Grundgesetz-Kommentar, Art. 87 f Rdnr. 22 ff.

sidiarität und der Komplementärkompetenz der EU im Bereich des Rundfunks[3151] sind die gemeinschaftsrechtlichen Harmonisierungs- und Liberalisierungsbemühungen gerade (noch) nicht ausreichend, um solche Schlussfolgerungen abzuleiten. Allerdings dürfte die außenpluralistische Kabelbelegung durchaus im Wege der binnenpluralen Gestaltung der Programme zu mehr Netzbetreiberfreiheiten führen und könnte daher eine Abwägung der Interessen von Inhalteanbietern und Netzbetreibern stattfinden, wenn man dem beschriebenen Problem der „diagonalen Kollision" von europäischem Wettbewerbsrecht und nationalem Rundfunkrecht ausreichend Rechnung tragen wollte[3152]. Da aber zumindest der gemeinsame Markt bei der Einspeisung der Inhalte in Kabelnetze bisweilen nicht betroffen ist, sind die bestehenden Konflikte weiterhin nach innerstaatlichem (Verfassungs-)Recht aufzulösen. Vor der Verfassungsänderung prägte das Bundesverfassungsgericht das Verhältnis zwischen Telekommunikations- und Rundfunkrecht mit der Lehrformel der dienenden Funktion der Telekommunikation[3153], dessen Bindung sich über die Grundsätze bundes- und länderfreundlichen Verhaltens[3154] aus dem ungeschriebenen Verfassungsgrundsatz[3155] der Bundestreue in Verbindung mit der Institution des Rundfunks nach Art. 5 Abs. 1 S. 2 GG[3156] ergab.[3157] Aufgrund der durch die DBP betriebenen Kommunikationsanlagen im Wege ihres staatlich legitimierten Monopols ergaben sich daher „nur" sog. unechte Grundrechtskollisionen[3158], da hier das Rechtsgut mit Verfassungsrang, das Telekommunikationsmonopol des Bundes, mit dem Grundrecht der Rundfunkfreiheit nach Art. 5 Abs. 1 S. 2 GG und nicht zwei Grundrechte im Spannungsfeld standen. Dieser Konflikt war nach dem verfassungsrechtlichen Verständnis einfach aufzulösen, da das Über-/Unterordnungsverhältnis zwischen den Materien bereits in der Verfassung angelegt war und daher auch die Kaballokation der Landesmedienanstalten keine weiteren Probleme erzeugte. Überträgt man diese Systematik starr auf das Wettbewerbsmodell der Telekommunikation nach Art. 87 f Abs. 2 GG, ergibt sich in einem verfassungsrechtlichen Automatismus eine echte Grundrechtskollision zwischen den Wirtschaftsgrundrechten der Netzbetreiber (Art. 2, 12, 14 GG) und der Rundfunkfreiheit nach Art. 5 Abs. 1 S. 2 GG[3159]. Wie dieser Konflikt aufzulösen ist, ist in der Literatur umstritten und wird von dem Er-

---

3151 Vgl. Teil 2: C.II.1.a), S. 631.
3152 Zur Zulässigkeit solcher Überlegungen nur *Ladeur*, WuW 2000, S. 965, 972.
3153 BVerfGE 12, 205, 227 „1.RundfunkE"; *Eberle*, Rundfunkübertragung, S. 21 ff.; *Gersdorf*, Regelungskompetenzen bei der Belegung digitaler Kabelnetze, S. 50 ff.
3154 BVerfGE 12, 205, 239, 249 f. „1.RundfunkE"; *Scherer*, Frequenzverwaltung zwischen Bund und Ländern, S. 44, 57 ff.; *Papier*, DÖV 1990, S. 217, 220 f.; *Schmitt Glaeser*, AfP 1981, S. 314, 178 ff.
3155 BVerfGE 4, 115, 140 ff. „Besoldungsgesetz v. Nordrhein-Westfalen"; *Stern*, Das Staatsrecht der BRD, 3.Bd. 1980-1994, Bd.I, S. 699 ff.; *Hesse*, Rundfunkrecht, S. 46 ff.
3156 *Scherer*, Frequenzverwaltung zwischen Bund und Ländern, S. 44, 57 ff.; *Papier*, DÖV 1990, S. 217, 220 f.
3157 Ausf. *Aschenbrenner*, S. 47 ff. mwN.
3158 *Aschenbrenner*, S. 65.
3159 *Schütz*, MMR 2001, S. 20, 25; *ders.*, MMR 1998, S. 11 ff.; *Aschenbrenner*, S. 87 f.

gebnis der Güterabwägung der Grundrechte, aber auch von dem hiervor zu klärenden prognostischen Element hinsichtlich der Frage, welche Auswirkungen der privatwirtschaftliche Infrastrukturauftrag für die Zusammensetzung des Rundfunkangebotes haben könnte, bestimmt. Teilweise[3160] wird unter Berücksichtigung dieser Grundsätze einem privatwirtschaftlich verhandelten Netzzugang der Vorrang vor einem hoheitlichem Allokationsregime mit der Folge der Verfassungswidrigkeit der geltenden Belegungsregeln zumindest aus Verhältnismäßigkeitserwägungen bzw. dem Grundsatz praktischer Konkordanz eingeräumt. Andere[3161] begreifen die hoheitliche Kabelallokation auch bei einer Ausweitung technischer Kapazitäten richtigerweise nicht als numerische Vielfalt von Programmen, sondern im Sinne einer publizistischen Vielfalt, die sich nicht in der Anzahl der Programme erschöpfen dürfe. Für den öffentlich-rechtlichen Rundfunk ist durch die binnenplurale Organisationsstruktur dieses Erfordernis zweifelsfrei gegeben[3162], wohingegen im privaten Rundfunk Defizite entdeckt werden, wobei erst die adäquate Zusammensetzung der Privatprogramme die Vielfalt des Gesamtprogrammangebots bestmöglich herzustellen vermögen[3163] und damit nur ein Mindestmaß der Vielfaltsdimension erreicht wird. Der dem Netzbetreiber durch seine Wirtschaftsfreiheit grundsätzlich ermöglichte Ausschluss einzelner Programme aus diesem Gesamtangebot kann daher richtigerweise auch zu einem Defizit dieses Vielfaltminimums führen. Im Rahmen der Verhältnismäßigkeit kann daher durch eine praktisch konkordante Abwägung auch die objektiv-rechtliche Dimension der Rundfunkfreiheit gegenüber den Wirtschaftsgrundrechten der Netzbetreiber dominieren. Gleichwohl sind an die Ausgestaltung der Kabelbelegung mittels der Rundfunkfreiheit zu messende Kriterien in das Allokationsmodell zu übertragen, die sich nicht mehr in einer dienenden Funktion der Telekommunikation erschöpfen. Konkret bedeutet dies, dass die rundfunkrechtlichen Belegungsregeln sich an dem Vielfalterfordernis orientieren müssen und in verhältnismäßiger Art und Weise kein Alleinbelegungsrecht der Länder zu rechtfertigen vermögen. Wie § 52 Abs. 4 RfStV erkennen lässt, hat der Landesgesetzgeber diesen Erfordernissen mittels eines Belegungsrechts der Netzbetreiber unter Beachtung der Vielfaltkriterien Rechnung tragen wollen. Über dessen Verfassungsmäßigkeit braucht hier keine abschließende Aussage getroffen zu werden. Erkennbar ist aber, dass hier die wirtschaftlichen Betätigungsmöglichkeiten zugunsten der Netzbetreiber zunehmend berücksichtigt werden. Angesichts der wirtschaftlich prekären Situation der Kabelnetze und der stetig zunehmende potentielle Wettbewerbsdruck durch das PSTN im Wege des IPTV ist aber – soweit ersichtlich – bislang nicht über das Verhältnis zwischen der Rundfunkfreiheit und der wirtschaftlichen Tragfähigkeit der Infrastruktur diskutiert worden. Viel häufiger wird die objektiv-rechtliche Dimension der Rundfunkfreiheit in dem Kontext diskutiert, ob eine Vermachtung im

---

3160 *Gudera*, S. 48 ff.
3161 *Aschenbrenner*, S. 163 ff.; *Ladeur*, CR 1996, S. 614, 617 f.; bereits *Bethge*, JZ 1985, S. 310; BVerfGE 57, 295, 323 „3. RundfunkE/FRAG"; 73, 118, 158 ff. „4. RundfunkE".
3162 *Hartstein/Ring/Kreile/Dörr/Stettner*, Kommentar zum Rundfunkstaatsvertrag, S. 1102 f.
3163 *Ladeur*, DÖV 1997, S. 983, 985.

Kabelnetz hier zulasten der Programmvielfalt führt. Zweifelsfrei wird der Grundversorgungsauftrag auch neue Netze in Bezug nehmen, was der 8. Rundfunkänderungsstaatsvertrag nunmehr mit seiner technologieneutralen Grundsatzregelung in § 50 RfStV deutlich erkennen lässt. Damit ist seine Aufgabe auch weiterhin, egal über welches Medium auch immer, gewährleistet. Für die Kabelnetze ist aber der zunehmende Wettbewerbsdruck unter den gegebenen hoheitlichen Kabelallokationsregimes ein unerträglicher wirtschaftlicher Zustand entstanden, der bei Kapazitätsinvestitionen in die Netze mit der zunehmenden Gefahr der Netzinanspruchnahme konfrontiert wird.

bbb) Berücksichtigung des Wettbewerbs

Daher kann durchaus die Frage gestellt werden, ob die Rundfunkfreiheit nicht um ihrer Selbst willen eine freizügigere Behandlung der wirtschaftlichen Trag- oder auch Gewinnträchtigkeit der Kabelnetze beim Infrastrukturwettbewerb erforderlich macht. Der Ausschluss von Meinungsvielfalt und Netzbetreiberfreiheit wird unter den derzeitigen verfassungsrechtlichen Vorgaben mehr als Zielkonflikt denn einer sich wechselseitig bedingenden Funktion begriffen.[3164] Der Konflikt konnte vielleicht in der Ära des Verwaltungsmonopols des Bundes durch die DBP noch aufrechterhalten werden. Wenn Private mit erwerbswirtschaftlichem Hintergrund diese Grundversorgungsaufgabe wahrnehmen und gewährleisten sollen, muss aber auch ihre Überlebensfähigkeit gewährleistet bleiben. Richtig ist, dass die Einstellung der Programmauswahl in die Netzbetreiberfreiheit die Meinungsvielfalt nicht per se gewährleisten kann, da Vielfalt im Programm anderen Grundsätzen folgt. So kann sie es erforderlich machen, betriebswirtschaftlich unvernünftige Ausgaben zu tätigen. Private Programme können solche Risiken von vornherein nicht auf sich nehmen. Die Massenattraktivität, die wiederum über die zu erzielenden Erträge über Werbung oder Abonnements entscheidet, ist die entscheidende Größe, der sich der private Programmanbieter verpflichtet fühlt. Auf der anderen Seite ist die Zusammensetzung solcher Programme auch nur begrenzt tauglich, um das Vielfalterfordernis des privaten Rundfunks durch die Kabelbelegung angemessen zu erreichen. Daher findet noch vor der Auswahlentscheidung der LMA eine Relativierung der Bedeutung der Kabelbelegung aus Sicht der Rundfunkfreiheit statt. Der öffentlich-rechtliche Rundfunk ist daher immer noch das Element zur Gewährleistung der öffentlichen Meinungsbildung, aufgrund seiner Gewährleistung der Privatrundfunk nach Auffassung des Bundesverfassungsgerichts[3165] überhaupt erst als mit den Anforderungen der „positiven Ordnung" der Vielfalt der Information vereinbar ist[3166].

Wenn man diese Grundsätze auf das Verhältnis zwischen Infrastrukturwettbewerb und publizistischer Vielfalt überträgt, so entfällt zwar hier noch nicht die Bindung an die Vielfaltanforderungen auch des privaten Rundfunks. Eine Abschwä-

---

3164 *Ladeur*, K&R 2001, S. 496, 504.
3165 Ähnlich auch *Schellhaaß*, S. 301, 309 ff.
3166 *Ladeur*, K&R 2001, S. 496, 504.

chung der Belegungsregeln oder auch eine vollständige Delegation der Entscheidungsbefugnisse zugunsten der Netzbetreiber im Bereich der privaten Programme ist im Lichte dieses Verständnisses aber nicht mit so einschneidenden Konsequenzen für die Rundfunkfreiheit verbunden wie im Bereich des unumstößlichen öffentlich-rechtlichen Programmangebots. Gleichwohl öffnet man damit unter dem Eindruck der Verfassungsrechtsprechung das Tor zu einem freien Spiel der Kräfte unter Einschluss der Gefahr der Meinungsmacht, so dass grundsätzlich solche marktöffnenden Maßnahmen tunlichst zu vermeiden wären. Allerdings hat das Bundesverfassungsrecht bislang nicht auf die veränderten ökonomischen und telekommunikationsverfassungsrechtlichen Veränderungen reagiert. Denn während der Monopolist auch bei fehlender Kapazitätsknappheit noch einen Anreiz zur künstlichen Verknappung besitzt, ist die vollständige Wiedergabe aller Meinungen bei bestehendem Infrastrukturwettbewerb so gut wie sicher.

In der Rechtsprechung und Literatur ist bislang zu wenig über die Grundbedingungen des Art. 87 f GG und dessen Verhältnis zur Rundfunkfreiheit zu lesen. So spricht Aschenbrenner von einer weiterhin fort geltenden Sicherung der Vielfalterfordernisse und hält daher sogar die eingeleiteten Deregulierungsbemühungen im non-must-carry Bereich für verfassungswidrig, weil sie dem freien Spiel der Kräfte überlassen worden seien[3167]. Gudera spricht sich dagegen für ein Zurückdrängen der hoheitlichen Kabelbelegungsmodelle zugunsten der Wirtschaftsfreiheit der Netzbetreiber aus, begründet dies aber leider nicht mit einer notwendigen Verflechtung zwischen Rundfunkgewährleistung und Infrastrukturwettbewerb, sondern mit einer etwaig fehlenden Kollision dieser beiden Materien[3168]. Vergessen wird dabei, dass die Komplexität des Wettbewerbs in intermodaler Hinsicht, dies gilt für die Satellitenübertragung genauso wie für das PSTN, zu gravierenden finanziellen Problemen des Kabelnetzbetriebs führt. Um die Rundfunkversorgung adäquat zu gewährleisten, ist ein verengter, allein auf ein Ausschlussverhältnis von Meinungsvielfalt und Netzbetreiberfreiheit gerichteter Blickwinkel nicht mehr einleuchtend. Netzbetreiber, die durch die Kabelbelegungsregeln in ihrer wirtschaftlichen Freiheit eingeschränkt werden, haben in der zunehmend konvergenten Umgebung ein Überlebensproblem. Wird dagegen nur ihr Überleben gesichert, stehen sie vor dem Problem einer Refinanzierung etwaiger Investitionen in die alten Netze. Aus dieser Perspektive ist eine Zurückhaltung von Netzinvestitionen nicht verwunderlich. Dass dies nicht nur auf die Netzkapazität für klassische Rundfunkverteilung, sondern auch auf die neuen Dienste der Informationsgesellschaft zurückwirkt, dürfte ebenso klar sein. Insgesamt verliert die überragende Rundfunkfreiheit durch diesen Mechanismen an Wert und damit an Gewicht, wenn zunehmend eine Verlagerung auf andere Medien stattfindet und das Erlebnis des Rundfunks in Deutschland – überspitzt formuliert – eine nicht mehr zeitgemäße Erscheinung der analogen Übertragung mit veralteten Inhalten und ewigen Werbeunterbrechungen zum Gegenteil der

---

3167 *Aschenbrenner*, S. 198 f.
3168 *Gudera*, S. 63.

vom Verfassungsgericht betonten Breitenwirkung, der Aktualität und der Suggestivkraft führt.

ccc) Netzaufbau als Element der objektiv-rechtlichen Dimension der Rundfunkfreiheit?

Die Rundfunkfreiheit muss daher in ihrer objektiv-rechtlichen Dimension um ihrer Selbst willen für eine Sicherung der wirtschaftlichen Existenz des Netzbetriebs bemüht sein und nicht nur den durch Wirtschaftsfreiheit ausgestalteten Verfassungsauftrag nach Art. 87 f GG als Gefahr für die öffentliche Meinungsbildung begreifen. Es gibt viele Beispiele dafür, dass öffentliche Kontrolle die Qualität und Flexibilität von Innovationsprozessen beeinträchtigen kann. Mit Sicherheit wird der Regulierungswirrwarr im deutschen Breitbandkabel – ähnlich wie in den USA vor 15 Jahren mit der Überregulierung durch den 1992 Cable Act geschehen – als Paradebeispiel dieser öffentlichen Blockade noch stärker als bisher Eingang in die Lehrbücher finden. Daneben gilt es zu begreifen, dass die in Deutschland kaum stattgefundene vertikale Integration zwischen Netzbetrieb und Inhalteangebot die klassischerweise befürchtete Hebelwirkung entfallen lässt, so dass von vornherein die Gefahren für die öffentliche Meinungsbildung zumindest nicht durch ein mediales Überangebot der Netzbetreiber entstehen. Die Argumentation zeigt die Parallele in der ökonomischen Debatte um die Frage, ob Marktmacht von vorübergehender Dauer zugunsten von statischer und/oder dynamischer Effizienz als zulässiges Instrument des Wettbewerbsrechts angesehen werden sollte, nicht aus industriepolitischen Erwägungen, sondern zum Schutz des Wettbewerbs selbst. Dies wurde im ersten Teil für die Netzaufbau- und Neukonfigurationsphase unabhängig von einem bestimmten wettbewerbskonzeptionellen Modell für Netzwerke ausdrücklich bejaht. Mit der Verflechtung des Schutzmantels der objektiv-rechtlichen Dimension der Rundfunkfreiheit ist daher auch der Schutz der ökonomischen Betätigung der Netzbetreiber als Gesamtkonstrukt von Art. 5 Abs. 1 S. 2 GG zu begreifen, wobei der Netzbetrieb zwar staatsfern, aber in Indienststellung der Rundfunkfreiheit vollzogen wird. Umgekehrt muss diese Dimension genauso gelten, so dass die Meinungsvielfalt über die Netzbetreiberfreiheit sinnvoller Weise verknüpft werden und daher auch die wirtschaftliche Gewinn- und Tragfähigkeit als Element der Rundfunkfreiheit Eingang in die Kabelbelegungsentscheidung finden sollte.

ddd) Zwischenergebnis

M.a.W.: Die Meinungsvielfalt steht nicht per se in einem Zielkonflikt mit der Netzbetreiberfreiheit bei der Einspeisung von Inhalten. Letztere bedingt die Vielfalt, weshalb die Rundfunkfreiheit in seinem übergeordneten allumfassenden Schutz und nicht zuletzt auch um ihrer Selbstwillen, für eine zu starke Einschränkung der Netzbetreiberfreiheit bedacht sein muss. Es ist also nicht notwendig, eine praktisch konkordante Prüfung zwischen den einzelnen Freiheitsrechten und dem objektiv-rechtlichen Gehalt der Rundfunkfreiheit vorzunehmen. Wichtiger ist die Erkenntnis der Rundfunkfreiheit als einem objektiv-rechtlichem Grundrecht in einer konvergenten Infrastrukturumgebung, die dem jeweiligen Netz seine Erholungspausen im Zeitalter der Digitalisierung und der Netzaufrüstphase gönnen muss, um ein möglichst breites Maß bzw. ein Mindestmaß an Meinungsvielfalt zu gewährleisten. Diese Sichtweise steht auch im Zeitalter von Multimedia und konvergenten IP-Diensten nicht im Widerspruch, sondern setzt ein sich bedingendes und komplex erarbeitetes System des Eingriffs und der Rücksichtnahme voraus, jeweils unter Berücksichtigung der technologischen Entwicklung und der finanziellen Situation der Netzaufbau- und Neukonfigurationsphase. Auf den Punkt gebracht, kann man mit Gersdorf für das Zeitalter des Verwaltungsmonopols den Leitspruch „Dienen statt Verdienen"[3169] und für die jetzige Situation „Dienen durch Verdienen" formulieren.

Es kann dahin stehen, ob die vom Bundesverfassungsgericht statuierte Lesart der Rundfunkfreiheit der dynamischen Entwicklung noch gerecht wird und die dienende Funktion des Telekommunikationsrechts im Verhältnis zum Rundfunkrecht noch trennscharf vorgenommen werden kann[3170]. Darüber hinaus wird sich herausstellen, ob mit Aufkommen von IPTV und der zunehmenden Penetration mit Breitbandinternetanschlüssen der einzelne Staat in dem global agierenden Videomarkt auf Grundlage des Netzes der Netze überhaupt noch Möglichkeiten hat, die Infrastrukturnutzung irgendwelchen Regeln zu unterwerfen. Berücksichtigt man jedoch das gegenwärtig vorherrschende Verständnis und damit die grundrechtliche Dimension der Rundfunkfreiheit und die positive Ordnung der Länder, so verbleiben dem Netzbetreiber außerhalb der hoheitlichen Kabelallokation der Länder im must-carry-minus und non-must-carry Bereich des § 52 Abs. 4 Nr. 1 und 2 RfStV i.V.m. den Kabelbelegungsvorschriften der Landesmedienanstalten Kapazitäten, die er für Fernseh- und Mediendienste nutzen kann[3171]. Im Rahmen des non-must-carry Bereichs tritt der publizistische Wettbewerb in diesem dem Netzbetreiber allein obliegenden Bereich schrittweise in den Hintergrund, während die sektorspezifische Regulierung und das allgemeine Kartellrecht diametral zunehmen könnten, sofern sich mit ihnen die Inhalteinspeisung realisieren lässt. Ausgeschlossen wird die Anwendbarkeit des (allgemeinen und sektorspezifischen) Kartellrechts für die Einspeisung von Inhalten in Kabelnetze jedoch nicht.

2. Marktdefinition und SMP-Stellung im BK-Netz

Da Breitbandkabelnetze unter den Begriff der Telekommunikationsnetze fallen, stehen sektorspezifische ex-ante Maßnahmen nach § 13 TKG i.V.m. den jeweiligen Instrumenten grundsätzlich außer Frage. Dies ergibt sich nicht nur aufgrund des Bezugs zur Technologieneutralität, sondern auch vor dem Hintergrund der ökonomischen Seite. Denn auch dieser Bereich der Telekommunikationsinfrastrukturen ist

---

3169 *Gersdorf*, AfP 1997, S. 424 ff.
3170 Vgl. krit. bspw. *Möschel*, MMR 2001, S. 3, 5; vgl. *Ladeur*, ZUM 1998, S. 261, 265 f.; *Gersdorf*, AfP 1997, 424 ff.
3171 *Schütz*, MMR 2001, S. 20, 25.

durch versunkene Kosten geprägt. Gerade die Ortsnetzbereiche lassen strukturell keine Unterschiede zum PSTN erwarten, das im Bereich der TAL unumstritten nach wie vor durch Bottlenecks gekennzeichnet ist. Damit die Regulierung auch im Breitbandkabelnetz Anwendung finden kann, muss daher insbesondere das Tatbestandsmerkmal der beträchtlichen Marktmacht vorliegen, hinsichtlich dieser Feststellung aber das Marktdefinitions- und Marktanalyseverfahren nach §§ 10 ff. TKG durchzuführen ist.

Für eine Regulierung der Breitbandkabelnetze kommt zunächst nur der in der Märkteempfehlung enthaltene Markt Nr. 18 in Betracht. Zwar können grundsätzlich auch andere Dienste über die Breitbandkabelnetze übertragen werden. Die derzeit nur rudimentär ausgebauten Kabelnetze erlauben eine Übertragung solcher Dienste aber bislang nur sehr vereinzelt und kommen daher für eine Regulierung nicht in Betracht. Die Bundesnetzagentur hat daher auch bislang keine wesentliche Marktpräsenz für diese Dienste seitens der Kabelnetze feststellen können und diese für die Sprachtelefonie und Breitbandinternet ausgeklammert. Für die Beantwortung der Frage, welche ex-ante Regulierungsmechanismen die Breitbandkabelnetze treffen bzw. treffen können, ist maßgeblich, ob auf den Märkten für Rundfunkübertragungsdienste wirksamer Wettbewerb gemäß §§ 11 Abs. 1, 10 Abs. 2 TKG besteht oder aber beträchtliche und anhaltend strukturelle oder rechtlich bedingte Marktzutrittsschranken bestehen, längerfristig nicht mit wirksamem Wettbewerb zu rechnen ist und auf denen die Anwendung des allgemeinen Wettbewerbsrechts nicht ausreicht, um dem betreffenden Marktversagen entgegenzuwirken (sog. Drei-Kriterien Test). Die Frage, wie der Wettbewerb im Breitbandkabelnetz generell zu beurteilen ist, insbesondere welche Märkte konkret betroffen sind und welche Interdependenzen zwischen ihnen existieren, wurde im Rahmen der Zusammenschlussbeurteilung im Breitbandkabelnetz ausführlich thematisiert und vor allem mit Blick auf das europäische Fusionskontrollrecht beurteilt. Hier soll der Versuch unternommen werden, den Markt auf seine Regulierungsbedürftigkeit zu untersuchen.

Schon begrifflich ist eine „Marktabgrenzung im BK-Netz" für die Zwecke des Telekommunikationsrechts ungenau, denn das EG-Recht verfolgt für die Identifikation der SMP-Unternehmen auf den Telekommunikationsmärkten einen technologieneutralen Ansatz, nach dem es also gerade nicht darauf ankommt, über welches Netz, welche Technologie oder Schnittstellen der Transport erfolgt. Grundsätzlich besteht im Telekommunikationssektor die Praxis, Märkte anhand von Produktionsstufen (Vorleistungs- und Endkundenmärkte), technologiespezifischen Produkten bzw. Produktgruppen (PSTN, Kabelnetze, Mobilfunknetze, etc.) oder Entfernungen (Orts-, Fern-, Auslandsmärkte, jeweils unterteilt in einzelne Länder) abzugrenzen[3172], wobei der Markt Nr. 18 im Vergleich zu den anderen Märkten relativ weit abgesteckte Grenzen besitzt und der einzelnen NRB daher auch sehr viel Spielraum ihrer konkreten Ausgestaltung überlässt.

3172 Ausf. zu den einzelnen TK-Märkten nach neuem Recht *Schrameyer*, S. 146 ff.

Gemäß der Vorgabe der Marktanalyseleitlinien zur Abgrenzung der Märkte ist die vorangegangene Darstellung der Marktabgrenzung nach Kartell- und Fusionskontrollrecht auch für die Zwecke des TKG fruchtbar zu machen. Die Marktabgrenzungen des BGH, der Kommission und des Bundeskartellamts haben für die Bundesnetzagentur zwar keine Bindungswirkung. Wie die Marktanalyseleitlinien gezeigt haben, sind diese Erfahrungen mit den Märkten der Breitbandkabelnetze aber nicht vernachlässigbar, sondern helfen, die Wettbewerbsbeziehungen zu verstehen und wichtige Hinweise für die Regulierungsbedürftigkeit dieser Märkte zu gewinnen, wenngleich sich nationales und europäisches Wettbewerbsrecht sowie sektorspezifisches Regulierungsrecht nicht decken müssen. Gewisse Parallelen zwischen den einzelnen Marktabgrenzungskriterien sind aber vorhanden. Daher stellt auch das EG-Telekommunikationsrecht nicht ohne Grund fest, dass die Märkte im Einklang mit dem Wettbewerbsrecht definiert werden können. Verbindlich für die Bundesnetzagentur bleiben aber allein die Märkteempfehlung und die Leitlinien der Kommission, die zwar grundsätzlich nach Art. 249 Abs. 5 EG keine Rechtsverbindlichkeit haben, aber aufgrund ihrer Einbettung in das Gesamtsystem der Marktdefinition und Marktanalyse nicht wirkungslos bleiben. Sie haben erhebliche Steuerungskraft.

a) Markt Nr. 18 als Vorleistungsmarkt

aa) Kabelanschluss als Vorleistungsprodukt?

Als Endkundenmärkte im Breitbandkabelnetz kommt zunächst der Kabelanschluss auf der NE4 in Betracht. Der Kabelanschluss ist ein Angebot, das durch den Netzbetreiber gegenüber dem Endkunden bzw. gegenüber dessen Verbrauchsdisponenten, dem Vermieter/Eigentümer, erfolgt. Markt Nr. 18 wird in der Märkteempfehlung der Kommission nicht als Endkundenmarkt definiert, sondern als Großkundenmarkt. Daher geht die Kommission offenbar davon aus, dass eine Vorleistungsregulierung ausreichend ist, um Wettbewerb auf dem Endkundenmarkt herzustellen. Fraglich ist daher, ob dieser Endkundenmärkte auch als Vorleistungsmarkt in Frage kommt.

Dies wäre dann der Fall, wenn auf dem Endkundenmarkt Wettbewerb nicht besteht und der fehlende Wettbewerb eine Vorleistungsregulierung notwendig macht. Geht man davon aus, dass der Kabelanschluss im Rahmen der Gestattungsverträge zu einem Endnutzerprodukt wird, also gerade keine unbegrenzte Nutzungsmöglichkeit für Dritte vorhanden ist, hätte die Zuordnung des Kabelanschlusses zum Vorleistungsmarkt die Konsequenz, dass man in das Vertragsverhältnis der Gestattungsverträge eingreifen würde, die das Bundeskartellamt als wesentliches Marktgeschehen umschreibt und damit vom schützenswerten Restwettbewerb zum Wettbewerb im Breitbandkabel heraufstuft. Nicht nur diese im Ergebnis fragwürdige Einordnung des Kabelanschlusses als Endkundenmarkt lässt Zweifel aufkommen. Auch nach dem tatsächlichen Wettbewerbsgeschehen ist kein Fall bekannt, nach dem der Kabelanschluss im Rahmen eines Gestattungsvertrages anderen Netzbetreibern oder Telekommunikationsdienstleistern als Vorprodukt für ihre eigene Leistung zur Verfügung gestellt wird. Vielmehr übernimmt der Gestattungsnehmer im Rahmen seiner

Vertragsbeziehung die Verpflichtung zur Signaldurchleitung oder der Belieferung der Endkunden mit Signalen, was entweder mit der Zusammenschaltung mit einem NE3-Netz einhergeht oder durch den Aufbau einer eigenen Kabelkopfstation erfolgt. Deutlich wird allein hieraus, dass die Errichtung des Netzes für den Endkundenanschluss mit dem Angebot des Kabelanschlusses Hand in Hand geht. Daher unterscheiden sich die Gestattungsverträge im Kabel von denen im PSTN ganz erheblich. Während sich im Kabel ein „Wettbewerb um den Markt" mit zeitlich begrenzter Dauer etabliert hat, findet im PSTN auf Grundlage von Regulierung ein „Wettbewerb auf dem Markt" statt. Die Bundesnetzagentur ist grundsätzlich frei darin zu entscheiden, welchem Wettbewerbsmodell sie den Vorzug gibt, insbesondere ob sie auch hier eine Entbündelungspflicht für die Etablierung des Wettbewerbs für erforderlich hält. Hiergegen sprechen aber die tatsächlichen Wettbewerbsverhältnisse und die Frage, ob hierdurch die Investitionsbereitschaft nicht sinken wird und dadurch auch die Entwicklungsfähigkeit des Netzes gefährdet werden würde. Denn wie gesehen, bedarf es im Breitbandkabel nicht nur wie im PSTN der Zuschaltung von Endgeräten an den Endpunkten des Netzes (Modem und DSLAM), sondern einer neuen strukturellen Ausrichtung, die durch erhebliche versunkene Kosten geprägt ist. Festgehalten werden kann daher, dass der Endkundenmarkt als Vorleistungsmarkt grundsätzlich definierbar ist. Gewichtige Gründe sprechen aber dafür, ihn als Endkundenmarkt im Sinne des TKG zu begreifen und dementsprechend auch die Endnutzerregulierung zur Anwendung kommen zu lassen, sofern deren Voraussetzungen vorliegen. Für die Marktdefinition reicht es aus, die Wettbewerbsverhältnisse auf dem Endkundenmarkt zu prüfen und die Vorleistungsregulierung im Hinblick auf die Regulierungsoptionen zu hinterfragen.

bb) Signallieferung als klassische Vorleistung

Die NE4-Betreiber benötigen Rundfunksignale, um den Endkunden auf der nachgelagerten Ebene den Kabelanschluss zur Verfügung zu stellen und sie mit den Signalen zu versorgen[3173]. Daher ist die Leistung auf dem Signallieferungsmarkt klassischerweise ein Vorleistungsprodukt. Daneben ist aber auch die Bezugsmöglichkeit über Satellit als Vorleistungsprodukt einzustufen.

cc) Einspeisemarkt als Vorleistungsmarkt?

Markt Nr. 18 erfasst darüber hinaus nur Rundfunkübertragungsdienste zur Bereitstellung von Sendeinhalten für Endnutzer. Fraglich ist, ob hierin (auch) eine Zugangsregulierung für Sender inbegriffen ist. Die Vorgabe der Kommission hat in der Praxis aus mehreren Gründen für erhebliche Verwirrung gesorgt. Die Problematik besteht darin, dass die ZugangsRL scheinbar Einspeiseansprüche von Sendern gegenüber Netzbetreibern ausnimmt, weil hierin kein Zugang im telekommunikations-

---

3173 *Wrona*, CR 2005, S. 789, 795.

rechtlichen Sinne gemeint ist[3174]. Denn wie schon ausgeführt wurde, heißt es in den Begriffsbestimmungen des Zugangs nach Art. 2 lit. a) ZugangsRL, dass Zugang die [...] Bereitstellung von Einrichtungen oder Diensten für ein anderes Unternehmen zur Erbringung elektronischer Kommunikationsdienste erfasst. Entscheidend ist damit, ob Sender, die vom Wortsinn eindeutig den Übertragungsdienst der Kabelnetzbetreiber benötigen, damit sie die Empfänger erreichen können, mit ihrer „Sendung" einen eigenen elektronischen Kommunikationsdienst anbieten. Elektronische Kommunikationsdienste werden in der ZugangsRL aber nicht definiert. Eine Definition findet sich hingegen in Art. 2 lit. c) RahmenRL, wonach ein solcher Dienst [...] in der Übertragung von Signalen über Netze besteht. In der Literatur[3175] wird argumentiert, der Sender stelle Inhalte bereit, nutze das Netz jedoch nicht, um den Dienst selbst zu erbringen. Vielmehr frage er den Dienst nach. Diese Auffassung entspricht auch dem technischen Verständnis. Denn in dem Moment der Signalübergabe an den Netzbetreiber überträgt dieser das Signal, nicht jedoch der Sender selbst. Daneben heißt es in Art. 2 lit. c) RahmenRL auch, dass solche Dienste ausgenommen sind, die Inhalte über Netze und Dienste anbieten. Daher spricht auch die RahmenRL eine deutliche Sprache. Ferner heißt es in Erwägungsgrund 2 ZugangsRL: »Dienste, die Inhalte bereitstellen, wie etwa das Verkaufsangebot eines Pakets von Rundfunk- oder Fernsehinhalten, fallen nicht unter den gemeinsamen Rechtsrahmen für elektronische Kommunikationsnetze und -dienste.«

Ob damit die Einspeisung ex-ante regulierungsbedürftig ist, kann bezweifelt werden. Denn einerseits hat die Vorabregulierung einer Einspeiseverpflichtung keine unmittelbaren Auswirkungen auf die Rundfunkempfänger. D.h. die Vorleistungsregulierung sorgt noch nicht dafür, dass Netzbetreiber eventuell ihre Marktmacht gegenüber dem Empfänger etwa beim Kabelanschluss ausüben. In diesem Sinne steht also die Vorleistungsregulierung in keinem Zusammenhang gegenüber dem Endkundenmarkt. Eine Einspeisung sorgt nur dafür, dass das Programm empfangen werden kann, sofern der Empfänger die Entgelte an den Netzbetreiber zahlt. Auch Art. 31 der UniversaldienstRL scheint zu bestätigen, dass es sich bei der Einspeisung nicht um einen Vorleistungsmarkt im Sinne der ex-ante Regulierung handelt. In seinem Abs. 1 heißt es zwar, dass die Mitgliedsstaaten den Netzbetreibern Übertragungspflichten auferlegen können, um den Interessen der Endnutzer, d.h. der Empfänger nachzukommen. Es wäre daher widersinnig, wenn die ZugangsRL die Einspeisung als Vorleistung begriffe, die UniversaldienstRL diese Vorleistung dagegen als Endkundenleistung und damit beide Richtlinien ein und denselben Gegenstand regelten, nämlich die Einspeisung der Inhalte. Daneben widerspräche sich auch die UniversaldienstRL selbst, wenn sie ausweislich ihres Anwendungsbereichs in Art. 1 Abs. 2 Rechte für Endnutzer begründen soll, aber eine Vorleistungsentgelte.

3174 *Gudera*, S. 99-107; *Ladeur*, ZUM 2005, S. 1, 2; *Schütz/Attendorn*, MMR Beilag 4/2002, S. 1, 17; *Weisser/Bauer*, MMR 2003, S. 709, 713 f.; *Abrar*, Fusionskontrolle in dynamischen Netzsektoren am Beispiel des Breitbandkabelsektors, 2006, S. 26

3175 *Schütz*, Kommunikationsrecht, Rdnr. 462 f.; *ders.*, MMR IV/2006, S.VIII; *Ladeur*, ZUM 2005, S. 1, 2.

Dass die UniversaldienstRL aber offensichtlich nicht davon ausgeht, dass es sich bei der Einspeisung um einen Vorleistungsmarkt handelt, erschließt sich einem vor dem Hintergrund des Art. 31 Abs. 2, der explizit anmerkt, dass u.a. die ZugangsRL die Möglichkeit der Mitgliedsstaaten bei der Entgeltfestsetzung von Übertragungsleistungen nicht beeinträchtigt. Würde man aber die ZugangsRL dahingehend begreifen, dass die Einspeiseverpflichtung als Vorleistung erfasst ist, würde auch unweigerlich das ex-ante Regulierungsregime samt Entgeltregulierung greifen. Auch wenn der Mitgliedsstaat eine Entgeltregulierung ausschließen wollte, müsste nach der ZugangsRL eine solche Regulierung stattfinden.

Ein Blick in die Begründung der Empfehlung der Kommission bezüglich des Marktes Nr. 18 offenbart jedoch erhebliche Zweifel an der Konsistenz des Zugangsbegriffes und die Auslegung soeben dargestellte Auslegung des Rechtsrahmens und seiner Einzelrichtlinien. Darin führt die Kommission aus, dass es auf den entsprechenden Großkundenmärkten verschiedene allgemeine Marktverbindungen geben könne. Das Unternehmen, das ein Übertragungsnetz besitzt oder betreibt, könne sich Inhalte selbst besorgen, die es dann seinen Endkunden anbietet. Der Sender könne Inhalte an den Netzbetreiber abgeben. Oder der Sender handele die Zugangsberechtigung aus, aufgrund derer er Inhalte an den Endnutzer übertragen könne.[3176] So verstanden überträgt der die Einspeisebedingungen ausgehandelte Sender seine Inhalte selbst an den Endnutzer. In diesem Sinne kann auch die Erklärung verstanden werden, dass über die Übertragungssysteme (gemeint ist das Netz samt Übertragungseinrichtungen) Dienste ausgestrahlt werden[3177]. Die Ausstrahlung selbst wird also wieder von dem Dienst getrennt. Der Sender erbringt dann letztlich den Rundfunkdienst, wohingegen die Übertragungsleistung getrennt begriffen wird.

Die Kommissionspraxis bestätigt, dass es bei dem Markt Nr. 18 auch um die Abgrenzung des Einspeisemarktes als einem Vorleistungsmarkt geht. In dem Marktdefinitionsverfahren der irischen Regulierungsbehörde[3178] wurde der Markt ebenfalls aus Sicht der Rundfunkveranstalter abgegrenzt. In dem niederländischen Verfahren[3179], wo bereits rege vertikale Integration herrscht, wurde dagegen nur der Endkundenmarkt abgegrenzt und danach die Entbündelung, Preistransparenz, sowie die kostenorientierte Einspeisung der terrestrisch frei empfangbaren Sender als Regulierungsmaßnahme erwogen. In Deutschland ist Markt Nr. 18 noch im Entwurfsstadium. Die Bundesnetzagentur[3180] hat aber durchblicken lassen, dass auch sie den Großkundenmarkt als Einspeisemarkt begreift.

3176 Kommission, Begründung der Vorabregulierungsempfehlung, S. 37.
3177 Ebenda.
3178 Kommission, Sache IE/2004/0042: Markets in Ireland for Broadcasting Transmission Services to deliver broadcast content to end-users, Az.: SG-Greffe (2004) D/200812.
3179 Kommission, Sache NL/2005/0247: Retail Markets for the Supply of Free-To-Air-Radio- and Television Packages Via Cable Transmission in the Netherlands, Az.: SG-Greffe (2005) D/205996.
3180 BNetzA, Entwurf zur Marktdefinition und Marktanalyse für den Bereich der Rundfunk-Übertragungsdienste (Markt Nr. 18 der Empfehlung der Kommission) v. 22.02.2006, ABl. BNetzA Nr. 4 73/2006.

Alles in allem erscheinen Definition des Marktes Nr. 18 und der zugrunde liegende Zugangsbegriff unglücklich formuliert und fragwürdig zu sein. Auch ist nicht bekannt, dass bislang eine Regulierungsbehörde in der Gemeinschaft auf Grundlage des Telekommunikationsrechts Einspeisepflichten und die Entgelte der Einspeisung gegenüber Netzbetreibern festgelegt hat. Aufgrund der derzeitigen Praxis der Kommission kann aber nicht davon ausgegangen werden, dass die Regulierung der Einspeisebedingungen ausgeschlossen ist. Markt Nr. 18 der Kommissionsempfehlung wird daher praktisch als Zugangsmarkt für Sender begriffen.

b) Konsultationsentwurf der Bundesnetzagentur

Die Frage, ob auf den Markt Nr. 18 wirksamer Wettbewerb besteht oder die Voraussetzungen der Regulierung vorliegen, wurde kürzlich von der Bundesnetzagentur in ihrem Konsultationsentwurf bezüglich der Märkteempfehlung geprüft. Die Bundesnetzagentur kommt zu dem Ergebnis, dass in Deutschland zwei Gruppen von Vorleistungsmärkten existieren. Einmal grenzt sie die Kabeleinspeisemärkte ab. Zum anderen würden Signallieferungsmärkte existieren.

Gegenstand der Kabeleinspeisemärkte sei das Angebot analoger und digitaler Einspeisung von Rundfunksignalen in ein Breitbandkabelnetz, welches der jeweilige Kabelnetzbetreiber der Netzebene 3 gegenüber einem Inhalteanbieter abgebe. Kabeleinspeisemärkte seien netzbezogen abzugrenzen. Denn aus Sicht der nachfragenden Inhalteanbieter könnten die Kabelkunden allein über das Netz der Ebene 3 erreicht werden. Substitute gebe es nicht. Weder über Satellit, Terrestrik oder andere breitbandige Technologien oder einen anderen NE3-Betreiber sei der Endkunde adressierbar. Alle NE3-Netze bildeten hierbei eigene Märkte. Sie seien natürliche Monopole, wobei allein die KDG, Unity Media und KBW sich unabhängig von Wettbewerbern, Kunden und Endverbrauchern verhalten könnten. Daher herrsche auf diesen Märkten kein wirksamer Wettbewerb. Die anderen Netzbetreiber seien hingegen aufgrund ihrer geringen Größe ausgleichender Gegenmacht der Inhalteanbieter ausgesetzt.

Der sachliche Signallieferungsmarkt sei dadurch geprägt, dass Betreiber der Ebene 4 Signale von der NE3 beziehen würden. Anders als auf dem Einspeisemarkt sei es einem NE4-Betreiber letztlich gleich, von wem er die Signale bezieht. Daher existiere auch nur ein sachlich relevanter Einspeisemarkt. Räumlich seien hingegen drei Regionalmärkte abzugrenzen. Diese Abgrenzung folge den Verbreitungsgebieten der genannten drei Regionalgesellschaften. Auch diese Märkte seien durch natürliche Monopoleigenschaften geprägt. Sie würden daher auch für eine Regulierung in Betracht kommen. Hier würden die Netzbetreiber über beträchtliche Marktmacht verfügen. Netzbetreiber der Ebene 4 seien derzeit noch nicht ausreichend in der Lage, auf den Signalbezug über eigene Kabelkopfstationen auszuweichen.[3181]

3181 Zum Ganzen vgl. BNetzA, Entwurf zur Marktdefinition und Marktanalyse für den Bereich der Rundfunk-Übertragungsdienste (Markt Nr. 18 der Empfehlung der Kommission) v. 22.02.2006, ABl. BNetzA Nr. 4 73/2006.

Die Ergebnisse der Bundesnetzagentur sind insoweit überraschend, da sie die Ausführungen des Bundeskartellamtes fast wortlautgetreu übernommen hat. Dass diese Auffassung nicht überzeugend erscheint[3182], wurde bereits im Rahmen der fusionskontrollrechtlichen Stellungnahme dargelegt. Überraschend ist aber, dass die Bundesnetzagentur trotz der europarechtlichen Ausrichtung nur vereinzelt Schlussfolgerung zieht, die von der Sichtweise des Bundeskartellamtes abweichen. Insbesondere hat sie den Signallieferungsmarkt regional einheitlich abgegrenzt.

Damit sind die Sichtweise von Bundeskartellamt und Bundesnetzagentur fast deckungsgleich und bieten insoweit die Möglichkeit, die vom Bundeskartellamt befürchteten Gefahren aus Sicht der Regulierung zu beleuchten.

3. Regulierung des Einspeisemarktes

a) „Zugang" von Inhalteanbietern

Obwohl die Bundesnetzagentur Einspeisemärkte abgegrenzt hat, bestehen erhebliche Zweifel, ob Inhalteanbieter oder Sender über den Weg des TKG Zugangsansprüche besitzen. In der Literatur[3183] ist die Auffassung vorherrschend, dass eine ex-ante Regulierung der Einspeisung nach TKG nicht in Betracht kommt. In Analogie zum Zugangsbegriff nach Art. 2 lit. a) ZugangsRL ist auch nach § 3 Nr. 32 TKG der Zweck des Zugangsanspruches immer auf die Erbringung von Telekommunikationsdiensten gerichtet, was auch für die Zusammenschaltung als besondere Form des Zugangs gilt (§ 3 Nr. 34 TKG). Hierzu soll das Angebot von Inhalten nach herrschender Auffassung nicht zählen, sondern allein die Signalübertragung fallen. Zwar hat der deutsche Gesetzgeber Art. 2 lit. c) RahmenRL nicht wortlautgetreu übernommen, der insofern deutlich macht, dass von der Regulierung solche Dienste ausgeschlossen sind, die Inhalte anbieten oder eine redaktionelle Kontrolle über sie ausüben. Dennoch macht auch die Definition des Telekommunikationsdienstes nach § 3 Nr. 24 TKG klar, dass nur die Dienste als solche begriffen werden sollen, die ganz oder überwiegend der Signalübertragung dienen. Diese Definition deckt sich weitestgehend auch mit dem Begriff der Telekommunikationsdienstleistung nach § 3 Nr. 18 TKG a.F., der diese als das gewerbliche Angebot von Telekommunikation einschließlich des Angebots von Übertragungswegen für Dritte definierte. Da Telekommunikation nach § 3 Nr. 16 TKG a.F. ebenfalls nur den technischen Signalübertragungsvorgang erfasste und Rundfunkveranstalter selbst nicht Übertragungswege anbieten, sondern nutzen wollen, vermochte die Norm nach allgemeiner Auffas-

---

3182 Vgl. auch *Abrar*, Fusionskontrolle in dynamischen Netzsektoren am Beispiel des Breitbandkabelsektors, 2006, S. 26 f.
3183 *Schütz*, Kommunikationsrecht, Rdnr. 462; *Christmann/Enßlin/Wachs*, MMR 2005, S. 291, 293; *Ladeur*, ZUM 2005, S. 1, 2; *Weisser/Bauer*, MMR 2003, S. 709, 713; *Schütz/Attendorn*, MMR Beilag 4/2002, S. 1, 17.

sung[3184] die Inhalteanbieter weder als Normbegünstigte des diskriminierungsfreien Zugangsanspruches nach § 33 Abs. 1 TKG a.F. noch als Begünstigte des besonderen Netzzugangsanspruchs nach § 35 Abs. 1 S. 2 TKG a.F. i.V.m. § 1 Abs. 2 NZV zu erfassen, da sie die Aktivlegitimation an das Angebot von Telekommunikationsdienstleistungen knüpfen. Nach überwiegender Auffassung[3185] wurde der Anspruch der Inhalteanbieter daher aus dem allgemeinen Netzzugang hergeleitet. Eine solche Auslegung scheidet nach dem geltenden Recht aus. Nunmehr wird nicht zwischen allgemeinen und besonderen Netzzugang unterschieden, sondern einzig an das Angebot von Telekommunikationsdienstleistungen angeknüpft. Auch die Entwurfsbegründung zu § 21 TKG (§ 19 TKG-RegE) ist eindeutig. Darin heißt es: »Damit fallen etwa Programmanbieter, die von Kabelnetzbetreibern Transportdienstleistungen nachfragen, selbst aber nicht beabsichtigen, mithilfe dieser Leistungen Endkunden Telekommunikationsdienste anzubieten, nicht unter das Zugangsregime des Zweiten Teils, Zweiter Abschnitt.«[3186] Damit zeigt sich, dass auch der Gesetzgeber die ZugangsRL eindeutig verstanden hat und davon ausging, dass Zugangsansprüche gerade nicht erfasst sein sollen.

Auch das TKG zeigt damit, dass grundsätzlich Ansprüche der Inhalteanbieter sowohl gegenüber Anbietern mit beträchtlicher Marktmacht nach § 21 TKG, aber auch gegenüber solchen, die gemäß § 18 TKG den Zugang zu Endnutzern kontrollieren, ausscheiden. Derzeit bestehen erhebliche Bedenken, ob das TKG solche Ansprüche ausschließen kann. Die Kommission spricht das bestehende Problem im Zugangsregime nicht an. Auch die Literatur hat sich zu diesem Problem kaum geäußert. Es kann durchaus überlegt werden, den Zugangsbegriff gemeinschaftskonform dahingehend auszulegen, dass die Sender selbst Rundfunkdienste anbieten. Hiergegen sprechen aber die bereits geltend gemachten Bedenken im Rahmen der Vorleistungsregulierung. Die Kommission ist aufgerufen, die Unstimmigkeiten in Bezug auf den Zugangsbegriff auszuräumen und klarstellende Worte für die Märkteempfehlung des Marktes Nr. 18 zu finden.

Vorliegend wird mit der herrschenden Literatur und der derzeitigen Kommissionspraxis davon ausgegangen, dass Zugangsansprüche nach §§ 18, 21 TKG nicht in Frage kommen.

3184   *Gudera*, S. 105; *Gersdorf*, Regulierung des Zugangs zu Kabelnetzen, S. 60; *Thierfelder*, S. 65 f.; *Weisser/Meinking*, WuW 1998, S. 831, 835; *Schütz*, MMR 2001, S. 20, 24; *Irion/Schirmbacher*, CR 2002, S. 61, 67.
3185   *Gersdorf*, Kabeleinspeisung v. Programmbouquets, S. 95 f.; *Jüngling*, S. 238 f.; *Weisser/Meinking*, WuW 1998, S. 831, 836; *Schütz*, MMR 2001, S. 20, 26; *Schütz*, MMR 1998, S. 11, 15; a.A.: *Bullinger*, ZUM-Sonderheft 1997, S. 281, 292 ff.; *Mette*, ArchivPT 1998, S. 40, 44.
3186   Vgl. BT-Drs. 15/2316, S. 64.

aa) Zugangsansprüche nach § 42 TKG

Klammert man §§ 18, 20 TKG aus, so kommt für eine Zugangsregulierung nach sektorspezifischem Recht auch § 42 TKG in Betracht. Wie dargestellt ist der Vermutungstatbestand der besonderen Missbrauchsaufsicht stark an den Tatbestand des § 33 TKG a.F. angelehnt, der für Zugangsansprüche von Inhalteanbietern gegenüber Netzbetreibern nach altem Recht keine Rolle spielte. Als besonderer Missbrauchstatbestand erfasst § 42 TKG jedes missbräuchliche Verhalten und entspricht diesbezüglich der allgemeinen kartellrechtlichen Generalklausel der missbräuchlichen Ausnutzungen einer marktbeherrschenden Stellung nach § 19 Abs. 1 GWB. Die Konkretisierung in § 42 Abs. 1 S. 2, 1. Alt. TKG spricht von unmittelbarer und mittelbarer unbilliger Behinderung. Er entspricht insoweit dem § 20 Abs. 1, 1. Alt. GWB, greift dann aber in § 42 Abs. 1 S. 2, 2. Alt. TKG wieder auf das Regelbeispiel in § 19 Abs. 4 Nr. 1 GWB und damit wieder auf den allgemeinen Missbrauchstatbestandes zurück[3187]. Diese Systematik verdeutlicht, dass sich der Gesetzgeber für eine Kombinationslösung entschieden hat[3188], die einen weitgehenden Rückgriff auf das allgemeine Kartellrecht und der hierzu ergangenen Rechtsprechung und des Schrifttums unter Berücksichtigung des sektorspezifischen Normzwecks erlaubt.

Der allgemeine Behinderungsmissbrauch nach § 20 Abs. 1 GWB wiederum ist in seinen Varianten vielfältig und hat in der Vergangenheit von der Koppelung des Verkaufs eines Handpreisauszeichnungsgeräts an eine Verpflichtung zum langjährigen Bezug von Etiketten[3189], über Zuschläge zum Milchauszahlungspreis[3190], bis hin zur Durchleitungsverweigerung eines Energieversorgungsunternehmens[3191] geführt und. Er war auch die einschlägige Norm eines Pay-TV Anbieters gegenüber einem Kabelnetzbetreiber, um eine entgeltliche Einspeisung anzunehmen (Pay-TV Durchleitungsentscheidung)[3192], so dass im Lichte dieser Entscheidungen § 42 TKG als passend erscheint. Auch auf der Rechtsfolgenseite ist die Vorschrift mit § 42 Abs. 4 TKG hinreichend genug ausgestattet, um Zugangsverpflichtungen gegenüber Netzbetreibern aufzuerlegen. Sie enthält ein Antragsrecht, ermöglicht der Behörde aber auch von Amtswegen tätig zu werden, um das missbräuchliche Ausnutzen der marktmächtigen Stellung zu beenden. Hierzu stehen ihr eine Reihe von Maßnahmen zur Verfügung. So kann sie ein Verhalten auferlegen (§ 42 Abs. 4 S. 2, 1. Var. TKG), untersagen (§ 42 Abs. 4 S. 2, 1. Var. TKG), einen Vertrag (§ 42 Abs. 4 S. 2, 3. Var. TKG) oder Teile hiervon (§ 42 Abs. 4 S. 2, 4. Var. TKG) für unwirksam erklären. Die Verpflichtung zur Einspeisung ist damit auch von diesen generalklauselartigen Möglichkeiten erfasst.

3187 *Schütz*, Kommunikationsrecht, Rdnr. 865.
3188 *Robert*, K&R 2005, S. 354, 355.
3189 KG WuW/E OLG 995 „Handpreisauszeichner".
3190 KG WuW/E OLG 3124 „Milchaustauschfuttermittel".
3191 BGH WuW/E BGH 2953 „Gasdurchleitung".
3192 BGH v. 19.03.1996 WuW/E BGH 3058, 3062 „Pay-TV-Durchleitung".

Die Vorschrift ist aber alles andere als eindeutig und wurde aufgrund ihres kurzen Bestehens auch bislang nur vereinzelt[3193] im Hinblick auf ihre Problembehaftetheit diskutiert. An einigen Stellen[3194] taucht der schlichte Hinweis auf, dass diese Norm auf die Einspeisung von Inhalten anwendbar sei. Andere[3195] nehmen eine Prüfung nach § 42 TKG erst gar nicht vor, sondern begnügen sich allein mit dem Hinweis auf den Zugangsbegriff nach Gemeinschaftsrecht und der nationalen Definition in § 3 Nr. 32 TKG damit, einen Zugangsanspruch nach Telekommunikationsrecht abzulehnen. Daher soll hier der Versuch unternommen werden, den Tatbestand des § 42 TKG im Hinblick auf etwaige Zugangsansprüche von Inhalteanbietern gegenüber Kabelnetzbetreibern genauer zu untersuchen.

aaa) Normadressat: öffentliches TK-Netz

§ 42 Abs. 1 TKG verlangt von dem Adressat der Vorschrift, dass er ein öffentliches Telekommunikationsnetz betreibt. Außer Frage steht, dass Kabelnetzbetreiber zumindest Telekommunikationsnetzbetreiber sind[3196]. Fraglich ist, ob sie auch das Öffentlichkeitsmerkmal erfüllen. Der Begriff des öffentlichen Telekommunikationsnetzes ist im TKG n.F. nicht definiert. Dagegen werden öffentliche Telefonnetze und öffentlich zugängliche Telefondienste als ein der Allgemeinheit oder der Öffentlichkeit zugänglicher Dienst begriffen. Mit Blick auf die historische Bedeutung des Allgemeinheitsmerkmals wird deutlich, dass das Öffentlichkeitsmerkmal allein der Abgrenzung von geschlossenen Benutzergruppen diente, die schon nach altem Recht nicht reguliert wurden, so dass auch gewerblich betriebene Kabelnetze als Normadressaten von § 42 Abs. 1 TKG erfasst werden.[3197]

bbb) Keine Anwendbarkeit auf den Einzelmarkt: Einspeisung

§ 42 Abs. 1 TKG verlangt ferner eine SMP-Stellung des Netzbetreibers. Problematisch ist, dass Systematik und Schutzzweck des § 42 TKG bei Feststellung einer solchen SMP-Stellung zuvor die Auferlegung von Regulierungsmaßnahmen nach § 13 Abs. 1 TKG verlangen. Dieser verweist wie gesehen aber wiederum nur auf die übrigen Vorschriften der Marktregulierung. Insbesondere setzt er die Zugangs- und Entgeltregulierung in Bezug. Wenn daher der Zugangsbegriff auf die Inhalteeinspeisung nicht greifen sollte, kann auch § 42 TKG nicht angewandt werden.

3193 Vgl. zu weiteren Problemen *Robert*, K&R 2005, S. 354 ff.
3194 *Gersdorf*, Telekommunikationsrecht, S. 40.
3195 *Schütz*, Kommunikationsrecht, Rdnr. 462.
3196 Vgl. § 3 Nr. 27 TKG.
3197 Vgl. zum gemeinsamen Zweck einer geschlossenen Benutzergruppe in Abgrenzung zum Öffentlichkeitsmerkmal § 3 Nr. 19 TKG a.F., vgl. hierzu auch *Schütz*, in: Beck'scher TKG-Kommentar, § 3 Rdnrn. 22a-c.

ccc) Anwendung im Vertikalverhältnis

Daher ergibt sich nur dann die Möglichkeit, über § 42 TKG überhaupt die Einspeisung zum Gegenstand der Missbrauchsaufsicht zu machen, wenn die Einspeisung der Inhalte als ein dem Endkunden- oder Signallieferungsmarkt vorgelagerter Markt begriffen wird und § 42 TKG auch in diesem Vertikalverhältnis anwendbar ist. Die Bundesnetzagentur hat soweit ersichtlich hierzu noch nicht Stellung bezogen. Auch in der Literatur ist die Vertikalbeziehung noch nicht berücksichtigt worden. Die Arbeitskreise der Regulierungsbehörde scheinen sich im Gleichschritt mit § 33 TKG a.F. der Auffassung anzuschließen, dass hier nur Probleme der „internen gleich externen Behandlung" entstehen[3198], so dass die Vermutung nahe liegt, dass sie gegenwärtig den Tatbestand nur in einem horizontalen Wettbewerbsverhältnis anwenden wird. Die Vorschrift lässt aber viele Lesarten zu, womit das Vertikalverhältnis und damit die Interdependenz der Telekommunikationsmärkte und die Grenzen der Handlungsmöglichkeiten der Regulierungsbehörde angesprochen sind.

Ein vergleichbares Problem wird im allgemeinen Kartellrecht unter dem Stichwort des Drittmarktbezugs[3199] im Rahmen des Behinderungsmissbrauch nach §§ 19, 20 GWB diskutiert. Ausgangspunkt ist, dass ein Unternehmen durch das Verhalten eines marktbeherrschenden Unternehmens betroffen ist. Er kann dabei Wettbewerber des Normadressaten sein oder sich als Lieferant oder Abnehmer auf der Marktgegenseite befinden. Ist das Verhalten des Normadressaten nicht auf dem beherrschten Markt unmittelbar feststellbar, sondern wird auf einem Drittmarkt ein missbräuchliches Verhalten festgestellt, das aber auf den beherrschten Markt derart zurückwirkt, dass Wettbewerber, Abnehmer oder Lieferanten von der Verhaltensweise betroffen sind, ist nach allgemeiner Meinung[3200] der Drittmarktbezug unproblematisch. Nicht nur besteht zwischen der durch die Marktbeherrschung begründeten Normadressatenstellung und dem in Frage stehenden Verhalten ein hinreichender Kausalzusammenhang[3201]. Auch auf dem durch Restwettbewerb[3202] besonders zu schützendem beherrschten Markt ist die Wirkungen des Missbrauchsverhaltens zu

---

3198 Beispielhaft *Robert*, K&R 2005, S. 354 ff.
3199 Vgl. statt vieler *Markert*, in: Immenga/Mestmäcker (Hrsg.), GWB-Kommentar, § 20 Rdnrn. 29, 45; zu § 19 *Möschel*, in: Immenga/Mestmäcker (Hrsg.), GWB-Kommentar, § 29 Rdnr. 114; *Emmerich*, S. 187; *Möschel*, Recht der Wettbewerbsbeschränkungen, Rdnr. 548; *Immenga*, GRUR 1989, S. 146 f.
3200 BGH WuW/E BGH 407, 410 „Werkmilchbezug"; *Markert*, in: Immenga/Mestmäcker (Hrsg.), GWB-Kommentar, § 20 Rdnr. 28.
3201 Das Kausalitätserfordernis bejahen auch KG WuW/E OLG 3124, 3129 „Milchaustauschfuttermittel"; OLG Düsseldorf WuW/E DE-R 880, 883 „Strom&Fon"; *Möschel*, in: Immenga/Mestmäcker (Hrsg.), GWB-Kommentar, GWB, § 19 Rdnr. 114; *Schulz*, in: Langen/Bunte (Hrsg.), Kommentar zum Kartellrecht, § 19 Rdnr. 133; *Wiedemann*, Handbuch des Kartellrechts, § 13 Rdnr. 37; *Möschel*, Pressekonzentration und Wettbewerbsgesetz, S. 129.
3202 Zum besonderen Schutz des Restwettbewerbs vgl. BGH WuW/E BGH 1854, 1860 „Zeitungsmarkt München"; *Mestmäcker*, in: FS für Hallstein, S. 322 ff.; *Mestmäcker*, Das marktbeherrschende Unternehmen im Recht der Wettbewerbsbeschränkungen, S. 19; *Möschel*, Pressekonzentration und Wettbewerbsgesetz, S. 94.

spüren. Problematisch ist dagegen der Fall, in dem sich das Verhalten des marktbeherrschenden Unternehmens nicht auf dem beherrschten Markt, sondern auf einem Drittmarkt behindernd auswirkt, auf dem der Adressat über eine solche Stellung nicht verfügt oder eventuell gar nicht als Marktteilnehmer präsent ist. Hierbei ist zwischen § 19 und § 20 GWB zu differenzieren.

(1) Drittmarktbezug in § 20 Abs. 1 GWB

Nach § 20 Abs. 1 GWB dürfen marktbeherrschende Unternehmen und ihnen gleichstehende Unternehmen ein anderes in einem Geschäftsverkehr, der gleichartigen Unternehmen üblicherweise zugänglich ist, weder unmittelbar noch mittelbar unbillig behindern oder gegenüber gleichartigen Unternehmen ohne sachlich gerechtfertigten Grund unmittelbar oder mittelbar unterschiedlich behandeln. Ursächlich für den entstandenen Konflikt hinsichtlich des Drittmarktes war die Entscheidung Sonderungsverfahren[3203] des BGH. Darin führte der BGH aus, dass die Drittmarktbehinderung nach § 20 Abs. 1 GWB voraussetze, dass das behinderte Unternehmen ebenfalls auf dem beherrschten Markt tätig sei. Diese Tätigkeit könne sich dabei aus einer Abnehmer-/Lieferantenbeziehung oder einem echten Wettbewerbsverhältnis ergeben[3204]. Denn das GWB verbiete in § 26 Abs. 2 (nunmehr § 20) GWB marktbeherrschenden, marktmächtigen und preisbindenden Unternehmen um ihrer tatsächlichen oder vermuteten Machtstellung willen bestimmte Verhaltensweisen, die es anderen Unternehmen grundsätzlich nicht verbiete. Aus dieser Anknüpfung des Diskriminierungsverbots an eine Machtstellung folge, dass das Verbot nur für den Markt gelten könne, auf dem die Machtstellung bestehe oder sich auswirke. Das Diskriminierungsverbot werde also durch ein marktbeherrschendes oder marktstarkes Unternehmen nur dann verletzt, wenn die marktbeherrschende oder marktstarke Stellung des diskriminierenden Unternehmens gerade auf dem Markt bestehe oder sich auswirke, auf dem das betroffene Unternehmen behindert oder unterschiedlich behandelt werde.[3205]

Die Ausgangslage des Falles ist eine andere. Nicht das Tätigsein des marktbeherrschenden Unternehmens auf dem Drittmarkt steht hier in Frage. Das Kausalitätserfordernis zwischen dem behinderten und behindernden Unternehmen hat aber auch hier die entscheidende Funktion, um den Tätigkeitskreis der betroffenen Unternehmen einzugrenzen und daher auch nach dem Sinn und Zweck des Tatbestan-

---

3203 BGH WuW/E BGH 2483 = GRUR 1989, S. 142 „Sonderungsverfahren".
3204 BGH WuW/E BGH 1829, 1830 „Original-VW-Ersatzteile II".
3205 BGH WuW/E BGH 2483, 2490 = GRUR 1989, S. 142, 146 „Sonderungsverfahren"; erneut offen gelassen in BGH WuW/E DE-R 1206 = GRUR 2004, S. 255 ff. „Strom & Telefon I".

des zu fragen. Die überwiegende Auffassung in der Literatur[3206] hat die vom BGH gemachten Einschränkungen zu Recht kritisiert. § 20 Abs. 1 GWB spricht eine deutliche Sprache, wenn er auch mittelbare Behinderungen erfasst und damit bereits vom Wortlaut kein zwischen den Parteien bestehendes Wettbewerbs- oder Austauschverhältnis erfordert, wie es die unmittelbare Behinderung nahe legt[3207]. Anderenfalls wäre die mittelbare Behinderung überflüssig. Auch der ökonomische Hintergrund spricht dagegen, die mittelbare Behinderung enger als vom Wortlaut ersichtlich auszulegen. Würdigt man die ökonomische Gefahr, die die Diskriminierung für den Wettbewerb hervorzurufen geeignet ist, so fällt der ökonomische Blickwinkel auf die Fälle, in denen die Hebelwirkung die Transformation der Marktbeherrschung aus einem beherrschten in einen vertikalen noch unbeherrschten Markt erst ermöglicht. Da diese Fälle nach § 20 Abs. 1 GWB aber schon unmittelbare Behinderungen darstellen, blieben allein die Verhaltensweisen offen, in denen sich das missbräuchliche Verhalten des Unternehmens auf unbeachtete Drittmärkte bezieht. Dass deshalb das behinderte Unternehmen auch auf dem beherrschten Markt tätig werden müsste, um Wettbewerbsschutz zu erhalten, wäre vor diesem Hintergrund nicht nachvollziehbar. Damit ist der Schutzzweck des § 20 Abs. 1 GWB darauf gerichtet, auch Unternehmen auf einem Drittmarkt zu schützen, sofern die zwischen den Märkten notwendige Kausalität und damit eine gewisse Interdependenz besteht[3208]. So verstanden ist § 20 GWB aufgrund seiner mittelbaren Schutzrichtung eine Besonderheit des deutschen Kartellrechts, der den Bezug zum Individualschutz erkennen lässt[3209]. Er geht damit über den üblichen Missbrauchsschutz gegenüber diskriminierenden Verhaltensweisen eines marktbeherrschenden Unternehmens hinaus. Dass aber durch eine Verhaltensweise auch andere Märkte dem Schutz von § 20 GWB explizit unterstellt werden, soll der Gefahr vorbeugen, dass die Auswirkungen auf solchen Märkten gravierende Schäden für einzelne Marktteilnehmer hinterlassen. Eine Präjudizentscheidung, die dies klarstellt, ist daher überfällig und hätte in der kürzlich getroffenen „Telefon & Strom I" Entscheidung[3210] des BGH für Klarheit sorgen können. Das Gericht ließ die Frage abermals ausdrücklich offen.

3206 *Markert*, in: Immenga/Mestmäcker (Hrsg.), GWB-Kommentar, § 20 Rdnrn. 29; *Möschel*, in: Immenga/Mestmäcker (Hrsg.), GWB-Kommentar, § 29 Rdnr. 114; *Emmerich*, S. 187; *Möschel*, Recht der Wettbewerbsbeschränkungen, Rdnr. 548; *Immenga*, GRUR 1989, S. 146 f.; a.A.: *Knöpfle/Leo*, in: Müller-Henneberg/Schwartz/Hoootz (Hrsg.), Gemeinschaftskommentar zum GWB, § 19 Rdnr. 1645; so auch bereits *Benischin*, in: Müller-Henneberg/Schwartz/Hoootz (Hrsg.), Gemeinschaftskommentar zum GWB, § 26 Rdnr. 11.
3207 *Markert*, in: Immenga/Mestmäcker (Hrsg.), GWB-Kommentar, § 20 Rdnrn. 29.
3208 *Immenga*, GRUR 1989, S. 142, 147; *Möschel*, Pressekonzentration und Wettbewerbsgesetz, S. 129.
3209 *Markert*, in: Immenga/Mestmäcker (Hrsg.), GWB-Kommentar, § 20 Rdnr. 17.
3210 BGH WuW/E DE-R 1206, 1208 = GRUR 2004, S. 255 ff. „Strom & Telefon I".

(2) Drittmarktbezug in § 19 Abs. 1 GWB

§ 19 Abs. 1 GWB enthält die generalklauselartige Formulierung, dass die missbräuchliche Ausnutzung einer marktbeherrschenden Stellung verboten ist, womit der Anwendungsbereich auf Drittmärkte nach dem Wortlaut zunächst offen ist. Zur Klärung beitragen könnten hierbei die Regelbeispiele in § 19 Abs. 4 GWB. Der Wortlaut des § 19 Abs. 4 Nr. 1 GWB weist darauf hin, dass eine irgendwie geartete Tätigkeit auf dem Drittmarkt durch das beherrschende Unternehmen notwendig ist. Auch in der herrschenden Literatur[3211] und der Rechtsprechung[3212] ist anerkannt, dass Drittmärkte zumindest dann erfasst werden, sofern das marktbeherrschende Unternehmen auf diesem tätig ist. Der BGH hat in „Telefon & Strom I" ausdrücklich darauf hingewiesen, dass das missbräuchliche Verhalten eines Unternehmens aufgrund der weiten Fassung der Generalklausel des § 19 Abs. 1 GWB auch auf einem nicht beherrschten Markt erfasst werden soll und durch die demgemäß auch die Konkurrenten des Marktbeherrschers auf dem Drittmarkt geschützt werden[3213]. Ungeklärt bleibt daher, ob auch Unternehmen auf einem Drittmarkt in den Schutzbereich von § 19 Abs. 4 Nr. 1 GWB fallen sollen, auf denen das marktbeherrschende Unternehmen überhaupt nicht tätig ist. Den Worten des BGH kann keine Eindeutigkeit entnommen werden. In der Literatur ist die Frage der Präsenz auf dem Drittmarkt ebenfalls nicht eindeutig. Während ein Teil[3214] einen umfassenden Schutz der Wettbewerber fordert, kommen einige[3215] zu dem Ergebnis, dass eine Tätigkeit des marktbeherrschenden Unternehmens im Rahmen des § 19 GWB notwendigerweise vorhanden sein muss, um eine Schutzbedürftigkeit des „Betroffenen" annehmen zu können. Auch die Begründung zum Regierungsentwurf[3216] hilft hier nicht weiter. Zwar sieht auch sie den Schutz nicht beherrschter Märkte von § 19 Abs. 4 Nr. 1 GWB als erfasst an. Zweifel kommen dagegen auf, weil hier von nicht beherrschten Drittmärkten die Rede ist. Interessant ist hierbei die Wertung nach § 19 Abs. 4 Nr. 4 GWB, die einem Unternehmen Zugang zu wesentlichen Einrichtungen gewährt und als deutsche essential facilities doctrine verstanden wird. Die Norm ermöglicht einem Unternehmen nur dann Zugang zu Netzen und Infrastruktureinrichtungen, wenn u.a. die Voraussetzung erfüllt ist, dass es diesem Unternehmen nicht möglich ist, auf dem vor- oder nachgelagerten Markt als Wettbewerber des marktbeherrschenden Unternehmens tätig zu werden. Lässt man einmal die umstrittene Problematik außer Betracht, auf welchem Markt die Marktbeherrschung bestehen muss, d.h. nur beim

---

3211 Ganz h.M. *Möschel*, in: Immenga/Mestmäcker (Hrsg.), GWB-Kommentar, § 19 Rdnrn. 114; *Emmerich*, S. 187; *Möschel*, Recht der Wettbewerbsbeschränkungen, Rdnr. 548; *Immenga*, GRUR 1989, S. 146 f.; auch *Knöpfle/Leo*, in: Müller-Henneberg/Schwartz/Hoootz (Hrsg.), Gemeinschaftskommentar zum GWB, § 19 Rdnr. 1645; und *Bornkamm*, in: Langen/Bunte (Hrsg.), Kommentar zum Kartellrecht, § 33 Rdnr. 23.
3212 KG WuW/E OLG 3124, 3129 „Milchaustauschfuttermittel";
3213 BGH WuW/E DE-R 1206, 1208 = GRUR 2004, S. 255 ff. „Strom & Telefon I".
3214 *Möschel*, in: Immenga/Mestmäcker (Hrsg.), GWB-Kommentar, § 19 Rdnrn. 114.
3215 *Bornkamm*, in: Langen/Bunte (Hrsg.), Kommentar zum Kartellrecht, § 33 Rdnr. 23.
3216 BT-Drs.IV/2564, S. 15.

monopolistischen Engpass oder zusätzlich auch auf dem abgeleiteten Markt, so lässt sich nicht von der Hand weisen, dass das Regelbeispiel in § 19 Abs. 4 Nr. 4 GWB aufgrund seiner nur horizontalen Schutzwirkung[3217] keine Märkte betrifft, auf denen das marktbeherrschende Unternehmen überhaupt nicht präsent ist. Dies wird in der eindeutigen Gesetzesbegründung auch in der Literatur nicht anders gesehen. Damit könnte auch ein Hinweis für das Verständnis des generalklauselartigen Missbrauchstatbestandes gegeben sein. Dass damit der Anwendungsbereich von Drittmärkten aus dem Anwendungsbereich des gesamten § 19 GWB herausfallen könnte, wird aber nicht gesehen. Stattdessen wird darauf hingewiesen, dass Diskriminierungsfälle bereits durch die Fallgruppe der Drittmarktbehinderung erfasst werden[3218]. Ob damit aber auch ein Drittmarktbezug ohne vertikale Verkettung gemeint sein soll, kann bezweifelt werden. Eine solche Haltung würde die Dehnbarkeit der Missbrauchsaufsicht nach der Generalklausel des § 19 Abs. 1 GWB überstrapazieren und nicht nur die norminterne Systematik, sondern auch den Normzweck von § 20 Abs. 1 GWB unterlaufen. Eine eigenständige praktische Bedeutung hätte der § 20 GWB dann nur in begrenzten[3219] Fällen. Aus den Überlegungen zu § 20 Abs. 1 GWB, insbesondere aus dem Mittelbarkeitskriterium, das in § 19 GWB fehlt, wäre es daher verfehlt, in § 19 GWB einen genauso weiten Schutzbereich wie in § 20 GWB zu sehen. § 20 GWB hat gezeigt, dass nicht der Individualschutz allein, sondern erst das Zusammenspiel mit dem Mittelbarkeitskriterium, in der Lage ist, Schutzwirkung für Drittmärkte zu entfalten, auf denen der Marktbeherrscher nicht tätig ist. Wenn Engel und Knieps darauf hinweisen, dass sich ein Unternehmen, das im Besitz des monopolistischen Engpassbereichs ist, seiner eigenen unternehmerischen Leistung versagen würde, wenn dieser nicht mit vor- oder nachgelagerten Märkten vertikal integriert ist, treffen sie exakt das hier beschriebene Problem. Auf einem Drittmarkt, der vom Marktbeherrscher nicht mal wahrgenommen wird, brauche sich die Rechtsordnung nur um die unterschiedliche Behandlung verschiedener Nachfrager zu kümmern.[3220] Daher ist ein Drittmarktschutz ohne Tätigkeit des marktbeherrschenden Unternehmens auf diesem Markt entgegen der überwiegend vertretenen Auffassung abzulehnen.

(3) Schlussfolgerungen für § 42 TKG

Schlägt man nun den Bogen zu § 42 TKG zurück, so könnte man der Auffassung zugeneigt sein, in der Weigerung des Netzbetreibers, Kapazitäten für den Inhalteanbieter freizugeben, im Einzelfall eine missbräuchliche Ausnutzung seiner Marktstellung zu sehen, für die der Weg über § 42 TKG eröffnet sein könnte. Denn die Kombinationslösung[3221] des § 42 TKG mit Elementen des § 19 und § 20 GWB griffe im

---

3217 Bundesrat Stellungnahme BT-Drs. 13/9720, S. 73; *Dreher*, DB 1999, S. 833, 835.
3218 *Möschel*, in: Immenga/Mestmäcker (Hrsg.), GWB-Kommentar, § 19 Rdnrn. 219; ders., MMR 2001, S. 3, 5.
3219 *Markert*, in: Immenga/Mestmäcker (Hrsg.), GWB-Kommentar, § 20 Rdnrn. 93, 239.
3220 *Engel/Knieps*, S. 14.

Falle eines eigenen Programmangebots über die Elemente des § 19 GWB, wohingegen die Kriterien nach § 20 GWB den Drittmarktbezug herstellen könnten, ohne dass der Netzbetreiber auch auf dem Programmmarkt der Inhalteanbieter tätig sein müsste. Eine derart weite Auslegung zuwiderliefe aber dem Sinn und Zweck der Vorschrift.

(a) Marktmachtkausalität

Auch § 42 TKG muss im Falle eines Drittmarktbezugs wie im GWB[3222] eine (normative) Kausalität aufweisen. Dies lässt sich schon a fortiori begründen, wenn man einen der sektorspezifischen Regulierung nicht unterfallenden Markt aufgrund der Regulierungsbedürftigkeit von vor- oder nachgelagerten Märkten überhaupt dem sektorspezifischen Missbrauchstatbestand unterstellen will. Denn allein weil der Netzbetreiber auf einem Markt über beträchtliche Marktmacht verfügt, die sich nicht auch kausal auf den anderen auswirkt, zuwiderliefe dem Rechtsverständnis, überhaupt verhaltensbedingt einzugreifen. Anderes gilt dagegen für Märkte mit horizontalem Bezug. Hier müssen sich unternehmerische Diskriminierungen gegenüber Dritten schon allein deshalb nach § 42 TKG beurteilen lassen, weil ein von Marktversagen geprägter Bereich es erlaubt, die Marktmacht auch auf vertikale Märkte auszuweiten. Da die Regulierungsbehörde im Marktregulierungsverfahren für den durch Marktversagen geprägten Bereich originär zuständig ist, wäre es mit der gesetzgeberischen Intention[3223] vereinbar, auch die Auswirkungen auf diesen Märkten der Regulierungsbehörde als der sachnäheren Behörde zu übertragen. Dennoch muss auch hier im Falle eines Drittmarktbezugs ein hinreichender Zusammenhang zwischen den Märkten bestehen. Zunächst muss der im Marktdefinitions- und Marktanalyseverfahren nach §§ 10, 11 TKG festgestellte Markt einen Bezugspunkt zur Diskriminierung auf dem vertikalen Markt aufweisen. Die entscheidende Frage lautet also zunächst: Ist die beträchtliche Marktmacht auf dem durch Marktversagen gekennzeichneten regulierungsbedürftigem Markt ursächlich dafür, dass sich eine Diskriminierung auf einem vor- oder nachgelagerten Markt überhaupt erst ergeben kann? Negativ formuliert könnte man auch fragen: Wenn auf einem dieser Märkte beträchtliche Marktmacht nicht existent wäre, würde dann eine Diskriminierungsmöglichkeit entfallen?

Bezogen auf den Breitbandkabelsektor kann eine solche Beziehung zwischen dem Endkundenmarkt und dem Einspeisemarkt begründet werden. Denn fasst man das

---

3221 *Schütz*, Kommunikationsrecht, Rdnr. 865; *Robert*, K&R 2005, S. 354, 355.
3222 KG WuW/E OLG 3124, 3129 „Milchaustauschfuttermittel"; OLG Düsseldorf WuW/E DE-R 880, 883 „Strom&Fon"; *Möschel*, in: Immenga/Mestmäcker (Hrsg.), GWB-Kommentar, GWB, § 19 Rdnr. 114; *Schulz*, in: Langen/Bunte (Hrsg.), Kommentar zum Kartellrecht, § 19 Rdnr. 133; *Wiedemann*, Handbuch des Kartellrechts, § 13 Rdnr. 37; *Möschel*, Pressekonzentration und Wettbewerbsgesetz, S. 129.
3223 Begründung zu § 40 TKG-RegE, BT-Drs. 15/2316, S. 71.

Marktmachtproblem so eng wie möglich und kommt mit dem BGH[3224] zu der Annahme, dass das der Inhalteanbieter die von ihm ins Auge gefassten Empfänger zu erreichen versucht und daher auf das jeweilige Netz angewiesen ist, dann ergibt sich gerade aus dem fehlenden wirksamen Wettbewerb auf dem Endkundenmarkt die Problematik der Notwendigkeit der Einspeisung in das Netz des Kabelbetreibers. Wäre die Auswahlentscheidung hinsichtlich des Netzes durch den Empfänger zu jeder Zeit frei, bestünde also vollständige Substitutionselastizität der Netze für jeden Endkunden, würde ein diskriminierendes Verhalten des jeweiligen Netzbetreibers eingedämmt. Denn dem Empfänger geht es in erster Linie um das einzelne Programmangebot, möglicherweise erhält er sogar den Eindruck, er bezahle mit dem Transportentgelt die jeweilige Rundfunkleistung[3225], so dass sich auch der Netzbetreiber diesem Bedürfnis des Endkunden nicht entziehen könnte.

(b) „Interdependente Kausalität"

Ob allein diese „einseitige Kausalität" ausreicht, um den Anwendungsbereich von § 42 TKG zu eröffnen, muss aber bezweifelt werden. Denn der Schutzzweck der besonderen Missbrauchsaufsicht würde so in unzulässiger Weise auf all die Märkte ausgeweitet, die in irgendeinem Zusammenhang zum regulierten Markt stehen. Vielmehr sollte die Kausalität wie im GWB zweckbezogen bestimmt werden, da ihr eine normative Komponente innewohnt[3226]. Der Zusammenhang zwischen dem regulierungsbedürftigen, von § 42 TKG grundsätzlich erfassten Markt und dem nicht regulierten Markt ist danach angemessen herzustellen. Dem Sinn und Zweck der Vorschrift würde es entsprechen, eine Wechselwirkung zwischen den Märkten dergestalt vorauszusetzen, dass die besondere Missbrauchsaufsicht auch auf dem nicht regulierten Markt angewendet wird, weil dies die Marktposition des diskriminierenden Unternehmens auf dem nicht regulierten Markt herstellt oder den Restwettbewerb auf dem vermachteten Markt stärker als bislang einschränkt. So verstanden, käme die Anwendung der sektorspezifischen Missbrauchsaufsicht auch auf den Drittmärkten nur dann in Betracht, wenn sie zwar von der Regulierung nicht erfasst werden, aber aufgrund ihrer Interdependenz mit dem vor- oder nachgelagerten Markt in einem derart engen Verhältnis stehen, dass sich die Marktmacht von dem einen Markt auf den anderen transferieren oder die bestehende Position auf dem vermachteten Markt verfestigen lässt. Diese Sichtweise stünde auch nicht im Konflikt mit der Kausalitätslehre von Immenga und Möschel, die es für §§ 19, 20 GWB dabei belassen wollen, dass die Wettbewerbsbenachteiligung gerade durch eine Marktbeherrschung, wenn auch auf einem anderen Markt, verursacht wurde[3227]. Denn anders als das allgemeine Kartellrecht, das auf allen Märkten Anwendung

---

3224 BGH NJW 1996, S. 2656, 2657 „Pay-TV-Durchleitung".
3225 *Ladeur*, ZUM 2005, S. 1, 4.
3226 *Immenga*, GRUR 1989, S. 142, 147; *Möschel*, Pressekonzentration und Wettbewerbsgesetz, S. 129.
3227 Ebenda.

findet, ist das TKG nicht auf alle Märkte anwendbar. Daher darf und kann die Vorschrift nicht greifen, wenn ein abgeleiteter oder Drittmarkt nicht vom TKG erfasst wird. Hiergegen spricht auch, dass das Telekommunikationsrecht durch den Willen seiner Rückführung[3228] gekennzeichnet ist. Es verfolgt damit nicht das Ziel, dauerhaft angewandt zu werden. Dem widerspräche es, wollte man auch nicht regulierte Märkte erfassen, die „nur" durch eine Diskriminierung, nicht aber der Gefahr einer Vermachtung durch den Netzbetreiber ausgesetzt sind oder zum Erhalt der Marktstellung auf dem vermachteten Markt beitragen. Diese Erwägungen ergeben sich auch vor dem Hintergrund des § 11 Abs. 1 S. 4 TKG, der nur dann benachbarte Märkte mit beträchtlicher Marktmacht zu erfassen vermag, wenn eine Marktpräsenz des Betreibers mit beträchtlicher Markt auch auf dem benachbarten Markt besteht[3229]. Die Marktanalyseleitlinien sprechen sogar davon, dass die Verbindungen zwischen beiden Märkten es gestatten müssen, die beträchtliche Marktmacht von einem auf den anderen Markt zu übertragen und damit die gesamte Marktmacht des Unternehmens zu verstärken[3230]. Diese Erfordernisse bestehen zwar für § 42 TKG nicht. Es muss aber irgendein Rückkopplungsmechanismus zum regulierten Markt vorhanden sein, um die Erfassung zu rechtfertigen. Damit sollte sich im Rahmen einer als interdependent zu bezeichnenden Kausalität die Frage anschließen, welche Wirkungen die Diskriminierung zugunsten des marktmächtigen Unternehmens hat.

Bezogen auf den nicht regulierten Einspeisemarkt und den etwaig regulierten Signallieferungs- und Endkundenmarkt ist also zwingend erforderlich, dass der Netzbetreiber durch die Diskriminierung seine etwaig bestehende Marktmacht auf diesen Märkten durch diese Maßnahmen zumindest erhalten oder diese als Hebel zur Verlagerung auf einen anderen Markt transferieren kann. Den Darstellungen zur normativen Kausalität folgend, entspricht es nicht der ökonomischen Rationalität überhaupt „werthaltige" Inhalte aus dem Programm zu verbannen. Mit jedem einzelnen Sender schafft der Netzbetreiber Attraktivität für seine Infrastruktur und kann hierdurch im besten Fall eine Entkopplung der Signalabnehmer durch Satellit verhindern, zunehmend muss er jedoch auch neue Dienste anbieten, um nicht Gefahr zu laufen, hinter den technischen Stand der Entwicklung zurückzufallen. Hinsichtlich der Preisdiskriminierung sieht dies anders aus. Hier bestehen andere Verhaltensparameter, die durchgesetzt werden können. Aber in jedem Fall geschieht eine Diskriminierung nicht zum Zweck des Marktmachttransfers, sondern allein auf dem Einspeisemarkt, der angesichts der heutigen Kapazitätsknappheit allenfalls negative Wechselwirkungen zum Endkunden- und Signallieferungsmarkt hätte. Insoweit nimmt ja auch der Ertrag der Sender ab, die selbst kapitalintensive Programme produzieren oder sich beschaffen müssen. Damit ist nur eine Konstellation denkbar, die eine interdependente Kausalität begründen könnte, und zwar, wenn der Netzbetreiber selbst als Inhalteanbieter auftritt, also vertikal integriert ist. Die Ursache für das

---

3228 *Schrameyer*, S. 9 f.; *Scherer*, MMR 2002, S. 200 f.; *Scherer*, S. 273 f.
3229 Marktanalyseleitlinien, ABl. C 165 v. 11.07.2002, S. 6 ff., Tz. 83 ff. m. Hinw. auf EuGH, Slg. 1996, I-5951 „Tetra Pak/Kommission".
3230 Marktanalyseleitlinien, ABl. C 165 v. 11.07.2002, S. 6 ff., Tz. 83.

Eingreifen des Normanwendungsprogramms nach § 42 TKG gegenüber dem Netzbetreiber nach erfolgreicher vertikaler Integration liegt darin, dass neben der aktuellen Vertikalbeziehung hinsichtlich der Einspeisenachfrage ein horizontales Wettbewerbsverhältnis zwischen Inhalteanbietern und integrierten Netzbetreibern entsteht. Damit wird eine Ausgangssituation begründet, die der klassischen Problematik der Telekommunikation mit ihren monopolistischen Engpasseinrichtungen entspricht. M.a.W.: Die Gefahr der Hebelwirkung, durch den monopolistischen Engpass die Marktmacht auf einen vor- oder nachgelagerten Markt zu übertragen, nimmt zu. Aufgrund der etwaig bestehenden Marktmacht auf dem Signallieferungs- und Endkundenmarkt, auf denen die Programmveranstalter nicht tätig sind, kann es durchaus sinnvoll sein, ein attraktives Programm auszuschließen, um seine eigenen Inhalte einzuspeisen und so Marktmacht zu transferieren. Bezweifelt werden kann dann nicht mehr, dass die besondere Missbrauchsaufsicht geeignet ist, fehlenden wirksamen Wettbewerb auf dem Endkunden- oder Signallieferungsmarkt wiederherzustellen oder zumindest den Restwettbewerb, der auf vermachteten Märkten in der Telekommunikation aufgrund der hohen Irreversibilitäten nicht weniger schutzwürdig ist, nicht zu verschlechtern. In diesem Fall kann also die Zwangseinspeisung oder die Gleichbehandlung dazu führen, dass der Netzbetreiber Anreize gesetzt bekommt, sein Netz auszubauen, um seine eigenen Inhalte erst einspeisen zu können und die Märkte nicht weiter mit einer Vermachtung zu verketten. In diesem Fall wäre also die notwendige Wechselwirkung der Märkte zueinander hergestellt, um den sektorspezifischen Schutz der besonderen Missbrauchsaufsicht mit der Funktionsunfähigkeit der Märkte bzw. dem wirksamen Wettbewerb auf diesen Märkten zu begründen. Der erforderliche Drittmarktbezug im Rahmen des § 42 TKG ist also immer dann hergestellt, wenn sich das regulierte Unternehmen auch auf dem Drittmarkt befindet oder durch eine Diskriminierung hier eine rückkoppelnde Besserstellung auf dem vermachteten Primärmarkt verursacht. Für den Kabelnetzbetreiber kann eine solche interdependente Kausalität nur durch eigene vertikale Integration verursacht werden, nicht jedoch schon aufgrund seines etwaig monopolistischen Engpasses auf dem Einspeisemarkt.

ddd) Der Bezug zum GWB

Damit ein Zugang nach § 42 Abs. 1 TKG zugunsten eines Inhalteanbieters gegenüber einem vertikal integrierten Netzbetreiber angeordnet werden kann, müssen seine Tatbestandsvoraussetzungen vorliegen. Wie mehrfach erwähnt, nimmt § 42 TKG als Kombinationslösung zu §§ 19, 20 GWB Bezug, die selbst wiederum für den Zugang zu Kabelnetzen nach allgemeinem Kartellrecht diskutiert und auch schon in der Rechtsprechung[3231] angewandt wurden. Schon für §§ 33, 35 TKG a.F. galt, dass die normative Bewertung der Diskriminierung insgesamt nach der von

---

3231 BGH NJW 1996, S. 2656 ff. = BGH WuW/E BGH 3058 ff. „Pay-TV-Durchleitung"; OLG Naumburg, ZUM 1999, S. 942 ff. m. Anm. *Raisch/Gudera*, ZUM 1999, S. 904 ff.

Rechtsprechung und Literatur zu § 20 Abs. 1 GWB entwickelten Dogmatik vorzunehmen war[3232]. Dies sollte sich schon allein aus dem Tatbestandsmerkmal der Diskriminierungsfreiheit ergeben, ohne dass der Tatbestand insgesamt auf §§ 19, 20 GWB rekurrierte. Der Rückgriff auf die allgemeinen Grundsätze und die hierzu entwickelte Rechtsprechung folgt aber auch aus der Ergänzungsfunktion[3233], die die sektorspezifischen Vorschriften neben dem allgemeinen Kartellrecht einnehmen. Vor dem Hintergrund des Phasing-Out[3234] sektorspezifischer Regulierung spricht hierfür heute umso mehr die Angleichungsfunktion zwischen sektorspezifischem und allgemeinem Kartellrecht. Daher und auch vor dem Hintergrund, dass § 42 TKG bislang nicht für die Kabeleinspeisung fruchtbar gemacht wurde, sollen die Zugangsansprüche nach §§ 19, 20 GWB dargestellt werden, um Hinweise für eine systemgerechte Anwendung von § 42 TKG zu erhalten.

bb) Zugang nach § 20 GWB

Wie schon eingangs erwähnt wurde, ist § 20 GWB die kartellrechtliche Norm, die schlechthin Zugangsansprüche im Kabelnetz zu begründen vermochte. So jedenfalls hat es das OLG Naumburg[3235] auf Grundlage des Pay-TV Durchleitungsurteils des BGH[3236] gehalten, dem sich die Literatur[3237] mehrheitlich angeschlossen hat. Unproblematisch ist diese Auffassung aber nicht. Gerade in letzter Zeit wird zunehmend Kritik[3238] an dieser Sichtweise geübt, die vornehmlich an der engen Marktabgrenzung[3239] ansetzt und das jeweilige Netz nicht per se als marktbeherrschend begreifen will. Ungeachtet dieser berechtigten Kritik, soll diese Stellschraube angesichts der oben dargestellten Marktdefinition unangetastet bleiben. Allerdings ist aufgrund des Normzwecks anerkannt, dass kartellrechtliche Zugangsansprüche aus dem allgemeinen Missbrauchstatbestand eine engere Marktabgrenzung zugrunde legen können, so dass die Marktbeherrschung hier unterstellt werden kann. Anders als § 42 TKG bedarf es im Rahmen des § 20 GWB bei Zugangsansprüchen gegenüber Netzbetreibern wie festgestellt keines Drittmarktbezugs, da sich Nachfrager nach der Durchleitung von Programmen zu den Endkunden und Anbieter der Programmdurchleitung auf dem Einspeisemarkt unmittelbar gegenüberstehen.

3232 *Piepenbrock*, in: Beck'scher TKG-Kommentar, § 33 Rdnr. 43.
3233 *Gersdorf*, Regulierung des Zugangs zu Kabelnetzen, S. 76.
3234 *Schrameyer*, S. 9 f.; *Scherer*, MMR 2002, S. 200 f.; *ders.*, S. 273 f.
3235 OLG Naumburg, ZUM 1999, S. 942 ff.
3236 BGH NJW 1996, S. 2656 ff. = WuW/E BGH 3058 ff."Pay-TV-Durchleitung".
3237 *Jüngling*, S. 273 f.; *Weisser/Meinking*, WuW 1998, S. 831, 847 f.; *Irion/Schirmbacher*, CR 2002, S. 61, 67 f.; *Schütz*, MMR 2001, S. 20, 25; *Schütz*, Kommunikationsrecht, Rdnr. 469.
3238 *Möschel*, MMR 2001, S. 13, 18 f.; *Raisch/Gudera*, ZUM 1999, S. 904 ff., insb. 906 ff.; *Engel*, ZUM Sonderheft 1997, S. 309, 313; *Schalast/Jäger/Abrar*, WuW 2005, S. 741, 750.
3239 Ausf. Analyse mit wettbewerbskonzeptionellem Vorschlag: *Gudera*, S. 150 ff., 174 ff.

aaa) Erfüllung des Begehungstatbestandes

Den Schwerpunkt der Prüfung bildet neben der Marktabgrenzung das Tatbestandsmerkmal der Ungleichbehandlung bzw. der Behinderung. Beide Tatbestände sind eng miteinander verwoben und sind meist kumulativ erfüllt[3240]. Eigenständige Bedeutung hat der Behinderungstatbestand, sofern der Normadressat zwar alle Unternehmen gleich behandelt, aber zugleich behindert[3241]. Gemünzt auf die Kabeleinspeisung würde dies bedeuten, dass der Netzbetreiber keinem Programmanbieter die Möglichkeit der Einspeisung bietet. Der Netzbetreiber müsste dann aber selbst alle Inhalte abdecken und wäre dann auch auf dem abgeleiteten Markt beherrschend. In diesem Fall wäre dann § 19 Abs. 4 Nr. 4 GWB anwendbar, so dass über dessen Verhältnis zu § 20 GWB nachgedacht werden müsste[3242]. Diese Situation ist auch langfristig kaum vorstellbar.

An den Begehungstatbestand sind keine zu hohen Anforderungen zu stellen. Er lässt sich in mehrere Fallgruppen unterteilen. Die relevanten Fälle im Rahmen der Zugangsbeschränkung sind die der Abschlussverweigerung, der Preisdifferenzierung und der Ausschließlichkeitsbindung.[3243] Zugangsbeschränkungen sind angesichts der immer noch vorherrschenden Kapazitätsknappheit im Breitbandkabel die am häufigsten geltend gemachte Problematik. Einige befürchten, dass die Entscheidungsrationalität der Netzbetreiber durch die rein wirtschaftliche Betrachtung von attraktiven Inhalten als auch von interaktiven Diensten zu einer Zugangsbeschränkung für andere führt. Durch die vertikale Integration mit Inhalteanbietern soll der Drang bestehen, ähnliche Konkurrenzangebote aus dem eigenen Transport auszusperren. Preisdifferenzierungen im Kabelnetz betreffen die Fälle, in denen der Netzbetreiber für die Einspeisung und Weiterleitung von unterschiedlichen Inhalten hinsichtlich der Einspeisung und Weiterleitung unterschiedliche Preise verlangt. Die letzte relevante Fallgruppe betrifft Koppelungsbindungen. Denkbar sind Fälle, in denen die Einspeisung nur mit Durchlaufen der gesamten Wertschöpfungsstufen ermöglicht wird. Abgerechnet werden könnten beispielsweise Multiplexing, EPG oder die Einbindung in ein CAS[3244]. Diese Bedenken bestehen entgegen einiger Stimmen[3245]

3240 *Markert*, in: Immenga/Mestmäcker (Hrsg.), GWB-Kommentar, § 20 Rdnr. 115; *Emmerich*, S. 225.
3241 BGH WuW/E BGH 2360 „Freundschaftswerbung"; *Markert*, in: Immenga/Mestmäcker (Hrsg.), GWB-Kommentar, § 20 Rdnr. 115.
3242 Hierzu Teil 2: C.II.3.a)cc), S. 673.
3243 *Markert*, in: Immenga/Mestmäcker (Hrsg.), GWB-Kommentar, § 20 Rdnr. 148 ff.; *Weisser/Meinking*, WuW 1998, S. 831, 843; *Gersdorf*, Regulierung des Zugangs zu Kabelnetzen, S. 73 ff.
3244 *Weisser/Meinking*, WuW 1998, S. 831, 843; *Gersdorf*, Regulierung des Zugangs zu Kabelnetzen, S. 74
3245 *Gersdorf*, Regulierung des Zugangs zu Kabelnetzen, S. 74.

nicht so sehr im Hinblick auf Pay-TV-Anbieter, sondern vor allem auch gegenüber den Free-TV Anbietern, wie auch die derzeitige Strategie der KDG zeigt[3246].

bbb) Maßstäbe der Interessenabwägung

Beiden Tatbeständen ist gemein, dass sie eine Behinderung oder Ungleichbehandlung nicht per se verbieten, sondern im ersten Fall an die Unbilligkeit und im zweiten Fall an eine fehlende sachliche Rechtfertigung knüpfen. Nach stetiger Rechtsprechung des BGH[3247] und der ihm fast ausnahmslos folgenden Literatur[3248] ist die Bewertung der Unbilligkeit oder der sachlichen Rechtfertigung nach dem einheitlichen Maßstab der Abwägung der Interessen der Beteiligten unter Berücksichtigung der auf die Freiheit des Wettbewerbs gerichteten Zielsetzung des GWB zu entscheiden. Eine solche normative Abwägung hat daher zwar einzelfallbezogen zu erfolgen. Allerdings hat sich die für die Abwägung erforderliche Gewichtung und Bewertung nicht ausschließlich an den Interessen zu orientieren, sondern muss in erster Linie das Wertungssystem des GWB und den Schutzzweck der Norm mit in die Abwägung einbeziehen[3249]. Der Individualschutz muss sich m.a.W. an dem Institutionsschutz messen lassen[3250].

ccc) Zugang…bei ausreichender Kapazitäten

Dieser aufgrund der Unbestimmtheit des Wettbewerbsbegriffs abstrakt umschriebene Rechtssatz führt zunächst dazu, dass die Interessen des diskriminierenden Unternehmens nicht in seiner Marktmacht begründet sein dürfen. Outputreduzierungen oder Preishöhen dürfen also nicht auf die ihm die Marktmacht erst verleihende Marktstellung rückführbar sein. Dieser Zusammenhang besteht, wenn sich das betriebswirtschaftliche Optimum in einer dem Wettbewerb gerade zuwiderlaufenden Verhaltensweise erschöpft und daher einen konkreten Anknüpfungspunkt in der Marktmacht des Unternehmens hat. Daraus folgt, dass ein Netzbetreiber seine Übertragungskapazität, seine sog. „Slots", nicht versperren darf, um eine künstliche Kapazitätsknappheit herzustellen. Eine hierauf gestützte Einspeiseverweigerung wäre in jedem Fall nicht mit der auf die Freiheit des Wettbewerbs gerichteten Zielsetzung

---

3246 So bereits *Ladeur*, ZUM 2002, S. 252, 253; BKartA, KDG/KBW/Iesy/Ish, S. 41 ff.; Es geht um Gleichbehandlung, Handelsblatt v. 03.05.2005, S. 17; ARD fordert Fernsehen ohne Grenzen, Handelsblatt v. 11.03.2002, S. 18; KDG kündigt mehr Investitionen ins Internet an, Handelsblatt v. 02.09.2004, S. 14.
3247 BGH WuW/E BGH 502, 508 „Treuhandbüro"; BGH WuW/E DE-R 206, 209 „Depot-Kosmetik"; WuW/E DE-R 357, 359 „Feuerwehrgeräte".
3248 *Koller*, S. 75 ff.; *Emmerich*, S. 226; *Gersdorf*, Regulierung des Zugangs zu Kabelnetzen, S. 77; *Gudera*, S. 141; *Schultz*, in: Langen/Bunte (Hrsg.), Kommentar zum Kartellrecht, § 20 Rdnr. 122; *Markert*, in: Immenga/Mestmäcker (Hrsg.), GWB-Kommentar, § 20 Rdnr. 129.
3249 BGH WuW/E BGH 1829, 1837 f. „Original-VW-Ersatzteile II"; WuW/E BGH 2535, 2540 „Lüsterbehangsteine".
3250 *Markert*, in: Immenga/Mestmäcker (Hrsg.), GWB-Kommentar, § 20 Rdnr. 17.

des GWB vereinbar. Gleiche Erwägungen treffen auch bei den Einspeiseentgelten zu, da eine Verknappung der Ressourcen, betriebswirtschaftlichen Grundsätzen folgend, eine Erhöhung der Preise für die Zuteilung begründet. Da nach der Rechtsprechung[3251] eine Vorratshaltung ebenfalls unzulässig ist, wird Inhalteanbietern nach einer Auffassung[3252] bei ausreichend vorhandenen Slots ein uneingeschränkter Anspruch auf Einspeisung zuerkannt. Aus der Einheit des Rechts[3253] folgt auch, dass eine Sachlage, die nach dem RfStV unzulässig ist, beispielsweise durch Verstoß gegen das Vielfalterfordernis des § 52 Abs. 4 Nr. 1 RfStV, kartellrechtlich nicht zulässig sein kann[3254]. So ist es dem Kabelnetzbetreiber verwehrt, die vorhandene Kapazitäten einer anderen medialen Nutzung zuzuführen, die sich außerhalb der Rundfunkübertragung bewegt. Hierfür ist allein die Kapazität nach § 52 Abs. 4 Nr. 2 RfStV einer Alternativwidmung zugänglich.

Im Übrigen steht es einem Netzbetreiber frei, sein eigenes Programm einspeisen. Es gibt keine gesetzliche Regelung, die es einem Netzbetreiber verbietet, den Transport und den Inhalt zu trennen, wie dies noch die dienende Funktion der Telekommunikation verfassungsrechtlich verlangte. Sind genügend Kapazitäten vorhanden, findet die Anzahl der von dem Netzbetreiber selbst einzuspeisenden Programme seine Grenzen dort, wo eine marktbeherrschende Stellung auf dem nachgelagerten Markt entsteht. Hier handelte es sich durch Ausnutzung einer marktbeherrschenden Stellung beim monopolistischen Bottleneck zur Transformation der Marktmacht auf einen nachgelagerten Markt um einen klassischen Fall der Hebelwirkung (leveraging), was zweifelsfrei nicht im Einklang mit den Zielsetzungen des GWB stünde[3255]. Erneut müsste dann an § 19 Abs. 4 Nr. 4 GWB gedacht werden[3256]. Zu denken ist aber auch an die Medienkonzentrationskontrolle, die aufgrund vorherrschender Meinungsmacht nach § 26 Abs. 2 RfStV zur Anwendung kommt und dem Netzbetreiber die vertikale Integration untersagen kann.

ddd) ...bei Kapazitätsknappheit

Bei bestehender Kapazitätsknappheit ist die rechtliche Würdigung komplexer. Die Kapazitätsknappheit ist der wohl wichtigste Fall einer sachlichen Rechtfertigung bzw. einer billigen Behinderung[3257]. Hierbei muss danach unterschieden werden, ob der Netzbetreiber die Kapazitäten selbst nutzen möchte oder aber lediglich Programmveranstalter gegenüber anderen begünstigt. Unproblematisch ist derzeit noch die Frage, ob der Kabelnetzbetreiber einem Programmveranstalter den Vorrang vor

---

3251 BVerwGE MMR 2001, S. 681, 689 „Entbündelter Zugang zum Ortsnetz"; *Möschel*, in: Immenga/Mestmäcker (Hrsg.), GWB-Kommentar, § 19 Rdnr. 206.
3252 *Gersdorf*, Regulierung des Zugangs zu Kabelnetzen, S. 78 f.
3253 Wohl auch BGH WuW/E BGH 1783 ff. „Neue Osnabrücker Zeitung"; *Emmerich*, S. 229.
3254 *Gudera*, S. 110; *Hohmann*, S. 366.
3255 Ähnlich auch *Koch*, DVBl. 1994 S. 840, 842.
3256 Hierzu Teil 2: C.II.3.a)cc), S. 673.
3257 *Gudera*, S. 134 f.; *Thierfelder*, S. 7; *Kleinmann*, in: Bechtold (Hrsg.), GWB, § 19 Rdnr. 87; *Emmerich*, S. 205.

einem anderen einräumen darf, ohne selbst auf dem Programmlieferungsmarkt tätig zu sein. Dies wird man grundsätzlich bejahen müssen, da es im wirtschaftlichen Interesse des Netzbetreibers liegt, sein Programmangebot so attraktiv wie möglich zu gestalten. Dies folgt daraus, dass für den Kabelnetzbetreiber grundsätzlich jedes Interesse berücksichtigungsfähig ist. Insbesondere steht es dem Unternehmen frei, seine unternehmerischen Grundinteressen wahrzunehmen[3258]. Auch wenn sich die Lösung des Netzbetreibers nicht als betriebswirtschaftliches Optimum darstellen sollte, ist ein Eingriff in die von ihm getroffene Allokation unzulässig, da es nicht auf eine verobjektivierte Sichtweise ankommt. Allein auf die Vorstellung des Netzbetreibers wird es ankommen. Allerdings sind Ausnahmen von diesem Grundsatz in einer Art „sliding scale" dann zulässig, je größer die Marktmacht des Unternehmens wiegt. Verfügt ein Netzbetreiber auf dem Einspeisemarkt über eine besonders starke Marktstellung, so wird man keine objektiv als willkürliche anmutende Zugangsverweigerung unter dem Schutzmantel der Unternehmerfreiheit zulasten des Senders annehmen können, da nach allgemeiner Auffassung[3259] die betriebswirtschaftliche Rationalität und kaufmännische Vernunft in die Interessenabwägung hineinreicht und auch von dem Maß der Marktmacht abhängt. Hieraus ergibt sich – neben der marktmachtbedingten Verknappung – ein Willkürverbot, um beispielsweise einen massenattraktiven Sender aus Frust über dessen qualitatives Programm auszusperren. Dieser allgemeine kartellrechtliche Grundsatz im Rahmen des § 20 Abs. 1 GWB wird allerdings durch die objektiv-rechtliche Dimension der Rundfunkfreiheit nach Art. 5 Abs. 1 GG wieder nivelliert. Denn ein Kabelnetzbetreiber, der betriebswirtschaftlich unvernünftig, aber ein ausgewogenes Programm mit meinungsbildender Relevanz außerhalb des medienrechtlichen Allokationsregimes anstrebt, kann unter dem Schirm der Rundfunkfreiheit durchaus solche Interessen wahrnehmen. Hier wiegt also nicht die den Netzbetreiber schützende subjektivrechtliche Komponente der Rundfunkfreiheit, auf die sich nicht nur er, sondern auch der Sender berufen kann[3260], sondern die Dominanz der objektivrechtlichen Komponente über die subjektivrechtliche[3261]. In diesem Fall würde sie mit dem Interesse des Netzbetreibers zufällig zusammenfallen. Unter kapazitätsknappen Bedingungen ist daher eine an Meinungsvielfalt orientierte Einspeisung, auch wenn sie betriebswirtschaftlich nicht sinnvoll ist, kein kartellrechtlich willkürliches Verhalten, da hier die Ausstrahlungswirkung der Rundfunkfreiheit ins Kartellrecht hineinreicht. Die Praxis lehrt aber, dass solche Konstellationen wohl der Theorie verhaftet sein werden. In den übrigen Fällen ist die Auswahlentscheidung des Netzbetreibers meist ebenfalls nicht zu beanstanden, wenn er eine kaufmännisch vernünftige Auswahlentscheidung trifft.

3258 *Markert*, in: Immenga/Mestmäcker (Hrsg.), GWB-Kommentar, § 20 Rdnr. 131; *Schütz*, MMR 2001, S. 20, 26.
3259 BGH WuW/E BGH 1814, 1820 „Allkauf-Saba"; OLG Frankfurt WuW/E OLG „Remissionsquote"; *Markert*, in: Immenga/Mestmäcker (Hrsg.), GWB-Kommentar, § 20 Rdnr. 141.
3260 *Gersdorf*, Kabeleinspeisung von Programmbouquets, S. 191 ff.; *Engel*, Kabelfernsehen, S. 56.
3261 Eindrücklich *Ladeur*, K&R 2001, S. 496, 500.

Die Wertung der Marktmacht im Sinne eines sliding scale approach führt aber auch zu einem weiteren Effekt, der häufig wohl aufgrund der engen Marktabgrenzung des jeweiligen Netzes übersehen wird. Denn will man die Auswahlentscheidung adäquat mit den Interessen des Netzbetreibers an seiner Wirtschaftlichkeit und dem der Programmveranstalter an einer Refinanzierung der Investition in Programme und Programmrechte zum Ausgleich bringen, so muss auch berücksichtigt werden, welche Konsequenzen eine Einspeiseverweigerung bzw. eine Einspeiseverpflichtung im Einzelfall hat. Ist beispielsweise die Reichweite des Netzbetreibers überragend, weil er eine Masse an angeschlossenen Endkunden erreichen und durch einen Ausschluss eines Senders über dessen Lebensfähigkeit entscheiden kann, sind die Anforderungen an die Auswahl und den Ausschluss höher als bei einem Netzbetreiber, der aufgrund relativ geringer Reichweite keinerlei Einflüsse auf die Wirtschaftlichkeit des Programmanbieters besitzt. Will der Netzbetreiber einen relativ kleinen und unbekannten Regionalsender in seinem über mehrere Bundesländer verteilten Netz zulasten eines nationalen stark quotenabhängigen Senders einspeisen, so hätte der Regionalsender vermutlich innerhalb kürzester Zeit einen enormen Zuwachs bei Werbeeinnahmen. Der national ausstrahlende Sender hingegen müsste seinen Sendebetrieb vermutlich einstellen. Umgekehrt könnte auch ein relativ kleines unbedeutendes Stadtnetz eine Einspeiseverweigerung gegenüber einem nationalen Sender aussprechen und hierdurch ein regionales Netz begünstigen. Weil der nationale Sender hier nicht in seiner Existenz gefährdet wäre und nicht massenattraktiv genug wäre, damit der Netzbetreiber sich seiner Einspeisung verpflichtet fühlt, umgekehrt aber dann der regionale Sender seinen Sendebetrieb aufgeben müsste, entspräche ein Ausschluss des nationalen Senders der auf die Freiheit des Wettbewerbs gerichteten Zielsetzung des GWB. Zugegebenermaßen drängt sich dabei schon die relative unbedeutende „Marktstärke" des Netzbetreibers auf, die schon auf der Ebene der Marktabgrenzung hätte zu berücksichtigen sein müssen[3262]. In diesem Sinn ist auch eine Anmerkung von Möschel zu verstehen, der darauf hinweist, dass die Entscheidung über die Grenzen des Marktes bereits einen Blick in Richtung der Missbrauchsverhaltensweise erfordert[3263], ohne dass man die Zweistufigkeit[3264] des Marktbeherrschungsbegriffes aushebeln müsste.

Eine weitere Problematik, die bei zunehmender vertikaler Integration eine Rolle spielen dürfte, ist die Frage, in welchem Verhältnis Eigen- und Fremdnutzung von Slots zueinander stehen. Gersdorf erhebt diese zur Fundamentalfrage, weil damit – so seine Argumentation – zentrale rundfunkrechtliche Probleme gelöst wären. So würde die rundfunkrechtliche Forderung, Kapazitäten auch anderen Programman-

---

3262 So wohl auch *Raisch/Gudera*, ZUM 1999, S. 904, 906.
3263 *Möschel*, in: Immenga/Mestmäcker (Hrsg.), GWB-Kommentar, § 19 Rdnr. 20.
3264 Ganz h.M.: BGH WuW/E BGH 1435, 1440 „Vitamin-B-12"; KG WuW/E OLG 995, 996 „Handpreisauszeichner"; WuW/E OLG 1745, 1748 „Kfz-Kupplungen"; *Möschel*, in: Immenga/Mestmäcker (Hrsg.), GWB-Kommentar, GWB, § 19 Rn. 18; *Kleinmann*, in: Bechtold (Hrsg.), GWB, § 19 Rn. 11 ff.; *Klaue/Schwintowski*, S. 24; zum Einstufigkeitskonzept vgl. die a.A.: *Knöpfle*, DB 1990, S. 1385, 1393.

bietern zur Verfügung zu stellen, (sonder-)kartellrechtlich überholt. Auch wenn das Kartellrecht Eigen- und Fremdinteressen an dieser Stelle gleich behandeln würde, übersieht er in diesem Zusammenhang, dass die Vielfaltanforderungen nicht nur in einer numerischen, sondern auch in einer qualitativen Vielfalt zu sehen sind und daher das rundfunkrechtliche Belegungsregime immer andere Züge trägt als die ökonomisch ausgerichtete Verhaltenskontrolle. Zu konstatieren ist aber, dass dann zumindest ein Großteil der Gefahren auf ein Mindestmaß abgeschwächt wären, da der Netzbetreiber aufgrund der numerischen Vielfalt zumindest keine Meinungsmacht begründen könnte. Die zentrale Frage wirft er aber auf: In welchem Verhältnis stehen die Interessen an der Nutzung der Kabelkapazität?

Die Beantwortung der Frage hat in der Literatur[3265] zu Schwierigkeiten geführt, die zum einen aus einem nicht unproblematischen Vergleich mit der Entbündelung der TAL der DTAG im PSTN herrühren und zum anderen aus einer Parallele der Stromeinspeisung gewonnen werden. Dem liegen Entscheidungen des Bundesverwaltungsgerichts[3266] zur Entbündelung der TAL und des Bundeskartellamts[3267] zur vorgelagerten Netznutzung für die Elektrizitätsversorgung auf der nachgelagerten Ebene zugrunde. In dem bundesverwaltungsgerichtlichen Urteil entschied das Gericht, dass für die Zugangsverweigerung oder die Rückholmöglichkeit der TAL durch die DTAG mehrere Gründe in Betracht kommen würden. Dies schließe die Selbstnutzung der TAL und Kapazitätsengpässe mit ein.[3268] Das Bundeskartellamt hat zur Nutzung der Stromnetze dagegen angeführt, dass eine vorrangige Eigennutzung nicht in Betracht komme, sondern die gleichrangige Nutzung auch durch den Dritten gewährleistet sein müsse.[3269] Während die gerichtliche Entscheidung Anlass zu Bedenken hinsichtlich der Rangfolge der Nutzung gibt, scheint sich die kartellamtliche Sichtweise klar für ein gleichrangiges und im Einzelfall zugunsten Dritter zurückzutretendes Eigeninteresse auszusprechen. Ein auf das Ergebnis reduzierter Vergleich würde verkennen, dass das PSTN mit den Strom- und Breitbandkabelnetzen indes wenig Gemeinsamkeiten hat.

Das Eigennutzungsinteresse der DTAG verläuft mit der Parallelentscheidung des Endkunden, die TAL durch die DTAG nutzen zu wollen. Dagegen ist die Beanspruchung der TAL aus Gründen der Vorratshaltung unzulässig und gibt keinen Anlass in der reinen Nichtnutzungsentscheidung eine sachliche Rechtfertigung zu sehen[3270]. Dies ergibt sich für die DTAG genauso wie für Wettbewerber, so dass die Begründung des Bundesverwaltungsgerichts auch vor diesem technischen Hintergrund verstanden werden muss. Die Interessenlage in den Energienetzen ist deshalb eine

---

3265 *Gersdorf*, Regulierung des Zugangs zu Kabelnetzen, S. 83 ff.
3266 BVerwGE MMR 2001, S. 681 ff. m. Anm. *Reinersdorff*, MMR 2001, S. 690 ff.
3267 BKartA WuW/E DE-V 149 ff. = RdE 2000, S. 31 ff. „Berliner Stromdurchleitung"; m. Anm. *Haus*, WuW 1999, S. 1190 ff.
3268 BVerwGE MMR 2001, S. 681, 688 f..
3269 BKartA WuW/E DE-V 149, 156 „Berliner Stromdurchleitung".
3270 BVerwGE MMR 2001, S. 681, 689; *Möschel*, in: Immenga/Mestmäcker (Hrsg.), GWB-Kommentar, § 19 Rdnr. 206.

andere, da hier anders als im Telefonfestnetz ein Konflikt zwischen Etabliertem und Newcomer besteht und nicht allein von der Nutzungsentscheidung des Endkunden aufgelöst wird. Daher ist schon ersichtlich, dass hier anders als im PSTN eine Abwägung stattzufinden hat. Von der Situation in den Kabelnetzen unterscheiden sich beide Konstellation dadurch, dass beide Netzsektoren eine vertikale Separierung erst seit ihrer Marktöffnung kennen. Dieser Gesichtspunkt ist weder im PSTN noch bei der Elektrizitätswirtschaft zu berücksichtigen gewesen, da Netz und Inhalt aufgrund der dienenden Funktion der Telekommunikation und der Kompetenzverteilung zwischen Bund und Ländern beim Breitbandkabel zu einer vertikalen Separierung geführt haben. Da hier also die Transportunternehmen auch weiterhin lebensfähig bleiben, die Sender dagegen auf die weiterhin bestehende Übertragung angewiesen sind, ergibt sich hier die relative Unvergleichbarkeit mit dem PSTN und den Elektrizitätsversorgungsnetzen, bei denen eine Trennung erst regulatorisch herbeigeführt werden musste und Newcomer erst durch das Aufbrechen monopolistischer Strukturen neu in den Markt treten.

Dennoch lassen sich die grundlegenden Überlegungen auch für die Kabeleinspeisung fruchtbar machen. Das Bundeskartellamt hatte seine Auffassung mit Rücksicht auf die grundrechtlich geschützte Eigentumsfreiheit aus Art. 14 GG getroffen. Darin kommen eine gleichberechtigte Nutzung und die im Einzelfall zurückzutretenden Interessen des marktbeherrschenden Energieversorgungsunternehmens im Wege einer sog. Repartierungspflicht[3271] zum Ausdruck. Danach müssen die Kapazitäten anteilig allen interessierten Nutzern zur Verfügung gestellt werden.[3272] Das Bundeskartellamt stützte diese Entscheidung auf § 19 Abs. 4 Nr. 4 GWB und § 6 Abs. 1 EnWG, die die Inhalts- und Schrankenbestimmung des Art. 14 Abs. 1 S. 2 GG konkretisieren. Begründet wurde dieses Ergebnis unter anderem auch damit, dass eine angemessene Vergütung erfolge. Die Verpflichtung zur gleichrangigen Nutzung ergibt sich dabei aus der Sozialbindung des Privateigentums. Eine einseitige Bevorzugung oder Benachteiligung ließe sich dagegen nicht mit verfassungsrechtlichen Vorgaben in Einklang bringen[3273].

Diese Grundsätze sind unter Berücksichtigung der Besonderheiten des Breitbandkabelnetzes auch auf den hier in Frage stehenden Sachverhalt zu übertragen. Die Grundsätze der Repartierung sind nach § 20 GWB nicht ausgeschlossen[3274]. Auch

---

3271 Der Begriff der Repartierung stammt ursprünglich aus dem Börsenhandel und meint die Zuweisung von Teilbeträgen auf einzelne Börsenaufträge zur Erledigung, wenn Nachfrage und Angebot nicht im Gleichgewicht sind oder wenn durch große Käufe bzw. Verkäufe zu starke Kursausschläge eintreten würden, vgl. in diesem Zusammenhang bspw. BVerfGE 12, 354 ff. „Volkswagenprivatisierung"; im Zsh. zum GWB, vgl. OLG Karlsruhe WuW/E OLG 4619 ff.; OLG Stuttgart NJW-RR 1997, S. 1541 ff.
3272 BKartA WuW/E DE-V 149, 156 „Berliner Stromdurchleitung"; a.A.: *Schmidt-Preuß*, RdE 1996, S. 1, 6, der für einen Anspruch nur für Newcomer zulassen möchte.
3273 *Papier*, BB 1997, S. 1213, 1216; vgl. zum Europäischen Recht nur EuGH, Slg. 1978, 1513, Rdnr. 9 „BP v. Kommission".
3274 Zur Anwendung der Repartierung im Rahmen des § 20 Abs. 1 GWB nur *Kühne*, RdE 2000, S. 1 ff.; *Theobald/Zenke*, WuW 2001, S. 19, 27 f. mwN.

die hier angesprochene „interne gleich externe Gleichbehandlung" ist für § 20 GWB nach stetiger Rechtsprechung[3275] wesensimmanent und bereitet keine Schwierigkeiten. Im Lichte einer nach GWB zu beurteilenden Interessenabwägung ist aber zu berücksichtigen, dass die Kommunikationsnetze auch eine „mittelbare Gewährleistungsfunktion" aus Art. 5, 87 f GG haben. Ferner ist der Umstand angemessen zu würdigen, dass die vertikal bislang separierten Netze nunmehr auch in ein horizontales Wettbewerbsverhältnis der Programmanbieter erst einzutreten beabsichtigen.

Für Bottleneck-Inhaber in der Liberalisierungsphase wird allgemein ins Feld geführt, dass für sie ein gewisser Bestandsschutz fortwirken müsse. So wird für die Stromnetzinhaber beispielsweise eine Bestandskraft von Verträgen auf den nachgelagerten Märkten angenommen, auch wenn sie zu einem Wettbewerbsausschluss führen[3276]. Ferner wird auf Rechtssicherheit Bezug genommen, die unabhängig davon greifen muss, ob Wettbewerb momentan beschränkt oder funktionsfähig ist[3277]. Programmanbieter haben solche Sicherheiten aufgrund des Ausschlusses von vertikalen Integrationsmöglichkeiten faktisch nie gehabt. Fraglich ist daher, ob sich die Bestandsschutzgedanken für Programmanbieter begründen lassen.

Dem Bestandsschutzgedanken steht zumindest nicht entgegen, dass die Sender keine Infrastruktureinrichtungen besitzen. Vielmehr ist es das dem Eigentum gleichstehende jahrzehntelange Senderecht, das als Vermögensrecht[3278] Bestandsschutz genießt. Das Senderecht wurde bislang durch den Bund infrastrukturell gewährleistet, wohingegen sich das Recht zur Einspeisung nach Maßgabe der von den Ländern aufgestellten Kriterien der Meinungsvielfalt ergab. Neben Art. 14 GG ist auch an den im Regelfall betroffenen Art. 12 GG zu denken. Konkret bedeutet dies, dass unter den veränderten Bedingungen des Art. 87 f GG die über die Vielfalt gewährleisteten Aspekte in eine ökonomische transformiert wurden. Die Grundrechte der betroffenen Sender können und müssen daher mittelbar[3279] über § 20 GWB greifen.

Im Falle der Kapazitätsknappheit ist damit konsequenterweise eine faktische Pflicht der Kabelnetzbetreiber verbunden, Kapazitäten zu schaffen, um selbst in den abgeleiteten Markt eintreten zu können, auf dem sie bislang nicht tätig waren. Dies ergibt sich aus einer praktisch konkordanten Abwägung der widerstreitenden Grundrechte der Art. 12, 14 GG, die auf beiden Seiten betroffen sind und wird durch die objektiv-rechtliche Dimension der Rundfunkfreiheit überlagert und gestützt. Denn während der Existenzverlust der Sender einer geschäftlichen Erweiterung des Netzbetreibers gegenübersteht, wäre auch der Meinungsvielfalt nur gedient, wenn der Bestandsschutz zugunsten der Sender aufgelöst würde. Diese Sichtweise steht daher

---

3275 BGH WuW/E BGH 1805, 1808 „Privatgleisanschluss"; WuW/E BGH 1683, 1686 „Zuckerrübenanlieferungsrecht"; WuW/E BGH 2990, 2995 „Importarzneimittel".
3276 *Hohmann*, Teil 3 D. II. 1. a) aa) (1); *Möschel*, in: Immenga/Mestmäcker (Hrsg.), GWB-Kommentar, GWB, § 19 Rdnr. 206.
3277 Ebenda.
3278 *Jarass*, in: Jarass/Pieroth (Hrsg.), Grundgesetz-Kommentar, Art. 14 Rdnr. 1.
3279 Zur mittelbaren Drittwirkung der Grundrechte vgl. BVerfGE 73, 261, 269 „Sozialplan"; *Stern*, Das Staatsrecht der BRD, 3.Bd. 1980-1994, Bd.I, S. 1584.

nur auf den ersten Blick dem überwiegend vertretenen Ansatz[3280] entgegen, dass eine umfassende Pflicht zur Schaffung von Kapazitäten nicht bestehe. Sie wird aus der negativen Eigentumsfreiheit abgeleitet und findet sich auch in dem vom BGH aufgestellten Grundsatz wieder, dass kein Wettbewerber verpflichtet sei, einen Konkurrenten zu seinem eigenen Schaden zu fördern[3281]. Dieser im Zusammenhang mit dem in § 19 Abs. 4 Nr. 4 GWB und § 20 GWB geäußerte Gedanke muss nicht nur zurücktreten, sondern ist erst gar nicht betroffen. Denn die Kapazitätsaufrüstung führt weder zu einer Förderung von Wettbewerbern, noch zu einem Schaden des Bottleneck-Inhabers, sondern gereicht ihm allein zur Ausweitung seiner wirtschaftlichen Betätigungsfreiheit[3282].

Der Kabelnetzbetreiber wurde also aufgrund seiner Entlassung in den verfassungsrechtlich geschützten Bereich von Art. 87 f GG in den wettbewerblichen Status-Quo entlassen, dem auch die anderen Marktteilnehmer angehören. Anders als bei der reinen Auswahlentscheidung zwischen mehreren Programmanbietern ist die unternehmerische Freiheit bei vertikaler Integration daher signifikant beschränkter als bei vertikaler Separierung. Der Kabelnetzbetreiber hat daher kein Recht, seine Entscheidung auf einem nachgelagerten Markt zulasten eines auf dem Markt existenten Senders zu treffen. Anders kann dies wiederum bei Programmanbietern sein, die erst nach vertikaler Integration bzw. erst nach dem Liberalisierungsprozess in den Programmmarkt treten. Sie genießen keinen Bestandsschutz, sondern müssen sich neben dem Infrastrukturunternehmen dem Wettbewerb stellen, der zwar hier durch eine Engpasseinrichtung etwaig nicht uneingeschränkt gewährleistet ist. Allerdings muss dieser sich dann den Grundsätzen der Repartierung stellen.

eee) ...bei Aufrüstung der Kapazitäten

Fraglich ist daher, welche Konsequenzen entstehen, wenn der Netzinhaber neue Kapazitäten schafft, um seine eigenen Programme einzuspeisen. Gudera weist im Rahmen der Interessenabwägung darauf hin, dass neben den üblicherweise zu berücksichtigenden Interessen auch das Innovationspotential und die Art der getätigten Investitionen auf Seiten des Netzbetreibers zu berücksichtigen sein müssen[3283]. Sie stützt dies auch mit der Gesetzesbegründung zu § 19 Abs. 4 Nr. 4 GWB, in der es heißt, dass Pioniergewinne als Innovationsanreize zu akzeptieren seien[3284]. Dies ist zutreffend, solange die Aufrüstung mit Pioniergewinnen und nicht mit langlebigen

---

3280 *Papier*, Die Regelung von Durchleitungsrechten, S. 27; *ders.*, BB 1997, S. 1213, 1219; strenger *Schmidt-Preuß*, RdE 1996, S. 1, 9.
3281 BGH WuW/E BGH 2953, 2964 „Gasdurchleitung"; WuW/E BGH 2755, 2759 „Aktionsbeiträge"; KG WuW/E 4951, 4971 „Kälteanlagen-Ersatzteile"; krit. *Markert*, WuW 1995, S. 560, 568 ff.; *Engel*, ZUM Sonderheft 1997, S. 309, 323.
3282 A.A. *Engel*, ZUM Sonderheft 1997, S. 309, 323.
3283 *Gudera*, S. 135 f.
3284 Vgl. Regierungsbegründung zur 6. GWB-Novelle BT-Drs. 13/9720, S. 37, übereinstimmend insoweit auch BR-Drs. 13/9720, S. 73 f.

Monopolgewinnen vereinbar ist. In der einschlägigen Literatur[3285] wird dieser Aspekt unter dem Stichwort der „Berufung auf die eigene Leistung" behandelt, wobei die Auffassung weit verbreitet ist, dem investierenden Unternehmen einen geldwerten Ausgleich zuzubilligen und damit seine Pioniergewinne im Sinne einer Refinanzierung des eingesetzten Kapitals zu sichern, was der sektorspezifischen Entgeltregulierung nahe kommt. Man kann feststellen, dass man sich bei diesen Fragen in einem zwischen sektorspezifischer Regulierung und dem allgemeinen Kartellrecht befindlichen Graubereich bewegt, der aus wettbewerbspolitischer Sicht nicht mehr der einen oder anderen Materie eindeutig zuordenbar ist. Wichtig dürfte daher sein, dass man sich im Rahmen des allgemeinen Kartellrechts bewusst macht, dass solche Pioniergewinne nicht mit einer Refinanzierung gleichzusetzen sein dürfen, ansonsten das investierende Unternehmen jeglichen Anreiz zu gesamtwirtschaftlich vorteilhaften Investitionen verliert. Auf der anderen Seite wird zutreffend darauf hingewiesen, dass dies auch nicht bedeuten darf, ein prozessuales Monopol in ein strategisches zu transformieren, was augenscheinlich bei Netzmärkten besonders häufig erkennbar ist, gerade wenn es sich um benachbarte Märkte mit einem angestammten Kundengeschäft handelt[3286]. Kabelnetzbetreiber, die ihre Netze für die Übertragung eigener Programme aufrüsten, sollten unter Berücksichtigung der ökonomischen Motivation des Gesetzgebers und der eigentumsrechtlichen Freiheit des Art. 14 GG zunächst ein uneingeschränktes Vorzugsrecht für ihre innovative Leistung nach allgemeinem Kartellrecht genießen. Erst mit Zeitablauf ist dann überhaupt an eine Repartierung zu denken.

cc) Das Verhältnis von § 20 GWB zu § 19 GWB

Dogmatisch unklar ist die Rolle, die § 19 GWB neben dem § 20 GWB spielt. In der Rechtsprechung[3287], der Literatur[3288] und der Anwendungspraxis des Bundeskartellamts[3289] werden die Regelbeispiele des § 19 Abs. 4 GWB einerseits und § 20 GWB andererseits nicht gesondert im Sinne von Spezialnormen verstanden, sondern häufig in einer dogmatisch fragwürdigen Art und Weise nebeneinander und teilweise isoliert angewendet. Bislang hat dieser Wirrwarr keine konkreten Konflikte auf der

---

3285 *Hohmann*, Teil 3 D. II. 2. a); *Möschel*, in: Immenga/Mestmäcker (Hrsg.), GWB-Kommentar, GWB, § 19 Rdnr. 208; *Kleinmann*, in: Bechtold (Hrsg.), GWB, § 19 Rdnr. 87.
3286 Ein gutes Beispiel ist die Entwicklung des DSL-Anschlussmarktes, auf dem es der DTAG innerhalb kürzester Zeit gelang, diesen mit ihrem Produkt T-DSL zu durchdringen. Dies gelang ihr aufgrund überhöhter Vorleistungsentgelte und durch Quersubventionierung, wodurch eine Preis-Kosten-Schere entstand; vgl. hierzu auch *Schütz*, Kommunikationsrecht, Rdnr. 682; das Preis-Dumping stellte die RegTP in ihrem Beschl.v. 30.03.2001 fest (Az. BK 3b-00/032), verfehlte jedoch eine sachgerechte Einschätzung der wettbewerblichen Folgen für Wettbewerber; *Junghanns*, WuW 2002, S. 567 ff.
3287 BGH WuW/E BGH 2953, 2959 f. „Gasdurchleitung".
3288 *Möschel*, in: Immenga/Mestmäcker (Hrsg.), GWB-Kommentar, GWB, § 19 Rdnr. 217, 219.
3289 BKartA WuW/E DE-V 149 ff. „Berliner Stromdurchleitung".

Rechtsfolgenseite aufgeworfen[3290], da § 19 und § 20 GWB sich häufig decken und nur vereinzelt, wie beispielsweise beim oben dargestellten Drittmarktbezug, ein Anwendungsvorrang der einen Norm vor der anderen entstehen konnte. Auch hierbei fehlt eine klare Unterscheidung und werden Problemkreise parallel für beide Normen diskutiert. Die Entscheidung „Berliner Stromdurchleitung" ist ein Musterexempel dafür, dass Einspeiseansprüche nach §§ 19 Abs. 4 Nr. 4 und 20 Abs. 1 GWB ergehen und zudem von der Generalklausel des § 19 Abs. 1 GWB gedeckt sein können. Bislang ist nicht erkennbar, dass sich zumindest die Literatur dem Verhältnis der Vorschriften überhaupt stellen wird. Das Breitbandkabelnetz könnte hierfür einen Anstoß geben und wird bei zunehmendem Wettbewerb auf vor- oder nachgelagerten Märkten der monopolitischen Engpasseinrichtung auch bei den traditionell vertikal integrierten Netzen, wie dem PSTN oder den Stromnetzen, noch für Diskussionen sorgen, was Möschel[3291] am Rande bestätigt.

Das Problem, das sich hinsichtlich des Verhältnisses der Normen stellt, wird dann relevant, wenn nicht wie beim PSTN oder der Energiewirtschaft Konkurrenten Zugang zum Netz begehren, um Dienste auf der nachgelagerten Ebene anzubieten, sondern wenn – wie hier – die vertikale Integration des monopolistischen Engpassinhabers bei Liberalisierung nicht bestand und dieser nunmehr in den nachgelagerten Markt selbst einzutreten gedenkt. § 19 Abs. 4 Nr. 4 GWB hat gezeigt, dass er ein horizontales Wettbewerbsverhältnis neben dem monopolistischen Engpass verlangt und daher bei vertikal separierten Unternehmen nicht zur Anwendung gelangt. Begreift man § 19 GWB – wie es die herrschende Meinung[3292] tut – als Generalklausel und § 20 GWB als Unterfall der Norm, so wäre es systemwidrig, würde man § 20 GWB über den Schutzbereich von § 19 Abs. 4 Nr. 4 GWB hinaus – auch bei fehlendem horizontalem Wettbewerb – anwenden und hier einem Zugangsuchenden die Einspeisung gewähren, obwohl § 19 Abs. 4 Nr. 4 GWB nicht anwendbar ist. Anders gesprochen, wäre zwar die Ungleichbehandlung der Programmanbieter von § 20 GWB gedeckt, nicht jedoch der Zugangsanspruch per se über § 20 GWB gangbar. Dass diese Wertung zu keinem sinnvollen Ergebnis führt, weil die Ungleichbehandlung in einer schlichten oder faktischen Zugangsverweigerung liegt und dessen Behebung einen Zugangsanspruch begründet, dürfte auf der Hand liegen. Wie auch schon bei der Drittmarktbetroffenheit angeklungen ist, macht es deshalb auch aus materiell-systematischen Gründen Sinn, § 20 GWB nicht als Unterfall des noch allgemeineren § 19 GWB zu begreifen, sondern ihm eine eigenständige Rolle in der

---

3290 Vgl. bspw. *Theobald/Zenke*, WuW 2001, S. 19, 22.
3291 *Möschel*, in: Immenga/Mestmäcker (Hrsg.), GWB-Kommentar, GWB, § 19 Rdnr. 192.
3292 BGH WuW/E BGH 1027 „Sportartikelmesse II"; BKartA, WuW/E BKartA 1817 „Fertigfutter"; KG WuW/E OLG 2403, 2407 „Fertigfutter"; *Möschel*, Der Oligopolmissbrauch im Recht der Wettbewerbsbeschränkungen, S. 206 ff.; *Langen/Niederleithinger*, in: Langen/Bunte (Hrsg.), Kommentar zum Kartellrecht, § 26 Rdnr. 278; a.A.: *K.Schmidt*, S. 225; *Knöpfle*, Zulässigkeit und Eignung des Maßstabes des Als-ob-Wettbewerbs für die Missbrauchsaufsicht über Versorgungsunternehmen, S. 22.

Missbrauchsaufsicht zuzugestehen, wie es der BGH[3293] und das OLG Naumburg[3294] bereits nach altem Recht faktisch getan haben, ohne dies gesondert festzustellen. Zumal existierte § 19 Abs. 4 Nr. 4 GWB zum damaligen Zeitpunkt nicht, so dass ein Anspruch über § 19 Abs. 1 GWB hätte gelöst werden müssen. Ansonsten müsste man § 20 GWB teleologisch mit der Folge reduzieren, Zugangsansprüche abzulehnen, dem hier in Übereinstimmung mit der herrschenden Auffassung nicht gefolgt wird. Hieraus folgt jedenfalls, dass § 19 Abs. 4 Nr. 4 GWB neben § 20 GWB in den Fällen anwendbar ist, in denen ein horizontales Wettbewerbsverhältnis zwischen Netzbetreiber und Programmanbieter entsteht. Daraus ergeben sich dann aber Folgeprobleme, die für die essential facilities doctrine allgemein bekannt und unterschiedlich gelöst werden. Denn die Norm verlangt u.a., dass es ohne Mitbenutzung des Netzes dem Wettbewerber nicht möglich ist, auf dem vor- oder nachgelagerten Markt als Wettbewerber des marktbeherrschenden Unternehmens tätig zu werden. Nach überwiegend vertretener Auffassung[3295] müsse eine Marktbeherrschung aber nicht etwa, wie wettbewerbspolitisch nahe liegend wäre, im monopolistischen Engpassbereich vorliegen, sondern auf dem abgeleiteten Markt bestehen. Für die Fälle im Kabelnetz bedeutet dies, dass der Netzbetreiber eine marktbeherrschende Stellung auf dem Programmlieferungsmarkt gegenüber den anderen Inhalteanbietern oder über eine solche beim Kabelanschluss neben den Programmanbietern haben müsste[3296]. Denkbar wäre allenfalls die erste Konstellation, da ansonsten ein Programmanbieter das Programm eines dritten Senders mit übertragen und dieses als Signal den Endkunden anbieten müsste, was denkbar unwahrscheinlich ist. Nur die Mindermeinung[3297], die in dem monopolistischen Engpassbereich zugleich die von § 19 Abs. 4 Nr. 4 GWB verlangte marktbeherrschende Stellung sieht, kann daher überhaupt aus § 19 Abs. 4 Nr. 4 GWB Zugangsansprüche herleiten. Wortlaut und Telos der Norm sprechen dagegen, die marktbeherrschende Stellung in der Infrastruktureinrichtung zu sehen, auch wenn man konstatieren muss, dass aus Sicht der Breitbandkabellandschaft hier eine wettbewerbspolitisch ungünstige, weil derzeit nicht anwendbare Norm, ins Leben gerufen wurde. Man kann die Norm daher auch als allgemeinen kartellrechtlichen Öffnungsmechanismus für die Telefonfestnetz- und Energieversorgungsnetze bezeichnen, auf denen zumindest die nachgelagerten Märkte traditionell monopolisiert waren und teilweise noch sind. Für die Breitbandkabelnetze spielt sie jedenfalls bislang keine Rolle und effektiviert daher auch nicht

---

[3293] BGH WuW/E BGH 3058 „Pay-TV-Durchleitung".
[3294] OLG Naumburg, ZUM 1999, S. 942 ff.
[3295] *Hohmann*, S. 173 ff., 364 ff.; *Emmerich*, S. 204; *Möschel*, in: Immenga/Mestmäcker (Hrsg.), GWB-Kommentar, GWB, § 19 Rdnr. 192; *Dreher*, DB 1999, S. 833, 835; *Schwintowski*, WuW 1999, S. 842, 850 f.; *Martenczuk/Thomaschki*, RTkom 1999, S. 15, 23; BKartA WuW/E DE-V 253, 255 ff. „Puttgarden"; in einem obiter dictum auch BKartA, Beschl.v. 30.08.1999, B8-401000-T-99/99 „Berliner Stromdurchleitung", S. 8 (insoweit nicht abgedruckt in WuW/E DE-V 149 ff.).
[3296] *Schütz*, Kommunikationsrecht, Rdnr. 467; *Raisch/Gudera*, ZUM 1999, S. 904, 905.
[3297] *Kleinmann*, in: Bechtold (Hrsg.), GWB, § 19 Rdnr. 83; *Weyer*, AG 1999, S. 257, 261; *Gudera*, S. 131.

den Zugang zu wesentlichen Einrichtungen per se. Zwar ist der Mindermeinung beizupflichten, dass die Gefahren aus dem monopolistischen Engpass resultieren und damit auch bei Wettbewerb auf dem Sekundärmarkt weiterhin die ungewünschte Hebelwirkung entstehen kann, die nur durch § 20 GWB sinnvoll begrenzt wird. Allerdings war der Gesetzgeber nicht nur bei der allgemeinen kartellrechtlichen Norm, sondern beispielsweise auch in § 33 Abs. 1 TKG a.F.[3298] mit einem zu umfassenden Öffnungsmechanismus vorsichtig. Er setzt notwendigerweise eine auf irgendeinem abgeleiteten Markt[3299] marktbeherrschende Stellung voraus, auf dem Konkurrenten in Wettbewerb treten möchten. Damit fallen – wenn auch wettbewerbspolitisch unerwünscht – Ursache der Marktbeherrschung auf dem abgeleiteten Markt und Tatbestandsvoraussetzung von § 19 Abs. 4 Nr. 4 GWB auseinander, ohne dass dies wettbewerbstheoretisch eine Rolle spielen könnte. Dass der Gesetzgeber die Probleme der Anwendung der Vorschrift auf Breitbandkabelnetze nicht gesehen hat, kann nicht unterstellt werden. Denn die Vorschrift wurde ins Leben gerufen, weil das allgemeine Kartellrecht nicht ausreichend gewesen sei, um Infrastruktureinrichtungen zu öffnen[3300].

Dies wird teilweise zum Anlass genommen, um eine kartellrechtliche Intervention mit dem Hinweis auszuschließen, dass ein „Markt" auf den Infrastrukturmärkten gar nicht existiere[3301]. Dies braucht hier nicht weiter vertieft zu werden, da § 20 GWB auf Breitbandkabelnetze ausreichende Möglichkeiten der Infrastrukturnutzung durch die Programmanbieter bietet. Gestützt wird dieses Ergebnis auch von einer anderen Seite[3302], indem es heißt, dass demjenigen, der darauf angewiesen ist, dass sein Netz in Anspruch genommen wird, von § 19 Abs. 4 Nr. 4 GWB die Vermutung zur Seite steht, dass er nicht missbräuchlich handelt. Musterexempel ist auch hier das Breitbandkabelnetz.

Festgehalten werden kann daher, dass § 19 Abs. 4 Nr. 4 GWB nach allgemeiner Auffassung auf Breitbandkabelnetze mangels eines horizontalen Wettbewerbsverhältnisses zwischen Inhalteanbietern und Kabelnetzbetreiber bislang nicht anwendbar ist und dies erst sein wird, sofern letzterer sich auf dem Programmmarkt betätigt. Überwiegend wird vertreten, dass auch auf dem Programmmarkt eine beherrschende Stellung Voraussetzung des § 19 Abs. 4 Nr. 4 GWB ist, so dass mehrheitlich auch infolge vertikaler Integration kein geeignetes Marktöffnungsinstrument für Kabel-

---

[3298] Vgl. bereits *Engel/Knieps*, S. 17; nunmehr auch BVerwG MMR 2004, S. 296, 298 „Resale von Teilnehmeranschlüssen, Orts- und Cityverbindungen"; a.A. noch BVerwG MMR 2001, S. 681, 684; Monopolkommission, 29. Sondergutachten 1999, S. 12; *Wendland*, in: Beck'scher TKG-Kommentar, § 33 Rdnr. 20.

[3299] Dies galt auch schon für § 33 Abs. 1 TKG a.F., vgl. hierzu *Piepenbrock*, in: Beck'scher TKG Kommentar, § 33 Rdnr. 20.

[3300] Bundesrat Stellungnahme BT-Drs. 13/9720, S. 5; vgl. auch *Dreher*, DB 1999, S. 833, 836.

[3301] *Kleinmann*, in: Bechtold (Hrsg.), GWB, § 19 Rdnr. 87; a.A.: *Möschel*, in: Immenga/Mestmäcker (Hrsg.), GWB-Kommentar, GWB, § 19 Rdnr. 192.

[3302] *Theobald/Zenke*, WuW 2001, S. 19, 22; *Klimisch/Lange*, WuW 1998, S. 15, 23; *Kleinmann*, in: Bechtold (Hrsg.), GWB, § 19 Rdnr. 81.

netze in der Norm gesehen wird[3303]. Lehnt man dies ab und kommt zum Ergebnis, die Marktbeherrschung müsse in der Infrastruktureinrichtung gesehen werden, so kann in § 19 Abs. 4 Nr. 4 GWB bei erfolgreicher vertikaler Integration des Netzbetreibers mit Inhalten ein Zugangsanspruch bejaht werden. Eine parallele Anwendbarkeit von §§ 20 und 19 Abs. 4 Nr. 4 GWB ist dann einer Interessenabwägung mit gleichlaufendem Prüfungsinhalt[3304] zuzuführen.

dd) Zugang nach § 42 Abs. 1 TKG

Auf § 42 TKG zurückblickend ist zunächst entscheidend, dass er nur das vertikal integrierte Unternehmen, also den Netzbetreiber mit eigenen Inhalten erfasst. Wie im Rahmen der „Drittmarktbezogenheit" angeführt wurde, ist notwendige Voraussetzung, dass hier eine interdependente Kausalität besteht und damit die Marktstellung des Netzbetreibers mit beträchtlicher Marktmacht verfestigt wird bzw. der Restwettbewerb eingeschränkt wird oder er sich seine Marktstellung zunutze macht, um seine Marktmacht auf einen unregulierten Markt zu transformieren. Jedenfalls hierfür wäre ein konkretes Wettbewerbsverhältnis zwischen Netzbetreiber und dem betroffenen Programmanbieter zu verlangen, wobei aber nicht schon der Ausschluss eines Senders zugunsten des Netzbetreibers ausreicht, wenn kein konkretes Wettbewerbsverhältnis feststellbar ist. Denn dann würde § 42 TKG eingreifen, ohne dass dies mit der Verfestigung der Marktposition des Netzbetreibers oder mittels des leveraging begründet werden könnte. Im Ergebnis geht daher § 20 GWB in jeglichen Gesichtspunkten weiter als § 42 TKG, um den Programmanbieter zu schützen. Hinsichtlich der Interessenabwägung ergeben sich grundsätzlich Abweichungen zu §§ 19, 20 GWB, wobei diese nicht die Interessen der Beteiligten unter Berücksichtigung der auf die Freiheit des Wettbewerbs gerichteten Zielsetzung des GWB, sondern des TKG aufzunehmen hat. Dem Gesetzeszweck, der in §§ 1, 2 TKG expressis verbis geregelt ist, geht es in erster um die Förderung des Wettbewerbs in der Telekommunikation, wobei nach § 2 Abs. 2 TKG insbesondere die ökonomischen Regulierungsziele der Chancengleichheit, der Nachhaltigkeit des Wettbewerbs (Nr. 2), aber auch der effizienten Infrastrukturinvestitionen und Innovationen (Nr. 3) zu berücksichtigen sind. Damit fällt neben der Öffnung auch die bereits im Rahmen des GWB angesprochene Investitionssicherheit ins Auge, die das TKG aus Gründen der Anreizfunktion der Investition und Innovation, beibehalten und fördern möchte[3305]. Daher kann auch vor diesem Hintergrund eine Unterscheidung anhand von marktöffnendem TKG und wettbewerbserhaltendem GWB nicht trennscharf vorgenom-

---

3303 *Zimmer/Büchner*, CR 2001, S. 164, 169; offen gelassen bei *Irion/Schirmbacher*, CR 2002, S. 61, 67; *Enßlin*, S. 295; a.A. *Gudera*, S. 130 ff.
3304 Der gleichlaufende Prüfungsinhalt ergibt sich nicht nur aus der Rechtfertigung in § 19 Abs. 4 Nr. 4 GWB, sondern auch aufgrund der „Theorie der beweglichen Schranken", vgl. hierzu nur *Möschel*, Pressekonzentration und Wettbewerbsgesetz, S. 95; grundlegend BGH WuW/E BGH 1238 „Registrierkassen".
3305 Marktanalyseleitlinien, ABl. C 165 v. 11.07.2002, S. 6 ff., Tz. 32.

men werden, so dass die Interessen der Beteiligten hier in wesentlichen Punkten gleichlaufend erscheinen.

ee) Durchsetzbarkeit, §§ 32, 33 GWB; § 42 Abs. 4 TKG

§ 20 GWB verleiht dem Zugangspetenten ebenso wenig wie § 19 GWB direkte Ansprüche. Sie sind als Verbotsnormen ausgestaltet und können erst über § 33 S. 1 GWB sinnvoll durchgesetzt werden. Aus § 33 S. 1, 1. Alt. GWB ergibt sich ein direkter wettbewerblicher Unterlassungsanspruch desjenigen, der von einem Verstoß gegen eine Schutznorm des GWB betroffen ist, und zwar gegen denjenigen, der den Verstoß verübt. Daneben gewährt § 33 Abs. 1, 2. Alt. GWB dem Betroffenen auch einen verschuldensunabhängigen Schadensersatzanspruch. Hinsichtlich des § 20 GWB stand die Schutzgesetzqualität schon immer außer Frage[3306], wohingegen sich die Erkenntnis bei § 19 GWB erst im Laufe der 6. GWB-Novelle[3307] aufgrund seiner erstmaligen Ausgestaltung als Verbotsgesetz durchgesetzt hatte[3308]. Wie dagegen eine Zugangsverpflichtung, die ja im Grunde auf den Abschluss eines Vertrages hinwirkt, über § 33 GWB zu konstruieren ist, hierüber besteht ein dogmatischer Streit. Der BGH ist der Ansicht, dass der Normadressat über den Schadensersatzanspruch im Wege der Naturalrestitution gemäß § 249 Abs. 1 BGB den Zustand wiederherzustellen habe, der bestanden hätte, wenn der zum Ersatz verpflichtende Umstand, mithin die verbotswidrige Zugangsvereitelung, nicht eingetreten wäre[3309]. In der Literatur[3310] und weiten Teilen der Rechtsprechung[3311] wird dieser Zustand dagegen über den Unterlassungsanspruch erreicht, um dem möglicherweise eintretenden Schaden zuvorzukommen und ihm vorzubeugen. Da auch der BGH den Schaden nicht eintreten lassen will, bevor auf § 33 Abs. 1 GWB zurückgegriffen werden kann – ansonsten auch nicht hinnehmbare Folgen für Newcomer bestünden – ist der dogmatische Streit hier nicht zu entscheiden. Für die Fälle eines über § 33 GWB erreichbaren Kontrahierungszwanges wird daneben auch diskutiert, ob zumindest bei § 19 Abs. 4 Nr. 4 GWB nicht über § 32 GWB, also im Wege einer Gebotsverfügung das Normziel besser erreicht werde als über den Weg der Unterlassung nach

---

3306 St. Rspr. vgl. nur BGH WuW/E BGH 442, 448 „Gummistrümpfe"; WuW/E BGH 2805, 2811 „Stromeinspeisung I";
3307 Vgl. Regierungsbegründung zum Gesetzentwurf der Bundesregierung, BT-Drs. 13/9720, S. 55, linke Spalte.
3308 *Kleinmann*, in: Bechtold (Hrsg.), GWB, § 19 Rdnr. 87; *Emmerich*, in: Immenga/Mestmäcker (Hrsg.), GWB-Kommentar, § 33 Rdnr. 24; ablehnend zur § 22 GWB a.F. noch BGH WuW/E BGH 1299 „Strombezugspreis".
3309 BGH WuW/E BGH 442, 448 „Gummistrümpfe"; WuW/E DE-R 206, 208 „Depotkosmetik".
3310 *Markert*, in: Immenga/Mestmäcker (Hrsg.), GWB-Kommentar, § 20 Rdnr. 229; *Bornkamm*, in: Langen/Bunte (Hrsg.), Kommentar zum Kartellrecht, § 33 Rdnr. 43; *Gudera*, S. 118 ff.
3311 OLG Karlsruhe WuW/E OLG 2085, 2092 f. „Multiplex"; OLG Karlsruhe WuW/E OLG 2217, 2223 „Allkauf-Saba"; wohl nun auch BGH WuW/E BGH 2683, 2687 „Zuckerrübenanlieferungsrecht".

§ 33 GWB[3312]. Eine Gebotsverfügung kommt aufgrund des im Rechtsstaatsprinzip (Art. 20 Abs. 3 GG) verankerten Verhältnismäßigkeitsprinzips nur dann in Betracht, wenn die gebotene Handlung die einzige tatsächliche und rechtliche Möglichkeit ist, zu vermeiden, dass gegen die Norm verstoßen wird[3313]. Da § 19 Abs. 4 Nr. 4 GWB als infrastruktur- und damit als sektorspezifisch übergreifende Generalsklausel einen Fremdkörper im Gesamtgefüge des GWB darstellt und auf die aktive Schaffung von Wettbewerb fokussiert ist, muss sich ein solcher Verstoß gegen das Verhältnismäßigkeitsprinzip bei einer verhaltens- und struktursteuernden Maßnahmen nach § 19 Abs. 4 Nr. 4 GWB nicht per se ergeben, sondern kann auch mit den Argumenten der Marktversagensannahme durchaus begründet werden. Auf der anderen Seite kann die Frage gestellt werden, ob nicht die schlichte Auferlegung einer Zugangsverpflichtung beiden Interessen, der Behebung des Marktversagens und des geringst möglichen Eingriffs durch den Erhalt der Privatautonomie nach Art. 2 Abs. 1 GG, nicht ebenso geeignet nachgekommen werden kann. Hierfür spricht vor allem, dass das „Ob" von den Modalitäten des Zugangs getrennt werden und bei Streitigkeiten hierüber ebenfalls nach allgemeinem Kartellrecht überprüft werden kann. Dies hatte der BGH in seiner Puttgarden[3314] Entscheidung ausdrücklich vorgesehen. Daneben ist auch mit Blick auf das Telekommunikationsrecht, das auf die Probleme des Marktes spezialisiert ist, die Geltung des Primats der Verhandlungspflicht[3315] zu nennen, das zunächst auch auf die Verhandlungslösung des Marktes setzt. Für die Gegenauffassung lassen sich daher neben den Parallelvorschriften im Telekommunikationsrecht die verhältnismäßigeren und marktgerechteren Gründe anführen, weshalb erstere Meinung abzulehnen ist.

Da das Verhältnismäßigkeitsprinzip ausnahmslos die gesamte Verwaltung erfasst, ist auch in § 42 Abs. 4 TKG nicht jede Maßnahme von vornherein zulässig. Auch hier gilt, dass die Regulierungsbehörde eine geeignete Maßnahme mit den mildesten Mitteln anordnen muss. Daher wäre grundsätzlich die Anordnung des Zugangs von den zugrunde liegenden Entgelten zu trennen.

b) Entgeltregulierung

Mangels Erfüllung des Zugangsbegriffes scheidet für den Einspeisemarkt eine Vorleistungsentgeltregulierung nach § 30 Abs. 1 S. 1 TKG e contrario aus. Nach der hier vertretenen und in der Literatur einhelligen Auffassung[3316] erfüllen Inhalteanbieter den Endnutzerbegriff des § 3 Nr. 8 TKG, weil sie als Inhalteanbieter keine öffentlichen Telekommunikationsnetze oder öffentlich zugänglichen Telekommuni-

---

3312 So *Möschel*, in: Immenga/Mestmäcker (Hrsg.), GWB-Kommentar, § 19 Rdnr. 212.
3313 BGH WuW/E BGH 1345, 1346 „Polyester-Grundstoffe"; BGH WuW/E OLG 2247, 2248 „Parallellieferteile"; *Schultz*, in: Langen/Bunte (Hrsg.), Kommentar zum Kartellrecht, § 20 Rdnr. 199; *Markert*, in: Immenga/Mestmäcker (Hrsg.), GWB-Kommentar, § 20 Rdnr. 221.
3314 BGH WuW/E DE-R 977, 979 ff. „Fährhafen Puttgarden".
3315 ZugangsRL, ABl. L 108 v. 24.04.2002, S. 7 ff., Erwgr. 5, vgl. Teil 2: C.II.3.a)ee), S. 678.
3316 Vgl. nur *Weisser/Bauer*, MMR 2003, S. 709, 712; *Ladeur*, ZUM 2005, S. 1, 2.

kationsdienste bereitstellen. Daher kommt allenfalls eine Endnutzerentgeltregulierung nach § 39 TKG in Betracht. Auch hier kann zwischen der ex-ante und ex-post Entgeltregulierung unterschieden werden, wobei die Systematik gezeigt hat, dass auf Endnutzermärkten nur dann ex-ante interveniert werden soll, wenn die Schaffung von Wettbewerb auf der Vorleistungsebene nicht ausreicht, um Wettbewerb auf dem Endnutzermarkt zu schaffen. Die Ausführungen zu § 42 TKG und §§ 19, 20 GWB haben hier gezeigt, dass Marktmacht auf der Netzebene nicht für ein etwaiges strukturelles Problem auf dem Inhaltemarkt unmittelbar verantwortlich gemacht werden kann. Vielmehr könnten solche Wettbewerbsdefizite in einer mangelnden Investitionsbereitschaft gesehen werden, die wiederum nur mithilfe vertikaler Integration der Netzbetreiber mit Inhalten und einer Rückführung rundfunkrechtlicher Einspeiseverpflichtung zu beheben wäre. Ob überhaupt Wettbewerb auf dem Einspeisemarkt besteht, kann jedoch dahinstehen, da die Vorleistungsentgeltregulierung nach § 39 Abs. 1 TKG sichtlich nur auf die Sprachtelefonie zugeschnitten ist[3317]. Geht man mit der Sichtweise von BGH und dem Bundeskartellamt konform, die von der RegTP nach TKG a.F. für die Inhalteeinspeisung in das damalige Ebene 3-Gesamtnetz der KDG auch bestätigt wurde und lässt den potentiellen Wettbewerb durch DSL außer Betracht, so verfügen zumindest die NE3-Betreiber über Marktmacht, die auf die SMP-Stellung übertragen, die gesetzesunmittelbare ex-post Entgeltregulierung nach § 39 Abs. 3 TKG nach sich zieht. Damit ist eine Entgeltmissbrauchsaufsicht nach § 38 Abs. 2-4 TKG (analog) denkbar. Die Bundesnetzagentur muss gemäß § 38 Abs. 2 TKG dann zwingend ein nachträgliches Entgeltregulierungsverfahren einleiten, wenn ihr Tatsachen bekannt werden, die die Annahme rechtfertigen, dass Entgelte für Zugangsleistungen von Unternehmen mit beträchtlicher Marktmacht nicht den Maßstäben des § 28 TKG entsprechen. Da es sich bei den Endnutzerleistungen nie um Zugangsleistungen handelt und § 38 TKG nach § 39 Abs. 3 TKG nur entsprechend angewandt wird, sind daher die Entgelte für Endnutzerleistungen relevant und damit im konkreten Fall die Einspeiseentgelte betroffen. Auf die Maßstäbe der Entgeltregulierung wurde bereits kurz eingegangen. Diese haben sich gegenüber den in § 24 TKG a.F. enthaltenen kaum verändert. Hinzugetreten sind drei Vermutungstatbestände, die den Behinderungsmissbrauch konkretisieren und in Fallgruppen beiseite stellen. Für den Einspeisemarkt hatte die RegTP 1999 eine Regulierungsentscheidung bezüglich der Einspeiseentgelte getroffen, die hier in Grundzügen besprochen werden soll.

aa) Regulierung der Einspeiseentgelte durch die RegTP

Die RegTP bestätigte in ihrer Regulierungsentscheidung hinsichtlich der Kabelentgelte, dass eine generelle Erhebung von Einspeiseentgelten nicht zu beanstanden sei[3318]. Die Leistungen, die ein Netzbetreiber gegenüber einem Sender erbringe,

---

3317 *Schütz*, Kommunikationsrecht, Rdnr. 756.
3318 RegTP, Beschl.v. 24.03.1999, BK 3b 99/001, MMR 1999, S. 299, 306, 308 Tz. 4.2, 4.5.

umfassen Einspeisung, Verarbeitung und Transport auf der NE2 über technische Einrichtungen, deren Errichtung und Betrieb mit nicht unerheblichen Kosten verbunden ist. Art und Weise der Kostendeckung müsse nicht auf den Anschlusskunden allein verteilt werden. Vielmehr stehe es den Netzbetreibern zu, diese selbst festzulegen. Hinsichtlich der Entgelthöhe führt die Regulierungsbehörde aus, dass gemäß dem von der betroffenen gewählten Transportmodell das Erheben von Entgelten dann zulässig sei, wenn ihrer Erhebung ein angemessenes Entgelt gegenüberstehe[3319]. Die Angemessenheit beurteilte die RegTP nach den Kosten der effizienten Leistungsbereitstellung, die in § 24 Abs. 1 TKG a.F. normiert ist und den Auf- bzw. Abschlägen nach Abs. 2. Dabei kam die RegTP zu folgenden Ergebnissen:

Hinsichtlich der Erhebung unterschiedlicher Entgelte bei Rundfunk- und Mediendiensten bestehe ein struktureller Verstoß gegen den Maßstab des § 24 Abs. 1, 2 Nr. 3 TKG a.F. insoweit, als die Normadressatin von Mediendiensten ein umsatzabhängiges Entgelt erhebe, während gegenüber Rundfunkveranstaltern ein reichweitenabhängiges Entgelt erhoben werde[3320]. Weder orientierten sich diese an den Kosten effizienter Leistungsbereitstellung, noch entsprächen sie einer Gleich- oder sachlich gerechtfertigten Ungleichbehandlung.

In gleicher Weise verstoße es gegen die Maßstäbe des § 24 TKG, wenn von Pay-TV Veranstaltern eine zusätzliche Aufwandspauschale erhoben werde[3321].

Regionale/lokale Programme würden durch die unterschiedliche Preisgestaltung gegenüber bundesweiten Veranstaltern diskriminiert, da die verlangten Entgelte in relativer Hinsicht erheblich höher liegen würden[3322].

Im Gegensatz zu den bundesweit herangeführten wurden von den ortsüblich empfangbaren Programmen keine Entgelte erhoben. Dies begründe den in § 24 Abs. 2 Nr. 3 TKG a.F. zu beachtenden Diskriminierungstatbestand, der sachlich nicht gerechtfertigt sei[3323].

Schließlich sei auch eine undifferenzierte Entgeltbemessung gegenüber zeitpartagierten und Vollprogrammen unzulässig, da hier für unterschiedliche Nutzungszeiträume gleiche Entgelte veranschlagt würden und dementsprechend den Diskriminierungstatbestand erfüllten[3324].

Grundsätzlich kann auch nach TKG n.F. dieser Beurteilungsmaßstab im Transportmodell des Kabelnetzes zugrunde gelegt werden, sofern die Netzbetreiber auch weiterhin als solche mit Marktmacht in Frage kommen. Ein wichtiger Unterschied liegt aber darin, dass die Kosten nicht mehr am LRIC-Maßstab zu messen sind. Daher ist allein der Missbrauchstatbestand des § 28 TKG in Betracht zu ziehen. Der Unterschied für die Entgeltbemessung ist zwar wie festgestellt evident. Dennoch tun sich bei Berücksichtigung der RegTP Entscheidung Grundsatzfragen auf, deren

---

3319 Ebenda, S. 299, 306 ff.
3320 Ebenda, S. 299, 309, Tz. 6.1.
3321 Ebenda, S. 299, 310, Tz. 6.2.
3322 Ebenda, S. 299, 310, Tz. 6.3.
3323 Ebenda, S. 299, 311, Tz. 6.4.
3324 Ebenda, S. 299, 312, Tz. 6.5.

Klärung hier unabdingbar ist. So wurde mit Blick nicht nur auf den Kostenmaßstab, sondern auch hinsichtlich des Diskriminierungstatbestandes von einem Teil der Literatur[3325] darauf hingewiesen, dass die Regulierungsentscheidung dann problematisch werde, wenn man sich den Konsequenzen eines Übergangs von dem „reinen" Transport- zum Vermarktungsmodell widme. So sei jeder Ansatz, um zu einem stärker unternehmerisch ausgeprägten Vermarktungsmodell überzugehen, dann nicht möglich, solange kostenorientierte Einspeiseentgelte verlangt werden müssten. Denn der marktmächtige Netzbetreiber dürfe zwar von allen gleiche Einspeiseentgelte erheben, er dürfe jedoch nicht kostenorientierte Transportentgelte auf der einen Seite mit gewinnbezogenen Entgelten auf der anderen Seite vermengen. Dies führe zwangsläufig zu einer Diskriminierung derjenigen Veranstalter, die nicht am Vermarktungsmodell teilnehmen wollen oder können.[3326] Konsequenz dieser Auffassung ist, dass sie im Einklang mit der RegTP[3327] eine Abkehr von der Erhebung von Einspeiseentgelten fordert und diese auf den Endkunden abwälzen möchte[3328]. Denn dann könne der Kostenanteil gegenüber dem Endkunden steigen, ohne dass sie sich nicht an den Kosten effizienter Leistungsbereitstellung orientierten. In der Folge könnte der Netzbetreiber nach Blieben auf das ihm günstigere Modell übergehen und müsste eine Diskriminierungswirkung mit der Folge ihrer Sanktionierung nicht befürchten.

Die von der RegTP und von einem Teil der Literatur vertretene Auffassung ist abzulehnen. Ein auf Basis des Vermarktungsmodells eingespeistes Programm ist nicht nur ein neues Geschäftsmodell. Vielmehr stellen die gängigen Überlegungen der Netzbetreiber, sich stärker an den Programmen in welcher Form auch immer zu beteiligen, andere Dienste dar. Es ist nicht mehr die Durchleitung eines Programms, das gegenüber dem Programmanbieter erbracht wird. Wie Ladeur anmerkt, biete der Netzbetreiber einen Rundfunkdienst und keinen Telekommunikationsdienst mehr an[3329]. Wettbewerbsrechtlich ausgedrückt, ist nicht nur ein neues Geschäftsmodell oder – wie teilweise[3330] vertreten wird – eine neue Wertschöpfungsmöglichkeit gegeben. Vielmehr ist ein für den bislang auf den Transport beschränkter Netzbetreiber dann auf einem ganz anderen Markt tätig. Dies ist in der Literatur und der RegTP Entscheidung bislang nicht erkannt worden. Der Netzbetreiber, der nunmehr sein eingekauftes Programm über sein eigenes Netz betreibt, sei dieser auch nur in Bruchteilen an diesem beteiligt, ringt um die Gunst der Endkunden und damit um Zuschaueranteile. Dies macht das Programm für den Netzbetreiber wertvoll, das er im Wege einer Umsatzbeteiligung an den einspeisenden Sender im Wege der Einspeisebegünstigung rückvergütet. Dass hier der Eindruck entsteht, der Netzbetreiber diskriminiere im Preis, erfährt dogmatisch betrachtet, nicht seine sachliche Rechtfer-

---

3325 *Wagner*, MMR Beilage 2/2001, S. 28, 30.
3326 Ebenda.
3327 RegTP, Beschl.v. 24.03.1999, BK 3b 99/001, MMR 1999, S. 299, 312.
3328 *Wagner*, MMR Beilage 2/2001, S. 28, 30, 32 f.
3329 *Ladeur*, ZUM 2005, S. 1, 4.
3330 *Bartosch*, CR 1997, S. 517, 519; *Rhein*, MMR Beilage 2/2001, S. 3, 8.

tigung im Sinne von § 28 Abs. 1, 2. Hs. TKG, auch wenn dies auf den ersten Blick so scheinen mag. Es ist schlicht eine Anrechnung des Programmeinkaufspreises, das von Außen betrachtet als ermäßigter oder an den Programmanbieter zu entrichtender Preis erscheint. Ferner hat die Komponente der Umsatzbeteiligung oder die der stärkeren Begünstigung von Programmanbietern bei der Einspeisung eine weitere Dimension. Sie bildet den Wert des Teilnehmeranschlusses ab.

Ein Endkunde wird die Leistung des Kabels nicht aufgrund des elektromagnetischen Signalübertragungsvorganges schätzen. Dies unterscheidet das Kabel vom PSTN. Bei letzterem wird er darum wissen, dass die Kosten des Telefonanschlusses sich auf die exklusive Leitungsbereitstellung selbst, samt des ihm zugewiesenen Nummernraumes und der Bereithaltung der vermittlunsgtechnischen Einrichtungen beziehen. Er kann auch jeden anderen Teilnehmer erreichen und den übertragenen Inhalt zusammen mit seinem Gesprächsteilnehmer selbst bestimmen.

Beim Kabel wird er dagegen den Eindruck gewinnen können, dass nicht nur die Signalübertragung, sondern auch die übertragenen Inhalte mit angeboten werden, weil er hierauf keinen Einfluss hat. Dem ist zwar derzeit nicht zuzustimmen. Künftig wird aber diese Größe entscheidend beim Netzwettbewerb zwischen Satellit, Kabel und PSTN sein. Der Endteilnehmer wird also an der Leistungserbringung von Inhalten schuldrechtlich berechtigt, der Netzbetreiber verpflichtet werden. Die Differenzierungsmöglichkeiten der Kabelnetzbetreiber vom Satellit hängen zum Teil auch vom Internetangebot, aber zunehmend auch von eigenen exklusiven Medieninhalten ab. Sie steigern oder senken den Wert seiner TAL. Aus diesen Überlegungen folgt letztlich, dass bereits nach alter Rechtslage, eine an LRIC orientierte Bemessung der Einspeiseleistung nicht der wirtschaftlichen Realität entsprach. Zwar ist zuzugestehen, dass die Transportfunktion noch im Vordergrund der von den Netzbetreibern verfolgten Modelle stand. Ab 1999 war aber bereits der Übergang zu einer stärken vertikalen Integration der DTAG – auch wenn sie nur auf Basis einer Umsatzbeteiligung an Mediendiensten und Teleshoppingsendern erfolgte – im Kabelnetz spürbar und wird sich auch zunehmend fortsetzen.

Bemerkenswerterweise hatte die RegTP in dem besagten Beschluss in einem obiter dictum die Komplexität der Beurteilung der Einspeisung als Telekommunikationsdienstleistung erkannt. Sie merkt darin an[3331]: »Auch eine solche Entgeltstruktur könnte den regulatorischen Anforderungen grundsätzlich gerecht werden, sei es auf der Basis des bisherigen Transportmodells, bei dem allein von den Anschlusskunden Entgelte erhoben werden, sei es aufgrund des oben erwähnten Vermarktungsmodells. Bei letzterem Modell wäre gegebenenfalls zukünftig zu überdenken, inwieweit es sich bei der Vermarktung von Programmpaketen in Verbindung mit der Signallieferung aufgrund des möglichen Gesamtcharakters als Inhaltsangebot noch um das Angebot einer TK-Dienstleistung handelt.« Es gilt daher nicht nur, dass diese neuen Geschäftsmodelle zunehmend als Rundfunkdienste auch gegenüber den Veranstaltern zu begreifen sind. Vielmehr muss erkannt werden, dass sich eine Diskriminie-

---

3331 Vgl. RegTP, Beschl.v. 24.03.1999, BK 3b 99/001, MMR 1999, S. 299, 312.

rung nur schwer qualitativ bestimmen lässt. Daher fällt auch ein zu sanktionierendes Verhalten nach § 28 TKG äußerst schwer.

bb) Die Rolle des GWB bei der Entgeltbemessung

Im Zusammenhang mit der Entgeltregulierung ist auch hier ein Blick ins allgemeine Kartellrecht zu werfen, zumal Zugangsverweigerung und Entgeltbemessung in vielen Fällen, wie es auch das TKG in der ex-ante Regulierung sinnvoll geregelt hat, Hand in Hand gehen. Hier ist zu fragen, wie sich das Kartellrecht nach §§ 19 Abs. 4 Nr. 4, 20 GWB der Frage der Entgeltlichkeit der Leistung stellt. Allein hierauf kam es bei der mehrfach angesprochenen Pay-TV Durchleitungsentscheidung an. Der BGH entschied hier, dass der Kabelnetzbetreiber nicht von allen Anbietern von Programmen bzw. den Nachfragern der Einspeisung die gleiche Entgelthöhe verlangen müsse[3332]. Dies gelte sogar, wenn der Netzbetreiber nur von einem Pay-TV Anbieter ein Entgelt verlange. Der BGH kam zu dieser Auffassung, indem er die Attraktivität des jeweiligen Programms im Rahmen der Interessenabwägung berücksichtigte[3333]. Ein Missbrauch bei der Preisgestaltung ergebe sich daher nur dann, wenn ein Netzbetreiber wirtschaftsfremde unternehmerische Entscheidungen treffe oder eine willkürliche Preisgestaltung vornehme[3334]. Im Einzelfall ist daher schwer festzustellen, wie hoch ein angemessenes Einspeiseentgelt anzusetzen ist.

Einer erst kürzlich vom Kartellsenat getroffenen Entscheidung[3335] lag eine Durchleitungsvereinbarung zwischen einem Netzbetreiber und einem Stromanbieter zugrunde. Der Netzbetreiber hatte in dem zwischen ihm und dem Einspeisenachfrager geschlossenen Vertrag einen Verweis auf sein extern veröffentlichtes Preisblatt vorgenommen, so dass eine einseitige Preisbestimmung nach § 315 Abs. 1 BGB vorlag. Der BGH hat die Frage der Höhe der Einspeiseentgelte nach § 315 Abs. 3 BGB beurteilt, also danach, ob sie billigem Ermessen entsprechen und die Billigkeit unter Rückgriff auf die in § 6 Abs. 1 S. 4 EnWG vorgesehene gute fachliche Praxis zu bestimmen versucht. Der BGH hat dem Normadressaten Gelegenheit zum Vortrag der Angemessenheit gegeben, womit wiederum die Offenlegung der kalkulatorischen Grundlagen des Netzbetreibers verbunden ist. Der Fall hat insofern Bedeutung auch für die Einspeiseentgelte im Breitbandkabelnetz, als auch hier über die Billigkeit der Entgelte über den Diskriminierung- und/oder Behinderungstatbestand bzw. den Zugangstatbestand nach § 19 Abs. 4 Nr. 4 GWB nachgedacht werden könnte. Teilweise wird in der Literatur[3336] das Einspeiseentgelt für Programmanbieter ohne weitere Ausführung an den langfristigen Zusatzkosten, einer angemessenen Verzinsung des eingesetzten Kapitals, sowie an einer Umlage der Kosten für erfor-

---

3332 BGH WuW/E BGH 3058, 3064 „Pay-TV-Durchleitung".
3333 Ganz h.M.: BGH WuW/E BGH 3058, 3064 „Pay-TV-Durchleitung"; *Weisser/Meinking*, WuW 1998, S. 831, 835; *Gudera*, S. 146.
3334 *Gudera*, S. 133; *Thierfelder*, S. 86.
3335 BGH, Urteil v. 18.10.2005, Az. KZR 36/04.
3336 *Gudera*, S. 133.

derliche technische Maßnahmen zur Ermöglichung des Zugangs gemessen, so dass man geneigt sein könnte, die Rechtsprechung des BGH zu den Durchleitungsentgelten bei den Energieversorgungsnetzen auch hier heranzuziehen. Hiergegen spricht zunächst, dass die Entgeltbemessung auf Grundlage des § 315 Abs. 3 BGB auf den sektorspezifischen Vorschriften beruht bzw. soweit §§ 19, 20 GWB bei der Stromversorgung herangezogen werden, auch hier die Entgeltbemessungsgrundlagen des EnWG gelten. Liegen dagegen sektorspezifische Vorschriften nicht vor, die bestimmte Entgelthöhen vorschreiben, ist nach überwiegender Auffassung eine Orientierung der Entgelte im Rahmen der Missbrauchsaufsicht nicht an den Kosten effizienter Leistungsbereitstellung möglich. Zwar enthält insbesondere der in § 19 Abs. 4 Nr. 2 GWB geregelte Preishöhenmissbrauch die Aussage, dass die Entgelte des marktbeherrschenden Unternehmens nicht von denjenigen abweichen dürfen, die sich bei wirksamem Wettbewerb mit hoher Wahrscheinlichkeit ergeben würden. Auf der anderen Seite ist dieser dann als Simulationsmodell des „Als-Ob-Wettbewerbs" anmutende Tatbestand nicht in der Lage, so weit reichende Konsequenzen anzuordnen, die eine an den LRIC orientierte Preisfestsetzung hat. Der BGH hatte bereits in Valium[3337] die Auffassung vertreten, dass die Überschreitung des wettbewerbsanalogen Preises an sich noch nicht den Missbrauchstatbestand erfülle. Vielmehr bedürfe es einer erheblichen Überschreitung, um einen aufgrund der Marktbeherrschung resultierenden Preishöhenmissbrauch feststellen zu können. Der Gesetzgeber hat in § 19 Abs. 4 Nr. 2 GWB das Vergleichsmarktkonzept eingeführt, mit dem die Wettbewerbsanalogie auf anderen Märkten als Maßstab des Preishöhenmissbrauchs dient, dem aber kein wertendes Element innewohnt, wie es der BGH mit seiner „erheblichen Überschreitung" getan hat. In der Literatur[3338] ist daher auch die Frage der Abweichung – von dem LRIC oder dem Vergleichsmarkt – umstritten und hat zu einer Vielzahl von Ansätzen geführt, die bis heute unklar geblieben und praktisch nicht zur Anwendung gelangt sind. Die wohl herrschende Auffassung[3339] nimmt einen sog. Missbrauchszuschlag vor und verweist auf die Gesetzesmaterialien. Darin hatte der rechtspolitische Ausschuss die Neufassung dahingehend verstanden, dass gemäß der bisherigen Rechtsprechung nur solche Abweichungen von den Entgelten der Vergleichmärkte als missbräuchlich anzusehen seien, die „spürbar" und „erheblich" wären und sich damit von den an den LRIC orientierten Preisen signifikant unterscheiden würden. Dem ist im Ergebnis zuzustimmen, auch wenn die BGH Rechtsprechung in der neuen Durchleitungsentscheidung als Kehrtwende anmutet. Sofern die Entgeltbemessung spezialgesetzlich geregelt ist, kann auch nach GWB kein anderer Bemessungsmaßstab gelten. Dies gilt zumal deshalb, da das Kartell-

---

[3337] BGH WuW/E BGH 1445, 1454 „Valium"; KG WuW/E OLG 2053, 2065 f. „Valium II".
[3338] *Möschel*, in: Immenga/Mestmäcker (Hrsg.), GWB-Kommentar, GWB, § 19 Rdnr. 154-160; *Knöpfle*, BB 1979, S. 1101 ff.; *Schwark*, BB 1980, S. 1350, 1355; *Albach*, WuW 1978, S. 537, 546 ff.; Der Problemaufriss findet sich auch bei *Martenczuk/Thomaschki*, RTkom 1999, S. 15, 24, aber ohne einen Lösungsvorschlag.
[3339] *Möschel*, in: Immenga/Mestmäcker (Hrsg.), GWB-Kommentar, GWB, § 19 Rdnr. 159; *Fischer*, ZGR 1978, S. 235, 248.

recht nur punktuell und nicht wie das Sektorenrecht laufend struktur- und verhaltenssteuernd in das Marktgeschehen eingreifen kann[3340].

Damit kommt es auch für die Entgeltfestsetzung bzw. die Diskriminierung im Breitbandkabelnetz hinsichtlich der Entgelte darauf an, wie das jeweilige Netz entgeltreguliert wird.[3341] Daher gebietet es sich auch hier, dann den Maßstab der jeweiligen Norm anzuwenden. Wie die Entgeltregulierung nach sektorspezifischem Recht gezeigt hat, unterliegen die Kabelnetze hinsichtlich des Einspeisemarktes allenfalls einer ex-post Entgeltregulierung. Eine an den LRIC oder dem Price Cap orientierte Entgeltbemessung wäre daher erst Recht nach GWB unzulässig.

4. Regulierung des Signallieferungsmarktes

a) Zugangsregulierung

Eine besondere Frage stellt sich nach dem neuen TKG im Hinblick auf die Regulierung des Signallieferungsmarktes. Die konkrete Regulierungsverfügung durch die Bundesnetzagentur wird nicht nur im Hinblick auf ex-ante Zugangsregulierung, sondern auch hinsichtlich der Genehmigung bzw. der nachträglichen Regulierung der Entgelte von vielen mit Spannung erwartet. Nach den bisherigen Darstellungen dürfte klar sein, dass es sich bei der Signallieferung um eine Zugangsleistung nach § 3 Nr. 32 TKG handelt. Der NE4-Betreiber erbringt durch Übertragung der Inhalte in seinen Netzen zum Endkunden wiederum einen Telekommunikationsdienst nach § 3 Nr. 24 TKG.[3342] Bei Annahme beträchtlicher Marktmacht würde eine auferlegte Zugangsverpflichtung dann gemäß §§ 21 Abs. 1 S. 2 Nr. 3 und 3 Nr. 32 TKG an der Bereitstellung von Telekommunikationsdiensten nach § 3 Nr. 24 TKG ansetzen und damit auch die Übertragung von Signalen erfassen. Zu bedenken ist aber, dass eine Zugangsverpflichtung auf Grundlage des § 21 TKG insbesondere dann erfolgen soll, wenn andernfalls die Entwicklung eines nachhaltig wettbewerbsorientierten nachgelagerten Endnutzermarktes behindert werden würde. Die Bundesnetzagentur hat in ihrem Konsultationsentwurf die Auffassung des Bundeskartellamtes wiedergegeben und sich der Meinung angeschlossen, dass erheblicher Wettbewerbsdruck durch SMATV-Anlagen und Sat-ZF ausgeht und dass sich ein solcher Wettbewerbsdruck insbesondere ab einer bestimmten Größe im NE4-Segment ergibt, die bei etwa 50-250 Wohneinheiten liegt. Dies ist insoweit erwähnenswert, als die Bundesnetzagentur dann zu dem Schluss kommt, dass der Signallieferungsmarkt einen einheitlichen sachlich relevanten Vorleistungsmarkt darstellt. Dies ist überraschend, weil offensichtlich ist, dass hier der strategische Parameter der NE3 bei der Preisgestaltung abnimmt. Gegenüber großen NE4-Betreibern, die etwa einige tausend Wohneinheiten an einem Übergabepunkt besitzen oder deren Übergabepunkte nicht weit ausein-

---

3340 *Ladeur*, K&R 1998, S. 479, 480.
3341 Allgemein in Bezug auf das Vorliegen spezialgesetzlicher Entgeltmaßstäbe für den jeweiligen Sektor auch *Gerstner*, WuW 2002, S. 131, 136.
3342 *Wrona*, CR 2005, S. 789, 795.

ander liegen, ergibt sich funktionsfähiger Wettbewerb aus den erheblichen Bündelvorteilen. Sachgerecht erschiene es daher, die Zugangsregulierung, wenn überhaupt, nur für eine bestimmte Anzahl der an einem Übergabepunkt versorgten Wohneinheiten anzuwenden, da insoweit wirksamer Wettbewerb besteht.

b) Entgeltregulierung

Die RegTP leitete auf dem Signallieferungsmarkt insgesamt zwei Missbrauchsverfahren ein. Das erste[3343] betraf noch die DTAG. Ein weiteres[3344] führte im Rahmen der Entgelterhöhung von Iesy, Ish, KBW und KDG, d.h. insgesamt nur auf der NE3, zu Voruntersuchungen. Zu einer förmlichen Eröffnung führte letztere nicht, da sie die Erhöhung im Hinblick auf die Digitalisierung des Netzes als sachlich gerechtfertigt erachtete.[3345]

aa) Keine Entgeltregulierung gegenüber großen NE4

Die Ausführungen zum Signallieferungsmarkt haben deutlich gemacht, dass viele der größeren NE4-Betreiber über eine wirksame Markteintrittsdrohung verfügen und die NE3 ihnen gegenüber auch keine SMP-Stellung einnimmt. Dies spiegelt sich in Rabattstaffelungen wider, die zum Teil in Individualvereinbarungen nur Bruchteile des üblichen Endkundenentgelts ausweisen. Bereits die Zugangsverpflichtung nach § 21 TKG konnte daher ebenso wenig begründet werden wie die Entgeltregulierung.

bb) Entgeltgenehmigung zugunsten kleinerer NE4?

Fraglich ist, wie NE4-Betreiber ohne „kritische Masse" von 50-250 Wohneinheiten reguliert werden. Grundsätzlich folgt die Entgeltregulierung dem regulatorischen Automatismus in § 30 Abs. 1 S. 1 TKG, so dass im Falle der angenommen Zugangspflicht nah § 21 TKG auch eine ex-ante Entgeltregulierung greift. Allenfalls bei Vorliegen von § 30 Abs. 1 S. 2 Nr. 1 TKG könnte ausnahmsweise eine ex-post Entgeltregulierung greifen. Da die RegTP die NE3-Netze der DTAG aber vor der Novelle als marktbeherrschend eingestuft hatte, liegt die kumulativ zu erfüllende Vorraussetzung der Nr. 2 nicht vor, so dass die Ausnahme nicht greift. Auch andere als die in § 30 Abs. 1 S. 2 TKG genannten Ausnahmen kommen nicht in Betracht, so dass die ex-ante Entgeltregulierung nach § 30 Abs. 1 S. 1 TKG eröffnet wäre. Erlegt die Bundesnetzagentur den NE3-Betreibern zugunsten NE4-Betreibern mit einer bestimmten Anzahl von versorgten Wohneinheiten dagegen keine Zugangsverpflichtungen auf, so ist gemäß § 30 Abs. 3 TKG die nachträgliche Entgeltregulie-

---

3343 RegTP, Beschl.v. 30.04.1998, BK 3a „BK-Anschlussnetze", Umdruck S. 10 ff.
3344 Vgl. Pressemitteilung der RegTP v. 05.09.2002 und 17.12.2002, hierzu *Schalast/Rößner*, WuW 2004, S. 595, 597.
3345 Hierzu ausf. *Schalast/Rößner*, WuW 2004, S. 595 ff.; *Schütz*, Kommunikationsrecht, Rdnr. 763.

rung eröffnet und kommt die Entgeltgenehmigung nicht in Betracht. Wie gesehen ist dieser Unterschied wichtig, weil die ex-ante Regulierung den LRIC-Maßstab zugrunde legt, wohingegen nach § 39 Abs. 2, 4 TKG nur die Beachtung des Diskriminierungsverbotes in Betracht zu ziehen ist. Da die Regulierungsbehörde auch bislang den LRIC-Kostenmaßstab verwendet hatte und auf dieser Grundlage eine Entgelterhöhung nicht beanstandete, ist davon auszugehen, dass die derzeitig erhobenen Entgelte der Signalweiterleitung Bestand haben werden.

cc) Maßstab der Entgeltbemessung

Schon nach alter Rechtslage wurde der Maßstab der Entgeltbemessung von den Vertretern der NE4 kritisiert[3346]. Angestoßen durch die Preiserhöhung für Kabelanschlüsse der Deutschen Telekom im Jahr 1997 hatte zunächst das BMPT die Prüfung der Kostengerechtigkeit der Preise aufgenommen. Diese Ermittlungen wurden nach dem Übergang der Aufgaben auf die RegTP zu Beginn des Jahres 1998 von dieser fortgeführt und mündeten im Frühjahr 1998 in ein Verfahren der nachträglichen Entgeltregulierung. Nachdem zunächst die Kostengerechtigkeit in Frage gestellt wurde, gaben neue Tatsachen Anlass, die Entgeltbemessung an der Netzaufrüstung zu messen. Die RegTP begründete die Sachgerechtigkeit der Signallieferungspreise mit der Migration vom analogen Kabelrundfunk zur digitalen Technik.[3347] Die zweite Entgelterhöhung, die nach der gescheiterten Veräußerung der Kabelnetze an Liberty Media durchgesetzt wurde, hatte ihre sachliche Rechtfertigung ebenfalls in der Netzaufrüstung[3348]. Von einigen[3349] wurde dieses Argument deshalb bezweifelt, weil schon mal mit der Digitalisierung argumentiert wurde und auf dieser Sachlage die Rechtfertigung der RegTP verbraucht gewesen sei. Zum anderen hatte es in Presseberichten widersprüchliche Argumente für die Preissteigerung gegeben, nach denen auch der Kaufpreis stark abhängig von den erzielbaren Kabelerlösen sei. Neben diesen Argumenten der Preissteigerung wurde vor allem ins Feld geführt, dass die Preise keine Symmetrie aufwiesen. Vor allem die kleineren Netzbetreiber wurden durch die Preissteigerung stärker benachteiligt als die größeren Netzbetreiber, denen gegenüber Preisanhebungen schon aufgrund der Abkopplungsgefahr hin zum Satelliten schwierig durchzusetzen sind. Der Fachverband für Rundfunkempfangs- und Kabelanlagen (FRK) stellte bei seinen NE4-Mitgliedern Preissteigerungen von 77,1% im Einzelfall und von über 30% im Durchschnitt fest. Der Maßstab der Entgeltbemessung muss sich im Ergebnis, folgt man hier einer ex-ante Zugangspflicht und der ex-ante Entgeltregulierung, an den Kosten effizienter Leistungsbereitstellung orientieren. Im Falle der Ablehnung jeglicher ex-ante Verpflichtungen mangels Auferlegung von Zugangspflicht nach § 21 TKG ist dagegen nur die Missbrauchsaufsicht hinsichtlich der Entgelte eröffnet, so dass dann das Verhältnis zu den Sig-

---

3346 *Schalast/Rößner*, WuW 2004, S. 595 ff.
3347 RegTP, Tätigkeitsbericht 1998/1999, S. 63 f.
3348 *Schütz*, Kommunikationsrecht, Rdnr. 763.
3349 *Schalast/Rößner*, WuW 2004, S. 595, 597.

nallieferungsentgelten anderer NE4-Betreibern in Frage stünde. Das Problem, das sich hier stellt, ist die unterschiedliche Verhandlungsstärke der NE4-Betreiber gegenüber der NE3. Räumt der NE3-Betreiber den größeren Netzen bessere Signallieferungsbedingungen ein, weil sie ansonsten selbst in den Markt eintreten würden und ergeben sich hierdurch Asymmetrien gegenüber den kleinen NE4-Betreibern, also relativ höhere Preise pro angeschlossener Wohneinheit, so könnte dies auf eine sachlich nicht gerechtfertigte Ungleichbehandlung hinweisen, die nach § 28 Abs. 1 Nr. 1 und 3 TKG als Missbrauch zu werten wäre. Muss die Regulierungsbehörde daher die Signallieferungspreise der kleineren NE4-Betreiber aufgrund dieser unterschiedlichen Behandlung nach unten anpassen oder sind die Vorteile, die gegenüber den verhandlungsstarken Unternehmen eingeräumt werden, zu beseitigen? Die Frage verdeutlicht, dass die Entgeltregulierung auf dem Signallieferungsmarkt zu einem unlösbaren Zielkonflikt führen kann: Auf der einen Seite soll eine einzelfallgerechte Preisbemessung stattfinden, die im Grunde sowohl die Vorteile der großen NE4-Betreiber, als auch die Nachteile der kleineren NE4-Betreiber ausräumen müsste und damit auf eine konsistente Preisregulierung abzustellen hätte, also den gesamten Signallieferungsmarkt regulieren müsste. Auf der anderen Seite würde hierdurch ein Großteil der NE4-Großkunden zum Satellitenempfang wechseln und zu erheblichen Verlusten der NE3 führen. Dieser Zielkonflikt muss daher schon auf der Ebene der Marktdefinition derart berücksichtigt werden, dass der sachlich relevante Signallieferungsmarkt, der der Regulierung unterliegt, gemäß der Zugangsregulierung nur für eine Anzahl von Wohneinheiten bis zu der „kritischen Masse" abgegrenzt wird. Hier stellt sich aber gleichzeitig die Frage, ob es sich bei den kleinen NE4-Betreibern nicht tatsächlich um Endkundenmärkte handelt, also überhaupt keine Vorleistungsregulierung greift und daher § 39 TKG ohne Berücksichtigung der individualvertraglich ausgehandelten Signallieferungsentgelte Anwendung findet.

5. Regelungen für das digitale Fernsehen

Für den Übergang von der analogen zur digitalen Technik hat es in der Bundesrepublik nicht nur zahlreiche Gutachten hinsichtlich der Gefahren für die Pluralität der Meinungen gegeben, sondern auch einige Versuchsmodelle, die dem Kabel geschadet haben. Vereinzelt hat es hierzu fundierte netzökonomisch ausgerichtete Stimmen aus der Literatur[3350] gegeben, die Steuerungsmöglichkeiten für eine stärkere Einbindung der LMA und des Staates bei der Koordinierung des Standards für die digitale Ära vorgeschlagen haben. Das Dilemma wurde weder von den verantwortlichen medienpolitischen Gremien zur Koordination der Anpassungskosten, noch vom Bundeskartellamt in ihren Fusionskontrollverfahren erkannt. Für das PSTN gelten andere Grundsätze, wobei der fehlende intermodale Wettbewerb ausgehend vom Kabel auf das PSTN, d.h. vorwiegend durch den mangelnden Internetausbau sich zur Zeit darin „rächt", dass die DTAG für die Aufrüstung des ohnehin notwendigen

---

[3350] *Ladeur*, CR 1999, S. 395 ff.

Glasfaserausbaus ein breites Zeitfenster besitzt, um über eine Entlassung aus Regulierung für VDSL zu „verhandeln".

Die Marktergebnisse für das digitale Fernsehen sind mit den USA unvergleichbar. Sie kennzeichnen die technisch rudimentäre Entwicklung, die nicht nur auf die Netzebenentrennung, sondern auch auf die provinzielle Selbstblockierung der LMA zurückgeführt wird[3351]. Dabei hat das Beispiel der USA, das über ein flexibles Steuerungsmodell durch die FCC verfügt, gezeigt, dass nicht nur die Anpassungskosten für das Netz, sondern auch von Diensten und vor allem Endgeräten genug Schwierigkeiten bereiten, um den Übergang zu einem modernen Kommunikationsnetz zu ermöglichen[3352], zumal die Unsicherheiten der Konsumentenerwartung den Übergang noch erschweren. Wie sich auch rechtsvergleichend ergibt, ist die US-amerikanische Regulierung durch eine flexibles Modell gekennzeichnet, bei der Beobachtungsphase der Marktentwicklung und Steuerungsphase durch Schnittstellenvorgaben ineinander greifen, sofern der Markt sich nicht selbst zu „helfen" vermag und zu einer Selbstblockade neigt. Gerade die Anforderungen an das CAS haben den bemerkenswerten Sachverstand und das Gespür für eine Balance zwischen Markt und Regulierung der FCC gezeigt.

Die relativ späte Einführung des digitalen Fernsehens bzw. der Rückkanalfähigkeit bietet aber noch Chancen, von den sich inzwischen vervielfältigenden technologischen Bedingungen zu profitieren[3353], wobei Pessimismus im Hinblick auf die Netzinvestition und damit auf die weitere Entwicklung nicht unangebracht erscheint. Wichtig ist daher an dieser Stelle zu erfahren, welche Gremien an der Standardisierung der digitalen Plattformen beteiligt sind, welche rechtlichen Voraussetzungen und Hürden für die Marktteilnehmer zu überwinden sind und wie viel Spielraum den Akteuren in kartellrechtlicher Hinsicht verbleibt.

a) Zugangsberechtigungssysteme (CAS)

Erheblichen Koordinierungsbedarf in der digitalen Ära des Rundfunks bereiten Zugangsberechtigungssysteme (Conditional Access Systems – „CAS"). CAS können einmal nur für Pay-TV Sender eingesetzt werden, also für das Bezahlfernsehen eine Freischaltung von der Zahlung eines Entgelts abhängig machen. Andererseits ermöglicht das CAS auch eine Grund- oder Basisverschlüsselung der Free-TV Sender, so dass auch zum Empfang dieser ein Freischalterfordernis vorausgesetzt werden kann.[3354] Die Grundverschlüsselung ist derzeit Gegenstand heftiger Diskussi-

---

3351 Ebenda.
3352 So auch *Ladeur*, CR 2005, S. 99.
3353 *Ladeur*, CR 2005, S. 99, 100.
3354 *Schütz*, Kommunikationsrecht, Rdnr. 484 ff.; zu den technischen Grundlagen einführend *Hartstein/Ring/Kreile/Dörr/Stettner*, Kommentar zum Rundfunkstaatsvertrag, § 53 Rdnr. 5 ff.; *Dörr/Janik/Zorn*, S. 32 ff.; *Ziemer*, S. 337 ff.

on³³⁵⁵ zwischen den Regionalgesellschaften im Kabel und den Free-TV Sendern, und zwar auch der öffentlich-rechtlichen. Sie dient nicht nur der Autorisierung der jeweiligen Empfänger, sondern ermöglicht im Rundfunksektor erstmals die gezielte Adressierbarkeit der Endkunden und führt damit zu neuen Wertschöpfungsmöglichkeiten für Netzbetreiber und Programmanbieter³³⁵⁶. Mit der Zugangsberechtigung ist damit auch erstmals der tatsächliche Bedarf und der konkrete Zuschaueranteil bzw. die sog. Einschaltquote konkret ablesbar, die derzeit noch pauschaliert wird, aber aufgrund ihres Zusammenhangs mit dem Preis für Werbeeinblendungen³³⁵⁷ eine enorm wichtige Größe darstellt. Werden diese Größen exakt bestimmbar, wird auch der Wettbewerb zwischen den einzelnen Programmen erstmals konkret messbar. In diesem Sinne führt die Zugangsberechtigung zu mehr Transparenz auf dem Programmmarkt, was einigen Sender angesichts der laufenden Werbeeinnahmen im Free-TV notwendigerweise zuwiderlaufen muss. Auch ist damit zu rechnen, dass die bislang frei empfangbaren Programme nicht von jedem Empfänger frei geschaltet werden, was den Wettbewerb um attraktive Inhalte stärker als bislang auf dem Programmmarkt entfachen könnte. Auf der anderen Seite sind die Sender an Mehreinnahmen interessiert. In der aktuellen Tagespresse sind widersprüchliche Äußerungen hinsichtlich der Strategie einer Grundverschlüsselung durch die Sender erkennbar. So hatte P7S1 und die RTL-Gruppe eine Basisverschlüsselung zu einem monatlichen Entgelt von 3 Euro angekündigt³³⁵⁸ und wieder revidiert³³⁵⁹. Abgesehen von der Bereitschaft der Sender einer Grundverschlüsselung zuzustimmen, ist auch denkbar, dass die Kabelnetzbetreiber versuchen werden, eine solche Grundverschlüsselung zu etablieren. Zu fragen ist daher, welche Marktmachtgefahren dem positiven Wettbewerbsimpuls durch Basis- und Pay-TV Verschlüsselung gegenüberstehen.

aa) Europäischer CAS- und CAM-Wettbewerb

Allein in Europa haben sich mehrere unterschiedliche CAS etabliert. Unter ihnen besteht also Wettbewerb um den Einsatz solcher Verschlüsselungssysteme. Hierzu zählen in Europa Betacrypt, Conax, Cryptoworks, Irdeto, MediaGuard, NagraVision, Viaccess und Videoguard. Da die Entwickler dieser Verschlüsselungssysteme nicht gleichzeitig auch Hersteller aller STB sind, erwirbt die STB-Industrie für die

---

3355 *Labonte*, Grundverschlüsselung: Das Synonym für „Kunden schröpfen" Infosat Nr. 211 2005; ProSiebenSat.1: (Noch) keine Einigung über Grundverschlüsselung, abrufbar unter: <http://www.heise.de>; Kurt Beck will Digitalisierung im Kabel vorantreiben, epd medien Nr. 40 v. 26.05.2004; Deutscher Kabelverband beharrt auf Grundverschlüsselung, epd medien Nr. 21 v. 20.03.2004.
3356 *Ladeur*, CR 2005, S. 99, 105.
3357 *Ricker/Schiwy*, Rundfunkverfassungsrecht, Kap. F, Rdnrn. 61 ff.; *Beucher/Leyendecker/v. Rosenberg*, Mediengesetze, § 26 RStV, Rdnrn. 17 f.; *Engel*, ZUM 2000, S. 345, 347.
3358 Alarm: Privatsender bald nur noch mit Smartcard?; Digitalfernsehen 12/2005.
3359 ProSiebenSat.1: Verschlüsselungspläne ‚ad acta' gelegt, FRK Newsletter 43/2005, abrufbar unter: <http://www.kabelverband-frk.de>.

Verwendung der Verschlüsselungssysteme Lizenzen, sofern sie ein CAS fest in die STB integrieren möchte (sog. embedded CAS). Daneben besteht die Möglichkeit, eine STB ohne Verschlüsselungssystem herzustellen, wofür sich die Verwendung eines Common Interface (CI) anbietet. Das CI wurde von dem DVB-Projekt im Format einer PCMCIA-Schnittstelle standardisiert und nimmt das jeweilige CAS in einem CA-Modul (CAM) auf, in das dann die Smart- bzw. SIM-Card des Rundfunkveranstalters gesteckt wird[3360]. Solche CAM existieren aber nicht für alle CAS, da die Verschlüsselungssysteme zusammen mit oder für die Rundfunksender konzipiert werden und daher nicht nur unterschiedliche Schlüssel und Spezifikationen aufweisen, sondern auch die Kompatibilität mit dem CI regeln. Damit ist klar, dass die Rundfunkveranstalter möglichst eigene STB oder zumindest solche Geräte favorisieren, die kein CI besitzen, damit nicht die unterschiedlichen Sender, die sich für ein anderes CAS entschieden haben, für den Empfänger sichtbar werden. Beabsichtigt ist daher oft eine Wettbewerberbehinderung. Solche Geräte mit einem embedded CAS hat vor allem der deutsche Pay-TV Anbieter Premiere bis vor kurzem vertrieben. Auch bat Premiere lange Zeit kein eigenes CAM an, so dass der Empfänger mit seiner STB nur die Programme empfangen konnte, die über das Verschlüsselungssystem des Senders liefen. Mittlerweile läuft aber auch das Pay-TV Angebot von Premiere mit einem Alphacrypt-CAM oder dem eigens lizenzierten Premiere-CAM. Gerade im Bereich des Satellitenfernsehens präsentieren sich die unterschiedlichsten CAM, so dass der Rezipient im Extremfall eine Vielzahl von CAM oder unterschiedliche STB mit embedded CAS benötigt, um alle Sender empfangen zu können. Auswege aus diesem zersplitterten Verschlüsselungsmarkt bieten Multicrypt-CAM und Simulcrypt-Vereinbarungen.[3361] Multicrypt-CAM sind solche CA-Module, die eine Vielzahl von Verschlüsselungssystemen beherbergen. Ihre Existenz und damit ihre Einsatzmöglichkeit zum Zwecke des Rundfunkempfang der jeweiligen Sender hängt davon ab, dass das Verschlüsselungssystem überhaupt als CAM verfügbar ist, also Spezifikationen aufweist, die in einem Multicrypt-CAM verfügbar gemacht werden können. Weiterhin ist auch eine Vereinbarung notwendig, dass dieses CAM in einem Multicrypt-Modul eingesetzt werden darf, da sich ja auf einem solchen mehrere Verschlüsselungssysteme befinden. Liegen solche Vereinbarungen vor, ist es dem Empfänger möglich, alle die Sender zu empfangen, deren CA in dem Multicrypt-CAM enthalten ist.[3362] Simulcrypt ist anders als Multicrypt keine Hardware-, sondern eine rein vertragliche Lösung, bei der die jeweiligen Sender ihre Signale mit mehreren CA-Kennungen versehen. Somit ist beim Empfänger jede STB einsetzbar, die die jeweilige CA-Kennung verarbeiten kann.[3363] Damit weiterhin ein reger Wettbewerb zwischen den einzelnen Verschlüsselungssystemen und den Sendern funktionieren kann, wäre die offene Gestaltung der STB

3360 *Ziemer*, S. 341 f.
3361 *Schütz*, Kommunikationsrecht, Rdnr. 493; *Ziemer*, S. 342.
3362 Vgl. auch *Ziemer*, S. 341 f.
3363 Vgl. *Hofmeir*, Neue Ordnung beim Digital-TV, funkschau 16/1998, S. 18, 23; *Schütz*, Kommunikationsrecht, Rdnr. 493.

in Form des CI, das jedes CAM aufnehmen kann, ein wünschenswertes Ziel der Regulierung. Andererseits ist bereits der Einsatz solcher CAM und die entsprechende Smartcard eine unerwünschte Folge der Verschlüsselung, da auch hier die Grenzen der Ergonomie schnell erreicht werden. So ist undenkbar, dass der Empfänger mehr als zwei Smartcards, geschweige denn mehrere CAM einsetzen wird. Daher ist die in den USA favorisierte Softwarelösung des Verschlüsselungssystems zu begrüßen, da theoretisch eine unbegrenzte Anzahl von Verschlüsselungssystemen mit der jeweiligen STB eingesetzt werden können und damit auch keine Kollektivwechselkosten eines Senders entstehen, wenn er sich für einen anderen am Markt existierenden Verschlüsselungsstandard entscheidet. Solche Wechselkosten entstehen auch für den Endkunden, wenn er auf Sender „umsteigt", die andere CA-Kennungen verwenden. Von einer solchen Lösung ist die deutsche Medienlandschaft nicht nur aufgrund der Koordination zwischen Verschlüsselungswettbewerb und STB-Industrie weit entfernt, sondern auch die infrastrukturellen Voraussetzungen liegen bislang nicht vor, da solche Lösungen sich nur mithilfe der Rückkanalfähigkeit der Netze realisieren lassen, will man den Nutzer ohne Hardwareeinrichtungen, sondern allein mit einem Benutzernamen und einem Passwort authentifizieren[3364].

bb) Marktmachtgefahren

Die Marktmachtgefahren beim komplexen CAS- und CAM-, kurz Verschlüsselungswettbewerb, sind vielfältig und nicht auf die Vertragsverhältnisse zwischen Verschlüsselungsanbieter und Rundfunkveranstalter begrenzt[3365]. Vielmehr ist hier in erster Linie an die Kabelnetzbetreiber zu denken, die bei Einspeisung eines Senders in ihr Netz auch bei der Art der zu wählenden Verschlüsselung auf die Sender einwirken müssen. Denn der Wettbewerb auf der Endkundenebene im Rahmen der Gestattungsverträge legt es nahe, keine zu komplexe Verschlüsselung zu wählen oder nur das jeweilige Programm der Sender durchzuleiten, da dann unterschiedlichste Systeme zum Einsatz kommen und hierdurch der Endkunde oder Verbrauchsdisponent zur alternativen Infrastruktur wechseln könnte. Um dem zu begegnen, setzen auch heute die Regionalgesellschaften ihre eigenen Smartcards und Verschlüsselungssysteme ein, die sich nicht mit dem der Veranstalter decken, aber deren Entschlüsselung erlauben müssen. Abhängig ist der jeweilige Einsatz von der Verhandlungsmacht der attraktiven Sender, ohne die der Empfänger nicht bereit ist, zu einem anderen System zu wechseln, weil er eventuell schon über eine STB eines „Senders" verfügt oder das entsprechende Programm zu empfangen beabsichtigt und daher auch für ihn die jeweilige Verschlüsselung eine Rolle spielt. Sowohl Sender als auch Kabelnetzbetreiber können hier das Ergebnis der zu wählenden Verschlüsselung dominieren, was im Einzelfall zu erörtern und festzustellen ist[3366]. Auch hier

---
3364 *Ziemer*, S. 338.
3365 So anfangs noch *Schulz/Seufert/Holznagel*, Digitales Fernsehen, S. 69 f.
3366 So setzt bspw. die KDG wie Premiere auch das Verschlüsselungssystem Nagravision für das eigene Pay-TV Bouquet „Kabel Digital" ein.

hat der Sender Premiere bereits einen erheblichen Vorteil gegenüber anderen Marktteilnehmern, da er bereits über eine installed base mit über 2 Mio. STB im Kabelnetz verfügt. In den meisten Fällen werden daher überwiegend Simulcrypt-Vereinbarungen geschlossen werden müssen, da sich sowohl der Einsatz von CA-Modulen für das CI als auch der Einsatz mehrerer Smartcards für den Endkunden als wenig ergonomisch erweisen. Damit zeigt sich, dass bestimmte Szenarien der Verschlüsselung davon abhängen, wie stark sich die Verhandlungsmacht zwischen Netzbetreibern und Sendern darstellt und welche Konsequenzen für den Endkunden mit einer solchen Strategie der Netzbetreiber verbunden sind. Unterstellt man die Verhandlungsmacht des Kabelnetzbetreibers, über alle Bedingungen der Verschlüsselung und der Boxenpopulation zu entscheiden, so können sich unterschiedliche Marktmachtgefahren und Missbrauchsmöglichkeiten durch das Verhalten des Netzbetreibers ergeben.

aaa) „Umgehung" der NE4?

In letzter Zeit ist in Fachkreisen[3367] neben der Frage der Signalbereitstellung auch die Frage der Dekoderstrategie – vor allem der KDG, aber auch von Ish – diskutiert worden. Hierbei handelt es sich um das Vorhaben, die NE4 zu „umgehen" und den Endkunden direkte Abonnements anzubieten. Das Signal wird hierbei verschlüsselt, so dass zu den Endkunden mithilfe der STB eine Vertragsbeziehung aufgebaut werden kann. Die NE4, die derzeit noch für den Transport der Signale ein Signallieferungsentgelt an die NE3 entrichtet, möchte an diesen Abonnements „beteiligt" werden. Es stellt sich damit weiter die Frage, ob die NE3 ein Durchleitungsentgelt zu zahlen verpflichtet ist. Jedenfalls nach TKG wäre eine solche Entgeltzahlungspflicht derzeit nicht begründbar, da die NE3 nach derzeitigem Transportmodell nicht den Zugang zum Ortsnetz zum Zwecke der Erbringung einer TK-Dienstleistung nachfragt, sondern das Signal den NE4-Betreibern zu einem bestimmten Entgelt anbietet.

(1) Exkurs: Zivilrechtliche Absicherung der lokalen Netze

Vom (sektorspezifischen) Kartellrecht zu trennen ist die zivilrechtlich zu beantwortende Frage, ob NE4-Betreiber durch die unentgeltliche Durchleitung der Signale in ihrem Eigentum beeinträchtigt werden. Hierzu liegen zwei widerstreitende Berufungsurteile des OLG München[3368] und des Hanseatischen OLG[3369] vor. Das OLG München hatte in seiner Entscheidung einen Unterlassungsanspruch der NE4 gegenüber Programmanbietern nach § 1004 Abs. 1 BGB bejaht. Denn der Programmanbieter begehe eine mittelbare Eigentumsstörung, indem er ohne Zustimmung der NE4 Signale in die NE3 einspeise. Zur Sperrung sei die NE4 nicht verpflichtet.

3367 Vgl. nur FRK, Boxenstrategie, Podiumsdiskussion (7. Kabelkongress), Leipzig, 07.11. 04; Problemfall digitales Kabel, Infosat Nr. 202/05; *Dierck*, MMR 2004, S. 29 ff.
3368 OLG München MMR 2002, S. 49 f.
3369 OLG Hamburg MMR 2001, S. 526, 527 „MediaVision".

Auch eine Duldungspflicht treffe die NE4 nicht, weil ein Durchleitungsanspruch nicht greife[3370]. Das OLG Hamburg sah dagegen in der unmittelbaren Einspeisung der Signale der NE3 keine Eigentumsstörung. Wie das Gericht ausführt, handele es sich nicht um eine Störungshandlung. Die NE4-Betreiberin beanstande Signale, die sie selbst durch das eigene Netz leite.[3371] In der Literatur[3372] konnten beide Entscheidung nicht überzeugen. So habe das OLG München bereits die technischen Grundzüge nicht verstanden. Die Entscheidung habe daher nur eingeschränkte Bedeutung[3373]. Das Urteil des OLG Hamburg habe dagegen nur auf die dingliche Seite abgestellt und überzeuge ebenfalls nicht. Vielmehr hänge die zivilrechtliche Frage der Entgeltbemessung von der konkreten Leistungsbeziehung und damit von dem vertraglich Vereinbarten ab[3374]. Der NE3-Betreiber habe nicht die Versorgung des NE4-Betreibers im Auge. Sein Endzweck liege im gewerblichen Angebot an den Endkunden. Somit beliefere die NE3 nicht, sondern leite durch und störe daher auch das Eigentum der NE4, woraus sich ein Unterlassungsanspruch ergebe.[3375]

Erst kürzlich hat der BGH[3376] zum Streitstand Stellung bezogen und vertritt eine zwischen den OLG Senaten vermittelnde Position. Er sieht anders als das OLG München in der Signaldurchleitung als solcher eine Entsprechung in der von der NE4 getroffenen Eigentumsdisposition durch die willentliche Zusammenschaltung mit der NE3. Damit fehle es insoweit zunächst an einem dem Inhalt ihres Eigentumsrechtes nach § 903 BGB widersprechenden Zustand, der einen Abwehranspruch gemäß § 1004 Abs. 1 BGB auslösen könnte.[3377] In der Realisierung des Internetzugangs durch Installation eines Kabelmodems beim Endkunden sah der BGH entgegen der Auffassung des OLG Hamburg eine Eigentumsstörung dagegen als erfüllt an. Denn die als eigene technische Leistung angebotene Zugangsvermittlung greife notwendigerweise auf die NE4 zurück, die anders als die Signaldurchleitung keine unmittelbare Folge der Zusammenschaltung zwischen NE3 und NE4 sei, sondern durch diese erst ermöglicht werde.[3378]

(2) Reziproke Kompensation für STB?

Die Auffassung des BGH verdeutlicht, dass der Widmungszweck des Netzes für die Beurteilung einer eigentumsrechtlichen Störung im Zentrum zu stehen hat. Dieser wird allein durch die schuldrechtliche Beziehung zur NE3 bestimmt und ist daher spiegelbildlich zu verstehen. Während daher eine Zusammenschaltung mit der NE3 den Willen der NE4 verdeutlicht, jegliche Inhalte durchzuleiten, soll die Nutzung

---

3370 OLG München MMR 2002, S. 49 f.
3371 OLG Hamburg MMR 2001, S. 526, 527.
3372 Ebenda, S. 526, 527.
3373 *Reinersdorff*, MMR 2001, S. 526, 528.
3374 Ebenda, S. 526; *Osten*, MMR 2002, S. 49, 50 ff.; *Schütz*, Kommunikationsrecht, Rdnr. 760.
3375 *Reinersdorff*, MMR 2002, S. 222 ff.
3376 BGH NJW 2003, S. 3762 ff. = K&R 2004, S. 31 ff. „Internetangebot im Kabelnetz".
3377 Ebenda, S. 3762, 3763 „Internetangebot im Kabelnetz".
3378 Ebenda, S. 3762, 3764.

der NE4 für den Internetzugang nicht mehr vom Widmungszweck erfasst sein. Die BGH-Entscheidung wirft die Frage auf, ob nicht auch die Kollokation mit einer herkömmlichen STB aufgrund einer Vereinbarung zwischen NE3 und Empfänger zu einer Eigentumsstörung führt[3379]. Auch die STB schafft technische Voraussetzungen für den Signalempfang. Auch sie macht im Wege der Kollokation mit der NE4 das Netz zum Gegenstand einer eigenen Leistung und eröffnet den Zugang zu ausgestrahlten digitalen Sendeinhalten. Genauso wenig wie der Internetzugang wäre auch das gewerbliche Angebot der Zugangsmöglichkeit zu Digitalprogrammen mittels STB eine unmittelbare Folge der Zusammenschaltung mit der NE3. Vielmehr wird mit der Kollokation auch der Zugang zum digitalen Programm erst eröffnet. Die Verpflichtung der NE3 zur Belieferung des Endkunden mit bestimmten Programminhalten lässt sich hiervon trennen und ist dagegen unmittelbare Folge der Signaldurchleitung als solche[3380]. Sie ergibt sich aus der willentlichen Zusammenschaltung mit der NE3 und entspricht daher der Zweckrichtung der NE4.

(3) Wettbewerbliche Beurteilung

Praktische Relevanz hat die Eigentumsfrage dann nicht, wenn der „Signallieferungsvertrag", wie in neueren Vertragstexten zu lesen, ein solches Recht beinhaltet.[3381] Für die Regulierung ergibt sich die Frage, ob ein Überbau durch die NE3 reguliert werden muss. NE4-Betreiber befürworten dies teilweise[3382]. Diese Ansicht kann nicht überzeugen, sofern der NE4-Betreiber weiterhin nur als reiner Durchleiter agiert. In der Mehrzahl der Fälle wird das Signal als Vorleistung angeboten, damit der Netzbetreiber der Ebene 4 nicht eine eigene Kabelkopfstation errichten muss. Spätestens wenn die Satellitenbetreiber eine Grundverschlüsselung durchsetzen, muss deutlich werden, dass es kein Recht auf unverschlüsselten Bezug von Inhalten der NE3 geben kann. Ein Zugangsanspruch, der auf die Bereitstellung eines Inhaltes abzielt, wäre auch mit dem TKG nicht zu vereinbaren.

bbb) Diskriminierung der Sender?

(1) Szenarien des Bundeskartellamts

Neben den nachgelagerten Netzbetreibern ist insbesondere an das Missbrauchspotential gegenüber den Rundfunkveranstaltern und Programmanbietern zu denken. Bislang hat sich nur das Bundeskartellamt zu den Szenarien von Diskriminierung und Wettbewerbsbeschränkung in dem Zusammenschlussverfahren KDG/KBW[3383] geäußert. Die Wettbewerbsbehörde differenziert hier einmal zwischen der durch das

---

3379   Bejahend *Dierck*, MMR 2004, S. 29, 32; weiterg. *Reinersdorff*, MMR 2002, S. 222, 223 ff.
3380   BGH NJW 2003, S. 3762, 3763, 3764 „Internetangebot im Kabelnetz".
3381   Insoweit behält *Reinersdorff* (MMR 2002, S. 222 ff.) natürlich Recht.
3382   *Labonte*, Dumm und frech?, Infosat Nr. 194 2004.
3383   BKartA, KDG/KBW/Iesy/Ish, S. 38 ff.

embedded CAS herbeiführbaren Verschlüsselung von Free-TV Sendern einerseits und gegenüber Pay-TV Anbietern anderseits. Hinsichtlich der Free-TV Sender sieht die Behörde mehr Einflussmöglichkeiten der Netzbetreiber, bleibt aber diesbezüglich wenig konkret. Einmal wird zwar beschrieben, dass der Netzbetreiber eine STB-Population mit Grundverschlüsselung der Free-TV Sender durchsetzen könnte und der potentielle Empfänger zum Umstieg auf eine STB aufgrund der Netz- und Zertifizierungshoheit des Netzbetreibers „gezwungen" werden könnte, auch wenn er keine Pay-TV Interessen hätte. Die Behörde sieht hierin aber zunächst nur einen positiven Wettbewerbsimpuls für das digitale Fernsehen insgesamt. Hinsichtlich der Marktmachtgefahren werden aber keine weiteren Bedenken gegenüber den frei empfangbaren Sendern geäußert. Vielmehr schwingt das Bundeskartellamt zu anderen Gefahren um, die sich nicht in Marktmachtbedenken äußern, sondern aufgrund des zwingenden Zertifizierungsverfahrens der STB-Industrie bezüglich des CAS von Nagravision vermeintlich höhere Entgelte der Endkunden abverlangen.[3384] Daneben zeichnet das Bundeskartellamt zwei aus seiner Sicht besonders gravierende Wettbewerbsszenarien für die Pay-TV Anbieter nach, die für die Sender erhebliche Hürden darstellen könnten. Einerseits habe der Netzbetreiber die Möglichkeit, über das Aufstellen der Boxenspezifikationen, die Überprüfung von deren Einhaltung durch ein Zertifizierungsverfahren und die Kopplung der Freischaltung einer Box an das Vorliegen einer Zertifizierung, eine alternative Boxenpopulation an seinem Kabelnetz gänzlich zu verhindern. Alternativ böte sich ihm mit der Kombination von Grundverschlüsselung und embedded CAS die Möglichkeit, eine signifikante alternative Boxenpopulation wirtschaftlich zu verhindern. Denn es stelle für einen Pay-TV Anbieter eine erhebliche Hürde dar, dem Endkunden erklären zu müssen, warum dieser für seine Sender eine zweite beschaffen sollte. Unüberwindbar werde dieses Vorhaben dann, wenn mit der neuen STB nur die Sender des Pay-TV Anbieters gesehen werden könnten, nicht aber die anderen übertragenen, vor allem die grundverschlüsselten Free-TV Sender. Vermeiden ließe sich dieses Ergebnis nur, wenn der Netzbetreiber seinerseits zumindest die Free-TV Sender mit dem CAS des Pay-TV Anbieters simulcrypten ließe, was aber dessen Bereitschaft zum Abschluss einer Simulcrypt-Vereinbarung und entweder den weitgehenden Verzicht des Netzbetreibers auf Einfluss auf die STB des Pay-TV Anbieters oder die Anpassung des Pay-TV Anbieters an die STB-Anforderungen des Netzbetreibers erfordern würde. Der Pay-TV Anbieter gerate so immer in Abhängigkeit des Kabelnetzbetreibers, wobei im Falle der KDG auch selbst eigene Pay-TV Interessen verfolgt würden. Dadurch könne der Pay-TV Anbieter erhebliche Nachteile bei der Differenzierung der technischen Darstellung seines Programms, die in erheblichem Umfang durch die STB-Eigenschaften bestimmt werden, gegenüber dem Programm des Kabelnetzbetreibers erleiden.[3385]

3384 Ebenda, S. 38 f.
3385 Ebenda, S. 39 f.

(2) Kosten der STB sind keine Missbrauchsgefahr

Die Überlegungen des Bundeskartellamts zeugen nicht gerade von einer besonders ausgeprägten strukturierten Herangehensweise. Deutlich wird bei diesen Überlegungen jedoch, dass zwischen den einzelnen Akteuren erheblicher Kooperationsbedarf besteht und auch weitere Bedenken als nur gegenüber Programmveranstaltern betroffen sind, insbesondere die Kosten der STB für den Endkunden eine Rolle spielen. Ob hohe Kosten für den Endkunden unerwünscht sind, spielt aber für kartellrechtliche Überlegungen keine Rolle. Im Rahmen des Telekommunikationsrechts kann zu bedenken sein, dass solche Entgelte im Rahmen der Endnutzerregulierung mit einfließen können. Für Marktmachtbedenken scheidet jedenfalls der Preis, den der Endkunde zu zahlen hat, aus, da der Wettbewerb eine Vermutung für wettbewerbsanaloge Preise in sich birgt und demnach nur die Frage angestellt werden darf, ob durch eine eigene Boxenstrategie der Wettbewerb auf diesem STB-Markt ausgeschaltet wird.

(3) Grundverschlüsselung

Gegenüber den Free-TV Anbietern besteht ein Missbrauchspotential zunächst darin, dass ihre Programme nicht mehr empfangen werden können. Hierbei muss aber aus Sicht der §§ 19, 20 GWB differenziert werden. Zunächst ist die Sachlage denkbar, dass einige Sender grundverschlüsselt werden (insbesondere die privaten Programme) und einige nicht (so die Strategie der KDG bezüglich der öffentlich-rechtlichen). Ein solches Vorgehen ist eine kartellrechtlich relevante Ungleichbehandlung. Der Netzbetreiber hat also zunächst eine Missbrauchsmöglichkeit hinsichtlich der Wahl des jeweils zu entschlüsselnden Senders. Daneben existiert die Möglichkeit, alle Programme des frei empfangbaren Fernsehens mit einer Grundverschlüsselung auszustatten. Dann würden zwar niemandem Vorteile gewährt, die andere nicht treffen, es würde also keiner gegenüber dem anderen benachteiligt. Dies wäre dann allein der Fall einer Behinderung aller Sender. Beide Konstellationen entsprechen teilweise dem bereits dargestellten Problem der Einspeiseverweigerung. Denn es macht keinen Unterschied, ob die fehlende Empfangsmöglichkeit auf der Sender- oder der Empfängerseite besteht. Ausreichend ist, dass das jeweilige Programm nicht mehr dem bestimmungsgemäßen Gebrauch der Rezeption durch den Endkunden entspricht und hierdurch nicht mehr die erwarteten Werbeerlöse der Free-TV Anbieter erzielt werden. Abhängig ist die Empfangsmöglichkeit des Endkunden dann von seiner Bereitschaft zur Freischaltung, die selbst wiederum von der Höhe seiner Freischaltkosten bestimmt wird. Der Einfluss des Netzbetreibers beschränkt sich dann also auf die Gestaltung der Grundentschlüsselungspreise. Diese können aber wieder so gestaffelt sein, dass der Empfänger für einige Sender weniger zahlen muss als für andere. Denkbar ist auch, die Grundverschlüsselung in einzelne Bouquets zu unterteilen, so dass über die Differenzierung der Entgelte und der Bouquetgestaltung wieder eine Ungleichbehandlung erfolgt. Der Netzbetreiber hat damit über die Höhe der Grundentschlüsselungspreise eine Diskriminierungsmöglichkeit.

Eine weitere Marktmachtgefahr droht den Sendern über das CAS auch dadurch, dass sie die Kosten der Verschlüsselung mittragen müssen. Der Kabelnetzbetreiber kann die Auffassung vertreten, dass die Kosten der Einspeisung durch die Grundverschlüsselung steigen und daher auch die Sender hieran zu „beteiligen" sind. Ein solches CAS könnte also eine Marktzutrittsschranke für die Sender bedeuten[3386].

(4) Missbrauch gegenüber Pay-TV Anbietern

Das CAS kann – wie auch das Bundeskartellamt andeutet – auch gegenüber Pay-TV Anbietern missbräuchlich eingesetzt werden. Auch hierbei muss aber erheblich differenziert werden, wobei die Verhaltensparameter auf dem deutschen „Fernsehmarkt" betrachtet werden sollten. Setzt der Kabelnetzbetreiber ein eigenes Verschlüsselungssystem mit einer offenen STB ein, d.h. ein CI-Schacht und einem CAM, und übernimmt lediglich das Signal mit der CA-Kennung des Pay-TV Senders, so können trotz der offenen Gestaltung der STB komplizierte Konstellationen entstehen, die teilweise zu wettbewerblichen Bedenken führen können. Zunächst ist orientiert an den Gegebenheiten des deutschen Marktes daran zu denken, dass die im Umlauf befindlichen Kabel-STB meist vom Pay-TV Veranstalter Premiere ausgegeben wurden und ein embedded CAS (d-box) ohne zusätzliches CI besitzen[3387]. Dieses embedded CAS wird mit dem Verschlüsselungssystem von Nagravision betrieben. Mittlerweile existieren CA-Module für das CAS. Wird seitens des Netzbetreibers ein anderes Verschlüsselungssystem als das von Premiere verwendete Nagravision eingesetzt, so wird die STB des Endkunden für den Empfang der vom Netzbetreiber verschlüsselten Signale unbrauchbar, da Premiere die Strategie eines embedded CAS gewählt hat und kein CI duldet(e), darüber hinaus andere Pay-TV Veranstalter zu einer Kooperation zwingen und die Abonnementverwaltung übernehmen wollte[3388]. Unterstellt das CAS des Netzbetreibers wird außerdem für die Grundverschlüsselung der Free-TV Sender verwendet, kommt der Endkunde, um auch diese zu empfangen, nicht umhin, sich eine neue STB mit CI zu beschaffen. Benötigt wird dann sowohl ein CAM des Netzbetreibers als auch eines für das Pay-TV Angebot von Premiere. Es entstehen also erhebliche Neuinvestitionskosten der Endkunden. Wahrscheinlich ist diese Konstellation nicht, da die Regionalgesellschaften mit einer nicht nur unerheblichen Abkopplung der NE4 rechnen müssten, wenn der Empfang durch den Endkunden erheblich erschwert werden würde. Allerdings ist anzumerken, dass die Abkopplung der NE4 nur dann keine Neuinvestitionskosten für Endkunden bedeutet, wenn der NE4-Betreiber die Signale, die er vom Satelliten aufnimmt auch kabelkonform umsetzt. Ausreichend ist also keine Umsetzung über einfache Satellitenanlagen, da dann DVB-S fähige STB benötigt werden, die Umrüstung also den Endkunden wieder belasten würde. Umrüstpotential zu solchen kabelkonformen Anlagen haben daher nur solche Netzbetreiber, die eine

---

3386 *Schulz/Seufert/Holznagel*, S. 69 in Bezug auf Zusatzleistungen für Pay-TV Veranstalter.
3387 Set-Top-Box.de, Simulcrypt contra Common Interface, vgl. <http://alt.set-top-box.de>.
3388 So bspw. hinsichtlich Discovery Channel, MGM oder 13th Street seit langem praktiziert.

699

kritische Masse von 50-250 Endkunden beherbergen. Denkbar ist aber auch, dass Satelliten-STB bei Umrüstung auf eine Satellitenanlage mitfinanziert werden.

Daneben besteht die Möglichkeit, dass der Netzbetreiber der NE3 die STB-Population ganz oder teilweise subventioniert. Dann wäre jeder Endkunde in der Lage, ohne zusätzliche Kosten den Empfang sicherzustellen. Hier wäre daher eine realistische Gefährdung der Boxenpopulation etablierter Pay-TV Anbieter gegeben. Umgangen werden könnte eine solche Gefahr nur dann, wenn entweder die Grundverschlüsselung auf breiterer CA-Basis erfolgte, d.h. die Grundverschlüsselung sowohl die CA-Kennung des Netzbetreibers als auch die des etablierten Pay-TV Anbieters enthielte, wogegen sich der Netzbetreiber aber wehren wird. Denn neben dem doppelten Aufwand der Verschlüsselung aller Sender würde dann auch der Pay-TV Anbieter die Möglichkeit erhalten, die Kontrolle der Freischaltung der frei empfangbaren Programme vorzunehmen und in seine Abonnementverwaltung einzubinden, die angesichts der Bedeutung der Kundendaten für weitere Werbezwecke den Hauptzweck der Grundverschlüsselung darstellt[3389] und dann für den Netzbetreiber nicht den wirtschaftlichen Ertrag erbringen würde, den er sich erhofft. Daher sind Simulcrypt-Vereinbarungen, die sowohl die Pay-TV Anbieter berechtigen, die Freischaltung der Grundverschlüsselung vorzunehmen, unwahrscheinlich. Wahrscheinlicher sind solche Simulcrypt-Vereinbarungen, die den Pay-TV Anbieter zur Verwendung der CA-Kennung des Netzbetreibers zwingen. Dann wären die STB des etablierten Pay-TV Anbieters zwar unbrauchbar, würden jedoch durch solche des Netzbetreibers ersetzt werden. Dem könnten wiederum Vertragsvereinbarungen mit dem Verschlüsselungsinhaber entgegenstehen. Angesichts dieser Vertragskomplexität[3390] ist eine einfache Unterstellung, die Netzbetreiber würden durch die STB-Strategie andere Pay-TV Anbieter diskriminieren wollen, nicht ersichtlich. Auch die einseitige Behauptung, der Pay-TV Anbieter geriete immer in Abhängigkeit des Netzbetreibers ist nicht verallgemeinerungsfähig. So führt das Bundeskartellamt aus, dass der Kabelnetzbetreiber die Free-TV Sender mit dem CAS des Pay-TV Senders simulcrypten lassen könnte[3391]. Wo hier die Abhängigkeit bestehen soll, ist nicht ersichtlich. Für den Sender wäre ein solcher Vorgang höchst erfreulich, denn wie festgestellt, ist gerade die Übertragung seiner CA-Kennung auf andere Programme ein für ihn erheblicher Vorteil, der zu neuen Werbezwecken genutzt werden könnte. Dass dagegen eine vertragliche Vereinbarung geschlossen werden muss, begründet keine Abhängigkeit, sondern ist Folge der netzwerktypischen Eigenschaften, die Akteuren in diesem Segment eben kein unilaterales Verhalten mehr erlauben, sondern ihnen gegenüber Kooperations- und Abstimmungspflichten er-

---

3389 *Ladeur*, CR 2005, S. 99, 105.
3390 Die Komplexität der Verträge ist in Netzwerkindustrien typisch und wird derzeit auch in der Literatur unter neuen Aspekten der Abstimmungs- und Kooperationspflicht diskutiert, vgl. hierzu *Ladeur*, ZUM 2005, S. 1, 9; vertiefend *Teubner*, insb. S. 103 f.; einführend *ders.*, ZHR 2001, S. 550 ff.; *ders.*, KritV 1993, S. 367 ff.
3391 BKartA, KDG/KBW/Iesy/Ish, S. 39.

zeugen[3392]. Dass damit auch gewisse Transaktionskosten verbunden sind, gilt nicht nur für die Sender, sondern vor allem für die benachteiligten Netzbetreiber, denen vertikale Integration fehlt, ein rudimentäres Netz mit erheblichem Nettoinvestitionsbedarf gegenübersteht und durch eine vertikale Separierung zu massiven Synergieverlusten führt. Damit ist, um die Marktmachtgefahren beurteilen zu können, auf die Verhandlungsmacht der Akteure, auf den Endkundenbestand an STB, auf bestehende Vertragskonstellationen am Markt über die Plattform der Netzbetreiber und auf das Interesse an einer Abschaltung bestehender Pay-TV Sender mit in die Überlegung einzubeziehen. Die betrachtete Überkomplexität der Vertragsverhältnisse und die unterschiedlichen Standards stehen im Ergebnis einer einseitigen Durchsetzbarkeit des CAS durch den Netzbetreiber entgegen. Diese theoretisch unwahrscheinlichen Diskriminierungsmöglichkeiten spiegeln sich auch in den tatsächlichen Gegebenheiten des Marktes wieder. Die KDG als größte Regionalgesellschaft setzt derzeit ebenfalls das Nagravision CAS ein und hat sogar das Bouquet von Premiere mit in sein eigenes Digital Bouquet aufgenommen. Dieses Ergebnis ist auf den zunehmenden Satellitenwettbewerb zurückzuführen, der mehr und mehr eine Abkopplung der NE4 bewirkt, dadurch zu weiteren Synergieverlusten des Kabelnetzes führt und deshalb weitere attraktive Programme erforderlich macht. Die Netzbetreiber haben heute ein Interesse daran, die Inhalteanbieter in ihre Strategie gegenüber Satellit einzubinden und nicht die Inhalte vom Kabel abzuziehen. Daher zeigt sich schon hier, dass theoretische Überlegungen hinsichtlich der Marktmachtgefahren nicht auch als Verhandlungsparameter der Netzbetreiber vorliegen müssen.

Im Folgenden sind daher die theoretischen Gefahren mit möglichst praxisnahen Beispielen im Hinblick auf die regulatorische und kartellrechtliche Materie zu berücksichtigen.

cc) Regulierungsoptionen

Zunächst soll der Blick auf das Regulierungsregime von TKG und RfStV gelenkt werden. Neben der Vermutung einer stärkeren Kooperation zwischen Netzbetreibern und Sendern fallen schon einige der aufgezeigten theoretischen Diskriminierungsmöglichkeiten durch Verwendung eines CAS innerhalb der sektorspezifischen Rechtsinstitute heraus. Solche Filter bezüglich des CAS sind sowohl im TKG als auch im RfStV vorhanden, denen hier nachgegangen werden sollte.

aaa) § 50 TKG

Zunächst ist anzumerken, dass die Kommission in den Anmerkungen zum Anhang darauf hinweist, dass die NRB bei der Analyse des Marktes für Zugangsberechtigungssysteme für digitale Fernseh- und Rundfunkdienste Ermessensfreiheit bezüglich der Auferlegung von Verpflichtungen haben. Damit könnte im Grunde auch

---

3392 *Teubner*, insb. S. 103; *Ladeur*, ZUM 2005, S. 1, 9.

dieser Bereich ex-ante reguliert werden. Insbesondere gilt die Zusammenschaltungspflicht des TKG auch für virtuelle Netze, so dass beispielsweise die STB-Population eines Pay-TV Veranstalters mit der des Netzbetreibers zusammengeschaltet werden könnte. Bislang hat die Bundesnetzagentur solche Möglichkeiten nicht angesprochen. Auch in der Literatur wird hierzu nicht Stellung genommen. Daher soll diese Möglichkeit auch hier ausgeklammert bleiben.

Spezielle Normen für die Rundfunkübertragung bzw. die digitale Ausgestaltung des Rundfunks finden sich darüber hinaus in Teil 4 des TKG (§§ 48-51 TKG). § 50 TKG ist die für die Ausgestaltung und den Betrieb eines Zugangsberechtigungssystems entscheidende Norm im bundesrechtlichen Telekommunikationsrecht. Wer CAS anbietet oder verwendet, unterliegt nach § 50 Abs. 3 Nr. 4 TKG einer Anzeigepflicht. Danach ist die Aufnahme und Änderung von CAS-Dienstleistungen für Endnutzer, also auch gegenüber Rundfunkveranstaltern (§ 3 Nr. 8, 14 TKG), und die dafür geforderten Entgelte der Regulierungsbehörde anzuzeigen.

§ 50 TKG setzt die in Art. 6 Abs. 1 i.V.m. Anhang I Teil I der ZugangsRL um. Art 6 Abs. 1 ZugangsRL enthält die Verpflichtung der Mitgliedsstaaten, dass diese in Bezug auf die Zugangsberechtigung für den digitalen Rundfunk Anhang I Teil I einhalten. Insbesondere in Anhang I lit. b) ZugangsRL ist geregelt, dass Anbieter von CAS, die Zugangsdienste bereitstellen, auf die Sender angewiesen sind, um jegliche Rezipienten zu erreichen, verpflichtet sind, diesen zu fairen, angemessenen und nichtdiskriminierenden Bedingungen und unter Einhaltung des gemeinschaftlichen Wettbewerbsrechts technische Dienste anzubieten, die den Empfang über die vom Diensteanbieter bereitgestellte Decoder gewährleisten. Nach Anhang I lit. c) ZugangsRL muss ferner die Lizenzierung von CAS diesen Bedingungen entsprechen. Außerdem dürfen die Lizenzgeber die Integration einer gemeinsamen Schnittstelle (CI) nicht von der Lizenzierung abhängig machen.

§ 50 Abs. 3 und 2 TKG setzen diese Bestimmungen fast wortgetreu um. Unter ein Zugangsberechtigungssystem fällt auch die Grundverschlüsselung, wie die Definition in § 3 Nr. 33 TKG bestimmt. Danach sind Zugangsberechtigungssysteme technische Verfahren oder Vorrichtungen, welche die erlaubte Nutzung geschützter Rundfunkprogramme von einem Abonnement oder einer individuellen Erlaubnis abhängig machen. Da somit auch die Grundverschlüsselung an fairen, angemessenen und nichtdiskriminierenden Bedingungen gemessen werden muss, entfallen die Möglichkeiten, die bei der Darstellung der Missbrauchsmöglichkeiten gegenüber den Programmanbietern zum Ausdruck gekommen sind. Die Chancengleichheit, Angemessenheit und Nichtdiskriminierung muss dabei einer Interessenabwägung genügen, die bereits in § 20 GWB aufgezeigt wurde.

Hinsichtlich der offenen Gestaltung der STB ist problematisch, dass sowohl das Gemeinschaftsrecht als auch § 50 Abs. 2 TKG nur den Lizenzgeber in die regulatorische Pflicht der offenen Lizenzerteilung nehmen. So ist der Inhaber gewerblicher Schutzrechte an Zugangsberechtigungssystemen verpflichtet und nicht etwa der Netzbetreiber, der eine bestimmte Boxenkonfiguration bei der Geräteindustrie in Auftrag gibt. Dass der Lizenzgeber in diesem Fall keine weiteren Bedingungen an die Lizenznehmer knüpfen darf, insbesondere auch keine spezifischen Komponenten vorschreiben kann, läuft ins Leere, wenn es der Netzbetreiber tut und hierdurch eine bestimmte Boxenkonfiguration anstrebt. Nicht nur hieraus, sondern auch aus § 48 Abs. 2 Nr. 1 TKG wird der Schluss gezogen[3393], dass das Common Interface für STB-Hersteller nicht zwingend ist. Ob § 48 Abs. 2 Nr. 1 TKG überhaupt die STB erfasst, ist zweifelhaft, da er insoweit von einem digitalen Fernsehgerät spricht, das einen integrierten Bildschirm enthält. Zu konstatieren ist aber, dass das TKG keine Verpflichtung zur Verwendung eines CI enthält. Daher werden auch Boxen mit embedded CAS vom TKG akzeptiert[3394]. Damit werden die wenig wahrscheinlichen, aber theoretisch durchsetzbaren Missbrauchsmöglichkeiten gegenüber Programmveranstaltern mit eigenem CAS nicht durch das TKG behoben. Vielmehr kann ein Pay-TV Veranstalter, der über ein eigenes CAS verfügt, gezwungen sein, auf die Nutzung des embedded CAS des Netzbetreibers zurückgreifen zu müssen. In diesem Fall gilt dann nur § 50 Abs. 3 TKG. Danach ist die Nutzung des CAS durch Dritte und die damit einhergehende diskriminierungsfreie Nutzung sowohl gegenüber dem Anbieter, als auch gegenüber dem Verwender von CAS statuiert. Verpflichtet zum nichtdiskriminierenden Einsatz gegenüber Dritten ist damit auch ein Netzbetreiber, der nicht selbst Anbieter des CAS sein muss, sondern nur ein fremdes nutzt. Weitergehende Pflichten, die sich auf die Berücksichtigung bereits am Markt etablierter CAS beziehen, finden sich im TKG nicht.

§ 50 Abs. 5 TKG stellt klar, dass die Anforderungen nach § 50 Abs. 1-3 TKG auch gegenüber Unternehmen ohne beträchtliche Marktmacht gelten und hierfür keine Auferlegung von Regulierungsverfügungen notwendig ist, was angesichts der systematischen Stellung außerhalb des zweiten Teils der ökonomischen Regulierung einleuchtend, aufgrund des Spezialitätscharakters der Norm für den Rundfunk aber ein dankenswerter Hinweis ist. Vielmehr treffen diese Pflichten jeden Anbieter und Verwender von CAS. Nur wenn beträchtliche Marktmacht fehlt und wirksamer Wettbewerb nicht gefährdet ist, kann die Bundesnetzagentur nach § 50 Abs. 5 Nr. 1 TKG die Bedingungen für die Ausgestaltung und Verwendung der CAS aufheben oder verändern. Erforderlich ist nach Nr. 2 TKG aber außerdem, dass die zuständige LMA festgestellt hat, dass die Kapazitätsfestlegungen und Übertragungspflichten nicht negativ beeinflusst werden.

bbb) § 53 RfStV und Digitalsatzung der LMA

Neben dem TKG enthält auch das Landesmedienrecht Regelungen in Bezug auf die Verwendung und Ausgestaltung des CAS. Mit der am 01.11.2000 in Kraft getretenen Digitalsatzung[3395] werden die Einzelheiten zur inhaltlichen und verfahrensmäßigen Konkretisierung der gesetzlichen Vorschriften für Zugangsdienste gemäß § 53

3393 *Schütz*, Kommunikationsrecht, Rdnr. 492.
3394 Ebenda, Rdnr. 492 f.; *Koenig/Loetz/Neumann*, S. 173.
3395 Satzung über die Zugangsfreiheit zu digitalen Diensten gemäß § 53 Abs. 7 RStV (Digitalsatzung), beschlossen von der Direktorenkonferenz der Landesmedienanstalten (DLM) am 26.06.2000, in Kraft seit 01.11.2000.

Abs. 7 RfStV geregelt. § 53 RfStV enthält hierbei die Vorgabe des Gebots der Diskriminierungsfreiheit. Eine solche muss nach § 53 Abs. 1 RfStV nicht nur im Hinblick auf ein Zugangsberechtigungssystem, sondern auch bezüglich des API (§ 53 Abs. 1 S. 2 RfStV) und dem EPG (§ 53 Abs. 2 RfStV) bestehen. Nach § 53 Abs. 2 RfStV unterliegt u.a. die Verwendung eines CAS der Anzeigepflicht gegenüber der zuständigen LMA. Damit wird durch TKG und RfStV die doppelte Anzeigepflicht notwendig. In materiell-rechtlicher Hinsicht haben Anbieter von Telekommunikationsdienstleistungen, die Rundfunk oder vergleichbare Telemedien verbreiten, gemäß § 53 Abs. 1 RfStV zu gewährleisten, dass die eingesetzte Technik ein vielfältiges Angebot ermöglicht. Zur Sicherung der Meinungsvielfalt dürfen daher Anbieter von Rundfunk oder Telemedien gemäß § 53 Abs. 1 S. 2 Nr. 1 RfStV weder unmittelbar noch mittelbar durch Zugangsberechtigungssysteme bei der Verbreitung ihrer Angebote unbillig behindert oder gegenüber gleichartigen Anbietern ohne sachlich gerechtfertigten Grund unterschiedlich behandelt werden. Der RfStV zeigt sich hier von einer dem § 20 GWB entsprechenden Seite. Detailangaben hinsichtlich von Zugangsberechtigungssystemen enthält § 13 der Digitalsatzung. Danach müssen Vorkehrungen nach § 4 Digitalsatzung getroffen werden und die Dekoder müssen nach § 13 Abs. 1 S. 1 Digitalsatzung über zugangsoffene Schnittstellen verfügen, die Dritten die Herstellung und den Betrieb eigener Anwendungen erlauben. In § 4 RfStV sind die Chancengleichheit, Angemessenheit und die nichtdiskriminierenden Bedingungen für Berechtigte geregelt. Berechtigt ist nach § 3 RfStV nur derjenige, der Zugangsdienste nachfragt, um selbst Fernsehdienste und verbundene Dienste (also Rundfunkprogramme und Mediendienste) anzubieten. Zugangsoffene Schnittstellen müssen nach § 13 Abs. 1 S. 2 Digitalsatzung dem Stand der Technik entsprechen. Sonderbarerweise will § 13 Abs. 1 S. 3 Digitalsatzung eine Vermutung für die Zugangsoffenheit aussprechen, wenn es ein CI aufweist, obwohl § 13 Abs. 1 S. 1 Digitalsatzung eine solche Zugangsoffenheit für den Betrieb von Anwendungen fordert. Fraglich ist daher, ob das CI als zugangsoffene Schnittstelle auch in S. 1 gemeint ist oder auf das API abgestellt wird. Dies ist in der Literatur umstritten. Einige[3396] folgern aus der Formulierung, dass ein offenes API festgeschrieben ist, andere[3397] wollen die Offenheit auf die Hardware beziehen, also vor allem auf das Zugangsberechtigungssystem. Der Wortlaut und die Systematik der Norm lassen aber wenige Auslegungsmöglichkeiten zu. Danach muss nach S. 1 eine zugangsoffene Schnittstelle verfügbar sein, die nach S. 2 dem Stand der Technik entsprechen muss und nach S. 3 dann vermutet wird, wenn ein CI-Modul verarbeitet werden kann. Unter einem CI-Modul ist ein CI zu verstehen, worauf es letztlich aber nicht ankommt. Denn das CI ist eine Schnittstelle, das CA-Module verarbeitet. Ein CI ist technisch gesehen aber nicht in der Lage verarbeitet zu werden, es sei denn man stellt auf die Verarbeitbarkeit eines CI durch die STB ab. Dann könnte man ein CI

3396 So etwa *Schulz*, in: Beck'scher Rundfunk-Kommentar, § 53 Rdnr. 53; *Kibele*, MMR 2002, S. 370, 374; *Schütz*, Kommunikationsrecht, Rdnr. 492, wobei er aber keinen zwingenden Einsatz wegen des insoweit entgegenstehenden Bundesrechts sieht, vgl. Rdnr. 494 f.
3397 *Ladeur*, CR 2005, S. 99, 103.

als Modul verstehen. Denn ein Modul ist üblicherweise ein in sich abgeschlossenes Unterprogramm, das eine Teilfunktion des Hauptprogramms erfüllt. Dies ist nach beiden Auslegungen möglich. Sowohl das CI erfüllt als Schnittstelle eine Teilfunktion der STB. Aber auch ein CA-Modul erfüllt die Funktion des CI, da es erst die Entschlüsselung durch die Smartcard ermöglicht. Folglich ist die Auslegung unerheblich, denn sowohl die Verarbeitung eines CIM, genauso wie die eines CAM setzen ein CI voraus. Eine Zugangsoffenheit wird vermutet, wenn ein CI vorliegt.

Daran schließt sich die Frage an, ob nach der Digitalsatzung ein CI zwingend ist. Angesichts der Ausgestaltung als Vermutungstatbestand wird man dies nicht annehmen können. Vielmehr reicht es nach S. 2 aus, dass ein einheitlich normierter europäischer Standard eingesetzt wird. Verwiesen wird insoweit auf § 53 Abs. 1 S. 2 und 3 RfStV, der aber keine weitergehenden Ausführungen enthält. Unter einem einheitlich normierten Standard können vor allem die Schnittstellen angesehen werden, die in den Spezifikationslisten der DVB-Gruppe aufgeführt sind[3398]. Darin wird unter anderem auf die einzelnen Verschlüsselungssysteme hingewiesen, so dass die Norm der Zugangsoffenheit auch ein embedded CAS erlaubt, sofern dieses standardisiert ist und nicht etwa proprietär ausgestaltet ist.

In einem solchen Fall machen auch die Lizenzbestimmungen nach TKG Sinn. Denn wie gesehen, ist jeder STB-Hersteller, der auf Grundlage eines solchen CAS eine STB herzustellen beabsichtigt, frei, eine Lizenz zu chancengleichen, angemessenen und nichtdiskriminierenden Bedingungen zu erwerben. Im Ergebnis zeigt also auch das Rundfunkrecht, dass die Szenarien, die auch das Bundeskartellamt vorzeichnet, nicht den Gefahren begegnen, die dadurch entstehen, dass der Netzbetreiber seine eigene Boxenpopulation auf Kosten anderer Pay-TV Anbieter durchsetzt. Vielmehr ist nach den bislang betrachteten Vorschriften allein die Zugangsoffenheit zu den Diensten eröffnet. Andere Diensteanbieter, die eigene Dekoder einsetzen, werden vom Rundfunkrecht nicht hinreichend geschützt.

Interessant ist in diesem Zusammenhang § 13 Abs. 4 Digitalsatzung. Danach ist ein Betreiber einer technischen Plattform oder einer Programmplattform, der Dekoder im Zusammenhang mit der Bündelung und Vermarktung von Programmen vertreibt und dabei eine marktbeherrschende Stellung hat, verpflichtet, seine Zugangsberechtigungsdienste so anzubieten, dass die von ihm vermarkteten Programme von zugangsberechtigten Zuschauern ohne Behinderung mit allen Dekodern empfangen werden können, die die Anforderungen nach der Digitalsatzung erfüllen. Eine marktbeherrschende Stellung beim Vertrieb der Dekoder im Zusammenhang mit der Bündelung und Vermarktung von Programmen trifft auf die Regionalgesellschaften nach Auffassung des Bundeskartellamts und ihr folgender Bundesnetzagentur zu. Auch bündeln und vermarkten allein sie Programme.

Die Vorschrift wirft zahlreiche Fragen auf. Zunächst scheint sie genau das Problem zu beheben, das in den Szenarien als besonders kritischer Missbrauch erschien.

3398 Die Untergruppe (das Technische Modul „TM") reicht zentrale Techniken bei der ETSI ein und veröffentlicht diese im Internet unter <http://www.dvb.org>.

Wenn der Dekoderbetreiber aufgrund seines embedded CAS ein anderes Verschlüsselungssystem als bisher tätige Pay-TV Anbieter einsetzt und damit die auf dem Markt befindlichen STB aufgrund ihres embedded CAS nicht mehr funktionsfähig sind, so ist aber fraglich, wie die Funktionsfähigkeit mit anderen STB herzustellen ist. Nach den bisherigen Darstellungen ist allein die Spezifizierung eines CAM möglich. Denn der Abschluss von unzähligen Simulcrypt-Vereinbarungen mit der Folge der Verbindung mehrerer CA-Kennungen mit dem Signal des Netzbetreibers scheidet aufgrund des erheblichen Aufwands und den kostspieligen Lizenzvereinbarungen aus. So könnte ein Signal zwar mit mehreren CA-Kennungen versehen werden. Da der Netzbetreiber aber nicht Inhaber der Schutzmaßnahme ist, wird auch diese zu vergüten sein. Daher ist die Vorschrift restriktiv auszulegen. Zumindest die Lizenzierung des CAM wäre eine verhältnismäßige Beschränkung der Netzbetreiberfreiheit, damit wenigstens die STB mit CI weiterhin betrieben werden können. Daher ist die vom Bundeskartellamt befürchtete Monopolisierung mit einem KDG spezifischem STB-Angebot abwegig.

ccc) Kartellrechtliche Grenzen

Wenn auch das sektorspezifische Kartell- und Rundfunkrecht bestimmte Vorgaben für die Ausgestaltung der STB und der Verhaltenssteuerung der Akteure auf diesem Markt bereithalten, so ist auch das Missbrauchspotential der Netzbetreiber nach allgemeinem Kartellrecht zu bewerten, zumal Art. 6 Abs. 1 i.V.m. Anhang I Teil I gegenüber den Sendern das Selbstverständnis der Einhaltung gemeinschaftlichen Wettbewerbsrechts beim Angebot von Zugangsdiensten statuiert. Dieses Selbstverständnis bezieht sich auch auf das nationale Wettbewerbsrecht, wobei aber nicht jede noch so sich aufdrängende Missbrauchsabsicht besprochen werden kann. Allein das Verhältnis zwischen der KDG und dem Pay-TV Veranstalter Premiere und künftigen Pay-TV Veranstaltern erzeugt hier ein besonderes Interesse, da nach der Darstellung der möglichen Missbrauchsmöglichkeiten auch das Bundeskartellamt zu dem Ergebnis kommt, dass die Sender in technischer Hinsicht aufgrund der Netz- und Zertifizierungshoheit immer vom Netzbetreiber abhängig sind[3399].

Zunächst ist hierbei festzustellen, dass bereits nach § 20 GWB, sofern man die KDG gegenüber Premiere als marktbeherrschendes Unternehmen auf dem Einspeisemarkt ansieht, was mit guten Gründen bejaht werden kann, eine klare Behinderung des Pay-TV Angebots stattfindet, wenn die KDG ihre eigene Boxenpopulation mit den Programmen der Free-TV Anbieter und anderen Programmen bündelt. Denn wie die Wettbewerbsbehörde selbst feststellt[3400], könnte man einem Endkunden nicht erklären, mehr als einen Dekoder aufstellen zu müssen, mit dem nur (noch) das Programm des Pay-TV Anbieters gesehen werden könnte. Durch eine Vermarktung aller Programme auf der STB des Netzbetreibers wird daher eine Koppelung vorge-

---

3399 BKartA, KDG/KBW/Iesy/Ish, S. 39 f.
3400 Ebenda, S. 39 f.

nommen, die zwar grundsätzlich nicht zu beanstanden ist. Eine Ausgestaltung auf Basis einer Ausschließlichkeitsbindung würde aber eine marktbeherrschende Stellung bei der Einspeisung der Inhalte klar auf den STB-Markt ausweiten und eventuell den Einspeiseanspruch durch die Ausgestaltung der CAS und der Bündelung aller übrigen Programminhalte auf der Plattform des Netzbetreibers ins Leere laufen lassen. Folge dieser Strategie wäre also nicht nur der Verlust der Marktstellung etablierter Pay-TV Anbieter auf dem STB-Markt, sofern man ihn als eigenständigen abgrenzt, sondern auch auf dem Programmmarkt selbst, die bei einer Reichweitenausdehnung von mehreren Mio. Empfängern die Existenzgefährdung des Pay-TV Senders nahe legt. Dass deshalb eine im Sinne von § 20 GWB vorausgesetzte Behinderung in der Strategie der KDG gesehen werden müsste, ist offensichtlich. Dass Premiere auf dem etwaig eng abzugrenzenden „Pay-TV Markt" selbst über eine marktbeherrschende Stellung verfügt, ist aus Sicht des Kartellrechts unschädlich, denn eine Ausklammerung des Monopolisten aus dem Schutzbereich ist dem GWB fremd[3401]. Insbesondere dann, wenn die marktbeherrschende Stellung des Netzbetreibers auf dem Einspeisemarkt durch die Bündelung von Programmen auf eigene und auf den STB-Markt ausgeweitet werden würde, ist auch das GWB als Institution verletzt. Denn dann könnte auf vor- und nachgelagerten Märkten eine marktbeherrschende Stellung begründet werden, die durch Rückkopplungseffekte zu einer Selbsterhaltung der Marktstellung beiträgt.

Fraglich ist allein, ob eine sachliche Rechtfertigung dieser Vorgehensweise greifen könnte. Nach den Darstellungen zu den Einspeisemärkten ist auch hier die Interessenabwägung am GWB zu orientieren. Stellt man das konkrete Interesse des Netzbetreibers ein, möglichst zeitnah die Aufrüstkosten für die Digitalisierung zu amortisieren und hierfür die Verschlüsselung einzusetzen, um neue Wertschöpfungsmöglichkeiten zu generieren, so muss man dem das Interesse des Pay-TV Veranstalters an einer Weiterverbreitung seines Programms und auch die mit dem Vertrieb der Dekoder über die Netze hinweg erzielbaren Synergien am Bestand der Dekoder gegenüberstellen. Das GWB ist hierbei auf Wettbewerb ausgerichtet und es führte zu einer Monopolisierung, würde man dem einen oder anderen Interesse allein den Vorzug geben. Weder der Netzbetreiber sollte aus Sicht des Wettbewerbs in der Lage sein, den STB-Markt zu monopolisieren, noch der Programmveranstalter sollte seine aufgrund von embedded CAS ausgegebene Boxenpopulation weiterhin so ausdehnen, dass nur seine Boxenpopulation aufgrund der damit einhergehenden Marktzutrittsschranken eine Existenzberechtigung auf dem deutschen STB-Markt hat. Sein Programm muss aber für den Endkunden weiterhin empfangbar sein, was dann in Frage gestellt wird, wenn der Netzbetreiber alle anderen Programme an seine STB bindet.

Um diesen Konflikt auszuräumen, könnte daher notwendig sein, dass der Netzbetreiber mit Blick auf die am Markt bestehenden Pay-TV Anbieter seine CA-Kennung anderen Sendern durch Spezifikation eines CAM offen legt oder das Ver-

---

3401 BGH WuW DE-R 692, 697 „Kabel-Hausverteilanlagen".

schlüsselungssystem der etablierten Veranstalter verwendet. Im ersten Fall, der Offenlegung von CAM-Spezifikationen bzw. dem Angebot eines proprietären CAM, wären bestehende Pay-TV Anbieter mit eigenen STB in der Lage, alle Programme über ihre STB abzubilden, sofern sie ein CI in den STB einsetzen. Im Falle von Premiere besteht aber das Problem, dass sich der Pay-TV Sender selbst durch das Angebot eines embedded CAS abgeschottet hat, um möglichst keine Programmkonkurrenz zu bekommen. In diesem Fall wäre erforderlich, dass der Netzbetreiber das Programmsignal auch mit der CA-Kennung von Premiere versieht. Eine solche Verpflichtung stößt im Hinblick auf die Abstimmung bei der Abonnementverwaltung auf Bedenken. Denn der Netzbetreiber wird der Entschlüsselung durch den Pay-TV Anbieter nicht zustimmen, da ihm daran gelegen ist, diese selbst zu verwalten und möglichst alle Vorteile aus den neuen Wertschöpfungsmöglichkeiten zu erhalten.

Fraglich ist daher, wessen Interessen hier überwiegen. In dem konkret zu beurteilenden Fall ist zu berücksichtigen, dass Kompatibilitätsbedenken nur deshalb bestehen, weil Premiere selbst eine „proprietäre" Ausgestaltung der STB durch ein embedded CAS vorgenommen hat, um auf der STB keine Konkurrenzangebote zu dulden. Damit hat der Pay-TV Sender selbst eine Strategie gewählt, die den Wettbewerb möglichst beschränken sollte. Würde man ihm aufgrund seiner vorangegangenen Verhaltensweise den Schutz des GWB zubilligen, wäre dies mit erheblichen Konsequenzen für die Refinanzierung des Netzbetreiberangebots verbunden. Das GWB soll aber keine wettbewerbswidrigen Verhaltensweisen schützen, sondern verhindern und sanktionieren. Es zuwiderliefe daher dem Schutzzweck des GWB, wenn man ein solches – etwaig wegen der damals noch unbedeutenden Marktstellung kartellrechtlich nicht relevantes – Missbrauchsverhalten akzeptiert und diesem den Schutz des Kartellrechts zubilligt. Eine Pflicht zur Übermittlung auch der CA-Kennung des etablierten Senders Premiere besteht daher nicht.

Allerdings kann damit eine Monopolisierung des Netzbetreibers noch nicht begründet werden. Zu bedenken ist nämlich, dass die Außerachtlassung des Individualschutzes des etablierten Senders nicht dazu führen darf, dass der Wettbewerb als Institution gefährdet wird. Ließe man daher jegliche Verhaltensweise des Netzbetreibers zu, die den wettbewerbswidrig handelnden Pay-TV Veranstalter jeglichen Schutz abspricht, könnte eine Monopolisierung des nachgelagerten Marktes durch den Netzbetreiber stattfinden, was ebenfalls mit dem GWB unvereinbar wäre. Daher muss im Wege der Interessenabwägung darüber nachgedacht werden, die Interessen vor allem mit Blick auf den Wettbewerbsgedanken des GWB, der Offenhaltung der Märkte, zu harmonisieren.

Unproblematisch können auch die Erwägungen des TKG mit in die Interessenabwägung einfließen und die des RfStV, sofern die Offenhaltung der Märkte betroffen ist. Wie gesehen strebt das TKG nach einer Offenhaltung der CAS dergestalt, dass die Inhaber der Schutzrechte keine embedded CAS vorschreiben dürfen. Nicht geregelt ist dagegen, dass auch die Netzbetreiber den Herstellern der STB keine bestimmte Ausgestaltung vorschreiben dürfen. Der RfStV i.V.m. der Digitalsatzung hat gezeigt, dass eine marktbeherrschende Stellung beim Vertrieb der Dekoder im

Zusammenhang mit der Bündelung und Vermarktung von Programmen Voraussetzung für eine rundfunkrechtliche Intervention ist und daher ebenfalls nicht geeignet ist, das hier beschriebenen Problem zu lösen. Gedankengut beider Rechtsinstitute ist aber, dass die Offenhaltung des STB-Marktes notwendig ist, um sowohl den ökonomischen als auch den hierauf basierenden meinungsbildenden Wettbewerb zu gewährleisten. Insgesamt ist daher ein schützenswertes Ziel auch den STB-Markt nicht durch eine proprietäre Ausgestaltung der STB zu monopolisieren.

Für den Netzbetreiber hinnehmbar wäre die Verpflichtung zur Spezifikation eines CAM. Damit wäre der Netzbetreiber weiterhin in der Lage, ein embedded CAS anzubieten und den STB-Markt nicht von der Verwendung des eigenen Verschlüsselungssystems abhängig zu machen. Diese Situation wird – wie gezeigt – derzeit noch in den USA praktiziert, wobei die Erfolgsaussichten des Wettbewerbs von der Verfügbarkeit und den Preisen der CAM abhängen. Daher muss gewährleistet sein, dass der Netzbetreiber das CAM nicht teurer anbietet als seine eigene STB, die ein embedded CAS verwendet und daneben auch ein CI aufweisen könnte. Dieser Fall käme einer Preis-Kosten-Schere gleich, die üblicherweise zu einer Verfestigung von Marktmacht führen kann. Neben den etablierten Netzbetreibern wäre ein spezifiziertes CAM auch von Vorteil für andere Pay-TV Veranstalter, die über ähnliche Strategien ein embedded CAS ihres Verschlüsselungssystems einsetzen könnten und daneben ein CI in ihre STB integrieren könnten. Ihren Zuschauern wäre es anheim gestellt, auch mit diesen STB die jeweils vom Netzbetreiber verschlüsselten Signale darzustellen.

Im Ergebnis ist deutlich geworden, dass Programmbündelung und Verschlüsselungsstrategie wettbewerbswidrige Verhaltensweisen darstellen können, die etablierte Pay-TV Veranstalter beim Wettbewerb auf dem STB-Markt und dem Programmlieferungsmarkt behindern und für künftige Veranstalter erhebliche Marktzutrittsschranken begründen können, um potentiellen Wettbewerb auszuschalten.

Liegen die Voraussetzungen des kartellrechtlichen Diskriminierungstatbestandes vor, ist auf der Rechtsfolgenebene zu berücksichtigen, dass sich hier nicht eine Handlung als missbräuchlich erweist, sondern ein Bündel von Maßnahmen erst zu der Wettbewerbswidrigkeit führt. Sowohl die Grundverschlüsselung der Free-TV Sender als auch der Einsatz eines embedded CAS sind ohneeinander nicht in der Lage, wettbewerbliche Gefahren zu begründen. Die Grundverschlüsselung könnte beispielsweise über jede STB entschlüsselt werden und ein embedded CAS könnte nur eigene Sender des Netzbetreibers betreffen. Erst die Kombination der beiden Praktiken führt aber dazu, dass der STB-Markt und der Pay-TV Markt beschränkt werden. Welches Verhalten muss in diesem Fall verboten werden oder kann hier eventuell eine Gebotsverfügung greifen?

Sowohl Offenlegung und Spezifizierung eines CAM, als auch die Übertragung der CA-Kennung der Wettbewerber sind Gebotsverfügungen, die nur dann gerechtfertigt erscheinen, wenn dies die einzigen tatsächlichen und rechtlichen Möglichkeiten darstellen, um zu vermeiden, dass gegen die Norm verstoßen wird[3402]. Der Kartellbehörde bliebe vorliegend nur die Möglichkeit, entweder die Grundverschlüsselung oder das embedded CAS zu verbieten. Beide Möglichkeiten könnten das Geschäftsmodell des Netzbetreibers gefährden, so dass einer der seltenen Fälle einer Gebotsverfügung in Betracht zu ziehen ist. Anders als sonst bedarf es hierbei aber der Mitwirkung der Netzbetreiber, da ansonsten dem Verhältnismäßigkeitsprinzip nicht ausreichend Rechnung getragen werden könnte, denn das Kartellamt muss, sofern optionale Strategien nicht schon während des Verfahrens bekannt gegeben wurden, wissen, welche Maßnahme den Netzbetreiber am wenigsten stark belastet, aber genauso effektiv dem Wettbewerbsgedanken Rechnung trägt. Diese Vorgehensweise erinnert stark an die im Fusionskontrollrecht bekannte Zusagenpraxis.

b) Regulierung weiterer Spezifikationen

Neben den Zugangsberechtigungssystemen, die zweifelsfrei als die wichtigste strategische Option zur Marktabschottung und Machtübertragung genutzt werden können, sind weitere STB-Parameter von einiger Relevanz. Dies betrifft sowohl die API, das Bindeglied zwischen Hard- und Software, als auch den EPG, die Navigationssoftware[3403]. Für Missbrauchsverhaltensweisen, die den Einsatz dieser technischen Einheiten der STB betreffen, gelten die kartellrechtlichen Grenzen genauso wie für das CAS, das beispielhaft belegt hat, welche Missbrauchsmöglichkeiten aus theoretischer Sicht einem Netzbetreiber gegeben sind. TKG und RfStV bewegen sich bei den Anforderungen hinsichtlich API und EPG weitestgehend im Einklang.

aa) Application Programming Interface („API")

Die API wird in § 3 Nr. 2 TKG als die Software-Schnittstelle zwischen Anwendungen und Betriebsfunktionen digitaler Fernsehempfangsgeräte definiert, wobei ein solches nach § 3 Nr. 7 TKG als Fernsehgerät mit integriertem digitalen Dekoder oder ein an ein Fernsehgerät anschließbarer digitaler Dekoder zur Nutzung digital übertragener Fernsehsignale, die mit Zusatzsignalen, einschließlich einer Zugangsberechtigung angereichert sein können, verstanden wird. Regelungen bezüglich der API finden sich in §§ 48 f. TKG. Das TKG setzt eine API nicht voraus[3404] und steht daher einfachen Zapping Boxen, die nur zwischen den Kanälen des digitalen Fernsehens wechseln, aber außer einfachen Navigationsfunktionen keine zusätzlichen heranführen können, nicht entgegen[3405].

3402 BGH WuW/E 1345, 1346 „Polyester-Grundstoffe"; WuW/E OLG 2247, 2248 „Parallellieferteile"; *Schultz*, in: Langen/Bunte (Hrsg.), Kommentar zum Kartellrecht, § 20 Rdnr. 199; *Markert*, in: Immenga/Mestmäcker (Hrsg.), GWB-Kommentar, § 20 Rdnr. 221.
3403 *Weiss/Wood*, MMR 1998, 239, 240.
3404 *Schütz*, Kommunikationsrecht, Rdnr. 494 f.
3405 So ausdrücklich die Entwurfsbegründung zu § 46 TKG-RegE, vgl. BT-Drs. 15/2316, S. 74.

Wie § 48 Abs. 2 Nr. 2 TKG bestimmt, muss jedes digitale Fernsehempfangsgerät – also auch eine STB – nur soweit es eine API enthält, die Mindestanforderungen einer solchen Schnittstelle erfüllen, die von einer anerkannten europäischen Normungsorganisation angenommen wurde oder einer gemeinsamen, branchenweiten, offenen Schnittstellenspezifikation entspricht und die Dritten unabhängig vom Übertragungsverfahren Herstellung und Betrieb eigener Anwendungen erlaubt. Damit ist auch die Anforderung an eine solche API gesetzlich nicht „anspruchsvoll" geregelt. Dem stehen auch europäische Regelungen des Richtlinienpakets nicht entgegen. Nach § 18 Abs. 1 RahmenRL wird die Festlegung auf förmliche Schnittstellen vermeiden[3406]. Die API hat allein offen zu sein. Insbesondere in der Fachliteratur[3407] wird zwischen den einzelnen „Engines" einer API differenziert und damit die Funktionsumschreibung zwischen Betriebssystem, Hardware und Schnittstelle genauer analysiert. Man kann hierbei zwischen einfachen Presentation Engines, die ähnlich einem Browser nur über einen begrenzten Funktionsumfang verfügen und daher auch mit wesentlich einfacherer Hardware auskommen, und Execution Engines, die wie ein Betriebssystem eines Computers ausgestattet sind und komplexe Rechenaufgaben übernehmen können, unterscheiden. Einen Mittelweg gehen der Softwarehersteller Microsoft, der mit Windows CE.net mittlerweile ein Standardbetriebssystem mit offenen Schnittstellen am Markt etabliert hat und die Open Source Gemeinde für die Programmierung von Tools und komplexen Anwendungen entwickeln lässt sowie T-Online. So basiert der von T-Online Vision (jetzt: T-Home), dem VoD-Angebot der DTAG-Tochter, im Bundle mit dem DSL-Anschluss seit kurzem angebotene Dekoder des Herstellers Humax auf diesem von Microsoft entwickelten Standard und bewegt sich in Konkurrenz zu JAVA[3408], auf dessen Grundlage der von ETSI verabschiedete und von der Kommission[3409] als europäische Norm bekannt gemachte Multimedia Home Plattform (MHP)-Standard[3410] entwickelt wurde. Dass eine dem MHP-Standard entsprechende API vorgeschrieben wird, ergibt sich auch nicht – wie einige meinen[3411] – aus dem RfStV. Insbesondere § 13 Abs. 1 S. 2, Abs. 2 Nr. 2 Digitalsatzung schreibt nicht etwa ein MHP-API vor, sondern formu-

---

3406 *Schütz*, Kommunikationsrecht, Rdnr. 495.
3407 *Ladeur*, CR 2005, S. 99, 103.
3408 JAVA ist eine von Sun Microsystems entwickelte Programmiersprache, die zur Entwicklung interaktiver Programme geeignet ist. Die Besonderheit von JAVA-Programmen liegt darin, dass sie unabhängig von den verwendeten Betriebssystemen angewendet werden können, so dass Kompatibilitätsprobleme (z.B. zwischen Apple und Windows) nicht auftreten. Dass JAVA in Zukunft selbst einen Bottleneck bilden könnte, wird nicht diskutiert.
3409 Verzeichnis der Normen und/oder Spezifikationen für elektronische Kommunikationsnetze und -dienste sowie zugehörige Einrichtungen und Dienste, ABl. C 331 v. 31.12.2002, S. 32, 47. Das Normungsverfahren sehen Art. 17 Abs. 1, 22 Abs. 2 RahmenRL vor.
3410 Der MHP-Standard für digitale TV- und Multimediaübertragungen wurde 2000 veröffentlicht und wird mittl. von mehr als 300 DVB-Mitgliedern aus 37 Ländern unterstützt; vgl. zu MHP nur *Dörr/Janik/Zorn*, S. 11 ff.
3411 *Kibele*, MMR 2002, S. 370, 374.

liert ihn als Beispiel eines einheitlich normierten Standards. Teilweise[3412] wird auch vertreten, dass eine API nach § 13 Abs. 1 S. 1 Digitalsatzung zwingend sei, was aber nach Darstellung der Norm im Rahmen der Regelungen hinsichtlich des CAS nur den Funktionsumfang des CAS beschreibt, nicht jedoch die API betrifft. Eine solche Lesart wäre mit Wortlaut und Systematik unvereinbar.

§ 48 Abs. 2 Nr. 2 TKG wirkt vielen denkbaren Missbrauchsmöglichkeiten entgegen, indem es eben nicht in der Hand des Netzbetreibers, des STB-Hersteller oder allgemein des Verwenders einer solchen STB liegt, Anwendungen, die von Dritten angeboten werden (sollen), mittels proprietärer Lösungen zu blockieren. Damit zeigt sich, dass die Vorkehrungen bezüglich der API denen des CAS ähneln. In beiden Fällen muss die Schnittstelle geeignet sein, jedem Diensteanbieter den Dienst auch anbieten zu können. Eine dem § 50 Abs. 2 TKG vergleichbare Regelung hinsichtlich des CAS enthält § 49 Abs. 2 TKG für die API. Danach sind Rechteinhaber von API verpflichtet, Herstellern digitaler Fernsehempfangsgeräte sowie Dritten, die ein berechtigtes Interesse geltend machen, auf angemessene, chancengleiche und nichtdiskriminierende Weise und gegen angemessene Vergütung alle Informationen zur Verfügung zu stellen, die es ermöglichen, sämtliche durch die API unterstützte Dienste voll funktionsfähig anzubieten. Es gelten hierbei die Kriterien der §§ 28 und 42 TKG, also insbesondere der aus § 20 GWB bekannte Abwägungsmaßstab und bezieht sich auch auf die Entgelte, die zwar nicht den Kosten effizienter Leistungsbereitstellung, aber nahezu wettbewerbsanalogen Preisen entsprechen müssen. Auch hinsichtlich der API ist damit genauso wenig wie hinsichtlich des CAS eine Schnittstelle vorgeschrieben, die andere API verarbeiten können muss, abgesehen davon, dass eine solche noch gar nicht existiert. Viele Hersteller von STB – und dies rechtfertigt auch den dahinter stehenden Aufwand durch Entwicklungskosten und Innovationsforschung – haben ihr API in den Boxen durch hardwareseitige Schutzmaßnahmen gegen Veränderung und Manipulation gesichert, so dass auch von Diensteanbietern neue Betriebssysteme nicht auf den STB installiert werden können und nach § 95a UrhG zivil- und nach § 108b UrhG strafrechtlich unzulässig sind. Dass das TKG keinen bestimmten Standard für das API vorgibt, insbesondere nicht die vom DVB-Projekt entwickelte Multimedia Home Plattform (MHP), ist zu begrüßen. Denn ansonsten wäre vom Gesetzgeber eine bestimmte Technologie festgeschrieben worden, die der Innovationsleistung Grenzen setzen würde, auch wenn sie zunächst erhebliche indirekte Netzwerkeffekte mit sich bringen würde und so einen positiven Rückkopplungsmechanismus für alle Diensteanbieter und Softwarehersteller hätte.

bb) Electronic Programming Guide („EPG")

Der Electronic Programming Guide (EPG) oder Navigator birgt für Programmveranstalter nicht die Gefahren, die von einem Zugangsberechtigungssystem oder einer API und dem Betriebssystem ausgehen. Natürlich kann auch – gerade bei einer

---

3412 *Schulz*, in: Beck'scher Rundfunk-Kommentar, § 53 Rdnr. 53.

Zunahme von Sendern im digitalen Kabel – über das EPG eine faktische Abschaltung der Sender stattfinden, indem diese einfach nicht mehr zur Auswahl stehen, obwohl ihre Signale gemäß den Einspeisebedingungen übertragen werden. Aber auch diese Form der Diskriminierung wird von §§ 19, 20 GWB erfasst, wobei hierbei nicht nur an die Abschaltung, sondern vor allem an die Rangfolge der Abbildung und Belegung der Sender auf der Fernbedienung oder der Hervorhebung (beispielsweise Fett- oder Farbdruck, Zusatzinformationen und Suchfunktionen) gedacht werden muss. Solche Ungleichbehandlungen von Sendern im EPG können zu Reichweitenverlusten und damit zu wirtschaftlichen Nachteilen führen. Fälle der Abschlussverweigerung oder des Preishöhenmissbrauchs können aber genauso an §§ 19, 20 GWB gemessen werden, wie schon im Rahmen der Einspeisung von Inhalten deutlich wurde. Gerade wenn es um das „Wie" der Abbildung im EPG geht, zeigt das rein ökonomisch ausgerichtete GWB Schwächen. Denn insbesondere die Abwägung der Interessen kann zu schwierigen Fragen der Herauf- oder Herabstufung der Sender im EPG führen. Auch kann der langwierige ex-post Kartellrechtsweg bereits eingeleitete Verluste der Nutzerakzeptanz nicht mehr rückgängig machen und auch Schadensersatzansprüche, die i.V.m. § 33 GWB denkbar sind, führen zu schwer bezifferbaren Beträgen. Das TKG enthält keine spezialgesetzlichen Regelungen hinsichtlich des EPG, wohingegen sich das in § 53 Abs. 1 RfStV normierte, zu § 20 GWB analoge Diskriminierungsverbot auch auf Navigationssysteme bezieht. Als Navigatoren bezeichnet § 53 Abs. 1 S. 2 Nr. 3 RfStV Systeme, die auch die Auswahl von Fernsehprogrammen steuern und die als übergeordnete Benutzeroberfläche für alle über das System angebotenen Dienste verwendet werden. Aus Sicht des Rundfunkrechts kommt den Navigatoren deshalb besondere Bedeutung zu, da insbesondere die Pluralität der Meinungen durch Navigatoren nicht mehr von dem Frequenzbelegungsregime des Bundes bestimmt wird und danach auch eine Beteiligung der LMA ins Leere läuft[3413], wenn allein die Ausgestaltung des Navigators darüber bestimmt, welcher Anordnung die Programme im Navigator folgen. Denkbar ist beispielsweise, dass der STB-Betreiber mit Programmanbietern nicht nur die Einspeisung regelt, sondern auch Entgelte bezüglich der Rangfolge vereinbart. Dies verdeutlicht, wie essentiell ein „guter Programmplatz" ist, gerade wenn die Kapazitätsausweitung den Überblick über das angebotene Programm erschwert. Daher muss auch bei den Navigatoren der Zugang der Sender zu chancengleichen, angemessenen und nichtdiskriminierenden Bedingungen gegeben sein. Insoweit wird dem Zweck der Vorschrift auch entnommen, dass ihr ein die Darstellung betreffender und ein strukturellen Aspekt innewohnt[3414]. Adressaten der Norm sind Anbieter solcher Navigationssysteme, worunter Rundfunkveranstalter, Anbieter von

---

3413 Vgl. insgesamt zur (alten) Rechtslage im TKG nur *Schulz/Vesting*, Frequenzmanagement und föderale Abstimmungspflichten; *Hoffmann-Riem/Wieddekind*, in: Festschrift für Hoppe, S. 17 ff; *Ladeur*, ZUM 1998, S. 261 ff.; *Schulz/Wasner*, ZUM 1999, S. 513 ff.; *Gersdorf*, AfP 1997, S. 424 ff.
3414 Vgl. Gemeinsame Stelle Digitaler Zugang der ALM, Anforderungen an Navigatoren, Diskussionspapier v. 04.05.2004, S. 4.

CAS, Netzbetreiber, STB-Hersteller oder auch Dienstleister fallen, die sich auf ein solches Navigationsangebot beschränken[3415]. Auch sie unterliegen gemäß § 53 Abs. 3, 4 RfStV der medienrechtlichen Anzeigepflicht mit nachfolgender Unbedenklichkeitsprüfung durch die LMA. Ausführliche Regelungen bezüglich der Ausgestaltung und Zugang zu solchen Navigatoren enthält wieder die Digitalsatzung. In § 14 Digitalsatzung werden Einzelheiten der Darstellung und der Struktur solcher EPG geregelt. Nach seinem Abs. 1 S. 2 muss die Darstellung der Programme in ihrem Verhältnis zueinander ausgewogen sein. Insbesondere werden die must-carry und can-carry Regelungen auch auf den Navigator ausgeweitet, so dass deren Auffinden nicht erschwert werden darf. Denkbar ist, ihnen einen Vorrang im Navigator entsprechend der Struktur in § 52 Abs. 3 RfStV einzuräumen, wobei § 14 Abs. 3 Digitalsatzung bestimmt, dass im ersten Nutzungsschritt zwischen öffentlich-rechtlichen und privaten Programmen gleichgewichtig hingewiesen werden soll. Eine besondere von den Regelungen zur Ausgestaltung des CAS und zur API abweichende Regelung findet sich in § 14 Abs. 1 S. 4 Digitalsatzung. Danach muss der Empfänger durch Verknüpfung die Nutzungsmöglichkeit anderer Navigatoren und EPG erhalten, soweit dies technisch realisierbar ist. Außerdem muss zumindest eine Favoritenfunktion im EPG vorhanden sein, damit die gewünschte Reihenfolge durch ihn selbst festlegbar ist. Interessant ist die Regelung in § 14 Abs. 4 Digitalsatzung. Denn danach wird nicht nur der EPG-Verwender, sondern auch der Anbieter von Serviceinformationen (SI) adressiert. Ein solcher soll die Informationen im Datenstrom erstellen, dass sie von jedermann verwendet werden kann, der Anwendungen für Dekoder herstellen will. Insbesondere kann also der Netzbetreiber, der EPG-Informationen über den Datenstrom bereitstellt, nicht gewerbliche Schutzrechte geltend machen, die es einem Dritten nicht ermöglichen, diesen Dienst in Anspruch zu nehmen. Im Ergebnis werden also Konflikte vermieden, die dem in den USA aufgezeigten Gemstar Fall ähneln. Nicht berücksichtigt werden solche Fälle, in denen ein Dritter selbst SI-Informationen bereitstellen will und deshalb Zugang zum Netz des Inhabers benötigt. Solche Fälle beschränken sich auf die Einspeisung nach §§ 19, 20 GWB bzw. weil hier ein Fall des Angebots einer Telekommunikationsdienstleistung betroffen wäre auch auf § 21 TKG, wobei dann wieder beträchtliche Marktmacht erforderlich und genügend Netzkapazität vorhanden sein muss. Schließlich ist darauf hinzuweisen, dass die LMA nach § 14 Abs. 5 Digitalsatzung berechtigt sind, Anforderungen an Navigatoren in Zusammenarbeit mit den Verpflichteten nach dieser Vorschrift zu erstellen.

6. Stellungnahme zur Regulierung im Breitbandkabelnetz

Breitbandkabelnetze können nach geltendem TKG reguliert werden. Von einer exante Regulierung betroffen ist derzeit kein Breitbandkabelmarkt. Die Märkteempfehlung der Kommission definiert zwar u.a. den Großkundenmarkt für Rundfunk-

---

3415 *Schütz*, Kommunikationsrecht, Rdnr. 503.

Übertragungsdienste zur Bereitstellung von Sendeinhalten für Endnutzer. Welche Bedeutung dieser Markt für die ex-ante Regulierung genau hat, ist bislang aber völlig offen. Viel spricht dafür, dass die Einspeisung von Inhalten ex-post reguliert wird, d.h. vor allem, dass die Einspeiseentgelte nicht mehr am LRIC-Maßstab zu messen sind. Daher ist allein der Missbrauchstatbestand des § 28 TKG in Betracht zu ziehen. Probleme ergeben sich nach dem neuen TKG dagegen beim Übergang zum sog. Vermarktungsmodell. Hier tritt der Netzbetreiber nicht mehr als Dienstleister einer Telekommunikationsdienstleistung auf, sondern vermarktet sein zuvor eingekauftes Programm. Diese Beziehungen vermag das TKG nicht zu regulieren. Die RegTP hatte dies in einem obiter dictum in ihrem 1999 eingeleiteten Entgeltregulierungsverfahren am Rande bestätigt. Für die Sender und Programmveranstalter verlagert sich der Schutz gegenüber marktbeherrschenden Netzbetreibern daher künftig auf die Ebene des allgemeinen Kartellrechts, wenngleich auch heute eine Entgeltregulierung nach TKG nicht ausgeschlossen ist. Daneben ist zu beachten, dass die Länder mit ihrem äußerst dichten Kabelallokationsregime eine Einspeisepflicht einiger Sender vorsehen. Die Kabelnetzbetreiber sind daher nicht auch durch das Belegungsrecht unabhängig von bestehender Marktmacht gegenüber Sendern eingeschränkt.

Der Signallieferungsmarkt wurde von der Bundesnetzagentur mit Blick auf die Zusammenschlussverfahren des Bundeskartellamtes abgegrenzt. Obwohl aber das Bundeskartellamt eine wichtige Differenzierung zwischen der jeweiligen Größe der NE4 vornahm und insbesondere auf den Substitutionswettbewerb durch SMATV und Sat-ZF hinwies, ignorierte die Bundesnetzagentur diesen Gesichtspunkt bei der Feststellung wirksamen Wettbewerbs in ihrem Konsultationsverfahren. Es wurde gezeigt, dass der Signallieferungsmarkt nicht derart homogen ist, dass man hier einen räumlich relevanten Markt bezogen auf das Netzgebiet einer jeden Regionalgesellschaft abgrenzen kann. Mit dieser Sichtweise liefe man Gefahr, die Signallieferungsentgelte einheitlich festzulegen und nicht von der im Einzelfall bestehenden Marktmacht der NE3 abhängig zu machen. Bündelvorteile und Dichteffekte auf der NE4 führen vielmehr dazu, dass der Abkopplungsdruck ab einer bestimmten Netzgröße derart hoch ist, dass die NE4 ab einer bestimmten Größe eine wirksame Markteintrittsdrohung besitzt. Die NE3 ist damit wie im Telefonfestnetz auch ein eingreifbarer Markt. Die Bundesnetzagentur begreift die Netze der NE3 hingegen einfach als natürliche Monopole. Abgesehen davon, dass eine prinzipiell eröffnete Zugangs- und Entgeltregulierung auch hier grundsätzlich ein Rabattstaffelungssystem einführen müsste, ist eine globale Entgeltregulierung ökonomisch widersinnig.

Die Regulierung liefe Gefahr, mit einem positiven Eingriff in die Vertragsbeziehung zwischen NE3 und NE4 die Entgelte entweder zu niedrig oder zu hoch anzusetzen und damit entweder Ineffizienzen hervorzurufen oder die Abkopplung zum Satellitenempfang durch Regulierung zu manifestieren. Aber auch hier gilt, dass die Marktabgrenzung und die hierauf aufbauende Einschätzung, dass kein wirksamer Wettbewerb besteht, eine Regulierung möglich machen.

Schließlich wurden die einzelnen Regulierungsoptionen für das digitale Fernsehen aufgezeigt. Hier zeigt sich, dass das TKG und der RfStV der Länder eine ebenfalls dichte Regulierung geschaffen haben. Unberührt hiervon bleiben jedoch einige Verhaltensparameter der Netzbetreiber, die auch das Bundeskartellamt in seinen Zusammenschlussverfahren gewürdigt hat. Insbesondere kann der Netzbetreiber ein embedded CAS verwenden. Aber auch beim Umgang mit diesem CAS ist der Netzbetreiber nicht völlig frei. Er ist zum nichtdiskriminierenden Einsatz gegenüber Dritten verpflichtet. Dies gilt unabhängig seiner marktbeherrschenden Stellung gegenüber den Verwendern solcher Systeme. Auch der RfStV enthält Regelungen bezüglich des Einsatzes von CAS, geht aber mit seinem Regime deutlich darüber hinaus. Erfasst werden mitunter API und EPG, die allesamt auf § 20 GWB und damit auf den „wettbewerbsrechtlichen Gleichbehandlungsgrundsatz" und das Behinderungsverbot verweisen. Darüber hinaus enthält der RfStV einen nicht unwichtigen Vermutungstatbestand für das Common Interface. Der Einsatz eines embedded CAS ist aber auch rundfunkrechtlich nicht ausgeschlossen. Insgesamt zeigt aber das Rundfunkrecht, dass die Verschlüsselungsproblematik und die damit einhergehenden Diskriminierungsmöglichkeiten erheblich beschränkt sind. Dies gilt insbesondere dann, wenn man mit Bundeskartellamt und Bundesnetzagentur eine marktbeherrschende Stellung der Regionalgesellschaften annimmt. Diese müssen ihre STB so gestalten, dass die Programme mit herkömmlichen STB, die mit der Digitalsatzung im Einklang stehen, empfangen werden können.

Neben den telekommunikationsrechtlichen und rundfunkrechtlichen Vorschriften wurde gezeigt, dass viele Verhaltensparameter marktbeherrschender Netzbetreiber über das allgemeine Kartellrecht ausgeschlossen sind. Ein Netzbetreiber, der ein Verschlüsselungssystem einzusetzen beabsichtigt, muss auch hier die kartellrechtlichen Grenzen beachten. Vereinfacht gesprochen ist es dem Kartellrecht egal, wie der Netzbetreiber diskriminiert. Ein Ausschluss der Sender über eine Einspeiseverweigerung oder eine proprietäre Ausgestaltung der STB, mit der dann das Programm nicht mehr empfangen werden kann, ist genauso unzulässig, wie der Zwang, nur das vom Netzbetreiber verwendete Verschlüsselungssystem einzusetzen, wenn dadurch Marktbeherrschung von einem „Bottleneck" auf den anderen verlagert wird.

Insgesamt zeigt sich, dass Regulierung nach TKG, RfStV und die allgemeine Missbrauchsaufsicht für die Breitbandkabelnetze eine dichte Regulierung vorsehen. Zwar sind einige Verhaltensparameter eventuell mit dem TKG nicht durchsetzen, wie etwa die Einspeisepflicht von Sendern. Andere betreffen das Rundfunkrecht nicht, wie etwa die Diskriminierung innerhalb des non-must-carry Bereichs. Das allgemeine Kartellrecht erfasst hingegen alle Missbrauchsmöglichkeiten, wie etwa die Verdrängung, die Marktabschottung oder die Marktmachtverlagerung.

III. Ergebnis und Stellungnahme

Sektorspezifische Regulierung, allgemeines Kartellrecht und Fusionskontrolle sind in Deutschland drei materiell-rechtlich separierte Bereiche, die keine dynamische Verzahnung erlauben. Diese Separierung schlägt sich auch institutionell nieder. Das Sektorenrecht unterliegt der Bundesnetzagentur. Das Bundeskartellamt ist allgemeine Kartellrechtsinstanz und ausschließlich für die Fusionskontrolle zuständige.

Insbesondere die Fusionskontrolle führt in Deutschland zu einer „blinden Adaption", indem die hypothetische Frage gestellt wird, ob sich durch den Zusammenschluss die Marktstruktur derart verschlechtert, dass mit einem übermäßigen, vom Wettbewerb nicht mehr hinreichend kontrollierten Verhaltensspielraum[3416] der Parteien auszugehen ist. Dabei werden das rechtliche Umfeld, die Regulierung, die landesrechtlichen Verhaltensbeschränkungen und das allgemeine Kartellrecht, die allesamt dem Verhaltensspielraum der Unternehmen Grenzen setzen, ausgeklammert und letztlich missachtet.

Bemerkenswert ist, dass die europäischen Gerichte bei bestehender Marktbeherrschung danach frage, ob das allgemeine Kartellrecht dem Verhaltensspielraum der Parteien Grenzen setzt, die dann mit Nebenbestimmungen auch Eingang in die Fusionsentscheidung finden. Dies ist nicht etwa ein fehlerhaftes Verständnis der Kartellrechtssystematik oder des Wettbewerbs, sondern basiert auf einem unterschiedlichen Verständnis der Marktbeherrschung, ist aber auch Folge der zunehmenden Ökonomisierung des europäischen Kartellrechts. Der EuGH hat hierunter allein die wirtschaftliche Machtstellung eines Unternehmens verstanden, die dieses in die Lage versetzt, sich seinen Wettbewerbern, seinen Abnehmern und letztlich den Verbrauchern gegenüber in einem nennenswerten Umfang unabhängig zu verhalten[3417]. Diese Definition weicht eindeutig von der Vorstellung des BGH ab. Diese Abweichung wurde erst kürzlich vom EuG[3418] und dann vom EuGH[3419] bestätigt, indem beide den Verhaltensspielraum eben auch durch das allgemeine Kartellrecht begrenzt sahen und hierin die Geeignetheit von Nebenbestimmungen erachteten, die dieses Missbrauchspotential berücksichtigen. Auch die Kommission berücksichtigt vor allem die rechtlichen Vorgaben der must-carry Regulierung, also des Rundfunksrechts, die den Verhaltensspielraum der Unternehmen bei der Einspeisung begrenzen. Aus diesem Grunde war die von der irischen Regulierungsbehörde

---

3416 BGHZ 79, S. 62, 76 „Klöckner/Becorit"; OLG Düsseldorf , Die AG 1986, S. 226, 227 „Pilsburry/Sonnen-Bassermann".
3417 EuGH, Slg. 2003 II-0000 „Van den Bergh Foods"; Slg. 2000 I-1365 „Compaigne Maritime Belge Transports"; Slg. 2000, II-3929 Rdnr. 147 „Aéroports de Paris v. Kommission"; Slg. 1979, 461 „Hoffmann-La Roche"; Slg. 1978, 207 „United Brands v. Kommission".
3418 EuG, Slg. 2002 II-4381 „Tetra Laval v. Kommission".
3419 EuGH, Urteil v. 15.02.2005 - C-12/03 P, Rdnr. 89 (noch nicht in der amtlichen Sammlung) „Kommission v. Tetra Laval BV".

(CCR) vorgenommene Marktanalyse aus Sicht der Kommission fehlerhaft[3420]. Das europäische Recht spricht sich daher für eine stärkere Verzahnung von sektorspezifischen Regelungen, allgemeinem Kartellrecht und Fusionskontrollrecht aus. Diese Einsicht existiert im GWB nicht. Dies liegt daran, dass das GWB mehr individualschützend ausgelegt wird, Effizienzvorteile als wettbewerbliche Vorsprungsgewinne verstanden werden und die volkswirtschaftliche Rente keine Rolle spielt. Dem GWB liegt ein starkes neoklassisches Element zugrunde, das zumindest in der Missbrauchsaufsicht und der Fusionskontrolle noch nicht von der europäischen Rechtssetzung erfasst wurde. Abzusehen ist aber, dass im Rahmen der 8. GWB-Novelle Effizienzgesichtspunkte stärkere Berücksichtigung finden werden.

Wie im ersten Teil der Arbeit deutlich wurde, ist entscheidend, dass die Fusionskontrolle auf die Struktur der Telekommunikationsmärkte eingeht und ihre Funktionsfähigkeit beurteilt. Wenn der Zusammenschluss zweier Netze als Verstärkungswirkung einer bestehenden marktbeherrschenden Stellung wahrgenommen wird, wenn also die Netzgröße das entscheidende Kriterium für die Ausübung von Marktmacht ist, was unzweifelhaft gegenüber anderen Wettbewerbern so gesehen werden kann, dann muss zumindest die Folgefrage gestellt werden, ob eine zersplitterte Netzstruktur die Funktionsfähigkeit des Wettbewerbs in der Summe fördert. Netzökonomisch gesehen führen zersplitterte Netze zu erheblichen Ineffizienzen und schaden dem Verbraucher. Mit der Netzgröße steigt hingegen die Innovationsdynamik, sie regt zu Investitionen an, vermeidet das Problem doppelter Marginalisierung, kurz sie führt zu positiven Wohlfahrtseffekten.

Das Bundeskartellamt stellt die Frage der Funktionsfähigkeit der Telekommunikationslandschaft nicht. Es ignoriert den aktuellen Wettbewerb zu DTH und atomisiert damit den betrachteten Markt. Entscheidend ist aber, dass die Rolle der Breitbandkabelnetze für den intermodalen Wettbewerb zum PSTN-Ortsnetz ausgeblendet wird. Die „lebensnahe Marktabgrenzung" schlägt sich in dem prägenden Satz nieder: »[...] im Fall von PC sind solche Geräte häufig in Wohnräumen unter Einrichtungsgesichtspunkten nicht akzeptiert.«[3421] Wichtiger wäre die ökonomische Feststellung gewesen, dass die besondere Bedeutung des intermodalen Wettbewerbs einerseits in dem Wegfall des wahrscheinlich wichtigsten monopolistischen Engpasses sowohl im PSTN als auch im Kabel ist und dass eine Duplizierung der Einrichtung einem kollusiven Verhalten der Marktteilnehmer begegnet. Letzteren Gesichtspunkt hatte auch schon die EG-Kommission in der Sache BT/Esat[3422] aufgegriffen. Sie fügt dem hinzu, dass die Verdopplung der Marktanteile, die alle 6 Monate stattfinde, wenig Absprachemöglichkeiten böte und dass Internetzugangsprodukte nicht als homogen gälten. Schließlich sei die Dynamik und Innovation ein Hauptmerkmal dieser Produkte und reagiere die Nachfrage auch schnell auf solche technische Neu-

---

3420 Kommission, Sache IE/2004/0042: Markets in Ireland for Broadcasting Transmission Services to deliver broadcast content to end-users, Az.: SG-Greffe (2004) D/200812, Tz.III.(1).
3421 BKartA, KDG/KBW/Iesy/Ish, S. 14; Iesy/Ish, Tz. 68; TC/Ish, Tz. 59.
3422 Kommission, COMP/M.1838 v. 27.03.2000 „BT/Esat".

erungen.[3423] Der Markteintritt der Kabelnetzbetreiber in die vom PSTN dominierten Bereiche hat für die Bewertung der Zusammenschlüsse einen weiteren, nicht vernachlässigbaren Effekt. Denn er führt unweigerlich zu einem stärkeren Markteintritt des PSTN in den Endkunden- und Einspeisemarkt der „Breitbandkabelnetzbetreiber", der wiederum den Wettbewerbsdruck auf Kabelnetzbetreiber erhöht, ihr Netz auszubauen, um Produktbündel aus Telefonie, Internet und Rundfunkangeboten zu schnüren. Damit zeigt sich die besondere Interdependenz der Netzwerkmärkte auch im Breitbandkabelnetz. Entscheidend ist daher, dass die kurzfristigen Marktmacheffekte vermieden werden, dagegen der Schwerpunkt einer Freigabeentscheidung auf dem Investitionsvolumen und damit einhergehend auf dem strukturell abgesicherten Wettbewerb in intermodaler Hinsicht liegen sollte.

Bislang ist nicht ersichtlich, dass auch die Bundesnetzagentur diesem Gesichtspunkt Rechnung tragen wird. Sie gibt mit ihrem Verständnis des Wettbewerbs auf dem Breitbandkabelmarkt zu erkennen, dass sie es nicht verstanden hat, den Wettbewerbsdruck, den das PSTN derzeit auf die Kabelnetze ausübt, zu würdigen. Noch weniger als dem Bundeskartellamt ist ihrem Konsultationsentwurf die Interdependenz zwischen Kabel und DSL zu entnehmen. Hatte das Bundeskartellamt noch ausgeführt, dass die Anzahl von 6 Mio. DSL-Anschlüssen in Deutschland nicht den Bedarf aller Haushalte befriedigen könne, waren es zum Zeitpunkt der Beurteilung durch die Bundesnetzagentur schon mehr als 10 Mio. Nicht nur diese Nichtwürdigung der DSL-Anschlusspenetration ist überraschend. Vielmehr ist abzusehen, dass die DTAG in absehbarer Zeit ihr Glasfasernetz mit Rundfunkinhalten füllen muss. Die Bundesnetzagentur wird dies wissen, denn entgegen der Kommission hatte sie sich dafür ausgesprochen, das Glasfasernetz VDSL der DTAG nicht regulieren zu wollen, um die Investitionen nicht zu behindern. Warum diese Gesichtspunkte im Kabelnetz ausgeklammert werden, wird aus dem Konsultationsentwurf nicht ersichtlich. Zweifelsfrei ist aber, dass das TKG auf intermodalen Wettbewerb setzt, weil es die Regulierung allmählich abbauen möchte und damit zu einem selbsttragenden Wettbewerb übergehen muss. Dieser stellt sich aber nur dann ein, wenn der monopolistische Engpass im PSTN-Ortsnetz dupliziert ist.

Dass der intermodale Wettbewerb damit Schutz für den Wettbewerb als Institution im GWB genießen muss, bedarf daher keiner weiteren Ausführungen. Denn auch wenn man dem strukturorientierten Ansatz des BGH folgt, der das Ziel der Fusionskontrolle in ausgewogenen Marktstrukturen sieht, durch die einseitige, nicht mehr leistungsbedingte Verhaltensspielräume der Unternehmen im Interesse des umfassenden Schutzes der Handlungsfreiheit anderer Unternehmen verhindert werden[3424], dann muss diese Handlungsfreiheit intermodal verstanden werden, die derzeit aufgrund fehlenden intermodalen Wettbewerbs der sektorspezifischen Regulierung unterliegt. Damit ist eine Weitsicht zur Etablierung des Wettbewerbs maßgebend.

3423 Ebenda, Tz. 10 ff.
3424 BGHZ 71, S. 102, 111 „Sachs/GKN"; 74, S. 359, 364 „WAZ"; 77, S. 279, 281 „Mannesmann/Brueninghaus"; 79, S. 62, 67 „Klöckner/Becorit"; 82, S. 1, 8 ff „Springer/MZV"; 119, S. 346, 363 „Springer Beig (Pinneberger Tageblatt)".

Daher ist allein entscheidend, an welcher Stelle der fusionskontrollrechtlichen Prüfung sich der intermodale Wettbewerbscharakter im GWB berücksichtigen lässt.

Klammert man die konzeptionelle Gewachsenheit des GWB zunächst aus, so lässt sich trotz atomisierter Marktdefinition und der Nichterfassung von dynamischen Kriterien des potentiellen Wettbewerbs im Rahmen der Marktbeherrschungsprüfung die Markteintrittsdrohung alternativer Infrastrukturen zwar gut begründen. Fehlen Anzeichen für einen so starken Substitutionswettbewerb, dass er keinen Eingang in die Marktabgrenzung findet, dann ist mangels Berücksichtigungsfähigkeit des Effizienzkriteriums im deutschen Kartellrecht allein die Abwägungsklausel der geeignete Ort für die Gewichtung und Abwägung des intermodalen Wettbewerbs. Das Bundeskartellamt hat im Rahmen der beiden Zusammenschlussfälle Liberty Media und KDG/KBW deutlich gemacht, dass sie die Märkte für den Internetzugang und die Telefonie als eigenständige Märkte betrachtet. Die jeweiligen Interdependenzen zu den Rundfunkmärkten blieben hierbei aber ohne rechtliche und wettbewerbliche Würdigung. Ein Ansatzpunkt im Rahmen der Abwägungsklausel könnte sein, diese Wechselwirkungen stärker zu berücksichtigen. Im Rahmen der Arbeit wurde deutlich, dass anders als in der herkömmlichen vermittelten Sprachtelefonie und dem kapazitätshungrigen Rundfunk ein konvergentes IP-Umfeld die Netzhoheit vom Dienst trennt. Das Internet ist zwar aus Sicht des Status-Quo ein etwaig eigenständiger Markt[3425]. Seine Inhalteneutralität aufgrund der Spezialisierung auf den Datenverkehr zeigt aber schon heute, dass die mangelnden Substitutionsmöglichkeiten mit anderen Infrastrukturen auf die beschränkte Bandbreite bei den Endkunden, d.h. im local loop, und den noch nicht vollständig konvergenten Diensten zurückzuführen sind. Bei der nun begonnen Ausweitung dieser Endkundenanschlüsse durch das PSTN und teilweise auch über Kabel verschwimmen die klaren Marktgrenzen immer weiter, so dass die mangelnden Substitutionsmöglichkeiten in Zukunft wohl eher auf die Kapazitätsknappheit und den dienstspezifischen Infrastrukturen der klassischen Rundfunk- und Telefonfestnetzanschlüsse zurückzuführen sein werden. Internetanschlüsse befriedigen aber aus Sicht des Bedarfsmarktkonzeptes den Bedarf für jeden Verwendungszweck, da sich mit ihm Inhalte und Sprachtelefonie auch auf IP-Ebene darstellen lassen. Der über Investitionen realisierbare Internetanschluss im Kabelnetzsegment führt im Ergebnis dazu, dass der Internetzugang keinen eigenen Markt darstellt.

Das augenscheinliche Problem, das im Rahmen der Abwägungsklausel entsteht, ist die Ungewissheit, ob sich intermodaler Wettbewerb tatsächlich so einstellt, wie erhofft und erwartet wird. Damit sich ein solcher Fehler 2. Ordnung nicht einstellt, der darin besteht, dass die Wettbewerbsbehörde nicht in den Zusammenschlussprozess eingreift, obwohl Marktmacht wahrscheinlich ist, muss die Gefahr gebannt werden, die durch einen Zusammenschluss entsteht. Diese Gefahren lassen sich prinzipiell durch geeignete Verhaltens- und Strukturzusagen im Rahmen des Neben-

---

[3425] Verglich zur ablehnenden Haltung, dass das Internet überhaupt ein Medium ist nur *Mayen*, Das Internet im öffentlichen Recht.

bestimmungsrechts erreichen, ohne dass Effizienzverluste für das Gesamtnetzwerk entstehen. Welche Bedeutung Zusagen und Nebenbestimmungen haben können, zeigt die Zusammenschlusspraxis von FCC, DOJ und mittlerweile auch die der EG-Kommission. Investitionszusagen lassen sich mit guten Gründen als Strukturzusagen auffassen. Aber auch wenn eine längerfristige Verhaltenszusage erforderlich wird, ist nicht einzusehen, dass die der sektorspezifischen Verhaltenskontrolle unterstellten Telekommunikationsmärkte diesem Kriterium nicht zugänglich sein sollten. Für diesen Sektor entfällt das Problem, dass der freie Markt nicht reguliert werden darf. Wie die allgemeine Zusammenschlusskontrolle gezeigt hat, ist das Bundeskartellamt auf Energiemärkten weitaus freundlicher beim Umgang mit Verhaltenszusagen. Die Behörde verstößt damit nicht nur gegen § 40 Abs. 3 S. 2 GWB und verhält sich inkonsequent, sondern sieht auch die Notwendigkeit, in Netzsektoren eine laufende Verhaltensregulierung zugunsten des Wettbewerbs durchzusetzen.

Der Gesetzgeber ist daher aufgerufen, die Fusionskontrolle entweder dem Kompetenzbereich der Bundesnetzagentur zu übertragen, die dann geeignete sektorspezifische Regelungen als Nebenbestimmungen erlassen kann. Denkbar ist auch, das Kriterium in § 40 Abs. 3 S. 2 GWB mit der Regulierungsaufsicht durch die Bundesnetzagentur für die Märkte zu verbinden, die der Regulierung unterstellt sind. Die bislang in § 123 Abs. 1 TKG niedergelegte Zusammenarbeit zwischen Bundeskartellamt und Bundesnetzagentur ist nicht ausreichend, um die Funktionsfähigkeit des Wettbewerbs im Telekommunikationssektor zu gewährleisten, geschweige denn spürbar zu fördern.[3426]

Insbesondere zeigt sich, dass § 123 Abs. 1 S. 3 TKG, der eine einheitliche und den Zusammenhang mit dem GWB wahrende Auslegung des TKG durch Bundeskartellamt und Bundesnetzagentur fordert, bei dem jetzigen Stand der §§ 35 ff. GWB einen unlösbaren Konflikt enthält. Denn wie gezeigt wurde, driften europäische Fusionskontrolle und deutsche Zusammenschlusskontrolle in ihrer wettbewerbskonzeptionellen Ausgestaltung erheblich voneinander ab. Das TKG untersteht dagegen dem europäischen Recht und muss gemeinschaftskonform ausgelegt werden. Insoweit divergieren auch TKG und GWB in bestimmten Aspekten. Dass die Bundesnetzagentur letztlich die Marktabgrenzung und Beherrschungsprüfung des Bundeskartellamtes für die Zwecke der Regulierung des Breitbandkabelnetzes verwendet, ist zwar ein Zeichen dafür, dass die Bundesnetzagentur dem gesetzgeberischen Auftrag folgt. Viel spricht aber dafür, dass die Bundesnetzagentur die Marktabgrenzung entgegen der Kommissionsvorstellung abgegrenzt und analysiert hat. Es wird sich zeigen, ob die Kommission diese Marktdefinition und Marktanalyse billigen wird. Hiergegen spricht jedenfalls ihre Aussage im Rahmen des angemeldeten, aber wieder zurück gezogenen Zusammenschlussverfahrens KDG/Ish. Sie ließ die richtige Marktabgrenzung des Bundeskartellamtes zwar offen, führte aber in ihrem Verweisungsbeschluss nach Art. 9 FKVO 4064/89 aus: »Eine Marktabgrenzung im

---

3426 Vgl. auch *Abrar*, N&R 2007, S. 29, 35; *ders.*, Fusionskontrolle in dynamischen Netzsektoren am Beispiel des Breitbandkabelsektors, 2006, S. 27 f.

Rahmen der Fusionskontrolle, die von der Empfehlung (Markt Nr. 18) abweicht, erscheint jedenfalls nicht ausgeschlossen. In den Leitlinien der Kommission zur Marktanalyse und Ermittlung beträchtlicher Marktmacht wird unter besonderer Bezugnahme auf die Fusionskontrolle ausgeführt, dass sich die Marktdefinitionen durch die Regulierungsbehörden selbst in vergleichbaren Bereichen in einigen Fällen von denen der Wettbewerbsbehörden unterscheiden können. Damit kommen auch von der Empfehlung abweichende Marktabgrenzungen durch die Wettbewerbsbehörden in Betracht.«[3427]

Da abzusehen ist, dass der Gesetzgeber im Wege der 8. GWB-Novelle die Fusionskontrolle an den europäischen Standard angleichen wird, ist auch darüber nachzudenken, das Verbot der laufenden Verhaltenskontrolle, das historisch auf die 2. GWB-Novelle zurückzuführen ist, abzuschaffen. Sowohl im ökonomischen Teil als auch in der Rechtsvergleichung kommt deutlich zum Ausdruck, dass die stärkere Berücksichtigung ökonomischer Effizienz und die Abkehr von dem SCP-Paradigma auch das Recht der Nebenbestimmungen beeinflusst. Denn das Recht der Nebenbestimmungen reflektiert den wettbewerbskonzeptionellen Ansatz der Fusionskontrolle, ist also im Ergebnis sein Spiegelbild.

[3427] Kommission, COMP/M.3271 v. 07.06.2004, Tz. 15 „Kabel Deutschland/Ish".

Literaturverzeichnis

Abrar, Kamyar, Fusionskontrolle in Netzsektoren am Beispiel des Breitbandkabelnetzes: Marktabgrenzung, Marktbeherrschung und Effizienzgesichtspunkte, N&R 2007, S. 29-35.

ders., Fusionskontrolle in dynamischen Netzsektoren am Beispiel des Breitbandkabelsektors – zugleich ein kritischer Beitrag zur Kartellrechtsdogmatik des Bundeskartellamts nach Iesy/Ish und TC/Ish und sektorspezifischen Regulierungskonsistenz seitens der Bundesnetzagentur, HfB Working Paper Series, No. 75, Frankfurt am Main 2006.

Adams, William J./Yellen, Janet L., Commodity Bundling and the Burden of Monopoly, 90 Quart. Journal of Economics 475-498 (1976).

Adilov, Nodir/Alexander, Peter J., Most-Favored-Customers in the Cable Industry, Federal Communications Commission Media Bureau Staff Research Paper (2002).

Akdeniz, Yaman, The Battle For The Communications Decency Act 1996 is Over, 147 New Law Journal 1003 (1997).

Albach, Horst, Kritische Wachstumsschwellen in der Unternehmensentwicklung, ZfB 1976, S. 683-696.

ders., Zur Messung von Marktmacht und ihres Missbrauchs, WuW 1978, S. 537-548.

Albach, Horst/Bock, Kurt/Warnke, Thomas, Kritische Wachstumsschwellen in der Unternehmensentwicklung, Stuttgart 1985.

Alchian, Armen A./Demsetz, Harold, Production, Information Costs, and Economic Organization, 62 American Economic Review 777-795 (1972).

Alexander, K.J.W./Houghton, R.W., Expanded Output under Monopsony, 30 Economica 171-173 (1963).

Ansoff, Igor H., Strategies for Diversification, 35 Harvard Business Review 113-124 (1957).

Anton, James J./Yao, Dennis A., Little patents and big secrets: managing intellectual property rights, 35 RAND Journal of Economics 1-24 (2004).

Antonelli, Cristiano, Externalities and Complementarities in Telecommunications Dynamics, 11 International Journal of Industrial Organization 437-447 (1993).

ders., The Economic Theory of Information Networks, in: Antonelli, Cristiano, The Economics of Information Networks, Amsterdam 1992.

Apfelstedt, Gert, Energiegesetz und Verbändevereinbarung, ZNER 1998, S. 26-33.

Applebaum, Simon, The Great Cable Controversy: Who Launched First?, Cablevision, vom 04.05.1998, S. 16.

Areeda, Phillip E./Hovenkamp, Herbert, Antitrust Law: An Analysis of Antitrust Principles and Their Application, 2000 Supplement, New York 2005.

Areeda, Phillip E./Hovenkamp, Herbert/Solow, John L., Antitrust Law, Vol. IIa, Vol. IV, Rev. ed., New York 1998.

Areeda, Phillip E./Turner, Donald F., Antitrust Law: An Analysis of Antitrust Principles and Their Application, Boston 1978.

dies., Predatory Pricing and Related Issues Under Section 2 of the Sherman Act, 88 Harvard Law Review 697-733 (1975).

Arndt, Helmut, Macht und Wettbewerb, in: Cox, Helmut/Jens, Uwe/Markert, Kurt, Handbuch des Wettbewerbs, München 1981.

Arnesen, David W./Blizinsky, Marlin, Cable Television: Will Federal Regulation Protect the Public Interest?, 32 American Business Law Journal 627-649 (1995).

Arrow, Kenneth J., The Organization of Economic Activity: Issues Pertinent to the Choice of Market versus Non-Market Allocation, in: The Analysis and Evaluation of Public Expenditures: The PBB-System, Joint Economic Committee, 91st Congress, 1st Session, Vol. 1, Washington D.C. 1969.

ders., Vertical Integration and Communication, 6 The Bell Journal of Economics 173-183 (1975).

Arthur, W. Brian, Competing Technologies, Increasing Returns, and Lock-In by Historical Events, 99 Economic Journal 116-132 (1989).

ders., Increasing Returns and the New World of Business, 74 Harvard Business Review 100-109 (1996).

ders., Positive Feedbacks in the Economy, 262 Scientific American 92-99 (1990).

Aschenbrenner, Andreas, Deregulierungszwang im Fernsehkabelnetz?, Baden-Baden 2000.

Asquith, Paul/Bruner, Robert F./Mullins, David W., The Gains to Bidding Firms from Merger, 11 Journal of Financial Economics 121-139 (1983).

Averch, Harvey A./Johnson, Leland L., Behaviour of the Firm under Regulatory Constraint, 52 American Economic Review 1052-1069 (1962).

Axster, Oliver, Die europäische Fusionskontrolle, in: Westermann, Harm Peter/Rosener, Wolfgang, Festschrift für Karlheinz Quack zum 65. Geburtstag: am 3. Januar 1991, Berlin/New York 1991.

Bach, Albrecht, Materielle Veränderungen der deutschen Fusionskontrolle durch die EWG-Fusionskontrolle, WuW 1992, S. 571-593.

Baer, William J./Balto, David A., New Myths and Old Realities: Recent Developments in Antitrust Enforcement, 1999 Columbia Business Law Review 207-402 (1999).

Bailey, Elizabeth E., Contestability and the Design of Regulatory and Antitrust Policy, 71 American Economic Review 178-183 (1981).

Bain, Joe S., Barriers to New Competition, Cambridge 1956.

ders., Economies of Scale, Concentration and the Condition of Entry in Twenty Manufacturing Industries, 44 American Economic Review 15-39 (1954).

ders., Industrial Organization, 2nd ed. New York/London 1968.

Baker, Jonathan B., The Problem with Baker Hughes and Syufy: On The Role of Entry in Merger Analysis, 65 Antitrust Law Journal 353-374 (1997).

Baker, Jonathan B./Blumenthal, William, The 1982 Guidelines and Preexisting Law, 71 California Law Review 311-322 (1983).

Balto, David A./Pitofsky, Robert, Antitrust and High-Tech-Industries: The New Challenge, 606 PLI/Pat 513-539 (2000).

Barkow, Rachel E./Huber, Peter W., A Tale of Two Agencies: A Comparative Analysis of FCC and DOJ Review of Telecommunications Mergers, The University of Chicago Law Forum 29-84 (2000).

Barrington, John R., Pay Cable – An Old Idea Whose Time Has Come, in: Hollowell, Mary L., The Cable Communications Book: 1977-1978, Washington D.C. 1977.

Bartling, Hartwig, Leitbilder der Wettbewerbspolitik, München 1980.

Bartosch, Andreas, Die neue EG-Kabelfernseh-Richtlinie, NJW 1999, S. 3750-3753.

ders., Digital Video Broadcasting (DVB) im Kabel, CR 1997, S. 517-525.

ders., Europäisches Telekommunikationsrecht in den Jahren 2000 und 2001, EuZW 2002, S. 389-397.

Bates, Regis J., Broadband Telecommunications Handbook, 2002.

Bauer, Johann, Wettbewerbsbeschränkungen durch konglomerate Unternehmenszusammenschlüsse: die Erfassung konglomerater Unternehmenszusammenschlüsse durch die Eingreifkriterien des deutschen, europäischen und US-amerikanischen Fusionskontrollrechts, Regensburg 1994.

Baumol, William J., Contestable Markets: An Uprising in the Theory of Industry Structure, 72 American Economic Review 1-15 (1982).

ders., On the Proper Cost Tests for Natural Monopoly in a Multiproduct Industry, 67American Economic Review 809-822 (1977).

ders., Quasi-Performance of Price Reductions: A Policy for Prevention of Predatory Pricing, 89 Yale Law Journal, 1-26 (1979).

Baumol, William J./Ordover, Jansuz A., Antitrust: Source of Dynamic and Static Inefficiencies?, in: Jorde, Thomas M./Teece, David J., Antitrust, Innovation and Competitiveness, New York 1992.

Baumol, William J./Panzar, John C./Willig, Robert D., Contestable Markets and the Theory of Industry Structure, New York 1982.

Baur, Jürgen F., Wettbewerbsregeln und Außenseiter, ZHR 1997, S. 293-312.

Bechtold, Rainer, GWB Kommentar, Kartellgesetz, 3. Auflage, München 2002.

ders., Zwischenbilanz zum EG-Fusionskontrollrecht, EuZW 1994, S. 653-659.

Bechtold, Rainer/Buntschek, Martin, Die 7. GWB-Novelle und die Entwicklung des deutschen Kartellrechts 2003 bis 2005, NJW 2005, S. 2966-2973.

Bechtold, Rainer/Schockenhoff, Martin, Die Bedeutung finanzieller und sonstiger Ressourcen in der Fusionskontrolle, DB 1990, 1549-1555.

Beckmann, Martin, Die Abgrenzung des relevanten Marktes im GWB, WuW 2002, S. 16-24.

Beese, Dietrich/Müller, Felix, Marktabgrenzung als Deregulierungsinstrument?, RTkom 2001, S. 83-90.

Beese, Dietrich/Naumann, Dirk, Versteigerungserlöse auf dem TK-Sektor und deren Verwendung – Wettbewerb zwischen Regulierung und Gewinnerzielung, MMR 2000, S. 145-150.

Beesley, Michael/Littlechild, Stephen, The Regulation of Privatized Monopolies in the United Kingdom 20 RAND Journal of Economics 454-472 (1989).

Bejcek, Josef, Mergers and New Technologies – Contents, IIC 2005, S. 809-835.

Benisch, Werner, in: Müller-Henneberg, Hans/Schwartz, Gustav/Hootz, Christian, Gemeinschaftskommentar zum GWB, 5. völlig neu bearbeitete Auflage, Köln u.a. 1999.

Benkler, Yochai, From Consumers to Users: Shifting the Deeper Structures of Regulation Toward Sustainable Commons and User Access, 52 Federal Communications Law Journal 561-579 (2000).

Bergau, Torsten, Die Sanierungsfusion im europäischen Kartellrecht, Köln u.a. 2003.

Berninghaus, Siegfried K./Ehrhart, Karl-Martin/Kirstein, Annette/Seifert, Stefan, Spieltheorie und experimentelle Ökonomie, in: Zimmermann, Klaus F., Neue Entwicklungen in der Wirtschaftswissenschaft, Heidelberg 2002.

Berry, Mark N., Efficiencies and Horizontal Mergers: In Search of a Defense, 33 San Diego Law Review 515-554 (1996).

Besen, Stanley/Crandall, Robert, The Deregulation of Cable Television, 44 Law and Contemporary Problems 77-124 (1981).

Besen, Stanley/Farrell, Joseph, Choosing How to Compete: Strategies and Tactics in Standardization, 8 Journal of Economic Perspectives 117-131 (1994).

Besen, Stanley/Johnson, Leland L., Compatibility Standards, Competition, and Innovation in the Broadcasting Industry, Santa Monica 1986.

Besen, Stanley/Saloner, Garth, The Economics of Telecommunications Standards, in: Crandall, Robert W./Flamm, Kenneth, Changing the Rules: Technological Change, International Competition, and Regulation in Communications, Washington D.C. 1989.

Bethge, Herbert, Verfassungsrechtsprobleme der Privatfunkgesetzgebung, JZ 1985, S. 310-314.

Beucher, Klaus/Leyendecker, Ludwig/von Rosenberg, Oliver, Mediengesetze - Kommentar zum Rundfunkstaatsvertrag, Teledienstgesetz und Teledienstedatenschutzgesetz, München 1999.

Bickenbach, Frank/Kumkar, Lars/Soltwedel, Rüdiger, Wettbewerbspolitik und Regulierung – Die Sichtweise der Neuen Institutionenökonomik, in: Zimmermann, Klaus F., Neue Entwicklungen in der Wirtschaftswissenschaft, Heidelberg 2002.

Bickerstaff, Steve, Telecommunications and Internet Law, MMR 2001, S. 72-80.

Bilal, Sanoussi/Olarreaga, Marcelo, Regionalism, Competition Policy and Abuse of Dominant Position, Discussion Paper of the European Institute of Public Administration, Maastricht 1998.

Bishop, Simon/Lofaro, Andrea/Rosati, Francesco/Young, Juliet, The Efficiency-Enhancing Effects of Non-Horizontal Mergers, RBB Economics Report for the Enterprise and Industry Directorate General of the European Commission, 2005; abrufbar unter: <http://ec.europa.eu/enterprise/library/lib-competition/doc/non_horizontal_mergers.pdf>.

Bittlingmayer, George, Die wettbewerbspolitischen Vorstellungen der Chicago School, WuW 1987, S. 709-718.

Blair, Roger D./Harrison, Jeffrey L., Monopsony: Antitrust Law and Economics, Princeton, 1993.

Blair, Roger D./Page, William H., The Role of Economics in Defining Antitrust Injury and Standing, 17 Managerial and Decision Economics 127-142 (1996).

Blankart, Charles B./Knieps, Günter, Netzökonomik, in: Jahrbuch für Neue Politische Ökonomie, Bd. 11, Tübingen 1992.

dies., Regulierung von Netzen?, ifo Studien 1996, S. 483-504.

Blechman, Wolfgang/Bernstein, Robert B., in: Glassen, Helmut/von Hahn, Helmuth, Frankfurter Kommentar zum Kartellrecht: Mit Kommentierung des GWB, des EG-Kartellrechts und einer Darstellung ausländischer Kartellrechtsordnungen (FK), Köln, 2000.

Bleicher, Knut, Gedanken zur Gestaltung der Konzernorganisation bei fortschreitender Diversifizierung, ZfO 1979, S. 243.

Blizzard, Paula J, Consent Decree Standard of Review: United States v. Microsoft Corporation, 13 Berkeley Technology Law Journal 355-367 (1998).

Böbel, Ingo, Wettbewerb und Industriestruktur: Industrial Organization-Forschung im Überblick, Berlin, Heidelberg, New York, Tokyo 1984.

Böge, Ulf, Muss die EU zum SLC-Test wechseln?, WuW 2002, S. 825.

ders., Reform der Europäischen Fusionskontrolle, WuW 2004, S. 138-148.

ders., Der more economic approach und die deutsche Wettbewerbspolitik, WuW 2004, S. 726-733.

Böge, Ulf/Jakobi, Wolfgang, Die Berücksichtigung von Effizienzen in der Fusionskontrolle, BB 2005, S. 113-119.

Bork, Robert H., The Antitrust Paradox: A Policy at War with Itself, New York 1978.

ders., The Rule of Reason and the Per Se Concept: Price Fixing and Market Division, 75 Yale Law Journal 373-475 (1966).

ders., Vertical Integration and the Sherman Act: The Legal History of an Economic Misconception, 22 University of Chicago Law Review 158-201 (1954).

Börnsen, Arne/Coppik, Jürgen, Resale als Instrument für eine ausbalancierte Förderung sowohl von Dienste- als auch von Infrastrukturwettbewerb, MMR 2004, S. 143-148.

Bössmann, Eva, Unternehmen, Märkte, Transaktionskosten: Die Koordination ökonomischer Aktivitäten, WiSt 1983, S. 105-111.

dies., Volkswirtschaftliche Probleme der Transaktionskosten, ZfgSt 1982, S. 664-679.

Bowman, William, Tying Arrangements and the Leverage Problem, 67 Yale Law Journal 19-36 (1957).

Braeutigam, Ronald R., Regulation of Multiproduct Enterprises by Rate of Return, Mark-up, and Operation Ratio, 3 Research in Law and Economics 15-38 (1981).

Brinks, Henry L./Fritze, Ulrich, Preliminary Injunctions in Patent Infringement Cases in the United States and Germany, International Review of Industrial Property and Copyright Law (IIC) 1-18 (1988).

Brock, William A., Contestable Markets and the Theory of Industry Structure: A Review Article, 91 Journal of Political Economy 1055 (1983).

Brock, James W., Industry Structure and Market Power: The Relevance of the »Relevant Market«, 25 Antitrust Bulletin 535-560 (1984).

Brock, Gerald W., The Telecommunications Industry: The Dynamics of Market Structure, Cambridge 1981.

Brock, Gerald W./Scheinkman, Jose A., Free Entry and the Sustainability of Natural Monopoly: Bertrand Revisited by Cournot, in: Evans, David S., Breaking Up Bell: Essays on Industrial Organization and Regulation, New York 1983.

Brotman, Stuart N., Ex Parte Contacts in Informal Rulemaking: Home Box Office, Inc. v. FCC and Action for Children's Television v. FCC (Case Note), 65 California Law Review 1315 (1977).

Brugger, Winfried, Einführung in das öffentliche Recht der USA, München 2001.

Brunekreeft, Gert, Kosten, Körbe, Konkurrenz: Price Caps in der Theorie, Diskussionsbeitrag Nr. 67, 2000.

Brynjolfsson, Erik/Hu, Yu J./Smith Michael D., Consumer Surplus in the Digital Economy: Estimating the Value of Increased Product Variety at Online Booksellers, 49 Management Science 1580-1596 (2003).

Buchanan, James A., What Should Economists Do?, 30 Southern Economic Journal 312-322 (1964).

Budzinski, Oliver/Kerber, Wolfgang, Megafusionen, Wettbewerb und Globalisierung, Stuttgart 2003.

Buehler, Stefan/Schmutzler, Armin/Benz, Men Andri, Infrastructure quality in deregulated industries: is there an underinvestment problem?, 22 International Journal of Industrial Organization 253-267 (2004).

Bühner, Rolf, Erfolg von Unternehmenszusammenschlüssen in der Bundesrepublik Deutschland, Stuttgart 1990.

ders., Strategie und Organisation, 2. Auflage, Wiesbaden 1995.

Bühner, Rolf/Spindler, Heinz Josef, Synergieerwartungen bei Unternehmenszusammenschlüssen, DB 1986, S. 601-606.

Büllingen, Franz/Stamm, Peter/Vary, Peter/Lüders, Helge E./Werner, Marc, Potenziale alternativer Techniken zur bedarfsgerechten Versorgung mit Breitbandzugängen, wik-Studie 22/05 (2006).

Bullinger, Martin, Verbreitung digitaler Pay-TV-Pakete in Fernsehkabelnetzen, ZUM-Sonderheft 1997, S. 281-309.

Bundeskartellamt, Arbeitskreis Kartellrecht: Wettbewerbsschutz und Verbraucherinteressen im Lichte neuerer ökonomischer Methoden, Diskussionspapier des Bundeskartellamts, 2004.

Bundeskartellamt, Merkblatt des Bundeskartellamts über die Kooperationsmöglichkeiten für kleinere und mittlere Unternehmen nach dem Kartellgesetz, 1998.

Bundeskartellamt, Merkblatt: Auslegungsgrundsätze zur Prüfung von Marktbeherrschung in der deutschen Fusionskontrolle, 2000.

Bundeskartellamt, Stellungnahme des Bundeskartellamtes zum Grünbuch der Kommission zur Revision der Verordnung Nr. EG 4064/89 des Rates über die Kontrolle von Unternehmenszusammenschlüssen, Az. E/G4–3001/93.

Bunte, Hermann-Josef, Marktabgrenzung und Marktbeherrschung auf Mobilfunkmärkten, MMR Beilage 1/2002, S. 1-11.

ders., Rechtliche Grenzen für die Änderung kartellbehördlicher Verwaltungspraxis, S. 18.

Bürger, Christian, Die erhebliche Behinderung wirksamen Wettbewerbs in Art. 2 der Verordnung Nr. 4064/89 und in Art. 2 der Verordnung Nr. 139/2004, Berlin 2005.

Burger, Anton/Buchhart, Anton, Zur Berücksichtigung von Risiko in der strategischen Unternehmensführung, DB 2002, S. 593-599.

Burnside, Alec, GE, Honey, I sunk the Merger, 23 EU Competition Law Review 107-110 (2002).

Büscher, Rolf, Diagonale Unternehmenszusammenschlüsse im amerikanischen und deutschen Recht, Baden-Baden 1983.

Buxbaum, Richard M., Enforcement of United States Antitrust Laws During the Reagan Administration - Review and Prospects, WuW 1989, S. 566-577.

Buzzel, Robert D., Is Vertical Integration Profitable?, 61 Harvard Business Review 92-102 (1983).

Buzzel, Robert D./Gale/Bradley, T. Gale/Sultan, Ralph, Market share – a key to Profitability, 53 Harvard Business Review 97-106 (1975).

Bykowsky, Mark/Kwasnica, Anthony M./Sharkey, William, Federal Communications Commission Office of Plans and Policy, OPP Working Paper No. 35, Horizontal Concentration in the Cable Television Industry: An Experimental Analysis (2002).

Byowitz, Michael A./Sherman, Lori S., U.S. Antitrust Merger Remedies: FTC vs. DOJ?, ABA Section of Antitrust Law, Spring Meeting, April 05, 2006; abrufbar unter: <http://www.abanet.org/intlaw/spring06/materials/Sherman.doc>.

Canenbley, Cornelis, Remedies under EC Competition Law: Finding the Right Cure, in: IBA, EC Merger Control: Ten Years On.

Cannon, Robert, The Legislative History of Senator Exon's Communications Decency Act: Regulating Barbarians on the Information Superhighway, 49 Federal Communications Law Journal 51-97 (1996).

Carlton, Dennis W./Klamer, J. Mark, The Need for Coordination Among Firms, with Special Reference to Network Industries, 50 University of Chicago Law Review 446-465 (1983).

Carlton, Dennis W./Perloff, Jeffrey M., Modern Industrial Organization, 4th ed., Boston 2005.

Caspari, Manfred/Schwarz, Dieter, Europäische Fusionskontrolle, Ein Historienspiel, in: Andreae, Clemens-August, Festschrift für Werner Benisch, Köln, Berlin, Bonn, München 1989.

Chamberlin, Edward H., The Theory of Monopolistic Competition, Cambridge 1933.

Chipty, Tasneem, Vertical Integration, Market Foreclosure, and Consumer Welfare in the Cable Television Industry, 91 American Economic Review 428-453 (2001).

Chipty, Tasneem/Snyder, Christopher M., The Role Of Firm Size In Bilateral Bargaining: A Study Of The Cable Television Industry, 81 Review of Economics and Statistics 326-340 (1999).

Cho, Joshua, Ameritech Left Wondering?, CableWorld, vom 30.05.2000.

Chou, Chien-fou/Shy, Oz, Network Effects Without Network Externalities, 8 International Journal of Industrial Organization 259-270 (1999).

Christmann, Sabine/Enßlin, Holger/Wachs, Friedrich-Carl, Der Markt für Breitbandkabel in der digitalen Übergangsphase – Ordnungspolitische Herausforderungen für die deutsche Medienpolitik, MMR 2005, S. 291-294.

Church, Jeffrey/Gandal, Neil, Network Effects, Software Provision, and Standardization, 40 The Journal of Industrial Economics 85-103 (1992).

dies., Systems Competition, Vertical Merger, and Foreclosure, 9 Journal of Economics and Management Strategy 25-51 (2000).

Church, Jeffrey/King, Ian, Bilingualism and Network Externalities, 26 Canadian Journal of Economics 337-345 (1993).

Clanton, David A., Recent Merger Developments: Coming of Age Under The Guidelines, 53 Antitrust Law Journal 345-351 (1984).

Clark, John M., Competition as a Dynamic Process, Greenwood 1961.

ders., Toward a Concept of Workable Competition, 30 American Economic Review 241-256 (1940).

Clark, Robert, Corporate Law, Boston 1986.

Coase, Ronald H., Durability and Monopoly, 15 Journal of Law and Economics 143-149 (1972).

ders., The Problem of Social Cost, 2 Journal of Law and Economics 1-40 (1960).

ders., The Nature of the Firm, 4 Economica 386 (1937).

Coate, Malcolm B./Langenfeld, James, Entry Under the Merger Guidelines, 1982-1992, 38 Antitrust Bulletin 557-592 (1993).

Coenenberg, Adolf/Sautter, Michael, Strategische und finanzielle Bewertung von Unternehmensakquisitionen, Die Betriebswirtschaft 1988, S. 691-710.

Cohen, Wesley M./Levin, Richard C., Empirical Studies of Innovation and Market Structure, in: Schmalensee, Richard/Willig, Robert, Handbook of Industrial Organization, Vol. 2, Amsterdam 1989.

Cohendet, Patrick/Llerena, Patrick/Stahn, Hubert/Umbhauer, Gisèle, The Economics of Networks, Interaction and Behaviours, Berlin u.a. 1998.

Comstock, Earl W./Butler, John W., Access Denied, in: Cooper, Mark, Open Architecture As Communications Policy. Preserving Internet Freedom in the Broadband Era. Center for Internet and Society, Stanford Law School, abrufbar unter: <http://cyberlaw.stanford.edu/blogs/cooper/archives/openarchitecture.pdf>.

Conde Galgo, Beatriz, Die Anwendung des kartellrechtlichen Missbrauchsverbots auf „unerlässliche" Immaterialgüterrechte im Lichte der IMS Health- und Standard-Spundfass-Urteile, GRURInt 2006, S. 16-28.

Corn-Revere, Robert, Mass Media Regulation and the FCC: An Agenda For Reform, Citizens for a Sound Economy Foundation, vom 20.10.1997, abrufbar unter: <http://www.cse.org>.

Correia, Edward O., Re-Examining the Failing Company Defense, 64 Antitrust Law Journal 683-700 (1996).

Coudert, Study on the Scope of the Legal Instruments under EC Competition Law available to the European Commission to implement the Results of the ongoing review of certain situations in the telecommunications and cable television sectors, 1997.

Cournot, Antoine A., Researches into the Mathematical Principles of the Theory of Wealth, 1838, übersetzt ins Englische, New York 1927.

Cox, Helmut/Hübener, Harald, Wettbewerbstheoretische Grundlagen und Grundkonzeptionen der Wettbewerbspolitik, in: Cox, Helmut/Jens, Uwe/Markert, Kurt, Handbuch des Wettbewerbs, München 1981.

Crandall, Robert W./Furchtgott-Roth, Harold, Cable TV – Regulation or Competition, Washington D.C. 1996.

Crane, Rhonda J., The Politics of International Standards: France and the Color TV War, Norwood 1979.

Dansby, Robert E./Conrad, Cecilia, Commodity Bundling, 74 American Economic Review 377-381 (1984).

Darr, Frank P., Regulation of Alternative Operator Services, 6 Berkeley Technology Law Journal 28-57 (1991).

David, Paul, A., Clio and the economics of QWERTY, 75 American Economic Review 332-337 (1985).

ders., Past Dependence and The Quest for Historical Economics: One More Chorus of the Ballad of QWERTY, Discussion Papers in Economic and Social History, No. 20, University of Oxford, abrufbar unter: <http://www.nuff.ox.ac.uk/economics/history/paper20/david3.pdf>.

ders., Path Dependence, its critics and the quest for "historical economics", in: Garrouste, Pierre/Ioannides, Stavros, Evolution and Path Dependence in Economic Ideas: Past and Present, Cheltenham 2000.

Davis, Ronald W., Antitrust Analysis of Mergers, Acquisition and Joint Ventures in the 1980s: A Pragmatic Guide to Evaluation of Legal Risks, 11 Delaware Journal of Corporate Law 25-87 (1986).

De la Mano, Miguel, For the Customer's Sake: The Competitive Effects of Efficiencies in European Merger Control, GD Wettbewerb (EU), Enterprise Papers No.11.

Del Bianco, Mark, Antitrust Issues Raised by Product Bundling in Communications Markets, the antitrust source, July 2004, abrufbar unter: <http://www.abanet.org/antitrust/source/DelBianco7.pdf>.

Demsetz, Harold, Barriers to Entry, 72 American Economic Review 47-57 (1982).

ders., Economics as a Guide to Antitrust Regulation, 19 Journal of Law and Economics 371-389 (1976).

ders., Industry Structure, Market Rivalry, and Public Policy, 16 Journal of Law and Economics 1-9 (1973).

ders., On the Regulation of Industry: A Reply, 79 Journal of Political Economy 356-363 (1969).

ders., Why Regulate Utilities, 11 Journal of Law and Economics 55-66 (1968).

Department of Justice (DOJ), Antitrust Division Policy Guide to Merger Remedies, October 2004; abrufbar unter: <http://www.usdoj.gov/atr/public/guidelines/205108.htm>.

Department of Justice (DOJ)/Federal Trade Commission (FTC), Memorandum of Agreement Between the Federal Trade Commission and the Antitrust Division of the United States Department of Justice Concerning Clearance Procedures For Investigations, Appendix A, (Media and Entertainment).

Deringer, Arved, Stellungnahme zum Weißbuch der Europäischen Kommission über die Modernisierung der Vorschriften zur Anwendung der Art. 85 und 86 EG-Vertrag (Art. 81 und 82 EG), EuZW 2000, S. 5-11.

Dernedde, Hartmut/Jessen, Sybille, Technik im Fernsehen: Grundlagen, Praxis, Trends, Ulm 1995.

Dibadj, Reza, Toward Meaningful Cable Competition: Getting Beyond The Monopoly Morass, 6 New York University Journal of Legislation and Public Policy 245-320 (2003).

Dickerson, Darby, The ALWD Citation Manual: A Professional System of Citation, 3rd ed., Aspen 2006.

Director, Aaron/Levi, Edward, Law and The Future: Trade Regulation, 51 Northwestern University Law Review 281-296 (1956).

Dittert, Daniel, Die Reform des Verfahrens in der neuen EG-Fusionskontrollverordnung, WuW 2004, S. 148-161.

Dixit, Avinash K., Recent Developments in Oligopoly Theory, 72 American Economic Review 12-17 (1982).

Dobson, Paul W./Waterson, Michael, Countervailing Power and Consumer Prices, 107 Economic Journal 418-430 (1997).

Donges, Juergen B., Marktversagen oder Staatsversagen. Was überwiegt?, ZfWp 1985, S. 121-130.

Dörr, Dieter, Die Kabelbelegungsregelungen in den Landesmediengesetzen und der Anspruch auf unentgeltliche Durchleitung des Fernsehprogramms PREMIERE zu den angeschlossenen Haushalten, ZUM 1997, S. 337-372.

Dörr, Dieter/Gersdorf, Hubertus, Der Zugang zum Digitalen Kabel, Zwei Rechtsgutachten im Auftrag der Gemeinsamen Stelle Digitaler, Berlin 2002.

Dörr, Dieter/Janik, Victor/Zorn, Nicole, Der Zugang zu den Kabelnetzen und die Regelungen des europäischen Rechts, in: Die Landesmedienanstalten – Gemeinsame Stelle Digitaler Zugang, Der Zugang zum digitalen Kabel. Rechtsgutachten im Auftrag der Gemeinsamen Stelle Digitaler Zugang der Landesmedienanstalten, Berlin 2002.

Drauz, Götz/Schroeder, Dirk, Praxis der europäischen Fusionskontrolle, RWS-Skript 232, 3. Auflage, Köln 1995.

Dreher, Meinrad, Der Rang des Wettbewerbs im europäischen Gemeinschaftsrecht, WuW 1998, S. 656-666.

ders., Die Verweigerung des Zugangs zu einer wesentlichen Einrichtung als Missbrauch der Marktbeherrschung, DB 1999, S. 833-839.

Drexl, Josef, Die neue Gruppenfreistellungsverordnung über Technologietransfervereinbarungen im Spannungsfeld von Ökonomisierung und Rechtssicherheit, GRURInt 2004, S. 716-727.

Dunfee, Thomas W., Bounding Markets in Merger Cases: Identifying Relevant Competition, 78 Northwestern University Law Review 733-754 (1984).

Easterbrook, Frank H., Ignorance and Antitrust, in: Jorde, Thomas M./Teece, David J., Antitrust, Innovation, and Competitiveness, Oxford 1992.

ders., Workable Antitrust Policy, 84 Michigan Law Review 1696 (1986).

Ebenroth, Carsten-Thomas/Hauschka, Christoph E., Zusammenschlusskontrolle nach der geplanten EG-Fusionskontrollverordnung, ZRP 1989, S. 62-68.

Eberle, Carl-Eugen, Rundfunkübertragung, Rechtsfragen der Nutzung terrestrischer Rundfunkfrequenzen, Berlin 1989.

Polinsky, A. Mitchell, Economic Analysis as a Potentially Defective Product: A Buyer's Guide to Posner's Economic Analysis of Law, 87 Harvard Law Review 1655-1681 (1974).

Economides, Nicholas, Compatibility and the Creation of Shared Networks, in: Guerrin-Calvert, Margaret/Wildman, Steven, Electronic Services Networks: A Business and Public Policy Challenge, New York 1991.

ders., Competition and Vertical Integration in the Computer Industry, in: Eisenach, Jeffrey A./Lenard, Thomas M., Competition, Innovation, and the Role of Antitrust in the Digital Marketplace, Boston 1999.

ders., Competition Policy in Network Industries: An Introduction, NET Institute Working Paper No. 04-24, NYU, Ctr for Law and Business Research Paper No. 03-10, 2004.

ders., Critical Mass and Network Size with Application to the US FAX Market, EC-95-11, NYU 1995.

ders., Desirability of Compatibility in the Absence of Network Externalities, 79 American Economic Review 1165-1181 (1988).

ders., Losers in the Microsoft Anti-Trust Case, SternBusiness Spring/Summer 2000, S. 18-21.

ders., Raising Rivals' Costs in Complementary Goods Markets: LEC Entering into Long Distance and Microsoft Bundling Internet Explorer, NYU, Ctr for Law and Business, Working Paper No. 98-004.

ders., Telecommunications Regulation: An Introduction, in: Nelson, Richard R., The Limits and Complexity of Organizations, New York 2005 = NET Institute Working Paper No. 04-20, 2004.

ders., The Economics of Networks, 14 International Journal of Industrial Organization 673, 676 (1996).

ders., The Telecommunications Act of 1996 and its Impact, Discussion Paper EC-98-08, Stern School of Business, NYU 1998.

ders., U.S. Telecommunications Today, in: Brown, Carol V./Topi, Heikki, IS Management Handbook, Boca Raton 2002.

Economides, Nicholas/Flyer, Fredrick, Compatibility and Market Structure for Network Goods, Discussion Paper No. EC-98-02, NYU 1998.

Economides, Nicholas/Himmelberg, Charles, Critical Mass and Network Evolution in Telecommunications, in: Brock, Gerard, Toward a Competitive Telecommunications Industry: Selected Papers from the 1994 Telecommunications Policy Research Conference, Maryland 1995.

Economides, Nicholas/Salop, Steven C., Competition and Integration among Complements, and Network Market Structure, 40 Journal of Industrial Economics 105-123 (1992).

Economides, Nicholas/White, Lawrence J., One-Way Networks, Two-Way Networks, Compatibility, and Public Policy, in: Gabel, David/Weiman, David, Opening Networks to Competition: The Regulation and Pricing of Access, Norwell 1998.

Edwards, Corwin D., Conglomerate Bigness as a Source of Power, Business Concentration and Price Policy, National Bureau of Economic Research, Princeton 1955.

Eisenmann, Thomas R., The U.S. Cable Television Industry, 1948-1995: Managerial Capitalism in Eclipse, 74 Business History Review 1-40 (2000).

Eisner, Allen, Antitrust and the Triumph of Economics, Noth Carolina 1991.

Eldredge, Daniel, Classifying Cruise Ships as Common Carriers under the Shipping Act, a Jurisdictional Struggle: American Association of Cruse Passengers v. Carnival Cruise Lines, 15 Tulane Maritime Law Journal 397-400 (1991).

Ellig, Jerry, Dynamic Competition and Public Policy: Technology, Innovation, and Antitrust Issues, 2nd ed., Cambridge 2005.

Elßer, Stefan, Innovationswettbewerb: Determinanten und Unternehmensverhalten, Frankfurt am Main u.a. 1993.

Elzinga, Kenneth G., Defining Geographic Market Boundaries, 26 Antitrust Bulletin 739-752 (1981).

Emmerich, Volker, in: Immenga, Ulrich/Mestmäcker, Ernst-Joachim, GWB-Kommentar, 3. Auflage, München 2001.

ders., Kartellrecht, 9. Auflage, München 2001.

Emmons, William, Public Policy and the Evolution of Cable Television: 1950-1990, 21 Business and Economic History 182-191 (1992).

Emmons, Willis/Grossmann, David, Note on Cable Television Regulation, Harvard Business School Case 9-391-022, rev. ed., 1993.

Emrich, Heiner M., Die Problematik der Fusionskontrolle bei Konglomeraten, Berlin 1978.

Engel, Christoph, Kabelfernsehen, Baden-Baden 1996.

ders., Sonderlasten für Fernsehveranstalter mit einem Zuschaueranteil von 10%, ZUM 2000, S. 345-356.

ders., Verbreitung digitaler Pay-TV-Pakete in Fernsehkabelnetzen, ZUM Sonderheft 1997, S. 309-330.

Engel, Christoph/Knieps, Günter, Die Vorschriften des Telekommunikationsgesetzes über den Zugang zu wesentlichen Einrichtungen: eine juristisch-ökonomische Untersuchung, Baden-Baden 1998.

Enke, Stephen, Some Notes On Price Discrimination, 30 Canadian Journal of Economics and Political Science 95-109 (1964).

Enßlin, Holger, Kontrahierungszwang für Anbieter von Dienstleistungen für das digitale Fernsehen, Frankfurt am Main u.a. 2000.

Erber, Georg/Hagemann, Harald, Netzwerkökonomie, in: Zimmermann, Klaus F., Neue Entwicklungen in der Wirtschaftswissenschaft, Heidelberg 2002.

Erdmann, Willi, Was bringt der neue „Fezer" zum UWG?, WRP 2005, S. 663-671.

Eucken, Walter, Grundsätze der Wirtschaftspolitik, in: Eucken, Edith/Hensel, Paul (Hrsg.), Bern u.a. 1952.

Evans, David S./Schmalensee, Richard, Some Economic Aspects of Antitrust Analysis in Dynamically Competitive Industries, in: Jaffe, Adam B./Lerner, Josh/Stern, Scott, Innovation Policy and the Economy, Vol. 2, Cambridge 2002.

Everett, Ann-Britt/Ross, Thomas W., The Treatment of Efficiencies in Merger Review: An International Comparison, University of British Columbia and Delta Economics Group Inc., Vancouver 2002.

Everling, Ulrich, Zur Wettbewerbskonzeption in der neueren Rechtsprechung des Gerichtshofs der Europäischen Gemeinschaften, WuW 1990, S. 995-1009.

Farrell, Joseph/Katz, Michael, The Effects of Antitrust and Intellectual Property Law on Compatibility and Innovation, 43 Antitrust Bulletin 609-650 (1998).

Farrell, Joseph/Saloner, Garth, Converters, Compatibility, and the Control of Interfaces, 40 The Journal of Industrial Economics 9-35 (1992).

dies., Coordination Through Committees and Markets, 19 RAND Journal of Economics 235-252 (1988).

dies., Installed Base and Compatibility: Innovation, Product Preannouncements, and Predation, 76 American Economic Review 940-955 (1986).

dies., Standardization, compatibility, and innovation, 16 The RAND Journal of Economics 70-83 (1985).

Farrell, Joseph/Shapiro, Carl, Standard Setting in High Definition Television, Brookings Papers in Economic Activity 1-93 (1992).

Faulhaber, Gerald R., Cross-Subsidization: Pricing in Public Enterprises, 65 American Economic Review 966-977 (1975).

ders., Telecommunications in Turmoil: Technology and Public Policy, Cambridge 1987.

Faull, Jonathan/Nikpay, Ali, EC Law of Competition, Oxford 1999.

Federal Communications Commission (FCC), Statistics of the Long Distance Telecommunications Industry, 2003, 1st Report, 14.03.2003.

Federal Communications Commission (FCC), Cable Television Fact Sheet, Information Bulletin, 2000.

Federal Communications Commission (FCC), High Speed Services for Internet Access, vom 07.07.2005.

Federal Communications Commission (FCC), Local Telephone Competition, vom 08.07.2005.

Fellner, William J., Competition Among the Few. Oligopoly and Similar Market Structures, New York 1949.

ders., Prices and Wages Under Bilateral Monopoly, 61 The Quarterly Journal of Economics 503-532 (1947).

Ferguson, Charles E., A Macroeconomic Theory of Workable Competition, Durham 1964.

Fezer, Karl-Heinz, Aspekte einer Rechtskritik an der economic analysis of law und am property rights approach, JZ 1986, S. 817-824.

ders., Nochmals – Kritik an der ökonomischen Analyse des Rechts, JZ 1988, S. 223-228.

ders., Kommentar zum Gesetz gegen den Unlauteren Wettbewerb, München 2004.

Fikentscher, Wolfgang, Markt oder Wettbewerb oder beides?, GRURInt 2004, S. 727-731.

Fischer, Robert, Der Missbrauch einer marktbeherrschenden Stellung (§ 22 GWB) in der Rechtsprechung des Bundesgerichtshofes, ZGR 1978, S. 235-250.

Fisher, Franklin M., Community Antenna Television Systems and the Regulation of Television Broadcasting, 56 American Economic Review 320-329 (1966).

ders., Horizontal Mergers: Triage and Treatment, 1 Journal of Economic Perspectives 23-40 (1987).

Fisher, Alan A./Lande, Robert H., Efficiency Considerations in Merger Enforcement, 71 California Law Review 1580-1696 (1983).

Fleischer, Holger/Doege, Nils, Der Fall United States v. Microsoft, WuW 2000, S. 705-717.

Fleischer, Holger/Körber, Torsten, Der Einfluss des US-amerikanischen Antitrustrechts auf das Europäische Wettbewerbsrecht, WuW 2001, S. 6-19.

dies., Marktmacht, Marktmissbrauch und Microsoft, K&R 2001, S. 623-631.

Flitsch, Michael, Die Funktionalisierung der Kommunikationsgrundrechte, Berlin 1998.

Franck, Egon/Meister, Urs, Vertikale und Horizontale Unternehmenszusammenschlüsse – Ökonomische Grundlagen der Entscheidung über die Unternehmensgrenzen, Working Paper No. 31, Chair of Strategic Management Zurich, 2004.

Franke, Werner, Die Berechtigung der Zusammenschlusskontrolle bei Oligopolsachverhalten und der Durchführung dieser Kontrolle in der Praxis, München 1992.

Frankus, Hans J., Fusionskontrolle bei Konglomeraten, Berlin 1972.

Frey, Dieter, Das öffentlich-rechtliche Fernsehen im Wettbewerbsrecht der EG, ZUM 1999, S. 528-542.

Freytag, Andreas/Winkler, Klaus, The Economics of Self-Regulation In Telecommunications Under Sunset Legislation, Jenaer Schriften zur Wirtschaftswissenschaft, 2004.

Fridenson, Patrick, Selling the Innovation: French and German Color TV Devices in the 1960s, Business and Economic History 62-68 (1991).

Frieden, Rob, Adjusting the Horizontal and Vertical in Telecommunications Regulation: A Comparison of the Traditional and a New Layered Approach, 55 Federal Communications Law Journal 207-250 (2002).

Friedrich, Jason E., Thinkable Mergers: The FCC's Evolving Public Interest Standard, 6 CommLaw Law Conspectus 261-269 (1998).

Friess, Bernhard, Die internationale Zusammenarbeit der EU und USA – Austausch von Informationen, FIW-Symposium Insbruck, 15.02.2002.

Frisch, Armin J., Unternehmensgrösse und Innovation: die schumpeterianische Diskussion und ihre Alternativen, Frankfurt am Main 1993.

Fritsch, Michael/Wein, Thomas/Ewers, Hans-Jürgen, Marktversagen und Wirtschaftspolitik, 6. Auflage, München 2005.

Fritzweiler, Jochen/Schneider, Moritz, Grenzen der Vermarktung und Kollision von Rechten, in: ders., Sport-Marketing und Recht, Basel u.a. 2003.

FTC, Anticipating the 21st Century – Competition Policy in the New High-Tech, Global Marketplace, Vol. I, A Report by Federal Trade Commission Staff, Wahington D.C. 1996, abrufbar unter: <http://www.ftc.gov/opp/global/report/gc_v1.pdf>.

Fuhr, Karl-Michael/Kerkhoff, Bärbel, Regulierung als Voraussetzung für Wettbewerb in den Telekommunikationsmärkten – Eine Replik, MMR 1999, S. 213-218.

dies., Entbündelter Zugang – Vereinbarkeit mit der Eigentumsgarantie des Art 14 GG?, MMR 1998, S. 6-11.

Gabelmann, Anne/Groß, Wolfgang, Telekommunikation: Wettbewerb in einem dynamischen Markt, in: Knieps, Günter/Brunekreeft, Gert, Zwischen Regulierung und Wettbewerb – Netzsektoren in Deutschland, 2. Auflage, Heidelberg 2003.

Gablers Wirtschaftslexikon, Sellien, Reinhold (Hrsg.), CD-ROM Ausg., 2002.

Galbraith, John K., American Capitalism: The Concept of Countervailing Power, Boston 1952.

Galperin, Hernan/Bar, Francois, The Regulation of Interactive Television in the United States and the European Union, 55 Federal Communications Law Journal 61-84 (2002).

Gandal, Neil, Hedonic price indexes for spreadsheets and an empirical test for network externalities, 25 RAND Journal of Economics 160-170 (1994).

GAO, National Survey of Cable Television Rates and Services, GAO/RCED, 1989.

Garcin, William/Hepp, Francois/Möhring, Philipp, Handels- und Wirtschaftsrecht der Länder des Gemeinsamen Marktes, Bd. 1, Loseblatt, Frankfurt am Main 1963.

Garten, Gregor N., Die Failing Company Defense im europäischen Recht, Frankfurt am Main u.a. 2004.

Gates, Arlan, Convergence and Competition: Technological Change, Industry Concentration and Competition Policy in the Telecommunications Sector, 58 University of Toronto Faculty of Law Review 83-120 (2000).

Geberth, Rolf/Janicki, Thomas, Kartellrecht zwischen Kontinuität und Anpassung, WuW 1987, S. 447-463.

Gellhorn, Ernest/Kovacic, William/Calkins, Stephen, Antitrust Law and Economics in a Nutshell, 5th ed., St. Paul 2004.

Geppert, Martin, in: Büchner, Wolfgang/Bönsch, Georg, Beck'scher TKG-Kommentar, 2. Auflage, München 2000.

Geradin, Damien, Access to Content by new Media Platforms: A Review of the Competition Law Problems, European Law Review 68-94 (2005).

Gerhart, Peter M., The Federal Supreme Court and Antitrust Analysis: the (Near) Triumph of the Chicago School, The Supreme Court Review 319 (1982).

Geroski, Paul, Innovation, Technological Opportunity, and Market Structure, 42 Oxford Economic Papers 586-602 (1990).

Geroski, Paul/Jacquemin, Alexis, Dominant Forms and their Alleged Decline, 2 International Journal of Industrial Organization 1-9 (1984).

Gerpott, Torsten J., Wettbewerbsstrategien im Telekommunikationsmarkt, 3. Auflage, Stuttgart 1998.

Gersdorf, Hubertus, Die dienende Funktion der Telekommunikationsfreiheiten - Zum Verhältnis von Telekommunikations- und Rundfunkordnung, AfP 1997, S. 424-429.

ders., Kabeleinspeisung von Programmbouquets, Zugang digitaler Programmbouquets des öffentlich-rechtlichen Rundfunks zum breitbandigen Kommunikationsnetz, Vistascript Band 15, Berlin 2000.

ders., Regulierung des Zugangs zu Kabelnetzen im Zeichen der Konvergenz von Netz und Nutzung, Rechtsgutachten im Auftrag der Gemeinsamen Stelle Digitaler Zugang der Direktorenkonferenz der Landesmedienanstalten, Berlin 2002.

Gerstner, Stephan, Preiskontrolle beim Infrastrukturzugang, WuW 2002, S. 131-141.

Gewessler, Roland, Das neue US-Telekommunikationsgesetz, CR 1996, S. 626-632.

Gey, Peter, Das Berufungsurteil in Sachen Microsoft – Kartellrecht in dynamischen Technologiemärkten, WuW 2001, S. 933-944.

ders., Potentieller Wettbewerb und Marktbeherrschung, Hamburg 2004.

Ghemawat, Pankaj, Building Strategy on the Experience Curve, 63 Harvard Business Review 143-149 (1985).

Gilbert, Richard J./Sunshine, Stephen C., Incorporating Dynamic Efficiency Concerns in Merger Analysis: the Use of Innovation Markets, 63 Antitrust Law Journal 569-602 (1995).

Gleiss, Alfred/Hirsch, Martin, in: Gleiss, Alfred/Burkert, Thomas O.J., Kommentar zum EG-Kartellrecht, Bd. 1: Art. 85 und Gruppenfreistellungsverordnungen, 4. Auflage, Heidelberg 1993.

Glick, Mark A./Mangum, David G./Etcheverry, Raymond J., Mergers in Western Coal Markets: Conforming Antitrust Analysis to the New Reality, 99 West Virginia Law Review 595-616 (1997).

Gliem, Barbara, Die Gruppenfreistellungsverordnungen im aktuellen und kommenden EG-Kartellrecht, Hamburg 2003.

Goldman, Calvin S./Gotts, Knable/Piaskoski, Michael E., The Role of Efficiencies in Merger Review, 56 Federal Communications Law Journal 87-153 (2003).

Gotts, Knable/Goldman, Calvin S., The Role of Efficiencies in M&A Global Antitrust Review: Still in Flux?, in: Hawk, Barry E., Fordham Corporate Law Institute 29th Annual Conference on International Antitrust Law and Policy Proceedings, New York 2002.

Gounalakis, Georgios, Konvergenz der Medien – Sollte das Recht der Medien harmonisiert werden?, München 2002.

Gounalakis, Georgios/Mand, Elmar, Kabelweiterleitung und urheberrechtliche Vergütung, München 2003.

Graf, Hans G., „Muster-Voraussagen" und Erklärungen des Prinzips bei F.A. von Hayek – Eine methodologische Analyse, Tübingen 1978.

Gramlich, Ludwig, in: Heun, Sven-Erik, Handbuch zum Telekommunikationsrecht, Köln 2002.

Grimes, Warren S., Die Federal Trade Kommission – Ihre Rolle als Verwaltungsbehörde bei der Bekämpfung unlauterer Wettbewerbspraktiken in den Vereinigten Staaten von Amerika, GRURInt 1973, S. 643-651.

Grimm, Andrea, Motive konglomerater Zusammenschlüsse, Göttingen u.a. 1987.

Groebel, Annegret, European Regulators Group (ERG), MMR 12/2002, S. XV-XVII.

Groger, Thomas/Janicki, Thomas, Weiterentwicklung des Europäischen Wettbewerbsrechts, WuW 1992, S. 991-1005.

Grüter, Hans, Unternehmensakquisitionen – Bausteine eines Integrationsmanagements, Zürich 1990.

Gudera, Lydia, Fernsehkabelnetze zwischen Wettbewerb und Regulierung, Baden-Baden 2004.

Günther, Eberhard, Die geistigen Grundlagen des sogennaten Josten-Entwurfs, in: Sauermann, Heinz/Mestmäcker, Ernst-Joachim, Wirtschaftsordnung und Staatsverfassung, Festschrift für Franz Böhm zum 80. Geburtstag, Tübingen 1975.

Gupta, Sachin/Jain, Dipak C./Sawhney, Mohanbir S., Modeling the Evolution of Markets with Indirect Network Externalities: An Application to Digital Television, 18 Market Science 396-416 (1999).

Hacker, Franz, Methodenlehre und Gewerblicher Rechtsschutz – dargestellt am Beispiel der markenrechtlichen Verwechslungsgefahr, GRUR 2004, 537-548.

Hammer, Peter J., Antitrust Beyond Competition: Market Failures, Total Welfare, and the Challenge of Intramarket Second-Best Tradeoffs, 98 Michigan Law Review 849-925 (2000).

Hammond, Allan S., Regulating the Multi-Media Chimera: Electronic Speech Rights in the Era of Media Convergence, 21 Rutgers Computer and Technology Law Journal 1 (1995).

ders., Universal Access to Infrastructure and Information, 45 DePaul University Law Review 1067 (1996).

Hansen, Hugh C., Robinson-Patman Law: A Review and Analysis, 51 Fordham Law Review 1113-1188 (1983).

Harberger, Arnold C., Monopoly and Resource Allocation, 44 American Economic Review 73-87 (1954).

Harris, Robert, Divestiture and Regulatory Policies, 14 Telecommunication Policy 105-124 (1990).

ders., R&D Expenditures by the Bell Operating Companies: A Comparative Assessment, 23rd Annual Conference of Institute of Public Utilities, in: Regulatory Responses to Continuously Changing Industry Structures, MSU Public Utility Papers, Institute of Public Utilities, East Lansing, Michigan 245-256 (1993).

Harris, Robert G./Kraft, Jeffrey, Meddling Through: Regulating Local Telephone Competition in the United States, 11 The Journal of Economic Perspectives 93-112 (1997).

Hartstein, Reinhard/Ring, Wolf-Dieter/Kreile, Johannes/Dörr, Dieter/Stettner, Rupert, Kommentar zum Rundfunkstaatsvertrag, Loseblatt, München u.a. 2003.

Haucap, Justus/Heimeshoff, Ulrich, Open Access als Prinzip der Wettbewerbspolitik: Diskriminierungsgefahr und regulatorischer Eingriffsbedarf, in: Hartwig, Karl-Hans/Knorr, Andreas, Neuere Entwicklungen in der Infrastrukturpolitik, Göttingen 2005.

Haucap, Justus/Kruse, Jörn, Ex-Ante-Regulierung oder Ex-Post-Aufsicht für netzgebundene Industrien?, WuW 2004, S. 266-275.

Haupt, Reinhard, Lean Production: Von der kranken zur schlanken Produktion, Baden-Baden 1994.

Hay, George A., Facilitating Practices: The Ethyl Case, in: *Kwoka, John E./White, Lawrence J.*, The Antitrust Revolution: Economics, Competition, and Policy, 4th ed., New York 2003.

Hay, George A./Werden, Gregory J., Horizontal Mergers: Law, Policy, and Economics, 83 American Economic Review 173-177 (1993).

Hay, Peter, US-amerikanisches Recht, 3. Auflage, München u.a. 2005.

Hayes, John B./Jayaratne, Jith/Katz, Michael, An Empirical Analysis of the Footprint Effects of Mergers Between Large ILEC, abrufbar unter: <http://www.fcc.org>.

Hazlett, Thomas W., Cable TV Reregulation: The Episodes You Didn't See on C-SPAN, Regulation, 2001, abrufbar unter: <http://www.cato.org/pubs/regulation/reg16n2d.html>.

ders., Station Brakes: The Government's Campaign Against Cable Television, Reason 02/1995, S. 41-47.

Hazlett, Thomas W./Ford, George S., The Fallacy of Regulatory Symmetry: An Economic Analysis of the "Level Playing Field" in Cable TV Franchising Statutes, 3 Business and Politics 21-46 (2001).

Hazlett, Thomas W./Spitzer, Matthew, How Cable TV Rate Controls Backfired, 81 Consumer's Research Magazine 15 (1998).

Hefekäuser, Hans-Willi, Ausgliederung des Breitbandkabelgeschäfts der Deutschen Telekom, MMR Aktuell 4/1999, S. VI.

ders., Feststellung fehlender Marktbeherrschung in konkreten Märkten, MMR 09/2000, S. IX-X.

ders., Mehr Markt – Weniger Staat, MMR 1998, S. XI.

ders., Telekommunikationsmärkte zwischen Regulierung und Wettbewerb, MMR Beilage 03/1999, S. 144-153.

ders., Wettbewerbliche Auswirkungen des Liberty Media Verfahrens, MMR 5/2002, S. V-VI.

Heineke, Thomas, Entlastungsgründe in der europäischen und US-amerikanischen Zusammenschlusskontrolle, Baden-Baden 2004.

Grimm, Andrea, Motive konglomerater Zusammenschlüsse, Göttingen u.a. 1987.

Heinemann, Andreas, GWB und Europäisches Kartellrecht – Gemeinschaftskommentar, GRURInt 2003, S. 284-288.

Heinen, Ewald, Konzentration und Kosten, in: Arndt, Helmut, Die Konzentration in der Wirtschaft, 2. Auflage, Tübingen 1976.

Heithecker, Jan, Wettbewerbssicherung in der europäischen Fusionskontrolle durch Zusagen, Berlin 2002.

Heitzig Consult, Marktstudie, Die Revitalisierung der Kabelnetze, in Zusammenarbeit mit dem Fachverband für Rundfunk- und Kabelempfangsanlagen (FRK), 2002.

Henderson, Gerard C., The Federal Trade Commission: A Study in Administrative Law and Procedure, New Haven 1924.

Henn, Harry G./Alexander, John R., The Law of Corporations, 3rd ed., Boston 1983.

Hennart, Jean-Francois, Why Most Transactions Are a Mix of "Market" and "Hierarchy", 4 Organization Science 529-547 (1993).

Herdzina, Klaus, in: Andreae, Clemens A., Wettbewerb als Herausforderung und Chance. Festschrift für Werner Benisch, Köln u.a. 1989.

ders., Wettbewerbspolitik, 5. Auflage, Stuttgart 1999.

Herfarth, Christoph, Nebenbestimmungen zu fusionsrechtlichen Freigabeentscheidungen in der Praxis des Bundeskartellamts,, WuW 2004, S. 584-594.

Hermes, Rolf, Breitbandverkabelung in Kooperation mit „beliehenen Unternehmern"?, BB 1984, S. 96-104.

Hermes, Georg, Staatliche Infrastrukturverantwortung: rechtliche Grundstrukturen netzgebundener Transport- und Übertragungssysteme zwischen Daseinsvorsorge und Wettbewerbsregulierung am Beispiel der leitungsgebundenen Energieversorgung in Europa, Tübingen 1998.

Hesse, Albrecht, Rundfunkrecht, München 2003.

Heuss, Ernst, Wettbewerb, in: Albers, Willi, Handwörterbuch der Wirtschaftswissenschaften, Bd. 8 – Die Terminmärkte bis Wirtschaft der DDR, Stuttgart 1988.

Heuss, Ernst/Mestmäcker, Ernst-Joachim, Wettbewerb als Aufgabe. Nach zehn Jahren Gesetz gegen Wettbewerbsbeschränkungen, Bad Homburg 1968.

Higgins, Sean, FCC Re-Reg Savings Average is 8 Percent, Multichannel News, 18.07.1994, S. 1-48.

Hildebrand, Doris, Der „more economic approach" in der Wettbewerbspolitik, WuW 2005, S. 513-520.

dies., The Role of Economic Analysis in the EC Competition Rules, 2nd ed., The Hague 2002.

Hillig, Hans-Peter, Die Weiterübertragung von Fernsehprogrammen in Breitbandkabelnetzen, AfP 2001, S. 31-33.

Hirsbrunner, Simon, Entwicklungen der Europäischen Fusionskontrolle im Jahr 2005, EuZW 2005, S. 711-716.

ders., Neue Entwicklungen der EG-Fusionskontrolle im Jahre 2001, EuZW 2002, S. 453-460.

ders., Neue Entwicklungen der Europäischen Fusionskontrolle, EuZW 2003, S. 709-712.

Hitzler, Gerard, Systeme der Fusionskontrolle: Ein Vergleich der Fusionskontrolle nach französischem und europäischem Recht mit der Fusionskontrolle nach dem Gesetz gegen Wettbewerbsbeschränkungen, München u.a. 1979.

Hobbs, Robert B., Cable TV's "Must Carry" Rules: The Most Restrictive Alternative – Quincy Cable TV, Inc. v. FCC, 8 Campbell Law Review 339 (1986).

Hoeren, Thomas, Suchmaschinen, Navigationssysteme und das Wettbewerbsrecht, MMR 1999, S. 649-652.

Hofmann, Klaus, Merger & Akquisitionen: Ein nachhaltiger Weg für die globale Expansion im Telekommunikationsmarkt, in: Picot, Arnold/Doeblin, Stefan, Telekommunikation und Kapitalmarkt, Wiesbaden 2003.

ders., Mobilfunk: Notwendigkeit von Fusionen im Telekommunikationsbereich, in: Oberender, Peter, Megafusionen: Motive, Erfahrungen und wettbewerbspolitische Probleme, Berlin 2002.

Hoffmann-Riem, Wolfgang, Kommerzielles Fernsehen, Baden-Baden 1981.

ders., Öffentliches Wirtschaftsrecht der Kommunikation und der Medien, in: Schmidt, Reiner, Handbuch des öffentlichen Wirtschaftsrechts, 2. Auflage, Berlin 2006.

ders., Regulating Media, The Licensing and Supervision of Broadcasting in Six Countries, New York u.a. 1996.

Hoffmann-Riem, Wolfgang/Schulz, Wolfgang/Held, Thorsten, Konvergenz und Regulierung: Optionen für rechtliche Regelungen und Aufsichtsstrukturen im Bereich Information, Kommunikation und Medien, Baden-Baden 2000.

Hoffmann-Riem, Wolfgang/Wieddekind, Dirk, Frequenzplanung auf der Suche nach Planungsrecht, in: Rengeling, Hans-Werner, Festschrift für Werner Hoppe zum 70. Geburtstag, München 2000.

Hohmann, Holger, Die essential facility doctrine im Recht der Wettbewerbsbeschränkungen, Baden-Baden 2001.

Holznagel, Bernd, Konvergenz der Medien – Konvergenz des Rechts?, NJW 2002, S. 2351-2356.

Holznagel, Bernd/Bonnekoh, Mareike, Auswirkungen der TK-Regulierung auf die Internetmärkte dargestellt am Beispiel von Voice over IP, Arbeitsbericht Nr. 31 des Kompetenzzentrums Internetökonomie und Hybridität, Münster 2005.

Holznagel, Bernd/Rosengarten, Volker, Der Zugang zu Premium-Inhalten insbesondere für Multimedia-Anbieter, Arbeitsbericht Nr. 27 des Kompetenzzentrums Internetökonomie und Hybridität, Münster 2005.

Holznagel, Bernd/Enaux, Christoph/Nienhaus, Christian, Grundzüge des Telekommunikationsrechts, München 2001.

Hönn, Günther, Wettbewerbsregeln und Wirksamkeit eines leistungsgerechten Wettbewerbs, GRUR 1977, S. 141-147.

Hoppmann, Erich, Die Abgrenzung des relevanten Marktes im Rahmen der Missbrauchsaufsicht über marktbeherrschende Unternehmen: dargestellt am Beispiel der Praxis des Bundeskartellamtes bei Arzneimitteln, Baden-Baden 1974.

ders., Erich, Wirtschaftsordnung und Wettbewerb, Baden-Baden 1988.

ders., Zum Problem einer wirtschaftspolitisch praktikablen Definition des Wettbewerbs, in: Schneider, Hans K., Grundlagen der Wettbewerbspolitik, Berlin 1968.

ders., Zur ökonomischen Begründung von Ausnahmebereichen, JNSt 1973, S. 161

Hoppmann, Erich/Mestmäcker, Ernst-Joachim, Normenzwecke und Systemfunktionen im Recht der Wettbewerbsbeschränkungen, Tübingen 1974.

Horn, Manfred/Knieps, Günter/Müller, Jürgen, Deregulierungsmaßnahmen in den USA: Schlussfolgerungen für die Bundesrepublik Deutschland, Baden-Baden 1988.

Hovenkamp, Herbert, Distributive Justice and the Antitrust Laws, 51 George Washington Law Review 16-26 (1982).

ders., Enterprise and American Law, 1836–1937, Cambridge 1991.

ders., Federal Antitrust Policy: The Law of Competition and Its Practice, 3rd ed., St. Paul 2005.

Hu, Jim, America Online confirms end of AOLTV, CNET.news.com, vom 18.02.2003, abrufbar unter: <http://www.news.com.com>.

Huber, Andrea/v. Mayerhofen, Martina, „Review 1999" der EU-Kommission - Beibehaltung des status quo oder echte Reform des europäischen Regelwerks für den TK-Sektor?, MMR 1999, S. 593-596.

Hunter, Alex, Notes on Countervailing Power, 68 Economic Journal 89-103 (1958).

Husch, Gertrud/Kemmler, Anne/Ohlenburg, Anna, Die Umsetzung des EU-Rechtsrahmens für elektronische Kommunikation: Ein erster Überblick, MMR 2003, S. 139-148.

Immenga, Ulrich, Anmerkung zu BGH 23.02.1988 KZR 17/86 „Sonderungsverfahren", GRUR 1989, S. 142-147.

ders., Auslegung des Marktbeherrschungsbegriffs im TKG, MMR 2000, S. 141-145.

ders., Grenzen der Regulierung von Endkundenentgelten nach Öffnung der Telekommunikationsmärkte, WuW 1999, S. 949-961.

ders., in: ders./Mestmäcker, Ernst-Joachim, GWB-Kommentar, 3. Auflage, München 2001.

ders., Relevante Märkte und Marktbeherrschung in der Regulierungspraxis, MMR 2000, S. 196-201.

ders., Schwerpunkte der Vierten Novelle zum Gesetz gegen Wettbewerbsbeschränkungen, NJW 1980, S. 1417-1423.

ders., Wettbewerbspolitik contra Industriepolitik nach Maastricht, EuZW 1994, S. 14-18.

ders., Zur Feststellung des relevanten Marktes bei Auswirkung von Nachfragemacht auf einen Drittmarkt, GRUR 1989, S. 146-147.

Immenga, Ulrich/Kirchner, Christian, Zur Neugestaltung des deutschen Telekommunikationsrechts, TKMR 2002, S. 340-355.

Immenga, Ulrich/Mestmäcker, Ernst-Joachim, EG-Wettbewerbsrecht, Bd. 1 und 2, 3. Auflage, München 1997/1998.

dies., GWB-Kommentar, 3. Auflage, München 2001.

Immenga, Ulrich/Stopper, Martin, Impulsgeber „Baby Food Merger": Die Berücksichtigung des Effizienzgedankens im US-amerikanischen und europäischen Fusionskontrollrecht, RIW 2001, S. 512-518.

Irion, Kristina/Schirmbacher, Martin, Netzzugang und Rundfunkgewährleistung im deutschen Breitbandkabelnetz, CR 2002, S. 61-68.

Jacob, Martin, Rechtsfragen der Beteiligung von Privaten an der Breitbandverkabelung, RdE 1984, S. 146-149.

Jaeger, Wolfgang, Die möglichen Auswirkungen einer Reform des EG-Wettbewerbsrechts für die nationalen Gerichte, WuW 2000, S. 1062-1074.

Jaffe, Adam B., Technological Opportunity and Spillovers of R&D: Evidence from Firms' Patents, Profits, and Market Value, 76 American Economic Review 984-1001 (1986).

Jansen, Bernhard, Die Anwendung der Wettbewerbsregeln auf das Monopol nationaler Fernmeldedienste für Telekommunikations-Endgeräte, NJW 1991, S. 3062-3065.

Jarass, Hans D., in: ders./Pieroth, Bodo, Grundgesetz für die Bundesrepublik Deutschland: Kommentar, 8. Auflage, München 2006.

Johnson, Leland L., Technological Advance and Market Structure in Domestic Telecommunications, 60 American Economic Review 204-208 (1970).

ders., Toward Competition in Cable Television, Cambridge 1998.

Jones, Brice J., The Brown Shoe Case and the New Antimerger Policy: Comment, 54 American Economic Review 407-412 (1964).

dies., The Legality of Monopolist's Efforts to Increase Sales in Related Markets, ABA Section of Antitrust Law, Spring Meeting, April 09, 1997.

Jones, Alison/Sufrin, Brenda, EC Competition Law – Text, Cases and Materials, 2nd. ed., Oxford 2004.

Jorde, Thomas M., Market Definition in the Merger Guidelines: Implications for Antitrust Enforcement, 71 California Law Review 464 (1983).

Joskow, Paul L., Asset Specifity and the Structure of Vertical Relationships: Empirical Evidence, 4 Journal of Law, Economics and Organization 95-117 (1988).

ders., Transaction Cost Economies, Antitrust Rules, and Remedies, 18 Journal of Law, Economics and Organization 95-115 (2002).

ders., The Role of Transaction Cost Economics in Antitrust and Public Utility Regulatory Policies, 7 The Journal of Law, Economics and Organization 53-83 (1991).

Junghanns, Volker, Preis-Kosten-Scheren in der Telekommunikation, WuW 2002, S. 567-576.

Jüngling, Alexander, Vom Fernsehkabel- und Full-Service-Netz, Baden-Baden 2002.

Just, Richard E./Chern, Wen S., Tomatoes, Technology and Oligopsony, 11 Bell Journal of Economics 584-602 (1980).

Kahn, Alfred E., The Economics of Regulation, Vol. II, S. 123.

ders., The Economics of Regulations Principles and Institutions, Cambridge 1989.

Kairo, Janne/Paulweber, Michael, High Technology Industries, Private Restraints on Innovation, and EU Antitrust Law: The European Approach to Market Analysis of R&D Competition – Part I, RTkom 2001, S. 13-28.

dies., High Technology Industries, Private Restraints on Innovation, and EU Antitrust Law: The European Approach to Market Analysis of R&D Competition– Part II, RTkom 2001, S. 68-78.

Kallfass, Hermann H., Die Chicago School – Eine Skizze des "Neuen" amerikanischen Ansatzes für die Wettbewerbspolitik, WuW 1980, S. 597-605.

Kallmayer, Axel/Haupt, Heiko, Die Urteile des EuG zum Fernwärmerohrkartell – Die Bußgeldleitlinien der Kommission auf dem Prüfstand, EuZW 2002, S. 677-682.

Kamien, Morton I./Schwartz, Nancy L., Market Structure and Innovation, Cambridge 1982.

Kandutsch, Carl E., Brand X Decision: Questions and Opportunities – How will small providers of voice and data services compete without a network?, Broadband Properties, 8/2005.

Kanter, Rosabeth Moss, Bis zum Horizont und weiter: Management in neuen Dimensionen, München 1998.

Kantzenbach, Erhard/Krüger, Reinald, Zur Frage der richtigen Abgrenzung des sachlich relevanten Marktes bei der wettbewerbspolitischen Beurteilung von Unternehmenszusammenschlüssen, WuW 1990, 472-494.

Kantzenbach, Erhard/Kruse, Jörn, Kollektive Marktbeherrschung, Göttingen 1989.

Kaplow, Louis, Extension of Monopoly Through Leverage, 85 Columbia Law Review 515-554 (1985).

Kapp, Thomas/Meßmer, Stefan E., Reform der EU-Fusionskontrolle: Herrscht nun unbeschränkte Willkür in Brüssel?, EuZW 2005, S. 161-162.

Kappes, Nebenbestimmungen im Fusionskontrollrecht des GWB, Berlin 2002.

Karaca-Mandic, Pinar, Network Effects in Technology Adoption: The Case of DVD Player, Working Paper No. 4, University of California, Berkeley 2004.

Karpel, Amy A., The European Commission's Decision on the Boeing-McDonnell Douglas Merger and the Need for Greater U.S.-EU Cooperation in the Merger Field, 47 American University Law Review 1029 (1998).

Kartte, Wolfgang/Holtschneider, Rainer, Konzeptionelle Ansätze und Anwendungsprinzipien im Gesetz gegen Wettbewerbsbeschränkungen, in: Cox, Helmut/Jens, Uwe/Markert, Kurt, Handbuch des Wettbewerbs, München 1981.

Kattan, Joseph, Efficiencies and Merger Analysis: A Response, 62 Antitrust Law Journal 513-535 (1994).

Katz, Michael L./Shapiro, Carl, Network Externalities, Competition, and Compatibility, 75 American Economic Review 424-440 (1985).

dies., Systems Competition and Network Effects, 8 Journal of Economic Perspectives 93-115 (1994).

dies., Technology Adoption in the Presence of Network Externalities, 94 Journal of Political Economy 822-841 (1986).

Katz, Michael L./Shelanski, Howard A., Merger Policy and Innovation: Must Enforcement Change to Account for Technological Change?, 5 NBER Innovation Policy and the New Economy 109-165 (2005).

Katzschmann, Tobias, Die Änderungen am neuen TKG durch den Vermittlungsausschuss, IR 2004, S. 176-178.

Kaysen, Carl/Turner, Donald F., Antitrust Policy: An Economic and Legal Analysis, Cambridge 1959.

Keden, Martin, Der Zusammenschlussfall GE/Honeywell, Hamburg 2005.

Kellermann, Alfred, in: Immenga, Ulrich/Mestmäcker, Ernst-Joachim, GWB-Kommentar, 3. Auflage, München 2001.

Kellogg, Michael K./Thorne, John/Huber, Peter W., Federal Telecommunications Law, 2nd ed., Boston 1999.

Kende, Michael, The Digital Handshake: Connecting Internet Backbones, FCC Office of Plans and Policy, OPP Working Paper No. 32.

Kerber, Wolfgang, Die Europäische Fusionskontrollpraxis und die Wettbewerbskonzeption der EG. Zwei Analysen zur Entwicklung des europäischen Wettbewerbsrechts, Bayreuth 1994.

ders., Europäische Fusionskontrolle: Entwicklungslinien und Perspektiven, in: Oberender, Peter, Megafusionen: Motive, Erfahrungen und wettbewerbspolitische Probleme, Berlin 2002.

Kern, Peter, Das Recht der Unternehmenszusammenschlüsse in der Montanunion, Berlin u.a. 1955.

Keyte, James A./Stoll, Neal R., Markets? We don't need no stinking markets! The FTC and Market Definition, 49 Antitrust Bulletin 593-632 (2004).

Kibele, Babette, Zugangsfreiheit zu digitalen Diensten, MMR 2002, S. 370-376.

Kiddoo, Jean L./Hansel, Anthony A., The Aftermath of the 1996 Telecommunications Act: A Survey of the Laborious Road to Effective Local Exchange Competition – The Competitive Perspective, 544 PLI/Patent Bar Review 117 (1998).

Kiessling, Thomas, Optimale Marktstrukturregulierung in der Telekommunikation – Lehren aus den USA und anderen Ländern für die EU, Baden-Baden 1998.

Kim, H. Youn, Economies of Scale in Multi-product Firms: An Empirical Analysis, 54 Economica 185-206 (1985).

Kincade, Kathy, Internet growth slow in USA, Europe, 40 Laser Focus World 55 (2004).

Kinne, Konstanze, Effizienzvorteile in der Zusammenschlusskontrolle, Baden-Baden 2000.

Kirchgässner, Gebhard, Führt der homo oeconomicus das Recht in die Irre? – Zur Kritik an der ökonomischen Analyse des Rechts, JZ 1991, S. 104-111.

Kirchhof, Ferdinand, Private Breitbandkabelanlagen und Postmonopol, DVBl. 1984, S. 657-663.

Kirchner, Hildebert/Butz, Cornelie, Abkürzungsverzeichnis der Rechtssprache, 5. Auflage, Berlin 2003.

Kitch, Edmund W., The Fire of Truth: A Remembrance of Law and Economics at Chicago, 1932-1970, 26 Journal of Law and Economics 163-233 (1983).

Klaue, Siegfried/Schwintowski, Hans-Peter, Marktabgrenzung und Marktbeherrschung im Telekommunikationssektor, Baden-Baden 2001.

Klein, Benjamin, Vertical Integration as Organization Ownership, 4 Journal of Law, Economics and Organization 199-213 (1988).

Kleinmann, Werner/Bechtold, Rainer, Kommentar zur Fusionskontrolle, 3. Auflage, Frankfurt am Main 2005.

Klemperer, Paul, Competition when Consumers have Switching Costs, 62 Review of Economic Studies 515-539 (1995).

ders., Markets with Consumer Switching Costs, 102 Quarterly Journal of Economics 375-394 (1987).

ders., The competitiveness of markets with switching costs, 18 RAND Journal of Economics 138-150 (1987).

ders., Welfare Effects of Entry into Markets with Switching Costs, 37 Journal of Industrial Economics 159-165 (1988).

ders., What Really Matters in Auction Design, 16 Journal of Economic Perspectives 169-189 (2002).

Klimisch, Annette/Lange, Markus, Zugang zu Netzen und anderen wesentlichen Einrichtungen als Bestandteil der kartellrechtlichen Missbrauchsaufsicht, WuW 1998, S. 15-26.

Klotz, Robert, Bericht aus Brüssel: Zugangsentgelte in der Netzwirtschaft, N&R 2004, S. 42-43.

ders., Die Beurteilung des Regierungsentwurfs zum TKG aus Brüsseler Sicht, TKMR Tagungsband 2004.

ders., Die neuen EU-Richtlinien über elektronische Kommunikation: Annäherung der sektorspezifischen Regulierung an das allgemeine Kartellrecht, K&R-Beilage 1/2003, S. 3.

ders., Wettbewerb in der Telekommunikation: Brauchen wird die ex-ante-Regulierung noch?, ZWeR 2003, S. 283-316.

Knauth, Peter/Krüger, Frank, Grundlegende Neuerungen des TKG-Regierungsentwurfs, K&R Beilage 1/2004, S. 3-8.

Knieps, Günter, Competition in Telecommunications and Internet Services: A Dynamic Perspective, in: Barfield, Claude E./Heiduk, Günter/Welfens, Paul J.J., Internet, Economic Growth and Globalization, Duisburg 2001.

ders., Costing und Pricing auf liberalisierten Telekommunikationsmärkten, MMR Beilage 3/1999, S. 18-21.

ders., Der disaggregierte Regulierungsansatz der Netzökonomie, in: ders./Brunekreeft, Gert, Zwischen Regulierung und Wettbewerb – Netzsektoren in Deutschland, Heidelberg 2003.

ders., Netzökonomie – Ein disaggregierter Ansatz, in: Zippel, Wulfdiether, Transeuropäische Netze, Baden-Baden 1996.

ders., Phasing out Sector-Specific Regulation in Competitive Telecommunications, 50 Kyklos 325-339 (1997).

ders., Preisregulierung auf liberalisierten Telekommunikationsmärkten, Diskussionsbeitrag Nr. 89, Freiburg 2002.

ders., Rückführung sektorspezifischer Regulierung auf dem deutschen TK-Markt – Die verpasste Chance des Sondergutachtens der Monopolkommission, MMR 2000, S. 266-269.

ders., Rückführung sektorspezifischer Regulierung auf dem deutschen Telekommunikationsmarkt – Die verpasste Chance der Monopolkommission, Diskussionspapier Nr. 66, Freiburg 2000.

ders., Telekommunikationsmärkte zwischen Regulierung und Wettbewerb , in: Nutzinger, Hans G., Regulierung, Wettbewerb und Marktwirtschaft, Festschrift für Carl Christian von Weizsäcker, Göttingen 2003.

ders., The Concept of Open Network Provision in Large Technical Systems, in: EURAS Yearbook of Standardization, Vol. 1, München 1997.

ders., Theorie der Regulierung und Entgeltregulierung, in: *Horn, Manfred/ders./Müller, Jürgen*, Deregulierungsmaßnahmen in den USA: Schlussfolgerungen für die Bundesrepublik Deutschland, Baden-Baden 1988.

ders., Versteigerungen und Ausschreibungen in Netzsektoren: Ein disaggregierter Ansatz, Diskussionsbeitrag Nr. 92, Freiburg 2003.

ders., Von der Theorie angreifbarer Märkte zur Theorie monopolistischer Bottlenecks, Diskussionsbeitrag Nr. 103, Freiburg 2004.

ders., Wettbewerb auf dem Mobilfunkmarkt, MMR Beilage 2/2000, S. 1-15.

ders., Wettbewerb in Netzen: Reformpotentiale in den Sektoren Eisenbahn und Luftverkehr, Tübingen 1996.

ders., Wettbewerbsökonomie: Regulierungstheorie, Industrieökonomie, Wettbewerbspolitik, 2. Auflage, Berlin u.a. 2005.

ders., Zugang zu Netzen – Verselbständigung, Nutzung, Vergütung, Eigentumsschutz, MMR 1998, S. 275-280.

ders., Zur Regulierung monopolistischer Bottlenecks, Diskussionsbeitrag Nr. 62, Freiburg 1999.

Knieps, Günter/Brunekreeft, Gert, Zwischen Regulierung und Wettbewerb – Netzsektoren in Deutschland, 2. Auflage, Heidelberg 2003.

Knieps, Günter/Müller, Jürgen/v. Weizsäcker, Carl C., Die Rolle des Wettbewerbs im Fernmeldebereich, Baden-Baden 1981.

Knieps, Günter/Vogelsang, Ingo, The sustainability concept under alternative behavioral assumptions, 13 The Bell Journal of Economics 234-241 (1983).

Knight, Frank H., Risk, Uncertainty and Profit, Boston 1921.

Knöpfle, Robert, Ist die Frage nach der Gewinnhöhe bei der Missbrauchsaufsicht über marktbeherrschende Unternehmen mit einem freiheitlichen Wirtschaftssystem vereinbar?, BB 1979, S. 1101-1102.

ders., Ist es für die Beurteilung, ob ein Unternehmen eine marktbeherrschende Stellung hat, notwendig, den relevanten Markt zu bestimmen?, DB 1990, S. 1385-1393.

ders., Zulässigkeit und Eignung des Maßstabes des Als-ob-Wettbewerbs für die Missbrauchsaufsicht über Versorgungsunternehmen, Frankfurt am Main 1975.

Knöpfle, Robert/Leo, Hans-Christoph, in: Müller-Henneberg, Hans/Schwartz, Gustav/Hootz, Christian, Gemeinschaftskommentar zum GWB, 5. völlig neu bearbeitete Auflage, Köln u.a. 1999.

Koch, Norbert, Das Verhältnis der Kartellvorschriften des EWG-Vertrages zum GWB, BB 1959, 241-248.

Koch, Hans-Joachim, Verfassungsrechtlicher Bestandsschutz als Grenze der Deregulierung und der umweltpolitischen Steuerung im Bereich der Elektrizitätswirtschaft?, DVBl. 1994 S. 840-844.

Köhler, Helmut/Bornkamm, Joachim, Wettbewerbsrecht: Gesetz gegen den unlauteren Wettbewerb, Preisangabenverordnung, 24. Auflage, München 2006.

Koenig, Christian/Vogelsang, Ingo/Kühling, Jürgen/Loetz, Sascha/Neumann, Andreas, Der Begriff des funktionsfähigen Wettbewerbs im deutschen Telekommunikationsrecht, K&R 2003, S. 6-16.

dies., Funktionsfähiger Wettbewerb auf den Telekommunikationsmärkten: Ökonomische und juristische Perspektiven zum Umfang der Regulierung, Heidelberg 2002.

Koenig, Christian/Kühling, Jürgen, Funktionsfähiger Wettbewerb und Regulierungsperspektiven auf den Telekommunikationsmärkten, WuW 2000, S. 596-610.

Koenig, Christian/Loetz, Sascha, in: Koenig, Christian/Bartosch, Andreas/Braun, Jens-Daniel, EC Competition and Telecommunications Law, Den Haag u.a. 2002.

dies., Infrastruktur- und Dienstwettbewerb im EG-Telekommunikationsrecht, TKMR 2004, S. 132-141.

dies., Rechtsnatur und Inhalt der Zusammenschaltungsanordnung nach § 37 TKG, K&R 1999, S. 298-305.

Koenig, Christian/Loetz, Sascha/Neumann, Andreas, Telekommunikationsrecht, Heidelberg 2004.

Koenig, Christian/Vogelsang, Ingo/Winkler, Marktregulierung im Bereich der Mobilfunkterminierung, K&R Beilage 6/2005, S. 1-31.

Köhnlein, Jan, Sicherheit in verteilten virtuellen Umgebungen, Berlin 2005.

Kolasky, William J., Lessons from Babyfood: The Role of Efficiencies in Merger Review, 16 Antitrust 82-87 (2001).

ders., North Atlantic Competition Policy: Converging Toward What? BIICL Second Annual International and Comparative Law Conference London, England, 17 May 2002, abrufbar unter: <http://www.doj.gov>.

Kolasky, William J./Dick, Andrew R., The Merger Guidelines and the Integration of Efficiencies into Antitrust Review of Horizontal Mergers, 71 Antitrust Law Journal 207-252 (2003).

Koller, Ingo, Der Gleichheitsmaßstab im Diskriminierungsverbot des GWB, Stuttgart 1972.

Kopp, Wolfgang, Der Markt für Übertragungseinrichtungen der Telekommunikation, München 1990.

Koppensteiner, Hans-Georg, Wettbewerbsrecht: Kartellrecht u. unlauterer Wettbewerb, Wien 1981.

Körber, Torsten, Gerichtlicher Rechtsschutz in der europäischen Fusionskontrolle, RIW 1998, S. 910-915.

Korehnke, Stephan, Beurteilung des Regierungsentwurfes eines Telekommunikationsgesetzes aus Sicht der Vodafone D2 GmbH, TKMR Tagungsband, S. 17 ff.

Koski, Heli, Regulation, Competition, and Technological Change in Network Markets, in: Higano, Yoshiro, The Region in the New Economy, Ashgate 2002.

ders., The Installed Base Effect: Some Empirical Evidence from the European Microcomputer Market, 8 Economics of Innovation and New Technology 273 (1999).

Köster, Dieter, Was sind Netzprodukte? – Eigenschaften, Definition und Systematisierung von Netzprodukten, Dicussion Paper FS IV 98-10, Berlin 1998.

Kovacic, William E./Shapiro, Carl, Antitrust Policy: A Century of Economic and Legal Thinking, 14 The Journal of Economic Perspectives 43-60 (2000).

Krasnow, Erwin/Goodman, Jack, The "Public Interest" Standard: The Search for the Holy Grail, 50 Federal Communications Law Journal 606-630 (1998).

Krattenmaker, Thomas G., The Telecommunications Act of 1996, 49 Federal Communications Law Journal 1-49 (1997).

Kreitlow, Torsten/Tautscher, Katja, in: Wissmann, Martin, Telekommunikationsrecht: Praxishandbuch in deutscher und englischer Sprache, Heidelberg 2003.

Kreps, David M., A Course in Microeconomic Theory, Princeton 1990.

Krimphove, Dieter, Europäische Fusionskontrolle, Köln u.a. 1992.

Kronstein, Heinrich, Die Bedeutung der Wettbewerbsregeln im Gesamtrahmen des Montanvertrags und des Vertrages über die Europäische Wirtschaftsgemeinschaft, in: Kartelle und Monopole im modernen Recht, Bd. 1, Karlsruhe 1961.

Krugman, Paul, Peddling Prosperity – Economic Sense and Nonsense in the Age of Diminished Expectations, New York 1994.

Kruse, Jörn, Liberalisierung führt zu Deregulierung – oder nicht?, MMR 2002, S. XXVIII-XXIX.

ders., Ökonomie der Monopolregulierung, Göttingen 1998.

ders., Strategische Markteintrittsbarrieren gegen neue Programmanbieter?, in: *Hoffmann-Riem, Wolfgang*, Rundfunk im Wettbewerbsrecht, Baden-Baden 1988.

ders., Zugang zu Premium Content, Diskussionspapier Nr. 44, Hamburg 2005.

ders., Netzzugang und Wettbewerb bei Briefdiensten, ökonomische Studie im Auftrag des BIEK, WIK-Consult, Bad Honnef 2005.

ders., Regulierung der Verbindungsnetzbetreiberauswahl im Mobilfunk, Diskussionspapier Nr. 116, Hamburg 2002, zugl. MMR 2003, S. 29-35.

ders., Regulierungsbedarf in der deutschen Telekommunikation?, in: Immenga, Ulrich/Kirchner, Christian/Knieps, Günter/ders. (Hrsg.), Telekommunikation im Wettbewerb: Eine ordnungspolitische Konzeption nach erfolgreicher Marktöffnung, München 2001

ders., Vertikale Integration als Wettbewerbsproblem, in: ders./Stockmann, Kurt/Vollmer, Lothar, Wettbewerbspolitik im Spannungsfeld nationaler und internationaler Kartellrechtsordnungen, Baden-Baden 1997.

Kuch, Hansjörg, Das Zuschaueranteilsmodell – Grundlage der Sicherung der Meinungsvielfalt im Fernsehen, ZUM 1997, 12-17.

Kühling, Jürgen, Sektorspezifische Regulierung in den Netzwirtschaften, München 2004.

Kunth, Bernd/Tüngler, Stefan, Die gerichtliche Kontrolle von Gaspreisen, NJW 2005, S. 1313-1315.

Kunz, Martin, Regulierungsregime in Theorie und Praxis, in: Knieps/Brunekreeft, Zwischen Regulierung und Wettbewerb – Netzsektoren in Deutschland, Heidelberg 2003.

Kurth, Matthias, Rolle und Funktion des Resale für den Wettbewerb auf den Telekommunikationsmärkten, MMR 2001, S. 653-659.

ders., Voice over IP – Revolution oder Evolution auf dem TK-Markt?, MMR Beilage 3/2005, S. 4-7.

Kurz, Stefan, Das Verhältnis der EG-Fusionskontrollverordnung zu Artikel 85 und 86 des EWG-Vertrages, Frankfurt am Main u.a. 1993.

Lademann, Rainer, Die Leitbilder des funktionsfähigen und des freien Wettbewerbs, DB 1985, S. 2661-2667.

ders., Erfahrungswissenschaftliche Ansatzpunkte bei der Marktabgrenzung im Kartellverfahren, FIW-Schriftenreihe, Schwerpunkte des Kartellrechts 1999, Bd. 181, Köln u.a. 2000.

ders., Methodologische und erfahrungswissenschaftliche Probleme bei der Abgrenzung des relevanten Marktes, WuW 1988, S. 575-586.

Ladeur, Karl-Heinz, Aktuelle Rechtsfragen der Einspeisung digitaler Fernsehprogramme in Kabelnetze, ZUM 2002, S. 252-261.

ders., Ausschluss von Teilnehmern an Diskussionsforen im Internet – Absicherung von Kommunikationsfreiheit durch „netzwerkgerechtes" Privatrecht, MMR 2001, S. 787-792.

ders., Das Europäische Telekommunikationsrecht im Jahre 2003, K&R 2004, S. 153-160.

ders., Das Europäische Telekommunikationsrecht im Jahre 2005, K&R 2006, S. 197-205.

ders., Der rechtliche Schutz der Fernsehwerbung gegen technische Blockierung durch die „Fernsehfee" - Zur Einwirkung der Rundfunkfreiheit auf das Lauterkeitsrecht, GRUR 2005, S. 559-564.

ders., Die Gewährleistung von Programmvielfalt unter Knappheitsbedingungen im Kabelnetz, DÖV 1997, S. 983-989.

ders., Die Kooperation von europäischem Kartellrecht und mitgliedstaatlichem Rundfunkrecht, WuW 2000, S. 965-975.

ders., Digitalisierung des Kabelnetzes und technische Standards, CR 2005, S. 99-106.

ders., Einspeisung digitaler Fernsehprogramme – Zur Rechtsstellung von Kabelnetzbetreiber und Programmveranstalter, K&R 2001, S. 496-506.

ders., Innovation der Telekommunikation durch Regulierung, in: Hoffmann-Riem, Wolfgang, Innovation und Regulierung, Baden-Baden 2002.

ders., Rechtliche Regulierung von Informationstechnologien und Standardsetzung – Das Beispiel der Set-Top-Box im digitalen Fernsehen, CR 1999, S. 395-404.

ders., Rechtsproblem der Regulierung der Entgelte, der Paketbündelung und der Vertragsgestaltung im digitalen Kabelfernsehen, ZUM 2005, S. 1-9.

ders., Regulierung des Information Superhighway, CR 1996, S. 614-622.

ders., Regulierung nach dem TKG, K&R 1998, S. 479-485.

ders., Zur Notwendigkeit einer flexiblen Abstimmung von Bundes- und Landeskompetenzen auf den Gebieten des Telekommunikations- und des Rundfunkrechts - Das Beispiel des Fernsehsignalübertragungsgesetzes (FÜG) von 1997, ZUM 1998, S. 261-269.

Ladeur, Karl-Heinz/Möllers, Christoph, Der europäische Regulierungsverbund der Telekommunikation im deutschen Verwaltungsrecht, DVBl. 2005, S. 525-535.

Laffont, Jean-Jacques/Tirole, Jean, A Theory of Incentives in Procurement and Regulation, Cambridge 1993.

Lainée, Francois/Boeck, Pedro de/Wilshire, Michael, Internet-Protocol-Services: Vom Backbone zur Peripherie, McKinsey, digital transformation, abrufbar unter: <http://www.digitaltransformation.mckinsey.de/html/perspektiven/ip-services1.php>.

Lampe, Hans-Eckhard, Wettbewerb, Wettbewerbsbeziehungen, Wettbewerbsintensität, Baden-Baden 1979.

Lampert, Thomas, Der Begriff der Marktbeherrschung als geeignetes Kriterium zur Bestimmung der Normadressaten für das sektorspezifische Kartellrecht nach dem TKG?, WuW 1998, S. 27-39.

Lande, Robert H., Wealth Transfers as the Original and Primary Concern of Antitrust: The Efficiency Interpretation Challenged, 34 Hastings Law Journal 65-151 (1982).

Landes, William M., Optimal Sanctions for Antitrust Violations, 50 The University of Chicago Law Review 652-678 (1983).

Landes, William M./Posner, Richard A., Market Power in Antitrust Cases, 94 Harvard Law Review 937-996 (1981).

dies., The Economic Structure of Intellectual Property, Cambridge 2003.

Lang, Eva, Marktlösung oder Staatsintervention – eine falsche Alternative, Der Bürger im Staat 1999, S. 221-225.

Lange, Knut W., Räumliche Marktabgrenzung in der deutschen Fusionskontrolle, BB 1996, S. 1997-2003.

Langen, Eugen/Bunte, Hermann-Josef, Kommentar zum deutschen und europäischen Kartellrecht, 7. Auflage, Neuwied u.a. 1994.

Lathan, Deborah A., Broadband Today, A Staff Report to William E. Kennard, Chairman FCC, Cable Bureau 1999, abrufbar unter: <http://www.fcc.gov/Bureaus/Cable/Reports/broadbandtoday.pdf>.

Laufkötter, Regina, Die Rolle des Dritten im neuen Recht der Zusammenschlusskontrolle, WuW 1999, S. 671-677.

Laurent, Stan, Die Bedeutung von Bitstream-Access für den Privatkundenmarkt aus der Sicht eines Internet-Service-Providers, MMR Beilage 10/2003, S. 26-28.

Layson, Stephen K, Market Opening Under Third-Degree Price Discrimination, 42 Journal of Industrial Economics 335-340 (1994).

Leary, Thomas B., An Inside Look at the Heinz Case, Antitrust 32 (Spring 2002).

LeBlanc, Gilles/Shelanski, Howard, Merger Control and Remedies Policy in Telecommunications Mergers in the E.U. and U.S., Laboratoire des Sciences Économiques de Richter, 2002, Preliminary Draft, August 2002, abrufbar unter: <http://www.sceco.univ-montp1.fr/laser/Conferences/TPRCTelecomMergers.pdf>.

Lee, William E., Cable Franchising and the First Amendment, 36 Vanderbilt Law Review 867-926 (1983).

Lee, Dwight R./McKenzie, Richard B., Technology, Market Changes, and Antitrust Enforcement, Center for the Study of American Business, Policy Study No. 155, St. Louis 2000.

Leib, Volker, ICANN und der Konflikt um die Internet-Ressourcen: Institutionenbindung im Problemfeld Internet Governance zwischen multinationaler Staatstätigkeit und globaler Selbstregulierung, Konstanz 2003.

Leibenath, Christoph, Die Rechtsprobleme der Zusagenpraxis in der europäischen Fusionskontrolle, Baden-Baden 2000.

Leibenstein, Harvey, Allocative Efficiency versus X-Efficiency, 56 American Economic Review 392-415 (1966).

Lemley, Mark A., Antitrust and the Internet Standardization Problem, 28 Connecticut Law Review 1041-1094 (1996).

Lemley, Mark A./McGowan, David, Legal Implications of Network Economic Effects, 86 California Law Review 479-611 (1998).

Lemley, Mark A./O'Brien, Encouraging Software Reuse, 49 Stanford Law Review 255-305 (1997).

Lenel, Hans-Otto, Unternehmensverflechtungen in der EWG, Frankfurt am Main 1972.

Lenz, Carl Otto, Vertrag von Maastricht – Ende demokratischer Staatlichkeit?, NJW 1993, S. 1962-1964.

Leonard, Robert J., Reading Cournot, Reading Nash: The Creation and Stabilisation of the Nash-Equilibrium, 104 The Economic Journal 492-511 (1994).

Levinthal, Daniel, A Survey of Agency Models of Organization, 9 Journal of Economic Behavior and Organization 153-185 (1988).

Levy, David T., The Transaction Cost Approach to Vertical Integration: An Empirical Examination, 67 Review of Economics and Statistics 438-445 (1985).

Lewellen, Wilbur G., A Pure Financial Rationale for the Conglomerate Merger, 26 Journal of Finance 521-537 (1971).

Libertus, Michael, Durchleitung digitaler Rundfunksignale im Breitbandkabelnetz, K&R 1999, 259-264.

Liebowitz, Stanley J./Margolis, Steven E., Network Externality: An Uncommon Tragedy, 8 Journal of Economic Perspectives 133-150 (1994).

dies., Path Dependence, in: Elgar, Edward, Encyclopedia of Law and Economics, Aldershot 2000.

dies., Should Technology Choice Be a Concern of Antitrust Policy?, 9 Harvard Journal of Law and Technology 283-318 (1996).

dies., The Fable of the Keys, 33 Journal of Law and Economics 1-25 (1990).

dies., Winners, Losers & Microsoft, Oakland 2001.

Lin, Y. Joseph, The Dampening-Of-Competition Effect of Exclusive Dealing, 39 The Journal of Industrial Economics 209-223 (1990).

Lipsey, Richard G./Lancaster, Kelvin, The General Theory of Second Best, 63 Review of Economic Studies 11-32 (1956).

Lister, James H., The Rights of Common Carriers and the Decision Whether to be a Common Carrier or a Non-Regulated Communications Provider, 53 Federal Communications Law Journal 91-116 (2000).

Löffler, Heinz F., in: Langen, Eugen/Bunte, Hermann-Josef, Kommentar zum deutschen und europäischen Kartellrecht, 7. Auflage, Neuwied u.a. 1994.

MacAvoy, Paul/Robinson, Kenneth, Winning by Losing: The AT&T Settlement and Its Impact on Telecommunications, 1 Yale Journal on Regulation 1-42 (1983).

Machlup, Fritz/Taber, Martha, Bilateral Monopoly, Successive Monopoly, and Vertical Integration, 27 Economica 101-119 (1960).

Machunsky, Jürgen, Forschungskooperationen im Recht der Wettbewerbsbeschränkungen – Eine Untersuchung über die Forschungs- und Entwicklungsgemeinschaften nach europäischem und deutschen Kartellrecht, Göttingen 1985.

Maher, Marcus, Cable Internet Unbundling: Local Leadership in the Deployment High Speed Access, 52 Federal Communications Law Journal 211-238 (1999).

Mahler, Alwin/Panienka, Michael, Bitstromzugang in Deutschland aus der Sicht von Telefónica Deutschland, MMR Beilage 10/2003, S. 31-35.

Majumdar, Sumit K./Venkatamaran, Ramesh, Network Effects and the Adoption of New Technology, 19 Strategic Management Journal 1045-1062 (1998).

Mand, Elmar, Die Kabelweitersendung als urheberrechtlicher Verwertungstatbestand, GRUR 2004, S. 395-399.

Mankiw, Nicholas G., Grundzüge der Volkswirtschaftslehre, 3. Auflage, Stuttgart 2004.

Mann, Michael H., Seller Concentration, Barriers to Entry, and Rates of Return in Thirty Industries, 1950-1960, 48 Review of Economics and Statistics 296-307 (1966).

Markert, Kurt, Die Verweigerung des Zugangs zu „wesentlichen Einrichtungen" als Problem der kartellrechtlichen Missbrauchsaufsicht, WuW 1995, S. 560-571.

ders., in: Immenga, Ulrich/Mestmäcker, Ernst-Joachim, GWB-Kommentar, 3. Auflage, München 2001.

ders., Zur Fusionskontrolle bei Verstärkung einer marktbeherrschenden Stellung, BB 1978, S. 678-681.

Marko, Volker, Die erhebliche Behinderung wirksamen Wettbewerbs durch marktbeherrschende Unternehmen im Sinne des Art. 2 der EG-Fusionskontrollverordnung Nr. 4064/89, Regensburg 1992.

Markovits, Richard S., Second-Best Theory and Law and Economics: An Introduction, 73 The Chicago-Kent Law Review 3-10 (1998).

Markus, M. Lynne, Toward a Critical Mass Theory of Interactive Media: Universal Access, Interdependence and Diffusion, in: Fulk, Janet/Steinfeld, Charles W., Organizations and Communication Technology, Newbury Park 1990.

Martenczuk, Bernd/Thomaschki, Kathrin, Zugang zu Netzen zwischen allgemeinem Kartellrecht und sektorieller Regulierung, RTkom 1999, S. 15-25.

Martin, David D., The Brown Shoe Case and the New Antimerger Policy: Reply, 54 American Economic Review 413-415 (1964).

Mason, Edward S., Price and Production Policies of Large-Scale Enterprise, 29 American Economic Review 61-74 (1939).

Matutes, Carmen/Regibeau, Pierre, Mix and Match: Product Compatibility Without Network Externalities, 19 RAND Journal of Economics 221-234 (1988).

May, James, Antitrust Practice and Procedure in the Formative Era: The Constitutional and Conseptual Rach of State Antitrust Law, 1880-1918, 135 University of Pennsylvania Law Review 495 (1987).

Mayen, Patrick, Das Internet im öffentlichen Recht. Unter Berücksichtigung europarechtlicher und völkerrechtlicher Vorgaben, Tübingen 1999.

Mayen, Thomas, Marktabgrenzung auf den Märkten der Telekommunikation, MMR 2001, S. 496-500.

ders., Feststellung der Marktbeherrschung auf Telekommunikationsmärkten, MMR 2001, S. 648-653.

Mayton, William T., The Illegitimacy of the Public Interest Standard at the FCC, 38 Emory Law Journal 715-769 (1989).

McFadden, Douglas B., Antitrust and Communications: Changes After the Telecommunications Act of 1996, 49 Federal Communications Law Journal 457-472 (1997).

McFetridge, Donald D., Efficiencies Standards: Take Your Pick, Canadian Competition Record 45-58 (2002).

McGee, John, Predatory Price Cutting: The Standard Oil (N.J.) Case, 1 Journal of Law and Economics 137-169 (1958).

Meehan, K. Patrick, FCC Preempts State Regulation of VoIP Services, 6 Telecommunications (Holland & Knight) 1 (2004), abrufbar unter: <http://www.hklaw.com>.

Meehan, James W./Larner, Robert J., The Structural School, Its Critics, and Its Progeny: An Assessment, Economics and Antitrust Policy 179-191 (1989).

Meier-Wahl, Marc/Wrobel, Michael, Wettbewerbsregulierung in einem dynamischen Markt – Der Fall Microsoft, WuW 1999, S. 28-33.

Meinhold, Wilko, Diversifikation, konglomerate Unternehmen und Gesetz gegen Wettbewerbsbeschränkungen, Köln u.a. 1977.

Merkt, Jutta, Wettbewerb im Local Loop: Strukturwandel und Netzwettbewerb in Telekommunikationsortsnetzen, Baden-Baden 1998.

Mestmäcker, Ernst-Joachim, Das marktbeherrschende Unternehmen im Recht der Wettbewerbsbeschränkungen, Tübingen 1959.

ders., Entgeltregulierung, Marktbeherrschung und Wettbewerb im Mobilfunk, MMR Beilage 8/1998, S. 1-19.

ders., Europäisches Wettbewerbsrecht, 2. Auflage, München 2004.

ders., in: Coing, Helmut/Kronstein, Heinrich/ders., Wirtschaftsordnung und Rechtsordnung: Festschrift zum 70. Geburtstag von Franz Böhm am 16. Febr. 1965 Festschrift für Böhm, Karlsruhe 1965.

ders., in: Immenga, Ulrich/ders., GWB-Kommentar, 3. Auflage, München 2001.

ders., Probleme des europäischen Rechts, in: v. Caemmerer, Ernst, Festschrift für Walter Hallstein zu seinem 65. Geburtstag, Frankfurt am Main 1966.

Mestmäcker, Ernst-Joachim/Veelken, Winfried, in: Immenga, Ulrich/Mestmäcker, Ernst-Joachim, GWB-Kommentar, München 2001.

Mette, Stefan, Die nationalen und europarechtlichen Bestimmungen zur Nutzung des BK-Netzes in der Bundesrepublik Deutschland, ArchivPT 1998, S. 40-48.

Meyer, John R./Wilson, Robert W./Baughcum, M. Alan/Burton, Ellen/Caouette, Louis, The Economics of Competition in the Telecommunications Industry, Cambridge 1980.

Meyerson, Michael I., Ideas of the Marketplace: A Guide to The 1996 Telecommunications Act, 49 Federal Communications Law Journal 251-287 (1997).

Miersch, Michael, Die Europäische Fusionskontrolle, Regensburg 1991.

Miller, Lance A./Thomas, John C., Behavioral issues in the use of interactive systems, 9 International Journal of Man-Machine Studies 509-539 (1977).

Monopolkommission, Gesamtwirtschaftliche Chancen und Risiken wachsender Unternehmensgrößen, 6. Hauptgutachten, 1984/1985, Baden-Baden 1986.

Monopolkommission, Mehr Wettbewerb ist möglich, 1. Hauptgutachten, 1973/1975, Baden-Baden 1977.

Monopolkommission, Netzwettbewerb durch Regulierung, 14. Hauptgutachten, 2000/2001, Baden-Baden 2003.

Monopolkommission, Ökonomische Kriterien für die Rechtsanwendung, 5. Hauptgutachten, 1982/1983, Baden-Baden 1984.

Monopolkommission, Wettbewerb auf den Telekommunikations- und Postmärkten ?: Sondergutachten der Monopolkommission gemäß § 81 Abs. 3 Telekommunikationsgesetz und § 44 Postgesetz, 29. Sondergutachten, Baden-Baden 2000.

Monopolkommission, Wettbewerbsentwicklung bei der Telekommunikation 2005: Dynamik unter neuen Rahmenbedingungen; Sondergutachten der Monopolkommission gemäß § 121 Abs. 2 Telekommunikationsgesetz, 44. Sondergutachten, Baden-Baden 2006.

Monopolkommission, Wettbewerbspolitik in Netzstrukturen, 13. Hauptgutachten, 1998/1999, Baden-Baden 2000.

Monopolkommission, Wettbewerbspolitik in Zeiten des Umbruchs, 11. Hauptgutachten, 1994/1995, Baden-Baden 1996.

Monopolkommission, Zur Reform des Telekommunikationsgesetzes: Sondergutachten der Monopolkommission gemäß § 44 Abs. 1 Satz 4 GWB, 40. Sondergutachten 2004, Baden-Baden 2004.

Montag, Frank, Konvergenz bei internationalen Fusionen, FIW-Schriftenreihe, Konvergenz der Wettbewerbsrechte, Eine Welt – Ein Kartellrecht, Bd. 188, Köln u.a. 2002.

Monti, Mario, Competition and Information Technologies, Rede anlässlich einer Konferenz zum Thema „Barriers in Cyberspace", Kangaroo Group Brussels, vom 18.09.2000.

ders., EU competition policy after May 2004, Speech at the Fordham Annual Conference on International Antitrust Law and Policy, Brüssel 28.10.2004.

Moorefield, Tracy, Communications Decency Act of 1996, 3 Boston University Journal of Science and Technology Law 13 (1997).

Morgan, James N., "Competitive" Output in Bilateral Monopoly: Reply, 64 The Quarterly Journal of Economics 650-652 (1950).

Morris, Charles R./Ferguson, Charles H., Computer Wars, New York 2002.

dies., How Architecture Wins Technology Wars, 71 Harvard School of Business Review 86-96 (1993).

Möschel, Wernhard, Der Oligopolmissbrauch im Recht der Wettbewerbsbeschränkungen, Tübingen 1974.

ders., Deregulierung in Telekommunikationsmärkten, WuW 1986, S. 555-572.

ders., Die Öffnung der Breitbandkabelnetze für den Wettbewerb – Die Sicht der Monopolkommission, MMR Beilage 2/2001, S. 13-19.

ders., Effizienz und Wettbewerbspolitik, WiSt 1986, 341-346.

ders., Großfusionen im engen Oligopol – Fusionskontrolle am Beispiel der deutschen Stromwirtschaft, DB 2001, S. 131-134.

ders., in: Immenga, Ulrich/Mestmäcker, Ernst-Joachim, GWB-Kommentar, 3. Auflage, München 2001.

ders., Pressekonzentration und Wettbewerbsgesetz, Tübingen 1978.

ders., Recht der Wettbewerbsbeschränkungen, Köln u.a. 1983.

ders., Wettbewerbssicherung vs. Marktmacht in der Informationsgesellschaft, MMR 2001, S. 3-8.

Müller, Heinz/Giessler, Peter/Scholz, Ulrich, Wirtschaftskommentar: Kommentar zum Gesetz gegen Wettbewerbsbeschränkungen, Bd. 1/2, 4. Auflage, Frankfurt am Main 1981.

Müller, Jürgen, Fernmeldewesen und Medien, in: ders./Knieps, Günter/Müller, Jürgen, Deregulierungsmaßnahmen in den USA: Schlussfolgerungen für die Bundesrepublik Deutschland, Baden-Baden 1988.

Müller, Jürgen/Vogelsang, Ingo, Staatliche Regulierung: Regulated Industries in den USA und Gemeinwohlbindung in wettbewerblichen Ausnahmebereichen in der Bundesrepublik Deutschland, Baden-Baden 1979.

Müller-Graff, Peter-Christian, in: Hailbronner, Kay/Klein, Eckart/Magiera, Siegfried/ders., Handkommentar zum Vertrag über die Europäische Union, Köln 1991.

Müller-Using, Detlev, Fernmelderecht, in: Fuhr, Ernst W./Rudolf, Walter/Wasserburg, Klaus, Recht der Neuen Medien, Heidelberg 1989.

Multimedia-Netze: Kooperation und Partnerschaft in der Wertschöpfungskette?, Vortrag auf der Jahresversammlung der Interessengemeinschaft Multimedia der Deutschen Wohnungswirtschaft Berlin, in: Klumpp, Dieter, Kabelnetze und Multimedia: Vortragszyklus 1997 - 2001 in Berlin, Iserlohn, Stuttgart und München zur Modernisierung der Kabelnetz-Infrastruktur, Stuttgart 2001.

Muris, Timothy J., The Efficiency Defense Under Section 7 of the Clayton Act, 30 Case Western Law Review 381-432 (1980).

Mussa, Michael/Rosen, Sherwin, Monopoly and Product Quality, 18 Journal of Economic Theory 301-317 (1978).

Nadler, Jonathan, Give Peace A Chance: FCC-State Relations After California III, 47 Federal Communications Law Journal 457-510 (1995).

Nagel, Bernhard, in: Cox, Helmut/Jens, Uwe/Markert, Kurt, Handbuch des Wettbewerbs, München 1981.

Narver, John C., Conglomerate Mergers and Market Competition, Berkeley 1967.

Nash, John F., Noncooperative Games, 54 Annals of Mathematics 286-295 (1951).

Nelson, Richard R./Winter, Sidney G., An Evolutionary Theory of Economic Change, Cambridge 1982.

Neumann, Gyde, Ursachen, Motive und Auswirkungen von Unternehmenszusammenschlüssen, Berlin 2003.

Neumann, Karl-Heinz, Volkswirtschaftliche Bedeutung von Resale, WIK-Diskussionsbeitrag Nr. 230, Bad Honnef 2002.

Neveling, Kirsten, Die sachliche Marktabgrenzung bei der Fusionskontrolle im deutschen und europäischen Recht, Tübingen 2003.

Neven, Damien J./Röller, Lars-Hendrik, Consumer Surplus vs. Welfare Standard in a Political Economy Model of Merger Control, Discussion Paper FS IV 00-15, Berlin 2000.

dies., Merger Control in the New Economy, 5 Netnomics 5-20 (2003).

Newberg, Joshua A., Antitrust for the New Economy of Ideas: The Logic of Technology Markets, 14 Harvard Journal of Law and Technology 83-137 (2000).

Noam, Eli M., Beyond Liberalization II: The Impending Doom of Common Carriage, 18 Telecomm. Policy 435-452 (1994).

ders., Voice over IP in America, MMR Beilage 3/2005, S. 8-9.

ders., Interconnecting the Network of Networks, Cambridge 2001.

Noam, Eli M./Atkinson, Robert C., Promoting Investor Confidence, Imposing Gridlock, in: The New Millennium Research Council, Reflections on the Fifth Anniversary of the Telecommunications Act of 1996, Washington D.C. 2001.

Nohe, Richard E., A Different Time, A Different Place: Breaking Up Telephone Companies in the United States and Japan, 48 Federal Communications Law Journal 307 (1996).

Noll, Roger G., Telecommunications Regulation in the 1990s, in: Newburg, Paula, New Directions in Telecommunications Policy, London 1989.

Noll, Roger G./Owen, Bruce M., The Anticompetitive Uses of Regulation: United States v. AT&T (1982), in: Kwoka, John E./White, Lawrence J., The Antitrust Revolution: Economics, Competition, and Policy, 4th ed., New York 2003.

Nolte, Norbert/Tiedemann, Jens, Laufzeit von Breitbandkabelgestattungsverträgen, MMR 2003, S. 250-252.

National Telecommunications and Information Administration (NTIA), U.S. Department of Commerce, Globalization of the Mass Media, U.S. Government Printing Office, Washington DC 1993.

National Telecommunications and Information Administration (NTIA), U.S. Department of Commerce, The NTIA Infrastructure Report: Telecommunications in the Age of Information, U.S. Government Printing Office, Washington D.C. 1991.

O'Brien, Daniel P./Shaffer, Greg, On the Dampening-Of-Competition Effect of Exclusive Dealing, 41 The Journal of Industrial Economics 215-221 (1993).

Oliver, Richard W./Scheffman, David T., The Regulation of Vertical Relationships in the US Telecommunications Industry, 16 Managerial and Decision Economics 327-348 (1995).

Oppermann, Thomas, Europarecht, 3. Auflage, München 2005.

Ordover, Jansuz A./Willig, Robert D., The 1982 Department of Justice Merger Guidelines: An Economic Assessment, 71 California Law Review 535-574 (1983).

Oren, Shmuel S./Smith, Stephen A., Critical Mass and Tariff Structure in Electronic Communications Markets, 12 The Bell Journal of Economics 467-487 (1981).

Ott, Claus/Schäfer, Hans-Bernd, Die ökonomische Analyse des Rechts - Irrweg oder Chance wissenschaftlicher Rechtserkenntnis?, JZ 1988, S. 213-223.

Ott, Stephan, Ich will hier rein! Suchmaschinen und das Kartellrecht, MMR 2006, S. 195-202.

Page, William H./Lopatka, John E., Network Externalities, in: Bouckaert, Boudewijn/De Geest, Gerrit, Encyclopedia of Law and Economics, 1999, vollständig abrufbar unter: <http://encyclo.findlaw.com>.

Palandt, Otto/Bassenge, Peter, BGB-Kommentar, 65. Auflage, München 2006.

Pampel, Gunnar, Europäisches Wettbewerbsrecht - Rechtsnatur und Rechtswirkungen von Mitteilungen der Kommission im europäischen Wettbewerbsrecht, EuZW 2005, S. 11-13.

Panzar, John C./Willig, Robert D., Economies of Scale and Economies of Scope in Multi-Output Production, Economic Discussion Paper No. 33, Bell Laboratories 1975, teilweise veröffentlicht in: dies., Economies of Scale in Multi-Output Production, 91 Quarterly Journal of Economics 481-493 (1977).

dies., Economies of Scope, 71 American Economic Review 268-272 (1981).

dies., Free Entry and the Sustainability of Natural Monopoly, 8 Bell Journal of Economics 1-22 (1977).

Papier, Hans-Jürgen, Die Regelung von Durchleitungsrechten: verfassungsrechtliche und energiekartellrechtliche Würdigung, Köln u.a. 1997.

ders., Durchleitungen und Eigentum, BB 1997, S. 1213-1220.

ders., Fernmeldemonopol der Post und Privatrundfunk, DÖV 1990, S. 217-223.

Parsons, Patrick R., Horizontal Integration in the Cable Television Industry: History and Context, 16 The Journal of Media Economics 23-40 (2003).

Paschke, Marian, Der Zusammenschlussbegriff des Fusionskontrollrechts, Heidelberg 1989.

Paschke, Marian/Kersten, Hans-Christian, in: Glassen, Helmut/von Hahn, Helmuth, Frankfurter Kommentar zum Kartellrecht: Mit Kommentierung des GWB, des EG-Kartellrechts und einer Darstellung ausländischer Kartellrechtsordnungen (FK), Köln 2000.

Peritz, Rudolph J.R., Competition Policy in America, 1888-1992: History, Rhetoric, Law, New York 1996.

Pflanz, Matthias/Caffara, Cristina, The Economics of GE/Honeywell, 23 EU Competition Law Review 115 (2002).

Phlips, Louis, The Economics of Price Discrimination, Cambridge 1983.

Piepenbrock, Hermann-Josef, in: Büchner, Wolfgang/Bönsch, Georg, Beck'scher TKG-Kommentar, 2. Auflage, München 2000.

Pieroth, Bodo/Schlink, Bernhard, Grundrechte, Staatsrecht II, 21. Auflage, Heidelberg 2005.

Pigout, Artur C., Economics of Welfare, London 1920.

Piraino, Thomas A., An Antitrust Remedy or Monopoly Leveraging by Electronic Networks, 93 Northwestern University Law Review 1-63 (1998).

Piropato, Marissa A., Open Access and the Essential Facilities Doctrine: Promoting Competition and Innovation, 2000 University of Chicago Legal Forum 369-411 (2000).

Pitofsky, Robert, Efficiencies in Defense of Mergers: 18 Months After, Address to George Mason Law Review Antitrust Symposium, October 19th, 1998, abrufbar unter: <http://www.ftc.gov/speeches/pitofsky/pitofeff.htm>.

ders., In Defense of Discounters: The No-Frills Case for a Per Se Rule Against Vertical Price Fixing, 71 Georgetown Law Journal 1487-1497 (1983).

ders., New Definitions of Relevant Market and the Assault on Antitrust, 90 Columbia Law Review 1805-1864 (1991).

ders., Proposals for Revised United States Merger Enforcement in a Global Economy, 81 Georgetown University Law Journal, 195-250 (1992).

Pitofsky, Robert/Balto, David A., Antitrust and high-tech industries: The New Challenge, 43 Antitrust Bulletin 583-607 (1998).

Pizzo, Stephen P., Why Is Broadband So Narrow?, Forbes ASAP, vom 09.10.2001.

Porter, Michael E., Competitive Strategy: Techniques for Analyzing Industries and Competitors, New York 1980.

Posner, Richard A., Antitrust in the New Economy, 68 Antitrust Law Journal 925-944 (2001).

ders., Antitrust Law: An Economic Perspective, 2nd ed., Chicago 2001.

ders., Antitrust Policy and the Supreme Court: An Analysis of the Restricted Distribution, Horizontal Merger and Potential Competition Decisions, 75 Columbia Law Review 282 (1975).

ders., Cable Television: The Problem of Local Monopoly, RAND Corporation Santa Monica 1970.

ders., Economic Analysis of Law, 6th ed., Boston 2003.

ders., Natural Monopoly and its Regulation, 21 Stanford Law Review 548-643 (1969).

ders., Nobel Laureate: Ronald Coase and Methodology, 7 The Journal of Economic Perspectives 195-210 (1993).

ders., Theories of Economic Regulation, 5 Bell Journal of Economics and Management Science 335-358 (1974).

ders., The Appropriate Scope of Regulation in the Cable Television Industry, 3 The Bell Journal of Economics and Management Science 98-129 (1972).

ders., The Chicago School of Antitrust Analysis, 127 University of Pennsylvania Law Review 925-948 (1979).

Powell, Michael K., The Public Interest Standard: A New Regulator's Search for Enlightenment, Before the American Bar Association, 17th Annual Legal Forum on Communications Law, Las Vegas, Nevada, April 5, 1998.

Pratt, William H./Racanelli, Mark A., Refusals to Deal in the Context of Network Joint Ventures, 52 The Business Lawyer 531-557 (1997).

Pratten, Cliff F., A Survey of the Economies of Scale, in: Europäische Kommission, Ökonomische Papiere, Vol. 2, Luxemburg 1989.

Price, Catherine M., Welfare Economics in Theory and Practice, London 1977.

Price Waterhouse Coopers, Industriestudie, Der Breitbandkabel-Markt Deutschland: vom Kabel-TV-Netz zum Full-Service-Network, Frankfurt am Main 2000.

Priest, George L., Flawed Efforts to Apply Modern Antitrust Law to Network Industries, in: Hahn, Robert W., High-Stakes Antitrust – The Last Hurrah?, Washington D.C. 2003.

Puffert, Douglas J., Path Dependence, Network Form, and Technological Change, in: Guinnane, Timothy W./Sundstrom, William A./Whatley, Warren C., History Matters – Essays on Economic Growth, Technology, and Demographic Change, Palo Alto 2003.

Puffert, Douglas J./Schwerin, Joachim, Pfadabhängigkeit in der Wirtschaftsgeschichte, Herrmann-Pillath, Carsten/Lehmann-Waffenschmidt, Marco, Handbuch zur evolutorischen Ökonomik, Bd.3, Heidelberg u.a. 2002.

Rädler, Peter/Elspaß, Matthias, Regulierung im Winterschlaf?, CR 2004, S. 418-424.

Raisch, Peter/Gudera, Lydia, Anmerkung zum Beschluss OLG Naumburg, ZUM 1999, S. 904-910.

Read, William H./Weiner, Ronald A., FCC Reform: Governing Requires a New Standard, 49 Federal Communications Law Journal 290-323 (1997).

Regulierungsbehörde für Telekommunikation und Post (*RegTP*), Jahresbericht 2004 gemäß §122 Telekommunikationsgesetz, 14.02.2005.

Regulierungsbehörde für Telekommunikation und Post (*RegTP*), Tätigkeitsbericht 2002/2003 gemäß §81 Abs. 1 Telekommunikationsgesetz und §47 Abs. 1 Postgesetz, Dezember 2003.

Reiffen, David/Vita, Michael, Comment: Is There New Thinking on Vertical Mergers?, 63 Antitrust Law Journal 513-568 (1995).

Rhein, Tilman, Das Breitbandkabelnetz der Zukunft – der Business Case, MMR Beilage 2/2001, S. 3-12.

Richter, Ursula, in: Wiedemann, Gerhard, Handbuch des Kartellrechts, München 1999.

Richter, Rudolf/Furubotn, Eirik G., Neue Institutionenökonomik – Eine Einführung und kritische Würdigung, 3. Auflage, Tübingen 2003.

Ricker, Reinhart/Schiwy, Peter, Rundfunkverfassungsrecht, München 1996.

Riegert, Robert A., Das amerikanische Administrative Law: Eine Darstellung für den deutschen Juristen, Berlin 1967.

Riegger, Michael, Die Freigabe von Unternehmenszusammenschlüssen unter Auflagen und Bedingungen im System der europäischen Fusionskontrolle, Konstanz 1998.

Riesenkampff, Alexander, Auswirkungen des Urteils des EuGH vom 17.11.1987 (»Philip Morris«), WuW 1988, S. 465-475.

ders., Zusagen im Fusionskontrollverfahren, WuW 1977, S. 291-305.

Rittner, Fritz, Ausschließlichkeitsbindungen, Düsseldorf 1957.

Robert, Michael, Die besondere Missbrauchsaufsicht nach § 42 TKG, K&R 2005, S. 354-362.

Robert, Rüdiger, Konzentrationspolitik in der Bundesrepublik – Das Beispiel der Entstehung des GWB, Berlin 1976.

Roberto, Sondra, The Boeing/McDonnell Douglas Merger Review: A Serious Stretch of European Competition Powers, 24 Brooklyn Journal of International Law 593-623 (1998).

Roberto, Vito, Zur wettbewerbspolitischen Beurteilung vertikaler Zusammenschlüsse, WuW 1992, S. 803-817.

Roberts, Gary L./Salop, Steven C., Efficiencies in Dynamic Merger Analysis, 19 World Competition Law and Economic Review 4-17 (1996).

Robinson, Joan, The Economics of Imperfect Competition, Cambridge 1933.

Rohlfs, Jeffrey, A Theory of Interdependent Demand for a Communications Service, 5 Bell Journal of Economics 16-37 (1974).

Röller, Lars-Hendrik/Wey, Christian, Merger Control in the New Economy, Kiel Workshop on the Microeconomics of the New Economy, Kiel 2002.

Röller, Lars-Hendrik /Stennek, Johan/Verboven, Frank, Efficiency Gains from Mergers, Discussion Paper FS IV 00-09, Stockholm 2000.

Röller, Lars-Hendrik/Strohm, Andreas, Ökonomische Analyse des Begriffs „significant impediment to effective competition", abgedruckte Rede des Chefökonom der EU, 01.12.2005, abrufbar unter: <http://ec.europa.eu/comm/competition/speeches/text/sp2005_010_de.pdf>.

Rosen, Sherwin, Hedonic Prices and Implicit Markets: Product Differentiation in Pure Competition, 82 Journal of Political Economy 34-55 (1974).

Rosenfeld, Andreas/Wolfsgruber, Maria, Die Entscheidungen BaByliss und Philips des EuG zur Europäischen Fusionskontrolle, EuZW 2003, S. 743-747.

Rösler, Patrick, Der Begriff der marktbeherrschenden Stellung in der europäischen Fusionskontrolle, NZG 2000, S. 857-867.

Rossen-Stadtfeld, Helge, Medienaufsicht unter Konvergenzbedingungen, ZUM 2000, S. 36-46.

Roßnagel, Alexander/Hilger, Caroline, Offener Zugang zum digitalisierten Kabel – Realität oder Zielvorstellung?, MMR 2002, S. 445-452.

Rosston, Gregory L., The 1996 Telecommunications Act Trilogy, 5 Media Law and Policy 1-12 (1997).

Rubinfeld, Daniel L., Antitrust enforcement in dynamic network industries, 43 Antitrust Bulletin 859-882 (1998).

Rumelt, Richard P., Strategy, Structure, and Economic Performance, Boston 1974.

Ruppelt, Hans-Jürgen, in: Langen, Eugen/Bunte, Hermann-Josef, Kommentar zum deutschen und europäischen Kartellrecht, 7. Auflage, Neuwied u.a. 1994.

Säcker, Franz-Jürgen, Abschied vom Bedarfsmarktkonzept, ZWeR 2004, S. 1-27.

ders., Zur Bedeutung der Nachfragemacht für die Feststellung von Angebotsmacht, BB 1988, S. 416-426.

Saloner, Garth, Economic Issues in Computer Interface Standardization, 1 Economics of Innovation and New Technology 135-156 (1990).

Saloner, Garth/Shepard, Andrea, Adoption of technologies with network effects: an empirical examination of the adoption of automated teller machines, 26 RAND Journal of Economics, 479-501 (1995).

Salop, Steven C., Efficiencies in Dynamic Merger Analysis, in: FTC, Hearings on Global and Innovation-based Competition, Washington DC 1995.

Sanderson, Margaret F., Competition Tribunal's Redetermination Decision in Superior Propane: Continued Lessons of the Value of the Total Surplus Standard, 21:1 Canadian Competition Record 1-5 (2002).

Sandrock, Otto, Grundbegriffe des GWB, München 1968.

ders., Grundprobleme der sachlichen Marktabgrenzung, in: Merz, Hans, Recht und Wirtschaft heute: Festgabe zum 65. Geburtstag von Max Kummer, Bern 1980.

Satzky, Horst, Fusionskontrolle nach Art. 85 EWG-Vertrag, DB 1988, S. 377-381.

Sauer, Johannes, Die Ökonomie der ländlichen Wasserversorgung, Discussion Paper No. 70, Institute of Agricultural Development in Central and Eastern Europe, 2004.

Sauter, Herbert, Ein Nachwort zur Europäischen Fusionskontrolle, in: Westermann, Harm Peter/Rosener, Wolfgang, Festschrift für Karlheinz Quack zum 65. Geburtstag: am 3. Januar 1991, Berlin, New York 1991.

Savage, Scott J./Wirth, Michael, Entry and Potential Competition in US Cable TV Markets, 30th Research Conference on Communication, Information and Internet Policy (TPRC 2002), Alexandria 2002.

Schaerr, Gene C., The Cellophane Fallacy and the Justice Department's Guidelines for Horizontal Mergers, 94 Yale Law Journal 670-693 (1985).

Schalast, Christoph, Breitbandkabelmarkt und Fusionskontrolle, K&R 2004, S. 376-384.

ders., Kabel und Urheberrecht – Ab 75 Wohneinheiten wird es teuer, FWW 2004, S. 49-51.

ders., Modernisierung der Wasserwirtschaft im Spannungsfeld von Umweltschutz und Wettbewerb – Braucht Deutschland eine Rechtsgrundlage für die Vergabe von Wasserversorgungskonzessionen?, HfB Working Papers No. 63, Frankfurt am Main 2005.

ders., Umweltschutz und Wettbewerb als Wertwiderspruch im deregulierten deutschen und europäischen Elektrizitätsmarkt, Frankfurt am Main u.a. 2001.

Schalast, Christoph/Abrar, Kamyar, Aktuelle Rechtsprobleme der Breitbandkabel-Gestattungsverträge, TKMR 2004, S. 74-83.

Schalast, Christoph/Jäger, Bernd/Abrar, Kamyar, Großfusionen im Breitbandkabelnetz? – Eine Bestandsaufnahme auf Grundlage der Praxis des Bundeskartellamtes, WuW 2005, S. 741-752.

Schalast, Christoph/Maier-Weigt, Bernhard, Anmerkung zu OLG Brandenburg: Breitbandkabel-Gestattungsverträge, MMR 2001, 821-823.

Schalast, Christoph/Rößner, Sören, Entgeltregulierung nach dem TKG – Der Beispielsfall Breitbandkabelmarkt, WuW 2004, S. 595-603.

Schalast, Christoph/Schalast, Clemens, Das Recht der Kabelweitersendung von Rundfunkprogrammen, MMR 2001, S. 436-442.

Schalast, Christoph/Schmidt, Matthias/Schalast, Clemens, Einführung in das deutsche und europäische Recht der Breitbandkabelkommunikation, TKMR 2002, S. 429-440.

Scheffler, Arndt, Zur Rechtsprechung: Das Tetra-Laval-Urteil des EuGH, EuZW 2005, S. 751-752.

Scheidgen, Anja/Sturhahn, Detlef-Holger, Das Untersagungskriterium in der Fusionskontrolle, – Marktbeherrschende Stellung vs. Substantial Lessening of Competition?, WuW 2002, S. 31-34.

Schellhaaß, Horst M., Die deutsche Rundfunkordnung im Wandel, in: ORDO, Jahrbuch für die Ordnung von Wirtschaft und Gesellschaft, Bd. 51, S. 361-316, Stuttgart 2000.

Scherer, Joachim, Breitbandverkabelung - am Recht vorbei?, DÖV 1984, S. 52-61.

ders., Das Bronner-Urteil des EuGH und die Essential facilities-Doktrin im TK-Sektor, MMR 1999, S. 315-321.

ders., Die Umgestaltung des europäischen und deutschen Telekommunikationsrechts durch das EU-Richtlinienpaket – Teil I, K&R 2002, S. 273-289.

ders., Die Umgestaltung des europäischen und deutschen Telekommunikationsrechts durch das EU-Richtlinienpaket – Teil II, K&R 2002, S. 329-346.

ders., Frequenzverwaltung zwischen Bund und Ländern, Frankfurt am Main u.a. 1987.

ders., Re-Regulierung des TK-Sektors: Mehr Wettbewerbs in der EU, MMR 2002, S. 201-202.

ders., Telekommunikationsrecht und Telekommunikationspolitik, Baden-Baden 1985.

Scherer, Frederic M./Beckenstein, Alan/Kaufer, Erich/Murphy, Dennis R./Bougeon-Massen, Francine, The Economics of Multi-Plant Operation, Cambridge 1975.

Scherer, Frederic M./Ross, David, Industrial Market Structure and Economic Performance, 3rd ed., Boston 1999.

Scheurle, Klaus-Dieter/Mayen, Thomas, in: Büchner, Wolfgang/Bönsch, Georg, Beck'scher TKG-Kommentar, 2. Auflage, München 2000.

Schiller, Dan, Die fortschreitende Privatisierung in der Welt-Telekommunikationsindustrie, Media Perspektiven 1983, S. 411-416.

Schlieper, Ulrich, Externe Effekte, in: Albers, Willi, Handwörterbuch der Wirtschaftswissenschaften, Stuttgart u.a. 1976.

Schmalensee, Richard, Antitrust Issues in Schumpeterian Industries, Papers and Proceedings of the One Hundred Twelfth Annual Meeting of the American Economic Association, 90 American Economic Review 192-196 (2000).

ders., Horizontal Merger Policy: Problems and Changes, 1 The Journal of Economic Perspectives, 41-54 (1987).

Schmidt, Christian Rudolf, Die „Entwicklung des technischen und wirtschaftlichen Fortschritts", Baden-Baden 1992.

Schmidt, Frank/Rommel, Wolrad, Regulierung zwischen Dienste- und Infrastrukturwettbewerb, MMR 2002, S. 225-230.

Schmidt, Holger/Winkelhage, Johannes, Die Telekom will den DSL-Wettbewerb abwürgen, FAZ, vom 20.03.2006, S. 21.

Schmidt, Ingo, Relevanter Markt, Marktbeherrschung und Missbrauch in Paragraph 22 GWB und Art. 86 EWGV, WuW 1965, S. 453-459.

ders., Kommentar: Fusionskontrolle – Effizienz durch Wettbewerb oder Konzentration?, WuW 2004, S. 359.

ders., Per se Rule oder Rule of Reason, WiSt 1981, S. 282-284.

ders., Wettbewerbspolitik und Kartellrecht, 8. Auflage, Stuttgart 2005.

Schmidt, Ingo/Elßer, Stefan, Innovationsoptimale Unternehmensgrößen und Marktstrukturen, WiSt 1990, 556-562.

Schmidt, Ingo/Rittaler, Jan B., Die Chicago School of Antitrust Analysis – wettbewerbstheoretische und wettbewerbspolitische Analyse eines Credos, Baden-Baden 1986.

Schmidt, Karsten, Kartellverfahrensrecht, Kartellverwaltungsrecht, bürgerliches Recht, Köln u.a. 1977.

Schmidt-Preuß, Matthias, Verfassungskonflikt um die Durchleitung?, RdE 1996, S. 1-9.

Schmitt Glaeser, Walter, Koordinationspflicht der Länder im Rundfunkwesen, AfP 1981, S. 173-187.

Schmitz, Stefan, The European Commission's Decision in GE/Honeywell and The Question of The Goals of Antitrust Law, 23 University of Pennsylvania Journal of International Economic Law 539-595 (2002).

Schnelle, Ulrich/Bartosch, Andreas, Entwicklung der fusionskontrollrechtlichen Kommissionspraxis im Medien- und Telekommunikationssektor, BB 1999, S. 1933, 1936.

Schödermeier, Martin, Auf dem Weg zur europäischen Fusionskontrolle, WuW 1988, S.185-194.

Schoeffler, Sidney/Buzzel, Robert D./Heany, Donald F., Impact of Strategic Planning on Profit Performance, 52 Harvard Business Review 137-145 (1974).

Schoenwald, Scott M., Regulating Competition in the Interexchange Telecommunications Market: The Dominant/Nondominant Carrier Approach and the Evolution of Forbearance, 49 Federal Communications Law Journal 369-452 (1997).

Schrameyer, Dirk, Das Konzept der Ermittlung von Marktmacht im Telekommunikationsrecht in der Europäischen Union, Deutschland und den USA, Frankfurt am Main 2004.

Schrape, Klaus/Hürst, Daniel, Kabelfernsehmarkt Deutschland im Umbruch. Neue Geschäftsmodelle für Breitbandkabelnetze, BLM-Schriftenreihe 2000.

Schreiter, Eva-Maria/Kind, Benedikt, Lehren aus den ersten Liberalisierungsjahren in der Telekommunikation? – Positionsbestimmung im Vorfeld des parlamentarischen Gesetzgebungsprozesses für ein neues TKG, MMR 2002, S. 788-794.

Schroeter, John R., Estimating the Degree of Market Power in the Beef Packing Industry, 70 Review of Economics and Statistics 158-162 (1988).

Schröter, Helmuth, in: v. der Groeben, Hans/Thiesing, Jochen/Ehlermann, Claus-Dieter, Kommentar zum Vertrag über die Europäische Union unter besonderer Berücksichtigung des EG-Vertrages, 5. Auflage, Baden-Baden 1997.

Schulte, Ine-Marie, Die Kontrolle von Unternehmenszusammenschlüssen nach Art. 86 EWG-V, Köln 1975.

Schulte-Braucks, Reinhard, Die Auflösung marktbeherrschender Stellungen, Baden-Baden 1980.

Schulz, Wolfgang, in: Hahn, Werner/Vesting, Thomas, Beck'scher Kommentar zum Rundfunkrecht, 1. Auflage, München 2003.

Schulz, Wolfgang/Held, Torsten/Laudien, Arne, Suchmaschinen als Gatekeeper in der öffentlichen Kommunikation: rechtliche Anforderungen an Zugangsoffenheit und Transparenz bei Suchmaschinen im WWW, Berlin 2005.

Schulz, Wolfgang/Vesting, Thomas, Frequenzmanagement und föderale Abstimmungspflichten: Beteiligungsrechte der Länder bei der Anwendung der §§ 45 ff. TKG auf Frequenznutzungen im Breitbandkabel, Berlin 2000.

Schulz, Wolfgang/Wasner, Utz, Rundfunkrechtlich relevante Fragen der Lizenzierung und Frequenzverwaltung nach dem TKG, ZUM 1999, S. 513-528.

Schumacher, Matthias, Das EU-Richtlinienpaket zur Neuordnung der Telekommunikationsmärkte und seine Umsetzung im TKG 2004: ein Referenzgebiet für die Entwicklung eines neuartigen Typs europäischen Verwaltungskooperationsrechts, Hamburg 2007.

Schumpeter, Joseph Alois, Kapitalismus, Sozialismus und Demokratie, 8. unveränderte Auflage, Tübingen u.a. 2005.

Schünemann, Wolfgang B., Wettbewerbsrecht im Wandel?, WRP 2002, S. 1345-1349.

Schuster, Fabian, in: Büchner, Wolfgang/Bönsch, Georg, Beck'scher TKG-Kommentar, 2. Auflage, München 2000.

Schuster, Fabian/Müller, Ulf, Rechtliche Grundlagen und Praxis der Frequenzzuteilung durch die RegTP, MMR 2000, S. 26-33.

Schütz, Raimund, Breitbandkabel – Closed Shop für neue Diensteanbieter?, MMR 1998, S. 11-18.

ders., in: Büchner, Wolfgang/Bönsch, Georg, Beck'scher TKG-Kommentar, 2. Auflage, München 2000.

ders., in: *Ricker, Reinhart/Schiwy, Peter*, Rundfunkverfassungsrecht, München 1996.

ders., Kommunikationsrecht: Regulierung von Telekommunikation und der elektronischen Medien, München 2005.

ders., Nutzung von Breitbandkabelnetzen im Spannungsfeld von Netzbetreiberfreiheit, offenem Netzzugang und hoheitlicher Kabelallokation, MMR Beilage 2/2001, S. 20-27.

Schütz, Raimund/Attendorn, Thorsten, Das neue Kommunikationsrecht der Europäischen Union – Was muss Deutschland ändern?, MMR Beilag 4/2002, S. 1-56.

Schwalbach, Joachim, Markteintrittsverhalten industrieller Unternehmen, ZfB 1986, S. 713-727.

Schwalbe, Ulrich, Die Berücksichtigung von Effizienzgewinnen in der Fusionskontrolle – Ökonomische Aspekte, Stuttgart 2004.

Schwark, Eberhard, Macht und Ohnmacht des Kartellrechts – Bemerkungen zur Missbrauchsaufsicht über den Preis, BB 1980, S. 1350-1355.

Schwartz, Marius, Telecommunications Reform in the United States: Promises and Pitfalls, in: Welfens, Paul J.J./Yarrow, George, Telecommunications and Energy in Systemic Transformation: International Dynamics, Deregulation and Adjustment in Network Industries, Berlin u.a. 1997.

ders., The Competitive Effects of Vertical Agreements: Comments, 77 American Economic Review 1063-1086 (1987).

Schwartz, Marius/Reynolds, Robert J., Contestable Markets: An Uprising in the Theory of Industry Structure: Comment, 73 American Economic Review 488-490 (1983).

Schwarze, Jürgen, Die Bedeutung des Grundsatzes der Verhältnismäßigkeit bei der Behandlung von Verpflichtungszusagen nach der europäischen Fusionskontrolle, EuZW 2002, S. 741-746.

Schwarze, Jürgen/Weitbrecht, Andreas, Grundzüge des europäischen Kartellverfahrensrechts, Baden-Baden 2004.

Schweitzer, Michael, Europarecht, 8. Auflage, Heidelberg 2004.

Schwintowski, Hans-Peter, Der Zugang zu wesentlichen Einrichtungen, WuW 1999, S. 842-853.

Sedemund, Jochim/Montag, Frank, Europäisches Gemeinschaftsrecht, NJW 1988, S. 601-609.

Shapiro, Carl, Setting Compatibility Standards: Co-operation or Collusion?, in: Dreyfuss, Rochelle/Zimmerman, Diane Leenheer, Expanding the Boundaries of Intellectual Property, Innovation Policy For the Knowledge Society, Oxford 2001.

Shapiro, Carl/Kovacic, William E., Antitrust Policy: A Century of Economic and Legal Thinking, 14 The Journal of Economic Perspectives 43-60 (2000).

Shapiro, Carl/Varian, Hal R., Information Rules: A Strategic Guide to the Network Economy, 2nd ed., Boston 1999.

Shapiro, George H./Kurland, Philip B./Mercurio, James P., Cablespeech: The Case for First Amendment Protection, New York 1984.

Sharkey, William W., Existence of Sustainable Prices for Natural Monopoly Outputs, 12 Bell Journal of Economics 144-154 (1981).

ders., The Theory of Natural Monopoly, New York 1982.

Shelanski, Howard A., From Sector-Specific Regulation to Antitrust Law for U.S. Telecommunications: The Prospects for Transition, UC Berkeley School of Law, Research Paper No. 80, Berkeley 2002.

Shelanski, Howard A./Sidak, Gregory J., Antitrust Divestiture in Network Industries, 68 University of Chicago Law Review 95-197 (2001).

Shepherd, William G., Contestability vs. Competition, 74 American Economic Review 572-587 (1984).

ders., The Economics of Industrial Organization, Cambridge 1988.

Shocker, Allan D./Srinivasan, V., Multiattribute Approaches for Product Concept Evaluation and Generation: A Critical Review, 16 Journal of Marketing Research 159-180 (1979).

Shy, Oz, The Economics of Network Industries, Cambridge 2001.

Sidak, Gregory/Lipsky, Abbott B., Essential Facilities, 51 Stanford Law Review 1187-1249 (1999).

Sims, Joe/Blumenthal, William, New Merger Guidelines Provide No Real Surprises, Legal Times, vom 21.06.1982, S. 17.

Singh, Harbir/Montgomery, Cynthia A., Corporate Acquisition Strategies and Economic Performance, 8 Strategic Management Journal 377-386 (1987).

Smith, Adam, An Inquiry Into the Nature and Causes of Wealth of Nations (Erstauflage 1776), Chicago 1952.

Sohn, Michael, Failing and Flailing Firms, 61 Antitrust Law Journal 155-163 (1992).

Solum, Lawrence B./Chung, Minn, The Layers Principle: Internet Architecture and the Law, Public Law and Legal Theory Research Paper No. 55, San Diego 2003.

Soma, John T./Weingarten, Eric K., Multinational Economic Network Effects and the Need for an International Antitrust Response from the World Trade Organization: A Case Study in Broadcast-Media and News Corporation, 21 University of Pennsylvania Journal of International Economic Law 41-103 (2000).

Sosnick, Stephan H., Eine Kritik der Konzeptionen vom funktionsfähigem Wettbewerb, in: Poeche, Jürgen, Das Konzept der „Workable Competition" in der angelsächsischen Literatur, FIW-Dokumentation, Köln u.a. 1970.

Sparr, Jürgen, Kulturhoheit und EWG-Vertrag, Baden-Baden 1991.

Spengler, Joseph J., Vertical Integration and Anti-trust Policy, 58 Journal of Political Economy 347-352 (1950).

Spieler, Ekkehard, Fusionskontrolle im Medienbereich, Berlin 1988.

Spoerr, Wolfgang, in: Trute, Hans-Heinrich/ders./Bosch, Wolfgang, Telekommunikationsgesetz mit FTEG, Berlin u.a. 2001.

ders., Zusammenschaltung und offener Netzzugang, MMR 2000, S. 674-681.

Spoerr, Wolfgang/Sellmann, Christian, Zugangsregulierung, Entgeltregulierung und Missbrauchsaufsicht vom TKG 1996 bis zum TKG 2004: Rückblick und Ausblick, N&R 2004, S. 98-108.

Stehman, J. Warren, The Financial History of AT&T, Boston 1925.

Steindorff, Ernst, Kooperativer Unternehmenszusammenschluss und Kartellverbot, ZHR 1988, S. 57-65.

Steiner, Robert L., The Nature of Vertical Restraints, 30 Antitrust Bulletin 143-197 (1985).

Stern, Klaus, Das Staatsrecht der Bundesrepublik Deutschland, 3. Bd.: Allgemeine Lehren der Grundrechte, München 1988.

Stigler, George J., A Theory of Oligopoly, 72 Journal of Political Economy 55-69 (1964).

ders., Barriers to Entry, Economies of Scale, and Firm Size, in: Stigler, The Organization of Industry, Homewood 1968.

ders., Free Riders and Collective Action: An Appendix to Theories of Economic Regulation, 5 Bell Journal of Economics and Management Science 359-365 (1974).

ders., The Economist Plays with Blocs, 44 American Economic Review 7-14 (1954).

ders., The Theory of Economic Regulation, 2 Bell Journal of Economics and Management Science 3-21 (1971).

Stigler, George J./Sherwin, Robert A., The Extent of the Market, 28 Journal of Law and Economics 555-585 (1985).

Stocking, George W./Mueller, Willard F., The Cellophane Case and New Competition, 45 American Economic Review 29-63 (1955).

Strohm, Andreas, The Application of Economic Theory in Practice: Efficiency Defense for Mergers on the Back of Welfare Economics?, in: Esser, Clemens/Stierle, Michael H., Current Issues in Competition Theory and Policy, INFER Research Edition Vol. 8, Berlin 2002.

Sullivan, Lawrence A., The New Merger Guidelines: An Afterword, 71 California Law Review 632 (1983).

Sullivan, Lawrence A./Grimes, Warren S., The Law Of Antitrust: An Integrated Handbook, 2nd ed., St. Paul 2006.

Sullivan, Lawrence A./Jones, Ann, Monopoly, Conduct, Especially Leveraging Power from One Product or Market to Another, in: Jorde, Thomas M./Teece, David J., Antitrust, Innovation and Competitiveness, New York 1992.

Sullivan, Thomas E., The Political Economy of the Sherman Act: the First Hundred Years, New York 1991.

Summers, Lawrence, Competition Policy in The New Economy, 69 Antitrust Law Journal 353 (2001).

Sutton, John, Technology and Market Structure: Theory and History, Cambridge 1998.

Teece, David J., Economies of Scope and the Scope of the Enterprise, 1 Journal of Economic Behavior and Organization 223-233 (1980).

Teece, David J./Pisano, Gary P./Russo, Michael V., Joint Ventures and Collaborative Agreements in the Telecommunication Industry, in: Mowery, David C., International collaborative ventures in US manufacturing, Cambridge 1988.

Tegethoff, Wilm/Büdenbender, Ulrich/Klinger, Heinz, Das Recht der öffentlichen Energieversorgung, Loseblattsammlung, Essen, Stand: 15. Ergänzungslieferung, Juli 1996.

Telser, Lester G., On the Regulation of Industry, 77 Journal of Political Economy 937-952 (1969).

ders., Why Should Manufacturers Want Fair Trade?, 3 Journal of Law and Economics 86-105 (1960).

Tenhagen, Thomas, Die Legitimation der Regulierung von Märkten durch die Theorie des Marktversagens: eine wohlfahrtstheoretische Analyse am Beispiel des öffentlichen Personennahverkehrs, Sinzheim 1997.

Terhechte, Jörg Philipp, Die Reform des europäischen Kartellrechts - am Ende eines langen Weges?, EuZW 2004, S. 353-354.

Teubner, Gunther, Das Recht hybrider Netzwerke, ZHR 2001, S. 550-575.

ders., Den Schleier des Vertrags zerreißen? Zur rechtlichen Verantwortung ökonomisch "effizienter" Vertragsnetzwerke, KritV 1993, S. 367-393.

ders., Netzwerk als Vertragsverbund: virtuelle Unternehmen, Franchising, just-in-time in sozialwissenschaftlicher und juristischer Sicht, Baden-Baden 2004.

Theobald, Christian/Zenke, Ines, Der Zugang zu Strom- und Gasnetzen: Eine Rechtsprechungsübersicht, WuW 2001, S. 19-36.

Thierfelder, Jörg, Zugangsfragen digitaler Fernsehverbreitung, München 1999.

Tirole, Jean, The Theory of Industrial Organization, Cambridge 1988.

Toepke, Utz P., 100 Jahre Antitrustrecht in den USA – dargestellt am Beispiel der Fusionskontrolle, FIW-Schriftenreihe, Bd. 140, Köln u.a. 1991.

Touche Ross & Co., Financial and Economic Analysis of the Cable Television Permit Policy of the City and County of Denver, 1983, Portland 1983.

Trafkowski, Armin, Die sachliche Abgrenzung der Märkte im Internet, MMR 1999, S. 630-636.

ders., Medienkartellrecht – Die Notwendigkeit der Harmonisierung zweier Rechtsgebiete, K&R 2002, S. 62-67.

Train, Kenneth E., The Economic Theory of Natural Monopoly, Cambridge 1991.

Tramont, Bryan N., Too Much Power, Too Little Restraint: How the FCC Expands Its Reach Through Unenforceable and Unwieldy "Voluntary" Agreements, 53 Communications Law Journal 49-68 (2000).

Traugott, Rainer, Die neue deutsche Fusionskontrolle, WRP 1999, S. 621-628.

ders., Zur Abgrenzung von Märkten, WuW 1998, 929-939.

Traumann, Christian Clemens, Die Zusage im Verfahren der Zusammenschlusskontrolle, Köln u.a. 1977.

Trebilcock, Michael/Winter, Ralph A., The State of Efficiencies in Canadian Merger Policy, 19 Canadian Competition Record 106-114 (2000).

Trinchero, Mark P./Smith,Holly R. Federal Preemption of State Universal Service Regulations Under the Telecommunications Act of 1996, 51 Federal Communications Law Journal 303-345 (1999).

Trute, Hans-Heinrich, Der europäische Regulierungsverbund in der Telekommunikation: ein neues Modell europäisierter Verwaltung, in: Staat, Wirtschaft, Finanzverfassung: Festschrift für Peter Selmer zum 70. Geburtstag, Berlin 2004.

ders., in: ders./Spoerr, Wolfgang/Bosch, Wolfgang, Telekommunikationsgesetz mit FTEG, Berlin u.a. 2001.

Turner, Donald F., Antitrust Policy and the Cellophane Case, 70 Harvard Law Review 281-318 (1956).

ders., The Validity of Tying Arrangements under the Antitrust Laws, 72 Harvard Law Review 50-75 (1958).

Uhlig, Torsten, Auflagen und Bedingungen in der deutschen Fusionskontrolle, WuW 2000, S. 574-584.

ders., Zusagen, Auflagen und Bedingungen im Fusionskontrollverfahren: eine Untersuchung zum deutschen und europäischen Recht, Sinzheim 1996.

Ulmer, Peter, Die Anwendung des erweiterten Diskriminierungsverbots auf Markenartikelhersteller, BB 1975, S. 661-666.

Utton, Michael A., Market Dominance and Antitrust Policy, 2nd ed., Cheltenham u.a. 2005.

v. Bogdandy, Armin/Buchhold, Frank, Die Dezentralisierung der europäischen Wettbewerbskontrolle, Schritt 2 - Der Verordnungsvorschlag zur dezentralen Anwendung von Art. 81 III EG, GRUR 2001, S. 798-805.

v. Bonin, Andreas, Wettbewerb im digitalen Fernsehen, JurPC Web-Dok. 169/2000, Abs. 1-51.

v. der Groeben, Hans, Handbuch des europäischen Rechts, Loseblatt, Baden-Baden 1983-2005.

v. der Groeben, Hans/Thiesing, Jochen, Kommentar zum EWG-Vertrag, Bd. 1, 2, 2. Auflage, Baden-Baden 1974.

v. der Horst, Rutger, Rundfunkkompetenz im europäischen Kontext Rundfunkrechtliche Kompetenzverteilung zwischen Bund, Ländern und der EU, abrufbar unter: <http://www.virtuelle-kanzlei.com/199503.htm>.

v. der Osten, Christian, Anmerkung zu OLG München: Einspeisung eines Internetdienstes in die Netzebene 4, MMR 2002, S. 50-52

v. Gamm, Otto-Friedrich, Das Verbot einer unbilligen Behinderung und einer sachlich nicht gerechtfertigten Diskriminierung, NJW 1980, S. 2489-2496.

ders., Entwicklungen im Wettbewerbsrecht, WM 1976, S. 338-346.

v. Hayek, Friedrich A., Die Theorie komplexer Phänomene, Tübingen 1972.

ders., Die Verfassung der Freiheit, Nachdruck der 2. Auflage, Tübingen 1991.

v. Neumann, John/Morgenstern, Oskar, Theory of Games and Economic Behavior (1st ed. 1944), 60th ed., Princeton 2004.

v. Reinersdorff, Wolfgang, Anmerkung zu OLG Hamburg: Einspeisung von digitalen Fernsehprogrammen in die Netzebene 4 „MediaVision", MMR 2001, S. 526-529.

ders., Keine Einspeisung von Inhalten in Kabelnetze ohne Zustimmung des Netzbetreibers, MMR 2002, S. 222-225.

v. Savigny, Carl Friedrich, System des heutigen Römischen Rechts, Band 3 (Erstausgabe Berlin 1840), Neudruck, Aalen 1973.

v. Wallwitz, Sebastian, Das Kooperationsabkommen zwischen der EU und den USA, EuZW 1997, S. 525-529.

v. Weizsäcker, Carl Christian, A Welfare Analysis of Barriers to Entry, 11 Bell Journal of Economics 399-420 (1980).

ders., Wettbewerb in Netzen, WuW 1997, S. 572-579.

v. Wichert-Nick, Dorothea, Mißbrauchsaufsicht im lokalen TK-Markt - Von der sektorspezifischen Regulierung zum allgemeinen Wettbewerbsrecht, MMR 1999, S. 711-715.

Varian, Hal R., Intermediate Microeconomics: A Modern Approach, 6th ed., Berkeley 1999.

ders., Microeconomic Analysis, 3rd ed., New York 1992.

Vaterlaus, Stephan/Worm, Heike/Wild, Jörg/Telser, Harald, Liberalisierung und Performance in Netzsektoren, Schlussbericht 2003 – Vergleich der Liberalisierungsart von einzelnen Netzsektoren und deren Preis-Leistungs-Entwicklung in ausgewählten Ländern, Bern 2003.

Veelken, Winfried, Die Abgrenzung zwischen Strukturauflage und laufender Verhaltenskontrolle in den Freigabeentscheidungen des Bundeskartellamts und bei der Ministererlaubnis, WRP 2003, S. 692-724.

Veljanovski, Cento, Competition Law Issues in the Computer Industry: An Economic Perspective, 3 QUT Law and Justice Journal 3-27 (2003).

ders., E.C. Antitrust in the New Economy: Is the European Commission's View of the Network Economy Right?, 22 European Competition Law Review 115 (2001).

ders., EC Merger Policy after GE/Honeywell and Airtours, 49 Antitrust Bulletin 153-193 (2004).

ders., The New Law-and-Economics: A Research Review, 4 International Review of Law and Economics 229-261 (1984).

Veltrup, Bernard, Die wettbewerbspolitische Problematik konglomerater Fusionen, Göttingen 1975.

Venit, James S./Kallaugher, John J., Essential Facilities: A Comparative Law Approach, Annual Proceedings of the Fordham Corporate Law Institute 1994.

Vickers, John S., Market Power and Inefficiency: A Contracts Perspective, 12 Oxford Review of Economic Policy 11-26 (1996).

Viscusi, W. Kip/Vernon, John M./Harrington, Joseph E., Economics of Regulation and Antitrust, 4th ed., Cambridge 2005.

Vogelsang, Ingo, Wettbewerb im Internetzugangsmarkt: Ökonomische Alternativen vor dem Hintergrund amerikanischer Erfahrungen, MMR Beilage 3/2003, S. 6-17.

Vogelsang, Ingo/Finsinger, Jorg, A Regulatory Adjustment Process for Optimal Pricing by Multiproduct Monopoly Firms, 10 Bell Journal of Economics 157-170 (1979).

Verband Privater Rundfunk und Telekommunikation (VPRT/TKLM), Entwicklung der BK-Netze in Deutschland – Teil 2, Berlin 1999.

Wagemann, Markus, in: Wiedemann, Gerhard, Handbuch des Kartellrechts, München 1999.

Wagner, Christoph, Wettbewerb in der Kabelkommunikation zwischen Transport- und Vermarktungsmodell, MMR Beilage 2/2001, S. 28-33.

Waldman, Michael, Durable Goods Theory for Real World Markets, 17 Journal of Economic Perspectives 131-154 (2003).

Warren-Boulton, Frederick R., The Contribution of the Merger Guidelines to the Analysis of Non-Horizontal Mergers, Diskussionsbeitrag im Rahmen des 20th Anniversary of the 1982 Merger Guidelines: The Contribution of the Merger Guidelines to the Evolution of Antitrust Doctrine, abrufbar unter: <http://www.usdoj.gov/atr/hmerger/11252.htm>.

Wegmann, Winfried, Die neuen Telekommunikationsrichtlinien aus Unternehmenssicht, K&R Beilage 1/2003, S. 21-23.

ders., Europa- und verfassungsrechtliche Anmerkungen zum Regierungs- und Referentenentwurf für ein neues TKG, K&R 2004, S. 25-30.

Weiler, Joseph H., The Transformation of Europe, 100 Yale Law Journal 2403-2483 (1991).

Weiss, Andreas/Wood, David, Was elektronische Programmführer leisten sollten, MMR 1998, 239-242.

Weiss, James R./Stern, Martin L., Serving Two Masters: The Dual Jurisdiction of The FCC and The Justice Department Over Telecommunications Transactions, 6 CommLaw Law Conspectus 101-118 (1998).

Weisser, Ralf, Dienstleistungen zum Vertrieb digitaler Pay TV-Angebote, ZUM 1997, S. 877-898.

Weisser, Ralf/Bauer, Andreas, Verbreitung breitbandiger Inhalte nach dem neuen Telekommunikationsrecht, MMR 2003, S. 709-714.

Weisser, Ralf/Meinking, Olaf, Zugang zum digitalen Fernsehkabelnetz außerhalb von must-carry-Regelungen, WuW 1998, S. 831-850.

Weitbrecht, Andreas, Das neue Kartellverfahrensrecht, EuZW 2003, S. 69-73.

ders., To Harmonize or Not to Harmonize – Zur Diskussion um die 7. GWB-Novelle, EuZW 2004, S. 449-450.

Weitzel, Tim/Wendt, Oliver/ v. Westarp, Falk, Reconsidering Network Effect Theory, Working Paper at the 8th European Conference in Information Systems (ECIS 2000).

Weitzman, Martin L., Contestable Markets: An Uprising in the Theory of Industry Structure: Comment, 73 American Economic Review 486-487 (1983).

Wendland, Hanfried, in: Büchner, Wolfgang/Bönsch, Georg, Beck'scher TKG-Kommentar, 2. Auflage, München 2000.

Werden, Gregory J., An Economic Perspective on the Analysis of Merger Efficiencies, 11 Antitrust 12-16 (Summer 1997).

ders., Network Effects and Conditions of Entry: Lessons from the Microsoft Case, 69 Antitrust Law Journal 87-100 (2001).

ders., The 1982 Merger Guidelines and the Ascent of the Hypothetical Monopolist Paradigm, Präsentationspapier der Antitrust Division des DOJ, vom 04.06.2002.

Westerhausen, Christian, Die Relevanz von Effizienzvorteilen in der US-amerikanischen und deutschen Fusionskontrolle, Göttingen 1991.

Weyer, Hartmut, Neue Fragen des Missbrauchs marktbeherrschender Stellungen nach § 19 GWB, AG 1999, S. 257-263.

Whinston, Michael D., Tying, Foreclosure, and Exclusion, 80 American Economic Review 837-859 (1990).

Whish, Richard, Competition Law, 5th ed., London 2004.

White, Lawrence J., Antitrust and Merger Policy. A Review and Critique, 1 The Journal of Economic Perspectives 13-22 (1987).
ders., U.S. Public Policy toward Network Industries, Washington D.C. 1999.
Wiedemann, Gerhard, Handbuch des Kartellrechts, München 1999.
Wiesenfarth, Reinhold/Müller, Felix, Bitstream-Access aus Sicht eines paneuropäischen Geschäftskundenanbieters, MMR Beilage 10/2003, S. 22-25.
Wille, Karola/Schulz, Wolfgang/Fach-Petersen, Cornelia, in: Hahn, Werner/Vesting, Thomas, Beck'scher Kommentar zum Rundfunkrecht, 1. Auflage, München 2003.
Williamson, Oliver E., Economies as an Antitrust Defense Revisited, in: Jacquemin, Alexis/de Jong, Henry W., Welfare Aspects of Industrial Markets, Leiden 1977.
ders., Economies as an Antitrust Defense: The Welfare Tradeoffs, 58 American Economic Review 18 -36 (1969).
ders., Markets and Hierarchies: Analysis and Antitrust Implications, New York 1975.
ders., Franchise Bidding for Natural Monopolies-in General and with Respect to CATV, 7 Bell Journal of Economics, 73-104 (1976).
ders., The New Institutional Economics: Taking Stock, Looking Ahead, 38 Journal of Economic Literature 595-613 (2000).
ders., The Theory of the Firm as Governance Structure: Form Choice to Contract, 16 Journal of Economic Perspectives 171-195 (2002).
ders., The Economic Institutions of Capitalism. Firms, Markets, Relational Contracting, New York 1985.
ders., Predatory Pricing: a Strategic and Welfare Analysis, 87 Yale Law Journal 284-340 (1977).
ders., The Vertical Integration of Production: Market Failure Considerations, in: ders., Antitrust Economics: Mergers, Contracting, and Strategic Behavior, Oxford 1987.
ders., Transaction Cost Economies, in: Schmalensee, Richard/Willig, Robert D., Handbook of Industrial Organization, Amsterdam 1989.
ders., Transaction-Cost Economies: The Governance of Contractual Relations, 22 Journal of Law and Economics 233-261 (1979).
Willig, Robert D./Salop, Steven C./Scherer, Frederic M., Merger Analysis, Industrial Organization Theory, and Merger Guidelines, Brookings Papers on Economic Activity, Microeconomics 281-332 (1991).
Windthorst, Kay, in: Sachs, Michael, Grundgesetz-Kommentar, 3. Auflage, München 2003.
ders., Regulierungsansätze im deutschen und US-amerikanischen Telekommunikationsrecht, CR 1998, S. 281-285.
Winston, Clifford, Economic Deregulation: Days of Reckoning for Microeconomists, 31 Journal of Economic Literature 1263-1289 (1993).
ders., U.S. Industry Adjustment to Economic Deregulation, 12 The Journal of Economic Perspectives 89-110 (1998).
Wissmann, Martin/Klümper, Mathias, in: Wissmann, Martin, Telekommunikationsrecht: Praxishandbuch in deutscher und englischer Sprache, Heidelberg 2003.
Witzel, Michael, Die Ausgestaltung der Konzentrationskontrolle im Gesetz gegen Wettbewerbsbeschränkungen, München 1974.
Wolf, Dieter, Brauchen vernetzte Märkte ein neues Wettbewerbsrecht?, in: Schaub, Alexander/Sillich, Berthold, Wettbewerb in vernetzten Märkten, Symposium der Ludwig-Erhard-Stiftung, Band 44, Krefeld 2001.
ders., Globalisierung und internationale Wettbewerbspolitik, ZRP 1998, S. 465-466.

ders., Probleme der Zusagenpraxis im Fusionskontrollverfahren, in: Immenga, Ulrich, Festschrift für Ernst-Joachim Mestmäcker : zum siebzigsten Geburtstag, Baden-Baden 1996.

Wolf, Gunnar, Kartellrechtliche Grenzen von Produktinnovationen, Baden-Baden 2004.

Woroch, Glenn A., Competition's Effects on Investment in Digital Infrastructure, Department of Economics, Berkeley, 2000, abrufbar unter: <http://elsa.berkeley.edu/~woroch/investment%20competition.pdf>.

ders., Local Network Competition, in: Cave, Martin E./Majumdar, Sumit K./Vogelsang, Ingo, Handbook of Telecommunications Economics, Amsterdam 2002.

Wrona, Stephan, Die Entgeltregulierung der Breitbandkabelnetze, CR 2005, S. 789-796.

Yamada, Hisao, A historical study of typewriters and typing methods from the position of planning Japanese parallels, 2 Journal of Information Processing 175-202 (1980).

Yao, Dennis A./Dahdouh, Thomas, Information Problems in Merger Decision Making and Their Impact on Development of an Efficiencies Defense, 62 Antitrust Law Journal 23-45 (1993).

Yao, Dennis A./DeSanti, Susan S., Game Theory and the Legal Analysis of Tacit Collusion, 28 Antitrust Bulletin 113-121 (1993).

Yde, Paul L./Vita, Michael G., Merger Efficiencies, Reconsidering the "Passing-On" Requirement, 64 Antitrust Law Journal 735-747 (1996).

Yoo, Christopher, New Models of Regulation and Interagency Governance, 3 Michigan State DCL Law Review 701 (2003).

Zanfei, Antonello, Patterns of Collaborative Innovation in the US Telecommunications Industry after Divestiture, 22 Research Policy 309-325 (1993).

Zenke, Ines/Neveling, Stefanie/Lokau, Bernhard, Konzentration in der Energiewirtschaft – Politische und rechtliche Fusionskontrolle, München 2005.

Ziemer, Albrecht, Digitales Fernsehen, 3. Auflage, Heidelberg 2003.

Zimmer, Daniel, in: Immenga, Ulrich/Mestmäcker, Ernst-Joachim, GWB-Kommentar, 3. Auflage, München 2001.

Zimmer, Anja/Büchner, Wolfgang, Konvergenz der Netze - Konvergenz des Rechts?, CR 2001, S. 164-174.

Zupan, Mark A., The Efficacy of Franchising Bidding Schemes in the Case of Cable Television: Some Systematic Evidence, 32 Journal of Law and Economics 401-456 (1989).

Law and Economics of International Telecommunications – Wirtschaftsrecht der internationalen Telekommunikation

Staatlicher und privater Verbraucherschutz im elektronischen Geschäftsverkehr

Ökonomische Grundlagen, Effektivitätsvergleich und verfassungsrechtliche Folgerungen

Von RA Martin Rothfuchs

2006, Band 56, 159 S., geb. mit Schutzumschlag, 39,– €, ISBN 978-3-8329-2080-7

Nach Darstellung der ökonomischen Grundlagen des Verbraucherschutzes vergleicht der Autor die Effektivität staatlicher und privater Schutzgewährleistung im elektronischen Geschäftsverkehr. Die Ergebnisse werden einer verfassungsrechtlichen Untersuchung unterzogen.

Paketvermittelte Telefonie

Von Prof. Dr. Christoph Engel, Direktor am Max-Planck-Institut zur Erforschung von Gemeinschaftsgütern, Bonn

2006, Band 55, 133 S., geb. mit Schutzumschlag, 39,– €, ISBN 978-3-8329-1941-2

Die paketvermittelte Telefonie vermehrt nicht nur die technischen Möglichkeiten, sondern erhöht auch den Wettbewerbsdruck auf die ehemaligen Monopolisten.

Dieses Buch öffnet den Blick auf die leicht übersehene Schattenseite der paketvermittelten Telefonie, zum Beispiel den für den Kunden erschwerten Anbieterwechsel.

Bitte bestellen Sie bei Ihrer Buchhandlung oder bei:
Nomos Verlagsgesellschaft
76520 Baden-Baden | www.nomos.de

Informieren Sie sich im Internet unter www.nomos.de über die früher erschienenen und noch verfügbaren Bände dieser Schriftenreihe.

Law and Economics of International Telecommunications – Wirtschaftsrecht der internationalen Telekommunikation

Globale Regulierungsproblematiken in historischer Perspektive

Der Fall des Funkfrequenzspektrums 1945 – 1988

Von Dr. Christian Henrich-Franke

2006, Band 54, 358 S., geb. mit Schutzumschlag, 79,– €, ISBN 978-3-8329-1799-9

Die Arbeit beschreibt und analysiert die globale Regulierung des Funkfrequenzspektrums zwischen 1945 und 1988. Dabei werden die Funktionsweise der Regulierungstätigkeit sowie deren Veränderungen mit Hilfe der Theoriebausteine der Neuen Institutionenökonomik erklärt.

Fernsehkabelnetze zwischen Wettbewerb und Regulierung

Die kartellrechtliche Beurteilung von Marktmacht bei dem Zugang zu Infrastrukturen, insbesondere zum Breitbandkabelnetz

Von Lydia Gudera

2004, Band 53, 205 S., geb. mit Schutzumschlag, 48,– €, ISBN 978-3-8329-0716-7

Bei der Fernsehübertragung wird das rundfunkrechtliche Regulierungsregime zunehmend durch das Kartellrecht abgelöst. Dabei kann die marktbeherrschenden Stellung des Infrastrukturbetreibers erst nach einer wettbewerbsbezogenen Marktabgrenzung und einer anschließenden Berücksichtigung infrastrukturbezogener Beherrschungskriterien festgestellt werden.

Bitte bestellen Sie bei Ihrer Buchhandlung oder bei:
Nomos Verlagsgesellschaft
76520 Baden-Baden | www.nomos.de

Informieren Sie sich im Internet unter www.nomos.de über die früher erschienenen und noch verfügbaren Bände dieser Schriftenreihe.

 Nomos